orde Popovi

Wörterbuch der serbischen und deutschen Sprache

1. Band

orde Popovi

Wörterbuch der serbischen und deutschen Sprache
1. Band

ISBN/EAN: 9783744600422

Hergestellt in Europa, USA, Kanada, Australien, Japan

Cover: Foto ©Paul-Georg Meister /pixelio.de

Weitere Bücher finden Sie auf **www.hansebooks.com**

РЕЧНИК

СРПСКОГА И НЕМАЧКОГА ЈЕЗИКА.

САСТАВИО

ЂОРЂЕ ПОПОВИЋ.

I.
НЕМАЧКО-СРПСКИ ДЕО.

ПАНЧЕВО 1879.
Наклада књижаре браће Јовановића.

WÖRTERBUCH

DER SERBISCHEN UND DEUTSCHEN SPRACHE.

Zusammengestellt von

GEORG POPOVIĆ

I.

DEUTSCH-SERBISCHER THEIL.

PANČOVA 1879.

Abkürzungen. — Скраћивања.

acc. accusativus, Accusativ, четврти падеж.
a. act. activum, thätig, делајућ.
adj. adjectivum, Beiwort, придев.
adv. adverbium, Nebenwort, наречица.
art. articulus, Artikel, члан.
astr. Astronomie, звездословље.
Bauk. Baukunst, неимарство.
Berg. Bergbau, рударство.
Buchdr. Buchdruck, штампа.
comp. comparativus, Comparativ, сравњујући степен.
conj. conjunctio, Bindewort, савез.
dat. dativus, Dativ, трећи падеж.
f. femininum, weiblich, женско.
fig. figurative, figürlich, преносно.
gem. gemein, просто.
imp. impersonale verbum, unpersönliches Zeitwort, безлични глагол.
indecl. indeclinabile, unabänderlich, несклоњив.
interj. interjectio, Zwischenwort, усклик.

in Zus. Zusamm. in Zusammensetzungen, у сложеним речима.
L. Linne, Лине.
m. masculinum, männlich, мушко.
n. neutrum, sächlich, средњи.
num. numerus, Zahlwort, број.
pl. pluralis, Mehrzahl, множина.
praep. praepositio, Vorwort, предлог.
pron. pronomen, Fürwort, заменица.
s. siehe, види.
Sprachl. Sprachlehre, граматика.
u. und, и.
u. s. w. 2c. und so weiter, и тако даље.
v. von, од.
v. r. verbum reciprocum.
z. B. zum Beispiel, на пример.
— bedeutet, daß der erste Theil des vorhergehenden Wortes zu wiederholen sei; значи, да се први део претходне речи има поновити.

A.

A, n. a, прво слово од азбуке немачке; wer A sagt muß auch B sagen, ко се у коло ухвати, ваља и да поигра; weder A noch B, ни бело, ни црно; A und O (Alfa und Omega), почетак и крај.

Aal, m. јегуља; schwerer als 50 Pfg.угор; —angel, m. пари; —baum, m. пасје грожђе; —beere, f. црн рибиз, црна рибизла (плод); —beerstrauch, m. црни рибиз (стабло); —en, v. a. ловити, хватати јегуље; —fang, m. хватање, лов јегуља; —förmig, adj. јегуљаст; — adv. јегуљасто, угорасто; —frau, f. балавица (риба); —gabel, f. ости, остве, f. pl.; —haut, f. кожа од јегуље; —fasten, m. гарда, заграда за лов јегуље; —korb, m. вршка за хватање јегуље; —lege, f. s. Aalwehr; —mutter, f. балавица (риба); —pricke, f. s. Aalgabel; —quappe, f. f. Aalraupe; —quast, m. смотак на шиби за лов јегуље; —raupe, f. маник (риба); —reuse, f. s. Aalkorb; —stecher, m. s. Aalgabel; —streif, m. црна пруга коњу на лећи; —streifen, —strich, f. Aalstreif; —suppe, f. јуха, чорба од јегуље; —teich, m. рибњак за јегуље; —wehr, n. u. f. заграда за јегуље.

Aar, m. орао; —beere, —kirsche, f. брекиња.

Aas, n. стрв, стрвина, мрцина, леш; мамац, мека; —blatter, f. гнојна краста.

Aasen, v. n. меху, мамац, стрвину метати; вараговати, лешити, чкрњати.

Aasfliege, f. златара, златарка, златница; —fressig, —fressend, adj. ко се мрцином храни; —geier, m. лошинар; —gerich, —gestank, m. смрад; —gierig, adj. жељан стрвине; —grube, —kuhle, f. Schindgrube; —haft, —ig, adj. стрвинаст, мрцински; гадан, гнусан; као стрвина; гадно, гнусно; —käfer, m. мртвењак, говновељ, говњара, стрвински гундевак; —kopf, m. (Banf.) овнујска глава; —krähe, f. врана; —rose, f. Aasblatter; —seite, f. мездра (од коже); —vogel, m. стрвинска птица.

ab, adv. у свези са глаголима значи одељење, довршење, отрцање; od; drei Schritte vom Wege —, три корака од пута; die Spitze ist —, откинуо се, открхао се врх; der Kopf ist —, одо глава; Kopf —, доле с главом; vom Wege — gehen, заблудити, забасати, свртати с пута; Hut —, доле шешир, доле са шеширом; Fluß —, низ воду; Berg —, низ брдо, под ногу; auf und — gehen, мотати, ићи горе доле; einen Gulden auf oder —, форинта више или мање; — und zu gehen, долазити и одлазити.

Abatisch, n. аба; von —, абен; Mütze von —, абењак.

abächzen, sich, v. r. истрошити се, изгристи се од уздисања.

abackern, v. a. орати, одорати, одоравати, разбраздити.

Abamten, v. a. одбити, одбијати (дете од сисе).

abänder-lich, adj. промењив; —n, v. a. препачивати, преиначавати, изменити, измењивати, мењати, предругојачити; (Sprachl.) склањати; —ung, f. мењање, промењивање, измењивање, преиначавање, препачење, промена; (Sprachl.) склањање.

abängst-en, —igen, v. a. мучити, кинити, узнемирити, изнудити; einem etwas —, страшењем што од кога добити; —sich, v. r. мучити се, морити се, гинути, страховати, скапавати, погинути од страха, од муке; —igung, f. мука, страховање, страх.

abarbeiten, v. a. einen Stein —, одвалити, одмакнути камен, израдити га; die Unebenheiten —, гладити, поравнати, угладити; ein Schiff vom Strande —, отиснути лађу; Kleider —, издерати хаљине послујући; seine Schuhen —, одрадити, одрађивати дугове; abgearbeitetes Pferd, исхрган коњ; (zu Ende arbeiten) свршити, довршити, свршивати; —sich, v. r. морити се, убити се послом.

Abarbeitung, f. одрађивање.

abärgern, v. a. мучити, једити, љутити, срдити, намучити, наједити, разједити, пажутити, расрдити.

abärnten, v. a. жети, пожети.

Abart, f. врста, род; —en, f. Ausarten; —ig, adj. одрођен, одродан.

abäschern, v. a. вадити, трти, чистити, очистити врућим пепелом.

abasen, v. a. пасти, брстити, попасти, обрстити.

abäst-en, v. a. кресати, окресати, скресати, скресавати; —ung, f. кресање, скресавање; das was bei der — abfällt, окресине, f. pl.

abäthm-en, v. a. einen Schmelztiegel —, усњати, усњавати топионицу; —ung, f. усњавање (топионице).

abätzen, v. a. вадити, извадити љутим сретством.

abäugeln, v. a. тражити траг очима (без песта).

abäußer-n, v. a. терати; истерати (кмета са свога селишта); —ung, f. истеривање, терање са селишта.

abbacken, v. a. пећи, испећи; — v. n. препећи се; abgebackenes Brod, препечен хлеб; das Brod ist abgebacken, поодушио се хлеб; (das Backen beendigen) извадити (хлеб из пећи).

abbaden, v. a. купати, окупати; — v. n. окупати се.

abbähen, v. a. пржити, пражити, испржити.

abbalgen, v. a. одерати кожу; sich — v. r. кинити се, трудити се, уморити се, намучити се.

abbansen, v. a. прашити, испрашити (кожу).

abbarbiren, v. a. бријати, обријати.

abbasten, v. a. (einen Baum) скидати лику с дрвета; гулити, огулити (дрво).

abbauen, v. a. рушити, разграђивати, порушити, разрушити, разградити; die Zeche —,

1

засути, напустити рудник; die zufließenden Tagewasser —, површну воду одводити, одвраћати од руде; den Neceß —, платити, исплатити произодима, доходцима од руде.
abbäumen, v. a. одвијати, одвити, скинути (с вратила).
abbeeren, v. a. брати, пипати, обрати, опипати (зрње).
abbefehlen, f. abbestellen.
abbegehren, v. a. einem etwas —, питати, искати, тражити што од кога.
abbehalten, v. a. den Hut —, држати, задржати шешир у руци.
abbeißen, v. a. гристи, одгристи, одгризати; — von unten, подгристи, подгризати; — ung, f. одгризање.
abbeizen, v. a. вадити, извадити љутим средством или паклесим каменом; Felle —, скинути кречем длаку; abgebeizte Wolle, Beizwolle, кречем извађена вуна.
abbekommen, v. a. добити, задобити.
abbellen, sich, v. r. излајати се, налајати се.
abbersten, v. n. отцепити се, отцељивати се.
abberuf en, v. a. одазвати, одазивати, позвати, позивати, знати натраг; —ung, f. одазивање; —ungsschreiben, n. одзивни лист, одзивно писмо.
abbestell en, v. a. порећи, опорећи, порџати (заповест итд.); узети наруџбину натраг; —ung, f. порицање, опорицање заповести, узимање паруџбине натраг.
abbeten, v. a. молити, измолити, одмолити; seine Sünden —, молити се за опроштење грехова својих; das Gewitter — wollen, хтети уклонити, одвратити непогоду молитвом.
abbetteln, v. a. просити, опросити; einem etwas —, издрљанчити, искамчити, искамчити, испросити.
abbetten, sich, v. r. von der Wand —, одмакнути, одмицати кревет од зида; sich von seiner Frau —, неспавати са женом својом.
abbeugen, v. a. die Augen —, окренути, окретати, одвратити, одвраћати очи; f. abbiegen.
abbezahlen, v. a. платити, исплатити, исплаћивати, плаћати.
abbiegen, v. a. (einen Ast) савити, савијати, повити, повијати грану; einen Zweig —, положити, полагати одводу.
abbieten, v. a. дати, понудити, давати, нудити више него други; прогласити, проглашавати, наповедити, наповедати.
Abbild, n. икона, слика, прилика, кип, образ; —en, v. a. сликати, цртати, изобразити, малати, намалати, измалати; препочести; —ung, f. образ, кип, икона, слика, прилика, сликање, препочнање.
abbimsen, v. a. трти, гладити, угладити, изгладити бигором.
abbind en, v. a. одвезати, одрешити, одвезивати, одрешивати; ein Kalb —, одбити, залучити теле; eine Warze —, подвезати брадавицу; ein Faß —, наобручати, обручати бачву, буре; —ung, f. (bei den Wundärzten) подвез, подвезивање.
Abbiß, m. што се одгризе; закусак, Scabiosa succisa, L.

Abbitte, f. испричавање, молење.
abbitten, v. a. молити за опроштење, испричати се, испричавати се; sich etwas —, f. Verbitten.
abbittlich, adj. простив, опростив.
abblänken, v. a. (Silbergeschirr), чистити, очистити.
abblasen, v. a. дувати, дунути, одувати; трубом, рогом оглашивати, огласити, трубити; ein Lied —, свирати, отсвирати песму; der Wächter bläst die Stunden ab, стражар јавља трубом, рогом сате; ein Fest —, раструбити, разгласити трубом светковину.
abblassen, v. intr. убледити.
abblatten, v. a. комити, брати, побирати, обрати, побрати лишће; (vom Rothwilde) брстити, побрстити; —ung, f. комидба.
abblättern, v. a. f. abblatten; sich —, v. r. губити, изгубити лишће; листати се, разлистати се, цепати се, расцепити се на листове.
abblauen, v. n. пустити, пуштати модрило.
abbläuen, v. a. (die Wäsche), модрити, омодрити; (durchprügeln), млатити, бити, лупати, измлатити, избити, излупати, излемати.
abbleichen, v. a. (Leinwand), белити, убелити (платно); (von Farben) v. intr. бледити, побледити, побелити, убелити.
abblühen, v. n. оцветати, процветати.
Abblühen, n. прецветавање.
abblüthen, v. a. кидати, тргати, брати, покидати, потргати, обрати цвеће.
abbohnen, f. Bohnen.
abbohren, v. a. бушити, пробушити, провртати.
abborgen, v. a. узајмити, посудити, узајмљивати, посуђивати.
abbosseln, v. a. направити, начинити калуп, творило.
Abbrand, m. (in den Schmelzhütten), пожег.
Abbrändler, m. погорелац.
abbrassen, v. a. бращати под ветар, окренути, обрнути, обретати, обртати под ветар (једра).
abbraten, v. a. испећи.
abbrauchen, f. abnutzen.   [пиво.
abbrauen, v. a. варити, изварити, доварити
abbräunen, v. n. пустити, пуштати угаситу боју.
abbrausen, v. a. опалити.
abbrausen, v. n. кипети, врити, искипети, изврети.
abbrechen, v. a. окренути, начети, откинути, откидати, одломити, одламати; (Blumen, Obst), тргати, брати, узабрати, ускинути, побрати; einen Zahn —, ломити, сломити; einem Pferde die Eisen —, расковати, расковати; die Spitze von einem Messer —, одломити, откратити врх од ножа; ein Lager —, дивати, дигнути табор; ein Zelt —, покупити, купити шатор; den Flachs —, тући, трти, иступи лан; die Hunde —, раставити, растављати псе; sich etwas —, украјити, кратити што себи; einem etwas am Lohne —, окинути, заокнути, закидати, окалити, украјити, украћивати, откидати што од плаће; sich etwas am Munde —, штедити, приштедити, откинути, откидати што себи од уста; die

Abbrechung — 3 — **abbrechen**

Unterhandlung, ein Gespräch —, пресећи, прекинути, прекидати договор, разговор, погађање; wir wollen hiervon —, не ћемо о томе више говорити; laßt uns jetzt hier —, станимо сад ту; kurz —, у кратко прекинути, претргнути; abgebrochene Seufzer, Worte —, испрекидани уздаси, речи; unten —, поткинути, поткидати, подломити; nach der Reihe —, потрћати; rund herum —, обломити, обламати; am Preise —, отклати (пасјим зубима); fig. ein v. Zaune abgebrochener Streit, ненадана, у сплу бога свађа; eine Brücke —, рушити, порушити мост; ein Haus —, рушити, обарати, порушити, разрушити, разорити, разметнути, оборити кућу; — r. п. разбити се, разбијати се; одломити се, открхати се, ломити се, кршити се, одбити се, одбијати се; mitten in der Rede —, стати, престати, залети, престајати, запињати у сред говора.
Abbrechung, f. Abbrechen, n. развлаљање, разграђивање, ожламање, обламање.
abbreiten, v. a. (das Kupferblech), разбити, разбијати, протегнути, протезати.
abbrennen, v. a. палити, сажигати, опалити, попалити, сажећи, у пепео обратити, запожарити; eine Kanone —, палити, избацити, опалити; die Ziegel —, пећи, испећи опеке; — r. п. горети, изгорети, сагорети, погорети; das Gewehr brennt schnell ab, пушка добро пали; das Zündpulver ist abgebrannt, планyo je прашник; das Feuer lassen, пустити, пуштати да изгори огањ; ein Abgebrannter, f. Abbrändler.
abbring-en, v. a. скинути, скидати; вадити, извадити; einen vom rechten Wege —, кварити, поквapити, завести, заводити кога; einen von seinem Vorsatze —, одвратити, одговорити, одвраћати, одговарати кога од намере; einen von einer Meinung —, избити, избијати ком из главе мисао; —ung, f. одвраћање.
abbröckeln, v. a. крунити, мрвити, дробити; v. r. sich —, крунити се.
Abbruch, m. f. Abbrechung, Abbrechen, украћивање, уштрб, штета, квар, криво; auf den — verkaufen, продати, продавати да се разори; einem — thun, укратити, украћивати, криво коме чинити, учинити, шкодити коме; an der Gesundheit — thun, удрти, шкодити, наудити, нашкодити здрављу; sich — thun, кратити што себи; ich muß ohne — bezahlt werden, треба ме потпуно исплатити.
abbrüchig, adj. крт; штетан, вредоносан.
abbrüh-en, v. a. парити, опарити, испарити, запарити (буре). [песму.
abbrüllen, v. a. (ein Lied), рикати, одрикати
abbrunsten, v. n. престати гонити се, пуђати се (од зверади).
abbucken, v. a. дигнути, дизати чатрљу.
abbügeln, v. a. утијаги.
abbuhlen, v. a. љубећи задобити, добивати; sich —, v. r. трошити се, истрошити се од блуда.
abbürden, v. a. растоварнвати, скидати терет.
abbürsten, v. a. кефати, окефати, искефати, очеткати, четком очистити.

abbüß-en, v. a. платити, плаћати, гристи, отпостити, отпаштати, испаштати, прати, опрати (грех); — durch Krankheit, одболовати; — durch Liegen, одлежавати; — durch Weinen, отплакати; —ung, f. отпаштање, испаштање, покора.
Abc, n. буквица, абецеда; fig. почетак; — buch, f. абецедар, буквар; — schüler, m. абецедарац, штицарац, букварац; — tafel, f. абецедна таблица, штица.
Abconterfeien, f. Abmalen.
Abcopiren, f. Abzeichnen, Abschreiben.
Abdach, n. (Bauk.), стрешица, стреја, кров.
abdach-en, v. a. раскрити, открити, нагнути, нагибати; eine Mauer —, покривати; sich — (von einer Gegend), под ногу, низ брдо ићи, нагибати се.
Abdachung, f. крутост, стрмен; (Bauk.), нагиб, шкарап.
abdämmen, v. a. загатити, преградити, одбити, гатити, преграђивати, одбијати воду (насипом)
abdampf-en, v. a. отпајивати; — r. п. пуштити се, испуштити се, јапити, лапити, ветрити, изветрити; —ung, f. изјапљење, изветрење, јапљење, ветрење.
abdank-en, v. a. отпустити (кога из службе); ein Schiff Alters halber —, оставити, остављати стар брод; Truppen —, распустити војску; — r. п. оставити службу, захвалити се на служби, одрећи се достојанства; —ung, f. оставка, отпуст.
abdarben, v. a. штедяти, приштедити на чему; ich habe es mir an meinem Munde abgedarbt, приштедно сам од уста; — v. n. слабити, лошавити, ослабити од патње.
abdarren, v. a. сушити, осушити; вадити, извадити воће, жито из пушнице.
abdecheln, v. a. открити, откривати.
abdecken, v. a. одастрети, отклопити, отклапати; (ein Haus) —, открити, откривати (кућу); den Tisch —, спремати, спремити; ein Thier —, дерати, одерати; —, n. откривање.
Abdecker, m. живодер, дерачии; —ei, f. живодерство, живодерница.
abdeichen, f. abdämmen.
abdick-en, v. a. einen Saft —, згушћавати сок; — r. п. згуснути, згушњавати.
abdielen, v. a. тинити, претнити; den Fußboden —, патосати, потпођити.
abdienen, v. a. служити, отслужити, отслуживати; — n. отслуживање.
abding-en, v. a. откинути, откидати што на цени; пајмити, најмљивати што у кога.
abdocken, v. a. отсукати отсукивати.
abdorren, v. n. венути, сушити се, увенути, сахнути, осушити се.
abdörren, v. a. сушити, осушити, f. abdarren.
Abdraht, m. (bei den Zinngießern), точине, стругогине, f. pl.
abdrängen, f. abdringen, wegdrängen.
abdrechseln, v. a. стругати, точити, остругати, оточити.
abdrehen, v. a. уврнути, увртати, одврнути, одвртати, сврнути, свртати, осукати, осукивати, сукати, ртети, отсукати, отсуки-

1*

abbrechen — 4 — **absachen**

вати, засукати, завртети; вртећ откинути, откидати; einem Vogel den Kopf —, закренути, закретати врат птици; den Schlüssel —, сломити, преломити перо од кључа, f. abbrechseln.

abbreschen, v. a. млатити, вршти, омлатити, овршити; млатећ, вршећ одрадити, заслужити; (abprügeln) депетати, млатити, лупати, измлатити, излупати; ein wenig —, промлатити; abgedroschenes Stroh, празна слама; das haben sie längst mit einander abgedroschen, око тога су се већ одавна погодили.

abbringen, v. a. изнудити, изнући, изпачити што од кога, отети, отимати што претима, страхом итд.; — ein Geständniß, Versprechen, натерати кога да што исповеди, обећа; —ung, f. отимање, сила, насиље.

abbrühen, v. a. добити, добивати што претима.

Abbruch, m. отисак, штампа, калуп, коппја, прилика, слика; — eines Gewehres, избацивање; (an den Schießgew.), ононац, обарача, горњи зуб; (Buchdr.) отисак, призрак.

abbrucken, v. a. штампати, тискати, печатати, тештити, паштампати, напечатати, прештампати, препечатати, отпечатати, оштампати.

abbrücken, v. a. отиснути, отискивати; (ein Gewehr), палити, оданињати, обарати, опалити, одапнети, оборити, окресати, оклинути (пушку); (einen Pfeil), одапети, пустити (стрелу); das Herz —, цепати, парати, распарати срце; — v. n. vom Lande —, отиснути се од краја.

abdunkeln, v. a. мрчити, омрчити.

abdunsten, f. abdampfen.

abdünsten, v. a. пустити да палапи, пзветри штогод.

abebnen, v. a. равнити, поравнити, паравнити, уједначити; —ung, f. равнање, поравњање: изравнање.

abeden, v. a. на угле, на кошке правити, градити, направити, саградити.

abeisen, sich, v. r. трошити се, морити се, прекидати се, изморити се, прекинути се вичући, срдећи се.

abeisen, v. a. вадити, извадити лед; — v. n. попустити, откравити се, ојужити се.

Abend, m. вечер, вече; (Westen), запад, заход; diesen —, вечерас; jeden —, вечером; auf den —, довече, довечер; den —darauf, сутраведе; v. diesem —, довечерашњи; es beginnt Abend zu werden, посумрачити се; zu — essen, вечерати; es wird —, смркава се, мрак се хвата; gegen —, пред вечер, под вечер; (gegen Westen), према западу, на запад, од запада; der heilige —, бадњак, бадњи вечер; es ist noch nicht aller Tage —, доћи ће сунце и пред моја врата.

Abend-andacht, f. молитва вечерња; —arbeit, f. вечерњи посао; —besuch, m. вечерњи походи; —brod, —essen, f. вечера; —dämmerung, f. сумрак, сумрачје, сутон; in der — мраком, по мраку; die Zeit vor der — заранци, m. pl.; —falter, m. вештица; —gebet,

n. вечерња молитва; —gegend, f. запад, западна страна; —gesellschaft, f. вечерње друштво; —glocke, f. здрава Марија; —land, n. западна земља, страна, западни крај; —länder, m. западњак; — pl. западњаци, народи од запада; —ländisch, adj. западни; — adv. на западну; —lich, adj. вечерњи, западни; —licht, n. fig. вечерњача (звезда); —vecher; —lied, n. вечерња песма; —luft f. вечерњи зрак; —lust, f. вечерња забава, уживање вечерње; —mahl, n. тајна вечера, закон, причест; zum — gehen, причестити се, причешћивати се; einem das — geben, причестити кога; —mahlsbrod, n. остија, навора, носкура; —mahlzeit, f. вечера; —nehmen, вечерати; nachträgliche —, павечера; —messe, —mette, f. вечерња; —musik, f. вечерња музика; — opfer, n. жртва вечерња; —punkt, m. (Astron.) западна тачка; —regen, m. вечерња киша, дажд вечерњи; —roth, n. röthe, f. вечерња румен, вечерњи жар.

abends, adv. у вечер, свечера, под вечер, на вечер; gestern —, синоћ; heute —, вечерас; vorgestern —, прексиноћ; morgens und —, јутром и вечером.

Abend-schein, m. f. —dämmerung; —segen, m. f. —gebet; —seite, f. западна страна, западни крај; —sonne, f. на заходу сунце; —ständchen, n. f. —musik; —stern, m. вечерњача; —stunde, f. вечерњи час, вечер; —thau, m. вечерња роса; —tisch, m. вечера; —vogel, f. —falter; —völker, n. pl. f. —länder, pl.; —wärts, adv. на запад, према западу, к западу, од запада; —weite, f. (Astron.) западна ширина; —wind, m. вечерњи ветар, лахор, зефир, f. Westwind; —zeit, f. вечер, вечерње време.

Abenteuer, n. необична, чудна згода, пустоловина, случај, пригода; auf — ausgehen, скитати се по свету; der nicht leicht ein galantes — ausläßt, ноктаж; —rер, m. пустолов, левента, протуха, светска протуха, клатеж; —lich, adj. чудан, особит; —lichkeit, f. особитост, чудноватост, чудо, пустоловство.

aber, conj. али, пу, на, ма, а, пак, опет, ама, паке, пако, пака, ја; es ist ein Aber dabei, није чист посао; —auch, а и.

Abersacht, f. Obersacht.

aberben, f. erben.

Aberglaube, m. празноверство, празноверје, сујеверја, сујеверје.

abergläubig, adj. празноверан, сујеверан.

aberkennen, v. a. f. absprechen.

abermal, adv. опет, опета, пак; још један пут, по други пут, снова.

abermalig, adj. опеташњи, други, нов, поновљен.

aberntten, f. abärnten.

Aberraute, f. Stabwurz.

Aberwitz, m. лудост, безумност; безумље; — ein, v. n. лудовати; —ig, adj. луд, безуман.

abessen, v. a. јести, појести; durch Essen ausgleichen zB. eine Schuldforderung, одјести.

absachen, v. a. тинити, претинити.

abfächeln — 5 — **Abgabe**

abfächeln, v. a. смахнути.
abfäumen, v. a. требити, отребити (махуне од пасуља итд.).
abfahren, v. a. одвести, омаћи се, одлазити, измаћи, отићи; одужити се, одуживати се вожњом; возити, извести; — v. n. одвести се, поћи, полазити, кретати се, крепути; — mit dem Schiffe, навести лађу на воду, навести се, навозити лађу; (sterben) умрети, преминути, одапети; —, n. навожење.
Abfahrt, f. полазак, одлазак.
Abfall, m. падање, отпадање; (des Wassers) опадање; (Spreu) плева; (Schutt) развалине, f. pl.; (von der Religion ɪc.) преверење, одметачина, отпађивање, отпад; (bei den Fleischhackern) дробно, n.; Abfälle, pl. тароткиње, струготиње, трпке, окујине, f. pl.; опиљци, одломци, m. pl.; трешће; beim Abästen, окресине, плотина, скосје; beim Beschneiden der Bäume, овршине, f. pl. (von der Landw.) доходак; (Abbachung) нагиб; (in der Schiffahrt) заход, забас; in — kommen, губити, изгубити цену, вредност; доћи у певољу, наћи се у невољи.
abfallen, v. n. пасти, падати, опадати, сушити се, мршавити, опасти, уговети, усукати се, осушити се, омршавити; (von der Religion ɪc.) преверити, отпасти, порекнути се, одметнути се, отпадити се, одврћи се, одбунити се, отпадати, отпађивати се, одбацити се, одбацивати се, одметати се, одрећи се, оставити, одрицати се, остављати; (von Farben), разликовати се; (vom Wasser) падати, опадати, пасти; (in der Schiffahrt) забасати, заћи, заходити, залазити; — n. падање, опадање, одпадање; das von selbst abfallende Obst, падалица.
abfällig, adj. падајућ, отпадајућ; презорно, замерно.
abfangen, v. a. ловити, хватати, уловити; преотети, преотимати; ein wildes Schwein —, убити вепра јатаганом.
abfärben, v. a. обојити, омастити; — v. n. пуштити, пуштати, губити боју.
abfaseln, **abfasern**, v. n. оспипати се, осути се.
abfass-en, v. a. хватати, ухватити; саставити, списати; — das Urtheil, начинити, саставити пресуду; —ung, f. саставак, спис.
abfasten, v. a. постити, постом платити, отпостити, отпаштати.
abfaulen, v. n. сагњити и пасти, иструнути и отпасти.
abfäumen, v. a. пешкти, описнити; ein abgefäumter (abgefeimter) Schurke, превејан лупеж.
abfedern, f. Rupfen; — v. n. митарити се, омитарити се; губити, изгубити перје.
abfegen, v. a. мести, омести, помести.
abfell-en, v. a. отурпеисати; —ich, n. тароткиње, f. pl. опиљци, m. pl.
abfeilschen, f. abhandeln.
abfertig-en, v. a. отрасити, огрсити, справити, отправити, послати, одаслати; fig. неуслишати; mit einer Kleinigkeit —, премазати зубе; in den Stall treiben und für den Tag —, спратити; — ung, f. отправа, от-

прављење, одаслање, пошиљање, отправљање; fig. неуслишање.
abfeuchten, v. a. влажити, мочити, квасити, намочити, наквасити, шкропити.
abfeuer-n, v. a. скресати, палити, опалити, окресати, избацити, изметати, изметнути (пушку), пуцати, пукнути; —ung, f. избацивање, пуцање; unter — der Kanonen, уз пуцање топова.
abfiedeln, v. a. гудети, одгудети.
abfiedern, v. n. омитарити се.
abfind-en, v. a. намирити, платити; sich —, v. r. погодити се, намирити се, пагодити се с киме; —ung, f. намирење, нагодба, погодба, уговор.
abfingern, v. a. бројати, избројати на прсте.
abfischen, v. a. свршити, довршити риболов; das Beste —, купити, покупити скоруп.
abflachen, f. abdachen.
abflattern, v. n. отпрхати: sich —, v. r. прхајућ измучити се, уморити.
abflauen, v. a. прати, опрати.
abfleisch-en, v. a. варговати, очкрнати, олешити, стругати, остругати.
abfliegen, v. n. одлетети, полетети, одлетати, полетати.
abfließen, v. n. отећи, отицати, тећи, сиврити, савирати; von Blut, одићи; am Gefäße —, подлизивати се; —, n. подлизивање.
abflößen v. a. сплављати.
Abfluß, m. отицање, претака, котарача.
abfolgen, f. verabfolgen.
abfoltern, v. a. мучити, измучити, намучити.
abforder-n, v. a. захтевати, искати, питати, тражити; одазвати, звати, позвати натраг; —ung, f. захтевање, одазивање.
abform-en, v. a. калупити, правити, направити калуп, творило; —ung, f. калуп, творило.
abforschen, f. abfragen.
abfragen, v. a. питати, испитати.
abfreß-en, v. a. ждерати, пождерати, згризати, згрпсти, огрпсти, огрцати, опасти, попасти, изести, обрстити; sich — vor Ärger, Kummer, јести се, изести се; —, s. n. згризање.
abfrieren, v. n. смрзнути и пасти, падати, пасти од зиме, од мраза.
Abfuhr, f. вожња, превоз; — der Steuer, плаћање, отправљање порезе.
abführ-en, v. a. (zu Wagen ɪc.) одвозити, возити, водити, одвести; einen vom rechten Wege —, завести с правога пута; eine Schuld —, одужити се; — einen Prozeß, наставити парницу; (zu Ende führen) довршити; — das Heiratsgut, предати мираз; — die Steuer, платити порезу; — zum Militär, дати, оправити у војнике; die Wache —, сменити стражу; —end, adj. чистећ; —ung, f. проток, одвоз, одвожење; —ungsmittel, n. лек за проток.
abfüll-en, v. a. оточити, отакати, одлити; одасути, одасипати. [њивати.
abfurchen, v. a. браздити, образдити, обрањивати, накрмити.
abfüttern, v. a. пахранити, накрмити.
Abgabe, f. предаја, предавање; (Steuer) данак, даћа, намет, порез, пореза, мирија, штибра;

— v. Schafen u. Ziegen, чибук; — beim Tode des Familienvaters, мртвина; — an den Pfarrer, бпр.

abgähren, т. в. преврети, кипети.

Abgang, m. полазак, иоход, одлазак; продаја, проћа: губитак, недостатак; gänzlicher —, нестадак, нестаиьа, несташица; — (Abtretung), уступљеьье, — eines Erben, кад нема наследника; — der Leibesfrucht, пометаѣе; — aus diesem Leben, смрт; auf rechtlicher Beweise, што нема правних доказа; in — kommen, губити цену, пропадати.

abgängig, adj. маікајућ.

abgänglich, adj. добре продаје, пролазан.

abgürben, v. a. стројити; fig. лупати, бити, излупати, избити.

abgeben, v. a. изручити, предавати, предати; плаћати, платити даћу; einen Kaufmann —, трговати; sich mit etwas —, занимати се, забављати се чиме; es wird etwas —, биће га; sich mit einem —, дружити се, мешати се, слизати се, друговати с кимe; ein Zeugniß, сведочити; einen Ausspruch, изрећи пресуду; — eine Erklärung, изјаснити се, очитовати се.

abgebrannt, adj. изгорео, попаљен; ein —er, погорелац.

abgedroschen, adj. овршен, омлаћен; fig. старо, отрцано, познато.

abgefäumt, adj. опеньен; fig. превејан, лукав.

abgehen, v. n. одлазити, отићи; укроцати се: узницати, узмакнути; нестати, премакнути, премаћи се, недостајати; удалити се; пролазити, проћи (од робе итд.); mit Tode —, умрети, преминути, преставити се; vom Amte —, иступити из службе; von seiner Forderung —, одрећи се својег искања; von seiner Meinung —, одустати од мисли; — von seinem Rechte, одрећи се свога права; — lassen, отправити, послати; испустити, нерачунати; es geht ihm nichts ab, добро му је; es wird nicht ohne Streit —, не ће бити, не ће проћи без сваће.

abgeigen, s. abfiedeln.

abgeißeln, v. a. бичевати, шибати.

abgeizen, v. a. s. abbarben.

abgelben, v. n. ожутити.

abgelebt, adj. стар, матор; fig. истрошен.

abgelegen, adj. забитан, скровит, снеруке; —er Wein, старо вино; —heit, f. удаљеност, даљина, далечина, скровитост.

abgemattet, adj. трудан, утрућен, уморан.

abgeneigt, adj. противан; непријатеʌ; —heit, f. непријатељство, ненаклоност.

abgenüßt, adj. изношен, издеран, подеран.

Abgeordnete, m. одасланик, посланик, покисар.

abgeredeter Maßen, adv. по договору.

abgerichtet, adj. привикнут, научен.

abgesagt, adj. ein abgesagter Feind, очит, отворен, јаван непријатеʌ.

Abgesandt-e, m. s. Abgeordnete.

abgeschieden, adj. раздучен, раздружен, усамьен; —e Seelen, покојне душе; —heit, f. самоћа, забитност.

abgeschliffen, adj. углаћен; fig. уʌудан.

abgeschmackt, adj. неслан, бʌутав; —heit, f. бʌутавост; fig. будалаштина, глупост.

abgewinnen, v. a. einem etwas —, добивати, добити што од кога; dem Feinde eine Schlacht —, надвладати, победити непријатеʌа; einem den Vorsprung —, претећи, претицати кога; einer Sache Geschmack —, заволети што.

abgewöhn-en, v. a. одучити; sich etwas —, одучити се; одвикнути; —ung, f. одука.

abgezäumt, adj. без узде. [лошав.

abgezehrt, adj. мршав, невољан, истрошен, **Abgezogenheit**, f. s. Abgeschiedenheit.

abgieß-en, v. a. одлити, одливати; in eine Form —, салити, саливати; —ung, f. одлевање, саливање.

Abglanz, m. отсев, одблеск. [глачати.

abglätten, v. a. гладити, угладити, изгладити, у- **Abglättung**, f. глаѣање.

abgleich-en, v. a. једначити, изједначити; fig. равнати, сравнати, поравнати, наравнати; Schuld u. Forderung gegen einander —, пребити једно за друго; —ung, f. једначеьье, равнање.

abgleiten, v. n. омицати се, омакнути се, попузнути, исклизнути, склизати се, покʌизнути.

abglitschen, s. abgleiten.

abglimmen, v. n. стиѣати се, гаснути, гасити се.

abglühen, v. a. успијати, успијавати.

Abgott, m. идол, кумир, лажни бог; fig. (Liebling), драго, душа: er macht einen — aus ihm, гледа га као он у глави.

Abgötter, m. незнабожац; —in, f. незнабожица; —ei, f. незнабоштво.

abgöttisch, adj. незнабожачки; — adv. незнабожачко; einen — verehren, кога преко мере штовати, обожавати.

abgraben, v. a. копати, откопавати, откопати; опкопати, опкопавати; einen Fluß —, одбити, одбијати воду; einen Teich —, исушити рибњак.

abgrämen, sich, v. r. јадати, гинути од јада, од туге.

abgränz-en, v. a. омеѣашити, ограничити; —ung, f. ограничеьье, омеѣашеьье.

abgrasen, v. a. косити, покосити; жети, пожети; (abweiden), пасти, попасти.

abgreifen, v. a. опипати; трти, отрти честим пипањем.

abgrenzen, v. a. s. abgränzen.

Abgrund, m. бездно, бездан, пропаст, јаз, понор, бездана, безданица, амбис; an den — führen, упропастити.

abgrünen, v. n. пуштати зеленило.

abgucken, s. absehen.

Abgunst, f. завист, ненавист, злохотност.

abgünstig, adj. ненавидан, злохотан.

abgürten, v. a. отпасати, отпасивати.

abgurten, v. a. откопчати, откопчавати колан.

Abguß, m. одевање, прелевање, отов; (gegossene Figur), слев.

abgüten, s. abfinden.

abhaaren, v. n. s. ћелавити, губити длаку; — v. a. остругати, гулити длаку.

abhacken, v. a. сећи, отсећи, отсецати, резати, одрезати, осећи, осецати.

abhäften, v. a. откопчати, раскопчати, откопчавати, раскопчавати.
abhägen, v. a. поградити (шуму, ливаду).
abhageln, v. i. престати, престајати (круна, туча, град).
abhaken, v. a. ſ. abhäkeln.
abhäkeln, v. a. откучити, откучивати.
abhalftern, v. a. скинути, скидати улар.
abhalſen, v. a. заклати.
abhalt‑en, v. a. недати, недавати, задржати, задржавати, заустављати, зауставити, не припуштати, неприпустити; einen von et was —, недати коме што чинити; — eine Tagſaßung, држати рочиште; — das Standrecht über jemanden, судити превим судом; —ung, f. задржавање, заустављање.
abhandeln, v. a. погодити се, погађати се; куповати, купити; откидати, откинути што на цени; einen Rechtshandel ſchlichten, расправити.
abhanden kommen, v. n. нестати; — bringen, тьердати, сатерити, изгубити.
Abhandlung, f. расправа, расправљање.
Abhang, m. (eines Berges), бок, стрмен, обронак, пристранак, осек; ſteiler — von dem Erde herabrollt, урвина.
abhängen, v. n. висити, зависити од кога; das hängt v. dir ab, стоји до тебе.
abhängig, adj. стрм, нагнут, оцедат, низбрдит, окомит; зависан; —machen, подврћи под власт чију; —ſeit, f. стрмен, стрменитост; fig. (eines Volkes ıc.), зависност.
abhären, ſ. abhaaren.
abhärmen, ſich, ſ. abgrämen.
abharren, v. a. чекати, дочекати.
abhärten, v. a. (das Eiſen), калити; ſich —, v. г. отврднути, привикнути свакој невољи.
abharzen, v. a. брати, побрати смолу.
abhaſpeln, v. a. одмотавати, одмотати; —, n. одмотавање.
abhauen, v. a. сећи, отсећи, посећи, одрубити, сасећи, одвракати (главу); (Gras ıc.), косити, покосити; отсецати, осећи, осецати, откинути, откидати, укинути, укидати, кресати, скресати; unten—, откресати, поткресивати, нотсећи, потсецати.
abhäuſeln, v. a. на купице, хрпице метати.
Abhauung, f. сочење, отсецање; кошење, кошња, косидба.
abhäuten, v. a. дерати, одрати, гулити, огулити (кожу).
abheben, v. a. дигнути, дизати; скинути, скидати; одмакнути, одмицати; die Karten —, преcећи, предигнути.
abheften, v. a. ſ. abhäkeln.
abheilen, v. n. лечити се; оздравити, оздрављати.
abhelfen, v. a. помоћи, помагати; — den Gebrechen, уклонити мане, доскочити манама; —er, m. помагач, помоћник; —ſich, adj. чему се помоћи може.
abhellen, ſ. abklären.
abherzen, v. a. љубити, пжљубити, грлити, изгрлити.
abhetzen, v. a. морити, уморити гонећи хајком.
abheucheln, v. a. лицемерством добити, измамити.
abheuern, ſ. abmietheu.
abheulen, ſich, v. г. изурлати се, испричати се.
Abhilfe, ſ. помоћ, лек.
abhinken, v. n. храмати, отхрамати.
abhoben, v. a. репдепсати, одрендепсати; einen Menſchen —, изобразити, изображавати кога.
abhold, ſ. abgeneigt.
abholen, v. a. доћи, поћи, долазити, полазити, ићи по што; одвести, одшети; —laſſen, послати, слати по што.
abholzen, v. a. сећи, посећи шуму.
abhorchen, v. a. чути, зачути, саслушати; прислушкивањем сазнати.
abhör‑en, v. a. питати, испитати, саслушати, преслушати (сведоке); учити се, научити се што слушајући; eine Rechnung —, прегледати, прегледати рачуне; —ung, f. саслушавање, испит.
Abhub, m. мрве, останци; (im Kartenſpiel), предигнуте карте.
Abhülfe, ſ. ſ. Abhilfe.
abhülſen, v. a. комити, окомити, требити, отребити, лупити, олупити.
abhungern, ſich, v. г. нагладовати се, морити се, уморити се глађу.
abhüten, v. a. дати пасти, попасти.
äbicht, adj. die — Seite, наличје.
abirr‑en, v. n. залутати, заблудити, занћи, забасати; —ung, ſ. блуђење.
abjagen, v. a. отимати, отети; морити, уморити терајући; ſich —, v. г. измучити се, утрудити се (ловом пап трком).
abjochen, v. a. изјармити.
abkalben, v. n. телити се, отелити се.
abkämmen, v. a. чешљати, очешљати, шчешљати.
abkanzeln, v. a. разгласити с предикаонице; fig. карати, покарати, избрусити.
abkappen, v. a. скидати, скинути капу с главе; сећи, посећи, отсећи; обрезати врхове (на дрвљу); fig. искарати.
abkargen, v. a. лишити својом скупоћом кога; ſich etwas —, себи што од уста откинути.
abkarten, v. a. (eine Sache), удесавати, удесити, сковати што у потаји.
abkauen, v. a. жвакати, пожвакати.
Abkauf, m. откуп; куповина; —en, v. a. купити, куповати; eine Strafe —, искупити, откунити.
Abläufer, m. купац.
abklären, v. a. клати, заклати.
Abkehr, f. одвраћање; —en, v. a. (mit dem Beſen), омести, помести; (wegwenden), обрнути, овратити, одвраћати; —icht, n. смет, смеће; —ung, f. измет, пометање, одвраћање.
abketten, v. a. ожимати (у преши); испрешати, измуљати.
abkippen, v. a. (die Feder), врх од пера одрезати; склизнути, посрнути.
abklaſſen, v. n. abſtehen, nicht gut ſchließen (von Thüren), јапити.
abklappen, v. a. пустити, спуштати.
abklaftern, v. a. мерити, измерити, сложити, слагати па хват.

abklären, v. a. бистрити, избистрити; разведрити; разведрити се, процедити, чистити, очистити.
abklauben, v. a. побрати, брати, обрати; пипати, опипати, требити; einem Knochen —, глодати, оглодати; sich —, v. r. отребити се.
abkleiben, v. a. одлепити; — s. n. одлепљивање.
abkleiden, v. a. свући, свлачити.
abklemmen, v. a. откинути (стиском), раставити.
abklettern, v. n. сићи, силазити.
abklopfen, v. a. смлатити, испрашити; einem derb —, бити, избити, тући, истући кога; den Flachs —, махати; ein Kleid —, исчибукати.
abknallen, v. a. eine Flinte, избацити пушку; v. n. пући.
abknaufern, v. a. искамкати.
abkneipen, v. a. пштипати, откинути, откидати, уштинути.
abkniden, v. a. откидати, откинути, одломити.
abknöpfen, v. a. откопчати.
abknüpfen, v. a. одрешити, одрешивати.
abkoch en, v. a. кухати, скухати, окухати, варити, одварити, одваривати, сварити; — ung, f. бухање.
abkommen, v. n. сићи, саћи, силазити; vom Wege —, забасати; (außer Gebrauch kommen) престати; es hat von etwas abzukommen, има престати; v. etwas —, проћи се чега, оставити се; одуставити што; etwas kommt ab, пролази, не стаје га; nicht — können, помоћи доћи; von einem Geschlechte —, произлазити, происходити од кога; an Kräften —, слабити.
Abkommen, n. помирење, погодба; s. Abkunst.
Abkömmling, m. потомак; —e, pl. потомство.
abköpfen, v. a. сећи, резати вршке (од дрвља).
abkoppeln, v. a. (die Hunde), одрешити, пустити хрте.
abkrämpeln, v. a. изрндати.
abkratzen, v. a. грепсти, огрепсти.
abkrauen, v. a. одрпати.
abkriechen, v. n. милети, одмилети.
abkriegen, v. a. ратом освојити, отети, отимати; снимити; задобити део; eine Strafe —, казну подпети.
abkritzeln, v. a. надрзати.
abkrümmeln, v. a. измрвити, измрвити се.
abkrümmen, v. a. накривити; v. r. накривити се; пахерити се.
abkrusten, v. a. лупити, одлупити кору.
abkühl-en, v. a. хладити, расхлађивати, прохладити, расхладити, охладити; —end, adj. расхлађујући, хладан; —faß, n. хладионица; —ung, f. расхлађивање.
abkündig-en, v. a. разгласити, прогласити, објавити; —ung, f. оглас, проглас, објављење.
Abkunft, f. род, колено, племе, подретло; eine — treffen, погодити се.
abkürz-en, v. a. кратити, обратити, скратити, покраћивати, пократити; (im Schreiben), скраћивати, метати титле, титлом писати; einem etwas am Lohne —, откинути, откидати од плате; von unten —, поткратити, потркаћивати; —ung, f. скраћење, укидање, титла,

abküssen, v. a. ижљубити.
ablad en, v. a. стоварити, истоварити, растоварити, распртити; —er, m. растоварач; —ung, f. стоваривање, растоваривање, распртивање.
Ablager, n. конак; — halten, ноћити, преноћити, коначити.
abländen, v.n. одједрити; дигнути, дизати сидро.
ablangen, v. a. досегнути, дохватити, довучити, доспјаги, докучивати.
Ablaß, m. опроштење; vollkommener —, опроштење потпуно; — des Wassers, испуштање воде; (der Ort, wodurch das Wasser abgelassen wird), јаз, јарак; ohne —, без престанка.
ablaff en, v. a. отпустити, спустити, спуштати; отправити, послати (лист); Wasser —, испустити воду; den Teich —, пројазити; einem etwas —, уступити коме што; am Preise —, спустити, попустити на цени; den Wein —, оточити, отакати вино; den Bogen —, одапети лук; — v. n. престати; von etwas —, одустати; etwas fahren —, оставити се, проћи се; —ung, f. спуштање, испуштање (воде); уступање, отакање; слање (листа); одапињање, престанак.
Ablativ, m. (Sprachl.), аблатив, шести падеж (у словници латинској).
ablatten, v. a. вадити, извадити, повадити жиоке, пречаге или летве.
ablauben, f. abblatten.
ablauern, v. a. вребати, довребати; die Gelegenheit —, дочекати згоду.
Ablauf, m. оток; — des Jahres, конац године; — einer Frist, истечење рока; nach — eines Monats, након једнога месеца; —canal, m. јажа; —en, v. n. отећи, отицати, отрчати, одићи, отићи, одлазити, оллазити; проћи, пролазити; den Brief — lassen, отправити; der Termin ist abgelaufen, минуо је рок; die Uhr ist abgelaufen, истекло је сат; einem den Weg —, протећи кога; sich die Hörner —, главом о зид ударити; wie wird das ablaufen? како ће то проћи?
ablaugen, v. a. лужити, полужити.
abläugn-en, v. a. затајати, порицати, порећи, тајати, одрећи се, ударити у бах, пекати, занекати, противословити; das Anverwandte, потапсати, затајати; — die Verwandschaft, одрађати се; —ung, f. тајење, одрицање, порицање, некање, занекање; —ungseid, m. очистна заклетва.
ablauschen, f. ablauern.
ablaufen, v. a. попскати (уши); einem etwas —, излагати што од кога, изманити, изварати.
abläntern, v. a. бистрити, f. abklären; —ung, f. разбистривање, цеђење.
Ableben, n. смрт.
ableden, v. a. лизати, полизати, облизати, облизивати, олизати, улизати.
ableeren, v. a. драти, одерати кожу.
ableeren, v. a. празнити, испразнити, испражњивати; den Tisch —, спремити трпезу.
ableg en, v. a. снимати, спимити, скидати, скинути; den Satz — (Buchdr.), растуривати,

растурити, разлагати; Kleider —, свући се; den Degen —, отпасати мач; Reben —, садити виноград; Rechnung —, положити рачун; Zeugniß —, сведочити; eine Aussage —, исказати што на суду; einen Eid —, заклети се, приссћи; ein Gelübde —, заветовати се; eine Prüfung —, положити испит; das Gesicht legt ihm ab, слабо му очи; einen Zweig —, положити, полагати; —er, (Seßling), m. положница, гребеница; —ung, f. полагање, скидање; — des Eides, заклетва, присега; — des Gelübdes, заветовање; — der Schuld, одужвање; — des Zeugnisses, сведочанство.
ablehnen, f. ableihen.
ablehn-en, v. a. одбијати, одбити; einen Antrag, ein Amt —, одбацити, непримити; etwas von sich —, непримити се чега; —ung, f. изговор, одбијање, одбацивање.
ablehren, v. a. одучити, одучавати.
ableihen, v. a. узајмити, узети, узимати у зајам.
Ableihungseid, m. очистна заклетва.
Ableitcanal, m. јаз.
ableit-en, v. a. одвести, одводити; Wasser —, одвраћати, одвратити; den Blitz —, одводити гром; доводити, изводити, извести (род или реч какову); —er, f. Blitzableiter; —ung, f. јарак; довођење; извођење; —ungsfylbe, f. доводан слог.
ablenk-en, v. a. свргнути, свртати, свратити, сврађати, одвраћати; v. n. сврађати се, свратити се; (eine andere Richtung nehmen), одбити се на другу страну (вода, пут, трговина); —ung, f. сврађање, одвраћање.
ablernen, v. a. einem etwas —, научити што од кога.
ables-en, v. a. читати, очитати, прочитати: die Raupen von den Bäumen —, требити гусенице; die Weintrauben —, брати грожђе; einen Acker —, чистити, очистити њиву од камења; s. n. — der Begräbnißgebete, опојавање; —ung, f. читање, прочитавање, брање; требљење.
ableugnen, f. abläugnen.
ablief-ern, v. a. изручити, предати, предавати; — ung, f. предаја, предавање.
abliegen, v. n. бити далеко; lange liegen, улежачити се; durch Liegen abbüßen, одлежати, одлежавати.
ablisten, v. a. изварати.
ablocken, v. a. одмамити, измамити, измаћи.
ablohnen, v. a. испалатити, отпустити.
ablöschen, v. a. гасити, загасити, угасити, утрнути, избрисати, отрти.
ablösbar, adj. откупљив.
ablös-en, v. a. разрешити, одвезити, ослободити; eine Schuldigkeit —, откупити дужност; растанити, откупити; eine Schildwache —, изменити, замењивати, одменити, одмењивати, замењивати, изручити стражу; das Fleisch v. den Beinen —, чимкати; Kanonen —, избацити, палити топове; ein Glied —, сећи, резати, одсећи, одрезати (уд); —ung, f. одрешење, ослобођење, откуп; смена, измена (страже);

одрезивање, чимкање, одсецање (уда); — ungs-, (in Zusammens.) откупни.
ablöthen, v. a. распојити; sich —, v. r. распојити се.
abludern, v. a. одерати.
ablügen, v. a. излагати.
abmach-en, v. a. скинути, растанити, скидати, скинути; eine Sache —, докопати ствар; готовити, доготовити (комад платна или јело).
abmagern, v. intr. мршати, мршавити, измршавити, српнути се, спасти, згецати се; durch Krankheit —, изболети.
abmäh-en, v. a. косити, откосити, прокосити, закосити, покосити; жети, пожети.
abmahlen, v. a. (Getreide), млети, самлети.
abmalen, v. a. сликати, малати, измалати, исписати.
abmahn-en, v. a. одговорити, одговарати кога од чега, одвратити, одвраћати; —ung, f. одговарање, одвраћање.
abmärgel n, v. a. слабити, ослабити; —ung, f. слабљење, ослабљење.
abmark en, v. a. граничити, ограничити, омеђити, размеђити, осиорити.
Abmarsch, m. полазак, одлазак, марш; —iren, v. n. отићи, одлазити, полазити, одмаршовати.
abmartern, v. a. измучити, намучити, напатити, мучити; sich —, v. r. мучити се, измучити се, намучити се, напатити се.
Abmaß, n. мера.
abmatt-en, v. a. трудити, утрудити, уморити; —ung, f. труд, умор.
abmeißeln, v. a. одбити, одбијати длетом, вајати.
abmelken, v. a. помусти.
abmergeln, f. abmärgeln.
abmerken, v. a. пазити, мотрити, научити што од кога пазећи.
abmess-en, v. a. измерити, одмерити, премерити, размерити, размеравати, умерити, умеравати, мерити; — und abwägen, подмерити, подмеравати; nach der Reihe —, померити; fig. судити, расудити; —ung, f. подмеравање, мерење; fig. расуђење.
abmieth-en, v. a. узимати, узети, дати у најам; најмити, најмљивати; —er, m. најамник; —ung, f. најам.
abmisten, v. a. чистити, очистити, кидати гној.
abmodeln, v. a. правити, направити калуп.
abmüden, v. a. морити, трудити, уморити, утрудити.
abmühen, sich, v. r. патезати, мучити се, издирати; der sich abmühet, издирало.
abmüssigen, sich, v. r. имати кад, имати времена; sich von einer Arbeit —, одмакнути посао; —ung, f. плаидовање.
abnagen, v. a. огристи, огризати, одгристи, гристи, оглодати, погулити.
abnähen, v. a. шити, сашити, пошити, опшити; одслужити швом.
Abnahme, f. опадање, нестајање, назадак; продаја; — einer Rechnung, рачун.
abnehm-en, v. a. скинути, скидати, снимати, снимити; одвадити, одвраћати, окрнути,

узети, узимати; ein Glied —, одрезати; ein Rind von der Bruſt —, одбити од сисе; das Kalb —, залучити; den Hut —, скинути капу; (ablaufen) куповати, купити, прекупити; Früchte —, брати, побрати воће; den Bart —, бријати, обријати: die Milch —, скинути, покупити скоруп с млека; den Tiſch —, спремити трпезу; fig. судити, ценити, сумњати; — v. n. смањивати се, нестајати: пропадати; слабити, мршавити, опадати; губити се; (vom Waſſer) осеки, осецати; (vom Monde), уштапити се; (v. der Geſchwulſt), спласнути; —er, m. купац, муштерија; —en, n. —ung, f. — des Waſſers, осецање; — des Mondes, ишчак; — der Kräfte, слабљење; ihre Schönheit iſt im —, пролази јој лепота; das Fieber iſt im —, попушта грозница; (Kaufung) куповање.

Abneigung, f. непаклоност, мржња, непријатељство.

abnöthig-en, v. a. отети, отимати; —ung, f. отимање.

abnütz-en, v. a. дерати, издерати, хабати, трошити, потрошити, носити, износити, тупити, ступити, поргати; durch Haden ſich —, скопати се; —ung, f. трошење, ношење, тупљење, хабање.

aböden, v. a. запуштати, запустити; опустити, пустошити, опустошити.

abohrfeigen, v. a. исшушкати, ишамарити.

aboliren, v. a. откупити.

Abolition, f. откуп, ſ. Ablöſung, —Vertrag, m. откупна погодба.

Abonnent, m. предбројник.

abonniren, v. a. предбројити се.

aborbn-en, v. a. одредити, слати, послати, одаслати; —ung, f. слање, одашиљање.

abortiren, v. a. побацити, побацивати, поместнути (дете); (von Küchen) изјаловити се.

abpacht-en, v. a. узимати, узети у најам, најмити; —ung, f. најам; —er, ſ. Pächter.

abpack-en, v. a. стоварати, растоварити; —ung, f. стоварање.

abpaſſen, v. a. мерити, измерити; fig. die Zeit, die Gelegenheit —, кебати, вребати, увребати, укебати, очити.

abpauken, ſ. abprügeln.

abpeinigen, ſ. abmartern.

abpeitſchen, v. a. бити, избити бичем.

abpfähl-en, v. a. оградити кољем; —ung, f. коље.

abpfeifen, v. a. звиждати, одзвиждати.

abpfegeln, ſ. abkneipen.

abpflöcken, v. a. оградити притками.

abpflück-en, v. a. узбрати, брати, тргати (цвет или воће); —ung, f. брање.

abpflügen, ſ. abackern.

abpicken, v. a. озобати.

abplagen, ſ. abmartern.

abplatten, v. a. зарубити, сплоштити; —ung, f. плоснина.

abprallen, v. n. скочити, отскочити, отскакивати.

abplündern, v. a. опленити.

abpochen, v. a. отврнути, одбити, одбијати куцањем; einem etwas —, претњом што од кога добити.

Abprall, m. отсков.

abprall-en, abprellen, v. n. отскочити; одбити се; —end, adv. отскочке.

abpreſſen, v. a. ожети, ожимати; fig. на силу отети, отимати.

abprotzen, v. a. скинути топ с кола.

abprügeln, v. a. бити, тући, деветати, лупати, излупати, избити, избатинати, издеветати.

abpuſſen, v. a. дерати, гулити, одерати, огулити (кожу); шаком, песницом лупати, излупати.

abputzen, v. a. чистити, ишчистити, очистити; das Licht —, усекнути свећу; fig. карати, покарати.

abquälen, ſ. abmartern.

abquittiren, v. a. Jemanden über etwas, дати коме намирицу сврху чега.

abrackern, v. a. изргати.

abraſſen, v. a. пограбити, грабуљати.

abrahmen, v. a. покупити, скинути скоруп с млека.

abrainen, ſ. abmarken.

abranden, v. a. abränden, извадити окрајак; die Münzen —, рубити, обрубити новце.

abrauken, v. a. заломити, заламати (виноград), орезати, орезивати, резати; — n. заламање.

abraſiren, v. a. збријати.

abraſpeln, v. a. остругати, састругати.

abrathen, v. a. одвратити, одвраћати; —ung, f. одвраћање.

abrauchen, v. n. лапити, пустити се, испушити се.

abrauten, v. a. угребати; перутати, перушати; ſich —, v. r. хватати се, нахватати се.

Abraum, m. стругoтине, таротине, пилотине, иверје, грање итд.; отпатци, све што отпада, кад се што ради.

abräum-en, v. a. чистити, почистити; купити, покупити; спремати; уклонити.

abrauten, v. a. (einen Baum), скидати гусенице.

abrechn-en, v. a. одрачунати, откинути, укинути на рачуну; mit einem —, прорачунити се, раскрћивати, раскрћати; —ung, f. срачуњање, рачун, раскрћање.

abrechten, v. a. парницом задобити.

Abrede, f. договор, уговор; — nehmen, договорити се, погађати се; in — ſtellen, тајити, некати, запекати, затајити, порицати, побашити.

abreden, v. a. договорити се, преокрепути, одговарати, одварати, одверати.

abregeln, v. a. мерити, измерити, управљати.

abregnen, ſich, v. r. i. es hat ſich abgeregnet, престала је киша.

abreib-en, v. a. трти, отрти, истрти, сатрти, сатрпати, искосити; ſich —, v. r. изести се, излизати се, разјести се, изгладати се, коситi се; —ung, f. трење, отирање.

abreichen, v. a. пружати, пружити, дати, предати.

abreifen, v. a. скинути, скидати обруче.

abreihen, v. a. ређати, наређати, низати, нанизати.

Abreise, f. одлазак, полазак, поход; —en, v. n. поћи, полазити, отићи, кренути се на пут.

abreiß-en, v. a. откидати, открнути, ускинути, садерати, згулити, тргати, додерати, поцепати; цртати, нацртати; ein Schloß —, одбити браву; ein Gebäude —, порушити, разградити; — v. n. откинути се, покидати се; —ung, f. рушење; ein abgerissenes Stück, откидак, одломак.

abreiten, v. a. (ein Pferd), одјахати, одјездити, уморити јахањем.

abrennen, v. a. претицати, претећи, престигнути; — v. n. отрчати, побегнути.

abricht en, v. a. обучити, обучавати; дотерати, дотеривати; — ein Pferd, бирати коња; —ung, f. обучавање, дотеривање, бирање.

abriegeln, f. verriegeln.

abrieseln, v. n. цурити.

Abrikose, f. кајсија.

abrinden, v. a. гулити, огулити, забелити (дрво), подгулити (кору).

abrindig, adj. abrindiges Brot, препечен хлеб.

abrinnen, v. n. тећи, отицати, истећи.

Abriß, m. нацрт, план.

Abritt, m. одлазак, полазак (на коњу).

abrollen, v. n. котурати се; ваљати се; скотурати се; одсукати, одмотати, роппти, одронити.

abrosten, v. n. разјести се, отпадати, отпасти од рђе.

abröthen, v. n. пустити, пуштати прсвенило.

abrücken, v. a. одмицати, одмаћи, одмакнути, отурити, отурати; — v. n. одмакнути се.

abrudern, v. n. одвеслати.

Abruf, m. —ung, f. одазивање; —en, v. a. одазвати; die Stunden —, гласити време; —ungsschreiben, n. одзивно писмо.

abrund-en, v. a. окружити, окруживати, заокружити; —ung, f. округлина, заокруживање.

abrupf-en, v. a. чупати, очупати, скупсти; —ung, f. чупање, скубење.

abrüsten, v. a. разметати, разградити, развргнути (мост или одар зидарски итд.)

abrutschen, f. abgleiten.

absäbeln, v. a. сећи сабљом.

absacken, v. a. стоварити вреће.

Absag-e, —ung, f. одрицање; —en, v. a. одрећи, одрицати; — eine Frist, отказати рок; einen Besuch —, опорећи походе; — v. n. seinem Rechte —, одрећи се права.

absatteln, v. a. нилити, отплити.

absätteln, v. a. одседлати, одседлавати, раседлати, раседлавати.

Absatz, m. отсек, чланак, правило; (an Pflanzen), трешљен; (an Schuhen), пета, петица, штикла; (Verkauf), прођа, продаја; одн-—, на душак, без престанка; —postamt, n. одложна пошта; —sted, m. прикивачка.

absätzig, adj. absätziger Ort, крш.

absäubern, f. säubern.

absaufen, v. n. локати, полокати; sich —, v. г. скончати локањем.

absaugen, v. a. сисати, исисати, посисати.

absäugen, v. a. дојити, надојити, одојити.

Abseeß, m. чир.

Abschab-en, v. a. стругати, остругати, састругати; —sel, n. стружине.

abschachern, v. a. einem etwas —, купити, куповати што од кога.

abschachteln, v. a. гладити, угладити.

abschaff en, v. a. (einen Bedienten), отпустити; —aus einem Orte, отправити из места; (Gesetze), укидати, укинути закон; (beseitigen), уклонити; —ung, отправљање, отпуст; укидање, уклањање.

abschälen, v. a. ољуштити; огулити, загулити.

abschätzen, v. a. оценити, оцењивати, проценити, процењивати; (entscheiden einen Streit), вметовати; -ung, f. оцењање, уцењивање, уцена.

abschaufeln, v. a. бацати, чистити лопатом.

Abschaum, m. пена; fig. смет, изметь, талог.

abschäum-en, v. a. пенити, опенити; —ung, f. скидање пене.

abscheid en, v. a. лучити, разлучити, раставити; — v. n. умрети, премпнути; — n. смрт, умор; —ung, f. лучење, растављање, растанак.

Abschein, f. Abglanz.

abscheren, v. a. стрићи, винтати, ошитати; —einen Flecken, пробрпјати; unten —, подбријати; —, s. n. подбријавање.

Abscheu, m. гроза, гнушање, мрзост.

abscheuchen, f. verscheuchen.

abscheuern, v. a. очистити, истрти (посуђе).

abscheulich, adj. гнусан, гадан, ружан, грозан; -feit, f. грдоба, ругоба, гнусност.

abschichten, v. a. лучити, разлучити, одлучити.

abschick-en, v. a. слати, одаслати, послати, отправити; —ung, f. слање, одашиљање, потниљање, отправљање.

abschieben, v. a. одмицати, одмакнути, отиснути, отурити; etwas von sich —, правдати се; — Jemand von Ort zu Ort, гонити кога од места до места; —ling, m. одагнаник, гоњеник; —ung, f. одгон.

Abschied, m. испраћања, опраштање, растанак, одлазак, полазак; (Entlassung), отпуст; gerichtlicher —, одлука, суд; — nehmen, праштати се, опраштати се, опростити се; den — geben, отпустити; — der Soldaten, (—s urkunde, f.) отпусница.

abschießen, sich, v г. љуштити се.

abschießen (einen Pfeil rc.), v. a. застрелити, пустити, пустити, одаслети стрелу; Schießgewehre, —, пукнути, опалити пушку; einen —, надстрелити; — v. n. стрмо падати, отицати; губити боју.

abschiff en, v. n. заједрити, одједрити, отпловити, отпии на лађи; v. a. одвести, послати (на броду), превозити; —ung, f. полазак. одлазак (на броду); превоз (по води).

abschildern, v. a. описати; —ung, f. опис.

abschind-en, v. a. дерати, одерати; sich —, убити се, убијати се послом.

abschirren, v. n. ein Pferd —, скинути с коња таким.

abschlachten, v. a. убијати, убити, поклати, заклати.

abschlaffen, v. n. попуштати, одвугнути.

Abschlag, m. (abgeschlagene Zweige), окрешине, скосје; одбитак, откидање (од цене); auf

—, на рачун; das ist ein großer —, то је велика разлика; in — kommen, губити цену; —en, v. a. одбијати, одбити, обити, обијати, огрушати (кукурузе), одударити, одлупити; смлатити, одсећи; Wasser —, пустити воду, помокрити се; ein Zelt —, дигнути шатор; einen Angriff —, сузбити; (verlegen), ускратити, одрећи; — ein Gesuch, одрећи, не примити молбу; — eine Frist, непристати на рок; — v. n. (von Waaren), губити, падати; попуштати (зима).

abschlägig, adj. —e Antwort, одбијање.

abschläglich, adj. u. adv. на рачун.

Abschlagszahlung, f. плаћање на одбитак; —ung, f. одбијање итд.; fig. ураћивање.

abschlämmen, v. a. плавити, исплавити, чистити, испдакати.

abschleichen, v. n. красти се, украсти се, отићи испод жита.

abschleifen, v. a. брусити, избрусити, оточити, набрусити; исквасити, отрцати; einen jungen Menschen —, изобразити; (Kleider ic.), дерати, издерати; одвести на сопица; sich —, v. r. поштрити се; — v. n. одсанкати се.

abschleimen, v. a. снимати, снимити слину.

abschlenbern, v. n. чепукати, очепукати.

abschlentern, v. a. (dem.) бацати, одбацити, разбацати, трести, отрести.

abschleppen, v. a. оглодати, одерати.

abschleubern, v. a. метати, бацити прахом.

abschließen, v. a. (einen Gefangenen) затворити, закључати; eine Rechnung —, завршити, закључити рачун; die Handlungsbücher —, закључити књиге трговачке; — eine Anleihe, уговорити зајам; — einen Handel —, назарити; Frieden —, помирити се, склопити мир; — eine Ehe, уговорити женидбу.

abschlüpfen, f. entschließen.

abschlürfen, v. a. сркати, посркати.

Abschluß, m. сврха, конац; — einer Handlungsgesellschaft, ортачење.

abschmähen, v. a. грдити, изгрдити.

abschmatzen, v. a. цмокати, исцмокати.

abschmedend, adj. поквари.

abschmeicheln, v. a. излагати, измамљивати, излагивати.

abschmeißen, f. abwerfen.

abschmelzen, v. a. топити, растопити, отопити; (Abliegen der reifen Wassermelone), v. n. прокопнити.

abschmieren, f. ausschmieren.

abschmutzen, v. n. испрљати, упрљати.

abschnallen, v. a. откопчати, отпучити, расконати.

abschnappen, v. a. eine Feder, ein Schloß —, одапети, одапињати; v. n. одскочити.

abschnützen, v. a. усекнути, окресати.

abschneid-en, v. a. одрезати, отсећи, срезати, пресећи; die Kehle, ben Hals —, клати, заклати; einem die Ehre —, огопарити, оговорити кога; unten —, подрезати, поткосити, потсећи; Getreide —, жети, пожети; ben Weg —, затећи; —ung, f. одрезивање итд.; fig. — ber Ehre, клеветање, оговарање, опадање.

Abschnitt, m. одсек, одсечак, осечак, комад; — in Büchern, отсек, део, чланак; — einer geometrischen Figur, отсек; — eines Verses, одмор; —sel, n. оврпине, обрезотине.

Abschnitzel, n. острпжпне; f. pl. устрпжак.

abschnüren, v. a. одвезати, одрешити.

abschocken, v. a. делити, разделити на шездесет комада.

abschöpfen, v. a. кропити, плавити, сплавити.

Abschoß, m. данак од поласка.

abschrauben, v. a. одвинути, одрнути.

abschred-en, v. a. плашити, поплашити, страшити, престрашити; einen Fisch —, полити, полевати рибу оцтом; sich — lassen, поплашити се, препасти се; —ung, f. плашење, страшење.

abschreib-en, v. a. исписати, исписивати, преписати, преписивати; eine Steuer —, отписати порезу; sich die Finger —, поломити прсте од велика писања; —gebühr, f. писарина, исписна; — г, m. преписивач.

abschreien, sich, v. r. дерати се, викати, навикати се.

abschreiten, v. a. кораком мерити, измерити; отићи, уклонити се.

Abschrift, f. препис напрја; —lich, adj. преписан; — adv. у препису.

Abschrote, f. секач.

abschultern, v. a. сваљити, сваљивати, снимити, снимати с леђа.

abschuppen, v. a. стругати, састругати љуске.

abschürzen, v. a. отпасати, распасати.

Abschuß, m. (des Wassers) падање, отицање воде; — des Berges, бок, стрмпа, обронак, урнина; — ber Farbe, бледење боје.

abschüßig, adj. стрм, избрдит, стрмешит, престрап; — Ort, уселица; — Fleck Gebirgsetbe, прљужа, прнина, прљага; —keit, f. стрмен, пизбрдица, комац.

abschütteln, v. a. трести, потрести, отрести, скружити, отресати; —, n. скруживање.

abschütten, v. a. одевати, одлити; отсипати, отсути.

abschützen, v. a. одуставити, одустављати.

abschwächen, f. entkräften.

abschwären, v. n. гнојити се, загнојити се и отпасти.

abschwärmen, v. n. ројити се.

abschwärzen, v. n. пуштати боју црну; — v. a. црнити, поцрнити.

abschwatzen, v. a. измамити, излагати, издрљанчити.

abschweif-en, v. n. свраћати се, свратити се; —ung, f. свраћање.

abschwemmen, v. a. прати, опрати; плавити, сплавити, испдакати.

abschwimmen, v. n. отпливати; sich —, v. r. уморити се пливајући. [преваром.

abschwindeln, v. a. извратити, добити нешто

abschwinden, f. abzehren.

abschwör-en, v. a. die Religion —, поренити се, одметнути се, одметнути се, одрицати се, одрећи се вере; (beeiden) заклетвом одрећи се; —ung, f. одметање, одрицање, некање, порељивање.

absegel n, v. n. одједрити; —ung, f. одлазак, полазак (брода).
absehen, v. a. (ersehen), видети, познати по чему; von einem etwas —, научити се што од кога гледајући; nach einem Muster —, прегледати; es ist auf dich abgesehen, тебе се тиче.
Absehen, n. намера; прегледање.
abseifen, v. a. сапунати, насапунити.
abseihen, v. a. процедити, оцедити.
Abseite, f. крило од куће; — eines Daches, стреха; — einer Münze, писмо.
obseits, adv. на страни, у прикрајку.
absend-en, v. a. слати, послати, отправити; —er, m. пошиљач; —ung, f. одашиљање, пошиљање, отправљање.
abseng-en, v. a. палити, опалити, прљити, спржити, попржити, осмудити; —ung, f. прљење.
absenk-en, v. a. (herunterfenken), пригнути, пригибнути, пригибати, свучити; полагати, положити, повалити (лозу, дрвље итд.), спустити, спуштати у дубљину; —er, m. положница, гребеница (од лозе итд.)
absent, adj. отсутан.
absetzen, v. a. скинути, скидати; Gewehr —, спустити пушку; den Reiter —, збацити са седла; Waaren —, продавати, распачати; — vom Amte, збацити са службе; im Schreiben —, писати с почетка; Kälber, Lämmer —, одбити, залучити; vom Lande —, одмакнути се од обале; im Reden —, одахнути; ohne abzusetzen, на душак, без престанка; es wird Schläge —, биће батина; —ung, f. полагање, проћа, скидање, престанак.
absein, v. n. отсуствовати; —, n. отсутност.
Absicht, f. намисао, намера; in der —, поради, ради; in — meiner, порад мене; Absichten haben auf etwas, смерати на што; in böser —, злорадице.
absichtlich, adj. навлашни; — adv. хотимице, нарочито, навалице, навлаш; —keit, f. навлашност, навалчност.
absieben, v. a. сејати, просејати.
absieden, v. n. обарити, варити, сварити, одварити, попарити.
absingen, v. a. певати, отпевати, испевати; — n. отпевање; —ung, f. der Gebete bei einer Grablegung, опело.
absitzen, v. n. отседати, отсести; — v. a. eine Schuld, den Arrest, отседити дуг, затвор.
absolut, adj. потпун, савршен, неограничен; — Stimmenmehrheit, f. надполовична већина гласова.
absolviren, v. a. опростити, опраштати, одрешити; (die Studien) сврпити науке, изучити школе; Absolutionsgebet, n. опросна молитва.
absolden, v. a. платити и отправити; плаћати и отправљати.
absonder-bar, adj. различан; —lich, f. besonders; —n, v. a. различити; раставити, одлучити, лучити, раздвојити, одвојити; Milch —, бризгати; —ung, f. лучење, растављање, бризгање.
abspalten, v. a. оцепити, расцепити.

abspänen, f. entwöhnen.
abspann-en, v. a. (Pferde), испрегнути, испрезати, попустити, опасти (жицу пап уже), на педаљ мерити, измерити; —ung, f. испрезање; — der Kräfte, малаксалост.
abspänstig, adj. противан, душман; — machen, отућити; — werden, отућити се.
absparen, v. a. штедити, заштедити па чему.
abspeisen, v. a. нахранити, хранити, појести; einen Kranken —, причестити болесника, einen mit leeren Worten —, премазати.
abspielen, v. a. одиграти, играти.
abspiegeln, v. a. одсјавати.
abspinnen, v. a. (eine Schuld) отпрести.
abspitzen, v. a. шиљити, зашиљити, заоштрити, задејати.
absplittern, v. a. исцепкати; — v. n. ценати се.
Absprache, f. Abrede.
absprechen, v. a. (einem etwas) пресудити да ко што изгуби; einem das Leben —, на смрт осудити; einem die gesunde Vernunft —, казати о ком, да нема мозга; einem Kranken das Leben —, недати ништа за болесников живот; v. n. über etwas —, пресудити што; darüber ist in erster Instanz abgesprochen, ту је ствар пресудно први суд.
abspreizen, v. a. подупрети, подупирати.
absprengen, v. a. откидати, откинути; одорнути.
abspriessen f. abstammen.
abspringen, v. n. скочити, отскочити; пуцати, пукнути (жица); одјуснути се; von jemandes Partei —, отпасти, олметнути се од кога.
absprossen, f. abstammen.
Absprössling, f. Abkömmling.
Absprung, m. скок, отскок, пукотина; das ist ein grosser —, велика је разлика.
abspulen, v. a. одмотати, одчити, сасукати.
abspüle-n, v. a. сплавити, прати, спрати, спирати, опрати, сплакати, исплакати (вода обалу); v. unten —, подлокати.
abstammen, v. n. произлазити.
abstämmen, v. a. бресати, окресати, длетом одбити.
Abstämmling, m. омладак, потомак.
Abstämmung, f. род, происхођење, подретло, порекло, колено, потомство.
Abstand, m. даљина, отстојање, разлика, отступање, растојање.
abstäubig, adj. различан; сух, мртав.
abstatt-en, v. a. Dank —, захвалити; Besuch —, посетити, походити, полазити: einen Gruss —, поздравити; seinen Glückwunsch —, честитати; —ung, f. (Abfuhr) отправљање; (Abzahlung) исплата.
abstäuben, v. a. прашити, испрашити, пајати, опајати.
abstämpen, v. a. шибати, пшибати.
abstech-en, v. a. (schlachten) клати, заклати; eine Karte —, убити; einen vom Pferde —, турити кога са седла; einen Fluss, одвратити реку; ein Lager —, обележити табор; den Wein —, оточити вино; — v. n. разликовати се; непристајати једно к другом; —r, m. einen — machen, свратити се.

abstechen, v. a. (das Angestochte), скинути, извадити; einen Garten —, обележити кольем међаше.
absteben, v. n. растојати, бити далеко; von einem Vorhaben —, одустати од намере; осушити се (дрво): погинути (риба); устојати се (вино).
abstehlen, v. a. красти; украсти; fig. научити се крадом.
absteifen, v. a. укочити, полупрсти.
absteig-en, v. n. сићи, силазити, отсести, свратити се; vom Pferde —, одјахати, сјахати; absteigende Linie —, нисходна лоза; — quartier, n. свратиште, конак.
absteinen, v. n. међаше стављати, поставити.
abstell-en, v. a. Gebrechen —, уклонити, укинути мане; — zum Militär, дати у војнике; — ung, f. укидање; — zum Militär, отправљање у војнике.
abstemmen, f. abstämmen.
absterben, v. n. умрети, помрети; — n. смрт.
absteuern, f. ablauben.
absticken, v. a. вести, превести.
Abstich, m. копија (од калупа или реза); fig. разлика.
abstiften, v. a. Jemanden von der Wirthschaft, раселити кога.
abstimmen, v. a. попустити (жицу), гласовати; v. n. послагати се; — ung, f. гласање.
abstoßen, v. a. отиснути, отискивати, одбити, збацити; eine Schuld —, одужити се; sich —, излизати се туљаљем; — v. n. одједрити, кренути се.
abstract, adj. без односа на што, одлучен; — ion f. одвученост.
abstraf-en, v. a. педепсати, каштигати, казнити; — ung, f. педепса, каштига, педепсање, казна.
abstrahiren, v. a. одвлачити; — v. n. без односа на што мислити.
abstreichen, v. a. сразити, обрисати, загладити, ишибати, наоштрити, набрусити, избрисати.
abstreifen, v. a. die Haut —, скидати кожу; das Laub —, брати, обрати лишће; die Handschuhe —, свући рукавице; Beeren u. Blätter —, смуждити.
abstreiten, v. a. (einem etwas) задобити парницом; durch Worte —, противсловити.
abstuf-en, v. a. ломити комад по комад; разредити на ступње; —ung, f. постепеност.
abstülpen, v. a. (den Hut) спустити обод на шешир.
abstumpf-en, v. a. тупити, затупити, утупити; отупити; ein Beil — (um es dann zu schärfen) замлатити, љушати, завратити, завраћати; einen dumm machen, замлатити; ab- gestumpft, adj. затубаст; —, n. завраћање, замлаћивање, љушање; —, f. затупљеност.
Absturz, m. пропаст, јаз; стрмен, врлет.
abstürz-en, v. a. сећи, отсећи. потсећи, подрезати, одрезати; кратити, пократити.
absuchen, v. a. поискати, побискати (уши или буве); die Raupen —, скидати, требити гусенице.

Absud, m. уварак.
absüßen, v. a. сладнути, осладити.
Abt, m. опат.
abtäfeln, v. a. подити, потподити, патосати.
abtafel-n, v. a. распремити брод; —ung, f. распремање брода.
abtanzen, v. a. отанцати, одиграти; sich —, истанцати се, натанцати се, наплесати се, наиграти се.
Abtei, f. опатија; —pfründe, f. опатовина; —lich, adj. опатски, опатовски.
Abtheil, m. део; —en, v. a. делити, разделити, оделити, раздолити; (mit einer Wand) противнити, преградити; — in zwei Theile, предвојити, преполовити; — das Brod, размешивати; — den Brodteig in Laibe, раскувавати, раскухати; — das Feld in Acker x. употесити; —, n. разређивање, размешивање, предвајање; —ung, f. раздео, одељење; преградак, пресек, око.
abthun, v. a. (z. B. einen Mantel) скидати, скинути кабаницу; — die Verlassenschaft, оправити заосташтину; einen Missethäter —, погубити (злочинца); докончати, свршити; бесплатити (рачун); ein lästiges Geschäft —, раскриљати, раскриљавати.
Äbtissin f. опатица.
äbtlich, adj. опатов, опатски, опатовски.
abtödten, v. a. убијати (тело).
abtraben, v. n. касати, откасати.
Abtrag, m. плаћање: einen — thun, надокнадити; —en, v. a. vom Tische —, прибрати, прибирати; gut zum —, добро за износ, издер; (ein Gebäude x.), срушити, порушити зграду; (eine Schuld) одужити, одуживати, платити (дуг); носити, износити, подерати, хабати (одећу); —ung, f. рушење, плаћање, одуживање, прибирање.
abträufen, f. abtriefen.
abtreiben, v. a. отерати, одагнати; Gewalt mit Gewalt, сузбити силу силом; die Leibes- frucht —, усмртити утробу, плод из утробе; ein Pferd —, морити, уморити коња; das Silber —, чистити, очистити сребро; das Kalb (beim Melken) —, ловнути; —ung, f. терање; усмрћење, побацивање плода из утробе.
abtrenn-en, v. a. порити, отпарати, оделити, одлучити; —ung, f. парање, лучење.
abtret-en, v. a. газити, нагазити; etwas —, уступити; v. n. отићи, отступити, иступити, изићи; bei einem —, свратити се; von etwas —, проћи се, оставити се, одустати од чега; —ung, f. уступ, уступање, пуштање, отступање; —ungs-, уступни; — ungsurkunde, f. уступница.
Abtrieb, m. сечење дрва. (користан.
abtrieglich, m. a. канати, искапати; fig. бити
abtrinken, v. a. испити, испијати; отпити; ein Guthaben —, попити дуг.
Abtritt, m. излазак, отступање; (heimliches Gemach), исход, проход, походница, заход; seinen — nehmen, отићи.
abtrocknen, v. a. сушити, осушити, исушити; — v. n. сушити се, осушити се, сахнути, усахнути, увенути.

abtröpfeln, abtropfen, v. n. капати, окапати.
abtroķen, v. a. добити, задобити упорпошћу, пркосом.
abtrumpfen, v. a. убити, убијати (у игри); насадити (одговором).
abtrünnig, adj. werden, отпасти, одметнути се; — machen, одметати, отпадити; —с, m. одметник, отпадник; —f. одметница, отпадница; —keit, f. невера, одметање, отпадивање.
aburtheil-en, v. a. судити, осудити, пресудити кога; —ung, f. осуда.
abverdienen, v. a. одслужити; seine Sünden durch Fasten —, отпаштати.
abverkaufen, v. a. продати.
abverkündigen, v. a. паповедати, навестити (женидбу).
abvieren, v. a. четворити.
abvifiren, v. a. мерити, измерити (висину).
Abwage, f. разлост висине (од два места).
ab- und zugehen, v. n. долазити и одлазити, отходити и доходити.
abwägen, v. n. мерити, измерити, размерити, вагнути; etwas von einer größern Menge —, одмерити, fig. расудити, промислити.
abwalken, v. a. ваљати.
abwälzen, v. a. ваљати, сваљити, котурати, одваљити; fig. etwas von sich, опрати се, оправдати се.
abwandelbar, adj. спрезан (глагол); —n, v. a. спрезати; —ung, f. спрезање.
abwärmen, v. a. грејати, огрејати.
abwart-en, v. a. чекати, пишчекати, ишчекивати, почекати; служити, послуживати, дворити; sich —, чувати се, пазити се; —ung, f. чекање, настојање, дворба, послуга.
abwärts, adv. низ, доле, наниз брдо, под гору, напод погу; —sitzen, седети у прикрајку.
abwasch-en, v. a. опрати, спрати, запрати, запирати, испрати, умити; nach einander —, изопирати; —faß, n. помијара; —wasser, n. помије; —weib, n. судопера, лонцопера; —ung, f. прање, умивање, и дес.
abwässern, f. wässern.
abwechsel-n, v. a. мењати, разменити, променити; — mit Beamten, промештати чиновнике; — v. n. мењати се, изменити се; —b, adv. наизменце; —ung, f. мењање, промена.
Abweg, m. странпутица; auf —е gerathen, заблудити, забасати.
abwegs, adv. с путz, од пута, странпутице.
abweh-en, v. a. одухнути, одувати, посити, опосити, одпети, стрести, отрести (ветар).
abwehren, v. a. уклонити, уклањати, недати, бранити, забранити, одбранити, одгонити, одбијати, одагнати, одбити.
abweichen, v. a. мочити, намочити; — v. n. одушити се од влаге, расквасити се; уклањати се, застранити, кривудати, отступити, одустати, разликовати се; — von der Meinung Anderer, неслагати се с другима у мнењу; im abgewichenen Jahre, лани, прошасте године; —ung, f. уклањање, разлика, кривудање.
abweiden, v. a. пасти, опасти, попасти, утирати.
abweißen, v. a. мотати, смотати, одмотати.
abweinen, v. a. плакати, исплакати нешто, плачем задобити.
abweis-en, v. a. одбацити, одрећи, непримити, одбити (н. п. тужбу чију); отправити; Jemanden vom Vermögen, искључити кога од имовнпо; —ung, f. одбијање, одбацивање.
abweißen, v. n. губити боју белу; — v. a. белити, обелити.
abwelken, v. a. увенути, усахнути.
abwend-en, v. a. одвраћати, одвратити, сметати, сметнути; одговорити, уклонити; sich —, одинћи, окрепути се; vom Winde (nach dem man getrunken) одагнути; —ig, adj. неваклонен; — machen, одвраћати; die Gemüther — machen, отућити; —ung, f. одвраћање итд.
abwerfen, v. a. збацити, сргнути, разврћи (мост); сваляти (дрво); (das Obst wirft die Blüthe ab) требити се, потребити се, очистити се; viel —, много доносити (корист, пробитак); — v. n. котити, окотити, лећи, пзлећи.
abwesen-d, adj. отсутан, неприсутан, ненавочан; — sein, избивати; nie — fein, небивати; —heit f. отсуство, отсутност, избивање.
abweten, v. a. брзати, искрзати; брусити, избрусити; sich — v. r. изглагбати се, крзати се, искресати се, отрцати се.
abwichsen, v. a. вощрити, навощтити; избити, излупати.
abwickeln, v. a. одмотавати, одмотати, размотати, одвијати, одвити, развити.
abwiegen, f. abwägen.
Abwinde, f. мотовило, витао; —n, v. a. одмотати, одвијати, мотати, осувати.
abwirken, v. a. дерати, одерати (прасе); ткати, откати.
abwischen, v. a. отирати, отрти, утрти, брисати, убрисати, обрисати; sich —, убрисати се, брисати се итд.
abwuchern, v. a. добавити лихваре ћи.
abwitrdigen, v. a. понизити.
abwürfeln, v. a. паткоцкати.
Abwurf, m. производ, доходак, приход; (das Unbrauchbare) сметак.
abwürgen, v. a. гушити, загушити, задавити.
abwürzen, v. a. зачинити, зачињати.
abzahlen, f. bezahlen.
abzähl-en, v. a. бројити, разбројити, избројити, побројити, одбројити; —ung, f. бројење, рачун.
abzanken, v. a. свађом задобити.
abzapfen, v. a. оцепити, оточити; Blut —, крв пустити; —ung, f. отакање; пуштање крви.
abzäumen, v. a. одуздати.
abzäunen, v. a. ограђивати, заградити, оградити, преградити (плотом).
abzehr-en, v. a. чупати, рашчупати, очупати, abzehr en, v. a. трошити, потрошити; sich —, губити се, сушити се; —ung, f. суха немоћ, јектика, тишика.
Abzeichen, n. знамење.

abzeichnen, v. a. препочињати, препочети, на-
цртати; —ung, f. нацрт, препочињање.
abzerren, v. a. вући, влачити, потезати, по-
тегнути.
abzetteln, v. a. удесити, удешавати.
abzieh en, v. a. скидати, скинути, свлачити,
свући; den Hut —, скинути капу; von der
Stimme —, одбити; — vom Sohne, откинути,
суставити; den Flachs —, чести ти, огре-
бати; Wein —, оточити, преточити, рас-
точити; die Haut —, дерати, одерати, гу-
лити, огулити; einen Messer —, навући, о-
штрити; die Hand von einem —, дигнути
руку с кога; (abdrücken), паштамвати; (in
der Rechenkunst), одузети; — v. n. отићи,
отступити, узмакнути, уступити; von der
Wache —, изменити се; aus der Wohnung
—, одселити се; — eisen, n. коса (у ћур-
чија); —ung, f. Abziehen, n. одузимање, ски-
дање, отакање, дерање, огребање, одби-
јање.
abzielen, v. n. цињати, смерати, намерати;
das zielt auf nichts Gutes ab, то не слути
на добро.
abzirkeln, v. a. омешарити, окружити.
abzüchtigen, v. a. казнити, каштигати.
Abzug, m. одазив, полазак, узмак, одузетак,
одбитак (на рачуну); снимак (у штампи),
јарак; —s, полазак, одузетак.
abzupfen, v. a. очупати, почупати, очимкати,
чимкати.
abzwacken, v. a. отштипути.
abzwecken, v. a. канити, намеравати.
abzwicken, v. a. отштинути.
abzwingen, v. a. силом отети, отимати.
Acacie, f. Schotendorn.
Academie, f. академија, велика школа.
Accent, m. акцент, нагласак, глас , ударање
гласа; veränderter (falscher) —, запошење, за-
нос; mit falschem oder verändertem Accent
sprechen, запоштити.
Accentuiren, v. a. акцептовати, нагласити.
Accept, n. пријем.
Accept=ant, m. акцептапт, пријемник; —ation,
f. акцептација, примање; — per l'onor di
lettera, из почасти потписа; -sprovison,
f. пријемница; —iren, v. a. акцептовати,
прихватити, примити меницу.
accessorisch, adj. побочан, узгредан; — adv.
побочно, узгредно.
Acceß, f. Zutritt.   [словн.
Accidenz, f. припадак; (Buchdruck.) вапредни по-
Accise, f. потрошарина; акциза, даћа.
Acclamation, f. усклик; (Wahl) избор усклином.
accompagniren, v. a. спроводити, спровести.
Accord, m. акорд, сагласност, погађање, по-
годба; - iren, v. a. удесити, угодити, удес-
шавати, слагати (жице); допустити; — v.
n. погодити се, договорити се.
accreditiren, v. a. Jemanden, поверити кога.
Accouch=eur, f. Geburtshelfer; —iren, v. n. при-
мати (дете при порођу).
accurat, adj. прав, точан, тачан; —esse, f. точ-
ност, тачност.
Accusativ, m. четврти падеж.
ach, i. ax, а, ох, ух, у, вајме, о, ојме, јаој,

јаох, јао; ach nein! аја; — wie schön, ала
је лепо.
Achat, m. агат, гагат (камен драги).
Achse, Axe, f. осовина; — am Mühlrade, вре-
тено; auf der —, на коли, но коњу.
Achsel, f. раме, плеће, пазухо; die — zuden,
сажети, сажимати раменима; es auf die
leichte — nehmen, узети олако; —band, n.
нараменица; —höhle, f. пазухо; —fled, m.
раменача, поранак, —riemen, m. прекора-
мица; —schärpe, f. шарпељ; —zuden, сажима-
ње раменима.
Achselnagel, m. чивија од осовине.
acht, num. осам; der —e, осми; eine Zahl von
—, осмина, осморица, осморо.
Acht, f. опаз, позор, вардање; (Achtung), про-
гон, прогнанство; — haben, пазити; —ge-
ben, вардати, мукастисати, пазити; gib —
назор, буди назор, буди мукаст; sich in —
nehmen, узети се у памет; nimm dich in —,
буди на опазу; aus der — lassen, занема-
рити, запустити; in die — erklären, иза-
гнати, прогнати.
achtbar, adj. частан, поштен; —keit, f. поште-
ње, част.
aecht, f. echt.
Achte, f. (Karten), осмица.
Achtel, n. осмокут; —ig, adj. осмоуглат, осмо-
кутан.
achteimerig, adj. од осам акова; ein — Faß,
осмакиња, осмак.
Achtel, n. осмина, осми део.
achten, v. a. штовати, почитовати, поштовати,
верати, пазити; мотрити; судити, мисли-
ти; für gut —, држати за добро; wornach
ihr euch zu haben, по чему се владати
имате.
aechten, v. a. изагнати, прогнати, прогонити.
achtens, adv. осмо.
Achter, m. осмица; —lei, adj. осморострук.
acht=fach, —stüdig, adj. осморогуб; осморострук;
—füßig, adj. осмоног; —groschenstück, n.
осмак.
Aechtheit, f. Echtheit.
achthalb, adj. седам и по.
achtjährig, adj. осмогодац, осмогоче; ein —
Thier, осмак; eine —e Stute, осмакиња.
achtlos, adj. непажљив, немаран, немарљив;
—sigkeit, f. непажљивост, немарност, не-
марљивост.
acht=mal, adv. осам пута; —monatlich, adj. од осам
месеци; —pfündig, adj. од осам фунти.
achtsam, adv. помљив, пажљив, спазан, мар-
љив; —keit, f. помља, пажљивост, опаз-
ност, марљивост.
achtseitig, adj. осморостран, од осам страна.
Achtserklärung, f. прогнање, прогонство.
achtspännig, adj. u. adv. на осам коња.
achttägig, adj. осмодневан, од осам дана.
Achtung, f. поштовање, пажња, част, опаз,
помља; mit — empfangen, прибрати, при-
брати; —svoll, adj. u. adv. с поштовањем;
— Aufnahme, прибрање.
Aechtung, f. Achtserklärung.
Acht=winklig, f. Achtedig; —wöchentlich, adj. од
осам недеља; —zehn, num. осамнаест; —

—zehnte, adj. осамнаести; Anzahl v. —, осамнаесторо; —zig, num. осамдесет; —ziger, m. —zigjährig, adj. од осамдесет година; -zigste, adj. осамдесети; Anzahl v. —, осамдесеторо.
achzen, v. n. јецати, јечати, одјекнути; — n. јецање, јечање; —т, m. јеко.
Acker, m. њива, оранида; wo einmal ein war, шенишиште; —s, adj. орабн; —bau, m. пољоделство; —beet, n. слог; —er, m. ратај, ратар, орач, тежак; —s, adj. ратарски; —feld, n. оранида, орабида, орница, њива; —frohne, f. работа, тлака; —furche, f. бразда; —gaul, m. орабн коњ; —geräthe, n. лес; —getreide, n. изор; —tratzkraut, n. паламида, serratula arvensis; —land, n. f. —feld; —mann, m. орач, ратар, себар, ратај; —männchen, n. (Bachstelze), плиска, овчарица, говедарка; —münze, f. пољска метва (трава); —n, v. a. орати, узорати; fertig —, паорати; —s (geackertes Land), орање; —pferd, n. f. Ackergaul; —pflugflechte, f. гужва; —rettig, m. ротква пољска (корен); —scholle, f. Erdscholle; —steinsame, m. дивља проја, lithospermum arvense; —trespe, f. овсик, дивља зоб; —walze, f. ваљ, ваљак; —winde, f. поповац; —zins, m. данак, пореза од њива.
Act, m. (im Schauspiele), чин, дејство, радња, акт; —gerichtlicher, чињење судско.
Acten, pl. f. акта, списи, писма; Proceß-парнични списи; Acten (in Zuf.) списни; —auszug, m. извод из списа; —mäßig, adj. по списима; —stück, n. спис; —verzeichniß, n. казало, попис списа.
Actie, f. акција, деоница; —ngesellschaft, f. деоничко друштво; —nhandel, m. трговина с акцијама; —ninhaber, m. деоничар.
Action, f. битка, бој.
Activ, adj. чинећи; —es Wahlrecht, n. право изборно.
Activschuld, f. —en haben, имати на дугу; Passivschulden haben, бити дужан, имати дуга.
Activirung, f. увод, завођење.
Actorische Caution, f. тужитељска сигурница.
Adamsapfel, m. јабучица (у грлу).
Adaptirung, m. прилагођење, приспособљење, прерађење према потреби.
addiren, v. a. збирати, скупити.
Addition, f. збирање, сабирање; —al, adj. додатни.
Adel, m. племство, властеоство, благородство; властела, племићи; —herrschaft, f. аристокрација; —hof, f. Edelhof; —ig, adj. племенит, властеоски; —ige, m. племић, властелин, благородан; —n, v. a. поплеменити, учинити племићем; —sbrief, m. лист, писмо племићко; —schaft, f. —stand, m. племство, сталеж племићки.
Ader, f. жила; (im Gestein), жица; die goldene —, пуљ; —lassen, v. a. крв пустити; —ig, adj. жилав, у жила; —laß, m. пуштање крви; —laßfließchen, n. кокталић (при пуштању крви); —laßeisen, n. бацкавица, лан-цета; —laßzeug, n. справа за пуштање крви.
Adjectiv, n. адјектив, придев.

adjudiciren, v. a. присудити, досудити.
Adjunct, m. пристав.
adjungiren, v. a. дати, одредити (коме кога у помоћ).
adjustiren, v. a. приредити, приређивати; —ung, f. приређење, приређивање.
Adjutant, m. побочник.
Adjutum, n. припомоћ.
Adler, m. орао; —klauen, f. pl. орлови нокти, панџе; —nase, f. нос орлов, орловски; junger —, орлић, орловић, орлушић; Weibchen vom —, n. орлушица; —thaler, m. крилаш.
Administration, f. управа; —sbehörde, f. управна власт; —szweig, m. грана, струка управе.
Admiral, m. адмирал; —in, f. адмиралица; —ität, —schaft, f. адмиралство.
Adoptiren, v. a. покћерити, посинити.
Adoption, f. посињење, покћерење.
Adoptivkind, n. посинче (посинак, покћерка); —mutter, f. помајка; —vater, m. поочим.
Adresse, f. допис, натпис, адреса.
Advent, m. пришаште, дошашће.
Adverb, Adverbium, n. паречица, прислов.
Advitalitätsrecht, n. досмртно уживање. [тељ. advocaten-, adj. одветнички.
Advocatur, одветништво.
advociren, v. n. бити одветник.
Affe, m. мајмун, опица, моња; junger—, мајмунче; junge —n, мајмунчад.
Affect, m. афект, страст, јар; —ation, f. пренемагање, мудровање; —iren, v. a. пренемагати се; —irt, adj. пренпридан.
Affengesicht, n. лице мајмунско; —liebe, f. безумна, слепа љубав; —nase, f. прчаст, мајмунски нос.
affisch, v. a. ругати се, варати, преварити.
Aff erei, —ung, f. руга, ругање; —in, f. мајмуница; —isch, adj. мајмунски, мајмунаст.
After, m. задњица, стражњица; gem. гузица, дупе, пркно, рит; in Zusammens. под-, падру-, лажни; —alabaster, m. алабастрит; —arzt, m. надрилекар; —beredsamkeit, f. надрипречитост; —bestand, m. поднајам; —christenthum, n. надрихришћанство; —darm, m. гузно црево; —geburt, f. пометање; —geleerte, m. надрнучењак; —hebe, n. отапа; —horn, n. нарог, парожак, нарочњић; —kegel, m. начуп; —kind, n. посмрче, копиле, копилан; —könig, m. лажни крал; —leber, n. окрајни од коже; —mehl, n. псевди; —miether, m. поднајмитељ; —pfand, n. подзалог; —rede, f. оговарање, клеветање; —reden, v. n. оговарати, клеветати; —redner, m. клеветник; —silber, n. нечисто сребро; —topas, m. лажни топаз; —türke, m. потурица; —welt, f. потомство.
Agath, f. Achat.
Agen, pl. плева; vom Flachse, поздер.
Agende, f. обичајник, требник (књига).
Agent, m. агент, заступник; —schaft, f. agentija, заступништво.
agressiv, adj. нападни.
Agio, n. приц; —tage, f. придовање.

2

agiren, v. a. махати, играти (на позорници).
Agnat, m. рођак по оцу.
Agtstein, f. Bernstein.
Ahle, f. шило; hölzerne —, шпљак; —nmacher, m. шилар.
Ahlkirsche, f. вашчије (насје) грожђе; крушина.
Ahm, f. Ohm.
Ahnd-en, v. n. (besser: ahnen), кобити, слутити, предвидети; — v. a. казнити, педепсати; —ung, f. коблење, приказивање, слутња; (Strafe) педепса, каштига, казна, f. bei sonstiger —, иначе биће кажњен.
Aehneln, v. n. наличити, налнковати, наносити.
Ahnen, pl. праоци, дедови; племе, колено; — tafel, f. таблица родословна.
Ahnen, v. n. слутити, приказивати се, кобити.
Ahnfrau, f. прамати; —herr, m. праотац, прадед.
aehnlich, adj. сличан, прикладан; —, adv. попут, налик; —feit, f. подобност, сличност, наликост.
Ahnung, f. слутња, кобљење, приказивање.
Ahorn, m. јавор; —en, adj јаворов; —holz, l. јаворовина; tatarischer —, жестика.
Aehre, f. клас, плат, влаће, класје.
aehren, v. n. класати, исклисати; sich —, v. г. клипати (за кукурузе); —lese, f. пабирчење, палетковање; —г, m. класобер.
aichen, f. eichen.
Akademie, f. академија; —iker, m. академик, академичар; —isch, adj. академички, академичан, академијски.
Akatholisch, adj. некатоличан.
Azie, f. багрена, багрен.
Aelei, f. попина капица.
Alabaster, m. алабастар; —n, adj. алабастрен, од алабастра.
Alant, m. оман; —beere, f. црни рибиз (плод).
Alarm, m. узбуна, f. Lärm.
alarmiren, f. beunruhigen, schrecken.
Alarmstange, f. смоленица, фитиљача.
Alaun, m. стипса, коцел, шап, алум, јелуп; —artig, —haftig, adj. стипсан; —en, v. a. стипсати, остипсати; —hütte, f. —werk, n. стипсана; —sieber, m. стипсар; —sieben, n. стипсање.
albern, adj. луд, глуп, безуман; —, v. n. будалити, лудовати; —heit f. будалаштина, лудост, безумност; —en reden, рђогризати.
Alchymie, f. златотворство; —mist, m. златотворац; —mistisch, adj. златотворан.
Alfabet, n. азбука, абецела; —isch, adj. азбучни; —, adv. по абецеди, по азбуци.
Alfanzerei, f. лудорија, будалаштина.
Algebra, f. алгебра; —isch, adj. алгебарски.
Aliment, f. храна; —ation, f. храњење.
aliquote, adj. одломни.
Alkermes, m. винобој, гроздбоја.
Alkoran, f. Koran.
Alkoven, m. алков, ложница.
all, aller, alle, alles, adj. вас, сав, сви; alle sein, нестати; alle machen, потрошити, похарчити, потратити; alle insgesammt, листом.
All, n. све.
Allarm, m. f. Alarm.

allbereits, adv. јур, јурве, већ.
allda, adv. онде, ту.
Allee, f. алеја, дроред.
Allego rie, f. показ, алегорија; —isch, adj. алегоријски, алегорички, алегоричан, показан.
allein, conj. пу, али, но, ама.
allein, adj. сам, један, без друга; —, adv. само, салт; ganz и. gar —, сам самцит; —leben, v. n. самоковати; — bleiben, v. n. осамити се; —besitz, m. самопосед; —gewalt, —herrschaft, f. самодржство, самовладство; —handel, m. самотрштво, самопродаја; —händler, m. самотржац; —herrscher, m. самодржац, самовладац; —ig, adj. једни, сам; —verkauf, m. монопол, самотрштво.
allemal, adv. свагда, свећ, свећер, увек, навек.
allen falls, adv. на сваки начин, свакако; —thalben, adv. посвуда, свагде, свуда.
aller, adj. сав, вас, савколик.
allerdings, adv. дакако, заиста, јамачно.
aller-erst, adv. најпре, пре свега, пада све; —hand, —lei, adv. којешта, свакојако, сваке врсти; —heiligen, pl. сви свети (благдан); —heiligste, n. причест; —liebst, adj. мио, љубак; — v. adv. красно, врло лепо; —meist, adv. особито, највише, врх свега; —seits, adv. са свих страна, сниколици; —wärts, — wegen, f. allenthalben.
Alles, adv. све, сваштa; — in Allem sein, бити све у свем; in Allem, свега скупа, укупно.
alle sammt, adv. сниколици, листом; —wege, adv. свуда, свакако; —weile, adv. сад, управ свада, баш сада; —zeit, adv. свагда, увек, вазда.
all-fällig, adj. ако је ко или што; —gegenwart, f. свеприсутност; —gegenwärtig, adj. свеприсутан; —gemach, f. allmählig; —gemein, adj. општи, опшпти, укупан; im —en, уопће, уопћено, уопште; —gemeinheit, f. укупност; —gewalt, f. свемогућство, свемогућност; —gewaltig, adj. свемогућ, свемогућан; —gütig, adj. преблаг; —gütigkeit, f. преблагост; —heit, f. укупност; —hier, adv. овде, ту.
Allianz, f. савез.
alliir-en, v. a. савезати се, сједнинити се; —te, m. савезник.
all-jährlich, adj. свакогодишњи; —, adv. сваке године; —macht, f. свемогућство, свемогућност; —mächtig, adj. свемогућ; —mählig, adj. постепен; —, adv. лагано, мало по мало, помало.
Allonge, f. продиљка (мешчина).
all-sehend, adj. свевидећи; —seitig, adj. свестран, од свију; —stündlich, f. stündlich; —tag, m. тежатник; —tägig, —täglich, adj. свакидашњи, свагдаљи; fig. навадан, обичан; —, adv. сваки дан; —tagsgesicht, n. обично лице.
Alluvion, f. наплав, крш.
all-waltend, adj. свевладан; —weise, adj. премудар; —weisheit, f. премудрост; —wissend, adj. свезнајућ; —wissenheit, f. свезнаство; —wisser, m. свезналица, сваштозналац; —wisserisch, adj. свезнали; —wo, f. wo; —zeit, f.

allezeit; —zu, —zuviel, adv. пре-, превећ, одвећ, одвише; —zumal, —zugleich, adv. свеколико.
Almanach, m. алманах, календар, забавник.
Almosen, n. милостиња, прошевина, подела, дар, задужбина; —anstheilen, уделити, поплатити; —ier, —pfleger, m. елсмозппар.
Aloe, f. алоа.
Alose, f. Ьепа (риба).
Alp, m. мора; —fuß, m. соломоново слово.
Alphabet, n. f. Alfabet.
als, conj. кад, када; као, како; него, од; на прилику; —ob, —wie, —wenn, као да; —даß, него да.
alsbald, conj. одмах, таки, скоро.
alsdann, adv. онда; тад, тада.
also, adv. тако; дакле, инди, мећер.
Aelster, f. сврака.
alt, adj. стар, матор, вет, даван, у година; in —en Zeiten, у старо доба; (altväterisch), старински; —machen, остарити, постарати; —werden, старити, остарити, постарати се, маторити; zu —werden, престарити; sich stellen, старати се; —en Gesichtes, баболичан; v. —en Zeiten her, од давнина; Alte, f. старица, баба, стара; маторка; —т, m. старац, стариш, старина; маторац; секем; —eweibersommer, m. бабино лето; er ist 20 Jahre —, има (му) 20 година; wie — ist er? колико (му) има година?
Alt, m. алт (глас).
Altan, m. доксат, лонџа, диванана.
Altar, m. олтар, отар, жртвеник; —blatt, n. кип од олтара; —stück, f. —blatt; —thür, f. двери.
altbacken, adj. стар, старински, бајатан.
altbeschlagen, adj. староков (коњ).
Alten, pl. f. Aeltern.
Alter, n. старост, доба, старина, век; von —her, од старине, од давнина.
aelterlich, adj. родитељски.
Altermann, m. старешина.
Aeltermutter, f. прамати, прабаба.
Aeltern, pl. родитељи.
aeltern, altern, v. n. старити, остарети.
aelternlos, adj. сирота, без родитеља.
Alterthum, n. старина, древност, стародревност; —sforscher, —kundiger, m. старознанац; —kunde, f. старознанство; —thümlich, adj. старински, стародреван.
Aeltervater, m. прадед, праотац.
Aelteste, m. старешина; најстарији.
Altgeige, f. Bratsche.
altgeschmiedet, adj. староковка (сабља).
Alt-gesell, m. први калфа; —gläubig, adj. староверан; —gläubige, m. староверац.
Altist, m. алтиста.
Altklug, adj. стармали.
aeltlich, adj. постар.
Altmeister, f. Altermann.
alt-modisch, adj. старински; —mutter, f. баба; —sasse, m. староседилац; —vater, m. дед, праотац, прародитељ; —väterlich, adj. старински; —vordern, m. pl. праоци, прадедови, стари; —weibisch, adj. бапски.
Alumnus, m. питомац.

am (an dem), prp. на, врх; (um den Superlativ zu bilden), нај-.
amalgamiren, f. verquicken.
Amarant, m. тратор, штир, ћипан.
Amarelle, f. марела.
Amazone, f. амазонка.
Amboß, m. наковањ.
Ambra, m. амбер, амбра.
Ambrosia, f. амвросија.
Ameise, f. мрав; —n, мравињи.
Ameisen-bär, m. мравождер; —haufe, m. мравињак.
Ameismehl, n. штирка, скроб.
Amen, n. амин, амип; —sagen, аминати; —, n. аминање.
Amethyst, m. аметист (драги камен).
Amiant, m. амијант, азбест (камен).
Amme, f. дојкиња, дојиља, дојница; —lein, бабовати; —dienst, m. бабовање; —pflege, f. дојње.
Ammer, f. стрпадица, стрнатка.
Ammer, f. трешња.
Amnestie, f. амнестија, опроштење.
Amnestirung, f. опроштење.
amortisir-en, v. a. eine Urkunde, усмртити исправу; —ung, f. усмрћење.
Ampfer, m. штавље.
Amphibium, n. подоземац.
Amphitheater, n. амфитеатар.
Amsel, f. кос; —r, косовжи.
Amt, n. чин, служба, звање, уред; дужност; (Hofamt), велика мпса; (Gilde) цех; (District) котар, округје, срез, подручје; —haus, n. судница; —los, adj. без службе.
aemtlich, adj. уредовни, званични, службени.
Amt-mann, судац, судија, чиновник; —mannschaft, f. судчија, котар, подручје.
Amts-, adj. уредски; blatt, n. званични лист; —bruder, m. колега, друг; —gehülfe, genoß, m. f. Amtsbruder; —handlung, f. уредовање; —pflege, f. Amtsverrichtung; —schösser, m. благајник; —stube, f. судница; v. —wegen, званично, службено; —verrichtung, f. служба.
Amulet, n. амајлија, заипс.
An, prp. (mit Dat.) на, о, при; (mit Acc.) у, о, па; до. код, к, ка; — der Wunde sterben, умрети од ране; —zwanzig, за, до, око 20.
Anachoret, m. пустињак.
Analog-ie, f. подобност, паликост; —isch, adj. подобан, налик.
Analyse, f. Zergliederung.
Ananas, f. ананас, думлек.
Anaphora, f. навора.
Anarchie, f. безвладност, безвластје; f. Gesetzlosigkeit.
Anathem, n. анатема, анатемате.
Anatom ie, f. анатомија; —iker, m. анатом; —isch, adj. анатомски, анатомијски.
anbacken, v. a (voll) налећи.
Anbau, m. усев, обделавање, тежање, сејање; припавак, дозиђавање; —en, v. a. тежати, сејати, дозиђати, доградити, приградити; angebautes Land, питомина; —v. r. населити се; —er, m. тежак.
anbauschen, v. r. набушати се.

anbefehlen, v. a. заповедати, заповедити, наредити, препоручити.
Anbeginn, m. почетак, постанак.
anbehalten, v. a. задржати на себи (хаљину итд.).
anbeißen, v. a. загристи, нагристи, наклати, пајести, чалабрцнути, угристи; die Fische beißen nicht an, рибе не ће да хватају.
anbelangen, f. anlangen, betreffen.
anbellen, v. a. лајати на кога.
anberaum en, v. a. одредити, уређи; —ung, f. одређење, уречење.
anbeth en, v. a. клањати, обожавати, штовати; —er, m. поклоник, обожател, штовалац; ung, f. обожавање, штовање.
Anbetracht, in — гледом, у обзиру.
anbetreffen, f. anlangen.
anbetteln, v. a. навалити на кога прошњом; напросити.
anbei, adv. поред тога, у исто доба, врх тога, уз то.
anbiegen, v. a. пригибати, пригнути; прилагати, приложити, придавати, придати; пресавити.
anbiet en, v. a. нудити, понудити, препоручити; sich —, v. r. нудити се, понудити се; — v. n. попудити, обећати; —ung, f. попуда.
anbinden, v. a. навезати, надвезати, привезати; fig. einen —, обдарити кога; mit einem —, ухватити се у коштац с ким; kurz angebunden, кратко насађен; ein weidendes Pferd —, припети, припињати; die Weinstöcke —, везивати виноград.
Anbindstock (für Schafhunde), m. жежељ.
Anbiß, m. угризак, ујединa, мамац, мека, fig. ручак, закусак.
anblasen, v. a. пухати, дувати, заплахнути, пропухати, провирити, потнирити, задухати, напухати; fig. потнцати, потавнути; sich —, v. r. надути се, надимати се; —, n. надимање.
anblecken, v. a. везити се на кога.
Anblick, m. видик, поглед; —en, v. a. гледати, погледати; unbentlich —, назрети, назирати; sich gegenseitig —, згледати се; —, n. згледање.
anblöken, v. a. блејати на кога.
anbohren, v. a. бушити, пробушити, провртити, навртити, наврнути; ein Faß —, начети буре.
Anbot, m. попуда (при мутњању).
anbrechen, v. a. (Wein, Käse), задомити, начети; (in Menge brechen), наломити, напреламати; — v. n. der Tag bricht an, свањe, сванива; die Nacht bricht an, смркава, мрак се хвата.
anbrennen, v. a. ужгати, загорети, запалити, палити, нагорети, напалити, ожeћи, закадити, спалити, опржити, упалити; ударити жиг; — v. n. запалити се; ringsumher —, огорети; —, n. загорел.
anbring-en, v. a. донети, поставити, метнути, вређи, положити, предложити; (Kleider), навући; (ansuchen) молити; eine Klage —, потужити се; Waaren —, протурити; рас-

продати, продати; (anwenden), употребити; jemanden —, наместити кога; Geld —, потрошити; Beweise -, разложити доказе; eine Perlenschnur unten —, поднизати; — n. предлог, посао; —er, m. тужител, допоситeл.
Anbruch, m. начинање, почетак; — des Tages освит, освитак, расвит, расвитак, сванyћe, цик; свитање, зора; (Fäulniß), гњилост, трулост.
anbrüchig, adj. натруо, нагњло; —er Zahn, најeлен зуб, кисео (воће, вино итд.)
anbrühen, v. a. опарити, попарити, парити.
anbrüllen, v. a. рикати на кога.
anbrummen, v. a. мумлати, мрмљати.
anbrüten, v. a. почети седити на јаји; angebrütetes Ei, излежено јаје.
Andacht, f. побожност, молитва, богомольство.
Andächt-elei, f. лицемерство, богомольство; — ig, adj. боголушан, душеван, побожан, боголиван; —er, m. лицемерац, богомольaц.
Andenken, n. успомена, спомен; mein Mann seligen —, мој покојни муж; (Denkmal), спомeник, паметник.
anderer adj. други, ини, остали, друкчији.
aendern, v. a. променити, мењати, поправити, изменити; препначити, предрвугојачити, препарeдити; den Ort —, преместити се; den Glauben —, преверити, пореиити се.
andernfalls, adv. инако, друкчије; —theils, adv. с друге стране.
anders, adv. инако, иначе, другојачије, друкчије.
anderseitig, adj. с друге стране.
andersgläubig, adj. иноверан; —e, f. иновeрка; —er, m. иновeрац.
anderseits, adv. с друге стране, инако.
anderswo, anderwärts, adv. инде, другде, на другом месту; —wobirch, adv. другуд; — woher, adv. од другуда; —wohin, adv. другамо, на друго место, друкуд.
anderthalb, adv. подруг.
Aenderung, f. промена, мена.
anderweitig, adj. ини, други, остали.
andeut en, v. a. наговестити, показати, огласити, јавити, тукнути, натукнути; — in der Malerei, нацртати, означити; —ung, f. наговештeњe, назначeње.
andicht en, v. a. палагати, потворити, обедити; —ung, f. лаж, потварање.
Andorn, m. тотрлан.
Andrang, m. навала, тиска, налога, нагоница.
andrängen, v. a. потиснути, натeрати, нагнати.
andrehen, v. a. сукати, насукати; навртити, завринути; додати; упрести.
andringen, v. a. натиснути се, навалити, нагнати се, тискати се, нагрнути, наслити.
androhen, v. a. претити, припретити, грозити се.
andrucken, v. a. штампати, напечатати.
andrücken, v. a. притиснути, потиснути.
aneifern, v. a. потицати.
aneignen, f. zueignen.
aneinander, adv. скупа заједно; једно уз друго.
Anekdote, f. анегдота, причица, приповeтчица.

anekeln — 21 — angeben

anekeln, v. a. омрзнути, гнушати, гадити се.
Anemometer, m. ветромер.
Anemone, f. саса, шумкидека.
anempfehlen, f. empfehlen.
Anerbe, f. Erbe.
anerben, v. a. наследити по роду; оставити у баштину, наследство; angeerbte Güter, дедовина; angeerbte Vorurtheile, урођене предрасуде.
anerbieten, f. anbieten.
Anerbieten, n. понуда, пуђење.
anerkennen, v. a. признати, припознати.
Anerkennung, f. признање, исповедање; припознавање, уважавање.
anerschaffen, adj. природен.
anessen, sich, v. r. најести се, набити се, наслагати се, пазобати се.
anfachen, v. a. потпирити, упирити, раширити, спирити, подјарити, потакнути, побудити.
anfächeln, anfächern, v. a. хладити лепезом.
anfädeln, v. a. низати, нанизати; — v. einer Schnur auf eine andere, пренизати.
anfahen, f. anfangen.
anfahren, v. a. привести, довести, навести; fig. einen —, навалити, набахнвати, набрекнути, окосити се, напасти, папаствовати, осећи се на кога; — v. n. приближити се, пристати; an etwas —, тоснути се, насести, ударити о што; übel —, зло се намерити; angefahren kommen, привести се, доћи на коли; — d, набрекнут.
Anfahrt, f. пристанак (брода); (Anfurt), пристаја; (im Bergwerke), почетак дела.
Anfall, m. напад, навала, загоњење, настрање, припадак имања, баштина, наследство; (einer Krankheit), наступ; —en, v. a. навалити, напасти, напаствовати, наспнути, ударити, припадати; (zu Theil werden), запасти; angefallene Güter, старина.
Anfang, m. почетак, искон, пачетак, започетак, узрок; von — bis Ende, од кои до кои; —en, v. a. почети, задести, започети, отночети; (etwas unternehmen), подухватити се, латити се; v. n. почети.
Anfänger, m. почетник, првача; — eines Streites, замиткавга.
anfangs, anfänglich, adv. испочетка, исправа, испрвуле, изнајпре, од почетка, у почетку, с почетка; —buchstabe, m. слово, писме почетно, зачелно, велико; —gründe, pl. први основи.
anfassen, v. a. ухватити, пограбити, шчепати; (anreihen), нанизати; v. nuten, подухватити, подухваћати; sich —, похватати се, ухватити се; —ung, f. хватање.
anfaulen, v. n. натрупути.
anfechten, v. a. наваднти, наспнути, напаствоват, тентати; eine Meinung —, противити се, побијати, оспорити; ich lasse mich das nicht —, нехајем за то; was ficht ihn denn an? што му је? —er, m. противник, непријатељ, напасник; —ung, f. беда, напаст.
anfeinden, v. a. пзврсти се, мрзити, испавидети, оцрнити, опадати; —ung, f. испавист, завист, мржња, непријатељство.
anfertigen, f. verfertigen.
anfessen n, f. fesseln.
anfeuchten, v. a. наквасити, намочити, навлажити; —ung, f. квашење, влажење.
anfeuer n, v. a. поджећи, потпалити; fig. потакнути, храбрити, охрабрити, јуначити, соколити, посоколити, особолити; слободити; —ung, f. храбрење, јуначење.
anstammen, v. a припалити, упалити; fig. слободити, потицати.
anstehen, v. a. припилести, доплести, наплести; —e, n. наплет.
anflehen, v. a. молити, просити, закумити, припасти, звати, зазивати; —ung, f. молба, припадање.
anfletschen, v. a. кезити се.
anfliken, v. a. прикрнити, пришити.
anfliegen, v. n. прилетити. долетати, налетити.
anfließen, v. n. тећи поред чега, патећи.
anflößen, v. a. сплавити (н. пр. на крај); das angeflößte Stück Land, наплав.
Anflug, m. младо дрвеће; ein — von Nöthe, слабо, танко руменило.
Anfluß, m. наплав.
anfordern, f. fordern; —ung, f. захтевање, право.
Anfrage, f. питање, запитивање; —n, v. a. питати, запитати, упитати, припитати, пропитивати, распитивати.
anfressen, v. a. гристи, нагристи, јести; sich —, v. r. најести се, угојити се, наждерати се; —end, adj. једак; —ung, f. нагризање.
anfrieren, v. n. мрзнути; примрзнути.
anfrischen, v. a. расхладити; fig. подбости, ослободити, потакнути.
anfügen, v. a. придати, приласити, слепити, припубити; —ung, f. придавање, приљубивање.
anfühlen, v. a. пипати, опипати; —ung, f. пипање.
Anfuhr, f. привоз, довоз.
anführ en, v. a. навозити, привозити, довозити; (anleiten), водити, руководити, предводити; навести; (hintergehen), омести, сместити, омахнути, преварити, варати; Vorwände —, изговарити се; die Heerde —, појавити; —er, m. вођа, четовођа, чеоник, заповедник, првенац, поглавар, поглавица, глава; — im Kolotanz, коловоћа; —in, f. коловођница; —ung, f. привоз, довоз, заповедање, навод, довод, превара; —ungszeichen, n. знак наводни.
anfüll en, v. a. напунити, допунити, припунити, набити; —ung, f. напуњивање.
Anfurt, f. пристаја, пристаниште.
Angabe, f. прид. капара, тужба, рачун, очитовање, вест, извешће, одаја.
angaff en, v. a. блепути, зјати; —er, m. блесап.
angäheen, v. n. засвати (на кога).
angeb en, v. a. дати прида, придати, означити, јавити, тужити; одати, проказати. исказати, просочити, сочити, освадити, описати; ben Ton —, бити коловођа; —, n. р.

доказивање, проказивање; — v. n. почети играти (у картама); —er, m. проказалац, оповедник.
Angebinde, n. годовни поклон.
angeblich, adj. тако назван, тобожан; — adv. како кажу, тобоже, бајаги.
angeboren, adj. рођен, природан.
Angebot, n. понуда.
angebrannt, adj. загорео, огорео.
angebunden, adj. приписан; kurz —, напрасит.
Angebung, f. очитовање.
angedeihen lassen, v. a. Hilfe —, дати помоћ кому.
Angedenken, f. Andenken.
angegangen, adj. труо, гњио, покварен.
Angehänge, Angehenke, n. повраз, амајлија.
Angehäuse, n. напос.
angehen, v. a. (einen), молити, замолити, напасти; — v. n. тицати се кога; (erträglich sein), поднети, проћи; трунути, гњилити; das wird nicht mehr —, не ће моћи бити; das geht noch an, може поднети; das Feuer will nicht —, не ће ватра да прогори.
angehend, adj. нов, будући, млад; — adv. гледом на то, што се тога тиче.
angehören, v. n. припадлежати, бити чији, dies Kind gehört mir an, ово дете моје је.
angehörig, adj. припадлежећи, —er, m. припадлежник, meine Angehörigen, моји рођаци, моји људи.
Angeklagte, m. тужен, оптуженик.
Angel, m. петица, стожер (од врата итд.), баглама.
Angel, f. удица.
Angeld, n. капара.
angelegen, adj. (anstoßend), ближњи, суседан; sich etwas — sein lassen, бринути се, старати се; (woran einem liegt), важан; —heit, f. посао, ствар, дело; —tlich, adj. важан; журан; — adv. важно, помно, журно.
angelegt, adj. основан, уређен, саграђен.
Angel-er, m. рибар на удицу, буквалић; —förmig, adj. удичаст; —haken, n. кука од удице; —n, v. a. пецати, напецати.
angelob-en, v. a. обећати, заветовати; sich —, v. r. заветовати се; —ung, f. обећање, заветовање, давање речи.
Angelruthe, f. прутило; —schnur, f. канап; —weit, adv. широм.
angemacht, adj. зачињен, пачињен.
angemerkt, adj. убележен, забележен, прибележен; das, будући да, видећи да.
angemessen, adj. примерен, сличан; — adv. примерено, слично; —heit, f. примереност.
angenehm, adj. угодан, пријатан, мио, повољан, покудан, љубазан; — adv. угодно, пријатно.
Anger, m. пашњак, рудина, ливада; —blume, f. красуљак, овчица, искрица.
angeschossen, part. устрељен, рањен, ћануг, сулудаст.
angesehen, adj. поштован, знатан, одличан, угледан.
angesehen, conj. будући да, јербо.
angesessen, adj. настањен; — sein, имати непокретних добара.

Angesicht, n. лице, образ, облик; im —e, уочи; im —e der ganzen Welt, свету на видику.
angesichts, adj. пред, на очиглед, на видику, на помол.
angestammt, adj. дедовски, прирођен.
angesteckt, adj. натакнут; окужен, заражен.
angewandt, adj. примењен.
angewöhnen, v. a. приучити, привикнути, навадити, обикнути; sich —, приучити, привикнути, обикнути, навикнути се; ein Schaf —, разблудити.
Angewohnheit, f. обичај, навада, навика.
angewöhnt, adj. привикнут, обикао, навадан.
angießen, v. a. полити, палити, поквасити, намочити, fig. опасти, окрнити, оговорити; zu voll —, пресути; wie angegossen stehen, стојати као сливено.
anglimmen, v. n. ужизати се.
anglisiren, v. a. поенглезити (коња, осећи му реп.)
anglotzen, v. a. буљити очи (у кога).
angreif-en, v. a. пипати, тицати, дирнути, такнути; ухватити, прихватити, пограбити; (gewaltthätig) — навалити, насрнути, ударити на кога; (entkräften), слабити, eine Arbeit —, латити се посла; einen mit Worten —, ружити кога; das Herz —, дирнути срце; der Rost greift das Eisen an, рђа једе гвожђе; sich —, v. r. напрезати се; v. unten —, подухватити; —er, m. насртач, нападник; удорџија, erster — im Kampfe, ртник.
angrenzen, v. a. међити, граничити.
angrenz-end, adj. суседан, пограничан; —r, m. међаш, помећаш, крајишник; —ung, f. суседство, граничење.
Angriff, m. напад, загон, удорац, ударац, навала, дирање; — an Werkzeugen, држаље, држак, ручица; erster —, навала; —weise, adv. нападајући.
angrinsen, v. a. церити се на кога.
Angst, f. скрб, сујма, мука, туга, немир; —machen, плашити, страшити; es wird mir —, бојим се, страх ме је; —geschrei, n. вапај, јаук.
aengstig-en, v. a. плашити, страшити, мучити, задавати скрби; —ung, f. плашење, страшење, тиштање.
aengstlich, adj. страшив, скрбан, брижан, немиран; —keit, f. немир, скрб, брига, старање, тескоба.
Angstschweiß, m. хладан, студен зној (од муке); —voll, adj. пун страха, муке.
angucken, v. a. вирити, завирити, завиривати, гледати, погледати.
angürten, v. a. припасати, опасати.
Anguß, m. поливање, паливање.
anhaben, v. n. носити; Schuhe und Strümpfe —, бити обувен; einem nichts — können, немоћи наудити кому.
anhaften, f. anhängen, ankleben.
anhaken, v. a. закучити, закачити; о куку обесити; v. n. заквачити се, закучати се.
Anhalt, m. ослон, наслон.
anhalt-en, v. a. уставити, зауставити, суставити, уловити, обуставити; (zwingen) на-

терати, присилити; einen gerichtlich —, држати у загвору; einen zu etwas —, опоменути, потакнути кога на што; — v. n. um ein Mädchen —, просити девојку; bei einem auf der Reise —, свpнути се; (fortfahren) трајати; lange —, затегнути; (aufhören), престати; sich an etwas —, ухватити се; —end, adj. марљив, трајућ; eine —e Kälte, зима постојана; eine —e Krankheit, болест дуга; eine —e Arznei, лек стежућn; — adv. без престанка, непрестано; —er, m. уставjач, потпораж; —spunkt, m. правило; sam, f. beharrlich; —ung, f. устављање, хватање, питање, прозба, наговарање, трајање.
anhämmern, v. a. прибити, прибијати.
Anhang, m. прилог, додатак; (Partei), странка; (Nebenlage), приклоп; der Teufel und sein —, враг и његова мати.
anhangen, v. n. висети, припонути, прињати, држати, ухватити се; einem —, држати се кога; einer Meinung —, држати се мњења.
anhäng-en, v. a. привесити, придевати, додати, обесити, вешати; einem etwas —, пришити, пришабанити кому што; sich —, v. g. прилепити се, обавезати се, приснути; —er, m. пристаиа, присталица; —eschloß, n. катанац, локот; —ig, adj. придан, додат, припонут; eine Untersuchung gegen Jemand — machen, ставити кога под истраживање; —werden, доћи пред суд; einen Proceß — machen, дигнути парницу на кога; —igkeit, f. привржености; —lich, adj. привржен, прионут; —sel, n. пришпетља.
anharnen, v. n. намокрити, папишати.
anhaspeln, v. a. намотати; —, n. памотавање.
Anhauch, m. дах, задах, задух, мирис, запаха.
anhauchen, v. a. задахнути, дихати (на што), запухнути, задупнути.
anhauen, v. a. засећи; (viel hauen) насећи; sich —, насећи се (дрва).
anhäuf-en, v. a. купити, накупити, нагрнути, нагомилати, нанети; умножити; sich —, накупити се, наврети, пасћи; (v. einer Menge), нагрцати се; (v. der Milch in der Brust), набризгати; —ung, f. купљене, нанос, нагомилавање, бризгање.
anheben, v. a. придигнути, додигнути, дизати; — v. n. почети; er hub an zu reden, стаде, поче говорити овако.
anheften, v. a. прикопчати, пришити, припетљати.
anheilen, v. n. залечити се, срасти се, зарасти:— v. a. лечити, залечити, извидати.
anheim, adv. дома.
anheimfallen, v. n. припасти, допасти, доћи, долазити па део.
anheimstellen, v. a. дати, пустити на вољу.
anheischig machen, sich, v. g. јатећи се, подухватити се, обећати, понудити се.
anhelfen, v. a. помоћи кому паметнути, дигнути штогод.
anhenken, f. anhängen.
anher, adv. амо, овамо.

Anherkunft, f. Ankunft.
anhetz-en, v. a. напујдати, дражити, подбости, надражити, наврекати, наговорити, надрштати, тутути (псето па свиње); —er, m. подбадач, пујдало; —ung, f. дражење, пујдање.
anheut, f. heute.
Anhöhe, f. висина, избрежак, брежуљак, брдашце, узбрдица.
anhör-en, v. a. слушати, преслушати, послушати, саслушати; —er, m. слушалац, слушатељ; —ung, f. слушање, послух.
anhüpfen, v. n. доскакати, скочити, скакати на што.
Anis, m. аниж; —branntwein, m. анижевица; —holz, n. анижевина.
anjetzt, f. jetzt.
Ankauf, m. набава, куповање, капара; —en, v. a. накуповати, купити, набавити; sich —, v. r. населити се, настанити се.
Ankäufer, m. купац.
Anker, m. сидро, мачка, лептер; sich vor —legen, бацити сидро, осидрати; den — lichten, дигнути, извући сидро; den — lappen, пресећи сидрењак; (ein Maß) ведро, барило; —arm, m. зуб од сидра; —boje, f. веја од сидра; —fest, adj. осидрат; —fliege, f. лопата од сидра; —geld, n. сидровина; —grund, m. место за сидро; —kugel, f. рачвасто зрно (у ватродела); —loch, n. сидрено око; —n, v. n. осидрати се, спустити сидро; —zeichen, f. Ankerboje.
ankett-en, v. a. приковати за вериге, везати на ланац; —ung, f. приковање за вериге.
ankitten, v. a. лепити, прилепити, слепити.
Anklage, f. тужба, жалба, оптужење, укор; (in Zusamm.) тужбени; —en, v. a. тужити, прети, оптужити, укорити; schriftlich —, отписати.
Ankläger, m. тужитељ; —in, f. тужитељка, тужителница; falscher —, m. бедник, опадник, напасник.
anklammern, v. a. прискобити, припети скобама; sich —, v. g. ухватити се за што.
Anklang, m. сугдас, одзив.
ankleben, v. a. набрати, убрати; v. n. прионути, залепити се, прилепити се.
ankleiben, f. ankleben.
ankleid-en, v. a. облачити, обући, одевати, одепути; sich —, v. g. обући се, одепути се, облачити се, одевати се; —ung, f. одело, рухо, одора; облачење.
ankleistern, v. a. кељпти, лепити, прибълити.
anklingen, v. n. звонити, зазвонити.
anklingen, v. n. слагати се; одазвати се; mit den Gläsern —, куцати се чашама.
anklopf-en, v. a. куцати, куцкати, куцнути, повукати, закуцати, тући, иступи, бити; —er, m. алка (на вратu).
anknöpfen, v. a. прикопчати, закопчати.
anknüpfen, v. a. привезати, свезати, сапети, спутити; fig. почети.
anködern, v. a. мамити, намамити.
ankommen, v. n. доћи, доспети, долазити, стигнути; zur ungelegten Zeit —, доћи у невре-

Ankömmling — **anmaſſen**

ме; übel —, проћи зло; darauf kommt alles
an, ту је чвор; es kommt auf eine Kleinigkeit
nicht an, није стало до ситнице; es auf's
Aeußerſte — laſſen, пустити ствар до крај-
ности; es kommt mir der Schlaf an, сан ме
хвата; was kommt euch an, што вам је?
ich wäre ſchön angekommen, лепо би награ-
исао; es kommt mich eine Furcht an, страх
ме је.

Ankömmling, m. дошљак, придошљица.
ankoppeln, v. a. везати, привезати.
ankörnen, v. a. намамити, мамити.
ankratzen, v. a. грепсти, загрепсти.
ankriechen, v. n. пузити, допузити, домилети.
ankündig-en, v. a. огласити, објавити, озна-
нити, навестити; —ung, f. оглас, објавље-
ње, навештење.
Ankunft, f. долазак, долаз, доход, доходак.
ankuppeln, v. a. везати, привезати (псе); под-
вести (жену коме), оженити.
anlaben, v. a. засприти.
anlächeln, v. a. смешити се (на кога).
anlachen, v. a. смејати се, насмејати се, на-
смехивати се.
Anlage, f. план, основа; прилог, додатак; (Er-
richtung), устав; (natürliche —), способност,
.дар; (Vertheilung einer Abgabe), порез, (Ab-
gabe), пореза, намет; (Kapital), главница;
(am Ufer), наплов; (Werk), направа.
Anlände, f. пристаја, пристаниште.
anland-en, v. n. пристати, приступити, сту-
пити на копно; —ung, f. пристанак, до-
лазак.
anlangen, v. n. доспети, доћи; молити; was
mich anlangt, што се мене тиче.
anlängen, v. a. дужити, продужити.
anlangend, adv. у обзиру, што се тиче.
Anlaß, m. узрок, повод; прилика, пригода.
anlaſſen, v. a. (einen Teich), напунити воде;
пустити (псе на кога); einen übel —, оса-
мотити, нагрдити; eine Mühle —, отвори-
ти млин; den Stahl —, модрити челик;
ſich — v. r. успевати.
Anlauf, m. залетање; (zum Springen), затрка;
(Anfall), навала, загон; (Zudrang), налога;
einen — nehmen, затрчати се, mit — ſprin-
gen, скочити загоначке, загоначки; ohne —
ſpringen (aus dem Stande), скочити тру-
начке, труначки; полет.
anlaufen, v. n. (anſchwellen), затећи, отећи,
надути се; затрчати се, натрчати, дотр-
чати, налетити, притећи, залетити се; (vom
Glas), посукнути; (als Wein), оплеснивити;
übel —, проћи зло; ein Wildſchwein — laſ-
ſen, пробости вепра; (vom Eiſen), зарђати;
(vom Schiffe), насести; aus dem rinnenden
Faſſe —, цапнти.
anläuten, v. n. звонити, зазвонити.
anlegen, v. a. зализивати, зализати; den Baum
—, um daran die Größe zu meſſen, улизива-
ти; Angelegte, n. зализак.
anleg-en, v. a. приставити, поставити, при-
макнути, метнути, заметнути, сложити;
ein Gewehr —, намерити; Kleidung —, обу-
ћи се; (anwenden), употребити; (errichten)

заосновати, завести; — einen Bau, Garten, ıc.
заоновати; einen Hund —, привезати;
ein Faß —, обручати; Feuer —, упалити;
ein Kapital —, дати новце на камате, уло-
жити новце; Hand —, уложити; den Schmuck
dem Pferde —, орактити; dem Ochſen den
Strick um den Hals —, заминати; an das
Rad den Hemmſchuh —, наочити, закочити;
einen Weinberg —, нотрапити, посадити ви-
ноград; es war darauf angelegt, на то се
ишло; ſich mit dem Rücken —, наслонити се
с леђи; ſich — (Roſt ıc.), рђати метал.; den
ämtlichen Verſchluß —, метнути под уредов-
ни печат; — v. n. wieder —, опоравити
се, угојити се; (von Schiffen), пристати;
—ſchloß, n. катанац, локот.
Anſehen, n. зајам.
Anlehne, f. наслон, прислон.
anlehn-en, v. a. наслонити, прислонити; eine
Thür —, притворити; ſich —, v. r. потсло-
нити се, наваљити се, паљени се, оирети
се, упрети се; ſchief —, испречити; —ung,
f. наслон, прислон, притворање.
anlehren, v. a. учити, научити.
Anleih-e, f. зајам; —en, v. a. узајмити, узај-
мљивати; —er, зајмопримац.
anleimen, v. a. прилепити, прикелити, лепи-
ти, келити.
anleit-en, v. a. водити, вести, напутити, руко-
водити, учити, упутити; Waſſer —, навести
воду; —ung, f. вођење, учење, руковод-
ство, напутак, упутство.
anlenken, v. a. равнати, управљати.
anleſen, v. a. убрати, набрати.
anleuchten, v. a. обасјати, обасјавати.
anliegen, v. n. прилећи; заклапати, стојати
добро (хаљина); einem um etwas —, моли-
ти, просити; fig. бринути се, лежати на
срцу.
Anliegen, n. молба, брига, ствар.
anliegend, adj. прилежећи, приложен, погра-
ничан, суседан.
anloben, ſ. anpreiſen.
anlipſeln, v. a. шаптати, пришаптати коме.
anlock-en, v. a. домамити, завабити, вабити,
мамити; —ung, f. вабљење, мамљење.
anlöth-en, v. a. припојити, припојавати; —
ung, f. припојавање.
anlügen, v. a. лагати, слагати.
anmaſſen, v. a. придати, надодати, надевати,
привезати; Wein ıc. —, зачинити вино итд.;
Feuer —, наложити ватру; Brot —, заме-
сити, кухати хлеб; genug Brot —, наме-
сити; ſich an etwas machen, подухватити се
чега; ſich an einen machen, врћи руке на кога.
anmahn-en, f. ermahnen; —ungſchreiben, n. о-
помена
anmalen, v. a. намалати.
Anmarſch, m. приближивање, долазак.
anmarſchiren, v. n. приближивати се, долазити.
anmaſſ-en, ſich, v. r. усудити се, посвојити
што себи, захтевати; —end, adj. продрзљив,
попосит; — adv. попосито, продрзљиво;
—lich, adj. отет; — adv. по неправди;
—ung, f. присвајање, охолост, отимање, про-
дрзљивост.

anmauern, v. a. дозидати, зазидати.
anmelben, v. a. јавити, објавити, прпјавити; —er, m. пријављач; —ung, f. објављење, пријава; —ungs-, пријавни.
anmengen, v. a. мешати, смешати.
anmerfen, v. a. забележити, убележити, бележити; памтити, запамтити, приметити, назначити; —ung, f. белешка, опаска, примедба; —ungswerth, adj. знаменит, памстодостојан.
anmeſſen, v. a. омерити, узети меру; fig. уподобити, примерити.
anmiſchen, f. anmengen.
Anmuth, f. милина, љупкост, пријатност; —en, f. zumuthen; —ig, adj. мио, пријатан, љубак; —ſreich, —ſvoll, adj. милостан, пун милине; —ung, f. Zumuthung.
annabeln, v. a. прибости иглом.
annagel-en, v. a. приковати, приклинчити, прибити клинцем; —ung, f. приковање клинцем.
annagen, v. a. нагристи, наглодати.
annahen, annähern, v. a. приближити, приближавати; —, v. n. приближити се, приступити, приступати.
annähen, v. a. пришити, пришивати, нашити.
annäher-nd, adj. приближно; —ung, f. приближавање; —ungsweiſe, adv. од прилике, око́ло.
Annahme, f. примање; најам (слуге); die —ſei (Vorausſetzung), претпоставивши, узевши; — an Sohnesſtatt, усиновљење, синење.
Annalen, pl. f. летописи.
Annaliſt, m. летописац.
annebſt, f. hierbei.
annehmbar, adj. прихватан.
annehm-en, v. a. примити, примати, узети на се; einen in Dienſt —, узети кога у службу; (vorausſetzen), претпоставити; an Sohnes ſtatt —, посинити, синити, узети под своје; ſich Jemandes —, посећи, заузети се за кога; eine Meinung —, усвојити мисао; ſich um etwas —, подухватити се чега; —er, m. пријемник, акцептант; —lich, adj. пријатан, угодан, прихватан; adv. пријатно, угодно; —lichkeit, f. пријатност, угодност; —ung, f. примање, најам; —ung an Sohnesſtatt, усиновљење, синење.
anneigen, v. a. нагнути, нагибати.
annetzen, f. benetzen.
annieten, v. a. приковати, приударити (чавао).
annoch, f. noch.
Anomalie, f. неправилност.
anonym, adj. безимен.
anordn-en, v. a. наредити, уредити, разредити, припредити; наложити, заповедити: —r, m. редар, редарин; —rin, f. редарка; —ung, f. наредба, уредба, ред, разрешење, налог.
anpacken, v. a. сповасти; хватати, натоварити.
anpappen, v. a. прилепити (тестом).
anpaſſen, v. a. примерити; —b, adj. приличан, пример̀ан.
anpeitſchen, v. a. шибати бичем.
anpfählen, v. a. везивати, везати за колац.
anpflanz-en, v. a. садити, насадити; ſich wo —

паста́нити се, населити се; —er, m. насељеник; —ung, f. сад, насеобина.
anpföden, v. a. прибити (клином).
anpflügen, v. a. заорати, орати.
anpichen, v. a. смолити.
anpiſſen, y. a. припишати, попишати.
anplätten, v. a. кривити се, дерати се.
anpochen, v. a. куцати, закуцати.
anpoſaunen, v. a. трубити, раструбити.
anprägen, v. a. ударити белегу на што.
anpraſſen, v. n. тоснути, ударити о што.
anpreiſen, v. a. славити, хвалити, похвалити.
anpreſſen, v. a. бацити, турнути о што; fig. варати, преварити.
anprobiren, v. a. огледати.
Aprilz, m. урес, накит; —еn, v. a. ресити, уресити, китити, накитити.
anquetſchen, v. a. пагњечити, приступити, приметити, пригњечити.
Anrainer, m. међаш. [вити се.
anranken, ſich, v. r. пењати се, попети се, поanrath-en, v. a. советовати, наговарати, наговорити, упутити; —ung, f. савет, наговарање, упута.
anrauchen, v. a. пушити, запушити, задимити.
anräuchern, v. a. кадити, окадити, накадити, закадити.
anrechn-en, v. a. рачунати, урачунати, прирачунати; fig. принисати, окривити; —ung, f. прирачунање, урачунање, окривљење.
Anrede, f. говор, беседа; —ſall, m. пети падеж, вокатив (у словници).
anreden, v. a. проговорити коме; (eine — ſhalten), беседити, говорити коме.
anregen, v. a. побудити, узбудити, потакнути, потицати, подјарити; (erwähnen), споменути.
anregnen, v. n. ударити киша; накиснути.
Anregung, f. побуђење, etwas in — bringen, покренути што; (Erwähnung), спомен.
anreiben, v. n. трти, натрти.
anreichen, v. a. парећати, рећати, напизати, низати; ſich —, v. r. пристати, пристајати.
anreißen, v. a. надерати, надирати, почети дерати; цртати.
anreiten, v. n. (an etwas), најахати, тоснути о што јашућ; bei einem —, пријахати.
Anreiz, m. f. Anreizung; —en, v. a. надражити, подражити, дражити, подбадати, подјарити; —end, f. reizend; —ung, f. дражење, подбадање, подјарпвање.
anrennen, v. n. натрчати, наспрнути; дотрчати; fig. übel —, набасати, нагазити.
Anricht e, f. Anrichtiſch, m. кухински сто; — en, v. a. готовити, уготовити, зготовити, логотовити; заметнути; завести; учинити; Speiſen —, приправити, усути, служити; —ung, f. (der Speiſen) приправљање, служење (јестива).
anriechen, v. a. мирисати, примирисати, помирисати, приношати; es einer Sache —, познати по задаху.
anriemen, v. a. (die Riemen anmaſſen) наврчати.
anritzen, v. a. огрепсти, загрепсти.
anrollen, v. a. ваљати, доваљати, наваљати; — v. n. ваљати се, доваљати се, котурати се, докогурати се.

anrosten, v. n. зарђати, рђати.

anrüchtig, f. berüchtigt.

anrücken, v. n. приложити се, приближивати се; — v. a. примакнути.

Anrücken, n. примицање, приближавање.

anrudern, v. n. возити се, одвести се; ударити, ударати (веслом о што).

Anruf, m. f. Anrufung; —en, v. a. звати, сазвати, зазивати; (anflehen) призивати, молити; (herausrufen), дозвати, призвати, дозивати, призивати; —ung, f. зазивање, призивање, молба, дозивање, апелација; —ungsgericht, n. апелација, позовни суд.

anrühmen, v. a. хвалити, славити.

anrühren, v. a. дврнути, такнути, дотакнути; поменати, пипати, додести се, задести, мешати; —ung, f. тицање, дирање, пипање, мешање.

ansäen, v. a. сејати, насејати, посејати; — ung, f. усев, сејање.

Ansage, f. Ansagung, f. оглас, објављење, парок, навештење; (in Zusamm.) паречни, пајавни; —en, v. a. нарећи, објавити, навестити, огласити, дати на знање.

ansägen, v. a. пилити, напилити, запилити.

ansammeln, v. a. брати, купити, набрати.

ansässig, adj. настањен, насељен; — werden, —gemacht werden, настанити се; —keit, f. настањевост.

Ansatz, m. (Angriff), павала, загон; — eines Tisches, придавак, надометак, наставак, наперак; (in der Rechnung), ставка у рачуну; — zum Laufe, затрка, мах; — bei Blasinstrumenten, писак; (angespültes Land), наплов, fig. склопост; der — dieser Waare ist zu niedrig, ова је роба одвећ јевтино уцењена.

ansaugen, v. a. сисати; sich — v. r. хватати, ухватити се (пијавица).

ansäugen, v. a. (saugen lassen), одојити (теле).

anschaben, v. a. стругати, настругати.

anschaffen, v. a. набавити, добавити, прибавити, наручити, купити, намкрбити; —ung, f. набавка, набављање, куповање.

anschäften, v. a. (eine Flinte ic.), кундачити, обувдачити, окасити (пушку); Stiefeln —, наглавити.

anschälen, v. a. почети љуштити.

anschauen, v. a. гледати, погледати, сматрати, — n. —ung, f. гледање, сматрање.

anschaufeln, v. a. лопатом грнути, нагрнути.

anschau-lich, adj. очевидан, јаван; —keit, f. очевидност.

Anschauungs-unterricht, m. очигледна настава; —vermögen, n. посматрала моћ, сила; —würdig, adj. достојан, вредан да се види.

Anschein, m. вид, лице, слика, прилика; dem —e nach, по изгледу, како се чини; allem — nach, по свој прилици; v. unbedeutendem —, негледан, невиђен, неугледан, није на очима; den — gewinnen, заприличати; — v. a. обасјати, осијати; v. unten —, подгрејати; — v. n. чинити се.

Anschere, f. основа (у ткалаца); —и, v. a. настрући, сновати, основати (у ткалаца).

anschicken, v. a. готовити, зготовити, приготовити, приправити; sich — v. r. спремати се, приправљати се, справити се, канити се, пристати. [гурати.

anschieben, v. a. примакнути, примицати, приanschielen, v. a. шкиљити (на кога), разроко кога погледати.

anschießen, v. a. ранити (из пушке); окушати (пушку); eine Flinte —, први пут избацити пушку; ein Stück an ein anderes —, додати, придати, наставити; — v. n. добацити (из пушке), дотрчати, долетети, ударити о што трући; (von Salzen und anderen Krystallen), кристалнозовати се, следити се, смрзнути се; (vom Schimmel, Fäulniß), хватати се, ухватити се (плесан итд.). [бродом).

anschiffen, v. n. пристати, приближити се (с

anschimmeln, v. n. плеснивити.

anschirren, v. a. опремити (коња).

Anschlag, m. удар, ударац, ударање, лупа, лупање; почетак (у чарање); — an die Glocke, звоњење; — der Flinte, намеравање; купак; (Rechnung), рачун, уцена; (Entwurf), основа, намера, мисао; (Zettel), цедуља, оглас, прибој; —en, v. a. ударати, прибити, набити, куцати, звонити, дајати, залајати; започети; etwas an eine Wand —, прибити; die Flinte —, намерити; Feuer —, укресати; nacheinander —, исприбијати; sich —, убијати се; gegen etwas —, дрљкати; bei Nähen —, јемчити, ујемчити; (berechnen), ценити, процењити; einen Strumpf —, почети; — v. n. ударити се о што; fig. користити, пријати.

anschlägig, adj. домишљат, уман.

anschlämmen, v. a. напунити, насути блатом; навети глиба.

anschlampen, sich, v. r. набубати се, надскати се, налупати се.

anschleichen, v. n. angeschlichen kommen, довући се, прикрасти се.

anschleifen, v. a. набрусити, заоштрити; довести на соииде; припетљати, привезати.

anschlendern, v. a. чепукати, дочепукати.

anschlenkern, v. a. завитлати (на што или о што).

anschleppen, v. a. навући.

anschließen, v. a. приковати, оковати вергама; затворити локотом; приложити, придати, приклопити; sich an einem —, придружити се, прионути; sich dem Strafverfahren —, пристати на казнено поступање; — v. n. пристати.

anschlitzen, v. a. напорити, запорити, распарати, растрћи.

anschürfen, v. n. налокати, налокати се, насркати се.

Anschluß, m. прилог, оков, приков.

anschmauchen, f. anrauchen.

anschmecken, v. a. познати по укусу.

anschmeicheln, sich, v. r. удворити се, улагати се, умилити се.

anschmeißen, f. anwerfen.

anschmieden, v. a. прикивати, приварити, уковати, заковати.

anschmiegen, sich, v. r. прибијати се, прилубити се, прибити се.

anschmieren, v. a. мазати, намазати, омазати; варати, преварити; Wein —, кварити вино.

anschmutzen, f. beschmutzen.

anschnallen, v. a. прикопчати, закопчати.
anschnarchen, v. a. продерати се на кога.
anschnauben, s. anfahren.
anschneiden v. a. прорезати, усецати, начети, зарезати, засећи, парезати.
Anschnitt, m. зарез, рез; (Kerbholz), рабош, роваш.
anschnuffeln, s. beschnauben.
anschnüren, v. a. привезати, везати гајтаном, навизати, низати.
anschnurren, s. anfahren.
anschöpfen, v. a. награбити, нацрпсти.
Anschove, f. грца, сардела.
anschrauben, v. a. навртати, наврнути; der Boden des Flintenlaufs —, куршучити.
anschreiben, v. a. записати, уписати, убележити, ставити на рачун.
anschreiten, v. n. корачити, крочити, корачати.
anschreien, v. a. крикнути, прикричати, привикати, звати.
Anschrote, f. дизга, крајац.
anschroten, v. a. ваљати, навалити; правити, направити крајац на сукно.
Anschub, m. први ударац (на куглани).
anschuhen, v. a. обути, обувати; паглавити (чизме); Pfähle —, оковати коље.
anschuldigen, s. beschuldigen.
anschür-en, v. a. сјарити, потакнути, притаћи, потицати (ватру).
Anschuß, m. први метак; кристализација.
Anschutt, m. насап, нанос, снос.
anschütten, v. a. насути, налити, посути, полити.
abschwängern, v. a. обременити, налунчи.
anschwärz-en, v. a. црнити, поцрнити; fig. црнити, опрнити, оговорити, опасти; —er, m. клеветник; —ung, f. црњење, оговарање, клеветање, опадање.
abschwatzen, v. a. (einem etwas), наговорити; наговарати кога.
anschweseln, v. a. насумпорити.
Anschweif, m. основа (у појасара).
anschweif-en, v. a. сновати, основати; —rahmen, m. сновача.
anschweißen, v. a. варити, приварити, калити (гвожђе).
anschwellen, v. a. надути; — v. n. отицати, бујати, набујати, натећи; расти (од воде); das Wasser schwillt an, долази; der Muskel schwillt an, наседа.
anschwemm-en, v. a. плавити, наносити, спосити; angeschwemmtes Stück Land, наплав; —ung, f. снос, нанос.
anschwimmen, v. n. пливати, приплавати, доплавати, наплавати.
anschwöben, v. а. кречити, окречити, ованиити кожу.
ansegeln, v. n. једрити, доједрити, прјшдрнти, ударити о што (с бродом).
ansehen, v. a. видети, гледати, прогледати, разгледати, погледати, сматрати; etwas für einen Beweis —, држати што за доказ; das Geld nicht —, не жалити новца; mit den Augen —, познати по очима; daran ist es angesehen, на то се и иде; angesehen, отмен, знатан, вићен; ohne anzusehen, негледуша.
Anseh-en, n. гледање, поглед, лице, слика,
сматрање, суд, поштовање, знатност, важност, углед, част, достојанство, власт, слава; ohne — der Person, без разлике; —lich, adj. вићен, знатан, угледан, важан, одличан, леп, пристао; —nlichkeit, f. лепота, складност, присталост, знаменитост, одличност, угледност; —ung, f. in —, у погледу, ради, поради, због.
anseilen, v. a. везати (пса).
ansengen, v. a. пржити, опржити, палити, опалити.
ansetzen, v. a. ставити, приставити, наставити, примакнути, приложити, наперити, ставити на рачун; цепити, уценити; eine Frist —, одредити рок; eine Flinte —, притиснути пушку; beim Trinken —, пригнути, припивши; die Henne —, пасадити, наслећи; Einwohner —, населити; sich —, v. r. пахватати се; — v. n. навалити, насрнути, загонити се, затрчати се; затрудити; den Fruchtstengel —, осећи, осецати.
Ansicht, f. вид, поглед, мњење; —ig, adj. — werden, угледати, спазити.
ansied-eln, v. a. населити; — sich, v. r. населити се, доселити се, уселити се, настанити се; —ler, m. насељеник; —ung, f. насеобина, насеље, сеоба.
ansiegeln, v. a. печатити, припечатити.
ansinnen, s. zumuthen.
ansintern, sich, v. r. хватати се (за снгу).
ansitzen, v. n. седити поред чега или на чем; прилепити се, прионути, држати се.
Anspann, m. спрега; —en, v. a. упрегнути, запрегнути, хватати, подапети, потегнути, запети, палети, заратити, патегнути; alle seine Kräfte —, напињати се из петних жила, напрезати се.
Anspänner, m. спрежник.
anspeien, v. a. пљувати, попљувати, напљувати.
anspicken, v. a. надевати, начичкавати, набити.
anspielen, v. n. (auf etwas) приговарати, циљати; (im Spiele) почети играти; —ung, f. цнљање, прва рука (у игри).
anspießen, v. a. набости, прибости, натаћи (на ражањ); einen Verbrecher —, намаћи колац; einen Eber —, пробости.
anspinnen, v. a. напрести, упредати; fig. ковати (какво зло); sich —, мало по мало развити се, настајати.
anspitzen, v. a. шиљити, зашиљити, задељати, заоштрити.
anspor-en, v. a. наоштрити, подбости, потакнути, наговорити; —ung, f. подбадање, наговарање.
Ansprache, f. беседа, говор (на општество); искање, захтевање; тужба, молба.
ansprechen, v. a. заметнути с киме реч, ословити; einen um etwas —, амбарчити, замолити кога за што: тражити; допадати се.
ansprengen, v. a. mit dem Wasser —, пошкропити, попрскати, кропити; натерати, да ко скочи према чему: auf einen —, налетети, насрнути.
anspreizen, v. a. подупирати.
Ansprengung, f. кропљење, прскање.

anspringen, v. n. скочити, ускочити, поскочити, прискочити; пукнути, испуцати се.
anspritzen, v. a. попрскати, пошкропити; — v. n. прснути.
Anspruch, m. искање, прозба, захтевање; (Recht) потреба, право; —machen, захтевати; eine Sache in — nehmen, искати, тражити; diese Frau macht Ansprüche auf Schönheit, ова жена мисли да је лепа.
ansprüchig, adj. etwas — machen, доказивати штогод.
anspruchs los, adj. смеран, смирен, чедан; —losigkeit, f. смерност, смиреност, чедност; —voll, adj. охол, горд.
Ansprung, m. загон; (Krankheit) лишај.
anspucken, f. anspeien.
anspülen, v. n. плакати, прати, тећи мимо чега (од реке); — v. a. панести, паносити, наплавити.
Anstalt, f. приправа, уредба, наредба, ред, завод; —treffen, приготовити, наредити.
anstammen, f. anerben.
anstämmen, v. a. упрети, опрети; sich —, v. r. упирати се; gegen Jemand sich —, испречити се; —ung, f. упирање.
anstampfen, v. a. набити (земљу итд.)
Anstand, m. (Aufschub) оклевање, одгађање, кашњење; (Würde) достојанство, достојање, важност; (Zweifel) сумња, сметња; — nehmen, двоумити, замерати, сметати коме у чему; (Anständigkeit) пристојност, угодност; (bei den Jägern) засeда.
anständig, adj. пристојан, угудан, прпјатан; —keit, f. пристојност, угодност.
Anstands-anstalt, f. јавни проход; —los, adj. без сметње, без замере.
anstänkern, v. a. засмрадити.
anstarren, v. a. пиљити; упрети очи у што; fig. дивити се, чудити се.
anstatt, praep. место, на место, у место, што.
anstaunen, v. a. дивити се, чудити се.
anstechen, v. a. бости, набости; ein Thier —, приклати; ein Faß Wein —, начети.
anstecken, v. a. насадити, падети, натакнути; mit Nadeln —, пририпити, прибости; (anzünden) упалити; (von Krankheiten) заразити; ein Faß — начети; schief —, накрпнити; —d, adj. заразан, кужан; —ung, f. натицање, пошаст, зараза; —ungsstoff, m. заразно вештество.
anstehen, v. n. (an etwas), стојати поред чега или уза што; wohl —, упсати, личити, доликовати; (gefallen) допадати се; (aufgeschoben sein) вући се, протезати се; (im Zweifel sein) двојити, сумњати, каснити, оклевати; die Sache kann paar Tage —, ствар се може одгодити за два три дана.
anstellen, v. a. поставити, наместити, метнути, приставити, примакнути; (anordnen) наредити; etwas mit einem — договорити се; (bewerkstelligen) учинити; Betrachtungen —, размишљати, проматрати; nicht wissen wie man sich — soll, незнати да ли за реп или за уши треба узети; einen Vergleich —, приспободити, упоредити; sich —, v. r. претварати се; —erei, f. претворност; —ung, f.

(Verstellung), претварање; (Anordnung), наредба; (Amt) служба.
anstemmen, f. anstämmen.
ansterben, v. n. припасти по наследству.
ansteuern, v. a. тмунити, кормапити.
ansticken, v. a. вости, павости.
anstiefeln, v. a. обути у чизме, шкорње.
anstiften, v. a. заврћи, завргнути, заметнути, подговорити; —er, m. потуткач, виновник, паговарач, узрок; —ung, f. наговарање, потицање.
anstimmen, v. a. запевати; Klagen —, лелекати, јадиковати; —ung, f. запевање, певање, запевка.
anstinken, v. n. сасмрдети; fig. гадити се, омрзнути.
anstolpern, v. n. спотакнути се.
anstören, f. anreizen.
anstopfen, v. a. набити, напунити, натискати, начкати.
Anstoß, m. турање, сметња, задевица, спотицање; Stein des —es, камен спотицања, смутње; (Versehen), погрешка; — mit der Zunge, вртање; ohne — lesen, читати течно; (Anfall von Krankheiten), наступ; — von Unglück, несрећа; —nach, шав до шва.
anstoßen, v. a. einen —, турнути, гурнути; v. n. an einen Stein —, спотакнути се о камен; mit der Zunge —, вртати; wider der Gesetze —, преступити закон; (sich berühren) сустизати се, тицати се; (angrenzen), међашити, граничити; (befallen), наступити; mit den Weingläsern —, куцнути се чашама.
anstoßend, adj. суседан.
anstößig, adj. саблажњив; —e Lebensart, опако понашање; —keit, f. саблажњивост.
anstrahlen, v. a. обасјати.
anstrengen, v. a. привезати конопцем.
anstranden, f. stranden.
anstreben, v. n. тежнти, пећи за чим.
anstreich-en, v. a. мазати, намазати; eine Stelle im Buche —, забележити; — v. n. такнути се, дирнути; —er, m. мазало; —erei, f. мазање; —pinsel, m. кичица.
anstreifen, v. a. такнути, додирнути, окачити.
anstreiten, f. streiten.
anstreng-en, v. a. натегнути, затегнути, напрећи; натезати, напрезати; sich —, усиљавати се, напрегнути се, напрезати се; хрвати, секнути; напињати се; die Pferde —, морити коње; den Kopf —, ломити главу; — eine Klage, дати тужбу; — einen Proceß, заметнути парницу; —ung, f. напон, натезање, намицање, напор, труд, мука.
Anstrich, m. мазање, позлата; (Schminke), шминка, руменило, белило; (Anschein), вид, лице.
anstricken, v. a. доплести, надоплести.
anströmen, v. n. (vom Wasser) натицати, натећи, навалити, врвети; — v. a. нанети земљу.
anstück-en, v. a. наставити, надодати; —ung, f. наставак, надодатак.
anstürmen, f. stürmen.
ansuch-en, v. a. (um etwas), молити, искати, тражити; —ung, f. (—en, n.) прозба, молба, искање.

anfummen — 29 — **anzeichnen**

anfummen, v. a. расти, нарасти, умножити се.
Antagoníſt, m. противник.
antaſteln, v. a. оружати, опремати, опремити (брод); —ung, f. опрема, опремање (брода).
antoſten, v. a. такнути, пипати, дирнути; einen —, напасти кога; einen an ſeiner Ehre —, увредити кога, дирнути га у поштење.
Antheil, m. део, оброк, пес, удео, учешће; — an etwas nehmen, учествовати.
Antheilnehmer, m. удеоничар, учесник.
anthun, v. a. (anziehen) павући, обући; fig. учинити, чинити.
Antichriſt, m. антихрист.
antik, adj. старински.
Antipathie, f. одвратност.
Antiquarius, m. (Alterthumskenner), старознанац; (Bücherhändler), антиквар, старинар.
Antiquität, f. (Alterthum), старина, древност; —en, pl. f. старине.
Antlitz, n. лице, образ, облик.
Antoniusfeuer, n. f. Rothlauf.
Antoniuskreuz, n. крст Антонијев (слово T, у хералдици).
Antrag, m. понуда, предлог; —en, v. a. (herantragen), нанети; einem etwas —, попудити, предложити; —ſtellung, f. предложење.
antrauen, v. a. венчати, привенчати; ſich ein Mädchen —laſſen, узети девојку; —ung, f. венчање.
antreffen, v. a. наћи, угањати, срести, сукобити; (anbetreffen), тицати се; v. n. наћи се, налазити се, догодити се, збити се.
antreiben, v. a. нагнати, нагонити, натерати, погнати, потерати; (Reiſe) обручати; (herbeijagen), натерати, дотерати; einen Nagel —, забити; fig. zu etwas —, гонити, слободити; v. n. ударити о што пливајући; —er, m. подбадач; —ung, f. подбадање.
antreten, v. a. наступити, ступити; (anfangen), почети; eine Reiſe —, кренути се на пут; die Erbſchaft —, наследити; ein Amt —, ступити у службу; das Jahr —, почети годину; — v. n. приступити, прићи; — eines Amtes, ступање у службу.
Antrieb, m. нагон, терање, потицање; aus eigenem —, од своје воље.
Antritt, m. почетак, ступање; — eines Pferdes, корак, ход; —audienz, f. прва аудијенција; —predigt, f. прва предика; —rede, f. прва беседа.
antrocknen, v. n. сушити се, осушити се на чему.
Antwort, f. одговор; Rede und — geben, одговарати, дати разлог; einem die — ſchuldig bleiben, неодговарати; —en, v. a. одговорити, одвратити, одрећи, отказати, отписати; auf den Ruf —, одазвати се, одзвати се; —ſchreiben, n. писмени одговор, отпис.
anverſuchen, f. auprobiren.
anvertrauen, v. a. поверити, препоручити; ſich einem —, поверити се коме.
anverwandt, adj. сродан, у роду; рођак, свој; —te, m. рођак; — f. рођакиња; —tſchaft, f. родбина, род, својта.
Anwachs, m. нараштај; (des Wildes), плођење, множење; —en, v. n. прирасти, срасти, нарасти, расти, плодити се, множити се, народити се, патити се.

Anwalt, m. одветник, бранител; —ſchaft, f. заступништво, адвокација.
anwalzen, v. n. ваљати се, наваљати се.
anwälzen, v. a. ваљати, наваљати.
anwandeln, v. n. es wandelt mich eine Luſt an, жеља ме је, имао бих леф.
anwarten, v. n. чекати.
Anwärter, m. чекалац.
Anwartſchaft, f. чекање, надање, очекивање.
anwäſſern, v. a. наводнити.
anweben, v. a. ткати, наткати, доткати, притнати.
anwehen, v. a. дунати на што, пухати, носити, напети.
anweiſen, v. a. напутити, упутити, показати, научити, учити; одлучити, одредити, наложити, заповедити; einem Sitz —, седати.
Anweiſer, m. учител, наставник; —ung, f. упутство; Gehalts —, упута на плату; одлука, одређење; учење, наставлење.
anwendbar, adj. употребљив, прикладан; —keit, f. употребљивост, прикладност.
anwenden, v. a. употребити, применити; —ung, f. употребљење, примењивање.
anwerben, v. a. Soldaten —, купити војску; ſich — laſſen, врбовати се; (einſaben), уварати, позвати; (dingen), најмити, (beſtellen), паручити, um etwas —, искати, тражити; —er, купивојска, f. Freiwerber; —ung, f. купљење (војске), наговарање, наручивање, најам, просидба.
anwerden, v. n. (los werden), продати, распачати; eine Tochter —, удати кћер.
anwerfen, v. a. наметати, намаћи, набацати, набацити, лепити (кућу); eine Leiter —, прислонити лестве; mit Kalk —, окречити.
anweſend, adj. присутан, назочан; die —den, околостојећи; —heit, f. присутност, назочност.
anwiehern, v. a. хрзати, захрзати на кога.
anwirken, v. a. ткати, доткати, приткати.
anwiſchen, v. a. мазати, замазати, премазати, намазати.
anwohnen, v. n. становати, пребивати код, близу чега; —er, m. становник; der Donau —, подунавац; der Save, посавац; der Drau —, подравац.
anwüchſen, v. n. расплодити се, множити се.
Anwuchs, m. прираст, положница, натрага.
anwünſchen, v. a. желети, пожелети; —ung, f. Anwunſch, m. жеља.
Anwurf, m. набацивање; — des Kalkes, кречење; — des Waſſers, наплов; — des Lehms auf das Flechtwerk, леп; (Vorlegſchloß), катанац, локот.
anwurzeln, v. n. пустити корен, укоренити се.
Anzahl, f. број, нога; eine große — Menſchen, силан свет; —en, v. a. исплатити, платити на рачун.
anzapfen, v. a. начети, ударити славину; fig. einen —, ругати се, подмигивати се коме.
anzäumen, v. a. заузлати.
Anzeichen, n. знак, знамење, белега.
anzeichnen, v. n. назначити, забележити; —ung, f. забележење.

Anzeige, f. оглас, објава, вест, знак, знамење, проглас, тужба, одајство; —n, v. a. јавити, објавити, тужити, оптужити, одати, проказати, показати, насочити, назначити; —nd, adj. показан; —r, m. објавитељ, одајник, показатељ, тужитељ; —ung, f. (Zusicht), знак.

Anzettel, m. (bei Webern), основа; —n, v. a. (bei Webern), сновати, досновати, приосновати, увести, уводити, основати; fig. сновати, ковати, закувати, заврћи (штогод у потајн); заметнути (кавгу); —ung, f. сновање; осипивање.

anziehen, v. a. повући, пометнути, потезати, потегнути, натезати, затезати, утезати, устегнути, стезати, поутегнути, попрезати; die Zügel —, повунути дизгене (брапцеп), напети, натегнути: (heranziehen), затегнути, припланати; (festziehen), утегнути, стегнути; Kleider —, напући, метати; обути; Stiefel —, обувати се, назути, обући; Vieh —, одгојити, отхранити; (anführen), навести; (vom ausgetrockneten Holzgefäße, das man ins Wasser stellt), забрекнути; — v. n. приближавати се; in den Dienst —, ступити у службу; sich —, v. г. облачити се, обући се.

anziehend, adj. fig. угодан, пријатан, примамњив; —ung, f. привлачење, притезање, навод, навођење; —ungskraft, f. привлачна сила.

anzischen, v. a. сиктати.

Anzug, m. приближавање, долазак, ступање (у службу), одећа, одело, хаљине.

anzüglich, adj. окосан; —keit, f. окосност, задевност.

anzünden, v. a. зажећи, заждити, ужећи, палити, припалити, приждити, напалити; die Anbachtslampe — присвушити; v. unten —, потпалити; запалити, упалити, разжутити, разјарити, најадити; —ung, f. потпаљивање, запаљивање, прислуживање.

anzupfen, v. a. чупати, чупкати, чијати.

anzwacken, v. a. боцкати, пецкати, зајести.

anzwecken, v. a. прибити (чавлићима).

anzwitschern, v. a. цвркутати.

Apanage, f. учест.

Apfel, m. јабука (воће); der — fällt nicht weit vom Stamme, не ће иверод кладе; —baum, m. јабука (стабло); (in Zusamm.), јабуков; Stock vom —, јабуковац; —bein, f. Backenbein; —brei, f. Apfelmus.

Aepfelchen, n. јабучица.

apfel-grau, adj. зелен (коњ); —häuschen, n. срце од јабуке; —fischen, m. пита од јабуке; —liebhaber, m. јабучар; —n, v. n. ein geäpfeltes Pferd, зелен коњ; —schimmel, m. зеленко (коњ); —schnitt, —schnitz, m. крпша од јабуке; —stiel, m. петељка; —verkäufer, m. јабучар; —wein, m. јабуковача.

Apostel, m. апостол; —amt, n. апостолство; —brief, m. лист, посланица апостолска; —geschichte, f. дела апостолска.

apostolisch, adj. апостолски.

Apothek-e, f. апотека, лекарница; —er, m. апотекар, лекарник; —er-, апотекарски, лекарнички; —ergewerbe, n. апотекарство; —erkunst, f. фармација, лекарништво; —erwissenschaft, f. фармакологија, лекословље.

Appell, m. апелација, позов; (bei den Soldaten), зов; —ant, m. позовник; —ation, f. позов; —ations-, позовни; —ationsgericht, n. позовни суд; —ationswerber, m. позовник; —ationszug, m. позовни пут; —iren, v. a. позвати се.

Appetit, m. тек, рачење, ништал; —lich, adj. на штали.

applaudiren, v. n. пљескати, одобравати.

Applaus, m. пљескање.

Application, f. Anwendung, Auflegung.

appliciren, f. anwenden, auflegen.

approbiren, v. a. одобрити, потврдити.

Aprikose, f. кајсија, натипчерка (воће); —nbaum, m. кајсија, натипчерка (стабло).

April, m. травањ, априлије; einen in den — schicken, послати у луде; —glüd, n. непостојана срећа; —wetter, n. време нестално.

Aequator, m. полутар, равнатељ.

Aquavit, m. ракија, жганица.

Aequivalent, n. (von Preis), једнака цена; (als Sache), једначак.

Arad, m. арак, врста ракије.

Aerar, n. благајница (државна); —ial, adj. благајни; (Staats-) државни.

Arbeit, f. радња, работа, труд, створ, рађевина, рад; послованье, дело, посао; ohne — заних; schwere —, ћускање; schwere verrichten, ћускати, риптати; —en, v. a. радити, делати, трудити, работати, пословати; etwas —, прорадити; langsam u. träge —, спирити; —er, m. радник, работник, радин, тежак, послепик; — beim Straßenbau, сарадр; — (in Zusamm.), раднички; —erin, f. тежакиња, послепница, работница; —los, adj. tpaдни, радел, послен, работан; aufangen — zu sein, прорадити се; —samkeit, f. радиност, послепост; —sbezug (Gespann), m. јарам волова или двоје коња за радњу; —sbühne, f. радилница; —scheue, m. нерадин; —sleistung, f. радња; —sleute, pl. тежаци, радници, послепници; —slos, adj. беспослен; —slosigkeit, f. беспослепост, данґуба; —smann, f. Arbeiter; —stag, m. тежатник, радни дан; —zeug, n. оруђе, алат.

Arbitrage, f. (Wechsel), менична процена.

Arche, f. кораб, ковчег.

Archiv, n. аркпва, писмохрана; —arius, m. арквивар, писмар, хранилац.

Area, f. простор.

arg, adj. зао, худ, неваљао, рђав, злочест, злобан, опак; fig. жесток; (arglistig), лукав, подмукао.

Aerger, m. јед, гњев, саблазан; —lich, adj. досадан; (zum Zorn geneigt), срдит, љут, гњеван; (anstößig), саблажњив; —n, v. a. (Aergerniß geben), саблазнити (extirren), ражљутити, најадити; sich — v. г. (über etwas), љутити се, једити се, срдити се; —niß, n. јед, гњев, срдња, саблазан.

Arglist, f. лукавство, —ig, adj. лукав.

arglos, adj. безазлен, безлобан, кротак; — **losigkeit, f.** безазленост, незлобност, кротост.

Argument, n. доказ, f. Beweis.

Argwohn, m. сумља, подозрење; —en, v. n. сумљати, подозревати.

argwöhnisch, adj. сумљајућ, подозревајућ.

Arie, f. арија, напев, глас.

Arithmet-ik, f. Rechenkunst.

Arlesbeer-e, f. оскоруша, брекиња (воће); — baum, m. оскоруша, брекиња (стабло).

arm, adj. убог, сиромашан, бедан, сиромах, **сироманьки,** потребан, потребит, празан, ништ, јадан, тужан, танких ребара.

Arm, m. рука, мишка, мишица; — eines Flusses, грана, рукавац; —voll, наручај; —band, n. гривна, наруквица; —brust, f. лук, самострел; —brustschütze, m. самострелац; unter die —e greifen, потпомоћи, потпомагати.

Arme, m. сиромах, богаљ, сиромашак, убожар, божар, убоган, празник, празнов, глота, сиромашан, сиротиња, јадник, ојађеник, кукавац; спромашница, јатка, јадница.

Armee, f. армада, војска, ордија.

Aermel, m. рукав.

Armen- (in Zusamm.) сиромашки; —anstalt, f. Armenhaus; —büchse, f. елемозница; —geld, n. милостиња; —haus, n. дом за убоге; —seelentag, m. задушнице.

Arm-geschmeide, n. гривне, наруквице; —band schuh, m. дугачка рукавица; —hut, m. низак шешир; —korb, m. цегер; —lehne, f. наслон (од столице); —leuchter, m. полелеј, керостат; —mäuschen, n. Armmuskeln, m. мишић од мишице; —ring, f. Armband; — schied, adj. дебео као мишица; —schnalle, f. копча од наруквице.

armselig, adj. сиромах, убог, јадан, жалостан, невољан; —seligkeit, f. сиромаштво, убоштво, невоља.

Armsessel, m. наслоњача, столица с наслоном, с ручицама; —spange, f. гривна, наруквица; —stuhl, f. Armsessel.

Armuth, f. сиротиња, сиромаштво, сиромаштина, убоштина, убоштво, неволя.

Armvoll, m. наручај; —zwickel, m. латица.

Aerute, f. Erute.

Aromatisch, adj. ароматан, благодухан, мирисав.

Aronwurzel, f. патргуља, козалац, змијинац.

Arrest, m. апс, апсана, ариште, бувара, узница, тамница, затвор; (in Zus.) затворни; — halten, бити затворен; in — bringen, nehmen, затворити; —ant, m. узник, ариштанац, апсеник; —en, апсонички; —hans, n. апсана; —kammer, f. der Geistlichen, брашпара.

arretir-en, v. a. затворити, апсити, уставити, уловити, ухватити, мећнути под стражу; узети, узимати под затвор; —ung, f. апшење.

Arricregarde, f. заштитница.

Arsch, m. (gem.) гузица, дупе, рит; —backe, f. гуз; —leder, n. стражња прегача (у рудара); —lings, adv. нагуске; —loch, n. шупак; —pauker, m. дерогузница; —preller, Arschprell

gel, m. батина; —wisch, m. (gem.), угирак, прља.

Arsenal, n. оружница.

Arsenit, n. сичап, мишомор.

arsenikalisch, adj. сичански.

Art, f. врста, род, племе, струка, села, сижа, својство, значај, начин; (Sitte), навада, обичај; (Anständigkeit), пристојност, људност; das ist seine —, непристоји се; biser —, овакн; auf diese —, овако, тако; aus der — schlagen, изоначити се, изостнути се; auf seine —, никако, никовито; einem After die zweite — geben, преорати; —acker, m. орапица, орања земља; —bar, adj. орани; —en, v. n. налик бити, уметнути се на кога; успети, успеватн; ein wohl geartetes Kind, дете добро; —feld, n. f. Artacker; —haft, f. artbar.

artig, adj. учтив, људан, складан, мио, угодан, пријатан, вешт; —keit, f. пријатност, угодност, складноћа, људност, учтивост, складност.

Artikel, m. члан, чланак.

Artiller-ie, f. артилерија, топништво; —ist, m. тобџија.

Artischocke, f. артичок.

Artist, m. уметник; —isch, adj. уметнички.

Artland, n. f. Artacker.

Arznei, f. лек, помоћ, лекарија; —bereiter, f. Apotheker; —en, v. n. лечити се, узимати лекове; —gelehrsamkeit, —kunde, —kunst, f. лекарство; —mittel, n. лекарија, лек; —wissenschaft, f. лекарство; —zettel, m. рецепт, пропис.

Arzt, m. лечник, лекар, видар.

aerztlich, adj. лекарски; —e Gebühren, лекарина; —(wundärztliche Gebühren) видарина.

Arztlohn, m. лекарина.

Asbest, m. азбест.

Ascendenten, pl. претци.

Asch, m. лопац, грнац; —blei, n. бизмут.

Asche, f. пепео, луг; glimmende — (Loderasche), жнор.

Aschenbrenner, m. пепељар; —brödel, n. пепељуга, лужница, пепељуха, пепељуша; —brot, n. погача; —farbe, Aschfarbe, f. боја сивкаста, вугаста, пепељаста; —faß, Aschengefäß, n. пепеоница; —händler, m. пепељар; —kuchen, m. погача; —salz, n. содом, лужни со, пепељача; —tuch, n. пепељуга, лужњава.

Aescher, Ascher, m. лужњак.

aeschericht, adj. пепељав.

Aeschermittwoch, f. пепељана, чиста среда.

aeschern, v. a. опепељити, пепељити, пепељавити; обратити у пепео.

Aschfarbe, f. Aschenfarbe; —grau, aschfarbig, adj. сивав, вугаст, пепељаст; —icht, adj. пепељав, лужав.

Aspe, Aespe, f. Espe.

Aspecten, pl. стање звезда; коб, знамење, знаци, изгледи.

Asper, m. јаспра, газета.

Asphodill, m. златоглав; weißer —, чапљан.

Aß, n. (in der Karte), кец; (ein Gewicht), аксар, гран; (Geschwür,) чир.

Assekurant, m. осигуратељ, обезбедитељ.

Ассекуранц — 32 — **aufbinden**

Assekuranz, f. осигурање, сигурност, обезбеђење; — (in Zuf.) осигурни; —anstalt, f. осигураоница.
assekuriren, v. a. осигурати, обезбедити.
Assel, f. покрпица, бабица, бабура.
assentir-en, v. a. примити у војнике; —ung, f. примање у војнике.
Assessor, m. приседник.
Assignant, m. упутник.
Assignat, m. упућеник.
Assignatar, m. упутовник.
Assignation, f. асигнација, упута, f. Anweisung.
assigniren, v. a. f. anweisen.
Assisenhof, m. поротни суд.
Assistent, m. помоћник.
Assistenz, f. помоћ.
assistiren, f. beistehen, beiwohnen.
Association, f. удружење; (Verein), друштво, заједница; —s-, друштвени, заједнични.
Ast, m. одвода, грана, одводница, члан, чвор.
Aestchen, n. гранчица, огранак.
Aesthetik, f. естетика, лепословље; —isch, adj. естетички, лепосличан, лепослован.
Asthma, n. сипња; an — leidend, сипљив, сипљиви; — bekommen, осипљавити.
aestig, adj. гранат, крошњат, крошњаст.
Aestling, m. полетарац.
Astloch, n. рупа од гране.
Astrolabium, n. астролаб, звездозор.
Astrolog, m. звездочатац; —ie, f. звездочатање; —isch, adj. астрологијски, звездочатачки.
Astronom, m. звездознанац, звездослов; —ie, f. звездословље, звездознанство; —isch, adj. звездознански, звездослован.
Astwerk, n. грање, грање.
Asyl, n. уточиште.
Atheist, m. безбожник; —in, f. безбожница; —erei, f. Atheismus, m. безбоштво; —isch, adj. безбожан.
Athem, m. дух, пара, дихање, дах; —holen, дихати, предисати; aus dem — kommen, задувати се; einen — zug thun, дахнути; zu — kommen, дахнути, одахнути; letzter —, зевање; schwerer —, пихња, хропња, сипња; in einem —, на душак; los, adj. задуван, без душе; —losigkeit, f. сипња; —zug, m. дах; einen —thun, дихнути.
athmen, v. n. дихати, дисати, дахнути.
Athem, **Athemholen**, n. дихање, дисање.
Aether, m. стар, небо; —isch, adj. етарски, небески.
Atlas, m. (Zeug), атлас, кумаш; (Landkartensammlung), атлант; —band, n. врпца од кумаша.
Attaque, f. наsrt, навала, загон.
Attentat, n. напад.
Attest-at, n. сведоџба, сведочанство; —iren, v. a. сведочити, посведочити.
Attich, m. апта, бурјан; in Zuf. аптов, adj.; —stengel, m. аптика; —strauch, m. антик, аптовина.
Aetz, f. храна, мека.
aetzbar, adj. гризав, љут.
aetz-en, v. n. изгрсти, прojecти; (zu essen geben), хранити, питати, крмити; (lochen), вабити, мамити; (bei ben Kupferstechern), pe-

зати, урезати, пajaти; —end, adj. љут, једак, гризак; —kunst, f. вајање љутом водом; —ung, f. питање, храњење, храна, прехрана, прехитање, крма; —wasser, n. љута вода.
au, int. вај, авај, јао, о, вајме!
Au, f. лука, палучак.
auch, conj. п, такође; wie auch, као и; wenn auch, макар; —nicht, ни, нити.
Auction, f. драбба.
Auditor, m. авдитор, војнички судац.
Aue, f. ливада, лука, палучак.
Auer-hahn, m. тетреб; —henne, f. женка од тетреба; —ochs, m. тур.
auf, praep. на, за, по, с, са, у, уз; — einen Ort reisen, путовати куда; es geht —neun, прошло је осам; — immer, за увек; von Jugend —, од младости; —! хајде! на горе! — lateinisch 2c., латински, по латински итд.; — keine Art, никако; — der Stelle, таки, одмах; — den Kreuzer auszahlen, платити до крајцаре; — oder ab, више или мање; —sein, бити на ногу; ist der Herr auf? је ли господар устао? — und ab gehen, шетати горе и доле; — daß, да, нека; — u. davon, ицици!
aufächzen, v. n. јекнути, зајечати.
aufackern, v. a. орати, узорати, преорати.
aufarbeiten, v. a. порадити, потратити у рађњу; das Eis —, просећи лед.
aufathmen, v. a. дахнути, одахнути, предахнути, предушити, предисати; ohne aufzuathmen, без предушка.
aufätzen, f. aufbeizen.
aufbacken, v. a. попећи.
aufbahren, v. a. метнути, положити на посила, па одар.
aufbansen, v. a. на хрпу слагати (снопље).
aufbau-en, v. a. сазидати, саградити, зидати, градити; —ung, f. грађење, зидање.
aufbäumen, v. a. навити оснути (на вратило); sich —, v. r. учловити се (коњ).
aufbefinden, sich, v. r. бити на ногу, нележати; находити се.
Aufbefinden, n. здравље.
aufbehalt-en, v. a. (aufbewahren), дохранити, храпити, сахранити, чувати, дочувати, сачувати; (zurückbehalten) задржати; (niederlegen) положити, оставити; den Hut —, нескидати шешира; —ung, f. храњење, чување.
aufbeißen, v. a. прогристи, разгристи.
aufbeizen, v. a. пројести, прогристи.
aufbellen, v. n. залајати, лајати.
aufbersten, f. bersten.
aufbetten, v. a. положити на постељу; наместити постељу.
aufbewahren, f. aufbehalten.
Aufbewahrer, m. хранитељ, чувар.
aufbiegen, v. a. узвијати, узвинути, привинути.
aufbiet-en, v. a. (Truppen 2c.), купити, сакупити, сазвати; Verlobte —, навестити, навиедети заручнике; alles —, учинити све могуће, употребити сва средства; —ung, f. купљење, сазивање; навешћивање, навест.
aufbinden, v. a. везати, свезати, привезати,

aufblähen — 33 — **auffahren**

подвезати; (lösen), развезати, разрешити, опростити; einem etwas —, превартпти.
aufblähen, v. a. надувати; sich —, v. r. охолити се, надувати се, поноспти се, надути се.
aufblasen, v. n. надухати, запухати; ein Feuer —, пропирати; mit der Trompete —, затрубити; sich —, v. r. надимати се, охолити се, надути се, нажутити се.
aufblättern, v. a. превртати листове, књигу.
aufbleiben, v. n. будан бити, бдити; (offen bleiben) остати отворен.
Aufblick, m. поглед; —en, v. a. дигнути, подигнути очи, погледати, препути се.
aufblitzen, v. n. спнути, севати.
aufblühen, v. n. процвасти, расцветати се, процветати, уцвасти, уцватити.
aufbohren, v. a. бушити, пробушити.
aufborgen, v. a. узајмити.
aufbraten, v. a. попећи, испећи.
aufbrauchen, v. a. трошити, потрошити, похарчити.
aufbrauen, v. a. варити, поварити.
aufbraus-en, v. n. ускипети, узаврети; fig. разжутити се, разјарити се, планути, букнути; —end, adj. fig. жут, напрасит, плаховит, дурљив.
aufbrech-en, v. a. отворити, разбити, разлупати, обити, развргнути, вртати; Briefe, Siegel —, распечатати, отпечатати; das Lager —, кренути (војску); — v. n. поћи, рити се, проквнути, пукнути, отећи, кренути се, поћи, отиснути се, маћи, макнути; —en, n. —ung, f. отварање, разбијање, распечатање; полазак, поодлазак.
aufbreiten, v. a. разастрти, прострти, раширити.
aufbrennen, v. a. пожећи, погорети, попалити, припалити; ударити жиг; — v. n. успламтети, планути, изгорети.
aufbring-en, v. a. изнети, износпти; (aufziehen) хранити, отхранити, занаћати, напатити, натити, одгојити; (zusammenbringen, z. B. eine Summe), саставити, скуцати, скупаторити; ein Schiff —, узовити, ухватити; eine Sitte —, увести обичај; einen Spitznamen —, издевати, издепути име; (herbei schaffen), најамнти; (einen emporbringen), помоћи; einen Kranken —, излечити; (erzürnen), ражутити, расрдити, нажутити; (aufmachen), отворити, отварати; —ung, f. отхрањење, запаћење, одгојење, прибављање, увоћење, излечење, издевање.
Aufbruch, m. (das Bersten) пуцање, прскање, прокидање, отварање; (Abreise) полазак.
aufbrüllen, v. n. рукнути, мукнути, зарикати.
aufbrüsten, v. a. отворити груди, раздрљити прси.
aufbuben, v. a. направити шатру, чатрљу, буду.
aufbügeln, v. a. утњати.
aufbürden, v. a. натоварити, напртити; einem etwas —, оптеретити кога чим, окривити га; sich etwas —, подухватити се чега.
aufbürsten, v. a. уз длаку четкати, кефати у вис.
aufdamen, v. a. (im Damenspiel) дамати, вући, направити даму.

aufdämmen, v. a. зајазити, прегатити.
aufdämpfen, v. n. свитати, всдрити се.
aufdampfen, v. n. пзвстрити, излапити, пзапити; — v. a. понудити.
auf das, conj. иска, да, да би.
aufdecken, v. a. (bedecken), покрити; das Bedecte —, открити, одгрнути; den Tisch —, поставити трпезу, сто; —ung, f. покривање, откривање, одгртање, постављање.
aufding-en, v. a. погодити, најмити, узети, уговорити (јавно пред цехом); sich —, најмити се; —ung, f. погодба, најам, уговор, увет.
aufdörren, v. a. сушити, осушити, посушити.
aufdrängen, v. a. отворити силом; sich — v. r. наметнути се, наметати се.
aufdreh-en, v. a. одсукати, одвинути, одвити, навити, прионти; —ung, f. одсукање, одвијање, навијање.
aufdreschen, v. a. омлатити, помлатити, оврши, површити, млатити, вршити.
aufdring-en, v. a. наметате, наметнути, присилити кога да узме; sich einem —, наметати се, наметнути се кому; —ung, f. наметање: die Aufgedrungene, f. наметница, наметкиња.
aufdruck-en, v. a. (ein Siegel) притиснути, ударити (печат); —ung, f. (des Siegels), ударање (печата).
aufdrücken, v. a. отворити, притиснути, разгњечити; eine Nuß —, разбити орах; heiß —, причврљнити; —ung, f. отворање, разбијање.
aufdunsen, v. n. подбути, подбунути.
aufdunsten, v. n. изветрити, излапити, изапити.
aufeggen, v. a. подрљати.
aufeinander, adv. један за другим.
aufeinmal, adv. на један пут, на један мах.
aufeisen, v. a. пробити, просећи лед; — v. n. растопити се, топити се.
Aufenthalt, m. боравлење, пребивање, становање; (Zögerung), оклевање, кашњење, одлагање; —Ort, m. боравиште, пребивалиште, стан; —schein, m. боравница.
auferbauen, f. erbauen.
auferleg-en, v. a. наложити, заповедити, наредити; gerichtlich —, досудити; —ung, f. налог, заповед, наредба.
auferstanden, adj. ускрснувши.
aufersteh-en, v. n. васкрснути, ускрснути; —ung, f. ускрснуће, васкрсење, ускрс; —fest, n. ускрс, васкрс; —tag, m. дан васкрсења.
auferwachen, v. n. будити се.
auferweck-en, v. a. васкрснути, будити, пробудити; —ung, f. васкрсавање, буђење.
auferzieh-en, v. a. гојити, одгојити, подгајити, хранити, отхранити; —ung, f. одгојење, отхрањење.
aufessen, v. a. појести, изести, поручати.
auffädeln, v. a. низати, нанизати, чнмкати, прешизати.
auffahren, v. n. узвести, узлазити, отворити се изнецада; aus dem Schlafe —, препути се, тргнути се; im Zorne —, планути, разјарити се; mit dem Schiffe —, пассети; vom Stuhle —, вннути; — v. a. запети.

3

Auffahrt, f. узлазак, узбрдица; die — Christi, спасово, вазнесеније.

auffallen, v. n. пасти на што; sich den Kopf —, разбити главу надпувши; fig. падати у очи.

auffallend, adj. велик, чудноват, што пада у очи; —е Gebrechen, особите, видне мане.

auffalten, v. a. ширити боре.

Auffangegeschirr, n. in der Branntweinbrennerei, капалица.

auffang-en, v. a. ухватити, нахватати, уловити, хватати, купити, разумети, сачекати, дочекати; —ung, f. ловљење, хватање.

auffärben, v. a. префарбати, премазати.

auffaseln, auffasen, v. a. очупкати се, осипати се.

auffaß-en, v. a. ухватити, уловити, хватати, сакупљати; (begreifen), разумети, докучити, схватити; —ung, f. хватање, сакупљање, разумевање, докучивање, сватање; —ungs-kraft, f. —ungsgabe, f. —ungsvermögen, n. сила схватања.

auffeilen, v. a. пилити, препилити.

auffeuchten, v. a. влажити, навлажити.

auffinden, v. a. наћи, изнаћи, сналазити, пронаћи.

auffischen, v. a. ловити, уловити; вадити, извадити из воде.

aufflackern, v. n. плануты.

aufflammen, v. a. потпалити; — v. n. букнути, запламтити, плануты.

aufflattern, v. n. затрептити, прнути, узлетити.

aufflechten, v. a. сплести, расплести.

auffliegen, v. n. узлетети, летнути, одлетети, полетити, отворити се нагло; (durch Pulver), полетети у зрак.

aufflößen, v. a. пловити, напловити.

Aufflug, m. узлет, полет.

aufforder-n, v. a. позивати, зазвати, позвати, нудити, понудити; eine Festung —, позвати тврђаву, да се преда; —er, m. зазвалац; —ung, f. позив, затка, позивање, пукање, опомена; —ungs, зазовни, adj.

auffressen, v. a. пождерати, позобати, пројести, појести, извести.

auffrieren, v. n. топити се, растопити се.

auffrisch-en, v. a. расхладити, поновити, обновити; (aufmuntern), узбудити, слободити; —ung, f. попављање, обнављање, узбуђивање, слобођење.

aufführ-en, v. a. возити; (bauen), градити, зидати, саградити, сазидати: Schauspiele — играти, приказивати, претстављати; sich —, v. r. подносити се, понашати се, владати се, држати се; —ung, f. грађење, зидање, владање, подношење, понашање.

auffüll-en, v. a. допунити, напунити; —ung, f. допуњавање, пуњење.

auffüttern, v. a. појести, отхранити, хранити, гојити, одгојити.

Aufgabe, f. налог, задатак, задаћа, питање; предавање, предаја; наметак, приложак, радош.

aufgabeln, v. a. набости, натакнути на виле или виљушку; fig. познати, пронаћи.

Aufgang, m. усход, узлаз; — der Sonne, огранак, исход, исток; (Kosten), трошкови.

aufgattern, v. a. наћи насумце.

aufgeben, v. a. дати, задати, наложити, предложити (питање итд.); einen Brief —, предати, поручити; den Geist —, издахнути, умрети; ein Amt —, оставити службу; die Hoffnung —, изгубити надаље; einen Patienten —, напустити болесника; (fahren lassen), махнути се, оставити се.

Aufgeber, m. предавач, предавалац.

aufgeblasen, adj. подбуо, падувен; fig. охол, надут, поносит; —heit, f. подбулост, надутост, охолост, поноситост.

Aufgebot, n. наповест, навештај, проглас, позив.

aufgedunsen, adj. подбуо; —heit, f. подбулост.

aufgeh-en, v. n. (Sonne ic.), родити се, изићи, огранути; (aufsteigen), узићи, узлазити; (als Pflanzen), ницати, изницати; (sich öffnen), отворити се, отварати се; (Eis), топити се; (sich austrennen), распарати се; (Schleife), одрешити се; (Knospe), пуцати, разнити се; (angewendet werden), трошити се; es geht auf (in der Rechenkunst), не остаје ништа; jetzt geht mir ein Licht auf, сад ми пуче пред очима; — lassen, потрошити; sich die Füße —, озледити ноге од велика хода; (vom Brode), раздрати се; (vom Geschwür), провалити се; bei Feuer — lassen, размарити, раскравити, промарити.

aufgeigen, v. a. гудети, загудети.

aufgeklärt, adj. посвећен, учен, бистар, отворен.

Aufgeld, n. капара, пред, наметак.

aufgelegt, adj. расположен; gut oder schlecht —, добре или зле воље.

aufgeräumt, adj. добре воље, весео, шаљив; —heit, f. добра воља, веселост, шаљивост.

aufgeschaut! i. c. пута! пази!

aufgetrieben, adj. (vom vielen Schlafen), тежак, набуо.

aufgeweckt, adj. весео, жив, отворен, бадар; —heit, f. живост, бадрост, веселост.

aufgeworfen, adj. —e Nase, прчаст нос; —e Lippen, дебеле усне.

aufgieß-en, v. a. лити, излити на што, налити.

aufgipfeln, v. a. уврштити, уврштивати.

aufglätten, v. a. гладити, изгладити, угладити.

aufgrab-en, v. a. копати, ускопати, ископати, ровити, урављати, прекопати; —ung, f. копање, ров, ровљење.

aufgrasen, v. a. пасти, попасти.

aufgreifen, v. a. хватати, ловити, похватати.

aufgrünen, v. n. зеленети, позеленети.

aufgürt-en, v. a. потпасати, подвезати; (los-gürten), отпасати, распасати; —ung, f. пасање, распасање.

Aufguß, m. налев.

aufhab-en, v. n. имати на себи; — ein Amt, имати уредовну дужност; ein aufhabender Eid, положена заклетва; den Mund —, зјати, зијати.

aufhack-en, v. a. просећи, прокопати; mit dem Schnabel —, прокљувити; (alles hacken), посећи, покопати.

aufhäfteln, v. a. раскопчати, распетљати; придепути, прикопчати, припетљати.

aufhäkeln, aufhaken, v. a. откучити, раскучити; дигнути, потегнути куком у вис.

aufhalt-en, v. a. уставити, зауставити, обу-

ставити, препречити; (in die Länge ziehen), одуговлачити, задржавати; (offen halten), држати отворено; durch Gespräch —, заговарати; sich an einem Ort —, боравити, бавити се; fig. sich über etwas —, ругати се чему, љутити се, замерити; —ung, f. Aufhalt, m. зауствава; запрека, кашњење, обловање, загопарање.
aufhänge-n, v. a. вешати, обесити; fig. einem etwas —, паметнути, преварити; —stangen, f. срг, ленка.
aufhaspeln, v. a. намотати, смотати, навити; потезати у вис на вито.
aufhauen, v. a. посећи, расцепати.
aufhäuseln, v. a. гомилати, нагомилати; Erbe um die Weinstöcke —, загрнивати чокоће.
aufhäuf en, v. n. нагрнути, накупити; гомилати; fig. увећати; —ung, f. повећавање, гртање, гомилање.
aufheben, v. a. дигнути, одићи, подигнути, издићи, уздигнути; einen Verbrecher —, затворити; (Vorrath), сахранити, чувати (Gesetze, Untersuchung ɛc.), оставити, укинути; (endigen), довршити, свршити; — die Sitzung, распустити седницу; die Tafel —, устати од стола; die Freundschaft — прекинути пријатељство; eins gegen das andere —, пребити.
Aufhebe-n, n. Aufhebung, f. дизање, одизање, уништење, укидање, храњење, чување, узвишавање; viel Aufhebens machen, у звезде ковати.
aufhefteln, v. a. откопчати, распетљати.
aufheften, v. a. прикопчати, запетљати, закопчати, прикенути, распетљати; einem etwas —, пршити.
aufheiter-n, v. a. изведрити, проведрити, разгалити, разбистрити; fig. развеселити; sich —, v. r. разведрити се, упремешити се, рашчинити се, разгалити се; fig. развеселити се; —ung, f. разведравање, ведрина, развесељавање.
aufhelfen, v. a. потпомоћи, помоћи; fig. дигнути на ноге.
aufhellen, f. aufklären.
aufhenken, v. a. обесити, вешати; —, n. вешање.
aufhetz-en, v. a. дражити, подбуњивати, подбости, падражити, вркати; fig. (erzürnen), љутити, пажутити, ражжутити, раздражити; jemanden gegen einen —, потпицати; —er, m. подбздач; —ung, f. потицање, подбађање.
aufhissen, v. a. попући на вито.
aufhocken, v. a. натоварити, напртити на леђа; er muß alles —, све мора он да носи; — v. n. einem —, сести коме на крикачу.
aufhorchen, v. n. слушати, прислушивати, слукнути.
aufhör-en, v. n. престати, натинути, напсати, проћи, довршити се; — v. a. слукнути, слушати; —ung, f. престанак, свршетак.
aufhüllen, v. a. открити; sich —, открити се.
aufhüpfen, v. n. поскочити, скокнути, заграти, узиграти.
aufjagen, v. a. кретати, кренути, покренути.
aufjammern, v. n. лелекати, процвилити.

aufjauchzen, v. n. кликнути, подвикнути
aufjochen, v. a. испрегнути волове.
aufkämmen, v. a. усчешљати.
Auflauf, m. Auflaufung, f. купоање.
aufkaufen, v. a. купити, покуповати.
Aufkäufer, m. прекупац.
aufkegeln, v. a. сложити на хрпу.
aufkehr-en, v. n. мести, помести; —icht, n. смет.
aufkeimen, v. n. пикнути, ицати, клијати.
aufkitten, v. a. лепити, приласнити, прикељити.
aufklaftern, v. a. слагати у хватове.
aufklappen, v. a. отварати поклопац, уздигнути обод.
aufklär en, v. a. разбистрити, просветлити; Jemanden, појаснити, разумети, разумљивати; sich —, разведрити се, разгалити се; (deutlich werden), појаснити се; —er, m. просветител; —ung, f. разумљивање, просвештење, просвета, изјашњење.
aufklauben, v. a. купити, покупити; брати, побрати, обрати.
aufkleben, aufkleiben, aufkleistern, v. a. кељити, лепити, прикељити, прилепити.
aufklettern, aufklimmen, f. klettern, klimmen.
aufklopfen, v. a. искуцати, разбити, разлупати; —, v. n. закуцати.
aufknacken, v. a. разбити зубима.
aufknöpfen, v. a. откопчати, раскопчати.
aufknüpfen, v. a. одвезати, развезати, замаћи; обесити, вешати; —ung, f. развезивање; вешање.
aufkochen, v. a. сварити; — v. n. узаврети.
aufkommen, v. n. дизати се, дигнути се, уздигнути се, подигнути се, устати на поге; — mit dem Beweise, доказати; von einer Krankheit —, оздравити, опоравити се, предигнути се; (von Gewächsen), примити се, ухватити се; (ein Gebrauch), доћи у обичај; (entstehen), постајати, наследити се; (emporkommen), попети се до власти; man kann vor ihm nicht —, не може човек од њега ни до чега да дође; solche Zweifel darf man nicht — lassen, не ваља се пуштати у такове сумње; — v. оздрављење, опорављење, успех, срећа.
auftönnen, v. n. моћи устати.
aufkrächzen, v. n. гракнути, заграктати.
aufkrämpen, v. a. уздигнути обод.
aufkratzen, v. a. четати, рашчешати, грепсти, разгрести.
aufkräuseln, v. a. зарудити, нарудити, накудравити (косу).
aufkreischen, v. n. дрекнути.
aufkrümmen, v. n. узвити.
aufkündig en, v. a. отказати; —ung, f. отказ.
Aufkunft, f. s. Aufkommen.
auflachen, v. n. насмејати се, засмејати се, смијати се, надупнити се.
auflacken, v. a. (einen Baum), гулити, нагулити.
auflad en, v. a. товарити, притоварити, натоварити, заврћи, пртити, напртити, упртити; sich —, заврћи се, заметнути се њим; —er, m. носач; —ung, f. товарење, товар, терет.
Auflage, f. намет, порез, пореза; (eines Werkes),

3*

auflangen — **aufpflanzen**

штампа, издање (књиге); (der Listen zur Einsicht), положење, истављање списка на углед.
auslangen, v. a. пружати у впс.
auslassen, v. a. пустити кога горе: оставити отворено; запустити (рудник).
auslauer-n, v. a. вребати, седити у буснји; —er, m. вребац, пребач: —ung, f. пробање, заседа.
Auslauf, m. навала, трка, стиска: буна, стека; (Kochk.), m. бујанац; —en, v. n. (von Südmeerien), клицати, вицати; (aufschwellen) отећи, узбуђати, нарасти; (sich häufen) накупити се, набрати се, стицати се; — v. a. отворити трчући; die Füße —, озледити ноге; (stranden), насести; — n. —ung, f. намножење.
auslauschen, f. aufhorchen.
ausleben, v. n. оживети, живнути.
auslecken, v. a. лизати, облизати, полизати.
ausleg-en, v. a. ставити, метати, ударити, метнути, наметнути; einem etwas —, наложити, наручити, заповедати; ein Buch —, штампати, издати; den Saumsattel осамарити: — v. n. (fett werden), одебљати; — v. r. наслонити се, упрети се; sich wider einen —, противити се; aufgelegt sein, бити добре воље; —ung, f. постављање, налагање, полагање; штампање, издање.
auslehn-en, v. a. наслонити, прислонити; sich — v. r. наслонити се, прислонити се; fig. противити се, опирати се (закону); —ung, f. наслањање, противљење, буна.
ausleihen, v. a. посудити, узајмити.
ausleim-en, v. a. прикељити, прпутукалпити, прилепити; —ung, f. притуткаљивање, прилепљивање.
ausleinen, v. a. вешати, обесити, повешати на уже.
auslef-en, v. a. побирати, накупити, купити, побрати, покупити, скупити; —ung, f. купљење.
ausliegen, v. n. лежати, почивати на чем; fig. бити без господара, без службе; sich — v. r. улежати се.
auslocker, v. a. попустити; die Erde —, прекопати, преорати: den Weingarten —, опрацити.
auslodern, v. n. букнути, планути.
auslös-en, v. a. опучити, развезати, раздрешити, одвезати, одрешити, рашчинити, растворити, растварати, расплести, отплести; (schmelzen), растопити, стопити; (zertheilen), раставити, разделити; (zerstören), разорити, разрушити; ein Räthsel —, одгонетнути; einen Betrag, уништити погодбу; — eine Ehe, раженити; — eine Gesellschaft, разорчачити; die Gesellschaft löst sich auf, друштво престаје; (Landtag ze.) распустити; aufgelöst werden, умрети; —sich, —bar, adj. разрешив, растопљив; —sichkeit, —barkeit, f. разрешивост, растопљивост; —ung, f. разрешење, одготењај, растапање, разорачавање, смрт.
auslöth-en, v. a. припојити, распојити; —ung, f. припој, распој.
ausmachen, v. a. отворити, открити, раскрити; (aufbinden), одвезати, раздрешити, развезати; den Mund —, зинути; die Augen

—, прогледати; öfters auf und zumachen, отварњзати; einen Brief —, отворити, распечатити; eine Nuß —, разбити; sich —, v. r. отворити се, дигнути се, подигнути се; кренути се, отпћ, опремити се; паметити се (за вим), махнути се; примити се (уз брдо); sich zu Fuß —, припалити пешице; sich — zu folgen, пеподити се; wir müssen und früh —, морамо одрапити.
ausmählen, v. a. масти, самсти.
ausmalen, v. a. сликати, насликати, обновити слику; потрошити (сликајући).
Ausmaß, n. врх (у мере).
ausmauer-n, v. a. вретане; —iren, v. n. вретати се.
ausmauern, v. n. зидати, сазидати, подзидати, дигнути, дизати.
ausmerk-en, v. n. пазити, меркати, слушати; — v. a. забележити, убележити, уписати, записати; —er, m. мотрилац, уход; —sam, adj. мукает, пажљив, позоран; das Gericht — machen auf etwas nicht Beachtetes, опоповидети; —samkeit, f. помња, позор, позорност, пажљивост, пажња.
ausmischen, v. a. мешати, смешати.
ausmunter-n, v. a. будити, пробудити, разбудити; einen zu etwas —, охрабрити, подбости, подбунити, повладити, побудити, обадрити; (aufheitern), развеселити, обрадовати; утешити, тешити; —ung, f. буђење, подбадање, потицање, обадривање, утеха, повлаћивање.
aufnageln, v. a. прековати, прибити (чавлима).
aufnagen, v. a. прогристи, прогодати.
aufnähen, v. a. шити, пришити, пошити.
Aufnahme, f. дочек, примање; умножење; — an Sohnes Statt, синење; — des Eides, присезање, заклињање; — der Studirenden, упис ђака; Geld —, узајмљивање; in — sein, гвасти, бити у обичају; in — bringen, увести у обичај; —sschein, m. уписница.
aufnaschen, v. a. појести у посластица.
aufnehmen, v. a. примити, дочекати, подигнути, уздигнути; ein Capital —, задужити се; an Sohnes Statt —, поспнити; einen Eid — заклети кога; Rechnungen —, начнивити рачуне; (anhören), саслушати (паричке говоре); eine Gegend —, нацртати; es mit einem —, огледати се; für Scherz —, примити за љубав, шалу; übel —, замерити; etwas auf sich nehmen, узети на се, подухватити се.
Aufnehmen, n. in — kommen, доћи у обичај.
aufnieten, v. a. прибити (чавлима). [přти.
aufnöthigen, v. a. наметнути, наметати, нагова**aufopfer-n**, v. a. жртвовати, принети; sich — v. r. жртвовати се; —ung, f. жртвовање, жртва.
aufpacken, v. a. товарити, натоварити, прпити, напртити; (das Gepäcke öffnen), развезати, раздрепити.
aufpappen, f. aufkleben.
aufpass-en, v. a. примерити; v. n. пазити, вребати, презати; — im Ballspiel, кечити; —er, m. уход, уходник; — an den Stadtthoren, вратар, стражар.
aufpflanzen, v. a. (als eine Fahne, ze.) побити;

aufpflügen — 37 — ausschärfen

подићи ; bie Kanonen —, наперити, наместити.
aufpflügen, f. aufaďern.
aufpfropfen, v. a. калампти, накалампти, цспити; eine Flasche —, отворити, отчепити боцу.
aufpicken, v. a. смолити, пасмолити.
aufpicken, v. a. зобати, позобати; прокљувати.
aufplatzen, v. a. пукнути, пући, распукнути се.
aufplaubern, v. a. наговорити кога на што.
aufplumpen, v. n. пљуснути, пљускати.
aufpochen, v. a. куцнути, ударити, куцати.
aufprägen, v. a. притиснути, притискати, утиштити, тештити.
aufprallen, v. n. отскакати, отскочити.
aufprotzen, v. a. навалити (топ).
aufpusten, f. blasen.
Aufputz, m. урес, накит, кићење; —en, v. a. ресити, уресити, наресити, китити, накитити, искитити, окитити; почистити; кицнурити се.
aufquellen, v. n. извирати, набубрити, расквасити се; — v. a. намочити, наквасити, квасити.
aufquetschen, v. a. гњечити, згњечити.
aufraffen, v. a. покупити, купити; sich —, v. r. устати, дигнути се нагло; fig. опоравити се, опорављати се.
aufranken, v. n. пењати се, попети се.
aufrauchen, v. n. димити се, пушти се; — v. a. попушити.
aufräum=en, v. a. спремати, сиремити, поспремити, распремити, успремити; почистити; места направити; aufgeräumt sein, бити добре воље; —ung, f. спремање, ред, чишћење.
aufrauschen, v. n. затрептити, зашумити.
aufrechnen, v. a. рачунати, урачувати, нарачунати, ставити на рачун.
aufrecht, adj. једнак, прав; — adv. управо, дупке, једнако; — bleiben, остати на ногама, у крепости, важности; — halten, v. a. одржати, чувати, сачувати; — haltung, f. уздржавање, чување.
aufrecken, v. a. пружати, пружити, дизати, дигнути, уздигнути.
aufregen, f. aufrühren.
aufreiben, v. a. отрти, стрти, трти; очешати, нажуљити, натрти; (ausrotten), истребити, искоренити, побити, потући.
aufreißen, v. a. дерати, раздерати, провалити, опучити, раздрљити, кидати, раскинути; eine Thür —, напрпити; das Maul —, разглавити; die Augen —, разрогачити, избечити; ein Geschwür —, прокинути; eine Wunde —, повредити, увредити, врећати, зледити, позледити, позлеђивати; die Erbe mit dem Pfluge —, угарити, (zeichnen), цртати; — v. n. пукнути, раскинути се, раздерати се, распарати се.
aufreiten, v. a. оседлати; sich —, v. r. озледити се јашући; — v. n. узјахати коња.
aufreizen, v. a. дражити, раздражити, подбунити.

aufrennen, v. a. отворити (врата трчући); — v. n. патрчати.
aufrichten, v. a. усправљати, нздизати, наперити, напети, падигнути, дизати, уздигнути; einen Leibenden —, тешити, разговорити; Freundschaft —, спријатељити се; sich —, v. r. устати, пропети се, дигнути се, исправити се, утешити се.
aufrichtig, adj. искрен, истинит, безилан, безазлен, отворен, прав; ein —er Wein, вино некварено; — adv. искрено, истинито, право, отворено; — keit, f. искреност, истинитост, отвореност, безазленост.
Aufrichtung, f. дизање, подизање; разговор, утеха, утешење.
aufriegeln, v. a. отворити резу.
aufringeln, v. n. укудравити се, народити се, увијати се, коврчити се.
Aufriß, m. основа, план.
aufritz=en, v. a. задерати. запарати, нагулити, огрепсти.
aufrollen, v. a. (zusammenrollen), савити, смотати; (aus einander rollen), развити, размотати.
aufrücken, v. a. узбити, помакнути у вис; (vorwerfen), пребацити, пребацивати.
aufrudern, v. n. ударати веслом о што.
Aufruf, m. позив.
aufrufen, v. a. клицати, кликнути, звати, позвати. дозвати, зазпати, зовнути, викнути, повикати, заупити, упити, вапити, поупити, поклинкути.
Aufruhr, m. буна, побуна, узбуна; бунт, одметање, смутња; — predigen, бунити.
aufrühr=en, v. a. мешати, промешати; бунити, узбунити; fig. крепути, кретати; —er, m. мутљивац, бунтовник, одметник; —isch, adj. буптован, мутљив, побуњен; —ung, f. мешање.
aufrüsten, v. a. градити, саградити, подигнути (одар).
anrütteln, v. a. дрмати, уздрмати, продрмати, промућкати, муљкати.
aufs, (auf das) — Eis gehen', насести; — neue, на ново.
aufsagen, v. a. казати, говорити леквију; (absagen), отказати, опорећи; bie Freundschaft —, пријатељство прекинути.
aufsägen, v. a. пропилити, расплити, препилати.
aufsammel=n, v. a. купити, поткупљати, покупити; —ung, f. сабрање, купљење.
Aufsandung, f. допуштење за упис на посудство.
aufsatteln, v. a. седлати, оседлати.
Aufsatz, m. накит, урес, горњи део; schriftlicher —, саставак, расправа, писмо, рачун.
aufsätzig, adj. назубан, пизмен; тврдоглав, упоран, непокоран; einem — sein, мрзити на кога; —keit, f. пизма.
aufsaugen, v. a. спсати, посисати, попити.
aufsäugen, v. a. дојити, одојити.
aufschaben, v. a. стругати, пастругати, пострудати.
aufschanzen, v. a. онкоп направити.
aufschärfen, f. aufritzen.

aufscharren, v. a. ископати, чепркати, ппчепркати.
aufschauen, v. n. дигнути очи, погледати.
aufscheuchen, v. n. лепити се. запенушити, запепити се.
aufscheuchen, v. a. кренути (звера); поплашити.
aufscheuern, v. a. почистити, побрисати, ортн, орнбати.
aufschichten, v. a. сложнти, слагати, наслагати.
aufschieben, v. a. отварати, отворити; (hinaufschieben), тискати, потиснути горе; (verschieben), одложити, одгодити; — ling, m. младица, огранак; (in der Zukunft), кука од жљеба.
aufschiefsen, v. n. ударити о што бродом.
aufschiefsen, v. n. (von Pflanzen), ницати, зобати, терати; (v. Ähren), класати; (empor schießen), скакати ираћпути (нз воде риба); — v. a. провалити, проломити, пробити из топа или пушке; испуцати.
Aufschlag, m. ударање (такта); заруквање, огрлица; — des Hutes, обод; — des Preises, поскупљивање; (Erhöbung der Abgabe), повећање данка, порезе, прндавак; warme Aufschläge, топли облози.
aufschlagen, v. a. пробити, разбити, проломити; ударити, ударати; ein Kleid —, посувратити, пзврнути; (öffnen, aufdecken), отворити, откритн; ein Zelt —, разапети шатор; (entzwei schlagen), иребити, разбити; (verwunden), ударити, ранити; eine Wohnung —, сместити се, пастанити се; ein Geschlechter —, ударити у смех; die Augen —, отворити очи, прогледати; das Bett —, паместити постељу; das Mühlrad —, побијати камен воденични; Karten —, размештати, бацати карте; — v. n. поскупити.
aufschleifen, v. a. вући, навући.
aufschleißen, v. a. дерати, раздерати, поцепати.
aufschlichten, f. aufschichten.
aufschließen, v. a. отворити, отклопити, откључати; fig. открити, изпајти, разрешити, растумачити, разбистрити; sich —, v. r. отварати се, отворити се, процвасти, цвасти; —et, m. кључар; —in, f. кључарица; —ung, f. отварање, откључавање.
Aufschlitzen, v. a. порити, распорити, парати, прорезати; —ung, f. порење, парање.
aufschluchzen, v. n. јекнути, јецати.
aufschürfen, v. a. срвати, посркати.
Aufschluß, m. отвор, отварање; fig. тумачење, објашњење; — geben, известити, убавестити, разјаснити.
aufschmausen, v. a. јести, појести.
aufschmeißen, f. aufwerfen.
aufschmelzen, v. a. топити, отопити, растопити, причврстити; — v. n. отопити се, растопити се.
aufschmieden, v. a. приковати, приковати.
aufschmieren, v. a. мазати, намазати, помазати, потрошити мажући.
aufschmüden, f. aufputzen.
aufschnappen, v. a. лапити, лапнути; раскопчати, откопчати.
aufschnappen, v. a. лапити, лапнути; ein Wort —, уловити, ухватити коју реч; — v. a. скокнути.

aufschneiden, v. a. пассћи, порити, начети, разрезати, прорезати, норезати; — v. n. хвалити се, лагати; —er, m. хвалиша, хвасталац, лажа; —erei, f. хвастање, хвалисање, лагање; —erisch, хвалисав, хвастав.
aufschnellen, v. a. учинпти да што ципи; — v. n. скокнути, цинпти.
Aufschnitt, m. рез. просек.
aufschnüren, v. a. одвезати, отпетљати, одрешити; привезати; нанизати.
aufschobern, v. a. завршити, упластити, дести, садести, пластити.
Aufschöbling, m. (Traufbacken), кука од жљеба, олука.
aufschöpfen, v. a. купити, покупити (ожицом).
Aufschößling, m. младица; fig. дугајлија, шипела.
aufschrauben, v. a. одврнути, одвртати, навртати, наврнути.
aufschrecken, v. a. поплашити; — v. n. препути се, тргнути се.
aufschreiben, v. a. написати, записати, убележити; —ung, f. записивање, бележење.
aufschreien, v. n. викнути, кликнути, зовнути, завикати, повикати, поцикнути, вриснути, завриштати, заграјати, крикнути, запиштати, продрети се; (vom Schweine), скикнути; — v. a. виком пробудити.
Aufschrift, f. напис, натпис, наслов.
aufschroten, v. a. нажати, турати, навалити; пождерати.
Aufschub, m. одуговлачење, одгађање, облевање, одлагање, кашњење, отезање.
aufschüren, v. a. ражарити.
aufschürzen, v. a. посувратити, завршути, узгрнути; sich —, задигнути се, запрећи се, запрегнути се; —ung, f. посувраћање, завраћање.
aufschütteln, v. a. трести, протрести, дрмати, продрмати.
aufschütten, v. a. насипати, сипати, налити, кипити; —ung, f. сипање, наливање.
aufschützen, v. a. уставити воду.
aufschwämmen, v. a. наквасити; das Holz —, хватати дрва по води.
aufschwänzen, aufschweifen, v. a. подвезати (реп коњу).
aufschwärzen, v. a. прпити, поцрнити.
aufschwatzen, v. a. наговорити кога да што узме; пробудити брбљањем.
aufschweben, v. n. дизати се у зрак.
aufschweißen, v. a. причврстити, припојити.
aufschwellen, v. a. расточити, потратити.
aufschwellen, v. a. надути, надимати; — v. n. отећи, отицати, парасти, надути се, набујати, набубрити, нагрезнути, узбујати, умножити се; durch Sieben —, наврети, навирати; — n. —ung, f. оток, отицање, умножење, навирање.
aufschwemmen, v. a. пливити, хватати дрва из воде; (aufblähen), надути, напети.
aufschwingen, sich, v. r. дизати се, подигнути се, узвисити се. вјнути се, узлетети, попети се; —ung, f. Aufschwung, m. узлет, полет.
aufsehen, v. n. (aufblicken), погледати, дигнути очи; fig. пазити, припазити, пригледати.

auffetzen — 39 — **aufstreifen**

ти, настојати; — п. fig. хука бука; —та сјен, падати у очи, позорност побудити; —ег, т. надгледник, надзорник, надзиратељ, настојник; —erin, f. надзиратељка.

auffetzen, v. a. ставити, метнути, поставити; den Kopfputz —, накитити главу; (auſſtähen), прншити; (Schriftlich), саставити, написати; (aufrecht ſtellen), исправити; die Speiſen — изнети на трпезу; die Koſten —, рачунати трошкове; aufs Pferd —, узјахати (кога на коња); ſich —, узјахати; ſich wider einen —, опрети се коме; — v. п. пуштати рогове (о јелену); грсти јасла (о коњу); —ег, т. слагач (дрва); —ung, f. настављање, слагање.

aufſein, v. n. бити на ногу, бити будан; er iſt ſchon auf, он је већ устао; (offen ſein), бити отворен, зинути; früh —, уранити; (verzehrt ſein), бити потрошен; — n. бдење.

auffeufzen, v. n. уздахнути, уздисати.

Aufſicht, f. надглед, надзор, прегледање, настојавање, надгледање; — führen, настајати; es ſteht unter ſeiner —, њему је повереио.

auffieden, v. n. узаврети; — v. a. прекухати, преварити.

auffiegeln, v. a. отпечатити, распечатити.

Aufſitz, m. уседање, узјахање, устајање.

auffitzen, v. n. (die Nacht), бдити; усести, посести коња, узјахати; појездити, појахати, објахати, опкорачити; (zu Pferde dienen), дићи се на војску; ſich —, v. г. орањавити ти од дуга седења.

auffortten, v. a. die Hängmatten —, дизати, дигнути ложе морнарске.

aufſpähen, f. ausſpähen.

aufſpalten, v. a. цепати, расцепити, расколити; — v. n. цепати се, пуцати, пуцати се.

aufſpannen, v. a. распети, исти, цепати, запети, попети, подапињати, растегнути, развити, напети; alle Segel —, раширити све једра сваколика; geſinbere Saiten —, попустити; —ung, f. разапињање, развијање.

aufſparen, v. a. прштедити, уштедити; fig. одложити, сачувати, одгодити.

aufſpeichern, v. a. метати у житницу.

aufſpeiſen, f. aufeſſen.

aufſperr-en, v. a. отворати, огворити, отклонити; die Augen —, избочити очи; das Maul —, зинути, зјати; —ung, f. отвор, отварање.

aufſpielen, v. a. завирати, засипрати, танцати.

aufſpießen, v. a. натакнути, навриути на ражањ; набити на колац.

aufſpindeln, v. a. метнути на вретено.

aufſpinnen, v. a. прести, попрести.

aufſpitzen, v. a. die Ohren —, ћулити, наћулити уши.

aufſpreizen, v. a. распети, распечити.

aufſpreng-en, v. a. проломити, провалити; (auf jagen), кренути (звер).

aufſprießen, f. aufſproſſen.

aufſpringen, v. n. поћинати, скочити, поскочити; (die Thür), отворити се; (aufplatzen), искокати се, пукнути, попуцати.

aufſproſſen, v. n. ипкнути, изникнути, поникнути, понићи, ницати; терати (младице).

Aufſprößling, m. младица, огранак.

aufſprubeln, v. n. клокотати, кипети, врети, заклокотати, ускипети, узаврети; fig. узпламтити, разјарити се, букнути.

Aufſprung, m. скок.

aufſpulen, v. a. навити, намотати.

aufſpülen, v. a. испрати, испирати, испакати.

aufſpünden, v. a. отчепити, одвранити.

aufſpüren, v. a. напати, осетити, опити, нањушити; fig. тражити, наћи.

aufſtämmen, v. a. подупрети.

aufſtampfen, v. a. газити, нагазити, набити; копати, раскопати (погом).

Aufſtand, m. устанак, узбуна, побуна.

aufſtapeln, v. a. снети, сносити на хрпу, гртати.

aufſtäuben, v. n. прашити се.

aufſtechen, v. a. пробости, набости; (bei den Kupferſtechern), препајати, резати с нова; fig. дочути случајно реч.

aufſtieden, v. a. (ein Kleid ic.), посувратити, завриути, засукати; (auf etwas ſteden), натакнути, затаћи, набости; eine Fahne —, побости барјак, стег; es iſt nichts dabei anzuſteden, нема ту никакве користи.

aufſtehen, v. n. (offen ſtehen), бити отворен, зијати; (auf etwas ſtehen), стојати на чем; vom Sitzen, Liegen —, устати, подићи се, дигнути се; vom Krankenlager —, оздравити, опоравити се, придићи се; früh —, ранити, уранити; gegen einen —, устати на кога; (erſcheinen), јавити се, доћи; in Maſſe —, дигнути се листом.

aufſteifen, v. a. штиркати, шкробити, укрутити (рубље); дизати, подигнути обод.

aufſteige n, v. n. пењати се, успети се, попети се, узићи; подигнути се, посести (коња); (von dem Magen), подригивати се; (von Geſtirnen), појавити се, изићи, истећи, помолити се; —enb, adj. усходан; —е Linie, усходно колено.

aufſtell en, v. a. постављати, поставити, дизати, подигнути, исправити, наместити, метнути; Zeugen —, довести сведоке; Netze —, разапети мрежу; nach etwas —, распитивати, тражити; —ung, f. постављање, подизање, исправљање, истраживање.

aufſtieben, v. n. дигнути се, узлетети, узпрхнути.

aufſtöbern, f. aufjagen, aufſpüren.

aufſtöpſeln, v. a. отчепити.

aufſtören, v. a. будити, пробудити буком; бунити, узбунити.

aufſtoß en, v. a. потиснути, разбити, провалити; die Haut —, здерати кожу; — v. n. (von Speiſen), подригивати се; (auf etwas ſtoßen), ударати о што; (begegnen), сусрести, сукобити, намерити се; —en, n. —ung, f. разбијање, сусрет, подригивање.

aufſtößig, adj. кисео, покварен; јогунаст; болешљив.

aufſtreben, v. n. тежити, отимати се.

aufſtreden, v. a. пружити у вис.

aufſtreichen, v. a. мазати, намазати: гладити у вис; — v. n. пузати се, омакнути се.

aufſtreifen, v. a. засукати, завриути, посувра-

aufstreuen — 40 — aufwiegeln

тптп; die Haut —, згулити кожу; — v. n. такнути се, дирати.
aufstreuen, v. a. насипати, поспипати.
Aufstrich, m. превлачење гудалом оздо горе.
aufstülpen, v. a. завршути, издигнути; поклопити (лонац ит.д.); aufgestülpte Nase —, прчаст нос.
aufstürmen, v. a. узбунити: отворити, пробити (на јурш).
aufstürzen, v. a. поклопити, заклонити, покрити; — v. n. скочити, посрнути.
aufstützen, v. a. китити, накитити; den Hut —, f. aufkrämpen.
aufstützen, v. a. наслањати, наслонити; sich —, v. r. наслонити се, прислонити се.
aufsuchen, v. a. тражити, пограшити; —ung, f. тражење.
aufsummen, v. a. купити, накупити; sich —, v. r. накупити се, умножити се.
auftafeln, f. auftischen.
auftakeln, v. a. спремати, спремити, оружати (брод).
auftaumeln, v. n. дизати се, устати смућен, буновап, трановесап.
aufthauen, v. a. растопити, кравити, откравити, отопити; — v. n. растопити се, отопити се, откравити се, кравити се, одмрзнути се, окопнити; — n. —ung, f. топљење, открављивање.
auftheilen, v. a. разрезати.
aufthun, v. a. отворити, расклопити, открити; sich —, v. r. отворити се, открити се; der Himmel thut sich auf, ведри се.
aufthürmen, v. a. гомилати, нагомилавати, слагати, сложити.
auftischen, v. a. изнети на сто.
Auftrag, m. наруџбина, налог, заповест; мазање; geben, наложити, заповедити.
auftragen, v. a. носити, донети (на трнезу); Gold —, позлатити; Farben —, мастити, помастити; einem ein Geschäft —, наложити, заповедати; — dem Gegentheil den Eid, заиекати да се противник закуне.
aufträufeln, v. a. капати, накапати.
auftreiben, v. a. капати, накапати.
auftreiben, v. a. (Reife) набити; (Wild —), крепути, покрепути, дизати, захајкати, испалити, истерати: Geld —, наћи, набавити новаца; (mit Gewalt aufsprengen) силом отворити; (aufblasen) надувати, напети.
auftrennen, v. a. парати, отпути, опарати; —ung, f. парање.
auftreten, v. a. пробити, разбити ногом; — v. n. ступити, стати; (auf der Bühne), појавити се, показати се, нграти; wider jemand —, дигнути се, устати на кога; mit etwas —, почети, показати се, појавити се; energisch —, крепко поступити; — m. Auftritt.
auftrinken, v. a. попити, испити.
Auftritt, m. ход, корак; ступањ; (auf der Bühne), појав, играње; (im Schauspiel), призор, појава; догађај, пригода.
auftrocknen, v. a. сушити, осушити, присушити; — v. n. осушити се, сушити се, усахнути.

auftröpfeln, v. a. накапати, капати.
aufwachen, v. n. пробудити се, будити се; — n. пробуђење.
aufwachsen, v. n. расти, парасти, узрасти.
aufwägen, f. aufwiegen.
aufwählen, v. a. (eine Karte), преврнути.
aufwallen, v. n. кључати, кипети, ускипети, узаврети; im Zorn —, разјарити се, расрдити се, разгњевити се, усламтити; —ung, f. кипљење; — des Zornes, срдња, сраба, гњев, јарост.
aufwälzen, v. a. узваљивати, ваљати.
Aufwand, m. трошак.
aufwärmen, v. a. грејати, подгрејати, погрејати; fig. поновити, обновити.
aufwarten, v. a. служити, дворити, походити, полазити; mit einer Speise —, послужити јелом; Jhnen aufzuwarten, на служби.
Aufwärter, m. момак, слуга, служител, дворник; —in, f. момица, служкиња, дворкиња.
aufwärts, adv. уз, горе, уз брдо; den Fluß —, уз воду.
aufwartsam, adj. f. dienstfertig.
Aufwartung, f. Aufwarten, n. послуга, дворба; einem seine — machen, поклонити се коме, дворити.
aufwaschen, v. a. опрати, прати.
Aufwäscherin, f. судопера.
Aufwaschwasser, n. помије.
aufweben, v. a. ткати, откати, поткати; (loswedeln), разаткати.
Aufwechsel, m. ирпд; —n, v. a. променити, разменити, мењати, разбити (новац).
Aufwechsler, m. мењач; —felung, f. мењање.
aufwecken, v. a. будити, пробудити, разбудити; fig. развеселити; einen Todten —, васкрснути; —er, m. будилник; —ung, f. буђење, f. Auferweckung.
aufwehen, v. a. (emporwehen), у вис дахом, дувањем дићи; (öffnen), отворити ветром; раздувати.
aufweichen, v. a. расквасити, намочити; — v. n. расквасити се.
aufweisen, v. a. памотати, навити; показати, показивати; довести; —ung, f. показивање; довод.
aufweißen, f. weißen.
aufwenden, v. a. трошити, потрошити, похарчити.
aufwerfen, v. a. отворити, пробити, разбити (бацањем); узметати, развргнути; набацити; бацити у вис; Blasen, Schaum —, кључати, пенити се; aufgeworfene Lippen, усне дебеле, набубрене; eine Frage —, заметнути питање; sich —, потклобучити се, искривити се; sich zum Lehrer —, паметити се за учитеља; sich wider jemand —, дигнути се на кога, противити се.
aufwichsen, v. a. сукати, засукати; мазати, намазати бркове.
aufwideln, v. a. намотати, навити; савити, смотати; (loswideln), размотати, одмотати; развити, одвити; ein Kind —, развити дете; —ung, f. намотање, развијање.
aufwiegeln, v. a. подбунити, побунити, узбу-

aufwiegen — 41 — **ausarten**

нити, бунити; —ung, f. (auch -ei, f.) буна, буњење.
aufwiegen, v. a. измерити, вагнути; fig. претезати, надмашити, надмашавати.
Aufwiegler, m. бунител, букавац, буџија, смутљивац; —isch, adj. одметнички, бунџијски.
aufwiehern, v. n. заврзати, њиснути.
aufwindeln, v. a. ein Kind, развити дете.
aufwinden, v. a. дигнути на вито; die Anker —, дигнути сидро; Zwirn —, намотати, навити.
aufwirken, v. a. разаткати, поткати; (bei den Bädern), разделити тесто; распарати (у ловца).
aufwirren, v. a. разрешити, размрсити.
aufwittern, v. a. оптати, нањушити.
aufwisch-en, v. a. отрти, брисати, обрисати; —er, —haber, m. отирач, убрус, крпа.
aufwogen, v. n. ускоелбати се, усталасати се.
aufwölben, f. wölben.
aufwollen, v. n. хтети у вис.
aufwühl-en, v. a. ровити, рити, разрити; die öffentliche Ordnung, поткопавати јавни породак; —ung, f. ријење, поткопавање.
Aufwurf, m. насип, нанос.
aufzähl-en, v. a. бројити, набројити, избројити; —ung, f. бројење, набрајање, избрајање.
aufzäum-en, v. a. зауздати; —ung, f. зауздавање.
aufzechen, v. a. попити и појести.
aufzehr-en, v. a. погрешити, похарчити; —er, m. распикућа.
aufzeichn-en, v. a. назначити, забележити, убележити; зарошити; уписати; —er, m. бележник; —ung, f. назначење, убележење; уписивање, записивање; —ungsbuch, n. у писма, записна књига.
aufzeigen, f. aufweisen.
aufzerren, f. aufreißen.
aufzieh-en, v. a. (öffnen), отворити; (in die Höhe), вући, потезати горе, дизати; eine Uhr —, навити, напујати сат; Saiten —, навити жице, струне; (bei den Webern), сповати; Kinder —, одгојити, подизати, отхранити; den Hahn am Gewehre —, запети пушку; einen —, збијати шале с ким; zum Tanze —, позвати на игру; gelindere Saiten —, повући се, попустити; die Segel —, разапети једра; — v. n. (einher ziehen), ићи, ступати у реду; (auf die Wache ziehen), изменити страж; prächtig —, гиздати се; sich —, v. r. подигнути се; es zieht sich ein Gewitter auf, спрема се непогода; haben, m. кука од вигла; —feil, n. уже од витла.
Aufzug, m. потезала, дизање; (Aufschub), одлагање, одгађање, затезање; (bei den Webern), навитак, осутак; (im Schauspiele), чин, део; feierlicher —, свечаност, свечан опход; (Begleitung), спровођење, спровод; процесија, литија; (Krahn), арган, вито.
aufzwängen, v. a. отворити силом; набити.
aufzweden, v. a. прибити чавлићима.
aufzwiden, v. a. отштинути.
aufzwingen, f. aufnöthigen.

Augapfel, m. зеница.
Auge, n. око, вид; (in der Karte), око; (an Pflanzen), око, пупа, пупољак; große Augen machen —, дивити се, чудити се; ein — auf etwas haben, бацити око на што, жудити; ein wachsames — haben, пазити; gehe mir aus den Augen, торњај ми се испред очију; das liegt vor Augen, очигледно је; die Augen niederschlagen, понићкнути; aus den Augen, aus dem Sinn, кад га видим, тад га се и сетим; ein — zudrücken, кроз прсте гледати.
aeugeln, v. a. прицењати, уценити; (liebäugeln), намигивати.
Augen, adj. in Zusammenf. очни, очњи; —arzt, m. окулиста; —beschreibung, f. офталмографија, окоопис; —blende, f. очњачка; —blid, m. час, мах, трен, трепуће, пар; —blidlich, adj. трепутан; — adv. одмах, часом, таки, с места; —blinzeln, n. мигање; —bogen, m. (die Regenbogenhaut), дужица; —braue, f. веђа, обрва; —butter, f. крмељ; —fell, n. опница; —diener, m. удворица; —fluß, m. сузење очију; —glas, n. наочари; —häutchen, n. опница; —krankheit, f. коконшња мрак; —traut, n. росопас; —leder, n. наочњаци; —licht, n. вид; —lid, n. либер, pl. капак на оку, капче; —maß, n. мера од ока; nach dem — urtheilen, судити од ока; das — nehmen, око измерити; —merl, n. намера, циљ; —punkt, m. гледиште; —schein, m. вид, углед, поглед; in — nehmen, разгледати, прогледати, извидети, развидети; —scheinlich, adj. очевидан, јаван, очигледан; adv. наочиглед, наочице очигледно, јавно, белодано; —scheinlichkeit, f. очевидност, белоданост; —scheins (in Zusammenf.) разгледин; —spiel, n. намигивање; —staar, f. Staar; —triefen, n. крмељивост; —stern, m. зеница; —trost, m. видак, видац, зорница; —verblendung, f. опсена; —weh, n. окобоља; —wimper, f. трепавица; —wink, m. миг, трен, трепуће, трепутак; —zahn, m. очњак; —zeuge, m. очевидац.

Aeuglein, n. овце, ока.
augig, adj. окат.
Augur, m. авгур, врачар, вештац.
August, m. август, коловоз.
Augustiner, m. августинац (калуђер); —in, f. августинка.
Auhirsch, m. пољски јелен.
Auripigment, n. орпимент, жути сјачан, жути животопор.
Aurora, f. Morgenröthe; —farbe, f. рујна боја.

aus, prp. из, од, по, раз, са, с: — adv. свршено, прошло.
ausaderu, v. a. изорати, поорати.
ausädern, v. a. вадити, повадити жиле из меса.
ausantworten, f. ausliefern.
ausarbeit-en, v. a. начинити, израдити; (ab fassen), саставити, списати; (beendigen), свршити, довршити; einen Ochsen —, одерати; —ung, f. израђење, израдак; саставак, расправа, писмо; дело.
ausart-en, v. n. изопачити се, изметнути се,

изродити се, одродити се, изврћи се; — ung, f. изопачење, изрођење.
ausäſten, v. a. кресати, окресати.
ausathmen, v. n. дихати, одахнути; — v. a. die Seele —, издахнути, издисати, умрети, душу испустити.
ausbaden, v. a. пећи, допећи, испећи; — v. n. испећи се, пећи се.
ausbaden, v. a. купати, окупати, прати, опрати; fig. etwas — müſſen, платити, трпети за другога; ſich —, плакати се.
ausbähen, v. a. иржити, испржити.
ausballen, v. a. развезати (дењак).
ausbannen, ſ. verbannen.
ausbauen, v. a. сазидати, саградити, изидати.
ausbeding-en, v. a. уговорити, урећи, погодити; ſich etwas —, приуздржати си штогод; ung, f. уговор, погодба, увет, приуздржање.
ausbedungen, adv. осим, ван.
ausbeeren, v. a. опипати, обрати.
ausbeichten, v. a. исповедати; fig. признати.
ausbeinen, v. a. вадити, повадити кости.
ausbeißen, v. a. (einen Zahn), сломити, окрњити зуб; одгристи, изгристи; einen aus einer Stelle —, изгурати, отерати.
ausbeizen, v. a. извадити љутом водом.
ausbellen, ſich, v. r. излајати се.
ausbeſſern, v. a. поправити, поградити, покрпити, искрпити; —er, m. поправљач; —ung, f. поправа, поправљање.
ausbeten, v. a. молити, измолити.
ausbetten, v. a. пренети постељу.
ausbeugen, ſ. ausbiegen.
Ausbeute, f. плод, корист, добит, добитак, доходак; —n, v. a. употребити на корист.
ausbeuteln, v. a. истрести из кесе; Mehl —, просејати брашно; einen —, оглобити; einem den Schopf —, продрмати.
ausbezahlen, ſ. auszahlen.
ausbiegen, v. a. извити, савити; — v. n. vor einem —, уклонити се.
ausbieten, v. a. нудити, продавати; einen —, позвати кога (на мејдан); отпустити из службе.
ausbild-en, v. a. направити; Jemanden —, изучити, изобразити, образовати кога; —ung, f. изображење, изображеност, образовање.
ausbinden, v. a. развезати, раздрешити.
ausbitten, v. a. измолити, испросити; das bitte ich mir aus, молим ја то не трпим; ich bitte es mir zu Gnaden aus, молим ту милост.
ausblaſen, v. a. испухнути, издухнути; угасити, утрнути; fig. (austrompeten) раструбити, трубити.
ausbleiben, v. n. изостати, затрајати, забавити се, зачамати, недоћи, (nicht zurückkehren) невратити се; das Fieber iſt ausgeblieben, оставила грозница; die Strafe wird nicht —, не ће га проћи олако; n. (von der Tagſatzung), изостанак.
ausbleichen, v. a. белити; — v. n. побледити, бледити, избелити.
ausbleien, v. a. пунити, залити оловом.
ausblühen, v. n. одцвасти, прецветати.
ausbluten, v. n. изгубити крв; (aufhören zu bluten), престати тећи; — laſſen, пустити да тече крв (док престане).
ausböben, v. a. задњити (буре).
ausbohlen, v. a. патосати.
ausbohren, v. a. провртати, пробушти.
ausborgen, v. a. (einem Andern), позајмити, посудити, дати на почек, на вересију; (von Jemanden etwas), узети на почек, узајмити.
ausbraten, v. a. (Fett), топити, истопити; (einen Braten), пећи, испећи; — v. n. испећи се.
ausbrauchen, ſ. verbrauchen.
ausbrauen, v. a. варити, сварити, доварити.
ausbrauſen, v. n. искипети, покипети, престати шумити.
ausbrech-en, v. a. изломити, одломити, избити; (durch Speien von ſich geben), избљувати; die Bienen —, убити пчеле; einen Zahn —, преломити зуб; — v. n. испасти, ицпати се, испети се (о чиру), изаћи, провалити се, указати се; (v. der Peſt), секнути; in ein Gelächter, in Thränen —, ударити у смех, у плач; in Schmähworte —, псовати, ударити у грдњу; (vom Concurſe), настати; aus einem Arreſte —, провалити из затвора.
ausbreit-en, v. a. раширити, ширити, разастрти, прострти, распространити; ein Gerücht —, изнети глас; die Arme —, руке ширити; ſich —, v. r. ширити се, развалити се, плодити се; ſich über etwas —, опширно о чему беседити; —ung, f. ширење, простирање.
ausbrennen, v. a. испалити, напалити, изгорети, погорети; Ziegel —, испећи опеке; — v. n. изгорети, погорети.
ausbringen, v. a. (als Flecken ꝛc.), вадити, извадити; (unter die Leute bringen), разгласити, пронети; eine Geſundheit —, наздравити; Junge —, излећи; (im Bergbaue), растопити, топити.
Ausbruch, m. појављење, настанак; — des Krieges, почетак рата; — der Freude, des Entzückens, весеље, радост; (des Concurſes), настанак (стечаја); (aus einem Gefängniſſe), провала; (der Unruhe), појава, почетак немира; (Wein), самоток.
ausbrüchig, adj. знан, јаван.
ausbrühen, v. a. попарити, парити.
ausbrüllen, v. a. изрикати се; (vom Donner), изгрмети се.
ausbrummen, v. a. изгунђати.
ausbrüſten, v. a. извадити кобилицу.
ausbrüt-en, v. a. излећи, извести; fig. изнаћи, измислити, измозгати, сковати; —ung, f. излежање; fig. проналазак.
ausbügeln, v. a. утлеисати.
Ausbund, m. чудо, ствар изврсна; — von Schönheit, узор лепоте; — aller Schelme, лупеж над лупежи.
ausbündig, adj. изврстан, одличан; — adv. изврсно, одлично.
ausbürſten, v. a. кефати, искефати, окефати, четком очистити, пшеткати.
ausbuſchen, v. a. искоренити.
ausbüßen, ſ. büßen.
Auscultant, m. прислушник.

auscuriren, v. a. лечити, излечити, видати, извидати.
ausdampfen, v. n. излапити, изветрити, лапити, ветрити.
ausdämpfen, v. a. пзлапити, изветравати; (erſticken ein Feuer), угасити, утрнути.
ausdärmen, v. a. извадити црева.
Ausdauer, f. постојанство, дурање, трпљење; —n, v. a. трпети, сносити; — v. n. дурати, трпети; —n, п. постојанство, трпљење; —nd, adj. постојан, дурашан, држећ.
ausdehnbar, adj. пружив; —feit, f. пружпвост.
ausdehn-en, v. a. пружити, пружати, пстезати, отегнути, растегнути, протегнути, истањити, распространити; — (eine Verordnung), распрострти наредбу; (anwenden), обратити, употребити; —end, adj. пружан; —ung, f. пружање, распростране; (Weitläufigfeit), опширност; (Anwendung), употреба; (Raum), простор.
ausdeichen, v. a. преградити насипом, зајазити.
ausdeuken, v. a. измислити, извали.
ausdeut-en, v. a. тумачити, истумачити, протумачити, изјаснити; —er, m. тумач; —ung, f. тумачење.
ausdichten, v. a. измислити; шуперити, крпити, искрпити (брод).
ausdielen, v. a. патосати. [жити.
ausdienen, v. a. дослужити, ислужити, одслу-
ausdingen, v. a. уговорити, погодити.
ausdonnern, v. n. изгрмети се.
ausdorren, v. n. сушити се, осушити се, сахнути, исушити се.
ausdörren, v. a. сушити, осушити, исушити.
ausbrängen, f. verbrängen.
ausdrechseln, v. a. точити, источити.
ausdrehen, v. a. извртети, изглавити, извинути, извијати.
ausdreschen, v. a. млатити, омлатити, вршити, овршити, измлатити. [седа.
Ausdruck, m. (im Reden), реч, израз; говор, беausdrucken, v. a. (ein Siegel, eine Schrift), притиснути, ударити, паштампати; (mit Worten), изразити, псказати, изрећи: — im Bescheide die Ursache, назначити узрок.
ausdrück-en, v. a. ожимати, ожети, изжети, изжимати, цедити, исцедити: (mit Worten), f. ausdrucken; —lich, adj. парочит; — adv. баш, управо, парочито, изриком, изрично, нарочно.
ausdruck-sam, adj. изразан, пун израза; —arm, adj. безизразан; —art, f. реч. начин израза; —sleer, —slos, f. ausdruckslosarm; —svoll, f. ausdrucksam.
Ausdrückung, f. штампање, ударање, исцеђење.
Ausdrusch, m. млатња, жито омлаћено.
ausduften, v. n. пзлапити, изветрити.
ausdünsten, v. a. дихати, мирисати, давати мирис од себе.
ausdulden, v. a. препатити, претрпети.
ausdunsten, v. n. излапити, изветрити.
ausdünst-en, v. a. испаравати, пуштити се; —ung, f. пара, бугња.
ausebenen, v. a. равнити, поравнити.
auseden, v. a. изрезати на угле.
auseggen, v. a. дрљати.

auseinander, adv. свак за се; fig. разлаз; (in Zuf.) раз. од; —blasen, v. a. раздувати; —bringen, v. a. раставити, развадити; —brehen, v. a. распрести; —drüden, v. a. растиснути: —fahren, v. a. развозити; v. n. разићи се; —falten, v. a. разабрати; —fliegen, v. n. разлетети се; —fliehen, v. n. разбећи се; —fügen, v. a. разглобити, разглавити; —führen, v. a. развести; —gehen, v. n. разићи се, раставити се, распасти се; —jagen, v. a. растерати, разгопити; —legen, v. a. разложити, раставити, протумачити; —nehmen, v. a. раставити; —reißen, v. a. рашчепити, распучити; —rollen, v. n. осути се; —rücken, v. a. размаћи; —setzen, v. a. раставити, протумачити, изјаснити; —setzung, f. растављање, расправа, тумачење; —thun, v. a. развргнути, раставити; —treiben, v. a. разгонити; einen Topf auf der Scheibe, —развести; —wideln, v. a. развити, размотати; —ziehen, v. a. растезати, развлачити.
auseisen, v. a. отопити.
auseitern, v. n. гнојити се.
auserkiesen, f. auslesen, erwählen.
auserkoren, adj. изабран, одабран.
auserkoren, f. auserforen.
aussersehen, v. a. избирати, одредити.
aussersinnen, f. ersinnen.
auserwähl-en, v. a. изабрати, избрати; —te, m избрани, одабрани; —ung, f. избирање, одабирање.
auserzählen, v. a. исказати, испричати.
ausessen, v. a. појести.
ausfachen, v. a. правити претипе.
ausfachsen, v. a. повалити лозе.
ausfädeln, v. a. чмикати, изденути; ſich — v. r. осути се.
ausfahren, v. a. пртити (пут); извести; —v. n. извести се, отићи; fig. измакнути се; am Leibe —, осути се по телу; (ausgleiten), клизнути.
Ausfahrt, f. извоз, одлазак, излазак.
Ausfall, m. испад, испадање, врата потајна; (Abgang), мањак: (Austmaß), мера, део.
ausfallen, v. n. испасти; (ausarten), изопачити се, изродити се; den Fuß —, уганути; der Beweis fällt nicht rechtsbeständig aus, није доказ по закону.
ausfalten, v. a. разабрати.
ausfangen, v. a. половити.
ausfasern, v. a. чмикати; — v. n. осути се.
ausfaulen, v. n. иструнити.
ausfechten, v. a. решити на сабље; (mit Worten), расправити.
ausfegen, v. a. чистити, очистити, пометит: испразнити, искидати.
Ausfeger, m. пометач.
Ausfegsel, n смет, измет.
ausfeilen, v. a. пилити, испилити, опилити; fig. поправити, угладити.
ausfenstern, f. ausfitzen.
ausfertig-en, v. a. дати, издати, сачинити; —ung, f. састављање, издање, сачињење.
ausfeuern, v. a. грејати, угрејати; палити, напалити (бачву); — v. n. испуцати се.

ausfilzen — 44 — ausgleichen

ausfilzen, v. a. напунити, набити длаком; fig. einen —, изгрдити.
ausfinden, v. a. изнаћи, пронаћи, домислити се.
ausfindig machen, v. a. наћи, изнаћи, пронаћи, просочити.
ausfischen, г. а. половити рибе; извадити из воде.
ausflattern, f. ausfliegen.
ausflechten, v. a. расплести, исплести.
ausfleischen, v. a. стругати, скидати месо; —messer, n. стругач.
ausslid-en, v. a. крпити, искрпити, покрпити, поправити; —er, m. крпа; —ung, f. крпљење, крпеж.
ausfliegen, v. n. излетити; fig. поћи први пут у свет; (ausgehen), изићи.
ausfließ-en, v. n. истећи, пролити се: —ung, f. Ausfluß.
ausflößen, v. a. хватати бухе.
Ausflucht, f. изговор; Ausflüchte machen, изговарати се, избегавати што.
Ausflug, m. излет, излазак.
Ausfluß, m. истицање; — eines Flußes, ушће.
ausfolgen, v. a. предати, предавати, изручити, исплатити.
ausfordern, v. a. (zum Zweikampf) позвати, позивати, зазвати на двобој, на мејдан.
ausfördern, v. a. (in Bergbau), вадити, извадити.
Ausforderung, f. позивање, позив.
Ausförderung, f. вађење.
ausforsch-en, v. a. обискати, истражити, уходити; das Innere eines Andern —, искушати кога; —er, m. кушач, уход; —ung, f. обискивање, истраживање, кушање.
ausfragen, v. n. питати, испитати, распитати, напитати.
ausfressen, v. a. извести, изгристи, излокати; пождерати; sich —, v. r. угојити се, подвојити се.
ausfrieren, f. durchfrieren.
ausfuchteln, v. n. испраскати пљоштимице сабљом; избити.
Ausfuhr, f. извоз, извожење; (in Zusammens.) adj. извозни.
ausführbar, adj. изводив, можан; —keit, f. изводивост, можност.
ausführen, v. a. извести, извозити; ein Verbrechen —, учинити злочинство; einen Beweis —, доказати; (zu Stande bringen) свршити, извршити; (in Anwendung bringen), извршити; ein Vorhaben glücklich —, отаљати; Unreinigkeiten aus dem Leibe —, чистити се.
ausführlich, adj. опширан; —, adv. опширно, подробно.
Ausführlichkeit, f. опширност.
Ausfuhrs-, adj. (in Zusammenf.) извозни.
Ausführung, f. извођење, свршетак, извоз; (eines Beweises), доказ, расправа; in — bringen, извршити.
Ausfuhrverbot, n. забрана извоза.
Ausfuhrzoll, m. извозна царина, извозника.
ausfüll-en, v. a. напунити, испунити, попунити; mit Erde —, засути; —ung, f. испуњавање, засипање.
ausfündig machen, v. а. наћи, изнаћи, пронаћи.
ausfütter-n, v. a. (nähren), хранити, исхранити, кмрити; ein Kleid —, поставити; einen

Stall —, оптнити, оптињивати; —ung, f. (eines Kleides), постава, постављање; (Nahrung), крма, храна, исхрањивање.
Ausgabe, f. издатак, издавање; трошак, расход; in Ausgabe bringen, урачунати у расход; — eines Buches, издање, штампање, штампа.
Ausgabs, adj. расходни.
ausgähren, v. n. искипети.
Ausgang, m. исход, излаз, излазак; (Ausfuhr), извоз; (Ende), сврха, конац; (Erfolg), успех; — eines Wortes, окончање, свршетак речи; —s-, (in Zusamm.) извозни. [пати.
ausgärben, v. a. стројити ; fig. издерати, излуausgät-en, v. a. оплевити, плевити —, n. плевидба, плевљење; —er, m. плевнар; —rin, f. плеварица.
ausgattern, f. auskundschaften.
Ausgebegeld, n. новци за трошак свагдањи.
ausgeb-en, v. a. дати, издати; Geld —, трошити; ein Buch —, издати, штампати; eine Karte —, изиграти, бацити, делити; für etwas —, продавати за...; sich —, v. r. испрошити се; sich für etwas —, градити се; —er, m. кључар; —erin, f. кључарица.
Ausgebliebene, n. изостатак.
ausgebreitet, adj. раширен, распрострт; —e Bekanntschaft, велико познанство.
Ausgebot, n. продавање, личба.
Ausgeburt, f. fig. производ, чедо.
Ausgedinge, n. упет, погодба, уговор; —er, m. уговорник.
ausgehen, v. n. изићи, излазити; (die Haare), опадати, испадати; (Geld, ic.), нестајати, нестати, пренинути. дотећи; (Farbe), ишчилети, губити се; (Feuer), гаснути, утрнути се; mein Traum geht mir aus, сан ми се збива; auf etwas —, бити за чим; leer —, недобити ништа; ungestraft —, без казни проћи; einen Befehl — lassen, издати заповест; auf Abenteuer —, клатити се, скитати се; (sich endigen), свршивати се; —, n. нестајање.
ausgeizen, v. a. видати, покидати залихо лишће (од духана итд.).
ausgeferbt, adj. зубчаст, крецав.
ausgelassen, adj. разуздан, распуштен; — adv. разуздано, распуштено; —heit, f. разузданост, распуштеност.
ausgemacht, adj. довршен, свршен; сигуран, известан.
ausgenommen, adv. осим, ван, до, само, ман.
ausgepeitscht, adj. fig. познат, прошибан.
ausgeschlagen, f. ausgärben.
ausgeschlagen, adj. осут, краставб.
ausgewachsen, adj. грбав.
ausgezeichnet, adj. знаменит, изврстан, одличан.
ausgiebig, f. ergiebig.
ausgießen, v. a. излити, пролити, разлити; угасити водом; mit Blei —, залити оловом; sein Herz —, отпорпти срце; seinen Zorn über Jemand —, искалити срце на ком.
Ausgießung, f. излевање.
ausglätten, v. a. гладити, изгладити.
ausgleichen, v. a. изједначити, изравнати, из-

ausgleiten — 45 — ausflitten

ausgleiten, ausglitschen, v. n. омакнути се, поклизнути, опузнути се.
ausglimmen, v. a. истињати.
ausglühen, v. a. белити, разбелити (гвожђе у огњу).
ausgraben, v. a. копати, ископати; (von Flüssen), задирати, подлокати; (in Kupfer, Stein), урезати.
ausgräten, v. a. повадити кости из рибе.
ausgrollen, v. n. насрдити се.
ausgrübeln, v. a. измозгати.
ausgründen, s. ergründen.
Ausguß, m. изливање, излив.
ausgypsen, v. a. намазати садром.
aushaaren, ausbären, v. n. линјати се, губити длаку.
aushacken, v. a. копати, ископати; кљуцати, искљуцати; одмерити (меса); издубити, отесати, истесати.
aushäkeln, aushalen, v. a. дигнути, иставити (врата).
aushaften, v. n. изостати, недостати; —, п. преостатак.
aushalftern, v. a. скинути улар, одулврити.
aushalten, v. a. држати, одржати; опстати, стрпити, трпети, претрпети; истрајати, трајати; im Singen —, издржати; ich kann es nicht mehr —, не могу више подносити.
aushämmern, v. a. одбити, избити, направити (чекићем).
aushändig-en, v. a. изручити, предати, извручивати; —ung, f. поручење.
Aushang, m. мустра (на дућану); —en, v. n. висети споља.
aushäng-en, v. a. обесити споља; —schild, n. цимер, узна.
ausharr-en, v. n. истрајати, издржати, дотрајати, опстати; —end, adj. постојан, дурашан; —ung, f. постојанство, трпљивост, дурашност.
ausharten, s. abhärten.
Aushauch, m. пара, дах, издисање, одисање; —en, v. n. дихати, одисати, дахнути; Wohlgerüche —, мирисати; die Seele —, издахнути, испустити дух, умрети.
aushauen, v. a. сећи, исећи, ископати, издубити, истесати, отесати, тесати; in Stein —, уваjати; (auspeitschen) избити, ишибати; (behauen), окресати, опсећи; —eisen, n. птач, длето.
ausheb-en, v. a. вадити, извадити, скинути, ископати, иставити, дигнути; Soldaten —, купити, писати војнике; Wein —, вадити вино на теглицу; ein Glied —, уганути, den Zehnten —, купити десетак; (auslesen) изабрати; —ung, f. вађење, копање, дизање, купљење, попис, пописивање (војника).
aushecheln, s. hecheln.
ausheden, s. ausbrüten.
ausheften, v. a. das Messer aus dem Hefte drehen, искорити.
ausheilen, v. a. исцелити, извидати; — v. n. оздравити, излечити се, залечити се.

ausheimisch, adj. туђ, иностран.
ausheirathen, v. a. разудати.
ausheitern, aushellen, v. a. разведрити, разјаснити, разбистрити; sich —, v. r. разведрити се, разгалити се; fig. развеселити се.
ausheizen, v. a. угрејати.
aushelf-en, v. a. помоћи, узаимати се; —ung, f. помоћ, помагање.
aushemmen, v. a. отворити (коло).
aushenken, s. aushängen.
aushobeln, v. a. изрендисати.
aushöhl-en, v. a. дупсти, издубити; ужлебити, жлебити; —ung, f. шупљина: die — einer Säule, жлеб од ступа.
aushöhnen, s. höhnen.
aushöten, v. a. пиљарити.
aushol-en, v. n. (zum Springen), затрчати се, загнати се; (zum Hiebe), махнути, измахнути; замахнути; fig. weit —, развести од Кулина бана; — v. a. einen —, искушати, прокушати кога.
ausholzen, v. a. сећи, исећи, посећи, иуластити, избити.
aushorchen, s. ausforschen.
aushören, v. a. слушати, саслушати.
Aushub, m. попис, купљење (војника).
Aushülf-e, f. помоћ, потпора; —s-, (in Zusamens.) помоћни; —arbeiter, m. помагач.
aushülsen, v. a. требити, отребити, љуштити, ољуштити.
aushunger, v. a. морити, уморити гладом.
aushunzen, v. a. псовати, испсовати.
aushusten, v. a. искашљати; (v. Thieren), искрхати; — v. n. искашљати се.
ausjagen, v. a. истерати, протерати; einem einen Angstschweiß —, поплашити.
ausjammern, v. a. изјадати, изјадати се.
ausjäten, s. ausgäten.
ausjochen, v. a. изјармити.
ausstalben, v. n. ојаловити, изјаловити.
ausstämm-en, v. a. чешљати, очешљати, ишчешљати; —lamm, m. ретки чешаљ; —ung, f. чешљање, ишчешљавање.
ausstämpfen, s. ausfechten.
ausstauen, v. a. жвакати, ижвакати.
ausstauf-en, v. a. покуповати: einen —, прекупити, купити, искупити, откупити; —ung, f. куповање, прекупљивање, искупљивање.
ausstehl-en, v. a. ижлебити, жлебити; —ung, f. ижлебљење, жлеб.
ausstehr-en, v. a. изместити, почистити, поместити, пичистити; —er, m. пометач; —ig, —icht, n. смет, буњак, буњиште, сметиште.
ausstleisten, v. a. ноисовати, избрусити, изградити.
aussteilen, v. a. прибити клином, заглавити.
aussteinen, v. a. клицати, провлјати, ницати.
aussteltern, v. a. ижимати, изжуљати.
aussten-nen, v. a. познати; sich —, v. r. разумевати што.
aussterben, v. a. нзрецкати.
aussternen, v. a. истребити коштице.
aussteffeln, v. a. дати слику од котла.
aussties-en, s. auswählen.
ausflitten, v. a. намазати, намазати (лепом).

ausklaftern, v. a. измерити, проценити (на хват).

ausklagbar, adj. исправдив, што се може парницом добити.

ausklagen, v. п. истужити се, натужити се; — v. a. добити парницом.

ausklären, v. a. бистрити, избистрити, разбистрити.

ausklatschen, v. a. ружити, брбљати, избрбљати, оговорити.

ausklauben, v. a. пробрати, изабрати, разбирати; eine Nuß —, извадити језгру; fig. (ersinnen), измозгати, измудрити.

ausklecben, ausklciben, v. a. мазати, измазати, намазати.

ausklcid-en, v. a. свлачити, свући; sich —, v. r. скинути се, свући се; —ung, f. свлачење.

ausklciuen, v. a. дробити, издробити.

ausklcistern, v. a. мазати, измазати, намазати (кувании скробом).

ausklopfen, v. a. излупати, ишчибукати, избити, искуцати.

ausklügeln, v. a. измудрити; измудровати; —ung, f. мудровање.

ausknebeln, v. a. вадити, скидати, извадити, скинути процеп или ланац.

ausknetcn, v. a. изгњечити, измесити.

auskochen, v. n. искухати, скухати, варити, сварити; ein Gefäß —, испарити.

auskommen, v. п. изићи, излазити, никнути; fig. разгласити се; vom Feuer, појавити се, показати се (gcnug haben), излишити; gut mit einem —, слагати се, погађати се; mit seiner Rechnung nicht —, штетовати.

Auskommen, n. живот, храна, издржавање; sein — haben, имати од куда живети; es ist kein — mit ihm, њим пензиња па крај; (Auskunftsmittel), пут, средство, начин.

auskörnen, v. a. накрунити, комити; fig. изабрати.

auskosten, v. a. изабрати кушајући.

ausköthen, sich, v. r. (von Pferden), уганути (ногу).

auskrähen, v. a. кукурекати; — v. п. искукурекати се, накукурекати се.

auskramen, v. a. изнети, изложити на продају; seine Gelehrsamkeit —, показати своју ученост, разметати се знањем својим.

auskrämpeln, v. a. гребенати, огребенати, нагрграти.

Auskramung, f. изпошење, излагање (робе на продају).

auskratzen, v. a. изгрепсти, ископати.

auskräten, f. ausgäten.

auskrebsen, v. a. хватати, похватати раке.

auskriechen, v. a. испузити, измилети; aus dem Ei, пилети се из јајета.

auskühlen, v. a. хладити, расхладити, схладити.

auskrümeln, v. a. мрвити, измрвити.

auskundschaft-en, v. a. разазнати за кога или што, уходити; einen Menschen —, распитивати за кога, мотрити на кога; —er, m. ухода, увода, v. —ung, f. ухођење, прогледање.

Auskunft, f. средство, пут, начин, обзнањење;

убавост, напутак; — деveп, убавестити; Auskünfte einholen, убавестити се; конац, сврха; — § (in Zusamm.), убавестии; — sbriefen, п. убавесница; —smittel, n. (Auskunft) средство, пут, начин.

auskünsteln, v. a. измислити, измудрити, измајсторисати.

auslachen, v. a. смејати се, потсмевати се, ругати се, исмејавати; — v. п. насмејати се; —en, n. —ung, f. потсмевање, исмевање; —enswerth, adj. смешан.

auslad-en, v. a. стоварити, истоварити; ein Gewehr —, испразнити пушку; —er, m. стоварник, одводник (електрични); —ung, f. стоварање, истоварање.

Auslage, f. трошак.

auslagern, v. n. устојати се, улежати.

Ausland, n. туђина, туђа земља, иноземство, инострансто.

Ausländ-er, m. иностранац, туђии, иноземац; —erin, f. иностранка, туђинка; —isch, adj. иностран, туђ, инострански, иноземски, инокрајни.

auslangen, v. n. дотицати, дотећи, излишити.

ausläugen, v. a. дужити, продужити.

auslass-en, v. a. испустити, изоставити, пропустити, упустити; растопити, расвријати; sich gegen einen —, устати па кога речима; seine Gedanken —, казати мисао своју; seinen Zorn —, искалити срце; einen Befehl —, издати заповест; sich unbesonnen —, лудо што изустити; —ung, f. изостављање испуштање, пропуштање, упуштање; растапање; давање (заповеди); —szeichen, n. апостроф, знак изостављања.

auslauern, v. a. дочекати.

Auslauf, m. (des Wassers), оток, истицање, отицање; — der Flotte, одлазак, полазак флоте; — in der Rede, странпутица, извијање у говору; —en, v. п. истећи, истрчати, отићи, полазити, кренути се; aus dem Hafen —, одједрити; (vom Gefäße), тећи, пуштати, цурити; (in der Baukunst), вирити, гледати извор; sich —, уморити се трчећи, натрчати се.

Ausläuf-er, m. слуга, момак, дечко; трчкало; (bei Pflanzen), младица, огранак.

auslaugen, v. a. лужити, полужити.

auslausen, v. a. искати, поискати, бискати, побискати уши; eine Kette —, размрсити вериге; ich bin rein ausgelaust, оглобише ме до коже.

ausläuten, v. a. звонити, огласити звоном.

ausleben, v. п. извековати; ausgelebter Mann, истрошен човек.

ausleden, v. a. лизати, излизати, излокати, разлокати.

auslebern, v. a. кожом поставити.

ausleer-en, v. a. испразнити, изручити, испражњивати; —ung, f. испражњивање.

ausleg-en, v. a. (als Waaren ic.), изнети, изложити на продају; Geld —, платити, трошити; (bei Tischlerarbeiten), исклaдaти, обложити; (erklären), изјаснити, тумачити, прогумачити; —er, m. тумач, тумачитељ; —ung, f. тумачење; — der Waaren, излага-

ausleiben — 17 — auspressen

ње, изношење на продају; —ѕfunѕt, f. хермеѕевтика, наука о тумачењу.
ausleiben, v. a. трпети, патити, претрпети, препатити.
ausleiß-en, (auslehnen), v. a. узајмити, посудити, зајам дати, давати; —er, m. зајмодавац; — auf Wucher, каматник, лихвар.
auslenken, v. n. уклонити се с пута.
auslernen, v. a. изучити; einen Menschen —, познати човека.
auslef-en, v. a. ишчитати, прочитати, одабрати, изабрати, побрати; —ung, f. избирање, одабирање.
auslicht-en, v. a. крчити, раскрчити, разредити (шуму); —ung, f. крчење.
ausliefer-n, v. a. предати, изручити, издати; —ung, f. предаја, предавање, изручавање.
ausliegen, v. n. устојати се (од вина итд.); —er, m. брод стражарски.
auslöchern, v. a. поправити рупе, избушити.
auslosen, v. a. измамити, извабити, излагати.
auslöhen, v. a. нећи.
auslohnen, v. a. исплатити надницу.
ausloosen, v. a. ижребати.
auslösbar, adj. откупљив.
auslöѕch-en, v. a. угасити, утрнути; eine Schrift —, избрисати; — v. n. угасити се, утрнути; —ung, f. гашење, брисање.
auslös-en, v. a. чифуњати, корубати, компти, сужбати; откупити; — einen Gefangenen, изменити, искупити; — einen Schuldbrief, извадити задужницу; —ung, f. откуп.
auslüften, v. a. проветрити; —ung, f. проветравање.
ausmachen, v. a. извадити, учинити, расправити, компти, погодити се; (Müsse sc.), лупити, чистити, требити; Flecke —, извадити; ein Kleid —, порубити; (einem etwas verschaffen), набн, добавити; eine Sache —, довршити, докончати; пагодити се; (bewirken), чинити (н. пр. половину доказа); (festsetzen), углавити; einen —, исповaти; sie mögen es mit einander —, нека то сами сврше међу собом; etwas —, изнаћи, наћи; ein ausgemachter Narr, права будала; es macht nicht viel aus, није много; das macht nichts aus, није стало до тога.
ausmahlen, v. a. самлети, помлети.
ausmal-en, v. a. намалати, насликати, измалати; —ung, f. малање, сликање.
ausmärgel-n, v. a. ислабити, раслабити, изргати; —ung, f. раслабљеност, слабост.
ausmarken, v. a. омеђашити.
Ausmarsch, m. марш, полазак, поход.
ausmarschiren, v. n. измаршовати, поћи, полазити.
Ausmaß, n. мера.
ausmäst-en, v. a. гојити, товити, угојити; —ung, f. храњење, храна, гојење, товљење.
ausmauern, v. a. озидати, изиђивати, зазидати.
ausmeißeln, v. a. извајати.
ausmelken, v. a. помусти, измусти.
ausmergeln, f. ausmärgeln.
ausmerzen, v. a. истребити, исчистити.
ausmess-en, v. a. мерити, измерити, премери-

ти; Wein, Korn —, продавати, точити; die einfallende Summe, порезати колико новаца на кога пада; —er, m. мертик; мерилац; —ung, f. мера, мерење.
ausmetzen, v. a. узимати ујам.
ausmisten, v. a. изнети ђубре; видати, покидати; fig. поправити.
ausmittеln, v. a. пронаћи, докучити, измерити.
ausmontiren, v. a. оправити, облачити.
ausmünzen, v. a. ковати, сковати новац.
ausmuster-n, v. a. пребрати; отпустити; —ung, f. отпуст, пребирање.
ausnagen, v. a. изглодати, оглодати; проглодати.
ausnähen, v. a. вести, извести, прошити, проппивати.
Ausnahme, f. изузетак, изнимка; mit gewissen —en, с некојим погодбама; mit —, изузевши; —sweise, adv. изузетно, изнимице; —zustand, m. изнимно, изузетно стање.
ausnehm-en, v. a. извадити, повадити; Federvieh, Fische sc., очистити; — für sich etwas (bedingen), уговорити што за себе; (ausschließen), изузети; Waaren —, узети на почек, на веру; (sehen, erkennen), видети, разазнати, разабрати, sich — v. г. одликовати се; er nimmt sich gut aus, лепо га је погледати; —end, adj. особит, одличан, необичан; —adv. особито, необично, врло.
ausnutzen, f. abnutzen.
ausöden, v. a. пустошити, опустити.
auspack-en, v. a. испразнити, повадити, вадити; —ung, f. испражњивање, вађење.
auspariren, v. a. одбити, одвратити.
auspauken, v. a. разгласити на бубањ.
auspeitsch-en, v. a. извискати, шибати; прогнати, истерати; —ung, f. бичевање, шибање.
auspfählen, v. a. обијати колем.
auspfänden, v. a. узети под залог, под извршбу.
auspfeifen, v. a. звиждати, извиждати, одзвиждати.
ausplastern, v. a. калдрмисати, попочити.
auspflügen, f. ausackern.
auspichen, v. a. смолити, насмолити, осмолити.
ausplappern, f. ausplaudern.
ausplatten, ausplätten, f. ausbügeln.
ausplatzen, v. a. прснути, пукнути; in ein lautes Gelächter —, прснути у смех.
ausplaudern, v. a. избрбљати.
ausplünder n, v. a. опленити, похарати, поробити, оголузнити; —er, m. харамија, разбојник; —ung, f. плен, пленјење, робљење.
ausprofen, v. a. куцати, искуцати, излатити.
auspolstern, v. a. (ein Kanapee), испунити, набијати, набити длаком, итд.
ausposaunen, v. a. раструбити, разгласити.
ausprägen, v. a. сковати новац; утештити слику; —ung, f. ковање новаца: утештање.
auspredigen, v. a. довршити предику.
auspreisen, v. a. изхвалити, славити.
auspress-en, v. a. истештити, изажимати, изјежети, ожети, изнити, исцедити; fig. истезавати, нсисати, измусти; —ung, f. ожимање, цеђење; fig. истезавање.

ausprügeln, v. a. избити, издерати, истерати батином; извоштити.

ausrringen, v. a. истезати, цристи, исцрпсти на сисаљку, шмрк.

ausruntieren, v. a. вражањем, чарањем изнаћи, пронаћи.

ausrißen, v. a. чистити, очистити, нишчистити; китити, накитити, искитити; das Licht —, усекнути, утрнути; einen —, поварати, псисовати; —er, m. чистилац; fig. карање, укор.

ausquetschen, v. a. изгњечити.
ausraden, f. ausssieben.
ausrabiren, v. a. стругати, истругати с писма.
ausrangiren, f. ausmustern.
ausrasen, v. n. избеснити се, набеснити се; умрпити се, успокојити се.
ausrasten, f. ausrühen.
ausraudhen, v. a. (eine Pfeife Tabak), попушити, испушити; — v. n. издимити се, изветрити.
ausräuchern, v. a. (mit Weihrauch 2с.), окадити, накадити; (als Schinken, 2с.), сушити, осушити.
ausraufen, v. a. чупати, ишчупати, почупати, искупити; —ung, f. чупање.
ausräumen, v. a. изпоснти, изнети, испражњевати, испразнити, чистити, почистити; Brunnen —, очистити студенац; —er, m. чистилац; —ung, f. испражњавање, чишћење.
ausraupen, v. a. очистити гусеннце.
ausräuspern, v. a. и. v. искашљати (се), изракнути (се).
ausrechen, v. a. грабити, ограбити (грабљама).
ausrechnen, v. a. рачунати, израчунати, прорачунати; —ung, f. рачун, рачунање.
ausrecken, v. a. плазити, исплазити, пружати, пружити; —ung, f. плажење, пружање.
Ausrede, f. изговор; —n, v. a. изговорити, изрећи, изустити; довршити говор, изговорити се; einem etwas —, одговорити од чега; sich —, v. r. изговорити се.
ausregnen, v. i. издажђети се, престати кима.
Ausreibehoιζ, —fnochen, m. гладило.
ausreiben, v. a. изрибати, орибати, истрти, опрати.
ausreichen, v. n. дотицати, дотећи, излишити.
ausreifen, v. n. дозрети, дозревати.
ausreimen, v. n. срочити.
ausreinigen, v. a. чистити, очистити, изчистити.
Ausreise, f. полазак, одлазак.
ausreisen, v. n. крепути се, дигнути се на пут; довршити путовање, напутовати се.
ausreißen, v. a. истргнути, издирати, искинути; ишчупати, изгулити; превинути; подерати, раздерати; die Zähne —, вадити; — v. n. растргнути се, раскинути се; рашчепити се, пукнути се; побегнути, утећи, измакнути; надати, надрети; подерати се; —er, m. бегунац; —ung, f. издавање, чупање, гуљење, бегање.
ausreiten, v. n. изјахати; — v. a. појахати коња; —er, m. катана, коњаник.

ausrenfen, v. a. ишчашити; —ung, f. ишчашење.
ausreuten, f. ausrotten.
ausheben, v. a. опремити, оружати (брод).
ausrichten v. a. учинити, оправити, свршити; eine Hochzeit —, уготовити пир; eine Botschaft —, донети, одисти глас; einen Gruß, Auftrag —, поздравити, свршити паручбину; er kann mit ihm nichts —, не може и њим на крај изићи; fig. оговорити, оклеветати; сједначити, сравнати, поравнати; —er, m. извршител, паручник; —ung, f. извршење.
ausringen, v. a. ожимати, цедити; v. n. довршити свој век, ток.
ausrinnen, v. n. истећи; исцурити.
Ausritt, m. прошетња на коњу, јахање.
ausroden, v. a. раскрчити, искрчити, окрчити.
ausrollen, v. a. развити; прорешетати (жито).
ausrotten, v. a. искоренити, затрти, истражити, истребити, искрчити, ископати, раскрчити; —er, m. крчитељ; —ung, f. искоређавање, истребљење.
ausrücken, ausrüden, v. n. изићи (војници).
Ausruf, m. усклик, клик; оглас, проглас, разглашење; лажба, мупта; —en, v. n. викнути, блицати, поклизнути, повикати, клиновати, крпчати; (vom Wächter), јављати доба; — v. a. телалити, огласити, разгласити, прозивати, личити; —er, m. гласник, весник, здур, телал, личник; —preis, m. лижбена цена; —gebühr, m. телалина; —ung, f. проглас, проглашење, f. Ausruf; —ungszeichen, n. усклик.
ausruhen, v. n. отпочинути, почнпути.
ausrülpsen, v. a. изригнути.
ausründen, v. a. заоблити.
ausrupfen, v. a. чупати, ишчупати, очупати, почупати.
ausrüst-en, v. a. оружати, опремати, опремити, оправљати, оправити; (versorgen), обскрбити, снабдети; —ung, f. опрема, оружање, спремање, обскрбљење, снабдевање.
ausrütschen, f. ausgleiten.
ausrütteln, v. a. издрмати.
Aussaat, f. усев, сетва.
aussädeln, v. a. оглобити.
aussäen, v. a. сејати, посејати.
Aussage, f. реч, говор, исповед; — der Zeugen, сведочанство; nach — der Kunstverständigen, по суду вештих људи; —en, v. a. рећи, изрећи, исповедити; (vor Gericht), сведочити; eidlich —, заклетвом потврдити.
aussägen, v. a. испилити.
Aussagewort, n. глагол (граматика).
Aussatz, m. губа; (im Spiele), ставка; (im Billard), почетак (игре).
aussätzig, adj. губав.
aussäubern, v. a. очистити, почистити, ишчистити.
aussausen, v. a. половати, пождерати.
aussaugen, v. a. сисати, исисати, посисати; (entkräften), истрошити; —ung, f. сисање.
ausschaben, v. a. истругати, остругати.
ausschaffen, v. a. истерати, изагнати.

ausfchalen, v. a. облагати, постављати даскама.
ausfchälen, v. a. љуштити, ољуштити, гулити, огулити ; fig. плепити, опленити, глобити, оглобити.
ausfchämen, ſich, v. r. изгубити стид; die Augen —, пропадати од стида.
ausfchänden, v. a. изружити, испсовати.
Ansfchank, m. крчмарење, точење, продаја вина.
ausfcharr-en, v. a. ишчепркати, изровати; mit dem Fuß —, f. ſcharren; —ung, f. чепркање.
ausfcharten, v. a. назубити.
ausfchattiren, f. ſchattiren.
ausfchäßen, v. a. проценити, уценити.
ausfchauen, v. n. nach einem —, изгледати кога.
ausfchaufeln, v. a. избацати лопатом.
ausfchäumen, v. z. c пеном избацити ; — v. n. испенити се.
ausfcheeren, v. a. острићи.
ausfcheiden, v. a. лучити, искључити, разлучити; — v. n. одлучити се, иступити.
ausfcheinen, v. a. престати сјати.
ausfchelten, v. a. псовати, испсовати, карати, покарати, искарати.
ausfchenken, v. a. точити, источити, расточити, крчмити.
ausfcherzen, v. n. пашалити се.
ausfcheuchen, v. a. исплашити, поплашити.
ausfchenern, v. a. испрати, опрати.
ausfchiden, v. a. слати, послати, разаслати.
ausfchieben, v. a. истурати.
ausfchießen, v. a. изметнути, избити, избацити, истурити; das Untangliche —, бацити, изметнути; — v. n. никнути, изницати; довршити пуцање.
ausfchiff-en, v. n. заједрити, отићи, одвести се; — v. a. искрцати; превести; —ung, f. полазак, одлазак, искрцавање, превоз.
ausfchimpfen, v. a. изружити, испсовати.
ausfchirren, v. a. скинути хам с коња.
ausfchlachten, v. a. клати, продавати месо.
ausfchladen, v. a. очистити од шлакње.
ausfchlafen, v. n. паспавати се, испавати се; — v. a. ben Rauſch —, испавати hop.
Ausfchlag, m. први ударац; ber Wage, претега, превага; копац, сврха; ber Sache ben — geben, превагнути, претегнути, докончати; (auf ber Haut), acнa, красте; (des Pferdes), ритање; —en, v. a. избити; (mit Tapeten), обложити, поставити; (etwas Angebotenes), одбити, отказати, нећати, испријати; (zurückſchlagen), узбити; ein Ei —, разбити јаје; ben Boden —, оладнити; — v. a. ударити; (von Pferden) бацати се, ритати се; (von ber Glode), избити; (von ber Wage) претегнути, премахнути, превагнути; (von Bäumen), терати, пупити, набретити, пуштати; (von Wänden), знојити се; (auf ber Haut), осути се, окрастати ; (ſich endigen), докончати се, свршити се; —, n. (ber Bäume ic.), терање, брстање; (des Pferdes), ритање; —ung, f. fig. отказ, одбијање.
ausfchlämmen, v. a. извадити глиб, тиљам.
ausfchleifen, v. a. брусити, изоштрити; — v. a. (herausſchleppen) извући, извлачити.
ausfchleubern, v. a. избацити, избацивати.

ausfchließ-en, v. a. врата пред ким затворити; опростити, ослободити окова; (in Buchbruck.); заглављивати; von einer Geſellſchaft —, искључити; (ausſtoßen), избацити; ben Abvokaten — von ber Advokatur, одветнику забранити одвстовати ; fig. изузимати, изузети; —endes Recht, право искључно ; — lich, adj. искључив; adv. искључиво, само, једино, цигло; ocим, ван; —ung, f. затварање врата пред ким (Buchbruck.), заглавци; fig. искључење.
ausfchluchzen, v. n. изјецати се.
ausfchlummern, v. n. падремати се.
ausfchlüpfen, v. n. измакнути, измицати.
ausfchlürfen, v. a. искапити, посркати.
Ausfchluß, m. искључење; mit —, ocим, ван.
ausfchmälen, ausfchmähen, v. a. испсовати, искарати.
ausfchmauchen, f. ausrauchen.
ausfchmeißen, f. auswerfen.
ausfchmelzen, v. a. истопити, отопити; — v. n. истопити се, отопити се, откравити се; — ung, f. истапање, отапање.
ausfchmieden, v. a. саковати, отковати (од верига.)
ausfchmier-en, v. a. мазати, намазати, помазати, измазати; —ung, f. мазање.
ausfchmollen, f. ausfchmälen.
ausfchmüd-en, v. a. китити, искитити, накитити, ресити, наресити; —ung, f. кићење, накит, урес.
ausfchnallen, v. a. откопчавати, раскопчати.
ausfchnappen, v. n. искакати; измакнути се.
ausfchnarchen, v. n. исхркати се.
ausfchnauben, ausfchnäuzen, v. a. усекнути ; v. n. одахнути, издухати.
ausfchneiden, v. a. парезати, исећи; (Bäume), окресати; (Waaren), продавати на метар; Bienenſtöcke —, валити мед; (caſtriren), ушкопити, уштројити ; —ung, f. Ausſchnitt, исецање, изрезак.
ausfchneitein, v. a. кресати, окресати (дрвће).
Ausfchnitt, m. f. Ausfchneidung; —handel, m. f. —handlung; —händler, m. трговац робе на метар; —handlung, f. трговина робе на метар; —ling, m. изрезак, изметче.
ausfchnißen, v. a. изрезати, изрецкати.
ausfchnüren, v. a. одвезати, отпетљати.
ausfchöpf-en, v. a. пљускати, цристи, искрпсти; —ung, f. црпење.
ausfchotten, v. a. требити, кочити, отребити, овомпти.
ausfchrauben, v. a. одврпути.
ausfchreib-en, v. a. (aus etwas), преписати, исписати; (zu Ende ſchreiben), написати, дописати; einen Reichstag, Steuer, Concurs —, расписати; — n. оглас, проглас, распис; —ung, f. препис, испис, расписивање, огласиьс.
ausfchrei-en, v. a. извикати, прогласити ; — v. n. искричати се, извикати се ; —er, f. Ausrufer.
ausfchreiten, v. a. измерити на корак; — v. n. fig. скрнути с пута.
ausfchroten, v. a. извађати, истурати; (die Mäuse ben Käfe), прогристи, изгристи.

ausschuhen, v. a. изути, изувати.
ausschuppen, v. a. стругати љуске.
ausschürfen, v. a. изрити, ископати.
Ausschuß, m. измет, изметак, обирак; — einer Versammlung, одбор; (in Zusamm.), одборки; adj.; —mann, m. одборник.
ausschüttel-n, v. a. трести, отрести, растрести, истрести, потрести, отрести; —ung. f. истресање, стресање, претресање.
ausschütten, v. a. изасути, одасути, изручити, просипати; sein Herz —, отворити срце; —ung, f. просипање, изручивање.
ausschwämmen, f. ausschwemmen.
ausschwänken, v. a. испрати, исплакати, промуљкати.
ausschwären, v. n. гнојити се.
ausschwärmen, v. n. (von Bienen) ројити се; (von Menschen), оставити се лудовања, опаметити се.
ausschwatzen, f. ausplaudern.
ausschwefeln, v. a. сумпорити, насумпорити.
Ausschweif, m. f. Ausschweifung; —en, v. a. испрати, исплакати; остругати, истесати; заокружити; — v. n. (im Reden), шарати у говору; (im Leben), блудно, неуредно, разуздано живети; —end, adj. распуштен, разуздан; —ling, m. разуздник, распуштеник, —ung, m. изапирање, стругање, шарање (у говору); блудност, распуштеност, разуздан живот.
ausschwemmen, v. a. испрати, исплакати, поплакати.
ausschwenken, f. ausschwänken.
ausschwing-en, v. n. вејати, извејати (жито); (den Flachs), трти (лан)'; —ung, f. вејање, трљање.
ausschwitzen, v. n. знојити се, назнојити се; das Gelernte —, заборавити; — v. a. истерати на зној.
aussegeln, f. abfegeln.
aussch-en, v. a. догледати, мотрити, гледати, изгледати; sich etwas —, изабрати, одабрати; — v. n. изгледати; schlecht —, олошати, обрћати; wie sieht es aus? како је? —en, n. вид, лице; слика, образ, изглед; —end, adj. weit—, са великим последицама.
ausseihen, v. a. процедити, исцедити.
ausseilen, v. a. одрешити (пса).
ausseimen, v. a. чистити, цедити мед.
außen, adv. на пољу, на двору; von —, с поља.
aussenden, v. a. послати, изаслати, разаслати.
Außending, n. предмет извани, туђ.
Außenbling, m. изасланик изасланац.
Außenbung, f. изасиљање, разашиљање.
Außen-hafen, m. извана лука; —mensch, m. туђ, иностранац; —seite, f. лице, вид, спољашна страна; an der —, с поља, с двора; —werk, n. крајње укрепљење.
außer, præp, осим, изван, ван, до, до ли, само, ман; разма; —wenn, ван да, већ ако; —sich sein, ешак; —sich kommen, занети се; — Acht lassen eine Verordnung, неосвртати се на наредбу; —ehelich, adj, незаконит, ванбрачни.
äeußere, adj. извањски, надворни, извањ, спољашни.

außer-gerichtlich, adj. несудбен; — adv. несудбено; —halb, præp. ван, на двору, на пољу.
äeußerlich, adj. извански, извањи, ваньски, спољашни, надворни; — adv. с поља, с двора; —e, n. спољашност.
Außermittwechsel, m. извансајамска меница.
äeußern, v. a. изјавити, показати, очитовати, објавити; (entstehen), настати.
äeußerorbentlich adj. необичан, изврстан, напредан, изванредан; adv. особито, јако, веле, преко мере, изванредно, веома.
äeußerst, sup. последњи, крајни; — adv. јако, вело; — n. крајње, последње; —ung, f. очитовање, изјашњење.
Außer-ung, v. a. изложити, ставити, метнути, искрцати, иждребати; einen Gehalt —, одредити: die Arbeit —, одложити, отезати; (verschieben), одгодити, (tabeln), кудити, корити, замерити, манисати, забавити; Bäume —, пресадити; sich —, изложити се; —ung, f. излагање, искрцавање, пресађивање, отезање, одгађање, куђење, корење, укор, замерка, забава.
aussein, v. n. побити ту, бити ван; бити довршен, докончан; престати; es ist aus mit ihm, пропаде, погибе.
Aussicht, f. вид, видик, лице, изглед, уфање, нада, надање.
aussickern, v. n. искапати, прокапати, процедити се, тајати.
aussieben, v. a. просејати, сејати, исејати.
aussied-en, v. n. изврети, искипети; — v. a. искухати; Silber —, белити сребро; das Fett —, истопити; —ung, f. кухање, бељење, топљење.
aussingen, v. a. испевати, допевати.
aussinn-en, v. a. изнаћи, измислити, измозгати; —ung, f. измишљање.
aussintern, f. aussickern.
aussitzen, v. a. (seine Zeit im Gefängnisse), отседити; v. n. доседити, довршити лежење (на јају); mit Waaren —, тржити.
aussöhnbar, adj. помирљив.
aussöhn-en, v. a. помирити, умирити, измирити; —er, m. помиритељ, умиритељ; —sich, f. aussöhnbar; —ung, f. помирење, умирење, поправа, мировна, умир.
aussonder-n, v. a. лучити, разлучити, одлучити, раставити; —ung, f. лучење, раздвајивање.
aussonnen, v. a. сунчати, метнути на сунце.
ausspäh-en, v. a. претражити, уходити; fig. тражити, истраживати; —er, m. уходи; —erei, f. —ung, f. ухођење, претрага.
Ausspann, m. испрега, постаја, гостионица, конак; —en, v. a. разастрти, растегнути, разапети, попети, попињати, пропети, пропињати; die Pferde —, испрегнути; die Segel —, раширити, разапети, отворити; —ung, f. разастирање, растезање, папињање, испрезање.
ausspaßen, v. n. ишалити се.
ausspazieren, v. n. ишетати, прећи се.
ausspei-en, v. a. испљувати, испљунути, пљунути, изракнути, распљувати; избљувати

ausspeisen — 51 — ausstreichen

über etwas —, отпљувати; —, n. отпљување.
ausspeisen, v. n. јести наш кућe; појести.
ausspenb-en, v. a. раздати, раздавати, разделити, делити; —er, m. раздаватељ, раздавалац; —ung, f. раздавање, деленѣ.
ausspetr-еп, v. a. врата пред ким затворити; bie Beine —, раскорачити се, расиечити се.
ausspielen, v. a. паиграватн, наиграти; (zu Ende spielen), свршити игру, одиграти.
ausspinnen, v. a. испрести, опрести; fig. измислити, измудрити.
ausspintifiren v. a. извијати.
ausspioniren, v. a. уходити, вребати.
ausspott-en, v. a. ругати се; —ung f. ругање, поруга, погрда, руга.
Aussprache, f. проговарање, изговор, изговарање, изрицање, произношење.
aussprechen, v. a. произноситн, проговорити, проговарати, изговорити, изговарати, изрећи, изрицати, изустати.
ausspreizen v. a. раснети, раширити; bie Flügel —, разастрти крпла.
aussprengen, v. a. избити, разбити, одбити; ein Pferd, пустити коња у скок; ein Gerücht —, разнети глас; man hat ausgesprengt, пукао je глас; говори се; —ung, f. fig. разглашенѣ.
aussprießen, f. ausssprossen.
ausspringen, v. n. скочити, искочити; ускочити, утећи, насквакати се.
ausspritz-en, v. n. прскати, прспути; — v. a. попрскати, испљускати; —ung, f. прскање, пљускање.
aussprossen, v. a. пуштати, терати (младице); никнути, ницати, клицати. клипати.
Aussprößling, m. младица, огранак.
Ausspruch, m. изрека, изречење, одлука, суд; ben — thun, одлучити, судити.
aussprudeln, v. a. бацати, метати (воду); — v. n. клоктати, кључати.
aussprühen, v. a. бацати, метати, сипати (ватру); — v. n. фрцати.
ausspuden, v. a. пљунути, испљувати.
ausspül-en, v. a. исплакати, испрати, ропати, разлокати; —ich, n. помије. —ung, f. плакање, локање.
ausspünden, v. a. обложити даскама.
ausspür-en, v. a. открити, открити, изнаћи, пропаћи, наћи, нањушити; —er, m. уходa; —ung, f. њушенѣ.
ausstaffir-en, v. a. оправити, опремити, накинђурити, накитити, искитити, уреситн; sich, — v. r. накинђурити се; —ung, f. oпрема, оправа, кићење.
ausstallen, v. a. истерати, изгнати из штале.
ausstämmen, v. n. издупсти ластом.
Ausstand, m. дуг, новци на дугу, преостатак, остатак од дуга.
ausstänbig, adj. оставши на дугу, пенсиланен; —e Zinsen, преостале камате.
ausstänfern, v. a. засмодети, нањушити (траг од звери); fig. њушити, цуњати, њушкати.
ausstatt-en, v. a. опскрбити, опремити, удати кћер, дати јој мираз, прћију; —ung, f. опскрбљење, мираз, прћија, опрема.

ausstäuben, v. a. испрашити, прашити.
ausstäupen, v. a. ишибати, избити.
ausstech en, v. a. избости, пробости, извајати, изрезати, ископати (око); ein Glas Wein —, испити, испразнити, сушити (чашу); einen —, истиснути; als Freier —, препросити.
ausstecken, v. a. иобити, обесити (стег на виднк); обележити, назначити; — ben Zehent, одредити десетак.
aussteh en, v. n. тржити, Geld — haben, имати на дугу; — v. a. seine Lehrjahre —, изучити; Schmerzen —, трпети, патити, претрпети, подносити; — bie Strafe, издржати, претрпети казну; —d, adj. —e Schuld, новци на дугу, ненсплаћен.
ausstehlen, v. a. красти, покрасти.
ausstehlich, adj. сносан, подносан.
aussteisen, v. a. поставити платном крутим.
aussteigen, v. n. сићи, саћи, изићи, искрцати се.
aussteli-en, v. a. излагати, изложити, метати, метнути на видик; Wachen —, поставити страже; eine Quittung —, дати, написати, издати нампру; — eine Urkunde, оправити, саставити, издати испраяу; (aufschieben), одложити, отезати; (tadeln), кудити, корити, забавити, манисати; — Jemanden, ставити кога на срамотнице, педенгир; —er, m. издавалац, трасант; —ung, f. изложба, отезање, одлагање, издавање, кућење, мана, укор, прикор; —en machen, забавити, налазити ману, манисати, кудити, укорити.
aussterben, v. n. помрети, замрсти, изумрсти, обамрсти; —, n. помор. обамирање.
Aussteuer, f. мираз, прћија; —n, v. a. дати мираз; —ung, f. мираз, прћија.
Außstich, m. цвет.
ausstiden, v. a. извести, навести.
ausstimmen, v. a. угодити, угађати.
ausstinten, v. n. престати смрдети.
ausstöbern, v. a. поплашити, изагнати; нањушити, нацуњати.
ausstochern, v. a. пишчкати, чачкати, прочачкати (зубе).
ausstoden, v. a. искрчити, искоренити.
ausstopf-en, v. a. отиснути, очепити, запушити, испунити, надепути; mit Stroh —, набити, папунити са сламом; —ung, f. надевање; набијање.
ausstören, v. a. прекопати, претрести.
Ausstoß, m. ударац, одбијање; —n, v. a. истурати, изгнати, прогнати, истерати, протерати; einem Faß ben Boden —, одаднити, избити дно; ископати (око); Reden —, говорити; — v. n. ударити, одбити; —ung, f. истуривање, прогнање, истеривање.
ausstred-en, v. n. пружити, опружити, отезати, исплазити; sich, — v. r. извалити се, теглити се, протегнути се; —ung, f. пружање, протезање, теглење.
ausstreich-en, v. a. (Falten), згладити, угладити; mit ber Feder —, избрисати; mit Ruthen — ишпбати; (loben) хвалити, похвалити; — v. n. скитати се, клатити се; zu Tage —, показати се; —ung, f. глачање, брисање, шибање.

ausstreiten, v. a. парбом добити.
ausstreuen, v. a. расути, расипати; fig. расејати, разгласити, разнети, разглашивати, разносити.
ausstreifen, v. n. истицати, истркивати, честовати.
Ausstrich, m. пржина, носиа од руде.
ausstriden, v. a. неплести, оплести.
ausstriegeln, v. a. ишчешати.
ausströmen, v. n. истицати, протицати, тећи, излевати се.
ausstudiren, v. a. измудрати, измислити; einen —, познати, проучити; — v. n. свршити науке; изучити се.
ausstürmen, v. a. избесиити се, испраскати се, утешити се, умирити се, упокојити се.
ausstürzen, v. a. извриути, превалити; ein Glas Wein —, испити на душак купу вина.
ausstützen, v. a. подупрети.
aussuzeln, f. aussaugen.
aussuch-en, v. a. изабрати, одабрати; истражити; чистити, поискати; alles —, преметати свеколико, претрести; —ung f. бирање, избор; истраживање.
aussühnen, f. aussöhnen.
aussüss-en, v. a. сладити, осладити, усладити; —ung, f. слаћење.
austäfeln, v. a. обложити, облагати даскама.
austanzen, v. a. истанцати, изиграти.
austapezieren, v. a. тапетати, испапетати.
austasten, v. a. пипати, опипати.
Austausch, m. мена, трамна, мењање, размена; —en, v. a. мењати, изменити, променити, разменити; —er, m. мењач; —ung, f. f. Austausch.
austeppichen, v. a. простерти, простерати, обложити саговима.
Auster, f. острига, шкољка, ободница, каменица, ахтапод; —schale, f. шкољка од острига.
austheeren, v. a. накатранити.
austheil-en, v. a. делити, разделити, изделити, раздати, поделити; —ung, f. деоба, дељење, раздељивање.
austhun, v. a. скинути, свући; (auslöschen) угасити; (ausstreichen) избрисати; (ausgeben) узајмити па камату дати.
austiefen, v. a. ископати, издубити, копати, дубити.
austilg-en, v. a. искоренити, истребити, уништити, затрти; —er, m. искоренитељ, затирач; —ung f. истребљење, уништење.
austoben, v. n. иступити се, изгоропадити се; умирити се, упокојити се.
austraben, v. n. ein Pferd — lassen, коња у кас пустити.
Austrag, m. пресуда, одлука, докончање, сврха, конац; добитак, доходак; —en, v. a. изнети, разнети, расути, разгласити, озлогласити; поравнати (распру), довршити; — v. n. (betragen), чинити, изиосити.
austräglich, f. einträglich.
austräufeln, v. n. искапати.
austrauen, v. n. довршити коротовање, свући црнину.
austräumen, v. n. досањати, сан довршити.

austreib-en, v. a. изагнати, изгонити, истерати; прогнати, протерати.
austrennen, v. a. распорити, распарати, отпарати.
austret-en, v. a. изгазити, угазити, свршити (жито); den Weg —, провалити пут; die Schuhe —, износити, подерати; etwas mit dem Fuße —, утрти, згазити; — v. n. der Fluß ist ausgetreten, заплавити, излити; (flüchtig werden), утећи, побегнути; (aus dem Dienste treten), иступити из службе; (hinaus treten), изаћи; —er, m. ускок, бегунац; —ung, f. гажење, поплава, вршидба.
austriefen, f. auströpfeln.
austriefeln, v. n. einen Strid —, расплести уже; — was gewebt ist, чимкати.
austrinken, v. a. испити, попити, истерати; исканити, искапљивати.
Austritt, m. плазање, одбегавање, иступање; ускочење; — der Waare, навоз; — an der Treppe, узход; (ein Balkon), доксат; —s- (in Zusamm.) изозни; —s-Urkunde, f. исправа о иступању.
austrocn-en, v. a. осушити, исушити, посушити; — v. n. усахнути, осушити се, усисати, пресахнути; —ung, f. сушење, усисање.
austrommeln, v. a. избубњати, издобовати, fig. распети, просути глас.
austrompeten, v. a. раструбити.
auströpfeln, austropfen, v. n. капати, искапати.
austünchen, f. ausweißen.
austunken, v. a. изумакати.
austuschen, v. a. истушати.
ausüb-en, v. a. вежбати; первшивати, чинити; Rache —, светити се, осветити се; eine Kunst, ein Handwerk —, уметник бити, радити; (begehen), чинити, творити, учинити; (vervollkommnen), вежбати, усавршити; —ung, f. вежбање, усавршивање; радња, дело.
auswachs-en, v. n. дорасти, израсти, одрасти, проникнути; ausgewachsen sein, грбав, крив бити. [извћи.
auswagen, sich, v. r. смети изићи, усудити се
auswägen, v. a. измерити, мерити, на меру продавати, вагнути.
Auswahl, f. избор, одабирање, избирање; die — steht ihm zu, има право избирати.
auswähl-en, v. a. изабрати, пребрати, одабрати; —ung, f. Auswahl.
auswallen, v. a. ваљати, изваљати.
auswalzen, v. a. изваљати, ваљати; fig. избити, прочешљати.
Auswander-er, m. иселеник; —n, v. n. селити, одселити, иселити се, раселити се, преселити се; —ung, f. иселење, сеоба, расело.
auswärmen, v. a. угрејати, разгрејати.
auswarten, v. a. дочекати, ишчекати.
auswärtig, adj. иностран, туђ.
auswärts, adv. на двору, на пољу; (in der Fremde), у туђини.
auswasch-en, v. a. испрати, опрати; исплакати, измити, запирати; поддокавати; (ans Laub bringen), исплавити, бацити на обалу.
auswässern, v. a. наквасити, намочити.
auswechsel-bar, adj. разменив, промењив; —er,

Ausweg — 53 — **Authenticität**

Ausweg, m. меитељ; —п, v. a. променити, изменити, разменити, разбити, мењати; —ung, f. мењање, размена, разбијање, мена.
Ausweg, m. излаз, исход; изговор; средство, начин, пут, помоћ; fig. спасење.
ausweh̃en, v. a. издунути.
ausweichen, v. a. омекшати, наквасити; — v. n. einem, врднути, варакати, уклањати се, уклонити се; einer Sache -, обићи, минути, мимоићи; (von den Füßen), омакнути се, клизнути; —ung, f. уклањање, варакање.
ausweiden, v. a. парати, испорити, извадити дроб; попаста; (ausjäten) оплевити.
ausweinen, v. n. исплакати се, паплакати се.
Ausweis, m. исказ, доказ; (Vollete), покаска; (Verzeichniß), казало.
ausweisen, v. a. протерати, прогнати, отправити, изагнати; fig. доказати, исказати, засведочити; die Miterben —, памрити сабаштиннике; sich — v. г. доказати, посведочити; —ung, f. Ausweis; m. доказ, исказ, очитовање; (Vollete), покаска; (Zeugniß), сведочанство; (Verzeichniß), казало; (aus einem Orte), отправа.
ausweißen, v. a. белити, обелити, окречити.
ausweit-en, v. a. развести, раширити; распространити; растегнути; —ung, f. ширење, распрострањење.
auswendig, adv. споља; —lernen, wissen, учити, знати на изуст, на памет; — adj. вањски, извањски.
auswerben, v. n. свршити се.
auswerf-en, v. a. бацити, одбацити, избацити, изригати, избљувати, изметнути; изракати, изракнути; (verwerfen), одбацити; (aussetzen, bestimmen), одредити; ein Pferd —, уврнути, уштројити коња; einen Hasen —, испорити; —sich, f. auswürfig; —ung, f. бацање; ригање, метање, итд.
auswetzen, v. a. брусити, набрусити; eine Scharte —, изгладити; fig. погрешку поправити, љагу опрати.
auswickeln, v. a. развити, размотати.
auswiegen, s. auswägen.
auswinden, v. a. извити.
auswintern, v. a. сачувати, одржати преко зиме; — v. n. смрзнути се.
auswipfeln, v. a. die Bäume —, окресати врхове од дрва.
auswirken, v. a. откати; fig. задобити, добавити, израдити, испросити; den Teig —, умесити; den Huf —, обрезати копито: einen Hirsch —, испорити; — v. n. деловање довршити, престати.
auswirren, v. a. размрсити.
auswischen, v. a. отрти, обрисати, очистити, избрисати; — v. n. утећи, измакнути.
auswittern, v. a. проветрити; (entdecken), њушити, панушити, нацуњати, наћи; — v. i. изгрмети се.
auswölben, s. auswülben.
auswölken, sich, v. г. разведрити се, разгалити се.
Auswuchs, m. израстао, сметњика, кврга, грба; — am Leibe, гута, гука; — auf den Knochen, мртва кост; am Baume —, кила.

auswühlen, v. a. изрити, ископати.
Auswurf, m. бацање, метање, изрод, измет, слина, избљувак; ein — der Menschheit, изрод.
auswürfeln, v. a. играти на коцке.
auswürfig, adj. изметан.
Auswürfling, m. смет, измет, изрод, одбирак.
auswürgen, v. a. избљувати с муком; — v. n. падавити се.
auswurzeln, v. a. искоренити, ишчупати.
auswüthen, v. n. избеснити се, набеснити се, умрити се.
auszaden, v. a. изрецкати.
auszahl-en, v. a. платити, паплатити, исплатити, измирити, плаћати; —ст, m. платац; —ung, f. исплаћивање, плаћање, исплата.
auszähl-en, v. a. бројити, избројити, пребројити, набројати, одбројити; —ung, f. бројење, избрајање, пребрајање.
auszähneln, v. a. изрецкати, назубити.
auszahnen, v. n. претурити зубљу.
auszanken, v. a. испсовати, наварати; — v. n. насваћати се.
auszapfen, v. a точити, источити, продавати.
auszaubern, v. n. паоклевати се.
auszäumen, f. abzäumen.
auszäunen, v. a. ограђивати плотом.
auszechen, f. austrinken.
auszehnt-en, v. a. купити, покупити десетину; —ст, m. десечар, десетинар.
auszehr-en, v. a. истрошити; — v. n. сахнути, сушити се; auszehret sein, мршав бити; —ung, f. суха немоћ, јектика, сушица.
auszeichn-en, v. a. убележити, забележити, назначити; (aus einem Buche), исписати, преписати, побележити из књиге; einen —, одликовати; sich —, одликовати се; —ung, f. назначење, одликовање.
auszeigen, f. ausweisen.
auszetern, v. a. истргнути, чишчуавти, извући.
ausziehen, v. a. истегнути, истеглити, отегнути, извући, раширити, растегнути протегнути; schriftlich —, изводити, извадити, исписати; (auskleiden), свући, скинути; den Degen —, тргнути, извадити мач; Stiefel —, изути; jemanden —, оглобити; — v. n. преселити се, поселити се, одселити, утећи: (vom Wilde), изаћи из брлога; auf Abenteuer —, четовати; ein Fell —, испердашити; —ung, f. извлачење, истезање, и т. д.
auszier-en, v. a. накитити, искитити, украсити, уресити; —ung, f. кићење, украшење.
auszimmern, v. a. поставити даскама.
auszinnen, f. verzinnen.
auszirkeln, f. abzirkeln.
auszischen, v. a. испискати, извиждати кога.
Auszug, m. полазак, одлазак, полазак; — aus der Wohnung, преселење, сељење, сеоба; — aus einer Schrift, извод, језгра; — in einem Schranke, крабица, фиока; —smäßig, adj. скраћен; —sweise, adv. у кратко, у изводу.
auszupfen, v. a. чупкати, чимкати.
Authen icität, f. истинитост, достоверност; (Echtheit) правота; —isch, adj. истинит, достоверан.

Autograph, n. својепис; —isch, adj. својеписан, изворан.
Autokrat, m. самодржац, самовладалац; —ie, f. самодржавност.
Automat, m. самокрет.
Autonomie, f. самоуправа, својезаконост.
Autor, m. писац, списатељ, писалац; —isiren, v. a. овластити; —schaft, f. ауторство, списатељство; —ität, f. углед, власт, част, важност, ваљаност; sich eine — anmaßen, присвајати себи власт.
autweh, i. jaох, ах, вајме, авај, куку, леле.
Aval, m. меннчно поручанство.
Avancement, n. поступање, повис; —iren, v. a. бити повишен, поступити.

Avantgarde, f. ртници (предња војска).
Aventurin, m. авентурин (врста стакла).
avertiren, f. benachrichtigen.
Avis, n. објава, објавно писмо.
avisiren, v. a. објавити, дати на знање.
Axe, f. Achse.
Axiom, n. аксиомат, прапачело, основ, достојника.
Axt, f. секира.
Äxtchen, n. секирица.
Axthelm, m. ушице од секире; —stiel, m. држалица.
Azel, f. Assel.
Azur, m. лазур (камен); —en, adj. модар, плаветан.

B.

Baate, f. Bake.
Baal, m. вал (лажни бог).
baar, adj. готов, у готову; f. bar.
Baccalaur-eus, m. бакалар; —eat, n. бакаларство.
Bacchanalien, f. pl. покладе.
Bacchant, m. баков свећеник; —in, f. баканткиња.
Bacchus, m. бако, бог вина; —stab, m. трс.
Bach, m. поток; —amsel, f. Bachstelze; —bunge, f. разгон, крес. Veronica beccabunga L.
Bache, f. дивја крмача.
Bacher, m. вепар.
Bach-holunder, m. удиковина; —krebs, m. рак поточар; —kresse, f. s. Gründling; —mühle, f. реканица, воденица, поточара, кашикара; —münze, f. водена метвица; —stall, m. (Pfahl) коље; —stelze, f. плиска, овчарица, говедарка; —weide, f. ива. Salix helix L.
Back-apfel, m. печена јабука; —birn, f. печена крушка; —bord, m. леви бок (од брода).
backen, v. a. пећи, испећи, нећати, упећати (крух), пржити (пилиће); сушити (воће); рудити (косу): hart gebackenes Brod, препечен хлеб.
Backen, m. Backe, f. ланита, лице, образ; —bart, m. залисци; —bein, n. кост очна; —grübchen, n. јамица, рупица на лицу; —streich, m. заушница, ћушка, пљуска; —zahn, m. кутњак, кутњи зуб.
Bäcker, m. пекар, нећар, симиција, хлебар; —in, f. пекарка; —ei, f. пекарница; —handwerk, n. пекарство; —laden, n. пекарница; —sohn, m. пекарина; —meister, m. пекар; —scheider, m. просевалац; werkstätt, f. мешионица.
Back-fisch, m. пржена риба; —швигарица; —geld, n. пекарина; —haus, n. пекарница; —obst, n. ошав, сухо, сушено воће; —ofen, m. брежача крушна пећ; —pfanne, f. тигањ, тепсија, просуља; —schaufel, f. Backschieber, m. лопата; —stein, m. опека, цигља; —stube, f. Backhaus; —trog, m. наћве; —werk, n. пециво.
Bad, n. бања; warmes —, топлица.

Bade-cur, f. купање; —frau, f. (Hebamme), примаља, бабица; —haus, n. купалиште, бања; —mutter, f. Badefrau; —n, v. a. купати, окупати; — v. n. купати се, окупати се; —ort, m. купало, бања, купалиште; —r, m. влачар, бербер, ранар; —rei, f. купалиште, купало; —tuch, n. пештемаљ; —wanne, f. бањица, када; —zimmer, n. хамам.
bäffzen, v. n. шкамутати, штектати, жеврљати, жевкарити; —n. штекта, штектање.
Bagage, f. пртљаг; fig. измет људски; —pferd, n. сенсана.
bäh-en, v. a. парити, грејати; Brod —, пржити, попржити, попећи; —ung, f. парење, грејање; прже.
Bahn, f. пртина; пут, стаза; тркалиште, колосек; eines Hammers, eines Amboßes, глава; die — brechen, пртити, проврчити; auf die — bringen, дати, поставити, упутити; —en, v. a. пртити, крчити пут; ein gebahnter Weg, утреник.
Bahr-e, f. zu Leichen, носила, одар; — zu Lasten, тезгере, чивере; —tuch, n. покривало мртвачко.
Bai, f. Bucht.
Bajonett, n. шпика, пантагнет.
Bake, f. веја од сидра или гребена на мору.
Bakel, m. прут учитељски.
balancir-en, v. n. држати се у равнотежи.
Balanz, f. s. Gleichgewicht.
Balcon, m. балкон, доксат.
bald, adv. скоро, брзо, набрзо, наскоро, за тили час, хитро, одмах; за рана, за времена; мало, малим, умало; —hin, —her, ћа тамо, ћа амо; bald so, bald anders, сад овако, сад онако.
Baldachin, m. небо.
baldig, adj. скор, готов.
Baldrian, m. одољен, мацина трава, Valeriana L.
Balester, m. самострел.
Balg, m. кожа, мешина, љуска; (Vogelscheuche), страшило; (verächtlich, ein kleines Kind), дериште; — einer Schlange, кошуљица; (Hure), курва, блудница.

Balge, f. дижва, музлица.
balgen, ſich, v. r. хрвати се, тръати се.
Balgentreter, m. дувалац, пухалац (код оргуља, и т. д.)
Balger, m. хрвач; —ei, f. хрвање, туча.
Balggerüſt, n. пердета.
Ballen, m. греда, брвно, балван, дирек, так; главња, сек, ћертови, бинија; — an der Wage, иго; —topf, m. крај од греде; —recht, n. право греде.
Ball, m. лопта, груда; (Tanz) бал, играика; —ſpielen, лоптати се.
Ballaß, m. балаш (драги камен).
Ballaſt, m. саворња; — einnehmen, саворњати се; —ſchiff, n. брод саворњак
Ballote, f. модри тетрљан, Ballota nigra.
Bällchen, n. лоптица, грудица; по трубе платна.
Ballen, m. лопта; дењак; (eines Rappiers), главица.
ballen, v. a. лоптати, грудати; ſich — v. r. улоптати се, угрудати се; mit geballter Fauſt, песницом.
Ballen-binder, m. стезалац дењкова; —weiſe, adv. на дењкове; дењак по дењак.
Ballet, n. балет.
Ballei, f. коменда, комтурија.
Ballgaſt, m. балција.
Ball-roſe, f. ſ. Bachholunder; —ſpiel, n. лоптање.
Balſam, m. балсам, миомирис, драгомаст; —baum, m. нењавица; —duft, Balſamgeruch, m. миомир; —ine, f. лепи човек; —iren, v. a. балсамати, балсамисати; —irung, f. балсамање, балсамисање; —iſch adj. миомиран; —traut, n. ſ. Balſamine.
Balz, f. време, кад се друже тетреби.
balzen, v. n. дружити се (од тетреба).
Bambus, m. Bambusrohr, n. трсковача, трсковац.
Bämme, ſ. Butterbämme.
Banco, ſ. Bank.
Band, n. врпца, трака, пантлика; обруч; (Schlinge) узица, петља, замка, свеза; Bande, pl. свезе, окови, пута; — von Weiden, гужва; — auf Wunden, завој.
Band, m. (Einband) корице, вез; (Buch, Theil) књига, део, свезак.
Bändchen, n. трачац, врпчица; (Buch) књижица, свеска.
Bande, f. банда; крај, окрајак; друштво, чета.
Bandelier, n. параменица.
Bandhaken, m. баглама.
bändig, adj. питом, кротак; ein- oder zweibändige Brüder oder Schweſtern, браћа или сестре, само по оцу или матери, или по оцу и матери; —en, v. a. укротити, смољи, обуздати, умирити; упитомити, покорити; —ung, f. укроћавање, смаљање.
Bandit, m. лупеж, разбојник, хајдук, гусар.
Band-maſche, f. кокарда; —meſſer, n. нож бачварски; —nabel, m. клипац; —nudeln, f. pl. резанци; —reif, m. обруч; —ſchleife, f. Band maſche; —ſtuhl, m. стан, разбој врпчарски; —treſſe, f. појта; —weibe, f. врба, жуква, ракита; —wurm, m. глиста плосната.
bange, adj. немиран, страшљив, устрашљив; es iſt mir — um ihn, страх ме је за њега;

davor iſt mir nicht —, тога се не бојим; —machen, страшити, плашити; (vom Wetter), ſ. ſchwül.
Bangigkeit, f. бојажљивост, страх, немир.
bänglich, adj. немиран, у страху.
Banier, ſ. Panier.
Bank, f. банак, клупа, скамија; (Wechſelbank) банка; (in Zuſamm.) баначки; (Sandbank) пруд; durch die —, поиреско, оссжом, без разлике, свеколико; —anſtalt, f. баначки, банкарски завод.
Bänkchen, n. клупица, скамијца.
Bankeiſen, n. гвоздена квака у зиду.
Bänkelſänger, m. падрипевач, бугарин.
bankerott, adj. пропао, пао, пострадао; —in, f. банкрот, пропалица; —ier, m. пропалица; —iren, v. n. пропасти, пасти, пострадати.
Bankert, m. копиле, подметче.
Bankett, n. банкет, част; —iren, v. n. частити, гостити; частити се, гостити се.
Banknote, f. банка, банкнота.
Bankbohrer, m. сврдло, сирдао.
Banklehne, f. наслон, лења.
Bann, m. проклетство, анатема; округ, област; прогонство; einen in den —thun, проклети, бацити анатему; —en, v. a. терати, изгонити, проклињати, истерати, протерати; —er, m. гонитељ; ſ. Panier; —erherr, m. барон, стегоноша, заставник, барјактар; —fluch, m. анатема, проклетство; —forſt, m. бранјевина; —gut, n. забрањена роба; —ſtrahl; —ſtuch, m. клетва, проклетство, анатема; —ung, f. заклињање, изгоњење (духова нечистих); —wald, ſ. Bannforſt; —waſſer, n. забрањена вода.
Banquier, m. мењитељ, банкар, сараф; —haus, n. мењителска, банкарска кућа.
Banſe, f. штагаљ.
banſen, v. a. сложити, слагати сноиле.
bar, adj. го, наг; чист; готов; — adv. готово, у готову; — zahlen, v. a. платити у готову, ſ. baar.
Bär, m. медвед; einen Bären anbinden, преварити; der große, kleine Bär (Geſtirn), велика, мала кола, плуг.
Barake, f. шатра, колеба, дашчара, чатрља.
Barbar, m. варвар, варварин, окрутник, нечовек, дивљак; (Pferd), коњ барбарески; —ei, f. варварство, окрутност; fig. свирепство, суровост; —in, f. варварка; —iſch, adj. варварски; окрутан, суров, нечовечан.
Barbe, f. мрен, Cyprinus barbus L.
bärbeißig, adj. осоран.
Barbier, m. бербер, берберин, брица; —en, v. a. бријати, бричити, обријати, обричити; ſich — laſſen, обријати се; —erei, f. берберство; —meſſer, n. бритва, бријач, устра, бријачица; —ſerviette, f. утврач, —ſtube, f. берберница.
Barchent, m. паркет; —en, adj. паркетски.
Barde, m. бард, певац, песник.
Bären-beißer, m. псина за лов на медведа, —haut, f. медведина; auf der — liegen, лењити се; —häuter, m. лењштина, дембел; —häute rei, f. дембелисање, леност; —klau, f.

медвеђа стуиа, траторак, ђуранова креста, пзимог, Acanthus L.
Baret, n. капа.
bar fuß, adv. бос, босоног; —füßer, m. фратар босоног; —häuptig, adj. гологлав.
Bärin, f. медведица, мечка.
Barke, f. барка, чун.
barköpfig, f. barhäuptig.
Bärlapp, m. црвоточина, Lycopodium clavatum L.
Bärme, f. f. Gäscht, Hefen.
barmherzig, adj. милосрдан, милостиван, милостив; fig. пеноЉан, беДан, снромах; —keit, f. милосрђе, милост.
Bär-muß, m. колчак; —mutter, материца, матица, материца.
Barn, m. јасле, штагаЉ; мрежа, пређа рибарска.
Barometer, n. (m.) барометар.
Baron, m. барон; —esse, —in, f. бароница; —ie, —ei, f. баронство.
Barre, f. шинка (злата или сребра).
Barriere, f. преграда, заграда.
Barsch, m. иатка, окун, бандар, грген, костреш (рнба), Perca fluviatilis; —, adj. осоран, прек.
Barschaft, f. готовина.
Barschheit, f. осорност.
Bart, m. брада; —an der Aehre, осје: über des Kaisers Bart streiten, сваћати се око трица.
Bärtchen, n. брадица.
Barte, f. рибја кост.
Bart-faden, m. брк (од рибе); —gras, n. ђип, androp0gon grillus; —haar, n. длака од браде.
Barthe, f. брадва.
bärtig, adj. брадат.
bart los, adj. голобрад, ћосав, ћосаст; —scherer, m. бербер, берберин; —wachs, m. бркомаз.
Basalt, m. базалт.
Base, f. тета, тетка, стрина, ујна.
Basilic, f. босиљак, босиок, босиЉе.
Basilist, m. василиск.
Basrelief, f. Relief.
Baß, m. бас, крунан глас.
Bässetchen, n. басет.
Baßgeige, f. велике гегде, гусле.
Bassist, m. басиста.
Basson, m. фагот.
Bast, m. лнко, лик, лика, луб.
Bastard, m. копнле, копилан, ђурић, полутан.
Bastei, f. бастија, бедем.
bast en, adj. ликов; —schuhe, Basteln, pl. постоле од лика; —seil, n. личина.
Bataille, f. бој, битка.
Bataillon, n. батаЉон.
Batist, m. патист.
Batterie, f. батерија.
Batzen, m. беч (новац).
Bau, m. грађење, зидаЉе, грађа, грађевина, (in Zusamm.) грађевинс; —des Körpers, узраст, стас, струк; —der Füchse, јама, јазбина: брлог; auf den —kommen, бити осуђен на робију.
Baubau, m. баук.

Bauch, m. трбух; —eines Schiffes, бок; die Kanone ist auf dem —, топ лежн на земЉи.
Bauchdiener, m. ждера, ждеравац.
Bauche, f. Beuche.
Bauch-fell, n. потрбушина, набушина; —fett, n. сало; —fluß, m. лијавица, срдобоЉа; —grimmen, n. грижа; —gurt, m. потпруг; —ig, Bäuchig, adj. трбушат, трбушаст; —krankheit, f. трбобоЉа; —riemen, m. потпруг, колан; —schmerzen, pl. Bauchweh, n. трбобоЉа; —seite, f.(eines Balges), нафа; —theil, m. потрбушина; —würmer, pl. m. глисте; —zwang, f. Stuhlzwang.
bauen, v. a. градити, зидати, саградити, начинити, дограднти, назидати, радити, делати, тежати, обделавати; auf jemand —, уздати се у кога; Schlösser in der Luft —, по ветру куле градити; Seide, Wein —, произподити.
Bauer, m. кмет, сеЉаиин, сеЉак, тежак; (Bube in der Karte), доЉак, горЉак; (im Schachspiel), песи; fig. простак, суров, парастик.
Bauer, n. кавез, крлетка.
bauerhaft, adj. сеЉачки, простачки, прост; —adv. сеЉачки, простачки, просто.
Bäuer-in, f. сеЉанка, мужача, сеЉакуша, сеЉакиЉа; —isch adj. сеоски; fig. груб, суров; нарасничкн, простачки.
Bauerkleid, n. гуЉац, сурдума.
Bauern (adj.) сеЉачки; —frohne f. работа, кулук; —stand, m. сеЉаштво.
Bauer pferd, n. коЉ прости; —schaft, f. сеЉаЉи; —scheute, f. крчма проста: —sprache, f. језик простачки; —stamm, f. Bauer; —stolz, m. охолост простачка; —tölpel, m. простак; —volk, n. Bauersleute, pl. сеЉани; —wesen, n. сеЉанство, сеЉашто.
baufällig, adj. стар, трошан; das Haus ist —, хоће да се поруши кућа; —keit, f. старост, трошност.
Bau-frohne, f. Baudienst, m. кулук; —führer, m. градилац.
Bau fuß m. мера зидарска; —gefangene, m. робијаш; —gerüst, n. скеле, скаЉе, лазила, козе, коза; —holz, n. грађа; —kunst f. архитектура, грађевинство: —leute, pl. надничари, тежаци; —lich adj. im baulichen Stande, у добром стаЉу; —lichkeit, f. грађевина.
Baum, m. дрво, дебло, стабло; die Bäume am Wagen, am Schlitten, руда.
Baumaterial n. грађа.
Baumbast, m. лика, луб.
Bäumchen, n. дрвце.
Baumeister, m. архтект, неимар, нанмар, градитеЉ, градилац.
baumeln, v. n. ЉуЉати се.
bäumen, baumen, v. a. навити, навијати (на вратило); притиснути (сено мотком); —sich v. n. скакати с дрвета на дрво; (von Pferden), пропЉати се, пропети се.
Baum-falk, m. црновац, крагуј (птица); —flechte, f. јетрењак, —frosch, f. Laubfrosch, —frucht, f. воће, плод; —gang, m. ред дрва; —garten, m. воћЉак; —gärtner, m. вртар; —grille, f. чарчак; f. Baumhacker; —hader, m. пузавац; —harz, n. смола; —hecke f. жива ограда, живица; —höhle, f. дупЉа; —hüpfer,

fer, m. зрикавац; —leiter, m. стуба, лествe; —marber, m. куна горска; —мооз, n. маовина; —öhi, n. улe; —rinbe, f. кора; —ſaft, m. мезгра, буза, муса; —ſchiff, n. чуn, смртњак, корито; —ſchlag, m. (in ber Зeichnung), лишћe; —ſchnitt, n. кресање дрва; —ſchröter, m. јелен, Lukanus L.; —ſchule, f. растило; —ſchwamm, m. труд, гљива; —ſeibe, f. бомбазни (материја од лика); —ſtamm, m. пањ, стабло, стублина; —ſtarf, adj. јак као тресак; —ſtein, m. дендрит (врста камена); —ſtrunf, m. патрљ; —ſtüd n. комад вoљњака; —waсhѕ, n. восак вртарски; —wagen m. колица, таљиге; —wanze, f. кимак, смрдљива буба; —winbe, f. f. Сphеn.
Baum-wolle, f. памук, маваз; —n, adj. памучан; —nbaum, m. дрво памуково; —ngarn, n. пређа памучна; —nſtaube, f. —nſtrauch, m. грм памуков; —nzeug, n. картун; —zuсht, f. његовање дрва.
Bauplatz, m. градилиште.
Bauѕ-bad, m. буцман; —bädig, adj. буцмаст, бурдав.
Bauſch, m. јастучић, компреса (у рањеника), набор; in — und Bogen, љутуре, осеком, једно на друго.
Bauſcharbeit, f. љутурица.
Bäuſchchen, n. кокталић, јастучић.
bauſchen, v. n. насоловеснти се; (von Kleidern), набирати се.
bauſchig, i dj. насоловешен, набран.
Bauſchfauf, m. куповање љутуре, љутурица; —päсhter, m. љутуричар; —päсhterin, f. љутуричарка; —ſumme, f. кесим.
Bau-ſchutt, m. развалине; —ſtätte, f. зграда, грађевина; —ſtoff, m. грађа; —weſen, n. грађевинство, грађевине.
beabſichtigen, v. a. смерати, намислити.
beaсht-en, v. a. уважити, обзир имати, обазирати се, пазити; —enswürdig, —enswerth, adj. важан, знаменит; —ung f. обзир, уважење.
Beamte, m. службеник, чиновник, уредник, званичник.
beängſtig-en, v. a. плашити, страшити; —ung, f. плашење, страшење, страх, мука.
beanſtänden etwas, v. a. под сумњу ставити што; сметати; (eine Rechnung), налазити мана.
beantwort-en, v. a. одговорити, отписати; —ung, f. одговор, отпис.
beanzeig-en, v. a. Jemanden wegen eines Verbreсhens, по знацима окривити ради злочинства; —ung, f. право окривљење по знацима.
bearbeit-en, v. a. радити, тежати, израдити, обделати, обрадити; ſich — v. r. тражити, трудити се; —ung, f. рaдња, тежање, обделавање, обраћивање, израћивање.
beauffiсhtigen, v. a. надгледати, пригледати, причувати, припазити, прихранити.
beauftrag-en, v. a. наручити, наложити; —t, adj. ком је наручено, наложено.
beäugeln, v. a. жмирити, вирити на што.
beaugenſсheinig-еn, v. a. извидети, разгледати, прегледати, развидeти, опћетити; —ung, f. разглед, разгледање, преглед, прегледање, извиђење.
bebänbern, v. a. врпцама накитити.

bebauen, v. a. обделати, тежати, обрадити; иoградити, позидати.
beben, v. n. дрктати, трести се; —. Bebung, f. дрхтање, трепет, трешња.
bebinden, v. а. повезати, обвезати.
bebleсhen, v. a. обложити лимом.
bеblümen, v. a. накитити цвећем.
bebluten, v. a. окрвавити, искрвавити.
beboh[en, v. a. обложити, облагати даскама.
bebomben, v. a. лубардати.
bebrämen, f. verbrämen.
bebreiten, v. a. застрти, застирати; —, n. заcтирaњe.
bebrücken, v. a. (einen Fluß), премостити.
bebrüten, v. a. (Eier), лежати на јаја.
Beсher, m. купа, нехар. кондир, бокал, чаша; — glas; n. столовата чаша; —n, v. n. пити, пијанчити.
Becherpilz, m. бабино ухо, peziza cinnabarina.
Becken, n. лeген, плитица, тенција; —ſсhläger, m. лимар.
bedachen, v. a. покрити, покривати.
Bedacht, m. опрез, опаз, мисленост, помња, помност, обзир, поглед, разметрење; —haben, — nehmen auf etwas, f. berückſichtigen.
bedacht, bedäсhtig, bedäсhtliсh, bedaсhtfam, adj. опрезан, опазан, расудљив, мислен, пажљив, смотрен, помљив; — adv. опазно, опрезно, мислено, помно, помљиво; —famkeit, Bedächtlichkeit, f. f. Bedacht.
bedanken, ſich, v. r. захвалити, захваљти се.
Bedarf, m. потреба, f. Bedürfniß.
bedauern, v. a. жалити, сажалити, пожалити; кajати се, вaјкати се; Bedauern, n. жаљење, кajaњe, вajкaњe; —unwürdig adj. вредан жаљeњa, бедан.
bedeck en, v. a. покрити, застрти, облопити, заклонити, поклопити, сакрити, закрилити, прекрилити, заушкати, пратити, бранити, чувати; (ſicher ſtellen), oсигурати, задовољити; (begatten), опасати (ждребац); ſich — v. r. покрити се: —ung, f. покривање, кров, заклонац, поклопац, покровац; стража, пратња: сакривање, oсигурaњe, сигурност, опасaњe.
bedeckt, adj. покривeн, кровнат; bedeckter Gang, наслон.
bedenk en, v. a. помислити, увардати, размислити; размотрити, промотрити, промислити; расудити, просудити; einen —, старати се за кога, сетити се кога (у теcтaмeнту); ſich — v. r. ом ишљати се, премишљати се, предомишљати се; промислити се, размислити се; ſein Gewiſſen —, помислити на душу; ſich anders —, премислити се, присетити се, промни, омислити се; —n, размишљање, промишљање, размарање; (Zweifel), сумња; (Meinung), мислao, мњење; — tragen, двојити, сумњати; доминишати се; —(ich) adj. сумњив, тугаљив, опасан; —liсhkeit, f. сумњивоcт, опаcнoт; —zeit, f. време за промишљање.
bedeut-en, v. a. значити, обашнити, објавити, огласити, дати на знање; разјаснити, протумачити; упутити, дати разумети; (ſich) laſſen), послушати разлог, убавестити се; — v. n. значити; слутити; es hat niсht zu —,

ништа зато; das hat viel zu —, то ће много рећи; —end, adj. знаменит, важан, знатан; —er, compr. претежнији; — adv. много, веле, пуно; —lich, adv. разговетно; —ung, f. значење, важност, знатност; смисао; знак, знамење, слутња, коб; von —, важан, знатан.
bebielen, v. a. патосати.
bedien-en, v. a. служити, дворити: послужити, подворити; ein Amt —, обављати службу; einem bedient sein, бити адвокат или аскар чији; sich einer Sache —, служити се чим; —steter, m. службеник; —ung, f. служба; —te, m. слуга, служитељ, момак; —ung, f. послуга, дворба; (Amt), чин, служба; (sämmtliche Bedienten), слуге, служба, момци.
Beding, m. —ung, f. уговор, увет, условље, погодба; —en, v. a. уговорити, условити, погодити; —lich, adj. услован, погођен, уветан; —t, adj. уговорен, погођен, условљан, зависан; —ungsweise, adv. погодбено, условно, уветно, под погодбом, условљем.
bedräng-en, v. a. стеснити, притеснити, савити, савијати, савитлати, салетсти, успесати (око кога), склептати (око кога), окупити, заокупити; мучити, тлачити; in bedrängten Umständen, невољан, у невољи; —niß, —ung, f. мука, невоља, стиска.
bedroh-en, v. a. попретити, претити; —ung, f. претња.
bedruden, v. a. наштампати.
bedrüd-en, v. a. тлачити, газити, угљетавати, гњечити; —er, m. тлачитељ, угњетатељ, окрутник; —ung, f. тлачење, гажење, угњетавање.
bedüng-en, v. a. ђубрити, нађубрити, гнојити, погнојити, нагнојити; —ung, f. ђубрење, гнојење; ђубре, гној.
bedünken, f. dünken.
Bedünken, n. мисао, мњење.
bedürf-en, v. a. требати, требовати; искати, тражити, захтевати; —niß, n. потреба, требовање; —tig, adj. оскудан, сиромах. бедан, невољан, убог, потребит; einer Sache — sein, требовати што;} nigkeit, f. оскудност, потребитост, убоштво, сиромаштво, невоља.
bedunzen, v. a. смутити, смести.
beehr-en, v. a. почастити, удостојити, учинити част; —ung, f. част, поштење.
beeid-en, —igen, v. a. заклети, заклетвом потврдити; -igung, f. присега, заклетва; потврђење заклетвом.
beeifer-n, sich, v. г. трсити се, гледати, настојати се, састарати се, побринути се; —ung, f. трсење, настојавање, старање.
beeilen, sich, v. г. журити се, пожурити се, паштити се, попаштити се.
beeinträchtig-en, v. a. лишити; окрњити, оштетити; —ung, f. кривица, неправда, штета, квар, уштрб.
beeiset, adj. замрзнут.
beend-en, beendigen, v. a. свршити, доспети, добрајчити, смирити, довршити, докончати, дочети; —igung, f. свршетак, довршетак.
beengen, v. a. стегнути, стеснити, притеснити.
beerb-en, v. a. (einen), баштинити, наследити кога; er ist noch nicht beerbt, нема још деце —ung, f. наслеђење.
beerbig-en, v. a. погрести, покопати, сахранити; —ung, f. покоп, погреб, сахрањивање; —ungs-, погребни.
Beere, f. јагода, зрно.
Beerhütter, m. пудар; —post, m. самоток (маст, муст); —wein, m. самоток (вино).
Beet, n. леја, греда, слог (на њиви).
Beete, f. блитва.
beetweise, adv. на леје, од леје до леје.
befähig-en, sich, v. г. оспособити се; —t, adj. способан; —ung, f. способност.
befahr-en, v. a. бродити, возити, возити се; eine Straße —, утрти пут, возити се путем; einen Schacht —, спустити се у рудник; ein Dach —, оправити, покрити кров; (befürchten), бојати се, плашити се; —ung, f. брођење, вожња; страх.
befallen, v. a. (von Krankheiten ic.), напасти, ухватити (von Schnee), пасти, запасти; (vom Schlaf), ухватити, обузети, оборити; (von Schrecken), уплашен, поплашен, престрашен.
befangen, v. a. напасти, ухватити, уловити, затећи, обузети; er ist mit darin —, та се ствар њега тиче; ein —er Richter, пристран судија; (verlegen), сметен, збуњен; —heit, f. пристраност, сметеност, забуна.
befassen, sich, v. г. забављати се, занимати се; начати се, мешати се у што.
befehd-en, v. a. завојштити, заратити, ударити с војском на кога; огласити рат; —ung, f. завојштење, оглашење рата; рат; непријатељство, размирица.
Befehl, m. наредба, налог, заповед; (Obergewalt), власт, заповедништво; zu ihrem —, на служби; was steht zu ihrem —e? што заповедате? —en, v. a. заповедити, наредити, наручити; владати, господарити, препоручити; Gott befohlen, збогом; —erisch, —haberisch, f. gebieterisch, —igen, v. a. заповедати; —shaber, m. заповедник, старешина, вођа; —sweise, adv. путем заповеди; —swort, n. заповед.
befeilen, v. a. опилити; fig. угладити, поправити.
befeldert, adj. тко има поља, земље.
befestig-en, v. a. тврдити, потврдити, притврдити; утврдити, установити, углавити, прибити, пришити, прибости; надвести, павринути; —ung, f. установљење, укрепљење, утврђење, тврђава.
befeucht-en, v. a. навлажити, овлажити, кваси ти, наквасити; —ung, f. влажење, квашење.
befeuern, f. anfeuern.
befieder-n, v. a. накитити перјем; einen Pfeil —, задевати перце; sich — v. г. оперјанити се, оперљатити се.
befiedert, adj. перјатан.
befind-en, v. a. наћи; für gut —, наћи', судити за добро; sich —, находити се, боравити, бавити се, застати се, затећи се, обрети се, деспити се, налазити се, бити; wie — Sie sich? како сте? како вам се се бикше? —, n. здравље, околност, вид, потреба; nach — der Sache, по околности; —lich, adj. налазан, налазећи се.

beflechten — 59 — begleiten

beflechten, v. a. поплести.
beflecken, v. a. умазати, упрљати, мрљати, окаљати; seinen ehrlichen Namen —, изгубити поштење; Schuhe —, крњити, закрњити обућу; das Ehebett —, оскрнавити верност брачну; —t, adj. умрљан, окаљан, оскврњен; —ung f. мрљање, каљање.
befleißigen, sich, v. r. трепти се, старати се; настојати, попаштити се; sich einer Sache —, прионути; —ung, f. старање, настојавање.
befliffen, adj. марљив, помњив, прилежан; einer Wissenschaft -er, ученик; —heit, f. марљивост, настојавање, помња, помњивост; —lich, adv. марљиво, помно, помњиво, прилежно.
beflügeln, v. a. ускорити, поспешити, окрилатити.
beflügelt, adj. крилат, брз, хитар.
beflitschen, v. a. покрити грањем.
befolgen, v. a. послушати, слушати, држати се наредбе; —ung, f. послух.
Beförderer, m. унапредитељ, заштититељ; —lich, adj. пробитачан, користан; —n, v. a. унапредити, спорити, паспорити, помоћи, потпомоћи, подупирати, ускорити; jemanden zu einem Amte —, повисити кога на част какову; Waaren —, отправљати робу, отремити; —ung, f. унапређење, ускоривање, помагање, подупирање; (zu einem Amte), повишење; der Waaren, пошиљање, отправљање.
befrachten, v. a. товарити, натоварити, накрцати; —er, m. крцатељ, товаритељ; —et, adj. теретан; —ung f. товарење, крцање.
befragen, v. a. питати, припитати, упитати, запитати, распитати; sich, — v. r. распитати, убавестити се; bei einem —, световати се с ким; —en, n. —ung, f. питање, запит.
befreien v. a. ослободити, избавити, спасти, опростити; —er, m. ослободитељ, избавитељ, спаситељ, искупитељ; —te m. слободњак; —ung, f. ослобођење, избављење, спасење.
befremden, v. a. i. видети се чудно, чинити се чудновато, чудити се, дивити се чему; —en, n. чудо, удивљење; —end, —lich, adj. чудноват, необичан, чудан.
befressen, v. a. огристи, брстити.
befreunden, sich, v. r. спријатељити се, опријатељити се, здружити се; —eter, m. пријатељ; —ung, f. пријатељство.
befriedigen, v. a. удовољити, задовољити, угодити, намирити, задовољити, заградити, оградити; —end, adj. довољан, приличан; —ung, f. задовољење, намира, угода, заграда, ограда.
befrohnen, v. a. наметнути работу, кулук захтевати.
befruchten, v. a. оплодити; —ung, f. оплођење.
befugen, v. a. власт, област дати, повластити; —niß, f. власт, област, право, допуштење, дозвољење.
befühlen, v. a. пипати, опипати; —ung, f. пипање.
Befund, m. (Erachten) мнење; (Gutachten) налаз.

befürchten, v. a. бојати се, плашити се, страшити се, страховати.
Befzen, v. a. f. bäffzen.
begaben, v. n. обдарити, даровати; —t, adj. даровит; —ung, f. дар, даровање, даровитост.
begaffen, v. a. блеснути у што; —er, m. блесан, завирвало.
Begängniß, f. Leichenbegängniß.
begatten, sich, v. r. терати се, парити се; v. Fischen, прпорити се, бити се, мрестити се; v. Geflügel, растити се, нарастити, мрестити се; v. Vögeln, омрестити; v. Schafen, мркати се; v. Ziegen, прцати се, —ung, f. терање, парење; прпор, прпорење, нараст.
begaukeln, v. a. опсеном занети, упражати.
begeben, sich, v. r. (an einen Ort), поћи, отићи камо; (sich ereignen), догодити се; einer Sache —, оканити се, проћи се, оставити се; —heit f. —niß n. догађај, случај, згода, пригода.
begegnen, v. n. (einem, einer Sache), присрести, кобити; срести, сусрести, сукобити, намерити се; (sich ereignen), догодити се; einem übel, wohl —, предусрести кога, опходити поступати с ким зло ил добро; der Gefahr —, дочекати опасност; sich —, лести се, удесити се, срести се; —iß, v. догађај, случај; —ung, f. сусрет, сусретање, сретање, коб, намера; поступање, предусретање.
begehen, v. a. обићи, обилазити, разгледати; ein Fest —, светковати, славити; Fehler —, погрешити, скривити; —er, m. обилазник, творац (зла), —ung, f. обилажење, светковање, слава, сагрешење.
begehren, v. a. желити, пожелити, питати, жудети, захтевати, искати, тражити; ein Mädchen zur Ehe —, просити девојку; —en, n. похота, жеља, похлепа, жудња, пожуда, захтевање; —end, adj. похотан, пожудан; —lich, adj. похотљив, захтеван; sie ist zu —, одвећ је захтевна, поносита.
begeifern, v. a. обалити, ослинити; fig. оговорити, клеветати, опасти, оцрнити.
begeistern, v. a. одушевити, занети, надахнути, потпалити, побудити; —ung f. надахнуће, потпцање, побуђење, одушевљење, занос.
Begierde, f. f. Begehren.
begierig, adj. жељан, похотан, похлепан, пожудан; —keit, Begierlichkeit, f. похота, похотност, похлепа, пожуда.
Begieß-en, v. a. полити, посути, прелити, залити; sich die Nase —, опити се; —ung, f. поливање, заливање.
begiften, v. a. мираз, прћију дати.
Beginn, m. почетак, постанак, постање; —en, v. a. почети, заночети, учинити, примити се чега; владати се; v. n. почети се, започети се, постати, настајати, стати.
begipsen, v. a. насадрити, садром намазати.
begittern, v. a. метнути решетку.
beglaubigen, v. a. потврдити, посведочити, удостоверити кога; —t, adj. достоверни.
Beglaubigung, f. сведоџба, потврђење; —schein, m. сведоџба, —schreiben, n. писмо веродајно; —Urkunde, f. веродајна исправа.
begleit-en, v. a. пратити, испратити, спрово-

begliedern — 60 — **Behelf**

дити, отправити, приложити, приклопити, —ет, т. пратилац, спроводник, друг; — erin, f. пратница, друга, другарица: —ung, f. пратња, спровод, друштво.
begliedern, v. a. придати, додати удове.
beglück-en, v. a. усрећити, частити, почастити; —er, т. усрећитељ; —t, adj. срећан; —t sein mit . . . благословен бити чим; —ung, f. срећа, благослов.
begnabig-en, v. a. помиловати; (das Leben schenken), помиловати, опростити живот; einem mit etwas —, даровати, обдарити; —ung, f. милост, помиловање.
begnehmigen, v. a. одобрити, потврдити.
begnüg-en, sich, v. r. & i. задовољити се, задовољан бити; —sam, f. genügsam.
begraben, v. a. покопати, закопати, укопати, сахранити, погрепсти.
Begräbniß, n. погреб, покон, укоп; (Grab), гроб, рака; — (in Zusamm.) погребни, укопни; —grust, f. гробница, рака, костурница; —ort, т. —stätte, f. гробље.
Begrabung, f. покоп, укоп.
begränz-en, v. a. омеђашити, ограничити, омеђити; —ung, f. међа, граница; омеђашење, ограничење.
begrasen, v. a. покрити травом; попасти, опасти траву; sich — v. r. зарасти, обрасти, оденути се травом; најести се.
begrauen, v. n. седети, оседети.
begraut, adj. сед.
begreif-en, v. a. ухватити, такнути, пипати, опипати; (in sich fassen), имати, држати, садржавати; (einsehen), разумети, појмити, увидети, докучити, постигнути; sich —, разумети се, доћи к себи; mit darunter begriffen, заједно с тим; mit, über, in etwas begriffen sein, забављати се чим; —(sich), adj. разумљив; einem — machen, разумљивати кога, обавестити, доказати; — adv. разумљиво, разговетно; —ung, f. схватање, пипање, тицање.
Begriff, т. (Umfang), опсег, округ, круг; (Inbegriff), садржај; (Idee), навест, појам, мисао; im — sein, поћи, хтети; kurzer —, извод, језгра.
begründen, v. a. основати, утврдити, успоставити; доказати, образложити, покрепити; —ет, т. утемељитељ, установитељ, основатељ; —ung, f. утемељење, оснивање, установљење, завођење.
begrüß-en, v. a. поздравити; einem um etwas —, молити се; —ung, f. поздрав, поздрављење.
begucken, v. a. завиривати, огледати, разгледати.
begünstig-en, v. a. помагати, понеговати, штитити, повладити, бранити, закрилити; послужити; наклоњен бити; —en, n. —ung, f. наклоност, помагање, помоћ, заштита, окриље; —ет, т. заштитник; —erin, f. заштитница.
begürten, v. a. пасати, опасати.
begüter-t, v. a. обдарити имањем; —t, adj. богат, имућан.
begütigen, f. besänftigen.

begwalten, v. a. овластити.
behaar-en, sich, v. r. обрасти длаком, орутавити; —t, adj. космат, рутав, длакав.
behacken, v. a. окопати, скресати, ожуљати, жуљати.
behaftet, adj. mit etwas —, пун, натоварен; подржен: mit dem Fieber — sein, имати грозницу.
behag-eln, v. a. тучом, градом побити, потући.
behag-en, v. n. пријати, свидети се, допадати се, бити по вољи; —en, n. пријатност, угодност; —lich, adj. пријатан, угодан, повољан; —lichkeit, f. угодност, пријатност.
behalftern, v. a. зауларити.
behaltbar, adj. који добро памти;—keit, f. памет, памћење.
behalt-en, v. a. уздржати, задржати, одржати, држати, зауставити; Recht —, имати право; die Oberhand —, надвладати, обладати, предобити; fig. etwas bei sich —, мучати, чувати тајну; im Gedächtnisse —, запамтити, спомнути се, незаборавити; übrig —, остати, пречети; wohl —, жив и здрав.
Behält-er, т. шкриња; Fisch —, барка за рибе; —niß n. шкриња, амбар; — der Waaren, магацин, магаза, стовариште; — wilder Thiere, зверињак.
behaltsam, adj. (Gedächtniß), веран, добар.
behämmern, v. a. покуцати, покивати чекићем, кладивом.
behandeln, v. a. погађати се, поступати, оходити; — mit Schlägen, избити; (mit den Händen bearbeiten), бавити се око чега; eine Materie —, радити, писати, говорити о чем; ärztlich —, лечити; sich — lassen, попуштати.
behändigen, f. einhändigen.
Behandlung, f. погађање, погодба; поступање, лечење.
behäng-en, v. a. завесити, застрти, превесити, покрити, накитити, уресити; sich mit etwas —, начати се, мешати се; —t, adj. завешен, застрт, покрит, окићен.
beharnischen, v. a. оденути у оклоп.
beharr-en, v. n. опстојати, опстати, дотрајати, издржати, непопустити; —(sich), adj. постојан, сталан, тврд; —lichkeit, f. постојанство, сталност.
beharzen, v. a. насмолити; die Bäume —, скидати смолу с дрва.
behauchen, v. a. духнути, дувати на што.
behauen, v. a. отесати, стесати, сећи, тесати, окресати, опсећи; mit der Zimmeraxt —, обрадити, брадвити; v. unten —, потакресати; ein wenig —, протесати.
behaupten, v. a. тврдити, потврдити, рећи, говорити; бранити; доказати; одржати; den Platz —, одржати мејдан; sich —, одржати се, остати; —ung, f. тврђење, брањење, доказивање, одржање.
behaus-en, f. beherbergen; —ung, f. кућа, дом, пребивалиште, стан.
behäuten, v. a. покривати кожом.
beheben, v. a. ein Hinderniß —, уклонити, укинути запреку.
Behelf, т. изговор, излик; средство, помоћ; — (im Prozeß), доказ; —en, sich, v. r. пот-

behelligen — 61 — Veilchen

помоћи се, покрпити се, помоћи се; sich kümmerlich —, кубурити, животарити; sich mit Lügen —, утећи се лажи; —lich, s. behüflich.
behellig-en, v. a. узнемирити, досадити, додијати; —ung, f. пеприлика, досада.
behelmen, v. a. покривати кацигом.
Вehen, m. гушавица, од урока трава.
behend, adj. брз, хитар, окретап; —igkeit, f. окретност.
beherberg-en, v. a. примити, узети на конак; —ung, f. конак, стан.
beherrsch-en, v. a. освојити, владати, господарити; —er, m. —in, f. господар, владалац, господин; господарка, владарка, госпођа; —ung, f. владање, господарење.
beherzig-en, v. a. примити, узети к срцу, уважити; —ung, f. узимање к срцу, уважавање.
beherzt, adj. храбар, срчан, слободан, смеон; —heit, f. храброст, смелост.
beher-en, v. a. урећи, опчинити, обајати, очарати; —ung, f. уроци, чарање, чињење, бајање.
behindern, v. a. пречити, s. verhindern.
Behner, m. кош, кошара.
beholz-en, v. а. потмумити, ударити коље (око насипа); просећи, сећи (дрвље); sich —, v. r. дебљати (дрвља).
behorchen, v. a. прислушкивати.
Вehörde, f. област, власт, поглаварство, суд; einen Brief au die — abgeben, изручити писмо коме треба.
behörig, s. gehörig.
behos-en, v. a. обући хлаче, чакшире; —et, adj. раћан, гаћавка; у чакшира.
Вehuf, m. потреба, корист, помоћ; zu diesem —, тога ради, зато.
behuft, adj. копитаст.
behülflich, adj. од помоћи, помоћан, користан, пробитачан; — sein, помоћи, помагати, бити од помоћи, пружити руку; —keit, f. помоћ.
behüt-en, v. a. чувати, сачувати, бранити, сахранити, саклонити, одбранити; behüt' Gott! сачувај боже, педај боже; behüt' dich Gott! збогом; —er, m. чувар.
behutsam, adj. опазан, смотрен, опрезан; —keit, f. опазност, смотреност, опрезност.
bei, ргаер. код, при, у, уз, поред, крај, близу, по, на.
beian, adv. близу, поред, ту.
Beiarbeiter, m. суработник, помоћник.
beibehalt-en, v. a. задржати, придржати, сачувати; —ung, f. задржање, придржање, сачување.
beibiegen, v. a. приклопити, привити, придати, додати.
beibinden, v. a. привезати, наставити.
Beiblatt, n. додатак, прилог.
Beibothe, m. помоћник покласарски.
beibringen, v. a. задати, донети, принети, привести, довести; дати, метнути (мелем) eine Wunde — ранити, рану задати; Furcht —, поплашити, престрашити; Gründe —, навести, наводити узроке, разлоге; einem etwas —, научити, упутити.

Beicht, Beichte, f. исновост, исповед; —en, v. a. исповедити, исповедати; — v. n. исповедати се, исповедити се; —kind, n. покорник, покорница, исповедник, исповедно чељаде; —stuhl, m. исповедаоница; —vater, m. исповедник, духовник.
beid-e, adj. оба, обадвоје, обадна, обоје, обадвојица, обојица; —erlei, adj. оба, обадва, обоје; —erseitig, adj. с једне и с друге стране; узајаман; —erseits, adv. с обе стране; с једне и друге стране; узајамно; —lebig, adj. водоземски.
beidrucken, v. a. приштампати, штампати.
beidrück-en, v. a. притиснути, ударити (печат); —ung, f. ударање (печата).
beieinander, adv. скупа, заједно, упоред, напоред.
Beiessen, n. прикуска.
Beifall, m. одобрење, похвала, пљескање; — geben, приволити, одобрити, повладити, похвалити; —en, v. n. пасти на ум, сномснути се, сетити се; пристати; —gierig, adj. жељан похвале; —klatschen, n. похвала, пљесак, пљескање; —bezeugung, f. похвала, пљесак, пљескање.
Beifrau, f. помоћница, измена.
beiflechten, v. a. привијати, привити.
beifüg-en, v. a. приклопити, придати, додати, привити, приложити; —ung, f. ирвилопење, приложене.
Beifuß, m. комоника, бул.
Beigabe, f. додатак.
beigeben, v. a. придружити, приставити, додати.
beigehen, s. beikommen.
beigehend, adj. приклопљен, приложен, додан.
Beigemach, n. побочна соба.
beigenannt, adj. назват, споменут.
Beigericht, n. s. Beiessen.
Beigeruch, m. мирис туђи.
Beigeschmack, m. s. Beischmack.
Beigesell, m. помоћник, друг, другар; —en, v. a. придружити.
beiher, s. nebenher.
Beihilfe, f. помоћ, припомоћ.
Beikirche, f. капела.
Beikoch, m. помоћник куварски, паракувар.
beikommen, v. n. приближити се, приступити, доћи, досегнути, допрети; (gleichen), приспособити се, сличан бити; seinem Schaden —, надокнадити штету; sich — lassen, усло бодити се, осмелити се, усудити се.
beikommend, adj. приклопљен, приложен, привит, придан.
Beil, n. секира, брадва.
Beilage, f. приложене, прилог, приклоп, додатак, привитак; (was anzubeben gegeben wird), остава.
Beilager, n. пир, свадба, женидба.
Beilaß, m. (bei einer Wirthschaft), кућанска потребина.
beilassen, s. zulassen.
Beiläufer, m. прислужник.
beiläufig, adv. мимогред, узгред, од прилике, около, по прилици.
Beischen, n. сеќирица, брадвица.

beileg en, v. a. приложити, додати, приставити, придати, привити, приклопити: (zu schreiben) ,приписати; (bei Seite legen), оставити, метнути на страну; einen Streit —, умирити, докончати свађу; eine Unruhe —, уталожити немир; einen Namen —, дати, падеnути име: — v. n. (von Schiffen), држати се берга; Jemanden —, давати коме право; —ung, f. прилoжење, приписивање, умирење, пристављање.
Beileid, n. жаљење.
beilieg en, v. n. придан, приложен, близу бити; заједно лежати; —end, f. beikommend.
Beilketafel, f. немачки билијар.
beimess en, v. a. приписати; Glauben —, веровати: Jemanden eine Schuld —, кривити кога; —ung, f. приписивање.
beimisch en, v. a. примешати, умешати, смешати; —ung, f. примешање, умешање.
Bein, n. (Schienbein), голен, цев од ноге; (Fuß), нога; (Knochen), кост; (an einem Tische), нога; (Pfote, Tatze), шапа; — u. Knochen, кожа и кост.
beinahe, adv. скоро, мало не, за мало, у мало, близу, готово, мален.
Beiname, m. презиме, придевак, надимак.
Bein arbeiter, —drechsler, m. токар од костију; —brecher, m. костолом; —bruch, m. улом; —chen, n. кошчица, ножица; —dürre, adj. сух као кост.
beineben, beinebst, adv. уз, поред, код, при, до.
beinern, adj. коштан, од кости.
Bein fraß, m. —fäule, f. црвоточина (у кости); —gerippe, n. скелет, окосница, костур; —gewächs, n. мртва кост; —hartnisch, m. оклоп од ноге; —hart, adj. тврд као кост; —haus, n. костурница; —ist, adj. коштан; —ig, adj. коштан; —kleider, pl. чакшире, беневрке, хлаче; —los, adj. без кости; —mark, n. срч; —schellen, pl. букагије, негве; —schiene, f. оклоп (за уломљене ноге); —schwarz, n. жежена кост; —spath, m. (Pferdekrankheit), напужница; —weh, n. костобоља.
beiordnen, v. a. придати, додати.
beipacken, v. a. спремити, натоварити, напртити, додати уза што.
Beipferd, n. логов.
beipflicht en, v. a. приволити, пристати, сложити се. одобрити; —ung, f. сугласје, приволење, пристајање.
Beirath, m. савет.
beiräthig, adj. einem — sein, саветовати кога.
beirüden, v. a. примакнути, приложити.
beisammen, adv. скупа, заједно, у скупу.
Beisaß, m. укућанин.
Beisatz, m. додатак, надометак.
beischaffen, v. a. набавити; — n. набава.
beischießen, v. a. приложити.
Beischiff, n. баркача.
Beischlaf, m. сулежање.
Beischläfer, m. суложник; -in, f. суложница.
Beischlag, m. криви, лажни новци; (m. c. a. придати, додати, приложити, приклопити; — v. n. einem —, сударити се у мисли.
beischließen, v. a. придати, додати, приклопити, приложити.

Beischluß, m. придатак, додатак, прилог.
Beischlüssel, m. криви кључ.
Beischmack, m. туђи укус.
beischreib en, v. a. написати, убележити (на крају од листа); —er, m. писарски помоћник.
Beischrift, f. белешка, опаска, надомстак, додатак.
Beisegel, n. пристављено једро.
beiseit, adv. на страни, у прикрајку; Scherz —, без шале, збиља; - schaffen, уклонити, смакнути.
beiseß en, v. a. приставити, придати, додати, приложити; дописати; eine Leiche —, покопати, сахранити; die Segel —, распети једра; —ung, f. пристављање, приложење; некон, погреб.
Beisein, n. назочност, присутност.
beisichtig, f. kurzsichtig.
Beisitz, m. приседавање; —en, v. n. приседавати; —er, m. приседник; —eramt, n. приседништво.
Beisorge, f. страх, старање, брига.
Beispanner, m. логов.
Beispiel, n. прилика, пример, углед; zum —, на прилику, на пример; —los, adj. беспримеран, нечувен, невиђен; —losigkeit, f. беспримерност; —weise, adv. за пример.
beispringen, v. n. прискочити, притећи, помоћи.
Beistand, m. помоћ, заплећ, потпора; помоћник, измена, помагач; der rechtliche —, адвокат, одветник; — bei der Hochzeit, венчани кум; —leistung, f. помагање.
beisteh en, v. n. помоћи, помагати, припомоћи, настојати, прегледати; so wahr mir Gott beistehet, тако ми Бога! тако ми Бог помогао! —er, m. помоћник, настојник.
beistellen, v. a. Führen, давати кола; Localitäten —, прибавити просторије.
Beisteuer, f. помоћ, припомоћ; милостиња, прилог, дар; (Nebensteuer), приплатак; —n, v. a. приложити, помоћи.
beistimm en, v. n. сложити се, слагати се; —ung, f. слагање, саглашавање.
Beistrich, m. кома, запета.
Beißbeere, f. наприка.
beiß en, v. a. гристи, угристи, јести, клати, ујести, ујeдати; (juden, stechen), сврбити; die Zähne zusammen —, стиснути зубе; ins Gras —, одапети, отегнути папке; sich —, свађати се, клати се; —end, adj. љут, једак, заједљив; —ig, adj. напрдљив; —er, m. пискор, чиков; —toll, m. блитва; —korb, m. f. Maulkorb; —zahn, m. секутић, предњи зуб; —zange, f. кљеште.
Beitisch, m. сто побочни.
Beitrag, m. помоћ, прилог, принесак; —en, v. a. приложити, помоћи, приносити, уделити, даровати; das Seinige —, настојати од своје стране; —s-, приносам.
beitreiben, v. a. (Steuer rc.), купити, тражити (данак итд.); натерати (звери).
beitreten, v. n. приступити, пристати, сложити се.
Beitritt, m. приступање, приступ.
Beiurtheil, n. пресуда међутим.

Beiwache, f. стража ванредна.
Beiwagen, m. кола посебна, додана.
Beiweg, m. стаза, пречац, прекн пут, страпутица.
Beiweib, n. f. Kebsweib.
bei weitem, adv. много, пуно; — nicht, никако, ни издалека.
beiwerfen, v. a. прибацити.
Beiwerk, f. Nebenwerk.
beiwohn-en, v. n. einer Sache —, присуствовати; fleischlich, општити путено, живити с ким; —ung, f. пазочност; општење (путено).
Beiwort, n. придев.
beizählen, v. a. прибројити, прибрајати.
Beize, f. (Falsenjagd) лов на соколе; лов са соколом; (im Wasser) квашење, мочење; — der Gerber, лужење, строј; (Köder) мева, мама; — der Kupferstecher, љута вода.
beizeiten, adv. за времена.
beiz-en, v. a. ловити са соколима; грискати; квасити; Leber —, излужити, залужити, стројити; Metalle —, гристи крепком водом; ein Wild —, заварати, завараваи; —end, adj. једак, љут.
beiziehen, v. a. привући; Jemanden —, придружити.
Beizimmer, f. Nebenzimmer.
Beizoll, m. изванредна царина.
bejagen, v. a. половити.
bejah-en, v. a. потврдити; —ung, f. потврђење.
bejahrt, adj. старовремен, средовечан, у годипа.
bejammern, v. a. плакати, жалити, оплаквати, тужити, туговати, јадиковати; —swürdig, adj. достојан жаљења, невољан, јадан.
bekämpf-en, v. a. борити се, сузбијати; надвладати; —ung, f. бој, борба.
bekannt, adj. познат, знан, чувен, sich mit einem bekannt machen, упознати се с ким; — machen, v. a. објавнити, јавити, прогласити, објавити, разгласити, дати на знање, упознати; – werben, v. n. на глас изнћи, разгласити се; —e, m. знанац, познаник; — f. знаница, познаница; —heit, f. познатост; —lich, adv. како је познато; —machung, f. објавјење, оглас, проглас; schaft, f. познанство.
bekappen, v. a. окресати, покресати.
bekehr-en, v. a. обратити, обраћати; —er, m. обратитељ; —te, m. обраћеник; — f. обраћеница; —ung, f. обраћање, обраћење.
bekenn-en, v. n. исповедити, признати: sich zu einer Religion —, исповедати, држати се кога закона; auf einen —, тужити, оптужити кога; (im Spiel) Farbe —, бацити на фарбу; —er, m. исповедник, призналац, следбеник; —tniß, n. признање, исповест; Religions —, вероисповедање.
beklag-en, v. a. жалити, пожалити, нарицати, тужити; sich —, тужити се, потужити се, јадати се, жалити се; —enswürdig, adj. јадан, невољан, достојан жаљења; —te, m. & f. туженик, оптуженик; туженица, оптуженица; —ung, f. тужба, туга, жаљење.
beklammern, v. a. стегнути спојом.
beklatschen, v. a. (verläumden) оговорити, оцр-

нити, оклеветати; (von etwas klatschen), брбљати, блебетати; (zur Beifallszeugung), пљескати коме.
beklauben, v. a. обрати; оглодати.
bekleben, v. a. намазати, умазати; облепити, залепити, олепити.
belecken, v. a. умрљати, упрљати, умазати.
bekleiden, v. a. облепити, олепити; — v. n (ge deihen), примити се, ухватити се.
bekleid en, v. a. одети, одепути, заодепути, обући, обути; Wände —, покрити, застрти зидове; ein Amt —, обављати, отправљати уред, уреловати, служити; mit einem Amte —, дати службу, поставити у службу; —ung, f. одевање, облачење; одело, рухо, одећа, обућа; застирање; обавјање, отправљање.
bekleistern, v. a. намазати клејем; fig. замазати.
beklemm-en, v. a. стегнути, притиснути (срце); —t, adj. бриман, печалан; —ung, f. мука, стезање (срца); fig. брига, печал.
beklommen, f. beklemmt.
beklopfen, v. a. куцати; бити, избити; покивати.
beklügeln, v. a. мудровати.
bekomm-en, v. a. добити, задобити, достати, прнмити; er bekommt Zähne, зуби му расту; Küsse —, пуцати, пукнути; eine Krankheit —, разболети се, оболети; ein Kind —, родити дете; wohl —, пријати; schlecht —, пресести, преседнути; satt —, заситити.
bekömmlich, adj. ластан.
beforken, v. a. зачепити, запушти; ударити плуту (на мреже).
beköstig-en, v. a. хранити, храну давати; —ung, f. храна.
bekräftig en, v. a. потврдити, поткрепити; —ung, f. потврђење, потсрепјење.
bekränz-en, v. a. овенчати, венцем накитити; —ung, f. овенчавање, кићење венцем.
bekratzen, v. a. грепсти, огрепсти; чешати, почешати.
bekreisen, v. a. окружити, кружити.
bekreuzen, v. a. прекрижити, прекрстити: закрстити; sich —, v. r. прекрстити се.
bekriechen, v. a. милети (по чем).
bekrieg-en, v. a. завојштити, заратити, дигнути војску (на кога); fig. војевати, бити се, борити се, ратовати; —er, m. непријатељ, противник; —ung, f. завојштење, зараћење, рат.
bekrippen, v. a. градити, ограднити.
bekritteln, v. a. протрести, пророшетати.
bekritteln, v. a. издрљати.
bekrön en, v. a. окрунити; —ung, f. крунисање.
bekrusten, v. a. окорнти се.
bekümmer-n, v. a. жалостити; sich —, v. r. туговати, жалостити се; бринути се, старати се, скрбити, хајати, марити; — niß, f. туга, мар, жалост, јад, невоља; —t, adj. тужан, жалостан, брижан.
beküssen, v. a. пољубити, пжљубити, исцеливати.
belächeln, v. a. смешити се чему.
belachbar, adj. смешан.

belachen — 64 — bemeistern

belach-en, v. a. смејати се чему; —enswerth, adj. смешан; —ung, f. смех, поруга.
belad-en, v. a. напртити, натоварити, накрцати; притиснути; sich —, г. г. напртити се; —, adj. теретан; —ung, f. товар, терет.
Belager-er, m. опсадник; —n, v. a. опсести, опколити, подсести, опсадити; einen —, досађивати кому, недати му мира; —te, m. опсађеник.
Belagerung, f. опсада, опкољавање, потседање; —sgeschütz, n. велики топови.
Belang, m. важност; —en, v. a. (betreffen), тицати се, спадати; einen gerichtlich —, тужити, оптужити, позвати кога пред суд; —end, adj. односан, тичућ; — adv. у обзиру, у погледу; —ung, f. тужба, оптужење.
belangweilen, v. a. досадити, досађивати додијати.
belassen, v. a. оставити, пустити.
belasten, v. a. натоварити, товарити, напртити, накрцати, оптеретити; die Seele mit Sünden —, грешити, огрешити душу.
belästig-en, v. a. додијавати, досађивати, узнемиравати; —ung, f. досада, досађивање, неприлика.
belatten, v. a. прековати летве.
belaub-en, v. a. покрити, покривати лишћем; sich —, листати, улистати, излистати, листати, оденути се листом; —t, adj. лиснат, шумнат, бреснат.
belauern, v. a. прислушкивати, мотрити, вребати.
Belauf, m. број, сума, скуп; bis zum —, до —; —n, v. a. оптрчати; (von Hunden), спањчати се; sich —, v. г. терати се, водити се; износити, чинити; —ung, f. терање.
belauschen, s. belauern.
belauten, v. a. злопити, огласити.
beleb-en, v. a. оживити, оживљавати, ускрснути; потпалити, потпирити; —end, adj. животворан; —t, adj. жив, весео; —theil, f. живост, веселост, живахност; —ung, f. оживљење, живот; потицање.
belecken, v. a. лизати, облизати, полизати; кушати; улизивати се.
beledern, v. a. поставити, ошити кожом.
Beleg, m. сведоџба, сведочанство, доказ, довод, писмено; прилог.
Belege, n. подуплата, потплата.
beleg-en, v. a. застрти, покрити, обложити; подуплатити, ошити, опасати (ждребац кобилу); etwas mit Schriften —, посведочити, снабдети писмо прилозима; einen mit Strafe —, казнити; mit Beschlag —, узаптити; mit Verbot —, обуставити; mit Abgaben —, ударити намет; —er, m. adj. положен, постављен, лежећ, стојећ; —ung, f. обложење, покривање, застирање; снабдење; потшивање, ошивање; узапћење; обустава, забрана.
belehn-en, v. a. дати, даровати, поклопити (имање); позајмити коме на залогу; —er, m. даровник; —te, m. обдареник; —ung, f. даровање, позајмљивање на залогу.

belehr-en, v. a. поучавати, уразумети, упутити, убаестити; sich — lassen, распитати, пропитати; fig. дати се научити; —end, adj. поучан, пун поуке; —ung, f. наук, поучавање, убаештење.
beleibt, adj. дебео, претио, тусто, пун; —heit, f. дебљина, претилост, гојазност.
beleidig-en, v. a. увредити, затањи, зајести, заједати; —end, adj. увредљив; —er, m. увредитељ; —te, m. увређени; —ung, f. увреда. замера.
beleihen, s. belehnen.
Belemnit, m. стрела (прста каменог).
belesen, v. a. требити, отребити, обрати; —, adj. читао, учен; —heit, f. читалост, ученост.
beleucht-en, v. a. осветлити, расветлити, засветлити, разјаснити, објаснити; посветлити; (untersuchen), размотрити, просудити; —ung, f. посвет, осветљење, просвета, објашњење, размотрење, изјашњење.
belfern, v. n. кефкати, лајати; псовати, викати на кога.
belieb-en, v. i. допадати се, угодан бити; хтети; изволети; sich etwas — lassen, трпети; — n. воља.
beliebig, adj. по вољи.
beliebt, adj. тражен, љубљен, примљен, умиљен; —heit, f. умиље.
belisten, s. überlisten.
bellen, v. n. лајати, ланути, залајати.
Belletrist, m. лепослов; —if, f. лепословство.
Bellhammel, m. ован разбудник.
belob-en, v. a. хвалити, похвалити; —t, adj. хваљен, речен, споменут; —ung, f. похвала, слава; —ungsschreiben n. —ungsbrief, m. похвала, похвални лист.
belohn-en v. a. обдарити, наградити, наплатити; fig. казнити; —ung, f. плаћа, наплата, награда, дар.
belüchen, v. a. преварити, варати.
belügen, v. a. лагати.
belustig-en, v. a. забављати, развеселити; sich —, v. г. веселити се; —end, adj. забаван; —ung, f. забава, весеље, крес.
bemächtig-en, sich, v. г. освојити, дочепати се, докопати се, завладати, присвојити, заузети, преузети; ухватити, уловити; —ung, f. освојење.
bemäkeln, s. besudeln.
bemäkeln, v. a. завршивати, замерати.
bemalen, v. a. омалати, измалати.
bemängeln, v. a. забавити.
bemann-en, v. a. (ein Schiff), оружати, опремити, спремити (брод); —ung, f. опремање, оружање; опрема.
bemäntel-n, v. a. сакрити, покрити, забашурити; —ung, f. покривање, замазање, забашуривање.
bemasten, v. a. паместити катарку, арбуо.
bemauern, v. a. зазидати, обзидати.
bemaulkorben, v. a. брњицу метати, метути.
bemauschellen, v. a. ћушнути, ћушкати.
bemausen, s. bestehlen.
bemeistern, v. a. надвладати, савладати, обладати, предобити; освојити, дочепати се,

bemelb·en, v. a. сноменути, сномињати; —et, adj. хваљен, речен, горе речен, сноменут.
bemengen, fich, v. r. занимати се, мешати се.
bemerf·bar, adj. видан, видив, —en, v. a. запазити, опазити, заметити; забележити, убележити; напоменути; —ung, f. белешка, примедба, паска, опаска, напомена: уважење; —ungswürdig, —enswerth, adj. знатан, знаменит.
bemessen, v. a. умерити, умеравати.
bemitleiden, v. a. жалити, пожалити, сажаловати; —swerth, adj. жаљења вредан.
bemittelt, adj. имућан, могућан.
bemoosen, v. a. покрити маховином.
bemoost, adj. обрастао маховином; стар.
bemörteln, v. a. малтером набацати.
bemüh·en, v. a. трудити, мучити, замучити, утрудити, затрудити, потрудати; sich —, v. r. трудити се, трсити се, мучити се; гледати, настојати, старати се; sich um ein Amt —, тражити, искати службу; sich wohin —, замучити се; —ung, f. труд, мука, трудба, старање, издирање.
bemüssigen, v. a. приморати, присилити, натерати.
benachbart, adj. суседан, ближњи.
benachrichtig·en, v. a. објавити, јавити, огласити, дати на знање, известити; —ung, f. глас, вест, извешће, објава; —ungsbrief, m. објава, објавно писмо.
benachtheilig·en, v. a. оштетити, штету учинити; —ung, f. штета, уштрб, квар.
benageln, v. a. обити чавлима.
benag·en, v. a. глодати, изглодати, изглабати; гристи, огрнсти; —ung, f. глодање, оглодање.
benähen, v. a. опшити, опшивати.
benamen, benamsen, v. a. назвати, именовати.
benarben, v. a. покрити ожиљцима.
benarbt, adj. пун бразготина, ожиљака.
benaschen, v. a. лазнути, облизнути.
benässen, v. a. наквасити, овлажити.
benebeln, v. a. замаглити, замрачити; sich —, опити се, напити се.
benebst, adv. поред тога, уза то.
benedeien, v. a. благословити.
Benedictenkraut, n. бисквуново, папино зеље, бадељ питоми, Geum L.; —, мацина трава, Valeriana offic. L.
Benedictiner, m. бенедиктинац; —in, f. бенедиктинка.
Benefiz (der Künstler), n. користница.
Beneficium, n. свештеничко благодејање.
benehmen, v. a. узети, отети, преотети; den Schlaf —, растерати сан; den Zweifel —, избити сумњу из главе; das benimmt der Sache nichts, то ништа не шкоди, не смета тој ствари; sich —, v. r. владати се, понашати се, држати се; поступати —, n. владање, понашање, поступање.
beneid·en, v. a. нсавидети, завидети; —ens werth, adj. достојан зависти; —ung, f. завист, ненавист.
benenn·en, v. a. назвати, звати, именовати; namentlich —, звати поименце; Zeit und

Ort —, означити место и време; —ung, f. име, именовање, називање.
benetz·en, v. a. поквасити, оквасити, потопити, пошкропити; —ung, f. квашење, шкропљење.
Bengel, m. штап, батина, тољага; (ein grober Mensch), тукмак, тикван, шаклаван, буквап, неотесан; —haft, adj. глуп, неотесан, шакламански; — adv. глупо, неотесано.
bengeln, v. a. млатити (орахе).
benennen, v. a. углавити, одредити, назначити.
benicken, v. a. кихнути на што, кихањем потврдити.
benippen, v. a. срквути.
Benne, f. кош, кошара; јасле; кола.
benöthig·en, v. a. приморати, присилити, натерати; потребовати; —et, adj. —sein, потребовати, требати; das Benöthigte, потреба, потребоћа.
benummern, v. a. бројевима обележити, означити.
benutz·en, benützen, v. a. уживати, служити се, употребити што; окористити се, окористовати се; —ung, f. корист; уживање, употреба, пораба.
Benzoe, n. пимприн (врста смоле).
beobacht·en, v. a. пазити, мотрити; имати обзир на што; извршивати, држати се чега; —er, m. мотритељ, позорник; —ung, f. пажење, пажња, позор, позорност.
beöhlen, v. a. науљити, уљем намазати.
beohrfeigen, v. a. ћушкати, шамарити.
beordern, v. a. заповедити, одредити; послати, отправити; ich bin beordert, добио сам заповест.
bepack·en, v. a. натоварити, напртити, накрцати; —ung, f. товарење, крцање.
bepanzern, v. a. слабети, олењути оклопом.
bepappen, f. betleistern.
bepechen, v. a. смолити, осмолити, насмолити.
bepelzen, v. a. обући у кожух.
beperlen, v. a. бисером китити, осути.
bepfeifern, v. a. оградити колем.
bepfeifern, f. pfeifern.
bepflanz·en, v. a. засадити, засађивати; — ung, f. сад, сађење.
bepflastern, v. a. поплочити, побалдрвати; покрити мелемима.
bepflügen, v. a. поорати, орати.
bepicken, v. a. кљуцати, кљувати.
bepissen, v. a. попишати.
beplanken, v. a. тарабом, даскама оградити.
bepolstern, f. polstern.
bepudern, f. pudern.
bequem, adj. згодан, угодан, на тенани, на једаруку, лењив, лен; удобан; (von Kleidern), широк, простран, алватан; es bequemen, разуурпти се; —, compr. наручније, удобније, згодније; —en, v. a. прислособити; sich —, v. r. прилагодити се, пристати, подати се; sich f. bequem; —lichkeit, f. згода, удобност, невак, мир, лењост; (das heimliche Gemach), заход, исход, проход.
berainen, v. a. међу повући.
berand·en, v. a. зарубити, рубити, обрубити.

berappen, v. a. дати зиду прву руку малтера.
berasen, v. a. побусати.
beraspeln, v. a. остругати, стругати.
berath-en, v. a. световати, посаветовати; sich —, v. r. световати се, договорити се, већати; — adj. wohl, übel berathen sein, бити на добру или злу путу; —end, adj. саветни, саветован; —er, m. саветник; Gott ist mein —, Бог је моје уздање.
berathschlag-en, v. n. саветовати се, већати; —end, adj. саветан; —ung, f. већа, већање, саветовање, веће; договарање; —ungs zimmer, n. већница.
beraub-en, v. a. опленити, похарати, поробити, отети, узети, лишити; der Mannheit —, ушкопити, уштројити; der Jungferschaft —, осрамотити, силовати, злоставити девојку; er ist seines Verstandes beraubt, полудио је; —ung, f. поробљење, лишавање, похара.
beräuchern, v. a. прекадити, окадити, покадити, надимити, задимити, занушити; —ung, f. прекада, прекадња.
beraumen, v. a. углавити, одредити.
berausch-en, v. a. опити, опојити, опјанити; обеспити; sich —, v. r. опити се, опојити се; —end, adj. заносан, заопојан, опијајућ; —t, adj. пијан; —ung, f. пијанство, занос.
Berberis baum, m. сутека; —beere, Berberitze, f. сутека, зрно од сутеке.
Berberitzensaft, m. сутеков сок.
berechn-en, v. a. израчунати, прорачунити, пребити; пресудити, промислити; sich —, намирити се, рачунити се, наплатити се; gegen einander —, пребити једно за друго; —er, m. рачунар; —ung, f. рачун, разлог, прорачунање.
berechtig-en, v. n. овластити, право дати; —t, adj. овлашћен, властан; имајућ право; —ung, f. власт, овлашћење, право.
bered-en, v. a. наговорити, наратити, ноговорити, уверити; беседити, говорити, зборити о чем; оговорити, оклеветати; sich —, договорити се; —sam, beredt, adj. речит; речљив, разговоран; —samkeit, f. речитост; разговорност; —ung, f. наговор, наговарање, договор; говор, беседа.
beregnen, v. a. опрати кишом, накиснути.
bereiben, v. a. орибати, отрти, истрти.
Bereich, m. круг, округ, опсег, пространост.
bereicher-n, v. a. богатити, обогатити; sich —, v. r. обогатити се; —ung, f. обогаћење, богатство.
bereif-en, v. a. обручати, наобручати; покрити ињем.
bereift, adj. наобручан, ињем покривен; сед.
bereis-en, v. а. полазити, похађати, возити се (по сајмовима); обићи, проћи, обилазити, пролазити; —ung, f. обилажење; —ungs, обилазни.
bereit, adj. готов, наредан, рад, оран, приправан, справан, опреман, спреман; — adv. готово; — machen, справити, спремити; sich — machen zum Streite, наоштрити се; —en, v. a. спремити, приправити, зготовити, приготовити, направити, уготовити, готовити, справити; den Tisch —, поставити; sich —, приправити се, спремити се, оправити се, готовити се.
bereit-en, v. a. појахати, обићи на коњу; —er, m. катана, стражар (на коњу).
Bereitfertigkeit, f. Bereitwilligkeit.
bereits, adv. већ, веће, јур, јурве.
Bereitschaft, f. готовост, приправност; in — sein, готов, справан бити; in — haben, имати готово.
Bereitung, f. приправа, оправа, спремање; обилажење на коњу.
bereitwillig, adj. услужан, готов, приправан, справан, спреман; — adv. драге воље, драговољно; —keit, f. услужност, готовост.
berennen, v. a. eine Stadt —, ударити на варош, пасти под њу.
bereu-en, v. a. покајати, кајати се, жалити, тешкати се, вајкати се, раскајати се; einen Kauf —, нишманити се, понишманити се; —ung, f. кајање, нишмањење.
Berg, m. брдо, гора, брег, главица, страна, планина; —ab, adv. низбрдо, под ногу, пресртно, низбрдица, низгорица, низдолица; —aber, f. руда, жица; —alaun, m. каменита стипса.
Berg ampfer, m. равед дивљи; —amsel, f. дрозд; —an, —auf, adv. узбрдо, узгоре, уза страну, узбрдито; —arbeiter, m. рудар, рудокопац; —art, f. руда; freundliche —, руда богата; —barte, f. секирица рударска; —bau, m. рудокопње, рударство; —beschreibung, горопис; —bewohner, m. планинац, горштак; —bewohnerin, f. планинка, нагоркиња; —bohrer, m. сврдло рударско; —dienst, m. горно; —dohle, f. гавран горски (птица); —drossel, f. ципа.
Berggeld, n. плата за спасену робу пригодом бродолома.
Berggeisen, n. рударски шиљак.
Berggesohn, m. f. Berggeld.
bergen, v. a. спасти (ствари бродоломне); er ist geborgen, има откуд живети; (verbergen), крити, сакрити.
Berg-eule, f. ушата булуца; —fein, adj. чист (сребро); —fertig, adj. јектичав; —festung, f. вишеград; —fink, m. зеба; —flachs, m. амјант, азбест (камен); —freiheit, f. слободштина рударска; —gang, m. жила, жица рудна; —gelb, n. окра; —gericht, n. рударски суд; —grün, n. златоној; —gut, v. руда; —haar, n. f. Bergflachs; —hart, adj. тврд као камен; —hühn, n. скршуља, трчка; —ig, adj. брсговит, брдовит; —fette, f. било; —kiesel, m. горски кремен; —knappe, m. рудар; —kluft, f. пропаст, понор, провалија; —kohle, f. камени угљен; —kristall, m. кристал; —kuppe, f. хобер; —läufig, adj. adv. рударски; —lehne, f. страна, бок (од брда); —mann, f. Bergknappe; —männchen, n. тнитилин, малик, мањчац; —männisch, adj. рударски; —mannstreu, f. котркан; —maus, f. горски миш; —nymphe, f. вила горска, ореада; —ofen, m. брежаља; —öhl, n. камено уље; —pass, m. клисура; —pech, n. асфалт, горска смола; —predigt,

f. беседа Исусова на гори; —rede, п. рударско право; горно, горница; —riefe, f. japyra, водојажа; —roth, п. првени спчав; —rüden, ш. бјало; —falz, f. Steinfalz, —fchlucht, f. јаруга; -ſchwaben, ш. отропил зрак у рули; —jegen, ш. дохолци од рула; —ſpitze, f. вис, врх; —ſtuße, f. руда; —ſucht, f. јектика, тижика, суха немоћ ; —füchtig, adj. јектичав, тижичав; —theer, m. пакина; —üblich, f. bergläufig.

Bergung, f. спасење (ствари бродоломних).
berg-unter, f. bergab; —verſtändige, m. рудослов; —voll, п. планиници; —wald, ш. планина, гора; —werf, п. руда, рудник; —weſen, п. рударство; —wiſſenſchaften, f. pl. рудословље, рударство; —zinn, п. чисти косиштар; —zinnober, ш. самородни кеновар.

Bericht, m. глас, вест, објављење, обзнана, извешће; (Vortrag), предлог; — erſtatten, f. berichten; —en, v. a. огласити, објавити, обзнанити, известити, дати на знање, поручити; —erſtatter, m. известитељ; —erſtattung, f. Bericht.

berichtig-en, v. a. поправити, расправити, исправити; уредити, довршити, платити, исплатити, намирити; —ung, f. поправак, поправљање, исправак; уређење; плаћање; измирење, плаћа.

berichtlich, adv. путем, среством извећа.
beriechen, v. a. њушити, омушити; омрисати.
berinden, v. a. окорити.
beringen, v. a. оковати, опасати обручем.
beritten, adj. на коњу.
Berlan, m. клатња, сукно од кострети.
Berme, f. руб од бедема.
Bernſtein, ш. ћилибар, јантар; —en, adj. од ћилибара, од јантара.
beroheren, v. a. покривати треском.
Berſt, m. пукотина.
Berſtbeere, f. ſ. Nachtſchatten.
berſten, v. n. пући, пукнути, пропукнути, пуцати, препући, понуцати, распуцати се, испуцати, препући, раскокати се, проломити се, просести се.
Bertram, m. од зуба трава.
berüchtig-en, v. a. разникати, озлогласити; —t, adj. разникан, злогласан.
berücken, v. a. преварити, омести.
berückſichtig-en, v. a. уважити, обазрети се; —ung, f. обзир, поглед.
Berückung, f. превара, обмана.
Beruf, m. зване, позив; стање, сталеж, дужност; —en, v. позвати, дозвати, сазвати, сакупити; fg. уреби, очарати; ſich auf etwas —, позвати се; —ender, m. (Appellant), позовник; — s званичани; —arbeit, f. посао зваља, сталежа, стања, занат; —geschäft, n. ſ. Berufsarbeit; —mäßig, adj. примеран сталежу, звању, стању; —ung, f. зване, сазивање, сазив; ſ. Appellation.

beruhen, v. n. почивати; auf etwas —, зависети; auf ſich — laſſen, оставити, манути се; es beruht alles barauf, све је стало до тога.
beruhig-en, v. a. упокојити, умирити, утешити, мирити, смиривати, тешити, уталожити; —ung, f. покој, мир, утеха, тешење.
berühm-en, ſich, v. r. хвастати се, хвалити се, захвалити се; —t, adj. славан; ſich — machen, прославити се; —ſein, славити се; —machen, прославити; —theit, f. глас, слава; —ung, f. хвалисање, хваставье.

berühr-en, v. a. такнути, дохватати, дохитати, дирнути, захотити, текнути, опипати, споменути, напоменути; —ung, f. додир, ницање, пипање; in — kommen, састати се, имати посла с киче: —ungs-, додирни.
berupfen, f. rupfen.
beruſſen, v. a. очађити.
Beryll, m. берил (драги камен).
beſäen, v. a. посејати, засејати; осути, осипати.
beſage, adv. по, услед.
beſagen, v. a. доказати, рећи.
beſagt, adj. речен, хваљен, споменут, горе споменут; beſagter Maßen, како је речно.
beſaiten, v. a. затегнути, наместити жице.
beſalben, v. a. помазати, нмазати.
beſalzen, v. a. солити, осолити, посолити.
beſamen, v. a. посејати; ſich —, v. r. плодити се, множити се, умножити се, расплодити се.
beſänftig-en, v. a. умирити, ублажити, уталожити, упокојити; —ung, f. умирење, ублажавање.
Beſan-maſt, m. стражњи арбуо, јадрило на крмани; —ſegel, п. стражње јодро.
Beſatz, ш. руб, поруб, обруб, опшав; —ung, f. посада.
beſauen, v. a. умрљати, умрљати, усвињити.
beſaufen, v. a. опити; ſich —, опити се, наљоскати се.
beſäumen, v. a. рубити, опшивати, обрубити, опшити.
beſchab-en, v. a. огренсти, остругати.
beſchädig-en, v. a. оштетити, ништетити, кварити, поквартти, шкодити, ранити, образити, озледити; —er, m. штетник, штеточиња; —ung, f. штета, квар, школа, рана; —ter, m. оштећеник.
beſchaffen, v. a. учинити.
beſchaffen, adj. er iſt ſo —, такав је, такове ћуди, нарави, створа; wie iſt er —, какав је?; wie immer —, којекакав; gehörig —, нареден; —heit, f. створ, нарав, ћуд; својство; стање, сталеж; каквоћа; —des Leibes, нарав.
beſchäften, v. a. окулачити, окасити.
beſchäftet, adj. окашен, окуидачен.
beſchäftig-en, v. a. забавити, дати посла, ſich —, забављати се, занимати се; —ung, f. забава, радња, посао, дело, обрт, трговина; —ungslos, adj. без радње.
beſchalen, v. a. држак начинити (на нож); ſ. verſchalen.
beſchäl-en, v. a. олупити, огулити; опасати (кобилу); —er, m. ждребац, настух.
beſchäm-en, v. a. засрамити, посрамити, застидити, постидити; —enb, adj. стидан, срамотан, прикоран; —t, adj. осрамоћен, застиђен, опшаьен; —ung, f. срамота, стид.

beſcharren, v. a. закопати, загрнути, погрепсти.
beſchatten, v. a. засенити, бацити сен; —ung, f. сен.
Beſchau, f. j. Beſichtigung, Leichen—, загледачина, мртвачки разглед; —en, v. a. гледати, разгледати, разматрати; einen Todten —, бешити, разгледати; —er, m. загледач; —lich, adj. размишљајућ; —lichkeit, f. размишљање; —ung, f. гледање, разгледање, разматрање, загледачина, бешење.
beſchäumen, v. a. опенити, попенити.
Beſcheid, m. одговор, отпис; одлука; докончање; —thun, напити; —wiſſen, знати, умети, чему вешт бити, разумети се у што; keinen — wiſſen, запети; —en, v. a. усудити; etwas —, дати, иоделити, уделити; wohin —, позвати; eines Beſſeren —, убавестити; ſich — laſſen, послушати, примити разлог, убавестити се; ich beſcheide mich deſſen, допуштам.
beſcheiden, adj. чедан, кротак, тих, благ; скроман; —heit, f. разборитост, чедност, кротост, благост, скромност; непристраност, смерност.
beſcheinen, v. a. објаснити, обасјати.
beſcheinig-en, beſcheinen, v. a. доказати, сведочити, посведочити, писмено потврдити; намиру дати; —ung, f. сведоџба, писмена потврда, намира.
Beſcheinung, f. обасјање.
beſcheißen, v. a. посрати, оноганити; fig. препарити, пасадити.
beſchellen, v. a. праворце наместити.
beſchenk-en, v. a. обдарити, даровати, подарити, наданити; —ter, m. обдареник; —ung, f. дар, даровање.
beſcheren, v. a. остршћи, ошишати, обријати.
beſcher-en, v. a. дати, уделити, поклонити, даровати; —ung, f. удељење, дар, поклон.
beſchick-en, v. a. послати; приготовити, зготовити, припредити, уредити; разредити; das Vieh —, старати се за марву; die Erze —, приправљати руде; —ung, f. слање, пошиљање; ред, уређење, приправљање.
beſchienen, v. a. оковати, окивати коло, набијати шину на точак.
beſchieß-en, v. a. пуцати, бити; ein Gewehr, einen Harniſch —, пробати пушку, оклоп; —ung, f. пуцање, бијење.
beſchiff-en, v. a. бродити; ein Land —, пристати крају; —ung, f. брођење.
beſchilben, v. a. дати штит, цимер.
beſchilfen, ſich, v. r. обрасти, зарасти рогозом.
beſchimmel-n, v. a. плеснивити, уплеснивити; —t, adj. плесњив.
beſchimmern, v. a. обасјати, обасјавати.
beſchimpf-en, v. a. обружити, осрамотити, опсовати, ружити, погрдити, нагрдити; ſich —, v. r. осрамотити се, онепоштовати се; —t, adj. преворан; —ung, f. поруга, срамота, прекор, псовка, погрда.
beſchindeln, v. a. покрити шиндром.
beſchinden, v. a. огулити, одерати, гулити, дерати.
beſchirm-en, v. a. заштитити, штитити, бранити, закрилити; —er, m. заштитник, бранич; —ung, f. заштита, обрана, окриље.
beſchlafen, v. a. облежати; etwas —, зрело размислити, промислити.
Beſchlag, m. (von Bretern), ограда, стоборје; (eines Pferdes), плоча, поткова; (einer Flinte), оков; (Arreſt, Verbot), запт, узапћење, забрана; — auf etwas legen, узаптити; (Schimmel) плесан; — eines Kruges, поклопац.
Beſchläge, n. оков, плоча, поткова; ограда, обор.
beſchlagen, v. a. оковати, потковати, оградити; Bauholz —, отесати; (begatten), опасати; ein Stück Zeug —, ударити белегу на комад платна; die Segel —, спустити једро; gut in einer Sache — ſein, разумети се у што; mit Arreſt —, ставити под секвестар; — v. n. заплеснивити, оплеснивити; ознојити се, знојити се, оросити се.
beſchlagen, adj. укопан, закован, потковап, ограђен, буђав, плесњив; вешт, искусан; —er Stock, закованица.
Beſchlagleine, f. шуста, конопац од једра.
Beſchlag-nehmung, f. обустава, забрана, узапћење; —taſche, f. торбица ковачка.
beſchleichen, v. a. довребати, ухватити, затећи, прикрасти се.
beſchleiſen, v. a. брусити, набрусити.
beſchleunig-en, v. a. ускорити, успешити; —ung, f. ускоравање.
beſchließ-en, v. a. затворити, закључати; (umringen), окружити, опасати; (enthalten), свршавати; (endigen), свршити, довршити, докончати, дочети; (einen Beſchluß faſſen), смислити, намислити, сумати, наумити, наменити, свећати, славити, годити, докопати, закључити, одлучити; —er, m. кључар; —erin, f. кључарка; —ung, f. одлука, докончање, свршетак, глављење.
Beſchluß, m. одлука, докончање, закључак, сврха, свршетак; —fähig, adj. способан, властан закључити што.
Beſchlußfaſſung, f. ſ. Beſchließung.
beſchmauchen, v. a. падимити, напушити.
beſchmauſen, v. a. einen —, живети мукте.
beſchmieren, v. a. намазати, омазати, умрљати, упрљати, умељати.
beſchmitzen, v. a. загадити; опасти, оцрнити, клеветати.
Beſchmitzer, m. клеветник, опадач.
beſchmutzen, v. a. убрљати, обрљати, угнусити, умазати, искаљати, упрљати, изгнусити.
beſchmutzt, adj. прљав, гаљав, каон.
beſchnauben, beſchnaufen, beſchniffeln, beſchnupfern, v. a. њушити, прињушити; цуњати.
beſchneid-en, v. a. срезати, обрезати, (у Турака) сунетити, подрезати, оцећи, обројити; einem etwas —, узети, отети, укратити; —er, m. сунеција; —ung, f. обрезање; (у Турака) сунет.
beſchneien, v. a. нападати снег.
beſchneit, adj. снежан.
beſchnellen, v. a. уловити, ухватити.
beſchniffeln, ſ. beſchnauben.
Beſchnittene, m. обрезаник, окројма.

beschnitzen, v. a. омакљати.
beschnuffeln, beschnuppern, s. beschnauben.
beschultzen, v. a. гајтанити, гајтаном искитити.
beschoden, v. a. ударити мамет, порезу, бир.
beschönigen, v. a. изговорити, испричати, загладити, улепшати; —ung, f. изговор, изговарање, заглађивање.
beschränken, v. a. заградити, оградити; ограничити, омеђити, стегнути; sich —, v. r. стиснути се; —t, adj. тесан, мален, ограничен; —theit, f. малоумпост; ограниченост; —ung, f. ограниченост.
beschreiben, v. a. описати, преписати, пописати; списати, саставити; —ung, f. опис, попис.
beschreien, v. a. разгласити, раструбити; уреhи, очарати; —er, m. урочник; —erin, f. урочница; —ung, f. уроци.
beschreiten, v. a. ступити, упнhи; опкорачити, опкрочити (коња).
beschuhen, v. a. (einen Pfahl), оковати колац; s. anschuhen; —ung, f. обућа.
beschuldigen, v. a. кривити, окривити, потворити, обедити; —er, m. потворник; —te, m. окривљеник; —ung, f. окривљење, потвора, обеђење, беда.
beschummeln, (gem.) s. betrügen.
beschuppen, s. bestehlen.
beschuppen, v. a. љускама обложити.
beschuppt, adj. љускав.
beschürzen, v. a. отворити, отварати.
beschütteln, v. a. (mit dem Kopfe), климати главом на што.
beschütten, v. a. полити, посути, обасути.
beschützen, v. a. чувати, бранити, штитити, закрилити; —er, m. чувар, чувадар, бранич, бранитељ, заштититељ; —in, f. бранитељка; заштитница; —ung, f. чување, брањење, заштита, обрана, окриље.
beschwägern, sich, s. verschwägern.
beschwängern, v. a. облежати, напунити.
beschwatzen, v. a. наговорити.
beschweifen, v. a. репом снабдети; —t, adj. репат.
beschweißen, v. a. озпојити, оросити, попрскати крвљу од звери.
Beschwerde, f. мука, посао, труд, неприлика жалба, тужба, жалба; зло, немоћ, болост, терет, намет, пореза; —führer, m. жалитељ, уточник; —führung, f. утечај; —schrift, f. жалба, тужба; —voll, adj. мучан, трудан, теготан.
beschweren, v. a. напртити, натоварити, накрцати, оптеретити, притиснути; досадити, додијати; sich —, v. r. über etwas, тужити се, жалити се, пожалити се, потужити се; —lich, adj. тежак, теготан; досадан, мучан, трудан, мрзак, незгодан; —lichkeit, f. терет, неприлика, досада, нелагодност, мука, труд, невоља; —niß, s. Beschwerde; —t, adj. тужен; натоварен, притиснут; оптерећен; —ung, f. бреме, терет, товар; неприлика, досада, зло, немоћ, болест.
beschwichtigen, v. a. утешити, утајити, умирити, утишати, уталожити.
beschwitzen, v. a. ознојити, оросити знојем.

beschwören, v. a. заклети, клети се, присећи; узети на душу; душом поднети; посведочити присегом, заклетвом потврдити; (Geister), заклињати, терати духа нечиста; einen —, приклињати; die Krankheit —, бајати; —er, m. бајач; —ung, f. заклетва, присега, заклињање, терање (духова нечистих), бајање.
beseelen, v. a. одушевити, оживети, оживотворити; успалити, потпалити, потакнути, потпирити; —er, m. животворац; —t, adj. духат; —ung, f. одушевљење.
besegeln, v. a. једрима спабдети, бродити.
besehen, v. a. огледати, развидети, разгледати; —swerth, adj. вредан да се види.
beseitigen, v. a. уклонити, скренути, одмакнути, метнути на страну.
beseligen, v. a. учинити блаженим, срећним.
Besen, m. метла; —binder, m. метлар; —kraut, n. метловина, Spartium scoparium L.; божје дрвце; Artomisia abrotanum L.; рунка, Art. campestris L.
besessen, adj. бесан; —heit, f. бес, помама.
besetzen, v. a. метнути, поставити, положити, узети, заузети; mit Bäumen —, засадити, насадити; mit Bändern, опшити, обрубити, накитити, опточити; eine Stadt —, заузети, прихватити; ein Amt —, попунити службу; —ung, f. опшивање, руб, перваз; кићење; заузимање, прихватање; попуњавање.
beseufzen, v. a. уздисати, плакати, тужити за чим.
besichtigen, v. a. гледати, сматрати, оћешити, разгледати, прегледати, развидети; —er, m. разгледач; —ung, f. прегледање, разгледјеш.
besiegeln, v. a. запечатити, ударити печат.
besiegen, v. a. победити, разбити, надбити, падвладати, предобити; —er, m. победник, победитељ.
Besiegler, m. печатар.
besilbern, s. versilbern.
besingen, v. a. опевати, опојати, спевати; —ung, f. певање, опело.
besinnen, sich, v. r. споменути се, сетити се, опоменути се; освестити се, опаметити се, к себи доћи; размислити се, промислити се; —ung, f. свест, промишљање; zur — bringen, освестити; ohne — liegen, бити, лежати изван себе; —ungskraft, f. памет, свест, ум; —ungslos, adj. изван себе, обеснањен.
besippen, v. a. сродити, ступити у род.
Besitz, m. Besitzung, f. држава, посед, поседство, поседовање; in — nehmen, притиснути, узети под власт своју; —en, v. a. држати, поседовати, имати, знати, умети, разумети; седти на јаји; опсести; —er, m. поседник, властник, господар; —stand, m. поседништво; —thum, n. поседовање, имање, државина, властност.
besoffen, adj. пијан, ождеран; —heit, f. пијаност, пијанство, вино.
besohlen, v. a. метнути поплате на обућу.
besolden, v. a. платити, плаћати; —ung, f. плаћа.
besonder, adj. редак, особит, чудан, изванре-

besonnen — beftellen

дан, различан, други, ини; —heit, f. особитост, извапредност; —s, adv. особито, нарочито, највише, највећма; nichts —, није ствари.
besonnen, v. a. сунчати, осунчати; обасјати.
besonnen, adj. смотрен, мудар, присебит, паметан, смишљен, опрезан, разборит; — adv. паметно, смотрено, разборито; —heit, f. разбор, опрезност; смотреност, присебитост.
besorg-en, v. a. бринути се, старати се, снабhати, провидети, набавити, скрбити; Güter —, управљати; (verrichten) опрaвљати; (befürchten) бојати се; —er, m. скрбник; —lichkeit, —niß, f. брига, скрб, страховање; —t, adj. брижан; —t sein, бринути се, старати се; —ung, f. скрб, брига, старање, провиђање, страхованье, набаваље.
bespannen, v. a. упрегнути, запрегнути (коње); eine Trommel —, напети бубањ; mit einem Schritte —, опкорачити.
bespeien, v. a. попљувати, упљувати, убљувати.
besprichen, v. r. надевати; sich —, v. r. обогатити се, торбу, кесу напунити.
bespiegeln, sich, v. r. огледати се; угледати се.
bespinnen, v. a. опрести, опредати.
bespitzen, v. a. зашиљати, заоштрити, зашиљити, шиљити.
bespornen, sich, v. r. метнути остругe.
bespotten, v. a. ругати се.
bespötteln, v. a. потпргнути се.
besprech-en, v. a. (eine Waare), уговорити, наручити; (bezaubern), уреhи, очарати, бајати; sich —, v. r. (mit einem), разговорити се, договорити се; —, n. уговарање, уступ (beim Zaubern); —ung, f. разговор, уговор, договор.
besprengen, v. a. попрскати, пошкропити, покропити, ошкропити; —ung, f. прскање, кропљенье.
bespring-en, v. a. (Hengst die Stute и.) опасти (ждребац кобилу); скакати, скочити на што; —er, f. Beschäler.
bespritzen, v. a. попрскати, пошкропити, упрскати.
bespülen, v. a. опрати, прати, оплавати, испљакати.
beffer, adj. бољи; — adv. боље, бољма; — werden, дозвати се.
bellerlich, adj. поправив.
beller-n v. a. поправити; sich —, v. r. поправити се; (von Kranken) опорављати се; —ung, f. поправљање, опорављење; — des Aders, ђубрење, гнојење, ђубре, гној.
beftählen, v. a. надити.
beftall-en, v. a. поставити у службу; —ung, f. служба, плата.
Bestand, m. биhe, постојање, трајање, сталност, постојанство, састојање; (das Uebrige) остатак; (Pacht) најам; —buch, n. попис.
Beständer, Beständner, Bestandmann, Bestandinhaber, m. најамник; —geber, m. најмодавац; —geld, n. најамнина, најам; —gut, n. најам, најмљено добро; —heit, f. најмовник, властник.

beständig, adj. сталан, постојан, раздашњи, свагдашњи, непрестан; — adv. једнако, ваздан, увек, непрестано, без престанка; —keit, f. сталност, постојанство.
Bestandliste, f. попис.
Bestand-nehmer, m. најмопримац; —theil, m. стихија, саставни део; састојало; састојак; —vertrag, m. најам; —wesen, n. биhe, битност; —zeit, f. време од најма.
beftärk-en, v. a. утврдити, укрепити, покрепити; —ung, f. потврhење, покрепљење.
Bestärker, m. отправник.
beftätig-en, v. a. потврдити, засведочити, посведочити; (genehmigen) одобрити; —er, m. потврдитељ, сведок; —ung, f. потврђење, потврда; засведочење, посведочење; —ungsschein, m. потврдница.
bestatt-en, v. a. (zur Erde) покопати, укопати, сахранити, погрепсти; —ung, f. покоп, погреб, укоп.
bestauben, v. a. напрашити се.
bestäub-en, v. a. (bestauben), упрашити, испрашити, напрашити; —t, adj. прашан.
bestaud-en, sich, v. r. бусати се, бокорити се, разбокорити се; —ung, f. бокорење.
Bestbietende, m. највише обеhајуhи, нудеhи, давajуhи.
Beste, (der, die, das), n. најбољи; einen zum Besten haben, вуhи за нос, титрати се; aufs Beste, am, zum Besten, adv. најбоље.
Beste, n. најбоље; награда, корист; das Gemeine, — добро опhе; etwas zum —n geben, дати, поклонити, приповедати.
bestechbar, s. bestechlich.
besteh-en, v. a. прихватати, припенути (иглом), митити, подмазати, подмитити, подкупити; —er, m. поткупник; —lich, adj. подмитљив, поткупљив; —er Mensch, митник; —lichkeit, f. подмитљивост, поткупљивост.
Bestechung, f. мито, подмиhење, подмита, мит.
Besteck, n. корице, ток.
besteden, v. a. прибости, прихватати, натакнути, насадити; mit Blumen —, накитити цвеhем; Erbsen —, причати, ударати притке, тачке.
besteh-en, v. n. стати, замрзнути; бити, постојати, опстојати, опстати; (gerinnen) прогрушати се; (dauern) опстати, трајати; auf etwas —, остати при чему, непопустити; aus etwas —, састојати се, садржавати; — v. a. најмити, у најам узети; ein Abenteuer —, имати; подухватити се, примити се; —end, adj. састављен; (bisherig) садашњи, досадашњи.
bestehl-en, v. a. покрасти, окрасти; —er, m. крадљивац, тат.
besteigen, v. a. попети се, успети се; посести, појахати, узјахати, оклопити (коња).
bestell-en, v. a. метнути, ставити, свиhати, положити; als Vormund bestellen, поставити за тутора; wohin —, позвати, рочити; zu sich —, поручити по кога; etwas —, наредити, наручити; einen zu etwas —, потпустити, одредити; (dingen) најмити; über etwas —, поверити; Zeugen —, набавити сведоке;

einen Brief —, предати лист; einen Acker
—, тежати, радити поље; eine Sache —,
свршити наруџбину; sein Haus —, уредити
кућу; fig. приправити се на смрт; (bereiten), уготовити, приготовити, приправити;
—er, m. наручник, најмитељ, наредник;
—e Arbeit, наруџбина; —ter Richter, одређени судац; —ter Mord, наговорено крвно
дело; —te, m. најмљеник; (zum Amt) одређеник; —ung, f. постављање, нарука, наруџбина, порука, рочиште, тежање, радња, наредба.
besteuer-n, v. a. наметнути порезу, ударити
намет, данак, порезу; —ter, m. пореска
глава; —ung, f. ударање порезе; (Steuer)
намет, пореза, данак; —ungs-, порезни.
bestialisch, adj. скотски, зверски.
Bestie, f. скот, бестија, звер.
bestielen, v. a. насадити (секиру) итд.
bestimm-en, v. a. означити, разредити, осећи,
наређи, усудити, применити, наменити, назначити, установити, одредити, одлучити;
(bewegen), навести; sich zu etwas —, одважити се, одлучити се; —end, adj. отсудан,
одлучан; —t, adj. точан, тачан, одређен, суђен; — adv. заиста, доиста, зацело; —heit, f. точност, тачност, одређеност; —ung, f. назначење, установљење,
опредељење, одређење, одлука; удес, судбина; циљ, конац; —ungsgrund, m. узрок;
—ungswort, n. придев.
bestmöglichst, adj. што боље.
bestocken, sich, v. r. разгранати се.
bestockt, adj. гранат.
bestoßen, v. a. турати; mit der Feile —, опилити; mit dem Hobel —, оренденсати; die
Ecken —, обити рогљеве.
bestraf-en, v. a. казнити, педепсати, каштиговати; mit Worten —, покарати укорити;
—er, m. казнитељ; —ung, f. казна, педепса, каштига, педепсање, каштиговање, кажњење.
bestrahl-en, v. a. грануги, огранути; озарити,
обасјати зрацима; бацати зраке на што;
—ung, f. озаравање, обасјавање.
bestreb-en, sich, v. r. трсити се, наследовати,
гледати, настојати, упињати се; — nach etwas, тежити за чим; —en, n. —ung, f.
трсење, тежња, настојавање, старање;
труд, мука, напор.
bestreichen, v. a. намазати, помазати; mit Kapopen —, бити, господарити.
bestreift, adj. пругаст, пругаст.
bestreit-en, v. a. борити се, противити се, побијати, оспоривати; платити; eine Ausgabe
—, смагати трошак; —er, m. противник,
отпорник, оспоритељ; платац; —ung, f.
противусловље, оспоривање, плаћање.
bestreuen, v. a. попршати, посути, поспати,
потрунити; mit Salz —, посолити.
Bestrich, s. Anstrich.
bestricken, v. a. оплести, уплести; замрсити,
заплести; обмануги, преварити, ухватити
у своју мрежу.
beströmen, v. a. прати, протицати поред....
bestufen, v. a. рубити (руду).

bestürm-en, v. a. јуришати; einen mit Bitten
—, навалити, мучити, досађивати с молбом, —er, m. пасртач; —ung, f. јуриш, навала; досада, досађивање.
bestürz-en, v. a. покрити, поклопити; fig. поплашити, препасти, смести, престрашити; —t,
adj. поплашен, сметен, престрављен, збуњен; —ung, f. страх, трепет, сметња, препаст, забуна.
Besuch, m. походе, полажај, поседак, похађање, полажење, посед, село; гости; —en,
v. a. походити, полазити, обићи, поседовати; sich —, поседовати се, полазити се;
—er, m. поседник, похођанин, полажајник;
—ung, f. походе, похађање; —zimmer, n.
камара од поседа.
besudel-n, f. beschmutzen; —t, adj. скрпаван;
—ung, f. загађење, прљање, мрљање, кажање.
betäfeln, s. täfeln.
betagen, v. a. уређи, уговорити, углавити време, рок; sich mit einem —, рок с ким уговорити; die Schuld ist betagt, дуг је истекао, дугу је рок дошао.
betagt, adj. стар, у година, временит, времешан.
betakeln, v. a. опремити (брод).
betast-en, v. a. пипати, опипати, попипати, такнути, дирнути, доприути.
betäuben, v. a. заглушати, заглушити; онесвестити, преразити; —b, adj. (Getränke,
Köder), тров; —t, adj. онесвешћен, убезекнут, перенражен; —ung, f. заглушање, несвестица, заглух, преенераженост.
Bet-bank, f. клецало; —bruder, m. богомољац,
лицемерац; —buch, n. молитвеник, зборник.
Bete, f. плашка (у игри).
beteigt, adj. тештан, тестан.
beten, v. n. молити, молити се, помолити се,
клањати; — n. богомоље.
Beter, m. богомољац; —in, f. богомољка.
Betfahrt, s. Wallfahrt.
Betglocke, f. поздрављење, здрава Марија; звоно од молитве.
bethau-en, v. a. обросити; уросити, росити, поросити, изросити, оросити.
Bet-haus, n. црква, богомоља, дом од молитве, молница.
bethaut, adj. росан.
betheeren, v. a. паклити, катранити.
betheiligen, sich, v. r. учествовати у чему; —ter, m. учестник; —ung, f. учешће.
betheuer-n, v. a. клети се, тврдити, уверавати, богмати се, сведочити; (leichtsinnig bei
Gott —, ципати се богом; —ung, f. клетва, присега, приклињање, богмање, цинаљс, уверавање.
bethör-en, v. a. обмануги, залудити, заслепити, обезумити, изумити; —ung, f. обмана,
заслепљење, слепост, безумљење.
bethränen, s. beweinen.
betiteln, v. a. назвати, именовати; наслов дати.
beton-en, v. a. нагласити, ударити гласом; —ung, f. наглашење.
Betonie, f. срчац, црна боквица, Botonica officinal. L.; чистац, Stacchis recta L.

Betracht — 72 — **beugen**

Betracht, m. поглед, обзир; in — у погледу, гледе, гледом.
betrachten, v. a. гледати, мотрити, разгледати, размишљати, проматрати, сматрати.
Beträchtlich, adj. знаменит, голем; —keit, f. величина, големост.
Betrachtung, f. гледање, мотрење, размишљавање, проматрање, сматрање, обзир, уважавање.
Betrag, m. сума, свота, вредност, износак, испос, цена; —en, v. a. чинити, износити; sich —, понашати се, понашати се, владати се, равнати се; —en, n. владање, поднашање, равнање, понашање.
betrauen, v. a. поверити коме (налог, службу).
betrauern, v. a. ожаловати, жалити, сетовати, туговати; —swürdig, adj. жаљења достојан, јадан.
beträufen, beträufeln, v. a. покапати, накапати, закануги.
Betreff, m. in —, in — einer Sache, о ствари, у погледу; (aus Anlaß) поводом; (von Seite) од стране.
betreffen, v. a. затећи, уловити, ухватити; догодити се; тицати се, спадати.
betreffend, adv. у обзиру, гледе, у погледу; —, adj. дотични.
betreiben, v. a. терати, гонити (марњу); eine Sache —, ускорити, натерати; ein Handwerk —, радити; —er, m. пожуритељ; —ung, f. ускоравање, наплата, радња (Ukrgens), крајна сила.
betreten, v. a. ступити, стати, газити; ухитити, ухватити; einen Weg —, ударити путем; (sich) begatten, vom Geflügel) раститн се.
betreten, adj. смућен, сметен; ein —er Weg, прт, утреник, утревик; —heit, f. Verlegenheit.
Betreter, m. (des Gesetzes), преступник.
Betretung, f. затицање, смутња; —sfall, m. im —, ако га затеку, ухвате, пронађу.
Betrieb, m. настојање, старање; пожуривање, ускоравање, подбадање; (eines Gewerbes), промет, обртање; —sam, adj. марљив, радан, прометан; —samkeit, f. радиност, обртност; —herr, m. господар, властник од руде.
betriegen, betrügen, v. a. варати, препарити, обманути; прелестити; —er, m. варалица; —erei, f. химба, прелашћивање, превара; —erisch, f. betrüglich.
betrinken, v. a. опити; sich — v. г. опити се, опијати се.
betroffen, adj. смућен, сметен, убезекнут; v. Übel —, страдалац.
betröpfeln, betropfen, f. beträufeln.
betrüb-en, v. a. замутити; жалостити, ожалостити, ојадити; sich —, v. r. ожалостити се, сненеволити се, туговати, јадиковати; —niß, f. туга, жалост, јад; —t, adj. тужан, жалостан, јадан, уцвељен.
Betrug, m. Betrügerei, f. превара, пла, варање, химба, обмана; опсена, заслепљење.
betrügen, f. betriegen.
betrüglich, adj. преваран, преварљив, лажан,

лукав, лажљив, химбен; —keit, f. преварност, лукавост, лажљивост, химбеност.
betrunken, adj. пијан; —heit, f. пијанство, пијаност.
Bet-schwester, f. богомољка; —stuhl, m. стол, клецало.
Bett, n. постеља, кревет, одар: ложа, лога, леже (од звери); (eines Flusses), корито.
Bettag, m. прошење, криђево.
Bett-behänge, —gehängsel, n. нерде; —decke, f. покривач, јорган, бељ, губер.
Bettel, m. трице, прње, трпчарње; просјачење; —arm, adj. убог сиромах, просјак; —bruder, f. Bettelmönch; —birne, f. просјакиња; —ei, f. сиротиња, прошња, просјачина, богорађење, просјачење; —frau, Bettlerin, f. Bettelweib, n. просјакиња убога; —gesindel, n. просјаци, одрпанци; —haft, adj. просјачки; —leute, pl. просјаци; —lumpen, pl. m. прње, траље; —mädchen, n. просјакиња; —mann, m. просјак, туцак, убоги жебрак, богаљ; —mönch, m. фратар прошевни.
betteln, v. n. просити, попросити, просјачити, жебрати, богорадити; циганити, држапчити.
Bettelorden, m. прошевни ред, ред просећих (фратара); —sack, m. просјачка торба; —stab, m. просјачки штап; убоштво; —stolz, m. поносност луда; —voll, f. Bettelgesindel; —weib, f. Bettelfrau.
betten, v. a. наместити, спремити постељу; sich zusammen —, скупа спавати; sich wohl oder übel —, добро или зло сместити се; wie man sich bettet, so schläft man, како је ко дробно, онако и куса.
Bett-geräthe, f. Bettzeug; —gestell, n. одар, кревет, лепедов; —gewand, n. f. Bettzeug; —himmel, m. небо над постељом; —kammer, f. ложница; —kasten, m. душељук; —kissen, n. јастук, узглавље; —lade, f. f. Bettgestell; —laken, f. Betttuch; —lägerig, adj. болестан, болан.
Bettler, f. Bettelmann; —in, f. Bettelfrau; —leben, n. просјачки живот, вубурење.
Bett-meister, m. постељник; —pisser, m. попишко; попишанац; —sack, m. сламњача; —schirm, m. нерде; —statt, f. Bettgestell; —tuch, n. поњава, плахта, чаршав; —überzug, m. —züge (—ziehe), f. павлака, повлака; —umhang, m. —vorhang, m. завеса, нерде; —wanze, f. степица, кимак; —zeug, n. постеља, креветне хаљине.
betünchen, v. a. побелити, обелити, окречити.
Betze, f. куја, кучка.
Beuch-e, f. луг; -en, v. a. лужити; —faß, n. лужница, нарионица.
Beuge, f. завој, прегиб.
beug-en, v. a. прегнути, склонити, паклонити, навити, савити, превити, накренути, посагнути, преклонити, сагнути, погнути; (bemüthigen), понизити; (stapfen, beteuben) цвелити, жалостити, мучити; sich —, навити се, сагнути се, погнути се, прегнути се, падносити се, паткучити се, надвети се, надводити се; посагнути се; пахери-

Beule — 73 — **bewerfen**

ти се, накривити се; —sam, f. biegsam; —ung, f. пригибање; поклон, саг.
Beu=le, f. гука, ногапац, здпћ, непомсник, прншт, мппипа; —sig, adj. гукав.
beunruhig=en, v. a. узнемирити, мутити, недати мира; —ung, f. узнемиравање, мућење, немир.
beurkunden, v. a. доказати, потврдити, посведочити (писмено).
beurlaub=en v. a. отпустити, отправити; sich —, v. г. опростити се, растати се; —ter, m. привремени отпуштеник; —ung, f. отпуст; растанак; (eines Soldaten), привремен отпуст.
beurtheil=en, v. a. судити, расудити, пресудити, просудити; —er, m. судија; —ung, f. суд, расуђивање, претрес; —ungstraft, f. суд, расудност.
Beute, f. плен, илачка, дерачина, добит, шићар, одора, робље; (Backtrog), наћве; (Bienenstock), трика, кошница, улиште.
Beutel, m. кеса, мошња, тобољац, бурса, тобочић, прићесак, торба; сито, вијача (млинарска); —förmig, adj. попут кесе, мошње; —kammer, f. брашњара; —kasten, m. сејало; —meise, f. вуга.
beuteln, v. a. трести, дрмати, друмусати.
Beutelratze, f. Beutelthier, п. дпделф.
Beutel=schneider, m. крадикеса; —schneiderei, f. лупештво; —schnur, f. стрмке; —sieb, п. сито; —tuch, п. струња за сито.
Beutemacher, m. плачкаш.
beuten, v. a. пљенити, робити, плачкати.
Beuten=honig, m. дивји мед; —zins, m. медовина (од дивјих пчела).
Beutler, m. рукавичар; —in, f. рукавичарка.
Beutner, m. надзорник дивјих пчела.
bevölker=n, v. a. населити, настанити; —t, adj. насеоп; —ung, f. становници, житељи, пук, народ, људство, становништво, житељство.
bevollmächtig=en, v. a. опуновластити, опуномоћити, овластити, повластити; —er, m. пуновластитељ; —te, m. пуновластник, пуномоћник, покписар, посланик; —ung, f. опуновлашћење, опуномоћење, овлашћење, повлашћење; —ungs-, опуновластни, опуномоћни.
bevor, adv. пре, пређе, пред што.
bevormunden, v. a. тутора дати; v. п. бити коме тутор.
bevorrecht=en, —igen, v. a. претностављати, давати веће право; —igungsbrief, m. привилегија, повластица, правица.
bevorstehen, v. n. (obliegen), дужан бити; (erwarten), изгледати, чекати, приближивати се, престојати; —d, adj. будући, престојећи.
bevortheil=en, v. a. преварити, занети, излукавити, закинути, обмануту, омести; —ung, f. варање, превара, закид, обмана; штета, квар, шкода.
bevorthun, v. a. претећи, претицати.
bevorzugen, v. a. одликовати, претпоставити.
bewachen, v. a. чувати, стражити, бдити.
bewachsen, v. n. обрасти, зарасти.
Bewachung, f. чување, стражарење, стража.

bewaffn=en, v. a. наоружати, оружати; —ung, f. оружање.
bewahre, interj. недај боже, сачувај боже, пи по што, пикако.
bewahren, v. a. чувати, сачувати, обранити, бранити, хранити, сахранити, оставити, гледати.
bewähren, v. a. обистинити, доказати, потврдити; sich —, v. г. обистинити се, потврдити се.
Bewahrer, m. чувар, стражар.
bewährheiten, f. bewähren sich.
bewährt, adj. доказан, истинит, поуздан, окушан, прокушан.
Bewahrung, f. чување.
bewandert, adj. вешт, искусан, вичан.
bewandt, adj. bei so bewandten Umständen, кад је тако; —niß, f. околпост, стање.
bewässer=n, v. a. наквасити, оквасити, топити, натопити, мочити, залити, наводнити; —ung, f. заливање, наводњење; —ungsanstalt, f. наводнопица.
beweg=en, v. a. ганути, макнути, маћи, кренути, покренути, пољуљивати, гибати, мицати; нодбости, потакнути, склонити, такнути, дирнути (у срце); sich —, v. r. макнути се, наменрити се, врдати се, кретати се итд.; sich zum Mitleid — lassen, смиловати се; —grund, m. новод, узрок; —lich, adj. покретан, жив, окретан; —lichkeit, f. живост, окретност; fig. несталност, ветреност; —ung, f. кретање, врцање, склањање, мицање, гибање, (der Leidenschaften) узбуђење, колебање страсти, душевни немир; (Antrieb), нагон; (Aufruhr), узрујаност, ропот, буна.
bewehren, v. a. оружати, наоружати.
beweiben, v. a. женити, оженити.
bewein=en, v. a. онлакати, оплакивати, жалити, нарицати; —swürdig, adj. тужан, јадан, плачан, пежовљан.
Beweis, m. доказ, довод; — (in Zusammens.) докази; —artikel, m. —stücke, п. pl. доводи, доказн, сведочанства; —document, п. доказница.
beweisen, v. a. доказати, показати, посведочити, потврдити.
Beweisführ=er, m. доказивалац; —ung, f. доказивање.
Beweis=grund, m. доказ, разлог, узрок; —mittel, n. средство доказно, доказ, довод; —schrift, f. доказ; —thum, п. докаство.
Beweisung, f. s. Beweis.
beweißen, v. a. обелити, окречити.
bewenden, v. a. es dabei — lassen, задовољити се, оставити; es soll dabei sein — haben, нека остане тако, при том.
Bewerb, m. тражење, посао, забава; was hast du hier für ein —? што тражиш овде?; sich einen — machen, тражити изговор; —en, sich, v. r. (um etwas), тражити, искати, молити, ићи за чим; (um ein Frauenzimmer), просити девојку; —er, m. просилац, тражилац; —ung, f. тражење, искање, питање; просидба.
bewerf=en, v. a. бацати, хитати (на што); eine

Wand mit Kall —, пожбукати зид; mit Lehm —, облепити блатом; —ung, f. жбукање, лепљење; бацање, хитање.
bewerkſtellig-en, v. a. испунити, вршити, обавити, учинити, удеслотворити; —ung, f. испуњење, извршење, удеслотворење.
bewerkthätigen, v. a. делом доказати.
bewerthen, v. a. проценити.
bewetteiſern, ſich, v. r. f. wetteifern.
bewichſen, f. wichſen.
bewickeln, v. a. омотати, замотати, овити, завити.
bewillig-en, v. a. допустити, одобрити, дозволити, приволити, дати; —ung, f. допуштење, дозвољење, привољење, одобрење, исправа.
bewillkomm-en, v. a. дочекати, поздравити; —ung, f. дочек, поздрав.
bewimmern, v. a. јаукати, плакати, парпцати (за ким).
bewinden, v. a. омотати, овити, завити, замотати.
bewirken, v. a. учинити, израдити, причинити.
bewirth-en, v. a. гостити, почастити, угостити; —et, adj. гостован; —ſchaften, v. a. управљати добром; —ung, f. част, гозба, ђаконија.
Bewohnbarkeit, f. обитаљивост.
bewohn-en, v. a. становати, пребивати, обитавати; —er, m. мештанин, становник; —erin, f. мештанка; —ung, f. обитавање, становање, пребивање.
bewölk-en, v. a. облачити, наоблачити; (verdunkeln), потамнити, помрачити; —t, adj. облачан, таман, мрачан.
Bewunder-er, m. дившац, обожатељ; —n. v. a. чудити се, дивити се; —nswürdig, adj. диван; —ung, f. чудо, чуђење, дивљење, удивљење.
bewußt, adj. знан, познат; ſich einer Sache — ſein, знати што; ſeiner nicht — ſein, бити ван себе; —los, adj. ван себе, несвестан; —loſigkeit, f. незнан, вансебност; —ſein, n. свест, савест.
bezahl-en, v. a. платити, исплатити, наплатити, намирити, измирити; ſich — laſſen, наплатити се; —er, m. платац; —ung, f. плаћа, плаћање, намирење.
bezähmbar, adj. укротив; —keit, f. укротивост.
bezähm-en, v. a. (Thiere) упитомити, припитомити, кротити, укротити; die Leidenſchaften —, зауздати, обуздати; —er, m. укротник, укротитељ.
bezahn-en, v. a. зубити, назубити.
bezauber-n, v. a. очарати, затравити, уређи, опчинити; —nd, adj. бајан; —ung, f. очаравање, затрављење, уроци, опчињавање.
bezäumen, f. zäumen.
bezäunen, f. umzäunen.
bezechen, v. a. опити.
bezecht, adj. пијан.
bezeichn-en, v. a. забележити, знаменовати, назначити, белешити, описати; —ung, f. назначење, белег, знамење, знак, описање, опис.
bezeig-en, v. a. показати, указати, посведочити, доказати; ſich —, v. r. попашати се, поступати, показати се; —en, n. попашање, поступање; —ung, f. показивање.
beziehen, f. beſchuldigen.
bezeug-en, v. a. посведочити, засведочити, доказати, потврдити; —ung, f. посведочење, сведочанство, сведоџба, доказ.
bezichtigen, f. beſchuldigen.
bezieglich, adj. односан.
bezieh-en, v. a. (ein Bett, Stühle ꝛc.), покрити, превући; Einkünfte —, вући, имати доходке; eine Violine mit Saite —, навући, напети струне; ein Haus —, уселити се; Waaren von einem Orte —, куповати, добавити, набавити; die Meſſen —, полазити сајме; mit Krieg —, заноjштити, заратити; ſich —, v. r. auf etwas —, тицати се, протезати се, односити се, позивати се; —end, adj. односан; —ung, f. усељавање; односење, однос, позивање, поглед, обзир; —ungsbegriff, m. односни појам; —ungsweiſe, adv. дотично, односно; по потреби.
bezielen, v. a. смерати, циљати (на што).
beziffern, v. a. изразити, назначити што бројем.
bezinnen, f. verzinnen.
Bezirk, m. котар, капетанија, срез, околиш, круг, округ, округје.
bezirken, f. begränzen.
Bezirks-, adj. окружни, котарски, околишна, срески; —inſaß, m. котаранин.
Bezoar, m. безоар (камен и јарац).
Bezogener (eines Wechſels), m. тезовник.
bezüchtigen, f. beſchuldigen.
bezuckern, v. a. посути, осладити шећером.
Bezug, m. поглед, обзир; (Saiten), (Überzug) превлака, навлака; — eines Einkommens, дизање, потезање; (Einkommen), доходак; — einer Waare, набава, узимање робе (путем промета).
bezüglich, adj. односни, дотични; — adv. ради, у обзиру.
Bezugs-, (in Zuſammen.) односни, дотични; —note, f. набавница.
bezwacken, v. a. штипати, уштипнути.
bezwecken, v. a. ударити чављиће; fig. хтети, канити, намислити, намеравати.
bezweifeln, v. a. двојити, сумњати, посумњати, двоумити.
bezwing-bar, f. bezwinglich; —en, v. a. савладати, предобити, надвладати, надјачати, обладати, покорити; —er, m. победитељ; —ſich, adj. победив, освојив; —ung, f. победа, побеђење, савладање.
Bianco, n. etwas in — laſſen, оставити што на белу.
Bibel, f. свето писмо, библија; —feſt, adj. вешт писму светом, јак у библији; —mäßig, adv. по, према писму светом; —werk, n. свето писмо с тумачењем.
Biber, m. дабар, бобар; —geil, n. дабровина (лек); —hut, m. шешир од дабра.
Bibliothek, f. библиотека, књижница; —ar, m. библиотекар, чувар књижнице, књижничар.
bibliſch, adj. библијски, библички, по светом писму.

Bичel, m. Biчкe, f. трпоков, будак; —haube, f. кацига.

bичen, v. a. кљуцати, кљувати; (von Steinmetzen), дељати, тесати, вајати.

bieber, adj. поштен, добар, честит, ваљан; искрен; — adv. поштено; —heit, —feit, f. поштење; —mann, m. човек поштен, вредан; —männisch, adv. поштено; —sinn, m. поштење; —weib, n. жена поштена.

Biege, f. прегиб.

Biegefall, m. падеж (у словници).

biegeln, f. bilgeln.

biegen, v. a. прегнути, савити, превити; повинути; sich —, v. r. превити се, сагнути се; hier biegt sich der Weg rechts, овде иде пут на десно; —fam, adj. витак, прутак, жидак, гибак; покоран, послушан; —famteit, f. виткост, гипкост; покорност, послушност; —ung, f. прегиб, прегибање; сагибање, савитак, савијање; —eines Flußes, окука.

Biene, f. пчела.

Bienen=bau, m. пчеловодство, пчеларство; —baum, m. клен, Acer campestro L.; —beute, f. кошница, улиште, трмка; —brod, n. воштиње; —brut, f. улежи; —fling, m. рој; број кошница; —fresser, m. жуна, Merops apiastor L.; —haus, n. улиште, дубница; пчелињак, улиник; —könig, m. —königin, f. —weiser, m. матица; —korb, m. кошница, улиште, пчелац, пчелиња, трмка; —kraut, n. матичњак, Melissa offic. L.; —kunst, f. пчеларство, пчеловодство; —löchlein, n. f. Bienenzelle; —schwarm, m. рој; —specht, f. Bienenfresser; —stachel, m. жаока; —stod (leerer), m. празник, празница; —vater, —wärter, m. пчелар; —wabe, f. сат; —wald, m. шума, луг, дубрава за пчеле; —wolf, f. Bienenfresser; —zelle, f. окце; —zucht, f. f. Bienenbau.

Bien-lein, Bienchen, n. пчелица; —rich, m. пчелац.

Bier, n. пиво; Bier-, пиварски; —bank, f. пиварница; —brauer, m. пивар; —bräuerei, f. пиварница, пивара; —faß, n. бечка; —fiedler, m. надригуслар; —gast, n. пивовња; —gelte, f. рукатка за грабљење пива; —haus, n. пивара; —hefe, n. пиварски квасац, дрожд од пива; —kranz, —kegel, m. цимер пиварски; —faufer, m. пивопија; —schank, m. точење пива, пивара; —schent, —wirth, m. пивар; —schenke, f. пивара; —schild, f. Bierkranz; —sieder, f. Bierkegel; —brauer, m. пивар; —schröter, m. тежак (који поставља у пивницу пиво); —steuer, f. пиварина; —trinker, m. пивопија; —zapfer, m. кочобар; —zeichen, f. Bierkranz.

Biestmilch, f. кућада, млезиво, грушевина.

bieten, v. a. нудити, понудити; die Hand — дати руку, помоћи; mehr —, надметати; guten Morgen —, назвати добро јутро; eine Waare zu hoch —, скупо ценити; einem die Spitze —, опрети се коме.

Bies, m. (gem.) сиса, дојка.

Bigam-ie, f. двоженство; —isch, adj. двожењев.

bigott, adj. богомољац, лицемеран.

Bilanz, f. сомњ, закључни рачун; —iren, v. a. обравнати; —irung, f. сомињање.

Bilchmaus, f. пух, оратар, Myoxus glis L.

Bild, n. кип, прилика, слика, образ, икона; (Person, Sache), особа, ствар.

bild-en, v. a. направити, начинити, уредити, творити, делати, сликати; образовати; —end, adj. творац, образотворан.

Bilder-anbeter, m. кипоклањалац, иконопоклоник; —beschreiber, m. иконописац; —beschreibung, f. сликопис; —blende, f. пањега; —cabinet, n. збирка слика; —beuter, m. сликослов; —beutung, f. сликословље; —dienst, m. иконопоклонство; —gallerie, f. галерија слика; —feind, f. Bilderstürmer; —kunde, f. сликословље; —lehre, f. Bilderdeutung; —maler, m. иконописац, сликар. bildern, v. n. преметати, разгледати слике, иконе у књизи.

Bilder-rahmen, m. оквир; —reich, adj. пун слика; —saal, m. дворана са сликама; —sammlung, f. збирка слика; —schrift, f. јероглифи, сликопис; —sprache, f. кићен језик; —stuhl, m. подножје од кипа; —stürmer, m. иконоборац, киноборац; —stürmerei, f. иконоборство, киноборство; —verehrer, —verehrung, f. Bilderanbeter, —dienst; —werk, n. слике, иконе.

Bildgießer, m. киполевац; —ei, f. киполевница.

Bildhauer, m. киповторац, вајар; —ei, —kunst, f. киповторство, вајарство.

bildlich, adv. у слици, у прилици; —keit, f. образовност.

Bildner, f. Bildhauer.

Bildniß, n. кип, икона, слика, прилика, образ.

Bildsäule, f. кип.

bildschön, adj. красан, диван.

Bildseite, f. глава (на новцу).

Bildung, f. направљење, изображење, одгојење, отхрањење, образованост; —kraft, f. творна сила.

Bildwerk, n. сликотворница, сликотвор.

Bill, f. била (законски предлог у Енглеској).

Bille, f. лопта (од биљара).

Billard, n. биљар; —spielen, биљарити се; —iren, v. n. биљарити се; —spiel, n. биљарење; —spieler, m. играч биљара; —stock, m. дакон; —zimmer, n. биљарда.

Billet, n. билета, писамце, писманце, цедуља.

billig, adj. прав, праведан, правичан; —an, пристојан, сходан, приличан, умерен, јефтин; was recht und — ist, што је право и правично.

billig-en, v. a. одобрити, похвалити; —er, m. одобравалац; —erweise, adv. по правичности; —keit, f. правица, правда, сходност; јефтиноћа, приличност (цене); —ung, f. одобрење, одобравање.

Billion, f. билијун.

Bilse, f. f. Bissenkraut.

Bissenkraut, n. бунина, маитименат.

Bilz, m. гљива.

bimsen, v. a. трти плавцем.

Bimsstein, m. плавац, пловучац.

Bindbalken, m. главна греда.

Bindart — **blaß**

Bindart, f. брадва.
Binde, f. завој, прпца, свеза, поуз, повој, овратак, вео, поцулица, појас (појинчки).
bind-en, v. a. везати, спутати, увезати, свезати, повезати, привезати; ein Faß —, обручати; ein Buch —, укоричити; sich —, v. r. везати се; an etwas —, држати се чега; —er, m. везач; бачвар, качар; —er schlägel, m. малица.
Bindeschlüssel, m. кључ светога Петра.
Bindewort, n. (in der Sprachlehre) савез.
Bindezeichen, n. везица, раздељак.
Bindfaden, m. канап, дретва; —rolle, f. кључе канапа; —feil, n. канon.
Bindung, f. везање, свеза, привезивање; држанство, дужност.
Bindweide, f. жукна, Salix vitellina L.
Bingelkraut, n. штир, Mercurialis L.
binnen, prp. за, у, до; — heute und morgen, до сутра.
Binnen deich, m. упутарњи насап; —gewässer, n. воде од копна; —verkehr, m. међуземски промет; —zoll, m. међуземска царина.
Binom, n. двоул; —isch, adj. двоул.
Binse, f. сита, рогоз; —matte, f. асура, стура, рогожина.
binsig, adj. рогожаст.
Biograph, m. животописац; —ie, f. животопис; —isch, adj. животописан.
Biquadrat, n. двочетворокут.
Birke, f. бреза, брез.
birken, adj. брезов; —holz, n. брезовина; —meier, m. купа брезова; —saft, m. буза брезова, сок брезов; —stab, —stock, m. брезовац, брезовача; —wald, —hain, m. брезик; —wasser, f. Birkensaft.
Birkhahn, m. мали тетреб.
Birkling, m. брезова губа, гљива.
Birn, f. крушка; —baum, m. крушка; —bäumen, adj. крушков; —baumholz, n. крушковина; —branntwein, m. крушковница; —förmig, adj. крушкаст; —garten, m. крушник; —most. —wein, m. крушковац, крушковача.
Birsch, f. лов (с пушком); —pulver, n. барут, прах за лов; —rohr, n. пушка ловачка.
bis, prp. до; — adv. док, докле, што; —dahin, дотас, донде; — dorthin, донде; —hieher, довде; — vor kurzem, доскора; —auf eine gewisse Strecke, доиекле.
Bisam, m. мошак; —bod, m. Bisamthier; —buster, n. кицошан, гиздавн; —kate, f. f. Zibethkatze; —korn, n. мошкатово зрно; —thier, n. —ziege, f. мошак.
Bischof, m. владика, епископ, бискуп; (Getränk) пиће од наранче.
bischöflich, adj. владичански, владични, бискупски, бискупов.
Bisthum, n. бискупија, владичанство; —hut, m. —mütze, f. митра; —mantel, m. плашт; —stab, m. штака, пастирски штап; —thum, f. Bisthum; —würde, f. бискупство, владичанство, епископство.
bisher, adv. досле, досад, довде; —ig, adj. досадањи, досадашњи.
Bismuth, f. Wißmuth.
Bison, f. Auerochs.

Biscuit, n. бешкот, пишкота.
Biß, m. ујединпа, ујeдање, окусак.
Bißchen, n. комадић, трина, залогај; (wenig) мало, малчице.
Bissen, m. залогај, комад, кус; еs gibt hier schmale —, овде се танко једе.
bissig, f. beißig.
Bisthum, n. бискупија, спархија, дијецеза.
bisweilen, adv. каткад, кашто, овда онда.
Bitt, (in Zusammen.) молбени.
Bitt e, f. молба, прозба; —еn, v. a. молити, замолити, молити се, мољакати, окапати, просити; einen zu Mittag —, позвати на обед.
bitter, adj. горак, жухак, грк, љут; (erbittert) огорчен, опор, срдит, љут, једак; (beißend im Reden), једак; böfe, adj. весма срдит, љут, једак; —bistel, f. блажени чкаљ; —kalt, adj. вело студен, цича; —keit, f. грчина, горчика, жукост; fig. опорост, огорченост, срдитост, љутост; —sich adj. горак, љут; adv. горко, љуто; —salz, n. горка со; —süß, n. разводник; —wasser, n. горка вода; —wein, m. пелепаш, пелеповац.
Bitt frohne, f. моба; —gang, m. литија; —lich, —weise, adv. на молбу, молбом, молбено, просећи, молећи, прозбено; —schrift, f. молбеница, прозба; —steller, m. проситељ; —weise, adj. молбом, путем молбе.
Blach feld, n. раван, равница, рудина, пољана; —frost, m. суха зима.
Blachfisch, m. спла, олиган, улигањ.
Bläh en, v. a. надути, надимати; sich —, v. r. падимати се, печити се, охолити се; —ung, f. —ungen, pl. ветрови, падим.
Blank, adj. бео, чист; светао, сјајан; го, наг; er ist —, нема ни парице.
Bläuker, m. чаркаш; —n, v. n. чаркати се.
Blankett, n. белица, чисти лист.
Blärren, v. n. кричати, кељкати.
Bläschen, n. мехурић, бешичица.
Blase, f. мехур, бешика; пришт, клобук (на води); — zum Destilliren, котао, ламбик; —balg, m. мех, мехови, духало; —instrument, n. свирала, свирка, свирајка.
blasen, v. a. пухати, запухати, пирити, подухати, дувати; die Trompete —, затрубити; ein Instrument —, свирати.
Blasen-baum, m. жута багрена, Colutea arborescens L.; —bruch, m. киле; —grün, n. пасјаково зеленило, пасјаковина, Rhamnus catharticus L.; —hut, m. капак, напа од котла; —nuß, f. Pimpernuß; —pflaster, n. мехурник; —stein, m. камен мокраћни; —strauch, f. Bla senbaum.
Blaser, m. свирац, свирач.
Blaserohr, n. пухаљка, пухалица.
blasicht, adj. мехураст, бешичаст.
blasig, adj. мехуран, испришта.
Blason, m. грб; —iren, v. a. малати (цимере властеоске); тумачити знамења на грбовима; —irkunst, f. грбословље; —ist, m. грбослов.
blaß, adj. сур, блед; —gelb, adj. жућкаст; —grün, adj. зеленикаст; —roth, adj. руменикаст.

Blässe, f. блeдоћа, блeдпло; — am Pferde, лиса; ein Pferd mit einer —, лисаст; лисац.
Bläß-huhn, n. —ling, m. —ente, f. сарка, лиска; Fulica atra, Linn.
Blatt, n. перо, лист, лиска; Blätter von Bäumen, лишће; — von Papier, листови; — eines Tisches, даска; — einer Säge, пила, тестера; die öffentlichen Blätter, новине; sich kein Blatt vor den Mund nehmen, неизвијати; —ähnlich, adj. листаст.
Blättchen, n. листак, листић.
blatten, v. a. обрати, брати лишће, комити, окомити.
Blatter, f. краста; die Blattern, красте, козе, козице, оспе, осипце, богиње.
blätter-bringend, adj. листородан; — gewaches, n. пита; —gold, f. Blattgold; —ig, adj. љускав, дрозгав; лиспат; —los, adj. без лишћа; — magen, m. трећи желудац у преживача.
Blatter-materie, f. —gift, n. отров од козица.
blättern, v. a. преметати, превртати књигу; кидати, брати лишће; sich —, v. r. листати се, цепати се.
Blatter-narbe, —grube, f. рапа; —narbig, adj. богињав, оспичав, рохав, рапав; ein —er Mensch, рапу, рапоња; —einimpfung, f. цепљење коза.
Blätter-schwamm, m. печурка, гљива; —tabak, m. духан у листу; —teig, m. јувка; —weise, adv. лист по лист, на листове.
Blatt-floh, m. бухач, бухача, бубина; —gold, n. злато у листу; —laus, f. уш, ушењак, мутица; —sauger, m. бухач; —seite, f. страна; —silber, n. сребро у листу; —stiel, n. главна греда; —wickler, m. завијач, Phalaena tortrix L.; —zinn, n. коситар у листу.
blau, adj. плав, модар, сињи, плаветан; —, n. модрина, плаветнило; —äugig, adj. модроок, плавоок; —beere, f. Heidelbeere; —aussehen, n. плављење.
Bläue, f. модрило, плаветнило.
Bläuel, m. маљ, пратљача.
blauen, v. n. модрити, омодрити, оплавити.
bläuen, v. a. тући, бити, лемати.
Blau-farbe, f. плавило, плаветнило; —holz, n. варзило; —fehlchen, n. црвенперка.
bläulich, adj. модрикаст, плавичаст.
Blau-mahl, n. модрица, масница; —mahlig, adj. модар; —meise, f. сеница; —säure, f. пруска киселина; —schimmel, m. жерав; —specht, m. брктоћ, пузавац; —strumpf, m. жена списатељка; —vitriol, m. плаветни камен, очни камен, коњски камен, плаветњак; —wasser, n. небеска вода (у кемији); —ziemer, m. браветак, боровњак, црпогај (птица).
Blech, m. лим, тапеће, лама; —en, v. a. (gem. zahlen), платити; —ern, adj. лимен, ламон; —hammer, m. —hütte, ковачница за лим; —handschuh, m. рукавица гвоздена; —münze, f. танки новчић; брактеат; —ner, —schläger, —schmied, m. лимар, клепар.
blechen, v. a. кесити се, церити се.
Blei, n. олово; —aber, f. жица, руда оловна.
bleiben, v. n. остати, остануту; населити се, скрасити се; настанити се; становати, обитавати; трајати, постојати; im Kriege —, погинути; bei etwas —, држати се чега; — lassen, v. a. оставити, оставити се, махнути се, останути се; Bleiben, n. станак.
bleibend, adj. сталан, постојан, тврд; er hat keine —e Stätte, неможе скрасити се.
bleich, adj. блeђан, блeд; —, f. блeдоћа; белило, бељење: —en, v. n. бледити, побледити; — v. a. белити, убелити; —, n. бељење, попрање, белидба; —in, f. бељарица, бељача; —platz, m. белило; —sucht, f. бледоћа; —wand, f. зид, платно.
Bleiche, f. деверика, Cyprinus brama L.
blei-ern, adj. олован; —erz, n. оловна руда; —farbig, adj. олован; —feder, f. —stift; —gang, m. —ader; —glanz, m. проста оловна руда; —glätte, f. Glätte; —grau, adj. сив; —icht, —haft, adj. оловнаст; —loth, n. калампр; —recht, adj. по калампру; —schnur, f. —wurf, m. калампр; —siegel, n. олово; das — an einen Ballen anlegen, ударити олово на дењак; —stift, m. писаљка, оловка, плајваз; —wage, f. ливел; —weiß, n. белило; —zeichen, f. —siegel; —zeug, m. справа за олово стакларско.
Blende, f. врата слепа, прозор слепи; пањега; заклон од свеће.
blend-en, v. a. ослепити, ископати очи; забелштити; fig. заслепити, засенити; —end, adj. бљештећ; —fenster, n. прозор од папира; —laterne f. слепица, татица; —leder, f. Augenleder; —ling, m. копилан, копиле, уметак (коњ); —rahmen, f. Blindrahmen; —ung, f. ослепљење, бљештење; слепило, заклон; —werk, n. опсена, засена, обмана; ein — vormachen, заслепити, опсенити.
blessiren, v. a. ранити.
Blessur, f. рана.
Bletz, m. гвозден клип (у руда); —faß, n. калопница.
Blick, m. поглед, мах, миг, трепутав, трепуће; (Schimmer) сјај, блеск; —en, v. a. гледати, гледнути, загледати, замерити, погледати, бацити око; sich — lassen, показати се; — v. n. сјати, светлити се, блистати се; —feuer, n. лажни огањ.
blind, adj. слеп; лажан; (vom Glase), мутан; —laden, без зрна набити; —er Lärm, празна бука; —er Schuß, хитац у ветар; —es Glück, луда срећа; —er Passagier, путник потајни; —darm, m. кулен.
Blinde, m. слепац; — f. слепица.
Blindekuh, Blindemans, f. жмура, тутмиш, тутумиш, слепи миш.
blind-geboren, adj. слеп од рођења; —heit, слепост, слепота; —lings, adv. слепо, хораво; —rahmen, m. оквир цртачки; —schleiche, f. слепица, слепић; fig. слепац, варалица; —schuß, m. хитац без зрна.
blinken, v. n. сјати, блистати се, светлити се; сустуцати се, пресјавати се, светломрцати, светломрцнути; mit den Augen — , мигати очима; намигнути.
Blinzelmäuschen, f. жмура, слепи миш.
blinz-en, blinzeln, v. n. шкиљити, жмирати, жми-

рити; мицати, намигивати; —end, adj. жмирав, мигав; —fer, m. жмиравац, мигавац.

Blitz, m. муња, севав, светлица; гром. тресак, стрела; —ableiter, m. громовод; еn, v. n. севати, сјати, блистати, блистати се; es blitzt, муња сева; — end, adj. муњевит; —schlag, m. гром, стрела, тресак; —schnell, adj. муњевит; —strahl, муња, гром.

Block, m. пањ, клада, хреб, шуљ, краљ, гаслак; комад; —haus, n. кладара, кула, чардак; (Strafe) кладе; —farren, f. —wagen; —pfeife, f. самотворна свирала; —tad, n. котур; —wagen, m. тарнице; —zinn, n. косистар у комаду.

Blofade, f. муасера, затвор, опсада, опступање; —iren, v. a. умуасерити, затворити, опсадити, опступити; —irung, f. f. Blofade.

Blöd auge, n. слаб вид; —е, adj. страшив. туњав, срамежљив; луд, туп; —igfeit, f. стидљивост, срамежљивост, туњавост, тупост; —sichtig, adj. слаба вида; —sinn, m. —sinnigfeit, f. слабоумље, слабоумство, тупост; —sinnig, adj. слаб, слабоуман, туп.

blöfen, v. n. мечати, блејати; n. блејање, блека; мечање, јека.

blond, adj. плав; —e, m. плавша, —ine, f. гдавојка, плавка; —haarig, adj. плавокос; —topf, m. плавша, плавка, плавојка.

blos, adj. го, наг; сам, чист; (von den Füßen) бос, босоног; (vom Kopfe) гологлав, (arm) сиромах, убог; mit blosen Händen, празним рукама; — adv. само, тек, цигло, голо, наго; sich der Gefahr — stellen, бацити се у опасност.

Blöse, f. голота, нагота; слабост, мана; eine — geben, показати сламу страну.

blüh en, v. n. цвасти, цветати, цавтети, расцветати се; fig. у обичају бити; —, n. цретање; — end, adj. расцветао.

Blume, f. цвет, рожица, цвеће; лиса (у коња). Blümchen, n. цветак; реп (од зеца).

Blumen-asch, m. f. Blumentopf; —beet, n. леја, леха; —binde, f. низ, венац од цвећа; —blatt, n. лист, перо, перце; —büschel, m. кита цвећа, китица, бокор, бокорић; —faden, m. f. Staubfaden; —flor, f. цвеће; —frau, f. вртарка; —freund, f. f. —liebhaber; —garten, m. цветник, градина; —gebinde, n. f. —binde; —gehänge, n. низ, венац од цвећа; —göttin, f. Флора, Цвета; —kenner, m. цветар; —knospe, f. пупољак; —kohl, m. каулин, карафиол; —krone, f. кита па цвећу; —liebhaber, m. цветар, цветољуб; —monat, m. мај, свибањ; —reich, adj. цветородан, цветоносан; —sprache, f. говор цвећа; —staub, m. —mehl, n. прашак, прах (од цвета); —straus, m. кита цвећа; —süd, n. f. —beet; —thee, m. чај царски; —topf, m. scherbe, f. граста, саксија, лонац за цвеће; —wert, m. —zierath, m. цвеће; —zeit, f. цветање.

blumicht, adj. цветан, цветоносан. [тове.

blumig, adj. (v. Zeugstoffen) цветаст, на цветима.

Blümlein, m. цветарь.

Blümlein, n. f. Blümchen.

Blut, n. крв, крвца; — lassen, крв пустити; mit — beflecken, обрвавити, скрвавити, кр-

вавити; —ader, f. жила; —arm, adj. пуки сиромах, убог; —bad, n. покланье, покољ, крвопролиће, сеча; —bann, m. f. —gericht; —beflect, adj. крвав; —beschreibung, f. крвоpис; —beule, f. (bei Pferden) крвавица; —bühne, f. губилиште, стратиште; —durst, m. крволочност; —dürstig, adj. крволочан, крвожедан, крволок, крвопија; —egel, m. пијавица, —egelhändler, m. пијавичар; —en, v. n. крв тећи, ићи, крварити, лопити; —end, adj. крван; —erzeugend, adj. крвотворан; —erzeugung, f. крвотворје; —fahne, f. црвена застава; —farbig, adj. крвав, алов; —fluss, m. зановака; —fluss, dang, m. простроц; шуљеви; —fremd, adj. сасним непознат, туђ; —geld, n. крвнина, крварина; —gericht, n. крвно коло, крвави суд; —gerüst, n. f. —bühne; —geschwür, n. чир, поганац; —gier, f. крволочност; —gierig, adj. крволочан, крвопија, крволок; —harnen, n. крвоточина.

Blüthe, f. цвет, бехар, цветање; — des Alters, напон; —zeit, f. цветање.

Blut hirse, f. сурпи, panicum sanguinale L.; —ig, adj. крвав; —igel, f. Blutegel; —jung, adj. млад као капља; —lasten, m. срце (у ловака); —kraut, n. ирдељ, polygonum; —lehre, f. крвословље; —los, adj. без крви; —pfirsche, f. бресква црвена; —rache, f. крвна освета; —regierung, f. крволоштво; —reich, adj. пун крви; —roth, adj. алов, црвен као крв; —rünstig, adj. крвав; —sauer, adj. горак, мучан, крвав; —sauger, m. крвопија, вампир; —schande, f. родоскврност. крвомешња; —schänder, m. родоскврник; —schänderisch, adj. родоскврнав.

Blut schuld, f. крв, убијство; —schwär, f. —geschwür; —freund, m. рођак, свој, сродник; —freundin, f. рођакиња; —freundschaft, f. род, својта, сродство, родбина; —verwandte, f. —freund; —verwandtschaft, f. f. —freundschaft; —urtheil, n. осуда смртна; —vergießen, n. крвопролиће; —vergießer, m. крволија, крвопролитник; —wenig, adv. после мало; —wurst, f. крвавица; —zeuge, m. мученик; —zwang, m. срдобоља.

Boberelle, f. f. Judenkirsche.

Bocal, m. f. Pokal.

Bock, m. јарац, прч; (Kutschbock), бак, кош, седало; (der Zimmerleute), коњ; (Fehler), погрешка.

Böckchen, n. јарчић, козлић, јаре.

bockbeinig, adj. козоног; тврдоглав.

bocken, v. n. прцати се; (bocksich riechen), ударати па прчевину; (einen Fehler machen), погрешити.

Bock fleisch, n. јарчевина, прчевина; —flöte, f. фрула, свирала; —geifant, m. прчевина; —blatt, n. кострет; —ich, —ig, adj. прчевит; —leder, n. јарећа, козја кожа; —pfeife, f. дуде, гајде, дипле; —pfeifer, m. гајдаш, дудам, диплар.

Bocks bart, m. туровет, козја брада; —beere, f. f. Haalbeere; —beutel, m. старински обичај; —horn, n. козји рог; einen ins — jagen, уплашити; —hörner, m. pl. рошчићи,

Boden — 79 — Botanik

рогачи; —ѕprung, m. скок са сплетеним ногама.
Boden, m. земља, земљиште, површје земље; (Fußboden), тле, тли, под, патос: (eines Gefäßes), данце, задно, дно; (Oberboden), таван; (Kornboden), хамбар, житница; (Unterlage), подина; (im Pferdestall), подбој; (im Flintenlauf), курјук, огњиште, торња, хазна; auf den —, доле, на земљу; am —, на тлима; —legen, пополити; zu — werfen, бацити на тле; zu — drücken, потлачити, попизити; —bret, n. дно; —dauben (mittlere), f. срећ; —fenster, n. умино, у њима, сомић, окно па крову; —fries, m. (Artillerie), урес на репу од топа; —früchte, f. pl летина; —geschoß, n. рази земље; —holz, n. дно; —los, adj. бездањи, бездан; —ſaß, m. дрожда, дрождина, буза, мутеж, талог; —ſtein, m. доњак (камен воденични); —ſtück, —ſelb, n. (Artillerie), дно од топа: —teig, m. доња кора од теста; —zieher, m. (Artillerie), вадидно; —zins, m. бир (од земље).
bödmen, v. a. потаванити, таванити; ein Faß —, задинити, задинивати; das Zimmer —, патосати.
Bodmerei, f. бодмерија, зајам господару од брода.
Bogen, m. лук; (Gewölbe), свод, болта, волта; (Violinbogen), гудало; (Papier), коло, лист, арак, табак; an der Keule, перо; —decke, f. свод, волта, болта; —förmig, adj. попут лука; —gang, m. придворје, сведен ходник; ein Buch in —, књига на велико коло; —laube, f. сеница, барас, брајда, вирница; —schütz, m. стрелац; —sehne, f. тетива; —stellung, f. аркада; свод; —weise, adv. лист по лист, табак по табак.
Bogspriet, f. Bugspriet.
Bohle, f. дебела даска, греппца.
bohlen, v. a. патосати.
Bohne, f. боб, грах, пасуљ.
bohnen, v. a. вощтити, навоштити, гладити (тле воском); —, n. воштење, глађење (воском).
Bohnen-acker, m. бобиште; —blatt, n. бобовник; —kraut, n. чубар; —schote, f. божања; —stroh, n. бобовина, пасуљевина.
Bohreisen, n. сврдло.
Bohren, v. a. бушити, вртети; —er, m. сврдло, сврдао, чивијник, поличњак, бургија; —klippe, f. кљеште; кљешта (у рудара); —kratzer, m. стругач (у рудара); —loch, n. бушотина; —mehl, n. —späne, pl. трин; —schmied, m. сврдар.
Boisalz, n. морска со.
Bojar, m. бољар; —in, f. бољарка, бољаркиња; —isch, adj. бољарски.
Boje, f. веха, веја, знак од сидра.
Bötel, m. саламура; —fleisch, n. s. Pötelfleisch.
Bolle, m. во.
Bolle, f. лук, главица.
Böller, m. прапгица, мужар.
Bollette, f. поваска.
bollicht, bollig, adj. бобуласт.
Bollwerk, n. бастијун; утврђење, тврђава.
Bolus, m. болус, (глина).

Bolzen, m. стрела; клин, заворан.
Bombarde, f. лубарда, кумбара; —ier, m. кумбараџија, бомбардер; —iren, v. a. лубардати.
Bombasin, m. бомбазин.
Bombast, m. надут говор, стил.
Bombe, f. лубарда, кумбара.
Bombenfeuer, n. лубардање.
Boot, n. шајка, чун, чамац, барка, орапица.
Boots-haken, m. чакља; —knecht, —mann, m. морнар, лађар, возар.
Borak, m. борач.
Bord, m. крај, окрајак, страна; an — gehen, укрцати се; über — werfen, бацити у воду.
Borde, f. s. Borte.
Börde, f. плодовита земља.
Bordell, n. бурдељ, јавна сводница.
bordir-en, v. a. опшити, обрубити, опшивати, рубити; —ung, f. опшивање, поруб, руб; rajtan, pojte, pece.
Borg, m. бравац.
Borg, m. почек, причек, вера, вересија, зајам; auf — geben, дати на почек, на веру, узајмити; —en, v. a. запмати, узети на веру, у зајам узети, узајмити, посудити; —er, m. узајмлач; —geber, m. зајмодавац; —weise, adv. на веру, на почек.
Borke, f. кора, краста.
Born, m. студенац, зденац, кладенац; врело, врутак, извор; бунар.
Borrago, Borragen, Borretsch, m. лисичина, краставица.
Börse, f. мошња, тоболац, кеса, бурса; —curs, m. течај бурсе; —mäßig, adv. по бурси; —zettel, m. бурсница.
Borst, m. пукотина.
Borstbesen, m. четка.
Borste, f. чекиња.
borstig, sich, v. r. јежити се, кострешити се, сргшити; —vieh, n. свиња, сопње.
borstig, adj. чекињав, накострешен.
Borstwisch, m. s. Kehrwisch.
Borte, f. крај, поруб, окрајак; первaз, шерит; —wirker, m. казaз.
bösartig, adj. зао, опак, злочест, злоћудан, злобан; —keit, f. злоба, пакост, злоћудност.
Böschung, f. шкарпа.
Böse, f. s. Federkiel.
böse, adj. штетан, зао, худ, опак, злопак, зловаран; злочест: срдит, разјарен, гњеван, љут, једак; einen — machen, расрдити, љутити, ражљутити кога; — werden, ражљутити се, разјарити се, прозлити се.
Bösewicht, m. зликовац, злочинац, злотвор, злица.
boshaft, adj. пакостан.
Bosheit, f. пакост, опачина, злоба, злоћа, худоћа.
Bossel kugel, —platz, s. Kegelkugel, Kegelplatz.
bossiren, v. a. правити кипове од воска или садре.
böswillig, adj. злоћудан, зле ћуди; —keit, f. злоћудност.
Bostel, s. Kegeln.
Botanik, f. биљословље; —er, m. ботаник, биљослов.

botanisch, adj. ботанички, билословски.
botanisiren, v. n. тражити, купити траве, биљке.
Bot, n. понуда.
Bot, n. f. Boot.
Bote, m. гласник, огласник, гласоноша, вестник; покисар, посланик; einen — и ит Jemanden schicken, поручити, послати по кога.
Boten-, (in Zusamm.) гласнички; —lohn, m. попутнина.
Botin, f. гласница.
botmäßig, adj. потчињен; —keit, f. власт, област, подручје.
Botschaft, f. порука, глас, вест; посланство, велепосланство; —er, m. поклисар, посланик, велепосланик, велики посланик; —erin, f. поклисарка, посланиковица.
Böttcher, m. бачвар; —schlegel, m. маљица; —zange, f. вук; —zirkel, m. шестар.
Bottich, m. када, каца, бадањ.
Bouteille, f. f. Flasche.
Boy, m. баја (материја вунена); —en, adj. од баје.
brach, adv. пуст, угарен; —liegen, пуст бити, стојати на угару; —acker, m. —e, f. —feld, n. угар, угарница, парлог; v. a. ломити, угарити; —en, n. угарење; —feld, n. f. —acker, m. —täfer, m. говновањ, гундевал; —lerche, f. горска шева; —monat, m. јуние, липањ.
Brachse f. —n, m. деверика, Cyprinus brama L.
Brachweide, f. паша по угару, по ледини.
Brack, Bracke, m. f. Schweißhund.
Brack, n. одбрак.
bracken, v. a. одбирати, избирати; требити.
Brackendistel, f. котрљан; рекеш.
Bracker, m. одбирач, избирач.
brähnen, v. n. букарити се.
Bräme, f. f. Verbrämung.
brämen, f. verbrämen.
Bramine, m. брамин.
Brand, m. огањ, ватра, паљевина, пожар, опала; главња, угарак, угарица; ein — Brod 2c. печ; — im Korn, главница, снет; kalte —, вучац, учац; (Knochenbrand), цветочина у кости; Brand, (in Zusamm.) пожарни; —bettler, m. погорелац; —blase, f. мехур, прншт.
branden, v. n. бибати се; ломити се, бити се (о брег морски).
Brander, m. Brandschiff, мајка ватрена.
Brandfleck-en, m. мехур од ватре, рана.
Brand-fuchs, m. лисица црна трбуха; рђан (коњ); —geruch, —geschmack, m. паљевина; —glocke, f. f. Sturmglocke; —icht, adj. загорен; —ig, adj. снетљив, главничав; —korn, n. у житу главница; —leger, m. паликућа.
Brandmal, n. жиг; прекор.
Brandmark, f. жиг; —en, brandmalen, v. a. жигосати, жиговати, ударити жиг; осрамотити; —ung, f. жигосање, жиговање.
Brand-mauer, f. забат; —meise, f. Kohlmeise; —opfer, n. жртва паљеница; —schatzen, v. a. ударати, ударити намет на место, уценити, уцењавати; —schatzung, f. уцена; —sohle, f. други пoплaт; —spritze, f. Feuerspritze;

—stätte, f. гариште, погорелиште, огорелиште, палиште, огарина, паљика.
Brandung, f. бибавица, трбушина; ударање мора о брег.
Branntwein, m. ракија, препеченица, препека, пресек, ртница, башица; цујка; жапица; —blase, f. казан; —brenner, m. ракицина; —brennerei, f. ракиџиница, пецара; —glas, n. купица, чашица; —haus, n. ракицница; —trinker, m. ракиџаш.
Brasilienholz, n. варзило.
Braß, m. одбрица.
Bratbock, m. коза (на огњишту).
braten, v. a. пећи, испећи; пржити; пурити.
Braten, m. печенка, печење, печиво, печеница.
Bratfisch, m. јаз, cyprinus ballerus.
Bratpfanne, f. тава, ђувече, тепсија.
Bratsche, f. велике гегде.
Bratspieß, m. ражањ.
Bratwurst, f. кобасица, месњача.
Brauch, m. f. Gebrauch.
brauchbar, adj. користан, способан, употребив, за посао; —keit, f. корист, способност, употребивост.
brauchen, v. a. требовати, требати, потребовати; was braucht es der Worte? нашто речи? das brauche ich nicht? не треба ми; er braucht es nur zu sagen, само нек каже.
bräuchlich, f. gebräuchlich.
brau-en, v. a. варити; —er, m. пивар; —erei, f. пивара; пиварство; —gerechtigkeit, f. пиворарство; —haus, n. —hof, n. пивара; —meister, m. пивар. [част.
braun, adj. мрк, загасит, црномањаст; дора-
Bräune, f. гропница, крајнци; — bekommen, огрнчати се.
bräunen, v. a. пећи, пржити; — v. n. (reifen) зрети; (braun werden) цpнити, поцрнити.
Braunkohl, m. црвени купус.
bräunlich, adj. прикаст, црномањаст, мрк; дораст.
braunroth, adj. вишњев, вишњикаст; —sched, f. шарац; —stein, m. везин.
Braurecht, n. f. Braugerechtigkeit.
Braus, m. im Sause und Brause leben, живети раскошно, пировати без престанка.
Brausche, f. модрица.
Brause, f. кипљење, врење; шум; глава од залевача.
brausen, v. n. шумити, шуморити, хујати, врети, кипети, крктати; беснити, пенити се; —, n. шум, шумор, крктање.
brausend, adj. жесток.
Brausewind, m. ветрогоња, ветропек, ветропир.
brausicht, adj. осоран, нагао, жесток.
Braut, f. невеста, невестица, нева, снаха, снаша; заручница, верепица, млада, младица; заручача, удадовница; —jufer, m. (ручни) девер; —geräth, n. мираз, прњига.
Bräutigam, m. женик, младожења, заручник, вереник.
Braut-hemd, n. венчана кошуља; —kleid, n. халина венчана; —kranz, m. венац венчани; —leute, pl. заручници, вереници, младенци; —lied, n. песма сватовска; —lich, adj. невестински невестачки; —nacht, f.

сватовска; —ring, m. венчани прстен; —
ſchaṫ, m. мираз, прћија; —ſchleier, m. ду-
вак, вео, вањел, превес; —ſtanb, m. младо-
вање; —werber, m. просац, просиоц, упро-
синк, проводаџија.
Brauweſen, m. пиварство, ниворарство.
brav, adj. добар, поштен, ваљан, вредан, хра-
бар, врстан, храбрен; —heit, f. врсноћа; —,
interj. аферим.
brechbar, adj. крт, слаб, ломак; —keit, f. кр-
тост, ломкост.
Breche, f. трлица.   (полуга.
Brech=eiſen, n. —ſtange, f. пралица, ћускија.
brechen, v. a. разбити, пребити, скрхати, кр-
шити, крхати, скршити, поломити, уломи-
ти, сломити, ломити, разломити, одломи-
ти; Flachs —, трлити, трти лан; (übertreten)
превршати, преступити; das Stillſchweigen
—, пресећи мучање; das Wort —, поређи;
die Bahn —, пртити, пробити пут; Blumen
—, убрати цвет; Papier —, савити лист;
den Stab über einen —, осудити; gebrochene
Stimme, глас слаб; die Ehe —, оскрнути
брак; —, v. n. пробити се, сломити се,
преломити се; скршити се; (durchbrechen),
продерати, пробуhи се; mit einem —, сва-
дити се; (die Augen eines Sterbenden), му-
тити се; der Tag bricht hervor, свиће, сва-
њива; der Wein bricht, разбија се, мути се
вино; ſich —, v. г. бљувати, побљувати се;
разбити се, променити се, мешати се; од-
бити се.
Brech=fieber, n. грозница с бљувањем; —ham-
mer, m. велики маљ; —meißel, m. бравар-
ско длето; —mittel, —pulver, n. лек за бљу-
вање: —nuß, f. отровни орах; —punkt, m.
(der Lichtſtrahlen), одбојна точка, тачка;
—ung, f. одбијање, преламање.
Brei, m. каша.
breiig, adj. кашаст.
breit, adj. широк, простран; ſich — machen,
ширити се, разбашити се; einen — ſchlagen,
преварити, обманути; —beil, n. —axt, f.
брадва; —brüſtig, adj. прсат.
Breite, f. ширина, простор.
breiten, v. a. ширити, стерати.
breitſchulterig, adj. плећат.
Bremſe, f. обад, штрк, штркаљ.
bremſen, v. a. упрнути коња; зауставити.
brennbar, adj. упаљив; сух; —keit, f. упаљивост.
Brenneiſen, n. рудало; жиг.
brenn=en, v. a. жећи, палити, прљити, пећи,
пржити, горети; Haare —, рудити; mit
glühendem Eiſen —, прожећи, прижећи; fig.
гристи; — v. n. пламтити, жарити, горсти;
es brennt! пече, жеже! —end, adj. ватрен;
—er, m. жижак; —erde, f. ſ. Torf; —glas,
n. бижур; —haus, n. ракиџиница, пецара;
—heiß, adj. врео; —holz, n. огрев, дрва;
—kelben, m. котао; —neſſel, f. коприва; —
punkt, m. огњиште; —ſtoff, m. гориво.
brennzeln, v. a. ударати на паљевину.
Breſche, f. пролом, назгала.
Bret, n. даска, лопатак; трепица; —chen, n.
дашчица; —terhütte, f. дашчара; —ern, adj.
дашчани; —erwerk, n. даске; —geige, f. ма-
ло гуслице (у мештара од плеса); —mühle, f.
Schneidemühle; —ſäge, f. пила, тестера; —
ſpiel, n. коцке, коцкање; —ſtein, m. коцка.
Breve, n. брева (лист папни).
Brevier, n. бревнјар, требник.
Brezel, f. перотац, перец, переца.
Brief, m. лист, писмо, књига, посланица;
(Zuſchrift), допис; —chen, n. листић, писам-
це, књижица; —bote, m. књигоноша; —lich,
adj. писмен; —porto, n. поштарина; —poſt,
f. пошта; —ſammlung, f. писмобер: ſchaf-
ten, pl. писма, хартије; —ſteher, m. листо-
бод; —ſteller, m. писар, писац; писмар, пи-
смовник; —tabaf, m. духан у калупу; —
taſche, f. листница, буђелар; —träger, m.
листоноша, књигоноша, писмоноша; —um-
ſchlag, m. завој, завитак; —wechſel, m. до-
писивање.
Brigad=e, f. бригада; —ier, m. бригадер, бри-
гадар, бригадник.
Brigantine, f. бригантин.
Brillant, Brilliant, m. брилијант, алем.
Brillen, f. pl. очали, наочали, очари, наоча-
ри, наочник, наочница.
brilliren, v. n. сјати, сјати се.
bringen, v. a. донети, доносити, напети, при-
нети; довести; (hervorbringen), производити,
рађати; (verurſachen), проузрочити, чинити;
etwas auf einen —, окривити, обедити, из-
нети на кога; einen auf etwas —, павести,
наговорити кога; einen um etwas —, лишити;
einen Fleck aus einem Kleide —, изнадити;
es weit —, далеко дотерати; über das Herz
—, одлучити се, одважити се, накавнити;
in Erfahrung —, дознати, сазнати; Waa-
ren an Mann —, протурити; eine Tochter
an Mann —, удати; etwas vor ſich —, сте-
ћи, добавити, набавити, прибавити; an den
Tag —, изнети на видело; zu Papier —,
написати; Geld unter die Leute —, раздати
новце; ſich um's Leben —, убити се, скапати;
einen zum Zorn —, расрдити, ражљутити;
zu Stande —, начинити, направити; zu En-
de —, довршити, локончати, довршити.
Bringer, m. доносац.
Brocat, m. брокат, златоткаица.
brödelig, adj. мек, трошан.
brödeln, v. a. мрвити, трошити, крунити, дро-
бити, крушити.
Brocken, m. Brocke, f. мрва, дробљен, дроб-
љење, крушац; залогај, комадић.
brocken, v. a. дробити, надробити, мрвити.
bröcklich, adj. трошан.
Brob (Brot, Brodt), n. крух, крушац, хлеб, хлѣ-
бац; —bäcker, m. пекар, хлебар; —bauf, f.
пекарница; —baum, m. крушно дрво; —brei,
m. попара; —brett, n. пањнице; —dieb, m.
хабикрух, бесноспачац.
Broden, Brodem, m. пара; —erwerb, m. начин
живљења; —freſſer, m. хлебождер; —kammer,
f. хлебница.
Brob=korb, m. крошња; —körbchen, n. сапура,
сапурица; —krume, f. средина; —los, adj.
без круха, хлеба, без службе; —e Kunſt,
гладан занат; —neid, m. ненавист, завист
у занату; —reich, adj. хлебан; —er Ort,
6

хлебница, —rinbe, f. кора, корица; —fach, m. торба; —fchnitte, f. кришка; —trog, m. наћве, наћвице.
Broithahn, m. врста жива.
Brombeere, f. купина, црна јагода, чрства; —ftaube, f. купина, оструга; —ftrauch, m. купина.
Bronze, f. туч, сврзивач, бронза, мед; —en, adj. бронзан, медан; —iren, v. a. медити, омедити.
Brofame, f. мрва, мрвица, трунак, троха, трошица.
Bröschen, n. мрвица; fig. колико је црна под ноктом.
bröfeln, v. a. мрвити, смрвити, трунити.
Bruch, m. прелом; (Spalte, Riß), пукотина; (zerbrochene Stücke), цреиови, комади; (im Leibe), кила, пресега, продер; (im Tuche), набор; (in der Arithmetik), уломак, разломак.
Bruch, n. млака, бара, риш; мајдан.
Bruchband, n. потпасач, утега.
brüchig, adj. ломљив, чурук.
Bruchtraut, n. килавица, herniaria L.; —filber, n. уломци сребра; —ftein, m. неотесан камен; —ftück, n. уломак, одломак.
Brücke, f. мост, ћуприја.
Brückchen, n. мостић, ћупријца.
brücken, v. a. мостити, премостити.
Brückenbogen, m. свод, око; —joch, n. ступ; —lehne, f. наслон; —manth, f. мостовина; —pfeiler, m. ступ; —fchanze, f. —kopf, m. мостобран; —zoll, m. —gelb, n. мостовина.
Brückung, f. подбој.
Brudel, m. пара; извор; каљуга; —n, v. n. клокотати, врети.
Bruder, m. брат; ein luftiger —, веселак; (in Zufamm.) братински.
Brüderchen, n. братац, брајан, браца.
Brudertind, n. синовче, синовац, братић, синовица, братичина.
brüderlich, adj. братски, братински; —teit, f. братска (љубав).
Bruderliebe, f. братска (љубав); —mord, m. братоубијство; —mörder, m. братоубица; —fchaft, f. братинство; —fohn, m. синовац, братић, братанић; —tochter, f. синовица, братанница, братичина; —weib, n. снаха, невеста.
Brühe, f. јуха, чорба; —en, v. a. парити, попарити, опарити; шурити; —faß, n. —trog, m. парнопица; —futter, n. напој; —heiß, —fiedenheiß, —warm, adj. врео.
brüllen, v. a. n. кривити се, рикати, рукати; (vom Rindvieh), мукати, букати, рулати; хујати.
Brüllochs, m. букач.
Brumm-bär, —bart, —tater, m. гунђало; —eifen, n. дромбуља, брунда; гунђало; —en, v. n. гунђати; —er, —ochs, m. бик; —fliege, f. зујалица; —treifel, m. жврк, зврчка, зук, зујача, зујалица, велика чигра; радиш, вртавка.
Brunelle, f. брњола (врста туркуља сушених).
brunet, adj. смеђ, црномањаст.
Brunft, f. упала, терање; in der — fein, па-

сти се, терати се, водити се; —en, v. n. терати се, водити се, упалити се.
Brunir eifen, n. —ftahl, m. гладило; —iren, v. a. гладити.
Brunnen, m. бунар, студенац, здепац, кладенац; врело, извор, врутак; убао, убли; —aber, m. жица; —becken, n. каменица, валов, плитвица; —geländer, n. грло, грлић; —taften, m. f. —geländer; —fchwengel, m. ђерма, ђерам.
Brunnquelle, f. врутак, врело, извор.
Brunft, f. fig. ватра, пламен, топлота, жестина; (Begattungstrieb der Thiere), f. Brunft.
brünftig, adj. буцован, ватрен, жесток; —e, m. упаљеник; f. упаљеница.
Brunftzeit, f. доба терања, парења.
brunzen, v. a. (gem.) пишати, морати.
Bruft, f. прси, прса, груди; (der Frauen), сиса, дојка; die — reichen, подојити; an der — faugen, подојити дојке; fich in die — werfen, накокотити се; fich auf die — fchlagen, бусати се, буснути се; —baum, m. предње вратило, тупље вратило; —beerbaum, m. чичмак, чичиндра', жижула, rhamnus ziziphus L.; —beere, f. чичмак, чичиндра, жижула; —bein, n. кобилица, кобила; ломилица (у птица); —bild, n. попрсје.
brüften, fich, v. r. хвалити се, хвастати се, хрустити се, разметати се, шеширити се.
Bruft-fell, f. Zwerchfell; —fieber, n. сипајица грозница; —fled, n. оприњак; —harnifch, m. оклоп; —höhle, f. лажичица, ложничица, зличница; —tern, m. груди, прси; —latz, прслук; —lehne, f. наслон, прсобран; ограда; —leibchen, n. прслук, прсјук, пршљак; —riemen, n. пршљак; —am Pferde, прсина; —ftück, n. прси, груди, попрсје; —mamms, —tuch, n. f. —latz; —warze, f. брадавица; —wehr, f. прсобран; —wert, n. (gem.) дојке.
Brut, f. лежење; легло, кот, потсад.
brutal, adj. скотски, марвински; fig. груб, нељудски, неотесан; —ifiren, v. n. груб бити, попашати се нељудски.
brüten, v. a. лећи; седити на јајих; fig. мозгати, мудровати.
Brutei, n. насад, потсада.
Brüt-henne, f. квочка; —ig, adj. насађен; (Ei), оплођен.
Brutto-, (in Zuf.) несчишћен; —gewicht, n. вага с даром.
Bube, m. Bübchen, n. дете, деран, дерниште, дечко, дечак; (ein fchlechter Menfch), злоћа, лупеж; (im Kartenfpiel), дољнак.
Buben-ftreich, m. —ftüd, n. Büberei, f. лупештво, лоповштина, неваљалство.
Büb-in, f. неваљалица; —ifch, adj. зао, злочест; adv. лупешки.
Buch, n. књига; zu — e tragen, уписати у књигу; —abel, m. племство ученик људи.
Buchdruck, m. f. Druck.
Buchbinder, m. књижар, коричар, књиговезац; —bruder, m. печатар, штампар, тискар; —bruderei, f. штампарија, печатња, тискарница; —brudertunft, f. штампарство.
Buche, Büche, f. буква, буквић.

Bucheichel, Bucheder, f. буквица, жир буков.
Büchelchen, n. књижица.
buchen, adj. буков; —holz, n. буковина.
Buchenwald, m. буквик, шума букова.
Bücher-aufseher, m. библиотекар, књижничар; —bret, n. полица; —dieb, m. књигокрадица; —freund, m. књигољуб, књигољубац; —lich, adj. (tabular) укњижбено; —saal, m. —sammlung, f. књижница, библиотека; —sprache, f. књижевни језик; —tröbler, m. старинар, антиквар; —wurm, m. мољ, мољац.
Buch-esche, f. дивји јасен; —finf, m. зоба, зобац.
Buch-führer, f. Buchhalter; —führung, f. књиговодство.
buchhalt-en, v. n. водити рачуне, тефтерити; —en, n. —erei, —ung, f. рачуноводство; —er, m. књиговођа, рачуновођа; —erei, f. рачунарство; —erisch, adj. рачунарски; —tung, f. књиговодство; einfache, doppelte oder italienische —, просто, двоструко или талијанско књиговодство.
Buch-handel, m. књижарство; —händler, m. књижар; —handlung, f. књижарница, књижара; —laden, m. књижарница.
Büchlein, n. књижица.
Buchmast, m. жирење, жировина.
Buchs-baum, m. зеленика, мрчела, шимшир; —bäumen, adj. шимширов; —baumholz, n. шимшировина.
Büchse, f. кутија; пушка.
büchsen, v. a. пукнути, одапети из пушке.
Büchsen-kugel, f. таие, зрно, ћуле; —lauf, m. цев; —macher, m. пушкар; —pfennig, m. (im Bergw.) заштеђевина; —schaft, m. кундак; —schafter, m. пушкар; —schuß, m. хитац; пушкомет; —schütze, m. стрелац; —spanner, m. пушкопота.
Buchstab, m. слово, писме; —enlehre, f. бокавица; —iren, v. a. срицати, срећи.
buchstäblich, adj. буквалан, слован; — adv. буквално, словно, дословно.
Bucht, f. залив.
Buchweizen, m. хајда, хајдина, хељда.
Buckel, f. оков.
Buckel, m. грба; леђа, хрбат, плећи; —ig, adj. грбав.
bücken, sich, v. r. погнути се, погурити се, згурити се, грбити се, сагнути се; поклонити се.
Bückling, m. поклон; суха аринга.
Bude, f. шатра, дашчара, чатрља.
Budget, n. прорачун.
Büffel, m. биво; —augen, n. pl. волујар, волујарка; —fell, n. бивољача; —haft, adj. биволски; —haut, f. —leder, n. —rod, m. бивољача; —kalb, n. биволче; —kuh, f. биволица; —n, v. n. бубати.
Bug, m. прегибак, прегнутие; плећи (у брода).
Bügel, m. стремен; — am Schießgewehren, стража, браник; — am Degen, кош, руко-брaн; — über der Wiege, обруч; —eisen, n. утија; —n, v. a. утијати.
bugsir-en, v. a. (ein Schiff), ремућати, возити брод; —tau, n. ремућаље чело.
Bugspriet, n. боипрес (на броду).
Bugstüd, n. плеће; топ на прови.

Buhl-e, m. & f. љубавник, љубавница, милосник, милосница; —en, v. n. ашиковати; um etwas —, тражити; —er, m. милосник; швалер, женар; —erei, f. љубав; швалерање; —erin, —schwester, —birne, f. памгуша; блудница; —erisch, adj. швалераст; заљубљив; —schaft, f. Buhlerei.
Bühne, f. игралиште, позорница; театар, позорниште, казалиште; поприште; бина.
bühnen, v. a. патосати.
Bulle, f. була.
Bulle, Bullochs, m. бик.
Bullen-beißer, m. самсов, пcина; —kalb, n. теле.
Bullochs, f. Bulle.
bums, interj. луп! пљус! хоп!
Bund, m. савез, друштво; завет (библија); türkischer —, чалма.
Bund, n. сноп, смотак; чоп, калуп, руковет, парамак, дењак, свежањ, ручица, повесмо, мочиопица.
Bund-bruch, m. вероломство; —brüchig, adj. вероломан.
Bündel, n. дењак, парамак, тура, свежањ, замотуљак.
Bundes-, (in Zus.) савезни; —genoß, m.савезник; —lade, f. арка мира, шкриња мира.
bündig, adj. обвезан, законит; разговетан, кратак, једар; — adv. обвезно, законито; разговетно, једро; укратко; —keit, f. обвезност, законитост; разговетност, једрина.
Bündniß, n. савез; (Vertrag) погодба, уговор.
Bundschuhe, m. pl. опанке, пупцуке.
Bundsteg, m. доље дрво, олово (у штампара).
bunt, adj. шарен, шаровит, шарометан, шаркаст; es — treiben, марати; —e, n. марило; —gefiedert, adj. шаропер; —schecig, adj. граораст.
Buntspecht, m. детао, детлић.
Bürde, f. бреме, терет.
bürden, f. aufbürden. [дворац.
Burg, f. кастео, град, кула, тврђава, двор.
Burg-, (in Zus.) дворски.
Bürg-e, m. порук, јамац, јеман; —en, v. n. јемчити, јамчити, стојати добар за кога; —er, m. држављанин, грађанин, варошанин, пучанин; — (in Zus.), држављански, пучански, варошки, грађански; —frau, —in, f. грађанка, држављанка, пучка, варошанка, пучанка; —krieg, m. домаћи, грађански, међусобни рат; —lich, adj. грађански, пучански; ein —es Geschlecht, род непелеменит; ein Bürgerlicher, пучанин; —liebe, f. —finn, m. домородност; —mädchen, n. грађанска, неплеменита девојка; —meister, m. градоначелник, кмет, кнез, чеоник; —schaft, f. грађанство, грађани; држављанство; —stand, m. грађани, грађанство, пук, пучанство.
Burg-friede, m. округ дворски; —graf, m. поркелаб, надворник, дворник, дворски судац.
Bürgschaft, f. поручанство, јамчење, јемчење, јамство, јемство.
Burgvogt, m. кастелан.
Bursche, m. момак, детић, младић; деран, дечко, слуга; —en, pl. момчад, момчадија.
Bürsch, f. лов с пушком.

6*

bürschen, v. a. пуцати, ловити с пушком.
Burschenstand, m. момаштво.
Bürschhund, m. вижле, ловачки пас.
Bürschlein, n. момче, момчић, можуљак.
Bürste, f. Bürstchen, n. четка, четкица, четчица, кефа.
bürsten, v. a. кефати, четкати, чистити четком; —binder, n. кефар, четкар.
Bürzel, m. гурица, стражњица, реп.
Burzelbaum, m. премет, прекобацање; einen — machen, прекобацити се, преметати се, преметнути се.
Burzeldorn, m. бабини зуби, tribulus torrestris.
burzeln, v. n. смотати се доле, пасти, преметнути се; —d, adj. у ковитлац.
Busch, m. грм; кичица, китица, кита.
Büschlein, n. грмић.
Büschel, n. руковет. снопак, бокор, шака, кукма, хухор, прамен, прам, чуна, багља; —nelke, f. дивљи каранфил, dianthus armeria.
Buschen, m. кита, китица.
Busch holz, n. грмље; —icht, —ig, adj. заогуман, китнаст, убокорен: густ; —Kepper, m. шиподер, хајдук, лупеж, разбојник; —werk, n. грмље, шипраг.
Busen, m. недра, наручје, груди, прси, дојке; —freund, m. главни пријатељ.

Buße, f. покора, покајање; (Geldstrafe) глоба.
büßen, v. a. надокнадити, платити, трпети; seine Lust, испунити вољу; — r. n. испаштати, кајати се; —er, m. покорник; —erin, f. покорница.
buß fertig, adj. скрушен, покајан.
Butt, m. облиш, rhombus; — adj. кржљав, кржањ, штур.
Butte, f. путуња, брента, чабар, кадица, лодрица.
Butte, f. (Fisch), иверак.
Büttel, m. пандур, биров, стражар; —ei, f. тамница, ап, затвор.
Butter, f. путер, масло; —bäume, f. —brod, n. хлеб с путером; —büchse, f. масленица; —faß, n. стан, буќка, бучка, степка; —fliege, f. f. —vogel; —hose, f. f. faß; —krämer, —mann, m. маслар; —krämerin, —frau, f. масларка; — milch, f. степке, млаћеница; —n, v. a. правити масло, метати у јело масло; —rolle, f. f. —faß; —stempe, m. бата, стапанца, фрчка; —vogel, m. лептир; —wed, m. луна, лупица, колач с маслом.
Butz, Butzen, m. пупак од воћа; (am Lichte) мосур на свећи.
Büttner, f. Böttcher.

C.

Cabal e, f. плетке, сплетка; —en machen, плеткарити, сплеткарити, сплеткашити; —en macher, m. плеткаш, сплеткаш; —iren, v. n. сплеткарити, плеткарити.
Cabbale, f. врачање, дражање (бројевима); —ist, m. врачар.
Cabinet, n. кабинет, собица, збирка.
Cabotage, f. ускрајно бродарење.
Cadenz, f. каденција, падање; слик, срок.
Cadet, m. кадет: —tenschule, f. школа, академија војничка.
Caducus, adj. (heimfällig) омастни; (heimgefallen) опао; —ität, f. омастност.
calcinir en, v. a. ускаковати, укречити: —ation, f. укречавање.
calculiren, v. a. рачунати.
Calecut, Calecut-ischer Hahn, m. пуран, ћурак; Meleagris gallopavo L.: —ische Henne, f. пура, ћурка.
Cälibat, n. бежепство; неудавање, девовање.
Caliber, m. калибар; простор.
Calvinist, m. калвин.
Camasche, f. чарапа, доколеница.
Camelot, m. камелот (материја од кострети).
Camerad, m. комрат, друг, другар, пајташ; —schaft, f. другарство, друговање, дружина.
Campagne, f. рат, поход; поље, село.
Campher, m. камфор.

Campiren, v. n. бити, лежати у табору.
Canal, m. канал, чатрња, прокоп; узина; пут, начин, средство.
Canapee, n. канапе, софа.
Canarien-hede, f. лежа за канаринке; —vogel, m. канаринка.
Canaster, m. канастар (духан).
Candelzucker, m. жути шећер, леден шећер.
Candidat, m. кандидат: (als proponirter) предложеник: (als Anwärter) чекалац.
candiren, v. a. ошећерити.
Cannevaß, m. коновос.
Canon, m. канон, правило, закон; —icus, m. каноник; —isch, adj. канонски; —isiren, v. a. посветити; примити у свеце; —isirung, —isation, f. посвећење.
Canton, m. кантон; —iren, v. n. кантунити, лежати у крају којем (за војску).
Cantor, m. кантор, певач, певчика, певац; —ei, f. кућа певачка.
Cap, n. предгорје.
Capacität, f. способност, глава.
Capellan, m. капелан; —ei, f. капеланија.
Capelle, f. капела.
capelliren, v. a. чистити, очистити (злато или сребро).
Capellmeister, m. капелник.
Caper, m. гусар, разбојник морски; брод гусар-

скп; —ei, f. гусарство; —п, v. a. уловити, ухватити (брод).
Capital, adj. главан; — n. главница, главно; — (in Zus.) главни, главнички.
Capital, Capitäl, n. глава (на ступу); —buchstabe, m. велико, зачелно слово (у печатњи).
Capitalist, m. главничар, богаташ.
Capitän, m. капетан, главар.
Capitel, n. глава (у књизи), поглавје; (Gegenstand), ствар, предмет; einem das — lesen, читати коме буквицу; —fest, adj. јак у знању; —herr, Capitular, Capitularherr, m. каноник.
Capitul-ation, f. капитулација, погодба, уговор; време војничке службе; (einer Festung) предаја тврђаве; —iren, v. n. предати се, попустити; погодити се.
Capriole, f. скок.
Capuciner, m. капуцин.
Caput, Caputrock, m. капут, кабат.
caput gehen, v. n. пропасти.
Capuze, f. кукуља, кукуљица.
Carabin-er, m. карабињ.
Caraffine, f. судићи за оцат и уље; гостарица, гостара.
Caravane, f. карван; —nthee, m. чај руски.
Carbonade, f. прженица, ћулбастија.
Carbunkel, Carfunkel, m. карбункул; прпшт.
Carcer, m. затвор ђачки.
cardinal, adj. главан, основан.
Cardinal, m. стожерник; —würde, f. кардиналство.
Cardinalzahl, f. обични број (у словници).
Carbobenedicten, m. чкаљ блажен, Centaurea benedicta L.
caressiren, v. n. ашиковати.
Carfiol, f. Blumenkohl.
Carmeliter, m. кармелитан.
carmesin, adj. гримизан, кармажински.
Carmin, m. кармин.
Carneol, m. карниол.
Carneval, m. покладе, месопуст.
Carriole, f. двоколице.
Cartel, n. позив на мејдан; уговор.
Carthäuser, m. картузијан, картуз.
Cascade, f. слап, водопад.
Casematte, f. казамата.
Caserne, f. касарна.
Casimir, m. газимир (врста чохе).
Casket, n. качкет, кашкет.
Cassation, f. укидање.
Casse, f. пенезница, благајница, хазна, каса.
Casserolle, f. кастрола.
Cassier, Cassierer, f. пенезник, благајник.
cassir-en, v. a. упиштити, укинути.
Cassirung, f. касација, уништење.
Castagnette, f. дзвре, даиреta.
Castell, n. кастео, каштел; —an, m. кастелан.
Castrat, m. ушкопљеник.
castriren, v. a. ушкопити, шкопити.
Casuar, m. казуар.
Casuistik, f. случословје.
Causa, f. (Nebengebühren) побочне пристојбине.
Causalgericht, n. парнички суд.
Cautel, f. опрез.
Caution, f. сигурница.

Cavalier, m. кавалер, коњаник, витез, племић.
Cavallerie, f. коњица; витештво; —ist, m. коњаник.
Caveut, f. Bürge.
Caviar, m. ајвар.
caviren, v. n. f. bürgen.
Cedent, m. уступник.
cediren, v. a. уступити.
Ceder, f. кедар; —holz, n. кедровина; —n, adj. кедров.
celebriren, v. a. славити, хвалити.
Cement, n. наја.
censir-iren, v. a. судити, расудити, протрести; —or, f. цензор, просудник, претресач; —ur, f. цензура, просуда; —us, m. порез, уцена имања.
Cent, m. сто, стотина.
Centner, m. цента, цепт; —schwer, adj. тежак као гора; цепташ.
central, adj. средоточан, средотачан; —isation, f. усредоточавање, усредотачавање; —ität, f. средоточност, средотачност.
centrifugal, adj. средобежан.
centripetal, adj. средотежан.
Centrum, n. f. Mittelpunkt.
Centuria, f. стотина.
Ceremonie, f. церемонија, обред; —meister, m. церемониjар.
Certifikat, n. веродајница; потврдница.
Cession, f. уступање, уступ; —ar, m. уступовник.
Cessus, m. уступљеник.
Chagrin, m. шагрен (врста коже).
Chaise, f. чезе.
Chalkograph, m. медописац; —ie, f. медопис; —isch, adj. медописан.
Chamäleon, n. камелеон; нестaлан, прeвртљив, непоуздан. [вино.
Champagnerwein, m. шампањац, шампањско
Champignon, m. варгањ, печурка, рудњача.
Champion, m. заточник.
Chancre, m. рак.
Chaos, n. каос, смеса, метеж.
Charakter, m. белега, обележје, знамење, знак; карактер, значај, нарав, каквоћа; достојанство; —isiren, v. a. означавати, означити, описивати, описати, белeжити, обележити, карактерисати; —istisch, adj. значајан.
Charfreitag, m. велики петак.
Charge, f. част, ступањ части, чин; —n, pl. m. частници.
Charlatan, m. чарлатан, гламаза; —erie, f. чарлатанство, гламаштво.
Charpie, f. сплак.
Charta bianca, f. бела артија.
Charwoche, f. велика недеља.
Chaussee, f. друм, пасип.
Chatulle, f. шкрињица, ковчежић.
Chem-ie, f. кемија, луčба; —iker, m. кемик, лучбар; —isch, adj. кемички, кемичан, лучбен.
Chemisette, f. шмизла, одора.
Cherub, m. керуби, херувим.
Chikan-e, f. кнење; —iren, v. a. & n. књити, једити.
Chimär-e, f. химера, машта, тлапња.
Chiragra, f. улози у руку.

Chirurg-ie, f. хирургија, ранарство, видарство; —isch, adj. хируршчки, велчерски, ранарски, видарски; —us, m. хирург, ранар, видар, челчер.
Chokolate, f. чоколада.
Choler a, f. колера; —isch, adj. срдит, љут.
Chor, m. лик, кор, збор; —al, m. алилуја, f. црквена музика; —alist, м. певница, певац црквени; —altar, m. велики олтар; —amt, n. часови каноничкн; —bischof, m. намесник, викар бискупски; —buch, n. антифон; —hemd, н. стихар, мисна котуља; —herr, m. каноник; —ist, m. користа.
Chorographie, f. крајопис.
Chor rock, m. плашт; —schüller, f. Chorist.
Chrisam, n. кризма, свето уље, миро.
Christ, m. Христос, Крст, Искрст; хришћанин, крштании; —abend, m. бадњи дан, бадње вече; —born, m. малина, palinrus; —enheit, f. —enthum, n. хришћанство, хришћани, закон, вера хришћанска, крштанство, вера крштанска; —fest, n. божић, рожанство, рођење Исусово; —in, f. хришћаница, хришћанка, крштанка; —kindlein, Christkindchen, н. дете (Исус); —lich, adj. хришћански; —messe, f. —mette, f. поноћница, зорњача; —monat, m. децембар, просинац; —nacht, f. бадњи вечер; —schein, m. млађ просница месеца; —tag, f. —fest.
Christus, m. Христос, Искрст, Крист, Крст.
Chronik, f. хроника, летопис; —enschreiber, m. хроничар, летописац.
Chronolog, m. временослов; —ie, f. временословље; —isch, adj. временослован, временословски.
Chrysobulle, f. крисовуљ, крисовуља.
Chur, f. избор; —fürst, m. електор, кнез изборник; —fürstenthum, n. електорство; —fürstin, f. електорка; —fürstlich, adj. електорски; —gelder, pl. n. (Bergin.) рударина.
Cichorie, f. жуканица, дивља салата, водопија, Cichorium intibus L.
Cider, m. јабуковача, јабуковник.
Cirkular, n. окружница, распис.
Cirkular-, (in Zus.) окружни.
Cirkulation, f. оптицање, околовање, промет.
cirkuliren, v. n. оптицати; ићи.
Cisterne, f. бистерна, чатрња, пут, почуо, густерна.
Cisterzienser, m. цистерцит.
Citadelle, f. градић, тврђица.
Citation, f. изрок, навађање, позивање.
citiren, v. a. позвати; eine Stelle aus einem Buche —, наводити; ein Gesetz —, позвати се.
Citrone, f. лимун; —enbaum, m. лимун; —engelb, adj. жут као лимун; —entraut, n. f. Melisse.
civil, adj. грађански; светски, свотови; —isiren, v. a. просветити, образовати, изобразити, изображавати; —isirung, Civilisation, f. образовање, изображење, изображеност, просвета.
Civiliste, f. дворовница, цивилна листа.
Class-e, f. класа, разред, ред; врста; —en-, разредни; —enhandlung, f. једноврсна трговина.

Classifi-cation, f. разређивање; —cationsliste, разредница; —ciren, v. a. разређивати.
Classiker, m. класик.
classisch, adj. класичан, класични; изврстан.
Clausel, f. заповра.
Clausur, f. клазура, затвор.
Clavier, n. гласовир, клавир.
Clerisei, f. духовништво, духовници.
Client, m. брањеник.
Cloak, m. проход, олук.
Clubb, m. клуб, скуп, сходиште.
Coadjutor, m. помоћник.
Codicill, m. додатак к опоруци.
Coitus, m. облежање.
Cölestiner, m. целестинац.
collationir-en, v. a. упоредити; —ung, f. упоређивање.
Collect-e, f. сабирање.
Colleg-e, m. друг, другар у служби; —ial, adj. другарски; зборни; —ialisch, adv. у збору; —ium, n. збор; предавање.
collidiren, v. n. сударити се.
Collision, f. судар.
Colon-ie, f. насеобина, насеље; —isiren, v. a. населити; —isirung, f. насељавање; —ist, m. насељеник.
Colonne, f. ступац; одељење (војске).
Colorit, n. боја.
Columne, f. ступ, ступац, страна.
Comitat, n. жупанија, вармеђа; —s-, жупанијски, вармеђски.
Comite, f. одбор.
Comman-dant, m. заповедник; —diren, v. a. заповедати; —do, n. заповест, заповедање.
Commende, f. црквенштина.
Comment-ar, m. тумачење; —iren, v. a. тумачити.
Commercium, n. трговина, промет, посао.
Commerz-collegium, n. суд трговачки; —ial-, трговачки; —iell, adj. трговачки.
Commis, m. трговачки калфа; —voyageur, m. трговачки посланик.
Commisbrod, n. провијанта, тајн.
Commissär, m. комисар, повереник.
Commission, f. комисија, нарубина, повереништво; —är, m. комисионар, поверник.
Commode, f. ормар.
Communal-, (in Zus.) општински; —wesen, n. општинство.
Commune, f. општина.
Communic-ant, m. причестник; —at, n. доставак.
Communication, f. комуникација, општење, свеза; улази и излази; приступ.
communiciren, v. а. средити, причестити; приопћити, саопштити; — v. n. причестити се, средити се.
Communion, f. причест, причешће, срећивање, причешћење; —s-, причестни.
communistisch, adj. комунистички.
Communität, f. дружина, друштво; општина.
Compagn-ie, f. купанија, сатнија; орташтво, друштво, орталук; (in Zus.) ортачки; —on, m. ортак, друг.
Compass, m. компас.

Compendium, n. извод.
Compensation, f. пребијање.
competent, adj. надлежни; —, m. (Mitbewerber), сутражилац; (Bewerber), тражилац.
Competenz, f. надлежност; (Mitbewerbung), сутражење; — (in Zus.) надлежни.
Complex, m. скуп.
complicirt, adj. заплетен, завршен; —heit, f. замршеност.
Compliment, n. поклон, поздрав.
Complott, n. договор, урота, коварство.
Composition, f. (musit.) складба.
Compromiß, n. погодба.
Compromittiren, v. a. auf Jemanden, пристати, на чији суд; — sich, v. r. осрамотити се.
comptant, adj. у готову.
Comptoir, n. контора.
concav, adj. удубљен.
concentriren, v. a. прикупити.
Conceptß, m. перовођа.
Concept, n. појам, саставак, основа, переводство; das — verlieren, у рачуну помести; aus dem — kommen, забунити се.
Concert, n. музична забава.
Conchylien, f. pl. шкољке.
Concilium, n. сабор црквени.
concipiren, v. a. саставити, састављати.
Concordanz, f. слагање.
Concubinat, n. наложништво.
Concubine, f. наложница.
Concurrenz, f. принос, помоћ; надметање, такмичење, мноштво.
concurriren, v. n. приносити, искупити се, тражити с другима службу, такмичити се.
Concurs, m. натечај, стечај; (in Zus.) стечајни.
Conditor, f. Zuckerbäcker.
Condolenz, f. жалење; —iren, v. n. жалити.
Conduct, m. пратња, погреб.
Conduite, f. владање.
Confect, n. сластице, посластице.
Confisc-ation, f. узапћивање; —iren, v. a. узапћити.
Conflict, m. препирка, распра, судар.
Confront-ation, f. суочивање, суочење; —iren, v. a. суочити.
Congreß, m. конгрес, састанак, сабор.
Congrua, n. pl. (der Geistlichen), поповина; (der Lehrer), учевина.
conscribiren, v. a. пописати.
Conscription, f. попис; —s-, (in Zus.) пописни.
Consens, m. првовење, санзвољење.
consequent, adj. доследни; —enz, f. доследност.
Consign-ation, f. назначивање, попис; (Anweisung), упутство; (Ausweis), исказ; —iren, v. a. назначити, пописати; die Mannschaft —iren, искупити војнике.
Consistorium, n. суд духовни.
Consonant, m. сугласник.
Constabler, m. пандур.
constatir-en, v. a. доказати; —ung, f. доказ.
constituiren, v. a. eine Gesellschaft, склопити, саставити друштво; (ordnen), дати устав, уредити; (verhören), саслушати.
Constitution, f. устав; (Beschaffenheit), састав, какноћа; —ionell, adj. уставни.

Consul, m. конзул; —at, n. конзулство.
consumiren, v. a. трошити, потрошити.
Consumtion, f. потрошак.
Conterfait, n. контрафа, прилика, слика, образ.
Contingent, n. дотични део.
Conto, n. рачун; (Bilanz —), n. рачун изравнања; (Capital—), n. рачун имања; —current n. текући рачун; (Incasso—), n. рачун наплате; — pro divers̃i, n. рачун разних особа.
Contract, m. погодба, уговор.
Contrahent, m. уговорник, уговорач.
contrahiren, v. a. погађати се, уговорити.
contramandiren, v. a. опозвати.
Contraordre, f. опозивање.
contrasignir-en, v. a. премапотписати; —ung, f. премапотпис.
Contrast, m. разлика, противност, различност; —iren, v. n. неслагати се, разликовати се.
Contrebande, f. контрабант, крију чарска роба.
contribu-iren, v. a. приносити, плаћати; —tion, f. данак, пореза.
Controll-e, f. приглед; —eur, m. прогледник, —iren, v. a. прегледати.
Contumaz, f. (in Prozeß), упорност, ускосност; (Anstalt), лазарет, контумац.
Convent, m. сход, сабор.
Convention, f. погодба, уговор.
convex, adj. испупчен.
Convocation, f. сазив.
Cop-ie, f. препис; —iren, v. a. преписати; —ist, m. преписник.
Copul-ation, f. венчање; —iren, v. a. венчати.
Cordon, m. стега, кордун.
Corduan, m. кордован.
Cornet, m. заставник, стегоноша коњанички.
Corporal, m. каплар, поднаредник.
Corporation, f. Körperschaft.
correct, adj. исправан, веран, без погрешке, без мане; —ionell, adj. поправни; —ions-, поправни; —or, m. поправник; —ur, f. поправљање, поправка.
Correspond-ent, m. трговачки пријатељ, дописник; —enz, f. допис, дописивање; —iren, v. n. дописивати.
Corsar, m. гусар, разбојник морски.
Corset, m. корсет, корет.
Coupon, n. одрезак.
Courage, f. кураж, срчаност, слобода.
Courier, m. улак, брзотеча, скоротеча, гласоноша, гласник.
Couvert, f. куверта; завитак.
Cravall, m. крамола.
Creatur, f. створ, створење.
credenzen, v. a. служити јелом и пићем; — teller, m. служавник.
Credit, m. вера, вересија, веровање; —brief, m. —iv, n. веродајница; —iren, v. a. дати на веру, на почек; узајмити, посудити.
Creditor, m. веровник, веритељ, поверитељ.
Crida, f. пропаство; —tar, m. пропалица.
criminal, adj. злочинствени.
Crucifix, n. распетије, расцело.
Cubebe, f. цибеба.
Culisse, f. кулиса; завеса.

cultiviren, v. a. пастојати, гледати; радити, обделавати; изображавати, образовати.
Cultur, f. образованост, изображење, просвета, изображеност; земљоделство, обрађивање земље.
Cultus, m. богоштовје, богочаст; — (in Zuf.) богоштовни.
cumulativ, adj. накупни, заједнички.
Cur, f. лечење.
Curatel, f. старатељство.
Curator, m. куратор, скрбник, старатељ.
curiren, v. a. лечити, излечити; видати, извидати.

Curtende, f. опточница.
current, adj. текућ, навадан, обичан.
Curs, m. ход, течај; —siren, v. n. ићи; —zettel, m. течајница.
Cursivschrift, f. писмо положено.
Custos, m. кустод, чувар.
Cylinder, m. ваљ, ваљак; —förmig, cylibrisch, adj. обли.
Cymbel, f. цимбал, кимвал.
Cypergras, n. јеропљика, cyperus.
Cypresse, f. чемпрес, купрес, кипарис.
cyrillisch, adj. —es Alphabet, ћирилица; —e Lettern, минејска слова.

D.

Da, adv. овде, ту, тупа, тува; ево, ето; siehe da, a то; da nun, кад ли, а кад; von da, одовуд, одавде, одатле; hier und da, онде онде, где где, ту и тамо; da bin ich, ето ме, ево ме; conj. будућ да, јер, јербо; кад, када, кадно, кад опет; — da (von doch), према, да опет; — interj. на, нај; da hast ihn's, нате; siehe da, ево, ено, ене, ето, ете.
dabei, adv. ту, тамо; притом, близу, уза то, поред тога; er will überall — sein, хоће да буде у сваком чорби мироиђија; ich bin —, пристајем; was denkst du —? што велиш на то?
Dach, n. кров, покрив, покривац; —und Fach geben, примити, оскрбити; einem auf den — sein, мотрити оштро на кога; —balken, m. f. Dachschwelle; —decker, m. покривач; —en, v. a. постренити; —fenster, n. сомљ, умпио; —forst, m. слеме; —latte, f. жиока, летва, паjaнтa, паузница, баскиja; —recht, n. стреха; —rinne, f. олук, стреха, жлеб.
Dachs, m. јазавац, Ursus meles L.; —bau, m. јазбина.
Dachschindel, f. шиндра, клис; —schwelle, f. кључ, роr.
Dachs-falle, f. настуља за јазавце; —grau, adj. сив, сур; —hund, m. јазавац; —kriecher, f. Dachshund; —loch, n. —röhre, f. s. Dachsbau.
Dachstange, f. притисак.
Dach-stein, m. цреп, цигља; —stroh, n. кровина, кровуљина; —stuhl, m. греде од крова.
Dachtel, f. пљуска, заушница, ћушка.
dachteln, v. a. пљуснути, ћушити.
Dachtraufe, f. стреха, кавница.
Dachung, f. кров, покривање.
Dachvorsprung, m. стреха.
Dach-wert, n. кров; —ziegel, m. цреп, керамида, грављања.
daburch, adv. тим, с тим, кроза то, овуда, овуд, туда.
dafern, adv. ако.
dafür, adv. зато; — stehen, добар стојати; —haften, јамчити, добар стојати, одговарати; —tung, f. јамство, одговорност; ich kann

nichts —, нисам крив; — halten, мислити, ценити, судити.
dagegen, adv. против тога, напротив, према томе; — sein, противити се; — halten, приспободобити.
daheim, adv. дома, код куће, кући.
daher, adv. овамо, амо, семо; зато, отуда, одавде, одатле; даклe; bis —, донде, дотле; —watscheln, v. n. добангати; —kommen, v. n. надазити; —reiten, v. n. појездити; —schießen, v. n. смукнути, шмукнути; —schlendern, v. n. басати, базати, лумати.
dahier, adv. овде, ту.
dahin, adv. тамо, онамо; —kommen, v. a. es ist mit mir dahin gekommen, даш... дошло ми је да...; —laufen, дотрчати; —lenken, v. a. прикрмити (у крај лађу); —gehen, проћи; —stehen, es steht — ob..., незна се да ли...; —plaudern, v. n. придати; —raffen, v. a. поморити; — sein, лепнути; —sterben, v. n. помрети; —streben, sich, v. r. отезати се; — streben, тежити; —strömen, v. n. поврвети; —tanzen, v. n. разиграти се, проиграти се.
dahinaus, adv. овула, туда.
dahingegen, s. dagegen.
dahinten, adv. овде, острaг, за тим; — bleiben, остати натраг.
dahinter, adv. иза, за тим; —kommen, сазнати; ich will schon — sein, назрћу.
Dall, m. крмача (од мастила).
Dalken, f. pl. (Kochk.) јастуци.
damalig, adj. ондашњи, тадашњи.
damals, adv. онда, тада, у то доба, у оно време.
Damascener-flinte, f. деверар; —klinge, f. сабља дамишћења, димишкија; шамлијанка; —stahl, m. чевер.
Damast, m. шамалаца, дамашка, дамаст; —en, adj. од дамашке, дамаста.
Dame, f. госпоја, госпоћа, госпа; (im Damenspiel), дама; (in der Karte), краљица.
Damen-bret, Dambret, n. —spiel, Damspiel, n. дама (игра); —stein, m. камен.
Dam-geiß, f. —hirsch, m. јелен шарен.
dämisch, adj. луд, бедаст, сулуд, сулудаст.

damit, adv. тим, с тим, кроз то; — conj. да, нека.
dämlich, adj. луд, будаласт.
Damm, m. насап, насип, гат; — im Meere, муо.
dammeln, v. n. лудовати, будалити.
dämmen, v. a. насипати, гатити, правити насап; das Wasser —, зајазити, загатити воду.
dämmen, v. n. schlämmen und dämmen, јести и пити, ждерати, раскошно живети.
dämmer-hell, adj. сумрачан; —ig. adj. мрачан, сумрачан; —licht, n. сумрак; —n, v. i. смркњивати, посумрачити се, сумрачити се, свитати, свањивати; —ftunde, f. сутон; —ung, f. сумрак, сумрачје, сутон; Morgen —ung, прозорје.
dämonisch, adj. бесомучан, бесовски.
Dampf, m. пара, дим; (scherzhaft), ветрогоња; — (in Zus.), парни; —en, v. n. пуштити се, димити се.
dämpfen, v. a. придушити, потулити, утулити, угасити, утрнути, задушити; (schmoren), тушити, подушити, пирјанити; gedämpftes Fleisch, пирјан; —er, m. сурдина; —ig, adj. спплашив; —igkeit, f. сипња.
Dampf-loch, n. одушка; —maschine, f. паростроj, парокрет; —messer, m. паромер.
Dämpfung, f. гашење, придушивање.
Dampfschiff, n. паролов, пароброд, ватрена лађа, ватрењача; —fahrt, f. пароловство, паробродство; —wagen, m. паровоз, ватрена кола.
Damwildpret, n. јелени, звера́д велика.
daneben, adv. покрај, поред, врх тога, уза то, осим.
danieden, adv. ту доле.
danieder, s. nieder.
Dank, m. хвала, благодарност, харност; — wissen, захвалан, харан бити; Gott sei —, хвала богу; man kann ihm nichts zu —e machen, не може му се никако угодити; —bar, adj. харан, захвалан, благодаран; —barkeit, f. харност, захвалност, благодарност; —barlich, adv. захвално, харно, благодарно; —beflissen, adj. харан, захвалан, благодаран; —en, —sagen, v. n. благодарити, хвалити, захвалити; вратити поздрав; gebet, n. благодареније, захваљење; —los, adj. нехаран, нехвалан, неблагодаран; —sagung, f. захваљење, хвала, захвалност, благодарење, благодарност.
dann, adv. онда, тада; на, пак; — und wann, каткада, овда онда; кад и кад, другда; — erst, тек онда.
dannen, von dannen, adv. отуда, одонуд, одавде, одовуд, одатле.
Dantes, m. жулак, lamina lusoria.
daran, adv. на том, у том, при том; was liegt mir —, што ми је до тога; übel — sein, зло стојати; sie sind unrecht —, варате се; es ist nichts —, ништа не вреди.
daranbinden, v. a. навезати.
Darangabe, f. капара.
daranmachen, sich, v. r. натурити се.
darauf, adv. на то, за тим, по том, иза тога, после тога; — geben, пред дати; —gehen, умрети, погинути, пропасти; den Tag —, сутрадан.
darauffolgend, adj. потоњи.
Daraufgabe, f. наметак, пред, доплата.
daraufflegen, sich, v. r. паставити се, наклонити се; —schreiben, v. a. натписати; —treten, v. a. наступити; —wälzen, v. a. навалити; —zählen, v. a. доплатити; —zählen, v. a. набројити.
daraus, adv. отуда, из тога.
darben, v. n. гладовати, злопатити.
darbieten, v. a. нудити, понудити, давати, пружати.
darbring-en, v. a. донети; принети, приказати, даровати, приложити, поклонити; —ung, f. принос, даривање, прилог.
darein, adv. у то, к тому.
dargeben, v. a. дати, поклонити, даровати.
darhalten, v. a. држати, пружити.
darin, adv. у том, унутри.
darlegen, v. a. положити, поставити, метнути, доказати; разложити.
Darlehen, n. зајам, рукодаће.
darlehen, darlehnen, darleihen, v. a. посудити, узајмити.
Darleiher, m. узајмитељ, посудитељ, зајмодавац.
Darm, m. црево; —bruch, m. киле, продер од црева; —ruhr, f. срдобоља; —strenge, f. —weh, n. трбобоља.
darnach, adv. затим, по том; — es fällt, како дође; das ist auch —, ни то не вреди много; — aussehend, подобан, ласан.
Darnachachtung, f. владање, равнање.
darniederliegen, v. n. лежати.
darob, s. darüber.
Darre, f. пушница; суха немоћ, тижива; — der Vögel, пришт.
darreich-en, v. a. дати, пружити, понудити, подавати, покучити, наслужити, нудити; —ung, f. пуђење, пружање.
darren, v. a. сушити; Kupfer —, топити.
Darrfieber, n. грозница јектична; —haus, n. пушница; —sucht, f. немоћ суха, тижика.
darstell-en, v. a. представити, изложити, описати, приказати; sich —, v. r. приказати се, казати се; —ung, f. представљање, приказање, опис.
darstrecken, v. a. пружити, дати, понудити.
darthun, v. a. доказати.
darüber, adv. врху тога; о том, над тим; ради тог, осим тога, уз то; nichts — oder darunter, ни мање, ни више; ich will mich —machen, примићу се тога; er ist — gestorben, од тога умро је; — vergeht die Zeit, међутим пролази време; es geht alles darunter und —, све иде наопако.
darüberbeugen, sich, v. r. наднети се, надвести се; —gucken, v. n. надвиривати се; —schreiben, v. a. натписати; —setzen, v. a. заставити (котао), надметнути (титлу); —ziehen, sich, v. r. павлачити се.
darum, conj. зато, ради, поради, због, цећ; — adv. около, наоколо.
darunter, adv. под, међу, измећу; —legen, подметнути; sich — mengen, мешати се, уме-

шати се, пачати се; —rücken, v. a. подмаћи; —stecken, v. a. потавнути.
barwägen, v. a. мерити, вагати (на очи).
barweisen, v. a. показати.
barwerfen, v. a. бацати пред кога.
barzählen, v. a. бројити, избројити.
barzeigen, v. a. показати, указати.
das, art. члан рода средњега; — рг. ово, то, које.
Dase, f. Bremse.
baselbst, adv. тамо, онде, онамо.
basein, v. n. ту бити, присуствовати.
Dasein, n. назочност, присутност; биће.
basjenige, pr. оно, то.
basig, adj. тамошњи, овдашњи.
basitzen, v. n. седити.
basmal, adv. засад, овај пут, сада.
Dasymeter, n. густомер.
dass, conj. да, нека, јер, е, где.
basselbe, pr. то исто, исто, оно исто.
Data, n. pl. податци.
batiren, v. a. датовати, дато написати.
Dattel, f. урма; —baum, m. палма, паома, пома, урма.
Datum, n. дато, датовање, датак.
Daube, f. дуга, дужица.
Däuchten, v. i. чинити се, мисли, ценити, мислити.
Dauer, f. дурање, трајање; сталност, постојанство; —haft, adj. вечан, вековит, чврст, јак, сталан, постојан; —haftigkeit, f. трајање.
dauern, v. n. дурати, тећи, трајати, помицати се, опстати; —b, adj. дуговечан, дуговетан, спор; — v. a. es bauert mich, жао ми је, жалим, кајем се; bauert sein Geld, keine Mühe — lassen, не жалити ни новца, ни труда.
Daumen, m. палац; einem den — halten, заговарати; einem den — aufs Auge setzen, педати мрднути; —leder, n. Dämmling, Däumenring, m. напрстак; —schraube, f. stock, m. лисице, лисичине.
Daune, f. s. Flaumfeder.
Daus, n. кец.
davon, adv. отуда; од тога, с тога; —fahren, одвести; —fliehen, одбећи; —gehen, отићи; —laufen, побегнути; —fliegen, улетети, одлетети; — jagen, отерати, стерати, одјурити; —kommen, избавити се; —kriechen, одмилити, отпузити; — laufen, одјурити, узети утренак; — reiten, одјездити, одјахати; —schleichen, шмугнути; —schlendern, одвраћати; —schleppen, одвлачити; —schwimmen, отпливати; —springen, отскакати; —traben, откасати; — tragen, однети; —führen, —одвести; sich — machen, одбити се, отишнути; — müssen, морати отићи; — schleichen, sich, украсти се, отхладити; ben Sieg — tragen, одржати победу, надвладати; mit einem blauen Auge —kommen, проћи са нешто штете; er kann nicht —, не може да оде.
davor, adv. пред тим, од тога; du kannst nicht durch die Thür, denn es hängt ein Schloss —, неможеш на врата, јер је на њима локот;

das Licht blendet, stelle einen Schirm —, свећа блешти, заслони је; ich kann nicht —, ја нисам крив; da sei Gott —, недај боже!
dawider, adv. против; — sein, кратити, противити се.
dazu, adv. врх, осим тога, уз то, поред тога, зато, к томе, на то; — geben, придати; —gesellen sich, придружити се; — kommen, првћи, хватати се.
dazumal, adv. тада, онда.
dazwischen, adv. међу, у то, у том; — kunst, f. мешање.
Decan, Dechant, m. декан.
December, m. децембар, просинац.
Decher m. десетак (кожа).
decimal, adj. десетан, десетичан.
Decbett, n. душек, покривач.
Decke, f. покривача, покривач, покров, губер, јорган, ћебе, покровац; — des Zimmers таван, таваница, греднце, свод; mit Jemanden unter einer — stecken, у један рог, у једну тикву дувати; sich nach der — strecken, пружати се према губеру.
Deckel, m. поклопац, заклопац, заклоп, канак, поклопнице.
decken, v. a. покрити, завити, сакрити, поклонити, прекрити, застрти; бранити, кратити; наприти; осигурати што; ben Tisch —, стерати, поставити; sich —, осигурати се; — macher, m. капамаџија, —flechter, m. рогожар; —stict, n. таван.
Deckmantel, m. застор, излик, плашт; —rasen, m. бусен.
Deckung, f. напирење, осигурање.
declamiren, v. a. декламовати, беседити; викати, кричати.
Declination, f. склањање; —iren, v. a. склањати.
Decoct, n. s. Absud.
Decret, n. декрет, одлука, одлучница; —iren, v. a. одлучити, доконати.
Dedication, f. посвета; —iren, v. a. посветити.
Defect, m. недостатак; — adj. недостатачан, крњ.
Deficient, m. немоћни свећеник.
Deficit, n. мањак.
Definitiv, adj. коначни; сталан.
Degen, m. шпада, мач; zum — greifen, трнути мач; —gefäss, n. балчак; —gehenk, n. koppel, f. ремен, појас; ein alter —, добар чича; quaste, f. темњак; —scheibe, f. корице.
degradiren, v. a. збацити на нижи чин.
dehnbar, adj. растесив; —keit, f. растесивост.
dehnen, v. a. растегнути, истезати, отезати, протегнути; танити, развлачити; —ung, f. растезање, протезање; тањење, развлачење.
Deich, m. насап, насип; —en, v. a. насипати, јазити, гатити, зајазити, загатити.
Deichsel, f. руда, оје; —arme, m. pl. сврачине, сврачење; —gabel, m. рукуњице; —nagel, f. чивија; —pferd, n. рудњак; —stange, f. рукуњице.
dein, pr. твој.

deinethalben — 91 — dich

deiner halben, —wegen, —willen, adv. ради, поради, због тебе, с тебе.
deinige, (der, die, das), твој.
delegiren, v. a. одредити.
Delict, n. преступак.
Delinquent, m. преступник, злочинац.
Delphin, m. дупин, плискавица, свиња морска.
Demant, f. Diamant.
Demarkation, f. међашење.
demnach, conj. по том, дакле, и дин, и тако, ради, поради тога.
demnächst, adv. скоро.
demohngeachtet, adv. ипак.
demoliren, v. a. разорити, разградити, срушити, порушити.
Demonstration, f. доказ, разјашњење; (zur Schreckung) јавноказ.
Demuth, f. понизност, смерност.
demüthig, adj. смирен, смеран; —en, v. a. понизити, понизити, укротити; —ung, f. понижење, укроћење, понизитење.
Dengelhammer, m. кленац, чакавац.
dengeln, v. a. клепати, исклепати, отковати.
Dengelstock, m. бабица; —zeug, n. косни ков, отков, клепци.
Denkbild, n. споменица, записница, дневник.
Denken, v. a. & n. мислити, замислити, помислити, мисти, цепити, судити; смерати; канити; опомињати се, сећати се; —st, m. мислитељ, —lehre, f. мислословље; —mal, n. споменик, паметник; —münze, f. колајна; —säule f. споменик, паметник; —schrift f. напис, споменица; —spruch, m. пословица, реч; —stein, m. споменик, паметник; —ungsart, f. мишљење; —würdig, adj. знатан, знаменит, памети достојан; —würdigkeit, f. знатност, паметдостојност, достопаметност, знаменитост; —zeichen, f. Denkmahl; —zettel, m. спомен.
denn, conj. јер, јербо, бо, с, заштобо; дакле, или; него, но, од.
dennoch, conj. ипак, али ипак.
Denuncirant, m. доспитељ, оповедник; —ren, v. a. оповедити, допоспти (па кога).
Departement, m. котар, окружје; одсек.
Depesche, f. поспешница; извешће.
Deponent, m. оставодавац; сведок; —iren, v. a. оставити, положити, исповедити.
Deportir-en, v. a. заточити; —ung, f. заточење.
Depositar, m. оставопримац.
Depositen bank, f. оставница, покладница.
Deposition, f. исповед; сведочанство.
Depositum, n. остава, поклад.
Depot, n. складиште, стоваршите.
Deputat, n. плата у стварима.
Deputation, f. одаславство, одбор.
Deputirter, m. одасланик, посланик, поклисар.
der, art. члан женскога рода; — pr. тај, овај, који.
derb, adj. чврст, сталан, једар, неотесан, прост, груб, опор; —heit f. грубост.
dereinst, adv. негда, једном, некад, кадгод.
derent halben, —wegen, —willen, adv. ради, поради, због ње.
dergestalt, adv. тако, и тако, на тај начин.

dergleichen, adj. такав, овакав.
derhalben, conj. ради, поради, због тога, с тога.
derjenige, pr. он, онај, они.
dermaleinst, adv. негда, некад, кад.
dermal en, adv. сада; —ig, adj. садашњи, садашњи.
dermaßen, adv. тако, толико.
dero, pr. (veralt.) ваш.
derselbe, pr. они, онај, он, тај исти; евен —, истоветни.
derweilen, adv. међутим, у толико, у то.
Derwisch, m. дервиш.
Descendenten, m. pl. патрашци, патражје, потомство, потомци.
Desert eur m. пребег, бегунац; —iren, v. n. пребећи, одбећи.
desgleichen, adv. такође, на исти начин.
deshalb, deshalben, adv. зато, ради тога, с тога.
Despot, m. деспот; —isch, adj. деспотски; — ismus, m. деспотизам.
Dessert, n. заслада.
desto, adv. тим, с тим.
deswegen, conj. зато, по томе, ради тога, с тога.
Detail, n. подробност, потаикост; ins — eingehen, упустити се у подробности; —s-подробни, дробни, потанки; —s-handlung, f. трговина на ситно.
Detaschement, n. део одељење, чета.
deut-en, v. a. тумачити, протумачити, расправити; — v. n. казати, слутити; auf etwas —, смерати; —er, m. тумач.
deutlich, adj. разговетан, отржит, јасан, разумљив; —keit, f. разговетност, јасност.
deutsch, adj. немачки; —meister, m. поглавар реда немачкога.
Deutung, f. тумачење, знамење, знак.
Devise, f. прича; —n, f. pl. стране менице.
Diaconus, m. ђакон, жакан.
Diadem, n. бадема, круна.
Dialect, m. (Mundart) наречје.
Dialog, m. разговор.
Diamant, m. дијамант, адамант, алем.
Diät, f. ред у живљењу; —en, pl. дневнице; (in Zus.) дневнички.
dich, pr. тебе, те.
dicht, adj. чврст, чест, тврд, набојат, једар, густ; —e, —heit, f. чврстоћа, једрина, густина, честина.
dichten, v. a. згуснути, шуперити; (sinnen) мислити, мозгати; (erdichten) измислити, измаћи; спевати, спевавати.
Dichter, m. песник, стихотворац; —in, f. стихотворка; —isch, adj. песнички; —ling, m. надрипесник, стиходевац.
Dichtigkeit, f. Dichte.
Dicht-kunst, f. песништво; —ung, f. песан, песна, песма; измишљотина, бајка.
dichtwollig, adj. рудаст.
dick, adj. дебео, туст, претио, крут, густ, набуован, отечен; —bäckig, adj. буцмаст; —bauch, m. дебељко, трбоња; —bäuchig, adj. кујав, тробок, трбушаст; —bein, n. стегно, бут; —e, f. дебљина, крупноћа, густи-

па, претилост; —fleischig, adj. меснат; — haarig, adj. длакав, рутав, космат; —icht, n. дреча, шиб, густа, гуштара, честа; — —topf, m. глапоња; —töpfig, adj. глават; —laubig, adj. лиснат; —leibig, adj. крупан, пун; —wanst, m. трбоња, буре, бахор.
dick werden, v. n. дебљати, одебљати.
dictiren, v. a. диктовати, казивати, налжити.
Didaktik, f. паукословље; —isch, adj. наукословни.
die, art. члан женског рода; pr. та, она, која.
Dieb, m. тат, крадљивац, лупеж, лопов, харамија; —erei, f. крађа, лупештво; — in, f. крадљивица, лупежица; —isch, adj. крадљив; — adv. татски, лупешки, крадимице, крадом; —sgenosse, —sgesell, m. сукрадљивац; —shehler, m. јатак; —stahl, m. тадбина, покрађа, крађа, лупештво, лупештина.
Diele, f. даска, трепница, под, патос; —n, v. a. патосати; —nwerk, n. даске, трепице.
dien-en, v. n. служити, послужити, дворити; Ihnen zu —, на служби; —er, m. слуга, службеник; —erin, f. слушкиња, служавка, службеница; —erschaft, f. служба, млађи, слуге; —lich, —sam, adj. користан, добар.
Dienst, m. служба, дворба, услуга, послуга, работа, служење, дворење, дужност, државство.
dienstbar, adj. обвезан, дужан, подложан; —keit, f. службеност, подложност, поданост.
dienst-beflissen, f. dienstfertig; —bote, m. служинче, слуга, јунак, момак, слушкиња, служавка, мома, момица; —fertig, adj. послушан, удворан, прилежан; —fertigkeit, f. послушност, удворност; —frau, f. госпођа; — geber, m. службодавац; —gesinde, n. служинчад, слуге и слушкиње; —herr, m. господар, господин; —knecht, m. слуга, момак; — leistung, f. служба; —leute, pl. слуге, служба, млађи; —mago, f. служавка, слушкиња, мома, момица; —stelle, f. служба; —voll, n. f. —leute; —willig, adj. удворан, послушан.
Dienstel, m. дрен, дренак.
diesmnach, conj. по тому.
dieser, diese, dieses, pr. овај, ови, ова, ово.
dies-falls, adv. за то; —jährig, adj. овогодншњи; —mal, adv. сад, овај пут; -seitig, adj. овострански; —seits, adv. с ове стране.
Diettrich, m. отпирач, кључ лажни.
dieweil, s. weil.
Differenz, f. разлика, песлагање, распра.
Diligence, f. поштарска кола, брзовоз.
Dill, m. копар.
Dille, f. цев, цевчица.
Ding, n. ствар, посао, биће; vor allen Dingen, пре свега; guter —e, весео, добре воље, наупт.
dingen, v. a. најмити, ценити, наметнути, погодити; —v. n. погађати се, ценкати се.
Ding-gericht, n. суд сеоски; —lich, adj. стваран; —pfennig, m. капара.
Dinkel, m. пир.
Dinstag, (Dienstag, Dienstag), m. уторак, уторник.
Dinte, s. Tinte.
Diöces, f. дијецеза, бискупија, епархија.

Diplem, n. диплома, повеља.
Diplomatik, f. дипломатика.
Diptam, m. јасенак, dictamnus albus.
dir, pr. теби, ти.
direct, dj. управни, прави; —e und indirekte Steuern, посредни и непосредни порези; — adv. правце, управо.
Direction, f. управа, равнатељство, управитељство, правац.
Director, m. равнатељ, управитељ, управник.
Dirne, f. девојка, мома, цура, слушкиња, служавка; лопуша.
Discant, m. дискант, највиши глас.
Disciplin, f. наука, учење; запт.
Discretion, f. скромност, кроткост; воља; милост; корист; —stag, m. дан почека.
Discurs, m. разговор.
Discussion, f. претрес.
Dislocation, f. размештај.
Dispens, f. разрешење, опрост.
Disponent, m. располагач, управник.
disponiren, v. a. располагати.
Disposition, f. нарав, ћуд; расположење.
Disputation, f. препирање; —iren, v. n. препирати се.
Distanz, f. растојање.
Distel, f. бадаљ, осат, стручак, бадељ, секавац, пасји стрпц; —fink, m. чешљуга, стаглиц, грделац (птица).
District, m. дпштрикт, округ, окружје, срез, котар; —nal, adj. срески.
Diurne, f. дневница; —ist, n. дневничар.
Dividende, f. разделка, делимак.
dividiren, v. a. делити.
Division, f. двоба, дељење, раздељење; (Heeresabtheilung), одељење војске, дивизија.
Döbel, m. клин, колац; врста крапа; —n, v. a. прибити клиповима.
doch, conj. но, та, ипак; ну, али, ма.
Docht, m. стењак, фитиљ, свештило, стење.
Docke, f. лутка.
Doctor, m. доктор, научитељ; лекар; —in, f. докторка.
Document, m. доказ; писмена исправа; —iren, v. a. доказати, поткрепити приложима.
Doge, m. дужд.
Dogge, f. дога, псето енглеско.
Dohle, f. чавка, кавка.
Dohne, f. узица, замка, замчица; пругло; — nstrich, —nsteig, m. замке, замчице, запете.
Dolch, m. нож, штилет, потајац.
Dolbe, f. врх, вршак.
Dolman, m. долама.
dolmetsch-en, v. a. тумачити, толмачити; —er, m. тумач, толмач, драгоман.
Dom, m. —kirche, f. црква столна, првостона, саборна црква, матица.
Domane, f. —ngut, n. добро државно.
Domherr, m. каноник.
Domestikal-, (in Zus.) домаћи.
Domicil, n. обиталиште, пребивалиште; — iren, v. n. обитавати, пребивати; — v. a. (einen Wechsel), обитовати меницу.
Dominikaner, m. доминикан.
Dominium, n. господштина, властелинство.
Domino, m. домино (врста машкаре или игре).

Dompfaff — 93 — **breitägig**

Dom-pfaff, f. Gimpel; —propst, m. препозит, препошт.
Donner, m. гром, грмљавина; —er, m. громовник; —keil, m. гром, стрела, стрелица, тресак, треск; —n, v. n. i. грмети; —schlag, m. тресак, стрела, гром; —stag, m. четвртни, четвртак; —strahl, m. муња, блеск; —wetter, n. грмљавина, гром.
Doppel-, (in Zus.) двоструки, двогуби, двојаки; —adler, m. двоглав орао; —band, n. трака од два лица; —becher, m. f. Würfelbecher; —bier, n. јако пиво; —blech, n. лим дебели; —flinte, f. двоцевка, дуплонка; —flügel, m. двокрилна врата; —herzig, adj. лукав; —laut, —lauter, m. двогласник.
doppel-n, v. n. подвостручити; коцкати се; die Stiefel —, ударити пенцета.
Doppelpfeife, f. двојнице, свирале, дипле.
Doppel-punkt, m. двојеточје, двојетачје, двопикња; —reden, n. дволичење; —ring, m. обртач; —seitig, adj. дволичан, двоплатан; —sinn, m. сумњивост; —sinnig, adj. сумњив.
doppelt, adj. дупал, двострук, двогуб, двојак сугуб.
Doppel-thür, f. двокрилна врата; —züngig, adj. дволичан, двоплатан, шарен; —sein, дволичити.
Dorf, n. село; (in Zus.), сеоски, нассоски; —älteste, m. кмет, кнез; —bewohner, m. сељанин, сељак.
Dörfchen, n. сеоце.
Dorf-kerl, m. сељак, простак; —leute, pl. сељани; —richter, m. кмет, кнез; —schaft, f. село, општина.
Dorn, m. трн, трње, драча; (in der Schnalle), језичац; —apfel, m. f. Stechapfel; —busch, n. трн, трњак, драча, дирака; —en, —ig, —icht, adj. трњав; трнов; —strauch, m. драча.
dorren, v. n. сахнути, сушити се.
dörren, v. a. сушити; —sucht, f. сушица, суха болест.
Dorsch, m. осмњ (риба).
dort, dorten, adv. тамо, онамо, онде, ту; —vorbei, онуд, онуда; von —, оданде, одонуд, отуд.
dort-hin, adv. тамо, онамо; —ig, adj. тамошњи, ондешњи.
Dose, f. кутија, шкатуљица, табакера, бурмутица; —nstück, n. слика на табакери.
Dosis, f. доза, оброк.
Dosten, m. вранилова трава, origanum vulgare.
Dotation, f. снабдевање; (Verlag, Verlagsvorschuß), предујам трошка.
dotiren, v. a. оскрбити, снабдети, предујмити; (einen Beamten), установити доходак уреднику.
Dotter, m. жуманак, жутац, жуманце; —blume, f. лесандра.
Drache, m. змај, ала, аждаја; —n-, змајевски.
Drachme, f. драхма, драм.
Dragoner, m. драгун.
Dragun, m. козадац, козлач (трава).
Draht, m. жица.
drähtern, adj. од жице, жичан.
Draht-puppe, f. мариионета; —sieb, n. решето; —zange, f. кљешнице; —zieher, m. жичар.

Drama, n. драмат; —tisch, adj. драматски.
Drang, m. тискање, тиска, преша, спреша, турање; напон, налога, сила, навала; (Gewerbe), жеља, пожуда; (Betrübniß), жалост, туга, мука.
drängen, v. a. тискати, поривати, салетити, турати, навалити, терати, гонити; мучити; кинити; гурати се', сабити се, трпати се; sich zu etwas —, хватати се, подухватити се, наметати се; sich —, турати се.
Drangsal, n. невоља, мука, патња.
bräuen, (veralt.) f. drohen.
brauf, f. darauf.
braußen, adv. ван, на пољу, с поља, на двору, изванка, ванка; von —, с поља.
Drechselbank, Drehbank, f. точило, токарски струг.
drechseln, v. a. точити, стругати.
Drechsler, m. стругар, токар.
Dreck, m. глиб, кал, блато; трице, говно, балега; —ig, adj. прљав, каљав, блатан; тричав, говнен; —käfer, m. говноваљ, гунџељак.
Drehbaum, m. Drehkreuz, n. криж, вретено.
drehen, v. a. сукати, вијати, засукати, усукати, завити, увијати, вртети, окретати, точити, стругати; упредати.
Dreh-ling, —er, m. ручица; —erin, f. окреталка; —hals, m. вијоглав, вијоглава, junx torquilla; —tab, n. колоплет, колосук; —scheibe, f. коло, точило; —stuhl, —sessel, m. точило сајџијско.
drei, num. три, троје; —f. тројица; —armig, adj. троруки; —ger Leuchter, трикнила; —beinig, adj. тропог; —blätterig, adj. тролистан; —ed, n. трокут; —edig, adj. трокутан; —eimeriges Faß, тројка; —einig, adj. тројединш; —einigkeit, f. тројство, тројица; —er, m. (Münze), грешњика, (Karte), тројка, трица; —erlei, adj. тројак; —fach, adj. трогуб, трострук; —faltig, Dreifaltigkeit, f. dreieinig, Dreieinigkeit; —färbig, adj. тробојан; —fuß, m. тропог; сацак; шерпеља; —hundert, num. триста, три стотине; —jährig, adj. тролетан, трогодишњи; —königfest, n. три краља, богојављење; —köpfig, adj. троглав; —laut, —lauter, m. трогласник; —mal, adv. трпш, триж, трижди, по трипут; — so viel, тројином; трикрат, трипута, трипут; —malig, adj. трикратан; —mark, f. тромеђа; —monatlich, adj. тромесечан; —seitig, adj. трестран.
dreist, adj. дрзак, дрзовит, смео, срчан; безобразан, безочан, бестидан; —igkeit, f. дрзовитост, дрскост, смелост, смеоиство, смеопост; безобразност, безочност, бестидност.
dreisylbig, adj. трослежан.
dreißig, num. тридесет, триест; тридесеторо; —er, m. један од тридесет; човек од тридесет година; —stamt, n. армицаија, тридесетница.
dreißigste, adj. тридесети.
drei-tägig, adj. тродневни; —tausend, num. три хиљаде, три тисуће; —theilig, adj. од три дела, од три поле, тропол; —zad, m. тројзуб; оствe, ости, бодва; виле; —zadig, adj. трозуб, трокрак.

dreizehn, num. тринаест; тринассторо; —te, adj. тринаести; —tens, тринаесто.
dreſch-en, v. a. млатити; — n. млаћење; —er, m. млатилац; —flegel, m. шибаљ, млатило, цеп; —tenne, f. гумно, гувно; —zeit, f. вршидба.
dreſſiren, v. a. учити, обучити.
Trillbohrer, m. сврдло.
drillen, v. a. вртити, бушити; мучити, кињити; обучавати.
Trillich, m. тројник (врста платна).
Trilling, m. —stind, n. тројни, pl.; (Triebrad), вретенка.
dringen, v. a. (in einen), принуђавати, наваљивати, наваљивати; (durchdringen), пробити, продерати, протурати се; auf etwas —, настојати, тражити, искати.
dringend, adj. хитан, прешан, преко нуждан; —e Noth, потреба, нужда, крајња сила; —e Gefahr, велика опасност; — adv. хитно, журно, прешно.
dringlich, adj. журан, хитан, прешан; —feit, f. преша, спреша, журност.
drinnen, adv. унутра, унутри.
Tritt-el, —theil, n. трећина; —er, —e, —es, adj. трећи; zum —emale, трећом; —halb, adj. два и по; —ens, adv. трећe.
broben, adv. горн.
drohen, v. n. претити, грозити, припретити.
Trohne, f. трут, трутица, трутaш.
dröhnen, v. n. тутњити; —, n. тутањ.
Troh-ung, f. претња, грожење; —wort, n. претња.
drollig, adj. смешан, шаљив.
Tromedar, m. дромедар, камила.
Troſſel, f. дрозд.
Troſt, m. старешина.
brüben, adv. преко, с оне стране, на оној страни.
Druck, m. давњење, удручење, угњетење, тлачење; притисак; штампа, тисак, печатња; einem den letzten — geben, са свим упропастити.
Druck- , (in Zus.) штампаћи, печатаћи; —en, v. a. штампати, тискати, печатати, наштампати.
brück-en, v. a. давити, душити, гњечити, главити, тлачити, притешкавати, тискати, жети, турати; die Mütze tief ins Geſicht —, натући капу на очи; einem die Hand —, стиснути руку, руковати се; platt —, сплоштити; an den Buſen —, пригрлити; mit den Knien —, коленати; die Schuhe — mich, жуље ме чизме; er weiß nicht, wo mich der Schuh drückt, незна, где ме тишти; —end, adj. тежак, несносан, мучан.
Drücker, m. штампар, тискар, печатар.
Drücker, m. квака, ононац, обарача.
Drucker-ei, f. штампарија, печатња, тискарница; —farbe, —ſchwärze, f. црнило.
Druck-ſchrift, f. тисковне; —werf, n. притисак.
Drud, m. вештац, вукодлак.
Trüde, f. мора, вештица.
Trudenfuß, m. соломуново слово.
Druſe, f. кита, грозд лешника, кристала; (Pferdekrankheit), назеб.
Drüſ-e, f. жлезда; —enbeule, f. мицина.

du, pr. ти.
Dublone, f. дуплон, доппја.
Ducaten, m. дукат, цекин, жућак, жутица, румна; öſterreichiſcher —, крилашчић; Kaiſer —, мацарија, крменција; Holländer —, бацаклија.
ducken, ſich, v. r. погнути се, сагнути се, згурити се, чучнути, шћућурити се.
Duckmäuſer, m. подмукан.
dudel n, v. n. свирати у гајде; гађати; (ſchlecht ſpielen), гламити мачиће; —ſack, m. гајде, гађес, свирале; мешнице; —ſackpfeifer, m. гајдаш, гађар, свирац.
Duell, n. двобој, мејдан; —iren, ſich, v. r. бити се, делити мејдан, посећи се с ким.
Tuett, n. двопев.
Duft, m. пара, мирис, дух, дах, воња; мраз, слана, иње; —brud, m. пукотина од цвеће (на дрвљу); —en, v. n. мирисати, воњати, пуштити се; —ig, adj. мирисан, закаћен; мразан.
duld-en, v. a. трпети, нагити, подносити, сносити; —er, m. патник; —in, f. патница; —ſam, adj. благ, кротак, мукотрпан; —ſamkeit, f. трпљивост, мукотрпност; —ung f. трпљење, патња.
dumm, adj. бедаст, блесаст, луд, будаласт; —bart, m. звекан, будала, блесан; —dreist, adj. безобразан, безочан; —dreistigkeit, f. безобразност, безочност; —heit, f. лудост, будалаштина; —kopf, m. бедак, будала, беша, глупан, глупак, букван, сакалуда, сумата, слута, дедак; шмокљан.
dumpf, adj. глух, мукао, потмуо.
Dümpfel, m. јаз, пропаст, вир.
dumpfig, adj. влажан, плесив; мукао, глух.
Düne, f. пруд, пржина.
düng-en, v. a. ђубрити, гнојити, нађубрити, нагнојити; —er, Dung, m. ђубре, гној, буништа; gedüngt, adj. ђубревит; —ung, f. ђубрење, гнојење.
Dünkel, m. таштина, надутост, охолост.
dunkel, adj. таман, мрачан, тмаст, загасит (боја); —werden, смркћивати се, мркнути, смркнути се, смрачити, смрачити се, замрачити се, тамнити, смагнути.
Dunkel, n. невиделица, тмина, мрак, тмица; —blau, adj. мор, мораст; —braun, adj. угасит; —heit, f. тамнота, тамнило, мрак, помрчина; —n, v. n. смркњивати се.
dünken, v. n. мислити, мнети; es dünkt mich, чини ми се; ſich etwas Großes —, имати велику мисао о себи.
dünn, adj. танак, редак, жидак; —e, —heit, f. танкост, танкоћа; жидина, жичина, жидкост; —e, ung, f. слабина, бок; —leibig, adj. витак.
Dunſt, m. пара, дим; (Vogeldunſt), ситна сачма, птичара; blauen Dunſt vormachen, показати коме рог место свеће.
dunſt-en v. n. димити се, парити; —ig, adj. задимљен, запушен; —kreis, m. атмосфера.
dünſten, v. a. упрждрати, пиркањити, пригати.
Duodez, n. дванаестина.
Duplicat, n. сугупка.
Duplik, f. друготница.

duplo, in —, двогубо.
durch, prp. кроз, проз, преко, чрез, по, с; — und —, скроз, са свим; — sein, проћи; —einander liegen, лежати у нереду.
durchackern, v. a. разорати; поправити, отрти, избрисати.
durcharbeiten, v. a. обрадити, избити; den Teig —, умесити тесто; sich die Hände —, нажуљити руке; sich — v. r. продрети, провући се.
durchaus, adv. са свим, по све, баш, зголъa; — nicht, ни по што.
durchbacken, f. ausbacken.
durchbeben, v. a. протрести.
durchbeißen, v. a. прегристи, прогристи; sich — v. r. fig. доћи до краја помоћу говора.
durchbeizen, v. n. прогристи.
durchbetteln, v. a. опростити, обићи просећи; sich — v. r. животарити просјачењем.
durchbeuteln, v. a. просејати, протрести, промешати.
durchblasen, v. a. продувати.
durchblättern, v. a. превртати листове, проћи књигу.
durchblicken, v. n. прозрети, прогледати; провирити; — v. n. вирити, видети се.
durchbohren, v. a. пробушити, провртати, пробости, пробити, прекосити.
durchbraten, v. a. пропећи, испећи.
durchbrausen, v. n. прозујити.
durchbrechen, v. a. проломити, пропалити, пробити; — v. n. продрети.
durchbrennen, v. a. прогорети, прегорети, прожежи.
durchbringen, v. a. пронети, провући, провести; расточити, похарчити, расути, потепсти; sich —, доковабити, прометати се.
durchbrochen, adj. просечен, проломљен, пробијен, провален.
Durchbruch, m. пролом.
durchdenken, v. a. промислити, размислити, расудити.
durchdrängen, v. a. протиснути; — sich, v. r. протиснути се, протурати се.
durchdring-en, v. a. & n. продрети, проникнути, проћи; пробити, прожећи; прозрети; —end, adj. оштар; —lichkeit, f. пролазност, проницавост.
durchdrücken, v. a. протиснути, процедити.
durcheilen, v. a. протрчати; претрчати.
durcheinander, adv. f. durch; — n. дармар.
durchfahr-en, v. n. провести се; v. a. проћи; —t, f. пролаз.
Durchfall, m. пролив; —en, v. n. пропасти.
durchfaulen, v. n. струпути, сагњилити.
durchfechten, v. a. обранити; проћи куда просјачећи.
durchfeilen, v. a. препилити.
durchfeuchten, v. a. намочити, наквасити.
durchfeuern, v. a. (mit Schießgewehr) пуцати кроза што; (den Ofen) разгрејати, угрејати пећ.
durchflammen, f. entflammen.
durchflechten, v. a. проплести.
durchfliegen, v. n. пролетити.
durchfließen, v. n. протећи, растицати.

Durchfluß, m. протицање.
durchforschen, v. a. промотрити, размотрити, пропитати.
durchfressen, v. a. прогристи; пролокати; sich —, мукте живети.
durchfrieren, v. n. прозепсти, озепсти, промрзнути.
Durchfuhr, f. провоз; —e, (in Zus.) провозни.
durchführen, v. a. провести; извршити, свршити; оживотворити, употребити.
Durchgang, m. пролазак, пролаз.
durchgängig, adj. опћи; — adv. све, свеколико, у опће.
durchgärben, v. a. устројити; избити.
durchgehen, v. n. & r. проћи, преходити, промаћи, умићи, пролазити, проходити; (v. Pferden), помлашити се; побећи; v. a. eine Schrift —, прочитати, прегледати; sich die Füße —, нажуљити ноге; —ds, adv. свуда, свеколико.
durchgießen, v. n. процедити.
durchglänzen, v. n. просјајивати се.
durchglühen, v. a. разгрејати, ражарити.
durchgraben, v. a. прокопати, прекопати, преровити.
durchgreifen, v. n. опипати кроза што; пробити, продрети; —d, (z. B. Anordnung), adj. оштар.
durchgrübeln, v. a. промозгати.
Durchhau, m. просек; —en, v. a. просећи, пресећи; sich —, v. r. пробити се.
durchhecheln, v. a. прочешљати, прогреѣбенати; fig. протрести, прорешетати, пичешљати.
durchhelfen, v. a. помоћи коме док прође; помоћи, спасти.
durchhellen, v. a. расветити, разјаснити.
durchhöhlen, v. a. прокопати, прорити, пробушити.
durchjagen, v. a. протерати, пројахати, прејахати; durch die Kehle —, профућкати.
durchirren, v. a. тумарати, скитати се.
durchkämmen, v. a. рашчешљати, прочешљати.
durchkäuen, v. a. прежвакати, згристи.
durchklopfen, v. a. протући; избити.
durchkneten, v. a. умесити, месити.
durchkochen, v. a. сварити, скухати.
durchkommen, v. n. проћи, избавити се; утећи, измакнути; протурити се.
durchkönnen, v. n. моћи проћи.
durchkratzen, v. a. разгребати.
durchkreuzen, v. a. укрстити, прекрижити; покварити; sich — (von Linien), крижати се, укрштавати се.
durchkriechen, v. n. провући се; — v. a. пропушити.
Durchlaß, m. пролаз, пропуштање.
durchlassen, v. a. пропустити; процедити; Getreide —, пројати жито.
Durchlaucht, f. јасност, светлост; —ig, adj. јасни, светли; —igst, adj. прејасни, пресветли.
Durchlauf, m. пролаз; прехол (готовине); —en, v. n. протрчати, утећи; —, v. a. прећи, претрчати, обићи.
durchläutern, v. a. очистити.
durchleben, v. a. проживети, преборавити.
durchlesen, v. a. прочитати, проучити.

durchleuchten, v. n. светлити кроз што; — v. a. просветлити.
durchliegen, v. a. продерати лежањем; sich — v. r. нажуљити се од лежања.
durchlöchern, v. a. пробити, пробушити.
durchlügen, sich, v. r. излагати се, избавити се лагањем.
Durchmarsch, m. пролаз, марш.
durchmengen, durchmischen, г. а. смешати, помешати. [пречник.
durchmess-en, г. а. промерити; —er, m. промер,
durchmüssen, v. n. морати проћи.
durchmustern, v. a. прегледати, протрести.
durchnagen, v. a. прогристи, преглодати, проглодати.
durchnähen, v. a. прошити, пошти.
durchnässen, durchnetzen, v. a. провиснути, накваснти.
durchpeitschen, v. a. ишибати; fig. брзо оправити.
durchpichen, v. a. прокљувати.
durchpressen, v. a. протиснути; процедити.
durchprügeln, v. a. избити, излупати.
durchräuchern, v. a. накадити; (vom Fleisch), сушити (на диму).
durchrechnen, v. a. израчунати.
durchregnen, v. n. прокисивати; —, n. прокисивање.
durchreiben, v. a. протрти, продерати.
Durchreise, f. пролазак; in der —, успут, пролазећи; —u, v. n. проћи, пролазити; — v. a. обићи.
durchreißen, v. a. предрети, раздерати, проломити, расцепити; — v. п. раздерати се, продерати се.
durchreiten, v. n. прејездити, пројахати.
durchreitern, v. a. протакати, прорешетати.
durchrennen, v. n. протрчати, претрчати.
Durchritt, m. пројахивање.
durchrühren, v. a. размутити, промешати.
durchrütteln, v. а. продрмати, протрести.
durchsäen, v. a. просејати.
durchsägen, v. a. препилити, пропилити.
durchsalzen, v. a. осолити, посолити.
durchsäuern, v. а. накиселити; — v. n. прокиснути, укиселити се.
durchschaben, v. a. простругати, престругати.
durchschallen, v. a. & n. разлегати се, орити се.
durchschauen, v. a. видети, разгледати; провиривати, прогледати; — v. n. вирити, видити се.
durchscheinen, v. n. просијавати; — v. a. расветлити; —b, adj. прозрачан.
durchscheuern, v. a. пpopeшeтaти; кудити.
durchschieben, v. a. промакнути, протурати.
durchschießen, v. a. прострелити, просукати, пробити, провалити; die Zeilen, die Buchstaben —, разредити.
durchschiffen, v. n. & a. проћи (с бродом).
durchschimmern, v. n. просијавати.
durchschlafen, v. a. преспати, преспавати.
Durchschlag, m. пролом, провала; цедило; пробијач; чекић; —eisen, n. пробојац, зумба; —en, v. a. пробити; (Flüssigkeiten), процедити; (Tinte durch das Papier), проливати, —

пробијати; sich —, v. r. пробити се, продрети; —tuch, n. цедило.
durchschlängeln, sich, v. r. кривудати.
durchschleichen, v. n. & sich — v. r. прoпyћи се.
durchschleifen, v. a. проточити, промазати; просанкати.
durchschlingen, v. a. провући, проплести.
durchschleppen, v. a. провући; sich —, v. r. животарити, с муком живети.
durchschlüpfen, v. n. провући се, шмукнути.
durchschneiden, v. a. пресећи, пререзати, просећи, прорезати, расећи; разрезати.
durchschneien, v. i. пролетати (снег).
Durchschnitt, m. просек; (der Linien), пресецање, укрштавање; одсек; Abriß im —e, профил; im —, осеком, по преко, једно на друго, једно с другим.
durchschütteln, v. a. продрмати, протрести.
durchschütten, v. a. пролити, просути.
durchschwimmen, v. r. препливати, прeпливати, препловити.
durchschwitzen, v. a. озноjити.
durchsegeln, v. n. прејeдрити.
durchsehen, v. n. видети, прогледати; — v. a. прогледати, развидети; прозирати, познавати, провидети.
durchseihen, v. a. процедити, цедити.
durchsetzen, v. a. проћи; прећи; eine Sache —, испословати, израдити.
durchseufzen, v. a. провести уздишући.
Durchsicht, f. прогледање, преглед, разгледање; прогледало.
durchsichtig, adj. провидан, прозрачан; —keit, f. провидност, прозрачност.
durchsieben, v. a. просејати, пресејати, исејати, прорешетати, проточити.
durchsickern, v. n. прокапати.
durchsingen, v. a. препевати.
durchsinken, v. n. пропасти, провалити се.
durchsitzen, v. a. излазити седећи; sich —, v. r. озледити се седећи; die Nacht —, преседити ноћ.
durchspähen, v. a. вирити; уходити.
durchspalten, v. a. расцепити.
durchspicken, v. a. надевати, начињавати сланином; seine Rede mit französischen Brocken —, искитити говор свој француским речима.
durchspielen, v. a. изиграти, проиграти; потратити време у игри.
durchspießen, v. a. пробости ражњем.
durchsprengen, v. a. попрскати, пошкропити; — v. n. пролетети на коњу.
durchspringen, v. n. скочити кроз...
durchstänkern, v. a. засмрдети; преметати, процуњати.
durchstäuben, v. a. испрашити, напрашити.
durchstechen, v. a. пробости, пробурaзити, прокопати; das Getreide —, превртати жито.
durchstecken, v. a. промолити.
durchstehlen, sich, v. r. прокрасти се, измакнути.
durchsteigen, v. n. попети се кроз...
Durchstich, m. пробадање; прокоп; превртање жита.
durchstöbern, durchstöbern, v. a. преметати, процуњати, прочачкати.

durchstoßen, v. a. протерати, прогнсиути; пробости, продрети, пробити.
durchstrahlen, v. n. & a. сјати кроз...
durchstreichen, v. n. & a. обићи, обилазити; etwas Geschriebenes —, прекрижити, мрљати, помрчити, избрисати; (als der Wind), пирити кроз...
durchstreifen, v. a. обићи, обилазити, скитати се.
Durchstrich, m. мрљање, брисање; — der Vögel, пролажење птица.
durchströmen, v. a. & n. тећи, разлевати се, протицати.
durchsuch-en, v. a. претресати, премештати; —ung, f. премештање, претресање, премештачина.
durchsüßen, v. a. осладити, засладити.
durchtanzen, v. a. протанцати, проиграти, претанцати, преиграти; die Schuhe —, продерати обућу танцајем.
durchtragen, v. a. пронети, пренети.
durchträufeln, v. n. прокапати.
durchträumen, v. a. пресањати.
durchtreiben, v. a. протерати, оправити.
durchtrieben, adj. лукав, фин; —heit, f. лукавост.
durchwachen, v. a. неспавати, пробдити.
durchwachsen, v. n. & a. проницћи, прорасти; —es Fleisch, n. дебело, тусто месо.
durchwagen, sich, v. r. усудити се кроз...
durchwallen, v. a. упадати, провалити; einen —, избити, пропустити кроз шаке.
durchwandeln, v. a. шетати се, прошетати, обилазити.
durchwandern, v. n. & a. пролазити, обилазити.
durchwärmen, v. a. угрејати, разгрејати, распарити.
durchwässern, v. a. наквасити, наводнити.
durchwaten, v. a. прегазити, пребродити.
durchweben, v. a. уткати, проткати.
Durchweg, m. пролаз.
durchwehen, v. a. провејати, промахнути.
durchweichen, v. n. & a. прокиснути, наквасити, расквасити.
durchweinen, v. a. преплакати.
durchwerfen, v. a. бацити кроз...; прометати, протурати, пробацити; Korn —, провејати жито.

durchwinden, v. a. провући; уткати, упрести; sich —, v. r. провући се.
durchwintern, v. a. презимити, прехранити преко зиме.
durchwirken, v. a. уместити; ein Zeug mit Gold —, проткати златом.
durchwischen, v. n. измакнути, утећи.
durchwollen, mit Gewalt, v. n. наврети, навирати.
durchwühlen, v. a. прерити, прекопати, преметнути.
durchzählen, v. a. пребројати, избројати.
durchziehen, v. a. провући, удсцути; einen —, ругати се коме, подругивати се с ким; ein Land —, обићи, проћи земљу; mit Band —, упући врпцу.
Durchzug, m. пролаз; (eines Heeres), дира; (einer Waare), провоз; (bei Zimmerleuten), окачача, гетпа.
durchzwängen, durchzwingen, v. a. протиснути, протурати.
dürfen, v. n. смети, теваги, моћи; требати; Sie dürfen es nur sagen, само реците; das dürfte wohl geschehen, то лако може бити.
dürstig, adj. потребит, сиромах, убог, оскудан, бедан; —е, m. исмалац; —е, f. пенмалица; —feit, f. потреба, оскудност, убоштво, сиромаштво, неимаштина, неимање, недоскудица, оскудица.
dürr, adj. сух, сушан, сухоњав, мршав; —е, f. суша, суховица; —sucht, f. суха немоћ, старост.
Durst, m. жеђ, жеља; (heftige Begierde), пожуда; —en, v. n. жедан бити; —ig, adj. жедан, жудан; — werden, жеднити, ожеднити.
düster, adj. таман, мрачан, тмаст, потмуран, суморан, туробан, тужан, сетан, невесео; —nheit, f. мрак, тмина; туробност, сета.
Düte, f. рожак (од папира).
düten, v. n. дувати у рог.
Dutzbruder, m. побратим, друг.
dutzen, v. a. тикати.
Dutzend, n. тесте, туце; —weise, adv. на туце.
Dutzschwester, f. посестрима, друга.
Dynastie, m. диnаста, господар; —ie, f. династија, дом владајући, владарска породица.

E.

Ebbe, f. осека, ослед, отслека, рекеша; — und Fluth, осека и плима, отслека и слека.
ebben, v. n. осекнути.
eben, adj. раван, гладак, прав; тачан, точан; — adv. баш, управ, таман; —recht, збиља; so —, овај час.
Ebenbaum, m. абонос.
Ebenbild, n. прилика, слика; das wahre Ebenbild des Vaters, прави, пуки, сшити, сушти, пљунут, исти отац.
ebenbürtig, adj. једнородан; вршњак; раван;

дорастао (коме); —keit, f. једнородност, вршњаштво.
ebenderselbe, pr. исти.
Ebene, f. раван, равница, равнина, пољана.
ebenfalls, adv. такођер, равним начином.
Ebenholz, n. абоносовина.
Ebenmaß, n. размер, складност; —mäßig, adj. размеран, складан; — adv. размерно, складно.
Eber, m. нераст, вепар.
Eberäsche, f. оскоруша; —nbeere, f. оскоруша

Eberraute, f. Eberreis, n. f. Stabwurz.
Eberwurz, f. божје дрвце; крављак, chamaeleon.
ebnen, v. a. равнити, изравнати, поравнити; —ung, f. поравњивање.
Echo, n. јека, одзив.
echt, adj. законит, прав, истинит, истински; —es Gold, сухо злато; —e Kinder, f. законита деца; —e Documente, писма истинита; —e Farbe, боја стална; —heit, f. законитост, правота, истина, истинитост.
Ecke, f. кут, кантун, рогаљ, ћошак, угао.
eckig, adj. ћоткаст; —pfeiler, m. —stein, m. кантуњак; —zähne, pl. m. (bei den Pferden) зуби средњи.
edel, adj. племенит, племићки, благородни, драгоцени; fig. добар, врли; edles Metall, руде драге; —dame, —frau, f. племкиња; —geboren, adj. —gesinnt, adj. племенит; —gestein, n. драго камење; —hof, m. двор властеоски, племићки; —knabe, m. дворожрджица; —mann, m. племић, властелин, колековић, кућић, опанковић, бољар, витез, кавалер; —männisch, adj. племићки; —müthig, adj. племенита срца; —stein, m. каменн драги, драган камен.
Edict, n. заповест, проглас, изрок, заказ; —al-, изрочни, заказни.
Effect, m. успех, учинак, дејство.
Effecten, pl. (Mobilien), покретности; (Staatspapiere), државни папири, f. Güter, Habseligkeiten.
effectiv, adv. управо, у ствари.
Egel, f. Blutegel; —wurm, m. метиљ (Schaftrankheit).
Egge, f. дрљача, брнача, влача, брана, зубача.
eggen, v. a. дрљати, брнати, зубити, влачити, бранити, подрљати.
Egoismus, m. самољубље, себичност, саможивост.
Egoist, m. саможив, саможивница, себичњак, самољуб; —isch, adj. самољубан, себичан, саможиви, себичнаo.
Eh! intj. e! ex!
ehe, adv. пре; (vielmehr, lieber) радије.
Ehe, f. женидба, закон, брак, женба, удадба, удаја; Kinder erster, zweiter —, деца од првога —, од прве жене итд.; außer der — gezeugt, копиле, копилан, незаконито дете; —, женидбени, удадбени; —aufgebot, n. навоед, навештај; —band, —bündniß, n. брак; —brechen, v. n. прељубити.
Ehebrecher, m. браколомац, прељубочинац, прељубник; —in, f. прељубница; —isch, adj. браколомен.
Ehebruch, m. прељубочинство, браколомство, прељуб.
ehedem, adv. пре, негда, некад.
Ehe-frau, —gattin, —gemahlin, —genoffin, f. жена, мужатица, супруга, друг; —gatte, —gemahl, —mann, —genoß, m. муж, човек, војни, супруг, друг; —gericht, n. консисторија.
ehegestern, adv. прекјуче.
Ehehaften, pl. запреке законите.
Ehekrüppel, m. муж лош, рђа од мужа; —leib-

(lich), adj. законит; —leute, pl. муж и жена, супрузи; —lich, adj. женидбени, брачан, законски; —lichen, v. a. оженити, удати, удомити; —v. r. оженити се, узети (жену), удати се, поћи (за кога); sich mit Jemanden —, узети се.
Ehelichkeitärung, f. (Legitimation), узакоњење.
Eheliebste, m. & f. f. Ehefrau.
ehelos, adj. безбрачан, неожењен, неженен; неудата; —igkeit, f. безбрачност.
ehemalig, adj. негдашњи, некадашњи.
ehemals, adv. негда, некад, пре, отпре, од давнина.
Ehe-paar, n. зглоб, муж и жена.
ehern, adj. меден, од туча, медни.
Ehe-scheidung, f. распуст, растављење; —stand, m. брак.
ehestens, adv. што пре, наскоро, што скорије.
Ehe-steuer, f. мираз, прћија; —stifter, m. проводација; —teufel, m. узрок смутње (женидбене); —trennung, f. развод, распуст; —verkündigung, f. навештај, наповед.
ehevor, adv. прнос, пре, преће.
Ehe-weib, n. f. Ehefrau; —werber, m. просац.
ehrbar, adj. поштен, частан; —keit, f. частност.
Ehrbegierde, f. частољубље; —ig, adj. частољубан.
Ehre, f. поштење, част, пошта, почаст, стима, слава, дика, глас; in Ehren halten, поштовати, частити; mit Ehren zu melden, да опростите; das ist aller —werth, то је часно и поштено; ich werde mir die — geben, биће ми част; ich habe die —, част ми је; Ehre dem Ehre gebührt, част и поштење.
ehren, v. a. частити, поштовати, славити, опоштити, осветлати образ, дичити.
Ehren-, (in Zuf.) почастни; —bezeigung, f. поштовање, итовање; —dieb, m. потваралац, клеветник; —erklärung, f. враћање поштења; —fest, adj. поштен, поштован; —gedächtniß, —denkmal, n. споменик, паметник; —gelag, n. част, гостба; —gericht, n. суд племићки; —haft, adj. образан; —holben, adv. ради поштења, ради части; —kleid, n. одора свечана; —kranz, m. венац венчани; —krone, f. круна славодобитна; —mann, m. поштењак; —münze, f. медаља; —name, m. наслов; —pforte, f. врата славодобитна; —posten, m. част, достојанство; —preis, m. частослав; —reich, adj. поштован; —rettung, f. обрана поштења; —rührig, adj. срамотан, непоштен; —sache f. ствар од поштења; (Zweikampf), двобој; —säule, f. споменик; —schänder, m. клеветник; —schmud, m. урес свечани; —stelle, —stufe, —staffel, f. част, достојанство; —tag, m. свечаност, свадба; —trunt, m. здравица; —voll, adj. частан; —wort, n. sein —wort geben, реч, тврду веру дати.
ehrerbietig, adj. смеран; —keit, Ehrerbietung, f. смерност, поштовање, пошта.
Ehrfurcht, f. поштовање, смерност, страхопоштовање, страхопочитаније.
Ehrgefühl, n. поштење, чувство части.
Ehrgeiz, m. частољубље; —ig, adj. частољубан.

Ehrgier, f. пожуда за чашћу; —ig, adj. частољубан.
ehrlich, adj. поштен, частан, праведан; —keit, f. поштење, праведност.
Ehrliebe, f. частољубље.
ehrlos, adj. непоштен, бесчастан; —igkeit, f. непоштење; бесчаст.
ehrsam, adj. поштен, частан; —keit, f. поштење.
Ehrsucht, f. славољубље.
ehrsüchtig, adj. славољубан.
ehrvergessen, adj. непоштен, без поштења.
Ehrwürden, f. пречастност (наслов).
ehrwürdig, adj. поштен; достојан поштења, штована.
Ei, i. c, o; ej! хеј! —, —, гле, гле! ин!
Ei, n. јаје.
Eibe, f. Eibenbaum, m. тис, тисен; —nholz, n. тисовина.
Eibisch, m. бели слез; —kraut, n. слезовина.
Eichapfel, (Gallenapfel), m. шишарица, шишарка, шпшка.
Eiche, f. Eichenbaum, m. раст, дуб, срч, грм.
Eiche, f. Eichmaß, Eichgewicht, n. баждарска мера.
Eichel, f. желуд, жир, жирка; —gelb, n. жировница.
Eichelle, f. аршин, лакат, риф прописани.
Eichel-mast, f. жировина, жирсће.
eichen, adj. растов, од растовине.
eichen, v. a. прописати меру, кајарити.
Eichen-holz, n. растовина; —wald, m. грмјак, грмик.
Eich-er, —ner, —herr, —meister, m. баждар, визирница; —gebühr, f. баждарина, визирина.
Eich-horn, —hörnchen, n. веверица.
Eichmaß, n. f. Eiche.
Eichstab, m. визир.
Eid, m. присега, заклетва; einen Eid ablegen, заклети се, присећи; —ablegung, f. присизање, заклињање.
Eidam, m. зет.
Eid-bruch, m. вероломство; —brüchig, adj. вероломан; —brüchiger, m. вероломник.
Eidechse, f. гуштер, гуштерица.
Eider-bunen, pl. паучице од северних гусака; —gans, f. —vogel, m. гуска северна.
Eidespflicht, f. вера дата, присега, заклетва; —statt, adv. на место присеге.
Eidgenoß, m. савезник; —enschaft, f. савез.
eidlich, adj. присежан, клетвен.
Eidschwur, m. присега, заклетва.
Eier-dotter, Eidotter, n. жумањак, жуманце; —krebs, m. женка рак; —kuchen, m. кајгана; —kürbiß, m. тукур; —pflanze, f. модри патлиџан; —speise, f. кајгана, чимбур, грушанина, распара; —stoc, m. постељица.
Eifer, m. ревност, жестина, ватреност, ватра, усрђе, жар, жеља, настојање, усрдност; (Zorn), гњев; —er, m. ревнитељ; —ig, adj. усрдан, марљив, ватрен, ревностан, жесток; гњеван; — ad. марљиво, ватрено, ревно, жестоко; гњевно.
eifern, v. n. ревновати, љубоморан бити; gegen etwas —, противити се чему;

Eifer-sucht, f. љубоморност; —süchtig, adj. љубоморан.
eiförmig, eirund, adj. јајаст, дугуљаст.
eigen, adj. властит, сопствен; особит, посебан; (sonderbar), чудан, чудноват; sich etwas — machen, присвојити штогод, привикнути се чему; er ist in seinen Sachen sehr —, јако је тачан (тачан) у стварима својим.
eigenberechtigt t, adj. (sui juris), свој, који има право на себе; —ung, f. право на себе.
Eigendünkel, m. високоумље.
Eigene, f. seine —, особитца.
eigenhändig, adj. власторучан, својеручан; — adv. својеручно, власторучно.
Eigenheit, f. властитост, својство; посебност, особитост.
Eigenliebe, f. самољубље.
eigenliebig, adj. самољубан.
Eigenlob, m. своја хвала.
eigenmächtig, adj. самовољан, самовластан; ein —er Besitzer, поседник неправедни; — adv. самовољно; —keit, f. самовластност, самовоља.
Eigen-name, m. властито, сопствено име; —nutz, m. лакомост, собичност, користољубље; —nützig, adj. лаком, себичан.
eigens, adv. баш, управо, само, особито, нарочито, кастен, кастиле.
Eigenschaft, f. властитост, својство; каквоћа, достојанство.
Eigensinn, m. самовољство, тврдоглавост; —ig, adj. тврдоглав, упоран, самосилан.
Eigen-thum, n. властитост, својина, сопственост, властништво; особина, прњија; —thümer, —thumsherr, m. властник, сопственик, господар; —thümerin, f. госпођа, властница; —thümlich, adj. властит, властнички, сопствени; (besonderes), особит, посебан; —thümlichkeit, f. властитост, особитост, посебност; —thumsrecht, n. властитост, право властитости.
eigentlich, adj. властит, прав, особит, истинит; — adv. баш. управ. право, (direct) направац, управо.
Eigenwill-e, m. самовоља; —ig, adj. самовољан.
eigne, sich, v. r. пристајати, ваљати.
Eihaut, f. водењак.
Eiland, m. оток, острво, острово.
Eilbote, m. улак, скоротеча.
Eile, f. хитња, хитост, преша, наглост, дотуга, журење, журба.
eilen, v. n. хитати, брзати, журити се, спешити, хитати, нохитати, наглити, запремшити; seinem Verderben entgegen —, срљати у пропаст.
eilend, adj. спешан, хитар, брз; —s, adv. брзо, хитро, спешно, на врат на нос.
eilf, (elf), num. једанаест.
eilfertig, adj. брз, хитлен, нагао, наглобрз; —keit, f. плахост.
eilf-jährig, (elfjährig), adj. од једанаест година; —mahl, adv. једанаест пута; —tel, (Elftel), n. једанаестина; —te, (elfte), јед-еданаести; —tens, adv. једанаесто.
Eilgut, n. брзовозно добро.

7*

eilig, adj. брз, хитан, нагао, напрешит, спе-
шан; —ſt, adv. што брже, што скорије.
Eilmarſch, m. убрзан марш.
Eilwagen, m. брзовоз.
Eimer, m. ведро, каов, бирило, чабар.
ein, eine, ein, art. један, неки, некакав.
einackern, v. a. заорати.
einander, adv. један другога, један другом,
међу собом; wir begegneten —, састадосмо
се, срели смо се; aus — gehen, растати се,
разићи се; gegen — taufchen, утакмице; не
ben —, напоредо, усноредо; паф —, засо-
бице, засоб, узасебице.
einantworten, v. a. предати, присудити коме;
—ung, f. предаја, присуђивање; —ungs,
предајни.
einarmig, adj. једнорук.
einäſchern, v. a. спалити, попалити, обратити
у пепео.
einathmen, v. a. дисати, удисати; —ung, f.
дисање.
einäugig, adj. ћорав, једнооок.
einballen, einballiren, v. a. везати, свезати у
дењак; —ung, Einballirung, f. везање, све-
зивање.
einbalſamiren, v. a. балсамати.
Einband, m. вез, повез, корице.
einbändig, adj. (v. Büchern), од једне свеске;
(von Geſchwiſtern), полубраћа, полусестре
(браћа и сестре само по оцу или по ма-
тери).
einbauen, v. a. уградити; водити.
Einbeere, f. вранино око.
einbegleit-en, v. a. (ein Gesuch) спровести, про-
пратити молбеницу; —ung, f. провођење,
пропраћање.
einbegreifen, v. n. садржавати, узети скупа
са, у....
Einbegriff, m. mit — der Koſten, узевши ску-
па и трошковима.
einbegriffen, adj. mit —, скупа, заједно.
einbeißen, v. a. загристи; (einbringen) проби-
ти, допрети.
einbekennen, v. a. признавати; —tniß, n. при-
знање.
einberichten, v. a. огласити, јавити, дати на
знање.
einberuf-en, v. a. (eine Perſon) позвати; (meh-
rere), сазвати; —ung, f. позив, сазив.
einbetteln, ſich, v. г. улагати се молакањем.
einbeuchen, v. a. напарити.
einbeziehen, v. a. узети у... к...
einbiegen, v. a. прягнути, скучити, превити;
улупати (котао); (vom Fersenleder), потпе-
тити.
einbild-en, ſich, v. г. мислити, привиђати,
замислити; ſich etwas —, уображавати се;
etwas — eingebildet; —ung, f. мисао, замн-
сао, уображење.
einbinden, v. a. свезати, завезати, увезати;
ein Buch —, укоричити, везати књигу; einem
etwas —, паручити коме што.
einblaſen, v. a. дунути у што; ins Ohr —, ша-
путати, пришаптути.
Einbläſer, m. дошаптавало.
einblätterig, adj. једнолист.

einbläuen, v. a. удити коме што у главу бојем.
einbrechen, v. a. пробити, проваљати, обити;
— v. n. сховити се, проломити се, сру-
шити се; пробити, продрети, провалити
(врата, зид): in ein Haus —, ући силом;
die Nacht bricht ein, смркава се; mit einbre-
chender Nacht, под ноћ.
Einbrennen, f. запрашка.
einbrenn-en, v. a. припалити, пригорјети, жи-
госати, ударити жиг; Mehl —, запражити,
запригати, запржити; —ſuppe, f. јуха, чорба
запржена.
einbring-en, v. a. унети, донети; (eine Klage),
предати тужбу; (an Einkünften), доносити;
(erſetzen), наплатити, надокнадити; einem
(Gefangenen —, довести; —ſich, adj. наплат-
ан; —lichkeit, f. наплатљивост; —ung f.
предаја; хватање; наплата.
einbrocken, v. a. надробити, задробити, подро-
бити, удробити.
Einbruch, m. продом, провала; (eines Diebes),
разбој; (der Nacht), мрак; (des Feindes), па-
вала.
einbrühen, v. a. опарити, спарити.
einbürger-n, v. a. одомаћити, дати коме гра-
ђанство; —ung f. одомаћење.
Einbuße, f. губитак, штета, квар.
einbüßen, v. a. изгубити, штетовати; die Augen
—, ослепити.
eincaſſiren, v. a. побирати, наплатити; (einen
Wechsel) примити новце за меницу; f. ein-
fordern.
eindämmen, eindeichen, v. a. задоломити.
eindingen, v. a. погодити, уговорити.
eindorren, v. n. усахнути, осушити се.
eindrängen, ſich, v. г. утиснути ce, наместати
се, начати се.
eindrehen, v. a. усукати, сасукати, уврнути,
закренути.
eindring-en, v. n. продрети, уревати; auf je-
manden —, окупити кога; ſich — v. г. на-
местати се; начати се; —lich, adj. жив, својски.
Eindruck, m. упечатак, утисак, упечатење;
знак; — machen, дирнути.
eindrücken, v. a. утиснути, угнути, тиснути у-
нутра, пробити.
eindrucken, v. a. утештити, втампати, тискати,
печатати.
eineggen, v. a. задрљати, завлачити.
einengen, v. a. узити, сузити.
einer, adj. један; —lei, adj. једнак, један, је-
нородан; es iſt —, то је све једно; das
ewige —, једно те једно.
einernten, v. a. жети, пожети, брати, побрати,
доходити, задобити.
einerseits, adv. с једне стране, у једну руку.
einfach, adj. једноставан, једнострук; проcт;
—heit, f. једностапост, простота.
einfädeln, v. a. уднути, уразнти, уврзти; eine
Sache —, удесити тајно.
einfahren, v. n. увезти се; ујезти у рудник;
— v. a. унети, увезти, провалити (с колн);
учити возити (коња).
Einfahrt, f. улазак, улаз, врата, капија.
Einfall m. (feindlicher), напад, навала; (Ein-
ſturz), сурвање; (Gedanke), мисао; —en, v.

n. упасти; (als Feind) навалити; (einstürzen), развалити се, срушати се; (sich ereignen), догодити се, збити се; einem —, на ум пасти; (sich erinnern) сетити се; eingefallene Augen, очи упале; die Nacht fällt ein, смркава се; — in die Rede, пресећи коме реч, упасти у реч.
Einfalt, f. простота.
einfältig, adj. прост.
Einfaltspinsel, m. бена, глупак, простак, блуна.
einfalzen, v. a. увијати.
einfangen, v. a. уловити, ухватити, оградити.
einfärbig, adj. једне боје.
einfass-en, v. a. напунити, палити; опасати, оградити; in Gold —, оковати у злато; mit Rahmen —, метнути у оквир; Perlen —, низати бисер; mit einem Saume —, опточити, опшити; eine Flasche mit geflochtener Arbeit —, оплести плоску; —ung, f. ограда; (eines Kleides), опток; (einer Tenne), коломат; (des Käselaibes), творило; (eines Brunnens), руб, грло; (eines Bildes), оквир; (der Demanten), оков.
einfetten, v. a. терати, пустити свиње у жир.
einfeilen, v. a. запилити.
einfinden, sich, v. r. наћи се, доћи, јавити се.
einflechten, v. a. уплести, преплести.
einflicken, v. a. укрпити; sich überall —, мешати се, забадати свуда нос.
einfliegen, v. n. улетети.
einfließen, v. a. утицати; — (in die Cassa), долазити у пенезницу, благајницу; —lassen, споменути, напоменути, наговестити, навести (у писму, у беседи); упливисати, моћи што у кога.
einflöß-en, v. a. улити; задати; —ung, f. улевање, задавање.
Einfluß, m. улевање, утицање; уплив, моћ; — haben, упливисати; er hat vielen — bei Hofe, много може у двору; (Wirkung), учин.
einflüstern, v. a. пршаппути, дошаптавати.
einfordern, v. a. опоменути, кунити (дугове); примити новце, наплатити; истеривати дуг; —ung, f. купљење, истеривање (дугова).
einförmig, adj. једнак, једнолик; —keit, f. једноликост.
einfressen, v. a. прогристи; einen Schimpf —, прогутати погрду.
einfried-en, v. a. оградити.
einfügen, v. a. углобити.
Einfuhr, f. увоз.
einführen, v. n. увести, увозити, уводити, у нети, уносити; (Getreide —, возити жито; einen Dieb —, уловити тата; einen redend —, навести речи чије; neue Ordnung —, поставити, ставити.
Einfuhrs-, (in Zus.) увозни.
Einführung, f. увод, увођење, намештање.
einfüllen, v. a. налити, напунити.
einfurchen, v. a. убраздити.
einfüßig, adj. једноног, једнокрак.
einfüttern, v. a. у корице метнути.
Eingabe, f. прозба, поднесак; писмо.
Eingang, m. улаз, улазак, увоз; почетак, увод, приправа (за литурђију, проскомидија); приступ (од мисс); er fand mit seinem Bit-

ten wenig —, слабо су пазили на његове молбе.
Eingangs-, (in Zus.) увозни; почетни; — adv. у почетку, с почетка; —erwähnt, горе речен, горе споменут.
eingealtet, adj. застарео.
eingeben, v. a. дати, давати, предати; Gedanken —, побудити мисао.
eingebildet, adj. умишљен; сујетан.
Eingebinde, n. дар кумов (при крштењу).
eingebogen, adj. увијен, угнут, превијен, скучен; грбав; eine —e Nase, нос плоснат.
eingeboren, adj. једнорођен; домаћи; ein —er, домородац, отаџбеник, туземац, земљак —er Sohn, јединац.
Eingebrachte, n. мираз, прћија.
Eingebung, f. изручење; fg. надахнуће.
Eingeburt, f. туземство, доморођство.
eingedenk sein, v. n. спомињати се, незаборавити.
eingefallen, adj. упао, опао, сух, мршав, младан.
eingefleischt, adj. закован, затуцан.
eingehen, v. n. ући, улазити, уходити, збегнути се, порушити се, нестајати, сахнути, сушити се, престати, пропасти; im Walken —, уваљати се; in einem Hause aus- und —, врата од куће која отворена коме бити; — v. a. eine Wette —, окладити се; eine Verbindlichkeit —, обвезати се, узети на се што; einen Vertrag —, учинити погодбу; auf gewisse Verbindungen —, пристати на увете; (unternehmen), предузети што; eine Gewohnheit — lassen, занемарити обичај; es sind Nachrichten eingegangen, дошли су гласи.
Eingemachtes, n. учињено, јушад.
eingenommen, adj. узет, освојен, отет; пун, заручан; обузет, заузет; —heit, f. заузетост.
eingepflanzt, adj. прирођен, природан, нараван.
eingesessen, adj. настањен.
Eingeständniß, n. f. Geständniß.
eingestehen, v. a. признати, исповедити, допустити, пристати.
Eingeweide, n. дроб, црева, утроба, виталац.
eingezogen, adj. обустављен, узет; тих, миран, самотан; —heit, f. тишина, самоћа.
eingieß-en, v. a. улити; —ung, f. улевање.
eingraben, v. a. (in die Erde), укопати, закопати, утрапити; (in Stein, Metall), уваjати, урезати.
eingreifen, v. n. (als Räder in einander), хватати једно у друго; in jemandes Rechte —, дирати чија права; zu weit in etwas —, забраздити; —b, adj. оштар, строг.
Eingriff, m. дирање, вређање (права туђа).
Einguß, m. улевање, налевање.
einhägen, v. a. оградити, заградити.
einhäkeln, v. a. заквачити, закучати.
Einhalt, m. запрека, препрека; —thun, уставити, обуставити; —en, v. a. заустављати; — v. n. престати, стати, уставити се; mit der Zahlung —, точно, тачно плаћати; eine Frist —, држати рок.

einhandeln, v. a. купити; изгубити у трговини.

einhändig, adj. једнорук.
einhändigen, v. a. уручити, предати; —ung, f. уручење, предаја.
einhängen, v. a. обесити у што; (Thüren) наместити (врата).
einhauchen, v. a. надахнути.
einhauen, v. a. усећи; увајати; (im Kriege) сећи; einen bei jemanden —, оговорити, опасти кога; (Fenster, Thüren) разбити, полупати; пробити (врата, прозоре).
einheben, v. a. (eine Thür) наместити (врата); (eine Gebühr) купити пристојбину.
einheften, v. a. зашити.
einheimisch, adj. домаћи.
einheirathen, sich, v. r. приженити се.
Einheit, f. једница; једниство; —lich, adj. јединствен, једнопставан.
einheizen, v. a. наложити пећ.
einhelfen, v. a. einem —, шуфати коме.
einhellig, adj. једнодушан, једногласан; —keit, f. једнодушност, једногласност.
einhemmen, v. a. упрочити (коло).
einhergehen, einhertreten, einherreiten зc., v. n. ходити, ићи, прилазити, шетати пешице, на коњу итд.
einhetzen, v. a. привикнути лову.
einholen, v. a. приступнути, стићи, дотећи, стигнути, доскочити, сустигнути, достигнути; (einem entgegen gehen), поћи у сусрету, поћи пред кога; (sammeln), купити, збирати; das Versäumte —, надокнадити, поправити; Nachricht —, убавестити се, распитати, пропитати; (einen Rath), посаветовати се; (ansuchen), тражити, молити што.
Einholung, f. дочек, поздрав; достизање, стизање, стиж.
Einhorn, n. једнорог, инорог.
einhufig, adj. једнокопитан.
einhüll-en, v. a. умотати, увити, замотати, завити; застрти, сакрити, покрити; —ung, f. застор, покривало.
einig, adj. један, једни, сам; сложан, сагласан, једне мисли; — werden, погодити се, сложити се; — machen, уједниити.
Einiger —e, —es, pг. неколико; неволико; нешто; — pl. некоји, неколика, неколике, штокоји, неколико, пешто.
einigermaßen, adv. по нешто, некако.
Einigkeit, f. једниство, слога.
einimpf-en, v. a. прицепити; —ung, f. прицепљење.
einjagen, v. a. учити на лов; утерати; einen Schrecken —, престрашити, уплашити кога, задати коме страха.
einjährig, adj. од једне године.
Einkauf, m. куповање; —en, v. a. купити, куповати; sich —, v. г. купити, добити за новце право.
Einkäufer, m. купац; грошичар.
Einkaufs- (in Zus.), куповни.
Einkehle, f. жлеб (међу два крова).
Einkehr, f. стан, конак; сврватиште, страна, гостионица; —en, v. n. свратити се, навранути се, сврнути се, одсести.
einfeifen, v. a. заглавити клином.
einkerben, v. a. зарезати, засећи.

einkerker-n, v. a. бацити у тамницу, затворити, утамничити; —ung, f. утамничење, затвор.
Einkindschaft, f. подједначење, наједначење деце.
einkitten, v. a. улепити, залепити.
einklagen, v. a. тражити тужбом своје право.
einklammern, v. a. спојити, свезати; ein Wort —, затворити, ставити у заграду.
Einklang, m. једниство, слога, склад.
einkleben, einkleistern, v. a. улепити, залепити.
einkleid-en, v. a. (einen Mönch, eine Nonne) обући; etwas —, накитити, искитити; —ung, f. облачење, кићење.
einklemmen, v. a. стиснути.
einklinken, v. a. затворити, закваити (врата).
einkneten, v. a. пригњечити.
einkniden, v. a. заломити.
einknüpfen, v. a. увезати, свезати; einem etwas —, оштро коме што наложити.
einkochen, v. a. закухати, укухати; bis zur Hälfte —, до полак укухати; v. n. упрети, саврети.
einkommen, v. n. ући, улести; (Vortheil bringen), доносити; gerichtlich — wider einen, судебно против кога поступати; schriftlich —, предати молбу; bawiber —, протестовати против чега, опрети се; — п. доходак; —steuer, f. доходарина.
einkriechen, v. n. улести, увући се; збегнути се, стиснути се.
Einkünfte, pl. доходци, доходи.
einlad-en, v. a. (etwas), укрцати, патоварити; einen —, зазивати, позвати кога; —ung, f. крцање, товарење; узов, позив; —ungsbrief, n. —ungsschreiben, n. позив.
Einlage, f. (in eine Lotterie), ставка; (bei einer Handelsgesellschaft), улог, уложница; (Einschluß eines Briefes), додатак, прилог.
Einläger, m. улагач, уложник; —in, f. уложница.
einlangen, v. n. доћи.
Einlaß, m. улаз, улазак; попуштање; вратавца, вратаоца; —en, v. a. пустити унутра; sich —, v. г. упустити се; das Tuch —, наквасити сукно; (versenken), пустити на дно, утопити; sich mit einem —, друговати, спријатељити се с ким.
Einlauf, m. улазак; —en, v. n. утрчати; in den Hafen —, ући у луку, увести се; die Zinsen laufen richtig ein, точно, тачно се плаћа камата; das Tuch läuft ein, скупља се, купи се, збегава се сукно; (Briefe), доћи, стићи.
einsaugen, v. a. метнути у луг; попарити.
einläuten, v. a. das Fest зc. —, огласити, звонити на благдан, на вечерњу итд.
Einlegemesser, n. бритва.
einleg-en, v. a. ставити, метнути унутра; (beilegen), приложити; (erlegen, з. B. Quittungen), положити; Gurken —, метнути краставце; Fleisch —, усолити, усаламурити месо; ben Kram —, затворити дућан; Reben —, садити лозу; mit Platten von Marmor —, попложити мрамором; Ehre, Schande mit etwas —, опоштенити се, осрамотити се; ein gutes Wort für einen —, рећи

добру реч за кога; die Berufung gegen ein Urtheil —, позвати се (на већи суд); Soldaten —, ставити војску; —er, m. положница, нотопница; (Messer), f. Einlegemesser.

einleimen, v. a. залепити, улепити.

einleit-en, v. a. увести, упутити; побудити; учинити; наредити, распоредити; почети; die Kindtaufung —, испословати да се што огласи; —ung, f. увод; (in Geschäften), почетак.

einlenk-en, v. n. навртнути се, навратити се, свратити се, сврнути се; (im Reden), вратити се; — v. a. свргнути; (ein verrenktes Glied), наместити уд угањут; —ung, f. враћање.

einlernen, v. a. увежбати.

einlesen, v. a. брати, побрати; купити, покупити.

einleucht-en, v. n. јасно бити; —end, adj. јасан, очевидан.

einliefer-n, v. a. изручити, дати, предати, послати; —ung, f. изручење, предаја.

einlogiren, v. a. дати на конак, настанити.

einlös-en, v. a. откупити, искупити; променити; —ung, f. искупљење, откуп; —ungs-, m. откупни.

einlöthen, v. a. залити.

einlullen, v. a. ушикати, ужуљати, успавати.

einmachen, v. a. метнути унутра; увити, умотати; усолити; Früchte mit Zucker —, зачинити воће шећером; Teig —, замесити.

einmahn-en, v. a. опоменути; —ung, f. опомена.

einmal, adv. једанпут, једаред, једноћ, једном, једном, негда, некад; nicht —, ни, нити; ein- für allemal, једном за свагда; ich hab' es nicht — gehört, нисам ни чуо; da sind sie endlich —, ето их једанпут; — eins, n. један пут један, таблица питагорина; —ig, adj. одједаред.

Einmarsch, m. улазак (војске), —iren, v. n. ући.

einmastig, adj. на један јарбул, на једно једро.

Einmaß, n. размерак.

einmauern, v. a. узидати.

einmeischen v. a. z. B. Malz, попарити.

einmessen, v. a. умусти.

einmengen, v. a. уместати, почестати; sich —, v. r. уплести се, мешати се, пачати се.

einmessen, v. a. одмерити, размерити; das ist eingemessen worden, отишло је на размерке.

einmieth-en, v. a. узети за стан; sich —, v. r. најмити стан; —er, m. најамник; —ung, f. најам.

einmisch-en, f. einmengen; —ung, f. мешање, пачање.

einmummen, v. a. увити, умотати.

einmünzen, v. a. сковати новце, обратити у новце.

einmüthig, adj. сложан, једногласан, једнодушан; —keit, f. слога, склад, једногласност, једнодушност.

einnähen, v. a. зашити, ушити; стиснути.

Einnahme, f. (eines Platzes), освојење, узеће; (am Gelde), доходак.

einnehm-en, v. a. узети, побрати; Arznei —, узимати лек; feste Plätze —, освојити, пре-

узети, прихватити, узети град; Raum —, заузимати, запремити место; —das Herz, запети, предобити срце; (Einkünfte haben), имати доходка; leicht einzunehmen sein, мека, нежна срца бити; ich habe heute nichts eingenommen, нисам ништа назарио данас; von Vorurtheilen eingenomen, пун предрасуда; das Bier nimmt den Kopf ein, пиво иде у главу; die Segel —, спустити једра; —end, adj. занимив, угодан, пријатан; —er, m. порезнија, даџијер, порезник; (der Fruchtzehenden 2c), побирач, десечар; —ung, f. примање, узеће, освојење, заузимање.

einnieten, v. a. утврдити, уковати (чавлићима).

einnisten, einnistеln, sich, v. r. угњездити се, уселити се, улећи се, залећи се.

einnöthigen, v. a. (einem etwas), присилити да узме (н. п. лек).

Einöde, f. пустиња.

einöhsen, v. a. засјутнвити, обујмити.

einöhrig, adj. једноух.

einpacken, v. a. спремити; in Stroh —, завити у сламу; (schweigen), мучати, ћутати.

einpassen, v. a. прилагодити, удесити у што; — v. n. пристати, приљубити се.

einpfählen, v. a. оградити кољем.

einpfarren, v. a. уписати у парокију.

einpflanzen, v. a. посадити; fig. усадити у главу, у срце; eingepflanzter Haß, мрзост укорењена.

einpfropfen, v. a. прицепити, наврнути, привргнути, накаламити; —ung, f. навртање, каламљење.

einpfündig, adj. од једне фунте.

einpichen, v. a. усмолити.

einpökeln, v. a. усолити.

einpräg-en, v. a. утештити; усадити у срце, у памет; —ung, f. утештање.

einpredigen, v. a. многим говором улити у главу.

einpressen, v. a. утиснути.

einprügeln, v. a. батинама утерати.

einpudern, v. a. напудерисати.

einquartir-en, v. a. настањивати, намештати на квартир, расиртити се; —ung, f. стан, квартир, конак.

einquellen, v. a. наквасити, намочити.

einquetschen, v. a. угњечити.

einrammen, einrammeln, v. a. заглавити, забити.

einrathen, v. a. саветовати, световати; (eine Braut), насочити.

einräum-en, v. a. справити, спремити; (weichen), отступити, уклонити се; (zugestehen), допустити, признати; (abtreten), уступити; (erlauben), допустити; —ung, f. спремање; уклањање, отступање; доуштење.

einrechnen, v. a. урачунати.

Einrede, f. наговарање; приговор; (auf die Klage), одговор; ohne alle —, без сваког приговора; —n, v. a. (einem etwas), наговарати кога, договорити коме; einem Muth, Herz —, слободити; sich nichts — lassen, неслушати ништа; (widersprechen), приговорити, приговарати.

einreib-en, v. a. утрти; намазати; —ung, f. рибање, трење.
einreich-en, v. a. дати, предати, поднети; —ung, f. предавање; —ungsprotokoll, n. поднесни записник.
einreihen, v. a. уврстити.
einreiß en, v. a. задерати; (Gebäude) разорити, порушити; — v. n. продирати, задерати се; fig. (von Übeln Gewohnheiten) увући се, ширити се.
einreiten, v. n. улести на коњу, јашући ући; — v. a. јашући разбити, провалити.
einrenken, v. a. наместити; уложити.
einrennen, v. a. разбити, пробити трком.
einricht-en, v. a. (ein verrenktes Glied), наместити, улагати, уложити; (ordnen), уредити, наредити; (sich wornach), владати се, равнати се по чему; sich im Hause —, набавити покућство; —ung, f. намештање, улагање (уда угануга); уређење, наређење; (Institution), уредба; покућство.
einriegeln, v. a. закрачунати.
Einritt, m. улаз на коњу.
einrosten, v. n. зарђати, уђати.
einrück-en, v. a. (einschalten), уврстити, метнути унутра; уметнути; — v. n. ући, наследник чији бити, ступити у—; ung, f. уметање; улаз.
einrühren, v. a. мести, замести, измести; Eier, —, промешати јаја.
eins, num. једно, један; — von beiden, једно; — um das andere, једно за другим; — ins andere, једно на друго; in einem fort, непрестано, без престанка; — sein, — werden, погодити се; —ins andere gerechnet, једно с другим.
Einsaat, f. усев.
einsacken, v. a. метнути, усути у вреку.
einsaitig adj. с једном жицом.
einsalb-en, v. a. умазати, намазати; —ung, f. мазање.
einsalz-en, v. a. посолити, осолити; —ung, f. —en, n. сољење.
einsam, adj. сам, иносами; —keit, f. самока, осама, самотиња, иностина.
einsammel n, v. a. купити, сабирати; —ung, f. купљење, сабрање.
Einsaß, m. ставка; залог, заклад, уметак; закрпка; (im Beinkleide), усерак; (im Hemde), клин; (der halben Sohle), поткрпа, пенџе; —röhre (Mühlbau), f. каблина.
einsäuern, v. a. укиселити.
einsaugen, v. a. попити; sich —, v. r. упити се.
einsäumen, v. a. рубити, порубити.
einschalt-en, v. a. уметнути; —ung, f. уметање.
einschärfen, v. a. препоручити, наручити, наложити оштро.
einscharr-en, v. a. погрепсти, закопати, укопати; Geld —, згрнути новаца; —ung, f. погребање, погреб, укоп.
einschattig, adj. таман.
einschenken, v. a. наточити, налити, уточити.
einschicken, v. a. отправити, прислати.
einschieb-en, v. a. утрати, уметнути; Brod —,

ставити у пећ хлеб; —sel, n. уметак; —ung, f. уметање, додатак.
einschießen, v. a. (das Brod in den Backofen), ставити хлеб у пећ; (entzwei schießen), пробити (из пушке); ein Gewehr —, пробати пушку; sich —, вежбати се у пуцању.
einschiff-en, v. a. укрцати; sich —, v. r. укрцати се; —ung, f. укрцање.
einschlachten, v. a. убити, заклати.
einschlafen, v. a. заспати, задремати, уснути, ушикати се; (von Gliedern), утрнути.
einschläferig, adj. (z. B. Bett), за једнога (човека).
einschläfern, v. a. успавати, шишкати.
Einschlag, m. (eines Briefes), додатак, прилог; (Umschlag), завој, завитак; (im Nähen), подувратак; (bei den Webern), вотка, поутка, поучица; (im Wein), зачин; (Rath), савет.
einschlagen, v. a. (hinein schlagen), ударити, побити, забусати (коље), забити; (bei den Webern), ткати, поткати; (entzwei schlagen), пробити, обити, разбити; (in Papier), обложити, увити; (ein Kleid —), подврнути; Gewächse mit Erde —, загрнути; Eier —,налупати јаја; (einhüllen), обложити; Wein —, зачинити вино; einen Weg, ein Mittel —, запутити, ударити путем, одабрати средство; — v. n. (als Zeichen der Einwilligung), дати руку; (vom Blitz), ударити; (— in ein Fach), спадати; (gelingen), за руком ићи; die Farben schlagen ein, улија се боја.
einschlägig, adj. догични.
einschleichen, sich, v. r. украсти се, прикрасти се, уплакати се, увући се.
einschließ en, v. a. затворити; zugleich mit —, имати, садржавати у себи; einen Brief x. —, приложити, додати; (umringen), опколити, опасати; (einbegreifen), узети у —; (sich), adv. укључно, узимајући и, с, са; —ung, f. опсада, опкољење, прилог.
einschlucken, v. a. гутати, прогутати.
einschlummern, v. n. задремати.
einschlürfen, v. a. срквати, посркати.
Einschluß, m. додатак, заграда; mit —, с, са, скупа, заједно са.
einschmalzen, v. a. замастити.
einschmeicheln, sich, v. r. улагивати се, умиљавати се, удворавати се; улагати се; —b, adj. умилат, умиљен.
einschmeißen, s. einwerfen.
einschmelzen, v. a. претопити, стопити.
einschmieden, v. a. оковати.
einschmieren, v. a. намазати, умазати.
einschmutzen, v. a. умазати, упрљати.
einschnallen, v. a. закопчати, запети.
einschneiden, v. a. зарезати, засећи, урезати, накрижати; — v. n. запилити се.
einschneidend, adj. с једном оштрицом.
Einschnitt, m. рез, резотина, зарез, зарезотина; (Erntschnitt), нажањ; (am Halse des geschlachteten Viehes), закољак; (an Säulen), жлеб.
einschnüren, v. a. завезати, свезати, запечатити, стегнути.
einschöpfen, v. a. награбити, зацрпсти.

einfchränt-en, v. a. стегнути; ограничити, оме-
ђашити; обуздати; укратити коме (право);
ſich —, стиснути се; —ung, f. ограничење,
украћивање.
einfchrauben, v. a. завртити.
einfchreib-en, v. a. записати, уписати, забеле-
жити; ſich —, v. r. записати се; —ebich, n.
уписница; —ung, f. записивање, уписива-
ње, бележење.
einfchreiten, v. n. ући кораком; мешати се у
што; посредовати; заступати кога; им ei-
nen Dienſt —, дати молбу за какву службу.
einfchröpfen, v. a. ein Mal, ударити жиг, жи-
госати.
einfchroten, v. a. метнути у пивницу вино.
einfchrumpfen, v. n. згрчити се, збегнути се,
збрчкати се.
Einſchub, m. уметак.
einfchüchtern, v. a. поплашити, застрашити.
Einſchuß, m. потка, поутка, поучица.
einfchütten, v. a. усути, улити.
einfchwärzen, v. a. оцрнити, помрчити, упр-
љати; Waaren —, кријумчарити.
einfchwaßen, v. a. (einem etwas), наговорити кога.
einfegn-en, v. a. благословити, посветити; —
ung, f. благослов; посвећење.
einfehen, v. a. видети, разумети, увидети, у-
виђати, погледати у..., признавати; промо-
трити.
einſeifen, v. a. насапунити.
einſeitig, adj. једностран; крив; —e Geſchwi-
ſter, f. einbändig; —teit, f. једностраност;
кривост.
einfend-en, v. a. прислати, послати; —ung, f.
послање, прислање.
einſenk-en, v. a. спустити, положити (лозу);
—ung, f. спуштање; сађење, полагање (лозе).
einfeß-en, v. a. метнути, уместити; (Pflanzen),
садити, засадити, посадити; (beſtimmen), од-
редити, поставити; zum Pfande —, задава-
ти, заложити; einen Dieb —, затворити;
Jemanden wieder in ſein Eigenthum —, по-
вратити коме власништво; zum Erben —,
поставити за наследника; in den vorigen
Stand —, повратити у пређашње стање;
ſich —, сести у кола итд.; —ling, m. калам,
калем, навртак, навртак; —ung, f. уметање,
засађивање, залагање, постављање, са-
ђење.
Einſicht, f. разгледање, оглед, поглед, пре-
глед; fig. знање, разборитост; er hat wenig
— in der Sache, не разуме то; nach meiner
— по моме мишљењу; —voll, adj. разуман,
паметан, разборит.
Einſiedelei, f. пустиња.
einſieden, v. n. уврети.
Einſiedler, m. пустињак; —iſch, adj. пустињички.
einfiegeln, v. a. запечатити.
einfingen, v. a. успављати певајући.
einſinken, v. n. провалити се, утолегнути се;
спухати се.
einſißen, v. n. сести у што.
einſißig, adj. (Wagen), с једним седалом.
einsmals, adv. једно, једном.
einfpannen, v. a. растегнути, натегнути; Pfer-
be —, упрегнути.

Einſpänn-er, m. таљиге; таљигаш (коњ); —ig
adj. с једним коњем.
einfperr-en, v. a. затворити, опасати, опколити,
опсести; —ung, f. затвор; опсада.
einſpinnen, v. a. запрести; ſich —, завити се.
Einſprache, f. (Einwenbung), приговор, преко-
словље.
einſprechen, v. a. Muth —, слободити, теши-
ти; — v. n. bei einem —, увратити се.
einſprengen, v. a. посути, носипати; попрска-
ти, пошкропити; обити, провалити (врата);
ујездити.
einſpringen, v. n. ускочити.
einſprißen, v. n. упрскати. попрскати.
Einſpruch, m. приговор; — thun, противити
се, приговорити чему.
einft, adv. негда, некад.
einſtallen, v. a. затворити у шталу.
einſtämmig, adj. с једним стаблом.
einſtampfen, v. a. набити, утабати; пробити.
Einſtand, m. ступање (у службу); —brecht, n.
право првенства код куповања.
einſtechen, v. a. забости, убости; (in der Karte),
убити, притући; Figuren in etwas —, у-
резати.
einſted-en, v. a. метнути у што, забости, за-
денути, углавити; ben Degen —, турити
мач у корице; ins Gefängniß —, бацити у
тамницу; einen Schimpf —, прогутати по-
ругу; —röhre, f. туланца, туљак, цевун.
einſtehen, v. n. стати у службу; добар стоја-
ти, одговарати за што.
einſtehlen, ſich, v. r. украсти се унутра.
einſteigen, v. n. сести у кола; попети се.
einſtell-en, v. a. метнути у што; уставити, обу-
ставити; простити, оставити, напустити, од-
ступити; — in die Rechnung, уписати у
рачун; ſich —, v. r. доћи, наћи се; —ung,
f. остављање, обустављање.
einſtimmen, v. n. слагати се, сударати се;
пристати.
einſtimmig, adj. једногласан; једнодушан; —
teit, f. једногласност, једнодушност.
einſtmaſig, adj. негдашњи, некадашњи.
einſtopfen, v. a. утрнати, набити, напунити.
einſtoßen, v. a. (hinein ſtoßen), забости, убости,
турнути унутра; Thüre, Fenſter —, разби-
ти, обити врата, прозоре.
einſtreichen, v. a. намазати, мазати; Geld —,
покупити новце.
einſtreuen, v. a. посути, поспати; den Pferden
—, постиљати; mit —, помешати; Zank —,
сејати каову.
Einſturz, m. рушење; провала.
einſtürzen, v. n. срушити се, развалити се;
(einſinken), провалити се.
einſtweilen, adv. међутим.
einſudeln, v. a. упрљати, укаљати.
einſylbig, adj. једносложан.
eintägig, adj. од једнога дана.
Eintagsfliege, f. водени цвет.
eintauch-en, v. a. загњурити, умочити, замо-
чити; поцирати, потопити; ſich —, зарони-
ти, загњурити се; —ung, f. умакање, за-
макање; роњење; попирање, потапање.

eintauſch-en, v. a. променити, мењати, трампити; —ung, f. мењање, размена, трампа.
eintheilen, v. a. разделити, разредити, поделити; —ung, f. раздељење, разређење.
einthun, v. a. метнути у што; (einſchließen), затворити.
eintönig, adj. једногласан.
Eintracht, f. слога, склад, јединство.
einträchtig, adj. сложан.
Eintrag, m. (Nachtheil), штета, квар, уштрб; (bei den Webern), потка, поутка, поучица.
eintragen, v. a. унети, упосити; (einbringen an Gewinn), доносити; ins Buch —, записати, увести, забележити у књигу; метнути у рачун; (bei den Webern), поткати.
einträglich, adj. користан, пробитачан, плодан.
Eintragung, f. упис.
eintreffen, v. n. доћи, стићи, доспети (zuſammenſtimmen), слагати се; (in Erfüllung gehen), збити се, испунити се, уродити; ſeine Angaben treffen nicht ein, његове речи не слажу се.
eintreib-en, v. a. угнати, утерати; сатерати, забити; Schulden —, дуг истерати, купити, наплатити; einen —, збунити кога, сперати у ћкву; —ung, f. теркње, терање, спраћање; наплаћивање дуга.
eintreten, v. n. ући, угазити, пригазити; (als ein Zeitpunkt), настати, наступити; das Verfahren hat einzutreten, има се почети поступање; v. a. (in etwas hinein), нагазити; (entzwei treten), разбити, разгазити, пробити ногом.
eintrichtern, v. a. улити.
Eintritt, m. улаз, улазак; приступ; (der Waare), увоз; (Anfang), почетак.
eintrocknen, v. n. сасушити се; усахнути.
einträpfel-n, v. a. накапати, капати; —ung, f. капање.
eintunken, v. a. умочити, замочити, квасити, мочити.
einüben, v. a. увежбати; ſich —, v. r. известити се, увежбати се, упражњавати се; оћутити се, упутити се, оваричати што.
einverleib-en, v. a. сједнити, придружити, припојати; in die öffentlichen Bücher — укњижити; —ung, f. сједињење, придруживање; укњижење; —ungs (in Zuſ.) укњижбени.
einvernehmen, v. a. преслушати; —n. (Einverſtändniß), споразумљење; —ung, f. преслушање.
Einverſtändniß, n. споразумљење, сагласност; слога, склад, јединство.
einverſtehen, (ſich), v. r. mit einem, oder mit einem einverſtanden ſein, разумети се с ким, споразумети се.
einwachſen, v. n. урасти.
einwägen, v. a. одмерити; ſich —, отићи на размерје.
einwalten, v. a. уважати.
Einwand, m. f. Einwendung.
einwander-n, v. n. доселити се, населити се; —ung, f. сеоба, насељење.
einwärts, adv. унутра.
einwäſſer-n, v. a. наквасити, закиселити; —ung, f. квашење.

einweben, v. a. уткати, изметати; fig. заплести, замрсити.
einwechſel-n, v. a. променити, разменити, разбити (новац); —ung, f. мењање.
einweich-en, v. a. наквасити, покиселити, киселити, кишати, закишати; (die Haut), штавити.
einweih-en, v. a. посветити, благословити; (eine Kirche), тропосати, затропошити; einen Biſchof —, завладичити, владичити; in ein Geheimniß —, поверити тајну; ein Kleid —, обући први пут хаљину; —ung, f. посвећење; благослов.
einweiſ-en, v. a. увести, наместити; —ung, f. увод, увођење.
einwend-en, v. a. приговорити, прекословити, бранити се; —ung, f. приговор, брањење, f. Einſprache; (Beſchwerbe), жалба.
einwerfen, v. a. убацити, (zerſchlagen), пробити, разбити; (Einwürfe machen), приговарати.
einwickel-n, v. a. замотати, завити, умотати, увити, замотуљати; ein Kind —, повити дете; —ung, f. замотавање, повијање.
einwiegen, v. n. (ein Kind), уљуљати дете.
einwillig-en, v. n. приволети, саизволети, пристати на што; —ung, f. привољење, пристајање, саизвољење.
einwindeln, v. a. повити (дете).
einwinden, v. a. увити, умотати, укитити (цвет у венац).
einwintern, v. a. сачувати за зиму; v. n. настајати (зима).
einwirk-en, v. a. деловати, утицати у што; v. a. (einweben), уткати; —ung, f. деловање, утицање.
Einwohner, m. становник, житељ; —in, f. житељка.
Einwurf, m. приговор, прекословље.
einwurzeln, v. n. укоренити се.
einzahl-en, v. a. платити; —ung, f. плаћање.
einzählen, v. a. убројити, прибројити, метнути у рачун.
einzapfen, v. a. наточити, уточити; зачепити.
einzäum-en, v. a. оградити, заградити; —ung, f. ограда, плот; обор.
einzeichn-en, v. a. нацртати, уписати, записати, забележити; —ung, f. записивање, уписивање.
einzeln, adv. један по један; на по се, поједнице, посамце, уба, помало; —, adj. сам, иноскосни, одлучни, посебни, растављен; Geld, новци ситни.
einzeitelt, v. a. узводити (платно).
einzieh-en, v. a. увући, удети; jemanben —, затворити; ein Kleid —, стегнути хаљину; den Athem —, одисати; der Schwamm zieht das Waſſer ein, сунђер пије воду; die Erbſchaft —, освојити баштину; die Bezahlung —, обуставити плату; Güter —, конфисковати, узаптити; Kundſchaft —, распитати, пропитати; — v. n. ући; in eine Wohnung —, доселити се, уселити се; Güter —, згрчити се, (vom Tuche), збећи се; ſich wohin —, завући се; —ung, f. удевање, затвор; узапћивање.

einzig, adj. сам, једини ; цигли, цигловетни, једпти, једнпити; fein —er, ђаволи, ни један; — und allein, adv. једино, само.
Einzug, m. улаз, улазак.
einzwängen, v. a. утиснути.
einzwingen, v. a. сатерати, угнати; einem etwas —, натерати кога да узме.
Eis, n. лед; —bahn, тоциљајка.
eifen, v. a. сећи лед.
Eifen, n. жељезо, гвожђе; (Huf), плоча, потковица; (in Zuf.), гвоздени; —bahn, f. гвоздени пут, жељзница; — (in Zuf.), жељезнички; —bergwerk, n. жељезник; —erz, n. руда гвоздена, гвожђе; —farbe, f. рђа; —fresser, m. хвасталац, небојша ; —gewerkschaft, f. друштво за копање гвожђа; —grube, f. f. Eisenbergwerk; —hammer, m. гвожђара; —handel, m. гвожђарство; —händler, m. гвожђар; —handlung, f. гвожђара, гвожђарница; —hut, m. —hütchen, n. налип, сволпна; —hütte, f. гвожђара ; —kram, m. гвожђарница; —kraut, m. сноршп; —kuchen, m. облатна ; —kuchenbäcker, m. облатнар; —laden, m. гвожђарница; —schlacke, f. изварак, посна ; —schmiede, f. вигањ, ковачница; —späne. m. pl. ковачина; —stein, f. Eifenerz; —wasser, n. вода рудовопна ; —werk, n. гножђе; гвожђара.
eifern, adj. гвозден, жељезан; (hartherzig), тврд, окрутан.
Eis-grube, f. леденица; —kalt, adj. студен, леден, ледан; —keller, f. Eisgrube; —kluft, f. пукотине од цпче (на дрвљу) ; —meer n. море ледено; —scholle f. санта; —schuh, m. леденак ; —vogel, m. зиморода, ледешник (птица), zapfen, m. зарпен. m. клица, свећа, леденица.
eitel, adj. ташт, сујетан; (vergeblich), залудан; (lauter), сам. чист; (eingebildet), уображен; eitles Brod, сух хлеб; —keit, f. таштина, сујета.
Eiter, m. гној, срж; —beule, f. чир, гнојаница; —ig, adj гнојан, гнојаван.
eitern, v. n. гнојити се, огнојити се.
Eiter-nessel. f. коприва ситна; —stock, m. стрмен, корен од чира; —ung, f. гнојење.
Eiwasser, n. вода.
Eiweiß, n. беланце.
Ekel, m. згад, гад; einen — vor etwas haben, гнушати се, гадити се; (Abscheu), гњушање.
ekel, adj. мрзак, гадљив; (bedenklich), ппкав; —haft, —ig, adj. гнусан, гадан, усован, претран, отужан, тужлив ; —n, sich, v. г. гадити се, грстити се, гнушавати се.
Ekloge, f. еклога, песап настпрска.
Elast-icität, f. упружност; —isch, adj. упружан.
Elbogen, m. лакат.
Element, n. елеменат, стпхија; почетак; —ar-, (in Zuf.) основни, првопочетни.
Elen, (Elend), Elenthier, n. лош.
Elend, n. невоља, злопата, сиротиња, беда; мука, туга; (Verweisung), прогнанство.
elend, adj. невољан, бедап, злеудан, јадан, букаван; (schlecht), певаљао, рђав ; (krank), болестан, немоћан.
Elendsleber. n. кожа од лоша.
Elephant, m елефапт, слоп, фил.

eis, s. eilf.
Elfenbein, n. вилдиш, кост слонова, белокост
Elle f. лакат, аршин, риф; —nweise, adv. на лакат, на риф.
Eller, s. Erle.
Elsebeere, f. брекиња, Crataegus torminalis; —nbaum, m. брекиња.
Elster, s. Aelster.
Eltern, s. Aeltern.
Email, f. сават; —leu, adj. саватан; —firen, v. a. саватлепсати.
Emancipation, f. развез, ослобођење.
Emballage, f. завој, завитак.
Embargo, n. заустављање брода у луци.
emeritirt, adj. ислужени.
Emigrant, m. ускок.
Eminenz f. узоритост.
Emiss-är, m. изасланац : —ion, f. изаслање; (der Banknoten), издавање банкнота.
Emmerling, m. стрнадица, стрпатка.
Emolumente, n. pl. пристојбине узгредне.
Empfang, m. (Erhalt), добпвање, примање; (Annahme), прихватање; прихтпање; (Einnahme), m. доходак; (bei einem Besuch), дочек, дочекање, пречек, причекивање, прибирање; —en, v. a. добити, примпти; причекати, прибрати, дочекать; зачети.
Empfäng-er, m. прималац, прпмитељ ; —lich, adj. припчив, мек ; —niß, f. зачеће, зачињање.
Empfangschein, m. нампра.
Empfehl, m. препорука ; поздрав, поклон; —en, v. a. препоручити, наручити; sich —, препоручити се, опростити се; —ung, f. f. Empfehl; —ungs-, препоручни.
empfindbar, adj. осетан ; —keit, f. ћутљивост, осјутљивост, осетност.
Empfind-elei, f. осетљивост прекомерна; —ein, v. n. претеривати са чуствовањем.
empfinden, v. a. ћутети, осећати, чуствовати.
empfindlich, adj. осетљив, ћутљив, осетан, напрасит; —e, Kälte, јака зима; —er Schabe, велика штета; —keit, f. осетљивост, напраситост.
empfindsam, adj. осетљив, мек, нежан; —keit, f. осетљивост, нежност.
Empfindung, f. осећање, чуство, ћућење.
empfohlen, adj. препоручан.
Emphyteu-sis, f. наследни закуп; —t, m. наследни закупник.
empor, adj. горе, у вис, на врх, на ноге; —bleiben, v. n. остати на ногу; одржати се; —bringen, —heben, v. a. подићи, уздићи, узаспти, —helfen, v. a. помоћи, бити на руку; —kommen, v. n. дигнути се, узвисити се; —schwimmen, v. n. изнћи на воду; пливати ; —schwingen, sich, v. г. узвпти се; —steigen, попети се, дигнути се, уздигнути се; —streben, —wollen, v. n. тежпти у вис, тражпти части; —tragen, v. a. носпти високо; —winden, sich, v. г. извпти се.
empör-en, v. a. побунити, узбунити; sich —, v. г. бунити се, побунити се; (einen äußerst unwillig machen), смутити; —end, adj. буптован, гнусан, грозан; —er, m. буптовник, s. Aufrührer.

Emporkirche, f. кор (у цркви).
Emporschenne, f. таван од хамбара.
Empörung, f. бунт, буна.
emsig, adj. марљив, вредан, радни; — adv. марљиво, помно; —keit, f. марљивост, помњивост, вредноћа.
end- (in Zus.), коначни.
End-e, n. крај, конац, сврха, свршетак, досетак, смрт, скончање; последак; am —, накрај, на измак; am — hat er es gethan, још не бити он то учинио; vom Anfang bis —, од краја до конца, од кон до кон; — der Welt, смак света; schlechtes — nehmen, зло проћи; —en, v. a. & n. —igen, г. а. свршити, доспети, довршити, докончати; —gültig, adj. коначно важани; —igung, f. сврха, свршетак, обављање; — eines Wortes, окончавање.
Endivie, f. жућеница.
endlich, adj. пролазан, задњи, последњи; —, adv. напокон, најпосле, на последак; — ! једва! —keit, f. пролазност.
endlos, adj. бескрајан, бескончан, вековит, неизмеран; —igkeit, f. бескрајност, бескончност, вековитост.
End-schaft, f. конац, сврха, свршетак, окончање; —schluß, m. сврха; —ung, f. падеж, окончавање; —ursache, f. узрок главни; — zweck, m. циљ, сврха.
Energie, f. крепкост; —isch, adj. крепак.
Engag-ement, n. погодба у службу; служба; —iren, v. a. узети кога у службу.
engbrüstig, adj. сипљив, сипљав, загушљив, слабодухаст; fig. бојажљив, пплав, тесногруд; —keit, f. сипња; fig. бојажљивост, пплавост, тесногрудост.
enge, adj. тесан, узан, тескобан, узак; (dicht beisammen), густ.
Enge, f. тесноћа, ужина, тескоба, узина; (Engpaß), кланац, ждрело; in die — treiben, скучити.
Engel m. анђео; —, (in Zus.), анђелски; —isch, m. склат; - rein, adj. невин, безазлен.
Engerling, m. крпељ.
engherzig, adj. —keit, f. s. engbrüstig.
englisch, adj. анђелски.
Engpaß, m. теснац, ждрело, кланац, ждрало, гротло.
Enkel, m. унук; —in, f. унука; —kind, n. унуче.
enrolliren, sich, v. r. писати се.
entadeln, v. a. узети племство.
entarten, v. a. s. ausarten.
entäußer-n, sich, v. r. eines Dinges —, лишити се, одрећи се чега; —ung, f. одрецање, лишавање.
entbehr-en, v. a. лишити се, бити без чега, немати; —lich, adj. залишан, сувишан, без чега се може бити; —lichkeit f. сувишност; —ung, f. неимање.
entbiet-en, v. a. јавити, поручити, дати на знање, поручити по кога; — einen Gruß, поздравити; —ung, f. порука.
entbind-en, v. a. одрешити, разрешити, опростити од чега; породити се; —ung, f. порођање.
entblättern, v. a. комити.

entblöden, sich, v. r. усудити се, нестидити се, неустручавати се.
entblöß-en, v. a. одкрити, раздрљити, загалити; загалаћити, загрнути; fig. лишити, оголити, оглобити; das Schwert —, трг̓нути, извући мач; sich; —, v. r. открити се, загрнути се; —t, adj. го; —ung, f. одкривање, дпшавање.
entbrechen, sich, v. r. одолети, уздржати се.
entbrennen, v. n. упалити се; vor Zorn —, пре- жестити се.
entdeck-en, v. a. открити, наћи, спазити, опазити, угледати, у траг ући; (verrathen) одати; ein Geheimniß —, казати тајну; —er, m. открівач; —ung, f. откровење.
Ente, f. патка, пловка, рајца, шотка.
entehr-en, v. a. осрамотити, погрдити, обеcчастити; —t, adj. непоштен, срамотан; — end, adj. непоштен, срамотан; —ung, f. срамота.
Entenstall, m. пачињак.
enterb-en, v. a. лишити баштинства; —ung, f. лишавање баштинства.
Enterich, m. патак, рацман; wilder —, слезен.
enter-n, v. a. закучити, заквачити (брод); — ung, f. закучање.
entfahr-en, v. n. (ein Wort), отети, затрчати се, излапити се, измакнути се.
entfallen, v. n. пасти, испасти, измакнути се, престати, ипнути; fig. заборавити; die auf Jemand entfallende Summe, што на кога доће.
entfalten, v. a. развити, раширити; sich — v. r. (von Blüthen), отворити се, процвасти.
entfärben, sich, v. r. променити боју; поруменити, побледити.
entfern-en, v. a. одмакнути, удаљити; sich —, v. r. одмакнути се, отступити, отићи; —t, adj. дањи; —ung, f. даљина, удаљеност.
entfessel-n, v. a. отковати, расковати, избавити од гвожђа; раздати.
entfieder-n, v. a. очупати, оскупсти.
entflammen, v. a. узбудити, потпалити, распламтети.
entfliegen, v. n. одлетети, излетети.
entfliehen, v. n. побегнути, утећи, измакнути.
entfließen, v. n. истећи, испурити.
entfremden, v. a. отуђити, узети; (stehlen) украсти.
entführ-en, v. a. отети, увести, одвести; — ung, f. отмица.
Entgang, m. измак, штета.
entgegen, prp. & adv. против, супрот, уз; на сусрет, на супрот, укопце, према, прама; nichts — haben, не бити противан.
entgegen-gesetzt, adj. противан; in —er Richtung, на сусрет; —halten, v. a. приподобити, прикорити; —kommen, v. a. пресрести; — einer Bitte, услишати молбу; —, n. сретаоштина; —nehmen, v. a. примити; —sehen, v. n. падати се, изгледати, очекивати; sich —sehen, v. r. противити се, опрети се, бранити се; —stehen, v. n. препчити, сметати, противстојати.
entgegnen, v. a. отказати, узразити, одговорити.

Entgegnung, f. одговор; (Einwendung) приговор.
entgehen, v. n. измакнути, утећи, минути.
Entgelt, n. плата, наплата; —en, v. n. платити, тршсти за што; —lassen, педесати; —sich, adv. за плату, наплатан.
entgleiten, v. n. измакнути, омакнути.
entglimmen, v. n. упалити се.
entglühen, v. a. успламтити.
entgürten, v. a. отпасати, распасати; —t, adj. распојас.
enthalten, v. a. садржавати; sich —, v. r. уздржати се, чувати се, штедити се; ich enthalte mich darüber zu urtheilen, нећу о том да судим; —sam, adj. трезан, умерен; —samkeit, —ung, f. трезност, умереност.
enthaupten, v. a. одсећи главу, погубити, посећи; —ung, f. погубљење; — Johannis des Täufers, усековање.
entheben, v. a. одлагати; Jemanden einer Sache, опростити; разрешити; отпустити, збацити са службе; —ung, f. разрешење, отпуст, збацивање; —ungsurkunde, f. vom Militärdienste, отпустица (војничка).
entheiligen, v. a. осквркнити, оскрнавити, обесветити; —ung, f. оскврњење, скрнављење, обесвећење.
enthüllen, v. a. открити; —ung, f. откривење.
Enthusiasmus, m. одушевљење, жар, занесеност; —ast, m. занешеник; —astisch, adj. er ist dafür — eingenommen, плами, гори за тим.
entjungfern, v. a. лишити девичанства, раздевичити.
entkleiden, v. a. свући; sich —, v. r. свући се; —ung, f. свлачење.
entkommen, v. n. утећи, побећи.
entkräften v. a. ослабити, истрошити; (auch —igen), обесилити, оповргнути доказ; —ung, f. слабост, ослабљење, опоргжење, оправдање; —ungsgrund, m. противни доказ.
entkrönen, v. a. раскрунити.
entladen, v. a. стоварити, растоварити, искрцати, испразнити, изврћи; —ung, f. стоваривање, искрцивање, испражњивање.
entlang, adv. уз, низ, уздуж.
entfarben, v. a. скинути крмку.
entlassen, v. a. пустити, распустити, отпустити; опростити; —ener, m. отпуштеник; —ung, f. отпуст; —ungs-, отпустни; —ungsschein, m. отпустница.
entlasten, v. a. стоварити, растоварити, опростити бремена; растеретити земљиште; —ung, f. растерећење, ослобођење; (Hebung des Verdachts), оправдање.
entlaufen, v. n. утећи, побегнути.
entledigen, v. a. ослободити, решити; sich eines Versprechens —, реч одржати; sich —, v. r. нођи ради себе; —ung, f. решење.
entlegen, adj. удаљен, на страни; —heit, f. даљина, удаљеност.
entlehnen, v. a. посудити, узајмити; —ung, f. зајам.
entleiben, v. a. убити, смакнути; sich —, v. r. убити се, самодавити се; —ung, f. убјиство.
entloden, v. a. измамити, излукавити.
entlohnen, v. a. наградити; —ung, f. награда, плата.

entmannen, v. a. шкопити, ушкопити, уштројити; —ung, f. шкопљење, штројење.
entmasten, v. a. пребити, скинути јарбуо.
entnehmen, v. a. узети, извадити, отети; fig. ослободити, избавити; видети, познати, разумети.
entnerven, v. a. ослабити, исцедити; —ung, f. слабост.
entrathen, f. entbehren.
enträthseln, v. a. угонетнути, одгонетнути, погодити; протумачити, објаснити, разрешити.
Entree, n. улаз; (Eintrittgeld), улазнина.
entreißen, v. a. истргнути, уграбити, отети; ослободити, избавити, спасти.
entrichten, v. a. платити, дати; —ung, f. плаћање, давање.
entrinden, v. a. огулити кору.
entrinnen, v. n. истећи, исцурити; проћи, умаћи.
entrollen, f. aufrollen.
entrücken, v. a. уграбити, замакнути, уклонити.
entrunzeln, v. a. угладити, згладити.
entrüsten, v. a. расрдити, разјарити; sich —, v. r. расрдити се, разјарити се, негодовати; —ung, f. негодовање.
entsagen, v. a. одрећи се, оставити се; —ung, f. одрецење.
Entsatz, m. помоћ.
entschädigen, v. a. накнадити, надокнадити; —ung, f. накнада; —ungs-, накнадни.
entscheiden, v. a. одлучити, судити, расудити, кметовати, одсудити; свршити, решити; —end, adj. пресудан; —ung, f. одлука, суд, решење.
entschlafen, v. n. заспати; (sterben), умрети, преставити се, преминути.
entschlagen, sich, v. r. опростити се, непримити се, одбити, оканити се, проћи се, махнути се.
entschleiern, v. a. открити.
entschließen, v. a. отворити; sich —, v. r. наканити, намислити, одважити се; решити се, пренгнути, сканити се, закапити се, одлучити; sich anders —, присетити се; —ung, f. одлука, решење; наумсао.
entschlossen, adj. науман, накан; смео, храбар, одважан; —e, m. прегалац, прегињач; —heit, f. смелост, храброст, одважност, прегуће.
entschlummern, v. n. задремати, заспати; fig. преминути, умрти, преставити се.
entschlüpfen, v. n. измакнути, измигољити се.
Entschluß, m. одлука, намисао, намера.
entschuldigen, v. a. изговарати, одговорити, извињавати; прати, правдати; sich —, v. r. исиричати се, извинити се, прати се, правдати се, вајкати се, одговарати се; —ung, f. изговор, одговарање, правдање; обрана, отпор, вајкање, исирпчање, извињење.
entschwinden, f. verschwinden.
entschwingen, sich, v. r. одлетети.
entseelen, v. a. умртвити, убити; —t, adj. мртав.

entsetzen, v. a. (des Amtes), збацити са службе; einen Ort —, ослободити; sich —, т. г. препасти се, упрепастити се.
Entsetz-en, n. страх, ужас, гроза; —lich, adj. грозан, страшан, ужасан; —ung, f. збачење; помоћ, ослобођење (од опсаде).
entsiegel n, v. a. распечатати, отпочатити; —ung, f. распечаћавање, отпечаћавање.
entsinken, v. n. пасти, испасти.
entsinnen, sich, v. r. сетити се, опоменути се, споменути се.
entspinnen, v. r. родити се, изаћи се, постати.
entsprech-en, v. n. одговарати, слагати се; —end, adj. сходан.
entsprießen, v. n. (Pflanzen) ницати; (Geschlechter), произлазити.
entspringen, v. n. утећи, ускочити, побећи; (entstehen), постати, породити се; (herkommen), произлазити, долазити; (Gewässer), извирати.
entsprossen, part. & adj. проникао, произишао.
entsteh-en, v. n. родити се, изаћи се, постати, произлазити, долазити; завргнути се, заметнути се, зачети се, задејати се, заподепути се; —n. почетак; —ung, f. постанак, постање.
entstell-en, v. a. наказити, изгрдити, пагрдити, извртнути; —ung, f. паказање, нагрђивање.
entthronen, v. a. низвргнути са престола.
entübrig-en, v. a. заштедити, приштедити; einen einer Sprache —, опростити кога чега.
entvölker-n, v. a опустити, раселити; —ung, f. опуштење, расељење.
entwachsen, v. n. одрасти, израсти.
entwaffn-en, v. a. обезоружати, разоружати; —ung, f. разоружање, обезоружање.
entwässer-n, v. a. исушити.
entweder, conj. —oder, или, или; оли, оли; ja, ja.
entweich-en, v. n. утећи, ускочити, побећи; —ung, f. бегање.
entweih-en, v. a. осквриити, опоганити; einen Priester —, распопити; —ung, f. оскрнављење, распопљавање.
entwend-en, v. a. украсти; —ung, f. крађа.
entwerfen, v. a. нацртати; саставити, сачинити, сложити.
entwerthen, v. a. умалити, побити вредност.
entwickel-n, v. a. развити, размотати, размрсити; sich —, v. r. развити се; размрсити се; fig. родити се, произићи; —ung, f. развитак, одвојак.
entwinden, sich, v. r. извити се, измакнути се; — v. a. извити, отети.
entwirren, v. a. размрсити, одмрсити.
entwischen, v. n. утећи, измакнути.
entwöhn-en, v. a. одучити; ein Kind —, одбити дете; —ung, f. одука, одучавање, одбијање; sich —, v. r. одвикнути, одучити се.
Entwurf, m. план, основа.
entwurzeln, v. a. искоренити, ишчупати с кореном.
entzaubern, v. a. очинити.
entzieh-en, v. a. сумањкати, малити, укратити; sich — der Arbeit, уклонити се; sich der väterlichen Gewalt —, отети се од власти очинске; sich einer Partei —, оставити странку; —ung, f. краћење.
entziffer-n, v. a. проучити, разјаспити, протумачити; —ung, f. тумачење.
entzück-en, v. a. запети, усхитити; —, n. усхићење; —end, adj. заносљив; —ung, f. усхићење.
entzündbar, adj. упаљив; —keit, f. упаљивост.
entzünd-en, v. a. упалити, ужећи, распалити; sich —, v. r. упалити се, ужећи се; —ung, f. упаљење, рожац.
entzwei, adv. на двоје, раз-, пре-; —brechen, v. a. пребити, преломити; —gehen, v. n. пробити се, преломити се; —reißen, v. a. претргнути, прекинути; —schlagen, v. a. пребити, разбити; —schneiden, v. a. пререзати, пресећи, попола расећи; mit der Scheere —, простриħи.
entzwei-en, v. a. одвојити, раздвојити; свадити, омразити, завадити; sich —, v. r. свадити се, посвадити се, помутити се, омразити се; —ung, f. завада, свађа, омраза.
Enzian, m. крижатица, линцура.
Ephen, m. бршљан, плушт.
Epidem-ie, f. помаст, редња, зараза, помор; —isch, adj. пошастан, заразан.
Epigramm, f. натпис.
Epilep-sie, f. падавица, гора, горица, горска болест, велика болест; —tisch, adj. болан од горице.
Epistel, f. посланица, писмо, лист; апостол.
Eppich, m. а.
Equip-age, f. хинтов; справа од лађе; —iren, v. a. снабдети потребним.
er, pr. он.
erachten, v. a. судити, мислити; —n. мњење, суд.
erarbeiten, v. a. зарадити, прирадити.
erbarmen, sich, v. r. смиловати се.
Erb-, (Erbs-) in Zus. наследни.
Erbarm-en, —ung, f. милосрђе, милост; — er, m. милосрдник.
erbärmlich, adj. невољан, бедан, кукаван, јадан; (schlecht), рђав, неваљао; —keit, f. невоља, беда; неваљаство.
erbarmungsvoll, adj. милостив, милосрдан; —swürdig, adj. милосрђа вредан, достојан.
erbau-en, v. a. сазидати, градити; поучити, добар пример дати; —er, m. градитељ; —lich, adj. спасоносан.
Erbauung, f. зидање, грађење; поучење, сазидање.
Erbe, m. наследник, баштиник; — n. наслеђе, баштина, баштинство; das großväterliche —, дедовина, дединство; das väterliche —, очинство; das mütterliche —, материнство.
erbeben, a. n. потрептети, уздрктати.
erbeigen, adj. наследан.
erben, v. a. наследити, баштинити; — v. n. добити (по деду, по оцу итд.).
erbeten, v. a. измолити, испросити; намолити; — adj. замољен.
erbetteln, v. a. испросити, напросити.

erbeuten, v. a. запленити, задобити; добити, упљачкати.

Erb-fall, m. баштина, баштинство, случај наследства; —feind, m. диндушманин, непријатељ главни; —folge, f. наследовање, наслеђе; —genoß, m. сунаследник, субаштиник; —gelder, n. pl. (beim Bergb.) рудничка наследнина; —gut, n. достојање, дедништво, очинство, материнство, очевина; баштина, наслеђе.

erbieten, sich, r. г. понудити се, истаћи се; —, n. Erbietung, f. понуда.

Erbin, f. наследница, баштиница.

erbitten, v. a. испросити, запросити; умолити, умолити се, измолити.

erbitter-n, v. a. огорчити, озловедити, разљутити, раздражити; —ung, f. огорченост, раздраженост.

erbittlich, adj. милосрдан, умољив.

erblaff-en, v. n. пребледити, побледити; умрети, преминути; —er, m. опоручитељ; —in, f. опоручитељица; —ung, f. бледоћа; fig. смрт.

erbleichen, f. erblaffen.

erblich, adj. наследан, наследнички.

erblich-en, v. a. опазити, сагледати, загледати, замотрити, смотрити, спазити, учити, угледати; das Licht der Welt —, родити се; —ung, f. угледање.

erblinden, v. n. ослепити, заслепити, обневидети.

erb-los, adj. без наследника; (heimfällig) ошастан; —nehmer, m. наследник.

erblühen, v. n. процветати, процвасти.

erborg-en, f. borgen*; —t, (falsch, unecht), туђ, лажан.

erbos-en, v. a. разљутити, расрдити, озловедити; —theit, f. љутња; —ung, f. љутња.

Erbot, f. Anerbieten.

erbötig, adj. готов, спреман, приправан.

Erbprinz, m. престолонаследник.

erbrech-en, v. a. (eine Thür), обити, пробити, разбити, провадити врата; (einen Brief), отворити, распечатати лист; sich —, v. г. побљувати се, бљувати, ригати; —ung f. обијање; отвор, отварање; бљување, ригање.

Erb-recht, n. наследно право, наследничко право; —schaft, f. наследак, наследство, баштинство; —schafts-, наследствени; —schicht, f. деоба.

Erbse, f. грашак, грах, обл.

Erbsen-baum, m. багрена сибирска.

erbserklären, sich, v. г. пријавити се за наследство; —ung. f. изјашњење за наследство.

Erb-stollen, m. главна здонa; —stollner, m. главни здонар; —stud, n. наслеђе, наследак; —sünde, f. грех прародачки; —theil, n. наследни део, наследнички део.

erbuhlen, v. a. измамити, излагати у име љубави.

Erb-verbrüderung, f. погодба, уговор за наслеђе позајмичко; —vermächtnis, n. f. Vermächtnis.

erdacht, adj. измишљен.

Erd-apfel, m. кромпир, кртола, земљуника, баверац; —artig, adj. земљан; —ball, m. шар зе-

маљски, круг земље; —beben, n. потрес, трешња; —beere, f. јагода; —beerpflanze, —beerstaude, f. јагодњак; —begräbnis, n. покоп, погреб; —beschreiber, m. земљописац; —beschreibung, f. земљопис; —birn, f. морска репа, helianthus tuberosus; —boben, n. земља, тле; —bohrer, m. сврдао; —brand, m. огањ подземаљски.

Erbe, f. земља; свет; тас.

Erbenge, f. превлака, земљоуз.

erdenk-en, v. a. измислити, наћи, изнаћи; —lich adj. могућ, можан, што се замислити може.

Erd-erschen, m. бршљан инскт; —erschütterung, f. f. Erdbeben; —fall, adj. земљан, боје земљане; —faß, m. провалија; —fest, adj. што је у земљи утврђено; —flache, m. аминт; —floh, m. бухач; —geschoß, n. подрум, разни земље; —grille, f. медведац, ровац; —gürtel, m. f. Erdstrich; —haltig, adj. земљан; —harz, n. сарокса, смола рудокопна; —hütte, f. земуница.

erdicht-en, v. a. измислити, изумети, изнаћи; —ung, f. измишљотина, лаж.

erdig, erdicht, adj. земљан.

Erd-kloß, m. f. Erdscholle; —körper, m. земља; —kreis, m. —kugel, f. круг, шар земаљски; —kunde, f. земљопис; —meßkunst, f. земљомерје; —messer, m. земљомер; —rauch, m. —strich, m. појас.

erdreisten, sich, v. г. усудити се.

erdröhnen, v. n. затутњити.

erdroffeln, v. a. удавити, угушити.

erdrück-en, v. a. угњавити, пригњавити, згњечити; —ung, f. згњечење.

Erd-schaufe, f. онкоп, шанац; —scholle, f. груда, грудва; —schwamm, m. гљива; —spitze, f. рат; —strich, m. појас.

erduld-en, v. a. трпити, подиети, патити; —ung, f. патња, трпљење.

Erd-zeitstein, n. текуница; —zunge, f. рат.

ereifern, sich, v. г. успалити се; ужурбати се.

ereign-en, sich v. г. догодити се, случити се, згодити се, пригодити се, сучедити се; —iß, n. догађај, сутика, пригода.

ereilen, v. a. достигнути, сустићи.

Eremit, m. f. Einsiedler.

ererben, v. a. баштинити, наследити.

erfahren, v. a. сазнати, дознати, искусити, пронаћи, прочути.

erfahren, adj. искусан, вешт, вичан, учан; —heit, Erfahrung, f. искуство; in Erfahrung bringen, сазнати, дознати, пропитати, разабрати.

erfaffen, v. a. шчепати, ухватити, уловити; fig. разумети, схватити.

erfechten, v. a. задобити на сабљи; einen Sieg —, одржати мејдан.

erfind-en, v. a. изумети, изнодити, изнаћи; —er, m. изумељач; —erisch, —sam, adj. домишљат, умешан; —ung, f. проналазак.

erflehen, v. a. измолити, испросити.

erfließen, v. n. истећи, извђи.

Erfolg, m. успех, последак, конац, сврха, цељ; (Wirkung), дејство, учинак; —en, v. n. следити, произићи; —lassung, f. исплаћивање, издавање.

erforderlich, adj. потребан.
erforder-n, v. a. искати, хтети, захтевати, требовати, потребовати, устребати, тражити; es fordert Zeit, томе се хоће времена; —ung, —niß, n. потреба, требовање, искање, потраживање, захтевање; nach — der Sache, према потреби.
erforsch-en, v. a. истраживати, развидети, испитати, сазнати; —ung, f. истраживање, развиђење, испитивање.
erfragen, v. a. напитати, испитати, пронитати, распитати.
erfrechen, sich, v. r. усудити се, обезобразити се, избезобразити се.
erfreu-en, v. a. обрадовати, обеселити, развеселити; sich —, v. r. обрадовати се, разрадовати се, развеселити се, обеселити се; —(sich), adj. радостан, весео.
erfrieren, v. n. промрзнути, озепсти, презепсти, узепсти.
erfrischen, v. a. расхладити; обновити, поновити; —ung, f. расхлађење; облазинка.
erfüll-en, v. a. испунити, навршити, напунити, извршити; —ung, f. испуњење, извршење, вршење; збивање; in — gehen, уродити, збити се.
ergänz-en, v. a. допунити, потпунити, докладити, довршити; —ung, f. допуњавање, потпуњавање.
ergattern, v. a. (im gem. Leben), затећи, ухватити, уловити.
ergeben, sich, v. r. предати се, подати се, подврћи се, подложити се; den Studien —, дати се на науке; es ergibt sich, отуд излази; — adj. подан, покоран, подложан, понизан; —heit, f. понизност, смерност, оданост, покорност, верност; —st, adv. понизно, покорно, смерно.
Ergebniß, n. догађај; (Resultat), исход, последак.
Ergebung, f. подавање, оданост.
ergehen, v. n. (als ein Befehl), изићи; — lassen, прогласити, издати; Recht — lassen, правицу учинити; etwas über sich — lassen, трпети; wohl, übel — , добро, зло бити коме; sich —, v. ҆. проћи се, прометати.
ergeizen, v. a. згрнути тврдовањем.
ergötz-en, v. a. развеселити, веселити, насладити; sich —, v. r. раскошити, раскошити се, наслађити се; —enb —, (sich), adj. угодан, пријатан. љубак, раскошан; —lichkeit, —ung, f. забава, раскош, весеље, радост, наслада.
ergiebig, adj. плодан, обилан, насипорит, богат; —keit, f. плодност, обиље, богатство.
ergieß-en, v. a. излити, разлити, пролити; sich —, v. r. (austreten), разлити се, залити; in einen Fluß, in das Meer —, утицати; —ung, f. изливање, поплава, утицање.
erglänzen, v. n. синути, засијати се, засветлити се, разасјати се.
erglühen, v. n. пламтети, усјати се.
ergötzen, f. ergetzen &c.
ergraben, v. a. ископати, копањем стећи.
ergrauen, v. n. седити, оседити.
ergreif-en, v. a. ухватити, зграбити, хватити,

уловати, латити, латити се, машити се (чега), сподбити, похватати, подузети, обузети, дочепати, докопати, шчепати; eine Gelegenheit—, послужити се приликом; Recurs —, утећи се области; Jemand an der That —, затећи; die Flucht —, утећи; —ung, f. хватање, лаћање, подузимање, обузимање.
ergrimmen, v. n. разјарити се, ражљутити се.
ergrübeln, v. a. измудровати.
ergründ-en, v. a. докучити, прозрети, постигнути; einen Fluß —, обискати дно реке; —ung, f. постизање, докучавање.
erhaben, adj. висок, узвишен, велик; —heit, f. узвишеност, висина.
erhallen, v. n. узјечати, зајечати, подзвекнути.
erhalt-en, v. a. држати, удржати, чувати, сачувати, уздржати, одржати, спасти; (bekommen), добити, примити; —, adv. gut —, држећ; —er, m. уздржтељ; —ung, f. уздржање, држање, примање.
erhand-eln, v. a. купити, пазарити, добити трговином.
erhängen, sich, v. r. обесити се.
erharten, v. n. отврднути, стврднути.
erhärt-en, v. a. тврдити; потврдити, доказати; —ung, f. потврђење, доказ.
erhaschen, v. a. затећи, ухватити, уловити, уграбити, увечити.
erheb-en, v. a. дићи, дигнути, подигнути, издићи, узвисити; (preisen), хвалити, величати, славити; Steuern —, купити порезу; eine Abschrift —, узети препис, ein Geschrei —, кричати; einen Streit —, заметнути кавгу; den Thalbestand —, развидети чин; den Werth einer Sache —, пронаћи вредност; eine Rente zum Kapital —, приход претворити у главно; sich —, v. r. дигнути се, устати; заподенути се; (stolz sein), поносити се.
erheblich, adj. важан, знатан, знаменит; (wesentlich), битни, главни; —keit, f. важност.
Erhebung, f. дизање, узимање, извиђење, узвишење; die — der Abgaben, купљење порезе; —en pflegen, испитивати, извиђати.
erheirathen, v. a. добити са женом.
erheischen, f. erfordern.
erheiter-n, v. a. разведрити, развеселити; sich —, v. r. разведрити се, развеселити се; —ung, f. весеље, забава, разабрање.
erheizen, v. a. угрејати.
erhell-en, v. a. расветлити, просветлити, објаснити, разјаснити; v. n. daraus erhellet, отуд се види.
erhenken, v. a. обесити.
erheucheln, v. a. задобити лицемерством.
erhitz-en, v. a. угрејати, разгрејати; —t, adj. врућ, топал; —ung, f. грејање, разгрејање, топлота.
erhöh-en, v. a. узвисити, повисити, уздигнути; (loben, preisen), хвалити, славити, (vermehren), дигнути, повећати; —ung, f. (Anhöhe), вршак, брежуљак, узвишеност, узвишење, уздизање, повишица.
erhol-en, sich, v. r. опростити се, придизати се, повачинити се, окрепити се, оправити,

erhören — 113 — erlöschen

се, одахнути, одморити се, починути; sich seines Schabens —, тражити накнаду штете; sich bei jemanden Raths —, посветовати се с ким; —t, adj. одморан; —ung, f. опорављење, одморак, хладовање, починак, одмор, забава; —ungstunde, f. одмор.
erhören, v. a. услишити; —ung, f. услишање.
Erinner-er, m. опомињач; —lich, adj. mit ist noch alles wohl —, још се свега добро сећам; —n, v. a. споменути, наноменути, наговестити, опоменути, дати на знање; sich —, v. r. спомињати се, опомењути се, ставити се, стављати се, тубити, намтити, сећати се; —n, n. сећање; —ung, f. спомен, успомена, намћење, памстовање, тубљење, опомена; —ungskraft, f., —ungsvermögen, n. намет, намћење.
erjagen, v. a. уловити, наловити, стигнути, достигнути.
erkalten, v. n. охладнети; fig. умрети.
erkält-en, sich, v. r. прозеисти, нахладити се, пазенсти; —ung, f. нахлада, назеб, назима, назеба, назебао.
Erkämpfen, v. a. извојевати.
erkargen, v. a. накупити тврдовањем, штедљом.
erkauf-en, v. a. купити, подмитити, поткупити, потплатити, подмазати; —ung, f. подмићивање, поткупљивање.
erkennbar, adj. познатан.
erkenn-en, v. a. познати, признати; зазнати (за што); in einer Sache —, судити, решити; пресудити, (finden), наћи; etwas mit Dank —, захвалити.
erkenntlich, adj. захвалан, харан; —keit, f. признавање, захвалност, харност.
Erkenntniß, f. познање: признавање; zur — kommen, освестити се; zur — bringen jemanden, извести кога на прави пут; (Urtheil), пресуда, суд, одлука.
Erkennung, f. познавање.
Erker, m. доксат, лонџа, балкон.
erkiesen, v. a. (veralt.) изабрати, одабрати.
erklärbar, adj. разјашњив; —en, v. a. тумачити, разјаснити, објаснити; (zu etwas —), прогласити; Krieg —, рат огласити; објавити; in die Acht —, прогнати, послати у заточеље; gerichtlich —, изрећи; sich —, очитовати се, изјаснити се; —ung, f. изјашњење, објашњење, тумачење, очитовање, објава, оглашење.
erkleclich, adj. довољан; — adv. доста, довољно.
erklettern, erklimmen, v. a. попети се, успети се.
erklingen, v. n. звекотати, звечати, зазвектати, зазвечати, зоскунти.
erklopfen, v. n. пробудити куцајући; eine Nuß —, разбити орах.
erkoren, adj. изабран, одабран.
erkrachen, v. n. грухнути.
erkranken, v. n. занемоћи, полошити се, убоети, поболети се, оболестити се, разболети се, оболети.
erkriegen, v. a. добити, задобити војујући.
erkühnen, sich, v. r. усудити се, услободити се, подступити се, подхватити се.
erkundig-en, sich, v. r. питати, распитати, про-

питати; —ung, f. распитивање, пропитавање; —ungsweise, adv. ради убавести.
erkundschaften, v. a. разбирати, разабирати, прокошати.
erkünsteln, v. n. измудрити, измајсторисати.
Erlag, m. давање, полагање; (Deposit), остава, поклад; —s=, (in Zus.) што се полагања тиче.
erlahmen, v. n. обангавити, оронити, малаксати, попустити.
erlang-en, v. a. доссћи, дохватити; добити, задобити, постигнути, получити, добавити се (чега), изискати, постигнути; —ung, f. добивање, получење.
Erlaß, m. издавање (наредбе); отпуст; опроштење, отпуштење, попуштање; (ein Schreiben), дати, издати писмо; einem etwas —, отпустити, опростити, попустити; —jahr, n. јубилеј, свето лето.
erläßlich, adj. опростив.
Erlassung, f. издавање, отпуштење, праштање, опроштење, разрешење.
erlaub-en, v. a. допустити, дати, поднети, дозволити; —niß, f. дозволење, допуштење; mit —niß, с опроштењем; —nißschein, m. оправа, исправа, допустница; —t, adj. допуштен, слободан; es ist —, слободно је.
erlaucht, adj. светли; — f. светлост.
erlauern, v. a. привребати, довребати, увребати, укебати.
erlaufen, v. a. стићи, достигнути; fig. затећи.
erläuter n, v. a. изјаснити, разјаснити, растумачити, протумачити; —ung, f. изјашњење, тумачење.
Erle, f. јоха, јова, јелша, јошић.
erleben, v. a. доживети.
erledig en, v. a. расправити, решити; —t, adj. празан, свршен, непопуњен; —ung, f. упражњење, решење, расправа.
erleg-en, v. a. убити, бити; (bezahlen), платити, положити; —er, m. убилац; полагач, платац; —ung, f. убијство, полагање.
erleichter-n, v. a. облакшати, олакшати, одлакшати, улакшати; —ung, f. одлакшање, олакшање, полаштица, олакшања.
erleid-en, v. a. трпети, претрпети, промучити, патити, пренатити, поднети; einen Schaben —, имати штету, штетовати; —lich, f. leidlich).
erlen, adj. јовов, јелшов; —busch, m. јошје, јелашје, јошик; —holz, n. јововина, јоховина; —wald, m. јовјак.
erlern en, v. a. научити, примити; —ung, f. учење, научење.
erlesen, v. a. изабрати, одабрати.
erleucht-en, v. a. расветлити, просветлити; — er, m. просветитељ; —ung, f. расветљење, просветљење.
erliegen, v. u. лежати; пасти, клонути.
erlogen, adj. лажан; das ist —, то је лаж.
erlösch-en, v. n. (verlöschen), угасити се, угаснути, утрнути; (sich verwischen), отрти се, избрисати се; (aufhören), престати; (aussterben), истражити се, пестати, пзумрети; (verfallen), истећи; —ung, f. гашење, престанак, истечење.

8

erlös-en, v. a. спасти, искупити, избавити, ослободити; —er, m. спас, спаситељ, искупитељ; —ung, f. спасење, искупљење, ослобођење, избављење.
erlustigen, f. belustigen, ergetzen.
ermächtigen, v. a. овластити, опуномоћити; одобрити; усудити се.
ermahn-en, v. a. опоменути, позивати; —ung, f. опомена, опомињање.
ermangel-n, v. n. недостати; пропустити; es ermangelt mir an Gelde, немам новаца; —ung, f. помањкање, несташица, недостатак.
ermannen, sich, v. r. охрабрити се, осмелити се.
ermatt-en, v. n. сустати, уморити се; —ung, f. труд, умор.
Ermel, f. Aermel.
ermessen, v. a. измерити; просудити, расудити, проценити, судити; —en, n. суд, мнење.
ermitt-eln, v. a. изнаћи, пронаћи; израчунати, измерити; —lung, f. изналажење, израчунање, измерење.
ermord-en, v. a. уморити, убити; —ung, f. убијство.
ermüd-en, v. n. уморити се, малаксати, утрудити се, сустати, изнемоћи; — v. a. уморити, затрудити, изморити, сморити, заморити, морити, затрудити; —et, adj. трудан, уморан; —ung, f. труд, умор.
ermuntern, v. a. (aus dem Schlafe), пробудити; (aufmuntern), батрити, соколити, посоколити, осоколити, слободити, потакнути; —ung, f. буђење; подбадање, потицање, батрење, храбрење.
ermuthigen, v. a. храбрити, слободити, разговарати; — n. храбрење, разговарање.
ernähr-en, v. a. хранити, прихранити, исхранити, захранити; sich —, v. r. прихрањивати се; —er, m. хранитељ; —erin, f. хранитељка; —ung, f. храњење, храна.
ernenn-en, v. a. наименовати, поставити; —ung, f. наименовање, опредељење, установљење; —ungsdecret, n. поставница.
erneuen, erneuern, v. a. обновити; поновити, приновити.
Erneuerung, f. обнављање, понављање, понов.
erniedrig-en, v. a. понизити; sich —, v. r. понизити се, упштити, уништити се; —ung, f. понижење, уништење.
Ernst, m. —haftigkeit, f. збиља, озбиљност; (Strenge), строгост; wenn es dir damit ein —ist, ако си ти на шалиш; in allem Ernste, збиљски, без шале.
ernst, —haft, —lich, adj. озбиљски, озбиљан, важан, оштар, строг; (eifrig), ревностан.
Ernte, f. жетва, набирање, берба; fig. доходак, корист, добит; (in Zus.), жетвени; —monat, m. август, коловоз.
ernten, v. a. жети, жњети, брати, набрати.
Erntezeit, f. жетва.
Erober-er, m. осваjач; —n, v. a. освојити, завладати, обладати, овладати; (gewinnen), добити, предобити; —ung, f. освојење.
eröffn-en, v. a. отворити; (anfangen), почети; (melden), очитовати, објавити; einen Brief —, отворити, отпечатати лист; —ung, f. отварање, почетак, отпечаћавање, очитовање, објављење, обзнана.
erörter n, v. a. разјаснити, протрести, претресати; —ung, f. пресуђивање, претресање, претрес, тумачење.
erpassen, v. a. утрапити.
Erpel, m. патак.
erpicht, adj. auf etwas —, нишман на...
erpress-en, v. a. ожети, одадрети, изгонити; испсати, глобити; —er, m. глобар; —ung, f. грабеж, глобљавање, тлачење.
erprob-en, v. a. искусити, осведочити, пробати, доказати; —t, adj. опробан.
erquick-en, v. a. одморити, покрепити, окрепити; sich —, v. r. покрепити се, одморпти се, прихватити се; —end, adj. здрав (сан), љубак, мио; —ung, f. окрепљење, одмор, одрада, утеха.
errathen, v. a. погодити, угонепути, нагодити, догодити.
erreg-en, v. a. узбудити, побудити, раздражити; приузрочити, причинити; —ung, f. узбуђење, побуђење, раздражење.
erreichen, v. a. домашити, досећи, стићи, достићи; постићи, пристићи, дохватити се, дохватити, дохтити, намахнути се; den Boden im Wasser —, достати; ein hohes Alter —, дочекати старост; —, n. дохват, домашање, досезање, стизање, дохитање.
errett-en, v. a. спасти, избавити, ослободити; —er, m. спаситељ, избавитељ; —erin, f. спаситељка, избавитељка; —ung, f. спасење, избављење, спас.
errichten, v. a. направити, начинити, саставити, склопити (н. п. погодбу); подигнути; завести; утемељити, уредити: —ung, f. састављање, склапање, подизање; завођење; утемељење.
erring-en, v. a. добити, постићи (трудом великим).
erröthen, v. n. зацрвенити се, заруменити се, поруменити; стидити се; —, n. стид, срам.
errufen, v. a. дозвати, довикати.
ersättig-en, v. a. наситити; зајазити.
ersättlich, adj. сит.
Ersatz, m. замена, наклада, одмена; —:, (in Zus.), накнадни; —mann, m. заменик.
ersaufen, v. n. утопити се, удавити се, утонути.
ersäufen, v. a. утонути, утопити, удавити.
erschaff-en, v. a. саздати, створити; —er, m. створитељ, самостворитељ; —ung, f. створење.
erschallen, v. n. разлегати се, оригнути, јекнути.
erschauen, v. a. изгледати.
erschein-en, v. n. јавити се, појавити се, показати се, помолити се, приказати се, призрети се, пришњати се; vor Gericht —, на суд доћи; dieses Werk ist erschienen, изишло је дело; es erschien ihm ein Gespenst, утворило му се; —, n. долазак, назочност, излажење; —ung, f. пришњење, утвора, утварање.

erschießen, v. a. убити (из пушке), устрелити, омрчити.

erschinden, v. a. згрнути гулећи и глобећи.

erschlaff-en, v. n. попустити, малаксати, ослабити; —ung, f. слабост, малаксалост.

erschlagen, v. a. убити, утући, убинути с гласа, упљоскати.

erschleichen, v. a. привребати; fig. добити лукавством.

erschmeicheln, v. a. измамити, излагати.

erschnappen, v. a. улапити: fig. уловити, ухватити.

erschöpf-en, v. a. исцрпсти, испразнити; сахарати, уморити; sich —, v. r. исцристи се, истрошити се; —end, adj. потпун; —dv. потпуно; —lich, adj. исцрпив; —ung, f. испражњење; умор, малаксалост.

erschreck-en, v. a. поплашити, уплашити, престрашити, препасти, заплашити, плашити, ударити бахом; — v. n. престрашити се, препасти се, уплашити се; —en, n. страх, џас, престрашење; —lich, adj. страшан, страховит.

erschreiben, v. a. добити писањем.

Erschrodenheit, f. страх, трепет, поплашеност.

erschütter-n, v. a. уздрмати, потрести, ускољебати, треснути, притреснути, дрмати, раздрмати, дрмнути, задрмати, цимнути, расклимати, расклимати, расклимитати; — v. n. уздркати; —ung, f. уздрмање; трешња, потрес, потресање.

erschwer-en, v. a. отеготити; —ung, f. отештавање.

erschwingen, v. a. смоћи, премоћи, смагати.

ersehen, v. a. видети, спазити, пазити, замотрити, уготрити, усмотрити, угледати; so viel ich — kann, у колико судити могу; seine Zeit —, случити време; (erwählen), изабрати, одабрати.

erseh-en, v. a. накнадити, надокнадити, заменити; die Kräfte —, обновити снагу; —lich, —bar, adj. замењив, накнадив; —ung, f. накнада, замена, опорављење.

erseufzen, v. n. уздахнути, уздисати; — v. a. добити уздисући.

ersichtlich, adj. видни, очевидни; daraus ist —, отуд се види; — machen, разјаснити; in öffentliche Bücher — machen, уписати, назначити у јавне књиге.

ersingen, v. a испевати.

ersinnen, v. a. измислити, изнаћи, смишљати, сумањати, домити се, доишљати се.

ersitz-en, v. a. дугим поседом добити; auf et was ersessen sein, пишман бити; —ung, f. доселост.

erspähen, v. a. уходити.

erspar-en, v. a. приштедити, заштедити, уштедити; —ung, —niß, f. штедња.

erspielen, v. a. изиграти.

erspinnen, v. a. испрести.

ersprieß-en, v. n. корнетити; —lich, adj. користан, пробитачан; —lichkeit, f. корист, хасна.

erst, adv. само, тек, истом, топрв, стопрв, од јако, пре, најпре.

erstarken, v. n. ојачати, ојачати, јачати.

erstarr-en, v. n. укочити се, обумрети, упањи-

ти се, протрнути, укипити се, упростити се, уштапити се; —ung, f. укоченост.

erstatt-en, v. a. вратити, повратити, накнадити; Bericht —, јавити; (Vortrag), предложити; —ung, f. накнада, давање, јављање.

erstaun-en, v. n. чудити се, дивити се, зачудити се, удивити се; — n. чудо, чуђење, удивљење; —lich, adj. чудноват; — adv. јако, веле, чудновато.

Erste, num. први; zum —mal, првом, први пут

erstech-en, v. a. пробости, убити пробадањем.

ersteh-en, v. n. купити, достати (на личби); — v. n. ускрснути; устати; —er, m. купац; —ung, f. куповање (на личби); васкрсење; - ungspreis, m. дражбена цена.

ersteigen, v. a. попети се, успети се.

erstens, adv. прво

ersterben, v. n. умрети, издахнути; fig. кочити се; вехнути; (in Briefen), изумирати.

erst-gebor-en, adj. прворођен; —ne, m. првенац; —geburt, f. прворођство, први плод; —genannt, adj. првоименован.

erstick-en, v. a. загушити, задушити, удавити, задавити, угушити, гушити, удушити, душити; — v. n. загушити се, удавити се, угушити се, удушити се, давити се; —ung, f. угушивање, гушење, давлење.

erst-lich, adv. прво; —ling, m. првенац; —e, pl. новина, првина.

erstreck-en, v. a. растегнути, пружити; — eine Frist, продужити рок; — eine Tagsatzung, одгодити рочиште; sich —, v. r. протегнути се, допирати, пружити се, простирати се; —ung, f. продужење, одгођење; —ungs-, (in Zusamm.) одгодни.

erstreiten, v. a. добити борбом.

erstrichterlich, adj. првосудни, првостепени.

erstunken, adj. — und erlogen, пресна, гола лаж.

erstürmen, v. a. освојити, узети на јуриш.

ersuchen, v. a. молити, замолити.

ertappen, v. a. затећи, ухватити.

ertheil-en, v. a. предати, дати, одредити; —ung, f. давање, одређење.

ertödten, v. a. умртвити, убити.

ertönen, v. n. зајечати, разлегати се, орити се.

Ertrag, m. доходак; —en, v. a. носити, доносити; подносити, трпети, патити, сносити;

erträg-lich, adj. сносан, подносан; —keit, f. подносивост; —niß, n. доходак.

ertragsam, adj. плодан, користан.

Ertragung, f. трпљење, удављење.

ertränken, v. a. утопити, удавити.

erträumen, v. a. сањати; —t, adj. ташт, лажан.

ertrinken, v. n. утопити се, утонути.

ertrotzen, v. a. пркосом задобити.

Ertrunkene, m. утопљеник, утопник; —, f. утопљеница.

erübrig-en, v. a. приштедити; претећи; —ung, f. штедња.

erwach-en, v. n. пробудити се, будити се, пренути се; — n. пробуђење, буђење.

erwachsen, v. n. узрасти, нарасти, одрасти; настати, постати; in Rechtskraft —, добити закониту силу.

erwachsen, adj. одрастао, прирастао, велик.
erwägen, v. a. уважити, промислити, обзирати се; —ung, f. промишлање, размишљање, обзир.
erwählen, v. a. изабрати, одабрати; —ung, f. избирање.
erwähnen, v. a. споменути, поменути, напоменути; —ung, f. помен, спомен, споминьање.
erwärmen, v. a. угрејати, огрејати, разгрејати, откравити, згрејати, грејати; утопити; sich, — v. r. угрејати се, грејати се; —b, adj. огрејан, огрејао; —ung, f. грејање.
erwarten, v. a. чекати, очекивати, нагледати, надати се; —ung, f. чекање, надање, нагледање, очекивање.
erwecken, v. a. пробудити, будити; (erregen), узроковати, побудити; Efel —, гадити се; von dem Tode —, узкрснути; —sich, f. erbaulich; —ung, f. пробуђење, буђење, побуђење.
erwehren, sich, v. r. бранити се, чувати се; sich nicht — können, немоћи одолети.
erweichen, v. a. умекшати, мекшати; (rühren), дирнути; im Wasser —, накиселити; —, v. n. одмекнути, мекнути; —ung, f. омекшавање.
Erweis, f. Beweis.
erweisen, v. a. доказати, показати, посведочити.
erweislich, adj. доказан.
erweitern, v. a. распространити; раширити, проширити; —ung, f. распространьење, раширење, проширење.
Erwerb, m. добитак, заслуга; тековина, течиво, привреда, течевина, (Gewerbe), обрт; —en, v. a. тећи, стећи, зарадити, добити; —er, m. стечник; —s-, (in Zuf.) тековни, обртни; —fam, adj. прометьив, радни; —ung, f. течење, течевина; зарађивање.
erwiedern, v. a. одвратити, узратити, одговорити; —ung, f. одговор, одвраћање, узражавање.
erwirken, v. a. испословати, израдити.
erwischen, v. a. уграбити, ухватити, докопати.
erwuchern, v. a. стећи лихварењем.
erwünschen, v. a. нажелити; —t, adj. жуђен, драг.
erwürgen, v. a. задавити, удавити, загушити; —ung, f. дављење, гушење.
Erz-, adj. (nur in Zufamm.), арци, арки, над, велик; јако, веле, пре.
Erz, n. руда, туч, мед; —aber, f. жица од руде.
erzählen, v. a. поведати, причати, казивати, приповедати; —er, m. приповедач; —ung, f. приповедање, приповест, приповетка, гатња, прича.
Erzart, f. руда.
Erz-bischof, m. архиепископ, арцибискуп, надбискуп; —bischöflich, adj. архиепископски, надбискупски; —bisthum, n. архиепископство, архидијецеза, надбискупија.
erzböse, adj. врло зао, врло срдит.
Erzbruch, f. Erzgrube.
Erzbechant, m. аркидекан, аркиђакон.

erzeig-en, v. a. указати, показати, учинити; —ung, f. показивање, указивање.
Erzen, adj. од меди.
Erzengel, m. арангјео, арканђео.
erzeug-bar, adj. производив; —en, v. a. родити, изаћи, уплодити; узроковати; правити (робу), произвести; извести (руду, семе); —er, m. родитељ, отац, производник; —niß, n. плод, летина, производ, летораст; —ung, f. плод, производ, рођење, извођење, произвођење.
Erzfarbe, f. боја од меди.
Erzgang, m. f. Erzader.
Erzgrube, f. руда, рудник, мајдан.
Erzherzog, m. арцидука, надвојвода; —in, f. надвојводкиња; —lich, adj. надвојводски; —thum, n. надвојводство.
erzieh-en, v. a. одгојити, одгајити, васпитати, одхранити; —er, m. одхранитељ, одгојитељ, васпитатељ, васпитач; —erin, f. одгојитељка, васпитатељка, васпитачица; —ung, f. одгојење, васпитање; —ungsanstalt, f. хранилиште, васпиталиште.
erziel-en, v. a. достигнути; произвести; смерати, цилъати; погодити, згодити.
erzittern, v. u. дрктати, уздрктати, трепетати, устрептати, затрепетати, задрктати се, стрепити.
Erzpriester, m. прото, прота, протопоп, протопона, протојереј, протопресвитер, аркипон; —lich, adj. аркипоповски, протопопски, протојерејски.
Erzsäufer, m. љепша пијаница.
Erzschenk, m. велики пехарник.
Erzstift, n. арцибискупија.
Erzstufe, f. руда, рудник.
Erztruchseß, m. велики тризезник.
erzürnen, v. a. разједити, ражљутити, расрдити, прогњевити, разгњевити, нальутити, жутити, пајдити, једити.
Erzvater, m. патријарх, прародитељ, праотац.
erzwingen, v. a. приспапти, силити.
es, pr. оно, то, ово.
Esche, f. јасен.
eschen, adj. јасенов; —holz, n. јасеновина; —wald, m. јасеник.
escomptiren, v. a. одбитковати.
Esconto, n. одбитак.
Escorte, f. пратња.
Esel, m. магарац, осал, венъац, товар; —фен, n. магаре, пуле, ослић, товарче; —ei, f. магаретво; —haft, adj. магарећи; —in, f. магарица, ослица, товарица, кењица.
Esels-füllen, n. магаре; —kopf, m. дедак; —milch, f. млеко магареће; млечика; —ohr, n. ухо магареће; (in Büchern), превитак листа у књизи; —treiber, m. ослар.
Espe, f. јасика.
espen, adj. јасиков; —holz, n. јасиковина; —wald, m. јасик.
eßbar, adj. што се једе.
Esse, f. огњиште, вигањ, димњак.
essen, v. a. јести, изјести; sich satt —, најести се; —n. јело, јестиво, гозба, ручак; —szeit, f. ручаница; ручано доба.

Essenz, f. језгро; есенција.
Esser, m. који једе, пзелица.
Eß-gabel, f. виљушка, ппрун; —gierig, adj. изешан.
Essig, m. оцат, квасина, остика, сирће; — baum, m. кисело дрво; —siederei, f. сирћетара; —gurke, f. краставац кисели.
Eß-löffel, m. ожица, кашика; —lust, f. f. Appetit; —saal, m. трнезарија; —waare, f. јестиво, јело.
Estragon, m. козалац, козлац, закозлик.
Estrich, n. каменито тле.
etabliren, sich, v. r. утемељити се; (von Kaufleuten), отворяти трговину.
Etat, m. стање.
etliche, pr. некоји, гдекоји, исколицина, неколико.
etwa, conj. зар, пешто, ћоја, као, бајаги, тобоже.
etwaige, pr. какав.
etwas, pr. пешто, пешто мало, што, мало, штогод.
euer, —re, pr. ваш.
Eule, f. сова, совуљага, утина.
Eulenspiegel, m. насрадин, шаљивац, прикладало.
eurige, pr. ваш.
Euter, n. виме; —n, v. n. налевати.
evangel-isch, adj. еванђелски; еванђелички; —ist, m. сваиђелиста; —ium, m. еванђеље.
Evidenz, f. очевидност, јасност, преглед.
ewig, adj. вечан, вечити, вековит, всковечан; —, adv. навек, вавек, вавек века; —keit, f. вечност, вечитост, вековитост.
Ex- (in Zus.), раз-, бивши.
exaltirt, adj. претеран.
Examen, n. испит; —inator, m. испитатељ, испитач; —iniren, v. a. питати, испитивати.

Exced-ent, m. иступник; —iren, v. a. иступити.
Excellenz, v. a. преузвишеност.
Exceß, m. иступљење.
Excommunic-ation, f. проклетство; —iren, v. a. проклети.
Execution, f. извршба, овршба, рубачина, искуција; —s- (in Zus.), овржбени, извршбени; —s- (Vollziehungs-), извршнички, овршнички.
executiv, adj. извршни.
Executor, m. овршитељ.
Exempel, n. углед, прилика, пример.
Exemplar, n. примерак; (Abbrud), испнсак; —isch, adj. приморан, угледан; — adv. за углед, примера ради.
Exequien, pl. задушнице, парастос.
exerci-ren, v. a. муштрати, вежбати; —rplatz, m. вежбалиште; —tium, m. задаћа, вежбање.
Exhibit, n. предатак, поднесак.
Exil, n. f. Verweisung; —iren, f. verweisen.
Existenz, f. живот, биће.
ex officio, adv. службено, званично.
expectoriren, sich, v. r. изговорити се; срцу олакшати.
Exped-iren, v. a. отправити, издати; —ition, f. отправништво, отправљање.
Experiment, n. проба, покушај, опит.
Extabulation, f. исписање, исвњнење.
extempor-e, adj. сместа, одмах; —iren, v. a. с места што прикладно казати, говорити.
extensiv, adv. растежно.
extra-, особити.
Extract, m. извод.
extraordinär, adj. извапредни.

F.

Fabel, f. причица, басна; —dichter, m. баснословац, баснопевац; —haft, adj. баснослован, измишљен; —haus, m. гатало, прикладало, нарадало; —lehre, f. баснословље.
fabeln, v. n. лагати, гатати, нарадати.
fabriciren, v. a. фабриковати, делати, направљати.
Fabrik, f. творница; —ant, m. творничар, творник; —at, n. производ.
Fach, n. фиока, претин, претинац, преклечић; (im Flechtwerk), чап; (beim Weber), зев; (im Magazin), око; (Geschäft, Theil eines Geschäftes), наук, занат, струка; ohne Dach und —, без куће и куђишта; ein Mann von —, стручњак.
Fach- (in Zus.), стручни.
Fachbogen, m. дрида, дридало.
fachen, v. a. дридати, (bei den Hutmachern), разбијати, канатити.
Facher, m. дридар.
Fächer, m. лепеза, махач, махалица; —n, sich dienen, v. n. махати, хладити се (лепезом); —macher, m. лепезар.

Fachholz, n. проштац.
Fachmann, m. стручњак, вештак.
Fachreuse, f. врша.
Fächser, m. (im Weinbau), положница; ваљак, гребеница.
Fachwerk, n. претин.
Facit, n. сума, износ.
Fackel, f. маипал, зубља, луч, бакља, буктиња; —jagd, f. лов уз буктиње; —n, v. n. пламтити, буктити; (zaudern), затезати се; —träger, m. зубљоноша; —zug, f. бакљада.
Faction, f. странка.
factisch, adv. чином, делом.
Factor, m. пословођа.
Factum, n. догађај, чињеница, чин.
Factur, f. рачун; —a, f. рачун.
fade, adj. млакав, бљутав, неснослн.
Faden, m. нит, конац, жица; (Klafter), хват; —gerade, adj. по жици; —nadt, adj. као од мајке рођен; го наг; —nudeln, pl. резанци; —recht, adj. по жици; —scheinig, adj. излизан, изабан; —weise, adv. конац по конац; по жици.

fahen, (veralt.) f. fangen.
fähig, adj. способан, подобан, кадар, вешт; —keit, f. способност.
fahl, adj. блед, жућкаст: плав; —es Pferd, рића.
Fahne, f. застава; (Standarte), стег; (Banner), хоругва, барјак; die — wehen oder fliegen lassen, развити барјак.
Fahnen-junker, m. барјактар; —lanze, f. копљача; —stock, м. stange, f. катаришти, копљача; —träger, m. заставник, барјактар, стегоноша; —wache, f. стража таборска.
Fähnrich, m. барјактар, заставник, стегоноша.
Fahnschmied, m. ковач војнички.
fahrbar, adj. возан, бродан.
fähren, v. a. у погибао ставити.
Fähre, f. скела, компа, брод, сплата.
fahren, v. a. возити, повести; — v. n. возити се; lassen, оставити, одмахнути, напустити, парасити; ich bin übel, gut dabei gefahren, прошао сам зло, добро; in die Haare, Augen —, залетети се коме у косу, у очи; sie sind sich in die Haare gefahren, устали у сваћу без вина; einem durch den Sinn —, протрнути се коме; der Blitzstrahl fuhr in die Kirche, ударио гром у цркву; gegen Himmel —, узнети се на небо; hinab —, сићи, салп; mit dem Fidelbogen über die Saiten —, превлачити.
fahrend, adj. покретан.
Fahr-gebühr, f. —geld, n. —tare, f. возарина, превоз.
Fährgeld, n. скеларина, бродарина.
fahrlässig, adj. немаран, пемарњив; —keit, f. немар, немарност, немарњивост.
Fahrgeleise, Fahrleise, f. Geleise.
Fährmann, m. скелеџија, бродар, возар.
Fahrniß, fahrende Habe, f. добро покретно, покретности.
Fahrpost, f. возна пошта.
Fahrstange, f. штица.
Fährte, f. траг.
Fahr-wasser, n. матица; —weg, m. друм, цеста, коловоз, колник; —zeug, n. дрво, брод, лађа, барка.
falb, adj. жућкаст, блед.
Falbe, m. & f. рићан.
Falbel, f. руб, ресе.
Falke, m. соко.
Falken-beize, —jagd, f. лов са соколом; —ier, m. соколар.
Fall, m. падање, пропаст, падеж; (Niederschlag, спаст; (des Wassers), опад; (im Mühlbau), сков; (Vorfall, Zufall), згода, нагодба, догађај, случај; im —, für den —, falls, ако: nöthigen Falls, кад би било потребно; in keinem —e, никако, нипошто; ein Mädchen zum —e bringen, преварити девојку; im entgegengesetzten —e, иначе; auf alle Fälle, свакако, на сваки начин.
Fall-baum, m. ћерам, запорница; —brüde, f. s. Zugbrüde.
Falle, f. ступица, клуса, клопа, гвожђа, тулак, пастула, мишоловка; (Nachstellung, Hinterlist), замка, јама.
fallen, v. n. попасти, пасти; (abnehmen), падати, опадати; (sich ereignen), пасти, десити се, бити; in Ohnmacht —, онесвестити се, обеснанити се; einem ins Wort —, пресећи коме реч; die Stimme — lassen, спустити глас; dieses Handelshaus ist gefallen, пропао је трговац; einem in die Haare —, залетети се у косе; über einen her —, напасти на кога; einem zur Last —. досађивати; den Muth — lassen, препасти се; die Segel — lassen, спустити једра.
fällen, v. a. Bäume —, сећи, усећи, (tödten) убити; Lanzen —, спустити копља; den Anker —, бацити сидро; ein Urtheil —, судити, суд изрећи.
Fallgitter, n. решетка.
Fallholz, n. сувад.
Fallhut, m. венац (детету око главе, да је не разбије).
fällig, adj. минуо, прошли, приспео, истекли, што се има исплатити, покупити; —keit, f. приспелост.
Falli-ment, n. банкротство, пострадање; —ren, v. n. пострадати, пропасти, банкротовати.
Fall-klinke, f. - riegel, m. засун, засунка.
falls, adv. ако.
falsch, adj. лажан, крив, лажњив; —gesinnt, лажан, подајан, лукав, неваљао, преваран, коваран.
Falsch, n. лаж, хила.
fälschen, s. verfälschen.
Falschheit, f. лукавштина, издаја, хила, коварство.
fälschlich, adv. лажњиво, криво, исправедно, лукаво.
Fall-strick, m. замка; —sucht, f. падавица, божа, велика боља, горица.
Falsett, n. Falsetstimme, f. фалзет, фистула, глас ненаравни.
Falsificat, n. кривотворина; —or, m. кривотворник.
Falte, f. Fältchen, n. бора, набор, сабор; —n, v. a. набирати, сабирати; die Hände —, склопити руке; die Stirne —, намргодити се, памштити се; —ptagen, m. књижавац; —reich, adj. борни.
Falter, m. лептир, лепир.
faltig, adj. набран, боран.
Falz, m. жлеб; — im Fasse zum Boden, утопе; —bank, f. —bok, m. тезга; —bein, n. гладило; —en, v. a. набрати, превити, савити; (falze einschneiden), уторити, зарезати; (abschaben bei den Gärbern), огрепсти, острутати; —hobel, m. (bei den Böttchern), уторкња, таран.
familiär, adj. пријатељски, својски.
Familie, f. фамилија, обитељ, породица, глота, чељад; (Geschlecht), род, племе, поколење, колено, братство, јато.
Familien- (in Zuf.), породични; —name, m. презиме, подрело; —vater, m. домаћин.
Famulus, m. фамилијаз.

Fanat-iker, m. завешењак; —ifф, adj. манит, помаман; —iſiren, v. a. занети кога; —iš=
mus, m. занесеност.
Fang, m. лов; ударац.
Fänge, pl. зуби; канџе, покти (у итица).
Fange-ball, m. лопта.
Fangeiſen, n. гвожђа, кљуса.
fangen, v. a. хватати, уловити, ухватити, у-
кечити; Feuer —, упалити се; fig. расрди-
ти се.
Fang-meſſer, n. јатаган, нож ловачки; —pеф,
—дат, n. мрежа ловачка, замка, пругло.
Fantaſi-e, f. занос; —теп, v. n. бунцати, тла-
пити.
Fantaſt, m. фантаста, сањало.
Farbe, f. боја, мастило, шар, маст.
Färbe-holz, n. варзило.
färben, v. a. бојити, бојадисати, омастити,
намастити, мастити.
Farben-gebung, f. бојење; —reiber, m. молер-
ски шегрт; трљач; —ſtein, m. камен за тр-
вење боја; —ſtift, m. писаљка, комадић
сухе боје.
Färbepulver, n. кна, књна.
Färber, m. фарбар, мастилац, бојанџија; —ei,
f. фарбарница; —röthe, f. брoћ; —ſcharte,
f. српак.
farbig, adj. шаран, шарен.
Farrenboden, m. папратњача.
Farrenkraut, n. папрат.
Farre, m. (veralt.), јунац.
Färſe, f. јуница, јаловица.
Farz, m. прдеж; —en, v. n. прднути, прдети.
Faſan, m. фазан, гњетео.
Faſchine, f. вашина, сноп, грање сирово, сан-
трач; —nwerk, n. вашине, сопље.
Faſching, m. месојеђе; —ſſonntag, m. (der letzte),
беле покладе.
Faſel, n. легло; —er, —hans, m. прпкалапало;
—ei, f. будалаштина, трабуњ; —haft, —ig, adj.
будаласт, шашив; —hengſt, m. ајгир, пастух.
faſeln, v. n. приклапати; (irrereden) бунцати,
трабунити, трабуњати; (erzeugen) лећи, ко-
тити се; (zunehmen, einbringen) множити се,
умножити се.
faſeln, v. a. чимкати, очимкати; ſich — v. r.
осути се.
Faſen, m. жнца, нит. [ти се.
faſen, faſern, v. a. чимкати; ſich — v. r. ocy-
Faſele, Faſole, f. пасуљ, грах; —nkorn, n. граш-
ка; —nſchote, f. грах, рогачић, боранија;
—nſtroh, n. граховровина, пасуљсвина.
Faſer, f. Fäſerchen, n. жица, нит, жилица; —
ig, adj. жилав, ликав; осут.
Faß, n. суд, буре, бачва, ардов; — nur mit
einem Boden, када, каца, вучија, барило;
—binder, m. качар, бачвар.
Fäßchen, n. судић, буренце, бачнца.
Faß-boden, m. дно, дано, данце; —daube, f. дуга.
faſſen, v. a. ухватити, схватити, захватити,
брати, купити, шчепати, хватати, уловити,
ухтити, пограбити, попасти; in Gold —,
оковати у злато; (begreifen) разумети; Herz
—, охрабрити се; etwas in die Augen
—, узети што на око; einen Vorſatz — науми-
ти; ſich —, хватати се, ухватити се; ра-

забрати се; доћи к себи; умирити се, уте-
шити се; einen Beſchluß —, докопати;
(colleginliſch) сложити се; ſich hitz —, крат-
ко рећи; ſich gefaßt machen auf etwas, надати
се, приправити се; Wurzel —, укоренити се.
faß-faul, adj. судован; —hahn, m. пипа, сла-
вина.
Faſſion, f. појављење.
faßlich, adj. разумљив, разговетан; —keit, f.
разумљивост, разговетност.
Faß-reif, m. обруч на бачви; —ſpund, m. вран,
тапун.
Faſſung, f. (eines Steines) оков, окивање; (des
Weines) претакање; (des Gemüths) свест,
покој, присуство духа; (eines Geſetzes) слог
закона; aus der — kommen, смести се, сму-
тити се, збунити се; —kraft, f. —vermö-
gen, n. разум.
Faßwerk, n. бурад, бачве.
faſt, adv. скоро, мало по, готово.
faſten, v. n. постити, сушити, постити се; —
n. —, f. поcт; —zeit, f. коризма, пост ве-
лики, часни пост.
Faſtnacht, f. покладе; —halten, покладовати.
Faſttag, m. пост, нстак.
fatal, adj. кобан; непријатан; —ität, f. беда,
неприлика.
Fatum, n. коб, удес.
faul, adj. труо, гњио; —werben, лењити се; гњи-
лити, трунути, угњилити, струнути; (träg)
лењ, тром; —bett, n. софа, миндерлук.
Fäule, Fäulniß, f. гњилост, трулост, гњилоћа,
трулина.
faulen, v. n. гњилити, трунути, сагњилити,
струнути.
faulenzen, v. n. лењити се, дембелисати, чма-
вати; —er, m. лењштина, лењивац, лежак,
трупаш, дембел, нерадин; подметач; —erei,
f. леност, плaндовaње, дангуба, дангубље-
ње; —erin, f. лењштина лењивица.
Faul-heit, f. леност; —thier, n. лењивац.
fäumen, ſ. ſchäumen.
Fauſt, f. пест, песница, стисак; fig. рука.
Fäuſtel, m. чекић, маљ.
Fauſt-handſchuh, m. рукавица; —kampf, m. пес-
ничање; —pfand, n. ручна покретна зало-
га; —recht, n. право јачега; —ſchlag, m.
буботак.
Favorit, m. милосник, љубимац; —in, f. ми-
лосница, љубимица.
Februar, m. фебруарије, сјечача.
Fecht-boden, m. —ſchule, f. школа за мачевање;
—degen, ſ. Rapier; —en, v. n. бити се, борп-
ти се, мачевати; (betteln), просити; —er, m.
борац; —kunſt, f. мачевање; —meiſter, m.
учитељ мачевања; —platz, —ſchule, ſ. Fecht-
boden.
Feder, f. перо, перје; (am Hute) перо, перја-
ница, перје; (in der Uhr), штонци, језичац,
стајка; (wilde Schweinsborſte), чекиња од
вепра; —beſen, m. перушка; —bett, n. пе-
рпна; —buſch, m. перјаница; —fechter, m.
витез на перу; —hart, f. elaſtiſch; —harz,
n. смола еластична; —hut, m. калпак с
перјем; —ig, adj. перпат, перан; —kiel, m.
бадрљица; —kraft, f. f. Elaſticität; —krieg,

m. рат вплжевпи; —kissen, n. jастук од перја; —lappen, m. перушка; —lesen, n. (gem.) nicht viel —енътмаjсен, незнатп пет на девет; —messer, n. пожањ; sich, — v. r. s. mausen: —spiel, n. страшпло, лов са соколом; —spule, f. Federtiel; —strich, m. потез пером; —vieh, n. жпвпна; —wildbret, n. летуће; —wisch, m. перушка.

Fee, f. впла.
Fege, f. рстело, омст, омета.
Fegefeuer, n. пургаторија, чистплпште.
fegen, v. a. чистптп, почистптп; (mit dem Besen), поместп, омести; ich will ihn —, насапуићу га.
Fehde f. рат, крајпна; размерпца, завада; —brief m. објава рата.
Fehe, f. веверпца спбирска.
Fehl, s. Fehler.
fehlbar, adj. грешан; —keit, f. грешпост.
Fehlbitte, f. прошња неуслишана.
fehlen, v. n. & a. (nicht treffen), промашптп, у машптп; (mangeln), валптп, мањкатп; (irren), валптп, погрешптп; was fehlt Ihnen? што вам је? es fehlt wenig, daß..., у мало што...; wer fehlt? кога нема? weit gefehlt, ни налпк; es fehlt ihm gar nichts, нпје му ништа, нпје му нп врага.
Fehler, m. промашај; валпка, мана, погрешка, порок; (Mangel), мањкање, недостатак; —frei, adj. беспогрешан, без мане, савршеп; —haft, adj. погрешан, недостатачан.
fehl fahren, gehen, v. n. забасати, заћп; пе извђп за руком; —gang, m. заблуда; —greifen, v. n. промашптп; —geburt, f. пометање; —griff, m. погрешка; —schießen, v. n. —schlagen, v. a. промашптп; пензпп за руком; —schlag, —schuß, —stoß, —streich, m. машка; —schlag, fig. неуспех; —stoßen, v. n. промашптп; —treten, v. a. спотакнути се; —tritt, m. спотакнуће; валпнка, погрешка; —werfen, v. a. промашптп; —wurf, m. машка.
Fehm, f. —gericht, n. тајни суд (у старо доба).
Fehm, s. Eichelmast; —geld, s. Eichelgeld.
Fehwamme, f. потрбушпна од веверпце спбпрске.
Feier, f. празнпк, благдап, светац, светковпна: (Kirche), покој, мпр, одмор; —abend, m. престанак вечерњп од посла; —kleid, —tagskleid, n. стајаће рухо, стајаћпна; —lich adj. свечап; стајаћп, тржаставан; —lichkeit, f. свечавост; светковпна, слава; пристојност; —n, v. a. празновати, светковатп, славптп, частптп; — v. n. (außeren), почпнутп, одмаратп се; (müßig sein), лапгуђптп; —n, f. слављење, празновање; —stunde, f. час одмора, покоја; —tag, m благдап, светац, празнпк, свечанпк; —täglich, adj. свечанппг, f. светковање.
Feifel, f. жљезде (болест коњска).
Feigbohne, f. вучјак, вучји боб, дпвља кава.
feige, adj. страшљпв, плашљпв, пуљпв, подал.
Feige, f. смоква (воће).
Feigen baum, m. смоква, смоковпнца; —schnepfe, —drossel, f. грмуша, воnih.
Feigheit, f. страшљивост, плашљпвост, пуд љпвост, подлост; —herzig, adj. страшљпв,

плашљпв; —herzigkeit, f. Feigheit; —ling, m. кукавпца, подлац, пуљппац, завалзеник.
Feigwarze, f. всверпчка брадавпца.
feil, adj. на продају, на одаье; —bieten, haben, продаватп, нудптп, пматп на продају; öffentlich —bieten, продаватп дражбом, лпчбом; —bietung, f. продаја; (öffentl.), дражба, лпчба; —bietungs= (in Zus.), дражбепи; eine —e Seele, подмптљпв човск.
Feile, f. лпма, турпија, ппла, шега.
feil en, v. a. турпптјатп, пплптп, шегатп; — icht, —sel, n. спäне, pl. m. Staub, m. о- ппљци.
Feilschaft, f. продајна ствар. [говатп.
feilschen, v. a. погађатп се, ценкати се; тр sein, adj. фпн, танак, сптап; (von Sitten), частан, уљудан, пристојан; (zart), малеп, сптап, пежан; прпјатан; (schlau), фпн, лукав; (Gatt), танковпо; —s Gold, чисто злато; —er Kamm, чест чешаљ.
Feind, m. непрпјатељ, злотвор, душманпн; —in, f. непрпјатељпца, злотворка; —sein, — werben, v. n. мрзптп, ненавидетп; —lich, adj. злотворски, непрпјатељски; —schaft, f. непрпјатељство; омраза, завада; —schaftlich, adv. непрпјатељски; —selig, s. —schaftlich; —seligkeit, f. непрпјатељство; омраза; размпрпца.
Feingehalt, m. чпста вредност; —heit, —e, f. фпноћа, танкост; пристојпост, уљудност; лукавштпна, чистоћа.
feist, adj. претпо, гојазап; —e, —igkeit f. сало, добљина, гојазпост; —en, v. n. нухнутп.
Felbel, m. дпавав аксампт.
Feld, n. поље; пьпва, земља; das flache —, равнпна, равнпца, пољана; ins —ziehen, отпћи на војску; das — behaupten, одржати мејдан; im Feien —е, под ведрпм небом, у пољу; das —räumen, оставптп мејдан; im — е bleiben, погпнути у рату; des steht noch im weiten —е, то је још далеко.
Feld-, (in Zus.) пољскп; —ahorn, m. клеп, куп; —apotheke, m. лекарнпца војнпчка; —apotheker, m. лекарнпк војнпчкп.
Feld arbeit, f. тежање; —bäcker, m. пекар таборски; —bau, m. ратарство; —bauer, m. тежак, ратар, раднпк; —beifuß, m. рушка.
Feld bett, n. постеља таборска; —binde, f. појас војнпчки; —cypresse, f. госпнпо зеље; —erbse, f. гаван; —flasche, f. чутура, плоска војнпчка; —flur, f. потес; —frucht, f. жпто, плод; —fuhrwesen, n. комора; —gehäge, n. брањевпна (за лов); —geräth, n. оруђе тежачко; —artillerie војнпчкп; —hauptmann, m. капетап; —herd, m. огњпште таборско; —herr, m. војвода; —huhn, n. јаребпца; —hüter, m. пожак, пољар; —kabпа; —hüterlohn, m. субалпна; —koch, m. кухар таборски; —küche, f. кујна таборска; —kümmel, m. кумпн дпвјп; (Quendel), мајкпна душпца; —lager, n. табор; —mannstreu, n. котрњап; —markt, m. склад међе околске; —marschall, m. маршал; —marschallLieutenant, m. подмаршал; —maus, f. мпш пољски; —messer, m. земљомер; —meßkunst, f. земљомерство; —möhre, m. тоћп, m. турчинак,

Feige — 121 — Feuer

—musif, f. музика војничка; —post, f. пошта таборска; —prediger, m. војнички духовник; —rose, f. ружа дивја; —röschen, n. ветреница дивја; —rübe, f. кркава; —schabe, m. потрица; —scherer, m. волчер, ранар војнички; —schlacht, f. бој, битка; —schlange, f. шиба (врста топа); —schmiede, f. ковачница таборска; —schön, adj. леп из далека; —soldat, m. солдат, војник; —stein, m. мећаш; —stück, n. њива; топ; —stuhl, m. столица таборска; —taube, f. голуб дивји; —thymian, f. Feldkümmel; —wache, f. стража таборска; —wächter, m. пољар, пољак, субаша; —wachtmeister, m. мајор; —wasser, n. вода пољска, кириш; —webel, m. паредник, стражмештар; —weg, m. стаза, путић, пречац; —wiese, f. ледина, пашњак; —zeichen, n. знак војнички; —zeugmeister, m. ђенерал топништва; —zug, m. војска, рат, поход.

Feig-e, f. стрништс; (am Wagenrade) габела, обућа, паплотак; —en, v. a. узорати стрниште; обути коло; —enbauer, m. колар.

Fell, n. кожа.

Felleisen, n. торба кожна; немадан.

Felsen, Fels, m. хрид, литица, стена, кук, крш, дом, тимор, каменьак, стење, валовьак, лит, гребен; —kluft, —höhle, —rize, m. пећина; —wand, f. стена, стењак.

felsig, adj. кршан, ломан.

Felude, f. филуга (врста брода).

Fench, m. мухар, бар.

Fenchel, m. морач, коморач, копар; —holz, f. Saffafraß.

Fennich, m. grüner —, мухарика, panicum viride; quirlförmiger —, криигуз.

Fenster, n. облок, прозор, окно; (in Zusammens.), прозорски; —chen, n. обочић, прозорчић; —gitter, m. мушебак; —laden, m. канак; —rahmen, m. нерчиво, оплата, оквир; —scheibe, f. окно, отце; —wert, n. прозори.

Ferialtag, m. нерадник, нерадни дан.

Ferien, pl. ферје, ваканије, нерадно време.

Ferkel, n. прасе, мангулица; —n, v. n. прасити се, опрасити се.

fern, adj. далек, даьни; — adv. надалеко, далеко; in so —, in wie —, у колико; das sei — von mir, боже ме сачувај.

Fernambut, n. варзило црвено.

Ferne, f. далечина, даьина; er sieht in die —, далеко види.

fernen, v. n. казати се из далека; sie fernt schön, лепо ју је видети из далека.

ferner, adj. даьи; — adv. осим тога, затим, даье.

fernerhin, adv. од сада, у будуће.

Fern-glas, n. —rohr, n. дурбин, очалии.

Ferse, f. пета; —engelb, n. — geben, узети утренак, утећи; —leder, n. петица; —punkt, m. надир.

fertig, adj. (bereit) готов, спреман; приправан; (schleunig) брз, хитар, окретан; (geschickt) хитар, вешт, вичан; er ist mit seinem Vermögen —, потрошно је све своје; — adv. готово, вешто, спремно.

fertigen, v. a. свршити, направити, начинити; (unterzeichnen), потписати.

Fertigfeit, f. окретност, хитрина, способност, вештина, лакоћа.

Fertigung, f. потпис.

Fes, m. вес, виновес.

Fessel, f. оков, веринге, гвожђе; — am Pferde, спона, путо, букагије; — an Füßen, негве; — an Händen, лисичине; einen in —n schlagen, оковати; —n, v. a. оковати; ein Pferd —, спутати; (einnehmen), занети, задобити.

Fest, n. (Festtag), светац, благдан, празник; светковина; (Schmaus), част, гозба, собет.

fest, adj. чврст, тврд, крут, јак; једар, стамен, сталан, постојан; — adv. чврсто, тврдо, јако, стално, постојано; das —e Land, копно; sich an einem Orte — setzen, настанити се.

Fest-abend, m. предвечерје; am —e, уочи; —essen, n. част, гозба, собет; —esser, m. собетник; —gegründet, adj. станован, становит; —gesang, m. славопој.

festhalten, v. a. чврсто држати; укрутити; (verhaften) затворити; an einer Sache —, остати при чему.

Festigkeit, f. сталност, постојанство; тврђа, једрина.

Festkleid, n. стајаће рухо, одора.

festlich, adj. свечани; —feit, f. светковина, свечаност.

festnehmen, v. a. ухватити.

festsetzen, v. a. одредити, главити, углавити, урочити.

fest-sitzen, v. n. држати се, прилепити се, принонути; (im Gefängniß), затворен бити; —stehen, v. n. стојати чврсто на ногама.

feststell-en, v. a. установити; —ung, f. установьење.

Festtag, m. светац, благдан, празник, пир; —täglich, adj. свечан.

Festung, f. тврђа, тврђава, град, кула; —s-wert, f. тврђава, град, утврђење.

Fett, n. маст, сало, претлина.

fett, adj. мастан, тован, претио, дебео, тустан; маслен, смочан; (einträglich) плодан, пробитачан; —werden, гити, утити, дебьати, одебьати, гојити се, угојити се.

Fett-ammer, m. нуга, урош; —darm, m. гузно црево; —e, f. тустина, дебьина, претилина, тов; —gans, f. гуска накьакапа; —ig, adj. мастан, омашћен, маслен; —igfeit, f. масленост, дебьина; —krämer, m. саламунар; —wanst, f. сало, маст.

Fetz, m. крпа, траье, прьа, дроньак, одрлина, рита; sich einen —antrinken, опити се.

feucht, adj. влажан; —en, v. a. влажити, квасити, овлажити, наквасити; — v. n. влажити се, нишатити; —igfeit, f. влага, мокрота, —igfeitsmesser, n. влагомер.

Feuer, n. огањ, ватра; fig. жар, жестина; —schlagen, кресати, укресати; — geben, опалити из пушке, скресати пушку; —fangen, упалити се; —anheter, m. огњопоклоник; —bake, f. s. Leuchtthurm; —becken, m. мангал; —berg, m. огньелух; —beständig, adj. неупалив; —blase, f. мехур; —brand, m.

главња; —eisen, n. огњило, масат; —esse, f. f. Schornstein; —fächer, m. махало; —farben, adj. црвен као ватра; pulv. —fest, adj. неугашљив; —flamme, f. Flamme; —fuchs, m. риђан; —geräth, n. гасило; —gewehr, n. пушка; —glocke, f. Sturmglocke; —herd, m. огњиште; —holz, f. Brennholz; —knecht, m. гасилац; —maal, n. (von einer Brandwunde), мехур; (angeborenes —), младеж црвени; — maschine, f. огњиво, кресиво; —materie, f. огањ, ватра; —mauer, f. огњак, кибла.

feuern, v. a. (heizen), грејати, курити; (brennen), палити; (schießen), пуцати; den Wein —, сумпорити вино.

Feuer-ofen, m. пећ; —pfanne, f. мангал; — probe, f. мазија; (bei Metallen), проба огњена, огањ, ватра; —rohr, n. пушка; —roth, adj. црвен као ватра; pulv.; —werden, поцрвенити као рак; —brunst, f. пожар, огањ, ватра; —schaufel, f. ватраљ; —schwamm, m. труд, самокрес, усека; —signal, n. панос, витиљача; —snoth, f. пожар, огањ, ватра; —speiender Berg, m. огњедух; —spritze, f. шмрк, штрцаљка; —stahl, n. оцило, чакмак, огњило; —stätte, f. ватриште, огњиште; куђа; гарпште; —stein, m. кремен; —ung, f. грејање, курење; горење; —wehr, f. ватрогасци; —wehrmann, m. гаспватра, ватрогасац.

Feuerwerk, n. ватромет.

Feuer-zange, f. машице, маше; —zeichen, n. (wegen einer Feuersbrunst), знак ватре; (mittelst Feuers), знак ватром; —zeug, n. кресиво.

feurig, adj. огњен, ватрен, огњевит; (lebhaft), жесток, жив, срчан, љут, ватрен.

Fibel, f. буквар.

Fiber, f. жилица, кончић, влакно.

Fichte, f. Fichtenbaum, m. јела.

fichten, adj. јелов; —holz, n. јеловина.

Fiction, f. измишљотина.

Fieber, n. das kalte —, грозница, зимница; das hitzige —, огањ, вруђица, огњица; — haft, adj. грозничав; —rinde, f. кина, кора перувијанска; —schauer, m. гроза.

Fiedel, f. гусле; —kladе (казна); —bogen, m. гудало; —n, v. n. гудети.

fiedern, f. befiedern.

Fierant, m. сајамник.

Figur, f. икона, кип, слика, прилика.

figürlich, adj. преносни; — adv. преносно.

Filial= (Neben), подружни, побочни; —verein, m. подружница.

filtrir-en, v. a. цедити, процедити; — n. цеђење; —sack, m. цедило; —stein, m. цедионик; —tuch, n. цедило.

Filz, m. пуст, клобучина; (Knicker), тврдица; (ein berber Verweis), укор, карање, псовање; (ein grober Mensch), грубијан; —decke, f. пустина, пуст.

filzen, v. a. ваљати; (Verweise geben), корити, псовати; - v. n. скомрачити, тврдовати; sich —, v. r. замрсити се, заплести се.

Filzhut, m. шешир од пусти.

filzig, adj. тврд.

Filzlaus, f. осмороножница, ролац.

Filz=macher, m. пустар; —tuch, n. пуст.

Fimmel, m. клин; чекић.

final, adj. коначни; —e, n. свршетак.

Finanzen, pl. финанције.

Findel haus, n. находиште; —kind, n. находе, находник.

finden, v. a. наћи, находити, налазити, намерити, застати; (entdecken), измаћи, открити; sich in etwas —, приучити се, свићи, привикнути се; man findet Leute, има људи; —erlohn, m. наљежба; —ig adj. досетљив; —ling, f. Findelkind.

Finger, m. прст; lange — haben, дуге нокте имати; красти; einem auf die — sehen, пазити на кога; durch die — sehen, одбити на лару; sich die — verbrennen, опећи се, опарити се; —senf, m. зубача, panicum dactylon; —förmig, adj. прстаст; —hut, m. напрстак, напршљак; — krant, n. стежа, potentilla anserina; —ling, m. кесица за прст.

fingern, v. a. пипати, дирати прстима.

Finger-ring, m. престен, витица, вера, бурма, зehr; —zeig, m. fig. знак, миг.

Fink, m. зеба; —enfall —enhabicht, m. крагуј; —enes, n. мрежа за мале птице; —ler, m. (veralt.) итичар.

Finne, f. (am Gesicht), бубуљица; (am Fische), перaje; (bei Schweinen), шуга; (die Spitze eines Berges), врх.

finnig, adj. бубуљичав, шутав.

finster, adj. таман, мрачан, кошљив; ein es Gesicht, намрштен; —ling, m. мрачњак; —niß, f. помрчина, тмина, тама, мрак, таммна; — an der Sonne, am Monde, помрчање сунца и месеца.

Finte, f. цент.

Fips, f. Nasenstüber. [трице.

Firlefanz, m. Firlefanzerei, f. будалаштине,

Firma, f. фирма, име трговачко, терка.

Firmament, n. т. рђа, тврд (небеска).

firm-en, —еln, v. a. кризмати, бирмати, миропомазати; —ung, —elung, f. кризмање, кризма, бирма, миропомазање.

Firner, m. ледењк, снежник.

Firniß, m. фирнис.

Firste, f. врх, поштивач.

Fiscal, m. фишкал, адвокат, правдобранитељ; (in Zus.) фишкални.

Fisch, m. риба; (in Zus.) рибљи; —aar, —geier, m. орао морски; —adler, костождер; —angel, f. удица; —behälter, m. барка; —brut, f. рибаћи.

fischen, v. a. рибати, ловити, хватати рибу.

fischenzen, v. n. ударати на рибу.

Fischer, m. рибар; (in Zus.) рибарски; —ei, f. рибарство; —garn, —netz, n. мрежа, пређа, риболов; —in, f. рибарка; —kahn, m. чун, барка; —ring, m. рибарски престен (у папе); —schiff, n. рибарица; —stechen, n. игра рибарска.

Fisch fang, m. рибање, ловиште, риболов; — flosse, f. перaje; —gabel, f. ости, остве; — gräte, f. Gräte; —hälter, m. рибњак; —hamen, m. мерeжов; —händler, m. рибар; —hörner, pl. m. рибља трава, балук, балукат; —kasten, m. барка; —köder, m. мама, јеска; —leim, m. f. Hausenblase; —markt, m. рибља пијаца; —milch,

f. млечац: —огр, п. крељс, крежа, бренак, шрге; —otter, f. видра: —reich, adj. рибан; —reiher, m. чапља: —reuſe, f. врша, пршка, лобош, бацањ: —rogen, f. Roden: —ſchuppe, f. Schuppe: —tag, m. дан за рибање, дан постни; —teich, —weiher, m. рибњак: —thran, m. маст рибја; —weib, n. рибарка; —zain, m. пребој, суп; —zeug, n. справа рибарска.
Fiscus, m. (Staatsschatz), фискус, државно добро, благајница; (Staatsanwalt), државни одвѣтник.
Fiſole, f. пасуљ, грах; —птиз, п. папула.
ſiſpern, ſ. fliſtern.
Fistel, f. фистула, фалзет; durch die — ſingen, фалзет певати.
Fittich, m. крило.
Fitze, f. канчело, набор; —band, n. пасменача.
fitzen, v. a. набрати; замрсити, зло сашити.
fix, adj. тврд, становит, сталан, постојан, готов, справан, приправан; — und fertig, готов; —e Friſt, неодгодни рок; —iren, v. a. утврдити; (feſt ins Auge faſſen), узети кога оштро на око; —ſtern, m. звезда некретница.
flach, adj. раван, плоснат, плитак: зарубаст; die —e Hand, длан; подланица; der —e Verſtand, слаба памет; —es Land, село.
Fläche, f. равнина, равница, пољана; пучина; (Oberfläche), површина, површје; (eines Degens, Lineals), плоштина, плошта.
flächen, v. a. поравнити, сравнити; —inhalt, m. простор; —maß, n. мера па четврт.
Flachs, m. лан; (Spinnflachs), предиво; —bart, m. маље; —brede, f. трлица.
flächſen, adj. лачен.
Flachs-feld, —land, n. ланиште; —fink, f. Hänfling; —haar, n. влакно; —hechel, —rauſe, f. перајца, огребло, тарак: —kopf, m. бељокоса; —jake, m. семе ланено; —ſeide, f. вилина коса.
flacken, v. a. ценати, разбијати.
flackern, v. n. планути, букнути, горукати, новијати ce.
Fladen, m. погача, лепиња.
Flagg-e, f. барјак, стег, застава; —enofficier, m. барјактар поморски; —enſchiff, п. брод стегоносни.
Flamm-e, f. пламен, плам; —en, v. n. пламтити, пламнати, буктити; —d, adj. пламен, пламенит; —icht, adj. пламенит.
Flanell, m. фланер.
Flanke, f. бок, страна.
flankiren, v. n. herum — скитати се.
Flaſche, f. Fläſchchen, n. боца, бочица, плоска, гостара, ботуља, боцун, тесно стакло, ламжана, шише.
Flaſchen-futter, n. —teller, m. —torb, m. бочњак; канаве: —kürbiß, m. јургет, тиква; —zug, m. клуба, витло.
Flaſchinet, n. свирала, свирајка, врула.
Flaſchner, m. лимар.
Flatter-er, —geiſt, m. ветропир, ветрогоња, ветар, ветропирњ, ветрењак; —haft, adj. ветрењаст, нестаран; haftigkeit, f. неста-

ност, ветропирност; —traut, n. шумарица; —mine f. лагум.
flattern, v. n. пахати, лепршати, вити се, лепетати се, вијати се.
flau, adj. млак.
Flaum, m. маље; —feber, f. паперје, машак; —ig, adj. маљав.
Flauſch, m. прам, прамен.
Flechſe, f. жила.
Flecht-e, f. (Haarflechte), плетеница, витица; (aus Ruthen), плетер, леса; (auf der Haut), лишај; —en, v. a. плести, исплести, оплести; einen aufs Rad —, ударити на точак; —weide, f. жуква; —werk, n. плетер, поплет, чатма.
Fleck, m. пега; комад, део; крпа, закрпа; место; ein blauer —, модрица; er geht nicht vom —, немичо се; er hat das Herz auf dem rechten —, добра је срца.
Flecken, m. паланка, варошица; (Schmutz), мрља; крпа; (ein angeborner —), мадеж; (auf Tigern ıc.) пега; die —, оспице.
flecken, v. a. умрљати, упрљати; крпити, закрпити; —, v. n. прљати се, мрљати се; напредовати.
fleck-ig, ad. маљав, местичав, сместав, пегав.
Fleder-maus, f. љиљак, слепи миш, шишмиш, медопир; —wiſch, m. перушка.
Flegel, m. млатило, цеп; grober —, грубијан; —ei, f. грубијанство; —haft, adj. грубијански.
flehen, v. n. молити, просити; —, n. молба, моленице; —tlich, adj. смеран, понизан.
Fleiſch, n. месо: нут; wildes — (in den Wunden), диве месо (у рани); (in Zuſ.), месни; —bank, f. месарница, комарда, касапница; —er, m. месар, касапин; —erhund, m. самсов; —n, adj. путен, месан.
Fleiſcheslust, f. путеност.
fleiſch-freſſig, —freſſend, adj. месождер; —gewächs, n. —sarkoma, карпа меснaтa; —gabel, f. вилице, виљушка; —fliege, f. златара, златарка, musca cadaverina; —hade, f. сатара; —hader, m. месар, касапин; —ig, adj. меснат, чврст; —kammer, f. месница; —klöſchen, n. луфте; —lappen, m. бобица (у бурке); реса (у козе); —lich, adj. путен; —ſpeiſe, f. јело месно, мрс, омршај; —tag, m. мрсак, месни дан; —твнде, f. рана у месу; —wurſt, f. кобасица, мешњача.
Fleiß, m. марљивост, радљивост, прилежност, вредноба, помљивост, настојање; mit —, хотице, хотимице, навалице, наво, навлаш, у пркос; —ig, adj. марљив, вредан, радљив, работан, усталац, помљив.
fletſchen, v. n. die Zähne —, режати, бесити се; (hämmern), тањити, потањити.
flick-en, v. a. крпити, покрпити, пешњати, закрпити, окрпити, петљати; —, m. крпа, закрпа; —er, m. крпа; —еrei, f. —werk, n. крпарија, крпеж, петљавина.
Flieder, f. зова, базa, јоргован; —тиз, n. пекмез од зове.
Fliege, f. муха; ſpaniſche —, бабак, поњк.
fliegen, v. n. летети, летати; вијати се; —d, adj. летушти.

Fliegenbrut, f. упљувак.
Fliegen-garn, —netz, n. комарник; —gift, —pulver, n. мухомор; —klappe, —klatsche, f. мухарник; —schnäpper, m. мухоловац; —schwamm, m. мухомор; —stein, m. мухомор; —unrath, m. мухосерина.
fliehen, v. n. бежати, бегати, побегнути, побећи, утећи; zu einem —, утећи се; dahin —, пролазити, летети; — v. a. клонити се, уклањати се; —d, adj. бежан, побегнив.
Fliese, f. плоча.
Fließ, n. руно.
fließ-en, v. n. тећи, протицати; цурити, лопити; (schmelzen) топити се, растопити се, отопити се; (daherfließen, daherkommen, долазити, изнирати; (als Papier), пробијати; diese Kerzen —, ове свеће капље; —end, adj. течан, жидак; —endes Wasser, вода текућа; —endes Gold, злато растопљено; (von Schreibart), лак; —papier, s. Löschpapier.
Fliete, f. башкавица за пуштање крви коњу.
flimmern, v. n. цаклити се, трептети, светлити се.
flint, adj. лак, лагап, брз, хитар, окретан.
Flinte, f. пушка, влпита, шица, тешана.
Flinten-kolbe, f. кундак; —kugel, f. танe, пурак, зрно, пушчано зрно; —lauf, n. параguу, повнјута, цев пушчан; —schloß, n. оган, чарак, чакмак; —schuß, m. хитац; —schütze, m. мушкатир; —stein, m. кремен.
flispern, flistern, v. a. & n. шаптати, шапутати.
Flitter, m. & f. Flitterchen, n. титренка, шошка; —gold, n. варак, козар, телеј, клободан; —tram, m. —werk, n. тетревке.
flittern, v. n. трептети, трепетати.
Flitter-sand, m. песак сјајни; —staat, m. урес лажни; —wochen, pl. прво време два венћања.
Flitz-bogen, m. лук; —pfeil, m. стрела.
Flockasche, f. пухор.
Flocke, f. Flocken, m. Flöckchen, n. прам, прамен, кудадра. [мену.
flocken, v. a. кудадрати; — v. a. падати у праflockicht, flockig, adj. праменаст.
Flockseide, f. s. Floretseide.
Floh, m. буха.
flöhen, v. a. тражити, хватати бухе.
Flöhkraut, n. бухача, бушина.
Flohstich, m. бухојeдина, мртвачина.
Flor, m. цвет; цветања; копрена, вео; —binde, f. пома, вео.
Floret, n. рапир; —seide, f. кентепар.
Floß, n. Flöße, f. сплав, повлака, пловац, сплата.
Flößen, f. pl. пера у рибе.
flößen, v. a. Holz —, плавити дрва.
Floß-feder, f. перо у рибе; —holz, n. дрва сплављена.
Flößung, f. плављење (дрва).
Flöte, f. флаута; свирка, свирала, свирајка, дудук, сопилка, фрула.
flöten, v. n. свирати у флауту, у фрулу, удукати; — gehen, утећи, отићи испод жита; пропасти.
Flöten-spieler, m. флауташ, свирач; —stück, n. карабље; —werk, n. —zug, m. игра од флаута (у оргуља).

Flott, adj. — sein, пливати, плoвити; чист бити; — werden, заплoвити; — machen, крeнути на воду; — leben, живети весело.
Flotte, f. флота, бродовље.
Flöz, m. (im Bergwerke), врста; (Flur im Hause), двор, придворје, трем; —gebirge, n. планина на врсте; —weise, adv. врста по врсту.
Fluch, m. клетва, уклетва, проклетство, псовка, проклетиња; —! харам! —: (in Zus.), клетвени; —brief, m. клетвена књига; —en, v. n. клети, проклети, псовати; —er, m. псовач.
Flucht, f. бег, бежан, бегство; die — nehmen, ergreifen, побегнути, бегати, бежати; in die — schlagen, појурити, погнати, повијати, потерати, растерати; (Eile), хитња; (Spielraum), простор.
flücht-en, v. a. спасти, избавити; sich —, утећи, убећи, пребећи; прибећи, утећи се; —ig, adj. у бегству; (schnell vergehend), несталан; (leicht, schnell), брз, хитар, лак, лагат; (in der Chemie), летућ; (leichtsinnig), ветрењаст, непостојан; — werden, побегнути, утећи; — adv. узгред, имогред, брзо, хитно, хитимице, летимично; —igkeit, f. хитрина, брзина, несталност; —ling, m. бегунац, узскок, пребег.
Fluder, m. скок (у воденици).
Flug, m. лет, полет; летење, полетање; залет; ein — Vögel, јато; ein — Bienen, рој; —blatt, n. летилист.
Flügel, m. крило, крелут; (einer Thür), вратнице; клавир, гласовир; die — hängen lassen, туговати; —adjutant, m. побочник таборски; —mann, m. престилава; —pferd, n. коњ крилат; —werk, n. летуште, живина.
flügge, adj. ein —r Vogel, полетар, полетарац.
Flug-loch, n. лето; —mehl, n. паспаљ.
flugs, adv. одмах, таки, с места.
Flug-sand, m. мел, песак живи; —schrift, f. брошура.
Flur, f. рудина, пољана, равнина, раван; поље, њива; потес; улица; трем; (in Zus.), пољски; —buch, n. попис њива; —hüter, m. —schütze, m. пољар, пољак, субаша; —stein, m. међаш.
Fluß, m. (das Fließen), ток; (ein Strom), поток, река; (Krankheit), назеб, назеба, нахлада; (das Schmelzen), растапање, топљење; —barbe, m. мрена, cyprinus barbus; —bett, n. корито; —bärt, m. греч; —fisch, m. риба речна; —gold, n. песак златни; —krebs, m. поточак, црни рак.
flüssig, adj. жидак; растопљен; —machen, наредити да се што исплати; —keit, f. житкост, течност; (Saft), осока.
Flußpferd, n. s. Nilpferd; —schiff, n. тумбас, лађа; —wasser, n. текућа вода.
Fluth, f. слека, плима; потоп, поплава; in der — von Geschäften, у навали од посла; die Fluthen, pl. валови, таласи; —bett, s. Flußbett; —zeit, f. плима, слека.
Fock-e, —segel, m. тринкет; —mast, m. први јарбро.
Fohlen, s. Füllen.

fohlen, v. a. ождребити се.
Fohre, Föhre, f. бор.
Folge, f. ред; следовање; последица, последак; наследовање; слушање; in —, услед, са, с, по; in der —, у напредак, одсада; — leisten, послушати, слушати; in einer —, узастопце, један за другим, редом; (Fortsetzung), продужење, настанак.
folgen, v. a. следити, ићи за..., следовати; (gehorchen), слушати, послушати; —ends, adv. (nachher), за тим, по том, иза тога; (folglich), дакле, инди, међер.
folgerecht, adj. доследан; —igkeit, f. доследност.
folgern, v. a. вадити, изводити, судити; — ung, f. извод, извођење.
Folgesatz, m. извађање, закључак, закључење.
folgewidrig, adj. недоследан.
Folgezeit, f. време будуће, будућност.
foglich, adj. дакле, даке, инди, међер.
folgsam, adj. послушан, покоран; - keit, f. послушност, покорност.
Foliant, m. књига на велико коло; књижурина.
Folie, f. лист; премац.
folio, in folio, adv. на велико коло; ein Narr in —, велика будала.
Folter, f. мука, муке, мучење; auf die — spannen, bringen, ударити коме муке; —er, m. мучитељ; —kammer, f. мучионица; —n, v. a. мучити, кинити.
Fond, m. заклада, фонд; — (in Zus.) закладни, фондски.
Fontäne, f. f. Springbrunnen.
Fontanell, n. — setzen (einem Pferde), затравити.
foppen, v. a. шалити се, ругати се с ким, држати кога за луду.
fordern, v. a. искати, тражити, захтевати; einen vor Gericht —, на суд позвати.
fördern, v. a. (Erze zu Tage), копати вадити (руде); (beschleunigen), ускорити; (begünstigen), помагати, потпомагати, подупирати, спорити, наспорити, користити; (vorwärts bringen), послати, отправити; fördert euch, журите се; —samst, adv. што брже.
Forderung, f. искање, тражење, потребовање, потраживање, захтевање; дуг; позив, позивање; право на што.
Förderung, f. помагање, наспоравање, потпомагање, подупирање; ускоравање, пожуривање; копање, вађење (руда).
Forelle, f. пастрма.
Form, f. форма, направа, чин; начин; слика, облик, образац, прилика; творило, калуп; нацрт, цртеж; састав, саставак; —alien, pl. —aliät, f. обичај.
Format, n. формат, величина, коло (књиге).
Formel, f. формула, израсла.
formen, v. a. делати, калупити, творити, уприличити.
Formgebrechen, n. погрешка у начину, исправилни саставак.
formiren, v. a. творити, чинити, делати; die Soldaten — sich, врстају се војници, ступају у ред.
förmlich, adj. формалан, правилан, уписни;

свечан; — adv. у реду; —keit, f. уредност, правилност, обичност; свечаност.
Formsteg, m. (Buchdruck.), окрајак.
Formular, n. формулар, прегледалица, образац.
forsch-en, v. a. иптати, распитивати, истраживати, кушати, мотрити; —en, n. f. Forschung; —er, m. испитивач, истраживач; —ung, f. распитивање, истраживање, тражење, проматрање.
Forst, m. Förste, f. f. Firste.
Forst, m. шума, гора, дубрава, луг; (in Zus.) шумарски, шумски; —cultur, f. шумарство.
Förster, m. лугар, шумар; —ei, f. кућа шумарева.
forst-gerecht, adj. вешт шумарству; —lich, adj. шумски; —mann, m. —meister, m. лугар, шумар; —schreiber, m. писар код лугарства, —schule, f. школа лугарска; —wesen, n. —wissenschaft, f. шумарство.
fort, adv. проч, даље; er ist —, отишао је; — und —, једнако, без престанка; und so —, и тако даље; —! хајде; — —! брже брже, хајде хајде!
fortan, adv. одсада; у напредак, у будуће.
fort-arbeiten, v. a. даље радити; —bewegen, v. a. даље кретати; sich — bewegen, v. r. махати се, мицати се.
fortbring-en, v. a. однети, уклонити, носити; sich —, v. r. животарити.
Fortdauer, f. трајање; —n, v. n. трајати, подржати; —nd, adj. непрестан.
forteilen, v. n. журити се, пожурити се.
fortfahren, v. n. одвести се; пословати даље, настављати, продужити; — v. a. одвести, повести.
fortfliegen, v. n. одлетети.
fortführen, v. a. одвести; ein Geschäft —, наставити и у напредак.
Fortgang, m. полазак, одлазак; (einer Verhandlung), ход, ток. течај распирање; напредак.
fortgehen, v. n. поћи, отићи; fig. напредовати.
forthelfen, v. a. помоћи, потпомоћи; sich — протурати се, прометати се.
forthin, f. künftig.
fortjagen, v. a. отерати, одвијати, истерати; — v. n. одјахати, ловити без престанка.
fortkommen, v. n. ослободити се, спасти се избавити се; (weiterkommen), ићи напред, напредовати; проконсати; (von Pflanzen), примити се, расти; (seinen Unterhalt finden), протурати се, хранити се; — n. напредак, напредовање; besseres —, боља будућност.
fortkönnen, v. n. моћи отићи, моћи напредовати; nicht —, немоћи се макнути с места.
fortkriechen, v. n. отпузити, одмлети.
fortlassen, v. a. пустити, отпустити.
fortlaufen, v. n. отрчати, утећи; тећи, ићи у редом, непрестано; трчати без престанка.
fortleben, v. n. живети једнако, у век; преживети.
fortlesen, v. a. читати даље, непрестано.
fortmachen, v. a. радити, чинити даље; sich —, v. r. отићи, торњати се.

fortpacken, sich, v. r. торњати се, шњкати се, кинути.
fortpflanzen, v. a. пресадити, расплодити, умножити; auf Jemanden etwas —, препети што на кога; —ung, f. расплод, пресад, умножење.
fortreden, v. a. говорити даље, непрестано.
Fortreise, f. одлазак, полазак; —n, v. n. отићи, поћи, отпутовати.
fortreißen, v. a. повући, тргнути; sich — lassen, занети се, завести се.
fortreiten, v. n. одјахати, јахати.
fortrollen, v. a. ваљати; — v. n. ваљати —, sich, v. r. ваљати се.
fortrücken, v. a. одмакнути, помакнути, уклонити; — v. n. напредовати.
fortrudern, v. n. одвеслати.
fortschaffen, v. a. однети, уклонити; макнути, кренути, отправити; —ung, f. отправљење, уклањање.
fortschritt, v. a. отправити, отпустити, послати.
fortschieben, v. a. одмакнути, помакнути, отурати.
fortschleichen, sich, v. r. крадом отићи, украсти се, отићи испод жита, очистити чуства.
fortschlafen, v. n. спавати, непробудити се.
fortschleppen, v. a. одвући; sich —, животарити, прехранити се.
fortschreiben, v. a. писати даље.
fortschreiten, v. n. напредовати, ићи даље; —d, adj. напредан; —ung, f. напредовање.
Fortschritt, m. напредак, напредовање; —e, machen, напредовати.
fortschwimmen, v. n. отпливати, пливати; mit dem Flusse —, пливати се.
fortsiegeln, v. n. једрити, одједрити.
fortsenden, f. fortschicken.
fortsetzen, v. a. продужити, наставити; —ung, f. продужење, настављање, наставак.
fortspielen, v. n. играти даље, без престанка.
fortstoßen, v. a. шорати, турати, отиснути, огурити; das Schiff mittelst der Fährstange —, штичити.
forttragen, v. a. однети, понети, посити без престанка.
forttreiben, v. a. отерати; ein Geschäft —, наставити носити и даље.
fortwachsen, v. a. расти.
fortwähren, v. n трајати, подржати; —end, adj. непрестан; —end, adv једнако, непрестано, без престанка.
fortwälzen, v. a. одваљати, ваљати.
fortwandern, v. n. отићи, ићи, путовати.
fortweisen, v. a. отерати, отиратити.
fortwollen, v. n. хтети отићи.
fortwurzeln, v. n. укоретивати се, укоренити се.
fortziehen, v. a. одвући, потегнути, вући, потезати; — v. n. одселити, преселити се, отићи, ићи даље.
Fortzug, m. одлазак, полазак, сеоба, сељење.
Fourage, f. пића; —iren, v. a. набављати храну.
Fracht, f. терет, товар, воз; (der Lohn), кирија, бродарина, возарина; (in Zus.) возни, кириџијски; —brief m. подвозни, товарни, возни лист; —en, v. a. послати, отправити (на коли, на броду); —fahrer, m. Frächter, турмар, возар; —geld, n. кирија, бродарина; —gut, n. товар, терет; —lohn, m. возарина; —müller, m. возни отправљач; schiff n. теретна лађа; —wagen, m. таринце, тарна кола.
Frack, m. фрак.
Fractur, —schrift, f. писмо готско дебело.
Frage, f. питање; ствар; —en, v. a. питати; ich frage nichts darnach, нехајем зато; einen um Rath —, световати се с ким; nach wem fragen Sie? кога тражите? —erinit, m. —estück, n. питање; —er, m. питач, —eweise, adv. питајући, с питањем и одговором; —ezeichen, n. знак питања.
Fragment, n. одломак, уломак, комад.
Fraißen, f. pl. врас, детиње.
fran co, adv. плаћено; —firen, v. a. платити поштарину.
Franse, f. ројта, реса.
Franzband, m. вез француски; —baum, f. Zwergbaum; —branntwein, m. ракија француска.
Franziskaner, m. францишкан, малобраћани.
Franzosenholz, m. гвајак, дрво свето.
Franzwein, m. вино француско.
Fraß, m. (in Knochen), црвоток (у кости); (Futter), крма, храна.
Frater m. фратар, пратар.
Fratz, m. деришће.
Fratze, f. лудорија, будалаштина; —n machen, лудовати, будалити; —en erzählen, збијати шале; —engesicht, n ругоба; —enhaft, adj. смешан, нескладан, наградан.
Frau, f. (Ehefrau), жена, супруга; женска, женска глава; господарица, газдарица; госпођа, госпа.
Frauenblatt, n. калопер, balsamita vulgaris.
Frauen-bruder, m. шурак, шура; —freund m. женар, женарош; —haar, m. госпин влас; —kleid, n. сукња; —kloster, n. Nonnenkloster, —schneider, m. кројач женски; —schuster, m. ципелар женски; —schwester, f. свает, свастика; —leute, pl. жене, женске главе; —person, f. женско, женскиње, женска глава; —strumpf, m. бечва, женске доколенице; —tag, m. госпођа, госпојна; —zimmer n. жена, женско, женска глава.
Fräulein, n. госпођица, госпојче; —stift, n. женско васпиталиште.
frech, adj. безобразан, безочап, дрзовит, продрзљив, бесраман; —heit, f. безобразност, дзвовитост, бесрамност, безочност, продрзљивост.
Fregatte, f. фрегата.
frei, adj. слободан, вољан, прост, ослобођен, избављен; разузлан, смео, отворен, искрен, истинит; von —en Stücken, од своје воље; ein —er Platz, место непопуњено, упражњено; —adv. слободно, просто, независно, по вољи; —bataillon, n. баталиун добровољачки.
Freibrief, m. повластица, привилегија; —bürger, m. грађанин града слободнога; —corps, n. врајкор, врајкорија, слободњачка, добровољачка чета.

Freibenker, m. слободњак; —ifф, adj. слобод-
њачки.
freieigen, adj. свој, слободан.
freien, v. n. (um ein Mädchen), просити, за-
просити; (heirathen), оженити се, узети; fig.
um etwas —, ићи за чим, тражити што;
—er, m. просилац, просац; —, m. pl. (der
läufigen Kuh), воловодница; —erei, f. про-
сидба; —fahrung (Bergw.), преглед.
Freifrau, (Freiherrin), f. бароница.
freigebig, adj. податан, податљив, дарежљив;
—feit, f. дарежљивост.
Frei geift, m. —geifterei, f. f. Freibenker; —gelb,
n. мртварина; —gerinne, n. логов на гату
у воденици; —gut, n. добро привилегиса-
но, властеоско; —hafen, m. лука слободна;
—halten, v. a. трошити, плаћати за кога.
Freiheit, f. слобода, допуштење, независност,
слобоштина; (Freiftätte), уточиште; (Drei-
ftigkeit), смјелост; fich die — nehmen, усу-
дити се, услободити се.
Freiheitsbrief, f. Freibrief.
freiheraus, adv. слободно, без устезања.
Freiherr, m. барон; —lich, adj. баронски.
freilaff-en, v. a. отпустити, пустити, одреши-
ти, ослободити, дати слободу; пустити на
вољу; —ung, f. ослобођење, слобода, до-
пуштење.
freilich, adv. да, дакако, то се зна, него не.
freimach-en, v. a. ослободити, избавити, спа-
сти, одрешити; —ung, f. ослобођење, из-
бављење.
Freimaurer, m. зидар слободни; —ei, f. зидар-
ство слободно.
freimüthig, adj. слободан, отворен, искрен:
—keit, f. искреност, отвореност.
Frei-partei, f. f. —corps; —faß, m. слобoдњaк;
—fchule, f. школа бесплатна; —fchütze, m.
добар стрелац; —finn, m. слободоумље,
слободоумност.
freifpreф-en, v. a. ослободити; —ung, f. осло-
бођење, тестир.
Frei-ftaat, m. република; —ftadt, f. варош,
град слободни; —ftätte, f. уточиште;
—ftehen, v. n. бити на вољу; —ftellen, v. a.
(einen Bau), осамити, усамити; es einem —,
пустити, дати на вољу.
Frei-ftunbe, f. време одмора, покоја; in den
—n, припликом; —tag, m. петак; —tifch, m.
храна без плаће; —werber, m. просац, про-
силац, проводаџија; —werbung, f. просидба.
freiwillig, adj. добровољан, својевољан, са-
мовољан; — adv. добровољно, самовољно,
од своје воље; —er, m. добровољац, само-
вољац; —feit, f. добра воља, добровољност;
—wohnung, f. бесплатан стан.
fremb, adj. (ausländifch), страни, туђозем-
ски, иностран, стран, туђ; (unbekannt), не-
познат; (feltfam), чудан, необичан.
frembartig, adj. разнородан, необичан, туђ;
—keit, f. разнородност, необичност.
Frembe, f. туђина, туђинство.
Frembe, m. —ling, m. туђинац, туђин, ино-
странац, туђоземац, јабанац.
Freßbegierde, f. прождрљивост.
Freffe, f. губица.

freff-en, v. a. ждерати; гуmaти; (beißen), из-
гристи, прогристи, проjeдати; — n. жде-
рање, прождирало, јело.
Freffer, m. ждера, ждеравац, прождрљивац;
—ei, f. ждерање.
Freß-fieber, n. —krankheit, f. f. Heißhunger; —
gierig, f. gefräßig; —trog, m. налов, корито.
Frettchen, Frett, n. Frette, f. ласица.
Freube, f. весеље, oбрадовање, радост, милина.
Freuden-feft, n. весеље, дан радости; —gefchrei,
n. кликтање, фискa; —leer, adj. нерадо-
стан; —leere, f. нерадост; —los, dj. не-
весео, тужан; —mädchen, n. баудница; —
mahl, m. част, сабер, гозба, весеље; —reich,
adj. радостан, весео; —ftörer, m. узница.
freubig, adj. весео, радостан; —keit, f. весеље,
радост.
freuen, v. a. веселити, милити се; — fich v. r.
веселити се, радовати се.
Freund, m. пријатељ, јаран, пријак, пријан;
—in, f. пријатељица, прија; —lich, adj.
пријатан, мио, пријазан, угодан, угладан;
—lichkeit, f. пријазност, пријатност, углад-
ност; —fchaft, f. пријатељство; —fchaftlich,
adj. пријатељски, својски.
Frevel, m. грех, злочинство, грехота; (Frech-
heit), безобразност, бестидност; (Verwegen-
heit), дрзовитост; (in heiligen Sachen), оскрв-
њење; (Gewaltthätigkeit), насиље; —er, m.
грешник, зликовац, безаконик; —haft, fre-
ventlich, adj. дрзовит, дрзак, опак; —n,
n. грешити; —that, f. злочинство, опачина.
Frevler, f. Freveler.
Friebe, Frieben, m. мир, покој, спокојство, у-
мир; —ftiften, мирити; —machen, мирити
се; in — dahin fahren, упокојити се.
Friebens-bote, m. вестник мира, анђео мира;
—bruch, m. миролoмство; —brüchig, adj.
миролoман; —fuß, m. стање мира; —ge-
richt, n. примирителни суд; —richter, m.
примиритељни судац; —fchluß, m. мир;
—ftifter, m. посредник, миритељ, помиритељ,
мироков, мипротворац; —ftiftung, f. f. Frie-
densfchluß; —ftörer, m. узница.
fried fertig, —lich, —liebenb, —fam, adj. миран,
тих, кротак, мирољубив; —fertigkeit, —fam-
keit, f. мирноћа, кротост.
frieren, v. n. зепсти; (gefrieren), мрзнути, за-
мрзнути; mich friert, зима ми је.
Fries, m. фриз.
Friefel, n. аспа.
frifch, f. хладовит, свеж, скорашњи, хладан;
нов, други, чист, малопређашњи, пресан, си-
ров; хитар, окретан, одморан, здрав, ве-
сео, снег; — es Waffer, малопређашња.
Frifche, f. свежина, хладовина.
frifchen, v. a. хладити, расхладити, освежити;
(bei den Jägern), очистити псе; (von Metal-
len), прегонити, претанати; — v. n. опра-
сити се.
Frifchling, m. прасе дивље.
Frifchofen, m. пећ за претављње.
Frifeur, m. кудравџијар.
frifiren, v. a. чешљати, рудити, плести, ку-
дравити косу.
Frifirkamm, m. чешаљ ретки.

Frist, f. време, рок; in Jahres —, до године, за годину дана.
fristen, v. a. дати времена, рока; (aufschieben), одгодити; das Leben —, животарити, продужити живот.
Fristverlegung, f. одгођење рока.
froh, adj. весео, радостан, добре воље; — werden, развеселити се; — sein, радовати се, веселити се; seines Vermögens nicht — werden, неуживати својих добара.
fröhlich, adj. весео; —keit, f. весеље, радост.
frohlocken, v. n. радовати се, кликтати од весеља; —, n. кликање, радосно кликање, радост.
Frohn, m. пандур; —altar, m. олтар велики; —arbeit, f. Frohne; —arbeiter, m. работар, робијаш; -bar, —pflichtig, adj. работи подвргнут; —bauer, m. робијаш, работник; —e, f. —dienst, m. работа, робија, тлака, кулук; (Bergzehent), руднички десетак; — eines Klosterbauers, наћенија; (in Zusamm.) работни.
frohnen, **fröhnen**, v. n. тлачити, кулуковати, беглучити, работи, радити од робије; einem —, бесплатно коме радити; den Lüften —, пустити узду пожудама; —er, m. робијаш, работник.
Frohn fasten, f. кватре; —feste, f. тамница; —frei, adj. прост од работе; —fuhre, f. работа с коли; —geld, n. —zins, m. работа, тлака у новцу.
Frohnleichnamsfest, n. телово, брашанчево.
Frohnvogt, m. пшиан.
Frohsinn, m. покој, мир душевни, ведра душа.
fromm, adj. побожан, смеран, благочастив, богољубан; кротак, тих, миран; —e Kinder, добра деца; ein —er Herr, господин добар, милостив; —e Legate, —e Stiftungen, задужбине.
Frömmelei, f. лицемерство.
frömmeln, v. n. градити се свет.
frommen, v. n. користити, користан бити.
Frömmigkeit, f. побожност, богољубност.
Frömmling, **Frömmler**, m. лицемерац, богомољац.
Fronte, f. лице, чело.
Frosch, m. жаба; (Geschwulst unter der Zunge der Menschen, Pferde und des Rindviehes), жаба, жабица; (am Fiedelbogen), шарафић, видица на гудалу.
Frosch (in Zuf.), —жабљи; —lache, —pfütze, f. жабљаке, жабљаш; —laich, n. жабљак, јаја жабја.
Fröschlein, n. жабица, жабић.
Frosch-männchen, n. жабац; —wurm, m. жабић, дивљи сомић.
Frost, m. мраз, смрзао, голомразица, зима; —beule, f. рујба, буганац.
frösteln, v. n. јежити се од зиме; mich fröstelt, зима ми је.
frostig, adj. озебао; —e Begegnung, хладан дочек; —es Zeug, ништарија, трице; —adv. — empfangen, хладно дочекати.
Fröstler, **Fröstling**, m. смрзла.
Frucht, f. род, плод; (Baum—), воће; (Feld—), жито; —bringen, родити; um die —bringen, јаловити; Früchte (Nutznießungen), ужитци; —auge, n. пупа, пупољак; —balg, m. љуска; —bar, adj. плодан, родан, родљив; —es Jahr, берићетна, сита година; —barkeit, f. плодност, родност; —baum, m. воћка; —boden, m. житница, хамбар; —bringend, —tragend, adj. плодан, родан, плодоносан; —tragend anlegen eine Summe, дати новце на камате.
fruchten, v. n. користити, плод давати.
Frucht-gehäuse, n. чашица (у ботаници); —gemüs, m. уживалац, ужитак; —handel, m. трговина жита; —händler, m. житар; —händlerin, f. житарка; —horn, n. рог обилатости; —lose, f. f. Fruchtauge; —los, adj. неплодан, искористан, залудан; —adv. залуду, заман; —losigkeit, f. залудност; —mangel, m. неродица; —nießer, m. уживалац, m. нијешер, f. f. Fruchtgenieß; —reichthum, m. родина; —sperre, f. забрана увоза и извоза жита; —stück, n. воће; —wolle, f. мањак (у ботаници).
früh, adj. ран, јутарњи; — adv. рано, зарано; heute —, јутрос; — aufstehen, ранити, поранити, уранити; —aufsteher, m. ранилац, ранораниlац; —aufbrechen, подранити, поранити, уранити; —kommen, доранити, поранити, уранити; —apfel, m. јабука рана, —birn, f. крушка рана, —e, f. јутро; in aller —, у зору, зором.
Früh-gebet, n. f. Morgengebet; —getreid, n. јарица; —jahr, n. пролеће, прамалеће, премалеће; dieses —, пролетос; —kirsche, f. раница, ранка.
Frühling, m. пролеће; —adonis, m. гороцвет, гороцвеће; —gemüse, m. борађе, боражина, накољче, —lämmer, n. pl. рани јаганци; —zeit, f. пролеће.
Frühmette, f. јутрења, рана миса, зорница.
früh Morgens, adv. зором, рано.
früh-reif, adj. ран; —saat, f. пролетњи усев, ранин; —sonne, f. сунце јутарње.
Frühstück, n. ручак, доручак; —en, v. a. ручати, доручковати.
Frühstunde, f. јутро, рано.
frühzeitig, adj. ран; — adv. рано; zu —, пре времена, прерано.
Fuchs, m. лисица, лија; лисац, лис, лиј; (der Balg), лисчина; (ein Pferd), риђа; (auf dem Billard), свиња; (ein alter, schlauer — старн лис; den — mitbringen, красти руво; (ein Dukaten), дукат цекин; (ein neu angekommener Student auf Universitäten), нов ђак; —balg, m. лисчина; —bau, m. f. Fuchsloch; —eisen, n. гвожђа за лисице; —icht, adj. риђ, смрдећи на лисицу.
Fuchs-loch, n. —höhle, f. јама лисичја; —pelz, m. лисичина, ћурак са поставом од лиси-чине; —roth, adj. риђ; —schimmel, m. јагрз.
fuchsschwänzen, v. n. лисичити, улагивати се; —erei, f. улагивање, лисичење.
Fuchtel, f. палош, сабља; die — geben, пљоштимице, сабљом ударити; —n, v. a. пљоштимице ударати; sich mit einander herum —, чупати се.
Fuder, n. воз.
Fug, m. право, правица, разлог; власт до-

пуштење; nach Fug und Recht, по праву и правици.
Fuge, f. пукотина; (an der Daube), утора; (in der Musik), фуга.
Fügebank, f. ногари бачварски.
Fügehobel, m. f. Falzhobel.
fügen, v. a. спојити, склопити, сложити, саставити, прилубити, сљубити; (ordnen), уредити, наредити; die Pferde an den Wagen —, упрсћи, ухватити коње; sich — v. r. догодити се; (sich schicken), пристојати се; sich in sein Schicksal —, покорити се судбини; sich dem Gesetze —, подложити се закону; hinzu —, додати; wie es sich — wird, како буде.
Fügewort, n. f. Bindewort.
füglich, adj. пристојан, згодан, прикладан; — adv. лепо, лако, бар; заиста; —keit, f. пристојност.
fuglos, adj. незаконит, кривичан; —igkeit, f. незаконитост.
Fügung, f. спајање, склапање, слагање, састав; Gottes —, воља божја.
fühlbar, adj. осетљив, осетан.
fühlen, v. a. оћутети, чути, ћутети, осећати; (betasten), пипати, опипати.
Fühlhorn, n. рог (у пужа итд.).
Fuhre, f. кола, воз, подвоз, вожња.
führen, v. a. водити, проводити, водати; возити; настојати, управљати; Waaren —, трговати; bei sich —, собом носити; einen Namen —, имати име; den Degen —, борити се; die Feder —, писати; Reden —, говорити; Klagen —, тужити се; einen Prozeß —, парбити се; Krieg —, ратовати, војевати; das Wort —, говорити, први бити; einen guten Tisch —, хранити се добро; einem etwas zu Gemüthe —, опоменути кога; hinter das Licht —, преварити; —er, m. вођ, вођа, војвода, калауз.
Fuhr-faß, n. возионица; —geld, n. скеларина; —lohn, m. возарина, бродарина; —mann, m. кириџија, возар, возач; —mannsdegeschäft, n. кириџилук; —mannspeitsche, f. бијотка; —mannspferd, n. буин.
Führung, f. вођење, провођење; fig. управљање, настојање; die göttliche —, провиђење божје, промисао божји.
Fuhr-weg, f. Fahrweg; —wert, n. кола; тарнице; —wesen, n. комора; —wesenmannschaft, f. комордчије.
Fuhibier, n. пиво долвено.
Fülle, f. обилност, изобиловање, обилатост, обиље, изобиље, множство, множина; пуноћа; (Füllsel), надев.
füllen, v. a. напунити, испунити; засути; (mit Füllsel), падсти, падевати; gefüllte Blumen, китњасто цвеће.
füllen, v. n. ждребити се, ождребити се.
Füllen, n. ждребе, оме, шеше.
Füllenzahn, m. ждребчак.
Füll-horn, n. рог изобиља; —mund, томељ (зграде какове).
Füllsel, n. надев, долма.
Füllung, f. пуњење.
Füllwein, m. долевак.

Function, f. служба, службовање; —är, m. часник.
Fund, m. налазак, наход; fig. изналазак, проналазак.
Fundation, f. заклада, оснивање.
Fundgrube, f. мајдан, —ort, m. матица, мајдан.
Fundus instructus, m. потребина.
fünf, num. пет, петина, исторо, петорица; —e, f. —er, m. петак; (in der Karte), петица; (Note v. fünf Gulden), петица; —erlei, fach, —fältig, adj. петорогуб, петорострук; —fingerkraut, n. петопрстица, петопрстац; —hundert, num. пет стотина; —jährig, adj. од пет година; —mal, adv. пет пути; —monatlich, adj. од пет месеци; —prozentig, adj. по пет на сто; —tägig, adj. од пет дана; —tausend, num. пет хиљада, пет тисућа; —te, adj. пети; —ehalb, adj. четири и по; —el, n. петина; —ens, adv. пето.
fünfzehn, num. петнаест; —te, adj. петнаести; —tel, n. петнаестина, петнаести део.
fünfzig, num. педесет, педесеторо; —ste, adj. педесети.
Funke, Funken, m. Fünkchen, n. искра, варница, искрица.
funkeln, v. n. сјати, блистати се.
funkelneu, (funkelnagelneu), adj. нов новцат.
funken, v. n. бацати варнице.
funkig, adj. варничав.
für, praep. за, место, у, по, до.
für und für, adv. за увек. [за кога.
Fürbitt-e, f. молба; eine — einlegen, молити
Furche, f. разор, бразда; —n, v. a. браздити, орати; er furcht ein finsteres Gesicht, мргоди се.
Furcht, f. страх, трепет, бојазан, предање, побојавање.
furchtbar, adj. страшан, страховит; —keit, f. страховитост.
fürchten, v. a. бојати се, страшити се, плашити се, побојати се, зенсти, предати.
fürchterlich, adj. страшан, стравичан, страховит.
furchtlos, adj. неустрашен, небојша; —igkeit, f. неустрашност.
furchtsam, adj. страшљив, плашљив, бојажљив, бојазан, пудљив; —keit, f. страшљивост, плашљивост, бојажљивост.
Furie, f. фурија, јарост, бес, гњев.
Furierschütz, m. фуришица, послани, цукер.
fürlieb, adv. mit etwas — nehmen, задовољан чим бити.
Furnier, n. дашчица танка; —en, v. a. покрити дашчицом танком.
Fürsprache, f. Fürbitte.
Fürst, m. кнез, принцип; владатељ, владалац; —enthum, adj. принципински, кнежевски; —enthum, n. кнежевина, принциповина; —in, f. кнегиња; —lich, adj. принципов, кнежев; принципски, кнежевски.
Furt, f. брод, прелаз.
fürwahr, adv. заиста.
Fürwort, n. (Sprachlehre), заменица; f. Fürbitte.
Furunkel, m. чир, поткожњак.

9

Furz, m. прдац, прдеж.
Fusel, m. патока.
Fuselier, m. пешак, пошац; —en, v. a. стрељати, мушкетати.
Fuß, m. нога; стопала, стопало; (am Strumpfe), приглавак; hölzerner —, штула; zu —, пешице, пеше, пешке; auf dem —, устопице, устопнице, у устопнице; auf freiem —, у слободи; auf flüchtigem —, у бегству; (Maß) стопа; — eines Berges, подгорје; — einer Säule, подножје; — bad, n. парење ногу; —ballen, m. дебело месо испод пртњу на нози; —biege, f. прегибало; —blatt, n. табан; —boden, m. под, патос; —bote, m. сахија, књигоноша; —brett, n. доња страна од постеље; —eisen, n. путо, букагије.
fußen, v. n. стојати; auf etwas —, ослањати се на што, уздати се у што.
Fuß-fall, m. einen — thun, пасти ничице пред ким; —fällig, adj. клечећи, понизан; — adv. клечећки, смерно; —fessel, f. путо; —gänger, m. пешак, пешац; —gestell, n. подножје; —gicht, f. погоболи; —kloß, m. клечка; —knecht, m. пешак; —pfad, f. Fußsteig.
Füßling, m. приглавак.
Fuß-punkt, m. надир; —sad, m. обојак; —schemmel, m. —bank, f. подлога, подножје; —sohle, f. поплат, табан; —stapfen, m. стопа, траг; —steig, m. стаза, ногоступ, путања; —strich, m. стопа; —tritt, m. корак, стопа, траг; —tuch, n. обојак; —voll, n. нестадија, несиаци; —werk, n. обућа; —zehe, f. прст од ноге; die große —, палац од ноге.
Futter, n. (Unterfutter), потплата, подуплата, постава; (Viehfutter), крма, пића, надо, паша; flüssiges —, паноj, мекњ; (Futteral, Scheide), корице, пожница; zehn Meilen in einem — machen, с једним оброком десет миља превалити.
Futteral, n. корице.
Futter-bank, f. f. Häcksetbank; —geld, n. трошак за крму; —gras, n. паша; —hemb, n. кошуљица горња; —kasten, m. зобница; —klinge, f. нож за сечку; —leinwand, f. постава, платно за поставу.
füttern, v. a. (Kleider), потплатити, подуплатити, поставити; (das Vieh), хранити, крмити, нахранити, угојити, зобити, назобити; напитати; товити; залагати.
Futter-netz, n. кош; —sad, m. зобница; —schneider, m. сечкар; —schwinge, f. решето.
Fütterung, f. храњење, крмљење, зобљење; храна, крма; постављање; постава; (am Saumsattel), стеља.
Futterzeug, n. постава.

G.

Gabe, f. дар, принос, дарило, поклон; милостиња; дарак; (Naturgabe), способност, дар.
Gabel, f. виле; вилице; виљушка; —anker, m. сидро треће; скоба, скобла, споја; —deichsel, f. рукунице; —förmig, adj. рачваст; —holz, n. соха, рачве; —icht, f. gabelförmig; —pferd, n. таљигаш; wagen, m. таљиге.
gadern, v. a. коготати, раколити се.
gaffen, v. n. блејати, зјати; —er, m. зјало.
Gage, f. плата, плаћа.
gähnen, v. n. зевати, зевнути; —, n. зевање, зехавање, зех.
Gähnsucht, f. зехавица.
Gähr-e, f. квасац; —en, v. n. закухавати се, узбунити се; ускиснути; (vom Weine), врети; es gährt, нешто се куха; —ung, f. ускисавање; врење; —ungsmittel, n. квасац.
Galan, m. удварач.
galant, adj. учтив, услужан; die —e Welt, лепи свет.
Galanterie, f. галантерија, учтивост, угуђудност; —degen, m. шпада кратка; —waare, f. роба за китњу.
Galeere, f. галија.
Galgen, m. вешала; —dieb, m. обешењак; —frist, f. кратак рок, мало времена; —schelm, m. —strick, —vogel, f. Galgendieb.

Galimatias, n. бенетање, које нема ни главе ни репа.
Gallapfel, m. шишка, шишарица, шишарка, бабушка.
Galle, f. жуч; јед, срџба, љутина; die — läuft ihm über, јади се; (Fäulniß), трулост, гњилост; реп у звери.
gallen, v. a. стројити шишками; einen Fisch —, вадити жуч из рибе; — v. n. пишати (за звер).
Gall-sucht, f. жућаница, жутица, колера; —süchtig, adj. жутичав; (mürrisch), на крај срца.
Gallerie, f. галерија.
gallicht, adj. ожучен, горак.
Gallerte, f. дрхталице, питије, паче, хладетина.
Gallinsect, n. шишкарица.
Gallione, f. галиун, каљуп.
Galloschen, pl. f. каљаче, цокле.
Galmei, m. каламина (врста руде).
Galopp, m. скок; in — reiten, —iren, v. n. колачки јахати, трчати; —b, adv. узагрепце.
Gamaschen, pl. f. чарапе, доколенице.
Gang, m. ход; (Durchgang), пролаз; (Weg), пут; (in einem Hause), ходник; (im Bergbau), жица, жила; (von Speisen), донос; (beim Heumachen), препелица; (bei ben Schnittern),

постат; (in der Mühle), жрвањ, жрно; etwas in — bringen, увести што у обичај; die Sache nimmt einen ganz andern —, ствар се са сим преокренула; der erste — vom Mehl, прво брашно; einen — thun, пљн куд; einen — machen (im Fechten), павалити, наступити; —bar, adj. (v. Gelde), добар; —e Waare, роба од проће; ein —er Weg, пут утрвен.
gang und gebe, adv. обично, навално.
Gängel-band, n. водњака; —n, v. a. водити, учити ходити; —wagen, m. дубак, сталац.
Gans, f. гуска.
Gänschen, n. гушчица, гушче.
Gänse-augen, n. pl. f. Anführungszeichen; — blume, f. красуљак, овчица; —gekröse, —klein, n. ситниж од гуске; —hant, f. кожа набежена; einem die — anlaufen, јежити се; —hirt, m. гушчар; —loth, n. гушчевина; —rich, m. гусак; —stall, m. гушчак, кочак; —wein, m. (im Scherz), вода.
Gänslein, n. гушче.
Gant, f. s. Crida.
ganz, adj. вас, сав, васколик, читав, здрав, савколик, цео; (völlig), потпун; ein —er Mann, врстан човек; — adv. са свим, посве; — wohl, врло добро; — und gar nicht, никако, ннпошто; — und gar, чисто; — nahe, тик; — gewiß, зацело.
gänzlich, adv. аметимице, потпуно, потпуице, сасвим, посве.
Ganze, n. цело, све; im —en laufen, купити шуруре.
gar, adj. готов, свршен, направљен; (von Speisen), скухан, печен; —es Eisen, железо чисто; —es Leder, кожа устројена.
gar, adv. преко, веле, веома, посве; — nichts, баш ништа; so —, што више; vielleicht —, може бити и; — viel, много.
Garantie, f. сигурност, јемство, поручанство; —ren, v. a. дати сигурност, јемчити, бити коме порук.
Garaus, m. — machen, свршити, докончати; einem den — machen, упропастити, убити.
Garbe, f. сноп.
Gärbebank, f. калавер.
gärben, v. a. стројити, чинити; (prügeln), лупати, бити.
Garbenschichte, f. насад; —schober, m. крстина; кладња.
Gärber, m. кожар, табак; —ei, f. табакана; —grube, f. варница; —lufe, f. сенија; —lohe, f. строј.
Garde, f. гарда, гвардија, стража.
Gardine, f. Vorhang.
Gare, f. стројење, строј.
Gar-koch, m. крчмар, ашчија; —küche, f. крчма, прцварница.
Garn, n. пређа; (Netz), мрежа; —baum, m. вратило.
Garnele, f. Garnelenkrebs, m. рак без кљешта.
Garnhaspel, m. витао.
Garnison, f. посада.
Garnitur, f.ројте, ресе.
Garn-knaul, m. клупче; —winde, f. витао, мотовило.

garstig, adj. гадан, грдан, ружан; стидан, срамаи; —kеit, f. гнусоба.
Gärtchen, n. вртић, баштица.
Garten, m. врт, градина, пернвој, башта; —ammer, m. сврачак; —balsamine, f. леп човек; —bau, m. Gartenkunst, f. вртарство; —stvе, f. црница, земља црна; —gewächs, n. понрће; —knoterig, m. турчинја креста, polygonum orientale; - rittersporn, m. челебијин чрчин, delphinium Ajacis; —messer, n. косир.
Gärtner, m. вртар, баштован; —ei, f. вртарство; —in, f. вртарка, баштованка.
Gas, n. газ; плин.
gäschen, v. n. врети, кипети, понити се.
Gäscht, m. пена.
Gäßchen, n. улнчица, сокачић.
Gasse, f. улица, шор, сокак; —entlaufen, шибан бити.
Gassen-bube, —junge, m. колотер; —hure, f. лоћа; —laufen, n. трчање кроз шибе; —lied, n. —hauer, m. песма простачка.
Gast, m. гост, гошћа; geladener —, званик; ein schlauer —, лукав човек; ein grober —, грубијан; ungebetene Gäste setzt man unter den Tisch, непознату госту место за врати; —erei, f. —gebot, n. част, собет, гозба, гоштење; —freund, m. гост; —freundschaft, f. гостољубност, гостопримство; —frei, —freundlich, adj. дочекљив, гостољубан; —geber, f. Gastwirth; Gastmahl, n. —gebot, n.; —hett, n. ломаћни, гостоник; —hof, m. —haus, n. гостионица, крчма, страна.
gastiren, v. a. гостити, частити; гостовати; — v. n. гостити се; —mahl, f. Gasterei; —wirth, m. гостноник, конобар, кључар; гостионичар, крчмар; —wirthschaft, f. гостионица.
Gatte, m. муж, супруг, војно, друг.
gatten, v. a. избирати; sich —, v. r. парити се.
Gatter, n. решетка; —thor, n. вратинце; —werk, n. решетке.
Gattin, f. жена, супруга, љуба, друг.
Gattung, f. врста, сорта, род, струка, рука, сижа.
Gau, m. крајина, жупа.
Gauchsdieb, m. лупеж.
Gauche, f. вода смрдљива; гној, пиштавина.
Gauchhafer, m. власуља, avena sterilis.
Gauchheil, n. мишакиња, крика.
Gaukel-ei, f. —werk, —spiel, n. —possen, pl. f. опсена, глумство; —haft, adj. глумачки, смешан; —n, v. n. глумарити, опсенарити.
Gaukler, m. глумац; —isch, f. gaukelhaft.
Gaul, m. кљусе, коњ.
Gaumen, m. небо, непце, грло.
Gauner, m. лупеж, крадикеса; —ei, f. лупештво; —n, v. n. варати, красти.
Gantschbrett, n. даска (у папирници); —en, v. a. полагати листове (на даску).
Gazelle, f. газела.
Geächtete, m. прогнаник.
Geäder, n. жиле.
geartet, adj. ein gut —er Mensch, човек добар, учтив.
Gebäck, n. пециво, пећ (круха).
Gebackenes, n. колачи, пржено.

gebäht, adj. —es Brot, пржениџа.
Gebälk, n. греде, балвани.
geballt, adj. die —e Faust, песница.
gebär-en, v. a. руковати, —ung, f. руковање.
gebär-en, v. a. родити, рађати, породити; —,
n. рађање; —erin, f. родитељка, мати;
Gottes —, богородица; —mutter, f. бабица.
Gebäude, n. зграда, здање, бина, грађевина.
gebe, adv. gang u. gebe, обично.
Gebein, n. кости; fig. тело.
Gebelfer, Gebell, n. лавеж, лајање, кевкање.
geb-en, v. a. дати, подати, предати, издати;
ein Wort —, (im Uebersehen) превести, рећи; ein Geschenk —, даровати, поклонити;
Geld worauf —, капарисати; von sich —,
избљувати; Acht —, пазити; es kurz —, у
кратко рећи; auf jemandes Worte nichts —,
нехајати за речи чије; sich —, v. г. договорити се; (nachgeben) повући се, попустити;
(vergehen) проћи, минути; das wird sich schon
—, биће већ добро; es gibt Leute, има људи; was gibts? шта је? was gibt es Neues?
шта је ново? es gibt sich nicht, неда ми се;
—er, m. давалац, давач, даша, давало, податељ.
Geberde, f. лице, кретање, покрет; —n, sich
v. г. држати се, градити се.
Gebet, n. молитва, богомоља; —buch, n. молитвеник.
Gebett, n. постеља.
Gebettel, n. богорађање, просјачење.
Gebiet, n. област, атар, котар, крајина, подручје; поље.
gebiet-en, v. a. заповедати, владати; —er, m.
господар; —erin, f. госпођа; —erisch, adj.
заповедан.
Gebinde, n. пасмо; обручи.
Gebirg-e, n. гора, планина; —er, m. горјаник, горанин, брђанин, планинац; —ig, adj.
горовит, брдовит; —isch, adj. горски, брдни.
Gebiß, n. (von Pferden) жвале; (Zähne), зуби.
Geblase, n. дување.
Gebläse, n. мешина.
Geblöke, n. блека, блејање.
geblümt, adj. цветан, шарен.
Geblüt, n. крв; (Blutsverwandschaft), род, родбина, крв.
gebogen, adj. крив.
geboren werden, v. n. родити се.
geborgen, adj. сакривен; fig. сигуран, спасен.
Gebot, n. заповед, заповест; die zehn —e Gottes, десет заповеди божјих; (— beim Handel), понуда.
Gebräme, n. первaз.
Gebratenes, n. печење.
Gebrauch, m. навада, обичај, наука, требовање, потреба, употребљавање, пораба;
—machen, служити се чим; —en, г. а.
употребити, употребљавати, служити се.
gebräuchlich, adj. навадан, обичан.
Gebräude, n. увapak.
Gebrause, n. шум.
Gebrechen, n. мана, недостатак, порок; das
schwere —, падавица, велика болест; —,
v. i. мањкати, нестати, неимати, недостајати.

gebrechlich, adj. нејак, немоћав, болан; слаб;
—keit, f. немоћ, слабост.
gebrochen, adj. ломан; —sprechen, натуцати,
несклапно говорити.
Gebrüder, pl. браћа, братенци.
Gebrüll, n. рика, бука.
Gebrumme, n. мрмљање, гуњање.
Gebühr, f. дужност, држанство, пристојност;
(Zahlung), плата, пристојбина; über die —,
преко мере; die —en, pl. таксе; —en, v. n.
(einem), пристојати; es gebührt sich, пристоји се; —enanfal, m. уцена пристојбина;
—end, —lich, adj. пристојан, дужан.
Gebund, n. завезак, завежљај, смотак.
Geburt, f. пород, парођење, рођење; (Geschlecht), род, племе; колено, похоћење;
(die Frucht selbst), плод, пород; von —, родом.
gebürtig, adj. рођен, родом.
Geburts-adel, m. племство наследно, племство
по крви; -brief, m. писмо крштено; —helferin, —in, f. примаља; —hilfe, f. бабљење,
примачество; —ort, m. завичај, постојбина;
—schmerzen, pl. —wehen, pl. преноси.
Gebüsch, n. грм, шикара, грмен, бус, бусен,
омећак, мећа, огумак.
Geck, m. гизделин, кицошан, лудак; ein alter
—, матора луда; —enhaft, adj. кицошански.
gedacht, adj. горечен, споменут, речен, хваљен.
Gedächtniß, n. ум, памет, памћење, спомен,
успомена; —münze, f. медаља.
Gedanken, Gedanke, m. мисао, помишљај, помишљење, помисао, мишљење; —losigkeit, f.
безбрижност, немарност; —strich, m. пауза,
потез.
Gedärm, n. црева, дроб, утроба.
Gedeck, n. заклопац; (Couvert), тањир, место
при ручку.
gedeih-en, v. n. расти, дебљати, гојити се,
пријати, решити, крешити, пробивати, родити, предавати се; њн за руком; цветати, успевати; die Sache ist dahin gediehen,
дошло је до тога; — machen, v. a. спорити, наспорити; — n. срећа, напредак, успех, корист, берићет; —lich, adj. користан,
напредан бериħетан.
gedenken, v. a. мислити, смерати; памтити,
сећати се, споменути се, опоменути се, поменути, паметовати, усетити се, запамтити; einem etwas —, осветити се коме; —,
n. спомен.
Gedenkmann, m. паметар, памтило.
Gedicht, n. песма, песан; басна.
gediegen, adj. (Gold), чист, сух; —e Arbeit, ваљан посао; er gab ihm eine —e Antwort,
баш му је ваљано одговорио; —e Weisheit, права врела мудрост.
Gedinge, n. уговор, погодба; —arbeit, f. најмљена радња.
Gedonner, n. грмљавина.
gedoppelt, adj. двострук, двогуб.
Gedränge, n. тиска, навала, налога, сабој,
врвљење, журба.
gedrängt, adj. —voll, пун пунцат.
gedritt, adj. тројан.
Geduld, f. трпљивост, трпљење; —en sich, v.

г. устрпети се, протрпети се; —ig, adj. стрпљив.
gebunfen, adj. подбуо.
geeignet, adj. прикладан, сходан, згодан, способан. [ша.
Geeft, f. Geeftland, n. земља нескoвита, песку-
Gefahr, f. опасност, погибао, погибија, језновост; es ist Gefahr im Verzug, одлагање је опасно.
Gefähr·de, f. (Gefahr), опасност; (Arglift), превара; —den, v. a. у опасност доводити, метати; —det fein, бити у опасности; —lich, adj. опасан, језнв.
Gefährt·e, m. друг, другар; —in, f. друга, другарица.
Gefälle, n. падање воде.
Gefälle, pl. доходци; намет, пореза.
gefallen, v. a. допасти се, свидети се, допадати се, смилити се, омилти; sich etwas — laffen, трпети, хтети што; sich alles laffen, свачим задовољан бити.
Gefollen, m. угодност, допадање, беглисање, милост; thun Sie mir den, учините ми љубав; nach — reden, говорити по вољи; an etwas — haben, бегенисати.
gefällig, adj. пријатан, угодан; (dienstfertig), услужан, угодан, искообразан, љубазан; —keit, f. љубав, доброта, усрђе, услужност.
Gefälls-, (in Juf.), што се доходака тиче; —amt, n. —wesen, n. доходарство.
gefangen, adj. затворен, засужњен, заробљен; — nehmen, заробити, затворити; — sitzen, тамновати; —auffeher, m. тамничар; —haus, n. апсана, затвор; —meister, m. тамничар; —er, m. тамничар, сужањ, роб; —schaft, f. тамница, сужањство, ропство; —wärter, m. тамничар.
gefänglich, adj. — einziehen, ухапсити, затворити; — e Haft, тамница, затвор.
Gefängniß, n. тамница, апс, затвор; апсана; —(in Juf.), тамнички; —leben, n. живот у затвору.
Gefäß, n. суд, спремица.
gefaßt, adj. (von Steinen), окован; (bereit), приправан, готов; sich — machen, спремити се.
Gefecht, n. бој, битка.
Gefieder, n. перје; —t, adj. пернат.
Gefilde, n. пољана, поље.
geflammt, adj. пламенаст.
Geflatter, n. леprшање, лепетање.
Geflecht, n. плетер; (Flechte), лишај.
gefleckt, adj. пегав, бобичаст.
Geflid, n. крпеж.
gefliffen, f. f. befliffen ic.; —tlich, adj. павлашни, парочити; — adv. хотице, намерно, хотимице, навлаш.
Gefluche, n. псовање, псовка.
Geflügel, n. пилад, живад, живина; птице; —t, adj. крилат.
Geflüfter, n. шапат, шапутање.
Gefolge, n. пратња, пратноци.
Gefrage, n. испитивање, запиткивање.
gefranjet, adj. с ројтама, па ројте.
Gefräß, n. храна, паша, крма; гублца; —ig, adj. алав, пождрљив, прождрљив, несит; —igkeit, f. прождрљивост.

Gefreiter, m. водник.
gefrier·en, v. n. мрзнути, смрзнути се; —machen, смрзнути, следити; —punkt, ступањ леден.
Gefrornes, n. сладолед, сладки лед, смрзалак.
Gefüge, n. зглоб; fig. удес, судбина.
gefüge, gefügig, adj. гибак, послушан.
Gefühl, n. чуство, осећање, ћућење, ћут; —los, adj. тврд, дрвен, бездушан, бесћутан, немилосрдан; —losigkeit, f. бесћутност, немилосрдност; —voll, adj. мек, болећ.
gefüllt, adj. пун, напуњен, надевен.
gegen, prp. против, супрот, супроћ, пут, до, према, прама, на, под, к, ка; — Abend, под ноћ, на запад, од запада; — fechs Uhr, око шест часова; seinen Wohlthäter, према свом добротничитељу; Drei — einen, три на једнога; — den Wind, уз ветар; eine Sache — eine andere, једно за друго; — Entgelt, за плату; — Jemands Willen, упркос коме; er ist — ihn nichts, он није према њему ништа.
Gegen·anstalt, f. (gegen den Feind) одбрана; (gegen ein Uebel), помоћ; — anstalten, machen, опрети се; — antwort, f. одговор на одговор; —batterie, f. батерија противна; —bedingung, f. погодба замешита; —beleidigung, f. увреда позајмична; —bescheinigung, f. замењита приљка; —besuch, m. враћање посете; —beweis, m. доказ противни; —bild, n. пример.
Gegend, f. страна, крај, околица, предео.
Gegen·druck, m. отпор; —einander, adv. једно према другом, утакмице; заменито; (gegenüber), напротив; —einanderhalten, приспоредбити, сравнити; —falls, adv. усупрот; —flüßler, m. протуног; —geschenk, n. уздарје; —gift, n. утук, сутук; —grund, m. разлог противни; —gruß, m. одздрав; —liebe, f. љубав узајамна; —macht, f. моћ, сила супротивна; —mauer, f. баба, зид потпорни; —mittel, n. утук, устук; помоћ, лек; —papst, m. лажни папа; —part, m. противник; —partei, f. страна противна; —rechnung, f. рачун друге стране; —rede, f. одговор, приговор; —satz, m. опрека; —schein, m. одбој (светлости); приљка; —schrift, f. отпис; —schuld, f. узајамички дуг; —seite, f. страна потписна; (die verkehrte Seite), наличје; —seitig, adj. позајмички, узајамички; —seitig, adv. позајмице, узајамце, узајамно; —seitigkeit, f. узајамност; —siegel, m. протупечат; —sperre, f. сукључ; —stand, m. предмет, ствар; (Widerstand), упорност; —stellung, f. суочење.
Gegen·stoß, m. отпор; —strich, m. (in Zeugen), наличје; —stüd, n. прилика; —stütze, f. потпора; —theil, n. противно; im —, a, напротив; —, m. противник, странка противна; —über, prp. према, прама; напротив, спрохы; — von sich hin, напрема се; —überstellen, суочити; —vermächtniß, n. узајамно остављање у тестаменту; дар жениђбени; —verschreibung, f. обвезање узајамно.
Gegen·wart, f. садашност, време садашње; присутност, наочност; —wärtig, adj. са-

лашњи, данашњи; присутан, назочан; adv. сада, данас.

Gegen wehr, f. противљење, отпор, обрана; —wind, m. противан ветар; —zeichnung, f. прематоцање.

Gegner, m. противник; - ин, f. противница.

gegründet, part. adj. темељит. основан.

gehabt, sich, v. r. gehabt euch wohl, збогом, прашатајте.

Gehäge, н. плот, ограда, брањевина; einem in das — gehen, мешати се у туђе послове.

Gehalt, m. простор, место; (das Enthaltene), садржај; (die Besoldung), плата; (Werth), вредност унутарња, језгра; Worte ohne —, речи празне.

gehalten, adj. држан; обвезан, дужан.

Gehänge, н. венци, кита; (Hängeohren), ушинасје; (Abhang), низбрдица, стрмина; (Ein geweide), дроб, црева.

geharnischt, adj. под оклопом, жесток.

gehässig, adj. мрзак, накостан, непријатан; —machen, омразити; —keit, f. непријатност; мрзост, омраза, пакост.

Gehau, m. засека.

Gehäuse, н. кутија, корице, љуска; (bei Kanonen), табла.

Geheck, н. гњездо, легло.

Gehege, f. Gehäge.

geheiligt, part. adj. посвећен, освећен.

geheim, ad. тајан, потајан, сакривен; in —, у потаји, тајно, гајом, крадом; испод руке; —halten, тајити, скривати; —haltung, f. тајење, затаја, скривање; —niß, н. тајна, тајност; —nißvoll, adj. тајан, тајанствен; —schreiber, m. тајник.

Geheiß, н. заповест.

gehen, v. n. ићи, ходити, поћи, полазити, грести, лазити, поступати, одлазити; aus einem Ort —, изићи, отићи; in einen Ort —, ући: durch einen Ort, проћи; einen Schritt — коракнути; an etwas —, подухватити се; einem an die Hand —, бити коме на руку; lassen Sie mich —, оканите ме се: zu Ende —, догарајати; verloren —; изгубити се; zu Herzen —, дирати у срце; der Teig fängt an zu —, диже се тесто; das geht nicht, то неможе бити; meine Uhr geht zu geschwind, сат ми иде напред; das Zimmer geht auf die Gasse, соба гледа на улицу; in sich —, успоштовати се; es geht ein starker Wind, јак вегар душе; wie gehts? како је? es geht mir wohl, добро ми је; es geht dem einen wie dem andern, једноме је као и другоме; es geht ein Gerücht, говори се; es geht in die dritte Woche, ово је трећа недеља; es geht an das Leben, ту се о глави ради; diese Flinte geht hundert Schritte, ова пушка носи па сто корака; sich milde —, уклапати се; zu Grunde —, пропасти; geh! bei! gehen wir! хајде! es geht an, може поднети; es geht nicht, небива; es geht nicht von Statten, неда се.

Gehen, н. хо, хоћа, ходање.

Gehenk, н. на — од сабље: поврез.

gehenkelt, adj. с ручицом, с дршком.

Gehenkter, m. обешењак.

geheuer, adj. здрав; пробитачан; es ist nicht —, није чист посао.

Geheul, н. урлицкање, вијање.

Gehirn, н. мозак.

Gehöfte, н. двор, авлија, дворишта.

Gehölz, н. шума, луг; шикара, ситногорица.

Gehör, н. слух; слушање, послух, послушање, услишање; er hat kein —, неује; einem — geben, послушати кога: — finden, услишан бити.

gehorchen, v. n. послушати, слушати.

gehören, v. n. патрити, належати, спадати, приличати, требати, хтети се; das gehört nicht in mein Fach, то није мој посао; mehr als sich gehört, више нег што треба; es gehört Zeit дази, томе се хоће времена; solche Speisen — furs Vieh, таква су јела за марку.

gehörig, adj. старешински, људски, помећашки; пристојан, дужан; zur —en Stunde, на време, у хору; alles — würdigen, ценити све као што треба.

gehörlos, adj. глух; —igkeit, f. глухост, глухоћа.

Gehörn, н. рогови; —, adj. рогат.

gehorsam, adj. покоран, понизан, послушан; — m. послух, послушање, послушност, покорност; понизност; —en, v. n. слушати, послушан бити, послушати.

Gehren, н. копље, стрела; клип.

Gehülfe, m. помагач, помоћник; —in, f. помоћница.

Gehwerk, н. колеса (од уре итд.).

Gejauchze, н. кликање, весеље.

Geier, m. јастреб; —falfe, m. соко.

Geifer, m. љувачка, пена; јед, пизма; —icht, —ig, adj. слинав, балав; јодит; —n, v. n. слинити, балити, гдити.

Geige, f. гусле, сцеле.

geigen, v. n. гуслати, гудети; —bogen, m. гудало; —hals, m. држак, ручица од гусала; —macher, m. гуслар; —steg, -fattel, m. кобилица, коњиц.

Geiger, m. гуслар, гудач.

geil, adj. бујан, путен, похотан, блудан; —e Speise, отужно јело; (vom Boden), масна земља: —tiefen, ударати на прчевину.

Geilheit, f. бујност, похотљивост, путеност, блуд, блудност; (von Speisen), огужност.

Geisel, m. талац.

Geiß, f. коза; —blatt, н. козја крв, орлови нокти; —bock, m. јарац; —bohne, f. брабоњак, прпа.

Geißel, f. бич; —n, v. n. бичевати; —ung, f. бичевање.

Geiß-haar, н. кострет; —hirt, m. козар; —ttee, m. зановет; —fuß, m. пралина; —ffof, m. топ козји.

Geist, m. дух.

Geister lehre, f. духословље, пневматологија; —seher, m. видовњак, видовит; —stunde, f. поноћ.

Geistes- (in Zuf.) душевни; —gabe, f. дар; —gegenwart, f. присутност духа; —krant, adj. полудео, луд; —krankheit, f. лудост; —schwäche, f. слабоумље.

geistig, adj. душеван, духован, истелесан.
geistlich, adj. духовни, црковни, крвесни, духовнички, свештенички; —er, m. духовник, редовник, свећеник, поп; —keit, f. духовници, редовници, свештенство.
geistlos, adj. без духа, без разума.
geistreich, adj. уман, разуман, оштроуман; (vom Wein), јак.
Geiz, m. тврђа, тврдоћа; заморак, скупост; —en, v. n. тврдовати; —hals, m. скунац, тврдица; —ig, adj. скуп, тврд.
Gekämpfe, n. бој, рат, борба.
Gekeife, n. карање, грдња.
Gekitzel, n. шкакљање, голицање.
Gekläffe, n. лајање, кевкање.
Geklagter, m. туженик, тужени.
Geklapper, n. клепет, клисетање.
Geklatsche, n. пљесак, пљескање; (das Geschwätz), блебетање, брбљање.
Geklimper, n. звекет, цилик.
Geklingel, n. звека; звекет, звекстање.
Geklirre, n. звекет, звека.
Geklopfe, n. лупа, лупање.
Geknaster, Geknister, n. праска, праскање.
Geknirsche, n. шкрипа, шкрипање, шкргут.
Gekrache, n. пуцан, праска, пуцњава, пук.
Gekrächze, n. грија, гака.
Gekräz, n. опиљци, струготине.
Gekreische, n. дрека, дречање, цврчање.
Gekritzel, n. гребање, шарабатање.
Gekröse, n. марамица, опорњак.
gekünstelt, adj. извијан, усиљен, неприродан.
Gelache, Gelächel, n. смех, смешење.
Gelächter, n. грохот, смех.
Gelag, n. част, гозба, собет; ins — hinein, као слеп.
gelähmt, adj. узет.
Gelahrtheit, f. Gelehrsamkeit.
Geländer, n. парапет, ограда, наслон, филарете.
gelangen, v. n. доспети, дотећи, домаћи, доћи, стићи.
Gelärm, n. бука, вика, хука бука.
Gelaß, m. простор.
gelassen, adj. миран, тих, спокојан, трпљив; — adv. помало, лагано, полако; nit —, само лагано; —heit, f. тихоћа, трпљивост, мирноћа.
Gelaufe, n. трчање, трка.
geläufig, adj. лак, вешт, окретан, брз, хитар; eine —e Hand, лака рука; —keit, f. лакоћа, вештина, окретност, хитрост.
Geläut, n. звоњење; (die Glocken selbst), звона.
gelb, adj. жут; —aussehen, жутети се; —, n. жутина, жутило; — im Ei, жуманце; —еn, v. a. ожутити, пожутити; — v. n. жутети, пожутети; —gießer, m. медолизац; —holz, n. pyj, rhus cotinus; —topf, m. жуна; —traut, n. катанац, lutoola; —sich, adj. жућкаст, жућкараст, рујан; —ling, m. жутовољка, emboriza citrinella; —reif, adj. дресhnabel, m. зелен; —жутокљунац; —süchtig, adj. жутњав, жутугав, златеничав; —wurz, f. жутњак.
Geld, n. новац, новци, пенези, динари, аспре, благо; (in Zus.), новчани; zu — kommen,

онончити се; —abgabe, f. данак у новцу; —beutel, m. кеса новчана; —buße f. глоба; —curs, m. течај новчани; —esmerth, adj. вредан новаца; —gierig, adj. лаком на новце; —kasten, —schrank, m. —tiste, f. шкрвња за новце; —katze, f. кемер; —klemme, f. —mangel, m. реткост новца, оскудица; —mäkler, m. каматник; —reich, adj. новчан; —splitternd, adj. разметљив; —schuld, f. дуг; —strafe, f. Geldbuße; —stück, n. новац; —wechsler, f. Wechsler; —wesen, n. новчарство.
gelegen, adj. положен, постављен, ложен; (bequem, passend), згодан; es ist mir nichts daran —, немарим за то; was ist Jhnen daran —, што је нама до тога? er kam mir —, дошао ми је на згоду; — adj. згодно, на време, таман.
Gelegenheit, f. прилика, згода, пригода; alle Gelegenheiten eines Hauses кенси, знати све куте по кући; bei der —, из загора; —gedicht, n. пригодна песна.
gelegentlich, adj. згодан, пригодан; adv. пригодом; згодом, приликом.
gelehrig, adj. учљив, послушан; —keit, f. учљивост, послушност.
Gelehrsamkeit, f. наука, ученост.
gelehrt, adj. учен, научен, учеван, књижеван; —er, m. учени, паучењак, књижевник.
Geleise, n. вагаш, коловоз; трап.
Geleit, Geleite, n. пратња, провод, испратња, стража; sicheres —, пролаз слободан; —en, v. a. пратити, проводити; —er, m. f. Geleitsmann.
Geleits-brief, m. проводница; —mann, m. пратилац; —zeichen, n. —zettel, m. цедуља од плаћене царине на друму.
Gelent, n. чланак, прегибало, зглавак, колено; карика (од веритa).
gelent, —sam, adj. гибак; fig. учљив; —igkeit, f. гипкост, окретност; fig. учљивост.
gelfern, v. n. дречати, дерати се.
Gesichter, n. врст, багра; sie sind gleichen —s, у једну тикву пишу.
gelieben, v. n. изволети, видети се, свидети се.
geliebt, adj. љубљени, љубимни, љубазни.
Geliebte, f. драга, љубазница, милосница; —er, m. драги, љубазник, милосник.
gelind e, adj. мек, благ; —er Winter, мека зима; —igkeit, f. мекост, благост.
gelingen, v. n. прикладовати, пћи за руком.
Gelispel, n. жамор, жубор, шапат, шапутање.
gellen, v. n. орити се, разлегати се, звонити, јечати.
geloben, v. a. обећати, затећи се, зарећи се, заверити се.
gelobt, adj. хваљен; —fei Jesus! хваљен Исус! gelt, i. je лu?
gelt, adj. јалов.
Gelte, f. каблица, крављача, музлица.
gelten, v. n. јаловити, ујаловити; (werth sein), валати, вредити, вредан бати; was gilt die Wette, о што да се окладимо; es gilt das Leben, ту се ради о глави; das gilt nicht, ненит; mir gilt das gleich viel, то је мени све једно; geltend machen (ein Recht), дока-

Geltung — 136 — Genoß

зати (право); (einen Grund) доподити (разлог); (cursiren), пролазити.
Geltung, f. ваљаност, вредност.
Gelübde, n. завет; ein — thun, заветовати се, зарећи се.
Gelüft, Gelüfte, n. похота, пожуда, воља; — en, v. n. проктети се, пожелети.
gelzen v. a. ушкопити, уштројити.
Gemach, n. комора, соба, одаја; das heimliche —, заход.
gemach, adv. помало, лагано, тихо.
Gemach, n. посао, работа.
gemächlich, adj доколан, удобан, леп, — adv. на тенану, на теларућу, по мало, лагано; —keit, f. удобност.
Gemächt, n. дело, посао.
Gemahl, m. муж, војно, друг, супруг; —in, f. жена, супруга, љуба, друг.
Gemälde, n. прилика. слика, икона.
gemahnen, v. a. опоменути, споменути; es gemahnet mich, чини ми се; рекао бих.
Gemansche, n. смеса.
Gemarkung, f. међе, границе.
Gemäß, n. мера.
gemäß, adj. сходан; — adv. по; —heit, f. сходност; in —, по.
gemäßigt, adj. умерен.
Gemäuer, n. зид, зидине.
gemein, adj. општински, општи, општи, заједнички; (alltäglich), прост, свагдањи; (nied rig), потиштен, пепалао; das —e Beste, добро опће.
Gemeinde, Gemeine, f. општина, опћина; (in Zus.) опћински; —ältester, m. кмет, начелник општински; —bürger, m. општинар; —frohne, f. сеоштина; —glied, n. опћинар; —haus, n. већница; —üblich, adj. обично, уобичајено у општини; weise, adv. по опћинама; —wesen, n. општинство.
Gemeiner, m. (gemeiner Soldat), редов.
Gemeine Wesen, n. опћинство, послови опћински.
Gemein-geist, m. заједнички дух, —gläubiger, m. стечајни зеровник; —heit, f. опћинство, простота.
Gemeingut, n. заједница.
gemeiniglich, adv. обично, у опће.
gemeinnützig, adj. опћекористан; — adv. опћекорисно; —keit, f. корист опћа.
Gemein-ochs, m. бик општински; —platz, m. место заједничко; (im Stil), свакодањи пэраз; —sam, adj. заједнички; —schaft, f. заједна, заједница, задруга; —schaftlich, adj. задружни, заједнички; — adv. скупа, заједно; —tag, m. тежатник; —wesen, n. опћинство.
Gemenge, Gemengsel, n. смеса, сумеса, мешавина.
Gemesse, n. мерење.
gemessen, adj. нарочит, одређен, јасан, строг.
Gemetzel, n. окрш, окршај, крвешво, огрлње, покољ.
Gemisch, f. Gemenge.
gemischt, adj. мешовит, различан.
Gemsbock, m јарац дивљи.
Gemse, f. дивокоза.

Gemsen ballen, m —kugel, f. зрно у желудцу дивокозе.
Gemüll, n. развалина.
Gemurmel, n. жамор, гунђање, жубор.
Gemurre, n. жамор, гунђање, мрмљање.
Gemüse, n. вариво, поврће, поврћина; wildes —, зеље, atriplex viridis.
gemüßigt, adj. приморан, присиљен.
Gemüth, n. ћуд, срце, нарав, душа, дух; — lich, adj. благ, срдачан; — adv. благо, срдачно, од срца.
Gemüths art, f. —beschaffenheit, f. ћуд, нарав; —bewegung, f. душевни немир; —gebrechen, n. душевна мана; —krankheit, f. болест духа; —ruhe, f. мир, покој душе; —verfassung, f. —zustand m стање душевно.
gen, prp. према, према, к, на.
genannt, adj. назван, речен, напоменут, именован.
genäschig, f. näschig.
genau adj. тачан, тачан, пажљив; узак; (von Waarenpreisen), последњи; (geizig), тврд, скуп, штедљив; — adv. точно, тачно, штедљиво; —igkeit, f. тачност, точност, штедљивост.
Genealogie, f. родословље.
genehm, adj. повољан; —halten, f. genehmigen; —haltung, —igung, f. привољење, потврђење, одобрење, дозвољење; —igen, v. a. приволети, дозволети, потврдити.
geneigt, adj. склоњен, наклоњен, нагнут; bald wäre ich — zu glauben, скоро да помислим; —machen, умилостивити; —werben, умилостивити се; —heit, f. наклоност, доброхотност.
General, m. ђенерал, ђенерао; (in Zus.) главни, општи; —baß, m. бас основни; —commando, n. главно заповедништво; —feldmarschall, m. војвода врховни; —feldzeugmeister, m. ђенерал топништва; —gewaltiger, m. главни судац у војсци; —in, f. ђенералица; —ität, f. ђенерали; —karte, f. опћа мапа; —marsch, m. марш општи; —pardon, m. опроштење опће; —procurator, m. велики државни одветник; —stab, f. ђенерални штоп, главни штоп; —versammlung, f. главна скупштина; —würde, f. ђенералство.
Generation, f. нараштај, колено.
genesen, v. n. оздравити, остати од болести; здравити, преболети; eines Kindes —, родити, породити; —ung, f. оздрављење, пребол.
Genick, n. затиљак, потиљак, —fänger, m. нож ловачки; —höhle, f. бабина рупа.
Genie, n. ум, разум, веледум; —corps, n. збор војничкога мерништва; —wesen, n. војничичко мерство, мерништво.
genieß-bar, adj. за јело; —en, v. a. ужити, уживати, радовати, наслаживати се; (essen), јести, благовати.
geniren, sich, v. r. устручавати се, улибати се, застидети се.
Geniste, f. Genster, m. жука, жуква, брнистра.
Genitiv, m. ђенитив, други падеж.
Genius, f. Schutzgeist.
Genoß, m. друг, другар, удеоник; —, enschaft-

f. дружба, дружина, друштво; —enschafts= gericht, n. суд истога сталиша.

Gensd'arm, m. четник, жандар.

genug, adv. довољно, доста; —thun, задовољити, удовољити.

Genüg-e, f. довољност, задовољство; zur —, доста, задоста; — thun, leisten, задовољити, намирити; —en, v. n. доста бити, дотећи, достати; sich — lassen, задовољан бити.

genüglich, genugsam, adj. довољан; — adv. довољно, доста.

genugsam, adj. задовољан, трезан, умерен.

Genugsamkeit, f. довољност.

Genügsamkeit, f. задовољност, умереност.

genugthu-n, v. n. задовољити, намирити; —ung, f. задовољење, удовољење.

Genuß, m. ужитак, уживање, наслада, сласт, радост; примање; Genüsse und Bezüge, ужитци и дохотци.

Geograph, m. f. Erdbeschreiber.

Geomet-er, m. земломер; —rie, f. земломерство.

Gepäck, n. пртљага, пртљаг.

Gepfeife, m. звиждук, звизга.

Gepflogenheit, f. обичај.

Geplapper, Geplauder, n. брбљање, наклапање, беветање.

Geplärr, n. плач, дрека.

Gepolter, n. лупа, стропот, тандрк, гомилање.

Gepräge, n. белег, знамење, жиг, знак; (auf Münzen), ков.

Gepränge, n. слава, свечаност.

Geprassel, n. праска, праскање.

Gequake, n. крекет, крекетање.

gerade, adj. раван, једнак, прав, преки; (aufrichtig), искрен, поштен; adv. равно, једнако; право, управ, баш, правце, управо, управце, управичке, год, таман, кастиле, лицем; —so, исто, јавн; —richten, исправити; —streichen, разати; —t Weg, пречак; ganz —, прав прамцат; —Zahl, тако; —aus, на правац; —en Fußes, —en Weges, право, управо.

Gerade, f. добра женидбена, рухо.

gerade zu, f. gerade.

Geradheit, f. једнакост, правост; fig истинитост, искреност.

geradsinnig, adj. прав.

Gerase, n. бес, бесноћа, бесниле.

Gerassel, n. стропот, треска.

Geräth, n. оправа, оруђе, повуђиште, суђе, посуђе, справа.

gerathen, v. n. доспети, доћи; запасти, пасти (gelingen), поћи за руком; an einen —, натрапати, нагазити; an einander —, доћи до шака; in Zorn —, разјарити се; in Flammen —, планути, запалити се; heuer ist alles gut gerathen, родна је година.

Gerathewohl, n. aufs —, на срећу, на сумце.

Geräth-kammer, f. страћ; —schaft, f. f. Geräth.

Gerause, n. хрвање.

geraum, adj. простран; —e Zeit, f. дуго времена.

geräumig, adj. простран; —keit, f. пространост.

Geräusch, n. бука, тарлабука, треска, гломот.

gerben, f. gärben.

gerecht, adj. прав, праведан, правичан; —er, m. правац, праведник; —igkeit, f. правда, правица, праведност, правичност; право, слобоштина; —same, f. право, слобоштина, правица.

Gerede, n. говор, глас, брбљање.

gereichen, v. n. служити, бити; —zum Schaden, бити на штету.

Gereiß, n. дрпање, дрмусање, јагма, палога.

gereuen, v. n. кајати се, жалити; es gereut mich, кајем се, жао ми је.

Gergel, f. утора.

Gergelkamm, m. уторљак, тарац.

gergeln, v. a. уторити.

Gerhab, m. (Vormund), старатељ.

Gericht, n. јело, част; —, n. суд; das jüngste —, страшни суд, страшна ура.

gerichtlich, adj. судни, судски, судбени; — adv. судбено.

Gerichts- (in Zus.) судни, судски, судбени; —barkeit, f. подручје суда; —diener, m. уставник, пандур; —halter, m. судац, судија; —handel, m. процес, правда, парница; —handen, zu —erlegen, суду, у руке судије предати што; —hans, n. судница; —hof, m. судиште, суд; —losigkeit, f. бесуђе; —ordnung, f. судски поступак; —ort, m. судилиште; —person, f. судија, судац; —pflege, f. правосуђе; —saal, m. судница; —sprengel, m. сутција, судско подручје; —stand, m. надлежни суд; —statt, —stätte, f. стелле, f. суд; —stillstand, m. судостаја; —stube, f. судница; —tag, m. судни дан; —üblich, adv. по судном обичају; —unterthan, —saß, m. подручник; —verwalter, —vogt, m. судац, судија; —wesen, n. судство, судија; —zwang, m. подручје, власт судбена.

geringe, gering, adj. мален, незнатан, поредан, мале цене; — adv. мало; um —n Preiß, јевтино; eine — Sache, маленкост; —schätzen, презирати, ни пода шта узимати.

geringfügig, adj. мален, маловажан, незнатан; —keit, f. ситница, маленкост.

geringhaltig, adj. мале вредности, лак; —keit, f. маловредност.

geringschätz ig, adj. мале цене; —igkeit, f. маловредност, невредност; —ung, f. неуважавање, презирање, зазор.

geringste, adj. nicht im —n, ни мало, никако, ништо.

Gerinne, n. јарак, јаз, олук.

gerinnen, v. n. згуснути се, грушати се, прогрушати се, проварити се, усприти се, стиснути се.

Gerippe, n. скелет, самокост, костур.

gern, adv. радо, драге воље, драговољно; — haben, sehen, љубити, миловати.

Gerbrig, Gerbhr, n. треска, рит.

Gerste, f. јечам; geroллte —, опах.

gersten, adj. јечмен; —ader, m. —feld, n. јечмиште; —brod, n. јечменица; —graupen, pl. —grütze, f. арпакаша, јечмена каша; —korn, n. зрно јечма; (am Auge), јачмен, јечмичак, јачмичак; —saft, m. пиво.

Gerte, f. Gerichen, прут, прутић, шиба.

Geruch, m. (der Sinn), обоњање, воњање, нос,

Gerücht — 138 — **geschwind**

(ein —), воњ, поња, мирис, задух, задах, топь, ава; übler —, задах, задаха; fauler —, пашење; —los, adj. без мириса.

Gerücht, u. глас; das — hat sich verbreitet, пукао је глас; es geht ein —, говори се, вели се.

gerüchen, v. n. достојати, благоизволети, благоволети.

geruhig, s. ruhig.

Gerülle, Gerümpel, n. старež.

Gerumpel, n. лупа, тарлабука.

Gerüst, n. одар, скеле, козе.

Gerüttel, n. дрмање, дрмцање.

Gesage, n. говор; глас.

Gesalbte, m. помазаник.

Gesäme, n. семење.

gesammt, adj. вас, сав, васколик, цео, читав, целокупни, укупни; —e Hand, нераздельно; —heit, f. укупност, целокупност; — wohl, n. опће добро.

Gesandt-e, m. покисар, посланик; —schaft, f. покисарство, посланство.

Gesang, m. певање, песма; —buch, n. песмарица; —vogel, m. птица певачица; —weise, f. арија, напев, глас.

Gesäß, n. задњица, стражњица; седало.

Gesause, n. зујање, хујање.

Gesäusel, n. жамор.

gescheckt, adj. шарен, шараст.

Geschäft, n. работа, посао; радња, промет оправљање, дело; занимање; забава.

geschäftig, adj. проврtan, промућуран, вредан, радни, марљив; —keit, f. послvnост, радиvnост, марљивост, прометање, вредноћа.

geschäftlich, adj. послован.

geschäftslos, adj. беспослен, без посла; —igkeit, f. беспосленост.

Geschäfts-, (in Zus.) послен, пословни; —betrieb, m. радња, пословање; —führer, m. пословоћа; —führung, f. пословодство; —gang, m. посао; —kundig, adj. вешт послу; —kundiger, m. вешtak; —leitung, f. пословодство; —localität, f. пословница; —mann, m. обртник, прометник; —ordnung, f. пословник; —stück, n. подпесак, предатак; —träger, m. пословоћа.

geschändet, adj. оскврњен; осрамоћен.

geschehen, v. n. догодити се, збити се; es ist um ihn —, оде, пропаде; — lassen, допустити, згодити; Geschehen lassen, n. подношење; es ist ihm recht —, право му је; es geschieht mir ein Gefallen, драго ће ми бити; es ist ihm Unrecht —, криво му је учињено; es geschieht ein Schuß, пуче пушка; es ist so gut als —, тако као да и јест.

gescheidt, adj. паметан, разуман, отресен, отресит; —heit, f. памет, разум.

Geschenk, n. дар, поклон, јабука; мито, мит; —geber, m. даровате; —nehmer, m. даропримац.

Geschicht-e, f. догађај, згода, пригода; приповетка, повест, прича; повестница, повест; —lich, adj. повестнички; —kundige, m. —schreiber, m. повестничар; —umstand, m. повестничка околност.

Geschick, n. пристојност; способност, вештина; удес, судбина.

geschicklich, adj. вешт, способан; —keit, f. вештина, способност.

geschickt, adj. способан, вешт, уметан, умешан, вичан; послан, одаслан; —e, m. вештак.

geschieden, adj. одлучен, растављен; (von Eheleuten), pаžeн, развođен.

Geschirr, n. суд, посуђе; (Pferde —), ам, справа.

geschirren, v. a. упречи, опремити коња.

Geschirrhandlung, f. лончарница.

Geschlecht, n. род, племе, колено, лоза, поколење, крв; порoд, порекло, пасмина; пол, страна, спол.

Geschlechts-alter, n. раст; —folge, f. родослед; —folger, m. родосле дник; —glied, n. тело; —kunde, f. родосло vje; —linie, f. лоза; —los, adj. средњи, беспан; —name, m. подретло, подрекло, презиме; —register, n. —tafel, f. родопис, родословље; —trieb, m. похота; —wort, n. члан.

Geschlepp, n. велик притјаг; пратња, пуцарање; (Lockspeise), мека.

Geschlinge, Geschlinke, n. утробица.

Geschmack, m. укус, тек, кус.

geschmacklos, adj. бљутав.

Geschmacklosigkeit, f. бљутавост.

geschmackvoll, adj. укусан.

Geschmause, n. гозба, част, пир.

Geschmeide, n. урес, накит женски, драгоценост.

geschmeidig, adj. гибак, мек; (unterwürfig), покоран; —keit, f. гипкост, мекоћа, покорност.

Geschmeiß, n. гад, мухе, црви, упљувци; смет, измет; Kinder —, дечурлија.

Geschmiere, n. мазање.

geschnäbelt, adj. кљунаст.

Geschnarche, n. хрка, хркање.

Geschnatter, n. гакање, блебетање.

Geschnurre, n. фрка, зврка.

Geschöpf, n. твар, ствар, саздање, тварка, тварца, створ, створење.

Geschoß, n. (an Pflanzen), младице; (Stockwerk), кат, спрат; (Schießgewehr), пушка, стрела, оружје.

geschossen, adj. сулуд, ћанут, сулудан, сулудаст.

Geschrei, n. вика, крика, ука, ук, вардања, дрека, вриска, врека, цика, хука; (Gerücht), глас.

Geschröt, n. кеса (у животиња).

Geschuhe, Geschühde, n. обућа.

Geschütz, n. топ; grobes, kleines —, велики, мали топови; —kunst, f. топништво.

Geschwader, n. сквадра.

geschwänzt, adj. репат.

Geschwäz, n. бесе лање, блебетање, брбљање, чаврљање; —ig, adj. брбљав, разговоран, проливен, језичан; —keit, f. брбљавост.

geschweige, adv. а камо, а камо ли.

geschweigen, v. a. ћуткати, заћуткати, умирити; — v. n. мучати, ћутати, ich geschweige seiner Laster, не велим ништа за његове пороке.

geschwind, adj. брз, хитар; — adv. брзо, хитро, журно; mad) —, журпи се; —igfeit, f. брзост, брзина, хитрост, хитрина; —[djreibetunft, f. скорописъ; —[djreiber, m. скорописацъ.

Gefdjmifter, pl. браѣа и сестре, сестренще; —fiпb, п. братиѣ, сестриѣ, братучед, братучеда.

gefdjmotlen, adj. отечен, жуљавъ, жуљава.

Gefdjmorпе, m. присежник, заклетник; (beim Sdjnmrgeridjt), поротник; —пgeridjt, п. порота.

Gefdjmulft, f. оток.

Gefdjmür, п. чир, приштъ.

Gefell, m. друг, другаръ; (Gebilfe), калфа, момакъ, детиѣ; (in 3uf.), калфенски, детиѣки; —en, v. а. здружити, сједипити; fid) zu einem —, здружити се с ким.

gefellig, adj. друхеванъ, заједничанъ, љубазанъ; —feit, f. друхевностъ.

Gefell-in, f. друга, другарица; —fdjaft, f. друхба, друштво, зборъ, јарапство, таоство, друхина; орташтво; поседо, село; (in 3ufamm.) друштвени, орташки; —fdjafter, m. друг, другаръ; ортакъ; —fdjafterin, f. друга, другарица; —fdjaftlidj, adj. друштвенъ; —fdjaftlidjfeit, f. Gefettigfeit; —fdjaftóhaubfuпg, f. орташка трговина.

Gefenfe, п. положница; (im 23ergban), рудникъ; (am 9ie§), олово.

Gefe^, п. законъ; (im 2ieb), строфа; (in 3uf.), законски; —bud), п. законикъ; —gebenb, adj. законодавни, законотворни; —geber, m. законодавацъ, законотворацъ; —gebung, f. законодавство, законотворство; —traft, f. законотворна моѣ; —funbe, f. законословље; —funbiger, m. законословацъ; —lid), adj. законитъ, закоиски; —lidjfeit, f. законитостъ; —Іоё, adj.безаконъ; —lofigfeit, f. безаконостъ; —májig, adj. законитъ, по закону; — májigfeit, f. законитостъ.

gefefjt, adj. стављенъ, постављен, метнутъ; устаповљен, утврѣен; (ernftljaft), озбиљан; — adv. рецимо, узмимо.

Gefe^-tafeln, pl. скрижале од закона; —mert, п. законотворина; —mibrig, adj. незаконит; — adv. незаконито; —mibrigfeit, f. противзаконостъ.

Gefeufze, f. уздисаље, уздасиъ.

gefidjert, adj. осигуранъ, обезбриепъ.

Gefidjt, п. видъ, очи; (Angefidjt), лице, образъ; mit altem —е, старолик; mit jungem —е, младолик; voll im —е, буцмастъ; gleidjen Gefidjts, једнолик; zu —е befommen, угледати; інё — feljen, погледати у очи; ein — madjen, намрштити се, погледати поприеко.

Gefidjtó-bilbung, f. лице; —farbe, f. мастъ; bie —farbe ándern, мењати се у лицу; —freié, m. обзоръ; —funbe, f. лицословље; —funbiger, m. лицословъ; —риnft, m. гледиште; — zug, m. црта на лицу.

Gefimê, п. атула, афтуља.

Gefinbe, п. друхина, чељадъ; —bier, п. пиво просто.

Gefinbel, п. сметъ, изметъ, гадъ, поганија.

Gefinbeftube, f. соба чељадска.

Gefinge, п. певаље.

gefinnt fein, v. а. мислити; freunbfdjaftlidj —, пријатељ бити.

Gefinnung, f. мисао, мишљеље, осеѣаље; ѣуѣеље; воља.

gefittet, adj. образован, изображенъ, углаѣенъ, чедан.

Gefóff, п. f. Getränf.

gefonnen, adj. — fein, мислити, канити, смерати.

Gefottenes, п. кухано, варено.

Gefpann, п. запрега.

Gefpann, m. другъ, другаръ; ишпан.

Gefpannfdjaft, f. дружба, дружина; вармеѣа, жупанија, столица, меѣа.

Gefpenft, п. сабласт, аветъ, утвора, аветиња.

Gefperre, п. затворъ.

Gefpiele, п. игра, играње, забава.

Gefpiel-e, m. друг, другаръ; —in, f. друга, другарица.

Gefpienes, п. бљувотина.

Gefpinnft, п. преѣа, предиво.

Gefpött, п. руга, поруга, ругаље, брука, потпрдица.

Gefprädj, п. разговоръ, зборъ, говоръ, реч: —ig, adj. разговоранъ, љубазанъ; —igfeit, f. разговорностъ, љубазностъ; —meife, adv. у разговору, у говору.

gefprenfelt, adj. шаренъ, бобичастъ.

Geftabe, п. хал, јалија, пгало, крај, облала, брегъ.

Geftalt, f. прилика, образъ, слика, видъ; чинъ, начинъ; положај; —en, v. а. учинити, начинити, уредити; fid) — en, v. r. окренути се; —ung, f. уреѣиваље.

geftänb-ig, adj. einer Sadje — fein, признати, исповедати; —ni§, п. признаље, исповестъ.

Geftängfteuer, f. (im 23ergmerf), пореза за употребу мотака.

Geftanf, m. смрадъ, тоња.

geftatt-en, v. а. допустити, дати, трпети; —ung, f. допуштеље, дозвољеље.

Geftäube, п. гриље.

Geftecf, f. 23eftecf.

gefteljen, v. а. исповедити, признати; — v. п. (gerinnen), згуснути се, усирити се; устајати се.

Gefteljung, f. прибављаље; —floften, pl. прибавни трошкови.

Geftein, п. камење.

Geftell, п. ногари, погаче, погачи; подножје, полица; стан; држаље на пилу, паљеникце; —ig, adj. —madjen, ставити пред судъ.

Gefteppe, п. противање.

geftern, adv. јуче, јучеръ; — Abenb, синоѣ.

geftiefelt, adj. у чизма.

geftielt, adj. насаѣен, с држаљем.

Geftift, f. Stift; —et, adj. —er Häusler, намештен малокуѣанин.

Geftirn, п. звезда, звезде; сазвежѣе; —t, adj. осут звездама, звезданъ, звездастъ.

Geftóber, Geftúber, п. (vom Sdjnee), вејавица, меѣава; (vom Staub), прахъ, прашина.

Geftráudj, п. шибъ, гриъ, шевари.

geftredt, adj. пругъ, дугачакъ, протегљастъ.

geftreift, adj. појасастъ, пругарастъ, пругастъ.

geftreng, adj. оштаръ, строгъ; храбаръ.

gestrichen voll, adj. разом пун.
Gestrick, n. плетиво.
gestrig, adj. јучерашњи, јучерашњи - спнокњи.
Geströhde, n. слама.
Gesträuche, s. Gesträuch.
Gestübe, n. прах.
Gestüt, Gestüte, n. ергела.
Gesuch, n. молба, молбеница; —schreiben, n. замолно писмо.
Gesumse, Gesumme, n. зука, зујање.
gesund, adj. здрав, држећ; — brunnen, m. вода лековита; — heit, f. здравље; bei guter — sein, здрав бити; —trinken, наздравити; — heits , здрастнен; —heitschäftchten, f. pl. aus —, ради здравља.
Getadel, n. куђење.
Getäfel, s. Täfelwerk.
getigert, adj. пегав.
Getöne, n. глас, разлегање, орење.
Getöse, n. бука, тарлабука, гунгула, урнебес, врева.
Getrampel, n. тутањ, тутњава, тутњавина.
Getränk, n. пиће, напитак, напој; —steuer, доходак у пићу.
Getrappe, n. бахат, бат.
getrauen, sich, v. r. усудити се, смети.
Getrauter, m. првнечани.
Getreide, n. жито; hartes —, стрнина, стрно (стрмно) жито; — boden, m. житница, хамбар; —handel, m. житарство; —händler, m. житар; jahr, n. жита година; —markt, m. жита пијаца; — schiff, n. жатара, житарица; —schober, m. стог; —schwinge, f. ветрењача, ватрени млин.
getreu, adj. веран; —sich, adj. веран; — adv. верно.
Getriebe, n. врева; колеса; (die Sonnseite eines Gebirges), челопек, присоје.
getrost, adj. слободан; — sein, миран бити, ослонити се на што; — adv. слободно, храбро.
getrösten, sich, v. r. (einer Sache), надати се; sich auf ein Versprechen —, уздати се у обећање.
Getümmel, n. бука, гунгула.
geübt, adj. вешт, вичан.
Gevatter, m. кум; zu —bitten, кумити; zu — stehen, кумовати; —in, f. кума, кумица; —schaft, f. кумство.
geviert, adj. четвороугласт, четвострап; —e, n. четворокут.
Gevögel, n. птице.
Gewächs, n. расће, зеље, биље, трава; прорашће; производ, плод, род; Wein von gutem —, вино добро (Auswuchs), гука, квргa; Rohr von einem —e, тршка без колена.
gewachsen, adj. нарастао, узрастао; рођен; родом; кадар бити; лепа стаса; einer Sache — sein, кадар бити —; sein, дорастао бити коме, небојати се.
Gewächs-haus, n. постава.
Gewäff, n. папце, ноктн, зуби (у животиња).
gewahr werden, v. a. опазити, спазити, угледати, смотрити; досетити се, осетити се.
Gewähr, f. сигурност, јамство, поручанство; (in Zus.) поручанствени; —leisten, јамчити;

ein an die — gebrachter, који има поседно писмо.
gewähr-en, v. a. обећати, допустити, јамчити; Bitte —, услишати молбу; —etwas, дати; dies gewährt uns Vergnügen, то нам је мило; —mann, m. јамац, порук; —abschreibung, f. испис из поседа; —ansschreibung, упис у посед; —bestättigung, f. поседно писмо.
Gewahrsam, m. —e, f. стража, затвор; држање; чување.
Gewähr-schaft, —leistung, f. Gewähr.
Gewährung, f. допуштење, услишање.
Gewalt, f. сила, силе, моћ, власт, снага, област; насиље; mit —, на силу, силимице; — anthun, силовати, прислапити; in seine — bringen, освојити, уловити, ухватити; aus eigener —, самовластно; sich — anthun, уздржати се, устегнути се; einem Gesetze — anthun, изврнути закон; —geber, m. властодавац; —haber, m. властник; —ig, adj. силан, силовит, мохан, јак, снажан, велик, страшан; —ige Menge, спјасет света; —ige Reichthümer, благо небројено; —iger, m. профуз; великаш, властник; —sam, —thätig, adj. силовит, насплнички; — adv. силом, на силу, насплно; —samkeit, f. —that, —thätigkeit, f. сила, насиље; силе, силовање; —thäter, m. насилник, силецијa; — träger, m. пуномоћник.
Gewand, n. одећа, одело, рухо, хаљине; (Meß-), одежда.
gewandt, adj. вешт, вичан, окретан, гибак; —heit, f. вештина, вичност, окретност, гипкост.
gewarten, gewärtig sein, v. n. надати се, чекати, очекивати.
Gewärtigung, f. надање, чекање; ohne —, нечекајући.
Gewäsch, n. брбљање, блебетање.
Gewässer, n. воде, вода.
Gewebe, n. ткање.
Gewehr, n. оружје; пушка; das — des Wildschweines, зуби вепрови; —fabrikant, m. пушкар; —schneller, m. обарача, отпонац.
Geweih, n. рогови.
Gewerbe, n. обрт, занат, радња, трговина, занимање.
gewerbsam, adj. прометан, радин; —keit, f. прометност, радиност; марљивост.
Gewerbschaft, f. обртништво.
Gewerbs-, (in Zus.) обртни, обртнички; —betrieb, m. обрт, радња; —fleiß, m. обртност; —mann, m. обртник.
Gewert, n. цех; радња; радник.
Gewerk-e, m. тежак; ортак рударски; —schaft, f. орталук рударски.
Gewicht, n. тег, мира, тежина, вага, (Wichtigkeit), важност.
Gewimmer, n. врева.
Gewimmer, n. ридање, лелекање.
Gewinde, n. мотање; завој (у шарафу); балчак.
Gewinn, m. добит, добитак, пићар, корист, хасна, вајда; auf — und Verlust, на срећу; —bringend, adj. користан, пробитачан; —en, v. a. стећи, добити, придобити, тећи, хаснити се, помоћи се, вајдити, корн-

стнти се; lieb —, заволети; Geschmack an etwas —, допадати се коме што; wie gewonnen, so zerronnen, како дошло тако прошло; über sich —, стрпети; im Spiel —, изиграти; —er, m. добивалац; —sücht, f. грамзивост; —süchtig, adj. грамзив.
Gewinsel, n. цвилење.
Gewinnst, f. Gewinn.
Gewirk, n. ткање; (von Bienen), сат.
Gewirre, n. метеж, сметња.
gewiß, adj. истинит, сигуран, известан; неки, некакав; es ist nur zu —, нема никакве сумње; —e Leute, неки људи; ich bin meiner Sache —, уверен сам; —e Hand, поуздана рука; — adv. заиста, мајде, јамачно, заисто, у истину, сигурно, за цело; —heit, f. известност.
Gewissen, n. савест, душа, душевност; auf bein —, на твоју душу; sich ein — daraus machen, за грех што држати; nach —, по души; bei meinem —, на моју душу, душе ми; —haft, adj. душеван, савестан; —haftigkeit, f. душевност, савесност; —los, adj. без душе, бездушан, бесавестан; —losigkeit, f. бесавесност, бездушност; —sfall, m. —sfrage, f. ствар душевна; —srath, m. духовник; —szwang, m. нетрпљивост.
Gewitter, n. бура, непогода, грмљавина; —regen, m. пљусак, бујна киша; —wolke, f. громоносан облак.
gewitzigt, adj. опамећен.
gewogen, adj. наклоњен, доброхотан; —heit, f. наклоност, доброхотност.
gewöhnen, gewöhnt werden, v. n. обикнути, привикнути се, навикнути се.
gewöhnen, v. a. привикнути, навикнути; sich —, т. г. привикнути се, навикнути се, обикнути се, научити се, огуглати; ein Kind —, одбити дете.
Gewohnheit, f. навада, обичај, навика; —srecht, n. право обичајно.
gewöhnlich, adj. навадан, обичан; — adv. навадно, обично, понајвише.
Gewöhnung, f. наука.
Gewölbe, n. свод; (Kaufmanns—), дућан, болта.
gewölbt, adj. сведен, на свод.
Gewölk, n. облак, облаци.
geworfen, adj. лијопер.
Gewühl, n. тиска, навала, налога.
gewürfelt, adj. коцкаст.
Gewürm, n. црви, гад, баречива.
Gewürz, n. мирођија, зачни; —haft, adj. мирисан; —händler, —krämer, m. бакал, бакалин; —kram, —laben, m. бакалница; —nägelein, n. —nelle, f. клинчић, каранфил, каранфил.
gezähnt, adj. зубат, зупчаст.
Gezänt, n. кавга, свађа.
Gezelt, f. Zelt.
geziemen, v. n. пристојати се, достојити се; —enb, adj.пристојан, достојан.
Geziere, n. цифрање.
geziert, adj. накићен, кићен; цифран, пацифран.
Gezisсhe, n. писка, цик, фука.
Gezücht, n. скот, легло, скотња.

Gezwitscher, n. цврка, цркутање.
gezwungen, adj. присиљен, натеран, приморан.
Gicht, f. улози, узма, костобоља; —beere, f. Alantbeere; —brüchig, —isch, adj. узет, костоболан; —rose, f. божур; —rübe, f. дивља тиква, bryonia.
Giebel, m. забат, кибла.
Giebigkeit, f. давак, давање.
gierig, adj. пожудан, алав, гибан, прождрљив, жељан; —keit, f. пожуда, алавост.
Gieß-bach, m. бујица; —beken, n. леђен.
gieß-en, v. a. лити, левати, сипати, излити, пролити; (stark regnen), пљуштити; Metalle —, топити, претопити; eine Kanone —, салити топ; (begießen), залевати; Wein ins Glas —, наточити вина; —er, m. ливач; —erei, f. ливница; —form, f. калуп, творило; —haus, n. s. Gießerei.
Gift, n. & m. отров, јед; —ig, adj. отрован, једак, једовит; (erbittert), срдит, љут, љутит; —mehl, n. сичан бели; —mischer, m. отровник; —mischerin, f. отровница; —mischerei, f. тровање; —mittel, n. —arznei, f. сутук; —rübe, f. дивља тиква, bryonia; —stein, m. митомор; —trank, m. отров.
gilbig, s. gelb.
Gilde, f. цех; друштво.
Gilt-e, f. —buch, n. земљишница.
Gimpel, m. зимовка.
Ginster, f. Genister.
Gipfel, m. врх, вршак.
Gir-ant, m. кретник, преметник; —atar, m. кретовник, премећеник; —iren, v. a. кренути, преметнути меницу; —irung, f. кретање, преметање.
Giro, n. крет, премет; (in Zus.), кретни; —bant, f. преметна банка; —fähig, adj. кретни.
girren, v. n. гукати, гугукати, гргутати, гукнути; (seufzen), уздисати; —, n. гукање, гугут, гука, гргутање.
Gischt, m. пена.
Gitter, n. решетка.
gittern, v. a. преплести, метнути решетке.
Gitterwerk, n. решетка.
Glacis, n. глацис, голо поље.
Glanz, m. светлост, сјајност, сјај; слава, дика.
glänz-en, v. n. сјати, сијати, сјајети со, севати, светлити се, стаклити се, цаклити се, блистати се; — v. a. углансати, гладити; —enb, adj. сјајан, јасан, опран; славан, ваљан, отресан.
Glanz-geber, m. гладилац; —schetter, m. платно јако.
Glas, n. стакло, срча, цакло; чаша, купица; Gläser fürs Gesicht, очали, наочари; —arbeit, f. стакларија, посао стакларски; —artig, adj. стакловит; —bedel, m. поклопац од стакла.
Glaser, m. стаклар.
gläsern, adj. стаклен, цаклен.
Glas-fabrik, f. стаклара; —flasche, f. срче; —grün, adj. боје стаклене; —händler, —krämer, m. стаклар; —haus, f. Treibhaus; —haut, f. —häutchen, n. опница стаклена (у оку); —honig, m. мед чисти; —hütte, f.

стаклана, стаклара; —ict, adj. стакловит; —ісен, v. a. глеђенсати.
Glas-lirische, —toralle f. књижна; -macher, m. стаклар; —ofen, m. стаклана; —perle, f. гинза, књижна, мрђела, мрнђела, грмзлица; —scheibe, f. окно; —schneider, m. стаклорезац; —schrant, m. ормар за стакло; ормар од стакла; —thüre, f. врата стаклена; —tropfen, m. f. Springglas.
Glasur, f. глеђа, маз, калај.
Glas-waare, f. стакло, стаклена роба.
glatt, adj. гладак, раван; (geglättet), углађен; (schlüpfrig), клизав; —bein, n. гладило.
Glätte, f. глачина, равнина, глађење; (Silberglätte), глеђа.
Glatt eis, n. поледица; —eisen, v. n. поледити се.
glätt en, v. a. гладити, угладити, углачати; —er, m. глађилац; —holz, n. —maschine, f. —stahl, m. —stein, m. —zahn, m. гладило.
Glatz-e, f. ћела; —ig, adj. ћелав; —topf, m. ћелавац, ћело, ћелоња.
Glaube, m. вера, закон.
glauben, v. a. веровати; (meinen, denken), мислити, рећи; —machen, уверавати.
Glaubens-abfall, m. - änderung, f. превера.
Glaubens artifel, m. члан вере; —bekenner, m. веропсповедник; —bekenntniß, n. вера, вероисповедање; —genoß, m. једноверац; —lehre, f. веронаук.
glaubhaft, adj. веронатан, веродостојан; —igkeit, f. веродостојност, вероватност.
gläubig, adj. веран; —e, m. верни, правоверни.
Gläubiger, m. веровник, дужник, рукодавалац, рукодавац, рукодавник.
glaublich, adj. вероватан, веродостојан; —keit, f. вероватност.
glanbwürdig, adj. вероватан, веродостојан; —keit, f. вероватност, веродостојност.
gleich, adj. једнак, раван, сувреп, сличан, исти; von —em Alter, вршњак; un — oder —? лијо или тако? seines —en, његова врста, прилика; — fallen im Ringen, кокошке пасти; zu —er Zeit, у исто доба; mir gilt alles —, мени је све једно; — adv. одмах, таки, с места, који час; једнако, на исти начин; (gerade), равно, право; er kann ihm nicht — kommen, некоме се с њим сравнити; — sehen, наличити; es sind nun — fünf Jahre, сад је пет година; wenn —, премда, ако и; — als wenn, - ob, баш као, као да.
gleichartig, adj. једнородан, једноврстан, једнак; подобан, сличан, прилчан; —keit, f. једнородност, подобност, сличност.
gleich-berechtigt, adj. равноправан; —berechtigung, f. равноправност.
Gleiche, f. Gleichheit.
gleichen, v. n. налик бити, наличити, сличити; једнак бити.
gleich en, v. a. једначити, сравнити, поравнити; угодити, удесити; —er, f. Aequator.
gleicher-gestalt, —maßen, adv. једнако, тако, на исти начин, истим начином.

gleichfalls, adv. такођер, п, истим начином, на исти начин.
gleichförmig, adj. једнак, једнолик, једнополичан, равнодлан; подобан, сличан, прилчан; —keit, f. једнакост, једнополичност, подобност, прилчност.
gleich gesinnt, adj. једно мислен; —gesinnter, m. једномишљеник; —gewicht, n. карар, равноноге, равнотежа; —verlieren, посрнути.
gleichgiltig, adj. (von gleichem Werth), једне вредности; хладан, немаран, равнодушан; —keit, f. хладноћа, немар, равнодушност; једнака вредност.
gleichhalten, v. a. (anpassen), примерен бити; једнако ценити, поступати.
Gleich-heit, f. једнакост, подобност; —laufend, adj. упоредан, напоредан; —laut, m. сугласје; сподоба у гласу; —lautend, adj. равногласан; —machen, v. a. сравнити, поравнити, уравнити, једначити; исправити; —maß, n. размер, склад, складност; —mäßig, adj. размеран, складан; једнак, такав, исти; —muth, f. равнодушност; —namig, adj. истог имена.
Gleichniß, n. причица, прича; —weise, adv. у причицама.
gleichsam, adv. као, као да.
gleich-schenkelig, adj. равнокрак; —seitig, adj. равностран.
gleichstell en, v. a. упоредити, испоредити, изједначити; —ung, f. изједначење, упоређење.
gleichstimm ig, adj. сугласан; — adv. сугласно; —ung, f. сугласје, склад.
Gleichung, f. сравњивање, поравњивање; (in der Algebra), једначина.
gleichviel, adv. толико и чини, ако ће, све једно; mir ist es —, немарим, све једно ми је.
gleichwie, adv. као и, као и.
gleichwintelig, adj. равнокутан.
gleichwohl, adv. ипак, опет.
gleichzeitig, adj. суврепен; — adv. скупа, заједно, у исто доба.
gleiß en, v. n. светлити се, сјати; претварати се; —ner, m. лицумер; —nerin, f. лицумерка; —nerei, f. лицумерство; —nerisch, adj. лицумеран, лицумерски.
Gleitbahn, f. тоцибавка, тоцибајка.
gleiten, v. n. омакнути се, поклизнути, искливнути, клизати се; auf dem Eise —, тоцибати се, клизати се.
Gletscher, m. гора ледена.
Glied, n. уд, удо; чланак; (Reihe), ред, врста; (Kettenglied), карика; (Grad der Verwandtschaft), колено; (an den Pflanzen), колено, чвор.
Glieder gicht, —krankheit, f. костобоља; —lahm, adj. узет, сакат; —lähmung, f. узетост; —mann, m. лутак; —reißen, n. —sucht, f. —weh, n. f. Gicht; —weise, gliedweise, adv. уд по уд; врста по врста.
Glied-maß, n. уд, чланак; —schwamm, m. губа (болест); —wasser, n. сок у чланцима.
glimmen, v. n. тињати.
Glimmer, m. искра; мачино злато, змајеве отресине; —n, v. n. сјати, трептити.

Glimpf, m. благост, милост, човечност; —lich, adj. благ, добар, милостив, човечан; —adv. благо, човечно.
glitschen, f. gleiten.
glitzern, v. n. f. glänzen.
Glöckchen, n. звонце, медењица.
Glocke, f. звоно; fig. ypa, сат.
Glocken-blume, f. звонце, campanula; pfirsichblätterige —, добродева, campanula porsicifolia; —förmig, adj.звону подобан; —gießer, m. —läuter, m. звоноливац, звонар; —ring, m. ухо од звона; —schlag, m. глас звона; ypa, сат; —schwengel, —klöppel, m. клатно, звечак, језичац, бренце; —speise, —gut, n. туч; —spiel, n. звоно (игра); —stuhl, m. козе; —thurm, m. звоник, звонара; —treter, —zieher, Glöckner, m. звонар.
Glorie, f. слава, величанство; (Heiligenschein), венац.
glor-reich, —würdig, adj. славан, величаствен.
Glosse, f. тумачење; —en machen, примећивати; забављати, задиркивати.
glotzen, v. n. буљити, бленути.
Glück, n. срећа, талија, рука, честитост; das — will ihm wohl, срећан je; zum —, па бога, срећа, на срећу; — wünschen, честитати; —auf, срећно!
Glucke, f. Gluckhenne.
glucken, v. n. поћи за руком, проконсати.
gluckern, v. n. квоцати; — n. квоцање.
Gluckhenne, f. квочка.
glücklich, adj. срећан, честит, берићетан, добросретан; zur — en Stunde, у добар час; ein —er Liebhaber, љубавник услишан; — wer dies erlebt, блажен ко то дочека.
Glücks-ball, m. срећина сиграчка; —bude, f. лутрија.
glückselig, adj. срећан, блажен; —feit, f. блаженство, срећа.
gluckfern, f. glucken.
Glücks-fall, m. срећа; —göttin, f. срећа; —kind, n. добросретник; —ritter, m. протуха, варалица; —spiel, n. лутрија; коцкање; —spieler, m. коцкар; —stern, m. звезда срећна.
Glück-wunsch, m. честитање, поздрав; —wünschen, v. n. честитати.
Glüh-e, f. вар, жар; —en, v. a. усјати, жарити, ужарити, поварити, поклепати, ражарити; — v. n. сјати, горети, пламтети, црвенити се; die Augen — ihm, сипају му варнице из очију; —end, adj. усјао, црвен, ражарен; —d werben, склетити се; —d machen, усјати, жарити, ужарити; —d roth, жаркаст; —feuer, n. жеравица, жар; —hitze f. вар.
glumm, adj. мутан.
Glumm, m. блато.
Gluth, f. жар, вар, жеравица, огањ, ватра; —pfanne, f. Kohlpfanne.
Gnade, f. милост, милосрђе; (Begnadigung), опроштење, помиловање; Euer —en, ваша милост; von Gottes Gnaden, божјом милошћу, по божјој милости; einen zu Gnaden aufnehmen, помиловати.
gnaden, v. a. gnade euch Gott! нека вам се Бог смилује.

Gnaden bezeigung, f. милост; —bild, n. икона чудотворна; —brief, m. попластица из милости; —brot, n. милостиња; das — bei Jemanden essen, живети од милости; —gabe, f. милодар; —gehalt, m. —geld, n. пензија; ein Diener, der ein — bekommt, слуга са мртвом платом; —reich, adj. милостив; — reich, n. царство небеско, рај; —stoß, m. ударац смртни; —stuhl, m. (bei den Israeliten), поклопац од ковчега мира; —verleihung, f. дељење милости; —wahl, f. воља божја.
gnädig, adj. милостив, милостиван, милосрдан; —machen, умилостивити; —werden, умилостивити се.
Gold, n. злато; gediegenes —, сухо злато; —adler, m. орао златан, орао царски; —ammer, f. стридница, жутоволка; —amsel, f. жуја; —arbeit, f. посао златарски; златарија; —arbeiter, m златар; —barre, f. f. Goldstange; —bergwerk, n. руда златна; —brassen (Fisch), овратница, подраница; —brocat, m. златоткавица; —brossel, f. вуга, жуја; —en, adj. златан, златен; —enes Vließ, n. златно руно; —ene Ader, f. шуљ, спингле; —erz, n. руда златна; —fisch, m. ловрата, комарча; —finger, m. прст до малога прста; —fink, m. f. Gimpel; —fliege, f. муха златна; —flitter, —flimmer, m. телеј, варак; —geflügelt, adj. златокрил; —gewicht, n. мискал; —grube, f. руда златна; —haarig, adj. златокос; —hähnchen, n. стрежик, тртак; —haltig, adj. златан; —händig, adj. златорук; —käfer, m. буба златна; —köpfig, adj златоглав; —lahn, m. плоча злата; —lack, m. жути шебој, cheiranthus choiri; црвени шебој, cheiranthus annuus; —lilie, f. златан; —locken, pl. коса жута; —macher, m. златотворац; —macherei, —macherkunst, f. —machen, n. златотворство; —mund, m. (Chrysostom), златоуст; —papier, n. папир позлаћен; —sand, m. песак златан; —scheiber, m. чистилац злата; —schläger, m. телејаш, варкар; —schlägerhaut, f. варкарски калуп; —schmid, m. златар; (in Zusamm.) златарски; —stange, f. шипка злата; —stoff, m. златоткавица; —stück, n. комад злата; новац златан; златоткавица; —stufe, f. руда златна; —tinctur, f. боја златна; —wage f. теразије златарске; die Worte auf die — legen, сваку реч мерити; —wurz, f. чепљез.
Golf, m. залев.
Gondel, f. гондола.
gönn-en, v. a. незавидети, радовати се; —er, m. заштитник, доброхотник; —erin, f. заштитница.
Göpel, m. витао.
Gorl, m. конопац, гајтан.
Gorre, f. клусе.
Gosche, f. лалока, лабе.
Gose, f. врста пива.
Gosse, f. јарак, олук.
gothisch, adj. готски.
Gott, m. бог; —lob, — sei Dank, хвала богу; gebe, Боже дај, да Бог да; — behüte, bewahre, боже сачувај, недај боже; helf —

Götterlehre — 144 — graulich

на здравље; —befohlen, збогом; ит —еѕ
Willen, за бога, бога ради; Herr—, госпо-
дин бог, господ бог; bei —, бога ми, богме;
guter mächtiger —! вољи боже; —gegeben,
богодан; fo —will, ако бог да; —fein,
богован е; —ähnlich, adj. богоподобан.
Götter-lehre, f. баснословље; —fpruch, m. реч
божја; —traut, m. амвросија, амброзија.
Gottes, (in Zuf.) божји.
Gottes acker, m. гробље; —dienft, m. служба
божја, служба, литурђија, миса, богослу-
жење; —dienftlich, adj. црковани, свет, за-
душани; —furcht, f. страх божји; —fürchtig,
adj. побожан, душеван, богобојазан; —ge-
bärerin, f. богородица; —gelahrtheit, —gelehr-
famkeit, f. богословље; —gelehrter, m. теолог;
богослов; —haus, n. дом божји, храм, бо-
гомоља, црква; —kaften, m. шкрињица за
милостињу; —läfterer, m. богохулник; —
läfterlich, adj. богохулан; —läfterung, f. бо-
гохуљење, хула на бога; —leugner, n. без-
божник; —leugnung, f. безбоштво; —tifch,
m. часна трпеза; —verräther, m. безбож-
ник; —vergeffen, adj. безбожан; —wort, n.
реч божја.
gottgefällig, adj. бошки, богоугодан.
Gottheit, f. божанство.
Göttin, f. божица, богиња.
göttlich, adj. божји, божански, божанствен; —
keit, f. божанство, божаственост.
gottlos, adj. безбожан; —igkeit, f. безбожност.
Gottmenfch, m. богочовек.
gottfelig, adj. побожан, свет; mein —er Vater,
мој покојни отац; —en Andenkens, бла-
жене успомене; —keit, f. побожност.
Göbe, m. Göbenbild, n. идол, кумир.
Gögen-altar, m. капиште; —bild, n. идол; —
diener, m. идолопоклоник; —dienft, m. идо-
лопоклонство.
Gouvernement, n. губернија, покрајина; —
neur, m. губернатор.
Grab, n. гроб, рака; bis in's —, до смрти,
до мотике; am Rande des —es, с једном
ногом у гробу.
Grabeinfaffung, f. опсек.
Grabekelle, f. лопата.
graben, v. a. копати; —(in Metall), резати;
(in Stein), вајати; —, m. јарак, прокоп,
преров.
Gräber, m. копач; —in, f. копачица.
Grab-hügel, m. гроб; —lied, погребна песма;
—mal, n. споменик; —fcheit, n. мотика; —
fchrift, f. надгробно; —ftätte, f. гроб, греб,
гробље; —ftichel, m. длето.
gräcifiren, v. a. грчити.
Grad, m. степен, ступањ; (der Verwandtfchaft),
колено, пас.
grabir-en, v. a. (in ben Salzwerfen) чистити
со; —haus, n. кућа за чишћење соли; —
ung, f. чишћење.
grabuir-en, v. a. подићи на академички ступањ.
grabweife, adv. ступањ по ступањ.
Graf, m. кнез, гроф.
Gräfin, f. грофица, кнегиња.
gräflich, adj. грофовски, кнежевски.
Gram, m. туга, жалост, јадовање, јад.

gram, adj. — fein, жалити на кога, мрзити.
grämen, fich, v. r. јадовати; јести се, грсти
се; fich zu Tode —, свиснути, пресвис-
нути.
grämlich, adj. тужан, жалостан, зловољан; —
keit f. туга, жалост.
gramlos, adj. спокојан.
Gramma tit, f. граматика, словница; —tiker,
m. граматик, словничар.
Gran, n. гран.
Grän, n. грен, трећи део грана.
Granabier, m. гранатир.
Granat, m. гранат; —apfel, —apfelbaum, —
enbaum, m. мограњ, шипак, нар; füßer —ap-
fel, сладун; wilder —apfel, љутак, љути
шипак.
Granate, f. граната, кумбара.
Granb, m. шљунак; —ig adj. песковит; су-
трусан.
Granit, f. гранит.
Granne, f. осје.
granuliren, v. a. зрнити; bie Wunde granulirt,
зарашљује, пролази рана.
Grapen, m. лонац гвозден.
Gras, n. трава, травка; ins — beißen, отег-
нути папке, одапети; —bank, f. клупа од
бусена.
grafen, v. n. пасти, напасти се; — v. a. ко-
сити.
Gräferei, f. косидба; трава покошена.
Gras-garten, m. травник; —halm, m. струк,
пауљ; —hüpfer, m. скакавац, кобилица.
graficht, grafig, adj. траван.
Gras-land, n. ливада; —lauch, m. лук перјати
—magb, f. краварица; —mücke, f. пипица;
—plab, m. ливада; —ftück, n. бусен; —reich
adj. траван.
graffiren, v. n. владати, беснити.
gräßlich, graß, adj. ружан, грдан, страшан,
страховит; — adv. ружно, страшно, стра-
ховито; —keit, f. страховитост.
Graswuchs, m. трава.
Grat, m. оштрица, хрбат.
Gräte, f. кост рибја; длака; —nfifch, m. дла-
кавица; —ig, adj. длакав.
Gratial, n. дар, поклон, војничка пензија из
милости.
Gratis, adv. забадава, бесплатно; —exemplar,
n. поклоњени примерак.
Gratul-ant, m. честитач; —ation, f. честита-
ње; —firen, v. a. честитати.
grau, adj. сед, сив, чилатаст; —werben, сједе-
ти, осједети; laß dir daher keine —en Haare
wachfen, небрини се ти пишта зато; —bart,
m. старац, старина, седа брада; —bärtig,
adj. седобрад.
Gräuel, m. грдило, страхота; that, f. зло
чинство страховито, грдно дело.
grauen, v. n. седети; der Tag graut, свиће,
свањива; (Abfcheu haben), гадити се; (fchau-
bern), грозити се, јежити се; es grauet mir,
бојим се.
Graukopf, f. Graubart.
graulich, adj. просед, суркаст, сур, сивкаст;
страшњив, плашњив; страшан, страховит-

gräulich, grausend, adj. страшан, страховит; неизмеран, попзречен.

Graupe, f. тараца, крупица, мрва; die —n, pl. туча, круна, суградица, циганп, соља, град.

graupeln, v. n. eš graupelt, пада туча, круна.

Grauš, m. развалине; страх, страхота, гроза; —ant, adj. окрутан, грозан, свиреп, страховит; —keit, f. окрутност, свирепство.

Grauschimmel, m. сивац.

grausend, f. gräulich.

Grausen, n. страх, страхота, гроза.

Grauwerk, n. сив први.

Grazie, f. милипа, лупкост.

Greif, m. гриф.

greifen, v. a. хпттати, хватати, уловити, ухватити, прихватити, грабити; ухитити; — v. n. nach etwas, zu etwas —, машити се, дохватити се, прихватити се, хптати се, примити се; an den Puls —, пипати жилу; einem in sein Amt —, мешати се у туђ посао; einem unter die Arme —, помоћи ; sich —, ширити се; zum Werke —, латити се посла; Platz —, настати, наступити; einem aus Leben —, радити коме о глави; eine Saite —, ударити у жицу.

Greifgeier, m. гриф.

greinen, f. weinen.

Greis, m. старац, старина; —, adj. сед.

greisen, v. n. седети, оседети.

grell, adj. оштар, јак, жесток; ein —es Licht, светлост јака; eine —e Stimme, глас оштар.

Gremium, n. збор, друштво.

Grenz- (in Zuf.), гранички, међашки; —bezirk, m. крајина.

Grenz-e, f. међа, међаш, граница, синор, крајина; —en, v. n. међити, граничити; —enlos, adj. безграничан, бескрајан.

Grenzer, m. крајишник, граничар.

Grenz-furche, f. разор, —hügel, m. хумка, аита, мргињ; —kette, f. кордун; —linie, f. једница; —messer, —scheider, m. земљомер; —nachbar, m. међаш, помеђаш, поредник; —scheide, f. сумеђа; —stein, m. међа, међњак; —zeichen, n. хумка; - zug, m. међа.

grenel, f. gräuel.

Griebe, f. чварак.

griechisch, adj. грчки.

Griebš, m. срце од воћа.

Grieltrappe, f. дропља мала.

Gries, m. песак, пљупак; каша, крис; (in den Nieren, der Harnblase), камен.

griesen, f. graupeln.

griesig, griesicht, adj. песковит.

Griesmehl, n. брашно крупно.

Griff, m. хватање, тицање; (Stiel) рукунпца, члан, ручица, држак, држаље; ухо, (Klaue) папак, покат, канџа; (Handvoll) шака, руковет; (am Degen) крсшце, балчак; (an der Flinte) кундак; (Kunstgriff) варка; —brett, n. ручица, врат (од гусала, итд.).

Griffel, m. шиљак, писаљка.

Grill-e, f. штурак, зрикавац, попац, црвчак; (Einbildung) лутка, мушица, муха; (Sorge) брига; —enfänger, m. мухавац; —enhaft, adj. мухав, забринут.

Grimasse, f. кривљење, кежење; —n machen, кривити се, кезити се.

Grimm, m. гнев, јарост.

Grimmdarm, m. чмар.

grimmen, v. n. завијати; —, n. завијање, грижа, трбобоља.

grimmig, adj. љут, горопадан, гњеван, срдит.

Grind, m. краста; —ig. adj. крастав; —kopf, m. крастоња; —mähre, f. губаљ.

grinsen, v. n. кезити се, плакати, клибити се, склибити.

grob, adj. крупан, дебео, ружан, грез, груб, неотесан; —heit, f. грубоћа, грубијанство; —ian, m. грубијан; —schneider, m. сурсабов.

gröblich, adj. груб; —adv. грубо.

Grobschmied, f. Hufschmied.

Groll, m. мрзост, завада, мржња; einen — hegen, мрзити.

grollen, v. n. срдити се, сибити се, пућити се.

Gröschel, n. грешчика, новац, повчић.

Groschen, m. грош, грошић.

groß, adj. велик, вељи, висок, голем; nicht —, омален; sehr —, горостасан, громорадан; ziemlich —, поведик; wie —, колик; so —, оволики; eine große Sünde, грех смртни; — werden, нарасти, одрасти; ich sage Ihnen —en Dank, лепа вам хвала; im — en handeln, трговати на велико; — adv. веле; — denken, мислити поштено; — ziehen, подићи, узгојити, одхранити; sich — machen, хвалити се; —en, größten Theils, највећма, највише, већином.

Groß, n. дванаест туцета.

groß achtbar, adj. препоштован; —admiral, m. адмирал велики; —eltern, pl. дед и баба; —vater; —brüstig, adj. прсат; —bärtig, adj. брадат; —bäuchig, adj. пупав, трбушат, кућан.

Größe, f. величина; ein Stern erster, zweiter —, звезда реда првога, другога.

Großenkel, m. праунук; —in, f. праунука.

groß gliederig, adj. чланковит; —gliederige, f. чланкоша; —handel, m. велетрштво, трговина на велико; —händler, m. велетржац; —herr, m. султан; —herrlich, adj. султанов, султански.

groß jährig, adj. пунолетан; —jährigkeit, f. пунолетност.

Groß knecht, m. најстарији слуга; —kopf, m. главан, главоња; —köpfig, adj. глават; —macht, f. велесила; —mächtig, —mächtigst, adj. великомоћан, великоможан, велесилан; грдан, велик; —mäulig, adj. усиат; хвалисав; —muth, f. великодушност, велЪдушност; —müthig, adj. великодушан; —mutter, f. баба; —mütterlich, adj. бабин; —octav, n. велика осмина.

großsprech-en, v. n. хвалити се, хвастати, хвалисати се; —er, m. торлак, хвалиша, хвасталац; —erei, f. хвастање; —erisch, adj. хвастав, хвалисав.

größtentheils, adv. највише, понајвише, већином, већмпном.

groß thun, v. n. хвалисати се, величати се, ширити се, разметати се, похвалити се, пропињати се, хвалити се, хвастати; —thuer

f. **Großsprecher**; —türf, m. султан; —voter, m. дед; —väterlich, adj. дедов, дединскu.
Großvezier, m. велики везир.
grotest, adj. чудан, чудновит, особујан.
Grotte, f. пећина.
Grübchen, n. рупица, јамица.
Grube, f. јама, рупа; (Bergwerk) руда.
Grübel-ei, f. мудровање, мудријашење; - torf, f. **Grübler**; —n, v. n. мудровати, мозгати, главу разбијати; in der Nase —, чачкати, копкати нос; es grübelt mir in den Füßen, сврбе ме ноге.
Grubenwasser, n. вода у рупи.
Grübler, m. мудријаш, премишљач.
Gruft, f. гробница, гроб, рака; пећина.
Grummet, n. отава.
grün, adj. зелен; (unreif), незрео; der —e Donnerstag, велики четвртак; —e Waare, зеље, зелен; einem nicht — sein, мрзити на кога; auf keinen —en Zweig kommen, немоћи прокопсати; — n. зеленило, зелен, боја зелена.
Grund, m. дно; темељ, основ; земља, земљиште; узрок, повод, разлог; начело, почетак; корен; дошина; im —e, управо, баш; im —e genommen, управо рећи, ако ћемо баш на то; zu —e gehen, затрти се, сатрти се, ископати се, пропасти; zu — richten, упропастити; sich zu —e richten, разорити се, упропастити се; liegende Gründe, непокретно имање; vor Durst zu —e gehen, скапати од жеђи; mit — besorgen, с правом бојати се.
Grund= (in Zusamm.), темељни, пан лпп, земљишни; —bau, m. темељ; —begriff, m. начело; —besitzer, m. властелин, земљодржац, земљопоседник; —birn, f. Erdapfel; —böse, adj. врло зао; —brief, m. тапија; —buch, n. земљишњица; —eis, n. лед доњи.
Grundel, f. главоћ (морска риба).
Grünbel, m. гредељ.
gründ-en, v. a. установити, основати, завести, темељ ударити; sich auf etwas —, оснивати се; ein Gemälde —, подмалати; —er, m. утемељитељ, установитељ, зачетник, оснивач, оснивател.
Grund-erträgniß, n. доходак; (an Früchten), летина; —falsch, adj. крив, лажан, пенскрен; —fest, adj. уторни; —feste, f. —fläche, f. темељ; —gelehrt, adj. врло учен; --herr, m. f. **Grundbesitzer**; —herrlich, adj. властелински; —lage, f. темељ, основ; —legung, f. установљавање, утемељење, ударање основа.
gründlich, adj. темељит, разложит, дубок; —keit, f. темељитост, дубина, разложитост.
Grünbling, m. мрен, мрена.
Grund-linie, f. тонол; —los, adj. бездан; безразложан, неоснован, без темеља; —loser Koth, дубоко блато; —lose Wege, пут проваљен; —losigkeit, f. пропаст, бездан; безразложност, неоснованост; —macher, f. главни зид, темељ; —regel, f. правило главно; —riß, m. план, основа; —sat, m. начело, правило; мишљење; —sprache, f. језик изворни; —stein, m. темељ; —steuer, f. земљарина; —stoff, m. елемента, стихија; —

stück, n. земља, земљиште, имлак, баштина; —suppe, f. талог, мутлаг; —text, m. оригинал, матица, изворник.
Gründung, f. утемељивање, осинвање.
Grund-wort, n. корен; —zahl, f. број главни; —zins, m. бир; —zug, m. главна црта.
Grün e, n. зелен, зеленика, зеленило, бусен; —en, v. a. зеленити се; —eud, adj. зелен; —fisole, f. чучавац, лежак; —kraut, n. зеље, зелен; —lich, adj. зеленкаст; —span, m. драгац, рђа од бакра; —specht, m. жуна зелена.
grunzen, v. n. гуркати, гроктати; — n. гроктање, гурит.
Grünzeug, n. зелен, зеље.
Grupp e, f. гроња, хрпа, гомила; —iren, v. a. купити, громилати.
Gruß, m. поздрав, поздрављење.
grüßen, v. a. поздравити, божити; којаснути се, називати; sich gegenseitig —, здравити се; grüß Gott! помози бог!
Grütze, f. тарана, каша, бунгур; (Verstand), намет, разум.
Grützkopf, m. луда, лудак, бена.
Guardian, m. гвардијан, игуман.
gucken, v. n. гледати, вирити.
Guck fenster, n. прозорчић.
Gulden, m. форинта, флорин, флорин.
güldisch, adj. позлаћен, златен.
Gülte, f. s. **Zins**.
gültig, adj. добар, ваљан, вредан, истинит; —keit, f. ваљаност, вредност.
Gummi, n. гума; was — gibt, гуморадан.
gummicht, **gummig**, adj. гуморадан.
gummiren, v. a. гумом мазати.
Gundelrübe, f. добричава трава, hedera terrestris.
Gunst, f. милост, благовољење, доброхотност; sich in jemandes — einschleichen, улагати се, удворити се; —bezeigung, f. милост.
Günster, m. **Genist**e.
günstig, adj. наклоњен; згодан, пријатан; jemanden — sein, пријатељевати коме; ein —er Wind, погодан ветар, ветар поспешан.
Günstling, m. милосник, љубимац.
Gurgel, f. грло, гркљан; einem die — abschneiden, заклати; sein Vermögen durch die — jagen, појести и попити имање своје.
gurgeln, sich, v. r. изапирати грло.
Gurke, f. краставац; —enmaler, m. мазало.
Gurt, m. колан, кајас.
Gürtel, m. пас, појас, тканица; ohne —, распојас.
gürten, v. a. пасати, опасати; запрезати.
Gürtler, m. ременар.
Gurtriemen, m. кајас, кајаса, пасаћи каиш.
Guß, m. левање; пљусак; —eisen, n. гвожђе ливено; —regen, m. пљусак, киша плаховита; —stein, m. пролев.
gut, adj. добар, благ; — adv. добро; sich zu —e thun, развеселити се, уживати; sich etwas darauf zu —e thun, поносити се чиме; —er Dinge, вољан; — erscheinen, удобравати се; für — halten, свидети се; ziemlich —, подобро; — stehen, поднети (година); —werden, подобрити се; — zu Fuße, добар пешак; etwas — sein lassen, манути се чега;

das ist so — als geschehen, то је толико, колико да и јест; für etwas — sein, јемчити; zur —en Stunde kommen, доћи у добри час; wieder — sein, помирити се; bei —er Zeit, за рана, на време; es ist schon —, добро, добро; ich habe noch zehn Thaler bei ihm —, дужан ми је још десет талира; Sie haben - reden, лако је вама говорити; er hat sein Lebtag kein — gethan, никад није ваљао; sie thun nicht — beisammen, не слажу се; kurz und —, једном речи, у кратко.

Gut, n. добро, земља, имање, властелинство; роба, еснап: zu —e kommen, на корист бити; etwas zu —e halten, позаморити.

Gutachten, n. мњење, мишљење.

gutartig, adj. добробудан, добар; —keit, f. доброта.

Gutbefinden, n. мњење, суд; здравље; добро стање; одобрење.

Gutdünken, n. мњење; nach Ihrem —, како вам се свиди.

Güte, f. доброта, благост, добрина; in der —, добром; haben sie die —, учините љубав.

Güter-beschauer, m. пастојник; —bestäter, m. отправљач.

Guthaben, n. дуг, што има ко да тражи.

gutheiß-en, v. a. одобрити; похвалити, хвалити: —en, n. одобрење, похвала.

gutherzig, adj. добар, добра срца, благ; —keit, f. доброта, благост.

gütig, adj. добар, благ, милостив, добростив; —keit, f. доброта, благост, милост.

gütlich, adj. лепо, пријатељски; sich — thun, частити се, сладити си, благовати.

gutmachen, v. a. поправити.

gutmüthig, adj. добар, благ, добре ћуди; —keit, f. доброта, благост.

Gutrechnung, f. рачун на корист (чију).

Guts- (in Zusammen.) што се тиче добра.

gutsagen, v. n. јемчити.

gutsein, v. a. (einem), љубити кога; für einen —, s. gutsagen.

Gutsherr, m. господар добра, властелин.

Gutthat, f. доброчинство.

Gutthät-er, m. добротвор, доброчинац; —erin, f. добротворка; —ig, adj. добротворан; —igkeit, f. добротворност.

gutthun, v. a. слушати, добар бити, послушан бити.

gutwillig, adj. добровољан, драговољан; — adv. драге воље, драговољно; —keit, f. добровољност, вољност.

gymnasi-al, adj. гимназијски; —ast, m. гимназијалац; —um, n. гимназија.

Gyps, m. садра; —artig, adj. садровит; —bruch, m. мајдан од садре.

gyps-en v. a. мазати садром.

Gyps-kalk, m. садра жежена; —mehl, f. прах од садре; —teig, m. садра умешена.

H.

Ha, i. ха! ах!

Haar, n. длака, струна, рудица, влас, коса, власи; bei einem —, у длаку; einander in den —en liegen, кикати се; die —e stehen ihm zu Berge, диже му се коса; es ist um kein — besser, није ни за длаку бољи; —lassen, штетовати; wider das —, уз длаку, ускосно; mit Haut und —, с душом и с телом; er hat Haare auf den Zähnen, он је рутава носа; —band, n. уплетњик; —bereiter, m. кудравичар, власуљар; —beutel, m. кеса за косу; einen — haben, пијан бити; —busch, —schopf, m. кика.

haaren, v. n. лињати се; — v. a. остругати, очупати длаку.

haar-fein, adj. танак као длака; —flechte, f. плетеница, сплет, ћапорак; —förmig, —icht, adj. длакаст, власаст; —hemb n. кострет; —ig, adj. длакав, космат, рутав, власнат, влесат; —kettchen, f. pl. укосници; — klein, adj. танак као длака; — adv. потанко, на длаку; —kräusler, m. кудравичар, —krant, n. папрат водена, госпин влас; —locke, f. витица, коврчица, пицак; —los, adj. ћелав; —nadel, f. укосница, колачара; —puder, m. прах за косу; —scharf, adj. бритак; —scheide, f. раздељак; —schmückerin, f. чешларица; —seil, n. провлака; —sieb, n. сито; —tour, f. намештање косе; —tuch, n. кострет; —wickel, m. увојак, коврчица; —wuchs, m. власи, коса; —wurm, f. мољ, мољац; —zirkel, m. шестар верни; —zopf, m. перчин, кика, плетеница; —zotteln, f. pl. руте.

Habe, f. имање, имуће, имовина, благо; — und Gut, биђа: (die Haudhabe), ручица, држак.

haben, v. a. имати; (besitzen), поседовати, држати; lieb —, љубити, миловати; lieber —, волети; es ist nicht zu —, не може се добити; da habt ihr's, ето вам; wen glaubt ihr vor euch zu —, шта мислите с ким говорите; er hat nichts von seinem Bruder, ни мало није на брата; das hat etwas zu bedeuten, то ће што рећи; es hat keine Eile, није спле.

Habenichts, m. празнов, голов, голаћ, голи сип.

Haber, m. s. Hafer.

Haberecht, m. правдаш, цандрљивац.

habhaftwerden, v. n. уловити, ухватити, стећи.

Habicht, m. јастреб; —snase, f. нос орлов.

habilitir-en, v. a. оспособити, преправити; —ung, f. оспособљење.

Habschaft, Habseligkeit, f. имање.

Habsucht, f. лакомство, лакомост.
habsüchtig, adj лаком; —sein, лакомпти се; —е, ш. лакомац; —, f. лакомица.
Hackbeil, n. секира; —brett, даска за сециво; (ein musikalisches Instrument), цимбал.
Hacke, f. мотика; (die Ferse), пета.
hacken, v. a. сећи, балтати; Holz —, дрва цепати; das Erdreich —, копати; mit bem Schnabel —, клуцати, клувати; sich —, (von der Milch), грушати се.
Häderling, m. сечка; —bant, Häcselbank, f. сецало; —schneider, m. сечкар.
Hacksel, m. нераст; (unreinlicher Mensch), упрљанац.
Häcksel, n. s. Häderling.
Haber, m. крпа.
Haber, m. свађа, инат, кавга; —er, m. кавгаџија, смутљивац; —n, v. n. свађати се, инатити се.
Hafen, m. лука, пристан, пристаниште; (in Zus.), пристански, пристанишни; (Topf), грнац, лонац.
Hafer, m. зоб, овас; —(in Zusamm.), овсен, зобен; —acker, m. овсиште, зобиште; —brot, n. овсеница, зобеница.
Haferei, f. трошкови поморски.
Hafersaat, f. зобови, зобени усев; —sack, m. зобница; —suppe, f. овсјак.
Hafner, m. лончар, грнчар.
Haft, f. затвор, тамница.
Haft, m. петља, конча.
Haftdolde, f. großblüthige, стилак, caucalis grandiflora.
Häftel, n. петљица, копчица, копча.
haften, v. n. држати се, прионути; für einen —, јемчити за кога; добар за кога стојати; еs — Schulden auf diesem Gute, има дуга на имању.
Haftgeld, n. јемчевина.
Haftung, f. одговорност, јемчење; (bürgerliche), уклижба.
Hag, m. s. Zaun.
Hagapfel, m. дивљака, дивља јабука.
Hagebuche, f. граб; —en, adj. грабов; —en holz, n. грабовина.
Hagebutte, f. шипак.
Hagedorn, m. глог.
Hagel, m. туча, лед, крупа, циганица, цигани, суградица, град; (Schrott), сачма; —n, v. i. es hagelt, пада туча, град, бије лед; —wetter, град, туча.
hägen, v. a. оградити, заградити, преградити; (schonen), штедити, чувати; einen bei sich —, држати кога у себи; Freundschaft gegen einen —, пријатељевати коме; Zweifel —, двојити, двоумити, сумњати.
Hägereiter, Hägehereiter, m. лугар, шумар.
hager, adj. сух, мршав; —feit, f. мршавост.
Hagerose, f. шепурика, бокор од дивље руже.
Hagestolz, m. матор момак.
Hägezeit, f. време од лова забрањена.
Hägung, f. ограђивање, храњење, чување.
Häher, m. сојка, креја, крештелица.
Hahn, m. ороз, певач, петао, кокот; (an der Flinte), орлић, сврдао, вук; (an einem Fasse), пипа, славина; rother —, ватра, пожар.

Hahnbuche, —butte, s. Hagebuche.
Hahnenfuß, m. новчић, жабокрек; —geschrei, n. кукурек, кукурекање; —kamm, m. креста, петлова креста; —töpfchen, n. матичковина; —sporn, m. петлова мамуза; —tritt, m. раштење петлово.
Hahnrei, m. човек, коме је жена неверна.
Hai, **Haifisch**, m. нас морски.
Hain, m. гај, луг, берак, лубрава; —buche, f. Hagebuche.
Häldchen, n. кука.
hätelig, adj. кукаст; fig. ein —es Geschäft, тугаљив посао; ein —er Mensch, размажен човек, закерало; —sein, закерати.
hädeln, v. a. заквачити; (mit Fäden), плести; (mit den Nägeln), грепсти, дерати.
Haken, m. кука, ченгел; чавља; прочљак, запољак; das Ding hat einen —, то је тугаљива ствар.
haken, v. a. заквачити, задепути; орати; da hakt es, ту је чвор.
hakenförmig, adj. кукаст.
Hakenfachs, m. сом самац.
hakennasig, adj. куконосаст.
Hakenpflug, m. рало; —schlüssel, m. хак, кључ лоповски; —zahn, m. зуб, кука.
Hälfe, f. потколеница, чукаљ.
halb, adj. по, пола, полак, половичан; —abgetragen, полован; —bier, n. слабо пиво; —blind, нахилап; —blind sein, нахилавати; —bruder, m. полубрат; —bürtig, adj. брат или сестра само по оцу или по матери; —eimerfaß, n. половаче.
halben, **halber**, ргаер. за, ради, поради, због.
Halbfrucht, f. наполица, половница, суржица; —gelehrter, m. надрикњига; —geschwister, pl. полубраћа, полусестре; —gott, m. полубог; —hemd, n. кошуљица; —insel, f. полуострво; —iren, v. a. располовити, половити, предвојити; —jährig, adj. погодишњи; —kreis, m. полукруг; —kugel, f. полушар; —messer, m. полупречник; —monatlich, adj. номесечни; —mond, m. полумесец; —offen, adj. притворен, прислоњен; —part, —scheid, —schied, f. половина, пола, половица; —schatten, m. присенак; —schwester, f. полусестра; —seiden, adj. полусвилен; —stiefel, m. топанка; —weg, adj. половав; —zirfel, m. полукруг.
Hälfte, f. пола, половина, половица; zur — на пола, на полак, на поле; ein Vertrag zur —, наполица; bis zur — fertig sein, уполовити.
Halfter, f. улар, поводац, оглавар.
halftern, v. a. вилчити, зауларити.
Hall, m. јек, јека; шобот, топот, весак, звук; разлегање.
Halle, f. трем, придвор, дворана.
hallen, v a. јечати, разлегати се, орити се, шоботати.
Halm, m. сламка, биљка, влат.
Hälmchen, m. биљчица, сламчица, влатак.
Halmgetreibe, n. стрно, стрмно жито.
Halmnoten, m. колено, колење.
Hals, m. врат, грло, шија; (der — an Flaschen), грлић, грло, (die Kehle), грло, грљан;

über — und Kopf, на врат на нос; den — abschneiden, заклати; den — umdrehen, завнрути шију; aus vollem — e lachen, смејати се грохотом; sich vom — e schaffen, опростити се; —band, n. (der Frauen) огрлица, овратница; (des Hundes), огрљак, литар; —binde, f. овратник, рубац за врат; —brechend, adj. опасан, вратоломан; —brecher, m. вратолом; —brille, f. прашниви; —eisen, f. огрљак; —gehänge, n. f. Halsschmuck; —gericht, n. суд крпичпи; —lappe, f. кукуљица; —kette, f. колајна; —tragen, m. јака, огрлица; —krause, f. набрана огрлица; —kratzer, m. лоригуша; —sache, f. чин крпвичан; —schmuck, m. —schmuk, f. огрлица, ђердап; —starrig, adj. тврдоглав, упоран; —starrigkeit, f. тврдоглавост, упорност; —stück, n. гроник, гроници; — tuch, n. поша; —weh, n. гушобоља; —zäpfchen, n. реса, ресица.

Halt, m. сталност; es wird keinen — haben, неће бити за дуго; keinen — haben, без помоћи, без потпоре.

halt, j. стој! стани! аур! аура! оха! — machen, стати, постати.

haltbar, adj. јак, чврст, тврд, ваљан; —keit, f. јакост, ваљаност.

halt-en, v. a. држати, придржати, одржати; задржавати; уставити, задржати; ein Ding gegen das andere —, упоредити; den Gottesdienst —, служити божију службу; die Tafel —, учинити гозбу; Hochzeit —, иpoвати; einem das Licht —, светлити коме; Treue und Glauben —, сверовати; sein Versprechen —, садржати, сверовати; Haus —, штедити, господарити; einem die Wage —, вући се клипка; bereit —, припремити; genehm —, одобрити, допустити; sich heimlich —, сакрити се; schadlos —, накладити; hoch —, ценити; inne —, зауставити; престати; lieb und werth —, љубити, миловати; in Ehren —, поштовати; an sich zu — wissen, знати се устегнути; das Wetter hält nicht, није постојано време; der Feind wird nicht Stand —, неће се дуго противити непријатељ; die Rebhühner —nicht, јаробице неће да чекају; bei der Stange —, стадан бити; still —, стати; rechter Hand —, држати се на десно; sich —, држати се; (von einer Festung), одолети, одолевати; das wird schwer — то ће тешко бити; sich wohl —, добро се владати; —er, m. потпора, држак, држаље.

Hältigkeit, f. (der Münze), језгра; (Gewichtigkeit), важност.

Haltung, f. држање, владање; (in der Malerei), размерно, складно распоређење сена и светлости; drohende —, претња.

Halunke, m. ула, лупеж, орјатин.

Hamen, m. мрежа.

hämisch, adj. злобан, завидан, пакостан, поругљив.

Hamme, f. плећка.

Hammel, m. брав, шкопац; —fleisch, n. шкопчевина.

hammeln, v. a. шкопити, ушкопити.

Hammer, m. маљ, чекић; самоков.

Hämmerchen, n. маљица, корак, мали чекић.

hämmern, v. a. ковати, бити.

Hammer-schlag, m. ударац чекићом; (Schlacken), гар; —wert, n. самоков.

Hamster, m. хрчак.

Hand, f. рука; flache —, длан; geballte —, песница; voll, прегрш, шака; vor der —, за сада; nach der —, после; unter der —, испод руке; Jemanden zu —en fein, бити на руку; hilfreiche — bieten, дати помоћ; — anlegen, примити се чега; прионути, радити; (gewaltthätig), уложити, улагати; bei der —, на мести; bei der — sein, десити се; offene —, шака; einander die — geben, руковати се, ручити се; mit beiden Händen, оберучке.

Hand- (in Zuf.) ручни; —amboß, m. мали наковањ; —arbeit, f. рукотворина; —arbeiter, m. рукоделац, рукотворник; —ballen, m. длан; —becken, m. лећен; —beil, n. брадва; —breit, adj. са шаке.

Händchen, n. ручица.

Hand-eisen, n. pl. —feffeln, f. pl. лисице, везнице.

Händeklatschen, n. пљескање.

Handel, m. трговина, пазар; промет; ствар; —und Wandel, живљење; Händel, pl. инат, свађа, кавга.

handeln, v. a. трговати, пазарити; von etwas —, радити, писати, говорити о чему; (verfahren) поступати; dem Gesetze gemäß —, владати се по закону; wider seine Ehre —, радити непоштено; um eine Waare —, ценкати се, погађати се; mit sich — lassen, мек бити.

Handels- (in Zuf.) трговачки; —agent, m. трговачки оправник, пословођа.

Handelschaft, f. трговина, трговља.

Handelsfrau, f. трговкиња; —genoß, —gesellschafter, m. ортак; —herr, m. —mann, m. трговац; —kammer, f. трговачки одбор; —leute, pl. трговци; —platz, m. место трговачко, тржиште.

Handelsstadt, f. трговиште, трг, варош трговачка.

Hand-faß, n. f. Handbecken; —feffeln, pl. f. Handeisen; —fest, adj. јак, чврст; — machen, затворити кога; —feste, f. потпис; —geld, n. капара; —gelenk, n. зглавак од руке; —gelöbniß, n. вера руком дата; —gemein werden, v. n. ударити се, ухватити се с ким; —gemenge, n. бој; —geschmeide, n. гривне, наруквице; —gewehr, n. пушка; —greiflich, adj. опипљив, осетан; fig. очевидан, јасан; Jemanden etwas — machen, доказати што; —griff, m. држаље, држак; fig. вештина; —habe, f. ручица, држаље, држак; —haben, v. a. руковати, управљати, равнати, владати чиме; (die Gerechtigkeit), вршити правду; (Jemandes Rechte), бранити права чија; —habung, f. руковање; —kauf, m. куповање, пазар од ока, продавање на мало; први пазар; —korb, m. цегер, котарица; —kuß, m. руколуб; —langen, v. n. додавати, надимчари; —langer, m. додавач, надимчар; —leiter, m. вођа; —leitung, f. руководство.

Händler, m. трговац.

Hand-leuchter, m. свећњак; —lich, adj. ручан; удесан, згодан; (mittelmäßig), средњи.
Handlung, f. чин, дело, деловање; трговина, трговање; пословање; (Verkaufsgeschäft), продаја; —sgesellschaft, f. ортаклук; —gesellschafter, m. ортак; —sgesellschafterin, f. ортачица.
Hand-mühle, f. жрвањ; —pfand, n. покретни залог; —pferd, n. коњ у поводу; —ramme, f. маљица, чекић; —reichung, f. руковање, помоћ; —säge, f. шеган, тестера с дршком; —scheiten, pl. f. Handeisen; —schlag, m. давање руке, руковање, пријатељ, реч, вера; —schrift, f. (Hand im Schreiben), рука,
¶ (Geschriebenes), рукопис; (Verschreibung), писмо, лист; —schuh, m. рукавица; —schuhmacher, m. рукавичар.
Handtuch, n. пешкир, ручник, отирач, отарак, убрус.
Handvoll, f. шака, хомут, прегршт, руковет.
Handwerk, n. занат; (Zunft), цех; (in Zus.), занатски; —er, -, s manu, занатлија, руководелац; —sbursch, —sgesell, m. детић, калфа, момак; —sjunge, m. шегрт, дечко; —szeug, n. оруђе, алат.
Hand-wurzel, f. зглавак, чланак за шаком; —zeichen, n. ручно знамење; —zeichnung, f. цртање руком; —zug, m. црта, потез.
Hanf, m. конопља, кудеља; —ader, m. —felb, n. конопљиште, кудељиште; —breche, f. трлица, ступа.
hänfen, adj. кудељан, конопљан.
Hanffaden, m. канап, дрвца, врвца; —torn, m. главчице.
Häufling, n. ланар.
Hanf-staude, f. —stengel, m. конопљика.
Hang, m. (Abhang), низбрдица, стрмен; (Neigung), наклоност.
Hänge-lampe, f. кандило; —matte, f. постеља висећа.
hangen, hängen, v. n. висети; an Jemand —, држати се кога, миловати кога; —bleiben, обиснути, припонути, закучити, запети; sich an einen —, припонути; hangend, adj. —de Angelegenheit, недовршена ствар.
hängen, v. a. обесити, вешати; den Kopf —, повуњити се, спустити главу; an den Nagel —, обесити на смокву, оставити што; den Mantel nach dem Winde —, владати се према времену; sein Herz an etwas —, прионути за што, гинути за чим; sich —, обесити се.
Hängeschloß, n. локот, катанац.
Hangriemen, m. ремен.
Hanke, f. стегно од коња; сапи.
hänseln, v. a. примити новака; крстити (у морнара). fig. ругати се, шалу о њим обијати.
Hanswurst, Harlekin, m. арлекин, лакрдијаш, чаум.
hantir-en, v. n. тржити; радити, терати занат; (lärmen), арлати; —ung, f. занат, посао, рад, тарлабука.
hapern, v. n. es hapert, неиде, запиње.
hären, adj. од струне; ein —es Kleid, кострет.
Harfe, f. арфа; —net, n. мала арфа.

Häring, m. харинга; —sbüse, f. —sjäger, m. барка за лов на харинге.
Harke, f. Harken, m. грабље.
harken, v. a. грабити, грабуљати.
Harlekin, m. арлекин.
Harm, m. туга, жалост.
härmen, sich, v. r. туговати.
harmlos, adj. без скрби, безазлен.
Harmonie, f. сугласје, сагласност.
harmon-iren, v. n. слагати се; —isch, adj. сагласан.
Harn, m. мокраћа, пишаљак; —blase, f. бешика; —en, v. n. мокрити, мокрити се; пишати, пустити воду.
Harnisch, m. оклоп, панцер; einen in den — jagen, разљутити, расрдити, разјарити; in — gerathen, разјарити се; geharnischt, adj. у оклопу, под панцером; наружшен; једак.
Harn-strenge, f. —zwang, m. тешко мокрење.
Harpun e, f. остно, ости, рибарско копље; — irer, m. остволник.
Harke, f. затезање.
harren, v. n. чекати, надати се; auf Gott —, у бога уздати се.
harsch, adj. тврд, окорап; die Wunde bekam eine —e Rinde, рана се укорила.
hart, adj. тврд, окорео; чврст, јак; fig. оштар, суров; —es Brod essen, сух хлеб јести; ein —er Schlaf, дубок сан; eine —e Stirn haben, без стида бити; —e Zeiten, зла времена; —er Thaler, талир у тврдо; — machen, тврдити; — werden, отврднути, стврднути се; —er Sinn, упорност, тврдоглавост; — am Wege, тик пута; es wird — halten, то ће тешко бити; —er Leib, тврда столица.
Härte, f. тврдина, тврдоћа; јакост, чврстоћа; — des Eisens, каљење; —en, v. a. тврдити; (Eisen), калити.
hart-häutig, adj. дебеле, тврде коже; —herzig, adj. камена, тврда срца, немилостив, немилосрдан; —herzigkeit, f. немилосрдност; —heu, n. богородичина трава, пљускавица; —hörig, adj. наглув; —köpfig, adj. тупоглав, тврдоглав, упоран; —leerig, adj. туп, тупоглав; —leibig, adj. затворен; fig. тврд, стиснут; —leibigkeit, f. затвор; fig. тврдоћа.
härtlich, adj. потврд.
hartmäulig, adj. тврдоуст.
hartnäckig, adj. тврдоглав, јогунаст, упоран; —keit, f. тврдоглавство, упорност.
Hartriegel, m. rother, свба, cornus sanguinea.
Härtung, f. каљење.
Harz, n. смола; —en, v. n. купити, збирати смолу; пуштати смолу; — v. a. смолити, осмолити, насмолити; —ig, —icht, adj. смолан.
haschen, v. a. хечити, хватати; nach Beifall —, грамзити за похвалом.
Häscher, m. уставник, пандур.
Häschen, n. зечић, зеч.
Hase, m. зец.
Hasel-busch, n. лештак, лешће; —holz, n. лесковина; —huhn, n. лештарка, трћа, кокица; —maus, f. пух; —nuß, f. лешник; —salbe, f. (Prügel), лескова маст; —staube,

Hasel, f. леска; —stock, m. лесковац, лековача; —wurz, f. копитњак.
Hasen-balg, m. —fell, n. кожа зечја; зечина; —farbig, adj. зекаст; —fleisch, n. зечевина, зечје месо; —fuß, m. нога зечја; fig. страшљивица, страшивац, кукавица; —jagd, f. лов зечји, лов на зецове; —klee, m. киселак; —panier, n. —ergreifen, пут за уши, утећи; —pfeffer, m. —schwarz, —klein, црна зечија; —scharte, f. зечја усна, усница расцепљена; —schrott, n. зечара.
Hasin, f. зечица.
Haspe, f. петица (од врата).
Haspel, m. мотовило, витао, лестњак, чекрк, arган; —brettchen, n. поличица; —n, v. a. мотати.
Haß, m. мрзост, мржња, омраза; —en, v. a. мрзити, ненавидети, помрзити; der Gehaßte, m. мрзећи, мрзан; —er, f. ненавидник.
häßlich, adj. ружан, гадан, гнусан, грдан; —e, m. гнусник; —s, f. гнусница; —es Ding, паграда; —machen, грдити, нагрдити; sich —machen, грдити се; —keit, f. ругоба, грдоба.
Hast, f. наглост; брзина; —ig, adj. брз, нагао; —igkeit, f. брзост, журба, наглост.
Hatschier, n. копјаник.
hätscheln, v. a. мазити, размазити, блудити.
Hatze, Hatz, f. бој паса с дивљом звери; лов, хајка.
Hau, m. ударац, сочење.
Haube, f. капа; (Federbusch einiger Vögel), капа, кукма; ein Mädchen unter die — bringen, удати девојку; unter die — kommen, забеловити се.
hauben, v. a. покрити капом.
Hauben-lerche, f. шева капорка, кукмаста; —stock, m. глава дрвена.
Haubitze, f. обица, кубуз.
Hauch, m. дах, дух, хак; —en, v. n. духати, дахнути.
Haudegen, m. сабља.
Haue, f. мотика, будак, трнокоп.
hauen, v. a. сећи, сецати, резати; тесати; бити; eine Wunde —, ранити, обранити; in Stein —, уважати, урезати у камен; sich durch den Feind —, пробити се.
Hauer, m. онај који сече; копач; (Wildschwein), вепар; (Hauzahn), кал, зуб.
Häuschen, n. хрпица, купа.
häufeln, v. a. гртати на хрпу.
Haufen, m. куп, хрпа, гомила, камара; руја, кридија, збој, мноштво, множина; чета, чопор; über den — werfen, срушити, стровалити; in — ziehen, занасати.
häufen, v. a. гртати, купити, гpнути; множити; sich —, накупљати се.
häufig, adj. обилан, многи, чест; adv. често.
Häufung, f. грта̂ње, купљење.
Hauhechel, f. зечји трн, гладиш, гладишика.
Haupt, n. глава fig. поглавица; den Feind aufs — schlagen, разбити непријатеља; das — abschlagen, погубити; zu —en, чело главе.
Haupt-, (in Zuf.) главни; —altar, m. олтар велики; —anfer, m. сидро велико; —arznei, f. лек од главе; —ast, m. ступ; —balten, m. окалача; —bau, m. велика зграда; —binde,

f. повезача; —königliche —binde, венац краљевски; —buch, n. главна књига.
Häuptlein, sich, v. r. главичити се, главичати се.
Haupt-eib, m. одлучна присега; —fluß, m. маторњак; —frachter, m. крамар; —haar, n. коса, власи; —kirche, f. црква катедрална, столна; —kissen, n. узглавница.
Häuptling, m. поглавар.
Hauptmann, m. капетан, четовођа; —schaft, f. капетанство.
Haupt-mast, m. јарбуо велики, катарка велика; —moment, n. главна ствар у чему; —ort, m. главно место; —quartier, n. главни стан.
Hauptsache, f. прва ствар, језгра од посла; —sächlich, adj. главан, поглавит; — adv. особито, врх свега.
Haupt-satz, m. реченица, правило главно; предмет, темат; —schlacht, f. одсудни бој; —schlüssel, m. хак, кључ лупешки.
Haupt-schmerzen, m. pl. главобоља; —schmuck, m. накит за главу.
Haupt-sprache, f. језик првобитни; —stadt, f. престоница; —stamm, m. (Capital), главно; (Familie), главно племе; —straße, f. друм царски, велики друм; (in der Stadt), улица главна; —stuhl, m. главно; —stück, n. глава; —sünde, f. грех смртни; —thäter, m. главни кривац; —treffen, f. Hauptschlacht; —tuch, n. повезача, јашмак; —versammlung, f. велика скупштина; —wache, f. велика стража; —wehr, n. главобоља; —wort, n. именица, име самостално; —zweck, m. циљ први, главни.
Haus, n. кућа, дом, пребивалиште, стан; (Familie), породица, дружина, чељад; (Stamm), племе, род; wo ist er zu —? одкуд је? nach —e gehen, ићи кући, дома; zu —e код куће, дома; der nicht recht zu —e ist, сулуд; in etwas zu —e sein, вешт чему бити; von Haus zu Haus, од куће до куће; —und Hof, домовина.
Haus- (in Zuf.) кућевни, кућни, домаћи, домашњи; —arrest, m. стиџњи спромах; —bewohner, m. укућанин.
Häuschen, n. кућица; —für Fisolen bereiten, кућичити.
Haus-dieb, m. поличар; —ehre, f. жена, газдарица; —einrichtung, f. покућство.
hausen, v. n. становати, живети; (toben), лармати; übel —, зло економисати.
Hausen, m. моруна.
Hausflur, f. трем; —frau, f. газдарица, домаћица; —freund, m. кућни пријатељ; —genosse, m. кућанин; —genossen, pl. кућани, домаћи, домаћа чељад, жупа; —genossenschaft, f. задруга; —geräth, n. покуће, покућство, намештај; —gesinde, n. чељад домаћа, дружина; —grille, f. попац, попак, поник, цврчак; —halt, m. кућење; —halten, v. n. кућити; —halten, n. кућење; —hälter, m. тенџукућа, кућаник; —hälterin, f. кључарица, тенџукућа, укућница, домаћица; —hälterisch, —hältig, adj. штедљив, чуваран; —haltung, f. кућење; —herr, m. домаћин, куће газда; —hof, m. дворište,

двор, авлија; —hofmeister, m. учител домаћи; —hund, m. покућар.
hausir-en, v. a. трговати од куће до куће, торбарити; —ст, m. торбар, торбичар, чикар; —erin, f. торбичарка; —handel, m. торбичарство, торбарство.
Haus-jungfer, f. кћи домаћа; кључарица; —leid, n. —kleidung, f. хаљина покућна; —knecht, m. пристав, слуга кућни; —kreuz, n. невоља домаћа; —laub, —lauch, n. чуварkућa.
Häusler, m. укућанин, жилер.
Hausleute, pl. укућани.
häuslich, adj. домаћи, кућеван; f. haushälterisch); sich — an einem Orte niederlassen, настанити се.
Haus-magd, f. слушкиња, момица, дивла; —mann, m. укућанин, чувар, настојник куће; —mannskost, f. храна домаћа, свакидашња; —meister, m. назикућа; —mittel, n. лек домаћи; —mutter, f. домаћица; —ordnung, f. домовник; —rath, m. f. Hausgeräth, —satz (Hypothek), m. терет на кући; —schlüssel, m. кључ од куће; —steuer, f. укућанство, кућарина; —thier, n. живинче; —tuch, n. сукно; —vater, m. старешина, домаћин; —wesen, n. кућанство; —wirth, m. домаћин, кућаник, газда; —wirthin, f. кућаница, газдарица, домаћица; —wirthschaft, f. кућанство, кућење; —wurz, f. чуваркућа, sempervivum tectorum.
Haut, f. кожа, кора, повлака; eine ehrliche — добричина, поштен човек; —ausschlag, m. аспа, оспа.
Hautbois, f. Hautboist, m. s. Hoboe, Hoboist.
Häutchen, n. кожица, тена; опна, онона, опница.
häut-en, v. a. гулити, дерати кожу; sich —, v. г. лињати се; —ig, adj. опнчав.
Hauzähne, pl. m. кали, зуби.
Havarie, f. поморска штета.
Haverei, f. s. Haferei.
Hazardspiel, n. слепа игра.
he, hei, i. aj! ej! e!
Hebamme, f. бибица, примаља.
Hebebaum, Hebel, m. Hebeeisen, n. озлб, полуга, ћускија, ваг, стрела, мотка.
Hebelade, f. витао.
heben, v. a. дигнути, узнисити, дизати, подићи, испети, припети; Wein aus dem Fasse —, вадити вина натегачом; ein Kind aus der Taufe —, држати на крштењу дете; einen aus der Kutsche —, помоћи коме с кола, с коња; einen aus dem Sattel —, оборити кога са коња; fig. истиснути из чије милости; einen Zweifel —, решити двоумље; eine Krankheit —, излечити; извилати.
Heber, m. полуга, ћускија; теглища, натега, натегача, дизало.
Hebe-winde, f. витао; —zeug, n. аргаn, чекрк.
Hebung, f. дизање.
Hecatombe, f. велика жртва.
Hechel, f. гребен, грдаша, гргаша; einen durch die — ziehen, прорешетати; —bank, n. стан од гребена; —frau, f. гребеналка; —macher, m. гребенар; —n, v. a. гребенати.

Hecht, m. штука; —chen, n. штучица.
Heck e, f. грм; (lebendiger Zaun), живица; (von manchen Thieren und Vögeln), легло, скот; —en, v. a. (von den Vögeln), лећи; (von andern Thieren), котити се, лећи, плодити се; —enland, n. земља неплодна; —enrose, f. дивља ружа; —groschen, —thaler, —pfennig, m. бела пара за црне дане; —mutter, f. (im Scherz), плоткиња, плодница (жена); —zeit, f. легло.
Heerde, f. кучине.
Heer, n. војска, ордија; мноштво, сила; јато; чета; чопор; —bann, m. позив на војску; —biene, f. трут, трутина.
Heerd, Heerde, s. Herd, Herde.
Heer-fahne, f. алајбарјак; —flüchtig, adj. бегунац; —führer, m. војсковођа, војвода; —geräth, n. пртљаг војнички; —pauke, f. таламбас; —schnepfe, f. шљука; —straße, f. друм, пут велики; —wagen, m. таринце, кара; —wesen, n. војништво.
Hefe, f. дрождина, талог, стеља; bis auf die —, пискан.
hefig, adj. дрождан, мутан.
Heft, n. (m.) (Stiel), држак, држаље, ручица; (von Papier), свеска; (Heftel), мужјак, кукац, копча, копчица; петља; — des Taschenmessers, коре, корице.
Hefte, f. вежња винограда.
Heftel, s. Häftel.
heftein, v. a. скончати, санети.
Heftelring, m. нетла.
heften, v. a. петлати; прибости, пришити; (mit weiten Stichen), фирцати, префирцати; fest —, гвирити; die Augen auf etwas —, упрети очи у што; den Wein —, везати виноград; seine Gedanken auf etwas —, мислити на што.
Heftfaden, m. конац за фирцање.
heftig, adj. жесток, плах, ватрен; јак, велик, силан, сповит; плаховит, бујан, грозан, напржит; —, adv. јако, силно, здраво, зорно; —keit, f. сила, зор, жестина; плахост, плаховитост, бујност.
Heftlade, f. шивало у коричара; —nadel, f. игла велика; —pflaster, n. мелем спојни.
heg-en, v. a. гајити, неговати; —er, m. гајник.
Hegumen, m. игуман.
Hehl, n. er macht kein —, не крије, не таји.
Hehler, m. јатак; —in, f. јатачица.
hehr, adj. славан, висок, свет, небески, рајски.
Heide, f. ледина, пустара, пустош, пустопољина; луг.
Heide, m. поганик, незнабожац, нексијан.
Heide-korn, n. хајда, хајдина, јелда, хелда; —kraut, n. береск.
Heidelbeere, f. црна јагода.
Heidelerche, f. шева шумска.
Heiden-thum, n. поганство, незнабоштво.
heidnisch, adj. погански, незнабожачки, нексијански.
Heiduk, m. пандур.
heikel, adj. тугалив, нежан, фин; er ist nicht —, небира, себичан је.

Heil, n. спасење, блаженство, срећа; — dir! благо теби!
heil, adj. здрав, оздравио; die Wunde ist —, зарасла је рана; — werden, оздравити.
Heiland, m. спаситељ, спас.
Heil-art, f. лечење, видање; начин лечења, видања; —bar, adj. излечив; —en, v. a. лечити, видати; излечити, извидати; geheilt werden, излечити се, извидати се; —erin, f. лекарица; —geld, n. лекарина, видарина.
heilig, adj. свет, часни; — adv. свето; — werden, светити се, посветити се; —en, v. a. светити, посветити; —enbild, n. икона; —er, m. светац, свети, светњак, светитељ, богоносац; blažen; Heilige, f. светица, светитељка, света, блажена; —keit, f. светост; —sprechen, v. a. посветити; —sprechung, f. посвећивање; —thum, n. светиња; —ung, f. свећење, посвећење.
Heil-kraft, f. моћ лековита; —kraut, n. биље лековито; —kunde, —kunst, f. лекарство.
heillos, adj. безбожан; опак, зао, злочест; —igkeit, f. безбожност.
Heilmittel, n. лек, лекарија.
heilsam, adj. лековит, здрав, пробитачан, користан; спасоносан; —keit, f. корист, спасоносност.
Heilsordnung, f. пут спасења.
Heilung, f. лечење, видање; оздрављење.
Heilverständiger, m. вештак у лечењу.
heim, adv. кући, дома; kod kuće, doma.
Heimath, f. постојбина, домаја, очевина, баштина, домовина, завичај; —slos, adj. без завичаја; ein —er Mensch, безкућник.
Heime, f. Heimchen, n. штурак, попак.
Heim-fahrt, f. —gang, n. повратак кући.
Heimfall, m. припадање; опасност; (Erbschaft) отло наследство; —en, v. a. припасти, припадати.
heimfällig, adj. опастни, припадни.
Heimkehr, f. Heimfahrt.
heimlich, adj. тајан, потајан; — adv. тајом, крадом, у потаји, потајно, кришом; —keit, f. тајна, кријење.
Heimreise, f. Heimfahrt.
heimsagen, v. a. напустити.
heimstellen, v. a. дати на вољу.
heimsuch-en, v. a. снаћи, снаходити; педепсати, постићи; походити, полазити; —ung, f. похађање; полажење; fig. педепса, бич божји, божје попуштење.
Heimtück-e, f. злоба; подмуклост; —isch, adj. подмукао, злобан, нукао; —isch, adv. испод мукла, мучки.
heim-wärts, adv. кући, дома; —weg, m. f. Heimfahrt; —weh, n. жеља за домовином.
Heirath, f. женидба, свадба, удр; (in Zuf.) женидбени; —en, v. a. (sie Frau nehmen) оженити се, женити се, узети девојку; узети се, уповати се; (einen Mann nehmen) удати се, поћи за мужа; —sfähig, adj. —er, Bursche, момак за женидбу; —e Tochter, кћи на удају, уладбеница; —sgut, n. мираз, прћија, женинство; —spfand, n. обележје.
heischen, v. a. питати, хтети, изискивати, захтевати.

heiser, adj. промукао; sich — schreien, trinken, одерати се; —keit, f. промуклост.
heiß, adj. врућ, топал, врео; die —e Sonne, жарко сунце; омара, припека.
heißen, v. a. (nennen) звати, гласити, именовати; (befehlen) заповедити, рећи; — v. n. звати се, назвати се, гласити се; (bedeuten) значити; wie heißt er? како се зове, како му је име? es heißt, er sei gestorben, говоре, кажу, да је умро; jemanden einen Betrüger —, рећи коме да је варалица; jemanden willkommen —. поздравити; etwas gut heißen, одобрити. [дан.
Heißhunger, m. велик глад; —ig, adj. веле гладан.
heiter, adj. јасан, ведар бистар, чист; (vom Geiste) весео, добре воље; —machen, изведрити; — werden, ведрити се, изведрити се, разведрити се; es wird —, ведри се; —keit, f. ведрина.
heitern, v. a. ведрити; sich —, разгалити се.
heiz-en, v. a. грејати, курити, ложити, палити; —ung, f. грејање, курење; огрев.
Hektik, f. јектика, суха болест; —isch, adj. јектичав.
Held, m. јунак, витез, заточник, детић.
Helden-gedicht, n. песма јуначка, даворија; —mäßig, —haft, adj. витешки, јуначки; —muth, m. јунаштво, витештво; —müthig, adj. јуначки, витешки, храбар; —that, f. јуначтво, витештво; —thum, n. јунаштво; an —thum übertreffen, надјуначити; —zeit, f. време од јунака.
Heldin, f. јунакиња.
helfen, v. n. помоћи, помагати, прискочити, доћи у помоћ; einem aus dem Irrthume —, убавестити; es ist nicht mehr zu —, нема више помоћи; — Sie mir von diesem Menschen, опростите ме овога човека; vom Brode —, убити; hilft's nichts, so schadt's auch nicht, ако неће помоћи, неће ни одмоћи; was hilft das? што за вајду?
Helfer, m. помоћник, помагач; —in, f. помоћница; —shelfer, m. помагач, друг у злочинству.
hell, adj. јасан, ведар, видан, бистар, чист; —er Wald, шума ретка; (durchsichtig) прозрачан; —e, f. јасност, светлост, ведрина, јасноћа; запећак.
Hellebarde, f. алабарда, оштроперац.
Heller, m. бач, мрака.
hellaut, adv. гласовито.
Helm, m. кацига, кацида, шлем; (an einer Destillirblase) капа, капак; (eines Thurmes) труло, кубе; —dach, n. труло, кубе.
Hemd, n. кошуља; кошуљац; —chen, n. кошуљица.
hemm-en, v. a. уставити, зауставити, запречити, препречити; ein Rad —, кочити, упаочити коло; —schuh, m. паочаница; —stab, —holz (am Weberstuhl), запињача; —ung, f. устављање, заустављање пречење.
Hengst, m. ајгир, настух; —füllen, n. ждребац.
Henkel, m. ручица, ухо, ресло, поврaз; —eisen, n. поврaз, ресло, повресло; —n, v. a. метнути ручице; —topf, m. рукачица, руја, лопаз с ручицама.

henk|en, v. a. обесити, вешати; —er, m. џелат, крвник, мучитељ.
Henne, f. кокош, кокошка, кока.
her, adv. амо, овамо; hin und —, тамо амо; wo sind Sie —, од куда сте? von Alters —, од старине; von da —, оданде, оновуд.
herab, adv. доле, с, са; —beuteln, v. a. млатити, смлатити; —bringen, v. a. скинути, снети; den Preis — bringen, побити цену; —brechen, v. a. свргги; —eilen, v. n. похитати доле; —fahren, v. n. сићи доле; —fallen, v. n. спасти, пасти; —fliegen, v. n. слетети, слетати; —fließen, v. n. ставати се, подливнати, отицати; —führen, v. a. свести; —gehen, —kommen, v. n. сићи, силазити; -hängen, v. n. висити.
herablaff|en, v. a. спустити; sich — v. г. понизити се; —end, adj. удудан, благ; —ung, f. спуштање; благост.
herab-nehmen, v. a. скинути, снимити, смањ. снизивати; —reißen, v. n. сјахати; —rollen, v. n. скотрљати се; —srozati; —schlagen, v. a. одбити, омлатити; —schleppen, v. a. свући; --schütteln, v. a. стрести; —sehen, v. a. гледати доле; —senden, v. a. послати доле.
herab-setzen, v. a. спустити; den Preis — побити цену; —die Münze, обалити вредност новцу; den guten Ruf, кловетати, оговарати; einen —, осрамотити, поругати; —ung, f. порута, срамота.
herab-springen, v. n. доле скочити; —steigen, v. n. сићи, снимити се, скинути се; —stimmen, v. a. попустити; —stoßen, v. a. турнути доле; —stürzen, v. a. турити доле; v. n. стрмекнути, скрхати се; —tragen, v. a. сносити, снети; —träufen, v. n. капати; —wälzen, v. a. сваљити; vom Berge herabgewälztes Holz, ваљанице; —werfen, v. a. збацити, сврнути.
herabwürdig|en, v. a. понизити, осрамотити; —ung, f. понижење, срамота.
herabziehen, v. a. свући.
Heraldik, f. грбословље.
heran, adv. амо, овамо, ближе; —jagen, v. a. дотерати; —kommen, v. n. доћи, долазити; —loden, v. a. примамити; —nahen, v. n. приближавати се, долазити; —nahung, f. приближавање; —rücken, v. n. приближавати се, долазити; —schleichen, v. n. прикрасти се; —segeln, v. n. дојездрити; treten, v. n. прилазити; —wachsen, v. n. расти, одрасти.
herauf, adv. горе, на; —gehen, —kommen, stehen, —treten, v. n. пењати се, попети се; —ziehen, v. a. вући горе, повући горе.
heraus, adv. ван, на двор, на поље; —bekommen, v. a. добити (натраг); —bringen, v. a. изнети, извадити; —brängen, v. a. истиснути; v. n. посукати се; —fahren, v. n. изићи, извести се; —fallen, v. n. испасти; —finden, v. a. наћи, изнаћи, разумети; —fließen, v. n. просути се, истицати.
herausforder|n, v. a. позвати, чикати, зазвати; изазвати кога; —ung, f. позив, изазив.
herausführen, v. a. извести, изводити;

Herausgabe, f. издање, издавање.
herausgeb|en, v. a. издати; дати натраг, вратити; —er, m. издаватељ, издавалац.
heraus gehen, v. n. изићи, излазити; —helfen, v. n. помоћи; —holen, v. a. извадити, изнети; —jagen, v. a. истерати, изјурити; —kommen, v. n. изићи, излазити; (bekannt werden), дознати се, прочути се; es kommt auf eins heraus, то је све једно; —kriechen, v. n. измилети; —kriegen, v. a. добити; ein Geheimniß —, дознати тајну; Geld —, добити натраг; —lassen, v. a. пустити, испустити; sich über etwas —, о чему свој суд изрећи; —laufen, v. n. истрчати; —legen, v. a. изложити, излагати; —loden, v. a. измамити, извабити; —müssen, v. n. морати изићи; die Sache muß heraus, то мора доћи на видело; —nehmen, v. a. вадити, повадити, извадити; sich viel —, усудити се; —platzen, v. n. (mit etwas), излапути се; --pressen, v. a. изажети, изажимати, исцедити; —reißen, v. a. искинути, ишчупати; —reden, v. a. исплазити; —rinnen, v. n. истећи, исцурити; —rüden, v. n. изићи; rufen, v. a. извазвати; —sagen, v. a. рећи, исповедити, исказати; —schlagen, v. a. избити, избијати; —schneiden, v. a. изрезати, исећи; —schöpfen, v. a. исцрпсти, поцрпсти; —schütteln, v. a. истрести, просути; —schwimmen, v. n. испливати; —sein, v. n. бити на пољу; —spähen, v. n. извирити, извиривати; —springen, v. n. искочити; —stehen, v. n. вирити; —stoßen, v. a. иступити, истерати; —streichen, v. a. избрисати; (loben), хвалити, славити; —strömen, v. n. изврети; —tragen, v. a. изнети; —treiben, v. a. истерати; —wälzen, v. a. изваљати; —werfen, v. a. избацити; —wideln, v. a. размотати, одмотати; sich — v. r. испаести се; —winden, v. a. искукати; —wollen, v. n. хтети изићи; nicht — mit der Sprache, нехтети казати; —ziehen, v. a. повући; sich —, исплести.
herbe, adj. каштар, опор, опоран, љут.
Herbe, Herbigkeit, f. каштрина, горкост, љутина.
herbei, adv. амо, овамо; —bringen, v. a. донети, принети; —brängen, sich, v. r. пачетати се; —eilen, v. n. прихитати, допасти; —fahren, v. n. довести се; v. a. довести, довозити; —fliegen, v. n. долетети, прилетети; —führen, v. a. довести, привести; —holen, v. a. донети, нићи по кога; донети; —jagen, v. a. довијати, дотерати; —kommen, v. n. доћи, прићи, настати; —lassen, sich zu etwas, v. r. пристати на што; —laufen, v. n. притрчати, дотрчати, допасти, притећи; —loden, v. a. примамити, домамити; —reiten, v. n. дојахати; —rüden, v. n. примаћи се; —rufen, v. n. дозвати, призвати, довикнути; —schaffen, v. a. добавити, набавити; — Zeugen, довести сведоке; —schleichen, v. n. привући се, привраћи се; —schleppen, v. a. довући, привући; —springen, v. n. прискочити, доскочити; —ziehen, v. a. довући, привући.
Herberg|e, f. конак, поћиште; гостионица, крчма; —en, v. a. примити, узети на конак.

herbeftellen, v. a. поручити, паручити, рећи коме да дође амо.
herbeten, v. a. молити се па изуст.
herbitten, v. a. позвати к себи.
herbringen, v. a. донети, принети.
Herbſt, m. јесен, подзимак; dieſen —, јесенас; —en, v. a. брати грожђе; — v. n. јесенити се; —lich, adj. јесенски, јесењи, —mais, m. постриак; —monat, m. септембар, рујан; —ſaat, f. зимски усев, усев јесенски; —zeit, f. јесен; —zeitloſe, f. мразова сестрица, colchicum autumnale.
Herd, m. огњиште; (Haus), кућа.
Herde, f. стадо, чорда, чопор, побравница, крд; —hüter, m. чордаш; —reichthum, m. стока; —nweiſe, adv. на стада, на чопоре.
herdurch, adv. овуда.
herein, adv. унутра, у; — i. слободно, улази; —brechen, v. n. настати, ударити; —bringen, v. a. унети; —gehen, —kommen, —treten, v. n. ући; —laſſen, v. a. пустити унутра; —nöthigen, v. a. молити да уђе, принудити да уђе унутра.
herfließen, v. n. тећи; fig. долазити, произлазити.
herfordern, v. a. звати, позвати овамо.
herführen, v. a. довести, привести.
Hergang, m. стање, стечај.
hergeben, v. a. додати.
hergebracht, adj. —e Weiſe, стари, старински, стародавни обичај.
hergehen, v. n. ићи, приближавати се; über etwas —, примити се чега; über einen —, заокупити кога.
herhalten, v. a. пружити; — v. n. —müſſen, морати грпети.
herholen, v. a. довести, допети.
Hering, ſ. Häring.
herkommen, v. n. доћи, прићи; fig. произлазити; — n. произлажење, род; стародавни старински обичај.
herkömmlich, adj. обичан, навадан; — adv. по обичају, старинском начину.
Herkunft, f. долазак; (Abſtammung), род, племе.
herlangen, v. a. додати, пружити — v. n. дохватити.
herlaſſen, v. a. допустити, пустити.
herlaufen, v. n. допаркивати.
herlegen, v. a. ставити, метнути.
herleihen, v. a. посудити, позајмити.
herleit-en, v. a. најазити; доводити; fig. производити; —ung, f. произвођење.
herleſen, v. a. читати, прочитати.
Herling, m. грем.
hermachen, ſich, v. г. доћи; (über etwas), навалити на што, паврсти се на што.
Hermaphrobit, ſ. Zwitter.
Hermelin, n. ермелин.
hernach, adv. затим, после, иза тога, па, пак, потом.
hernehmen, v. a. узети; einen —, заокупити.
hernennen, v. a. именовати, казати.
hernieder, adv. доле; —fahren, —kommen, v. n. снићи, спазити.
heroiſch, adj. јуначки, витешки, храбар.
Heroismus, m. јунаштво.
Herold, m. телал, здур, гласник.

herplappern, herplaudern, v. a. брбљати, избрбљати.
Herr, m. господар, господин; (Gott), господ; den großen —n ſpielen, прогањати се, башити се, живети господски; — im Hauſe, господар, госа, газда; — über ſeine Leidenſchaften, ſein, зауздати своје страсти.
Herrchen, n. господчић.
herrechnen, v. a. бројити, рачунати; набројити, избројити.
herreden, v. a. пружити, исплазити.
herreichen, v. a. пружити, дати, додати, дохватити.
Herreiſe, f. долазак, повратак; —n, v. n. ићи амо, враћати се.
Herren-dienſt, m. служба; работа, тлака; — haus, n. двор господски.
Herrenhuter, m. брат моравски (секта).
Herren-leben, n. живот господски; —los, adj. без газде, без службе; —loſe Sache, пустолина.
Herrin, f. госпођа, господарица.
herriſch, adj. господски; поносит, охол.
herrlich, adj. славан, красан, величанствен, диван; —keit, f. господство; величанство, красота, слава, дивота.
Herrnthum, n. господство, господина.
Herrſchaft, f. власт, област, влада; господство, госпоштина, властелинство, спахилук; добро, имање; господни, господар, господарица, госпођа; —lich, adj. господски.
herrſch-en, v. n. владати, господарити; —er, m. владар, владалац, владатељ; (in Zuſ.), владарски; —erin, f. владарка; —ſucht, f. властољубност; —ſüchtig, adj. властољубан.
herrücken, v. a. примакнути; — v. n. примакнути се, приближавати се.
herrufen, v. a. звати, дозвати.
herrühren, v. n. долазити, произлазити.
herſagen, v. a. говорити, казати.
herſchaffen, v. a. набавити, добавити.
herſchicken, herſenden, v. a. припослати.
herſchieben, v. a. притурати.
herſchießen, v. a. пуцати амо; Geld —, дати напред новаца; — v. n. долетети.
herſchleichen, v. n. привући се, привласти се.
herſchleppen, herſchleifen, v. a. доући.
herſchreiben, v. a. писати амо; ſich von etwas —, произлазити, писати се.
herſehen, v. n. гледати амо.
herſetzen, v. a. ставити овамо; ſich —, v. r. сести, посадити се овде.
herſein, v. n. бити од куда.
herſtamm-en, v. n. излазити, исходити, произлазити; —end, adj. родом; —ung, f. произлажење; род, колено.
herſtell-en, v. a. ставити, метнути овамо; fig. повратити, поновити, поправити; — einen Beweis, доказати; — den Thatbeſtand, известити стање чињенице; hergeſtellt werden, оздравити, опоравити се; —ung, f. поправак; оздрављење, опорављење.
hertragen, v. a. доносити, допети.
hertreten, v. n. приступити.
herüber, adv. амо, овамо, па ову страну.
herüberrufen, v. a. презивати.

herum, adv. око, около; тамо, амо, некако.
herum-beißen, sich, v. r. оклати се; —bringen, v. a. опасти, оговорити; —brechen, v. a. вртети; —fahren, v. n. возити се, или тамо амо; —fliegen, v. n. облетати, летети тамо амо; —führen, v. a. проводити, воћати, одводити, обводити; —gaffen, v. n. зазјапати; —gehen, v. n. облазити, ходати тамо амо; das geht mir im Kopf herum, то ми се врти по глави; —holen, f. ausforschen; —hüpfen, v. n. опскакивати, скакутати тамо амо; —irren, v. n. скитати се, блудити; —kommen, v. n. доснети, бургијати; —laufen, v. n. трчкарати, отркивати, рашљати, успропадати се, ткати, витлати се; —läufern, f. тумарача; —liegen, v. n. лежати тамо амо; —liegende Örter, обапжњa мeста; —reifen, v. n. путовати, обилазити земље; —reiten, v. n. објахати; —schlagen, v. n. млатити; sich —schlagen, пребијати се, потуцати се; —schleichen, v. r. удати се; —schleppen, v. a. повлачити; —schnüffeln, v. n. цуњати; —schweifen, v. n. тумарати, потуцати се; —setzen, v. a. метнути укуоло; —spazieren, v. n. шетати тамо амо; —streichen, —streifen, v. a. скитати се, тепсти се; —treiben, v. a. терати тамо амо; вртети, окретати; —tragen, v. a. обиосити; —ziehen, v. a. потезати, вући тамо амо; — v. n. скитати се, тепсти се; —ziehender Lebenswandel, скитачко живљење.
herunter, adv. доле; —bringen, v. a. снети, скинути; fig. упропастити; попизити; —fallen, v. n. пасти; —führen, v. a. свести, сводити, спозити; —hauen, v. a. сасећи, одударити; —kommen, v. n. сићи (in Verfall kommen), падати, спасти; —lassen, v. a. спустити; —machen, v. a. скинути; (schelten), поваратти, опасти, оговорити; —nehmen, v. a. скинути; —schlagen, v. a. смлатити, омлатити; —schleppen, v. a. свући; —steigen, v. n. сићи; —wälzen, v. a. сваљати; —wärts, adv. доле; —werfen, v. a. збацити, сврнути.
hervor, adv. ван, на двор, на поље; напрво, у напредак; —blicken, v. n. вирити, помолити се, показати се; казати се; —brechen, v. n. поревати, навалити; —bringen, v. a. производити, направити, начинити; —gehen, v. n. изићи, следити, долазити; видети се; —keimen, v. n. ницати, никнути, проклијати, исклијати; —kommen, v. n. произлазити, настати, бивати; расти, ницати; измолити се; —leuchten, v. n. сјати: видети се; одликовати се; —locken, v. a. измамити, извабити; —quellen, v. n. проврети; —ragen, v. n. помолити се, промаљати се; —rauschen, v. n. клокотати, шикљати; —schießen, v. n. бити, избијати.
hervorsprossen, v. n. расти, израсти, поникати; —sprudeln, v. n. извирати, избијати, клокотати се; —stechen, v. n. вирити, видети се; —suchen, v. a. наћи, потражити; —thun, sich, v. r. истаћи се, одликовати се; —ziehen, v. a. извући, потргнути, извити.
herwärts, adv. овамо, амо.

Herweg, m. долазак; повратак.
herweisen, v. a. казати, показати, упутити.
herwerfen, v. a. бацати.
Herz, n. срце, ћуд; von —en gern, свесрдо, драге воље; das geht mir zu —en, то ме дира до срца; reden wie einem ums — ist, говорити искрено; im —en von Deutschland, усред Немачке.
herzählen, v. a. бројати, набрајати, избројти.
Herz balsam, m. мелем за срце; —beklemmung, f. терет на срцу; —blatt, n. (Liebling), љубимац; —blätter, pl. срдница, срце; —brecher, adj. тужан, жалостан; —chen, n. срдашце; mein —, душо, душице.
Herzeleid, n. туга, жалост.
herzen, v. a. миловати, љубити.
Herzens angst, f. страх, брига; —freund, s. најмилији пријатељ; —gern, adv. велесрдно; —lust, —freude, f. радост, весеље; nach — lust, по вољи.
Herz-gespann, n. болест срца; —grube, f. лашчица.
herzhaft, adj. срчан, храбар; —igkeit, f. срчаност, храброст.
herzieden, v. a. довући, привући; — v. n. доселити се.
herzig, adj. мио, љубазан, мален.
Herz-kirche, f. врста трешања; —klopfen, n. бијење срца; —lich, adj. срдачан; - gern, драге воље, од свега срца; —lichkeit, f. срдачност; —los, adj. без срца, бездушан.
Herzog, m. херцег, војвода; —in, f. херцегиња, војводкиња; —lich, adj. херцегов, херцешки; —thum, n. војводство, војводина, херцеговина.
Herz-schlächtig, adj. (von Pferden) сипљив; —spann, f. Herzgespann; —stärkend, adj. срдачан, крепећи; —stärkung, f. утеха; (Arzenei), кордијал; —stoß, m. ударац смрти.
herzu, adv. овамо, амо; —bliden, v. n. приближавати; —bringen, v. a. принести.
herzu-eilen, v. n. долетети, доскочити, присковчити; —laufen, v. n. дотрчати.
herzupaßen, —treten, v. n. приближити се, приступити, прикучити се.
Herzweh, n. боља у срцу, велика жалост.
herzzerreißend, adj. срдобоган.
Hetze, f. дршкање, лов (са псима); хајка; —en, v. a. ловити (са псима); терати хајку; die Hunde —, дршкати; an einander —, подбадати; —er, m. потуткач, подбадач; —hund, m. огар; —peitsche, f. бич ловачки.
Heu, n. сено; —ärnte, f. косидба, сенокос, кошња; —bann, m. мотка; —boden, m. сењак, сепара; —bund, m. парамак сена.
Heuchel-ei, f. лицемерство, обијес, химбеност; —n, v. a. хинити, претварати се, лагати; —er, m. претворница, лицемер; —in, f. лицемерка; —isch, adj. лицемеран, претворан.
heuer, adv. летос, ове године; —ig, adj. летошњи, од ове године.
heuern, f. miethen.
Heugabel, f. виле, вила, рогуље.
Heuhaufen, m. навиљак, лижак.

heulen — 157 — hinein

heulen, v. n. урликати, завијати, јаукати, лелекати, ујати.
Heu=macher, m. косац; —magazin, n. сенара; —мађ, f. сенокос, сенокоша, ливада; —markt, m. пијаца сенска; —monat, m. јулије, српањ; —pferd, n. шашка, скакавац, пруг.
heurig, adj. овогодишњи, овогодњи.
Heu=schober, m. стог, пласт; —schrecke, f. скакавац.
heut=e, adv. данас; —ig, adj. данашњи, садањи, садашњи.
Heutrage, f. крошње.
Heu=wagen, m. кола сена; —wiese, f. сенокос, сенокоша, ливада; —zehnte, m. котарина; —zeit, f. сенокос.
Hexe, f. вештица, врачара, врачарица; alte —, ордуља; – n, v. n. чарати, врачати, гатати, бајати.
Hexen=geschichte, f. приповетка о вилама; — kreis, m. врзино коло; —meister, m. вештац, мађионик, гатар, погађач, грабанџијам, виленик, врач, врачар; —tanz, m. —fest, n. врзино коло.
Hexerei, f. врацбина, чаролија, намет, маћије, чини.
heida! heisa! i. јухуху! ихуху! вјују!
hie, adv. овде, ту; — und da, гдегде, гдешто, којегде.
Hieb, m. удар, ударац, мах, замашај.
Hief, —stoß, m. глас рога ловачкога; —horn, n. рог ловачки.
hieher, adv. овамо, амо.
hier, adv. овде, ту, ето, ево; von —, одавде, одовуд; —an, adv. ту, овде, ту, о то, о том; —auf, adv. на то, за тим, после тога; —aus, adv. одовуд, одавде, отуда, из тога, по том; —bei, adv. овде, ту; —durch, adv. овуда, туда, тако, тим начином; —ein, adv. овде, ту, у то, амо.
hiergegen, adv. према томе.
hier=her, adv. онамо, амо; bis —, довде; — hin, adv. овамо, амо; овуда, туда; —in, adv. овде, ту, у том; —mit, adv. тим, с тим, с овим, дакле; —nach, adv. за то, за тим; — nächst, adv. овде, ту, врх тога, осим тога; —neben, adv. ту, ту такн, овде одмах, ту близу; —nieden (hienieden), adv. овде, ту, на овом свету.
Hieroglyphe, f. јероглиф.
hierselbst, (hieselbst), adv. f. hier.
Hiersein, n. назочност, присутност.
hier=über, adv. с ове стране, врх овога, врх тога, пала то, над ово, пада тим, над овим; —unten, adv. овде доле, ту доле; —unter, adv. под тим, међу тим; —von, adv. од тога, између тога; —wider, adv. против тога, супрот тога; —zu, adv. к томе, на то.
hiesig, adj. овдашњи, наш.
Hifthorn, f. Hiefhorn.
Hilfe, f. f. Hülfe.
Himbeere, f. малина, сунчица.
Himmel, m. небо, рај; das weiß der —, бог зна; dem — sei Dank! богу хвала, хвала богу; um's —s willen, за бога, за име божје! — an, —wärts, adv. на небо, к небу,

горе; —bett, n. постеља с небом; —blau, adj. небески; —fahrt, f. (Christi) спасово, спасов дан; (Mariä), велика госпојина, велика госпођа; —hoch, adv. до неба; —reich, n. царство небеско, рај, небо; —schreiend, adj. на небо вапијућ.
Himmels=gegend, f. страна света; —körper, m. тело небеско; —kreis, m. шар небески; —kugel, f. шар небески; —schlüssel, m. f. Schlüsselblume; —strich, m. климат, поднебје; —weit, adj. врло далек; врло велик.
himmlisch, adj. небески, небесни; die —e, f. небесница.
hin, adv. тамо, онамо; —sein, бити пропао, прошло; — und her, тамо амо, овамо онамо; којекуда; — und zurück, тамо и овамо; — und wieder, онде и онде, гдегде, ту и тамо; hin ist hin, било па прошло, било па није; nach Wien —, пут Беча.
hinab, adv. доле, низ; den Berg —, низ брдо; —gehen; —steigen; —kommen, v. n. сићи, слазити; —gleiten, v. n. спуштати се; — gleiten. v. n. падвирити се; —lassen, v. a. спустити; —rollen, v. n. одронити се; ронити се, оборити се; —stürzen, v. a. свалити, оборити; v. n. сввалити се, пасти стрмоглавце.
hinabwärts, adv. доле.
hinabwerfen, v. a. збацити.
hinan, hinauf, adv. горе, уз, у вис.
hinauffliegen v. a. узлетети; —führen, v. a. узвести.
hinauf=gehen, v. n. испети се, попети се, пењати се; – heben, v. a. дигнути, уздигнути; —klettern, v. n. испузати; —laufen, v. n. устрчати; —leiten, v. a. извести; —schlagen, v. a. набити; —steigen, v. a. попети се, узићи; —tragen, v. a. пнести; —wärts, adv. горе у вис; —werfen, v. a. бацити горе, узбацити; —ziehen, v. a. извући.
hinaus, adv. ван, на двор, на поље, изван; —gabe, f. издавање; —geben, v. n. дати, издати; —gehen, v. n. изићи; lassen, v. a. испустити; —wärts, adv. ван, на двор, на поље; —werfen, v. a. избацити; —wollen, v. n. хтети изићи; auf etwas —, циљати, смерати на што.
hinbegeben, sich, v. r. отићи куда.
hinbringen, v. a. однети, понети, носити; die Zeit —, провести време.
hinderlich, adj. на сметњи, штетан, противан; einem — in etwas sein, сметати.
hinder=n, v. a. бранити, кратити, пречити. сметати; —niß, n. —ung, f. препрека, сметња, сметање, спречица, задева.
Hindin, f. кошута.
hindurch adv. кроз, преко.
hinein, adv. у, унутра; —bliden, v. n. завирити; —bringen, v. a. унети; —drücken, v. a. утиснути; in die Hand —, уклонити, —fallen, v. n. упасти; —fliegen, v. n. улетети; —führen, v. a. углавити; —führen, v. a. увести; —gehen, v. n. ући, стати; —gießen, v. a. улити; —jagen, v. a. утерати; — laufen, v. n. утрчати; —schieben, v. a. утурати; —schlagen, v. a. забити, утерати;

—schleichen, sich, v. r. украсти се; увући се;
—sehen, v. n. завирити; —setzen, v. a. у-
метнути; —sinken, v. n. упасти, пропасти;
—stoßen, v. a. забости, утиснути; —tragen,
v. a. унети; —treiben, v. a. утерати; —
—wärts, adj. у, унутра; —ziehen, v. a. уну-
ћи; — v. n. уселити се.
hinfahren, v. a. возити; —v. n. отићи, проћи,
fig. умрети, преминути, преставити се.
hinfallen, v. n. пасти; fig. погинути; —de Krank-
heit, велика болест.
hinfällig, adj. слаб, тропав; —keit, f. слабост,
тропност.
hinfliegen, v. n. полетети, одлетети.
hinfließen, v. n. тећи, протицати.
hinfort, hinfür, adv. одсада, у напредак, у
будуће.
hinführen, v. a. одвести, повести.
Hingang, m. путовање, пут; одлазак, пола-
зак; fig. смрт.
hingeben, v. a. дати, пружити; оставити, на-
пустити; sich, — v. r. дати се; посветити
се; —ung, f. пожртвовање, оданост.
hingegen, adv. напротив.
hingehen, v. n. поћи, отићи; etwas — lassen,
немарити; es wird dir nicht so —, неће те
олако проћи.
hingelangen, v. n. доћи, доспети, стићи.
hingerathen, v. n. десити се, доспети.
hinhalten, v. a. пружати, држати; einen mit
leeren Hoffnungen —, за нос кога вући.
hinhelfen, v. n. помоћи, потпомоћи, припомо-
ћи; sich kümmerlich —, кубурити, живота-
рити.
hinken, v. n. храмати; —end, adj. хром, бан-
гав; der —de Teufel, хроми даба.
hinkommen, v. n. доћи, приспети, доспети.
hinkriechen, v. n. одмилети, отпузити.
Hinkunft, f. Ankunft.
hinlangen, v. a. пружити, дати; — v. n. до-
сегнути; fig. дотећи, дотицати.
hinlänglich, adj. довољан; adv. доста, довољ-
но; —keit, f. довољност.
hinlassen, v. a. пустити век иде.
hinlaufen, v. n. отрчати, потрчати.
hinleben, v. n. живети.
hinlegen, v. a. метнути; sich —, v. r. лећи; раз-
болети се, оболети.
hinlehnen, v. a. наслонити, прислонити.
hinseiten, v. a. водити.
hinmachen, sich, v. r. пћи, отићи.
hinnehmen, v. a. узети.
hinneigen, v. a. пригнвати, нагибати.
hinnen, adv. von —, одавде, одовуд.
hinraffen, v. a. зграбити, уграбити.
hinreden, v. a. пружити; испланути.
hinreich-en, v. a. пружити, додати; — v. n.
дотећи, дотицати, достати; смоћи, схва-
тити, залећи; —end, adj. довољан; kaum —,
огодан.
Hinreis-e, f. пут, путовање; —en, v. n. путо-
вати, поћи, отићи.
hinreißen, v. a. тргнути, повући, зграбити;
fig. занети се.
hinricht-en, v. a. губити, погубити; упутити, у-

правити; fig. упропастити; —ung, f. погу-
бљење, губљење.
hinrücken, v. a. примакнути, приближити.
hinschaffen, v. a. пренети.
hinscheeren, sich, v. r. торњати се.
hinscheiden, v. n. преставити се.
hinschicken, hinsenden, v. a. послати, отправити.
hinschmieden, v. a. турнути.
hinschießen, v. n. скочити, полетети камо; —
v. a. пуцати.
hinschiffen, hinsegeln, v. n. једрити, бродити;
am Ufer —, возити се уз крај.
hinschleppen, hinschleifen, v. a. повући, одвући.
hinschreiben, v. a. писати, написати.
hinsehen, v. n. гледати куда.
hinsetzen, sich, v. r. тежити, жудети.
hinsetzen, v. a. метнути, ставити.
Hinsicht, f. поглед, обзир.
hinsinken, v. n. пасти, срушити се, клонути.
hinspringen, v. n. скочити.
hinstellen, v. a. метнути, ставити.
hinstreben, v. a. пружити; zu Boden —, обо-
рити; sich —, отегнути се.
hinstürzen, v. n. срушити се, оборити се, сва-
лити се, пасти.
hintan, adv. од зади, од острaг; —geben, v. a.
оставити, напустити; —halten, v. a. обу-
ставити, уклонити, сачувати; —haltung, f.
обустава, отклоњење, сачување; —setzen,
v. a. презирати, запомарити, непазити, не-
освртати се на што; —setzung, f. презира-
ње, запомаривање.
hinten, adv. озад, страга, острaг; von —, одо-
страг; —drein, adv. затим, после тога, стра-
га; —nach, adv. после, за тим, за овим.
hinter, prp. за, након, после, иза.
hinter, adj. задњи, стражњи.
Hinter-backe, f. гуз; —bleiben, v. n. остати,
заостати; —blieben, adj остао; die — blie-
benen, pl. рођаци оставши.
hinterbring-en, v. a. доказати; јавити; —ung,
f. јављање, доказивање.
Hinter-bug, m. подколено; —drein, adv. после.
Hintere, m. задњица, стражњица.
hintereinander, adv. један за другим, редом.
Hinterfuß, m. нога стражња; (Ferse), пета.
hintergeh-en, v. a. преварити; —ung, f. вара-
ње, превара.
Hinter-glied, n. (eines Satzes), члан стражњи;
(bei den Soldaten), врста стражња; —grund,
m. дно; —halt, m. буснја, заседа, застава;
(Hülfe), помоћ; —hand, f. длан; (im Karten-
spiel), in der — sein, бити за руком; —
haupt, n. потиљак, затиљак; —haus, n.
стражња страна од куће; —lagen, f. оста-
ва, залог.
hinterlassen, v. a. оставити након собоj ev sich
ihn hinter sich, претекао га је; er hat's so
—, тако је одредио; —schaft, f. Verlassen-
schaft.
Hinter-lauf, m. (bei Jägern), стражња нога; —
leder, n. пета.
hinterleg-en, v. a. оставити, дати на оставу;
—ung, f. давање на оставу.
Hinterlist, f. заседа, превара, лукавство; —ig,
adj. лукав.

Hinterquartier, f. Hinterleder.
hinter-rücks, —wärts, adv. од остраг, иза леђа, за леђи.
Hinter-theil, m. стражња страна; (eines Schiffes), фара, варка, крма; —thüre, f. врата стражња, мала врата; —treffen, n. стражња војска.
hintertreiben, v. a. препречити, осујетити.
hinthun, v. a. метнути, девати.
hintragen, v. a. однети.
hintreten, v. n. приступити.
Hintritt, m. смрт.
hinüber, adv. преко, на другу страну; —bringen, v. a. пренети; —fliegen, v. n. прелетети; —fließen, v. n. ускочити, пребегнути; —gehen, v. n. прећи; —springen, v. n. прескочити; —tragen, v. a. пренети; —treiben, v. a. прегнати, претерати; —werfen, v. a. пребацити.
hinum, f. herum.
hinunter, —wärts, adv. доле; —gehen, v. n. сићи, силазити; —lassen, v. a. спустити; —springen, v. n. скочити доле.
hinwärts, adv. тамо, онамо.
Hinweg, m. пут (куда).
hinweg, adv. одатле; —begeben, sich, v. r. hinweggehen, v. n. отићи; —brücken, v. a. отиснути; —fliegen, v. n. одлетети; —führen, —bringen, v. a. однети, одвести; —schneiden, v. a. одрезати; —setzen, sich, v. r. (über etwas), необзирати се на што; —springen, v. n. оскочити; —treiben, v. a. отерати, одбити.
hinweisen, v. a. казати, упутити.
hinwerfen, v. a. бацити, хитити.
hinwieder, hinwiederum, f. wieder.
hinzählen, v. a. бројити, набројати.
hinziehen, v. a. вући, потезати, одуговлачити; — v. n. селити се, преселити се; поћи, ићи.
hinzielen, v. n. гађати, смерати, цишати.
hinzu, adv. к, ка, к томе; (in Zus.), при, до, на; —bauen, v. a. доградити, приградити; —fügen, v. a. придати, додати; —geben, v. a. додати, придати; —kommen, v. n. придоћи; доћи на што; —lassen, v. a. припустити; —setzen, —thun, v. a. додати, дометнути; —springen, v. n. прискочити; —treten, v. n. приступити, приближавати се.
Hiobspost, f. црн глас.
Hippe, f. срп, коспр; (Gebäck), сомун.
Hirn, n. мозак; —bohrer, m. трепан; —gespinnst, n. маштаније, тлапња; —los, adj. без мозга, глуп; —schädel, —schale, f. лубања; —wuth, f. бесноћа, манитост; —wüthig, adj. бесан, манит.
Hirsch, m. јелен; (in Zus.), јеленски, јеленин; —bod, m. јелен самац; —fänger, m. јатаган, нож ловачки; —garten, m. кошутњак; —geweih, n. рогови јеленски; —käfer, m. јелен; —kalb, f. јеленче; —kuh, f. кошута; —ziemer, m. жила јелсња; —zunge, f. јеленак, језичац, јеленски језик.
Hirse, f. просо, проја; —brot, n. просеница; —gras, n. —korn, n. просо.
Hirt, m. пастир, чобанин.

Hirten-brief, m. писмо пастирско; —flöte, f. соирала, карабље, фрула; —gedicht, n. песма пастирска, еклога, идила; —geld, n. чобанија; —haus, n. —hütte, f. трмица, кућер, огњарица; —hund, m. пас чобански; —lohn, m. пастирина; —stab, m. (eines Bischofs), штака, кучма, пасторал.
Hirtin, f. пастирка, чобанка, чобаница.
Hisse, f. витао, чекрк.
hissen, v. a. (bei den Schiffern), дигнути.
Hißtau, n. паранаг.
Historchen, n. приповедчица, причица.
Historie f. историја, повест, приповест, приповетка, прича; —isch, adj. историчан, историјски, повесничкн.
Hitz-blatter, —blase, f. бубуљица.
Hitze, f. врућина, вар, топлота, млакањца, јара; (Heftigkeit), ревност, ватра, огањ, жестина; (Zorn), гњев, срџба, јарост; in —gerathen, упалити се, јарити се; —ен, v. a. жарити, грејати; —ig, adj. врућ, топал; fig. жесток, ватрен, огњевит, напркит, напрасит; die —e Krankheit, врућица, ватруштина.
Hitzkopf, m. напрзница, прзепица, налетица; —puffel, f. јашгерница, бубуљица.
Hobel, m. блања, струг, свлак, ренде; —bant, f. стружница; —n, v. a. блањати, стругати, рендисати; —späne, pl. отићсла, стругогина.
Hoboe, f. хобое; —ist, m. хобонста.
hoch, adj. висок, велик; узвишен; auf der hohen See, на пучини; es ist schon — am Tage, већ је сунце високо; es ist hohe Zeit, време је већ; hohe Fluth, велика бибавица; hohes Alter, старост дубока; sehr — zu stehen kommen, скупо; das soll ihm — zu stehen kommen, платиће он то; hoher Schwur, свечана заклетва; das ist mir zu —, то немогу да докучим; hohes Fest, велика светковина; — adv. високо, врло, веле, пре —; so — als, сврх.
hoch-achtbar, adj. препоштован; —achtung, —schätzung, f. поштовање, штовање.
Hoch-altar, m. олтар велики; —amt, n. велика миса.
hochbeinig, adj. кракат.
hochberühmt, adj. преславан; —besteuert, adj. ко много порезе плаћа; —betagt, adj. врло стар.
hochdeutsch, adj. горњонемачки.
hochedel, —geboren, adj. благородан, племенит.
Hochehrwürd-en, f. пречасност; —ig, adj. пречастан.
hoch fürstlich adj. прејасан; —geboren, adj. високородан; —geehrt, adj велепоштован; —gelehrt, adj. велеучен, високоучен.
Hochgericht, n. стратиште, губилиште, вешала.
hochherzig, adj. вследушан; fig. охол, поносит, поносан.
Hochland, n. висија.
höchlich, adv. врло, веле.
hochlöblich, adj. преславни, високославни.
Hoch-meister, m. велемештар; —mögend, adj. велеможан.
Hoch-muth, m. кичељство, охолост, поноспост,

поноситост; —müthig, adj. охол, поносан, поноспт, кичељнв.
hochroth, adj. алов.
Hochschätzung, f. Hochachtung.
Hochschule, f. велика школа, свеучилиште.
hochschwanger, adj. на ком доба.
hochstämmig, adj. танковит, висока стаса.
höchst, adv веома, веле, јако, одвећ, одвише; —e, adj. највиши, виши, највећи; ber —e (Gott), m. вишњи (бог); последњи; —ens, adv. највише, ван да, ван ако, осим ако.
Hochstift, n. црква катедрална, столна; столни капитул.
hochtrabend, adj. охол, поносит; хвастав, надувен.
Hoch-verrath, m. велеиздаја; —verräther, m. велеиздајник.
Hochwild, —pret, n. велика дивљач.
hochwohl-ebel, adj. племенит, —geboren, adj. племенит; високоблагородан.
Hochwürden, f. преосвештенство.
hochwürdig, adj. преосвештен;—e, n. света тајна.
Hochzeit, f. весеље, ппр. свадба, сватови; —gast, m. иприк, сват; —gebühr, f. свадбарнна; —lich adj. свадбен; —lied, n. сватовац; —vater, m. отац жеников ил невестин.
Hocke, f. Bündel.
hocken, v. a. (dem). купити сношће; метнути на леђа; — v. n. коме сести на кркачу; чучати; zu Hause —, седити у запећку.
höcken, v. a. пијарити.
Höcker, m. грба; крга; —ig, adj. грбав; кргав.
Höckler, m. пијар; —in, f. пијарица.
Hod-e, f. мудо, јаје; —enbruch, m. киле, клини; —ensack, m. мошњице, мошње, кесица.
Hof, m. двор, авлија, двориште, улица, обор, ограда, стобор, конак; (um den Mond 2c.), коло; (in Zus.), дворски, придворни; —beschwerde, f. тужба двору.
Hoffart, f. охолост, понос, поноситост, запон.
hoffärtig, adj. охол, поносит.
hoffen, v. a. уфати се, падати се, уздати се; ich will doch nicht — daß 2c., неверујем да итд.
hoffentlich, adj. по свој прилици.
Hoffnung, f. уфање, надање, нада, над; —s-los, adj. без надања; —svoll, adj. пун уздања.
Hofhaltung, f. двор, столица.
Hofhund, m. пас домаћи.
hofiren, v. a. дворити, удворавати се; (gem.), њн ради себе.
Hof-jäger, m. ловац дворски; —kanzellei, f. канцеларија дворска; —kanzler, m. канцелар дворски; —lager, n. столица; —leute, pl. m. дворани.
höflich, adj. удворан, уљудан, учтив; —keit, f. удворност, уљудност, учтивост.
Höfling, Hofmann, m. дворанин, удворица.
hofmännisch, adj. дворански.
hofmäßig, adj. дворски, дворански.
Hofmeister, m. домаћи учитељ; —in, f. домаћа учитељица; —n, v. a. учити, узгајати; fig. карати, артовати.

Hofrath, m. саветник, некишк дворски; савет дворски, веће дворско.
Hof-raum, m. дворпште; —recht, m. утечај двору.
Hof-richter, m. провизур; —schranz, m. удворица; —staat, m. двор, пратња; —tafel, f. дворске књиге; —tag, m. дан од таке.
Hof-thür, f. врата од двора, капија; —wirthschaft, f. сеоско кућанство.
Höhe, f. вислна, вис, вишина; узвишевост; auf die — fahren, ићи на пучину; in die — kommen, узвиситн се, попети се на високо; sich in die — richten, исправити се.
Hoheit, f. висина, величина; височаство; éredt, n. право величанства.
Hohelied, n. песна над песнама.
Hohepriester, m. првосвештеник; —lich, adj. првосвештенички; —thum, n. првосвештенство.
höher, adj. виши, горњи; — adv. више.
hohl, adj. шупаљ, издубљен, празан; — Augen, упале очи; —e Stimme, мукли глас; —er Zahn, шупаљ, изједен зуб; —e Hand, грст, прегршт; —klingen, шоботати; —beil, n. —beichsel, f. тесла.
Höhl-e, f. шупљина; дупља, пећина, спила, шпиља; —en, v. a. дупсти, издупсти.
Hohleisen, n. дубач.
hohl-geschliffen, —rund, adj. шупаљ, издубљен; —kehle, f. шипило; —meißel, m. дубач; —spiegel, m. огледало издубљено.
Höhlung, f. дубење; шупљина, дупља; шипило; — des Schlüsselbeins, коталац.
Hohlweg, m. кланац, сурдук.
Hohlwurz, f. вучја јабука.
Hohl-ziegel, m. ћерамида; —zirkel, m. шестар за мерење тела издубена.
Hohn, m. руга, поруга; einem — sprechen, ругати се.
höhnen, v. a. ругати се, подругивати се, подсмевати се.
Hohngelächter, n. подсмевање, подсмех.
höhnisch, adj. подругљив, подмитљив.
Hohn-Lache, f. Hohngelächter; —lächeln, v. n. подсмевати се; —necken, f. höhnen; —nekerei, f. ругање, подругивање; —sprecher, m. подругљивац.
Höke, Höker, m. пијар.
hök-en, v. n. пијарити, препродавати; —n. пијарење, препродавање; —in, —erin, f. пијарица, пијарка; —erei, f. —ertram, m. пијарница.
hold, adj. наклоњен, љубазан, мио.
Holder, f. Hollunder.
holdselig, adj. благ, пријатан, љубазан; —keit, f. љубазност, милина.
holen, v. a. носпти, одмети, упети, донети, довести, њн по што; Athem —, дисати, den Arzt — lassen, послати по лечника.
Holfter, f. (Pistolenholfter), кубура.
holla, i. хеј, чујеш, хај!
Holländerei, f. мајур, чапра.
Hölle, f. пакао, вечна мука, adj.; (hinter dem Ofen), запећак.
Höllen-angst, f. велик страх, мука паклена; —brand, m. проклета душа.

Höllen-reich, n. царство адово, пакао, ад; — stein, m. камен паклени.
höllisch, adj. паклен.
Hollunder, m. зова; (spanischer —, јоргован; —holz, n. зовина.
Holm, m. (Hügel), брежуљак; (Insel), оток.
Holper, m. чачак, груда; —ig, adj. гредовит, неравап.
Holz, n. дрво; (— zu Arbeiten), леш, грађа; (Wald), шума, гора; mit — versehen, дрварити; sich mit — versehen, дрварити се; — abfälle, m. pl. иверје, скалце; — abgabe, f. дрварина; — amt, n. шумарство; —apfel, m. дивљака, дивља јабука; —artig, adj. дрвенаст; — art, f. секира; —birn, f. дивља зуквара, дивља крушка; —boден, —schoppen, —stall, m. —kammer, f. дрварница; —bund, —bündel, n. нарамак, бреме дрва.
Hölzchen, n. (kleines Gehölz), шумарак; (kleines Stück Holz), дрвце, пржак.
Holzdruck, m. дрвотиск.
holze=n, v. a. дрварити; (bei Bädern), наложити пећ; — v. n. сећи, цепати дрва; скакати од дрвета до дрвета; —r, m. дрвар.
hölzern, adj. дрвен, дрвенаст, лесен.
Holz-flöße, f. сплав, плав, плављење дрва; — geld, n. дрварина; —hacker, —hauer, m. дрвар; (ein Vogel), пузавац; —häher, m. сојка, крешталица, креја; —handel, m. дрварство; —händler, m. дрвар; —bau, m. дрварење; —hausen, m. дрвљаник; —icht, adj. дрвенаст, дрвен, жилав; —kirsche, f. дивља трешња; —los, adj. бездрван; —platz, m. дрвеник, дрвара; —prügel, m. клипак; —rutsche, f. точило; —scheit, n. цепаница; —schlag, f. Holz-hau; —schneider, m. дрворезац; —schnitt, m. дрворез, —schuh, m. цокула, цокла; —span, m. ивер; —stall, s. Holzboden; —taube, f. дупљаш, гривњаш; —ung, f. шума, гора; дрварење; —waare, f. дрвенарија; —werk, n. дрвље, дрвенарија; —wurm, m. црв у дрвету; —zapfen, m. чеп, врањ.
Honig, m. (n.) мед; —apfel, m. слаткача, јабука рајска; —bau, m. пчеларство; —birn, f. слатка крушка; —fladen, m. равак; —händler, m. медар; —kuchen, f. медени колач, медењак; гурабија; —reich, adj. медовит; —scheibe, f. сат; —seim, m. чист мед, равак; —stube, f. медарница; —süß, adj. сладак као мед, медан; —than, m. цвет.
Honor-ant, m. (eines Wechsels), почасник меница; —ar, n. хонорар, уздарје за послове научне, паграда, почастна плата; —ation, f. почаст; —iren, v. a. (einen Wechsel) прихватити меницу почасти ради; платити, наградити.
hop, i. оп! опа!
Hopfen, m. хмељ; —, v. a. хмељити; —feld, n. garten, m. хмељник; —stange, f. притка за мељ; —staude, f. хмељевина.
hörbar, adj. чујан.
horchen, v. n. слушати, прислушкивати; —er, m. прислушник.
Horde, f. чорда, ордија, чопор; (Hürde), обор, тор; —nweise, adv. на чете, на чопоре.
hören, v. a. чути, зачути, почути, прочути,

слушати, саслушати, услишити; —auf etwas — назити на што; etwas —, пачути; einander —, слушати се; er läßt nichts von sich —, неда гласа од себе; das läßt sich —, то јесте нешто; —sagen, n. чувење.
Hörer, m. слушалац, слушач.
Hörigkeit, f. подаство, исполништво, себарство.
Horizont, m. обзорје, обзор; —al, adj. водораван.
Horn, n. рог; mit einem in ein —blasen, у једну тикву пухати; —amboß, m. наковањ рогат; —band, m. корице од пергаменте, рогат.
Hörnchen, n. рошчић, парошчић.
hörnen, adj. рожан, рогат.
Horn-haut, f. (im Auge), рожна опна, рожњача (у оку); (an Händen und Füßen), жуљ; —icht, adj. рогаст; —ig, adj. рогат.
Horniß, f. стршен, штрк, стршљен.
Hornklee, m. звездан, lotus corniculatus.
Hornkraut, n. тица трава, cerastium vulgatum; —masse, f. рожина, рожњак.
Hornung, f. фебруарије, вељача.
Hornvieh, n. рогата марва.
Hornwerk, n. (im Festungsbaue), горња град.
Hör-rohr, n. труба ушна; —saal, m. слушалиште.
Horst, m. чоста; (Nest), гњездо; (Sandhaufen), рпа песка; —en, v. a. савити гњездо.
Hort, m. стена; уточиште, заштита, обрана.
Hose, f. труба; ногавица.
Hosen, pl. чакшире, хлаче; (Unter —), гаће; —band, n. гатњик, учкур, свитњак; —bund, m. појас од чакшира; —hebe, f. порамењице; —klappe, f. —latz, m. тур; ртњача; —schlitz, m. растриж; träger, m. f. Hosenhebe.
Hospital, n. шпитал, болница.
Hostie, f. остија, поскура.
hott, i. хи! ђе.
Hub, m. дизање, цвет.
Hübel, m. —chen, n. брдашце, брежуљак.
hübsch, adj. леп, пригладан, убав.
huckepack, adv. на крккаче.
Hudler, m. кваризанат.
Hudelei, f. неприлика, досада, невешт посао.
hudeln, v. a. невешто радити; einen —, мучити, досађивати; ругати се.
Huf, m. копито.
Hufe, f. тридесет јутара земље.
Hufeisen, n. поткова, плоча, потковица.
huffig, adj. копитаст.
Huflattisch, m. подбел.
Huf-nagel, m. починак; —schlag, m. поткивање; стопа коњска; —schmid, m. ковач, налбатин.
Hüftbein, n. кук.
Hüft-e, f. бок, бедро, батак; —enlahm, adj. пребијена кука; хром.
Hügel, m. хум, главица, брег, оглавак, леденак, чот, брежуљак, брдашце; —ig, adj. бреговит, брежуљаст.
Huhn, n. кокош, кокошка.
Hühnchen, n. пиле, пилица, кокошица.
Hühner-auge, n. курје око, жуљ; —darm, m. мишјакиња; —ei, n. јаје кокошје; —geier, m. —weihe, f. сја, ејина; —geschrei, n. ка-

11

котање, кокодакање; —händler, m. кокошар; —haus, n. —stall, m. кокошара, кокошињак; —hund, m. пижле, вижла; —korb, m. котобања; —laus, f. кокошија уш, текут; —mist, m. кокошињак; steige, f. седало, лега, кобача.
hui, i. уј! хеј! брже! in einem —, у часку.
Huld, f. милост, благовољење; —göttinnen, pl. f. грацијс, милисе.
huldig-en, v. n. клањати се, поклонити се верношту, заклети се; —ung, f. клањање, поклон, одавање части; заклетва; —ungseid, m. заклетве верности.
huldreich, adj. милостив.
Hülfe, f. помоћ, припомоћ; —leisten, помоћи, припомоћи.
Hülfsleistung, f. помагање, помоћ.
hülflich, adj. од помоћи.
hülflos, adj. без помоћи, потребан, потребит; —igkeit, f. беда, потребитост.
hülfreich, adj. милостив; —e Hand leisten, дати руку помоћи, припомоћи.
Hülfs-, (in Zus.) помоћни; —arbeiter, m. помагач; —gelder, pl. помоћ, помоћ новчана; geschrei, n. помагање; —mittel, n. помоћ, лек, начин; —völker, —truppen, pl. помоћ; —wort, n. глагол помоћни.
Hüll-e, f. покривало, застор; одећа; die — und Fülle haben, изобила имати, имати свега доста; —en, v. a. покрити, застрти, одевути; sich in einen Mantel —, увити се у кабаницу.
Hülse, f. махуна, мехуна, љуска, кожурица, комушица.
hülsen, v. a. љуштити, олупити, комити, ољуштити; — sich v. r. љуштити се, мехунати се.
Hülsenfrucht, f. сочиво, варино.
hülsig, adj. махунаст.
Humanität, f. човечност.
Hummel, f. бумбар; —n, v. n. бумбарати.
Hummer, m. јастог, рак морски.
Humpe, Humpen, m. кондир, маштрафа.
Hund, m. пас, вашка, хрчак, псето, пашче; viele — e sind des Hasen Tod, два лоша избише Милоша; два летника ораху војска; da liegt der — begraben, ту је чвор; sie vertragen sich wie — und Katze, гледају се као пас и мачка.
Hündchen, n. псетанце, куче, штене.
Hunde-haber, m. принос за псе; —loch, n.(Gefängniß), бухара, тамница.
hundert, num. сто, стотина; —erlei, adj. стотина и стотина; —fältig, —fach, adj. стогуб, стострук; —jährig, adj. столетан; —mal, adv. сто пута; —ste, adj. стоти; —weise, adv. на стотину, стотина па стотином.
Hundeschinder, m. кучкодер.
Hünd-in, f. кучка, куја; —isch, adj. пасји, паскп, псећи.
Hunds-brod, m. пасјак; —fott, m. обешењак, унцут; —fötterei, f. обешењаклук, унцутарија; —föttisch, adj. обешењачки, унцутски; —gezüchte, n. пашчадија; —familie, f. жаба трава, anthemis cotula; —kopf, m. пасјача; —petersilie, f. першун, дивљи пер-

шун, aethusa cynapium; —tage, pl. m. кресови.
Hunger, m. глад; —ig, adj. гладан; —n, v. n. гладнети, гладовати; (fasten), постити; —snoth, f. глад; —tod, m. den — sterben, умрети од глади; vor —tod schützen, сахранити.
hüpfen, v. n. цупкати, скакутати, поскакивати, поиграпати; —, n. скакутање, поскакивање, поиграпање.
Hürd-e, f. тор, обор; —en, v. a. оградити; —enschlag, m. тор.
Hur-e, f. курва, блудница; —en, v. n. курвати се; —enartig, adj. курвањски; —enbalg, m. копиле; —enhaus, n. курварница; —enwirth, m. сводник; —enwirthin, f. сводница; —er, m. курвар; —erei, f. курварство; —isch, adj. курвински, курварски; —kind, n. —ensohn, m. курвић, копиле, копилан.
hurtig, adj. брз, хитар, хочоперан, тиљп, окретан; —keit, f. окретност.
Husar, m. хусар, катана.
husch, i. фук!
huschen, v. n. прхнути.
husten, m. кашаљ.
husten, v. n. кашљати; (vom Pferde), крхати.
Hut, m. клобук, шешир, шкрљак, капић.
Hut, f. опаз, опрез, стража; (Weide), паша; auf seiner — sein, чувати се.
hüt-en, v. a. чувати, хранити; (weiden), пасти; sich —, v. r. чувати се; —er, m. чувар, настојник, чувадар, чувалац; —erin, f. чуварица, настојница.
Hüterlohn, m. чуварица.
Hut-krempe, f. обод; —macher, m. клобучар, шеширџија.
Hutsche, f. љуљачка; —n, v. n. љуљати се.
Hutstülpe, f. Hutkrempe.
Hüttchen, n. колебица.
Hütte, f. колеба, кровњача, вучерица, кулача, савридак, нагон, превијача; черга; (im Bergwesen), левница, гвожђара, таоница.
Hütten-arbeiter, m. рудар, радник у таоници, хутман.
Hütten- (in Zus.), таонички; —meister, m. настојник од ливнице; —rauch, m. сичан бели; —wert, n. ливница, гвожђара, таоница; —wesen, n. таонинтво; —zinsen, m. pl. таловипна.
Hutzucker, m. глава шећера.
Hutzel, f. опап, сухе крушке или јабуке.
Hyacinth, m. јакинт (камен драги).
Hyacinthe, f. зумбул; traubenförmige —, пресличица, hyacinthus botryoides.
Hyäne, f. хјена.
Hydraulik, f. водословље.
Hymen, m. химен (бог женидбе), брак.
Hymne, f. химна; песан црквена; славопој.
Hypochondr-ie, f. дресеље; —isch, adj. дресео.
Hypothekar-Forderung, f. искање непокретнога залога; —gläubiger, m. веровник на непокретни залог; —gut, n. заложено непокретно добро; —urkunde, f. исправа о непокретном залогу.
Hypothek, f. залог непокретни.
Hyster-ie, f. материца; —isch, adj. материчав.

J.

Ich, pr. ja.
Ideal, n. узор.
idealisch, adj. узорит.
Idee, f. помисао, мисао.
identisch, adj. истоветан.
Identität, f. истоветност.
Idylle, f. идила, песам пастирска.
Igel, m. јеж.
ihm, pr. њему, му.
ihn, pr. њега, га.
Ihnen, pr. њим, им; вам, ви.
ihr, pr. ви; вој, јој; —e, —ев, pr. њезин, њен; њихов; ваш; свој; —er, pr. од ње, о њој; од њих, о њима.
ihret halben, —wegen, —willen, adv. зарад ње, ради ње, поради ње; поради њих; ради вас.
Ihrige, (der, die, das), pr. њезин, њен; њихов; ваш; свој.
ihro, pr. ваш.
ihrzen, v. a. викати, говорити коме ви.
illiquid, adj. несигуран; неправ.
Illumination, f. осветљење; —iren, v. a. осветлити; бојадисати.
Iltiß, m. твор.
im, (in dem), prp. у.
Imbiß, m. чалабрчак; einen - zu sich nehmen, чалабрцати.
immatriculiren, v. a. уписати у матицу; —ung, f. упис у матицу.
immer, adv. вазда, једнако, свеђ, све, увек, сваrда, удиљ; (als Anhängsilbe), год; — dar, adv. сваrда, свеђ; —fort, adv. непрестано; —hin, adv. сваrда; — i. нека, ако ће!
Immergrün, n. зимзелен; (Hauslaub), чуваркућа.
immermehr, adv. све више и више; све горе и горе; све боље и боље; —während, adj. свагдашњи, непрестан; — adv. вазда, без престанка; —zu, int. нека!
immittelst, adv. међутим; у то, у толико.
Immobilien, pl. непокретности.
Immunität, f. слобоштина.
Imperativ, m. начин заповедни.
Imperial, m. империјал (новац руски).
Impfen, v. a. пресадити, накалемити, каламити, преписати, навргнути, пелцовати осице; прицепити; —ung, f. каламљење.
Impost, m. намет.
in, prp. у, на, врх, по, о.
Inbegriff, m. садржај, збор, зберица, скуп; mit —, скупа са, заједно са.
Inbrunst, Inbrünstigkeit, f. срдачни жар, пламен.
inbrünstig, adj. топал, врућ; — adv. топло, вруће.
inclusive, adv. укључно.
Incompetenz, f. ненадлежност.
incorporiren, v. a. придружити, утеловити; —ung, f. здружење, утеловљење.
indem, conj. кад, будући да, док, докле.

indessen, conj. међутим, у то, у толико, а оно.
Inder, m. казало.
Indicativ, m. начин показни.
Indig, Indigo, m. чивит.
Indigo-bereiter, —krämer, —pflanzer, m. чивитар.
Indigotopf, m. чивитњак.
Individualität, f. особност, личност; —ell, adj. особни, на особу; —um, n. особа, човек.
Indossament, n. палеђница; —ant, m. палеђник; —ator, m. палеђовник; —iren, v. a. палеђати; —irung, f. палеђба.
Industrie, f. обртност; —el, adj. обртни; ein —eler, обртник.
in einander, adv. једно у друго.
Infanterie, f. пешадија, пешаци; —ist, m. пешак.
Infel, Inful, m. митра.
Infinitiv, m. начин несвршени.
informiren, v. a. напутити; —ung, f. напутак.
Ingenieur, m. земљомер.
ingleichen, conj. и, такођер, истим начином, тако и.
Ingrimm, m. гњев, срџба, јарост.
Ingrossator, m. укњижник; —iren, v. a. укњижити.
Ingwer, Ingber, m. ђумбир.
inhaben, v. a. држати; —er, m. власник, држалац; —ung, f. држање.
Inhalt, m. садржај.
Injurie, f. погрда.
Inlage, n. прилог.
Inland, n. домовина.
Inländer, m. домородац; —isch, adj. домаћи.
inliegend, adj. приклопљен.
Inmann, m. укућанин.
inne, adv. у; унутра.
innehaben, v. a. поседовати, имати; знати на памет.
innehalten, v. a. уставити; стати, престати.
innen, adj. ван, —изнутра; nach —, у, унутра.
innere, (der, die, das), adj. унутрашњи, унутарњи; Ministerium des —n, министарство унутрашњих послова (дела).
innerhalb, prp. у, унутри; унутра; —eines Tages, на обданицу.
innerlich, adj. нутарњи, унутрашњи; —e Krankheit, изнутрица.
innewerden, v. n. спазити, увидети, угледати.
innig, adj. искрен, истинит, прав, срдачан; —keit, f. искреност, срдачност; —sich, adv. искрено, срдачно.
Innung, f. поредство; — und Zunft, f. поредство и цех.
inquiriren, v. n. истраживати.
Inquisit, m. истраженик; —orisch, adj. истражни.
inrotuliren, v. a. савити списе; —ung, f. савој списа.
Insaß, m. становник, подржник.
insbesondere, s. besonders.
Inschrift, f. натпис, напис.
Insect, n. зарезник, буба.

11*

Insel, f. оток, острво, ада, острово; —bewohner, m. острвљанин; —bewohnerin, f. острвљанка.
insgeheim, f. geheim.
insgemein, adv. у опште.
insgesammt, adv. све, сви скупа, сви заједно.
Insiegel, n. печат.
Insignien, pl. n. знаци, знамења достојанства.
insinuiren, v. a. дати, предати.
insolv-ent, adj. ко неможе да плати; —enz, f. неплаћање.
insonderheit, conj. особито, врх свега.
Inspect-ion, f. надзирање, надзор; —or, m. надзорник.
inspiciren, v. a. прагледати, надзирати.
Install-ation, f. увођење у част; —iren, v. a. увести кога у част.
instandhalten, v. a. држати у реду.
inständig, adj. својски, жив; — adv. смерно, живо.
Instanz, f. молба; суд, ступањ суда; ab instancia losspreсhen, отпустити кога ради недостатка доказа.
instehend, adj. ближњи, наступајући.
Inster, n. дроб.
Instinct, f. Naturtrieb.
Institut, n. f. Anstalt.
Institution, f. уредба, установа.
Instruction, f. упутство; уређење; (Voruntersuсhung), приправљање.
Instrument, n. оруђе, алат; (Urkunde), исправа.
Insulaner, m. острвљанин.
Insurgent, m. устаник.
Intabul-ation, f. укњижење; —iren, v. a. укњижити.
Intabulations-, (in Zuf.) укњижни; —buсh, n. укњижница.
integri-rend, adj. саставни; —tät, f. целокупност; (Rechtschaffenheit), поштење.
Intelligenz, f. знање, разборитост.
Intelligenzblatt, n. огласник.
intensiv, adj. моћни, силни.
intercediren, v. a. заузети се, посредовати.
interessant, adj. занимив.
Interess e, n. корист, интерес; занимивост; —en, pl. добит, добитак, камата; —ent, m. учесник; —iren, v. a. занимати; —irt, adj. лаком. [пица.
interim, adv. међутим; —sschein, m. привремена.
Interjection, f. међуметак, усклик.
Interpell-ation, f. упадање у реч; питање; —iren, v. a. пресећи коме говор; запитати.
interven-iren, v. a. посредовати; —ient, m. посредник; —tion, f. посредовање.
Intestaterbe, m. законити наследник; ab intestato sterben, умрети без опоруке.

Intimat, n. краљевска наредба; —ion, f. објава.
Intoleranz, f. нетрпимост.
Intrigue, f. плетке; —iren, v. a. плести.
Invalide, m. немоћни војник.
Inventarium, n. попис.
Investitur, f. увођење у част.
inwendig, adj. путарњи, упутарњи; —, adv. изнутра.
Inwohner, m. укућанин.
Inzicht, f. знак.
inzwischen, adv. међутим, у то, у толико.
irden, adj. земљан, камен.
irdisch, adj. земаљски.
irgend, adv. можда; — einer, pr. некакав, и който, којигод; auf — eine Art, ивако, икоjako; — wie, некако; — wie beschaffen, икакав, икаки; an — einem Orte, негде; — etwas, иколико; — Jemandes, нечиј; —wann, гдегод, икад, игда; —welсher, икоjи; —wer, ико; — etwas, што, пишто, маштогод; —wo, где, ма гдегод.
irgendwohin, adv. некуд, кудгод.
irgendwoher, adv. однекуд, откудгод.
Irre, f. блуђење; in der — herumgehen, блудити.
irre, adj. заблудно, зашао, забасао; — im Kopfe sein, смућен, сулуд; —gehen, v. n. заблудити, зањи, забасати; —leiten, —führen, v. a. завести, смести, преварити; —maсhen, v. a. смести, залудети; —reden, v. n. бундати, наклапати; —werben, v. n. смутити се, смести се, заблудети се.
irregulär, adj. неправилан.
Irreligion, f. безакоње.
irren, v. n. скитати се, тумарати, блудити; —, v. a. мутити, смутити; sich —, v. r. варати се, преварити се, омести се.
Irrenanstalt, f. лудница.
Irr-gang, m. блуђење; —garten, m. лабиринт; —geist, m. заблуђен човек; тумарач, тумарало; —glaube, m. безакоње, крива вера; —gläubig, adj. кривоверан; —gläubigkeit, f. безакоње, кривоверност; —ig, adj. крив, лажан; —lehre, f. крива, лажна наука; —lehrer, m. учитељ криве науке; —licht, n. —wisch, m. огањ блудећи; —sinnig, adj. луд; —stern, m. планета; —thum, m. блуд, блудња.
Irrung, f. блуђење, смутња.
Irrwahn, m. крива мисао, лудило.
Irrweg, f. Irrgang.
Isegrimm, m. вук, курјак; fig. гунђало.
Ysop, m. исоп.
ist, f. jetzt.

J.

Ja, adv. да, jест, ja, еja; ja, ja, да, да; — wohl, да; o ja, да како; ja boсh, a да; sagen Sie es — niсht, нипошто неказите;

kommen Sie — wieder, али да ми дођете опет; Sie wissen —, баш..., та ви знате да..; reisen Sie fort? Ja, хоћете ли на пут? хоћу

Jacht, f. —schiff, n. јакет.
Jacke, f. хаљиница, корст, зубун.
Jagd, f. лов; (in Zuf.), ловачки; —bar, adj. за
лов; —flinte, f. ловница (пушка); —gerecht,
adj. вешт лову; —geschrei, n. ловачка вика;
—horn, n. ловачки рог; —hund, m. пас ло-
вачки; —spieß, m. копље ловачко.
jagen, v. n. (schnell laufen, reiten), трчати, ле-
тети, бежати; (eilen), ићи, журити, трчати;
— v. a. гонити, вијати, терати, ловити,
хајкати.
Jäger, m. ловац; (in Zuf.) ловачки; —ei, f.
лов; —horn, f. Jagdhorn; —in, f. ловица;
лоска, ловница; —isch, adj. ловачки.
jähe, adj. стрм, стрменит; (schnell) брз, хитар;
(plötzlich), ненадан, напрасан; (heftig, hitzig),
папрасан, напрасит, жестов.
Jähe, f. стрмина, низбрдица; fig. брзина; на-
праситост.
jähling, adj. напрасит, папрасан, ненадан.
Jahr, n. лето, год, година, годиште; (in Zuf.)
годишњи; ein — hindurch, за годину дана;
vor zwei Jahren, преклане, ономлане; im
vorigen —e, лане; —aus —ein, од год, до
год; —buch, n. летопис; —esfrift, f. година
дана; —esquast, m. годишњак; —estag, m.
облетница; —eswuchs, m. нова година,
ново лето; —es год; —gang, m.
година; —gedächtniß, n. год; —gehalt, m.
годишња плата; —geld, n. пензија, плата,
уметица; —hundert, n. век, столеће.
jährig, adj. од године дана; es ist nun —, daß
er todt ist, година је дана што је умро.
jährlich, adj. годишњи; — adv. сваке године,
на годину.
Jährling, m. годишњак, назимац.
Jahr-markt, m. сајам, вашар велики; —rech-
nung, f. годишњи рачун; (Zeitrechnung), ера,
број година; —stag, m. год; —zeit f. доба
од године; —tausend, n. тисућа година; —
wechsel, m. нова година; —weise, adv. од
године до године; —zahl, f. лето, година.
Jähzorn, m. папраситост, напраситост; —ig,
adj. напрасит, напрасан, гњевљив, осор-
љив, набусит.
Jammer, m. беда, жалост, невоља, јад, јади-
ковац, јаукање, ридање; (fallende Sucht),
велика бост, падавица; —geschrei, n. јаук,
јаукање, кукњава.
jämmerlich, adj. кукаван, бедан, тужан, жало-
стан, невољан; —schreien, вриштати, јау-
кати.
jammern, v. n. туговати, кукати, јаукати; es
jammert mich, жао ми је.
jammervoll, adj. невољан, жалостан, тужан,
бедан, жалови.
Janitschar, m. јаничар.
Januar, Jänner, m. јануарије, сечањ.
Jasmin, m. чемин.
Jaspis, m. јаспид.
jät-en, v. n. плевити, плети; —er, m. плевач;
—erin, f. влеваница.
Jauche, f. Gauche.
Jauchert, Jauchart, m. рало, јутро земље.
jauchzen, v. n. клицати, подвикивати, радовати
се; — n. клицање, радовање, подвикивање.

Janfen, f. ужина; — v. a. ужинати, ужинавати.
Jawort, n. пристајање, обећање.
je, i. пх; ух; о је, јаох, ух.
je, adv. икад, игда; је... је, је... десто, што...
то; —nun, е дакле; — zwei und zwei, два
и два; — nachdem, како буде, како кад;
— zuweilen, кадкада.
jedenfalls, adv. свакако, на сваки начин.
jedennoch, f. dennoch.
jeder, pr. сваки, сви, свако; eines jeden, свачиј.
jedermann, pr. сваки, сви.
jederzeit, adv. свагда, увек, сваки пут.
jedesfalles, adv. свакојако.
jedesmal, adv. свагда, сваки пут; —ig, adj.
свагдашњи, сваки, сви.
jedoch, conj. али, ипак, међутим, опет.
jedweder, jeglicher, f. jeder.
jeher, von jeher, adv. од искона, од замапде,
од најкада.
Jelängerjelieber, n. козја крв.
Jemals, adv. икад; кад, кадгод.
jemand, pr. иком, ико; који, ко; неко.
jener, jene, jenes, pr. они, онај; —art, опаки
auf — Art, онако.
jenseit, jenseits, prp. с оне стране, на оној;
страни; von —, испреко; —ig, adj. опо-
странски.
Jesuit, m. језуита, јежовит; исусовац.
jetzig, adj. садањи, садашњи.
jetzt, adv. сад, сада, јако.
Joch, n. јарам, јарменица; дан, лпина, ланац,
јутро, рало (земље); —bohrer, m. јарменак;
—ochs, m. во под јармом; —träger, m. греда
од моста.
Johannis-apfel, m. ивањача; —beere, f. рибиз;
—blume, f. воловско око; - brod, n. рога-
чи, рогач, рожчић; —fest, n. Ивање, Ивања-
дан; —feuer, n. крес; —würmchen, n. крес-
ница, свитац.
Jonquille, f. сунократ жути, жута лужања.
Joppe, f. рокља.
Journal, n. дневник; (in Zuf.) дневнички; —
ist, m. дневничар, новинар.
Jubel, m. клицање, весеље; радост; —fest, n.
—feier, f. јубилеј, год, светковина годовна;
—geschrei, n. клицање, вика радосна; —
hochzeit, f. полустолетњи пир; —jahr, Jubi-
läum, n. јубилеј, свето лето.
jubiliren, v. n. клицати, викати од радости,
радовати се; — v. a. einen Beamten —,
ставити у мир, пензију.
Juchart, Juchert, f. Jauchert.
juchhe! i. хју! хјују!
Juchten, Juften, Juchtenleder, n. багарија; hoxt.
jucken, v. n. бридети, палити, свребети; —n.
свраб, свреж.
Juden-kirsche, f. жидовска трешња; —harz, n.
—leim, n. —pech, n. асфалт; —schaft, f. жи-
лови; —schule, f. синагога; —thum, n. жи-
довство.
jüdisch, adj. жидовски.
Jugend, f. младост, младеж, омладина; —alter,
n. младост, младина, младе године, младо
доба; —blüthe, f. цвет живота; —feuer, n.
—hitze, f. жестина младости; —jahre, n. pl.

млада лета, младо доба; —lich, adj. младћан; —ſtreich, м. момачки послови.
Julius, м. јулије. српап.; плајпски месец, плајпуштак.
jung, adj. млад; младиков; —werben, родити се; wieder — werben, подмладити се; — gewohnt alt gethan, што диква навикла; ſich —machen, младити се.
Junge, м. младић, младенац, лете, дерните; das Kind iſt ein —, мушко је; (Lehrjunge), шегрт, дечко.
Junge, п. ситниж.
Jünger, м. ученик.
Jungfer, f. дева, девица, девојка; —in Haaren, мачков брк, nigella vulgaris; —ſich ſ. jung fräulich.
Jungfern honig, м. чист мед, равак; —glas, f. Marienglas, —lind, п. копиле, копилан; —Kloſter, п. манастир женски; —knecht, м. женар; —kranz, м. венац девојачки; fig. девичанство; —öl, п. чисто уље; —raub, м. отмица; —ſtand, м. девовање; —traube, f. грашац, бели грашац; —wachs, п. чист восак.
Jungferſchaft, f. девичанство, девојаштво.

Jung frau, f. дева, девица, девојка; die heilige —, пречиста дева, блажена девица, —fräulich, adj. девички, девојачки; —franſchaft, f. Jungſerſchaft; —geſell, м. момак; —geſellſchaft, f. —geſellenſtand, м. момаштво, момковање.
Jüngling, м. младић, детић, момак; —ſchime, f. смиљ, смиље; —ſiare, pl. п. —Alter, п. младост, момачке године, момковање.
jüngſt, adv. ономадне, неки дан.
jüngſte, adj. најмлађи; der — Tag, судни дан; das — Gericht, страшни суд.
Junius, м. јуније, липањ.
Junker, м. племић, господичић.
Jurat, м. јурат.
juridiſch, adj. правословни.
Jurisdiction, f. област, подручје, судска управа; судска надлежност.
Juriſt, м. јуриста, слушалац права; правослов.
juſt, adv. баш, управо, таман.
Juſtiz, f. правда, правица, суд, правосуђе; (in Juſ.), правосудни; —ſach, п. правосудство; —hof, м. суд.
Juwel, п. & м. Juwele, f. драги камен, адихар; —ier, —enhändler, м. драгуљар.

K.

Kabel, f. Kabeltau, п. сидрењак, гумина, дебело уже, једек.
Kabeljau, м. бакалар.
Kachel, f. пећњак, каљ.
Kachelofen, м. пећ од каљева.
Käfer, м. буба.
Kaff, п. плева.
Kaffee, м. кава; —bohne, f. кава, зрно каво; —braun, adj. кавене боје; —bret, п. служавник, поднос; —geräth, —geſchirr, —zeug, п. судови за каву; —kanne, п. кава, кавана; —kanne, f. ибрик; —löſſel, м. мала ожица, кавена кашика; —mühle, f. кавена воденица, млинац; —ſatz, м. телфа, талог; —ſchenk, —ſieder, м. кавеџија; —ſchweſter, f. кавопија.
Käfich, м. кавез, крлетка, гајба, кобача.
kahl, adj. ћелав; (arm), сиромах, го нат, сиромашан; (ohne Bäume), голетан; —werben, оћелавити; —e Entſchuldigung, празан одговор; —heit, f. ћелавост; —kopf, м. ћелавац, ћело.
Kahn, м. плесан на вину; —en, v. п. узбљутити се, —ig, adj. плесњив.
Kahn, м. чун, чамац, оранница, прам, смртњак.
Kai, м. жал, прало, јалија.
Kaiſer, м. цесар, ћесар, цар; (in Juſ.) ћесарски, цесарски, царски; — ſein, царовати; zum — machen, зацарити; —werben, зацарити се; —butalen, м. мацарија, крменџија; —gut, п. царевина; —in, f. царица; —lich, adj. ћесарев, царев; ћесарски, царски; —reich п. ћесарство, царство; царе-

вина, ћесарија; —ſohn, м. царевић; —thum, п. царство, царевина, царовање; —würde, f. ћесарство, царство.
Kajüte, f. кајута.
taken, v. п. какити.
Kalb, п. теле; ein — abſetzen, одбити теле; ein — werfen, отелити се; das — in die Augen ſchlagen, упредити.
Kalbe, Kalbin, f. јуница, јаловица.
kalben, v. п. телити се, отелити се.
kälbern, v. п. телити се, отелити се; (Poſſen treiben), лудовати, праговати; (ſpeien), бљувати.
kälbern, adj. телсћи.
Kälber-ſtoß, м. Kalbskeule, f. стражњи черек телски; —zahn, м. зуб телћи; (in der Bauſunſt), зубац.
Kalb-fell, п. кожа телећа; fig. бубањ; dem —folgen, војник бити; —fleiſch, п. телетина.
Kaldaunen, pl. ситнеж.
Kalender, м. календар, свечаница.
Kaleſche, f. кочије.
Kalfater-er, м. шупер; —п, v. а. калавахити, шуперити.
Kalt, м. креч, клак, јапно, вапно; mit — anwerfen, кречити, окречити; —artig, adj. кречовит, клаковит; —brenner, м. кречар; —bruch, м. кречни мајдан.
talten, v. а. метнути у клак.
Kalk-erde, f. земља кречна; —hütte, f. кречаша, клачина, јапненица; —icht, adj. кречовит; —ig, adj. кречан, јапнен; (vom Brote), гњецован, гњецав; —ofen, м. јапненица,

Kalmäuser — 167 — Kärrner

kречава; —fieter, m. спга, седра; —ftein, m. кречни камен; —waffer, n. вода кречна.
Kalmäuſer, m. сањало; тврдица; —n, v. n. сањати, живети далеко од људи; тврдовати.
Kalmus, m. иђирот.
kalt, adj. студен, мрзовит, хладан, зиман; *das* —e Fieber, грозница; — adv. студено, хладно; mir ift —, зима ми је; — ſein, студети; — werden, хладнити, захладнити; умрети; — blütig, adj. хладан, студен, хладнокрван; — adv. хладно, са хладном крви; — blütigkeit, f. спокојство; хладнокрвност.
Kälte, f. зима, студен, хладноћа; grimmige —, цича.
kälten, v. a. хладити.
kältlich, adj. хлађан.
kaltſinnig, adj. хладан, неосетљив, млак; — keit, f. Kaltſinn, m. хладноћа, неосетљивост; млакоћа.
Kalviner, m. калвин; —in, f. калвинка; —iſch, adj. калвински.
Kamaſchen, pl. f. чарапе, доколенице.
Kamel, Kameel, n. дева, камила; —garn, n. —haar, n. кострет; —parder, m. жирафа; —treiber, m. камилар.
Kamerad, m. друг; —ſchaft, f. дружба.
Kameral- adj. коморски; —iſt, m. комораш; коморослов; —weſen, n. коморство; —wiſſenſchaft, f. комoрoсловље.
Kamille, f. престенак, роман, романика, жабљак, од буха трава, липица, камомиља, раменак, царев цвет; gemeine —, титрица.
Kamin, m. оџак, димњак, комин; —feger, m. оџачар, димничар; —ſteuer, f. димница.
Kamm, m. чешаљ; (der Weber, брдо; (des Hahnes), хобер, ухор, креста; (eines Pferdes), грива; (einer Traube), капа; (Flachskamm), чешља, перапица.
kämmen, v. a. чешљати.
Kammer, f. камара, комора; соба, појата, вајат, клет, ризница; (in Zuſ.), коморски, вајатски; —amt, n. служба код коморе; —beden, n. бурежљак, суд за мокраћу.
Kämmerchen, n. коморица.
Kammerdiener, m. постељник.
Kämmerer, m. коморник; (in Zuſ.), коморнички; —ei, f. комора, благајница.
Kammer-frau, f. коморкиња, дворкиња; —fräulein, n. госпођица придворна; —herr, m. коморник; —junger, f. дворкиња; —junker, m. племић дворски; —latei, m. слуга дворски; —magd, f. —mädchen, n. дворкиња; —ſtuhl, f. Nachtſtuhl; —trauer, f. црнина, домаћа корота.
Kammertuch, n. камбрик.
Kamm-fett, n. маст од гриве; —macher, m. чешљар; —rad, n. зупчаст точак; —wolle, f. вуна чешљана.
Kampf, m. бој, борба, битка; прегон, прекор; —(in Zuſ.), убојни.
kämpfen, v. n. бити бој, борити се; mit dem Tode —, борити се с душом; —er, m. бојник, ратник, заточник, убојница.
Kampfplatz, m. мејдан, бојиште, ратиште.

Kanal, m. прокоп, јарак, канао, чатрња.
Kanapee, n. канабе.
Kandelzucker, m. кандисани шећер, жути, леденц, црни шећер.
Kaninchen, n. питоми зец, куњећ, куњељћ.
Männchen, n. мален ибрик.
Kanne, f. канта, ибрик; бардак, бокар, милоjka; —engießer, m. коситлар; fig. политичар; —entraut, n. ношке, коњски реп; —enweiſe, adv. на канте, кантом.
Kanon, m. канон; —iſch, adj. канонски, црквени.
Kanonade, f. пуцњава топова.
Kanone, f. топ; лунта, каваљпа, шиба; —enpulver, n. прах топовски, прдосија; —ier, m. тобџија.
Kante, f. канат, крај, ћошак, ивица; (Spitze) чипка; —haken, m.{чакља, —ig, adj. ћошкаст.
Kantſchu, n. камџија.
Kanzel, f. предикаоница.
Kanzlei, f. канцеларија, писарница; (in Zuſ.) писарнички; —ſchreiber, Kanzleiſt, m. канцелиста, писар.
Kanzelredner, m. проповедник.
Kanzler, m. канцлар, печатник.
Kaposi, m. копун; —en, v. a. копунити, школити, ушкопити.
Kapelle, f. капела, црквица; банда; —meiſter, m. капелник.
Kapital, n. главно, главница, главнина.
Kappe, f. капа; (eines Mönches), камилавка; (eines Pferdes), жвале; (am Schmelzofen), капа, паиа.
Käppchen, n. капица, шепица, ћепица.
kappen, v. a. (die Hähne), копунити, шкопити; das Ankertau —, пресећи сидрењак; die Bäume —, кресати, окресати; (begatten, vom Geflügel), газити, расти.
Kapp-fenſter, —loch, n. прозор на крову; —hahn, f. Kapaun; —zaum, m. оглав, улар.
Kapſel, f. чаура, кутија, канак.
Kapuziner, m. капуцин; —kreſſe, f. драгољуб.
Karat, n. карат.
Karauſche, f. караш, Cyprinus carassius.
Karavane, f. карван, турма.
Karbatſche, f. камџија, корбач, бич; —n, v. a. бити, шибати корбачем.
Kardendiſtel, f. чешља, dipsacus fullonum.
Kardetſche, f. гребен, чешагија; —n, v. a. чешати коња.
Karfunkel, f. Carbunkel.
karg, adj. скуп, сиромашан, оскудан; —en, v. n. скомрачити, тврдовати; —heit, f. скупост, шкртост.
kärglich, adj. сиромашки, поредан; — adv. танко, оскудно, сиромашки.
Karmeſinleder, n. kajcep.
Karnies, n. корниж, атула; —hobel, m. корниж.
Karpfen, m. шаран, крап.
Karre, f. тачка, колица.
Karren, m. кола, таљиге, двоколице.
karren, v. a. возити у колн; — v. n. бити осуђен на робију.
Karren-gaul, m. таљигаш; —gefangener, f. робијаш; —ſchieber, m. тачкар; —voll, m. воз.
Kärrner, m. возник, коњџаш.

Karst, m. будак, трнокоп, пијук; —en, v. a. копати пијуком.
Kartätsche, f. картач.
Karte, f. карта.
karten, v. a. сновати, мудровати што; — v. n. картати се.
Kartenaufschlägerin, f. картара.
Karten-blatt, n. карта; —haus, n. кућа од карата; —macher, m. картар; —spiel, n. карташе; —spieler, m. карташ, картар.
Karthaune, f. баљемез.
Kartoffel, f. крумпир, кртола, земљушка, рашак; —feld, n. кртолиште, крумпириште.
käsartig, adj. сировит.
Käse, m. сир; —form, f. творило; — haus, n. —kammer, f. сирница; —kuchen, m. погача са сиром; —lab, n. сириште; —late, f. сок; —made, —milbe, f. прегаљ, исвак, мољак, мољац; —mild, —molte, f. сурутка.
käsen, v. n. сирити се, усирити се, грушати се; — v. a. сирити, усрити.
Käserrne, f. касарна.
Käse-sack, m. грудњача, цедило; —waffer, n. хира, сурутка, слатка сурутка.
käsicht, adj. сировит.
Kastanie, f. кестен; —braun, adj. кестенове боје; костањев; —verkäufer, m. кестенар; —verkäuferin, f. кестенарица, кестенарка; —wald, m. кестеник.
Kästchen, n. шкрињица, ковчежић.
kastein, v. a. испаштати; —ung, f. покора, испаштање.
Kasten, m. орман, шкриња.
Kastenamt, n. приходарски уред.
Kastner, m. приходар.
kastrir-en, v. a. ушкопити, шкопити, утући; —messer, n. шкопница.
Kastrol, n. кастрола.
Katalog, m. попис, списак.
Katarrh, m. назеба, нахлада; —alisch, adj. од назебе; —zettel, n. кремечак.
Kataster, m. порезник.
kataftral- (in Zus.), adj. порезнички.
Katech-et, m. катихета, учитељ у вери; —isation, f. наука христијанска; —istren, v. a. учити науку христјанску; —ismus, m. катихизис.
Kategorie, f. разред.
Kater, m. мачак.
Katheder, m. катедра, столица.
Kathedralkirche, f. црква столна, саборна.
Katholik, m. католик, шокац; —in, f. католичанка, католичкиња, шокица.
katholisch, adj. католичански, католички.
Kattun, m. катун, платно памучно.
Kätzchen, n. маче, мачица, маца; овршина, реса; клас, кунадра, палица.
Katzbalg-en, sich, v. г. цавељати се, дрпати се; —erei, f. дрпање, цавељање.
Katz-e, f. мачка; (Gelbgürtel), праћа, ћемер; (an Bäumen), f. Kätzchen.
Katzen-dreck, m. мачјак; —farbig, adj. мацаст; —geschrei, n. маук. маукање; —gold, n. машино злато; —schinder, m. мачкодер; —sprung, m. мачји скок; es ist nur ein — bis dahin, само су два три корака донде; —zahl, m. мачји рен, hippuris vulgaris.
Kauderwälsch, n. говор неразумљив; —reden, неразумљиво говорити.
kauen, käuen, v. a. жватати, зубати.
kauern, v. n. чучнути, чучати, чечати.
Kauf, m. купња, куповина, куповање, пазар; — und Verkauf, трговање; —brief, m. куповно писмо; —en, v. a. купити, узети, пазарити, gekauft, adj. куповни; das Gekaufte, n. куповина.
Käufer, m. купац.
Kaufsahr-er, m. капетан брода трговачкога; брод трговачки; —teiflotte, f. флота трговачка; —teischiff, n. брод трговачки.
Kauf-gegenstand, m. куповина; —handel, m. пазар, трговина; —haus, n. догања, тржиште; —und Handelsherr, m. трговац; —laden, m. дућан, продавница; —leute, pl. трговци.
käuflich, adj. куповни; — adv. an sich bringen, купити; — überlassen, продати.
kauf-lustig, adj. купац; —mann, m. трговац; (Käufer), купац; —männisch, adj. трговачки; —mannschaft, f. трговци; трговина; —mannsdiener, m. калфа трговачки; —mannsfrau, f. трговкиња; —mannsgut, n. —mannswaare, f. роба, трг, еспап; —mannsladen, m. догања, дућан; —platz, m. тржиште, пијаца; —schilling, m. цена; пара, увера; —stück, n. куповна ствар, купљена ствар, ствар за продају.
Kaulbarsch, m. мали окун, perca cernua.
kaum, adv. једва, тек, истом, само, нетом, тешко; —und —, једва једвице, на једвите јаде.
Kauz, m. Käuzchen, n. ћук; ein reicher —, богатан; ein närrischer —, шаљивчина, будала.
Kaviar, m. ајвар.
Kebs-ehe, f. наложништво; —mann, m. наложник; —weib, n. наложница.
keck, adj. дрзак, смео, безобразан; —heit, f. смелост, безобразност; —lich, adv. слободно, без обзира.
Kegel, m. чун, клис, преслица; (an Pferden), плећи коњске; (an Kanonen), нишан; er hat weder Kind noch —, нема ни кучета ни мачета, —bahn, f. куглана; —förmig, adj. чуњевит; —n, v. a. куглати се; —plan, m. —platz, m. куглана; —schub, m. —spiel, n. куглање.
Kehl-buchstab, —laut, m. грлени глас, грлено писмо.
Kehle, f. гуша, грло, гркљан; (an Säulen), жлеб, бразда.
kehlen, v. a. жлебити.
Kehl-hobel, m. корниж; —riemen, m. огрлак; —süchtig, adj. гроничав; —ziegel, m. ћерамида.
Kehraus, m. помело.
Kehr-befen, m. метла; —bürfte, f. четка.
kehren, v. a. мести, помести, чистити.
kehren, v. a. (wenden), обрнути, окренути; превратити, преврнути; die Augen gen Himmel —, погледати к небу; sich —, г. г. обрнути се; sich nicht an etwas —, немарити за што; sich an seinen Ort —, вратити се на своје место.

/Kehricht, n. смет, сметлиште, ђубре; —platz, m. калужа.
Kehrlappen, m. умета.
Kehrseite, f. друга страна.
Kehrwisch, m. умета.
Kehrum, n. повратак.
keich-en, v. n. дихати, тешко дихати, хринати; задухати се, задихати се, засопити се, усопити се; —end, adj. спиљањи; задухан, загушљив; —er, m. спиљивац; —husten, m. рикавац, хрипавац, велики кашаљ, магарећи кашаљ.
keif-en, v. n. грдити, лајати, инатити се; —er, m. лајавац; —erin, f. лајавица.
Keil, m. клин; —en, v. a. истерати клином; (spalten) расцепити цепати; (befestigen), заглавити; (hineinteilen), забити; —er, m. вепар; —förmig, adj. као клин, клинаст; —haue, f. пијук.
Keim, m. клица, обраслица, заметак; fig. почетак; —chen, n. кличица; —en, v. n. клијати, клицати, ницати.
kein, —er, pr. нико, ниједан, никоји; ich habe kein Geld, немам новаца; er ist kein Student, није ђак; keines, ничији; keiner von beiden, ниједан; —erlei, adj. никакав; auf — Art, никако; —erseits, adv. ни од куда; —eswegs, adv. никако, никовшто; —mal, adv. ниједан пут, никад, нигда.
Kelch, m. путир, калеж, чаша; —glas, n. столовата чаша; —teller, m. плитица.
Kelle, f. мистрија.
Keller, m. пивница, подрум, конoba, лагум, —ei, f. хонобарство; —geschoß, n. подрум; —hals, m. врата од пивнице; —loch, n. окно од пивнице; —meister, Kellner, m. пивничар, конобар, —wirtin, m. f. Assel.
Kelter, f. тесак, преша; —n, v. a. прешати, торкулати, тештити, огручати; —treter, Kelterer, m. прешар, газач.
kennbar, kenntlich, adj. познав, разазнав, разлучив; знатан, назнатен, забележен.
kenn-en, v. a. познати, познавати се, знати; —er, m. пешт човек, зналац; —erin, f. вешта жена, зналица.
Kenntniß, f. знање, наука, познање; in — bringen, обазнати; zur — nehmen, убавестити се; —reich, adj. учен; извештен; —quelle, f. извор дознања.
Kenn-ung, f. боб, црно на зубу коњском; —zeichen, n. знамен, знамење, знак, белега.
Kerb-e, f. рез, зарез; —en, v. a. зарезати, ровашити, заровашити; —holz, n. роваш, рабош.
Kerker, m. тамница; (in Zus.) тамнички; —meister, m. тамничар.
kerkern, v. a. метнути у тамницу.
Kerl, m. човек, детић, момак, слуга; ein braver —, поштен човек; ein schlechter —, рђав човек, лопов.
Kermes, m. внцобој.
Kern, m. зрно, језгра, срце, коштица, јегрица, семе, шпица; —beißer, m. тустокљунац.
kern-en, v. a. нинати, зрнати; sich —, v. r. зрнати се; — v. n. (vom Korn), терати у зрно.

Kern-gehäuse, n. срце (од јабуке, итд.); —fest, adj. задрпгао, задризгао, уторан, темељит; —gesund, adj. здрав здравцит, здрав као дрен, као тресак; —haft, adj. језгар, чврст, јак; —holz, n. језгра од дрвета; —ig, adj. зрнаст; пун коштица; fig. језгар, чврст, поштен; —schuß, m. (in der Artillerie), хитац хоризонталин; —spruch, m. реч одабрана.
Kerze, f. свећа; —ngerade, adj. прав, једнак, прав као свећа; — adv. право, једнако.
Kessel, m. котао, казан, бакрач, гвозденак, орањица; —flicker, m. котлокрп; —fette, m. верпге; —macher, m. schmid, m. котлар, казанџија; —haken, m. кука од верига; —zins, m. испек.
Kessler, m. котлар.
Kettchen, n. ланчић.
Kette, f. ланац, вериге.
ketten, v. a. везати ланцем.
Ketten-glied, n. —ring, m. карика; —hund, m. пас на ланцу; —kugel, f. спицирли зрно; —naht, f. шав на ланац; —stich, m. бод на ланац.
Ketzer, m. јеретик, кривоверац; —in, f. кривоверка; —ei, f. јерес, кривоверство; —gericht, n. инквизиција; —isch, adj. јеретички, кривоверски; —richter, m. инквизитор.
Keuchen, s. Keichen.
Keule, f. буздован, топуз, шестоперац, ћулумак, кула, буџа, иацак, чворновака; (eines Mörsers), тунало, бат; (vom Vieh), чeрек, бут; (von Geflügel), батак.
keusch, adj. чист, исвин; —heit, f. чистоћа, певинoст.
Kibitz, m. вивак.
Kicher, f. —erbse, f. слани грах, рогачица.
kichern, v. n. церити се, церекати се.
Kids, m. машка.
Kiefer, f. бор.
Kiefer, m. чељуст, вилица; (Fischohr), шкрга.
Kieferholz, n. боровина; —wald, m. борик.
Kiel, m. (eines Schiffes), кљун, кљ, пуж, колумба; (einer Feder), цев; (des Zithersspielers), перо, терзајан.
kielen, v. a. нерјем снабдети; ein Schiff —, кил поправити; — v. n. добивати перје.
Kiemen, pl. f. шкрге.
Kien, m. — holz, n. луч, зубља; —baum, m. бор; —ruß, m. чађа од бора; —span, m. луч.
Kiepe, f. кош.
Kies, m. шљунак, инјак.
Kiesel, —stein, m. кремен, облутак, шљунак.
kiesen, v. n. & a. (eralt.), изабрати.
kiesicht, adj. каменит, несковит.
Kitze, f. мачка.
Kimme, f. уторе; (Kerbe), рез.
Kind, n. дете, чедо; —werden, полетити се; —bett, n. порођ, бабиње; —betterin, f. породиља; —chen, n. детенце, чеданце, детенце, беба; —ein, v. n. сназмати.
Kinder- (in Zus.), дечији.
Kinder-bewahranstalt, f. несговалиште; —blattern, pl. f. осипце.
Kinderei, Kinderposse, f. детињарија.
Kinderhaft, adj. детињски; —klapper, m. чегртаљка; —lehre, f. катихизис; —los, adj.

без деце; —mord, m. чедоморство; —mutter, f. примала, бабица.
Kindern, v. n. родити; детињити.
Kinder-wärterin, f. дадиља; —zucht, f. одхрањење.
Kindes-, Kinds- (in Zuf.), детињи.
Kindes-beine, pl. n. von —и an, од мале малоће, од детињства; —kind, n. унуче; —nöthen, pl. f. преноси; —statt, f. an —annehmen, узети под своје.
Kindheit, f. детињство; von — an, из мала, из малена.
kindisch, adj. детињски; —sein, детињити, детити се; — werden, спазмати.
kindlich, adj. синовљи, детињски.
Kindtaufe, f. крштење.
Kinds-frau, f. —mädchen, n. дадиља, баба, дадија.
Kinn, n. брада, подбрадак; —bad, m. чељуст, вилица; —kette, f. подбрадач, ланчић; —lade, f. Kinnbacken.
Kippe, f. провала, пропаст; auf der — stehen, хтети се срушити; (Hand), крај.
kippen, v. n. љуљати се, падати; — v. a. подигнути, нагнути; — und wippen, обрезивати новац.
Kipper und Wipper, m. обрезач новца.
Kipperei, f. обрезивање новца.
Kirche, f. црква, богомоља, храм.
Kirchen, (in Zuf.) црквени, црковни.
Kirchen-älteste, m. старешина црквени; —bann, m. анатема; —buch, n. матица; требник, ритуал; —dieb, m. светокрадац; —diener, m. црквењак, црквовљак, параклисара; —dienst, m. служба божја; —fest, n. проштење, слава црквена, храм црквени; —gänger, m. црквар; —geräthe, n. утвари црковне; —gut, n. —vermögen, n. црквена земља, црковина; —lied, n. —gesang, m. песан црквена; —patron, m. запетник, титор; —pfleger, m. црквени син, тутор; —recht, n. право црковно; —sänger, m. певац; —staat, m. држава папина; —vater, m. свети отац; —versammlung, f. сабор; —vorsteher, m. црквени син.
Kirch-gang, m. ход у цркву; —hof, m. порта; (Gottesacker), гробље; —lich, adj. црквен, црковен; —messe, f. —weihe, f. —weihfest, n. проштење, слава, храм црквени; —ner, m. звонар, пракатур; —spiel, n. жупа, парохија; —sprengel, m. епархија, дијецеза, бискупија; —thurm, m. торањ, звоник; —vater, m. тутор.
kirre, adj. питом, домаћи; fig. кротак, добар; — machen, укротити.
kirren, v. a. питомити, кротити; мамити; — v. n. шкрипати.
Kirsch-baum, m. трешња; —beißer, —fink, m. трешњар; —branntwein, m. трешњовица.
Kirsche, f. трешња.
Kirschholz, n. трешњевина.
Kissen, n. јастук, тундела, блазина; —ziehe, —zieche, f. навлака, павлак.
Kistchen, n. шкрињица, ковчежић.
Kiste, f. шкриња, сандук, ковчег.
Kitt, m. лем, луђум.

Kittel, m. сукња, китла.
kitten, v. a. лемити; — n. лемљење.
Kitzel, m. сврб, сврбеж, туга, голицање; fig. воља, жеља, обест; —ig, adj. шкакљив, тугаљни; fig. (schwierig), тугаљни, мучан, опасан; —n, v. a. шкабљати, голицати.
Kladde, f. страца, приручна књига.
Klaffen, v. n. јанити, зијати, пукнути; (schwaßen), брбљати.
Kläffen, v. n. лајати, кевкати.
Klafter, n. хват. сежањ; —holz, n. дрва у хватове сложена.
klaftern, v. a. хватати.
klagbar, adj. оптужив, тужен, оптужен; —auftreten gegen Jemand, тужити.
Klage, f. тужба, жалба; Klag-, Klage-, (in Zuf.) тужбени; (Wehklage), туга, туговање, јаук; —frau, f. покајница; —gesang, m. заневка; —geschrei, n. цвиљење; —lied, n. тужалка; тужбалица, плач; ein —anstimmen, нарицати, запевати.
klagen, v. a. тужити, оптужити; — v. n. тужити се; јалати, јадити, туговати, тужити, јадати се, јаукати, плакати; einem etwas —, потужити се.
Kläger, m. тужитељ, парац, прица; —in, f. тужбеница.
Klage schrift, f. тужба; —weib, n. нарикача.
Klaggedicht, n. лаворје, елегија.
kläglich, adj. тужан, жалостан, неволан, јадан.
klamm, adj. узак, тесан; (selten, als vom Gelde), редак.
Klammer, f. скоба, споја, пијавица.
klammern, v. a. сковчати, спојити, стиснути; sich —, чврсто се ухватити.
Klang, m. глас, звекет, звека, звек.
Klappe, f. (an einer Pumpe), језичац; (an einer Kanne), заклопац; (an einer Flöte), сикало, (an einem Kleide), посувратак.
Klappen, v. n. заклонити се, поклопити се.
Klapper, f. клепало, чегртаљка; —jagd, f. хајка, лов с хуком и буком; —mühle, f. млин; (Klappermaul), блебетуша.
klappern, v. n. клепетати; чегртати; (mit den Zähnen), цвокотати.
Klapper-nuß, f. клокочика; —rose, f. турчинак; —handschuh, m. рукавица без прстију.
Klapps, m. пљуска, заушка.
Klapptisch, m. сто крилат.
klar, adj. јасан, бистар, чист, ведар.
Kläre, f. танкост.
klären, v. a. чистити, бистрити, процедити; sich —, v. r. ведрити се.
Klarheit, f. бистрина, ведрина; fig. разговетност, јасност.
Klatsch, m. пушка, пљуска; оговарање.
Klatschbüchse, f. пуцаљка.
Klatsche, f. хлаимуха; стобућанин.
klatschen, v. n. клепетати; mit einer Peitsche —, пуцати, прасвати; in die Hände —, пљескати; fig. (ausschwaßen), брбљати, лан-дати, блебетати; оговарати.
Klatscher, m. блебетуша, стобућа, стобућанин.
Klatscherei, f. блебетање, ландање; оговарање.
klatsch-haft, adj. ландав, блебетав; —rose, f. Klapperrose.

Klauben — **Knabenkraut**

Klaub-en, v. a. купити, брати, бирати, требити, чистити; an etwas —, глодати; —т, m. купилац.
Klaue, f. нокат; папак.
Klause, f. усамна; затвор.
Klausner, m. пустињак.
Kleben, v. n. прионути, лепити се; — v. a. лепити, прилепити.
klebrig, adj. прињав; гљецав, гњецован; -keit, f. пријањање.
Klee, Klees, m. крмача, мачка (у писму).
kleclen, v. a. поканати. мазати; дотицати.
Klee, m. детелина; Frieschenber —, крстикумедете.
Klei, m. глина, пловача.
kleiben, f. kleben.
Kleid, n. хаљина, риза, одора; рухо, одело, одећа.
kleiden, v. a. обући, оденути; das kleidet ihn gut, добро му стоји.
Kleider-kammer, f. ризница; —krämer, m. старудар; —schrank, f. бела уш, ваш; —motte, f. мољац; —tracht, f. ношњо, одело.
Kleidung, f. одевање, облачење; одећа, одело; —stück, n. хаљетак.
cie, f. мекиње, pl. мекиње, трице, осевине; (als, псевци; Kleien- (in Zuf.) тричан, труман; —enbrod, n. трушница, отрушница, боћман; —icht, —ig, adj. глинаст; мекињав, непросејан; —es Mehl, осевци.
klein, adj. мали, малец; дробан, ситан; von er Statur, маленица; —und dürr, журан; ein — wenig, мрвичак, мрвичку, мрвко, мрвице, мрвиц; —e Anzahl, малина; —er werden, смањати се; —benkend, adj. простачки мислећи.
kleinern, v. a. смањити.
klein-fügig, f. geringfügig; —gläubig, adj. маловеран; —gläubigkeit, f. маловерност; —handel, m. тровина ситна; —händler, m. тржа, тровчић, f. малина, малоћа; —igkeit, f. малокост, ситниж, ситнина, потркушица, ситница; —laut, adj. страшљив, плашљив, устрашен, уплашен; —lich adj. малеж, инзак; —muth, m. —müthigkeit, f. малодушност; —müthig, adj. малодушан.
Kleinod, n. заклад, залога, драгоценост, благо.
Klein-schmied, m. бравар; —verschleiß, m. продаја ситна; —verschleißer, m. крчмар, ситничар; —weise, adv. помалко.
Kleister, m. чириз; —n, v. a. лепити мазати чиризем.
Klemm, f. Klamm.
Klemm-e, f. шкрип; (ein Werkzeug), шкрип; — en, v. a. стиснути, стегнути.
Klempner, m. клепар, лимар.
Klepper, m. клусе.
Klette, f. чичак.
klettern, v. n. пењати се, пузати.
Klima, n. климат, поднебје.
klimmen, f. klettern.
klimpern, v. n. звекетати, звецкати.
Klinge, f. оштрица, гвожђе (од ножа, итд.); fig. сабља; über die — springen lassen, посећи; vor die — fordern, позвати на мејдан.
Klingel, f. звонце, прапорац; —beutel, m. лемознца; —n, v. n. звонити, зазвонити.

klingen, v. n. звонити, звечати, звекетати.
Klinggedicht, n. сонет.
Klinke, f. квака, чекљун.
Klinse, f. пукотина.
Klippe, f. стена, гребен (морски); fig. запрека.
Klipper, f. Klempner.
klippern, v. n. звецкати, лупкати.
klippig, adj. пун стена, гребена.
Klipp-kram, m. ситнарије, ситниш; —krämer, m. тржа, тровчић; —werk, n. ситниш.
klirren, v. n. звечати, звекетати; подбрекивати; —b schlagen, кленнути.
Klitsch, m. пљуска, ћушка; прасак; —en, v. n. пљеснути, праснути, праскати.
Kloben, m. процеп, працеп; чекрк; (an der Wage), ручица; (von Flachs), ручица лана.
Klöpfel, m. (einer Glocke), балантић, клатно; (einer Trommel), шибало, маљица; (zu Spitzen) вретено.
Klopf-en, v. n. & a. тући, ударати; куцати, лупати, покуцати, батати, чиркати, закуцати; (ein Pferd) —, уврнути коња; —er, m. куцкало; алка, беочуг.
Klopfsechter, m. хрвач, борац.
Klopf-hengst, n. коњ уврнут; —holz, n. маљ.
Klopfjagen, f. Klapperjagd.
Klöppel, f. Klöpfel; —kissen, n. —labe, f. jaстучић за чипке.
klöppeln, klöpfeln, v. a. плести; Spitzen —, чипке плести.
Kloß, m. (von Erde), груда, грудва; (Art Speise), ваљушак.
Klößchen, n. ваљушчић; грудица, грудвица.
Kloster, n. манастир, намастир.
Kloster- (in Zuf.), манастирски; —bruder, m. лапик, искушеник; —dorf, n. прњавор; —dörfer, m. прњаворац; —frau, —jungfrau, —schwester, f. калуђерица, монахиња, дувна, колуђрица, опатица; —geistliche, m. монах, инок, калуђер, фратар; —kirche, f. мађупница; —leben, n. живот калуђерски.
klösterlich, adj. калуђерски, манастирски.
Kloster-regel, f. правилник, правило манастирско; —robot, f. панћенија; —unterthan, m. прњаворац.
Kloß, m. пањ, клада, труница.
Kluft, f. провалија, расцлина, пукотина.
klüftig, adj. пун провалија.
klug, adj. опазан, мудар, разуман, паметан; лукав; nicht — werden aus einer Sache, познати шта се хоће.
Klügel-n, v. n. мудровати; —ei, f. мудровање.
Klugheit, f. опазност, мудрост, памет.
Klügler, m. цепидлака, мудријаш.
klüglich, klug, adv. мудро, паметно; лукаво.
Klümpchen, n. грудица, грумечић; комадић.
Klumpen, m. груда, грумен, комад, гука, бубла.
Klümper, m. грумен; —ig, adj. грудаст, чачковит.
klümpern, sich, v. r. грудати се, угрудати се.
Klunker, f. мрва, грудица.
Kluppe, f. кљештице, брњица.
Klyster, n. клистир.
Knabe, m. дете, детић, дечак, шипар.
Knabenkraut, n. каћун, orchis satyrium; Spin-

nenbtständiges — kraut, мачково ухо, ophiis arachnites; —wurz, каљушица, radix orchis.
Knack, Knacks, m. прасак; — interj. прас!
knacken, v. n. крцкати, праскати; — v. a. Müsse —, кршати.
Knackwurst, f. кобасица суха.
Knall, m. праска, гресак; —büchse, f. пуцаљка; —en, v. n. пуцати, праскати, зауцати, брецати; mit der Peitsche —, бичкарати.
knapp, adj. тесан, узак; fig. оскудан, кратак; редак; — adv. с натегом, једва; —auskommen, натезати; —маchen, отеснити.
Knappe, m. момак; штитоноша.
knappen, f. hinken.
knarpeln, v. a. крцкати, праскати; глодати.
Knappschaft, f. (im Berg.) рударско братниство.
Knarre, f. чегртаљка.
knarren, v. n. шкрипати; чегртати.
Knaster, m. канастар (дуван); —bart, m. гунђало.
knastern, v. n. праскати, пуцкати.
Knäuel, m. клупче, смотак, клупко; —n, v. a. мотати на клупче.
Knauf, m. глава (на ступу).
knaupeln, v. n. грнсти, глодати.
Knauser, m. тврдица, скунац; —ei, f. тврдоћа; —ig, adj. тврд, скун; —n, v. n. тврдовати.
Knebel, m. (Fingergelent), чланак¹, глабак²; (in's Maul zu stechen), чен; (am Ende einer Kette), кука; —bart, m. брк; —n, v. a. свезати, стегнути; —spieß, m. копље.
Knecht, m. слуга, пристав, момак; —isch, adj. ропски; —schaft, f. ропство; —sbienst, m. служба.
Kneif, f. нож, косир.
kneifen, v. a. штипати, уштинути.
Kneipe, f. (Zange), клешто; (gemeines Wirthshaus), крчма; (im Leibe), завијање.
kneipen, f. kneisen.
Kneipzange, f. клешто.
kneissen, v. a. стругати кожу.
kneten, v. a. месити, гњечити, главити.
Knetscheit, f. лопатица.
knetschen, v. a. гњечити, згњечити.
Knettrog, f. Backtrog.
Knick, m. праска; крц.
knicken, v. a. крцнути; (biegen), савити колено; (knausern), тврдовати, — v. a. сломити, преломити, привити; einen Floh —, убити буху; —er, m. тврдица; —erei, f. тврдовање; —erig, adj. тврд, скуп; —ern, v. n. тврдовати.
Knicks, m. поклон; пукотина.
Knie, n. колено; —band, n. подвеза; —bant, f. клецало; —beuge, f. biug, m. чукаљ; —beugung, f. поклоњење.
Knie-gürtel, m. f. Knieband; —kehle, f. Kniebeuge.
knieen, v. n. клечати, клекнути; —b, adj. клечећи; —b, adv. клечећки поклекле.
Knie-riemen, f. Kniebügel; —scheibe, f. чашица.
Kniff, m. штип, уштин; (Lift), лукавштина.
Knipp, m. Knippchen, n. зврчка; —schlagen, зврцати, зврцнути.
Knipps, Knirps, m. жура, маљевица, згеба.
knirren, f. knarren.
knirschen, v. a. шкргутати, шкрипати; — n. шкрипа, шкргут, шкрипање.

Knistergold, n. козар, крут варак, клободан, шик, жик.
knistern, v. n. прштати, пуцкати, праскати.
Knittel, f. Knüttel.
Knoblauch, m. лук бели; —stössel, n. туколук, туцилук.
Knöchel, m. глежањ, чланак, зглавак.
Knochen, m. кост; —lehre, f. костословље; —mart, n. мождина.
knöchern, adj. коштан, од кости.
knochig, adj. коштунав.
Knode, f. ручица лана.
Knödel, m. ваљушка, ваљушак.
Knollen, m. чвор, крга; ein — Brot, комад хлеба; (an Kräutern), гомољ, лук, чесно; —enwurzel, f. бамбулина; —ig, adj. кргав, гомољаст.
Knopf, m. дугме, пуце, гомбе, чвор, узао.
Knöpfchen, n. дугметце, путашце.
knöpfen, v. a. кончати, закончати.
Knopfgiesser, m. пуцетар.
knöpfig, f. knorrig.
Knopf-loch, n. петља; —macher, m. гомбар.
Knopper, pl. f. Gallapfel.
Knorpel, m. хрскавица, мршталница; —ig, adj. хрскав; —fische, f. рскавац, руш, врушт.
Knorr-en, m. чвор; f. Knöchel; —icht, —ig, adj. чворовит, чворнат.
Knospe, f. пупа, пупољак, пупак.
knospen, v. n. пупти.
knöten, v. a. направити чвор.
Knoten, m. Knötchen, n. узао, чвор; (Fruchtknoten), јајце; da ftedt der —, ту је чвор; —stod, m. књак, кула.
Knöterich, m. слак.
knotig, adj. пун чворова.
Knülle, f. гужва.
knüllen, v. a. гужвати, згужвати, згњечити.
Knüpfband, n. запињача.
knüpfen, v. a. везати, свезати.
Knüppel, f. Knüttel.
knurren, v. n. врчати, гунђати; (von der Katze), прести; (vom Hund), режати, регнути; (vom Band), бурчати, крчати, карати, школобртати.
Knute, f. кнута, корбач, бич, камџија.
Knüttel, m. нијача, ћула, књак, батина; —holz, n. издапци; —verse, pl. лоши, незграпни стихови.
Kobalt, m. кобалт.
Koben, m. свињац.
Kober, m. кош, кошара.
Kobold, m. ђаволак, несташко.
Koch, m. кухар, мађупац, апчија.
kochbar, adj. варак.
kochen, v. a. кухати, скухати, варити, узварити; — v. n. нунати се, кипети, врити; es kocht gleich bei ihm, на крај срца је; das Gekochte, варење.
Köcher, m. тул.
Köchin, f. кухарица.
Koch-kunst, f. кухање, кухарство; —tirbiß, m. вареница; —löffel, m. варјача; —salz, n. со кухинска; —topf, m. лонац, грнац.
Köder, m. мама, мамак, мамац, мам, мека; —n, v. a. мамити, намамити, вабити.

Kosent, m. пиво половно.
Koffer, m. сандук, ковчег, куфер.
Kohl, m. броска, купус, кељ.
Kohle, f. угљен; brennende —, жив угљен; glühende —, жеравица.
Kohlen-brenner, m. угљар; —brennerei, f. угљара; —feuer, n. жерава, жеравица; —meiler, m. купа; —topf, m. мангал.
Köhler, f. Kohlenbrenner.
Kohl-garten, m. врт кухински; купушњак, купусна градина; —gärtner, m. вртар; —topf, m. главица купуса; —meise, f. сеница; —pfanne, f. мангал.
Kohlrübe, f. бросква, келераба.
kohlschwarz, adj. црн као угљен.
Kohl-stängel, m. struk, m. брошканна главица.
Kolbe, f. Kolben, m. глава´, главица; (Flinten —, кундак, оклоп; (Keule), буздован, топузина; (Testilir —), тиква; (von Kukuruz), стурак, клип; (ein geschorner Kopf), ћела, тиква.
Kolbenrecht, f. Faustrecht.
kolbig, adj. глават, буџаст.
Kolik, f. грижа, завијање, наступ.
Koller, m. огрлица, колир; (der Pferde) вртоглавица; —ig, adj. вртоглав.
kollern, v. a. котрљати, котурати, ваљати; — v. n. ваљати се, котурати се, котрљати се; (von Pferden), вртоглавити; (im Leibe), бурљати.
Koloß, m. колос, горостас; —al, —alisch, adj. горостасан.
Komet, m. репата звезда.
Komiker, m. комик.
komisch, adj. комичан, комички, смешан.
Komma, n. запета.
Kommandant, m. поглавар, управитељ, заповедник; —diren, v. a. управљати, заповедати.
komm-en, v. n. доћи, доспети, пћи, стићи; davon —, утећи, спасти се; hinter etwas —, дознати, сазнати; um etwas —, изгубити; um's Leben —, погинути; an den Tag —, изаћи на видело; wie kommt es? како је то? es komme wie es wolle, било како му драго; ich kann nicht an ihn —, не могу се с њим састати; wie hoch kommt Ihnen das? што вас то стоји? ich kann nicht auf seinen Namen —, немогу да му се на име сетим; es kam mir in den Sinn, паде ми на памет; aus den Schulden —, одужити се; auf etwas —, домислити се, сетити се; in Schweiß —, ознојити се; zu etwas —, стећи; es kann —, може бити; von Kräften —, слабити, ослабити; wenn es dahin kommt, ако до тога дође; wenn ich über dich komme! ако те ухватим; —end, adj. будући.
kommiß, adj. простачки, —brob, m. профунат, провунта, бердов.
Komödiant, m. комедијаш, глумац.
Komödie, f. комедија, шаљива игра, весела игра; комендија; —nhaus, n. театар, позориште.
Komst, m. комбост; —kraut, n. комбост.
König, m. крaљ, цар; —in, f. краљица, царица; —lich, adj. краљевски, краљев; —

reich, n. краљевство, краљевина; —sterze, f. динизма, verbascum thapsus; —sohn, m. краљић, краљевић; —würde, f. thum, n. краљевство.
können, v. a. моћи, знати; ich kann nichts dafür, ja нисам крив.
Kopf, m. глава; fig. ум, разум, наслов, натпис; einen um den — bringen, доћи коме главе; auf den — schlagen, ударити по нинку; zu —e, чело главе; in den — setzen, уселити коме што у главу; sich in den — setzen, запамтити се; —brechen, n. лупање главе; —brechend, adj. мучан, тежак.
köpfen, v. a. сећи, одсећи главу; вршке кресати дрвљу.
Kopf-geld, n. главнина, главарина; —grind, m. красте; —hänger, m. богомољац, лицемер; —hängerei, f. лицемерство; —haut, f. (der Thiere), оглавина; —kissen, n. узглавница, узглавље; —kohl, m. зеље, купус; —maschine, f. гиљотина; —niden, n. климање; —salat, m. локика, салата главата; —schmerzen, pl. m. —weh, n. главобоља; —steuer, f. главарина; —tuch, n. повезача, шампја, убрадач; —zeug, n. капа, поцелица.
Koppe, f. врх, вршак.
Koppel, f. литар; —n, v. a. везати, свезати; Pferde — sputati; (mit einem Zaune umgeben), ограђити; —riemen, m. литар.
koppen, v. a. кресати, окресати вршке; — v. n. (von Pferden), јасле гристи; (laut aufstoßen aus dem Magen), подригивати се.
Koralle, f. корaљ, мерцан.
Korb, m. кош, кошар, котарица, сепет, крто, рудњак; fig. одбијање, празан одговор; den — geben, одбити.
Körbchen, n. кошић, котарчица.
Korbmacher, m. —flechter, m. плетикотарица.
Kordnan, m. кордован.
Korinthe, f. сухо грожђе.
Kork, —baum, m. —holz, n. плута, плут, плуто; —zieher, m. вадичеп.
Korn, n. зрно, пупе; (Getreide), жито; (Roggen), раж; (am Schießgewehr), очаник, очник; (in der Leinwand), упокак; — und Kern der Münzen, језгра и ков новца; türkisches —, кукуруз; auf das — nehmen, узети на око; auf dem — haben, смерати.
Korn- (in Zusamm.), житни; —acker, m. —feld, n. њива; —ähre, f. влат, клас; —blume, f. blaue, различак, centaurea cyanus; —boden, m. житница, хамбар; —brand, m. главница; —branntwein, m. комадара, хлебара.
Körnchen, n. зрнце.
Kornel-holz, n. дреновина; —kirsche, f. дрен, дрењина.
körnen, v. n. зрнити се; — v. a. зрнити, дробити, мрвити, мамити.
Körner-schüttung, f. давање зрна.
Korn-handel, m. трговина житна, житарство; —händler, m. житар.
körnicht, adj. зрнаст.
körnig, adj. зрнат.
Korn-jahr, m. плодна година, житород; —jude, m. —wucherer, прекупац; —kammer, f. жит-

ппца; —reich, adj. житородан; —schiff, н. житарица; —sieb, n. решето.
Körnung, f. мамац, мамак.
Kornwurm, m. жижак.
Körper, m. тело; (Gesellschaft), збор, дружба, друштво; (bürgerliches Gut), земљиште, ствар; (Gesammtheit), укупност; (in Zus.) телесни; —lich, adj. телесан; —messung, f. телоmjepje; —schaft, f. збор.
Korporal, m. каплар; —in, f. капларка, капларовица.
losen, v. n. миловати се, забављати се.
Kost, f. храна.
kostbar, adj. скуп, драгоцен, скупоцен, бесцен; —keit, f. драгоценост.
Kosten, pl. f. трошак; (in Zusam.) трошковни; —anschlag, m. прорачун.
kosten, v. a. кушати, обусити, окушати; — v. n. стојати, коштати, доћи, долазити, вредити; das Gekostete, окусак.
kostenfrei, adj. без трошка.
köstlich, adj. красан, леп, диван; драгоцен.
kostspielig, adj. драг, скуп.
Kostwurz, f. калопер, balsamita vulgaris.
Kostverächter, m. забављач једу.
Koth, m. глиб, блато, као, кал, кланац; ђубре, балега.
Köthe, f. глежањ у коња; колеба; (Schrant), орман.
kothig, adj. блатан, калан, глибав.
Kothlache, f. локва.
Kotillon, m. изметаљка.
Kotze, f. ћебе, губер, бељ, биљац, поњава, простирача.
kotzen, v. n. бљувати.
Kotzenbede, f. покривача; —macher, m. ћебеџија, бељар.
Krabbe, f. рак морски; eine kleine —, клепац.
krabbeln, v. a. грепсти, чепркати; — v. n. милети, вузити.
Krach, m. праска, праскање, пук.
krachen, v. n. пуцати, праскати, кврцати; — n. пуцање, праска, грухање.
Krachmandel, f. бадем у љусци.
krächzen, v. n. грактати; (jammern), стењати, цвилети; — n. грактање.
Kracke, f. кљусе, мрцина, стрвина.
Krackehl, m. s. Zank.
Kraft, m. моћ, снага, сила, крепост; — eines Befehls, по заповести; —brühe, f. чорба поткрепна.
kräftig, adj. јак, снажан, силан, моћан, севит, чио, чил, чилан, крепак.
kräftigen, v. a. поткрепити.
kraftlos, adj. слаб, нстрошен, раслабљен, немоћан; —losigkeit, f. слабост, немоћ; —mehl, n. шкроб, штиркав; —voll, adj. чврст, крепак, пун снаге.
Kragen, m. јака, колир, огрлица.
Kragstein, m. зуб.
Krähe, f. врана.
krähen, v. n. кукурекати, гакати, крекати, крештати; — n. кукурекање, гакање, крекање.
Krähenauge, n. врање око, жуљ; (Brechnuß), орах отровни.

Krahn, m. витао, чекрк.
Kralle, f. панча, нокат, канџа, чанџа, чапорци, ганач.
krallen, v. a. грепсти, огрепсти.
Kram, m. трговина, роба; (Sache), ствар, посао; —bude, f. дућан.
kramen, v. n. тржарити, пребирати, превртати.
Krämer, m. крамар, торбар, ћифта; —ei, f. роба, торбарство.
Kramladen, m. дућан.
Krammetsvogel, m. брављак, брањуг, кељар.
Krampe, f. кука, скоба, споја, пијавица.
Krämpe, f. обод.
Krämpel, m. гребен, гаргача, гаргаша, гвозденка, огребло; —macher, n. гребенар; —n, v. a. гребенати, гаграти, огребати, гаргашати, грепсти; редити (вуну итд.), влачити; —stiel, m. гребенишите.
Krampen, m. кљун, кука, чакља.
krämpen, v. a. дигнути обод.
Krampf, m. грч; —ader, f. жила пластна, отечена; —artig, —haft, adj. грчевит.
krämpfig, adj. подложан грчу; згрчен.
Krämpflerin, f. гребеналька.
Kranich, m. ждрао, ждрал, ждраћ.
krank, adj. болестан, немоћан, болан; —werden, оболети, разболети се; —sein, боловати; ein —er, m. болник, болестник; eine —e, f. болестница.
kränkeln, v. n. куњати.
kranken, v. a. боловати.
kränken, v. a. увредити, увређивати; на жао учинити.
Kranken-bett, —lager, n. постеља болесничка; auf dem — liegen, боловати, болан бити; —haus, n. —stube, f. болница; —wärter, m. болничар; —wärterin, f. болничарка.
krankhaft, adj. болетљив, нездрав, болан.
Krankheit, f. болест, немоћ, боловање.
kränklich, adj. болешљив, слаб, лош.
Kränkung, f. (einer Person), увреда; жалост, туга; (Verletzung), озледа, повреда.
Kranz, m. венац; корпик; атула; — Nüsse ec. гривна, грпња, гротуља.
Kränz-chen, n. венчић; fig. (Gesellschaft), посело.
kränzen, v. a. венчати, увенчати.
Krapf, Krapfen, m. Kräppel, Krappelchen, n. локума, фанак, уштипак, питулица.
Krapfentadel, n. ковртач, девермавшл.
Krapp, m. s. Färberröthe.
Kratzbeere, f. s. Brombeere.
Kratzbürste, f. четка (гвоздена).
Kratze, f. Kratzeisen, n. стругач; гребен.
Krätze, f. (Krankheit), шуга; сраб, сраб; (Feilicht), пилотиње, стругогине; das geht in die —, квари се; —bekommen, ошугати се.
kratzen, v. a. чешати, грепсти, драпати, чепркати; стругати; sich —, чешати се, губати се, драпати се, грепсти се; die Wolle —, гребенати вуну.
Krätzer, m. стругач; вадичеп; fig. (schlechter Wein), киселица.
Kratzfuß, m. незграпан поклон.
krätzig, adj. шугав, сврабљив.
krauen, v. a. чешати, очешати.
kraus, adj. кудрав, кецав, коврчаст.

Krausbeere, f. s. Stachelbeere.
Krause, f. кудра; (Halskrause), набран колнр.
kräuseln, v. a. уковрчити, увијати, коврчити.
Krausemünze, f. метвица.
traus-haarig, adj. кудрав; —kopf, m. кудроња, кужд́ра.
Kraut, n. трава, зеље, биље, купус, лист; прах, барут; **Kräuter, pl.** биље; geschnittenes —, сецаваџ, ситни купус; —eisen, n. нож, ножеви, рибаоница, рибеж.
Kräuter-buch, n. траварица (књига); —frau, f. травара; —käse, m. зелен спр; —kenner, m. травар; —kätzer, f. —kennerin, f. биљарица; —kissen, n. —sächen, n. јаступчић са биљем; —kunde, f. ботаника, биљословље; —kundige, m. ботаник, биљослов; —wein, m. вино с биљем.
Kraut-garten, m. врт кухињски; —hobel, n. рибеж, ножеви.
Kräuterin, f. травара; пиљарица.
Kraut-stichel, m. садиљка, садиљца; —strunk, m. корен у купуса.
Krebs, m. рак; der sich gehäutet hat, мекушац; (Geschwür), рак, живина, буба, ојаделница; (in Zus.), рачји, раков; —blume, f. лишајева трава; —gang, m. ben gehen, пћи као рак, ићи натрашке; —gängig, adj. назадан.
krebsen, v. a. хватати раке; —fänger, m. рачар; —fängerin, f. рачарица.
Krebs-höhle, f. loch, n. чкаља, шкаља; —rogen, m. боба; —sad, m. рачарица торба.
Krebs-schaden, m. рак, живина; —schale, f. самар, љуска рачија; —scheere, f. кљеште.
Kreide, f. креда; in die — gerathen, задужити се; auf die — zehren, живети на дуг.
kreiden, v. a. мазати, намазати, умазати кредом.
kreiden-artig, kreidicht, adj. кредаст; —weiß, adj. блед као смрт.
Kreis, m. круг, округ, шестар, коло, кол; околиш, котар, окружје.
Kreis- (in Zus.), окружни; —amt, n. окружје, окружни уред.
kreischen, r. n. цврчати, шкрипати, дречати, дречати; — v. a. ригати.
Kreisel, m. чигра, жврк; —n, v. n. вртети се.
kreisen, v. n. кружити, вртети се.
kreis-förmig, adj. округао, обал; —lauf, m. оптицање, опток.
kreißen, v. n. порађати се.
Krempe, f. s. Krämpe.
krepiren, v. n. црвнути, липсати, крепати.
Krepp, m. & f. креп.
Kresse, f. главоч (риба); драгушац, хрен дивји (трава).
Kreuz, n. крст, криж; (an Thieren), сапи; (an Menschen), крста, крижа; —tachen, крстити се, прекрстити се; vor etwas das — machen, крстити се чега; ins — унакрст; über's — legen, скрстити, укрстити.
Kreuz- (in Zus.), крижев, крстов; —adler, m. крстан орао; —art, f. двопериица (секира); —beere, f. пасјаковина, пасидреповина, глогиња црна; —bein, n. крста, крижа (на телу); —blume, f. крстушак; —brav, adj. вредан, поштен; —dorn, m. глог црнн; —en, v. n. крижати, крстарити по мору; — v. a. прекрстити, укрстити; sich —, v. r. крижати се, крстити се; сећи се; —enzian, m. крижатица, Gentiana cruciata.
Kreuzer, m. новчић, крајцара; — (zur See), гусар морски.
Kreuz-erfindung, f. налажење св. крста; —erhöhung, f. подизање, уздизање св. крста; —fahne, f. крсташ (барјак); —fahrer, m. крстоносац, крижар, гусар морски; —fest, n. крстов дан, покрижак; —gang, m. раскрижје, раскрсница; (in den Klöstern), ходник препрочан.
kreuzigen, v. a. распети; sein Fleisch —, испаштати; sich —, v. r. крижати се, крстити се; —ung, f. распињање, распеће, пропеће.
kreuzlahm, adj. хром, пребијенкрста.
Kreuz-partikeln, pl. f. честице од часнога дрвета; —ritter, m. крижар, крстоносац; —schnabel, —vogel, m. кривокљунац; —spinne, f. паук велики; —träger, m. крстоносац; —weg, m. раскршће, раскрижје, раскрсница; (in den Kirchen), крижни пут; —weise, adv. унакрст; —woche, f. крстопоклона недеља, крижева, крстовна недеља; —zeichen, n. (statt der Unterschrift), крст, крнжак (знамење крста место потписа); —zug, m. крижобој, војна света, крстоносни рат.
kriblich, adj. мучан, тежак, трудан; сањав, пун предрасуда.
Kriebel-kopf, m. тврдоглавац; —krankheit, f. сврбеж, сврaб; - n, v. n. в. коинрати; (juden), сврбити, бридети; — v. a. чешати, голицати.
kriechen, v. n. милети, пузити, гмизати; —ente, f. кверкведула (патка).
Krieg, m. рат, војна, крајина, војница, размирица; fig. кавга, инат; —en, r. n. ратовати, војевати, војштити.
kriegen, v. a. прпмити, ухватити, добити, задобити.
Krieger, adj. ратник, војник, бојник, бојац; —isch, adj. убојит, војнички, ратоборан.
Kriegs- (in Zus.), бојни, војени, ратни; —dienst, m. служба војничка; —erklärung, f. објава рата; —fuß, m. ратни начин; das Militär auf — fußen, спремити војску за рат; —gefangene, m. роб; —heer, n. војска; —knecht, m. s. Soldat; —läufte, pl. време ратно; —macht, f. војска; —mann, m. војник; —minister, m. ратни министар; —recht, n. право војено, војени суд, закони војени; —rüstung, f. оружање; —schiff, n. убојни брод; —volk, n. војска; —wesen, n. рат, послови војени; —zeit, f. војнна, рат; —zucht, f. запт војнички; —zug, m. s. Feldzug.
krimpen, v. n. збегнути се; — v. a. квасити сукно.
Kringel, f. круг, перец, перец.
Krinne, f. пукотина; бразда, јарак.
Krippe, f. јасле, јасли; плот, ограда; преграда.
krippen, v. n. препињати, сагибати; кудравити.
krippen, v. n. јасле гристи; —beißer, m. коњ који гризе јасле.

Kritik, f. критика, претрес, суд.
kritisiren, v. a. критиковати, судити, претресати.
kritisch, adj. критичан, критички; опасан.
krittelin, v. a. & n. хулити, кудити; решетати, чангризати.
Krittler, m. чангризало, замерало.
kritzlich, s. kritzlich.
kritzeln, v. a. држати; — v. n. шкрипати.
Krokodill, m. крокодил, кукудрио, гавијал, алигатор, кајман.
Krone, f. круна, коруна; — am Pferdefuß, кичица; (in Zus.), круновии.
krönen, v. a. крунисати; окрунити.
Kronenthaler, m. крсташ, крсташница.
Kron-gehörn, n. круна (у рогова јеленових); —gold, n. злато мање вредности; —land, n. круновина; —leuchter, m. лустар, полелеј; —prinz, m. наследник круне.
Kronrad, n. коло зупчасто.
Kronsbeere, f. Preißelbeere.
Krönung, f. крунисање.
Kropf, m. гуша, воља.
kröpfen, v. a. кљукати живину; — v. n. (bei den Jägern), јести; смотати.
Kröpfer, m. гуша.
Kropf-gans, f. гем, бучац; —ig, adj. гушав; —taube, f. гушан.
kröschen, v. n. ђорчати, шкрипати.
Kröte, f. губавица, жаба крастава, бабурача, сатрена жаба; —nstein, m. жабји камен.
Krücke, f. штака; (Ofengabel), жарач.
Krug, m. врч, крчаг, коршов, ћуп; кондир; (Schenke), крчма.
Krüger, m. крчмар.
Krume, f. Krümchen, n. мрва, мрвица; средина.
krümelig, adj. што се мрви, трошно.
krümeln, v. a. дробити, мрвити, трошити.
krumm, adj. крив, ерлав, сгав, кривуљаст; скучен, савит, увит; —schließen Jemand, оковати унакрст; —beinig, adj. кривоног.
Krümme, Krümmung, f. кривина, грба; ошијавица, ношевица, обавит; кривудање, вијугање; завој; (die — eines Flußes), окука, вьуч.
krümmen, v. a. кривити, искривити, накривити, савити; sich —, v. r. савити се, погнути се, накривити се, погурити се; вијугати се, кривудати.
Krummholz-baum, m. бор горски, Pinus montana.
Krumm-stab, m. штака; —stroh, n. ситна слама.
Krüppel, m. богаљ, богац, сакат човек; —haft, adj. богаљаст.
Kruste, f. кора, корица; краста.
Krystal, m. кристал, голот; —en, adj. од кристала; —glas, n. билур.
Kübel, m. кабао, кибл ица, кила (мера).
Küche, f. кујна, комин, кухња, кухариница, кућа; kalte —, хладна јела.
Kuchen, m. колач, погача, братшеница; —bäder, m. колачар.
Küchen-aufseher, m. довијар; —aufseherin, f. довијарица; —aufsicht, f. виђање; —garten, m. врт кухински; —geschirt, —geräth, n. посуђе; —gewächs, n. повртлина; —junge, m.

паракувар; —licht, n. тумарача свећа; —magd, f. судопера; —meister, m. кухар; —salz, f. Kochsalz; —zettel, m. запис од јела.
Küchlein, n. пиле, пилић.
Kucuk, f. Gukuk.
Kufe, f. када, каца, жбан, бадањ, чабар; (am Schlitten), стан.
Küfer, m. каблар, качар.
Kugel, f. кугла, танс, зрно; (Billard—), лопта; —bahn, f. Kegelbahn; —förmig, adj. округло.
kugeln, v. a. ваљати; саливати зрна; — v. n. ваљати се, котурати се.
kugelrund, adj. округло, обал.
Kugelzieber, m. вадизрно.
Kuh, f. крава; (in Zus.) кравли; —flade, mist, m. балега; —glocke, f. клепетуша, клепка; —haut, f. кравина; —hirt, m. говедар, кравар; —käse, m. сир крављи.
kühl, adj. хладан; —werden, заступети; —e, f. хладноћа, хладовина; —en, v. a. хладнити, охладнти, расхладнти; калити, накалити, окалити; sein Mühtchen —, искалити срце; —faß, n. хладновица; —ung, f. хлађење, хладовина; —wanne, f. табарка; —wisch, m. квасилица.
Kuhmeister, m. музикрава.
kühn, adj. смео, смеон; — adv. смело, дрско; —heit, f. смелост; —lich, adv. смело, дрско.
Kuhpoden, f. Schutzblattern.
Kuh-schelle, f. клепка, клепетуша; —weizen m. уродица.
Kukuruz, m. кукуруз; (in Zus.) кукурузни; —brei, m. качамак, куља; —brot, n. вукурузница, кукурузна проја, опарница, полежака, луковача; —kolben, m. тулуз, оклмак, окомиња, шапурина; —schale, f. комплац; —stroh, n. кукурузовина, комушина, тулузина.
Kümmel, m. ким, кумин.
Kummer, m. брига, скрб, јад, жалост, туга; затвор судбени; machen Sie sich keinen —, немојте се бринути; Hunger und — leiden, невољно живети.
kümmerlich, adj. брижан; невољан, јадан, кукаван; —leben, таворити, тетурати, кокобати, кубурити; sich — behelfen, копабити се.
kummerlos, adj. без бриге, безбрижно.
kümmern, sich, v. r. хајати, марити, бринути се; туговати, жалостити се.
Kümmerniß, f. брига, жалост, јад.
kummervoll, adj. пун јада, брижан, жалостан.
Kummet, n. ајам.
Kumpf, Kumpen, m. чаша.
kund, kundbar, adj. познат, јаван, знан; —machen, дати на знање; —werden, огласити се.
Kunde, Kundmann, f. муштерија; (auf Bestellung), наручник.
Kunde, f. глас, вест, оглас.
kundig, adj. вешт, учан, вичан.
kündig-en, v. a. одказати; —ung, f. одказ.
kundmach-en, v. a. огласити, обзианити; дати на знање; —ung, f. оглас, обзнана.
Kundmann, f. Kunde.
Kundschaft, f. знање, глас; (im Handel), муште-

рија, куповник; (Zeugniß), сведоџба; von etwas — einziehen, убавестити се, распитати; auf — ausgehen, уходити; — von etwas geben, гласа дати, донети, пзвестити.
Kundschaften, f. auskundschaften.
Kundschafter, m. ухода, увода.
künftig, adj. будући; —hin, ins —e, adv. од сада, у напред, у напредак.
Kunkel, f. преслица; кудеља.
Kunst, f. наука; художаство, мајсторија, уметност, вештина; занат; die schwarze —, врачање, чарање; —arbeit, f. вешт, умстан, мајсторски посао.
Künstelei, f. дело уметно; fig. мудровање, извијање.
künsteln, v. a. вешто радити; у послу мудровати, извијати.
Kunst-fleiß, m. марљивост; обртност; —griff, m. хитрост, мајсторија; —kammer, f. збирка реткости.
Künstler, m. уметник, художник, мајстор, вештак.
künstlich, adj. уметан, вешт, художан; уметнички, вештачки, мајсторски, художнички; (nicht von Natur), направљен, начињен; лажан.
kunst-los, adj. неуметан, певешт; прост, природан, искрен, нараван; —mäßig, adj. уметнички, вештачки, художнички; —meister, m. настојник јавних бунара; —product, n. умотворина; —rad, п.сакија, коло водоводно; —reich, f. künstlich; —richter, m. критик, критичар; —stück, n. умотвор; (Taschenspieler—), вештина, мајсторија; —verständiger, m. вештак; —werk, n. умотвор, —wort, n. израз технички.
Kupe, f. s. **Kübel.**
Kupfer, n. мед, бакар, котловина; (Kupferstich), бакрорез; —bruder, m. штампар бакрореза; —gelb, n. бакар, бакрени новци, ситни новци; —grün, n. f. Grünspan; —haltig, adj. медени, бакрен; —hammer, m. бакарница; —händler, f. Kupferstichhändler; —ig, adj. бакрен; —icht, adj. бакровит; —n, adj. бакрен; —roth, adj. боје бакрене; —schmied, m. котлар; —stecher, m. бакрорезац; —stich, m. бакрорез; —stichhändler, m. бакрорезар.
Kuppe, s. **Koppe.**
Kuppel, f. уже; трупо, кубе.
Kuppel-ei, f. подводство; —n, v. a. везати, свезати, скопчати; свести, сводити, подвести, подводити; —pelz, m. жуте чизме, колач, јабука провођацији.
Kuppler, m. сводник, подводник; —in, f. сводница, подводница.
Kurbe, Kurbel, f. ручица, запонац.

Kuraß, m. оклоп; —ier, m. оклопник.
Kürbiß, m. бундева, тиква; —flasche, f. воденача, воднјака.
Kürschner, m. крзнар, кожухар, ћурчија; —in, f. кожухарка.
kurz, adj. кратак,ократак; eine —e Brühe, густа јуха, чорба; vor —em, мало пре; in —em, до мало; über lang oder kurz, пре или после; —um, у кратко, једном речи; einen — halten, педати маха; — hernach, мало затим; zu — kommen, закаснити, штетовати; in —en Worten, у мало речи; in —er Zeit, до мало; — angebunden, напрасит, рутава носа; es — geben, у кратко рећи; den kürzeren ziehen, изгубити; — werden, кратати, окрачати; — vorher, отонч, мало час; der kürzeste Weg, пречац.
kurz-athmig, adj. сипљанв; —beinig, adj. краткохог.
Kürze, f. краткоћа, краткост.
kürzen, v. a. кратити.
Kurzgewehr, n. сабља.
kürzlich, adv. педавно; у кратко, на кратко.
kurzsichtig, adj. кратковид; краткоуман; —keit, f. кратковидост.
kurzweg, adv. на брзу руку.
Kurzweil e, f. шала, забава; — treiben, шалити се, забављати се; —en, v. n. шалити се, забављати се; —ig, adj. угодан, пријатан; шаљив, забаван.
Kuß, m. пелив, пољубац.
küssen, v. a. пољубити, целивати, љубити.
Kußmahl, n. траг од пољунца.
Küste, f. игало, јалија, жало, обала, крај; приморје.
Küsten bewohner, m. приморац; —fahrer, m. брод, бродар ускрајни; —land, n. приморје.
Küster, m. звонар, црквењак.
Kutsche, f. кочије, каруце, питов.
Kutschen-gestell, n. стан од кочија; —himmel, m. кров од кочија; —macher, m. колар, каруцар; —schlag, m. врата од кочија; —wand, f. постава од кочија.
Kutscher, m. кочијаш; —bock, m. седало кочијашко.
kutschiren, v. n. кочијашити, терати коње.
Kuttel, s. **Kittel.**
Kutte, f. каша, кукуљица; калуђерска мантија; die — anlegen, закалуђерити се.
Kuttel, —n, pl. flecke, m. pl. каурма.
Kutter, m. кутор (врста брода).
Kütz, m. јаре.
Kütze, f. гук, гуљац.
Kützenstreicher, m. ласкатељ.
Kux, m. кус, 128-ми део рудника.
Kyrieleison, interj. господи помилуј.

L.

Lab, n. сирипие.
lab, adj. бљутак, бљутав; —er Mensch, млакоња, млитоња.
Labbe, f. лалока, леба.

labber, adj. јачи, хладнији.
labbern, v. a. (gem.) брбљати, блебетати; сисати.
Labebecher, m. уморница.

Labekühle, f. хладовина.
laben, v. a. (Milch), сирити, подсприти; sich —, v. r. сирити се, усприти се, згуснути се.
laben, v. a. (erquicken), окрепити, поткрепити, расхладити; fig. тешити, развеселити; sich an etwas —, наслађивати се чим, уживати; Pferde —, одмарати.
Laberdan, m. слани бакалар (риба).
Labeschale, f. s. Labebecher.
Labet, n. & adv. платка; — werden, платка бити.
Labe-trank, —trunk, m. уморница; —wein, m. добро вино.
Labial(buch)stabe, m. усно писме.
Labkraut, n. ивањско цвеће, млекоседа.
Labmagen, m. сирпште.
Labsal, n. Labung, f. потврепљење, оправљење, утеха.
labsalben, v. a. катранити, паклити; окатранити, опаклити.
lachbar, adj. дрво које се може гулити.
Lachbaum, m. огуљено дрво; забележено, мељашно дрво.
Lache, f. локва, бара, кaљужа; блато, глиб.
Lache, f. церекање, грохот.
Lache, f. (eingehauenes Merkmal in Bäumen), белега.
lächeln, v. n. смешити се, насмешити се, насмехнути се; — n. смешење.
lachen, v. a. (einen Baum), бележити, забележити, пагулити, гулити; einen Steig —, пробити стазу, просећи пут.
lachen, v. n. смејати се; (über etwas —), подсмевати се; sich zu Tode —, пукнути од смеха; überlaut —, грохотати се, грохотом се смејати; —, n. смех, смејање.
Lacher, m. смејач.
lacherhaft, adj. — sein, смејати се коме; ihm ist — zu Muthe, смеје му се.
lächerlich, adj. смешан; —keit, f. смешност.
lächern, v. i. es lächert mich, смеје ми се.
lachig, adj. кaљужав.
Lachluft, f. воља на смејање, смешљивост.
Lachsforelle, f. пастрма (риба).
Lachstein, m. међаш камен.
Lachtaube, f. кумрија.
Lachter, m. & f. s. Klafter.
Lachter, m. момак пекарски.
Lachterbaum, f. Lachbaum.
Lachzahn, m. предњи зуб.
Lack, m. лак; (Blume), шебој.
Lack, n. (Siegellack), восак црвени.
Lackai, m. локај, слуга.
Lackfeuer, n. црвени ветар, врбанац.
Lackfirniß, m. китајски лак.
lackiren, v. a. лаковати, мазати, намазати лаком.
Lackmuß, n. лакмус (боја).
Lade, f. шкриња, ковчег, флока, претинац.
Ladebrief, m. позив.
Ladegal, n. грло од топа.
Lademaß, n. мера за прах.
Laden, m. капак, крило од капка; (Gewölb), дућан, продавница.
laden, v. a. товарити, натоварити, упртити; eine Pflicht auf sich —, узети на се дужност;

ein Gewehr —, напунити, пунити, набити пушку; (einladen), позвати, звати, зазвати.
Laden-hüter, m. чувар дућански; fig. стара, невaљaла роба.
Lader, m. товарник, тежак.
Ladeschaufel, f. ожица топовска.
Ladestock, m. шипка, харбија.
Ladung, f. товарење, набијање; воз, товар, терет; набој; (Einladung), позив; —schein, m. товарно писмо, подвозни лист.
Laffe, m. будала, бена, шипела.
Läffel-ei, f. жепарење; —n, v. a. & n. жепарити, вртети се око жена.
Laffette, f. лавета, кола топовска.
Lagbeere, f. сликамешка, мадаруша (грожђе).
Lage, f. положај, стање; (Schicht), таван; (von Kanonen), бок; страна; dem feindlichen Schiffe eine — geben, опалити цео бок на брод непријатељски; eine — Papier, свеска папира.
Lägel, n. барилце.
Lager, n. (Feldlager), табор, таборпште, око, логор, полог; (Schicht), таван; (Bett), постеља, кревет; (eines Thieres), брлог, ложа, лежа; (Bodensatz), талог; (Waarenlager), складиште; (Krankheit), болест; (im Fechten), стража; —baum, m. f. Lagerholz; —bier, n. лежак, старо пиво; —buch, n. попис земaља; попис робе; —holz, n. подлога, греда; преваљено дрвље.
lagern, v. a. положити, поставити, наместити; улогорити, логорити; sich —, v. r. лећи, положити, слећи се; утаборити се.
Lagerstatt, —stätte, f. постеља, ложница, кревет, лежница.
Lagune, f. мочај.
lahm, adj. хром, кљаст, кљакав, сакат, млитав, слаб, богаљаст, цотав.
lähm-en, v. a. слабити, ослабити, сакатити, осакатити; gelähmt werden, узети се; —ung, f. хромоћа, хромотиња, млитавост.
Lahn, m. лим; плосната жица од злата итд.
Laib, m. хлеб, хлебац, сомун, колач, глава круха, ципoвка.
Laich, m. икра; —e, f. бијеле риба; —en, v. n. бацити икру.
Laie, m. световњак; невешт.
Laien-bruder, m. искушеник; —priester, m. световни свештеник.
Lake, f. саламура, расол.
Laken, n. сукно, платно, плахта.
lakonisch, adj. лаконички, лаконичан, кратак.
Lakritze, f. слатки корен.
lallen, v. n. тепати; — n. тепање.
Lambertsnuß, f. лешник ломбардски.
lamentiren, v. n. плакати, цвилити, кукати, лелекати, јаукати, јадиковати, нарицати.
Lamm, **Lämmchen**, n. јагње, јање, јањац, јагњица.
lammen, **lämmern**, v. n. јагњити, јагњити се, ојагњити се.
Lämmerwolle, f. јаретница, јарина.
Lammfell, n. багала, кожица јагњећа, јагнетина, шкрпетина.
Lamm-fleisch, n. јагњевина, јањчевина.
Lampe, m. зец.

Lampe, f. Lämpchen, в. лампа, лампада, жижак.
Lamprete, f. лампреда (риба).
Lancier, m. копљаник.
Land, n. земља, коппо; поље, њива; постојбина, завичај, покрајина, држава, страна, русаг; село, ладање; ans — sehen, искрцати, искрцати се; das — bauen, тежати; hier zu —, онде, у овој земљи; aufs — gehen, ићи па село, па ладање; von unserem —е, пашоземски, пашоземац.
Land- (in Zus.) земаљски, сеоски, ладањски, па коппу; —adel, m. племићи сеоски, племство сеоско; —bau, m. тежаштво; —bewohner, m. сељак.
Ländchen, n. земљица, државица.
landen, v. n. пристати, извести се, искрцати се.
Landenge, f. превлака, земљоуз.
Länderei, f. земља, поље, њива.
Landes-, (in Zus.) државни, земаљски; —ansässig, adj. настањен, у земљи; —art, f. обичај у земљи; —cultur, f. земљоделство; —eingeborner, m. пашоземац, домаћи; —hoheit, f. владарство.
land-flüchtig, adj. побегао, утекао; —friede, m. мир онђи; dem —n nicht trauen, неверовати; —gemeinde, f. сеоска општина; —gut, n. земља, имање, спахилук, властелинство; —handel, m. трговина на копну; —haus, n. кућа државна; кућа сеоска, чефлич, n. јunker, m. племић сеоски; —karte, f. карта земљописна; —kundig, adj. познат у земљи; —west земљи; —kutsche, f. доставник; —kutscher, m. кириџија, возар; —läufer, f. Land-streicher; —leben, n. живот пољски, сеоски; —leute, pl. сељаци, сељани.
ländlich, adj. пољски, сеоски; по обичају које земље; —sittlich, свака земља има своје обичаје; други крај, други обичај.
Land-lust, f. зрак сеоски, пољски; —macht, f. војска на коппу; —mann, m. сељак; —messer, m. мерач, земљомер; —meßkunst, f. земљомерство; —mißig, f. војска народна, пучка; —münze, f. новци домаћи; —partie, f. теферич; —pfleger, m. поглавица од земље; —plage, f. бич опћи; —recht, n. право домаће, закони државни; земаљски суд; —regen, m. киша опћа; —reise, f. пут по копну; пут па село; —richter, m. судац земаљски; судац сеоски; —saß, m. земљак; сељак; племић.
Landschaft, f. држава, покрајина, земља; предео, крај, страна, околина; —lich, adj. покрајински, земаљски, државни.
Land-schule, f. школа сеоска; —scheide, f. граница, међа; —see, m. језеро; —sitz, m. имање, земља, кућа сеоска.
Lands-kind, n. домаћи; —knecht, m. (veralt.) пешак, војник; —mann, m. земљак, домородац; —männin, f. земљакиња; —mannschaft, f. земљаци; народ.
Land-spitze, f. рат; —stand, m. члан сталниа и редова; Landstände, pl. сталиши, сталиши и редови; —straße, f. друм, цеста велика; —streicher, m. скитач, скиптич; —streicherin, f. скитачица; —strich, m. предео, крај, страна, околина; —sturm, m. ncno-года па копну; (Insurrection) устанак; —tafel, f. књига од господских добара; —tag, m. скупштина, сабор државни, земаљски; —trauer, f. жалост опћа; —truppen, f. pl. војска на копну; —üblich, adj. обичан; —adv. по земаљском обичају.
Landung, f. пристајање; искрцање.
Land-verkehr, m. промет на копну; —vogt, m. поглавар земље; —volk, n. сељаци; —wärts, adv. према крају, у крај; —wehr, f. домобранство; —wehrmann, m. домобранац; —wein, m. вино домаће; —wind, m. ветар од обале; —wirth, m. газда.
lang, adj. дуг, дугачак; протегљаст; велик, висок; er lag da, so — er war, срушно се колики је дуг; drei Tage —, три дана; lebenslang, за живота; aufs längste bis Morgen, најдаље до сутра; tagelang, по ваздан; über — oder kurz, пре пл после; —armig, adj. дугорук; —bauch, m. срчаница; —bärtig, adj. брадат, дугобрад; —beinig, adj. кракат, дугоног, штркљаст.
lange, adv. дуго, задуго, давно, одавна; wie —, докле; wie — ist er hier? одкад је овде? so —, дотле; so — Sie wollen, докле вам драго; er wird es nicht — mehr machen, скоро ће свршити; er denkt schon —, стар је; auf wie —? докле; schon —, вајкада; ziemlich —, подавно.
Länge, f. дуж, дуж, дужина, дуљина; nach der —, уздуж; in die — ziehen, отезати, протезати, удуготежити, одуговлачити; der nach da liegen, пружити се, отегнути се.
langen, v. a. пружити, дати, додати; — v. n. досећи, допрети; ich kann nicht dahin —, пемогу донде домашити; nach etwas —, сегнути се, сезати се; das Geld wird mir nicht —, неће ми дотећи новци.
Längen-maß, n. мера дужине, дужина.
Langeweile, f. досада, чама; —bekommen, очамити; —machen, дотужати, досадити, догрдети.
langgeschwänzt, adj. дугорен.
Lang-hals, m. дуговрат; —haarig, adj. дугокос, косат.
länglich, adj. дугуласт; подуг.
Lang-muth, —müthigkeit, f. дуготрпеливост; —müthig, adj. дуготрпелив.
langnasig, adj. носат, дугонос.
Lang-ohr, n. (im Scherz) осал, магарац; —ohrig, adj. уват, дугоух.
längs, längshin, prp. уз, низ.
langsam, adj. леп, лагап, тих, спор, заметан, заметљив; ein — er Fuß, слабо било; — adv. најлак, полако, лагано, лењо, тихо, истиха; —keit, f. леност, лагапост, спорост.
Langschläfer, f. спавач.
langsichtig, adj. дуговид.
längst, adv. давно; одавна; von — her, издавна; f. längs; —ens, adv. најдаље.
Langwagen, f. Langbaum.
langweilig, adj. луг, лугачак, досадан.
landwierig, adj. дуг; —keit, f. дужина.
Lanz f. копље; —enbrechen, n. бој, мејдан; —enreiter, —enträger, m. копљаник.
Lanzette, f. бацкавица.

Lapp, lappicht, f. schlaff.
Lappen, m. траље, дроњак, крпа; (an der Leber, Lunge), крило.
lappen, f. flicken.
Lapperei, Lappalie, f. маленкост, тричарија.
läppern, v. n. сркати, сркнути; es läppert sich zusammen, купи се, скупља се.
Läpperschuld, f. подужица.
lappig, adj. трављав, ритав.
läppisch, adj. бедаст, будаласт, бљутав.
Lärchenbaum, m. тис, тисовина, ариш.
Lärm, Lärmen, m. буна, вика, жагор, ларма;
— schlagen, лармати; ударати на узбуну.
lärmen, v. n. лармати, викати, торокати, арлати, чалакати.
Lärm-glocke, f. f. Sturmglocke; — kanone, f. аберинк, гласник; — macher, m. лармациja, лармало; —stange, f. смоленица, витиљача.
Larve, f. крабуља, образина, чувида, кринка; (von Insecten), гусиница, ларва.
Lasche, f. клин од хаљине.
Lase, f. крчаг, врч.
laß, adj. трудан, уморан, лен, слаб; —, adv. овлаш, полако, слабо.
Laßdünkel, m. поноситост.
Laßeisen, u. f. Lanzette.
lassen, v. a. пустити, попустити, оставити, допустити, дати, чинити, заповедати; laßt sehen, да видимо; ich weiß mich nicht zu —, незнам што ћу; ich habe mir sagen —, чуо сам; laßt euch das gesagt sein, то нек је доста; Aber , пустити крв; dieser Wein läßt sich trinken, ово је вино никто; sein Leben —, умрети, погинути; lasset uns gehen, ајдемоте; es ließe sich viel davon sagen, много би се о том могло говорити; holen —, послати по што; laß hören, говори; laß es gehen, нани се.
lassen, v. n. пристојати се; gut —, пристоjaти се; лнчити, добро стојати; das läßt sich schön an, красно почиње; das läßt nicht, то се непристоји; es läßt nicht, то се непристоји; es läßt als ob..., чини се као...
lässig, adj. слаб, млитав; немаран, лен; —keit, f. немар, немарност, лењост.
läßlich, adj. опростив.
Laßreis, n. младица (остављена за плод).
Last, f. бреме, терет, товар, тегоба; (Verbindlichkeit), дужност, дуг; zur — sein, досањивати; einem etwas zur — legen, потворити, потварати кога; bürgerliche —, намет пореза; —bar, adj. теретан.
lasten, v. n. притискивати.
Laster, n. порок.
Lästerer, m. хулитељ, опадач.
lasterhaft, adj. порочан, покварен, певаљао, опак, злочест; —igkeit, f. опакост, порочност.
Lästerin, f. клеветница, хулитељка.
lästerlich, adj. срамотан, злогласан, опак.
Lästermaul, n. —zunge, f. поган језик.
lästern, v. a. псовати, оговарати, клеветати, опадати; ропнати; хулити.
Lästerthat, f. злочинство.
Lästerung, f. псовка, псовање, хуљење, хула; оговарање, опадање.

lästig, adj. несносан, досадан, трудан, мучан, теготан; —keit, f. досадност.
Lastpferd, n. комора, кљусе; —schiff, n. брод превозни; —träger, m. бременоша, пошач; —wagen, m. таринце, кола теретна.
Lasur, —stein, m. азур (камен); —blau, adj. азуран.
Latein, n. језик латински; —isch, adj. латински; die —e Kirche, црква римска, западна, латинска.
Laterne, f. фењер.
Latschtaube, f. гаћан.
Latte, f. жиока, паузница, плесмо, летва; —en, v. a. (das Dach), прибјати жноке, жиочити; —enwerk, n. жиоке, летве; решетка од жиока.
Lattich, m. лочика.
Latwerge, f. мацун, пекмез.
Latz, m. прслук; (an Beinkleidern), ртмача, растриж.
lau, adj. млак, млитав.
Laub, n. лишће, брсната грана; abgefallenes —, шушањ; — brechen, купити лишће.
Laube, f. сеница.
Laubenhütte, f. сеница, скинија (у Жидова).
Laub-frosch, m. жаба зелена; —holz, n. дрвље брснато; —ig, adj. брснат; —schober, m. лисник; —thaler, m. шкуда француска; —werk, n. лишће; —zweig, m. брсната грана.
Lauch, m. лук бели; wilder —, балучка, пупа.
Laudemium, n. хваљевина.
Lauer, m. (Wein), чингер, слабо вино; (Branntwein), патока.
Lauer, f. вребање, кебање, заседа; auf der — sein, вробати, кебати, заседати.
Lauerer, m. вребач.
lauern, v. n. кебати, вребати, заседати; прислушкивати.
Lauf, m. трк, трчање, трка, ток, тек, течај; (Flinten--), цев; (bei den Jägern), ногал(од звери); das ist der — der Welt, такав је свет; —bahn, f. тркалиште, пометањ; —band, f. дубак, сталац.
laufen, v. n. тећи, трчати, бежати; потећи, потрчати; терати се, водити; das läuft wider ..., то је против ...; Gefahr —, у опасности бити; Sturm —, јуришати; in sein Verderben —, срнути у пропаст; das läuft auf eins hinaus, то је све једно.
Lauf-en, n. трчање, трк, тек, ток, бежање; —end, adv. трчке; —er, m. Läufer, m. тркач, текли; (in der Musik), прелаз; (Reibstein), камен; (Spule), чунак, цев; (der oberste Mühlstein), горњак; (bei den Vogelfängern), вабац.
Lauf-feuer, n. траг од барута; (bei Soldaten), непрекидна ватра; —graben, m. пропон; —hund, m. хрт, огар.
läufig, läufisch, adj. —sein, куцати се, терати се, водити, повађати.
Lauf-wagen, m. дубак, сталац; —zettel, m. распис, отпуст.
Lauge, f. лужија, луг, цеђ, мило.
laugen, v. a. лужити, полужити, лужијати.

laugenartig, adj. лужан; —аѕфе, f. пепео, луг; —faß, n. лужница.
läugnen, v. a. тајити, порицати; — n. тајење, порицање.
Lauheit, Lauigteit, Lauliфteit, m. млачина; fig. хладноћа.
laulich, adj. млак.
Laune, f. скопост, воља, ћуд; —en, pl. мухе, мушице; guter - e ѕein, вољан, добровољан; übler —, туровап; —ig, adj. несло, забаван, шаљив, добре воље; —iѕch, adj. невесео, зловољан, срдит, ћудљив.
Laus, f. уш, ушљак, ваш.
Lauſche, f. ѕ. Lauer.
lauſchen, v. n. прислушкивати, вребати.
Läuſe=kamm, m. чешаљ густи; —kranfheit, f. ѕ. Läuſeſucht; —kraut, n. ушљивица.
lauſen, v. n. бискати, поискати; (zaubern), оклеветати; (um's Gelb bringen), огулити; ѕich —, крвати се.
Lauſer, m. поискач; тврдица; —ei, f. бискање; оклевање; тврдовање.
Läuſeſucht, f. ушљива болест.
Läuſewenzel, m. ушљивац; (ѕchlechter Tabak), вржак.
lauſig, adj. ушљив; (kniderig), тврд, скуп.
Laut, m. глас, звук.
laut, adj. гласан, гласовит; mit —er Stimme, гласно, на глас; — werben, прочути се; разгласити се; — adv. гласно, гласовито, на глас.
laut, prp. по.
lautbar, adj. познат, очевидан; — werben, разгласити се, прочути се.
Laute, f. лутња, гитар.
lauten, v. n. гласити; das lautet nicht ѕein, то није лепо; die Wörter lauten alѕo, ово су речи.
läuten, v. n. звонити; Sturm —, звонити на ларму; zu Grabe —, огласпти мртваца.
Lautenſteg, m. коњ, коњић (на гитару).
lauter, adj. чист, светао, бистар; самотворан, сав, сам; — adv. само, све сам; — Gold, сухо злато; es ѕind — Lügen, све је то гола лаж; —keit, f. чистоћа, бистрина и истинитост, поштење.
läuter=n, v. a. чистити, цедити, очистити, процедити, бистрити, разбистрити; —ung, f. чишћење, цеђење.
lauwarm, adj. топал, млак.
Lavendel, m. деспик.
Lavine, f. усов.
lavieren, v. a. бордижати, једрити на извитке, извијати се; (vorѕichtig verfahren), радити опрезно.
laxier=en, v. a. чистити, очистити; — v. n. литати, точити.
Lazareth, n. болница, лазарет.
Lazur, ѕ: Laſur.
leben, v. n. живети, живсти; (ѕich betragen), понашати се, владати се; (ѕich wo aufhalten), пребивати, становати, стојати; ѕo wahr ich lebe! тако ми живота!
Leben, n. живот, житак, жиће, живљење, век; (Lebhaftigkeit) живост; er iſt kaum mit dem — davon gekommen, једва је изнео главу;

einem nach dem — trachten, радити коме о глави; Jemand am — ſtrafen, казнити смрћу; ums — kommen, погинути, изгубити главу.
lebenbig, lebend, adj. жив.
lebenslang, adv. до смрти, за живота.
Lebens=alter, n. век, узраст; —art, f. начин живљења; fig. начин, понашање, владање; —beſchreiber, m. биограф, животописац; —beѕchreibung, f. биографија, животопис; —gefährlich, adj. смртопосни; —geѕchichte, f. Lebensbeѕchreibung; —größe, f. величина природна; —lang, adv. до смрти, за живота; —lauf, m. живот, век, живљење; —licht, n. живот; einem das — ausblaѕen, смакнути, убити кога; ѕeit er das — erblickte, од како је на свету; —mittel, n. храна, житак; — ordnung, f. ред, начин живљења, трезност; —ſtrafe, m. смртна казна; —verſicherung, f. осигурање живота; —wandel, m. живот, живљење, понашање; —zeit, f. век; auf — до смрти, за живота; —zeugniß, n. животбитница.
Leber, f. јетра, утробица, џигерица црна; —flecken, m. pl. крпа (болест); —reim, m. стих шаљиви; —ѕucht, f. јетрена болест; —wurſt, f. џигерњача.
Lebewohl, n. збогом; jemanden — ѕagen, опростити се с ким.
lebhaft, adj. жив, живахан, бадар, отворен, кочоперан, жесток; —igkeit, f. живост, живахност, жестина.
Leb=kuchen, f. Pfefferkuchen; —küchner, ѕ. Pfefferküchner.
leb=los, adj. без живота, мртав; —loſigkeit, f. млитавост.
lechzen, v. n. (vor Durſt), горети, умирати од жеђи; nach etwas —, гинути, чезнути, грамзити за чим; fig. die Erde lechzt, земља пуца (од суше).
leck, adj. пробијен, напукао.
Leck, m. пукотина, рупа.
lecken, v. n. лизати; — v. n. (von Gefäßen), цурити, тећи, пуштати.
lecker, adj. (von Speiѕen), сладак, мастан; (von Perſonen), лаком, прождрљив.
Lecker, m. лизавац, лакомац; —biſſen, m. сладкиш, посластице, облизотине; —ei, f. лакомство; сладкиш; —haft ѕ. lecker; —haftigkeit, f. лакомство; —maul, n. лакомац.
Leckwein, m. самоток; вино истекло.
Lection, f. лекција, задатак, читање, предавање, учење; —ѕplan, m. ред учења.
Leder, n. кожа; vom — ziehen, тргнути сабљу; —bereiter, m. кожар, табак; —händler, m. кожар; —n, adj. кожан, од коже; —werk, n. кожа.
ledig, adj. (leer, erlebigt), пуст, празан, испражњен; — ѕein einer Sache, бити лишен какве ствари; (unverheirathet) неожењен, неудата; neudat; —keit f. празнина, неженство, неудаја.
lediglich, adv. само, сасма, сасвим, посве.
Leede, f. Lee.
leer, adj. пуст, празан, пусторук, сух, изражњен, ташт; — ausgehen, недобити ништа; —e, f. празнина, таштина; —en, v. a. празнити, испразнити; —heit, f. празнина.

Lefze, f. усна, усница; губица.
legalisir-en, v. a. обзакопити, судски потврдити.
legal, adj. законит; —ität, f. законитост.
Legat, n. (Vermächtniß), запис, завештај.
Legat, m. (Gesander), поклисар, посланик.
Legatar, m. примател завештаја.
Legationsrath, m. веhник код поклисарства.
Legebenne, f. коспла.
legen, v. a. ставити, старлати, оставити, метати, ударити, дести, полагати, сложити, класти, слагати, поставити, метнути, врћи, положити, новалити: Eier —, снести јаја; ein Schif vor Anker —, бацити сидро; an den Tag —, показати; sich —, v. r. лећи, легати, полегати, положити се; (aufhören, still werden), престати, стати, уталожити се; sich auf etwas —, наклопити се, дати се па што; sich auf die liederliche Seite —, лењити се: sich darein —, мешати се у што; Hand ans Werk —, почети, примити се чега; das Getreide hat sich gelegt, полегло је жито.
Legende, f. легенда, житије светих.
Legezeit, f. време ношења јаја.
Legion, f. легија, легион, чета.
legir-en, v. a. оставити коме што; мешати руде; —ung, f. мешана руда.
Legis-lator, m. законотворац, законодавац; —latur, f. законотворство, законодавство.
legitim, adj. законит.
Legitimation, f. исказ; — unehelicher Kinder, узакоњење незаконите деце; —karte f. исказница.
legitimiren, v. a. ein Kind, узаконити дете; — sich, v. r. исказати се.
Legstätte, f. складиште.
Lehde, f. ледина.
Lehen, Lehn, Lehngut, n. феуд, тимар, зијамет; (in Zuj.) феудни.
Lehen, n. обдарење, даровање; —gut, n. феуд, тимар, зијамет; —indult, f. одгођење рока за феудну присегу; —recht, Lehnrecht, n. право феудно; —mann, —träger, m. феудни васал, клетвеник, кмет, кметић; —schaft, f. (im Bergw.) рудничка подела; —tafel, f. феудна књига; —wesen, n. феудство.
Lehm, m. мура, пловача, глина; —еrn, adj. од пловаче, земљан; —grube, f. јама где се глина копа; —ig, adj. глинаст; —wand, f. зид од блата; —werf, n. грађа од блата.
Lehne, f. подпорањ, наслон, сек, опсек; (Abhang), стрмина, низбрдица.
lehnen, v. a. наслонити, прислонити; — v. n. наслоњен бити; sich — v. r. наслонити се, прислонити се.
lehnen, s. leihen.
Lehnlakei, s. Lohnlakei.
Lehnpferd, s. Miethpferd.
Lehn-stuhl, —sessel, m. столица с ручицама, двоцични столац, наслоњача.
Lehr, m. калуп, творило, матица.
Lehr-amt, u. учителство; —anstalt, f. училиште; —begierig, adj. жељан науке; —begriff, m. сустав; наука, наук; —brief, m. изучница; —bursch, m. шегрт, дечко; ученик.
Lehre, f. наука, наук; (Model), калуп; творило, матица.

Leichenbegängniß

lehren, v. a. учити, научити, поучавати, поучити; ich werde ihm's schon —, научићу ја њега памети.
Lehrer, m. учитељ, маjистор, мештар; —in, f. учитељица, учитељка, учитељсипца.
Lehr-freiheit, f. слобода учења; —gebäude, n. сустав, систем, правила учења; —gedicht, n. песан поучни; —geld, n. плаћа за науку; —jahre, n. —jahrhundert; —herr, m. мајстор, господар; —junge, f. Lehrburch; —ling, m. ученик, ђак; (bei Gewerbsleuten), шегрт; —mädchen, n. шегртица; —meister, m. учитељ, мештар; —meisterin, f. учитељица; —reich, adj. поучан; —saal, m. учионица; —satz, m. правило, начело; питање; —spruch, m. афоризам; правило, изрека; —stand, m. учитељство, учитељовање; стадиш учитељски; —stuhl, m. катедра, столица; —zwang, m. школа под морање.
Leib, m. тело, снага; живот; стас (од хаљине); трбух; (Rumpf), трупина, труп; gesegneten — es sein, трудна бити; —arzt, m. лекар обични, лични; —binde, f. пас, појас; —chen, n. прслук; - compagnie, f. прва особита чета; —eigen, adj. певољник, роб; —eigenschaft, f. ропство, невољништво.
Leibeswirthschaft, f. кућанство за живота.
Leibes-beschaffenheit, f. грађа, склад тела; —bürde, s. Leibesfrucht; —erbe, m. порот, дете; наследник рођени; —frucht, f. бреме, плод (утробе); —gaben, pl. f. дари телесни; —gebrechen, n. мана телесна; —gestalt, f. прилика, стас, узраст; —leben, n. bei —, за живота.
Leibessen, n. јело најмиљије.
Leibes-strafe, f. педенса телесна.
Leib-farbe, f. боја најмиљја; —garbe, f. стража лична; —gedinge, n. удовство, заживотни уговор; —gedingstadt, f. место заживотна уговора; —gürtel, m. појас, пас, тканица.
leibhaft, —ig, adj. телесап, прав, сушти, чити, синти; главом, сам.
Leib-jäger, m. ловац лични; —kutscher, m. кочијаш лични.
leiblich, adj. телесап, путен, прав; —e Kinder, рођена деца; —er Bruder, рођен, прави брат.
Leib-medicus, s. Leibarzt; —rente, f. заживотни приход; —schmerzen, pl. m. трбобоља; —schneiden, n. завијање у трбуху; —stuhl, m. собни нужник, —wache, f. стража лична.
Leich, m. пкра.
Leichdorn, m. курје око, жуљ.
Leiche, f. (der Fische), бјешње риба.
Leiche, f. (ein todter Körper), мртац, мртвац, мртви, лек, стрв, мртво тело; погреб, укоп; (in Zuj.), мртвачки, погребни.
leichen, v. n. бацати икру.
Leichen-begängniß, n. спровод, укоп, погреб; —begleitung, f. спровод; —beschau, f. кеш, разглед мртвачки; —bitter, m. позивач на погревод; —bede, f. покров; —gebühr, f. мртвачина, мртвина, опело, самрштина, укопнина; —gerüst, n. одар мртвачки; —hemd, n. укопница; —kosten, m. pl. укопнина, по

гребни трошкови; —predigt, f. надгробно слово; —ſtein, m. надгробни камен; —träger, m. гребодер; —tuch, n. покров; —verein, m. погребно, укупно друштво; —wagen, m. кола мртвачка; —zug, m. f. Leichenbegleitung.

Leichnam, m. мртво тело; мртац, мртвац; труп, трупина; леш, лешина.

leicht, adj. лак, лагак, ласан; мален; слаб; —es Gewicht, слаба вага; —e Verletzung, мала озледа.

leichtfertig, adj. лакоуман, ветрењаст, несташан; —keit, f. несташност, лакоумност.

leichtgläubig, adj. лаковеран; —keit, f. лаковерност.

Leichtigkeit, f. лакоћа, ласноћа, ласт.

Leichtſinn, m. —igkeit, f. лакоумност.

leichtſinnig, adj. ветрењаст, лакоуман, несмотрен.

Leichzeit, f. Leiche.

leid, adv. жао; es thut mir —, жао ми је.

Leid, m. мука, кина, невоља, зло, беда, жалост, туга; криво; einem etwas zu —e thun, увредити кога, учинити му криво; ſich ein —es thun, ранити се, убити се; Liebe und —, добро и зло; im —e gehen, носити црно, коротовати; weder zu Lieb' noch zu —, ни зло ни добро; —empfinden, зажалити; Niemand zu Liebe oder Leide die reine Wahrheit ausſagen, казати праву истину без сваког обзира.

leid, adv. жао; es iſt mir —, es thut mir —, жао ми је; ſich — ſein laſſen, пожалити.

leiden, v. a. трпети, патити, злопатити, сносити, подносити, страдати; дати, допустити; Schaden —, штетовати, кваровати; er kann es nicht —, то је њему зазубно; — n. страдање, патња, мука; жалост.

leidend, adj. трпећ, страдајућ; болестан, помоћан.

Leidenſchaft, f. страст, пожуда, похота; —ſich, adj. страстан, похотан.

Leidensgeſchichte, f. мука.

leidentlich, adv. сносан, трпећ; ſich — verhalten, сносити, трпети, непротивити се.

leider, i. жали боже!

leidig, adj. тужан, жалостан, невољан, кукаван; зао, злочест; вајан.

leidlich, adj. подпосан; средњи, средње руке.

leidtragend, adj. тужан, жалостан, уцвељен, корутујућ; —weſen, n. жалост, туга.

Leier, f. лира; es iſt immer die alte —, једно те једно; —n, v. n. гудети; er leiert mir die Ohren davon voll, набио ми је тим уши.

leih-en, v. a. узајмити, позајмити, посудити, у зајам дати; — n. зајам; узајмљивање; наруч, почек, причек; —bibliothek, f. посудна књижница; —haus, n. зајамница, посудница; —kauf, m. купља на веру.

Leilaken, f. Bettlich.

Leim, Leimen, f. Lehm.

Leim, m. туткало, беља; (Vogelleim), лепак; —en, v. n. туткалити, лепити, кељити; —icht, adj. лепив; f. Lehmig; —ruthe, f. шиба, шибица, прут.

Lein, m. лан, ћетен; —acker, m. —feld, n. ланиште.

Leine, f. уже; ишљиг, конопац.

leinen, adj. платнен, пртен, од лана, ланен.

Leinkraut, n. богородични лан, дивљи лан; —öl, n. оlај, уље; —ſamen, m. лан, семе од лана, главничица.

Leinwand, f. платно, без; gedruckte —, басма; Stück — von 20 Ellen, крпа платна, труба платна; —en, adj. пртен, платнен; —händler, m. платнар, безар.

Leinweber, m. ткалац, ткач, ткач.

leiſe, adj. лаган, тих, лак; ein —es Gehör, добар слух; ein —r Schlaf, лак сан; — adv. лагано, полагано, истиха.

Leiſetreter, m. уxода, шуњало.

Leiſte, f. летвица; иконос; крај, окрајак; левча; (Tiſch —), длзга.

leiſten, m. (der Schuſter), калуп, препона.

leiſten, v. a. чинити, делати, испунити, радити; Folge —, слушати, послушати; Dienſte —, служити, на руку бити; einen Eid —, заклети се, присећи; einem Geſellſchaft —, забављати кога; Genüge —, задовољити, намирити; Gewähr —, јемчити за што; Zahlung —, плаћати.

Leiſten-bruch, m. киле; —bodel, m. корпиж; —ſchneider, m. калупар.

Leiſtung, f. испуњење, извршење, дело, посао, труд; —spflichtig, adj. дужан што чинити; —spflichtiger Grund, обвезано земљиште.

Leitband, n. поводац, повод.

leit-en, v. a. водити, наводити, навртнути, проходити, навратити, навраћати, навртати; кривти; fig. равнати, владати, управљати; Waſſer —, јазити; etwas an Jemanden —, дати отправити што коме; —er, m. управник, управитељ; f. Führer.

Leiter, f. лоства, стубе, мердевине; (am Wagen), лотра.

Leiter-baum, m. стубе; —ſproſſe, f. пречага; —wagen, m. тарнице, кола с лотрама.

Leit-faden, m. руководство, напутак, упутство, поводац; —feuer, n. траг од барута; —hammel, m. ован преходни; преходник, преходњак; —ſtern, m. звезда преходница.

Leitung, f. вођење; равнање, управљање, управа; (Waſſerleitung), водовод; —sdraht, m. поводна жица.

Lende, f. бок, бедрица.

lenden-lahm, adj. хром; —weh, n. тиштање у боку.

lenken, v. a. равнати, управљати, кривити, управти, навити, навијати.

lenkſam, adj. повољан, послушан, гибак; —keit, f. повољивост, послушност, гипкост.

Lenkſeil, n. Leutriemen, m. f. Zügel.

Lenkung, f. равнање, управљање, обртање.

Lenz, m. пролеће, прамалеће, премалеће; —monat, m. ожујак, март.

Leopard, m. лаопард, каплан.

Lerche, f. шева, чеврљуга.

Lerchen-baum, f. Lärche; —falk, m. кобац.

Lernbegierde, f. жеља за науком.

lern-en, v. a. & n. учити, учити се; научити, научити се, поучити се, поучавати се.

Lernende, m. ученик.

Lern-freiheit, f. слобода науке; —zeit, f. време за науку.
lesbar, adj. читак.
Lese, f. купљење, берба, јематва.
— art, f. различно читање, начин читања; —buch, n. читанка.
lesen, v. a. (sammeln), брати, јемати, купити, набирати; обрати, тргати; (reinigen, ausſuchen), избирати, чистити, требити; Feder —, чистити перје.
lesen, v. a. & n. читати, штити, чатити, учити; (Collegien —), учити, тумачити; über etwas — können, вешт чему бити.
Lesen, n. (Sammeln), брање, сабирање, купљење; (im Buche), читање, штијење; —swerth, adj. вредан читања.
Lesepult, n. штионик, налоња.
Leser, m. читатељ, читалац, чатац; (Sammler), берач, купилац; тргалац; —in, f. читатељка; (Sammlerin), берачица, купилица; —lich, ſ. lesbar.
Lesezeit, f. берба.
Letten, m. иловача, глина.
Letter, f. слово, писме.
letzen, ſ. ergötzen.
letzt, adj. последњи, стражњи, крајњи, задњи; —ens, —hin, adv. недавно, опомадне.
Letzt-geborner, m. мезимац; —verfallen, adj. (Termin), последњи, минули рок; —willig, adj. што се тиче последње воље; —willige Verfügung, последња наредба.
Leuchte, f. фењер.
leuchten, v. n светлити, светлити се, сјати, сјати се, севати; das Wetter leuchtet, муња сева; einem —, светлити, посветлити коме.
Leuchter, m. светњак, керостац.
Leucht-feuer, n. —thurm, m. фар.
leugnen, ſ. läugnen.
Leumund, m. (veralt.), глас, поштење, име; böſen — machen, клеветати, оговарати, опадати кога.
Leute, pl. луди, свет, чељад; unter die —bringen, разгласити, разнети; —scheu, adj. дивљи; —schinder, m. крвопија.
leutſelig, adj. уљудан, мио, пријазан; —keit, f. уљудност, пријазност.
Levit, m. левита; einem die — en leſen, читати коме буквицу, читати лекцију коме; —iſch, adj. левитски.
Levkoje, f. шебој.
Lexicon, n. ſ. Wörterbuch.
Leyer, ſ. Leier.
Licenz, f. допуштење.
Licht, n. светлост, видело, посвет; (Kerze) свећа; leuchtender Körper, Leuchte, светило; an das — bringen, изнети на видело; на видик; an's — kommen, доћи на видело; einem hinter das — führen, преварити кога; einem im — stehen, заслонити коме.
licht, adj. светао, видан, јасан; (nicht dicht), редак.
Lichtarbeit, f. дело спрам свеће.
lichten, v. a. (ein Schiff), облакшати, испразнити; den Anker —, дигнути сидро; (heller machen), разјаснити, расветлити; einen Wald —, просећи, пробрчити шуму.

Lichter, m. баркача, дереглија.
lichter-loh, adv. —brennen, буктити, пламтити.
Licht-form, f. калуп за свеће; —ſuchs, m. рџан (коњ); —gießer, m. мумџија, сапунџија; —hut, m. гасило; —messe, f. сретеније; светло марније, очишћење марнино; —meſſer, m. светломер; —putze, —scheere, f. усекач, кљеште, штипаљка; —schirm, m. заслон (од свеће); —stod, f. Leuchter; —strahl, m. зрак, зрака; —ung, f. (im Walde), пропланак; (im Röhricht), ведрик; —voll, adj. светао, сјајан, јасан.
Licitation, f. дражба, мупта; —s-, (in Zuſ.) дражбени.
licitiren, v. a. муптати.
lieb, adj. драг, мио, љубљен, пријатан, љубимни, љубазни, љубазан; —er wollen, волети; —er wollend, вољај; einen — haben, пазити, љубити кога; einen — gewinnen, замиловати, запазити, приљубити кога; ich habe meine —e Noth mit ihm, доста ми бриге задаје.
Lieb, n. миље.
liebäugeln, v. n. намигивати, гледати се лепо.
Liebchen, n. драга, љубазница.
Liebden, (Ew. (Euer) Liebden, ваша драгост.
Liebe, f. љубав, љубов, љуба; милост, драгост, пажња, млинак, милошта; alte —roſtet nicht, што омиле не омрзну; brennende —, булашка, булашин (цвеће); —, ſ. мила, драга, љубазница.
Liebelei, f. ашиковање, миловање, швалерање.
liebeln, v. n. ашиковати.
lieben, v. a. љубити, миловати.
liebenswürdig, adj. љубазан, милокрван; —keit, f. љубазност, милокрвност.
lieber, adv. пре, радије; — sein, wollen, haben, thun ꝛc. волети; es ist mir —, волим; ich trinke lieber Wasser, волим воде пити.
Liebes-angelegenheit, f. љубав, послови љубавни; —apfel, m. јабучица, патлиџан црвени; —dienst, m. љубав, услуга; —gabe, f. милост; —handel, m. љубав, миловање; —mahl, n. трпеза братинска; — Christi, тајна вечера, света тајна; —verwandt, adj. својко; —werk, n. љубав; дело богољубно; —wuth, f. јарич.
liebevoll, adj. љубазан, љубажњив.
lieb-gewinnen, v. a. замиловати; —haben, v. a. љубити, миловати; —haber, m. милосник, љубавник, љубитељ, пријатељ; —haberei, f. страст, љубитељство; —haberin, f. љубитељки, љубавница, драга; —kosen, v. a. миловати, помиловати, омиловати, блажити, блазнити; —kosung, f. миловање.
lieblich, adj. љубак, мио, пријатан; —keit, f. пријатност, жупкост, љубавност.
Liebling, m. љубимац, милосник; —sidee, f. мисао најмилија.
lieblos, adj. тврд, немио, немилосрдан; —igkeit, f. немилосност, немилосрђе.
lieb-reich, adj. љубазан, љубородан, благ; —reiz, m. милина, драгост, драж, дражест; —reizend, adj. драгостан, мио; —schaft, f. љубав.
Liebſein, n. милина.

Liebste, f. драга, љубазница, жена; заручница; —r, m. драги, љубавник; муж, заручник.
Lieb-stock, —stöckel, m. лесандрина; fremde — stöckel, младоух, селен (цвет); —weiner, m. радовнпкп бела; —werth, adj. драг, мио, љубазан.
Lied, n. песма, песан, песна, попевка; —chen, n. песмица; —erbuch, n. песмарица; —erdichter, m. песник.
lieberlich, adj. немаран, леп; невалао, злочест, распуштен; —keit, f. немарност, лепьост; невањалост, разузданост.
Liedlohn, m. служинска плата.
Lieferant, m. набавник, набављач.
liefern, v. a. дати, набавити, изручити, предати; (eine Arbeit), доготовити, свршити радњу; eine Schlacht —, побити се; —ung, f. набавка, набавјъање; изручење; достављање, предавање.
Lieferungs- (in Zus.), набавни, доготовни, доставни.
liegen, v. n. лежати, легати; auf den Knien — клечати; — lassen, оставити, пустити; auf den Tod —, тешко болестан, болан бити; auf dem Bauche —, потрбушке лежати; auf dem Rücken —, лежати полеђушке; — v. i. es liegt mir daran, до тога ми је; es liegt mir nichts daran, немарим за то; es liegt nicht an mir, то до мене не стоји; es liegt mir am Herzen, на срцу ми је; es liegt mir an der Brust, стеже ми прси; es liegt nichts daran, ништа зато; der Unterschied liegt darin, разлика је у том.
Liegen, n. лог, лежање; durch — büßen, одлежати.
liegend, adj. лежећ, постављен; —e Gründe, добра непокретна; —adv. лежећки, полошке.
Liegenschaft, f. непокретност.
Lieutenant, m. лајтман, поручик.
Lilie, f. љиљан, лер, крин, богородичино цвеће; gelbwürzliche —, златан; —weiß, adj. бео као крин.
Limonade, f. лимунада.
Limonie, Limone, f. лимун.
Linde, f. —nbaum, m. липа.
Linden-bast, m. лика, лико, луб; —blüthe, f. цвет липов; —holz, n. липовина; —honig, m. липовац; —wald, m. липик.
lindern, v. a. утешити, облакшати, умирити, ублажити; —ung, f. утеха, утешење, облакшање.
Lindwurm, m. змај, аждаја, ала.
Lineal, n. лењир, шпартаљ, правачник.
Linie, f. линија, потез; ред, редак, врста; (Verwandschaftslinie), лоза; (Stadtabmarkung) обрајак; in gerader — напречац, направац; in einer — (parallel), упоредо.
Linien-schiff, n. велики ратни брод; —soldat, m. регулаш, бирманац; —truppen, pl. регулаши, бирманска војска, редовна војска.
liniren, v. a. шпартати.
link, adj. леви; —e Zeite, наличје; лева страна; bie Linke, f. левака, туваља; —isch, adj. неэграпан; —e, adv. на лево; —hein, lemak, туваљ, леворук бити.
linnen, adj. пртен.
Linnenzeug, n. платно, иртиште.

Linse, f. лећа, сочиво, варпво; —förmig, adj. сочиваст.
Lippe, f. усна, усница; —plant, m. глас успн.
liquid, adj. бесумњив (richtig gestellt), истинит, у реду; —ation, f. разбистривање; (Schuldzahlung), исплата дуга; —iren, v. a. разбистрити, обесумњити; исплатити дуг; (eine Cafse), прегледати (испезницу); —ität, f. бесумњивост.
lispeln, v. n. шаптати, жуборити, жаморити.
List, f. лукавство, лукавштина.
Liste, f. листа, попис, списак.
listig, adj. лукав.
liter-arisch, adj. књижеван; —ator, m. књижевник; —atur, f. књижевност.
Litorale, n. приморје; (in Zus.) приморски.
Liturgie, f. литурђија.
Litze, f. гајтан, трак.
Livree, f. ливрея, либерија.
Lob, n. хвала, похвала, слава, захвала, дика.
loben, v. a. хвалити, славити, дичити.
lobenswerth, adj. похвално.
lobenswürdig, adj. достојан хвале, славе.
Lobeserhebung, f. хваљење, хвала, похвала, преузношење.
Lob-gedicht, n. похвална песан; —gesang, m. —lied, n. химна, славопој.
löblich, adj. славан; хвале вредан.
lob-preisen, v. a. хвалити, славити; —rede, f. похвала, хвала (говор).
Local-, (in Zus.) местни.
Localität, f. просторија, местност.
Locat-io, f. давање у најам; —or, m. најмодавац.
Locativ, m. (in der Sprachlehre), седми падеж.
Loch, n. рупа, дира, јама; (Gefängniß, schlechte Wohnung), тамница, дупља; (Wunde), рана; auf dem letzten —e pfeifen, танко свирати.
Löchelchen, n. рупица, жбугара, јамица.
lochen, v. a. бушити, вртити.
löcherig, adj. шупаљ, шупљикаст.
Lochsäge, f. пила (за рупе).
Locke, f. увојак, витица, зул.
locken, v. a. мамити, замамити, намамити, вабити; Haare — кудравити, крецавити, увијати косу; sich —, v. r. увијати се.
locker, adj. шупљикав, бухав; слаб, лабав, попуштен; fig. распуштен, разуздан; —n, v. a. попустити, изинхати, младити, прашити; —ung, f. попуштање; (im Weinberge), прашидба, прашак.
lockig, adj. коврчаст.
Lock-speise, f. мама, намама; —taube, f. дупљаш; —vogel, m. вабац.
Lodertasche, f. пухор.
lodern, v. n. буктети, пламтети.
Löffel, m. жлица, ожица, кашика, лажица.
Löffelblech, n. ожичвак.
Löffel-gans, adj. кашичар; —kraut, n. кашичак; —macher, m. ожичар, кашичар.
Loge, f. ложа.
Logik, f. мислословје.
Lohe, f. пламен; строј.
lohen, v. n. стројити; — v. n. буктети.
lohgar, adj. стројен.
Lohgärber, m. табак.

Lohgrube, f. варница.
Lohn, m. плата, плаћа; дар, ударје; —arbeit, f. радња за плату; —arbeiter, m. падничар, најамник.
lohnen, v. a. наплатати, платити, обдарити; es lohnt sich der Mühe, вредно је.
Lohnhirt, m. пристав.
Lohn=kutsche, f. доставник, кола најмљена; —kutscher, m. кириџија; —tag, m. тежатник за плату.
Löhnung, f. плата; (der Soldaten), ајлук.
Loch, m. луб, врат.
Lombard, f. Leibhaus.
Loos, n. срећа, удес; жреб, коцка, шорак, срећка.
loosen, v. n. коцкати се, жребати.
Lorbeer, m. ловор, ловорика; —blatt, n. лист ловоров.
Lorbeere, f. ловора.
Lorbeer=kranz, m. венац ловоров; —zweig, m. грана ловорова.
los, adj. одрешен, одвезан, одлепћен, отворен; прост, слободан; несташан, трисати, разуздан, распуштен; frisch darauf—, удри!
los=arbeiten, v. a. одлепити, раставити, одвинути; —binden, v. a. одвезати, одрешити; —bitten, v. a. одмолити; —brechen, v. a. одкинути, одломити, одврнути, одрхати; —brennen, v. a. опалити.
Losbrief, m. одрешница.
löschen, v. a. гасити, тулити, утулити, угасити, загасити, калити, брисати, трисати; ein Schiff —, искрцати брод; die Waaren —, искрцати робу; (aus den Grundbüchern), избрисати из земљишних књига.
Löschgeräthe, m. pl. гасила, справе за гашење.
Lösch=kohle, f. угљен угашени; —papier, n. напир пробојни, упијачи; —platz, m. (Abladungsort), искрцалиште; —ung, f. гашење; (der Ladung), искрцавање; (bücherliche), искљижење.
losbrücken, v. a. (das Gewehr), опалити, окресати, скресати пушку; [певало.
lose, adj. овлашан, расклаћен; несташан.
Lösegeld, n. одвупнина.
lösen, v. a. одвезати, развезати; опучати; одрешити, разрешити; раставити, уништити; (los=laufen), одкупити, искупити; vom Fluche —, расклињати; (Geld —, пазарити; ein Gewehr —, опалити пушку; ein Zeichen —, купити цедуљу за улазак.
losen, v. a. прислушкивати.
los=fahren, v. n. заујати се; —flechten, v. a. расплести.
los=geben, v. a. изручити; пустити, отпустити; —gehen, v. n. развезати се, отворити се; (von Gewehren), опалити се, пукнути; auf einen —, насрнути, навалити на кога; —gürten, v. a. отпасати; —heften, v. a. распети, расковчати, распучати; —kauf, m. откуп; —kaufen, v. a. откупити, искупити; —gekaufte, m. откупљеник; —knöpfen, v. a. отпучити; —knüpfen, v. a. раздрешити; —kommen, v. n. утећи, спасти се; —lassen, v. a. пустити, испустити, папустити; —losung, f. пуштање, испуштање; —machen, v. a. одрешити; —arbeiten, —reißen, v. a. отргнути, одчепити; —sagen, sich, v. r. одрећи се; —schla=

gen, v. a. протурити, лупити, одбити; —schließen, v. a. откопати, расковати; —schnal=len, v. a. одапети; —schrauben, v. a. одвити, одврнути; —schreiben, v. a. одрешити, ослободити, опустити; —sprechung, f. ослобођење; —stürzen, v. n. загнати се, нагонити се, грунути, полетети, ударити; —trennen, f. одвлачење.
Losung, f. (Ziehung), жребање, знак, знамење; (Parole), лозинка; (Handel), пазар.
Lösung, f. решење; падење, пуцање; (Loskaufung), откуп, откупљење.
los=werden, v. n. протурити, одрешити се, опростити се; —ziehen, v. n. (auf einen —), напасти, навалити на кога.
Loth, n. лот; (Baut.), каламир, олово; спој.
Löthe, Löthung, f. спој, спајање.
löthen, v. a. спојити, спајати.
löthig, adj. од лота; фини.
Löthkolben, m. спајало.
lothrecht, adj. по каламиру, каламирно.
Lotse, Lotsmann, m. пилот, водић.
Lotterbube, m. орјатин.
Lotterie, f. лутрија; —loos, n. жреб, срећка.
Lotto, —spiel, n. лутрија; (in Zuf.) лутријски.
Löwe, m. лав; junger —, лавић.
löwen=artig, adj. лавски; —mähne, f. грива лавовска; —maul, n. зевалица, antirrhinum; —zahn, m. маслачак, конкњо гумно, од грозните трава.
Löwin, f. лавица.
Luchs, m. рис; —augen, pl. очи рисове; fig. оштар вид; —haut, f. рисовина.
Lücke, f. рупа, дера; недостатак, празнина; —enbüßer, m. fig. закрпа; —ig, adj. крш.
Luder, n. мрцина, стрвина; (Köder), мама, намама; fig. (eine liederliche Weibsperson), лола, флаидра; (ein liederlicher Mann), лопина; —n v. n. (gem.), вући се које с ким, лоћати се; —n v. a. мамити, вабити.
Luft, f. зрак, ваздух, ветар; —ball, m. балон, ваздушни шар; —blase, f. мехурић.
Lüftchen, n. ветрић, поветарац.
lüften, v. a. ветрити, подигнути, открити.
Luft=himmel, m. Luftkreis; —ig, adj. ваздушан (leicht), лак; —kreis, m. атмосфера; —linde, f. зракословље; —loch, n. одушка; —malz, n. јечам осушен на зраку; —messer, n. зракомер; —ritter, m. ваздушни шмрк; —reise, f. путовање по зраку; —rohr, n. писак; —röhre, f. гркљан, душник; —schiff, n. балон; —schifffahrt, f. пловидба по зраку; —schloß, n. fig. кула у зраку; —schlösser bauen, градити куле по зраку; —springer, m. скок; —streich, m. промашај; —zieher, m. одушка (на прозору); —zug, m. промаја.
Lug, m. обмана, опсена, лаж.
Lüge, f. лаж, лагарије.
lügen, v. n. лагати, слагати; —, n. лагање; einen — strafen, утерати кога у лаж; —haft, adj. лажњив, лажан; —maul, n. лажа, лажљивац, трпљада.
Lügner, n. лажа, лажац, лажњивац, лажов; —in, f. лажа, лажњивица; —isch, adj. лажљив, лажав.

Luke, f. рупа, окно.
luffen, v. a. ташупати.
Lümmel, m. простак, дембел, џепаница, тетак.
Lump, m. каљап, лупеж, лола, ниткво, потепух, тепац; —en, m. траље, крпа, рита, шукаре, подерина, липаџур, дрољак; —engefindel, n. дроњо. одрпија, прњавац; —enfammler, m. труљар, ритар; —enjucker, m. шећер црнп; —erei, f. трипе и кучине; —icht, adj. траљав, сиромашан, кукаван, тврд; —ig, adj. траљав, одрпан, ритав, дрољав.
Lunge, f. плућа, ингерица бела, утробица.
Lungen-arterie, f. срчанис; —entzündung, f. запаљење плућа; —hieb, m. fig. истина; —kraut, n. плућњак; —sucht, f. тжика, јектика, суха болест; —süchtig, adj. тжикав, јектичав.
Lünfe, f. клинац од кола.
Lunte, f. фитиљ, миђа, свештило.
Luft, f. радост, весеље; уживање, наслада; воља, жеља, забава, арајство; — bekommen, прорачити се, разрачити се, заинталити се, зажељети се; —haben, рачити се; —
barfeit, f. весеље, забава, светковина; — beet, n. цветник; —dirne, f. блудница, лоћа.
lüften, lüftern, f. gelüften.
lüftern, adj. жељан, гибан, лаком, пожашан, похотљив; —heit, f. похотљивост.
Luft-fahrt, f. шетња, простиња (возећи се); - haus, n. весели двор, мљак.
luftig, adj. весео, весељик, радостан; забаван, пријатан; —keit, f. весеље, радост; —macher, m. весељак.
Luft-reife, f. пут ради забаве; —schloß, n. весели двори; —seuche, f. болест блудна; —spiel, n. комедија, игра весела; —stück, f. Luftbeet; —wandeln, v. n. шетати, шетати се.
Luther-aner, m. лутеран; —isch, adj. лутерански; —thum, m. лутеранство.
Lutter, m. патока.
Luxus, m. раскош, нагизда, раскошност.
Lyceal- (in Zus.), лицејски.
Lyceum, n. лицеј.
Lyrik, f. лирика.
lyrisch, adj. лирски.
Lysimachie, f. против, lysimachia vulgaris.

M.

Mache, f. посао, дело.
machen, v. a. направити, правити, градити, пачинити, учинити, радити, чинити, делати; Geld —, стећи новаца; den Kaufmann —, градити се трговцем; mach! дедe; macht nichts, инком ништа; sich —, v. г. учинити се, бити; sich an einen —, обратити се на кога; sich davon —, отићи, утећи; sich nichts daraus —, немарити; sich mit etwas groß —, поноспти се, хвастати се, величати се чиме; sich auf den Weg —, кренути се на пут; er hat sich viel bei dieser Sache gemacht, много је при том добио; sich auf die Seite —, уклонити се; über einen her —, напасти на кога; sich aus dem Staube —, измакнути, отићи испод жита; einen herunter —, испсовати кога.
Macherei, f. посао, дело.
Macherlohn, m. плата за руке; посао, дело.
Macht, f. моћ, сила, власт, област; —brief, m. пуномоћство; —geber, m. опуномоћитељ; —haber, m. властитељ, владар; (Ermächtigter), опупомоћеник, пуномоћник; — handlung, f. употребљење моћи.
mächtig, adj. моћан, могућ, јак, силан, силовит, властан, јакостан; простран; голем; einer Sprache — sein, знати језик; —keit, f. простор, дебљина.
macht-los, adj. безмоћан: —spruch, m. —wort, n. владарска реч, моћна реч.
Machwerk, n. рђаво дело.
Mädler, m. самсар, шаимало; (bei Getreidehändlern), грошичар; —gebühr, f. самсарина.
Mädchen, n. девојка, цура, мома, дикла; —haft, adj. девојачки; —raub, m. отмица; —räuber, m. отмичар; —stand, m. девовање.

Mad-e, f. црв; —ig, adj. црвљив.
Magazin, n. магазин, магаза, складиште.
Magd, f. слушкиња, служавка, момкиња, годишница; девојка, цура, мома.
Magdalenentraube, f. (blaue), чавка.
Mägdlein, n. девојчица.
Magen, m. желудац; (vom Thier), бураг; —drücken, n. тиштање у желудцу; —krampf, грч у желудцу; —fraßer, m. (im gem. Leben), киселица, слабо вино; —wurst, f. кулеш, кулин.
mager, adj. сух, мршав, мледан, опао, слаб; —keit, f. мршавост, сувоћа, мрша.
magern, v. n. мршавити, спасти, опасти, испустити се.
Magie, f. Zauberei.
Magister, m. мајстор, учитељ.
Magistrat, m. мајистрат, поглаварство, суд.
Magnat, m. великаш.
Magnet, m. магнет; —isch, adj. магнетски.
Magnificenz, f. велеможност.
Magsamen, f. Mohn.
Mahagonyholz, n. махагоповина.
Mahd, f. косидба, косац.
mäh-en, v. a. косити; —er, —der, m. косац, косач.
Mahl, n. (Gastmahl), гостба, собет, трпеза; (Zeichen), знак, белега, обележје; (auf der Haut), маде; (Ziel), белега, ниш.
mahlen, v. a. млети, самлети, намлети; an der Hauptmühle —, жрвати, жрвштити.
Mahl-gast, m. помиљар; —geld, n. —groschen, m. самљевина; (als ein Quantum des vermahlenen Getreides), ушур, ујам; —mann, f. Mahlgast; —noth, f. постуш; —schatz, f. Brautschatz.

Mahl-ſtrom, m. вир, вртлог; —zeichen, n. знамење; (auf der Haut), maлеж.
Mahlzeit, f. гозба, ручак, собет, обед; печера.
Mähne, f. грива.
mahn-en, v. a. опоменути, наговестити, опомињати; —er, m. опомињач; —zettel, m. опоменка.
Mährchen, n. прича, бајка; —haft, adj. измишљен; чудан, баснослован.
Mähre, f. прича; (Pferd), кљусе.
Mai, m. мај, свибањ; —baum, m. мај, бреза; —blume, f. —blümchen, n. ђурђица, ђурђиц.
Maifiſch, m. кепа, ласка.
Maikäfer, m. гундељ, поп златар, златни поп, кокица, шљиварка.
Mais, m. кукуруз; —ähre, f. клип, клас; —brot, n. кукурузница; —kolben, m. клип; (entkrönt) окомак, шапурина; —ſtängel, m. овршина; —ſtroh, n. кукурузовина.
Maiſche, ſ. **Meiſche**.
Maitreſſe, f. паложница, милосница.
Majeſtät, f. величаство, величанство; —iſch, adj. величанствен.
Majeſtäts, (in Zuſ.) величаствени.
Majolifa, f. мајолика; —geſchirr, n. милојка, мијолика; —frug, m. бокар, бардак.
Major, m. мајор.
Majoran, m. мајоран, сапсер.
majorenn, f. mündig, —ität, ſ. **Mündigkeit**.
Majorität, f. већина.
Makel, m. маља, жага; мана.
mäkel-n, v. n. (tadeln), кудити, корити, замерати; (einen Unterhändler der Kaufleute abgeben), посредник бити, грошничарити.
Mäkler, m. ſ. **Mäkler**.
Makrele, f. локарда, врнут, младица.
Mal, n. das —erſte, први пут; dieſes —, овај пут; ein —, један пут. jedared, једпош; auf ein —, на једаппут; manches —, каткада; alle —, сваки пут; ein für alle —, једном за свагда; zum erſten —, првом.
malen, v. a. сликати, моловати, живописати.
Maler, m. сликар, молер, живописац; —ei, f. сликарство, сликарење; —iſch, adj. живописан; —kunſt, f. сликарство.
Malter, n. малтер (мера житна).
maltraitiren, v. a. костоломити, мучити.
Malvaſier, m. малвасија (вино).
Malve, f. слез, слезовача.
Malz, n. слад; —darre, f. пушница; —en, v. a. сладити, слад правити; —er, m. сладник; —ſteuer, f. сладарина.
Mama, f. мама, мамица, мајка, нана, дада.
Mammon, m. мамон; fig. благо, богатство.
man, pr. —ſagt, говоре, кажу; wenn —will, кад се хоће; —muß, треба, мора се; wenn —ihn ſieht, ſollte -- glauben, кад га човек види, рекао би.
mancher, pr. гдекоји, пекоји, млоги; —erlei, adj. различит, свакојак; —mal, adv. каткада.
Mandat, n. заповест, наредба, пуномоћје; —arius, m. пуномоћник, опуномоћник.
Mandel, n. (f.) петнаест.
Mandel, f. бадем; (am Hals), жлезда, крајници; —baum, m. бадем.
mandeln, v. a. слагати снопље у крстове.

Mandelmilch, f. млеко бадемово.
Mange, **Mangel**, f. рољa.
Mangel, m. недоскудица, оскудица, мањак, недостатак, оскупност, пешташица; (Fehler), мана; —der Zahlung, неисплата; —der Acceptation, неприхват (меннице); —haft, adj. мањкав, недовршен, несвршен; —haftigkeit, f. мањкавост, непотпуност.
Mangelholz, n. рољa.
mangeln, v. a. рољати.
mangeln, v. n. недостајати, понестати.
Mangkorn, n. смеса.
Mangold, m. блитва.
Mannichäer, m. fig. брижљив веровник.
Manier, f. начин; —lich, adj. учтив, удудан; —lichkeit, f. удудност, пристојност.
Manifeſt, n. разглас, проглас; —ation, f. очитовање.
Manipulation, f. руковање, поступање, оправљање.
manipuliren, v. a. руковати, оправљати.
Mann, m. човек, детић; муж; војник; etwas an — bringen, продати што.
Manna, f. мана; —grütze, f. каша од мане.
mannbar, adj. на удају, на женидбу; дорастао; —keit, f. дораслост.
Männchen, n. човечуљак; мужјак, самац, мушкарац.
mannhaft, adj. храбар, срчан; —igkeit, f. храброст, срчаност.
Mannheit, f. мужаство, мужност; einem die — nehmen, ушкопити кога.
mannigfaltig, adj. разни, различит, различан; —keit, f. различност, различитост.
männiglich, ſ. **jedermann**.
Männin, f. мушкара, мушкобања.
männlich, adj. мушки, људски; —keit, f. мужаство, мужност.
Mannſchaft, f. људи, чељад, момчад, војници, војска.
Manns-bild, n. мушкарац, детић, мушко, мушкиње, мушка глава; —kleid, n. мушка хаљина; —leute, plur. мушки, мушкарци, мушке главе; —perſon, ſ. ſ. **Mannsbild**; —ſchneider, m. кројач мушки; —ſchuſter, m. ципелар мушки; —ſtamm, m. род по мужу.
Mann-ſucht, f. жеља за мушким; —ſüchtig, adj. похотљива.
Mannszucht, f. заит.
manntoll, ſ. **mannſüchtig**.
manſch-en, v. n. брчкати; —erei, f. брчкање.
Mannſchette, f. тацања.
Mantel, m. кабаница, јапунџе, плашт, огртач.
Mäntelchen, n. кабаничица.
Mantelſack, m. теркија.
Manuale, n. прирушница.
Manufactur, f. рукотворница; —arbeiter, m. рукодеља, рукотворник; —weſen, n. рукотворство, рукодеоство; —waare, f. рукотворина.
Manuſcript, n. рукопис.
Märe, ſ. **Mähre**.
Märgel, ſ. **Mergel**.
Marien-bild, n. икона, кип мајке божије; —

glas, n. стакло мацино; —fäser, m. мара, бабе.
Marine, f. поморство; (in Zuf.) поморски.
Mark, n. мозак, мождина, срце, срчика, срж.
Mark, f. марка; (Grenze) међа, граница.
Marke, f. белега, знамење, знак.
marken, v. a. бележити, назарити, држити.
Marketender, m. маркетан; —in, f. маркетаница.
Mark-graf, m. марколаб, маркез, бан.
Markhausen, n. апта.
marklicht, adv. једро.
markig, adj. једар.
Markscheid-e, f. раздвој, раздео, међа, међаш, граница; —ekunst, f. рударско земљомерство; —er, m. рударски земљомер.
Markstein, m. међаш, мејник.
Markt. m. трг, вашар, сајам, пазар; (Plaz) тржиште, вашариште, пијаца; (in Zusamm.), сајамски, вашарски; —bude, f. шатра, чатрља.
markten, v. a. пазарити, вашарити.
Markt-fahrer, m. (fierant), сајамник, вашарџија; —flecken, m. варошица, трговиште; —leute, pl. сајмари; —meister, m. судац сајамски; —plaz, m. вашариште, пијаца, габела, тржиште; —preis, m. цена сајамска; —schreier, m. чарлатан; —schreierei, f. чарлатанство; —tag, m. сајам, дан вашарски.
Markung, f. међа, међе, границе.
Markzieher, m. вадимозак.
Marmor, m. мермер, мрамор; —iren, v. a. мраморисати; —werk, n. мраморје.
marmorn, adj. мраморан, мермеран, од мрамора.
marod-e, adj. трудан, уморан, болан; —iren, v. n. заостати, робити, пленити.
Marone, f. марон, кестен.
Marquis, m. маркез; —e, f. маркеза.
Marsch, m. марш, ступање, пут; (ein Musikstück), попутница.
marsch-fertig, adj. спреман за марш; —iren, v. n. ступати, путовати, ићи; —land, n. земља подводна, мочарна.
Marssegel, n. једро од коша.
Marstall, m. коњушница господска.
Marter, f. мука; —bank, f. мучилиште.
martern, v. a. мучити, кинити.
Marter-krone, f. мученички венац; —thum, n. мученштво; —tod, m. смрт мученичка.
Marterwoche, f. велика недеља, страсна недеља.
Märtyrer, m. мученик.
Märtyrin, f. мученица.
März, m. марач, март, лажак, ожујак; —hase, m. полутак, млад зец; —schnee, m. бабини јарци, бабини козлићи, бабини позајмници, бабини укови.
Masche, f. петља, замка, машлија, шепут.
Maschin-e, m. изпер, макина, машина, справа, самскрет; —enmäßig, adj. као макина.
Maser, m. жила (у дрвету); (Maserholz), жилаво дрво.
Maser, f. мраса; —ig, adj. мрасав; —icht, adj. жилав.
Masern, pl. f. мрасе.

Masholder, m. Maserle, f. клен, кленић.
Mask-e, f. маска, чупнда, образина, крабуља; —iren, v. n. маскарати, крабуљати, прерушити се.
ока; врч, боца.
Maß, f. мера, ...; начин, ред; in Maß, n. мера, омера, ...; —beu, pe-dem —e, als die Gläubiger sich an.... —..; дом, како се вероници јављају; gewisse..., —en, некако, у неку руку .
maßen, c. (veralt), будући да, видећи да.
Maßgabe, Maßgebung, f. правило, мерило, мера, меродавност; nach —, по.
maßgebend, adj. меродаван.
mäßig, adj. умерен, трезан; средњи, средње руке; од оке; —en, v. a. умерити, устегнути; — die Gerichtskosten, спустити судске трошкове; —keit, f. умереност, трезност, уздржање; —ung, f. умереност, умерање.
Maßliebe, f. Gänseblume.
Maßregel, f. мера, уредба, наредба, правило, средство.
Maßstab, m. мерило, мера.
maßweise, adv. на оку.
Massa, f. стечајна маса.
Masse, f. маса, помоза, мноштво; —ansäufung, f. нагомилање људства.
massiv, adj. самотвор, целокупан, чист, тврд, сталан, крут; груб, дебео, крупан.
Mast, —baum, m. јамбор, јарбуо, катарка.
Mast, Mastung, f. жирење, гојење.
Mastdarm, n. гузно црево, чмар.
mästen, v. a. гојити, хранити, угојити, ухранити, жирити.
Mast-geld, n. жировина, жировница; —jahr, n. жирова година.
Mastir, m. —baum, m. тришља, мартина.
Mast-korb, m. кош од јарбула; —los, adj. без јарбула.
Mast ochse, m. во угојен, дебео, суватован; —schwein, n. храњеник, жировњак.
Mastung, f. s. Mast.
Mastvieh, n. марва угојена.
Matador, m. матадор; fig. човођа.
Material, n. творино; (zum Bau), градиво, грађа; (zum Brennen) паливо, гориво; (zum Spinnen) предиво; (Waare), ипродује, бакалска роба.
Materialist, m. ипродијар, бакалин.
Materialwaare, f. ипродије, бакалска роба; —nhandlung, f. (Gewölb) бакалница.
Materie, f. материја, вештаство, предмет; (Eiter) гној.
materiell, adj. материјалан, телесни.
Matraze, f. модроц, модровац, миндер, душек.
Matrikel, f. матица.
Matrize, f. матница, калуп.
Matrone, f. госпоја, матрона.
Matrose, m. морнар.
Matsch, m. платка; —en, v. n. платком постати.
matt, adj. трудан, уморан, нелагодан, слаб, млитав; (vor Glase), посукуо.
Matte, f. рогожина, асура, стура; (Wiese), ливада, рудина; (gerounene Milch), грушевина.
matten, matt machen, v. a. морити, уморити.
Mattenflechter, m. асурџија, рогожар.

Maturität, f. дозрелост, зрелост.
Matz, m. блесац.
mauen, v. n. маукати; — n. маук, маукање.
Mauer, f. зид, дувар, платно; —aufschlag, m. прибој; —brecher, m. ован (гвоздени); —fest, adj. узидан; —hammer, m. кесер; —kelle, f. мистрија; —kraut, n. штприца; —meister, m. зидар.
mauern, v. a. зидати.
Mauer-schwalbe, f. чопа, аргић, брегуница; —stein, m. камен за зидање, опека; —werk, n. зидови, зидине.
Maufe, f. паук.
Maul, n. уста; губица, рило; ein großes — haben, торлати; sich kein Blatt vor's — nehmen, говорити без обзира; halt's —, језик за зубе!
Maulaffe, m. блесан, призавало; —n feil haben, продавати зјале, блејати, призавати, зијати.
Maulbeer-baum, m. дуд, мурва; —e, f. дуд, мурва, дудиње; —holz, n. дуловина; —pflanzung, f. дудара; wilder —baum, мурвац, дивљи дуд.
Mäulchen, n. устанца; пољубац.
Maulchrist, m. лицомер.
maulen, v. n. отобољити нос.
Maulesel, m. масак; мазгов; —in, f. мазга, маска; —treiber, m. мазгар.
Maul-held, m. торлак, хвалиша; —korb, m. губица; —schelle, f. пљуска, шамар, заушница, ћушка; —thier, n. f. Maulesel; —trommel, f. дромбуља, брунда; —werk, n. уста, језик.
Maulwurf, m. кртина, кртица; —schanzen, —hügel, m. кртњак, кртичњак, крторовина.
Maurer, m. зидар.
Maus, f. миш.
Mauschel, m. (gem.), жидов, чивутин.
Mäuschen, n. dim. мишић; —still, adv. пят ромори ни говори.
Mause, f. лињање, митарење.
Mäuse-darm, m. мишјакиња; —dorn, m. мишји трн, коштрика; —dreck, m. мишјак, мишевина; —fall, m. тресијаћа, мишоловка, мишмар; —falle, f. пастуља, мишоловка; —farbe, f. боја кулатаста; —gift, n. мишомор; —katze, f. ловица, ловкиња; —loch, n. рало, рупа мишја.
mausen, v. n. ловити мише; — v. a. красти, крадуцкати; die Katze läßt das Mausen nicht, што дибла навикла.
mausen, sich, v. r. лињати се, митарити се, пуштати перје.
Mäuse-nest, n. гнездо мишје; —öhrchen, n. мишје ухо.
mause-still, adv. ћуткац, ни у нос; —todt, adj. мртав, ни да макне.
mausfahl, adj. кулаш, мишкуласт.
mausig machen, sich, v. r. (gem.), поносити се.
Mauth, f. царина, малта, митница, догања; —einnehmer, —ner, m. митар, царинар, малтар; —gebühr, f. митарина, малтарина.
Maxime, f. начело.
Maximum, n. највише.

medern, v. n. печати, векетати; јарити се; —, n. века, век.
Medaille, f. медуља, колајна.
Medicin, f. медицина, лек; (Wissenschaft), лекарство; —al, adj. медицински, лекарски; —er, m. медицинар, ученик медицине; —iren, v. n. лечити се, узимати лекарије.
Medicus, m. лекар.
meditiren, s. betrachten, nachdenken.
Meer, n. море, океан, пучина; —aal, m. груј, грум, угор морски, јегуља морска; —busen, m. залев, затон; —enge, f. мореуз; —esfluth, f. плима; —esstille, f. тишина, мирна; —fenchel, m. мотрика, штулац; —gras, n. вога; —grün, adj. зелен као море, морске боје; —hafen, m. лука, пристан; —kalb, n. морски во; —katze, f. мајмун репати; —kirsche, f. планина, магниа, arbutus unedo; —linse, f. сочивица водена; —löwe, f. Seelöwe; —reitig, m. хрен; —schaum, m. пена морска, истина; —schaumen, adj. од пене морске, од истине; —schwein, n. дупин, плискавица; —ufer, n. крај, жало, игало, јалија; —wasser, n. море; —weib, n. сирена; —wunder, n. неман морска; —zwiebel, f. проценак, scylla bifolia.
Mehl, n. мука, брашно; —feinstes —, цвет од брашна; —beere, f. глогиња; —beutel, m. сито; —brei, m. каша; —handel, m. брашнарство; —händler, m. брашнар; —händlerin, f. брашнарка; —ig, —isch, adj. брашнав; —kammer, f. брашнара; —kasten, m. мучњак; —kloß, m. ваљушак; —kübel, m. стружњак; —muß, m. јериште, сатрица; скроб; —pulver, n. ситан барут; —sack, m. врећа, кеса; —speise, f. тесто; —staub, m. паспаљ; —thau, m. рђа, медљика.
mehr, adj. & adv. више, поиште, веће, повеће, већма; um so —, камо ли; —bieten, више давати, дражати, надметати се.
Mehr, n. претек, вишак; —betrag, m. вишак.
mehren, s. vermehren.
mehrentheils, adv. већином, понајвише.
Mehrere, pl. многи, више њих, некоји.
Mehrheit, f. већина, већа страна; —malig, adj. чест, од више пута, поновљен; —mals, adv. више пута; —zahl, f. већи број.
meiden, v. a. & n. клонити се, уклонити се, проћи се, оканити се.
Meier, m. запостат, мајурац; —in, f. мајурица; —ei, f. —hof, m. мајур, салаш.
Meierwagen, m. тарнице.
Meile, f. миља, миљ.
Meilen-geld, n. миљарина; —säule, f. камен, ступ миљски; —zeiger, m. миљоказ; миља.
Meiler, m. вуна, копа; —kohle, f. угљен, ћумур.
mein, meine, mein, pr. мој; — und bein, што је чије; nach —er Art, мојски.
Meineid, m. кривоклетва; —ig adv. кривоклетан; —ige, p. кривоклетник; —, f. кривоклетница.
meinen, v. n. мнити, мислити, чинити; einen —, говорити о ком, мислити кога; es gut mit einem —, желити коме добро; wie — Sie es? како ви то разумете?
meinerseits, adv. од моје стране.

meinet-halben, —wegen, adv. ради, поради мене; ако ће, ништа за то, што му драго.
meinige, der, die, das, pr. мој.
Meinung, f. мњење, мишљење.
Meisch-e, f. ком, комина; —п, v. a. комити.
Meise, f. сеница; —kasten, m. клоња.
Meißel, m. длето, длете, гласто; —n, v. a. вајати.
meist, adj. нај-више, највећма; die —en, већина, највећи део; —anbot, m. највећа понуда; —ens, —entheils, adv. највише, понајвише, већином.
Meister, m. мештар, учтељ, мајстор; —haft, adj. мајсторски; —hand, f. вешта рука; —in, f. учитељица, мајсторица; —lich, f. meisterhaft.
meistern, v. a. мајсторисати, држати у заџту; кудити.
Meister-sänger, m. певац трубадур; —schaft f. мајсторство, мајсторија; вештина; —stück, ремек; (Kunststück) умотворина.
Melancholie, f. Schwermuth.
Melde, f. лобода.
meld-en, v. a. јавити, гласити, објавити, обзнанити; mit Ehren zu —, да опростите, с допуштењем говорећи; sich —, v. r. јавити се, гласнути се, пријавити се; —ung, f. јављање; —zettel, m. пријавница.
Melilote, f. кокотац, melilotus.
Melior-ation, f. поправак; —iren, v. a. поправити.
meliren, v. a. мешати.
Melisse, f. матичњак.
melk, adj. музан.
melken, v. a. мусти, помусти, памусти.
Melkerin, f. музиља; —ei, f. музница.
Melk-faß, n. —gelte, f. дижвица, музлица; —kuh, f. музара.
Melod-ie f. мелодија, глас, напев; —isch, adj. мелодичан, складан.
Melone, f. диња, лубеница, пипун; —nbeet, n. —garten, m. бостан; —gärtner, m. бостанџија.
Membrane, f. тена.
Memme, f. страшивица, страшивац, кукавица, мама.
Memorial, n. приручна књига.
Menage, f. храна.
Menge, f. мнозина, мноштво, множина, људство, светина.
mengen, v. a. мешати; sich —, v. r. мешати се, утрчавати се.
Mengsel, m. мешавина, смеса.
Mensch, n. човек; Menschen, pl. људи, свет; —en- (in Zus.) људски, човечји.
Mensch, n. (gem.) слушкиња, чупа, цопа.
Menschen-alter, n. век; —feind, m. човекомрзац; —fresser, m. људождер; —freund, m. човекољубац; —freundlich, adj. човечан, човскољубив; —geschlecht, n. памтивек; —leib, n. челаде, син човечји; —koth, m. говно, жити као; —möglich, adj. могућ, можан; —satzung, f. закон човечји; —schen, adj. дивљи; —werk, n. створ човечји.
Menschheit, f. човечанство, човештво.
menschlich, adj. човечан, људски; —keit, f. човештво, људскост, човечност.
Menschwerdung, f. оваплућење, оваплоћење.
mercantil, adj. трговачки.
Mergel, m. марга, лапор; п, v. a. маргом гнојити.
Merkblatt, n. (im Buche), залога, белешка.
merken, v. a. (bezeichnen) бележити, забележити; (bemerken) спазити, опазити, пазити, осетити, учити, угледати, замотрити, осетити се, досетити се; sich etwas —, памтити, запамтити; sich nichts — lassen, чинити се невешт. [чвор.
Merkknoten, m. (im Tuche), завезак, завежљај, merk-lich, —bar, adj. знатан, видан, очевидан; —mal, n. знак, знамење, белега.
Mertur, m. жива, живо сребро.
merkwürdig, adj. знатан, знаменит; —keit, f. знатност, знаменитост.
Merle, f. Amsel.
merzen, v. a. требити, чистити.
Meßamt, n. миса, служба божја.
meßbar, adj. мериив.
Meß-brief, —zettel, m. (im Schiffswesen die Bestätigung, wie viel Tonnen das Schiff hält), потврдница море, меровница.
Meßbuch, n. мисал, службеник.
Messe, f. (in der Kirche) миса, маша, служба божја; —lesen, служити машу, машење; (im Handel) сајам велики.
Messen-, (in Zus.) мисни, што се тиче службе божје.
mess-en, v. a. мерити; sich —, v. r. мерити се огледати се; —er, m. мерач.
Messer, n. нож; mit dem flachen —, липмице, плоштимице; —besteck, n. ножница; —chen, n. ножић; —heft, n. камзе, корице од ножа; —schmid, m. ножар.
Meßfreiheit, f. слобоштина сајамска.
Meßgewand, n. одежда.
Meßgut, n. роба сајамска.
Messias, m. месија.
Messing, n. пиринач, туч, тумбак, мед (жут) —en, adj. медан.
Meß-kette, f. ланац; —kunst, f. мерачина.
Meßner, m. звонар, црквењак.
Meßopfer, n. миса, маша, служба божја.
Meß-woche, f. недеља сајамска; —zeit, f. доба сајамско.
Metall, n. метал, руда, коровина, туч; —isch, adj. рудан, металски; —münze, f. ковани новац; —urg, m. рудослов; —urgie, f. рудословље.
Meth, m. медица, медовина, шербет.
Methode, f. метод, начин.
Metropoli-e, f. митрополија; —t, m. митрополит.
Mette, f. јутрење, јутрења; зорница, понођница.
Metze, f. (Kornmaß), ваган, меров; (schlechtes Weib), курва, блудница.
Metzelei, f. Gemetzel.
metzeln, v. a. мрцварити, убијати, сећи.
metzen, v. a. одмерити ушур, ујам узети.
metzen, f. schlachten.
Metzger, m. месар.
Meubel, n. покућство.
Meuchel-mord, m. крвништво из потаје, убиство

на превари; —mörder, m. крвник из потаје; —mörderisch, adv. као крвник из потаје, курварски.
Meute, f. хајка.
Meuterei, f. буна војничка, бунт.
Meutmacher, m. буновник.
Mewe, f. галеб.
miauen, v. n. мауката; —, n. јаук, мауканје.
mich, pr. мене, ме.
Mieder, n. прслук; стан.
Miene, f. образ, лице, око, поглед; —machen, чинити се.
Miesmuschel, f. пучица.
Miethbewohner, m. укућанин; —in, f. укућанка.
Mieth-e, f. најам, кирија; (in Zuf.) најамски; —en, v. a. најмити, најимати; —er, m. најмитељ; —geld, n. најам, најмовина; - knecht, m. најамник, најемник, најменик; —kutscher, m. извозник; —ling, m. најамник, најменик; —mann, m. укућанин; подржник; —ung, f. најманје, —weib, n. најамница; —zins, m. најмовина.
Mikroskop, n. ситнозор.
Milbe, f. црв, мољ, мољац.
Milch, f. млеко; frisch gemolkene —, јомужа; geronnene —, грушевина; sauere —, кисело млеко, киселина; süße —, вареника; warme —, вареника; — (in Zuf.), млечан; —bart, m. голобрадац; maße — —brei, m. каша с млеком; —bruder, m. брат по млеку, по дојкнји; —cur, f. млеко, леченје млеком; —distel, f. горчика; —frau, f. —mädchen, —weib, n. млекарица; —haare, n. pl. маље; —händler, m. млекар, млечар; —ig, adj. млечан; —kammer, f. млечар; —keller, m. млечар; —kübel, m. f. Melkfaß; —maul, n. млечар, млекар; —napf, m. лонац за млеко; —ner, m. млечац (риба); —rahm, m. скоруп; —reich, adj. млечан; —sauger, m. f. Nachtschwalbe; —schauer, m. грозница млечна; —schwamm, m. млечница; —schwester, f. сестра по млеку, по дојкнји; —speise, f. јело од млека; —straße, f. млечни пут, кумовска слама; —zahn, m. млечни зуб.
mild, adj. гњио, мек, нежан, кротак, тих; милостив, благ; пријазан, пријатан; милосрдан, човечан; —e Stiftung, задужбина.
Milde, Mildigkeit, f. мекост, гњилина, нежност; кротост, милост, благост, пријазност, доброта, милосрђе.
milder-n, v. a. олакшати, ублажити, умалити; —ung, f. олакшанје, ублажаванје, —ungsumstand, n. олакшавајућа околност.
milbthätig, adj. милостив, добротворан; —keit, f. милост, доброта, добротворност.
Militär, u. Мајска; — m. војник; (in Zuf.), војени, војнички; - gränze, f. војничка крајина, граница, милитарија; —gränzer, m. крајишник, граничар, милитарац; —isch, adj. војнички, милитарски; —mannschaft, f. прости војници; —widmung, f. војена служба.
Miliz, f. војска, народна војска, милиција.
Million, f. милион.

Milz, f. слезина; —sucht, f. бол слезине; ипокондрија; —verhärtung, f. далак.
minder, adj. мањи; —heit, f. мањина; —jährig, adj. недорастао, малолетан; —jährigkeit, f. недораслост, малолетност.
minder-n, v. a. омалити, умалити, смалити; олакшати, ублажити; —ung, f. умалјенје, умањаванје, олакшанје, омалјиванје.
mindestens, adv. бар, барем, најманје.
Mine, f. мина, лагум, тавник, прокоп испод земље; eine — anlegen, лагумати, подметнути лагум; руда, рудник.
Mineral, n. руда, каменјача; (in Zuf.), каменјачки; —wasser, n. слатина, слана вода; —isch, adj. рудан; —og, m. каменослов; —ogie, f. каменословље.
minir-en, v. a. минати, лагумати, поткопати лагум; —er, m. лагумар, лагумција.
Minister, m. министар; (in Zuf.), министарски; —ium, n. министри, министарство.
Minne, f. љубав; —sänger, m. песник љубавни.
Minute, f. минут, час; —zeiger, m. сказаљка за минуте.
mir, pr. мени, ми.
mischbar, adj. мешав; —keit, f. мешавост.
mischen, v. a. мешати, смешати, умешати; sich — in etwas, мешати се, пачати се.
Mischmasch, m. смеса, збрка, калабурња, мешавина.
Mischung, f. мешанје, смеса.
Mispel, f. мушмула.
mißacht-en, v. a. презирати, неуважавати; —ung, f. неуважаванје, презиранје.
mißbehagen, f. mißfallen.
mißbieten, v. n. мало давати, мало нудити.
mißbillig-en, v. a. замерати, неодобрити, неодобравати; —ung, f. неодобраванје, замеранје.
Mißbrauch, m. злоупотребленје, злопораба; —en, v. a. злоупотребити, зло се служити чиме.
Mißcredit, m. зао глас.
mißdeut-en, v. a. криво тумачити, наопако тумачити; —ung, f. криво тумаченје.
missen, v. a. бити без чега; ich kann es —, то ћу лако прегорети; (die Abwesenheit eines Dinges gewahr werden), осетити да чега нема.
Misse-that, f. злочинство, грех; —thäter, m. злочинац, грешник.
Mißfall, m. неугодан, непријатан догађај; измет, изметање.
mißfallen, v. n. недопадати се; —, n. незадоволност.
mißfällig, adj. неугодан, непријатан.
mißgebären, v. n. пометнути, побацити, изнебити; (von Thieren), јаловити се, изјаловити се.
Mißgebot, n. рђава понуда.
Mißgeburt, f. наказ, наказа, неман; измет; пометанје, побациванје.
Mißgeschick, n. зла срећа, зла коб.
Mißgeschöpf, n. наказа.
Mißgestalt, f. наказа.
mißglücken, v. n. недати се, пепоћи за руком.
mißgönnen, v. a. завидети.

mißgreifen, v. n. промашити.
Mißgriff, m. промашај, погрешка.
Mißgunst, f. ненавист, завист, злоба.
mißgünstig, adj. ненавидан, завидљив.
mißhandeln, v. a. злостављати, злоставити, сплити, спловати; — v. n. грешити, зло делати.
Mißhandlung, f. злостављање, силовање, зло поступање; грех, злочинство, погрешка.
Mißheirath, f. женидба неприлична.
mißhellig, adj. нескладан, несложан; —keit, f. несклад.
Mißjahr, n. неродица, зла година.
mißkennen, f. verkennen.
Miß-klang, —laut, m. несклад, несложан глас.
mißleiten, v. a. завести, заводити.
mißlich, adj. сумњив, опасан, тугаљив; —keit, f. опасност, незгода.
mißlingen, v. n. непоћи за руком; — n. неуспех.
Mißmuth, m. —igkeit, f. зловољност, дресеље.
mißmuthig, adj. зловољан, сетан.
mißrathen, v. a. одговарати.
mißrathen, v. n. f. mißlingen.
Mißton, m. несклад.
mißtönen, v. n. неслагати се, несударати се.
mißtrau-en, v. n. сумњати, неверовати, непоуздати се; — n. сумња, неповерење, непоуздање; —isch, adj. неповерљив, сумњив.
Mißtritt, f. Fehltritt.
Mißvergnüg-en, n. неповољност, —t, adj. незадовољан, невесео.
Mißverstand, m. Mißverständniß, n. неспоразумљење, блудња.
mißverstehen, v. a. зло разумети, неразумети.
Mißwachs, m. неродица, неплодност.
Mist, m. ђубре, гној; —beet, n. влило.
Mistel, f. лепак, имела, мела.
Mistelbrossel, f. мелам, имелаш.
misten, v. a. ђубре кидати; ђубрити, гнојити; — v. n. торити, наторити, балегати, (von der Ziege), брабоњати.
Mist-gauche, f. пиштевина; —haufen, m. буниште, ђубре, гној, сметиште; —käfer, m. говноваљ.
mit, prp. c, ca, cy, y; (in Zuf.), су-, са-.
Mitangeklagter, m. сатуженик.
mitarbeit-en, v. a. помагати; —er, m. помагач, помоћник, сарадник.
mitbegriffen, adv. скупа, с, са.
Mitbeschuldigter, m. сакривљеник.
Mitbesitzer, m. сапоседник.
Mitbevollmächtigter, m. сапомоћник.
Mitbewerber, f. Mitwerber.
mitbringen, v. a. донети са собом, повести.
Mitbürger, m. суграђанин; —in, f. суграђанка.
Mitchrist, f. брат у Христу.
miteinander, adv. скупа, заједно, упоред.
mitempfinden, v. a. саосећати.
Mitempfindung, f. саосећање, сачуство.
Miterb-e, m. сабаштник, санаследник; —in, f. санаследница.
mitess-en, v. a. заједно јести; —er, m. друг у јелу; сајелац (болест).
mitfahren, v. n. возити се с ким; einem übel —, зло с ким поступити.

mitfolgen, v. n. ићи за ким.
mitführen, v. a. повести.
Mitgabe, f. мираз, женинство, прћија.
mitgeben, v. a. дати.
Mitgefühl, n. f. Mitempfindung.
mitgehen, v. n. ићи заједно; etwas — lassen, украсти што.
Mitgehülfe, m. помоћник, помагач.
Mitgenoß, m. друг, другар, саучесник, дионик, ортак; —in, f. друга, другарица, ортакиња.
Mitgift, f. f. Mitgabe.
Mitglied, n. члан, сачлан.
mithalten, v. n. држати с ким; ich halte mit, ја пристајем у друштво.
mithelf-en, v. n. помоћи, помагати; —er, m. помоћник, помагач.
mithin, adv. дакле, инди, и тако.
mitkommen, v. n. ићи, доћи заједно.
mitlaufen, v. n. скупа пћи, трчати.
Mitlauter, Mitlaut, m. сагласник.
Mitleid, Mitleiden, n. сажаљење, милосрђе, милост.
mitleidens-würdig, —werth, adj. вредан жаљења.
mitleidig, adj. милосрдан, милостив, жалостив, болећи.
mitmachen, v. a. чинити што и други; бити при чему, учествовати; die Mode —, живети по моди; alles —, бити у свакој чорби мирођија.
Mitmensch, m. искрњи, ближњи.
mitnehmen, v. a. узети са собом, понети, повести; (entkräften), ослабити, оштетити.
mitnichten, adv. не, никако, иништо.
mitrechnen, v. a. узети у рачун.
mitreisen, v. n. пћи, путовати с ким.
Mitregent, m. савладар; —schaft, савладарство.
Mitsänger, m. певидруг.
mitschuldig, adj. сукрив; e, m. помагач, учесник злочинства, сукривац.
Mitschüler, m. саученик.
mitsingen, v. a. заједно певати, припевати.
mitspeisen, v. n. јести с киме.
mitspielen, v. n. играти, играти се с ким; einem übel —, зло поступати с ким, оштетити кога.
Mittag, m. подне, пладне, југ; —s, adv. у подне.
mittägig, adj. подневан, јужан.
Mittags-essen, n. —mahlzeit, f. обед, ручак; —kreis, m. меридијап, подневник; —linie, f. подневница; —mahl, n. —mahlzeit, f. f. Mittagsessen; —ruhe, f. —schlaf, m. санак пор ужну; —seite, f. подне, јужна страна; —sonne, f. сунце подневно; —stunde, f. подне; —tisch, m. обед; —wärts, adv. к југу, к подневу; —wind, m. јужни ветар, југ.
Mitte, f. среда, средина, среднште; von der —, сасред.
Mittel, n. средство, начин, пут; (Mitte), среда, средина; (Vermögen), имање, добро, имућност; (Arznei), лек лекарија; (Vermittlung), посредовање; (Zunft), збор, цех.
Mittel-, in Zuf. (die Mitte betreffend) средишни, средњи; (die Vermittlung betreffend), посреднн.

13

Mittelalter, n. средњи век.
Mittelart, f. средња врста, рука.
mittelbar, adj. посредан; —keit, f. посредност.
Mittel=ding, n. среда, средина; —finger, m. среда, средњи прст; —ländisch, adj. средоземан; —loch, n. (am Billard), средња рупа, среда, средина.
Mittel=los, adj. сиромах, неимућан; —losigkeit, f. неимаштина.
Mittelmann, m. човек средњега сталиша.
mittelmäßig, adj. средњи, осредњи, приличан, средње руке; —keit, f. осредност, приличност.
Mittel=mast, m. јарбуо средњи, велики; —punkt, m. средокраћа, средиште; —schlag, m. средња врста.
Mittels=mann, m. —person, f. посредник, одветник.
mittelst, adv. по, кроз, чрез.
Mittelstand, m. грађански сталиш; осредност.
mittelste, adj. средњи.
Mittel=stimme, f. средњи глас; —straße, f. средњи пут, среда, средина; —süd, m. среда, из средине комад; —treffen, n. средња војска; —wand, f. претин; —weg, m. f. Mittelstraße; —wort, n. причешће.
mitten, adv. усред, посред, среде, прекосред; —aus, перед; —durch, скроз, кросред, посред; —in, насред: recht; —darin, у велике.
Mitter=nacht, f. поноћи, поноћа, глухо доба; север.
mitternächtig, mitternächtlich, adj. поноћан, северан.
Mitternachts=stunde, f. поноћи, доба поноћно, глухо доба; —wind, f. Nordwind; —zeit, f. поноћи, глухо доба.
Mittfasten, f. средопошће.
mittheil=en, v. a. саопћити, казати, рећи, писати; издати, предати; —end, adj. искрен, својски; —ung, f. саопћење.
Mittler, m. посредник; (Heiland) спаситељ, спас; —in, f. посредница.
mittler, adj. средњи; im — en Lebensalter, средовечан.
mittlerweile, adv. међутим, у то.
Mitwinter, m. средозимци.
Mittwoche, f. среда.
mitunter, adv. каткада; заједно, скупа; с осталим, с другим; н, такођер.
Mitverbrecher, m. сузлочинац.
Mitverschworner, m. сузаклетник.
Mitweide, f. заједничка паша.
mitweinen, v. n. плакати с киме.
Mitwerber, m. натецалац, такмац, супросилац.
mitwirk=en, v. a. суделовати с ким, помоћи, помагати; —ung, f. помоћ, помагање, суделовање.
Mitwissen, n. сазнање, знање.
mitziehen, v. a. вући, повући с другим; — v. n. селити се, преселити се с киме.
Mixtur, f. смеса.
Mobiliarvermögen, n. покретно имање.
Mobilien, f. pl. покућство; покретно добро.
Modalität, f. начин.
Mode, f. мода; обичај.
Model, m. мера; калуп, творило.

Modell, n. изглед, оглед, образ, калуп.
modeln, v. a. ткати на цвеће; слевати; дотеривати.
Modelstuch, n. узор, оглед , прегледалица (за везиље).
Mode=nart, m. помодар; —närrin, f. помодарка.
Moder, m. блато, глиб, меила, трулеж, трухлина; смрад, плесан; —ig, adj. блатан, труо, плесиив, смрадан.
modern, adj. по моди, помодан; садањи, садашњи, нов.
modern, v. n. заударати; гњилити, трулити, трупути.
Mode=sucht, f. страст за модом; —tracht, f. одело по моди.
modisch, adj. по моди, помодан.
mögen, v. n. хтети, желети, моћи; er hat mich, ich möchte doch kommen, молио ме да дођем; was mag das wohl kosten? што би то могло стати? es mag sein, може бити: er mag sagen was er will, нека каже шта хоће.
möglich, adj. могућ, можан; so viel —, у колико је можно; —keit, f. могућност, могућство, можност; —st, adv. што је више можно.
Mohamedaner, m. мухамедовац.
Mohn, m. мак; —kuchen, m. маковача.
Mohr, m. црнац, негар, арап; (seidener Zeug), моар.
Möhre, f. мрква, мерлин.
Mohrin, f. арапкиња, арапка, негарка.
Mohrrübe, s. Möhre.
Molageburt, f. потајница.
Molch, m. дуждевњак, бурњак, саламандар.
Molken, f. сурутка, сирутка, суротва; —dieb, m. лепир, лептирћ.
mollig, adj. сурутљав, суручаст.
Molton, m. меки глас.
Moment, m. час, доба; узрок; чланак; einige —e hervorheben, некоје чланке јаче изразити.
Monarch, m. самодржац, самовладалац; —ie, f. самовладство; држава, монархија; —in, f. самодржица; —isch, adj. самодржавни.
Monat, m. месец (дана); (in Zus.), месечни; —geld, n. месечна плата; —lich, adj. месечан; adv. месечно, на месец, сваки месец; —rettig, m. месечарка; —fluß, m. monatliche Reinigung, f. месечина, прање, време женско, женски цвет; —rose, f. ружа месечарка.
Mönch, m. калуђер, фратар, инок, монак; —erei, f. калуђерство; —isch, adj. калуђерски, фратарски; —lein, n. калуђерче.
Mönchs=kappe, f. камилавка; —kloster, n. манастир, манастир, самостан, клоштар; —kutte, f. мантија, мантирос, хабит; —schrift, f. писмо готско; —stand, m. стање, сталиш калуђерски; —wesen, n. калуђерство.
Mond, m. месец; —äugig, —blind, adj. месечан.
Monden=jahr, n. година месечна; —monat, m. месец месечни.
Mondesschatten, m. засенак.
Mond=licht, —enlicht, n. —schein, m. месечина; —raute, f. папрадњак, —brücke, pl. f. Monds=veränderung; —finsternis, f. помрчина, помрчање месеца; —sucht, f. болест месечна;

—süchtig, adj. месечаран; —süchtige, m. поќник, месечњак, месечар; —Veränderung, f. мена месеца; —wechsel, m. мена.
Monkalb, n. снет (у утроби).
Mono=gamie, f. једножeнство; —pol, n. самопродаја, самотрштво.
Monstranz, f. монстранција, дароносица.
Montag, m. понедељак, понедеоник.
Montan, f. Berg.
Montanist, m. рудослов; —isch, adj. рудословни.
montiren, v. a. одевути, обући.
Montur, f. мундур, одећа војничка; —sstücke, pl. n. војничке халине.
Moor, n. глиб, бара, каљуга; —ig, adj. баровит.
Moos, n. мах, маховина; —blume, f. невен каловити.
moosig, adj. маховинаст, маховином обрастао.
Mops, m. Möpschen, n. мунс (врста паса); —gesicht, n. спрчено лице; —nase, f. нос прчаст.
Moral, f. морал, ћудоредност; —isch, adj. моралан, ћудоредан; —ische Person, укупство; —isiren, v. n. предиковати, учити, поповати; —ität, f. ћудоредност, моралност.
Morast, m. бара, блато, млака, глиб; —ig, adj. блатан, глибовит.
Moratorium, n. одгодница.
Morchel, f. смрчак.
Mord, m. убиство, убиће, крв, крвно дело.
Mordbrenner, m. паликућа; —ei, f. Mordbrand, m. паљење, паликућство.
morden, v. a. убити, учинити крв, уморити.
Mörder, m. убица, крвник, прекрвник; —grube, f. пећина разбојничка; —in, f. крвница; —isch, adj. смртопосан, крвнички; —lich, adj. немно, страшан, страховит; —adv. страшно, страховито.
Mord=geschichte, f. страшна приповест; —geschrei, n. помагања, страшна вика; —geselle, m. разбојник; —gewehr, n. оружје убојно, смртопосно; —keller, m. f. Casematte; —that, f. убиство, крв; —weg, m. (im gem. Leben,) пут ђаво.
morgen, adv. сутра, сјутра, ујутру.
Morgen, m. јутро, исток; (in Zuf.) јутарњи, јутрењи; von diesem —, јутрошњи; —werben, одјутрати се; ein — Landes, дан орања, јутро земље; —andacht, f. Morgengebet; —brod, f. Frühstück.
morgend, adj. сутрашњи.
Morgendämmerung, f. прозорје, освитак, праскозорје.
morgenblich, adj. јутарњи.
Morgen=gabe, f. дар јутарњи (жени од мужа); —gebet, n. молитва јутарња; —land, n. исток; —länder, m. источанин; —ländisch, adj. источан; —luft, f. зрак, поветарце јутарње; —roth, n. Morgenröthe, f. зора.
morgens, adv. рано, ујутру, зором.
Morgen=schlaf, m. сан јутарњи; —segen, m. f. Morgengebet; —seite, f. исток; —stern, m. даница; преходница; —stunde, f. јутро; —wärts, adv. к истоку; —wind, m. устока; ветар јутарњи; —zeit, f. јутро.
morsch, adj. труо.

morschen, v. n. трупути.
Morselle, f. залогај, плочица.
Mörser, (Mörsel), m. аван, ступа; (Feuer —), прангија, мужар; —keule, f. туцак, туцањ, туцало.
Mörtel, m. малтер; —kelle, f. мистрија.
Mosaische Arbeit, f. Musivarbeit.
Mosche, f. крава, јуница.
Moschee, f. мечет, џамија.
Moschus, f. Bisam.
Most, m. мошт, кључ, муст, шира, мастика, маст.
Möstrich, f. Senf.
Mostsuppe, m. крка; —wurst, f. супук.
Motion, f. гибање, кретање; предлог.
Motiv, n. разлог, узрок, повод; —iren, v. a. образложити, подупрети разлозима; —irung, f. образложење.
Motte, f. мољац.
Motten=fraß, m. сагрињавина; —fräßig, adj. сагрњаво.
Motto, f. Wahlspruch.
Möwe, f. галеб.
Mucke, f. зла воља, зловољност.
Mücke, f. комар, комарац, комарица; Columbaczer —, голубачка муха, брапичевска муха.
mucken, v. n. писнути, крквути.
Mückengarn, n. комарник.
Mucker, m. лицемер, подмукли.
mudisch, adj. подмукао.
mudsen, f. mucken.
müde, adj. трудан, уморан, ломан, сустао; сит.
Müdigkeit, f. умор.
Muff, m. колчак.
muffen, müffen, v. n. жвркати.
muffig, adj. плесњив.
Mühe, f. труд, мука, трудба; mit harter —, једва једвице, једва на једвине јаде; sich — geben, трудити се, паштити се, потрудити се, примучити се; — machen, потрудити.
mühen, v. a. трудити.
mühevoll, adj. трудан, мучан, тежак.
Mühle, f. млин; (Wasser —), воденица; (Roß —), сувача; (Wind —), ветрењача; eine — am Bache, поточара; (Spiel), лекови, мице.
Mühl gast, m. f. Mahlgast; —knappe, —bursche, m. слуга млинарски; —rad, n. витао, точак, коло; —staub, m. наспал, —stein, m. жрван, камен; —wehr, бент, брана; —werk, n. млин.
Muhme, f. тета, тетка; (Frau des Vaterbruders) стрина; (Verwandte), рођака.
mühsam, adj. трудан, мучан, тежак.
mühselig, adj. мучан, бедан, невољан; —keit, f. беда, невоља.
Mühwaltung, f. труд, старање.
Mulde f. корито, карлица.
Müller, m. млинар, воденичар, сувачар; —in, f. млинарица, воденичарка.
Mulm, m. мека земља пуна трулежа; —ig, adj. прашан, труо, мек.
Multipic=ation, f. умножавање, множење; —andus, m. множеник; —ator, m. множитељ; —iren, v. a. умножавати.

Mumie, f. мумија, сувотина.

13*

Mumme, f. пиво брунсвичко.
Mummel, Mummelmann, m. баук.
mummeln, f. murmeln.
Mummerei, f. маскарада, крабуљс; (Verstellung), претварање.
Mund, m. уста, рило, рилица; зуби; — art, f. нарсчјс; — bäder, m. мешања.
Mündel, m. & f. сирота, закриљеник, закриљеница.
mündig, adj. дорастао, пунолетан; —keit, f. дораслост, пунолетност.
mundiren, v. a. преписати на чисто.
Mundkoch, m. кувар дворски; —lein, m. лепак од рибе; —loch, n. уста; (an der Kanone Flinte 2с.), грло.
mündlich, adj. устмен; —, adv. наустицс; —keit, f. устмепост.
Mund-portade, f. маст за усницс; —portion, f. оброк; —schenk, m. пехарник; —semmel, f. земичка бела; —stil, n. писак, бокип; (an der Tabakspfeife), пишм.
Mündung, f. (eines Flusses) уток, ушће, вратло; (einer Kanone) грло; (einer Kanne) посап.
Mund-voll, m. уста; —vorrath, m. храна, залиха; —werf, n. језик, уста.
municipal, adj. мсстни.
Munition, f. цебана, прах и олово, стреливо.
munkeln, v. п. шаптаии, поговарати.
Münster, n. саборна, столна црква.
munter, adj. будан, на јави; fig. весео, жив; —keit, f. јава; веселост, живост.
Münzcabinet, n. збирка медаља.
Münze, f. новац; (Metall—), медењача, медница; (Gedenkmünze), споменица; alte —, балка; (Kraut), метвица; (Münzhaus), коваипца.
münz-en, r. a. ковати новце; auf etwas gemünzt sein, циљати, смерати на што.
Münz-fuß, m. мерило новаца; —haus, n. ковнпца; —kenner, m. познавалац новаца; —kenntniß, f. познавање новаца; —recht, n. право ковати новце; —regal, n. краљевско право ковати новце; —schein, m. новчаница; —sorte, f. врста новца; —wardein m. искушалац новаца; —wesen, n. новчарство; —wissenschaft, f. наука о новцима, нумисматика, новцословље.
Muräne, f. пискор.
mürbe, adj. мек, благ, кротак.
murmeln, v. a. мрмљати, жаморити, жуборити.
Murmelthier, n. пух.
murren, v. n. мрмљати, гунђати, мумлати, роптати.
mürrig, adj. намргођен, мргодан, зле воље, усован, мрзовољаст.
Murrkopf, m. мумоња, гунђало.
Murschiff, n. мурка.
mus, f. müß.
Musche, f. f. Schönpflästerchen.
Muschel, f. љуштура, шкољка; —förmig, adj. шкољци подобан; —gold, n. златна боја.
Muse, f. муза.
Muselmann, m. муслиман, мухамедовац.
Musen-sohn, m. Аполонов син, песник; —berg, m. Парнас.
Museum, n. музеј.

Musicalien, pl. u. гудотворипа.
musicalisch, adj. музикалан, гудотворан.
musiciren, v. п. музикати, гудити.
Musicus, m. музик, музичар.
Musik, f. музика, гудба, глазба; даворије; türkische —, дамбулхана; —ant, Musiker, m. музикант; —note, f. најла.
Musivarbeit, f. мозаик.
Muskari, m. schopfblüthiger, вилни лук.
Muskate, f. орашак, мускат.
Muskateller, m. мускат, тамјаника, тамјаника, тамјапка, мирисавка, першунгрожђе.
Muskaten-baum, m. орашак (дрво); —nuß, f. зрно дафиново, орашак, орашчић.
Muskatwein, m. f. Muskateller.
Muskel, f. мишић, мишица, мишка, рибић, гуштер.
Musket-e, f. мушкет, мушкета; —ier, m. мушкетар, мушкатир.
Muskulus, m. мушуљп.
Muß, n. каша.
Muß, n. & m. сила, мораш, морање.
Muße, f. тепап, пландовање, доколица, беспослица, коље, доспевање, узур; — haben, доколети, доспевати, узурити.
müssen, v. n. морати; man muß gehen, ваља или, треба ићи.
müßig, adj. беспослсн, даигубан, залудан, залих, бадава; — gehen, ластовати, беспсличити, шуњати се, левентовати, баздркати; —gang, m. беспосличење, пландовање, даигуба, ластовање, шуњање, левентовање, баздркање; —gänger, m. беспосличар, даигуба, беспослица, левента; бадавација.
Muster, n. пример, углед, образац, оглед, прегледалица; калуп, творило; мустра, узор; терак, урнек; Muster im Sticken oder Stricken, почетак; nach dem — machen, прегледати; —haft, adj. угледан, примеран, узорит; —n, v. a. муштрати, гледати, разгледати; —rolle, f. попис војника; —schreiber, m. писар кумпанијски; —stil, n. тестебаша; —ung, f. мустра, разглед, преглед.
mutten, müttern, v. n. лињати се, свлачити се.
Muter, —trebs, m. мекушац (рак).
Muth, m. храброст, слобода, срчаност, срце, воља; wohl zu —e sein, весео бити; gutes —es sein, добре воље бити; wie ist dir zu —e? како ти је око срца? —bekommen, ослободити се; einem — machen, слободити, храбрити.
muthen, v. a. тражити руде.
muthig, adj. храбар, срчан, добре воље, слободан.
muthlos, adj. страшљив, плашљив, без срца, бојажљив.
Muthlosigkeit, f. страшљивост, плашљивост, бојажљивост.
muthmaß-en, v. a. сумњати, мислити, домишљати се, досетити се; —lich, adj. вероватан; adv. вероватно, по свој прилици; —ung, f. сумња, домишљање.
Muthung, f. копање руда, тражење руда.
Muthwill-e, m. пестапшост, обест, бес, распуштеност, враговање; —treiben, плаховати,

враговати, враголисати; —ig, adj. несташан, обестан, разузлан, враголаст.
Mutter, f. мати, мајка, родитељка; (Gebärmutter), утроба, материца; (Hefen), дрождина; (von einer Schraube), орах, матица; —beschwerung, f. материца, матра; —biene, f. матица; —bruder, m. ујак; —füllen, n. ждребица.
Mütterchen, n. мајка, мајчица, мајкица, тета, бака.
Mütter-herz, n. срце материнско; —kalb, n. телица; —kirche, f. црква саборна, главна; —kraut, n. материчњак; —krebs, m. рак у утроби; f. Muterkrebs; —kuchen, f. Nachgeburt; —lamm, n. јањица; —land, n. домовина, мајка домовина; —leib, m. мати, материца, материца, матица; —liebe, f. љубав материна; —mahl, n. младеж, бен; —milch, f. млеко материнско; —mord, m. матероубиство; —mörder, m. матероубица;

—pfand, adj. го наг, го као од мајке рођен, го голцат; —pfennige, pl. мајчини дарови; —pferd, n. кобила; —schaf, n. овца; —schaft, f. материнство; —schwein, n. крмача; —schwester, f. тета, тетка; —söhnchen, n. мајковић, маза, пека, син мајчин; —sprache, f. језик матерински; —theil, n. материнство; —witz, n. ум природни.
mütterlich, adj. материн, матерински.
Mütze, f. Mützchen, n. капа, шепица, калпак, клобук.
Milchenmacher, m. калпагџија, капамаџија.
Myrrhe, f. мира.
Myrthe, f. Myrthenbaum, m. мрча, мирта.
myrthen, adj. миртин, мрчев.
Mysterien, pl. тајне.
Mystik, f. тајанство; —er, m. тајанственик.
mystisch, adj. тајанствен.
Mytholog, m. баснослов; —ie, f. баснословље; —isch adj. баснослован.

N.

Nabe, f. главина, главчина.
Nabel, m. пупак; —bruch, m. просутост пупка; —kraut, n. пупаквица, umbilicus veneris; —schnur, f. пупак.
Näbel, n. (beim Wagen), стражњи јастук.
nach, prp. за, из, на, после, у, пут, на, к, ка; nach und nach, мало по мало; nach Ostern, по ускрсу; er richtet sich nach ihm, влада се по њему; nach dem Leben trachten, о глави њн.
nachäff-en, v. a. мајмунисати; —ung, f. мајмунисање.
nachahm-en, v. a. подражавати, наследовати, следити; —er, m. наследовател, подражател; —ung, f. наследовање, подражавање.
Nacharbeit, f. попуњавање туђега посла; —en, v. a. довршити, попунити дело чије.
nachart-en, v. n. врћи се, турити се, врћнути се, метнути се на кога; —ung, f. личење, подобност.
Nachbar, m. сусед, комшија; —in, f. суседа, бона, комшиница; —lich, adj. суседан, суседски, комшијски; —schaft, f. суседство, комшилук.
nachberufen, v. a. поставити кога за ким.
nachbeten, v. a. понављати речи.
Nachbier, n. танко пиво.
Nachbild, n. копија, снимак; —en, v. a. препочети, препочињати, сппмати; —ung, f. препочињање.
nachbleiben, v. n. заостати.
nachbrechen, v. n. ломити се за чим.
nachbringen, v. a. посети, донети после; das Versäumte —, надокнадити, допунити.
Nachbrot, n. боцман.
Nachbürge, m. потпорук.

nachdem, c. почем, поклем, пошто; —adv. после, за тим, кашње.
nachdenk-en, v. a. мислити, премишљати, промислити, промишљати; —en, n. мишљење, премишљање, мисли; —end, adj. замишљен, задубљен у мисли; —lich, adj. сумњив, тугаљив, опасан, опазан, опрезан.
Nachdruck, m. притисак попошљен; (eines Buches), папатисак књига, папечатање књиге; fig. важност, моћ, достојанство, сила; —en, v. a. панатиснути, папечатати књиге туђе.
nachdrücklich, adj. крепак, силан.
Nacheifer, m. f. Nacheiferung; —er, m. подражатељ; —n, v. n. подражавати; —ung, f. подражавање.
Nacheil-e, f. потера, поточ, потрага; —en, v. n. хитати за ким, послати потеру за ким.
nacheinander, adv. узасопце, узаманце, узастопце, један за другим, редом; alle Tage —, себица.
Nachen, n. чун, чамац,ораница.
Nacherbe, m. подпаследник.
Nacherute, f. набврчење.
nachessen, v. a. јести за чим; —n. посластице.
nachfallen, v. n. пасти после чега.
nachfliegen, v. n. летети за чим.
Nachfolg-e, f. наследовање, следовање; последак; —en, v. a. следовати, следити кога у чему; следити за ким; —er, m. наследник, последовател; —erecht, n. право наследовања.
nachforsch-en, v. n. распитивати, истраживати, пропитивати; —ung, f. истражиовање, пропитивање.
Nachfrag-e, f. тражење, питање, пропитивање, искање; —en, г. п. питати, тражити, пропитати, распитати.

nachfüllen, v. a. допунити, напунити.
nachgeb-en, v. a. придати; — v. n. одмахнути, попустити, приволети; —en, n. —ung, f. попуштање.
Nachgeborne, m. посмрче.
Nachgeburt, f. плодница, плодва, ложа.
nachgeh-en, v. n. ићи за ким; der Spur —, ићи по трагу; einem auf dem Fuße —, ићи узастопце; seinen Geschäften —, ићи за својим послом; dem Spiele, dem Trunke —, проконцати се, пропити се; (sich bestreben), паследовати; —ends, adv. после, за тим, потом, иза тога.
Nachgeschmack, m. укус који остане у усти.
nachgiebig, adj. мек, благ, погодан, попустљив; —keit, f. мекоћа, благост, попустљивост, погодност.
nachgießen, v. a. долити, долевати.
nachgraben, v. a. копати.
nachgrübeln, v. n. мозгати, лупати главу.
Nachhall, m. одзив, јека, орење, разлегање, одјек; —en, v. n. орити се, разлегати се.
Nachhang, m. додатак, дометак.
nachhängen, v. n. (einer Sache), ићи за чим, дати се на што.
nachhauen, v. n. (im Fechten), одбити ударац; (im Kriege), терати ићи у потеру за непријатељем.
nachhelfen, v. a. помоћи.
nachher, adv. после, по том, затим, иза тога.
Nachherbst, m. бабје лето.
nachherig, adj. потоњи.
nachholen, v. a. ићи по што, допети што после; (das Versäumte —), довикадити, исправити, поправити, постигнути.
nachjagen, v. n. терати кога, ићи за чим, лати се на што.
Nachklang, m. одзив, одзивање, јека.
nachklingen, v. n. одзивати се, јечати.
nachkommen, v. n. доћи после; einem Befehl —, извршити, испунити заповест; dem Versprechen —, држати реч.
Nachkommen, pl. m. потомци, потомство: траг, род, породица, покољење; —schaft, f. потомство, потомци; пород, породица, подмладак, омладина, племе.
Nachkömmling, m. потомак, паследник.
Nachtrapp, m. (Satz der Färberöthe), избробине.
Nachlaß, m. остатак, заоставштина, паследство; попуштање, отпуштање.
nachlassen, v. a. оставити (након себе); попустити; einem etwas —, отпустити, опростити коме што; — v. n. попустити, отпуштати се, престати, улегати, умнити, ослабити, одумнути, патисати; — im Fleiße, занемарити се.
Nachlassenschaft, s. Nachlaß
nachlässig, adj. немаран, лењ, неатан; —keit, f. немар, немарност, лењост, неатост, неглед.
nachlaufen, v. n. einem —, трчати за ким, држати се кога, ићи за ким, пристати, пристајати.
nachleb-en, v. n. (einem Befehle), испуњавати, извршивати заповест, живети, владати се по заповеди; —end, part. die — enden, оставши, заостављи (након смрти чије).

nachlesen, v. a. дометнути; садити по други пут.
Nachles-e, f. набирчење, бирачење; —en, v. a. набирчити, напабирчити, бирачити, набирачити, пасетковати, напалетковати; —ст, m. бирач; —erin, f. бирачица.
nachliefern, v. a. после добавити, послати, дати.
nachloden, v. a. повабити.
nachflüg-en, v. a. полагати, полагивати; —лет, m. полажа, паралажа.
nachmach-en, v. a. учинити за ким, подражавати; — öffentliche Creditspapiere, панaчинити јавне артије; —er, m. паначињатељ; —ung, f. подражавање.
Nachmal, n. повечерак.
nachmalen, v. a. пресликати, препочињати.
nachmalig, adj. потоњи.
nachmals, adv. после, затим.
Nachmann, m. следник.
nachmessen, v. a. паново мерити.
Nachmittag, m. после подне, по подне.
nachmittägig, adj. што је после подне.
nachmittags, adv. после подне, по подне.
Nachpfand, n. подзалога.
nachpfänd-en, v. a. узети подзалогу; —ung, f. узимање подзалоге.
nachräumen, v. a. спремити за ким.
nachrechnen, v. a. рачунати с нова; разгледати рачуне.
Nachred-e, f. (üble —), оговарање, клеветање, опадање; (einer Rede), завршетак; —en, v. a. (einem übel), оговарати, клеветати, опадати; einem etwas —, говорити што за ким, понављати речи чије.
Nachreis-e, f. пут, путовање; потера, поточ; —en, v. n. путовати за ким; терати кога, ићи за ким у потеру.
nachreiten, v. n. (einem), јахати за ким; ићи за ким у потеру.
nachrennen, v. a. (einem), трчати за ким, ићи за ким у потеру.
Nachreue, f. касно кајање.
Nachricht, f. глас, вест, погласје, извешће; (Warnung), опомена.
Nachrichter, m. крвник, џелат.
nachrichtlich, adv. на знање.
nachrücken, v. n. ићи, доћи за ким.
Nachruf, m. јавни глас за ким; последње речи.
Nachruhm, m. глас, име, слава.
nachrühmen, v. a. (einem etwas —), говорити за ким што добро.
nachsäen, v. a. присејати.
nachsage, v. a. говорити, рећи за ким.
Nachsatz, m. стражња реченица, завршетак.
Nachschall, sc. s. Nachhall, sc.
nachschieß-en, v. a. послати за ким.
nachschießen, v. n. (Geld), на ново дати, још дати, сакупити; допунити што фали; — v. n. сринути, навалити за ким; пуцати за ким.
Nachschlag, m. лажљиви, криви новци; нота допуњујућа (у музици).
nachschlagen, v. a. (in einem Buche) тражити; (Geld), кривотворити новац; — v. n. s. nacharten.

Nachschlags-, (in Zuf). показани; —**Protokoll**, n. —**Register**, m. показало.
nachschleichen, v. n. вући се за ким, крадом за ким ићи.
nachschleppen, v. a. довући, привући; вући за собом; sich —, вући се за ким.
Nachschlüssel, m. лажњив, лоповски кључ.
nachschmecken, v. n. имати страи укус после јела и пића.
nachschreiben, v. a. преписати; писати за ким.
nachschreien, v. n. (einem), викати за ким.
Nachschrift, f. после писано; додатак к писму.
Nachschuld, f. потоњи дуг; —пег, m. подужник.
Nachschuß, m. хитац за ким; додатак; (am Gelbe), доплата.
Nachschwarm, m. паројак.
nachsegeln, v. n. једрити за ким.
nachsehen, v. a. гледати за ким; einem etwas —, гледати коме кроз прсте, отпустити, опростити што коме; презрети; etwas —, прогледати, разгледати, огледати.
nachsenden, f. **nachschicken**.
nachsetz-en, v. a. метнути после, ставити иже; занемарити, мање ценити; — v. n. einem —, натиснути се, терати кога, ићи за ким у потеру; — n. —ung, f. потера, поточ; занемарцвање.
Nachsicht, f. опроштење, милост; отпуст (на пр. година); трпљење; презирање; —ig, adj. милостив, трпељив, благ.
nachsinnen, v. n. мислити, размишљати, промишљати, премишљати, домишљати се; —, n. размишљање, промишљање, домишљање.
Nachsommer, m. бабје лето.
Nachspiel, n. папгра, додатак.
nachspotten, v. a. ругати се коме.
nachsprechen, v. a. говорити за ким, попадати речи.
nachspringen, v. n. скочити, скакати за ким; пуцати даље и даље.
nachspür-en, v. a. & n. њушити, тражити, вребати кога; —ung, f. вребање.
nächst, prp. близу, код, при, после, за, иза, најближе, преки; die — vergangene Nacht, ноћас.
Nachstand, f. **Rückstand**.
nächste, adj. ближњи, најближи — m. искрњи, ближњи; —r Tage, ових дана; der — Preis, последња цена; die — Gelegenheit, прва прилика; das — Jahr darauf, година за тим.
nachstech-en, v. v. бости за ким, парезати (п. пр. грб); —er, m. парезатељ; —ung, f. парезак.
nachsteh-en, v. a. стојати за ким, следити; бити за ким, бити мањи од кога; бојати се; —end, adj. следећи.
nachstell-en, v. a. einem —, ловити, хватати кога; — dem Leben, радити коме о глави; —ung, f. заседа.
nachstempeln, v. a. (nachträglich stempeln), ударити потоњи белег; (hinzustempeln), додати белег.
nächstens, adv. првом приликом, до мало, до мало дана.

Nachsteuer, f. намет; —n, v. a. платити порезу с пова.
Nachstich, m. копија, парез.
nachstopp-eln, v. a. пабирчити; —ler, m. класобер.
nachsterb-en, v. n. тежити за чим; — n. —ung, f. тежња.
nachsuch-en, v. n. тражити, искати, молити; —ung, f. тражење, искање, молба.
Nacht, f. ноћ; bei der —, in der —, по ноћи, обноћ, ноћу; преконоћ, преко ноћ, ноћно; diese —, ноћас; nochtmuu; (in Zuf.) ноћни; —angeln, f. pl. струкови; —arbeiter, m. послеиник ноћни; fig. који заходе чисти.
nachten, v. n. сркавати се, уноћати се.
Nacht-essen, n. вечера; —eule, f. ћук, сова, совуљага, јепна, утина, ушара; —falter, f.
Nachtfrost, m. мраз ноћни; —geschirr, n. ноћни суд, врчина; —gespenst, n. авет; —haube, f. капа спаваћа.
Nachthemd, n. спаваћа кошуља; —herberge, f. f. **Nachtlager**.
Nachthuhn, f. **Nachtmachen**.
Nachtigall, f. славић, славуј, славуљ, славље, славја, славља.
Nachtisch, m. заслада, посластице, слаткиш.
Nachtkleid, n. спаваћа хаљина; —lager, n. конак, ноћиште.
nächtlich, adj. ноћни.
Nachtlicht, n. ноћни жижак; —mal, n. вечера; причест; —malen, v. a. вечерати, вечеравати; —mette, f. бденије, поноћница; —mütze, f. спаваћа капа; —quartier, f. **Nachtlager**.
Nachtrab, m. задња стража.
Nachtrabe, m. f. **Nachtschwalbe**.
nachtrachten, f. **nachstreben**.
Nachtrag, m. додатак, доплата; im —e, у додатку; —s-, (in Zuf.), накнадни, додатни; —sgebühr, f. доплата.
nachtragen, v. a. носити за ким; платити, доплатити; накнадити, допунити; fig. einem etwas —, имати зуб на кога; eine Prüfung —, поновити испит.
nachträglich, adj. потоњи; (Ergänzungs-), накнадни.
nachtret-en, v. n. ићи за ким, кога подражавати; —r, m. присталица, пришипетља, скутоноша.
Nacht-schatten, m. пасквица, пупатор, solanum; —schwalbe, f. козодој, ноћни гавран; —schwärmer, m. ноћник; —sitzen, n. бдење; —stück, n. ноћ, слика од ноћи; —stuhl, m. собни нужник; —topf, m. f. **Nachtgeschirr**; —viole, f. љубица вечерња; —vogel, m. птица ноћна; лептирица; —wache, f. стража ноћна; бдијење; —wächter, m. боктер, ноћни стражар; —wandler, —wanderer, m. месечњак, месечар; —wandlerin, f. месечница, месечарка; —zeit, f. ноћ, доба ноћно, глухо доба; —zeug, n. опрема спаваћа.
nachwachsen, v. n. прирасти, дорасти, народити се.

nachwägen, nachwiegen, v. n. мерити за ким, изнова мерити.
nachwandeln, v. a. ићи за ким.
Nachwuch, n. Nachwehen, pl. болови иза порода; fig. последак, непријатне последице.
Nachwein, m. половник.
nachweif‑en, v. n. доказати, показати; —ung, f. доказ, показивање.
nachwerfen, v. a. бацити за ким.
Nachwelt f. потомство, потомци.
Nachwinter, m. дуга зима.
Nachwuchs, m. изданак; fig. младост, младеж, млади нараштај.
nachwünschen, v. a. желети.
nachzahlen, v. a. доплатити; —ung, f. доплаћивање.
nachzählen, v. a. бројити, бројити изнова.
nachzeichnen, v. a. прецртати.
nachziehen, v. a. вући за собом; — v. n. ићи за ким.
Nachsicht, f. von Bienen, пресед.
Nachzug, f. Nachtrab.
Nachzügler, m. дундаш.
Nacken, m. шија, врат, потиљак; —schlag, m. —schläge, pl. ударац по врату; fig. оговарање.
nackt, nackend, nackig, adj. го, наг, голишав.
Nacktheit, f. голотиња, нагота.
Nadel, f. игла, иглица; (an Bäumen), четина; (in Zus.), иглени; —büchse, f. игленица, игленача; —förmig, adj. игласт; —holz, n. четинава дрва; —kissen, n. јастучић шивабн; —öhr, n. ушице.
Nadler, m. иглар.
Nagel, m. (am Finger), нокат; eiserner —, гвоздени клин, чавао, ексер; hölzerner —, клин, клинац.
Nägelchen, n. нокти̇h; клинчи̇h.
Nägelein, f. Gewürznägelein.
nagel‑fest, adj. прибијен, забијен чавлом; —geschwür, n. поганац под ноктом; —kopf, m. главица.
nageln, v. a. прибити, приковати чавлима.
nagel‑neu, adj. нов новцат; —wurzel, f. заноктица, наокојка.
nagen, v. a. & n. гристи, глодати, глабати, изести, изгулити.
nahe, adj. блиски, ближњи, суседан; — adv. близу, убли̇зу, надомак; von —, изблиза; — bringen, приближити, прикучити; — gelegen, оближњи.
Nähe, f. близина, суседство.
nahen, v. n. sich —, v. r. приближити се, долазити.
nähen, v. a. шити, сашити; —, n. шивење, шав.
Näher, m. шивач; —in, f. шваља.
näher, сотр. ближи; — adv. ближе.
Näher‑kauf, m. —recht, n. првенство.
näher‑n, v. a. примакнути, прикучити, ближити, приближити; sich —, прикучити се, примаћи се, приближити се; —ung, f. приближење.
Näherin, n. шиваће јастучић.
Näh‑nadel, f. игла шиваћа, шиватица, шиватка; —pult, f. Nähtissen; —rahmen, m. herzhen.

nähren, v. n. & a. хранити, гојити, питати, кр̌мити; sich —, хранити се.
nahrhaft, adj. питав; пробитачан; —igkeit, f. питавост; пробитачност.
Nähring, m. напрстак.
Nährkraft, f. питава сила, снага.
nahrlos, adj. без хране; fig. некористан, пехаран, незахвалан (н. пр. занат итд.).
Nahrlosigkeit, f. сиромаштво; зла времена.
Nährstand, m. сталиш хранитељски, пољоделци.
Nahrung, f. храна, пића, крма; хлеб, крух; обрт, кућанство, рад̌ња; —werb, m. заслужба; —mittel, n. јело, храна; —sorge, f. брига за живот.
Nähseide, f. ибришим.
Naht, f. шав, руб; — an der Hirnschale, свез на глави.
Näherei, f. шивење, шав.
Näherin, f. шваља, шваља.
Nähtisch, m. шиваћи сто.
Nähzeug, n. справа шиваћа.
Name, m. име, глас; називало; mit dem nennen, изреком; dem — пак, тобоже, токорсе, бајаги; den — ändern, предевати име; — geben, издевати, заказати име.
Namen‑buch, n. буквар; именик; —liste, f. именик; —los, adj. безимен, без имена, безимењак; fig. неисказан; —regifter, n. именик; —bruder, m. именјак; —schwester, f. именсака; —tag, m. имендан, годовно; —träger, m. svetler, m. именјак; verzeichniß, n. именик; —zug, m. потпис имена.
namentlich, adj. именован; — adv. по имену, именом, наиме, поименце, именце.
namhaft, adj. знатан, гласовит; einen — machen, именовати кога, казати кога по имену; javiti; — machung, f. именовање; јавлење.
nämlich, adj. исти; — adv. то ће рећи, то jest, наиме.
Napf, m. чаша, плитица, зделица; —schnecke, f. прилепак.
Naphta, f. нафта, камење, петролеј.
Narbe, f. брзготина, ожиљак, пожиљак; (im Leber), бора, рапа.
narben, v. n. зарасти, залечити се; (bei den Gärbern), стругати длаку.
Narbenseite, f. лице од коже, крзно.
narbig, adj. храпав.
Narr, m. беша, норац, будала, луда, лудак; sich einen — ен ан einer Sache gefressen haben, залубити се у што.
narren, v. n. лудовати; — v. a. ругати се коме, вонтати, вотати.
Narren‑haus, n. лудница; —kolbe, f. рогоз; —posse, f. лудорија, будалаштина; —seil, n. fig. einen am — herumführen, вући кога за нос; —theidung, f. будалаштина, лудовање.
Narrheit, f. лудорија, будалаштина; (Jerrsinn), лудост, лудило.
Närrin, f. луда, луца, луцпрда.
närrisch, adj. луд, бенаст, будаласт; —werben, полудети, побудалити, кретати главом; sich —stellen, лудити се, бенавити се; —es Zeug treiben, копати трице.

Narwal, m. нарвал, китриба.
Narzisse, f. суноврат; rothrandige —, овчица, narcissus poeticus; gelbe —, зеленкада, narcissus pseudonarcissus.
naschen, v. a. лизати, љубити посластице, облапоран бити.
Näscher, m. облапоран, кантарић; —ei, f. посластице, сласткиш.
Naschhaftigkeit, f. облапорност, лакомост.
näschig, naschhaft, adj. лаком, облапоран.
Naschwerk, n. посластице, сласткиш.
Nase, f. нос; (Verweis), нос, укор; die —rümpfen, напрћити нос; sich die — begießen, опити се; einem eine — drehen, преварити кога, насадити га.
Naseisen, n. брњица.
näseln, v. u. уњкати.
Nasenband, n. губица; —bluten, n. крв из носа; —buchstab, —laut, m. носни глас; —fisch, m. патуца; —flügel, m. поздрва; —loch, n. ноздрва, поздра; —quetsche, f. плоснат сандук мртачки; —rümpfen, n. прћење; —stüber, m. зврчка; —tuch, f. Schnupftuch.
naseweis, adj. безобразан, свезналица; —heit, f. безобразност, свезналиштво.
Nashorn, n. носорог, риноцер.
naß, adj. мокар, влажан, накващен, мочаран.
Nässe, f. мокрина, влага; мочика, мочар.
nässen, v. n. пуштати влагу, воду, пробрјати.
näßlich, adj. мокар, влажан.
Nation, f. народ.
national, adj. народан.
Nationale, n. родовница; опис особности.
nationalisiren, v. a. унаородити, онаородити кога; —ität, f. народност; —versammlung, f. народна скупштина.
Nativität, f. рођење, порођење, пород; einem die — stellen, казати коме рожданик.
Natter, f. аспида, гуја; —wurz, f. лисичијарен, echium vulgare; —zunge, f. fig. поган језик.
Natur, f. нарав, природа, ћуд; каквоћа; in Natura leisten, дати у стварима; (in Zus.) природни.
Naturalien, pl. производи природни; реткости природне; —cabinet, n. збирка реткости природних.
naturalisiren, v. a. примити у број грађана својих.
Natural-leistung, f. давање у стварима.
Natur-begebenheit, f. појава, догађај; —erzeugnisse, pl. n. плодови; —forscher, —funbiger, m. природословац; —geschichte, f. историја природна; —kind, f. Naturmensch; —kunde, —kenntniß, —lehre, f. природословље, јестаственица.
Naturell, n. ћуд, нарав.
natürlich, adj. наравски, наравап, природан; —es Kind, ванбрачно дете.
Natur-mensch, m. човек природни; —recht, n. право природно; (angebornes Recht), право природено; —volk, n. народ прост; —wissenschaft, f. јестаственица.
Nebel, m. магла, тама; —ig, adj. магловит; —kräße, f. врана (обична).
nebeln, v. n. маглити се, сипити.

Nebelregen, m. измаглица.
neben, prp. прп, код, близу, покрај, крај, украј, поред, уз, уза; (außen), осим, врх, разма, до.
nebenan, adv. f. neben.
Neben-absicht, f. побочна намера; —ast, m. грана оближња; —ausgabe, f. трошак изванредни; —bedingung, f. небитни, потчињени увет; —buhler, m. такмац; (in der Liebe), супарник; —buhlerin, f. супарница; —bing, n. f. Nebensache; —einander, adv. један уз другога, један до другога, један поред другога, успоредо.
Neben-frau, f. иноча, иночица; —gebäude, n. зграда оближња, побочна; —gebühren, pl. f. припатци; —geschäft, n. изванредно дело; —haus, n. кућа суседна.
nebenher, adv. узгред, згодом, приликом.
Neben-kind, n. копиле; —koch, m. паракувар.
Neben-linie, f. линија побочна; —mensch, m. искрњи, ближњи; —mond, m. намесец, pferd, n. поводник, јахалица; —rolle, f. рола мања; —sache, f. ствар туђа; маленкост, ситница; —sonne, f. пасунце; —sprosse, f. слемић; —sprossen treiben, тпнити се; —steuer, f. прирез; —stunde, f. in —stunden, припадом; —weg, m. странпутица; —weib, n. иноча, наложница; —wert, n. f. Nebensache; —wort, n. наречица, прислов.
nebst, prp. с, са, скупа са, заједно са, уз.
necken, v. a. дражити, заједати, подраживати, нецкати, нецкати, љутити, задиркивати; —er, m. задиркивало; —erei, f. дражење, задиркивање, заједање, нецкање; —isch, adj. забаван, шаљив, несташан.
Neffe, m. синовац, нећак.
Negation, f. некање, башење, одрицање.
negativ, adj. некајући, противни.
negiren, v. a. некати, башити, противити се чему.
Neger, m. негар, арап, црнац; —in, f. негарка, аранкиња, црница.
nehmen, v. a. узети, преузети, заузети, отети, примити, прихватити, купити; sich die Mühe —, трудити се; übel —, замерити, примити за зло; einen Anfang —, почети, почети се; ein Ende —, свршити, свршити се; Schaden —, штетовати; ранити се; Jemanden das Wort —, наставити чији говор; (entziehen), прекинути, забранити коме реч; zu sich —, јести; метнути у цеп; узети, примити к себи; sich eine Frau —, оженити се; sich in Acht —, пазити се, чувати се; in Augenschein —, огледати; einen Dienst —, ступити у службу; Theil —, учествовати у чему; das Vermögen in die Sperre —, запечатити имање.
Neid, m. завист, ненавист, злоба; —en, f. beneiden; —er, m. —hart, m. завидник, завидљивац; —isch, adj. завидљив.
Neidnagel, f. Nietnagel.
Neige, f. измак, крај.
neigen, v. a. нагнути, пригнути, приклонити, наклонити, накренути, односити; sich —, v. г. нагнути се, пригнути се, поклонити се, приклонити се, кривати, дрхчити се, погнути се; sich zu etwas —, тежити за

чм; —ung, f. (Beugung), нагибање, приги-
бање; (Zuneigung), наклоност.
nein, adv. не, није.
Nektar, m. нектар, амвросија.
Nelke, f. каранфил, каравиље.
nennbar, adj. ко се именовати може.
nenn-en, v. a. именовати, звати, назвати; sich
—, назвати се, назвати се, именовати се;
—er, m. (in der Rechenkunst), именитељ; —
ung, f. именовање; —werth, m. именовна
цена; —wort, n. име, именица.
Nerve, f. живац, жила.
Nerven-fieber, n. крушица.
nervig, adj. жилав, чврст, јак, снажан.
Nessel, f. коприва, жара; —fieber, n. —sucht,
f. шклопци; —garn, n. пређа од коприве;
—tuch, n. муселин.
Nest, n. гњездо; (Bett), постеља, леже; ложа.
Nestel, n. полог.
Nestel, f. свеза, опута. потка.
nesteln, v. a. везати, упетљати, свезати.
Nestküchlein, Nestköchlein, n. последње пиле;
fig. мезимчић, мезимица.
Nestling, m. голић, голуждраво, голушаво
птиче; —, безрибица, cyprinus arburnus.
nett, adj. чист, спретан, убав, красан, леп,
пристао; —igkeit, f. чистоћа, лепота, при-
сталост, спретност, убавост.
netto, adv. равно, ни мање ни више; чисто,
без харе; —ertrag, m. чист доходак.
Netz, n. мрежа, пређа; (Darmhaut), недељица,
марамица; die —e stellen, бацити, распе-
ти мреже.
Netzbecher, m. Netzschüsselchen, n. мочионица.
netzen, г. а. мочити, квасити, влажити, мо-
крити, умакати.
netz-förmig, adj. мрежаст; —haut, f. (im Auge),
мрежица.
neu, adj. нов, други, садањи, садашњи; ма-
лопређаши; ganz und gar —, нов новцат;
aufs —e, наново, истекар; von —em, из-
нова, изновице; fig. невешт; —aufgelegt, adj.
прештампан.
Neubruch, m. крчевина, закопина.
Neue, m. новак, новајлија.
neuerdings, adv. опет, наново.
Neuerer, m. новотник, новотар.
neuerlich, adv. ономадне, недавно.
Neuerung, f. новота, обновљење, обнављање;
—süchst, f. новотарство.
neugeboren, adj. новорођен.
Neugier, —de, f. љубопитност, радозналост;
—ig, adj. љубопитан радознао.
Neuheit, f. новост, новина.
Neujahr, n. мали божић, ново лето, нова го-
дина, младо лето.
Neuigkeit, f. новине, новост.
neulich, adv. ономадњи, скорашњи; — adv. о-
номадне, прво.
Neuling, m. новак, новајлија.
neumodisch, adj. нов, по моди.
Neumond, m. млад месец, мена, новак ме-
сец, младина, здрављак.
neun, num. девет; —auge, f. пишкор, чиков.
Neune, f. Neuner, m. деветка, пола, девети-
ца; деветорица, деветоро.

nennerlei, adv. деветоврстан.
neunfach, adv. деветогуб, деветострук.
neunhundert, num. девет стотина.
neunjährig, adj. од девет година, деветак ;
—mal, adv. девет пута; —monatlich, adj.
од девет месеци; —tägig, adj. од девет
дана.
neunte, adj. девети.
neunthalb, adj. осам и по.
Neuntel, n. деветина, девето, деветак.
neuntens, adv. девето.
neunzehn, num. деветнаест; деветнаесторо;
—te, adj. деветнаести.
neunzig, num. деведесет, деведесеторо; —er,
m. старац од деведесет година; —ste, adj.
деведесети.
neutestamentalisch, adj. од новога завета.
nicht, adv. не; — doch, аја, немој; — einmal,
ни, нити; gar —, — im mindesten, нико-
лико; ist —, није; — voll, ексичан; — groß,
омален; zu —e machen, уништити.
Nicht, m. (Bergw.), туџија.
Nicht-achtung, f. непоштовање, немар; неис-
пуњавање; —befolgung, f. неиспуњавање.
Nichte, f. нећака, синовица.
Nicht-erfüllung, f. неиспуњене, неиспуњавање.
nichtig, adj. празан, ташт; залудан; неваљан,
уништен; — werben, изгубити ваљаност;
etwas für — erklären, изрећи да што не-
ваља; —keit, f. ништавост, празност, нева-
жност; уништеност; (Nullität), уништење.
nichts, adv. ништа; —als, истом, само; —ba
јоктур; gar —, баш ништа, нимало.
nichtsdestoweniger, adv. свакако, ипак, опет.
nichts, у. n. небити; — n. небиће.
nichtsnützig, adj. неваљао; —keit, f. неваља-
лост, ништарија.
nichtswürdig, adj. поредан, неваљао, ништав;
—е, m. рђобитина, ништавац, неваљалац,
рђа, ништа човек; f. неваљалица; —
keit, f. невредност, ништавило, неваљалство.
Nid, m. Niden, n. климање главом.
Nidel, m. лоћа.
Nidel, m. (ein Halbmetall), никол.
niden, v. n. махати, махнути главом; мигати;
(schlumern), прокуњати, дремати.
nie, adv. никад, нигда, век; — und nimmer,
никад ни до века, о кукову, о пројиној
жетви.
nieder, adj. низак, снизак, доњи; hohe und
—е, мали и велики; — adv. доле на зем-
љу, на тле; auf und — gehen im Zimmer,
пњи по соби горе доле.
niederbeugen, v. a. сагнути, сагибати, приг-
нути; поднизати, поразити.
niederbrechen, v. a. сломити, поломити, одло-
мити; ein Haus —, срушити, порушити кућу.
niederbrennen, v. a. сажети, спалити, изгорети,
обратити у пепео.
niederbüden, sich, v. r. пригнути се, погнути
се, сагнути се, прилегати.
niberbrüden, v. a. притиснути, припустити;
einen —, прегазити кога.
niederfahren, v. n. сићи; — v. a. с коли пре-
газити.
niederfallen, v. n. пасти.

Niedergang, m. заход, запад.
niedergehen, f. untergehen, sinken.
Niedergericht, n. доњи суд.
niedergeschlagen, adj. тужан, невесео, жалостан; **—heit, f.** туга, жалост.
niederhauen, v. a. сећи, посећи, поклати, под мач окренути.
niederhocken, v. n. чучнути, чучати.
niederknien, v. a. клекнути, клећи, повлећи, поклекнути.
niederkommen, v. n. (mit einem Kinde), родити, породити.
Niederkunft, f. пород, порођај.
Niederlag-e, f. пораз, разбиште, пораз; **eine — anrichten,** поломити; (von Waaren) снос, стовариште, магацин; хамбар; **—sverwandter, m.** складник.
niederlass-en, v. a. спустити; sich —, v. r. сести, посадити се, присести; (an einem Ort) доселити се, населити се, настанити се, утемељити се; —**ung, f.** спуштање; насељење, настањење.
niederleg-en, v. a. метнути, положити, повалити; **ein Amt —,** оставити службу; Geld bei einem —, дати па оставу новце; sich —, v. r. лећи, прилећи, повалити се; —**ung, f.** положење, остављење (службе), остава.
niedermachen, v. a. спустити, поразити, исповати; посећи, поклати, под мач окренути, посећи.
niedermetzeln, v. a. посећи, исећи, на сабље разнети.
niederreiß-en, v. a. срушити, порушити, развалити; одкинути, скинути; —**ung, f. - en, n.** рушење; скидање.
niederreiten, v. a. погазити коњем.
niederrennen, v. a. погазити трчући.
niedersäbeln, v. a. посећи, исећи, под сабљу окренути.
niederschießen, v. a. убити из пушке, пострељати; — v. n. слетети, пасти, оборити се.
Niederschlag, m. талог; спаст.
niederschlagen, v. a: оборити, обити, убити, убијати, уништити, уништавати; **die Augen —,** оборити очи, пониклути; — v. n. цедити се, пасти.
niederschreiben, v. n. написати.
niedersetzen, v. a. посадити, ставити, метнути, положити; sich —, v. r. посадити се, сости.
niedersinken, v. n. тонути; пасти, оборити се, срушити се, склупити се.
niederstoßen, v. a. срушити, оборити, свалити; (mit dem Degen), убити, пробости.
niederstürzen, v. n. пасти, срушити се, оборити се, стрмоглавце пасти; — v. a. оборити, стрмоглавце бацити, срушити.
niederträchtig, adj. нитковски, неваљао; **—keit, f.** неваљалство, питковство.
niedertreten, v. a. погазити, згазити.
niedertrinken, v. a. опити; натпити.
Niederung, f. долина, низа.
niederwälzen, v. a. завалити, заваљивати.
niederwärts, adv. доле, на тле.
niederwerfen, v. a. бацити на тле; превргнути, оборити, срушити, обалити, обаљивати, повалити, повалати, обрвати, треснути;

свалити; sich —, пружити се; sich vor einem —, клекнути, пасти ничице пред кога.
niederziehen, v. a. повалити, повући доле.
nieblich, adj. убав, спретан, леп, красан, мио; мален; чист; пријатан, угодан; **—keit, f.** лепота, милина, красота; чистоћа; угодност, пријатност, спретност.
niedrig, adj. низак, приземљаст; простачки, подал, прост; **ein —er Ort,** низ, низа; **der niedrigste,** преисподњи; **—keit, f.** низ, низа, низина; простота, просташтво.
niemals, f. nie. [вичи].
niemand, pr. нико, ниједан, никоговић;—**gehörig**,
Nier-e, f. бубрег, бубало; **—enstein, m.** камен у бубрези; **—stück, n.** бубрежњаци, исечак.
nieseln, v. n. кроз нос говорити, уњкати; ромињати.
niesen, v. n. кихнути, кихати; —. n. кихање, кихавица.
Niese-wurz, f. чемерика; **schwarze —,** кукурек, helleborus foetidus.
Nießbrauch, m. уживање, житак.
Niet, n. чавао сатеран.
Niete, f. (in Lotterien), празница.
niet-en, v. a. ударити чавао; **—fest, adv.** прековано; **—nagel, m.** сатеран чавао; (am Finger), заноктица.
Nilpferd, n. нилски, водени коњ.
nimmer, —mehr, adv. никад, нигда, век; **—kommen, n.** недођин, недођија; **—satt, m.** несит, ненасит.
nippen, v. n. окусити, пијуцкати, пијуцнути, сркнути.
nirgend, nirgends, adv. нигде, никуда.
Nische, f. пањега.
Nisse, Niß, f. гњида.
nisten, v. n. гњездити.
Nix, m. дух водени.
Nixe, f. вила водена.
noch, adv. још, јоште, јошт; **—eins,** збиља; **— conj.** ни, нит, нити.
nochmalig, adv. поповљен.
nochmals, adv. још један пут, опет, на ново.
Nomad-en, pl. номади, септнички народ; **—isch, adj.** номадски.
Nonn-e, f. дупла, калуђерица, колудрица; **—enkloster, n.** женски манастир, самостан калуђерички.
noppen, v. a. штипати, трзати.
Nord, Norden, m. север, попоћ.
nördlich, adj. северан, поноћан; **adv.** к северу, према северу, на север.
nordisch, adj. северан, поноћан.
Nord-ost, m. североисток; **—östlich, adj.** североисточан; **— adv.** на североисток; **—pol, m.** пол северни; **—licht, n.** **—schein, m.** северна зора; **—see, f.** море северно; **—stern, m.** северњача, поларна звезда, северна звезда; **—west, m.** северозапад; **—westlich, adj.** северозападан; **adv.** к северозападу, на северозапад; **—wind, m.** север, северни, горњак; **der —e ausfegest,** северњик.
Norm, f. правило, пропис; **—al, adj.** правилни, редовни; (adv.) по правилу, правилно; **—ale, n.** правило, пропис; **—alienbuch, n.** правилник.

Normtag, m. велики празник.
normiren, v. a. дати, начинити прописе, правило.
Nößel, n. литра.
Nota, f. (Rechnung) рачун; (Zuschrift), допис.
Notar, m. бележник; —iat, n. бележништво; —iats= (in Zus.), бележнички.
Note, f. нота, белешка; (Musik—), нота, кајда; (Dienstschreiben) службено писмо, званични допис; —n wechseln, дописивати о чему; (Banknote) банка, банкнота; —nwechsel, m. дописивање.
Notenschreiber, m. вајдар.
noth, adv. потребно.
Noth, f. потреба, нужда, невоља, беда, мука, опасност, журност; in — gerathen, укубурити; — leiden, злопатити; mit genauer —, једва, с тешком муком; im Fall der —, у потреби, у нужди, ако буде потребно; die schwere —, падавица, велика болест; zur —, за невољу; —anker, m. уфање, велико сидро; —brunnen, m. пожарни бунар; —bringend, adj. журан, силан; —durst, f. потреба, нужда, невоља, сила; —dürftig, adj. потребан, потребит, оскудан; —dürftigkeit, f. потреба, оскудност, сиромаштина, потребитост; —fall, m. потреба, нужда, невоља; —fasten, f. pl. сухотиња; —helfer, m. помоћник; —hilfe, f. помоћ у невољи.
nöthig, adj. потребан, потребит, нуждан; — haben, потребовати; es ist —, хоће се, треба; es ist nicht —, није требе.
Nöthige, n. потреба.
nöthigen, v. a. силити, присилити, приморати, силовати; нудити, принудити; натерати, патерирати, нагнати, нагонити, наваљивати, наваљивати; —ung, f. присиљавање, силовање, принуђавање.
noth-leidend, adj. потребан, невољан, оскудан; —lüge, f. лаж у нужди; —mast, m. залишан јарбуо; —nagel, m. уточиште, кеба иза појаса; —peinlich, adj. криминалан, кривичан; pfennig, m. приштеђен новац, бела пара у црне дане; —schuß, m. знак опасности; —stall, m. обор; —taufe, f. крштење у нужди; —wehr, f. одбрана живота; —wendig, adj. потребан, потребит, нуждан; —keit, f. потреба, потребитост; (Unumgänglichkeit), неопходност.
Nothwert, n. дело потребно; нужда, потреба.
Nothzucht, Nothzüchtigung, f. сила, силовање.
nothzüchtigen, v. a. силовати.
Notion, f. доходарска пресуда; —iren, v. a. изрећи доходарску пресуду.
notiren, v. a. бележити.
Notiz, f. белешка, вест, извешће, знање; —buch, n. бележница.

notorisch, adj. познат, знан, опће знат, очевидан.
Novation, f. f. Neuerung.
Novelle, f. прича, приповетка.
November, m. новембар, студен.
Novize, m. искушеник.
Nu, n. in einem —, у један час, у један мах, у часку, на један хитац.
nüchtern, adj. ташт, трезан; mit —em Magen, наште срца; —heit, f. таштина, наштина; трезност.
Nudel, f. резанац, макарон; —holz, n. —walter, m. оклагија, тржница.
nudeln, v. a. кљукати (гуске, итд.)
Null, f. нула, ништица; — und nichtig sein, немати никакве важности.
Nummer, f. број; —iren, v. a. бројити, избројити, означити бројем.
nun, adv. сад, сада, ну, дакле, пак, jако; von — an, од сад, одселе, у напредак, по сад; —, int. но!
nunmehr, adv. сада, сад, сад већ.
Nuntius, m. папин веленосланик.
nur, c. само, тек, истом, цигли, цигловетни; — ди! иска!
Nuß, f. орах; — mit Nüssen würzen, орашити; —baumen, —bäumen, adj. орахов; —farben, —braun, adj. орахов; —holz, n. ораховина; —kern, m. језгра, кокошка; —krähe, f. —häher, —knacker, m. креја, крештавица, сојка; —schale, f. љуска орахова; —verkäufer, m. орашар; —wald, m. орашје.
Nüster, f. поздрна.
Nuth, f. утора; —hobel, m. тарањ, уторњак.
nutschen, v. a. сисати.
nutz, nütze, adv. nichts sein, неваљао бити, неваљати ништа.
Nutzanwendung, f. наук, корист, паравоучење.
nutzbar, adj. користан, пробитачан.
Nutzen, m. корист, хасна, најда, плод; —bringen, приредити, принидети; —haben, вајдисати; von —, заунар; von — sein, ваљати; — ziehen, користовати се.
nutzen, nützen, v. n. прудити, помоћи, вајдисати, користити, хаснити, служити; —v. a. служити се чиме, на корист обратити.
Nutzholz, n. грађа.
nützlich, adj. користан, прудан, пробитачан, хасновит; —keit, f. корист, хасна, пробитачност.
nutzlos, adj. залудан; ташт, празан; некористан.
Nutznießer, m. уживалац; —ung, f. Nießbrauch.
Nutz-recht, n. право на употребљење.
Nutzung, f. уживање, ужитак, корист, употребљење; —дохотци.
Nymphe, f. нимфа, вила; (liederliche Dirne), блудница, луна.

O.

O! i. о, ах, ох!
Ob, conj. ли, оли, дали; —nicht, није ли? als —, као да.

Obacht, f. пажња, брига, старање, настојање; sich in — nehmen, пазити се, чувати се.
obbemeldet, adj. горе речен, горе споменут.

Obbach, n. кров, покак, стап.
Obduction, f. (einer Leiche) обвод; (Beschau) разглед мртваца, ћеш.
oben, adv. горе, на врх, озго, озгор; von —, одозго; von — herab, изнад, изврх; — an gehen, први бити; noch — drein, сувише, врх тога; — hin, којекако.
obeu-ein, —drein, adv. сувише, осим тога.
ober, adj. горњи, врховни; (in Zusamm.), над, велики; — adv. поврх, више; —, m. (im Kartenspiel), горњак.
Ober-admiral, m. велики адмирал; —älteste, m. врховни старешина; —amtmann, m. велики судац; —arzt, m. падлекар; —aufseher, m. главни надзорник; —aufsicht, f. главни надзор; —bein, f. Ueberbein.
Obere, m. поглавар, старешина.
Obereigen-thum, n. врховна властитост; —thümer, m. врховни властник.
Oberfläche, f. површина, лице, површје; —lich, adj. плитак, површан; —lichkeit, f. површност, плиткост.
Ober-fuß, m. лесица, грапа; —gericht, n. велики суд; —gewehr, n. пушка, копље.
oberhalb, prp. на, над, више, поврх, врх, изнад.
Oberhand, f. лесица, грана; fig. првенство; die — behalten, одржати мејдан, преобладати.
Ober-haupt, n. глава, главар, поглавар, старешина, поглавица; —haus, n. горњи спрат, горњи кат; горњи дом (у парламенту); —hemd, n. горња кошуља; —herr, m. глава, поглавар, главар; —herrschaft, f. господство; —hofrichter, m. велики судац дворски; —hofprediger, m. први проповедник дворски; —in, f. (eines Stiftes) игуманија; —jäger, m. први ловац; —jägermeister, m. велики ловац; —kanonier, m. тобџибаша; —kiefer, m. горња вилица; —küchen горње; —küchenmeister, m. велики кухар; —land, n. горња земља; —länder, m. горњоземац; —länderin, f. горњоземка; —lefze, f. —lippe, f. горња усна, брчница; —leib, m. труп, прси; —offizier, m. виши официр; —priester, m. протопоп, архијереј; —postamt, n. велика пошта; —richter, m. велики судац; —riemen, m. врпца; —rist, m. лесица, грана; —rock, f. Ueberrock; —schenkel, m. бут; —schwelle, f. горњи праг; —sitz, m. прво место, зачеље, горње чело; —spitzbube, m. ћидибаша.
oberst, adj. највиши, највећи, врховни, први; zu —, на врху; das Unterste zu — kehren, окренути тумбе.
Oberstallmeister, m. велики коњушник.
Oberstburggraf, m. надворник.
Oberste, (Obrist), m. обрстар, пуковник, обрштар.
Oberstelle, f. f. Obersitz.
Oberstoffkämmerer, m. велики дворски комореник.
Oberstlieutenant, m. потпуковник.
Obertheil, m. горњи део, врх, овршак.
Obertuchet, f. дуња, перина.

oberwähnt, adj. горе споменути, речени, именовани.
ober-wärts, adv. уз, уз брдо, горе, у вис; — zahn, m. горњи зуб.
obgedacht, **obgemeldet**, **obgenannt**, f. oberwähnt.
obgleich, c. премда, све да.
Obhut, f. пажња, заштита, надглед.
obig, adj. горе речен, горе споменут.
Object, n. ствар, предмет; (Grund), земљиште.
Oblat-e, f. обланда, облатна, остија; —enbäcker, m. обландар.
obliegen, v. n. (einer Sache) занимати се чим; es liegt mir ob, дужан сам, моја је дужност; —heit, f. дужност, држанство, обвезаност, обавезност.
obligat, adj. прописан, обвезан.
Obligation, f. обвезница, задужница; f. Schuldverschreibung.
obligatorisch, adj. обвезан, обавезан.
Obligo, n. (Verpflichtung) обвеза.
Obmann, m. првак, првоместник.
Obrigkeit, f. поглаварство; —lich, adj. поглаварски.
Obrist, f. Oberste.
obschon, f. obgleich.
obschweben, f. bevorstehen.
Observanz, f. обичај; f. Herkommen.
Observation, f. мотрење, посматрање.
obsieg-en, v. a. добити, преобладати.
Obsorg-e, f. старање; —er, m. старатељ.
Obst, n. воће, мива; —baum, m. воћка, барте, f. пушница; —garten, m. воћњак, башта; —handel, m. воћарство; —händler, m. воћар; —hüter, m. чудар; —lese, f. брање воћа; —liebhaber, m. воћар; —stengel, m. петељка, држак; —wein, m. јабуковача, крушковача, туршија; —wert, m. воће; —zeit, f. доба од воћа.
obwalten, v. n. владати, бити; die — de Gefahr, претећа опасност; aus —den Ursachen, из узрока, који су у том; dein Vortheil waltet hiebei ob, ту се твоје користи тиче.
obwohl, obzwar, f. obgleich.
Ocean, m. океан, море, пучина.
och, int. ох!
Ochs, (Ochse), m. во, бик; junger —, јунац.
Ochsen-, (in Zuf.) воловски, волујски; —auge, n. воловско око, chrysanthemum leucanthemum.
Ochsen-bremse, f. обад; —fleisch, n. говеђина; —haft, f. ochsenmäßig; —händler, m. целебџија; —hirt, m. волар, говедар; —kalb, n. телац; —kopf, m. глава воловска; fig. глупак; —mäßig, adj. воловски, говеђи; —peitsche, f. хајкача; —treiber, m. волар; —weibe, f. волопаша; —ziemer, m. жила воловска; —zunge, f. воловски језик; (ein Kraut) језик воловски, пачје гнездо.
Octav, n. осмина.
Oktober, n. октобар, листопад.
oculiren, f. aeugeln.
Ode, f. ода.
oede, adj. пуст, пустошан, дивљи, ненасељен, преображен; —r Grund, пустосељина, пусто земљиште.
Oede, f. пустиња, пустош.

Obem, f. Athem.
ober, c. али, или, оли, јали.
Ofen, m. пећ, фуруна; —bant, f. банак; —gabel, f. брукље; —heizer, m. вурунџија; —tachel, f. пећњак, лончић; —macher, m. вурунџија; —stange, f. жарач, жарило; —wisch, m. уметв, омстач.
offen, adj. отворен; јаван; истинит, искрен; die Einsicht steht Jedermann —; сваком је допуштено влети.
offenbar, adj. очит, очевидан, белодан, познат, јаван; — adv. јавно, белодано, очито; —en, v. a. очитовати, открити, показати; sich —, јавити се, појавити се; —ung, f. очитовање; откриће.
Offenheit, f. fig. отвореност, искреност.
offenherzig, adj. искрен, истинит, отворен; —feit, f. искреност.
oeffentlich, adj. очит, јаван; — adv. јавно, очито; —feit, f. јавност.
Offert, n. попуда.
Officiant, m. службеник, одређеник, уредник.
Offizier, m. официр, часник; (in Zus.) частнички.
Offizin, f. дућан; (Buchdruckerei) штампарија; (Apotheke), апотека, лекарница; (Barbierstube), берберница.
offiziös, offiziell, adj. уредовни, званични, службени.
oeffnen, v. a. отворити, одапрети, отчепити, открити, раскрилити, откренути; mit Gewalt —, расклопити; ein wenig —, ошкренути; weit —, одјанити, одјазити; den Mund zum Sprechen —, заустати; —ung, f. отвор, отварање, отчепљивање, раскриливање, одапирање, расклапање; (am Kleide), прострих; (im Zaune), струга; — des Leibes, проточ, отвор.
oft, adv. често, више пута; sehr —, сила пута.
oefter, oftmalig, adj. чест, поновљен.
oefters, adv. чешће, више пута.
Oel, m. уље, зејтин; —baum, m. улика, маслина; wilder —baum, дафина; —beere, f. маслинка, маслина; —büchse, f. мазалица; —en, г. а. уљити, науљити; —farbe, f. боја уљана; —fass, n. уљаница; —fläschchen n. зејтиница, уљаница, уљарица; —garten, m. маслиник; —gefäß, n. уљарица, уљаница, мазалица, зејтиница, пило; —götze, m. fig. глупак, блесан; —händler, m. уљар; —ig, adj. уљан; —kuchen, m. погача, колач од уља; —lampe, f. лукерњар; —malerei, f. живопис масном бојом; —müller, —schläger, m. уљар; —ung, f. (letzte), миропомазање, свештавање масла; —zweig, m. грана маслинова.
Oheim, m. стриц, ујак.
ohne, prp. без; осим, разма, изван.
ohneracht, ohngeachtet, f. ungeachtet.
ohngefähr, f. ungefähr.
Ohnmacht, f. несвест, несвестица; слабост, немоћ; in — fallen, обеснанити се, онесвеснути, обамрети.
ohnmächtig, adj. слаб, немоћан; обеснањен, несвестан; —werden, обесмањити се, онесвеснути.
Oehr, n. ухо, ручица, уши (у игле итд.).

Ohr, n. ухо; fig. слух; sich etwas hinter die —en schreiben, запамтити штогод; er hat es hinter den —en, лукав је, подмукао, има заушњаке.
Ohrband, f. Ortband.
Ohrbrüsen, f. pl. заушници, заушњаци, ваушнице, подушнице.
oehren, v. a. уши направити; улепути, удети конац у иглу.
Ohren-bläser, m. гласоноша, шантач; —bläserin, f. гласоноша; —brausen, n. зујање у ушију; —gehend, —gehänge, n. минђуша, ободац, брњица, обоци, ушњаци; —zwang, m. ухобоља.
Ohr-eule, f. сова, ушара, совуљага; —feige, f. заушница, заушак, ћушка, приуша, пријушка, замлатница, прдејуска; —feigen, v. a. ћушнути, ћушнути, ћушати, приушнути, шакосати; —finger, m. мали прст; —löffel, m. илал; —ring, m. ободац, минђуша, брњица; —wurm, Ohrling, m. ухолажа, улеж, ухолеж, ужез.
Oekonom, m. господар, газда, кућаник; —ie, f. господарство, кућанство; —isch, adj. господарски, кућански.
Olive, Olivenbaum, f. Oelbeere, Oelbaum.
Oliven-farbe, f. боја маслинова; —farbig, adj. мургаст, мурговаст; —kern, m. коштица маслинова.
Omen, n. коб.
Oper, f. опера.
Operat, n. састанак.
Operation, f. подузеће, посао.
Operment, n. сичан жути.
Opern-gucker, m. доглед.
Opfer, n. жртва, прилог, принос, завет; —altar, m. жртвеник; —gabe, f. —geld, n. прилог, принос; —messer, n. нож свети.
opfer-n, v. a. посветити, жртвовати, приложити; прилагати, заклати, заветовати; —n, v. a. —ung, f. жртвовање, посвећење, заветовање.
Opferpriester, m. жрц, жрец.
Opferthier, n. жртва, живинче за заклање.
Opium, n. афиум, дремав.
Opposition, f. противљење; (in Zus.) противни, противнички.
Optik, f. оптика, видословље; —us, m. оптик.
Orakel, n. пророштво.
Orange, f. поранча; —enfarben, —engelb, adj. неранчев; —engärtner, m. неранчар.
Oratorium, n. ораторија, црквица, богомоља.
Orchester, n. оркестар.
Orden, m. ред; (geistlicher), калуђерство.
Ordens-, (in Zus.), редовни; —bruder, m. брат, калуђер; —geistliche, m. калуђер, фратар, редовник; —ritter, m. кавалер реда којега; —schwester, f. калуђерица, дувна, думна, колуђица.
ordentlich, adj. честит, ваљан, поштен, уредан, обичај, врстан, чист, овејан; —er Mensch, људски човек; — adv. у реду, како треба, како ваља, људски, поштено, обично; —feit, f. уредност, честитост, врсноћа.
ordinär, adj. обичај, прост, простачки.
Ordinariat, n. духовно поглаварство.
ordinir-en, v. a. заповедати, наручити, про-

писати; einen Geistlichen —, редити; —ung, Ordination, f. заповед, пропис;ређење.
ordn-en, v. a. уредити, изредити, распоредити, наредити, приредити, расправљати, расправити, распртити; —er, m. редитељ, редар; —ung, f. ред, поредак, уопрема, разређење, приређењо, наређење; (Reihe) чреда; in —, оправан, удесан, у реду; in — bringen, уредити, оправити, удесити, расправити; zur — rufen, опоменути на ред; nach der —, по реду, један за другим; —ungsmäßig, adv. уредно, по реду; —ungswidrig, adv. неуредно, против реда.
Ordre, f. (bei Wechsel), наредба, налог; (milit.) заповест.
Organ, n. орган, оруђе, глас, средство; (von Personen), уредовници; (Vermittler), посредник; —ifch, adj. устројни, уређајни.
organisir-en, v. a. уредити, устројити; —ung, f. уређење, устројење, устројство.
Organismus, m. строј.
Organist, m. органиста, оргуниста, оргуљаш.
Orgel, f. оргуље; —bauer, m. оргуљар; —n, v. a. оргуљати, свирати у оргуље; —pfeife, f. цев од оргуља; —register, —zug, m. игра оргуља; —treter, f. Bälgentreter; —werk, n. оргуље.
Orient, m. исток; —alifch, adj. источан; —iren, fich, v. r. владати се, равнати се, разабрати се.
Original, n. изворник, матица, изворно писмо, првопис.
original, originell, adj. оригиналан, изворан, првопочетни.
Orion, m. штапићи, бабини штапци (звезда).
Orkan, m. вихар, олуја, бура.
Orlogschiff, n. брод убојни.

Ort, m. место, страна, крај; an Ort und Stelle, местимице.
Ortband, n. врх ножнице.
Ortbefchreibung, f. местопис.
orthodox, f. rechtgläubig.
Orthographie, f. Rechtschreibung.
oertlich, adj. местан; —keit, f. местност, место.
Ortolan, m. сурачак.
Orts-, (in Zuf.) местни; —beschaffenheit, f. каквоћа, природа места; —bewohner, m. местник, мештанин.
Ortschaft, f. место, страна, крај.
Ortsgeld, n. ждребчаник, јармаџ, јармак.
Orts-thaler, —gulden, m. четврти део талира, форинте.
Ost, Often, m. исток.
Ofter-, (in Zuf.) ускршњи, ускрсов, вазмени.
Ofter-abend, m. вече пред ускрсом; —ei, n. црвено јаје, писаница; —feft, n. вазам, ускрс; —flaben, m. ускршњи колач; —herb, n. ускршњача; —kuchen, m. техарица; —lamm, n. вазмена светба, заобница.
oesterlich, adj. вазмен, ускршњи, васкршњи.
Ofterluzei, f. вучја јабука, кокотиња, aristolochia.
Oftermontag, m. вазмепац, светли понедељник.
Oftern, f. вазам, ускрс, васкрсење, васкрс.
Ofter-tag, m. ускрс; —woche, f. недеља светла.
oeftlich, adj. источан.
oftwärts, adv. к истоку, на исток.
Oftwind, m. источњак, устока, исподсунчаник.
Otter, f. (Fifchotter), видра; (eine Schlange), аспида; —gezücht, n. змињи скот; —zunge, f. змиљи језик; fig. поган језик.
oval, f. eirund.
Oxhoft, n. оксофт (врста мере).

P.

Paar, n. пар; двојица, два; ein — Tage, Wochen, неколико дана, недеља; zu —en treiben, покорити; ein — Worte, две три речи; — oder un —, лихо или тако? —en, v. a. спарити, сјединити, здружити; fich —, v. r. парити се, здружити се; —weife, adv. два по два, два и два.
Pacht, m. Pachtung, f. најам, аренда, закуп; (in Zuf.), закупни; —abgabe, f. —geld, n. закупнина; —bauer, m. кмет.
pachten, v. a. најмити, узети под аренду, закупити.
Pächter, m. најмитељ, арендатор, закупник; —in, f. најмитељица, арендаторка.
Pacht-geld, f. Pachtabgabe, —gut, —ftück, n. закупштина; —fchilling, m. f. Pachtabgabe, —weife, adv. под аренду, под најам; —zins, m. закупнина.
Pack, m. & n. руковет, чам, чом, дењак, свежањ, замотуљак.
Pack, n. (von Menfchen), смет, ђубре од људи.

packen, v. a. (faffen), ухватити, уловити, скопати, докопати, шчепати; (einpacken), спремати, справљати; fich —, v. r. торљати се, вући се.
Packer, m. товарник.
Packet, Päckchen, n. свежањ, дењак, руковет, чом.
Packetboot, n. брод поштарски.
Pack-haus, n. —hof, m. дивона, магазин; —knecht, m. комориџа; —leinwand, f. платно грубо; —nadel, f. чувалџуз, самаруша, игла велика; —papier, n. папир груби; —pferd, n. сенсана; —fattel, m. самар; —tuch, n. f. Packleinwand.
Pact, m. (Pactum), f. Vertrag.
Pädagog, m. учитељ деце, децопаставник.
Page, f. Edelknabe.
Pagin-a, f. страна, лист; —iren, v. a. означити стране бројем.
Palankin, m. тетриван.
Palatin, m. палатин.

Pallasch, m. мач, палош, пала, палошина.
Pallast, m. палача, палата, дворац.
Pallisade, f. коље, палисад.
Palme, f. Palmbaum, m. палма, пома; грана од палме; (Blüthenknospen der Weiden), маца, мачица; (ein Maß), длан.
Palm-sonntag, m. цвети; —wein, m. палмово вино; —woche, f. цветна недеља; —zweig, m. грана од поме, врбица.
Panacee, f. (griech.) свелек.
Pandur, m. пандур.
Panier, n. барјак, стег, застава.
Panster, —rad, n. велико коло воденично.
Pantheon, n. свеславље.
Panther, Pantherthier, n. пантер.
Pantoffel, m. папуча, хламина, јеменије; ципела; —holz, n. —baum, m. плут, плута; —macher, m. папуџија.
Panzer, m. панцер, оклоп; —hapdschuh, m. гвоздена рукавица; —hemd, n. кошуља од гвоздене жице; —kette, f. колајна на љуске.
panzern, v. a. у оклоп обући.
Panzerthier, n. армадил.
Päonie, f. божур.
Papa, m. тата, ћаћа, ћаћко, јапа.
Papagei, m. папига, папагај.
Papier, n. папир, артија, књига; etwas zu — bringen, што написати; —en, adj. од папира, од артије; —geld, n. папирни новац; —lumpen, pl. траље, рите; —mühle, f. папирница.
Papist, m. паписта, папинац.
Pappe, f. (Brei), каша; чприз.
Pappel, f. слезовача.
Pappel, f. —baum, m. топола, јагњед, јасика, јаблан; —, (in Zus.) јабланов, јагњедов, тополов; —holz, n. јагњедовина, јабланчина, тополовина; —kraut, n. јаблан; —wald, m. тополик, тополак.
pappen, v. a. лепити.
Pappendeckel, m. картон, тврд, дебео папир, корице.
Pappenstiel, m. маленкост, ситница.
Papst, m. папа, римпапа.
päpstlich, adj. папин, папински.
Papst-thum, n. папство, папинство.
Parabel, f. парабола, причица.
Parade, f. парада; —pferd, n. једек; —zimmer, n. соба парадна.
Paradies, n. рај, небо; —apfel, m. јабучица, патлиџан црвени; —baum, m. дафина; —holz, n. алоевина.
paradiesisch, adj. рајски.
Paradiesvogel, m. рајска птица.
paradiren, v. a. парадити, правити параду.
parador, adj. чудан, чудноват, настран.
parallel, adj. напоредан, равнобежан; — adv. напоредо, равнобежно.
Paraplüe, n. f. Regenschirm.
Parasol, n. f. Sonnenschirm.
Parcell-e, f. честица; —iren, v. a. разделити на честице.
Parder, f. Panter.
Pardon, m. опроштење, опрост; милост, помиловање; —geben, помиловати, опро-

стити; —iren, v. a. помиловати, опростити; —! аман!
Pare, f. (eine Urkunde), историк.
Parenthese, f. парентеза, затвор, заграда.
Parforcejagd, f. велики лов, хајка.
Pari, n. al —, у истој вредности.
pariren, v. a. (ausspariren), одбити, одвратити, чалекати се; — v. n. (gehorchen), слушати, покоравати се; (wetten), опкладити се, кладити се.
Park, m. парк, шумица, гај.
Parlament, n. парламенат, зборуште, скупштина, саборница; —är, m. уговорник.
Parochie, f. парокија, пурија, жупа.
Parole, f. парола, реч.
Part, m. део, страна.
Partei, f. странка, страњани; —gänger, m. присталица, страњанин; —isch, —lich, adj. пристран; —lichkeit, f. пристраност; —los, f. импартеиsch; —sucht, f. странчарење.
Particulare, n. исказ.
Partie, f. партија, део, број, комад, друштво; (Heirath), женидба; eine gute — machen, добро се оженити, удати; ich bin von der - -, нисам с раскиде.
Partisane, f. оштроперац.
Pasch, m. једнак број ока у коцкама.
paschen, v. n. коцкати се; (von Waaren), кријомчарити.
Pasquill, n. погрда писана; —ant, m. клеветник.
pass, adv. zu — kommen, таман доћи, као наручен доћи.
Paß, m. пут, прелаз, пролаз; (enger Weg), клисура, клапац; (der Pferde), трупка, корак; (Paßport), насош, путно писмо, путни лист.
Paß, m. Paßglas, n. чаша, купа обручаста.
Passage, f. прелаз.
Passagier, m. путник.
pass-en, v. n. (im Spiele), непрати; (warten), чекати, вребати; (angemessen sein), личити, пристати, добро стојати, приликовати, прилубити се; das paßt nicht hierher, то није де амо; diese zwei Menschen passen nicht zusammen, ова два човека нису један за другога; — v. a. примерити, прилагодити; —end, adj. приличан, сходан, сличан.
Paß-gang, m. трупкалица, мали кас коњски; —gänger, m. прусац, јорга, коњ добронос.ац.
Passion, f. страст; — Christi, мука Исусова; —sblume, f. мученица.
passir-en, v. n. проћи, уминути, пролазити, прелазити; поднооити; допустити, пропустити; догодити се; —schein, —zettel, m. пропусница; —ung, f. (beim Militär), допуст на крму.
passiv, adj. трпећ; (Schuld), дужни; —schuld, f. дуг, дужни новци.
Paste, f. паста, јупка, јуфка, обга; камен од стакла бојадисана.
Pastell, m. суха боја; —malerei, f. малање сухим бојама; —stift, m. оловка бојадисана.
Pastet-e, f. паштета; —enbäcker, m. паштетар.
Pastinake, f. пастрњак.

Pastor, m. пастор, протестантски духовник; —in, f. пасторица.
Patent, n. повеља; —al, adj. повељски.
Pater, m. патер, отац; —noster, n. оченаш; (Rosenkranz), бројанице, патрице.
Path-e, m. кум, кумић, кумче; zut — machen, окумити; —in, f. кума, кумица; —engeld, —engeschenk, n. крстни дар; —enschaft, f. кумство.
Patient, m. болесник; —in, f. болесница.
Patriarch, m. патријарх; —alisch, adj. патријарски; —at, n. —it, f. патријаршија.
Patrimonium, n. баштина; (in Zus.), баштински.
Patriot, m. домородац; —isch, adj. домородан, домородски; —ismus, m. домородство, домољубље.
Patrizier, m. властелин; —in, f. властелка.
Patroll-e, **Patrulle**, f. патрола, стража, четовка; —iren, v. n. патролити, четовати, ићи по патроли.
Patrollenschiff, n. патролица.
Patron, m. заштитник, одветник, заветник; —at, n. одветништво, заштитништво, заветништво.
Patrone, f. фишек, калуп, набој.
Patronin, m. заштитница, одветница.
Patrontasche, f. фишеклук, патронташ, кулете, припојасница, кеса, палацка.
patsch, i. пљус!
Patsche, f. неприлика, белај; einen aus der ziehen, извући кога из блата.
Patsche, f. **Patschhändchen**, n. рука, ручица.
patschen, v. n. брчкати; — v. a. пљуснути.
patzig, adj. поносит, смешан; — thun, кочити се, врхочити се.
Pauke, f. таламбас.
pauken, v. n. ударати у таламбас; fig. бити, тући кога.
Paukenklöpfer, m. маљица за таламбас.
Pauliner, m. павлићанин.
Pausch, f. **Bausch**.
Pauschal-e, n. одсечница.
Bäuschel, m. чекић рударски.
rauschen, v. a. тући, бити руде; топити.
Pause, f. пауза, почивка.
pausiren, v. n. престати, стати, одахнути, ујати.
Pavian, m. бабник, павијан.
Pech, n. смола; —artig, adj. смоласт; —baum, m. оморика; —brenner, m. смолар; —brath, —faden, m. дрвца; —en, v. a. правити смолу; смолити; —fackel, f. машала, —hütte, f. смоларница; —ig, adj. смолан; —tanne, f. f. Pechbaum.
Pedal, n. подножници на оргуљама, гласовиру.
Pedell, m. бедел, слуга академички.
Pein, f. мука, боља; große —, жива мука.
peinig-en, v. a. мучити, кињити; —er, m. мучитељ; —ung, f. мука, мучење, кињење.
peinlich, adj. мучан, тежак; жалостан; немпо непријатан; das — e Gericht, суд кривични.
Peitsche, f. корбач, бич, камџија.
peitschen, v. a. бичевати, камџијати, тепсти; mit Ruthen —, шибати; —stiel, m. бичаље.
Pelican, m. гем.

Pelz, m. (von Thieren), крзно, кожа; (Kleidungsstück), кожух, ћурак, бунда.
pelze-n, v. a. цепити, навртати, каламити; —er, m. калам, калем, наврт.
Pelz-jacke, f. ћурче; —macher, m. кожухар, ћурчија, крзнар; —mütze, f. шубара; —reis, n. калам, наврт; —rock, m. ћурдија; —waare, f. Pelzwerk, n. звер, крзно.
Pendel, n. шеталица.
Pension, f. (das Ausgedienthaben), ислужбеност; (Gehalt), мировина, пензија; —at, n. одхранилиште.
Percent, n. постотница, постотак, процента; etwas mit 5 Percent verzinsen, дати што на камату по пет на сто.
peremtorisch, adj. непродужни, последњи.
Pergament, n. пергамента, квер.
Period-e, f. период, доба; женско прање; —isch, adj. периодски, повремени.
Perkal, m. паргал, паргар.
Perle, f. бисер.
Perlen=fang, m. —fischerei, f. вађење бисера из мора, —farbe, f. бисерова боја; —farbig, adj. бисеран, бисеров; —mutter, f. седеф; —schnur, f. низ бисера.
Perl-gerste, f. —graupe, f. чиста јечмена каша; —hirse, f. дивље просо; —huhn, n. морска кокош.
Perpendik-el, m. климен, шеталица, каламир; —ulär, adj. одвисан, каламиран, каламерски.
Person, f. особа, лице, чељаде, персона, човек, жена; so viel auf die —, толико на главу; in — erscheinen, доћи главом; —al, n. особље, чељад; —al, adj. особни.
persönlich, adj. особан, личан; — adv. главом; —keit, f. особност, личност.
Perspectiv, n. дурбин; —e, f. перспектива; —isch, adj. перспективни.
Perucke, **Peruke**, f. парока, перука, власуља.
Perückenmacher, m. власуљар.
Pest, f. куга, чума, морија, кратељ; —artig, adj. кужан; —beule, —blase, f. андрак; —cordon, m. стега против куге; —haus, n. болница кужна; —ilenz, f. Pest; —ilenzialisch, adj. кужан; —ilenzwurz, f. репух; —krank, adj. кужан; —kranke, m. кужник; —zeit, f. доба кужно, куга.
Petent, m. молитељ, проситељ.
Petersilie, f. пертун, петрожељ, петрусин, мајдонос.
petiren, v. a. молити за што.
Petition, f. молба; —schrift, f. молбеница.
Petschaft, n. печат.
petschir-en, v. a. запечатити, печатити; —ring, m. прстен с печатом.
Petz, m. мед, међед, медвед.
Petze, f. куја, кучка; fig. лоћа.
Pfad, m. стаза, пут, путања.
Pfaff, m. поп.
Pfaffen=bann, m. машкика; —holz, n. машковина; —hütchen, n. ћелепуш; —mäßig, pfäffisch, adj. поповски.
Pfafferei, f. поповштина.
Pfahl, m. колац, уровањ; —bau, m. коље.
pfählen, v. a. ударити, побити коље, огра-

14

дити кољем, трељати, отркљати, притаћи; einen Verbrecher —, ударити, набити на колац.
Pfahlwerk, n. коље.
Pfalzgraf, m. палатни; —graffchaft, f. палатинство.
Pfand, n. залог, залога, заклад; anvertrautes —, аманет; —bestellung, f. заложба; —brief, n. заложно писмо.
pfänd-en, v. a. узети у залог; einen —, рубати кога (судбено); —erspiel, n. вото, залога.
Pfand-geber, m. заложник, залогодавац; —haus, n. заложница; —inhaber, m. залогодржац; —lich, adj. заложан, закладан; —nehmer, m. залогопримац; —spiel, f. **Pfänderspiel**; —verschreibung f. f. **Pfandbrief**.
Pfändung, f. рубање.
Pfanne, f. **Pfännchen**, n. тава, просуља, тендера; тигањ; прашник, чанак (Hüft —), чашка.
Pfannen-schmied, m. котлар; —ziegel, f. цреп, керамида; —tuchen, m. фањак, палачинке.
Pfarr-beneficiant, m. жупник, парок; —beneficium, n. парокијски доходак.
Pfarre, f. жупа, парокија, парохија, пурија; плованија; (in Zuf) жупни, парохијски.
Pfarrer, m. жупник, парох, поп, пловани.
Pfarr-gebühren, pl. бир, бировина; —genoß, m. —kind, n. парокијан, пурнијаш, парохијан; —haus, n. плованиja, пароквна кућа; —wohnung, f. f. **Pfarrhaus**.
Pfau, m. паун; —enfeder, f. перо пауново; —enschwanz, m. реп паунов; —henne, f. пауница.
Pfebe, f. **Pfebenkürbiß**, m. дипа.
Pfeffer, m. бибер, папар, паирика; —büchse, f. биберњача; —gurte, f. кисели краставац; —kraut, n. чубар; —kuchen, m. папрењак; —münze, f. нана; —n, v. a. паприти, биберити, запаприти, забиберити; — v. n. жећи, пећи; —schmarn, m. млечница, варгањ.
Pfeifchen, n. свирајка; лулица.
Pfeife, f. свирка, свирала; лула.
pfeifen, v. n. звиждати, пиштати, свирати, фијукати; —, n. звиждање, фијукање, свирање, писка, пиштање.
Pfeifen-kopf, m. лула; —macher, m. лулар; —räumer, m. шипка за луле; —rohr, m. камиш, чибук.
Pfeifer, m. свирац, звиждало.
Pfeil, m. стрела.
Pfeiler, m. ступ; колац.
pfeil-schnell, adj. брз, хитар; — adv. стрелимке; —schütze, m. стрелац.
Pfennig, m. фенинг; —fuchser, m. тврдица.
Pferch, m. гној, ђубре.
Pferche, f. обор, плетер, тор, горња.
pferchen, v. n. (vom Vieh), торити, гнојити; — v. a. гнојити, ђубрити; (einpferchen), оградити, тор направити.
Pferd, n. коњ, кљусе, хат, парип; —chen, n. коњиц; einjähriges —, омак, оме; gut gepflegtes **Pferd**, митњак; gestutztes —, кусаљ; **herrenloses** —, битанга, јова; **Pferde**- (in Zuf.) коњски.
Pferde-arbeit, f. коњски посао, радња с ко-

пима; fig. мучан посао; —beschlager, m. надбаита; Geräth des —beschlagers, ков коњски; —bede, f. покровац; —dieb, m. коњокрадица; —geschirr, n. хам, серсам, тавум, пусат; (am Kopfe), оглав, —gurt, m. потпруга, колан; —haar, n. вигоп, струна; —handel, m. трговина с коњи; —händler, m. коњотргац; —heerde, f. чорда, ергела; —hirt, m. коњутар; —huf, m. копита; —lenner, m. џамбас; —knecht, m. коњух, коњушар; —kopf, m. глава коњска; —leine, f. улар, оглавник, поводац; —mist, m. коњска балега; —nuß, f. врста великих ора; —schlächter, m. коњикоњевић; —schmuck, m. рат; —schwanz, m. —schweif, f. **Roßschweif**; —schwemme, f. купање коња; —silge, f. лесандра, smyrnium olus atrum; —stall, m. коњушница, ахар; —urin, m. вушница, мокраћа коњска; —zeug, n. f. —geschirr.
pfetzen, v. a. штипати.
Pfiff, m. звижд, звијук; fig. лукавство; (österr. Halbseitel), полић.
Pfifferling, m. паргањ; fig. ништа.
pfiffig, adj. хитар, лукав.
Pfingsten, f. **Pfingstfest**, n. духови, тројаки, тројице.
Pfingst-vogel, m. жути кос; —woche, f. тројичинска недеља.
Pfipps, m. попита, кика (у пераду).
Pfirsich, **Pfirsiche**, f. бресква, прасква (воће); —baum, m. бреска, бресква (дрво); —branntwein, m. бресковача, прасковача ракија.
Pflanze, f. раште, трава, биље, биљина, попурје; —en, v. a. садити, посадити, усадити; —enreich, n. царство биљно; —er, m. садитељ, мајуроц; (**Pflanzstock**), садаљка, садилица; —schule, f. расадник; —stadt, f. населбина; —stock, m. садаљка, садилица; —ung, f. сађење, сад; населбина.
Pflaster, n. тараца, калдрма; (auf **Wunden**), мелем, твор, творац, фластар; —er, m. калдрминџиja, тарацар; —geld, n. малтарина, тарацарина, калдрмина; —mauth, f. малта; —n, v. a. тарацити, калдрмити, калдрмисати, поваздрмисати, поваздрмити, поплочити; —stein, m. плоча, скрила; —treter, m. дангуба, дериклупа, беспосличар, клуподер.
Pflaume, f. —enbaum, m. шљива; —enbranntwein, m. шљивовица; —engarten, m. шљивик; —enhändler, m. шљивар; —enholz, n. шљивовина; —enmuß, n. пекмез, бестиљ; —enwasser, n. шљивовик.
Pflege, f. нега, одгоја, огоја, старање, неговање, гојење, храњење; скрб, скрбљење, брига, гледање, пастојање, лебдење; подруже; —ältern, pl. хранитељи, почим и помајка; —amt, n. туторство, старатељство; —befohlne, **M. & F.** —kind, n. —ling, m. храњеник, храњеница; —mutter, f помајка, хранитељка.
pflegen, v. a. неговати, гојити, нагојити, гајити, подгојити, лебдити, сњажити, блажити, тетошити, титорити, настојати, гледати; старати се, бригу имати, скрбити се; der **Ruhe** —, почивати; des **Rechts** —, су-

дитв; Unterhandlungen —, погађати се; eine Untersuchung —, истраживати; Freundschaft, Umgang mit jemanden —, друговати; — v. n. обичавати, обичајити, обичај имати; wie es zu geschehen pflegt, како обично бива; gepflegtes Kind, гојно дете.

Pfleger, m. неговатељ, гојитељ, скрбник, настојник, старатељ, хранитељ; — der Religion, законоша; —in, f. настојница, хранитељка.

Pflege-sohn, m. храњеник, посинак; —tochter, f. храњеница, поћерка; —vater, m. хранитељ, поочим.

Pflegling, m. s. Pflegbefohlene.

Pflegschaft, f. скрбство, старатељство.

Pflegung, f. гојење, настојање, гледање, неговање.

Pflicht, m. дужност, држанство; заклетва, при сега верности; —aufgabe, f. наложена дужност; —bar, —ig, adj. дужан; —brüchig, adj. против дужности; —los, adj. слободан од дужности; неверан; —mäßig, adj. дужан; adv. по дужности; —schuldig, adj. дужан; adv. по дужности; —schuldigkeit, f. дужност; —theil, m. законити део; —vergessen, adj. непокоран, неверан; —handeln, погазити дужност; —vergessenheit, f. неверност, невера, непокорност; —widrig, adj. дужности противан.

Pflock, m. клин; колац, дирек.

pflöcken, v. a. заглавити клином; притаћи, притицати, тркљати, поткљати, тачкати, потачкати, заколити.

pflücken, v. a. тргати, ускинути, убрати, обрати, брати, узабрати, узбрати, крунити, окрунити, кресати, кидати, накидати, чупати, скупсти, перутати (птицу).

Pflug, m. плуг, рало, ралица; (in Zus.), орни.

pflügbar, adj. оран.

Pflugballen, m. гредељ.

Pflug-beil, n. цртало; —eisen, —messer, n. лемеш, раоник, орало, цртало.

pflüg-en, v. a. орати, плужити; —er, m. ратар, плугар, орач.

Pflug-land, n. оравица, орађа земља; —reute, f. отик, оричак, оритак, отикач; —schar, f. лемеш; —sterze, f. ручица, рог, рукодрж, ралица, расоје.

Pflügung, f. орање.

Pflugwende, f. увратине.

Pforte, f. врата; die ottomanische —, порта отоманска.

Pförtner, m. вратар; —in, f. вратарица.

Pfoste, f. ступ; довратак, довратник.

Pfote, f. Pfötchen, n. шапа, шапица.

Pfriem, m. Pfrieme, f. шило, пражак, прљак, дервиш; —gras, m. ковиље, stipa pennata; —kraut, f. жуква, жуковина.

Pfropfen, Pfropf, m. чеп; (auf die Ladung), чеп, сукња.

pfropfen, v. a. чепити, зачепити; voll —, натрпати, напунити, набити; Bäume —, цепити, каламити, накаламити, наврнути, привруути, прицепити, пресадити; —, n. каламљење, цепљење, навртање, привртање, прицепљивање.

Pfropf-messer, n. косир, нож вртарски; —reis, n. калам, калем, наврт, вијова; —wachs, n. восак вртарски; —zieher, f. Korkzieher.

Pfründ-e, f. пребенда, добро црквено; задужбина, свештеничко благодејање; —ner, m. пребендар, благодејанац; (im Spital), шпитаљник.

pfuchzen, v. n. пухати као мачка.

Pfuhl, m. глиб, блато, мљава, каљуга, плошта; der Höllen —, попор паклени.

Pfühl, m. перина, узглавље, јастук.

pfuhlicht, adj. глибовит, каљужаст, блатнав.

pfui! f. фи, пи!

Pfund, n. фунт, фунта; fig. дар.

pfündig, adj. од фунте, фунтовни.

Pfund-leder, n. дебела кожа, поплат; —sohle, f. ђон, поплат; —wage, f. фунташ, фунташки кантар; —weise, adj. па фунту, фунту по фунту.

pfusch-en, v. n. петљати, пешњати, кварити занат; in etwas —, мешати се, пачати се у што; —er, m. кваризанат, надримајстор; —erei, f. крпарија, петљарија; —leben, n. петљарија, петљање, крпарење, живарење.

Pfütz-e, f. каљуга, глиб, бара, сплака, поплавица; —nass, adj. окаљужен.

Phänomen, n. појављење, појава.

Pharao, —spiel, n. фарао (игра); —mauss, f. фараунов миш.

Pharisäer, m. фарисеј, фарисеј.

Philosoph, m. филозоф, мудрац, мударац, мудрослов; —ie, f. мудрословље; —iren, v. n. мудровати, умно раздожити; —isch, adj. мудар, мудрослован, мудрословски, мудрачки, филозофијски, филозофски.

Physik, m. физика, јестаственица, природословље, сплословље; —er, m. физичар, сплослов.

Physiognom, m. лицослов; —ie, f. лице, обличје.

physisch, adj. природан, физички, физичан; —e Person, поједина особа.

Piaster, m. грош.

pichen, v. a. смолити; — v. n. пијуцкати; — n. смољење: пијуцкање.

Pickelhäring, m. лакрдијаш, луда; чауш.

Pickelhaube, f. кацига.

picken, v. a. кљувати, куцнути, кљунути, кљуцати, искљувати, накљувати, укљунути; — n. кљување, кљуцање.

Picknick, n. пикник.

Picket, n. пикет, чета, стража; (im Spiel), пикет.

Pietist, m. богомољац, лицемер, лицемерац; —erei, f. богомољство, лицемерство.

Pik (in der Karte), n. пик, зелена (у карта).

Pike, f. копље; —nier, m. копљаник.

Pilger, Pilgrim, m. поклоник, хаџија, ходочастник, путник побожни; —tasche, f. тквица, тиква; —schaft, —fahrt, Pilgrimschaft, f. хаџилук, ходочашће, ходочаство побожно путовање; —stab, m. штап, штака путничка; —tasche, f. торба путничка, бисаге.

Pille, f. пилула.

Pilot, m. пилот.

Pilz, m. s. Bilz.

Pimpelmeise, f. модра сенпца.

Pimpernuss, f. —baum, m. клокочика,

Pimpinelle, f. бедринац, бедрешик; јарчија трава.

Pin, m. Pinie, f. пињ (плод).

Pinien=baum, m. пињ (дрво).

Pinne, f. чавлић, брукница.

Pinsel, m. кичица; fig. блесан, глупан; —n, v. a. мазати; — v. n. цвилети, јаукати, јадиковати.

Pinte, f. пинта, ока, врч.

Pionnier, m. опкопник; —corps, n. опкопништво.

Pipe, f. бачва.

pipen, v. n. пијукати, пијукнути, пиштати; —n. пијук, пијукање.

Piquet, f. Piket.

Pirolt, m. f. Goldamsel.

Pisang, m. рајска смоква, смоковница.

Pisse, f. мокраћа, пишаћка; пишањак; —n, v. a. мокрити.

Pisstopf, m. врчина.

Pistazie, f. —pвант, m. клокочика.

Pistol, n. Pistole, f. пиштољ, самокрес, мала пушка, кубура; mit Silber beschlagene —, ледевница, сребрњак.

Pistole, f. пистола (новац).

Pistolen=holster, m. кубура; —schuß, m. хитац из пиштола.

Placat, n. разглас, проглас, објава, прибој.

plachen, v. n. (beim Feuern der Soldaten), неуредно пуцати; — v. a. лепити; збијати; (plagen, quälen), мучити, кињити; sich mit etwas —, мучити се, кињити се, патити се.

Placker, m. мучитељ, неуредан прасак; —ei, f. мука, патња, труд, брига.

Plafond, m. таван, таваница.

Plage, f. мука, брига, труд, скрб; (Landplage), бич; —geist, m. мучитељ, мука, досада.

plagen, v. a. кињити, мучити, костоломити; досађивати; sich —, мучити се, пелепсати се.

Plageteufel, Plager, f. Plagegeist.

plan, adj. раван, једнак, пљоснат; fig. јасан, очевидан.

Plan, m. намера, намерење, основа; (Ebene) равница, равнина.

Planet, m. планета, звезда покретна; —enbahn, f. колотечина, пут планетски.

planir=en, v. a. равнити, сравнити, поравнити; угладити; Papier —, прати папр; —wasser, n. кијаша вода.

Planke, f. даска, треница, проштац, талпа, тараба.

plänkeln, v. n. чаркати се, пушкарати се; —n. пушкарање, чаркање.

planken, v. a. уровити, уравјати прошће.

planschen, plantschen, v. a. брчкати, пљускати по води.

Plapper=er, m. —maul, n. —tasche, f. блебетуша, чегртаљ, зановетам, куретало, брбљавац, мутљага; —ei, f. блебетање, брбљање; —haft, adj. брбљав; —haftigkeit, f. брбљавост; —n, v. n. брбљати, блебетати, клапрњати, куретати, зановетати, тртосити.

Plätte, f. дерјања, дрека.

plärren, v. n. дречати, плакати, дерати се.

Platina, f. платина, бело злато.

platschen, v. n. пљеснути, пљескати.

plätschen, v. a. & n. брчкати, пљускати, пљескати, брчпути.

platt, adj. раван; плосан, пљоснат; гладак; jасан; —machen, распложтити; —deutsch, adj. пископемачки, просто пемачки.

Platte, f. плоча; лист; (ein geschorner Kopf), hela; (eines Nagels), главица, глава; (ebene Fläche), равница, равнина.

Plätte, f. сплата; утија.

Platteisen, n. утија.

Platteisse, f. иверак, швоља (риба).

platten, plätten, v. a. таљити, плоштити; гладити; равнити, поравнивати; утијати.

platterdings, adv. баш, управо, посве.

Plattererbse, f. састрица.

Platt=fisch, m. f. Platteisse; —heit, f. плоснатост; fig. простоћа, плиткост; —kopf, m. плосноглав; —laus, f. Filzlaus; —mühle, f. ламарница; —nase, f. плоснат нос.

Platz, m. прасак, праска, тресак.

Platz, m. место; пијаца, тржиште; (Raum) место, простор; (Flecken) лепиња; —nehmen, сести; auf dem —e bleiben, погинути; (Amt, Dienst), служба, место, част.

Platz, (in Zus.) местни; —büchse, f. Klatschbüchse.

platzen, v. n. пукнути, треснути, лупнути, пуцати, трескати, лупати.

platzen, v. a. пљуснути, пљускати; лупити, ударити.

Platzer, m. прасак, тресак, пљуска.

Platzgold, f. Knallgold.

Platz=halter, m. намесник.

Platzpulver, f. Knallpulver.

Platzregen, m. пљусак, бујна киша.

Plauberer, m. приклапало, наклапало, гатало, напрдало, бенетало, блебеташ, таландара, блебетуша, брбљавац; —in, f. брбљање; —haft, adj. брбљав; —haftigkeit, f. брбљавост; —maul, n. f. Plauberer.

plaubern, v. n. брбљати, приклапати, капрдати, блебетати.

Plaubertasche, f. блебетуша, брбљавац, брбљавица.

Plinsen, Plinzen, f. Blinzen.

Plötze, f. црвенперка (риба).

plötzlich, adj. прек, нагао, неван; — adv. нагло, из ненада, из небуха.

Pluderhosen, f. pl. димлије, плундре.

plump, i. пљус! бућ!

plump, adj. неотесан, неспретан, несвладан, здепаст.

plumpen, v. n. пљуснути, пасти, бућкати, бућнути, бућнути (у воду).

Plumpheit, f. несвладност, неотесаност, неспретност.

Plumpkeule, f. Plumpstock, m. буквало.

Plunder, m. трало, трице, старе.

Plünderer, m. одир, одор, пљачкаш.

Plunder=kammer, f. соба за стареж; —kram, m. траје, трице, стареж.

plünder=n, v. a. пленити, робити, пљачкати, одирати, харати; —ung, f. плењење, робљење, пљачкање, пљачка.

Plüsch, m. плиш, вунен аксамит.

Pöbel, m. пук, сметина, простаци; —haft, adj. простачки; —sprache, f. простачки језик;

—volk, n. простаци; —wort, n. простачка реч.

Pocharbeiter, m. (im Bergw.), радник у рудној ступи, ломац.

pochen, v. a. & n. куцати; тући, бити, ударати; разбити, разбијати; Erz —, ступати руду; (lärmen), викати; auf etwas —, упирати се у што, рачунати на што; поносити се чиме.

Pocher, m. (beim Bergbaue), ломац: (Prahler), хвасталац.   [рудна.

Poch-mühle, f. —werk, n. рудни млин, ступа

Pocke, ꝛc. s. Blatter, ꝛc.

Podagra, n. гута, улози у ногу.

Poesie, f. песништво.

Poet, m. песник; —isch, adj. песнички.

Poffesen, f. pl. завијача.

Pökel, m. саламура; —fleisch, n. слано месо; —n, v. a. солити, посолити, метнути у саламуру.

pokuliren, v. n. пити, пијанчити.

Pol, m. пол, стожер.

Polar-stern, m. поларна, северна звезда; — kreis, —zirkel, m. округ, круг поларни.

Polei, m. пулиш, пуљашак (трава).

Polenta, f. качамак, кућа, мамаљуга.

Polhöhe, f. поларна висина.

Polireisen, n. гладило.

polir-en, v. a. лаштити, гладити, улаштити, угладити, отворити; —er, m. лаштилац; —stahl, m. —stock, n. —zahn, m. гладило; —ung, Politur, f. лаштина, лаштење, глачина, глађење, отварање.

Polizei, f. полиција, редарство: (in Zus.) редарствени; verschärfte —, стега.

Polize, f. bei den Kaufleuten), потврда обезбеђења.

Poll, m. Pollmetz, n. исевци.

Pöller, m. прангија, мужар, тарацка.

Polster, m. јастук, узглавница; блазина, тудела; —n, v. a. напунити, набити (перјем, струном итд.); —tanz, m. јастучић; —überzug, m. навлака, повлака, навлака.

Polter-abend, m. свадбено вечерње весеље; —er, m. букало, кричало; —geist, m. типтилин, малик, маличац; —kammer, f. соба за стареж; —n, v. n. клопарати, тандркати, тандрнути; викати, кричати; —stock, m. јаргола (од тимуна).

Poly-andrie, f. многомуштво; —gamie, f. многоженство.

Pomade, f. помада, мирисна маст.

Pomeranze, f. нбаит, m. неранча, поморанча; —nschale, f. кора од неранче.

Pommer, m. поморанац, поморски пас.

Pomp, m. гиздa, великолепност; —haft, adj. гиздав, великолепан.

Pontak, m. понтак (вино).

Ponton, m. тумбас.

Pontonier, m. мостовник.

Pony, m. (Pferdchen), дуплаш.

Popanz, m. страшило.

Pope, m. поп, попа; Popen-, поповски; Pope sein, поповати; zum Popen weihen, попити; sich zum Popen weihen lassen, попити се.

Popel, s. Rotz.

populär, adj. пучки, прост, разговетан; мио народу.

Popularität, f. омиљеност у народу.

Porphyr, m. порфир.

Porren, m. прас, allium porrum.

Port, s. Hafen.

Portal, n. двери, врата.

Portechaise, f. носиљка.

Portefeuille, n. (Brieftasche), бележница.

Portier, m. вратар.

Portion, f. оброк.

Porto, n. поштарина; —frei, adj. без поштарине.

Porträt, n. слика, прилика, салик.

Portulack, n. тушац, тушт.

Porzellan, n. порцулан; —en, adj. од порцулана; —erde, f. порцуланска земља; —scherbe, m. шарац (коњ).

Posament, n. пасаман; —irer, m. појасар, казаз.

Posaune, f. труба, трубља; —n, v. n. трубити; —nbläser, —r, m. трубач.

positiv, adj. ставан, јамачан; — adv. становито, јамачно, заиста, доиста.

Positiv, n. мале оргуље.

Positur, s. Stellung.

Posse, f. лакрдија, шала, лудорија.

Possen, m. пркос; Jemanden einen — spielen, пркосити коме; einem etwas zum — thun, учинити коме што уз пркос.

possen, i. лудорије, трице!

possen-haft, adj. смешан, шаљив, забаван; —macher, —reißer, m. лакрдијаш, шаљивчина; —spiel, n. лакрдија.

possirlich, adj. смешан, забаван; —keit, f. смешност.

Post, f. (Artikel), чланак; (in einem Handlungsbuche), ставка, свота.

Post, f. пошта; (in Zus). поштни, поштански, поштарски; —amt, n. пошта; —beamte, —bediente, m. чиновник поштански; —bedienung, f. служба на пошти; —bote, m. гласник, књигоноша; —conducteur, m. поштарски проводник.

Postament, n. подножје.

Posten, m. место, служба, част, уред; (Geldposten), свота новаца.

Postenlauf, m. течај пошта; der — ist offen, поште теку.

Postenträger, m. стоку̌нлици; —in, f. стоку̌нанка, стоку̌на.

Posterität, f. потомство.

post-frei, adj. прост од поштарине; —geld, n. поштарина; —halter, m. поштар; —haus, n. пошта; —horn, n. рог поштарски.

Postille, f. књига од предика.

Postillon, m. поштански слуга.

Post-knecht, s. Postillon; —meister, m. поштар; —ordnung, f. ред за поште; —papier, n. фина артија; —pferd, n. поштански коњ; —säule, f. миља, ступ од миље; —schiff, n. брод поштарски; —schreiber, m. писар на пошти.

Postscript, n. Nachschrift.

Post-straße, f. пут поштански; —tag, m. дан поштански; —wagen, m. кола поштанска;

—weg, m. f. Poſtſtraße; —weſen, n. поштарство; —zug, m. спрега поштарска.
Poſtulat, n. захтев.
Potage, f. јуха, чорба.
Potentat, m. владар, владалац, владатељ.
Pottaſche, f. пепељача, болош, пепео; —ſieber, m. пепељар.
Pottfiſch, m. кит (риба).
potz! potztauſend! (potz Henker! potz Wetter!) глс, путо, до ђавола, до врага.
Präbende, f. задужбина, ſ. Pfründe.
Präcarium, n. изможен зајам.
Pracher, prachern, ſ. Bettler, betteln.
Pracht, f. гнзда, велеленост; светлост, сјајност, дивота, раскош; —ausgabe, f. раскошно издање; —bett, n. одар, постеља парадна; —himmel, m. небо.
prächtig, adj. красан, гиздав, велелепан, сјајан, светао, диван.
Pracht-kegel, m. обелиск; —werk, n. књига велелепна, красно дело; —zimmer, n. соба.
Präcipitat, n. оборина (in der Chemie).
präcipitiren, v. a. (in der Chemie), оборити.
präcis, adj. точан, тачни.
Practicant, m. вежбеник.
practiciren, v. a. (ſich zu einem Amte vorbilden), вежбати се у чему; (als Arzt ꝛc.) практиковати, радити какву уметност.
Practicus, m. вештак; ein alter —, стари лис.
practiſch, adj. практичан, практички, делотворан, удесан.
Prädeſtination, f. предопредељење.
Prädicat, n. назив, придевак.
Präfect, m. начеоник, управитељ.
Prägeeiſen, n. калуп.
prägen, v. a. утиснути; Geld —, ковати новце; ins Gedächtniß —, памтити, тубити.
Prägeſtock, m. ſ. Prägeeiſen.
prahl-en, v. n. поноcити се, хвалити се, величати се, дичити се, хвастати се, разметати се, разбацивати се; —en, n. —erei, f. хвастање, разметање, разбацивање, хвалисање; —er, m. хвасталац, хвалиша, хвалилац; —erei, f. ſ. Prahlen; —erin, f. хвалисача; —eriſch, adj. —haft, adj. хвалисав, разметљив, хваcтав; —haftigkeit, f. хвастање; —hans, ſ. Prahler; —ſucht, ſ. Prahlhaftigkeit.
Prahm, m. компа, скела.
Prälat, m. прелат, архијереј, сановник црквени.
Präliminare, n. предходни (рачун, мир, птд.).
prall, adj. затегнут, напрегнут.
Prall, m. одсков, одбој, одудар; —en, v. n. одскочити, одскакати; одбити се, одбијати се; —en, n. одскакање, одбијање.
Prämie, f. дар, уздарје, награда, накнада; (Tare), одродбина (Aſſecuranz —), пристојбина за обезбеђење.
Prämonſtratenſer, m. извесни ред калуђера у католика.
prangen, v. n. сјати, сјати се, гиздати се.
Pranger, m. трлица, пеленгир, срамотиште.
Pränumer-ant, m. предбројник, уписник; —ation, f. предбројење; —iren, v. a. предбројити.
Präpoſition, f. ſ. Vorwort.
Präſent, n. дар, поклон.

Präſentation, f. представа на какву област; (eines Wechſels), поднесак (менице за исплату).
Präſentatum, n. дан представе.
präſentiren, v. a. представити кога; поднети, поклонити.
Präſentirteller, m. служавник, поднос, послужавник.
Praſer, m. праз (камен драги).
Präſident, m. председник.
präſidiren, v. n. председавати.
Präſidium, n. председавање; председништво.
Praß, m. гомила старежа.
Praſſelgold, f. Knallgold.
praſſeln, v. n. праскати, пуцати; —n. праска, праскање, пуцање.
praſſ-en, v. n. частити се, раскошно, неумерено живети; —er, m. расипкућа.
präſumm-iren, v. a. предпостављати; —tion, f. предпостављање.
Prätext, m. изговор, излика, ſ. Vorwand.
präventiv, adj. предодвратни.
Praxis, f. вежба, вежбање, обичај.
predig-en, v. a. предиковати, проповедати; Aufruhr —, узбуњивати; —er, m. предикатор, проповедник.
Predigt, f. предика, проповед, беседа духовна, реч божја, поучење; —amt, n. проповедништво.
Preis, m. цена; (Belohnung), награда, плата, дар; (Lob), хвала, похвала; was iſt der letzte —? ода шта недаш то? um keinen —, ни по што, за главу; einen — auf die Waare ſetzen, заценити; einen — auf weſſen Kopf ſetzen, уценити главу чију; —aufgabe, f. ſ. Preisfrage; —ausſchreibung, f. распис награде; —courant, m. ценовник, —frage, f. наградоноcно питање, распис награде.
preiſen, v. a. хвалити, славити, величати; ценити, уценити; eine Waare —, заценити робу; einen glücklich —, држати кога за сретна; Gott —, славити и хвалити Бога.
preisgeben, v. a. дати, оставити, напуcтити; — der Gefahr, изврћи кога опасности.
Preis-ſchrift, f. награђено дело; —würbig, adj. хвале, славе достојан, дара вредан; приличне цене; —würbigkeit, f. хвала, слава; —zuerkennung, f. досуда награде.
Prelle, f. ступица, жлезве.
prell-en, v. n. одскакати, одбијати се; — v. a. одбијати; преварити; —er, m. одбој; варалица; —erei, f. fig. варање, превара; —ſchuß, m. пуцање на одбој.
preſſant, adj. хитан, журан.
Preſſ-e, f. преса, тесак, менђеле; (Druckerpreſſe), штампа, тисак, печатња; (bei Wachsziehern), ступа; —en, v. a. гњечити, стискати; ојимати, прешати, тештити; (den Rauchtabak), калупити; (bebrücken), гњечити, тлачити, давити; —er, m. тискар, тлачитељ.
Preß-freiheit, f. слобода штампе; —geſetz, n. закон о штампи, о тиску.
Preßglanz, m. светлоcт.
prickeln, v. a. бости, боцкати.
Prieſter, m. редовник, духовник, свећеник, поп, месник, свештеник, жупник; einen —

entweihen, распопити; zum — weihen, "опнти, запопити; —amt, n. редовништво, поповање, поповство; —in, f. редовпица, свештеница; —lich, adj. редовнички, свештенички, поповски; —rock, m. мантија; —schaft, f. —stand, m. —thum, n. редовништво, поповство; —weihe, f. запопљавање.
Primas, m. примат, првостолник.
Primat, n. првенство.
Primawechsel, m. прва меница.
Prime, f. први ред; прва.
Primogenitur, f. првородство.
Princip, n. начело.
Principal, m. старешина, господар.
Prinz, m. принцип, кнежевић, краљевић, царевић; —essin, f. принцеза, књежевска, краљевска, царска кћи; —lich, adj. принципов, принципски; —metall, m. туч, мед.
Prior, m. настојник; —in, f. настојница.
Priorität, f. првенство.
Prise, f. шмрк; плен.
Pritsche, f. (des Harlekins), лопатица, сабља древна; (in Hauptwachen), леса, постеља, кревет; (beim Federballspiel), лопар; (in den Schulen), прут; (am Schlitten), седало (иза саоница.)
pritschen, v. a. ударити (штапићем), дати бачету пацке.
privat, adj. посебан, посебнички, приватан; —ier, m. —mann, m. посебник.
Privet, m. заход, проход.
Privilegi-en-, (in Zus.) повластични; —ten, v. a. повластити; —um, n. повластица.
probat, adj. доказан, поуздан, прокушан; —es Heilmittel, лек искуством потврђен.
Probe, f. проба, доказ, искушење; оглед; (Muster vom Tuch), образац (сукна); (Stempelinstrument), огледка; —, (in Zus.) огледни; —blatt, n. —bogen, m. проба, лист за углед; —haltig, adj. тврд, потврђен; —jahr, n. година за оглед.
proben, v. a. пробати, покушати, окушати; das Maß — подмерити.
probiren, f. proben.
Problem, n. проблемат, задаћа, задатак; —atisch, adj. проблематичан, проблематички, сумњив, неизвестан.
Probst, m. препозит, препошт.
Procedur, f. поступње.
Procent, n. процента, настотница, постотак.
Procession, f. литија, процесија, проштење.
Proclam-ation, f. проглас; —iren, v. a. прогласити.
Procura, m. пуномоћје; —tor, m пуномоћник.
Producent, m. производник; показатељ.
produciren, v. a. произвоџити; eine Urkunde —, показати исправу.
Product, n. плод, производ; исход.
productiv, adj. плодни, плодовити, плодоносан.
profan, adj. непосвећен, светован, поган.
Profeß, f. завет; —m. завештеник, заветник.
Profession, f. занат, занимање; —ist, m. занатлија.
Professor, m. професор, учитељ.
Professur, f. професура, учитељство.
Profil, n. профил; im —, с по носа.

Profit, m. корист, лобитак.
Profoß, m. профуз, тамничар.
Programm, n. распоред.
Prolog, m. пролог, предговор, прослов.
prohibitiv, adj. забрански.
Project, m. предлог.
Prolong-ation, f. продужење; —iren, v. a. продужити.
promulgiren, v. a. разгласити (закон).
Prophet, m. пророк; —in, f. пророчица; —isch, adj. пророчки.
prophezei-en, v. a. прорицати, пророковати; —ung, f. пророковање, пророштво.
Propination, f (eines Getränkes), право точења.
proponiren, v. a. предложити.
Proportion, f. размер; —irt, —irlich, adj. размеран.
Proposition, f. предлог.
Porog-ation, f. одгођење; —iren, v. a. одгодити.
Prosa, f. проза; —isch, adj. прозаичан, прозанчки.
Proscribirter, m. прогнаник.
Proselyt, m. обраћени, обраћеник; —enmacherei, f. бес од обраћивања.
Prospect, m. вид, поглед, оглед.
Protection, f. (Schutz), заштита.
protegiren, v. a. штитити, заштитити, бранити.
Protest, m. (eines Wechsels), просвед; (Widerspruch), противљење, ограда.
Protestant, m противстант; —in, f. противстанткиња; —isch, adj. противстантски.
protestiren, v. n. (einen Wechsel), просведовати; (widersprechen), противити се, противусловити, оградити се.
Protokoll, n. протокол, записник, матица; —iren, v. a. ставити у записник.
Protopresbyter, m. прото, прота, протопоп, протопресвитер; zum — machen, запротити.
protzen, v. n. пркосити; — v. a. дигнути, припранити гоп.
protzig, f. trotzig.
Protz-kette, f. ланац у коли топовски; —nagel, m. клин у коли топовски; —wagen, m. кола топовска.
Proviant, m. храна, јело, таин, заира, провијанта; —haus, n. хамбар; —meister, m. настојник запре.
Provinz, f. покрајина, земља.
provinzial, adj. покрајински.
Provinziale, n. (im Gegensatze zur Militärgränze), наорија.
Provision, f. (bei Wechseln) провидба; (Vorrath), залиха; (Entgelt), плата, обитак.
Provisor, m. провизур.
provisorisch, adj. привремен. [стање.
Provisorium, n. привременство, привремено
Provocation, f. изазив, изазивање.
provociren, v. a. изазвати, проузроковати.
Prozeß, m. парница, парба, правда, терба; (in Zus.), парнички, парбен.
prozessiren, v. n. правдати се, прети се, парбити се.
Prozeß kosten, pl. карати, трошкови парнички; —sache, f. ствар парничка, парница.
Prudel, m. пара, сапа; (bei den Jägern), кал, каљужа; —, v. n. кловтати, врети.

prüf-en, v. a. искушавати, кушати, окушати; испитивати кога о чему; (einen Schüler aus der Section prüfen) слишати; eine Urkunde —, прегледати исправу је ли права или не: —ung, f. искушавање, кушање, огледање; испит; прегледање.
Prügel, m. батина, сопа, кија, кијак, ајдамак, супруга, тојага, тољага, пањиковача; —bank, f. дереш, мацке; —ei, f. бој, батине; —n, v. a. тући, бити, батинати, воштити, лијати, девенати; zu Tode —, примлатити, убити; ein wenig ⋯, пропустити кроз шаке.
Prunk, m. гиздa, велелепност, парада; —en, f. prangen; —voll, adj. гиздав, великолепан.
Psalm, m. псалам; —ist, m. псалмовевац.
Psalter, m. Psalmbuch, п. псалтир, салтер.
pst! i. пст!
Publication, f. проглашење, разглашење, објава.
publiciren, v. a. прогласити, објавити.
Publicität, f. јавност.
Publicum, n. општинство.
Pudel, m. брадаш (врста пса); (Versehen) погрешка; —mütze, f. шубара.
pudeln, v. n. (im gem. Leben) фалити, промашити.
pudelnärrisch, adj. шаљив, смешан.
Puder, m. прах за косе, олпутер; —n, v. a. олпутерисати, напрашити.
puff! i. хоп!
Puff, m. ударац; auf —, на веру; (Zeitungspuff) измишљотина, лаж.
puff-en, v. a. тући, лупати, ударати; Tabak —, пуцкати; —, v. n. лупнути, треснути, пуктати; —er, m. мали самокрес, пиштољ за џеп.
Puls, m. било; —schlag, m. бијење, куцање била.
Pult, m. налоња, певница, тезга.
Pulver, n. (Schießpulver) барут, прах; (zur Arznei) прах, прашак; —fabrik, f. барутана; —flasche, f. чила, басма; —horn, n. барутни рог; —stren, —n, v. a. сатрти, самлети у прах; —kammer, f. —mühle, f. —

Schirm, m. —magazin, n. барутана; —wagen, m. кола барутна; —wurst, f. кобасица.
Pimpre, f. шмрк.
pimpen, v. a. вући на шмрк.
Pimpen-schwengel, m. ручица од шмрка; —werk, n. шмрк.
Pumpernickel, m. вестфалски хлеб, трушница.
Pumpstinte, f. (der Kinder) пушкарица, пуцаљка.
Punst, m. точка, тачка, чланак,
pünktlich, adj. точан, тачан; —keit, f. точност, тачност.
punktiren, v. a. бости; тачкице правити.
Punktur, f. бод.
punzir-en, v. a. званично ударати оглед у сребра и злата.
Pupille, f. (Waise) сирота; (Mündel), закриљеник, закриљеница; (minderjährig überhaupt), малолетник, малолетница; (im Auge) зеница; —ngelder, pl. сиротињски новци.
Puppe, f. Püppchen, п. лутка, бешка, бепче; (vom Schmetterling), чаура, кожурица.
Puppen-spiel, n. лутке; детиња игра; fig. детињарија.
purgir-en, v. a. чистити, очистити; — v. n. чистити се, на чишћење узимати.
Purpur, m. —kleid, n. порфира, гримиз, багор, багреница; —farben, —roth, adj. гримизан, румен; —lippen, pl. f. румене усне; —schnede, f. гримиз, гримизов пуж.
purzeln, f. burzeln.
Puste, f. (in Ungarn) пустара.
Pustel, f. бубуљица, чибуљица, гнојавица, гнојаница, пухла, свиларица.
Putz, m. урес, направа, накит; —en, v. a. (reinigen), чистити; (schmücken), китити, ресити, управљати; das Licht — убрисати, усекнути свећу; den Bart —, браду брити, брјати; die Sterne — sich, звезде претрчавају, падају; fig. jemanden —, сапунити кога; sich —, тимаровати се, китити се, кинђурити се, гладити се; (von Vögeln), вивати се; —scheere, f. f. Lichtscheere; —tisch, m. за пиперовање; —zimmer, n. —stube, f. соба парадна.
Pyrolt, m. f. Goldamsel.

Q.

Quabbelig, adj. дркћућ, трепећућ; туст, надут, надувен, буцмаст.
quabbeln, v. n. дрктати, трести се.
quackeln, v. n. климати се, дрмати се.
Quackfalber, m. шарлатан; —in, f. шарлатанка; —ei, f. шарлатанство, шарлатанија; —n, v. n. шарлатанити.
Quader, —stein, m. —stück, n. плоча четвороугелна, тесан камен, стечак.
Quadrat, n. четвороугао, четворокут; —fuß,

m. четвороугаона стопа; —meile, f. четвороугаона миља; —ut, f. квадратура.
quadriren, v. a. квадрати, сквадрати; — v. n. (passen), пристојати се, личити, доликовати.
Quadrupel, m. четвороструко; — adj. четворострук.
quaksen, v. n. брбљати, блебетати.
quaken, v. n. крекетати.
quäken, a. n. цвикати, цвркати, квечати.
Quäker, Quaker, m. квекер.

Qual, f. патња, мука, вина; große —, жива мука; —en der Hölle, паклепа мука.
quälen, v. a. мучити, књити, патити, намучити, грсти, загризати, заједати; sich —, v. r. мучити се, патити се, намучити се, напатити се; —er, —geist, m. мучитељ; мука.
Qualification, f. способност; —sguthachten, п. мњење о способности.
qualificiren, sich, v. r. оспособити се; qualificirt sein, бити способан.
Qualität, f. каквоћа; (Güte), доброта.
Qualm, m. дим, густа пара; —en, v. n. димити се, пушити се.
Qualster, m. хракотина, хракање. [мпоштво.
Quantität, f. количоћа; (Maß), мера; (Menge), quantsweise, adv. само тако, од ока.
Quantum, n. einer Sache, количина ствари.
Quappe, f. манић, жабић (риба).
Quarantaine, f. карантина, четрдесетница, лазарет, колиба; —diener, m. колибаш.
Quark, (Quarg), m. свеж, мек спр; грушевина чиста; (Koth), глиб, блато, кал; (Plunder), трице, којешта; —käse, m. млаћеница, стрижата.
Quarre, n. тупље коло.
Quart, n. четврт; четвртина; —al, n. три месеца, четврт године; — adj. четвртгодишњи; —aliter, adv. четвртгодишње, сваке четврти годишње; —anfieber, n. четвртодневица; —ant, m. књига у четвртини.
Quarte, f. (in der Musik), четврта.
Quartett, n. квартет, четворопев.
Quartier, n. четврт; (an Schuhen), пета; (Wohnung), квартир, стан; (Nacht—), ноћиште, конак; (einer Stadt), кварт, махала; —beitrag, m. доплата за стан; —en, v. a. настанити, разредити по квартири; —geld, n. станарина, конаковина; —meister, m. ставоређа, коначџија.
Quartseite, f. страна од четвртине.
Quarz, m. белутак; —icht, adj. белучаст; —ig, adj. белучав.
Quaste, m. кита.
Quästchen, n. китица.
Quästion, f. запит; —sschreiben, n. уредовно запитно писмо.
Quatember, m. кватре; четвртлеће; —gelder, pl. n. (Bergw.) четвртлетњина.
quatschelig, adj. — es Wetter, качкавица, блечкавица, лапавица.
quatschen, v. n. брчкати, пљускати; (vom Kothe), блечкати се.
Quecke, f. Queckengras, n. Queckenweizen, m. пиревина, triticum repens; слак.
Quecksilber, n. жива, живо сребро.
Quehle, f. s. Handtuch.
Quell-e, f. вир, врело, извор, врутак, вруња, око, студенац; —en, v. n. извирати,

врети; истицати, протицати; (ausquellen), парасти, дигнути се, набубрити; — v. a. мочити; —sand, m. песак из врела; —wasser, n. жива вода.
Quendel, m. мајкина душица.
Quentchen, n. драм.
quer, adj. прек, попречан; — adv. преко, попреко, упреко; —art, f. обостраница (секира); —balken, m. преворница; обртаљка.
Querbret, n. пречага, пречаница.
Quere, f. преко, ширина; in die —, nach der — liegen, попреко лежати; in die Länge und in die —, преко и уздуж; fig. in's Kreuz und in die — reden, лупати као путо о лотру; es geht alles in die —, све иде наопако; es ist mir etwas in die — gekommen, стало ми је пешто на пут.
quer-feld, adv. преко поља и ливада; —gasse, f. попречна улица.
Querholz, n. (am Tische), кумак; (der Wasserträgerinnen), обраница, обрамница, обрамица, обрамњача; (über dem Boden der Wanne), ham; (am Rechen), било.
Quer, m. мешница; —en, v. a. мешати.
Quer-linie, f. потез попречни; —pfeife, f. гајде; —pfeifer, m. гајдаш, свирац; —sach, m. бисаге, пртењача; —sattel, m. женско седло; —stab, m. (beim Weben), штапац; —stange, f. (am Wagen), чатлов; —straße, f. пут, улица попречна; —strich, m. потез преки; fig. запрека; —weg, m. пречац, преки пут.
querüber, adv. преко.
Quetsch-e, f. клеште; in der — sein, у шкрипу бити; —en, v. a. гњечити, гњавити, трти, ломити; смрскати, смрескати; —ung, f. убој.
quid, adj. жив. [штати.
quidden, v. n. цврчати, цикати, шкрипати, пиQuiescent, m. почивник.
Quincaille, f. титренке.
Quinte, f. пета.
Quintessenz, f. језгра.
Quintett, n. квинтет, петопев.
Quirl, s. Querl.
quitt, adv. клиц; wir sind —, сад смо клиц, сад више писмо један другом дужни.
Quitt-e, f. гуња, дуња, туња, дгуња; —enbaum, m. туња, гуња, дуња; —engelb, adj. жут као гуња; —enlatwerge, f. мацун од гуња.
quittir-en, v. a. памирити, намирницу дати врху каквих новаца; — den Dienst, иступити из службе; —ung, f. намирење; иступање.
Quittung, Quittanz, f. квитанција, квита, намирница, признаница.
Quitze, s. Ebereshe.
Quodlibet, n. кводлибет, мешавина, свашта.
Quote, f. изнесак; quoter Theil, изнесни део.
Quotient, m. количник.

R.

Raa, f. лантина (на јарбулу); —segel, n. велико једро.
Rabat, m. попуст.

Rabatte, f. сувратак; лешица, гредица.
Rabbin-er, m. равин, рабин ;* —isch, adj. рабински, рабинов, равински.

Rabe, m. гавран, вран, гаљић.
Raben-aas, n. стрвина, мрцина, леш; —ältern, pl. немилосни родитељи; —feder, f. перо гаврапово; —geſchrei, n. грактање; —kräɦe, врапа црпа; —mutter, f. пемилосна мати; —ſchwarz, adj. вран, црп као угљеп; —ſtein, m. стратиште, губилиште; —vater, m. немилостап отац.
Race, f. пасма, пасмина, врста, сој, багра, вела, вајта.
Rache, f. освета; der — наhдеђеп, пизмати се; —nehmen, осветити се.
rächen, v. a. светити, кајати, окајати, осветити; ſich — v г. осветити се, светити се.
Rachen, m. ждрело, грло, чељуст, ждвало.
Rächer, m. осветник; —in, f. осветница.
Rach-gier, —ſucht f. пизма, осветњивост осветољубље; —gierig, —ſüchtig, adj. пизмен, осветољубив,жељан освете, осветљив; —gierige, —ſüchtige, m. пизматор, злопамтило; —gierigkeit, ſ. Rachgier; —ſchwert, n. мач од освете; —ſucht, ſ. Rachgier.
Racker, m. живодер, питков, мрцина.
Racket-e, f. ракета.
Rad, n. точак, коло, котач, текун; Räder am Pfluge, колечке; Räder aus einem Stücke, врнџун; —bohrer, m. сврдло коларско.
Rädchen, n. котачић; (ап den Sporen); жврк, радит.
rabebrechen, v. a. на точак ударити; fig. die Wörter, die Sprache —, кварити, ломити језик; штрбекати, штрбецати.
Rabchaue, f. трпокоп.
Rädel, **Räder**, m. решето.
rädeln, rädern, v. a. решетати.
Rädelsführer, m. коловођа.
Rademacher, m. колар.
Raben, m. дивљи мак.
rädern, v. а. колом изломити кога.
Räberwerk, n. колеса.
Radfelge, **Rabeſelge**, f. гобела, паплотак, наплатак.
Rabgeleiſe, n. колосек, вагаш.
Rabieß, m. —chen, n. ротква месечарка.
Rabireiſen, n. гујба, длето.
rabir-en, v. а. истругати; in Kupfer —, сећи кренком водом, утворити; —kunſt, ſ. Aetzkunſt; —meſſer, n. ножић за стругање; —nabel, f. игла.
Rab-nagel, m. чивија; —ſchiene, f. шина; —ſchuh**, m. паочапци; den —ſchuh anlegen, паочити, упаочити; —ſpeiche, f. спица, палац; —ſpur, f. колосек, вагаш.
Raffel, f. перајица, чешаљ.
raffen, v. a. грабити, пограбити; грабити се; приграбити, разграбити.
Raffinabe, f. чист, фини шећер.
raffiniren, v. а. (läutern) чистити; — v. п. (nachſinnen), мудровати.
Raffzahn, m. зуб, кука.
Rahm, m. скоруп, повлака, кајмак.
Rahme, f. (am Fenſter), оквир, оплата, ћерчиво.
Rahmen, m.(eines Gemäldes), оквир, оплата, ћерчиво, корњача; (zum Sticken), ђерђев, палице.
rahmen, v. а. (Milch —), скипути скоруп; метпути у оквир.

Rahmnähterei, f. везење на ћерђеву.
rahnig, **rahn**, adj. танак, витак; хитар.
Raiſter, m. der ſchwarze, грашац црпи.
Rain, m. међа, граница, брег; —blume, f. смиљ, смиље.
rainen, v. п. граничити, међашити.
Rainfarn, m. повратич, умапика, tanacetum crispum.
Rain-ſtein, m. међик; —weide, f. калипа; —weiden, г. а. пасти по међама.
Rait- (in Zuſ.) рачуварски; —taxe, f. рачупарина.
raitiren, v. a. (im Kriegsweſen), сакунти.
Ramme, **Rammel**, f. Rammklotz, Rammblock, m. бат, мал, маљица, маљуга.
rammeln, v. п. ваљати се; гопити се; терати се (за зечеве).
Rammelzeit, f. време терања (у зечева).
rammen, v. a. туђи, бити, забијати.
Rammler, m. (Haſe), зец; (Widder), ован; (Kater), мачак.
Rond, m. крај, крајак, обод; zu —e kommen mit etwas, довршити, докопчати; am —e des Grabes ſtehen, бити с једном ногом у гробу; des Broblaibes, окрајка, окрајина; vom —e, искрај; vom —e weg, скрај.
Raub (in Zuſamm.) скрајни, скрајњи, крајни, крајњи.
räubern, v. a. рубити, порубити.
Raubgloſſe, f. прибелешка.
ränbig, adj. с краја порубљен, обрубљен.
Ranft, m. крај, руб; комад.
Rang, m. ред, сој, род: fig. част, достојанство, ред, чин, сан; (Vorrang), првенство.
Range, m. неваљалац; —f. крмача, прасица.
rank, adj. танак, витак, вит.
Rank, m. хитрост, хитрипа, лукавство; Ränke, pl. плетке, силетке; —machen, правити силетке, сплеткарити, сплеткашити.
Ränkemacher, m. пеъьанац, плеткаш, сплеткаш, смутљивац; —in, f. петљарица, смутљивица.
Ranken, m. Ranke, f. лоза, стржаја; врежа, кључићи (у диње итд.).
ranken, v. а. скривавати, скривити, заламати, заломити.
ranken, ſich, v. г. вити се, пењати се, хватати се, врежити се; — der Weinſtock, одрина, чардаклија, паоит; Ränke-ſchmid, m. силеткаш; —voll, adj. лукав, силеткаш.
Ranunkel, f. ковчић, рабокрен (цвет).
Ranze, f. супрасна крмача.
Ränzel, **Ranzen**, m. торба, телећак, fig. трбух; (Schmeer), сало.
ranzen, v. п. трчати тамо амо; терати се, гопити се.
ranzig, adj. ушежен, —werben, ужећи се.
Ranzion, f. откуп; —iren, v. а. откупити, откупьивати.
Rappe, m. врапац.
Rappe, f. сраб; (eine Pferdekrankheit), паук.
rappelköpfiſch, adj. напрасит; луд, сулуд, лудаст, ћанут, скренут.
rappeln, v. п. звекетати; es rappelt ihm im Kopfe, није читав, скренут је.

Rapport, f. пријава; (Bericht), извешће; (Austragung), разнос.
rappeln, f. raffen.
Rappuse, f. јагма.
Rapunzel, m. репушац.
rar, adj. редак; —ität, f. реткост.
rasch, adj. нагао, жесток, брз, хитар, плах, плаховит, окретан.
Rasch, m. раш (сукно стрижено).
Raschheit, f. наглост, жестипа, брзина, плаховитост.
Rasen, m. бусен, бус, бусеница, тратина, утрина, рудина; mit — bedecken, бусати, побусати, побусити, побушавати.
rasen, v. n. беснити, горопадити се; fig. лудовати.
Rasenbank, f. банак од бусена, бусеи, бусење.
rasend, adj. бесан, горопадан, смушен, махпт, луд; —werden, зграпути се, побеснити —er, m. горопадник, смушеник, бесновић —e, f. горопадница, смушеница.
Rasen-platz, m. —stück, п. бусење, бус, бусен; —reich, adj. бусенит.
Raserei, f. бес, беснођа, горопад, беснило, грех, ђаво; лудовање.
rasir-en, v. a. бријати, бричити; eine Stadt —, разорити град; sich —, бријати се; —messer, п. бријачица, бритва бријаћа.
Raspel, f. стругач; —n, v. a. стругати; —späne, pl. m. пилотине.
Rassel, f. чегртаљка; —n, v. n. чегртати, звечати; шумити, грохотати, грохитати; —n, п. шум, звека, чегртање; грохотање.
Rast, f. одмор, почивак, починак, уја, покој; —en, v. n. одморити се, почивути, одахнути; ујати; —los, adj. неуморан, без одмора; —losigkeit, f. немпр, непокој, неспокојство; —tag, m. дан одмора.
Rate, f. део; (Termin), рок; —mucis, adv. на делове, на рокове.
Rath, m. савет, свет, веће, сепат, диван; fig. помоћ, начин, средство, лек; —geben, саветовати, световати, насветовати; einem um — fragen, einem zu — gehen, световати се с киме; —schaffen, домислити се; da ist guter — theuer, ту је тешко помоћи; zu —e halten, штедети.
Rath, m. саветник, већник, сенатор; савет, веће; већање.
rathen, v. a. световати, саветовати; нагађати, гонетати; sich nicht zu —wissen, незнати се помоћи; rath' einmal, дашто ми ти дашто? ich rathe ihm nicht dorthin zu gehen, ја му тамо не спремам колача.
rathfragen, v. a. световати се с њим.
Rathgeber, m. саветник, већник, световатељ; —in, f. саветница.
Rathhaus, п. већница, варошка кућа.
Räthin, f. саветниковница; сенаторка, сенаторовица.
räthlich f. rathsam.
Rathmann, m. већнике.
rathsam, adj. пробитачан; памстан, добар; штедљив; —keit, f. штедљивост, штедља, пробитачност, корист.
Rathschlag, m. савет; (in der Gerichtsordnung),

закључна рубрика; mittelst —s Jemand verständigen, дати коме што на знање закључном рубриком; einem Rathschläge geben, саветовати; —en v. a. световати се, већати; —ung, f. већање.
Rathschluß, m. закључак, договор.
Raths-collegium, п. веће; —diener, —bote, m. слуга, гласник већа.
Räthsel, п. загонетка; ein —aufgeben, загонепути, загонетати; —haft, adj. загонетан, непојаман.
Rathsglied, п. —Herr, m. већник, саветник; —mann, f. Rathmann; —mantel, m. диванкабаница; —person, f. већник; —schluß, m. договор, закључак; —schreiber, m. варошки писар; —stube, f. већница; —versammlung, f. диван, сабор, збор, веће; —verwandter, m. члан већа; —wahl, f. бирање старешина.
Ratification, f. потврда.
ratificiren, v. a. потврдити, одобрити што.
Ration, f. таин, оброк.
Ratsche, f. чегртаљка.
Ratze, Ratte, f. пацов, штакор, парцов.
Ratzen-falle, f. пастуља, мишоловка, ступица; —fänger, m. пацолов; —gift, —pulver, п. мишомор; —nest, п. гнездо пацова; —schwanz, m. реп пацовљев.
Raub, m. плен, одор, похара, разбој, разбојство, грабеж, пљење, одирање; (Mädchen—), отмица; ein — der Flammen werden, изгорети; auf den —, хитро; kradom; —anfall, m. разбојничка навала.
rauben, v. a. пленити, одрати, робити, отимати, грабити; die Ehre —, осрамотити; einem das Herz —, освојити коме срце; —n. разбојништво, лупештво, грабеж, хајдуштво, отимање.
Räuber, m. разбојник, лупеж, хајдук, гусар, пустахија, харамија; крџалија, мартолоз; отмичар; —sein, хајдуковати; —werden, похајдучити се; ein — der alte Weiber mißhandelt, прњбаба; (am Gewächs), твћ, слепић; —bande f. чета хајдучка; —ei, f. разбојништво, хајдуштво; —handwerk, п. хајдучина; —hauptmann, m. харамбаша; —höhle, f. f. **Räubernest;** —in, f. разбојница, лупешкиња, хајдучица; гусарица; —isch, adj. разбојнички, лупешки, хајдучки; лупежов, разбојников, хајдуков.
Raub-fisch, m. грабљива риба; —genosse, m. суразбојник; —gier, —begierde, —gierigkeit, f. грабежљивост; —gierig, adj. грабљив, грабежљив; —höhle, f. f. —nest, п. хајдучка пећина; —schiff, п. гусарица, разбојнички брод; —sucht, f. **Raubgier;** —süchtig, f. raubgierig; —thier, п. грабљива звер; —vogel, m. грабљива птица.
rauch, adj. космат, рутав, длакав.
Rauch, m. дим; in — aufgehen, изгорети; —machen, —von sich geben, задимити, замагалти, димити, дим бацати, пушити; димити се, пушити се.
rauchen, v. n. пушити се, димити се, задимити се; — v. a. Tabak —, пушити, магалти, дуванити, пити дуван.
Raucher, m. духанџија.

räucherig, adj. загорео, задимљен, закађен, димљив.
Räucher-kammer, f. соба за сушење меса; —ferze, f. —tercher, n. мирисна свећица.
räuchern, v. a. кадити, прекађивати, курити; Fleisch —, месо сушити.
Räucherpfanne, f. кадионица.
Räucher-pulver, —werk, n. кад.
Rauchfang, m. димњак, оџак, комин, баџа, димњак; —kehrer, m. димњачар, баџомет, оџачар; —geld, n. —steuer, f. Rauchgeld, n. Rauchsteuer, f. диминица.
Rauchfaß, n. кадионица.
rauchfüßig, adj. гаћаст.
Rauch-handel, m. трговина с крзном; —händler, m. крзнар.
rauchig, adj. димљив, задимљен; пушећ.
Rauchleder, n. космата кожа.
Rauch-loch, n. одушка за дим; сомпћ; fig. димњива кућа; —pfanne, f. Rauchfaß.
Rauchröhre, f. сулундар, сулундра.
Rauchseide, f. космата свила.
Rauchtabak, m. духан, дуван; starker Rauchtabak, пасмарко; starker und schlechter —, кровосер; alter schlechter —, продосија; mit — versehen, дуванити; sich mit — versehen, дуванити се.
Rauchwaaren, pl. f. крзно; —handel, m. трговина с крзном.
Rauchwerk, n. крзно; кад.
Raude, f. краста.
Räude, Ränder, f. шуга, губа, свраб; (auf dem Kopfe), красте.
räudig, adj. шугав, губав.
Rauf-bold, m. убојица, кавгација; —degen, m. мач; убојица, кавгација.
Raufe, f. перајница, чешаљ (за лан), гребене; решетка, леса.
räufeln, v. a. лан гребенати.
raufen, v. a. тргати, кидати, чупати, гулити; Flachs —, перјати, чешљати; sich —, v. r. хрвати се, чупати, тући се; (von Ebern und Bienen), косити се.
Raufer, m. кавгација, убојица, бојник, бојац; —ei, f. бој. кавга, хрвање.
Raufhandel, m. хрвање, кавга.
Rauf-wolle, f. гужевина (вуна); —zange, f. велике клеште.
rauh, adj. (heiser) промукао, мукао; (nicht glatt), храпав, ритав, прљав; (unangenehm, als Wetter, Wind), ружан, неугодан; (streng, unfreundlich), оштар, осоран; (haarig), f. rauch; —e Verse, несклади стихови; —e Aussprache, тврд изговор; —es Wesen, неотесано понашање.
rauhen, v. a. (Leder), храпавити кожу.
Rauhfrost, f. Rauhreif.
Rauhfutter, n. стеља.
Rauhigkeit, f. промуклост, муклост; храпавост, неугодност; оштрина, осорност; несклад, суровост.
Rauhreif, m. иње.
Raule, f. рикула, рита (трава).
Raum, m. простор, место, просторија; einer Bitte — geben, услишати; der Versuchung —

geben, преварити се; seinen Gedanken — geben, дати се у мисли.
räum-en, v. a. макнути, уклонити; (reinigen), чистити, очистити; изгрнути, изгртати; einen Ort —, отићи, испразнити место, растребити; einen aus dem Wege —, уклонити кога с пута; fig. смаћи, погубити, спригати, смакнути, убити га тајом; ein Gebäude —, изићи из куће; ein Grundstück —, кренути се са земљишта; Jemanden etwas —, (abtreten), уступати коме што; —en, n. —ung, f. уклањање, чишћење, испражњење; остављање; —ig —, lich, f. geräumig; —nadel, f. игла (у топништву).
Räumung, f. кретање, уклањање; чишћење.
raunen, f. flüstern.
Raup-e, f. гусеница, рожац; voll —en, гусеничав; —eisen, n. маказе за гусенице; —en, v. a. требити гусенице; —ennest, n. гнездо гусеница; —ig, adj. гусеничав.
Rausch, m. пијанство, вино, ћор; шум; er hat einen —, пијан је; einen tüchtigen — haben, бити пијан као топ; im —, у вину.
Räuschchen, n. ein — haben, весео бити, мало бити накошен, понапити се, украсити се.
rauschen, v. n. шумети, пуштати, шркпати, жаморити, шуштити, зашуштати, пушкати, прштати, поукивати; das Rauschen seidener Kleider, шкрипа.
Rausch-gelb, n. црвени сичан; —gold, n. варак, шљока, клободан, шик, жик, козар, телеј; mit —gold überziehen, шикосати, шиковати; mit —gold verzieren, нажикивати; —grün, n. сок од пасјаковине.
räuspern, sich, v. r. ракати, кашљати.
Raute, f. рутва, рутвица, рута; (Scheibe), окно, стакло на прозору; (in der Geometrie), ромб, ромбоид; (in der Karte), каро, буцбева, тиква.
Rauten-kranz, m. венац од руте; —wasser, n. рутинова водица.
Real (in Zus.), стварни, непокретни; —act, m. дело о непокретностима; —schule, f. реалка; —werth, m. права вредност.
realisiren, f. verwirklichen.
Realität, f. непокретност.
Rebe, f. лоза, лозица, розгва, трс, чокот; junge —, младица лоза.
Rebell, m. одметник, бунтовник; —ion, f. буна; —iren, v. n. побунити се; —isch, adj. бунтован.
Reben-auge, n. око и крмељ на лози; —binder, m. везилац, везач.
Reben-blatt, n. винов лист; —gäbelchen, n. вршика, —laub, n. ластар, виново лишће; —laube, f. сеница, брајда, —messer, Rebmesser, n. косир; —pfahl, m. острога, тачка; —saft, m. вино; —schneider, m. резач; —spitze, f. заложак; —sproß, m. мутвица, младица у лози; —stecher, m. маказар, стригач; завијач (пр) —; —stock, f. Weinstock; —thräne, Rebthräne, f. суза лозина; —wasser, n. f. Rebenthräne; —zinke, f. вршика.
Rebgrube, f. јамић.
Rebhuhn, n. јаребица.

Rebschoß, n. младица од лозе; (mit Trauben), кобилица.
Recepisse, n. примка.
Recept, n. рецепт, препис лекарски.
Receß, m. погодба; одступ; (Rückstand), остатак; (Vortrag vor Gericht), тужба.
Rechen, m. грабље, грабуље; (in Teichen), решетка.
rechen, v. a. грабити, купити грабљама, грабуљати.
Rechen-bret, n. даска, табла за рачунање; —buch, n. рачуница, ракамница, рачунство; —kunst, f. аритметика, рачуство; —meister, m. аритметик, добар рачунџија; —pfennig, m. жућак, тантуз.
Rechenschaft, f. рачун, разлог.
Rechenstiel, m. грабљиште.
Rechen-stift, m. писаљка; —tafel, f. табла, даска за рачунање.
rechnen, v. a. & n. рачунати, рачунити, бројити; meine Mühe nicht mitgerechnet, осим мога труда; eins in's andere gerechnet, једно с другим; so hoch rechnet er seinen Verlust, толико суди да је изгубио; in Bausch und Bogen —, њутуре узети; auf etwas, auf einen —, ослањати се на што, на кога; es sich zur Ehre —, за част примити, узети.
Rechner, m. рачунар, рачунџија.
Rechnung, f. рачун, ракам; разлог; sich auf etwas — machen, уфати се, поуздати се, падати се чему; — legen über etwas, дати рачун о чему; — tragen einer Sache, гледати на што.
Rechnungs-, (in Zuf.) рачунски; —agnoscirung, f. одобрење рачуна; —führer, m. рачуновођа; —jahr, n. управна година; —kunst, f. рачунарство; —leger, m. рачунодавац; —wesen, n. рачунство рачуни, послови рачунарски.
recht, adj. прав, исправан, десни; путан, упутан, угодан; die —e Hand, десница, десна рука; (richtig), прав, истинит, добар; (gerecht), праведан, правичан; —er Bruder, рођени брат; das geht nicht mit —en Dingen zu, то неиде поштено, неиде правим путем; zu —er Zeit, у добри час; ganz —, угодан; nicht — неугодан, беспутан; nicht auf —em Wege, беспутан; nicht den —en Weg verfolgen, кривудати; — adv. право, управо, баш добро; исправно, путно, згодно; es geschieht ihm —, право му је; es ist mir nicht —, није ми по ћуди; es einem — machen, угодити, угађати; eben —, баш добро; wo mir — ist, ако се неварам.
Recht, n. право, правда, правица; право, име, власт, област; разлог; исправа, допуштење; (Gesetze), закон, право; Sie haben — право имате; die —e des Blutes, право рода, племена; das — der Erstgeburt, прворођенство; das — Gesetze zu geben, законодавство, законотворство; von —s wegen, по правици; Gnade für — ergehen laßen, судити више по милости него по правици; zu — stehend, по закону, законит; was —ens ist, што је право; по закону; im Wege —ens, путем права.
Rechte, f. десница.

Rechteck, n. правокут, правоугоник.
rechten, v. n. правдати се, препирати се, судити се, прети се.
rechtfertig-en, v. a. (etwas), оправдати; (entschuldigen), правдати, оправдати; прати, опрати; (sich ausweisen), исказати се чиме; sich —, правдати се, оправдати се; —ung, f. озакоњење; изговор; оправдање.
rechtgläubig, adj. благочастив, правоверан, православан; —keit, f. правоверност, православност, православље, благочастивост.
Rechthaber, m. џапарљив човек; —ei, f. упорност, џандрљивост.
rechtlich, adj. законит, законски; уредни, судбени; добар, поштен, пристојан, правни; —keit, f. законитост, поштење, доброта, праведност, правда.
recht-los, adj. без права, бесправни, незаконит, неправедан; —losigkeit, f. бесправност, неправда.
rechtmäßig, adj. законит, законски, прав; —keit, f. законитост.
rechts, adv. десно, на десно.
Rechts-, (in Zuf.) правни, правосудни, парбени; —angelegenheit, f. правна ствар; —ansicht, f. мнење о праву; —anspruch, m. право на што; —behelf, m. средство, доказ права; —beistand, m. одветник; —beständig, adj. законит; —bildung, f. правословно образовање.
rechtschaffen, adj. поштен, ваљан, добар; —heit, f. поштење, доброта, ваљаност.
Rechtschreibung, f. ортографија, правопис, правописање.
Rechts-fall, m. правни случај, тужба, парница; —freund, m. одветник; —gang, m. судбени ред, течај парнице; —gelehrsamkeit, f. право, закон, правословље; —gelehrter, m. правник, правослов; —grundsatz, m. правно начело; —handel, m. процес, тужба, правда, парница; —kräftig, —gültig, adj. ваљан по праву, правомоћан, законит; —kraft, —gültigkeit, f. ваљаност по праву, правомоћност, законитост; —kunde, f. правословље; —kundige, m. правослов; —mittel, n. правно средство; —pflege, f. правосудство; —sache, f. s. —handel.
recht sprechen, v. a. судити.
Rechts-spruch, m. пресуда, одлука; —stand, m. суд; —stelle, f. речи закона; —streit, m. парница; —titel, m. правни наслов; —urkunde, f. правна исправа; —verbindlich, adj. што се тиче законите обвезе; —verbindlichkeit, f. законита обвеза; —verbrecher, m. изопачивалац права; —verbrehung, f. изопачивање права; —verfahren, n. правни поступак; —verfassung, f. правосудна уредба; —verhandlung, f. парничка расправа, суђење; —verwahrung, f. правна ограда; (Vorbehalt), правни приуздржај; —weg, m. пут правде, правни пут; von Rechts wegen, по праву; —widrig, adj. против закона; —wirkung, f. правна последица; —wissenschaft, f. правословље; —wissenschaftlich, adj. правословни; —zug, m. (weiterer), утечај вишем суду; —zustand, m. правно стање.

rechtwinkelig, adj. правокутан, правоугаон.
rechtzeitig, adj. у прави час, у добри час.
Recidiv, n. поновљена болест, повраћање болести, одвала.
Reciprocität, f. узајамност.
recken, v. a. пружити, протегнути, трћити; die Zunge —, псилазити језик; sich —, пружати се, теглити се, трћити се.
Reclamant, m. порицатељ.
Reclamation, f. порицање.
reclamiren, v. a. порећи, порицати, појавити се против чега, захтевати што натраг.
recommandiren, v. a. препоручити; f. empfehlen.
Reconvalesc=ent, m. оздравник; —енз, f. оздрављење.
Recrut, m. новјак, новак војнички; —iren, v. a. купити новаке; —irung, f. везапија, купљење повака; —irungsflüchtig, adj. новачки усюк; —irungsgesetz, n. новачки закон.
Rectification, f. исправка, поправка; (in Zus). поправи.
rectificiren, v. a. поправити, исправити, упстити, очистити.
Rector, m. ректор, управитељ; —at, n. ректорство, управитељство.
Recurr=ent, m. уточник; (Beschwerdeführer), жалбеник; —iren, v. n. утећи се вићем суду; жалити се на кога.
Recurs, m. утечај; жалба.
Redacteur, m. уредник.
Redaction, f. уредништво.
Rede, f. говор, беседа, речи, проговор, глас; — und Antwort, одговор; — und Antwort geben, одговорити; mit der — nicht wohl fortkommen können, запипати у говору; es ist nicht der — werth, није предно да се спомиње; einem in die — fallen, пресећи коме реч, упасти коме у реч; die — fiel bald auf dieses, bald auf jenes, бијаше речи о свачему; es gehet die —, говори се; jemanden zur — stellen, узети кога на одговор; — freiheit, f. слобода говора; —kunst, f. витијство, говорништво.
reden, v. n. & a. говорити, беседити, зборити; du kannst gut reden, лако је теби говорити; zu — anfangen, проговарати; ohne Grund — und schreien, заирарати; zu Schanden —, надговорити, испрескакати; —, n. говорење, беседење; речи, зборене.
Redensart, f. израз, реч, прича; das sind nur —en, то су саме речи.
redlich, adj. поштен, добар; —keit, f. поштење, поштиност.
Redner, m. говорник, беседник, витија; —isch, adj. говорнички, беседнички, витијски.
redselig, adj. разговоран, речит, говорљив; —keit, f. разговорност, речитост, говорљивост.
rebucir=en, v. a. (ein Heer verabschieden), отпустити, распустити војску; (vermindern), умалити војску; (berechnen), израчунати; —ung, f. израчунање.
reel, adj. прави.
Referat, n. извештај.

Referent, m. известитељ, извештач.
Refectorium, n. трпезарија, рефекторија.
reflectiren, v. n. обазрети се, погледати, помислити; одбијати се; v. a. одбијати.
Reflexion, f. обзир, поглед; мишљење, мисао, помисао, премишљање, размишљање; (der Lichtstrahlen), одбој, одбијање.
Reform, f. преображавање, преображај, исправљање.
Reformation, f. поправљање, исправљање.
reformiren, v. a. преобразити, поправити, исправљати, преипачити.
Reformirte, m. реформат.
Refraction, f. преламање.
Regal, n. полица; (in der Orgel), регал, човечији глас.
Regale, n. краљевштина, краљевско право, регал.
Regalien, pl. права владарска.
rege, adj. жив; — machen, покренути, узбудити; — werden, узбудити се, оживети, врполити се, мигољити се.
Regel, f. правило, паредба; in der —, редовито, редовно; —los, adj. бесправилан, неуредан; —mässig, adj. правилан, уредан, уређен; — adv. по правилу; —mässigkeit, f. уредност, правилност.
regeln, v. a. редити, уредити.
regen, v. a. крепути, макнути; узбити, побудити; er regt sich nicht mehr, немиче се више.
Regen, m. киша, дажд, дажда, година; starker —, пљусак, бујна киша; (in Zusamm.) кишни; —bach, m. бујица; —bogen, m. дуга; —fang, m. чатрња, густерна; —guss, m. пљусак, плаха киша; —haft, adj. кишовит; —schirm, m. амрела, кишобран, штит од кише.
Regent, m. владар, владалац.
Regentschaft, f. владарство, владање.
Regen=wasser, n. дажденица, кишница, кишна вода; (vom Dache), капавица; —wasserrecht, n. право на кишницу; —wetter, n. кишовито време, кимпија, сплно време, киша; —wurm, m. глиста, глиста, гујавица.
Regie, f. управа.
regir=en, v. a. владати, краљевати, царевати, господовати; (verwalten), управљати, уређивати, крмити; —er, m. владалац, управитељ, уредник, владатељ, владар; —ung, f. влада, владање, управа; —ungs=, (in Zus.) владни; —ungsart, —ungsform, f. владање, владавина; —ungsverfassung, f. Regierungsart.
Regiment, n. пук, регимента, пуковнија; f. Regierung.
Regiments=, (in Zus.) пуковни, пуковнијски; регимептски; —stück, n. топ регимептски.
Register, m. регистар, кавало, попис, пазна чење; (öffentl. Buch), јавна књига, матица; (in der Orgel), игра (у оргуља); —schiff, n. уписан брод трговачки.
Registrator, m. уписатељ.
registriren, v. a. записати, уписати.
regn=en, v. n. даждети, падати, ићи, кишити, задаждети се, находити, налазити; anfangen zu —, промицати, задаждети; ein wenig —, поросити; öfter —, накисивати; feuchte

—, ромињати; fein — (небелн), снипти; еš regnet, дажди, киша пада; ununterbrochen —, даждети на повратке; —erisch, —igt, adj. кишовит, даждив; —erisch werden, окишати се, раскишати се.
Regreß, m. наврата, накнада.
regressiren, sich, v. r. (an einen), наплатити се на коме.
regsam, adj. жив, окретан, марљив; —keit, f. живост, окретност, марљивост.
regulär, adj. уредан, уређен.
Regulativ, n. мерило.
regulir-en, v. a. уредити, начинити ред, у ред метнути, исправити; ein Dorf —, ушорити село; —ung, f. уређење.
Regung, f. гибање, мицање, кретање.
Reh, n. срна; Reh-, (in Zus.) срнећи.
Rehbock, m. срндаћ.
rehe, adj. укочен; — f. укоченост (ногу коњских).
Rehbe, f. s. Rhebe.
reh-farben, adj. срнеће боје; —fleisch, n. срнетина; —kalb, n. срнче, лане; —keule, f. срнећ бут; —ziege f. срна; —ziemer, m. срнећа жила.
Reibe, f. Reibeisen, n. треница, струг.
Reibelappen, m. отирач.
reib-en, v. a. рибати, трти, трљати, трвути, протрти, протрљати, натрти, натрљати; Kraut —, рибати купус; (vom Ochsen) —ти; einem etwas unter die Nase —, натрти коме нешto под нос; sich an einem —, задиркивати кога; —en, n. —ung, f. рибање, трење, тарење, трљање; — zwischen Parteien, трвење међу странкама.
Reibescheit, n. подложањ, подлажањ.
Reibestein, m. мрамор, камен молерски.
Reibnagel, m. клин у предње осовине, који кроз сручницу удара.
Reich, n. држава, царство, царевина.
reich, adj. богат; обилан, обилат; —werden, богатити се, обогатити се, обогатити, огаздити се; —er Mann, газда.
Reiche, m. богаташ, богатун, газда.
reichen, v. a. (einem etwas), дати, пружити, пружати, покучивати, покучити; die Haube —, ручити (руке); — v. n. досећи, досегнути, хватати; (sich erstrecken), допирати, пружати се; (hinreichen, genug sein), дотећи, дотицати; über etwas —, премашати.
reichhaltig, adj. богат, обилат, изобилан.
reichlich, adj. довољан, обил, обилан, изобилан, обилат; — adv. богато, обилно, довољно; —keit, f. обилност, обиловање, изобиље.
Reichs-, (in Zus.) државни; —abschied, m. одлука сталиша немачких; —acht, f. прогнање из царевине; —adler, m. царски, цесарски орао; —apfel, m. државни шар; —bürger, m. државњанин; —bürgerrecht, n. право државјанства; —frei, adj. цесарски; —fürst, m. кнез немачке царевине; —gesetz, n. државни закон; —gesetzbuch, n. законик; —graf, m. гроф немачке царевине; —gulden, m. форинта царевине немачке; —post, f. пошта царска; —ritter, m. племић немачке царевине; —tag, m. сабор државни; —verfassung, f. државни устав; —verweser, m. управитељ државни; —zepter, n. жезло царско, државни скиптар.
Reichthum, m. богатство.
Reif, m. мраз, прикала, слана; (am Obste), пепељак, машак.
Reif, Reifen, m. обруч, колут, карика, колобар; (auf der Kimme), уторњак.
reif, adj. зрео, дозрео, призрео, дозрео, зорен; —werden, зрети, узрети, сазрети, сазренути, дозрети, дозревати, рудити, зарудити.
Reife, f. зрелост, зрелина.
reifen, v. n. зрети, зревати, дозрети, доспети, приспети; im — zurückgeblieben, недостижан; — v. a. обручати, набијати обруче.
reifen, v. i. мраз, пње падати.
reifen, reifeln, v. a. жљебити, браздити.
reiflich, adj. зрео; — adv. зрело.
Reif-rock, m. ричјак; —ungszeit, f. коло; —zange, f. —ziehe, f. натега, натегача.
Reigen, s. Reihen.
Reihe, f. ред, чреда, ободња, врста, низ; поворка; (bei der Ernte), постат; nach der —, редом, по реду; поредом, изредом, наизред, наизредице; nach der — thun, рећати се, обређати се; —n-, (in Zus.) редњи, поредовнички.
Reihen, Reihentanz, m. коло.
reihen, v. a. врстати, рећати, поређати, наређати, изрећати, у ред метнути; Perlen —, низати.
Reihen-folge, f. следовање, ободња; —weise, adv. редом, чредом.
Reiher, Reiger, m. чапља; —beize, f. лов на чапље; —busch, m. перјаница од чапље; —feder, f. перо чапљино; —nest, n. stand, m. гнездо чапљино; —schnabel, m. жива трава, erodium ciconium.
reihum, adv. поредом.
Reim, m. рима, срок, слик; стих; —en, v. r. римати, правити стихове; sich —, римати се, слагати се; —er, —schmied, m. римар, стихотворац, стиходелац; —sylbe, f. рима, слик; —zeile, f. стих, редак.
rein, adj. чист, овејан, очишћен; (lauter), прави; (ungeschmückt), прост, го; (vom Himmel), ведар, јасан, бистар; —es Gewicht, вага без даре; — adv. чисто.
Reinertrag, m. чисти доходак.
Reinheit, f. Reinigkeit.
reinig-en, v. a. чистити, пшчистити, очистити, прати, опрати, оправдати се; трти, отрти; —keit, f. чистоћа, чистота, ведрина, бистрина; неоскврњеност; —ung, f. чишћење, очишћење; оправдање; die monatliche —, женско време, прање, цвет, праница, месечина.
reinlich, adj. чист; —keit, f. чистоћа, чистота.
Reis, m. пиринач, ориз.
Reis, Reischen, n. младица, огранак; лоза, шиба, шибика, шибљика.
Reisbund, Reisbündel, m. вашипа, ломача.
Reise, f. пут, путовање; (in Zusamm.) путни, путнички; —beschreiber, m. путописац; —be-

schreibung, f. пут, путовање, путопис; —biäten, pl. f. —gebühr, f. путнина, попутнина; —fertig, adj. спреман, готов за пут; —fertig machen, опремати, опремити; sich —fertig machen, спремати се, спремити се; —geld, n. путнина, путни трошак; —geräth, n. пртљаг; —kosten, pl. путнина, путни трошкови; —löffel, m. (das Paar), склопивце.
reisen, v. n. путовати; — n. путовање.
Reisende, m. путник.
Reise-paß, m. пасош, пасапорат, путни лист, путно писмо; —tasche, f. торба; —urkunde, f. путна исправа; —zehrung, f. брашњеница, брашаница, брашењак, брашњеник.
Reisholz, Reisig, n. пруће, шибље, ломача.
Reisige, m. коњаник, јахач.
Reisaus, n. — nehmen, утећи, узети утрње, загрести, стругнути.
Reiß-blei, n. писаљка, оловка; —brett, n. даска за цртање.
reißen, v. a. тргати, кидати, чупати, трзати, дрпати, цепати, дерати, дрпити, дрпнути; грабити, умицати, узети, отети; einen Hengst —, уврнути ајгира; (zeichnen) цртати, цртарати; etwas an sich —, освојити, присвојити, отимати, кобачати, преузети, преузимати; sich um etwas reißen, јагмити се, трзмати се, отимати се; von einander —, разградити, искидати, петргати, растргнути, претргнути; einen aus der Gefahr — избавити кога од погибели; Possen —, шалити се, шалу збијати; — v. n. дерати се, цепати се, пуцати; кидати се, тргати се, пући; es reißt mich im Leibe, завија ме у трбуху; das Wasser reißt, вода дере; in den Gliedern —, севати, цепати; —, n. дерање, кидање, тргање, дрпање, отимање; (Zeichnen) цртање; (im Leibe) завијање; (in den Gliedern) трзање, севање, сејавица, цепање.
reißend, adj. брз, бесан, силовит; (von Thieren) грабљив; die Waare geht — ab, јагма.
Reiß-feder, f. перо за цртање; —zeug, n. справа цртарска.
Reit-, (in Zus.), јахаћи, јашаћи.
Reitbahn, f. јездионица.
reiten, v. n. јахати, јашити, јездити; — v. a. узјахати коња, јахати на коњу; —, n. јашење, јахање, јездење; einander —, јахати се.
Reiter, f. решето; (von Leder), протак.
Reiter, m. коњик, коњаник, јахач; ein heftiger —, коњомора; ungeschickter —, кобилар; —, (in Zus.) коњички; —ei, f. јахање, јашење; коњица; —fahne, f. Standarte; —gar, adj. у пола варен; —macher, m. решетар; —n, v. a. решетати, проточити, протакати, учинити; —salbe, f. шарена маст, маст од муге.
Reit-gerte, f. јахаћи бич; —gurt, m. колан, юпруга, кајис; —haus, n. f. Reitbahn; —knecht, m. коњушар; —kröte, f. Reitwurm; —kunst, f. јахање, јашење; —lings, adv. јашимице; —peitsche, f. бич јахаћи; —pferd, n. седленик, јахаћи коњ; —schule, f. јездионица, школа јахања; —stiefeln, pl. m. јахаће чизме, шкорње; —wurm, m. медведак, ропац; —zeug, n. јахаћа опрема.

Reiz, m. (Erregung), дражење, потицање; (das Anziehende), драж, драгост, милина, узоритост; мама, памама, вабљење.
reizbar, adj. раздражив, осорљив, напрасит; чкакљив; —keit, f. раздраживост, напраситост, осорљивост.
reizen, v. a. дражити, будити, потицати, нукати; подражити, раздраживати, раздражити; (locken), мамити, вабити; (einnehmen), занети; zum Zorn —, загризати, загрсти, дражити, љутити, срдити кога; zum Lachen —, засмејати; zum Bösen —, вабити, мамити, подбадати на зло; eine Wunde —, зледити, позледити рану.
reizend, adj. (anmuthig), красан, леп, дражестан, драгостан, узорит; примамљив.
reizlos, adj. бездрагостан, без милине.
Reizung, f. дражење, потицање, подбадање, раздраживање.
Rekel, m. простак, глупак.
rekognosci-ren, v. a. претражити, претраживати; —rung, f. претрага, претраживање.
Relation, f. (Anzeige), пријава; (Bericht), извешће; (Beziehung), односење, одношај.
relativ, adj. односни.
Religion, f. закон, верозакон, богоштовље; (Glaube), вера; ein Mensch ohne —, безаконик; eine Frau ohne —, безаконица.
Religions-, (in Zus.), верозаконски; —bekenntniß, n. вероисповедање, вероисповест; —freiheit, f. слобода вероисповедања; —genoß, m. једноверац; —secte, f. раскол, расколништво; —trennung, f. раскол, расколништво; —übung, f. богослужење; —verwandte, m. једноверац.
religiös, adj. побожан, душеван, богољубан.
Religiosität, f. побожност, богољубност, душевност.
Reliquien, pl. m. моћи, мошти, светиња; —kästchen, n. кивот.
reluiren, v. a. etwas im Gelde, откупити што за новце.
Reluition, f. откуп; (in Zus.), откупни.
Remitt-ent, m. (eines Wechsels), пошиљатај; —iren, v. a. послати меницу.
Remontepferd, n. довнадни војнички коњ, ремунда.
Remuner-ation, f. награда; —iren, v. a. наградити.
Renegat, m. одметник, отпадник, потурченик, потурченак, потурица.
Renitenz, f. отпор, противљење.
Rennbahn, f. тркалиште.
rennen, v. n. трчати, тећи, ркати, јурити, захуктати се, потеглити, потегнути, срљати, пасрнати; — v. a. einen zu Boden —, трчући кога оборити; einem den Degen durch den Leib —, пробости, пробуразити кога мачем; —n. (Pferde—), коњија, трка.
Renner, m. брзоног (коњ).
Renn-schiff, n. корвета, јахта; —schlitten, m. лаке санице; —thier, n. северни јелен.
Renomist, m. убојица, кавгаџија, небојша.

renoviren, v. a. обновити.
Rent-amt, n. приходарство; —ämtlich, adj. приходарствени.
Rente, f. приход; пореза, данак.
renten, v. n. допосити, носити.
Rentenanstalt, f. приходни завод.
Rentier, Rentner, m. капиталиста, главничар.
rentiren, sich, v. r. носити корист, плаћати се.
Rentmeister, m. приходар.
Reorganisation, f. преустројење, преустројство.
reorganisiren, v. a. преустројити.
Reparatur, f. поправљање, поправка.
repariren, v. a. поправити, поградити.
repartiren, v. a. разделити.
Repartition, f. раздељење; (in Zus.), разделни.
Repertorium, n. репертоpија, потражник.
repetir-en, v. a. поновити, понављати; —uhr, f. бази.
Replik, f. реплика, одговор.
Repräsent-ant, m. заступник; —anz, f. заступство; заступништво; —ation, f. заступање; (Vorstellung eines Planes, einer Bitte), представка; —ativ, adj. (Verfassung), заступни, представнички (устав); —iren, v. a. заступати кога.
Repressalien, pl. f. отплата, одмена; —ausüben, употребити право отплате.
repressiv, adj. зауставни.
Republik, f. република; —aner, m. републиканац; —anisch, adj. републикански, републички.
requiriren, v. a. Jemanden, запискати кога за што, истраживати кога; — etwas, запискати што од кога, тражити што патраг, набављати што силом.
Requisiten, pl. потребовине.
Requisition, f. искање, истраживање, тражење.
Rescript, n. отпис.
Reservat, n. s. Vorbehalt; задржај, задршка.
Reserve, f. причува; —gelder, pl. причувни новци.
Residenz, f. столица, престолница.
resolut, s. entschlossen; —ion, f. решење, s. Entschluß, Beschluß.
resolviren, s. entschließen, beschließen.
Resonanz, f. јека, одјек, одзив.
Respect, m. част, поштење, обзир; mit — zu melden, с допуштењем, с опроштењем говорећи; —iren, v. a. поштовати, частити; einen Wechsel —, примити меницу.
Respecttag, m. (im Wechselrecht), дан почека.
Respondent, m. бранилац (у академијама).
Rest, m. остатак, остатак; избирак; einem den — geben, убити, смакнути кога. [дугу.
restiren, resten, v. a. дужан остати; остати на
restituiren, v. a. поправити.
Restitution, f. поправљање, враћање.
Resultat, n. плод, исход.
Retirade, f. узмак, уступање; проход, заход.
retiriren, sich, v. r. узмакнути, уступити, узмицати, уступати, дати плећа.
Retorsion, f. отплата, одмена.
Retorte, f. реторта, тиква (у кемији).
Retour-, (in Zus.), повратни; —niren, v. a. повратити.
Rette, f. пас, вашка.

retten, v. a. избавити, спасти, сачувати, заклонити, спасавати; sich —, спасти се, спасавати се, заклопити се; rette dich! шума ти мати.
Retter, m. спаситељ, избавитељ.
Rettig, m. ротква, родаква, повртница; (Monat —), месечарка.
Rettung, f. спасење, избављење; —smittel, n. пачин, пут спасења.
Reue, f. покајање, кајање.
reuen, v. n. кајати се, жалити, покајати се; es reuet mich, кајем се, жао ми је.
reuevoll, adj. пун кајања, пун покајања, покајан.
Reugeld, n. пишманина.
reuig, adj. покајан.
Reuse, f. врша, вршка.
Reute, f. трнокоп, кљун, будак, цапун.
reuten, v. a. крчити, плевити.
Reuthaue, f. Reute.
Reverenz, f. поклон, наклон.
Revers, m. (einer Münze), писмо; (Schein), реверс, усписје.
Revident, m. прегледник.
revidiren, v. a. прегледати.
Revier, n. страна, крај; округ, окружје.
reviriren, v. a. њушити, тражити (од паса).
Revision, f. преглед, прегледање.
Revolution, f. буна, преврат.
Revue, f. смотра.
Rhabarber, f. равед, рувед, ревед.
Rheb-e, f. рада; —er, m. властник брода, ерei, f. опремање брода; —ertrag, m. ладарска погодба.
Rhetorik, s. Redekunst.
Rheumatismus, n. ревматизам, вргња, бол у костима, костобоља.
Ribesbeere, f. рибизла, ribes rubrum.
Richtbeil, n. секира крвничка.
Richtblei, n. каламир, олово.
richt-en, v. a. поправити, исправити, оправити, удесити, удешавати, угодити, угађати, управити; (als Richter), судити, кметовати, осудити; nach etwas hin —, обрнути, окренути, управити; zu Grunde —, упропастити; sich nach Umständen —, владати се по околностима; einen —, погубити кога; die Augen auf etwas —, упрети очи у што; die Rede an einen —,ословити кога; (adressiren), управити; sich in die Höhe —, дигнути се, подигнути се; die Leute —, судити, оговарати људе; das Gewehr —, паперити пушку; in die Höhe —, падњи, подњи, издњи; sich nach einem —, понести се, поводити се.
Richter, m. судац, судија, судник, суђа, суђаја.
Richter-, (in Zus.), судачки, судски; —amt, n. (adeliches), исправнички судачки уред; —amtspraxis, f. вежбање за судачку службу; —amtsprüfung, f. испит за судачку службу; —lich, adj. судачки.
richtern, v. a. судити, просуђивати.
Richterspruch, m. пресуда.
Richter-stube, f. суденица; —stuhl, m. судиште.
richtig, adj. (echt), прав, истинит; (pünktlich), тачан, точан, добар; (ordnungsmäßig), уређен, уредан, оправан; (fehlerfrei), исправни, уде-

сан; ein —es Verfahren, поступање законито; er ist nicht — im Kopfe, не ма четврте даске у глави; sie sind mit einander —, погодили су се; —! збила! —stellen, поправити, удесити.

Richtigbefund, m. налаз да је што у реду.

Richtigkeit, f. правност, истинитост, тачност, тачноје, исправност; in — bringen, уредити; — mit jemanden treffen, машен, погодити се с ким; es hat alles seine —, све је у реду; damit hat es seine —, то је тако, то је истина.

Richt-leit, m. клип (у топништву); —korn, n. сењај, очник, нуце, пишан; —leisten, m. копито, калуп; —maß, n. мера од калупа.

Richtplatz, m. стратиште, губилиште.

Richt-scheit, n. линија, ластра; —schnur, f. конон, конопац, канап; fig. правац; zur — schnur dienen, служити за правац.

Richtschwert, n. мач, палош крвнички.

Richtstatt, Richtstätte, f. s. Richtplatz.

Richtung, f. правац, управљане; in gerader —, право, управо, правце; der Sache eine andere — geben, преокренути; eine andere — nehmen, преокренути се.

Ride, f. (bei den Jägern) срна.

riechen, v. n. мирисати, воњати; angenehm —, мирити; über —, задисати, смрдети, ударати, заударати, пашити, задајати; — г. а. мирисати, омрисати, привоњати; њушити; —end, adj. мирисав, мирисан; — fläschchen, n. мирисно стакоце; —salz, n. мирисна со; —wasser, n. мирисна водица.

Riese, f. жлеб, бразда.

Riege, Riefe, f. ред; мрска; пушница.

Riegel, m. кључаница, скакавица, скачатур, реза, езера, кракун, крачун, резена; запор, засупка; —n, г. а. кракунати, крачунати, спустити, турити резу; —schloß, n. брава са вите крачуна.

Riemen, m. ремек, ремик, каиш, кајаш; (am Zügel) вођице, дизгени; —am Tornister, упрта; —am Sattel für den Mantelsack, терзија; —pferd, n. предњак, предњи коњ; —tasche, f. тарчуг.

Riemer, m. ременар, сарач, уздар.

Riese, m. џин, гигант, горостас, оријаш, великан, див.

Riesel, m. соња, цигани.

rieseln, v. n. (als Sand) трунити се, крунити се, сипати се; (vom Regen) ромињати, росити; (vom Bach) жаморити, жуборити, зажуборити.

riesen-förmig, —mäßig, adj. дивски, горостасан, џински, гигантски; —schlange, f. царска змија.

Rieß, n. ризма; —hänge, f. ливка, вешалица ва папир; —weise, adv. на ризму; ризму по ризму.

Riet, n. рит, трска, шаш; мочарна земља; (Weberkamm) брдо; —gras, n. шаш, рогоз; —graswurzel, f. меска, radices typhao latifoliae; —s, (in Zus.) ритски.

Rifse, Riffel, f. Raufe.

riffeln, v. a. микати, гребенати лан; (Fur-

chen machen), браздити, жлебити; fig. тесати, отесати. [новаца].

Rimesse, f. послатак, пошиљка (менице место

Rind, n. говече; junges —, јуне.

Rinde, f. кора, љуска; (Schorf), краста; Baum—, луб.

Rinderbraten, Rindsbraten, m. печена говедина, говеђе печење.

Rinderhirt, m. говедар; —in, f. говедарица, говедарка, говедаруша.

rindern, v. n. водити.

Rind-fleisch, n. говеђина, говедина; —leber, n. говеђа кожа; —vieh, n. говеда, марва, говече.

Ring, m. прстен, колут, бурма, колобар, карика, навта, гривна, алка; (um die Sonne und den Mond), ограда, коло; (zum Anklopfen an Thüren), беочуг, алка, звекир; der blaue — unter den Augen, подочњи модри.

Ringelkunst, f. хрвање, борење.

Ringelblume, f. невен.

ringelig, adj. колутаст, увијен, коврчаст.

ringeln, v. a. (die Haare), увијати, коврчити косу.

Ringel-reim, m. —gedicht, n. рондо; —rennen, s. Ringrennen; —spiel, —s. хаака; —spiel spielen, трчати халку; —spieler, m. халкар; —taube, f. гривњаш, дупљаш.

ringen, v. a. увијати, завијати; ожимати, цедити рубље; einem etwas aus den Händen —, отети, извити коме што из руке; die Hände vor Verzweiflung —, ломити руке; — v. n. хрвати се, борити се, похрвати се, ухватити се с ким у кости, у коштац, иосити се, јачати се, бити се; mit dem Tode —, борити се с душом; fig. nach etwas —, тежити за чим; —en, n. хрвање, јавање, борење, борба; —schatz, m. хрвалиште; —er, m. хрвач, борац.

Ring-finger, m. прст до малога прста, прстењак; —förmig, adj. прстенаст, колутаст, каричаст; —futter, —kästchen, n. кутија за прстење; —kragen, m. огрлица; —macher, f. беден; —rennen, n. прстен, прстенак (игра).

rings-herum, —umher, adv. око, около, наоколо, унаоколо.

Rinne, f. жлеб, жлебац; (in der Walkmühle), лакомац, лакомица.

rinnen, v. n. тећи, цурети, отицати, клапити, слизити, пћи.

Rinnleiste, f. шима.

Rinnstein, m. камени жлеб.

riolen, v. a. узорати, преорати, прекопати.

Rippe, f. ребро; fig. бок; falsche —, вито ребро.

Rippchen, n. ребарце. [ти се.

rippeln, sich, v. r. мицати се, климати, врпољи-

rippen, v. a. жлебити, браздати.

Rippen-braten, m. печење од ребра; —fell, n. побочница; —stück, n. ребро.

risch, adv. брзо, нтро.

Risico, n. на срећу.

Rispe, f. китица, метлица, реса, влат.

Riß, m. стрека, пруга, жуљ, пуклина, пролом, пукотина; (im Zaune), струга, дера; (Zeichnung), напрт; цртеж, основа, план.

rissig, adj. продрт, испуцан.

Rist, m. (bei Pferden), шија; (am Fuße des Menschen), сплет, грапа, прегибало.
Ritt, m. јахање.
Ritter, m. кавалер, коњик, коњаник, витез, племић; einen zum — schlagen, витезом кога учинити; —gut, n. племићко имање, господска земља; —lich, adj. кавалерски, витешки; fig. храбар; —orden, m. витешки ред; —schaft, f. кавалери, витезови, кавалерство, витештво; —schlag, m. именовање, примање у број витезова; —sitz m. дворац витешки; —spiel, n. игра витешка; —sporn, m. челобијш перчин, жаворанак; остpyra витешка; —stand, m. витештво, кавалерство, сталеж витешки; —zug, m. подузеће витешко; крстоносни рат.
Rittgeld, n. поштарска јездовина.
Rittlings, f. Reitlings.
Rittmeister, m. капетан коњанички.
Ritual, n. ритуал; требник, обичајник.
Ritus, m. обред.
Ritz, m. Ritze, f. пукотина, пуклина, греботина; —en, v. a. огрепсти, парати, паракати, раздрапати; —ig, adj. испуцап, огребен.
Robbe, f. Seehund.
Robot, f. робија, тлака, робота.
Roche, m. рађа, репњок (риба); (im Schachspiel), топов, кула.
röcheln, v. n. хрипати; крчати, хропити; — n. хрицање, крчање, хропац, хропња.
Rock, m. хаљина, хаља; капут; (Weiber—), сукња, скуте.
Röckchen, n. хаљка, хаљиница; капутић; сукњица, рокља.
Rocken, m. преслица, куделя.
Rocken, Roggen, m. раж, рж; —brod, n. ражовница, ражапица, ражница; —mehl, n. ражано брашно, ржава мука.
Rocktasche, f. чпаг, шпаг, жеп.
Robeland, n. крчевина.
roben, f. reuten.
Roden, m. (beim Rindvieh), четврти желудац.
Rober, m. крчилац; —zeug, m. крчаник; —ung, f. крчидба, крчење.
Rogen, m. икра, мрест; —er, m. икрача риба, икраш.
Rogenkrebs, m. бобара, бобарац.
Roggen, f. Rocken.
roh, adj. (unbearbeitet), неотесан, необделан, необрађен; (ungekocht), пресан; (Holz), сиров; (ungebunden), прост, несвезан; (von Sitten), груб, суров, неотесан.
Roh-einnahme, f. непречишћени доходак; —eisen, f. Gusseisen.
Rohheit, f. преспоћа, сировост, грубост.
Rohprodukt, n. сировина.
Rohr, n. цев; трска, трст, трстика, рит, луг, калем; цев (од пушке); пушка; (Ofen), лула; spanisches, —трсковац, трсповача; (Pfeife, Flöte), фрула, свирка, свирала.
Röhrbrunnen, m. точак, чесма.
Rohr-dach, n. кров тршчан; —dommel, f. букавац, водени бик.
Röhre, f. Röhrchen, n. свиића, цев, цевка, цевчица, баџаљ; — am Brunnen, точак; — vom Strumpf, назувак, назувача, назувник,

павлачак, пазубак, грлић, грло; — bei Wasserleitungen, чунак.
röhren, v. n. букати, рикати.
Rohrfeder, f. калем, калам, мосур.
Rohr-flöte, f. дуда, дудаљка, фрула, трска, трст; —gebüsch, n. тршчак, рит, цомба, луг; —gras, f. Rietgras; —hirse, f. серак; —huhn, n. лиска, попак; —kasten, m. Röhrtrog, чатрња, густерна, валов; —meister, Röhrenmeister, m. кладенчар; —pfeife, f. Röhrflöte; —schilf, m. рит, таш, трска; —spatz, m. —sperling, m. ритски врабац; —stuhl, m. столица од трске; —trog, f. Rohrkasten; —zaun, m. еведра.
Rolla, f. околовање; Beschluß per rollam, закључак околовањем.
Rollbett, n. постеља на колашца.
Rolle, f. колце, колашце; труба, савитак, вито; (Walze), ваљ, ваљак; (für die Wäsche), рољка; eine — Tabak, чом духана; eine — Zwirn, Seide, клупче, клупко; eine — Tuch, Leinwand, труба; eine — beschriebenes Pergament, свитак; (Liste), списак, казало, листа; die — eines Schauspielers, улога, рола.
rollen, v. n. (als Donner), грмити, тутњити, орити се; jcst —, котурати се, ваљати се; fließen (von Thränen), сузе ропити; — v. a. Wäsche, рољати; das Korn, жито чистити; die Augen im Kopfe herum —, препраћати очима; einen Stein —, котурати, котрљати, кобећати, ваљати; zusammen —, савити, свити, смотати.
Rollentabak, m. духан у чому, у калупу.
Roll-holz, n. ваљ, ваљак; —kammer, f. вајат за рољу; —stuhl, m. столица на колашца; —wagen, m. дубак, сталац; —wäsche, f. рубље за рољање; —zeit, f. време терања.
Roman, m. роман; —dichter, —schreiber, m. романописац; —haft, —tisch, adj. романтичан, романтички.
Romanze, f. романца.
Ronde, f. Runde.
Rondel, n. коло, шестар.
Rose, f. Röschen, n. ружа, ружица, руса; wilde —, шипак, шипчаница, дивља ружа; (Krankheit), црвени ветар, врбанац.
Rosen-blatt, n. лист руже; —essig, m. ружати оцат; —farbe, f. ружична боја; —farben, adj. ружичаст, румен; —garten, m. ружичњак; —holz, n. ружовина; —honig, m. ружични мед, равак, мед у сађу; —knospe, f. пупак, пупољак; —kranz, m. венац од ружа; (zum Beten), крувица, число, патрице, бројанице, бројенице, оченаши; —lippen, f. pl. fig. румене усне; —monat, m. јуније, липањ; —öl, n. ружино уље, ђулас; —roth, adj. ружичаст, румен; —stock, —strauch, m. шипак, бокор ружин; —wange, f. fig. румено лице; —wasser, n. ружична водица, ђулас; —zucker, m. ружични шећер.
rosig, adj. румен, ружичаст.
Rosine, f. сухо грожђе; große —, крупно грожђе; kleine —, ситно грожђе.
rosinfarben, rosenroth, adj. румен, ружичаст.
Rosmarin, m. рузмарин.
Roß, n. коњ, парип, кљусе, vergl. Pferd; —

15*

apfel, m. балега коњска; —arznei, f. коњски лек; —bremfe, f. муха коњска.
Roßdieb, m. коњокрадица.
roffen, v. n. пасти се (од кобила).
Roß-haar, n. вигов, струна; —händler, m. трговац с коњима; —haut, f. кожина; —kamm, m. f. Roßhändler.
roffig, adj. што се пасе.
Roß käfer, m. говновал, гундеваљ; —kastanie, f. дивљи костен; —lattich, f. Huflattich; —Rößlein, n. коњче; -markt, m. атмејдан, коњски трг; —mühle, f. сувача, суваја; —schweiß, m. тур, реп коњски; —tauscher, f. Roßhändler.
Rost, m. (am Eisen) рђа; (zum Braten), роштиљ, пећњ; —braten, m. кулбастија, пригапица, пржењпа.
Röste, f. мочило.
roften, v. n. рђати, зарђати.
röften, v. a. (Flachs), мочити лан; (Fleisch), пржити, пећи, испржити, попржити, пригати, попргати, прцварити; (Kukuruz), пурити, кокати, нскокати.
roftig, adj. рђав, зарђан.
Röftpfanne, f. пржепица.
roth, adj. црвен, црвен, румен, руменит; (von Haaren), риђ; einen — machen, срамити, осрамотити; —ansehen, руменити се; — färben оцрепнити; —schminken, нарумепити; —sein, црвенити се; —werden, поруменити, поцрвенити; (vom Wein), прво, рујно вино, црвенка, —, n. руменило; —bäckig, adj. румена лица; —bart, m. риђобрад; —bärtig, adj. риђобрад; —buche, —büche, f. буква; —buchen, adj. буков.
Röthe, f. црвеноћа, црвенило, црвен, румен, руменило; (Färber—), брош.
Rötheiche, f. раст.
Röthel, Rothstein, m. црвена писаљка.
Röthelgeier, m. пустоловница, ветруша (птица).
Röthelin, f. Masern.
röthen, v. n. црвенити, руменити; црвенити се, руменити се.
Roth-feder, f. црвеноперка (риба); —ficht e, f. јела; —fint, f. Dompfaff; —floffer, m. f. Rothfeder; —fuchs, m. риђан; —gießer, m. ливац бакра, туча; —haarig, adj. риђ, риђе косе, риђокос; —schchen, n. црвендаћ; —kopf, m. риђоглавац; —köpfig, adj. риђ, риђоглав; —lauf, m. поганчица, брпка, пламеник, црвени ветар, врбанац.
röthlich, adj. црвенкаст, руменкаст, руд, риђ.
Roth-schimmel, m. сивац с црвеним пегама; —schwänzel, m. мнркована (грожђе); —specht, m. детлић црвени (птица); —stift, f. Röthel; —tanne, f. јела; —wäsch, adj. пословнички, козарски; —wild, —wildpret, n. риђа зверад; —wurst, f. Blutwurst.
Rotte, f. чета, чопор, гомила.
rotten, sich, rottiren, sich, v. r. дружити се, скупљати се.
rottenweise, adv. на чете.
Rottirer, Rottenmacher, m. коловођа.
Rottirung, f. Rotten, m. скупљање, дружење.
Rottmeister, m. каплар.
Rotz, m. мосур, слине, слинац, бале; —bube,

m. балавац; —en, v. n. балити, забалити, слинити, заслинити; —ig, adj. балав, слинан; —ig machen, обалити, избалити; —löffel, m. —nase, f. шмркавац, балавац; —mädchen, n. балавица; —zapfen, m. слинац.
Rübe, f. репа; gelbe —, мрква, мерлин; rothe —, блитва, цвекла.
Rubel, m. рубља, рубаљ.
Rübengrube, f. трап.
Rüben-zucker, m. —land, n. репиште.
Rubin, m. рубин; —fluß, m. рубинов кристал.
Rüböhl, n. уље од репе, олај.
Rubrik, f. (eine Spalte), ступац; (Ueberschrift) глава.
Rübsamen, m. Rübsaat, f. репица.
ruchbar, adj. познат, гласит, разглашен; — werden, изаћи на глас; — machen, дати на глас; —heit, f. познатост; глас.
ruchlos, adj. зао, безакон, безбожан, погански.
Ruchlosigkeit, f. злоба, безакоње, безбожност, поганство.
ruchtbar, f. ruchbar.
Ruck, m. мах, тир.
Rück-anfall, m. der Erbschaft, отаће паследства; —blick, m. поглед, обзир; —blicken, v. n. обазрети се, обзирати се, огледати се; —bürge, m. помоћни јамац; —bürgschaft, f. јамство помоћно.
Rücken, m. хрбат, леђа; (eines Berges) било, плећ, страна; (eines Messers), телуће, тилут; — im Kleide, арка, леђа; auf dem — налећашке, полећутке; auf den — heben, ртити, уртити; hinter dem —, тајом, у потаји.
rücken, v. a. макнути, мицати, турати, покренути, покретати, маћи, помаћи, помакнути; weg —, одмакнути, померити, местити; nähe —, приближити, привућити, примаћи; den Tisch an die Wand —, примакнути трпезу к зиду; den Zeiger einer Uhr —, помакнути сказаљку; — v. n. макнути се, помаћи се, помицати се, покренути се, покретати се; in's Feld —, ићи, крепути се на војску; näher —, приближити се, примакнути се; rückwärts —, уступити, узмакнути; höher —, (im Amte —), пењати се, поступати.
Rückenhalt, m. резерва, fig. помоћ, заштита.
Rücken-lehne, Rücklehne, f. наслон; —mark, n. срч, мождина; —schmerz, m. болест у леђи, у крстима; —stück, n. (vom Kleide, Felle), полећина; —tasche, f. упртњача, торба.
Rück-erinnerung, f. спомен, успомена; —erlag, —ersatz, m. повраћање, враћање; —fall, m. повратак болести, поновљена болест, одвала; —fällig, adj. повратан; —werden in Sünden, наново грешити; in Krankheit —, поболети се изнова; (von Gütern), припасти; —fluß, m. повратак; —gabe, f. враћа; —gang, m. повратак; (einer Sache), назадак, назадовање; —gängig, adj. назадан; —fig. werden, ићи у назадак; смести се; —machen, развћи, попишманити се.
Rückgrat, m. хртењача, кичма, кичменица,

хртеница, кичмењача; —borften, f. pl. пераја; —mufteln, f. pl. печеница.
Rück=halt, m. обзир; заплеће; fig. мера, начин; oђne —, без обзира; преко начина; —lauf, m. (Wiederlauf), назадна купња; —kehr, —kunft, f. поврат, повратиште, повраћање, повратак; узмак, узмицање; —lings, adv. натрашке, уназад; (auf ben Rücken), наузнак, наузнако, наузначице; (von hinten), одостраг, иза леђа; —marſch, m. повратак; —rechnung, f. рачун друге странке; —reiſe, f. повратни пут; —ſchlag, m. одбијање, одбој; —ſchlag, m. враћање, слање назад; —ſeite, f. наличје; зачеље; —ſicht, f. обзир, оглед, поглед; — nehmen, имати обзир на што; —ſichtswürdig, adj. вредан обзира; —ſitz, m. предње место (на коли); —ſprache, f. договор, договарање; — mit einem nehmen, договарати се с ким; —ſprung, m. одскок; —ſtand, m. остатак, кусур; — einer Zahlung, неисплатак; — eines Reſtes, недоплатак; —ſtändig, adj. заостављи, неисплаћен; —ſtellig, f. rückgängig; —tritt, m. узмак, отступ; —verlauf, m. продаја натраг; —wand, f. стражњи зид; —wärts, adv. натраг, натрашке, уназад; (von hinten), одостраг; —wärtsgehen, v. n. ићи натраг, патрашке ићи; ићи у назадак; —wechſel, m. узменица; —weg, m. повратак; —weiſe, adv. тиром, на махове; —wirken, v. a. с повa на што делати, упливисати; —wirkung, f. упливисање, уплив; —zahlen, v. a. повратити новце; —zug, m. узмак, узмицање.
Rüde, m. пас; лис; вук; самсов, велики рундов.
Rudel, n. чопор, гомила, руља.
Ruder, n. весло; (Steuer—), крман, крма, думен, тимун; das — führen, владати, управљати; am — ſitzen, стојати, бити на тимуну, крманити, корманити; —bank, f. клупа возарска; —knecht, Ruderer, m. возар, возач, веслар; —n, v. n. возити, веслати, повести на лађи; —nagel, m. шкарам; —ſchiff, n. брод на весла; —ſchlag, m. веслање; —ſtange, f. весло.
Ruf, m. глас, клик, врик, вапај, усклик, поклик; (zu einem Amte), звање; (Einladung), позив; (Gerücht), глас; име; слава; in üblen — bringen, извикати кога.
rufen, v. a. звати, позвати, зазвати, зовнути, позивати, викати, кликовати; прозвати, прозивати; — v. n. викнути, викати, крикнути, кричати, покликнути, гласити, упијати, вапити, кликти, кликтати, кликнути, помагати, запомагати; заграјати.
Rüge, f. укор; казна, каштига.
rügen, v. a. укорити, кудити; (erwähnen), споменути; (bekennen), признати; (gerichtlich ahnden), казнити, каштиговати.
Ruhe, f. мир, покој, тишина; (Erholung), починак, почивање, почивање, одмор; (Schlaf), сан; (Tod), смрт; zur — bringen, смирити, смиривати, примирити; in — und Frieden verleben, поживети; ſich zur — begeben, упокојити се; примирити се; ſich zur — legen, смирити се, смиривати се; —bant, f. по-

чивало; —bett, n. софа, почивало; —gehalt, m. мировина.
ruhen, v. n. почивати, починути, одахнути, мировати, одморити се; fig. спавати.
Ruhe=platz, m. почивало, почивалиште; —punkt, m. почивало; одмор; —ſtand, m. починак; —ſtätte, f. почивалиште, место од мира, покоја; fig. гроб; —tag, m. дан починка, одмора.
ruhig, adj. миран, тих; ſich — verhalten, мировати.
Ruhm, m. слава, глас, дика, хвала; прослава; —begierde, —gier, f. славољубље, жеља за славом; —begierig, —gierig, adj. славољубан, жељан славе.
rühmen, v. a. хвалити, славити, дичити, похвалити; ſich —, v. г. хвалити се, поносити се, величати се, хвастати се, похвалити се, захвалити се, дичити се, подичити се.
rühmlich, adj. славан, дичан, похвалан; —keit, f. похвалност, дичност.
ruhmredig, adj. хвалисав, хвастав; —keit, f. хвастање, хвалисање; хвалисавост, хвастовост.
Ruhm=ſucht, f. Ruhmbegierde; —voll, adj. славан, дичан; —würdig, f. rühmlich; —würdigkeit, f. Rühmlichkeit.
Ruhr, f. срдобоља, слаба, срчана.
Rührei, n. размућено јаје.
rühren, v. n. (herrühren), происходити, произлазити, доходити, исходити, протицати; — v. a. (anrühren), такнути, текнути, типати, таћи, маћи, шенути; das Herz —, такнути, ганути, дирнути у срце; (umrühren), мешати, промешати; die Trommel —, бубњати, добовати; ſich —, макнути се, маћи се шенути се, трмпзати, прометати се, трудити се, радити се; vom Blitze, vom Schlage gerührt werden, ударити, шинути гром, капља.
rührend, adj. гањив, дирљив.
rührig, adj. окретан, жив.
Rühr=kelle, —löffel, m. мећаица.
Rühr=nagel, m. (in der Mühle), чекало, чакало.
Rührung, f. мицање, мешање; fig. разпеженост, дирнутост.
Ruin, m. пропаст; —en, pl. развалине, градина, здине; —iren, v. a. упропастити.
Rülps, m. подриг, икавка, штукавица, штуцање, ригавица, ригање.
rülpſen, v. n. подригивати се, подригнути се, ригати, штуцати се, ицати се; — n. подригивање, ригање, штуцање, ицање, ћухавина, ригавица, штукавица, икавка.
Rum, m. рум.
Rummel, m. (Haufen), хрпа, гомила; (Lärm), бука, граја; (Plunder), стареж; (im Pikétſpiel), око; —ei, f. граја, хука, бука.
Rumor, m. хука, бука, вика; —en, v. n. бучити, викати.
Rumpel=kammer, f. соба за стареж; —kaſten, m. орман за стареж; fig. старе кочије; —n, rummeln, v. n. грмети; лумети; in ein Zimmer hinein —, срнути у собу.
Rumpf, m. труп, труппна, лубина; ſtan, тело, живот (од хаљина); capе, трубе (од чизама); — des Armes, батаљак батаљца.
rümpfen, v. a. (das Maul, die Naſe), напрћити,

прѣити нос, уста; über etwas die Nase —, подсмевати се, прѣити, потпрдивати се.
rund, adj. обао, обал, округао; — herum, около, наоколо, изокола.
Runde, f. округлина, ковртањ; walzenförmige —, облица; in die —, in der —, уоколо, у наоколо, редом.
Rűnde, Rundheit, f. округлина, округлост, облина.
rűnden, v. a. кружити, окружити, заоблити.
Rundfenster, n. облук, окно.
rundgeflect, adj. коласт, шарен на кола.
rundlich, adj. округласт.
Rund-ſäule, f. (Cylinder), облина, ваљак; —ſchild, n. округао штит; —ſchreiben, n. окружница.
Rundung, Mündung, f. облина, округлост, о-круглина.
Rune, f. руна, рунско слово.
Runkel, —rübe, f. бела репа, цвекла.
Runken, m. комад хлеба.
Runzel, f. (besonders im Geſichte), бора, мрежотина, мрска, гришпа; (Falte), набор, бора; —ig, adj. гришпав, набран, смежуран, шкоран, шкорњав; —ig werden, смежурати се; —n, 7. a. набирати, гришпати; die Stirne —, мрштити се, намрштити се, намргодити се, мргодити се, накањити се; — г. г. намежурити се, смежурати се, набрати се, збабати се, парозати се; —ſchlange, f. слепић.
Rupfe, f. кудеља, куделка.
rupfen, v. a. чупати, черупати, очерупати, перушати, перутати, перушати, чешљати, ишчешљати, скупсти; (im Spiele), опухити.
ruppig, adj. сиромах, траљав, одрпан.
Ruprecht, m. (der Knecht —), баук.
Ruß, m. чађ, чађа, гар; —braun, adj. —farben, adj. гарав.
Rüſſel, m. рило, губица, трубица, губац, кима, ћуша, сурла; —käfer, m. рогуша, жижак.
rußig, adj. сађав, чађав, гарав; —e Farbe

гар; —machen, гарити, гаравити, огарити, огаравити; —werden, чадити, почадити.
Rußbaum, m. потпор.
rüſten, v. a. справљати, приправљати, спремити, оружати; ſich —, v. r. спремати се (на бој), оружати се; vom Kopf bis zu den Füßen gerüſtet, оружан од главе до пете; ſich mit Geduld —, стрпити се.
Rüſte, f. (veralt.), запад, заход сунца.
Rüſter, f. брест; ралица, ручица (од плуга).
Ruſtical-, (in Zuſ.), кметски.
rüſtig, adj. чврст, јак, чио, крепак; хитар, справан, жив; —keit, f. снага; живост.
Rüſt-kammer, f. —haus, n. оружница; —leiter, f. леса (од кола); —loch, n. рупа за скеле зидарске; —platz, f. Waffenplatz; —ſtange, f. греда, потпор скеле зидарске; —tag, m. велики петак.
Rüſtung, f. приправљање, спремање, справљање; оружање; оружје; одора, опрема; —sſtücke, pl. n. оружје, војна опрема.
Rüſt-wagen, m. тарнице, тарна кола; —zeug, n. справа; макина.
Ruthe, f. прут, лоза, розгва, шиба, шибљика, шипка, шипкрет, бич; mit —en ſtreichen, шибати; er bindet ſich ſelbſt eine — сам себи о злу ради; (ein Längenmaß), хват; (bei den Jägern), реп; (bei Thieren), пудара, пуждра, пуздро; —en einlegen, розгвати; — des Trommelſchlägers, шипка, шибало, малица; —engeſträuch, n. шиб, шибљак; entraut, n. девесиље; —enſtreiche, pl. шибање, шибе.
rutſchen, v. n. пузати, пузити; омицати се; клизати; auf dem Eiſe —, тоцикати се; die Sache will nicht —, неће ствар да иде.
Rutte, f. мањћ.
rütteln, v. a. трести, дрмати, цимати, уздрмати, продрмати; gerüttelt voll, вршком пун; — n. дрмање, тресење; трешња.
Rüttſtroh, f. Krummſtroh.

S.

Saal, m. сала, дворана, трем.
Saat, f. (das Säen), усев, сетва, летина, тег, седба; (Frucht), жито; zur Zeit der —, о сетви; —beſtellung, f. сејање, седба, сетва; —feld, n. поље посејано; —korn, n. семе; —krähe, f. врана; —land, f. Saatfeld; —zeit, f. сетва.
Sabbath, m. субота.
Sabber, m. f. Geifer; —n, v. n. (gem.) слинити, балити; —tuch, f. Geifertuch.
Säbel, m. сабља, ћорда, ћорда, крива, кривача; gefchenkter —, даровница; ſcharfer —, брицикиња; —bohne, f. турски боб; —hieb, m. ударац сабљом; —klinge, f. гвожђе, оштрице од сабље; —riemen, m. кајас.
ſäbeln, v. a. сабљом сећи.

Säbenbaum, m. сомина (дрво).
Sache, f. ствар, сатвар; (Geſchäft), посао, дело; (Rechtshandel), правда, парница; dies iſt meine — nicht, то није мој посао, моја навада; der zu viel thun, претерати у послу; es wird meine — ſein dafür zu ſorgen, то ће моја брига бити; das gehört nicht zur —, то амо не спада; von der — abweichen, одступити од предмета; wieder auf die — kommen, вратити се к предмету; er verſteht ſeine —, добро разуме свој посао; —n, pl. ствари; имање; meine ſieben —, моја сиротиња.
Sachenrecht, n. право на ствар; (dingliches), стварно право на ствар.
ſach-fällig, adj. — werden, изгубити парницу;

—fällige Partei, надвладана странка; —ge-
mäß, adj. ствари сходан; —genoſſe, m. у-
чесник; —kenner, m. вештак; —kenntniß, f.
вештина у чему; —kundig, adj. вешт; —
—kundige, m. вештак; —ſage, f. стање ства-
ри; —kundige, ſ. Sachverſtändige.
ſacht, adj. тих, лак, лаган; adv. тихо, лагано,
полако, полагано, понајлак.
Sach-verſtändiger, m. вештак; —walter, m. за-
ступник.
Sack, m. џак, врећа; (Taſche) џеп, шпаг, тор-
ба; (Beutel) тоболац, кеса, мошња; langer
—, амбула; —band, m. узица, повраз.
Säckchen, n. џачић, врећица, џепић, торбица,
кесица, тоболчић, мошњица.
Säckel, m. кеса, мошња.
ſacken, ſich, v. г. проседати, пропадати; опа-
дати; (als Kleider) насоловесити се.
ſacken, v. a. метнути, метати у торбу, врећу,
џеп итд.
ſäcken, v. a. (einen Miſſethäter), свезати у вре-
ћу и утопити злочинца.
Sad-geige, f. мале гусле; —leinwand, f. дебе-
ло, грубо платно; —pfeife, f. гајде; —pfei-
fer, m. свирач, гајдаш; —piſtole, f. мали
пиштољ; —träger, m. торбоноша, амалин,
носач; —tuch, n. платно за вреће; марама,
рубац, убрушчић за нос, балавура; —uhr,
ſ. Taſchenuhr.
Sacrament, n. тајна црквена, света тајна,
сакраменат, светотајство; —iren, v. n.(gem.)
клети, псовати.
Sacriſtan, m. црквењак, пожуп, звонар.
Sacriſtei, f. сакристија.
Säculariſation, f. —eines Geiſtlichen, мирја-
нидба.
ſäculariſiren, v. a. духовна добра у световна
обратити.
Sadebaum, ſ. Säbenbaum.
Sadrach, m. (gem.) зао, поган човек; погана
жена.
Säe-mann, m. сејач; —maſchine, f. сејача.
ſäen, v. a. сејати, посејати; —, n. сејање.
Säetuch, n. прегача за сејање.
Säezeit, ſ. Saatzeit.
Saffian, m. сактијан.
Saflor, m. шаврањка.
Safran, m. шавран; —gelb, adj. жут као ша-
вран.
Saft, m. сок; јуха; вода; (Baum—) мезгра;
Säfte im Körper, соци, влаге у телу; Re-
ben, die weber — noch Kraft haben, речи без
сока и смока; (in Apotheken) сируп, рас-
топ.
Säftchen, n. растоп.
Saft-farbe, f. —grün, n. зелена боја; —ig, adj.
сочан, сочан; (unanſtändig) мастан, неслан,
непристојан; —igkeit, f. сочност, сок; —los,
adj. без сока.
Sage, f. гатка, прича, причица, кажа; es geht
die —, говори се, прича се, приповеда се;
ſeiner — nach, по његовим речима, како
он каже.
Säge, f. пила, тестера, шега, жага; —blatt, n.
пила, гвожђе од пиле; —bock, m. козе; —

ſiſch, ſ. Schwertfiſch; —mühle, f. пила, пила
водена.
ſägen, v. a. пилити, тестерати, тестерити, ше-
гати.
ſagen, v. a. рећи, казати, говорити, рети, ка-
зивати, заказати, заказивати, гласити, по-
видети, поведати; es hat nichts zu —, није
ништа; то неће ништа рећи; man ſagt, ка-
жу, говори се; was ſoll das —? што ће то
рећи? das will ſo viel —, то је толико; ich
habe mir — laſſen, чуо сам; laß dir doch —,
чуј, слушај, послушај; für Jemand gut —,
јамчити за кога; du haſt von Glück zu —
хвали бога; unter uns geſagt, међу нама ре-
чено; ſag' ich, велим, вељу, кажем; heimlich —,
доказати; — laſſen, поручити; wie man zu
— pflegt, штоно реч; er läßt ſich kein Wort
—, не да се ни опеределити.
Säger, m. тестераш.
Sägeſpäne, pl. пиљевина, гриз.
Sago, m. саго; —baum, m. саго, сагово дрво.
Sahl-band, n. —leiſte, f. дизга; —weibe, f. ракита.
Sahn-e, f. скоруп, повлака, силав, павлака,
кајмак; —enkäſe, f. сир од скорупа; —en-
kuchen, m. погача, лепиња са скорупом.
Sait-e, f. струна, тетива, тетиво, жица; —
enhalter, m. чивија, шараф; —eninſtrument,
m. инструменат на струне; —enſpiel, n.
—enklang, m. ромон од жица.
Salamander, m. саламандар, дуждевњак,
бурњак.
Salar, Salarium, n. ſ. Beſoldung.
Salat, m. салата, лочика.
Salbader, m. чарлатан; (Schwätzer), брбља-
вац; —ei, f. чарлатанство; брбљање, бе-
нетање; —en, v. n. бенетати.
Salband, ſ. Sahlband.
Salbe, f. маст, мазање.
Salbei, f. куш, кадуља, жалфија.
ſalben, v. a. мазати, намазати, помазати.
Salböl, n. свето уље, миро.
Salbung, f. помазање, мазање.
Sälbchen, n. мала сала, мала дворана.
ſalbiren, v. a. нагодити, платити, измирити,
намирити.
Saldo, m. остатак, преостатак од рачуна;
плаћање (рачуна); im — bleiben, остати
још нешто дужан; (Ausgleichung), нагодба;
изравнање; pro —, per —, за нагодбу;
за изравнање; —zahlung, f. плаћено пре-
оставшега дуга.
Salep, m. салеп.
Saline, f. солило.
Salm, ſ. Lachs.
Salmiak, m. нишадор, лишадор.
Salniter, Salpeter, m. салитра, шалитра;
—artig, adj. салитраст; —grube, f. —hütte,
f. салитрана; —ig, adj. салитрен; —ſieder,
m. салитраш; —ſiederei, f. салитрана.
Salſe, f. умокац слан.
Salter, (Pſalter), m. трећи желудац (у говеда).
Salutir-en, v. a. поздравити, дати коме част;
(durch Schüſſe), пуцати у част, у славу; —
ung, f. пуцање у част, поздрављање.
Salve, f. салва, поздрав, пуцњава гроздом.
Salvusconbuctus, m. слободан провод.

Salz, n. со; (in Zusamm.) солани; Мангеl an —, бесолица; —aut, n. солара, сланица, —arbeiter, m. - beamte, m. солар; —brühe, f. саламура, расол.
salzen, v. a. солити, посолити, насолити.
Salz-faß, n. сланица, сланик; —fisch, m. слана риба; —fleisch, n. слано месо; —grube, f. руда соли, солило; —händler, m. солар; —haus, f. Salzamt. [сланост.
salzig, adj. слан, посољен, солни; —keit, f.
Salz-korn, n. грудва соли, грумен соли, зрно соли; —kothe, f. солило; —lake, f. саламура, расол, солило; —lecke, f. солило; —meste f. s. Salzfaß; —quelle, f. солило, слатина; —schant, m. продаја соли; —see, m. слано језеро; —sieder, m. солнар; —siederei f. солана; —sohle, f. саламура; —steuer, f. соларина, данак од соли; —stößel, m. солотук, тучак, —wage, f. солна вага, водомер; —wasser, n. слана вода, саламура; —werk, n. солила; —wesen, n. соларство.
Same, m. семе, зрно; (Nachkommen) потомство, потомци, деца, унуци; in den —n gehen, усеменити се, семенити се, терати у семе.
Samen-baum, m. семењак, семењача; —gehäuse, n. плева, љуска од семена; —händler, m. семенар; —kelch, n. чаша од семена; —korn, n. семе, семенка; —stengel, m. бик, проратњика, бачва.
Sämerei, f. семење.
sämisch, adj. — Leder, лутак; —machen, стројити на начин лутка; —gärber, m. лучар.
Sammel-, (in Zusamm.), зборни.
Sammelkasten, m. густерна, чатрља.
sammeln, v. a. купити, брати, побрати, сабрати, сакупљати, сабирати, искупити, искупљати, окупљати; Schätze —, гртати благо; Kräfte —, опоравити се; sich —, v. r. купити се, сакуњати се, стицати се, сабирати се, ишчекивати се, палећи, прибирати се, прибрати се; (sich lassen,) разабрати се, доћи к себи.
Sammelplatz, m. зборище, састанак, зборно место.
Sammet, m. баршун, кадифа, кадива, аксамит, кумаш; —artig, adj. баршунаст, кадифаст; —band, n. трака од кадифе, кумаш; —blume, f. кадифица; —bürste, f. четка за кадифу; —en, adj. од кадифе; —mütze, f. кићенка.
Sammler, m. скупљач, купилац.
Sammlung, f. купљење; збирка, зборник; —sort. m. зборите.
sammt, prp. с, са, скупа с, заједно с; — und sonders, свиколици, сви.
sämmtlich, adj. вас, сав, васколики.
Samstag, m. субота.
sanct, adj. свет.
Sanction, f. владарско потврђење; —iren, v. a. потврдити.
Sand, m. пржина, песак, прхор, прашина; einem — in die Augen streuen, обманути кога; —aal, m. s. Sander.
sand-artig, adj. песковит, пешчан; —bank, f. пруд, греда, велика стена или коса од каменa (у мору); reich an — банken, прудовит; mit dem Schiffe auf eine — stoßen, насукати се, насести; —beere, f. медвеђе грожђе; —berg, m. брдо, гора песковита, boven, m. песковита, пешчана земља; —büchse, f. несковница, песковница, прашкопица.
Sandel, m. holz, n. сандал, сандаловина.
Sander, m. смуђ (риба).
Sanderde, f. пескуља, пешкуша, грохотљика, опрљуша; мршава, песковита земља.
Sand-grube, f. пешчана јама; —hase, m. бели зец; —ig, adj. песковит, пешчан; —korn, n. зрно песка; —mann, m. пешчар; fig. сан, дремеж; —ried, n. шевар, arundo arenaria; —ruhrkraut, n. смиљ, gnapharium arenarium; —stein, m. пешчани камен; —uhr, f. пешчан сат; —wüste, f. песковита пустиња.
sanft, adj. благ, тих, миран, кротак, мек, нежан.
Sänfte, f. носиљка, паланкин.
Sänftenträger, m. носач.
Sanftmuth, f. благост, кротост.
sanftmüthig, adj. кротак, тих, благ; —keit, f. кротост, тихоћа, благост.
Sang, f. Gesang.
Sänger, m. певац, певач, појач, појац; —in, f. певница, певачица.
sanguinisch, adj. сангвиничан; сангвинички; лакокрван, ватрен.
Sanität, f. здравство, здравственост; (in Zus.), здравствени.
Sappe, f. поткоп, лагум, тавник.
sapperment, i. ха врага! ао! ао мој брајко.
Saphir, m. сафир (камен драги).
Sardelle, f. срђела; —nbrühe, f. умакац од срђела.
Sarder, Sardonier, Sardonyx, m. сардоник (камен драги).
Sarg, m. сандук мртвачки.
Sarraß, m. сабља.
Sarter, m. плаћ од брода.
Satan, m. сотона; ein rechter —, сотоњак;—isch, adj. сотонски, ђаволски, вражји.
Satin, m. сатин.
satiniren, v. a. углацати.
satt, adj. сит, ситан; sich — essen und trinken, најести се и напити; sich — sehen, нагледати се; sich — schlafen, spielen, hören, наспавати се, наиграти се, наслушати се; seines Lebens — sein, омрзнути, додијати, досадити, дотужити кому живот.
Sattel, m. седло, самар; ков, коњиц, кобилица (у гусала); —baum, —bogen, m. лук од седла; —decke, f. покровац, подседлица; —gurt, m. колан; —knecht, m. коњух; —knopf, m. јабука, уњкам, облук, облучје.
satteln, v. a. седлати, оседлати, самарити, осамарити.
Sattel-pferd, n. седленик (коњ); —pistole, f. кубураш, кубураши, кубур, кубуре; —tasche, f. бисаге; —wunde, f. садно; —zeug, n. седло, справа јахаћа.
Sattheit, f. ситост.
sättig-en, v. a. ситити, заситити, најести, наситити; нахранити и напојити; —ung, f. ситост, најест.

Sattler, m. седлар, сарач; —handwerk, n. седларство.]довољство.
sattsam, adj. довољан; —keit, f. довољност.
Saturei, f. чубар, јермен.
Satyr-e, f. сатира; —iker, m. сатирик, подсмевач; —isiren, v. a. подсмевати се; f. Spottschrift.
Satz, m. (Sprung), скок; (Boden—), талог, мутьаг; (von Branntwein, Wachs), џибра; (von Kaffee), телфа; (Rede—), реченица, изречење; задаћа; (im Spiele), ставка; (von Fischen), младе рибе; (von Blumen), сад; непокретни залог, f. Hypothek; —gläubiger, m. веровник па непокретан залог; —hase, m. зечица; —schrift, f. парнички спис.
Satzung, f. (Statut), установа; (Taxe), одредбина; (Fleisch—, Brod—), одредбина за месо, хлебац.
Sau, f. крмача, прасица, свиња; (von Tintenflech), крмача, мачка.
Saubeller, m. самсов.
sauber, adj. чист, пристао, леп; —keit, f. чистоћа, присталост, лепота.
säuberlich, f. sauber.
Säuberling, m. гиздолин, кицошап, гиздавац, чисмепко.
säuber-n, v. a. чистити, очистити, требити —ung, f. чишћење, требљење.
Sau-blume, f. лесандра (трава); —bohne, f. боб; —borste, f. чекиња; —brod, n. крижалина (трава); —distel, f. кострец, чепчег, зечја трава, крж, црца.
sauen, v. n. (gem.), мазати.
sauer, adj. висео, каштар; (beschwerlich), горак, мучан, трудан, тежак; (mürrisch), здовољан, намрћен; sich — werben lassen, трудити се, мучити се; — werben, киспути, ускиснути, ускисивати, усирћетити, узбучати, усевнути, прокиснути; —suppe, киселица, кисела чорба; —ampfer, m. кисељак, киселица; —brunnen, m. кисела вода; —born, m. сутека.
Sauerei, f. свињарија, нечистота, гад.
Sauer-klee, m. киселача (трава); —kraut, n. кисело зеље, кисео купус; —krautbottich, m. купусара.
säuerlich, adj. накисео; —schmecken, киснти; —werben, прокиснути, прозукнути.
säuern, v. a. закиселити, киселити, метнути кваснa (у хлеб).
sauern, v. n. киснути.
sauer-sichtig, adj. висео, мргодан; —süß, adj. накисео; —teig, m. квас, квасац; —töpsisch, f. sauersichtig; —topf, m. (im gem. Leben), кисео, намрћен човек; —wasser, n. f. Sauerbrunnen.
Saufänger, m. самсов.
saufen, v. n. (von Thieren), локати; (von Säufern), локати, ждерати, гулити, нагулити се, ољољати се, патрескати се, отрескати се, пијанчити, пити; —, n. локање, пијанчење, пијанство, пиће.
Säufer, m. —in f. пијанац, пијаница.
Sauf-gelag, n. пијанка, пијанчење.
Säugamme, f. дојкиња, дојиља.
Saugesisch, m. уставица.

saugen, v. a. & n. сисати, сати, посати; an ber Brust —, дојити, подојити; zu — geben, задојити, надојити.
säugen, v. a. дојити, задојити, надојити.
Sange-rüssel, m. —werk, n. сисаљка.
Säugling, m. одојче, напршче, сишче.
Säugethier, n. сисавац.
Säugung, f. дојење.
Sau-hirt, m. свињар; —hund, m. самсов; —igel, f. Schweinigel.
säuisch, adj. нечист, смрадан, гадан, свињски.
Sau-jagd, —hetze, f. лов на вепрове.
Säule, f. ступ, стуб.
Sau-leben, n. свињски, пасји живот; —leber, n. свињска, свињећа кожа.
Säulen-fuß, m. подножје ступа; —gang, m. колонада, ступови; —gesims, n. —knauf, m. глава од ступа; —laube, f. придвор; —stein, f. Basalt; —stuhl, m. подножје.
Saum, m. крај, руб, поруб, скут, обруб, окрајак, первaз; (Last), товар, терет.
säumen, v. a. рубити, порубити, опшити; —, v. n. каснити, доцнити, задоцнити, одоцнити, оклевати, дангубити.
säumig, f. säumselig.
Saumlast, f. товар.
Säumniß, f. & n. кашњење, доцњење, облевање, дангуба.
Saumpferd, n. сенсана. [њење.
Saumsal, n. немар, оклевање, кашњење, доSaumsattel, m. самар; —gurt, m. потпрут, колан на самару.
saumselig, adj. немаран, немарљив, лењ, тром, касап; —keit, f. немар, немарност, лењост, тромост, кашњење, доцњење, оклевање.
Saumthier, n. сенсана.
Saumutter, f. f. Mutterschwein.
Saurach, m. сутека.
Säure, f. киселина, виште; квас, квасац.
Saurüssel, m. рило, сурла, њушка свињска.
Saus, m. шум; in — und Braus leben, живети весело, раскошно.
Sau-sach, m. трбух; —schneider, f. Schweinschneider.
säuseln, v. n. шуморити, жаморити, ромонити, жуборити, зажуборити; —, n. шум, жамор, ромон, жубор.
sausen, v. n звиждати; зујати, шумети, пуштати, хујати; —, n. звиждање, зујење, шум, пуштање.
Sausewind, m. јак ветар; fig. ветрогоња.
Sau-spieß, m. ловачко копље; —stall, m. котац, свињац, кочина; —treiber, m. свињар; —trog, m. валов.
Scandal, n. саблазна; —ös, adj. саблазнив.
Scene, f. призор; појава.
Scepter, n. жезло, жезал.
Schabe, f. (Insekt), мољ, мољац; (Werkzeug), макља, макљица; (Kräze), шуга, сврaб, срaб.
Schäbe, f. Schäben, pl. поздер.
Schabe-baum, —bod, m. тезга кожарска; —hobel, m. макља, струг, стругач; —messer, n. стругач.
schaben, v. n. стругати, макљати, застругати, стругнути, грепсти, огрепсти, макљити; (die Haut—), чкрњати, лештити.

Schabernack, m. првос.
schäbig, adj. шугав, сврабљив; тричав.
Schabracke, f. џапраг, абајлија.
Schabsel, n. струготина.
Schach, m. шках, ћосе; —bret, n. шкавница.
Schächer, m. разбојник, лупеж; armer —, богац, сиромах.
Schacherer, m. препродавац.
Schacherei, f. чивутарење.
schachern, v. a. чивутарити.
schachmatt, adj. (im Schachspiele) шках и мат; (sehr schwach), слаб, сустао.
Schachspiel, n. шках.
Schacht, m. доња, окно.
Schachtel, f. кутија, шкатула.
Schachtel-halm, m.— hен, n. коњски реп, коситерка, цикрот.
schachteln, v. a. рибати, трти цикротом.
schächt-en, v. a. клати, заклати; fig. преварити, варати; —er, m. шактер, месар жидовски.
Schachsteuer, f. доњарина.
schabbar, f. Schabhaft.
Schabe, m. штета, шкода, квар; губитак; (Wunde), рана; ewig Schabe! штета! — и пећшен, zu —n kommen, штетовати, кваровати, имати штету; —n thun, zufügen, оштетити; einen —n an der Brust haben, боловати од прсију; ein — am Auge, окобоља.
Schädel, m. лубања, тиква, ћуна; — eines Hundes, пасјача.
schaben, v. n. худити, шкодити, нахудити, нашкодити, штету учинити, пакостити, начнти, досадити, досађивати.
Schaben-ersatz, m. накнада штете; —freude, f. злорадост; —freube haben, светити се; —froh, adj. злорад; —macher, m. штеточинац, штеточиња, штетник.
schadhaft, adj. оштећен, кварап, штетан, покварен, озлеђен, рањав, мањичав, шападан.
schädlich, adj. шкодљив, шкодан, штетан; — keit, f. шкодљивост.
schablos, adj. без штете, цео, читав, здрав; — halten, накнадити штету; sich — machen, наплатити се; —haltung, f. накнада.
Schablosigkeit, f. бескварност.
Schaf, n. овца, брав, бравче; бирка; fig. будала, бена; (in Zus.), овчји, брављи; junges —, шиљеже, шиљежница; ganzes gebratenes —, заобица; —blatter, pl. строка, штрока; —blatterig, adj. штрокав, строкав; —bock, m. ован; —butter, f. овче масло.
Schäfchen, n. овчица; sein —aufs Trockene bringen, приштедити, склонити беле паре за црне дане; Schäfchen, pl. маца, pече (на дрвцу); der Himmel ist voll —, небо је пу но белих облачића.
Schäfer, m. овчар, чобан, чобанин, пастир; —ei, f. овчарница; —gedicht, n. песан пастирска, еклога; —hund, m. пас чобански; —hütte, f. глада, кућер; —in, f. чобаница, пастирка; —knecht, m. овчар; —pfeife, f. ћурлика, свирала, фрула; —spiel, n. игра пастирска; —stunbe, f. сретна ура (љубавника).

schaffen, v. a. добавити, набавити, прибавити, прискрбити; створити, саздати, творити, направити, начинити, послопати; заповедати; mit dir hab' ich nichts zu —, немам с тобом посла никаква; was — Sie? шта заповедате? vom Halse —, отрести се чега; einem viel zu — machen, дати коме посла; aus dem Wege —, уклонити с пута, смакнути; Einem Linderung —, утешити, тешити кога, помоћи коме.
Schaffleisch, n. овчевина, бравстина.
Schaffner, m. одаџија.
Schafsell, n. овча кожа, овчина.
Schaffot, n. стратиште, губилиште.
Schaf-garbe, f. напрац, спор, спориш, хајдучка трава, куњи реп; —glocke, f. цингара, меденица, бронза, клепетуша; —haut, f. degerbte, ира; —häutchen, n. (beim Fötus) кошуљица, ведогоња; —hirt, f. Schäfer; —hürde, f. тор овчи; —hüsten, m. сух кашаљ (у оваца); —kameel, n. лама; —käse, m. овчи спр; —lamm, n. јагњица; —laus, f. крпељ, крпигуз, крља, клоп; —lecke, f. солило; —leber, n. овча кожа; —lorber, f. —mist, m. брабоњак, прња; —mutter, f. овца; —pelz, m. опаклија; —pocken, f. Schafblattern; —schur, f. стрижење оваца; време од стрижења; —stopf, m. глава овчја; fig. будала, бена; —stall, m. овчара, овчарница.
Schaft, m. ручица, држаље; (an der Flinte), кундак; (an Stiefel), сара, труба; (einer Säule), стабло од стула; (Stamm), стабло.
schäften, v. a. (eine Flinte), кундачити, окундачити.
Schaft-halm, m. —hен, n. коњски реп, цикрот.
Schaf-vieh, n. овце; —weibe, f. паша за овце; —wolle, f. вуна; —wollen, adj. вупен, сукнен; —zähne, f. Schafsaus; —zucht, f. овчарство.
Schäker, m. маљивац, маљивчина; —ei, f. шала; —n, v. n. шалити се.
schal, adj. неслан, бљутав.
Schälchen, n. чашица, крнчица.
Schale, f. чаша, филцан, шоља, поља; (von Eiern, Schalthieren), љупина, љуска; (von Bäumen), кора; (von Früchten), љуска, кожурица, комина, љуштине; (eines Messers), коре, корице; (eines Buches), корице.
schälen, v. a. лупити, љуштити, комити, гулити; комушати, крунити; sich —, v. r. лупити се, љуштити се, гулити се, комичати се.
Schalheit, f. песланост, бљутавост.
Schälhengst, f. Beschäler.
Schalt, m. лукав, несташко, враголан.
schalthaft, adj. лукав, несташан, враголаст; —igkeit, Schaltheit, f. лукавост, несташност, враголија.
Schalls-knecht, m. зао слуга; —natt, m. лакрдијаш, маљивчина.
Schall, m. звук, глас, топот, бахат, клепет; —en, v. n. звучати, раздегати се, звонити, топотати, бахтати, клепетати; —enb, adj. звучан, громотан; —loch, n. одушка за звук.
schalmen, v. a. гулити, огулити дрво.
Schalmei, f. свирала, свирајка, фрула.
Schalmung, f. гуљење дрвља.

Schalotte, f. љутика, влашац, лзма, влашик.
schalten, v. n. mit etwas —, mit etwas — und walten, радити, чинити с чиме што му драго; жарити и палити; (feiten), управљати.
Schalthier, n. љускавац.
Schalt-jahr, n. преступ, година преступиа; — monat, m. преступни месец; —tag, m. преступни дан.
Schaluppe, f. шалупа.
Schalwage, f. мерила, теразије.
Schalwand, f. претни, преграда од дасака.
Scham, f. срам, стид, стиђење, стидноћа, срамота; срамеж; keine —, habeп, обезобразити, обезочити; —beule, f. блудна мишпа.
schämen, sich, v. r. стидити се, срамовати се, срамити се, застидити се, туђити се, поштовати се; schäme dich! срам те било!
schamhaft, adj. стидљив, срамежљив, постидан, стидан; —igkeit, f. стид, срам, стидљивост, срамежљивост, стидноћа.
Scham-kraut, n. смрдљива лобода; —los, adj. бесраман, безочан, бестидан, безобразан; —losigkeit, f. бесрамност, бестидност, безобразност, безобраштина, безочанство; —roth, f. румен од стида; црвен од срама; — werden, поцрвенити, порумепити од стида; —röthe, f. срам, стид, руменило од стида.
Schandbalg, m. s. Schandhure.
schandbar, adj. сраман, срамотан; —keit, f. срамност, срамота.
Schand-bube, m. безбожник, испаљалац, сра- мотњак; —bühпе, f. трлица, срамотиште; —deckel, m. покривач, плашт срамоти чијој.
Schande, f. срамота; срам, стид; брука, прикор; pfui der —, срамота! брука и срамота! —einlegen, осрамотити се; sich zu — arbeiten, измучити се послом; ein Pferd zu — reiten, уморити, изјахати коња; zu —n gehen, пропасти, пропадати, пћи на горе, у мазадак; zu —n werden, осрамотити се, остати срамотан; in — leben, срамотовати.
schänden, v. a. осрамотити, погрдити, погрђивати, срамотити, покрисати; einen —, псовати, опсовати, ружити, поружити. грдити, погрдити кога; geheiligte Dinge —, осквркути; ein Mädchen —, осквркути, злоставити, осрамотити девојку; der Verlust der Nase schändet das Gesicht, ружно је лице без носа.
Schand-fleck, m. срамота, прикор, љага; —ge- werbe, n. срамотни обрт, курварење, срамотовање; —hure, f. курва, блудница.
schändlich, adj. сраман, срамотан; —keit, f. срамота, прикор, ругота, грдоба, брука.
Schand-maul, n. поган језик; —pfahl, m. —säule, f. трлица; —schrift, f. погрдно писмо; —that, f. срамота, прикор, непоштено дело, срамно дело.
Schändung, f. срамоћење, ружење, грђење; оскврнуће (недорасле особе), злостављање.
Schand-volt, n. непоштен народ; —worte, pl. сраме, срамотне, бесрамне, безобразне речи.
Schank, m. крчмарење, продаја пива, пива (на оку); —befugniß, f. право крчмарења.

Schanker, m. блудни рак (болест).
Schank-haus, n. крчма; —wirth, m. крчмар.
Schanzarbeit, f. робија.
Schanz-e, f. шанац, оноп, шарампов, насип; sein Leben in die — schagen, метнути главу у торбу; —en, v. a. опкопавати, шанац правити; fig. мучан посао радити; робијашити; —flinte, f. метериџбача; —kleid, n. заслон, окриље (за одбрану); —korb, m. кош; —pfahl, m. колац, проштац; —zeug, n. справа за копање.
Schar, f. чета, јато, мноштво, гомила, крд, булумента.
scharben, v. a. резати, сећи (купус, птд).
Scharbock, m. пожарица.
scharf, adj. оштар, бритак, јак, једак, љут, урезан; строг; жесток; (vom Verstand), оштроуман, бистар; —laden, набити зрпом; ein —es Gesicht haben, добро око имати; ein —er Wind, јак, оштар ветар; einen —en Blick auf Jemanden werfen, извалити очи на кога; —blick, m. оштро око; —edig, adj. оштрокутан.
Schärfe, f. (des Messers ıc.), остриша; оштриша; јакост, јеткост, љутина; строгост, жестина; (vom Verstand), бистрина, бистроћа, оштроумље.
schärfen, v. a. оштрити, заоштрити, наоштрити, изоштрити, задељати, зашиљити; брусити, набрусити; den Mühlstein —, побијати; die Sägezähne —, зубити; ein Werkzeug im glühenden Zustande —, поварити, поварпвати; ein Pferd —, оштро поткивати коња; den Ton —, оштро изговорити глас какав; ein geschärfter Befehl, оштра заповест.
Scharfrichter, m. џелат, крвник.
Scharfschütz, m. шишар, пушкар, пиавцџија.
scharf-sichtig, adj оштра вида; fig. бистровидан; —sichtigkeit, f. бистровидност; —sinn, m. оштроумност, оштроумље; —sinnig, adj. оштроуман; —sinnigkeit, f. s. Scharfsinn.
Schärfung, f. оштрење, брушење, шиљење, зубљење.
Scharlach, m. скерлет; —beere, f. кермес; —en, adj. скерлетан; —farbe, f. скерлетна боја; —fieber, n. црвени; —roth, adj. скерлетан; црвен као скерлет.
Scharlei, m. опап космати (трава).
Scharmützel, n. чарка; —n, schartnitziren, v. n чаркати се, почаркати се, чарнути се; — n. чаркање.
Schärpe, f. ткапица.
Scharpie, f. свилац.
Scharre, f. стругач.
scharren, v. a. грепсти, стругати, рити, копати; (zusammen —), згртати, нагрнути; mit den Füßen —, чепркати, закопати ногама; etwas in die Erde —, загрнути, загртати, закопати што у земљу.
Scharschnid, m. бравар.
Scharte, f. зуб, шкрбина, аргат; —am Brote, пупушка; —n machen, пшкрбати, пошкрбпти; s. Schartenkraut.
Schartele, f. невредно дело.
Schartenkraut, n. српак (трава).
schartig, adj. шкрбав, пун шкрбина.

Schar-wache, f. стража ноћна; —wächter, m. стражар ноћни.

scharweise, adv. јатомице, на чете, на јата.

Schatten, m. сен, сена, засенак, сенка; der kühle —, хлад; —bild, n. сен, утвора; — hut, m. сламни шешир; —riß, m. сплућа; spiel, n. сенке кнезке; uhr, f. сунчани сат; —wert, n. сенке; fig. тамте ствари; —zeiger, m. сказалька на сату сунчану.

schattig, adj. сенаст, хладовит, осовитни; —er Ort, таложина, запад, захлађе, осоје, запад, јападан.

Schatulle, f. шкатула, тврдьница, кутија.

Schatz, m. благо; fig. (Geliebter, Geliebte), лубавник, драги; лубавница, драга.

schätzbar, adj. процењив; (kostbar), драг, вредан; —keit, f. процењивост; драгоцен, вредност, цена.

schätz-en, v. a. цепити, процепити; уцепити, заценити, осецати; поштовати, штимати, штовати, частити, мислити; —er, m. проценитељ, процењилац.

Schatz-geld, n. приштеђени новци; —gräber, m. копач блага сакривенога; —kammer, f. благајница, ризница; —meister, m. благајник; процентељ; —schein, m. благовница.

Schätzmeister, m. процентељ.

Schatzung, f. пореза, данак.

Schätzung, f. процена, цењење, штовање, поштовање; —sbetrag, m. изнесак процене. —preis, —werth, m. цена процене.

Schau, f. оглед, видик, гледање, разгледање; etwas zur — ausstellen, метнути, ставити на видик; изложити штогод; zur — herumtragen, показивати што; поносити се, дичити се чиме; —, intj. гле!

Schaub, f. Bund.

Schaubhut, m. велики шешир од сламе.

Schaubühne, f. театар, позориште, позорница.

Schauder, m. гроза, језьа, дрктавица, језа, дрхат, трепет, страх; —haft, adj. страшан, страховит, грозан, грозовит; —n, v. n. језьити се, дрктати, трнути, најежити се, грозити се, задркетати, стресати се.

schauen, v. a. гледати, вирити, мотрити, пазити.

Schauer, m. суша, кров.

Schauer, m. град, туча; пљусак; f. Schauder.

Schauer, m. гледалац.

schauerig, adj. hier ist es hübsch —, овде је лепо топло; овде смо под кровом; f. schauderhaft.

schauerlich, f. schauderhaft.

schauern, f. schaudern.

schauervoll, f. schauderhaft.

Schaufel, f. Schäufelchen, n. лопата, лопатица, лопарица; eiserne —, гвоздена лопата, a- мов; —, n. г. а. лопатом радити; —tab, n. коло кашикасто, ожичато.

Schau-geld, n. f. Schaumünze; —gerüst, n. трибуна.

Schaukel, f. љуљашка, цубаљка; —n, г. a. љуљати, њихати, цубати; —n, v. n. љуљати се, нихати се; цубати се, прекретати се; —n, n. љуљање, нихање, цубање.

Schaum, m. пена.

schäumen, v. n. пенити се, пенити, запенити, испупити, запенушити, клапити се; — v. n. пену скипути, опенити.

schaumig, adj. пенаст.

Schaum-kelle, f. —löffel, m. пењача.

Schau-münze, f. медаља; —platz, m. позорница, позориште, театар.

Schauspiel, n. драмат, игра позоришна; — dichter, m. песник драматски; —er, m. глумац; —erin, f. глумица; —haus, n. казалиште, позориште, театар; —kunst, f. уметност драматска.

Schaustück, n. f. Schaumünze.

Schauthurm, m. f. Warte.

Schebecke, f. шамбек (брод).

Scheck-e, m. шарац; —ig, adj. шарен.

Scheffel, m. ваган.

scheffeln, v. n. носити, пупити.

Scheibe, f. круг, округ, плоча, колут; нишан; (am Fenster), стакло, окно; eine — Brot, кришка; (Knie—), чашица, јабучица (на колену); die — werfen, колутати се; in —n schneiden, искрижати.

Scheiben-bohrer, m. сврдло бачварско; —glas, n. окна, плоче стакла; —honig, m. мед у сату; —schießen, n. пуцање у нишан; —schütz, m. пушкар.

Scheide, f. (Grenze), међа, граница; (Messer —), пожница, коре, корице, ножнице, крпа; —brief, m. распуст, распусна књига; —kunst, f. луба; —künstler, m. лубеник; - mauer, f. претин, преграда; —münze, f. ситни новац.

scheiden, v. a. лучити, одлучити, разлучити, делити, разделити, раставити, растављати; Eheleute —, развести, ражелити; Butter —, мести масло у ступу; — v. n. разлучити се, растати се, отићи; aus der Welt —, преминути, преставити се, умрети; geschieden leben, бити растављен; sich —, растављати се; sich von der Frau —, ражељати се, ражепити се; sich vom Mappe —, разудати се; —, n. лучење, растапак, одлазак, полазак, растављање.

Scheider, m. лучитељ.

Scheidewand, f. тин, претин, пребој, преграда; —wasser, n. јетка вода; —weg, m. раскршће; раскрсница.

Scheidung, f. лучење, разлучење; растанак, одлазак, полазак; (Ehe—), развод, растављење; —klage, f. растављна тужба.

Schein, m. светлост, светлоћа, сјај, сјајност; (Anschein), вид, излик, слика, лице, образ, прилика; blitzender —, севак; schriftlicher —, писмо, исправа, сведоџба, сведочанство; nach dem —, по изгледу; zum —, привидно, бајаги, тобоже; der — um das Haupt der Heiligen, венац, орапе, сјај; (Täuschung), опсена, обмана.

scheinbar, adj. лажан, неистинит; привидан; тобожни; —keit, f. лажност, неистиност, привидност, тобожност.

Scheinchrist, m. претворан хришћанин, лицумер.

scheinen, v. n. (leuchten), светлити, сјати; nicht —, помрчати; fig. чинити се, видити се; годити се, клапити се, тунесвати се; wie

Scheinfreund — 237 — Scheuerfrau

mir scheint, kako ми се види; mir scheint es, чини ми се.
Schein=freund, m. лажан пријатељ; —gelehrt, adj. падри. учен; —grund, m. лажан раз- лог; —handlung, f. тобожно дељање; —hei- lig, adj. лицумеран; —e, m. лицумер; — heiligkeit, f. лицумерство, лицумерност; — kauf, m. привидно куповање; —kranf, adj. претворан болесник; —tod, m. привидна смрт; —todt, adj. обумро, привидан мрт- вац; —vertrag, m. тобожна погодба.
Scheiße, f. (gem.) говно; (Durchfall) срaћка.
scheißen, v. a. (im gem. Leben), срати.
Scheißer, m. посранац; усро, посерко.
Scheit, n. цепаница, главња, полено, цепка, биља, биљка, хватљика, дрвљад; (Daube), платина, дуга.
Scheitel, m. теме; раздељак; —n, v. a. (die Haare), разделити косу; —punkt, m. зенит.
Scheiterhaufen, m. ломача.
scheitern, v. n. разбити се, насести, пасадити се; (nicht gelingen), пeдaти се, непоћи за руком.
Scheitholz, n. цепанице.
schel, adj. разрок, шкиљав; —jemanden ansehen, погледати кога криво, попреко, пречати се, превалити, превaљиватн очима.
Schelfe, f. љуска, кора, кожурица.
schelfen, schelfern, v. a. лупити, љуштити.
schelfern, sich, v. r. лупити се, љуштити се.
Schelle, f. звонце, прапорац; (in der Karte), тиква, бундева; (Fesseln), лисице, лисичине.
schellen, v. a. & n. звонити, звечати.
Schellen=geläute, n. звека прапораца; —kappe, f. будалинска капа; —schlitten, m. саонице са прапорци.
Schellhengst, f. Beschäler.
Schellkraut, n. росопас.
Schellack, m. лак од гуме у плочица.
Schelm, m. лупеж, лукав; орјатин; der arme —! сиромах, јадник; —erei, f. лунештво, орјатство, лукавштина; —isch, adj. лопов- ски; лукав, шаљив; —streich, m. —stück, n. s. Schelmerei.
Schel=sucht, f. завист, ненавист, злоба; —süch- tig, adj. завидљив, злобан, ненавидан.
schelten, v. a. & n. карати, псовати, корити, крнити; опсовати кога; ружити, грдити, клети; jemanden einen Narren — назвати кога будалом; einander —, карати се; псо- вати се; —, n. карање, псовање, ружење, грђење; —r, m. карач; —rin, f. карачица.
Scheltwort, n. псовка, погрда, клетва.
Schema, n. пример, прегледалица.
Schemel, m. подножје, скамијца, скамја.
Schenk, m. крчмар, пехарник, точач.
Schenke, f. крчма, коноба, механа.
Schenkel, m. стегно, бут, бедро, ножањ; нога.
schenken, v. a. & n. (eingießen), точити, нато- чити, уточити, служити; (als Schenk), точи- ти, крчмити, продавати; (geben), дати, да- ровати, поклонити, даривати, поклањати; geschenft, adj. даровни, die Schulden — je- manden, отпустити коме дугове.
Schenker, m. даровник, дародавац.
Schenkfaß, n. чабар.

Schenk=gerechtigkeit, —freiheit, f. право на точење вина итд.; —kanne, f. велики крчаг; —tel- ler, m. служавник; —tisch, m. столница.
Schenkung, f. поклон, дар; даровање, покла- њање; —urkunde, f. даровна исправа; — vertrag, m. погодба о даровању.
Schenkwirth, m. крчмар; —in, f. крчмарица.
Scherbe, f. Scherbel, m. цреп, рбина.
scherben, m. лонац, грнац; —gericht, n. остра- кизам.
Schere, f. ножице, шкаре, маказе.
scheren, v. a. & n. (Schafe, Tuch и.), стрићи, острићи, шишати, ошишати; den Bart —, бријати, бричити; (bei den Webern), навити; einen —, мучити кога, досађивати коме; die Unterthanen —, глобити поданике; — durch Reden —, ругати се, подсмевати се коме; sich fort —, торњати се, отићи; sich nichts darum —, нехајати, немарити зашто; des schert mich nichts, брига ме је! марим ја! —, n. стрижење, шишање, бријање, до- сађивање, глобљење, навијање.
Scherenschleifer, m. маказар.
Scherer, m. бријач, шишалац.
Schererei, f. досада, досађивање, неприлика.
Scherf, m. Scherflein, n. беч, лепта, мангура; sein — beitragen, учинити колико је могуће.
Scherge, m. уставник, пандур.
Schermesser, m. бритва бријачница, бријач.
Scherwenzel, m. доњак (у картама) fig. об- лизивало, оскакивало.
Scherwolle, f. стрижена вуна.
Scherz, m. шала, пошалица, лакрдија; aus —, од шале.
Scherzeit, f. стрижење, време стрижења.
Scherzel, n. пупушка, прпушка.
scherzen, v. n. шалити се, пошалити се, про- шалити се, нашалити се.
Scherzeug, n. справа берберска.
Scherzgedicht, n. несна шаљива.
scherzhaft, adj. шаљив, смешан; —igkeit, f. ша- љивост.
scherz=liebend, ad. шаљив; —hafte, m. шаљиво име; —rede, f. шала, шаљив говор; —weise, adv. шале, за шалу, од шале.
scheu, adj. плашњив, страшљив, бојажљив, стидљив; (vom Pferde), ћудљив, пазорљив, зазорљив (vom Ochs), плахир; —bliefen, зазрети, зазирати, зверати, узверити се; — werden, зазрети, ћудити се; — gewor- denes Pferd, поплашен коњ; — machen, по- плашити.
Scheu, f. страх, бојазан, стид.
Scheuche, f. страшило; —en, v. a. страшити, плашити, поплашити, уплашити, пудити, терати.
scheuen, v. a. пудити, плашити, страшити; пла- шити се, бојати се, страшити се; sich —, стидети се, срамити се; vor etwas sich —, бојати се чега; уклањати се чему.
Scheuer, Scheune, f. житница, хамбар; шта- гаљ; котарка, кош, котобања.
Scheuerfaß, n. леђен, леген.
Scheuer=frau, —magd, f. рибаља; —kraut, f. Kannenkraut; —lappen, m. крпа, судопера;

—n, v. a. рибати, трти, чистити, прати; —ſand, m. песак за рибање; —wiſch, m. крпа, судопера, омут.
Scheuleder, n. наочњаци.
Scheune, f. Scheuer.
Scheuſal, n. страшило, грдоба, грдња; (Abſchen), мрзост; (Ungeheuer), наказа, неман.
ſcheußlich, adj. страшан, грозан, грозовит; гадан, мрзак, гнусан; —keit, f. гнусност, грдоба, гад, грозовитост.
Scheve, ſ. Schäbe.
ſchevicht, adj. зосдерљив.
Schicht, f. ред, врста, таван; (beim Flechten), вој, слој; — Garben auf dem Tretplatze, врмај; (Theil), део; die — antreten, почети дело; fig. уја; — machen, ујати.
ſchichten, v. a. слагати, наслагати, сложити; разредити, распоредити; (theilen), делити, разделити; лучити.
Schicht-meiſter, m. глава над рударима, плаћалац рударски; —ſchreiber, m. писар рударски; —weiſe, adv. редом, на врсте, таван по таван.
Schick, m. пристојност.
ſchicken, v. a. слати, пошљати, послати, отправити, пржати; нашати, одашиљати, пратити, упутити; einen in's Elend —, прогнати кога; nach einem, nach etwas —, послати по кога, по што; Gott hat es einmal ſo geſchickt, бог је тако хтео, била је божја воља; ſich —, v. r. (ſich bereiten), спремати се, справљати се, приправљати се; (geſchickt ſein), вешт, бити за што; ſich in etwas —, привикнути се, научити се чему; (ſchicklich ſein), пристојати се, личити, приликовати, доликовати, одликовати; wenn es ſich gerade ſo ſchickt, ако баш тако буде; je nachdem es ſich ſchickt, већ како буде; ſich nicht zuſammen —, неслагати се.
ſchicklich, adj. пристојан, пристао, згодан; —keit, f. пристојност; згода.
Schickſal, n. удес, судбина, усуд, судба, усуда, суђа, судиште, суђење, срећа; намера; das widrige —, зао удес, худа срећа.
Schickung, f. слање, послање: (Schickſal), удес, судба, срећа; намера; Gottes —, воља божја, промисао божји.
ſchieben, v. a. турати, ринути, турити, потиснути, пржати; Kegel —, куглати се; das Brod in den Ofen —, метнути хлеб у пећ; den Riegel —, пустити резу; auf die Seite —, заошепути; unter etwas —, потпуцати; einen Auftrag von ſich —, уклонити се, уклањати се палогу какову; die Schuld auf einen —, бацати кривицу на кога, кривити кога; auf die lange Bank —, одуговачити, отезати посао какав; ſich —, помакнути се.
Schieber, m. лопата, лопар; реза.
Schiebkarren, ſ. Schubkarren.
Schiebling, m. одагнанац; протераница; (in Zuſ.) одагнански.
Schiedmauer, ſ. Scheidewand.
Schieds-gericht, n. избрани суд, душевници; —mann, —richter, m. кмет, избрани судац, душевник; —ſpruch m. суд избранички, душевнички.

Schief, adj. крив, кос, накрив, накривљен; нахерен; испречен; fig. einen —en Kopf, —en Verſtand haben, ређаву главу, слабу памет имати; ein —es Weſen, нескладан начин; — adv. косо, накриво, нахеро, нахерце, навр̌ле, наоврхке; —denken, криво судити, мислити; etwas — anfangen, наопако што почети; Jemanden — anſehen, попреко кога погледати, бечити се.
ſchiefbeinig, adj. кривоног.
Schiefe, f. кривина.
Schiefer, m. брус, љускар, љуштар; (Splitter), m. трун; —blau, n. модрило од бруса; —bruch, m. мајдан од бруса; —dach, n. кров од бруса; —decker, m. покривач кућа; —icht, adj. љускараст; —ig, adj. цепак; —n, ſich, v. r. љупити се, цепати се; —tafel, f. плоча, таблица од љускара; —ſchwarz, n. црнило од бруса; —ſtein, m. љускар, љуштар, брус; —weiß, n. цепко бељило; —zahn, m. цепак зуб, зуб који се круни.
Schiefheit, ſ. Schiefe.
Schiel, m. смуђ.
ſchiel-en, v. n. шкиљити, разроко гледати, гледати испод ока; —end, adj. шкиљав, разрок; — e Farbe, боја трептава.
Schienbein, n. цев, голен, голеница, цеваница, гњат.
Schiene, f. (am Rade), шина; (bei den Wundärzten), даска.
Schieneiſen, n. пљоснато гвожђе.
ſchienen, v. a. (ein Rad), оковати точак; ein gebrochenes Bein —, метнути у даске пребијену ногу.
Schiennagel, m. чавао од шине.
ſchier, adv. скоро, мало не, у мало.
Schierling, m. кукута велика, трубељика, conium maculatum; кукута мала, aethusa cynapium.
Schieße, f. лопар, лопата.
ſchießen, v. a. тећи, падати, ревати, поревати, суљати, суктати, куљати, покуљати; in Ähren —, класати; — laſſen den Zügel, пустити, попустити узду; — v. a. пукнути, пуцати, бити, метати, положити, стављати, бацати, пушкарати; auf einander — пуцати се; (Feuer geben), опалити; mit Pfeilen —, стрељати; er iſt in ſie geſchoſſen, заљубљен је; einen über den Hanfen —, убити кога из пушке; Blitze —, бацати громове; zornige Blicke —, гњевно гледати; in die Höhe —, расти, узрасти; Geld zuſammen —, саставити, скупити суму новаца; geſchoſſen ſein, сулуд, луцкаст бити; — n. пуцање, лубардање, стрељање; ein — halten, пуцати у нишан.
Schieß-gewehr, n. пушка, пиштољ, самокрес; —graben, m. —haus, n. platz, m. —ſtatt, f. стрелиште; —loch, n. ſ. Schießſcharte; —pulver, n. барут, прах пушчани; —ſcharte, f. пушкарница, пушкарница; —ſcheibe f. колут, нишан; —taſche, ſ. Jagdtaſche; —wette, f. надстрељивање.
Schiff, n. брод, лађа, корабаљ, древо, кораб, галија; kleines —, чамац, вркет; ein — größer als ein Kahn, прам; —von Eichenholz,

растовача; —von weichem Holz, чам; (Überfuhr), скела, лазила; das — der Wasser-mühle, керен; mehrere an einander gebundene Schiffe zur Überfuhr, керен; (bei den Webern), чув, чунак; der vordere Theil des —es, прова, пура; der Hintertheil des —es, крма; zu —e gehen, укрцати се; —» (in Zusamm.) лађени.
schiffbar, adj. бродив, бродан; —keit, f. бродивост, бродност.
Schiffbau, m. грађење бродова; —er, m. градилац бродова; —kunst, f. грађење бродова.
Schiff-bett, n. постеља морнарска; —bretter, pl. n. даске од брода; —brob, n. бешкот морнарски, сухар; —bruch, n. бродолом; —brüchig, adj. бродоломан; —e, m. бродоломник; —brücke, f. мост од бродова.
Schiffchen, n. бродић, лађица, корабљица, древце; (bei den Webern), чупак.
schiffen, v. n. бродити, возити се, једрити; — v. a. возити.
Schiffer, m. бродар, лађар, морнар; капетан брода; —lohn, m. бродарина, бродарска плата; (Überfahrtsgeld), превозника.
Schiff-fahrer, m. морепловац, бродар; —fahrt, f. бродарство, морепловство; — fracht, f. терет брода; —geld, n. бродарина; —geräthe, n. справа бродарска; —gerippe, n. ребра од брода; —grund, m. сентина, дно од брода; —haken, m. чакља; —halter, m. уставица (риба); —kleid, n. хаљина морнарска; —knecht, m. лађар, морнар; —korb, m. кош, кофа; —kunst, f. бродарство; —last, f. терет (две тоне); —lein, n. лађица; —leute, pl. морнари, лађари; —lohn, m. наводмиљле, f. млин на лађи, воденица; —rech, n. катран; —pfund, n. шипунд (врста мере); —reich, adj. пун бродова; —rose, f. компас; —sand, m. саворња, сагурна.
Schiffs-boden, m. дно од лађе, сентина; —capitän, m. капетан брода.
Schiffseil, n. паламар, уже, гумина, чело.
Schiffs-flagge, f. застава од лађе; —fracht, f. терет од брода; —herr, f. Schiffspatron; —hintertheil, n. крма; —kiel, m. колуба; —knecht, —mann, m. лађар, хајош, морнар, галијаш; —ladung, f. терет од брода; —mühle, f. воденица; —raum, m. простор унутарњи у броду; —rheder, m. господар лађе; —schnabel, m. нос, кљун, пуж од брода; —soldat, m. војник поморски; —spiegel, m. крма; —spur, f. траг за бродом; —theer, m. катран; —volk, n. морнари; —wand, f. боков, —werft, n. каптир, шкар, —zwer, —zieher, m. чамџија; —zimmermann, m. шуfер, шуперач; —zoll, m. бродарина; лађарина.
Schiff-zwieback, m. бешкот, сухар; —zoll, m. бродарина; —zug, m. војска поморска; један коња.
Schikane, f. плетка, сплетка, заједање.
Schild, m. (pl. —e), штит, (Schütz), штит, заштита, обрана, окриље.
Schild, n. (pl. —er), цимер, узва; (Wappenschild), грб.
Schilderei, f. опис.
Schilderhaus, n. стражарница, шилбохана.

schildern, v. a. описати, описивати.
schildern, v. n. бити на стражи, стражарити, шилбочити.
schildernd, adj. описан.
Schilderung, f. опис, описање, описивање.
Schild-fisch, m. f. Schiffhalter; —halter, m. штитодржац; —knapp, —träger, m. штитник, штитоноша.
Schildkröt-e, f. корњача; —en, adj. од корњаче, корњачин; —enschale, f. кора од корњаче.
Schildlaus, f. кермес.
Schildpatt, n. f. Schildkrötenschale.
Schildträger, f. Schildknapp.
Schildwache, f. стражар, стража, шилбок.
Schildzapfen, m. чеп топовски.
Schilf, m. & n. рогоз, сита, трст, трстика, трска; —bede, f. асура, рогожина; —gras, n. рогоз; —icht, —reich, adj. пун сите, рогоза, рогозом, ситом обрастао; —klinge, f. нож, сабља итд. издубљена; —matte, f. рогожина, асура; —meer, n. (in der Bibel) црвено море; —rohr, n. f. Schilf.
Schiller, m. шилер, шиљер, црвено вино.
schillern, v. n. титрати, прелевати се.
Schilling, m. шилинг, fig. шибе.
Schimmel, m. (weißes Pferd), белац, бељаш, чилаш, чиле, ђогат.
Schimmel, m. плесан, мах, маховина, буђ, буђа, буђевина, бирза; —ig, adj. плеснив, буђав; —n, v. a. плеснивити се, поплеснивити, побуђавити.
Schimmelstute, f. ђогуша.
Schimmer, m. блеск, сјајност, сијање, светлост; ein — der Hoffnung, искра надања; —n, v. n. сјати, севати, светлити се, сијати се; —n, n. сијање, севање.
Schimpf, m. поруга, погрда, грдња, псовка; укор, прикор, срамота; —en, v. a. грдити, ружити, псовати, карати; срамотити; ein ander —, грдити се; —er, m. псовач; —lich, adj. срамап, стидан, срамотан, погрдан; —sich reden, запсивати, запсовати; —name, m. изђевено, погрдно име, надевак; —rede, f. погрдан говор, погрдне речи; —wort, n. погрдна реч, псовка.
Schindaas, n. мрцина, стрвина, леш, лешина, одртина.
Schindanger, m. живодерница.
Schindel, m. шиндра, шиндрика, скудла; —bach, n. кров од шиндре; —n, v. a. покривати, покривати шиндром, шиндрати.
schind-en, v. a. дерати, гулити, одерати, згулити, огулити, чупати; (erpressen), смудити, гулити, дерати, глобити; —er, m. кожодер, живодер, дерач; —erei, f. дерање, гуљење, глобљење; —erkarren, m. живодерска кола; —erknecht, m. дерачки, живодерски момак; —grube, f. живодерница; —mähre, f. мрцина, одртина.
Schinken, m. шунка, бут, пршута.
Schippe, f. лопата.
schippen, v. a. гренути; копати лопатом.
Schirm, m. заслон, застор, штит; обод; fig. заштита, обрана, окриље, заклон; —bach, n. заслон од ветра; —en, v. a. штитити,

бранити, хранити, заштитити, заклонити, заклањати; sich —, заштитити се, заклонити се; —hut, f. Fallhut; —leder, n. кров на каруца; —palme, f. палма, пома горска; —werk, pl. n. обрана, заслон.
schirpen, s. zwitschern.
Schirr-holz, n. дрво за грађу; —kammer, f. Geschirrkammer; —meister, m. мештар од прћага, опреме.
Schiß, m. срање.
Schlacht, f. бој, битка, бојница; (in Zus.), убојни.
Schlacht-bank, f. пањ, клупа месарска; месарница, касапница; —bar, adj. за клање.
schlachten, v. a. убити, убијати, клати, заклати, тући, бити; — v. n. nach einem —, турити се на кога.
Schlächter, m. месар, касапин.
Schlacht-feld, n. бојиште, разбој, разбојиште; —gesang, m. песма убојна, даворија.
Schlacht-haus, n. —hof, m. месарница, клаоница; —messer, n. месарски нож; —opfer, n. жртва.
Schlacht-ordnung, f. убојни ред; —pferd, n. убојни коњ; —schwert, n. мач.
Schlacht-steuer, f. месарина; —tag, m. (an dem geschlachtet wird) туцни дан, дан клања; —vieh, n. марва за месарницу; (Mastvieh), угојена марва; —zettel, m. допуштење за клање марве.
Schlack, m. талог, мутљаг.
Schlack-e, f. изварак, тара, туска, шљака, троска; пепа; —en, v. n. пенити се, бацати троске; —ig, adj. пун тросака, нечист: (regenhaft), кишовит.
Schlackwurst, f. кобасица.
Schlaf, m. сан, спавање; почивак; einen festen — haben, тврдосан; (in Zus.), спаваћи.
Schläfe, pl. слепо око, око.
schlafen, v. n. спати, спавати, почивати. лежати, поспати, санак боравити; — gehen, лећи, пћи спавати; — n. спавање; сан; —d, adj. спаваћив.
Schläfer, m. спавач, дремало; —in, f. спавачица, спавалица, дремалица.
schläfern, v. n. i. дремати.
schlaff, adj. слаб, раслабљен, аљкав, попустно; —er Mensch ohne Energie, мртвац, забављеник, мртвак, мртвопухало; — machen, слабити, ослабити, раслабити; — werden, попустити, ослабити; —es Wetter, влажно, мокро време; —heit, f. слабост.
Schlaf-geld, n. плаћа за спање, ноћница; —gemach, —zimmer, n. —kammer, f. ложница, појатак, кућер, вајат, спаваћа соба; —haube, f. спаваћа капа; спавач, дремало; —krankheit, f. Schlafsucht; —trank, n. бенђелук; —kreuzer, m. ноћница; —los, adj. будан, без сна; —losigkeit, f. несан, бдење, неспавање; —lust, f. воља на спавање; —lust haben, дремати; —mittel, n. спаваћи лек; —mütze, f. спаваћа капа; fig. дремало, спавач; спавачица; —ort, m. (der Hühner), седало, лега; —ratte, f. пух; fig. дремало, спавач.
schläfrig, schläferig, adj. поспан, дремљив, сан,

санан, дремован, санлив; —leit, f. дремљивост, поспаност, дремеж.
Schlaf-rock, m. хаљина покупа, узурка; —sucht, f. мртвило, мртви сан; —süchtig, adj. мртав санан; —trank, m. спаваћи напитак; —trunk, m. напитак пре сна; —trunken, adj. санан, буновап, трановосан; —zeit, f. време спавања, доба починка; —zimmer, s. Schlafgemach.
Schlag, m. удар, ударац; (des Herzens, Puls es, einer Glocke), куцање, бијење, ударање, лупање; (einer Münze). ков; (Kutschen schlag), врата, враташца на каруца; (der Nachtigall), певање, прижељкивање; (der Wachtel), пућпурикање; (Art, Gattung), ков, врста, фела, пасмина, порекло, род; (Krankheit), капља; Schläge, pl. батине, бој, убој, поклепак; einen — versetzen, млатнути, генути, деннути, лупнути, бубнути; der — im Walde, место где се дрва секу; —aber, s. Pulsader; —balsam, m. балсам од капље; —bar, adj. за сечење; —baum, m. пречница, борам.
Schlagebrücke, s. Zugbrücke.
Schläge, pl. s. Schlag; —faul, adj. ко неосећа батину.
Schlägel, m. мал, маљина; (bei geschlachtetem Vieh), стражњи черек, бут.
schlagen, v. n. (als das Herz, der Puls, die Uhr), бити, избијати, ударати, тући, куцати; an etwas —, тоснути, ударити о што; (von der Nachtigall), певати, прижељкивати; (von der Wachtel), пућпурикати; aus der Art —, пробрцнути се; in etwas —, спадати куда; — v. a. ударити, куцнути, куцати, тући, бити, избити, удрити, ударати, одадрети, лемати, млавити, млатити, макљати, воштити, батати, крнути, шопити, ћопити, шљапити, шакљати, лопити, мазати, распрећи, распалити, звекнути, пљескати; Geld —, ковати новце; den Feind —, разбити, потући непријатеља; Holz —, дрва сећи; etwas in den Wind —, немарити, нехајати за што; запемарити што; etwas in Papier —, замотати што у папир; die Arme in einander —, прекрстити руке; die Unkosten auf die Waare —, урачунати трошкове на робу; die Interessen zum Kapital —, узети камате у главно; den Ball —, лоптати се, нграти се лопте; einen Triller —, изводити триле; einen Nagel in die Wand —, ударити, забити чавао у зид; einen Schuh über den Leisten —, ударити на шав; Oel —, уље цедити, прематн, тештити, ожимати; eine Brücke —, направити мост; einem eine Ader —, отворити жилу, крв коме пустити; einen zum Ritter —, направити кога витезом; etwas durch ein Sieb —, просејати што; den Mantel um sich —, умотати се у кабаницу; derb —, одајачити; Feuer —, кресати, укресати, искресати; Hanf —, набити, набијати, трлити, отрлити сав, кудељу; in Eisen und Bande —, оковати кога; sich —, v. г. тући се, бити се, ударати се, побити се, потући се, сећи се; sich zu einem —, пристати уз кога;

Schläger — 241 — Schleim

sich auf die Seite —, уклонити се; sich mit Sorgen —, гристи се од бриге; sich mit seinen eigenen Worten —, сам против себе говорити; sich etwas aus dem Sinne —, избити што себи из главе; sich in das Mittel —, посредовати; sich rechts, links —, окретати се десно, лево; sich auf die Brust —, бусати се, буснути се; грувати се; ein schlagender Beweis, јасан, јак, неодољив доказ; schlage! удри! воштац! — n. бијење, ударање, куцање, лемање, мављање, лупа, лупање, одавирање; прижељкивање, пућуркање; бој, битка.

Schläger, m. убојица, бојник, бојац, убојник; — ei, f. хрвање, бој.

Schlägesatz, m. данак за ковање новаца.

Schlagfluß, m. кап, капља; vom — getroffen werden, устрелити.

Schlaggold, f. Knallgold.

Schlag-holz, n. дрва за сечење; (Schlägel) маљ, маљица; —loth, n. приној; —regen, m. плаха киша, пљусак; —schatten, m. (in der Malerei) сена; —schatz, f. Schlägeschatz; —taube, f. питом голуб.

Schlaguhr, Schlageuhr, f. сат са куцањем.

Schlagwerk, Schlagewerk, n. било у сату.

Schlagwasser, n. вода од кање.

Schlagwort, n. показна реч; прича.

Schlagwunde, f. рана од ударца.

Schlamm, m. блато, глиб, кал; —beißer, m. чиков, пискор.

schlämmen, v. a. плакати, прати, опрати, исплакати, чистити, очистити, мити, помити.

schlämmen, v. n. fig. ждерати, локати, хлаптати.

Schlämmer, m. поминач; fig. ждера; —ei, f. прождрљивост; локање.

Schlamm-grube, —pfütze, f. каљуга.

schlammig, adj. кањав, блатан, глибовит.

Schlampampen, f. Schlämmen.

Schlampe, f. напој; fig. фландра, лока; —en, v. a. локати; fig. фландрати се; —ig, adj. фландрав, акњав.

Schlange, f. змија, гуја; junge —, змијић, гујић.

schlängisch, adj. изверугаш; — машен, изверугати.

schlängeln, sich, v. r. веругати се, вијугати се, кривудати, вити се; — n. кривудање, вијугање, веругање.

Schlangen-artig, adj. гујаст, змијаст, змијињи, гујињи; —brut, f. скот змијињи; —förmig, adj. вјугав, вијугаст; —gras, n. змијинац (трава); —haut, f. —balg, m. кошуљица од змије; —kopf, m. глава од змије; —köpfig, adj. змијоглав; —kraut, f. Schlangengras; —linie, f. вијугаста линија; —stein, m. офит (камен); —wurzel, f. f. Schlangengras; —zunge, f. змијин језик.

schlank, adj. вит, витак, танак, танан, танковијаст, танковит, вицкаст; —en Wipfels, танковрх; —heit, f. виткост.

schlapp, f. schlaff.

Schlappe, f. ударац, удар; fig. несрећа, пљуска, љушка.

schlappen, v. n. висети; огоболити се.

Schlapphut, m. шешир с оклопљеним ободом.

Schlaraffe, m. беспосличар, лежштина, дембел; —ngesicht, n. лоповско лице; —nland, n. дембелија (земља).

Schlarfe, f. напуча.

schlarfen, v. n. клепетати.

schlau, adj. лукав, коваран.

Schlauch, m. мех, мешина, тулум, тулумина.

schlaubern, v. n. лењити се, дембеловати.

Schlau-heit, f. лукавост, лукавство, коварство; —kopf, m. лукавац, домишљан.

schlecht, adj. (einfach), прост; (nicht gut), зао, рђав, неваљао, злочест; худ, лош, артен; — werden, похулити се, проневаљалити се; —es Wetter, m. ружно време; — er Mensch, обешењаковић, рђав човек; — und recht, прав и здрав; — adv. зло, рђаво, неваљало, руго, ружно, злеудно.

schlechterdings, adv. баш, управо, свакако; — nicht, никако, нипошто.

schlecht-weg, —hin, adv. баш, управо; у кратко, без обзира; зло, рђаво.

schlecken, ic. f. Lecken.

Schleckerei, f. посластице.

schleckern, v. n. лизати се, облизивати се, облизати се.

Schlehe, f. трњина; —wein, —born, m. црни трн; —wein, m. вино од трњина.

Schleichbruder, m. потајни штампар.

schleich-en, v. n. пузати, пузити, милети; вући се, вуцикати се, шуљати се, лизати, шумати се; herbei —, прикрасти се; sich davon —, украсти се, отићи крадом; — r. a. Waaren —, кријумчарити; —end, adv. шумке; —endes Fieber, n. потајна грозница; —er, m. шуњало, шарен човек; —handel, m. кријумчарење; den —handel treiben, кријумчарити; —händler, m. кријумчар; —waare, f. кријумчарска роба; —weg, m. тајни пут, пут забрањен; auf einem —wege, испод жита (огшао).

Schleier, m. вео, прекривало, перда, превес, копрена; den — nehmen, отићи у дувне; —lehen, n. феуд по преслици; —n, v. a. покрити; —tag, f. свадбарина; —tuch, n. вео, поша.

Schleifbahn, f. тоцијарка, тоцињајка.

Schleifbank, f. тоцило.

Schleife, f. (Schlitten), санице; (Schlinge), петља, шепут; (Hutschleife), трака за шеширом.

schleifen, v. a. (eine Festung), разорити, развалити; (schleppen), вући; einen Buchstaben —, врстати; Noten —, лити кадје.

schleifen, v. a. (glätten), гладити; (wetzen), оштрити, брусити, наоштрити, набрусити, точити, точити, бодрити, урвати; — v. n. (auf dem Eise), тоцљати се.

Schleifer, m. маказар, оштрач.

Schleif-kanne, f. чабрица; —mühle, f. брусница; —rad, n. коло на тоцилу; —scheibe, f. тоцило, —schuhe, f. Schlittschuhe.

Schleifsel, n. Schleifspäne, pl. m. пиљевина.

Schleif-stein, m. брус, тоцил, гладило, тоцило; —trog, m. корито на тоцилу; —weg, f. Schleichweg.

Schleihe, f. лињак (риба).

Schleim, m. слина, бале, слуз.

16

schleimen, v. n. слинити, балити; — v. a. чистити, вадити слуз, бале; скинути пену (са шећера).
Schleimhaut, f слузна кожа.
schleimig, adj. слузав, балав, слинав.
Schleiße, f. луч, зубља, пала; (Charpie), очинци.
schleißen, v. n. чијати се, оснивати се, ценати се, дерати се; — v. a. цепати, чијати; Feder —, чешљати, чијати перје.
schlemmen, f. schlämmen.
schlemmerhaft, adj облапоран.
Schlender, m. f. **Schleppkleid** —er, m. егало, гегало; —gang, m. лењ ход старачки ход; —n, v. n. шнитати, вући се, лењо ићи, врљати, ландати, тентати, чепукати, шегати се.
Schlendrian, m. (**Schlendergang**), стари обичај.
schlenkern, v. n. махати; шмитати; прађакати се; mit den Armen —, млатати рукама; — v. a. бацати, хитати.
Schleppe, f. реп, скут.
schleppen, v. a. вући, потезати; sich —, v. r. вући се, потезати се; sich hin und herschleppen, превлачити се.
Schleppenträger, m. скутоноша, пришипетља.
Schlepp-garn, f. **Schleppnetz**, —kleid, n. хаљина на дуг скут; —netz n. истезавица (мрежа); —seil, —tau, n. гумина, уже, чело.
Schleuder, f. праћа, праћка, пударка; —er, m. пракар; fig. кварлизанат; —n, v. a. бацити, хитати, врћи, врћнути; die Arms —, рукама млатати; —nd, adv. хитимице, врзимице, пустомичке.
schleudern, v. n. кварити занат, иртљати; mit den Waaren —, дати у бесцење.
Schleuderstein, m. камен из праће.
schleunig, adj. брз, хитар, скор.
Schleuße, f. устава; —ngeld, п. данак на уставни; —nmeister, m. надзорник уставе.
Schlich, m. (bei den Webern), ткалачка клија.
Schlich, m. (ein Mineral), шлих; (auf dem Schleifstein), као на брусу кад се бруси.
Schliche, pl. m. тајни пути; (Ränke), плетке, сплетке.
schlicht, adj. једнак, раван, гладак; fig. прост, наравап, природан.
Schlichtart, f. брадва.
Schlichte, f. ткалачка клија.
schlichten, v. a. сједначити, поравнати, изравнати; einen Streit —, раскласти, умирити, докончати завалу; Holz —, сложити, слагати дрва.
Schlicht-feile, f. фина пила; —hobel, n. ренде, блања за глађење.
Schlichtung, f. глађење; једначење; равнање; (des Streites) умирење.
Schlick, m. грез, кал, глиб густи.
Schlief, m. пресан ваљушак, комадић преспа теста у хлебу.
schliefen, v. n. увући се.
schliefig, adj. пресан, непечен, гњецав.
Schliefe, f. копча.
schließen, v. n. затворити, закључити, запрети; zu Pferde —, добро јахати; das Kleid schließt gut, добро стоји хаљина; (sich enden), свршити се, довршити се, докончати се;

— v. a. затворити, затварати, запирати; in Ketten —, оковати einen Vertrag, Frieden —, учинити, погодбу, склопити мир; (beendigen), свршити, довршити, дочети, докончати, завршити; зачелити; ein Protokoll —, закључити записник; die Augen —, заклопити очи; (einen Schluß ziehen), судити, закључити, изводити из чега, да...; in sich —, садржавати; einen Kreis —, направити круг, коло; sich —, v. r. затворити се; (verualben), замладити се, замирити се.
Schließer, m. кључар, вратар, тамничар; —in, f. кључница, вратница, тамничарка.
schließlich, adj. задњи, стражњи, последњи; — adv. напок u, најзад, најпосле.
Schließnagel, m. клин, реза.
Schließung, f. затварање; f. **Schluß**.
schlimm, adj. зао, злочест, опак, мучан; — werben, изопачити се; — er werden, позледити се; опајцнити се, опајећнивати се.
Schlingbaum, m. камишевина.
Schlinge, f. петља, замка, замчица, пунка; (Masche), шенут; (Heftel), спона; (zum Vogelfang), омче, омча, пругло, пружало.
Schlingel, m. лопов; fauler —, беспосличар; —ei, f. лоповство, лоповштина; —haft, adj. лоповски.
schlingen, v. a. гутати, ждерати, давити се.
schlingen (winden), v. a. вити, овијати, завијати, увијати, замотати, омотати; (stiсhen), вести; sich —, v. r. вити се, увијати се, попијати се.
Schlitten, m. саони, сане, саонице, —fahren, санкати се; —bahn, f. саоник, соник; —baum, m. салинац; —fahrt, f. сањкање; —lufe, f. салинац.
Schlittschuh, m. тоцњаће ципеле; (Art Eisschuh), леђчак.
Schlitz, m. растриж, разрез, прорез; —en, v. a. парати, распарати, прорезати.
Schloß, n. (zum Schließen), брава, заклоп, катанац локот; (ein Gebäude), замак, дворац, двор, палача; (Luftschloß), миљак; (Flintenschloß), гвожђа пушчана; (an Buche), копча; **Schlösser** in die Luft bauen, градити куле по ваздуху.
Schloße, f. град, туча, крупа, лед.
Schloßen, v. i. падати град, туча, цигани.
Schloßenwetter, m. град, туча, цигани.
Schloßer, m. бравар; —arbeit, f. посао браварски.
Schloßfeder, f. штенци, витоперо.
Schloß-hauptmann, m. надворник; —hof, m. дворште у кастелу.
Schloß-nagel, m. чавао у брави; реза; —riegel, m. кракун, краћуник; скакавица; скачатур.
Schloß-thurm, m. кула на дворцу; —vogt, m. кастелан; —weiß, adj. бео белцат.
Schlot, f. **Schornstein**; —feger, f. **Schornsteinfeger**.
schlotterig, adj. аљкав, раскламкан.
Schlottermilch, m. кисело млеко.
schlottern, v. n. дрктати, трести се, бити раскламкан.
Schlucht, f. кланац, јаруга.

schluchzen — 243 — schmeichelnd

schluchzen, v. n. јецати; (den Schlucken haben), штуцати; — n. јецање.
Schluck, m. гутљај, ждрељај, натегљај, окусак; einen — thun, гунути; mit einem —, обличке; —en, v. n. гуцнути, гутнути, гутати, ждерати.
Schlucken, m. штуцавица, штуцање.
Schlucker, m. fig. ein armer —, убоги ђаво, сиромах.
Schluft, f. Schlucht.
Schlummer, m. дремеж, дремање, сан; —n, v. n. дремати; спавати, спати.
Schlumpe, f. Schlampe.
Schlumper, m. f. Schlepprkleid.
schlumpig, f. schlotterig, schlampig.
Schlund, m. грло, ждрело; fig. понор, бездан, клапац, богаз, расеăина.
schlüpfen, schlupfen, v. n. пузити, пузати, пузнути се, попузнути се; шмукнути, шмурнути; fig. über etwas hin —, лако прећи преко чега.
Schlupfloch, n. рупа, кут, скровиште, зачкоłина.
schlüpfrig, adj. клизав, попузљив, склизак, гладак; (gefährlich) опасан; (unsittlich) бесраман, неслан; —er Weg, клизавица; —keit, f. клизавост; опасност, бесрамост.
Schlupfwinkel, f. Schlupfloch.
schlurfen, schlürfen, v. a. сркати, сркнути; локати; клепетати.
Schluß, m. (Ende), конац, сврха, заглавак, свршетак, завршак, завршетак, крај; (aus Vernunftgründen), закључење, суд, извод, закључак; (Beschluß, Entschluß), одлука; der — einer Rechnung, довршење рачуна; einen — ziehen, закључити, судити, изводити; er hat einen guten —, (im Reiten) добро, чврсто јаше; —bericht, m. завршно известие.
Schlüssel, m. кључ; (in Zus.), кључани; —bart, m. перо од кључа; —bein, n. колем, котлац, коталац; —bewahrer, m. кључар; —bewahrerin, f. кључарица, кључарка; —büchse, f. лестегиŝ, лестедај; —büchse, f. кључ за пуцање; —geld, n. кључарина; —loch, n. кључаница, кључана рупа; —ring, m. карика од кључа; —rohr, n. цев од кључа.
Schluß-fassung, f. закључак; —folge, f. последак.
schlüssig, adj. накан, одважан.
Schluß-prüfung, f. главни испит; —rechnung, f. завршни рачун; —rede, m. силогизам; завршни говор, заглавна реч, главни говор; —satz, m. заглавак; —schrift, f. заглавни спис; —stein, m. кључ, зворник; —wort, n. завршна реч; —zettel, m. самсарска цедуља; —zierath, m. (in der Druckerei), заставка, завршница.
Schmach, m. срамота; прикор; поруга, руга.
schmachten, v. n. чезнути, гинути, капати; (im Gefängnisse), сужевати, тавновати; (sich sehnen), ужелити се; — n. чежња, рожац.
schmächtig, adj. вит, витак, танак, сувоњав, слаб; —keit, f. витост, виткост, сувоњавост.
Schmachtriemen, m. ремен, кајш (за утезање).
schmachvoll, adj. стидан, сраман, срамотан.
Schmad, m. руј, кäна.
Schmade, f. смак (брод).
schmadhaft, adj. течан, укусан, сладак; —igkeit, f. течност, укусност, сласт.

schmaddern, v. n. мазати.
schmähen, v. a. псовати, ружити, грдити; оговарати.
schmählig, adj. злорек, заједљив; (ärmlich), сиромашан, сиромашки, оскудан.
Schmäh-schrift, f. погрдан спис; —sucht, f. оговарање; —süchtig, adj. злорек, заједљив; —ung, f. оговарање, псовање, грђење, псовка; —wort, n. псовка.
schmal, adj. узак, узан, танак, тапан; оскудан, бедан, сиромашки, сиромашан.
schmälen, v. n. кричати, пикати, псовати; — n. кричање, викање, псовање.
schmälern, v. a. малити, умалити, стискати, стиснути, омалити, узити, сужавати, укратити, украћивати; die Ehre —, увредити; Jemandes Lohn —, укинути коме од плаће; —ung, f. умаžење, украћивање; (der Ehre), погрда, увреда.
Schmalhans, m. bei ihm ist — Küchenmeister, сиромашки живи, рђаво се храни.
Schmalte, f. смалт.
Schmalthier, n. (bei den Jägern), лане.
Schmalvieh, n. (in der Landwirthschaft), овце.
Schmalz, n. масло, сало, маст, притоп; —brot, n. топлепица; —en, v. a. мастити, замастити; —ig, adj. маслен; —topf, m. масленак; —treber, pl. троп, тропина.
Schmant, m. скоруп, повлака.
Schmarn, m. мутвара.
schmarotz-en, v. n. живети мукте; —er, m. мукташ, чанколиз, лижисахан, набигузица, погузијаш; —erin, f. погузијашица, набигузица.
Schmarre, f. бразготина, ожиљак, траг од ране; —ig, adj. бразготинаст, рањав, рањив.
Schmasche, f. истка; (Lammfell), кожа јагњећа.
Schmatz, m. цмок; —en, v. n. цмокнути, цвокнути, цмокати, цвокати, мљескати.
Schmauch, m. густ дим; —en, v. n. пушити, кадити, димити; димпти се, пушити се; —er, m. духанџија; —feuer, n. димљив огањ.
Schmaus, m. част, гозба, собет, благовање.
schmaus-en, v. n. частити се, гостити се, благовати, пировати; —er, m. слаткохран, масногуз; —erei, f. част, гозба, благовање, пировање.
schmecken, v. a. кушати, окусити, њушити, њушкати; — v. n. пријати, рачити се; задударати, ударати, es schmeckt nach Nuß, fig. adj. бразготинаст, дара на чађ; wie schmeckt Ihnen dieses? како вам се то допада? sich gut — lassen, слатко јести, наклопити се; süß —, сладити; bitter —, горчити.
Schmecker, m. (des Hundes), њушка.
Schmeer, m. сало; —bauch, m. трбух дебели; fig. трбоња; —haut, f. ландра; —kappe, f. улењак.
Schmeichelei, f. ласкање, улагивање, умиљавање.
schmeichelhaft, adj. ласкав, умиłат.
schmeicheln, v. n. ласкати, улагивати се, гладити, улизивати се, умиłавати се, уводити се, умиłати се, удворати се, додворити се, мазати; — und streicheln, лиде миле; sich —, v. r. надати се; — n. f. Schmeichelei.
schmeichelnd, f. schmeichelhaft.

16*

Schmeichelrede, f. мазалица, удворица, улизица.
Schmeichler, m. ласкатељ, улагивало, улажица, удворица, мазалица; —isch, f. schmeichelhaft.
schmeidig, s. geschmeidig.
schmeißen, v. a. бацити, хитити, фућити, ударити, бити; срати.
Schmeißfliege, f. златара, златарка, златница.
Schmelz, m. —glas, n. сават; —arbeit, f. сават; топљење; —bar, adj. топљив; —barkeit, f. топљивост; —butter, f. растопљено масло.
schmelzen, v. n. топити се, отопити се, стопити се, коппети; — v. a. топити, растопити, стопити, истопити, растапати, чварити.
Schmelzer, m. топлац, левац.
Schmelz-hütte, f. леварница; —kunst, f. леварство; саватлеисање; —maler, m. саватлеисар; —malerei, f. сават, саватлеисање; —tiegel, m. топионица; —ung, f. топљење; —werk, s. Schmelz.
Schmergel, m. смерић (камен); (Dotterblume), лесандра (трава).
Schmerl, m. s. Lerchenfalt.
Schmerle, f. врста рибице.
Schmerz, m. бол, болест, туга, јад, жалост; —en, v. a. болети, заболети; жалостити, пећи, мучити; —haft, —lich, adj. болан, болестан, тужан, жалостан; —adv. горко; —los, adj. без бола, без туге, без жалости.
Schmetterling, m. лептир, лепир; лептирица, лепирица.
schmettern, v. n. трештати, затрештати, зујити, орити се; — v. a. ударити, разбити, бацити.
Schmid, Schmied, m. ковач; (Kaltschmied), студеникаел; Schmied-, (in Zus.), ковачки; —in, f. ковачица.
Schmiede, f. ковачница, вигањ; —balg, m. меховн; —esse, f. вигањ; —handwerk, n. ковачки занат; —knecht, m. момак ковачки; —kohle, f. угљен, ћумур; —meister, m. мајстор ковачки.
schmieden, v. a. ковати, сковати; in Ketten —, оковати.
Schmiede-schlacke, f. шљака, троска, бронза; —zange, f. кљеште ковачке; —zeug, n. оруђе ковачко.
Schmiege, f. шквадра.
schmiegen, v. a. привинути, привити, савинути, пригнути, сагнути; sich —, v. r. свинути се, провинути се, прљубити се, повијати се, увијати се; fig. понизити се, улибати се пред ким; sich an etwas —, ухватити се чега.
Schmiele, s. Binse, & Schwiele.
Schmier, v. сало.
Schmieralien, pl. шарабатање, мит, мито.
Schmierbüchse, f. суд од масти, сала.
Schmiere, f. маст, маз.
schmieren, v. a. мазати, прљати, замазати, умазати, упрљати, запрљати; stark —, џмакати, нацмакати; den Wein —, мешати, кварити вино; einem die Hände —, митити,

подмитити кога; einem des Maul —, замазати, премазати коме уста; (prügeln), деветати, лупати, излупати, избити.
Schmierer, m. мазало; —ei, f. мазање.
schmierig, adj. прљав, каљав, укаљан, замазан, замазан, умазан, печист.
Schmier-käse, f. свеж спр; —salbe, f. маст; —schaf, n. шугава овца; —wolle, f. печиста вуна.
Schminkbohne, f. пасуљ.
Schmink-e, f. руменило, белило; —en, v. a. руменити, парументи; белити, набелити, намазати белилом, ил руменилом; die Augenbrauen —, павлачити, навући обрве; sich roth —, руменити се; sich weiß —, убелити се; sie schminkt sich, гради се; —fleckchen, n. крпица за руменило, белило; —pfläsferchen, n. мадеж.
Schmiß, m. мах, удар, ударац; клисница.
Schmitze, f. швигар.
schmitzen, v. a. швикнути, шинути, ошинути, мазнути.
schmollen, v. n. срдити се, пућити се, напућити се.
Schmorbraten, m. пржено, пригано месо, пирјан.
schmoren, v. a. пржити, пригати, тушити, пирјанити, упирјанити.
Schmu, m. (dem.) добитак.
Schmuck, m. урес, накит, направа; (Edelsteine), драго камење.
schmuck, adj. леп, красан, пристао.
schmücken, v. a. ресити, китити, накитити, уресити, наресити, красити, украсити, гиздати, нагиздати; sich —, китити се, накитити се, ресити се, наресити се, гиздати се; — n. кићење, крашење, гизда, гиздање.
Schmuckfeder, f. челенка.
schmuck-los, adj. без уреса, прост.
schmudelig, adj. (dem.) нечист, гадан, смрдан.
Schmuggelei, f. кријумчарење.
schmuggeln, v. a. кријумчарити, s. Schleichhandel treiben.
Schmuggler, s. Schleichhändler.
schmunzeln, v. n. смешити се.
Schmutz, m. неопраштина, прљанштина, лотиња, хала, смрад, гад; —am Leibe, путљивца; —en, v. n. гнусити, смрадити, гадити, прљати, каљати, мазати; —ig, adj. смрадан, нечист, гадан, прљав, каљав, гнусан, упрљан, путњичав; —titel, m. спољашњи наслов.
Schmutzigkeit, f. гнусоба.
Schnabel, m. кљун; (an einem Schiff), кљун, нос, нуж: —eisen, n. рудало.
schnabeln, schnabeliren, v. a. & n. (im Scherz), јести, гутати, гутати се.
schnäbeln, sich, v. r. љубити се.
Schnake, f. комарац.
Schnack-e, f. (ein Scherz), шала, пошалица, лакрдија; —isch, adj. смешан, шаљив.
Schnalle, f. конча, пређица, преглица, гвоздац.
schnallen, v. a. закопчати.
Schnallen-dorn, m. језик од пређице.
schnalzen, v. n. пуцати, праскати; брбољити.
schnapp, intj. хап!

schnappen, v. a. лапити, лапнути, зиоцпути, лаптати, звоцати, клоцати, лоцнути; — v. n. nach etwas —, лапнути, лаптати за чим; nach Luft —, зевати; (von einer Feder im Schloße), скочити, одапети се.
Schnäpper, m. бацкавица; (Art Armbrust), врста самострела.
Schnapp-feder, f. језик, перо; —hahn, m. разбојник, лупеж.
Schnarß, m. ракија, жганица.
Schnarrsack, m. бисаге, торба.
schnarpen, v. n. пити ракију.
schnarchen, v. n. хркати; —er, m. хркало.
Schnarre, f. чегртаљка, клепало.
schnarren, v. n. чегртати, клепати; (im Reden), врчати; — v. врчање.
Schnarrwerk, n. брундало (у оргуља).
schnattern, v. n. (von Gänsen), гакати; fig. (von Menschen), беветати, блебетати.
schnaub-en, v. n. дихати, одисати, дувати, пухати, дактати, дактети; брехтати; nach Rache, дисати осветом; sich —, v. г. усекнути се, усекњивати се; —en, n. дихање, одисање, дување, пухање, дахтање; —end, adj. задухав, дахћућ.
schnausen, s. schnauben.
Schnauzbart, m. брк; einen — bekommen, обркатити.
Schnauze, f. Schnäuzchen, n. (von Thieren), рило, сурла, губица, трубица; (an Gefäßen), сиса, сисак, пос.
schnäuzen, v. a. усекнути, усекњивати, убрисати; sich —, усекнути се, убрисати се; einen —, преварити.
Schnecke, f. пуж, спуж, шпук; (in der Baukunst), увојак.
Schnecken-auge, n. око од увојка; —berg, m. бердо, главица са завојитим путем; —förmig, adj. завојит, увит, на завоје; —gang, m. завоит пут, завојница, охода, пут на завојнцу; спор ход, пужев корак; —haus, n. љуска од пужева; —linie, f. завој; —post, f. споро вожење; —treppe, f. завојпте стубе, степени на завојицу.
Schnee, m. снег; —ball, m. кила, груда снега; sich mit —ballen werfen, грудати се; —wolliger —ball, удљика, удика, viburnum lantana; (eine Mehlspeise), мавпш, сватовац; —bahn, n. пртина; —berg, m. снежник; —fall, m. снежана спаст; —flocke, f. прам, пламен снега; —gebirge, n. спежник, снежна гора; —gestöber, n. мећава, нејапица; —помет; (Glatteis), суспежица; —glöckchen, n. висибаба; —grube, f. снежница; —haufen, m. смет, гомила снега; —huhn, n. бела јаребица; —ig, adj. снежан; —lawine, f. усов; —los, adj. копан; —pflug, m. раличица; —reich, adj. снегопадан; —schuh, m. крпље; —sturm, m. мећава, вејавица; —wasser, n. снежаница; —weiß, adj. бео као снег, снежан; —wetter, n. снег, смута, кимпија.
Schneide, f. острица, оштрица; mit der —, сечпмце; —bank, f. дељаоница; —eisen, n. нож, сецалица; —holz, n. дрво за пиљење; —instrument, n. сечиво, секач, сечка.

schneideln, schneiteln, v. a. сецати, сецкати; кресати дрва.
Schneide-messer, n. нож; —mühle, s. Sägemühle.
schneid-en, v. a. сећи, резати, посећи, сецати, порезати, порезивати, срезати, срезивати; Feber —, зарезати; Kraut —, рибати, изрибати; (sägen), пилити; Haare —, шишати, стрићи; Kleider —, кројити; Getreibe —, жети; in Stein —, вајати; Thiere —, шкопити, штројити; Gesichter —, кревељити се; Geld —, обрезивати новце; in Breter —, кајпати; in Stücke —, пскомадати, комадати; sich —, посећи се, порезати се; — v. n. оштар, каштар бити; резити; inn Leibe —, завијати у трбуху; das schneidet in den Bentel, то засеца у кесу; —end, part. & adj. оштар, бритак.
Schneider, m. кројач, шавац, терзија; (ein Fisch) патуца, сабљарка (риба); —in, f. кројачица; —ei, f. —handwerk, n. кројачки занат, кројење, шартурина; —hafen, n. закачка; —n, v. a. кројити; —tisch, m. сто кројачки.
Schneide-zahn, n. предњи зуб; —zeug, n. сечиво, секач, кројач.
schneidig, adj. бритак; осоран.
schneien, v. n. пејати, снежити, оснежити; es schneit, иде, пада, веје снег, палази снег, ходи снег.
schnell, adj. брз, хитар, жив, пенадал; — adv. брзо, хитро, изненада, хитно, спрешно.
schnellen, v. a. бацпти, хитяти, одапети; (betrügen), преварити, обмапути; — v. n. одскочпти, скочити; полетети, излетети; врцати; зврцкнути.
Schneller, m. зврчка, зврцка.
schnell-füßig, adj. лакопог, брзоног; —galgen, m. пешала, сохе; —igkeit, f. брзина, брзост, хитрина, хитња, хитрост; —kraft, f. упружпост; —kraut, n. росопас; —kugel, f. Schnell-kügelchen, Schnellkäulchen, n. тане (од мрамора итд.); —wage, f. кантар; —züngig, adj. брза језпка.
Schnepf-e, f. шљука, —enfanger, m. —enhund, m. шључар; —enjagb, f. лов на шљуке.
Schneppe, f. кљун (на капи женској); (an Gefäßen), грло, грапћ, сиса, сисак.
Schnepper, s. Schnäpper.
Schneuse, f. просек, просечен пут у шумп.
Schnickschnack, m. блебетање, лакрдије.
schnieben, s. schnauben.
schnieusen, v. a. утирвшти, китити.
schniffeln, s. schnauffeln.
Schnippchen, n. зврчка, зврцка.
schnippeln, schnipfeln, schnipfern, v. a. сецкати, рескати.
schnippen, v. n. (mit dem Finger), пуцати, пукнути, праснути; (schnellen), зврцати, зврцнути.
schnippisch, schnappisch, adj. доскочљив, заједљив.
Schnirkel, s. Schnörkel.
Schnitt, m. (von Kleidern), крој; (Hieb, Einschnitt), рез, зарез; (eines Buches), обрез; (abgeschnittenes Stück), крышка (хлеба); (Gewinn), добитак; seinen — wobei machen, па-

Schnitte — 246 — schöpfen

пуштти косу при чем; der — des Getreides, жетва.
Schnitte, f. Schnittchen, и. кришка, кришчица.
Schnitter, m. жетелац, жњетвар; (in Зusam.), жетелачки; —in, f. жетелица.
Schnitt-handel, m. трговина на метар, продаја кројне робе; —händler, m. трговац на метар, трговац с кројном робом; —hobel, m. ренде (за обрезивање); —lauf, m. прас, пори лук; —messer, n. нож; (der Winzer) косир; —waare, f. кројна роба; —zeit, f. жетва.
Schnitz, m. рез; кришка, режањ, парсеница.
Schnitzel, pl. острижине, обрезотине; - и, v. n. сецкати, рецкати, делати.
schnitzen, v. a. резати, сећи, дељати.
Schnitzer, m. вајар, дељар, резач; (Fehler), погрешка, грешка.
schnitzern, v. n. фалити.
Schnitz-messer, n. нож; —werk, n. дељарско дело, дељарски алат.
schnobern, v. a. цуњати, туњати.
schnöd-e, adj. поноспт; погрдан, ружан, гадан, никакви; —igkeit, f. поноситост; погрдност, ругота.
Schnoppern, f. Schnuffeln.
Schnörkel, m. цифра, шара.
schnuffeln, schnüffeln, v. n. њушити, њушкати; (mit dem Rüssel) брбљати, блебетати.
schnupfen, v. n. & a. Tabak —, шмркати.
Schnupfen, m. кихавица, уњкавица, назеба, балабан, ронина.
Schnupfer, m. —in, f. шмркавац, шмркавица.
Schnupftabak, m. бурмут; —dose, f. бурмутица, табакера.
Schnupftuch, n. рубац, балавура.
Schnuppe, f. (von Licht), мосур од свеће.
Schnur, f. (Schwiegertochter), снаха.
Schnur, f. (zum Binden), пршца, врвца, гајтан, узица; eine — Perlen, низ, низа, наниз, грпња, грипна, гротуља; (eine — Kastanien, Feigen 2c.), венац; über die — hauen, претерати, прекардашити; (Einfassung am Rode), страда; (Fischschnur), личар.
Schnür-band, n. узица. врпца; —brust, f. стан за утезање, утега.
Schnurbart, m. брк, наусница, паусница, бркови.
schnurbärtig, adj. бркат.
Schnurbeutel, m. тобоблац.
Schnürchen, n. врпчица, узица, гајтанчић.
schnüren, v. a. свезати; стегнути, утегнути; запетљати; fig. einen —, огулити, одирати, гулити кога.
schnurgerade, adj. прав, раван, једнак; — adv. управо, право, једнако, равно, по гајтану.
Schnur-laß, —leib, m. 1. Schnürbrust; —loch, n. рупица.
Schnürmacher, m. гомбар.
Schnür-nabel, f. игла, иглица; —nestel, f. f. Schnürband.
Schnurre, f. чегртаљка; зврчак; (scherzhafte Erzählung), смешна, шаљива приповетка.
schnurren, v. n. чегртати, зврчати, фркати;

(von Katzen), прести; fig. гунђати; — v. a. просити, богорадити.
schnurrig, adj. смешан, забаван, шаљив.
Schnurrpfeiferei, Schnurrpfeife, f. лудорије, лакрдије.
Schnür-senkel, m. f. Schnürband; —stiefel, pl. топанке, меснте; —stift, m. шиљ, шиљак (од узице).
schnurstracks, adv. управце, управо; посве.
Schob, m. сноп.
Schober, m. пласт, стог; —n, v. a. здевати, зденути, денути.
Schock, n. шесет комада.
schocken, v. n. пуно, зрнато бити; — v. a. сложити, слагати шесет по шесет.
Schockholz, n. дрва у снопље сложена шесет по шесет.
Schofel, m. (gem.) одбирак; —ig, schofel, adj. (gem.), рђав, неваљао.
Schöffe, f. Schöppe.
Scholar, f. Schüler.
Scholle, f. (Erdscholle), груда, грудва; (Eisscholle), санта.
Scholle, f. (ein Fisch), шкоља (риба).
schollig, adj. грудаст.
schon, adv. већ, јур, јурве; јоп.
schön, adj. леп, красан, пристао, дичан, прикладан, главит, паочит; — machen, ужудити, улично.
schönbind, adj. месочан.
Schöndruck, m. прва страна печатана на табаку.
Schöne, f. лепота; лепотица.
schonen, v. a. чувати, штедити, жалити, поштедити.
schönen, v. a. чистити, бистрити вино.
Schönfahrsegel, n. велико, главно једро.
Schönfärber, m. уметни мастилац, бојаџија; —ei, f. уметно маштење, бојење.
Schön-fleckchen, n. pflaster, pfläſterchen, n. мадеж.
Schönheit, f. лепота, красота, лепост.
Schön-schreibekunst, f. краснопис, лепопис, лепописање; —schreiber, m. лепописац, краснописац.
Schonung, f. штедња, штеђење; чување; —s-los, adj. немио, безобзиран; — adv. немилице, нештедимице.
Schonzeit, f. Hegezeit.
Schooß, m. крило, наручје, груди, недра; (am Rode), скути; die Hände in den — legen, скрстити руке; —fell, f. Schurzfell; —geld, n. порез, пореза; —hund, m. пиндвен, и. исеталице, псеталиве, паше; —kind, n. мајчин син, мајчино дете; —sünde, f. најмилији грех; —tuch, n. кецеља, прегача.
Schopf, m. перчин; (von Haaren), чупа, перчин; (von Vögeln), кукма, капа, ћуба.
Schöpfbrunnen, m. студенац, кладенац.
Schöpfe, f. врутак, бунар.
Schöpfeimer, m. ведро, кабао, кова.
schöpfen, v. n. (Wasser schöpfen), грабити, црпити, црпати, захватати, захватити, вући; Athem —, одисати, дихати; frische Luft —, ићи на зрак; Muth —, услободити се, охрабрити се; Verdacht, Argwohn —, сумњати на ко-

ra; ein Urtheil —, изрећи пресуду; (nehmen, ziehen), узети, узајмити.

Schöpfer, m. творац, створитељ; (Löffel), врг, крбањ; —isch, adj. створап, створитељски, стварајућ.

Schöpf-gelte, f. каблица; —kübel, m. кабао, ведро; —löffel, m. кутао, кутлача; —rad, n. коло на студенцу, точак; —schaufel, f. лопата, наћ, исполац.

Schöpfung, f. створење, стварање; творба; — eines Spruches, изрека, суд.

Schöppe, m. кмет.

Schoppen, m. шупа, наслон, појата; канта, кондир (врста мере).

Schöppen-stube, f. судница; —stuhl, m. судиште.

Schopf, m. шкопац, претукач, шкуљ; ован; fig. блесан, тиквак.

Schöpsen-braten, m. овчије печење; —fleisch, n. шкопчевина, овновина.

Schorf, m. (auf einer Wunde), краста, кора; (auf dem Kopfe), красте, гринта; —ig, adj. крастав, гринтав.

Schorstein, Schornstein, m. комин, димњак, димњак; —feger, m. димњачар, коминар.

Schoß, s. Schooß.

Schoß, m. младица; (Stockwerk), кат, спрат; (Zins), намет, данак, пореза.

schoßbar, s. steuerbar.

schossen, v. n. пикнути, пицати, расти; (vom Getreide), класати.

Schößer, m. купилац порезе.

schoßfrei, s. steuerfrei.

Schoßgerinne, n. жљеб.

Schoßtelle, f. закоташа, кош, закошар.

Schößling, m. младица, шиба, розгва; калам, калем.

schoßpflichtig, s. steuerpflichtig.

Schoßrebe, f. положница.

Schoßreis, s. Schößling.

Schote, f. махуна; —n bekommen, махунати се.

Schoten-dorn, m. багрен, багрена; —erbsen, pl. f. зелен грашак; —fasel, pl. рогачић, грах рогачић, боранија; —pfeffer, m. паприка.

Schotter, m. шљунак; —grund, m. шљунковито земљиште; —n, v. a. насипати шљунком.

schraffir-en, v. a. нарескати, насецкати, рескати, сецкати; —ung, f. сецкање, рескање.

schräge, adj. кос, испречен, нахерен; — adv. косо, попреко, преко; нахеро.

Schräge, f. коспна, кривост.

Schrägetaß, n. s. Schmiege.

Schragen, m. (Gestell), ногачи, погари, шарагље; (drei Klafter), три хвата.

Schramme, f. греботина, бразготина, ожиљак; —en, v. a. грепсти, огрепсти, задерати; задрати.

Schrank, m. орман, шкриња.

Schranken, pl. f. ограда, преграда; (Gränze, Beschränkung), мера, начин, међа, граница.

schränken, v. a. испречити, метнути попреко; унакрст метнути, укрстити; — v. n. метати ногама.

Schrap-e, f. чешагија, чешаљ коњски; —en, v. a. чешати.

Schraube, f. шараф, бурма, шајтов; — am Flintensteinhälter, чељуска; die Worte auf —n setzen, извијати речи.

schrauben, v. a. шарафити, зашарафити, завртнути шараф; jemanden —, ругати се коме.

Schrauben-bohrer, m. сврдло; —förmig, adj. као шараф, на шараф; —gang, m. авста, олук; —kloben, m. морш; —kopf, m. главница од шарафа; —mutter, f. орах; —nagel, n. чавао на шараф; —schlüssel, m. кључ на шараф, кључ од шарафа; —stift, m. валпбурма; —zwinge, f. сврдло на шараф.

Schrauberei, f. спрдња, поруга, шала.

Schraubstock, m. морш.

Schreck, m. страх; —bild, n. страхотиња, страшило.

schrecken, v. a. страшити, плашити, препадати, пудити, терати.

Schrecken, m. страх, трепет, плашња; страхота.

schreckhaft, adj. плашљив, страшљив; страшан, страховит.

schrecklich, adj. страшан, страховит, ужасап; —keit, f. страхота, страховитост, ужас.

Schreckmännchen, n. страшило.

Schreckniß, f. s. Schrecken.

Schreck-schuß, m. хитац избачен на страх; —wort, n. претња.

Schrei, m. крик, вапај, вика.

Schreibart, f. слог, стил, перо, начин писања, рука, писмо.

Schreibe-buch, n. књига за писање; —kunst, f. писање; —meister, m. учитељ писања.

schreiben, v. a. писати, списивати; darauf —, натписати, натписивати; eine gute Hand —, лепу руку, лепо писмо имати; sich —, псати се, звати се; sich etwas hinter die Ohren —, запамтити; n. писање, писмо, лист; (Zuschrift), допис; des —s kundig, писмен.

Schreibepult, n. писаћи сто.

Schreiber, m. писар; (eines Buches), писац, списатељ; —ei, f. писање, пискарање.

Schreibe-schrank, m. писаћи орман; —zeug, n. писаћа справа, дивит.

Schreib-feder, f. писаће перо; —fehler, m. погрешка у писању; —gebühr, f. писарина; (Umschreibgebühr), преписнина, —muster, n. прегледалица; —papier, n. писаћи папир; —stube, f. писарница; —tafel, f. писаћа таблица, даска; —tisch, m. писаћи сто.

schrei-en, v. n. викати, кричати, вапити, крикнути, завапити, викнути, повикати, повикивати, зијати, дрети се, дерати се, гракати, грактати; — vor Grund, ципарати; durchdringend —, врискати; —en, n. кричање, викање, крика, вика, приска, врисак; — er, m. викач, укач, дрекавац; (toller Schreier), дрпов; —hals, m. викало, викач.

Schrein, s. Schrank; —er, s. Tischler.

schreiten, v. n. корачити, крочити, поступити; zum Werke —, приступити к послу, примити се посла.

Schrift, f. писмо, књига, послапица; (Hand—), рука, рукопис; (Drucker—,) слово; (ein Werk), књига, књижевно дело, спис; —en, pl. слова, писмена; —gelehrte, m. писац, писмен човек, учен човек; —gießer, m. словоливац; —gießerei, f. словоливање; (Ort, wo gegossen wird,) словолинница; —lostеn, m. орман за слова; —lich, adj. писмен, писан; —mäßig, adj. писму подобан, по писму; —setzen, v. n. сложити, слагати (слова); —setzer, слагач; —setzerstube, f. слагарница; —sprache, f. књижевни језик; —stelle, f. место из писма; —steller, m. списатељ; —stellerei, f. списатољство; —stellerisch, adj. списатељски; —stellern, v. n. писати књиге; —wechsel, m. дописивање; —widrig, adj. писму противан; —zug, m. потез.

Schritt, m. корак, коракљај; ход; —vor gehen, пћи ногу пред ногу; einen —thun, крочити; —schuh, f. Schlittschuh; —weise, adv. кораком, корак по корак; —zähler, —messer, m. стопомер.

schroff, adj. (rauh), прек, осоран, осорљив; (steil), стрм, стрмит.

Schroffe, f. стрмен, стрменитост.

Schröpfe, f. косидба жита.

schröpfen, v. a. (das Getreide), косити, покосити жито; (eine Art des Aderlassens), купице, рогове метати; jemanden um Geld —, огулити, преварити кога.

Schröpfkopf, m. —horn, n. купица, рог.

Schrot, m. & n. (zum Schießen), сачма; (Stück), комад; (von Münzen), тежа, мера; — und Korn der Münze, мера и језгра новца; ein Mann von altem —und Korn, човек старога кова; (geschroten Korn), каша; —axt, секира дрварска; —beutel, m. веса за сачму; —büchse, f. птичарница (пушка).

Schrote, f. Aufschrote.

schroten, v. a. (auf der Mühle), крупно млети; (zerhacken, zersägen), цепати, сећи, ипанти; Fässer —, ваљати у пивницу бачве; —, v. крупно млевање; ваљање у пивницу.

Schröter, m. онај, који ваља вино у пивницу; (Hirschkäfer), јелен.

Schrothobel, m. груба блања, грубо ренде; —korn, n. зрно ачме; —leiter, f. палије; —mehl, n. прекрупа, брашно крупно; —säge, f. велика пила, велико ренде; —schere, f. велике ножице.

schrubben, v. a. чистити; рендисати.

Schrumpel, f. гужва.

schrumpen, v. n. згрчити се, збегнути се, стиснути се, набрати се.

schrumpfig, adj. згрчен, стиснут, згужван.

Schrund-e, f. пукотина; —en, v. n. пукнути, пуцати, цепати се.

Schub, m. потисак, мах, турање, тир; (Fortschaffung), одгон, прогон; ein — Brod, пећ хлеба; (Regelschub), чупци; der — eines Bauches млатице; —fenster, n. баца.

Schubial, m. спромах, кукавица.

Schub-karren, m. колица; —lasten, m. —tästchen, n. —lade, f. фиока, претин, шкрабија.

Schübling, f. s. Schiebling.

Schubrad, m. одгоница, лист за протеранице.

Schubsack, m. жеп, шпаг.

Schubut, s. Schuhut.

schüchtern, adj. стидљив, стидећ, туњав, плашљив, бојажљив; —heit, f. бојажљивост, плашљивост, стидљивост.

Schuft, m. нитков; —ig, adj. одрпан, траљав, спроман.

Schuhut, Schubut, m. јепна.

Schuh, n. ципела, цревља, пожањ; (als Maß), стопа; —e, pl. обућа, ципеле; —anziehen, обути, обувати. обути се, обувати се; —ausziehen, изути, изути се, изувати, изувати се; —absatz, m. петица; —ahle, f. шило; —band, n. обувача; —bürste, f. четка, кефа за ципеле; —draht, m. дретва.

schuhen, v. a. обути, обувати.

Schuh-flicker, m. крпа; —knecht, m. момак чизмарски; —kneif, m. бичкија; —leisten, m. калун; —macher, s. Schuster; —maß, n. мера за ципеле; —pech, n. смола; —riemen, m. обувачка капш, пређица; —schnalle, f. копча на обући; —schwärze, f. црнило за обућу; —sohle, f. потплат, ђон; —zwecke, f. брукница, чавлић.

Schul-amt, n. —stelle, f. учитељство, дужност, служба учитељска; —anstalt, f. школа, учионица, училиште; —bank, f. скамија; —buch, n. књига школска.

Schuld, f. (Vergehen), кривица, грех, погрешка; — sein an etwas, крив бити чему; (am Gelde), дуг; in —en gerathen, задужити се; kleine —en, подужице; alte —en, стародужина, стари дуг.

Schuld- (in Zuf.) што се тиче дуга; —bar, adj. кривац; —barkeit, f. кривица.

Schuldbrief, m. задужница.

schulden, v. a. дуговати.

Schulden-arrest, m. затвор ради дуга; —frei, adj. без дуга; —last, f. дугови.

Schuldentilgung, f. исплата дугова.

Schuldenwesen, n. све што се тиче дугова.

Schuld-forderung, f. потраживање, искање дуга; —herr, m. веровник.

schuldig, adj. (eines Vergehens), крив (verbunden), обвезан, дужан; (von Geldschulden); дужан; Jemand für — erklären, огласити кога за кривца; —e, m. кривац; —keit, f. дужност.

Schuld-leute, pl. дужници; —los, adj. прав, праведан, невни; —losigkeit, f. праведност, невиност; —mann, —ner, m. дужник; —nerin, f. дужница; —post, f. дуг, уписани дуг; —schein, s. Schuldbrief; —thurm, m. тамница дужничка; —urkunde, —verschreibung, f. задужница.

Schule, f. школа, шкула, учионица, училиште; (in Zuf.) школски, школни; aus der — schwatzen, брбљати, избрбљати, беветати.

Schüler, m. ученик, ђак, скулар; —haft, adj. ђачки, ученички, као ђак; —in, f. ученица, школарница.

Schul-ferien, pl. f. вакације, одмор школски; —freund, m. школски пријатељ; —fuchs, m. педант; —fuchserei, f. педантерија; —geld, n. школарина; —gerecht, adj. школски, по правилу; (—es) Pferd, бирач, изучен коњ; —halter, m. учитељ; —haus,

n. школа, училиште, учионица; —jahr, n. школска година; —junge, m. —kind, n. —knabe, m. ђак; —krankheit, f. тобожна болест; —lehrer, —meister, m. учитељ; —mädchen, n. ученица, школарица; —mann, m. вештак у школским стварима; —mäßig, adj. школски; —meister, f. Schullehrer; —pferd, n. биран, изучен коњ; —rath, m. школски савет, веће; школски саветник, већник; —schwänzer, m. пустобак; —staub, m. школска прашина; den — einschlucken, учитељ бити.

Schulter, f. плеће, раме, рамо, леђа; die — des Pferdes, гребен; —blatt, n. лопатица, плеће, плећи, плећа.

schultern, v. a. дигнути, узети на раме.

Schultheiß, Schulze, m. судац, кмет, кнез сеоски.

Schul=wesen, n. школарство; —zimmer, n. школа, џагара; —zunft, f. ред, запт школски.

schummeln, v. n. лежо ићи, вући се.

Schund, m. смрад, гад, трице; —feger, —könig, m. чистизаход; —grube, f. ров.

Schupp, m. мах, удар, треска.

Schupp, m. (eine Art Bären), врста медведа.

Schuppe, f. љуска, крљушт; (auf dem Kopf), перут, красте, љуппне.

Schüppe, f. Schaufel.

Schüppen, f. (Pik in der Karte), пик, зелена (у карти).

schuppen, v. a. турити, турати; einen Fisch —, стругати рибу.

Schuppenpelz, m. кожа од јамајског медведа.

schupp=icht, adj. љускаст; —ig, adj. љускав.

Schur, f. стрижња, стрижење.

Schur, m. пркос, шала.

Schüreisen, n. f. Schürhaken.

schüren, v. a. потакнути, стакнути, потпцати, чаркати, таркати, чарпути, тарпути.

Schürer, m. чаркало.

Schurf, m. краста, грпнта; рупа.

Schürf=en, v. a. задерати, стругати; копати, тражити руде; —er, m. рудотражилац; —licenz, f. допуст за тражење руда.

Schürhaken, m. ватраљ, ожег, жарач, жарпло.

schurigeln, v. a. мучити, трудити, морити кога.

Schurk-e, m. лопов, лупеж, хуља, угурсуз; —erei, f. —enstreich, m. лоповштина, лупештво; —isch, adj. лоповски, лупешки.

Schurz, m. прегача, опрегача, кецеља.

Schürzband, n. трачак од кецеље.

Schürze, f. кецеља, прегача, опрегача, опрежина, прежина, лиздекача.

schürzen, v. a. везати, свезати; die Kleider —, засукати, запрећи, запрегнути.

Schurzfell, n. кожна прегача.

Schuß, m. хитац, пушкомет, набој, метак, брз ток; (Knoten an Pflanzen) коленце; ein — Brod, псћ хлеба; (der Trieb von Pflanzen) младица; einen — haben, сулуд бити.

Schüssel, f. здела, калеппца, чипија, плитица, бљудо, застpyr, застpyra; (Holz—) чапав, ваган, копаља; —macher, n. чаппар; —wäscherin, f. судопраља, судопера; —wasser, n. помпје.

Schuß=frei, adj. спгуран од пушке; —linie, f. дохват, топомет, пушкокет; —weite, f. f. Schußlinie; —wunde, f. рана од пушке.

Schuster, m. цревљар, ципелар, чизмар; —ei, f. запат чизмарски, ципеларски; —meister, m. ћирпз, ћириш; —kneif, m. бичкија.

schustern, v. a. крпити, правити ципеле.

Schuster=pech, f. Schuhpech; —zwecke f. чавлић, бруквица, цвек.

Schüte, f. барка, баркица.

Schutt, m. развалпне.

schütt, adj. рехав, рејав.

Schüttboden, m. хамбар, житница.

Schütte, f. сноп сламе; купа; f. Schüttboden.

schütteln, v. a. трести, дрмати, стрести, уздрмати, потрести; потресати, цимати, мућкати; im Wagen —, труцкати, труцкати се; sich —, трести се, дрмати се, стрести се, стресати се; —, n. дрмање, трешење, мућкање, цимање, труцкавица, труцкање.

schütten, v. n. (vom Getreide), много зрна дати; v. a. сипати, сасути, стрести, излити, налили, долити, точити; sich —, v. r. г. згрнути се.

schüttern, v. n. трести се, дрктати, трепетати; f. erschüttern.

Schüttgeld, n. врста жуте боје.

Schutt=haufen, m. развалине.

Schüttung, f. (des Getreides), житна издашност.

Schutz, m. (an Mühlen) брана, беит, устава, затвор; (Beschützung) окриље, закриље, обрана, заштита, сахрана, остава, заклоп; —und Schirm, обрана; —bietend, заклонит; in — nehmen, не дати кога; mit dem —e mahlen, млети на уставу; —befohlene, f. Schützling; —blattern, pl. f. кравље козе; —bret, n. даска од уставе, затвор; —brief, m. слободан провод, заштитно писмо; —bündniß, n. савез за обрану.

Schütze, m. пушкар, шпцар. стрелац, стрељач; (bei den Webern), чунак.

schützen, v. a. чувати, бранити, штитити, заштитити, заклонити, заклањати, обранити; das Wasser —, уставити, затворити, зајазпти воду; sich —, заклонити се, заклањати се.

Schutzengel, m. анђео хранитељ.

Schützengesellschaft, f. друштво стрељачко, стрелци.

Schützenhaus, n. стрелиште, стрељана.

Schützer, m. чувар, бранитељ, заштитник.

Schutz gatter, n. решетка, преграда; —geist, m. хранитељ; —geleit, n. слободан провод; —herr, m. заштитник.

Schützling, m. штићеник.

Schutz=ort, m. уточиште, сировиште; —redner, m. бранитељ, хвалитељ; —wehr, f. обрана.

schwabbelig, schwabbeln, f. quabbelig, quabbeln.

Schwabe, f. (Käfer), шваба.

schwach, adj. слаб, немоћан, млптав, слабомоћан, нејак, танак, мпласак; (vom Getränke) мекан; (der etwas nicht ertragen kann), —aug; — werden, малаксати, ослабити, изнемоћи, онемоћати, изгубпти снагу; — mager werden, скопати се.

Schwäche, f. слабост, слабоћа, немоћ.

schwächen, v. a. слабити, ослабити, раслабити; ein Mädchen —, осквpнути девојку.

Schwachheit, f. слабост, слабоћа, немоћ, ис-

јачина, млитавост; —ssiinbe, f. грех по слабости.
schwachherzig, adj. слаб, мека срца; —keit, f. слабост.
Schwachkopf, m. човек слаба ума, глупак.
schwächlich, adj. млитав, гњилав, слаб, глипџав, слабачак; —keit, f. млитавост, слабост.
Schwächling, m. млитоња, мрлутина.
Schwachsinn, m. слабоумље; —ig, adj. слабоуман.
Schwächung, f. слабљење; слабост, слабоћа; (eines Mädchens), оскврњуће девојке.
Schwaben, m. (Dunst), пара; (beim Mähen), откос; руковет, сноп.
Schwadrone, f. шкадрон; —nweise, adv. шкадрон по шкадрон.
Schwager, m. (der Frau Bruder), шура, шурак; (der Schwester Mann), зет; свак, својак; (der Mann der Schwester der Frau), пашеног, паша; (des Mannes Bruder), девер.
Schwägerin, f. (der Frau Schwester), сваја, сваст, свастика; (des Mannes Schwester), заова; (des Bruders Frau), снаха, невеста; (die Frau des Bruders des Mannes), јетрва; (die Frau des Bruders der Frau), шурњаја, шуракиња.
Schwagerschaft, f. својта, тазбина, родбина.
Schwäher, (veralt.), f. Schwiegervater.
Schwalbe, f. ласта, ластавица; junge —, ластавчић; —enkraut, f. Schellkraut; —ennest, n. гнездо ластино; —enschwanz, m. реп ластин.
Schwalg, m. (bei den Glockengießern), одушка.
Schwall, m. гомила, мноштво, бујица, рој.
schwallen, v. n. ваљати се, бибати се.
Schwamm, m. гљива, печурка, губа, труд; (Meerschwamm), сунђер, спужва.
Schwämmchen, n. (im Munde), пришт.
schwämmen, s. schwemmen.
schwammicht, schwammig, adj. буав.
Schwan, m. лабуд; junger —, лабудић.
schwanen, s. Ahnen.
Schwanen-feder, f. перо лабудово; —gesang, m. песма лабудова; fig. последња песма; —hals, m. лабудов врат; —kiel, m. перо лабудово.
Schwang, s. Schwung.
Schwängel, m. (der Glocken), клатно; (beim Ziehbrunnen), ручица.
schwanger, adj. трудан, носећ, бременит, збабан, тежак, бређ, судруж, здетан. детињ, пунан, нејак; — werden, затруднити, затешчати, забређати, осетити се; mit einem Gedanken — gehen, смишљати што (у потаји); (in der Chemie), пун, напуњен; —schaft, f. ношење, трудноћа.
schwängern, v. a. обременити, отеготити; (in der Chemie), пупити, напунити; —ипд. f. неговање; пуњење.
schwank, adj. гибак, витак; (ungewiß), нестадан, сумњив.
Schwank, m. шала, спрдња; лакрдија.
schwanken, v. n. љуљати се, нихати се, колебати се; наводити се, посртати, посрнути, навијати се, либати се; нестадан бити.
schwänken, v. a. прати, мити, плакати, опрати, исплакати.

schwankend, adj. зажуљан, разжуљан, ускодебан; несталан; сумњив.
Schwank-kessel, m. s. Spülfaß; —wasser, f. Spülwasser.
Schwanz, m. реп; (—stück vom Fische), варка; etwas auf den — schlagen, украсти, затајити штогод; —bein, m. тртица.
Schwänzchen, n. репић.
schwänzeln, v. n. махати, вртети репом; fig. улагивати се, ласкати.
Schwänzelpfennig, m. неправедан добитак; — e machen, неправедним путем добивати.
schwänzen, v. a. реп направити, начинити; ein Pferd —, подвезати реп коњу; die Schule —, неићи у школу; fig. красти, неправедно добивати; — v. n. клатити се, ленсти се, плаудовати.
Schwanz-feder, f. перо од репа; —flosse, f. реп (у рибе); —meise, f. репата сеница; —riemen, m. подрепак, подрепница; —schraube, f. курјук (у пушке); —stern, m. репата звезда.
schwappen, v. n. мућкати се.
Schwär, m. чир, гнојаница.
schwären, v. n. гнојити се; —, n. гнојење; гној.
Schwarm, m. (Bienen—), рој; (Lärm), тарабука; (Haufen, Menge), мноштво, множина.
schwärmen, v. n. (von Bienen), ројити се; (lärmen), тарабукати; (schwelgen), частити се, терати кера; (herumvagiren), тумарати, клатити се; (im Denken), сањати, лудовати; —, n. (der Bienen) —,ројење; (schmausen), пировање, разуздан живот; (im Denken), сањање, лудовање.
Schwärmer, m. (bei den Feuerwerken), жабица; (der Schwelger), раскошник; (im Denken), сањало; занешењак; протуха, светска протуха; —ei, f. фанатизам, сањарство, занешенство, лудовање, сањарија; —isch, adj. фанатичан, фанатички; сањарски, занесен.
Schwart-e, f. кожурица; —enhagen, m. кулен; —enwurst, f. кулен; —ig, adj. кожуричав.
schwarz, adj. црн, вран, мрк, галичаст; —aussehen, црнити се; —machen, вранити, навранити, оврањити, црнити, оцрнити, омрчити; sich — färben, навранити се, омрчити се; —werden, поцрнети; —es Pferd, вранац; —e Wäsche, прљаво рубље; (traurig), тужан, жалостан; (scheußlich, gräßlich), црн, страшан, страховит, грдан, грозан; Jemanden — machen, опасти, оцрнити кога; —gekleidet gehen, ићи у црнини; —äugig, adj. црнок, чарнок; —äugiger Knabe, црноочић; —braun, adj. мрк; —buche, f. црнограб; carpinus orientalis; —dorn, m. црн трн; —drossel, f. црни дрозд.
Schwarze, m. црнац, арап, црнац.
schwarze, n. црно.
Schwärze, f. црнило, црнина, вранило.
schwärz-en, v. a. црнити, оцрнити, запрнити, пржати, вранити, повранити, мрчити; fig. (verläumden), опадати, црнити, опасти, оцрнити; — v. n. (Schleichhandel treiben), кријумчарити; —en, n. црвење, оцрњивање, врањење, мрчење; (Schwärzung), кријумчарење; —er, m. (Schmuggler), кријумчар.

Schwarzfärber, m. црнилац; —erei, f. црњење, врањење.
schwarz-haarig, adj. црнокос; —holz, n. четињава дрва; —kopf, m. црноглав; —köpfig, adj. црноглав, баљав, баљаст; —kümmel, m. чурак; —kunst, f. врачање; —künstler, m. врачар.
schwärzlich, adj. црнкаст, црномањаст, мрколаст.
schwarz-schalig, adj. (Messer), црнокорац; — schnepfe, f. ражањ; —specht, m. црна жуња; —streifig, adj. с црним пругама; —wald, m. црна гора, шума са четињавим дрвима; —wild, n. црна дивљач, дивље свиње.
schwatzen, v. n. брбљати, разговарати се, зборити, говорити којешта, бенетати, држдати, нарадати, ћеретати; — n. брбљање, разговарање, бенетање, нарадање, ћеретање.
Schwätzer, m. брбљавац, бенетало, нарадало; —in f. брбљавица, нарадаљка, палавра; —ei, f. брбљање, бенетање.
schwatzhaft, adj. брбљав; —igkeit, f. брбљавост.
Schwebe, f. in der — sein, hängen, висети, обешен бити; недовршен бити.
schweb-en, v. n. лебдети, висети, обешен бити; fig. бити; im Gedächtnisse —, бити у памети; vor Augen —, бити пред очима; auf der Zunge —, бити на језику, на врх језика; über dem Haupte —, висети над главом; —ende Gelder, неприспели новци; —ende Geldschuld, неуложени дуг; —ende Verhandlung, недовршена расправа.
Schwefel, m. сумпор; —artig, adj. сумпораст; —blüthe, f. сумпорни цвет; —faden, m. књбрет, сумпорача; —erz, n. руда сумпорна; —gelb, adj. жут као сумпор; —höschen, n. палидрвце, књбрет, сумпорача, жигица; —icht, adj. сумпоровит; —ig, adj. сумпоран.
schwefeln, v. a. сумпорити, насумпорити.
Schwefel-säure, f. киселина сумпорна.
Schweif, m. реп.
schweifen, v. a. направити, начинити реп; (ausschweifen), закружити, закројити, истесати; ein schön geschweiftes Pferd, коњ лепа репа; — v. n. f. herumstreichen. [куп.
Schweifriemen, m. подрепак, подрепница, кус-
Schweif-stern, m. репата звезда; —stück, n. (vom Geflügel), тртица.
schweig-en, v. n. мучати, ћутети, шутети; zu etwas —, неприговарати чему; — v. a. seine Zunge —, обуздати језик; ein Kind —, умирити дете; Jemand — heißen, ћуткати, ушуткати, ућуткивати, шуткати, умучкати; — n. мучање, ћутање, шутање; zum — bringen, ућуткати, утајати.
schweigend, adv. мучке, ћутке, мукло.
schweigsam, adj. ћутљив.
Schweimel, f. Schwindel.
Schwein, n. прасац, свиња, крме, крмак, вепар, брав, бравац, назимац; krauses —, багунац.
Schweinchen, n. крмешце, прасе, прасенце.
Schweine-braten, n. свињско печење; —bruch, m. —wühle, f. калуга.
Schweinefett, n. сало, свињска маст.
Schweinerei f. свињарија.

Schwein-fleisch, n. свињетина, прашчевина, крметина; —händler, m. —hirt, m. свињар, —hirtin, f. свињарица; —hund, f. Saubeller.
Schweinigel, m. јеж; (von Menschen), свиња.
schweinisch, adj. свињски, свињарски.
Schwein-koben, f. Schweinstall; —mädler, f. бургијаш, калауз; —mast, f. жир, жировина, жирење; —gojenje свиња; —mutter, f. крмача, прасица.
Schweins-blase, f. бешика свињска; —borste, f. чекиња; —braten, m. свињско печење, печена свињетина; —schneider, m. штројач.
Schwein-stall, m. котац, свињац, свињ, кочина, кочине.
Schweins-trog, m. валов, корито.
Schweins-wilpret, n. дивља свињетина; —treiber, m. свињар, крдар.
Schweiß, m. зној, пот; (bei den Jägern), крв; im —e, знојан, знојаван, потан; in — bringen, ознојити; —bad, n. знојница.
schweißen, v. n. знојити се, потити се; (bei den Jägern), крв тећи.
schweißen, v. a. спојити, припојити, сваривати, приноjavати.
Schweiß-fuchs, m. риђан, рпђ коњ; —ig, adj. знојав, знојаван, потан; —mittel, n. знојни лек; —tropfen, m. капља зноја; —tuch, n. убрус; —wurst, f. крвавица.
Schweizer, m. (Portier), швицар, вратар; —käse, m. швицарски спр.
schwelen, v. n. тињати, димити се, пушити се; — v. a. палити.
schwelgen, v. n. раскошно живети; — n. Schwelgerei, f. раскошан живот, теревенка.
Schwelger, m. раскошник; —isch, adj. раскошан, раскошит.
Schwellenbaum, f. Wasserhollunder.
Schwelle, f. праг.
schwellen, v. n. отећи, надути се, напети се; набубрити, отицати; долазити.
schwellen, v. a. (das Wasser), загатити.
Schwemm-e, f. купање; —en, v. a. купати, окупати; пловити; носити на крај, наносити.
Schwemmung, f. превожање мрве преко воде.
Schwengel, f. Schwängel.
schwenk-en, v. a. махати, вртети, омахивати, замахивати, нихати, гибати; die Gläser —, пљакати, испљакати чаше; sich —, v. r. окренути се, обрнути се; —ung, f. обраћање, врћење.
Schwere, f. Schmitze.
schwer, adj. тежак, трудан, тегобан, мучан; einen —en Kopf haben, тврде главе бити; eine —e Strafe, оштра казна; eine —e Menge, сила божија, сијасет; — es Geld kosten, много новаца стојати; —er Fall, замршена ствар; eine —e Verantwortung, велика одговорност; das —e Geschütz, топови велики; die —e Noth, велика болест, падавица; die —e Reiterei, оклопници; es sind —e Zeiten, зла су времена; mit —em Herzen, с тужним срцем; —hören, наглух бити; — zu behandeln, силоџбан; werben, отежати; verteufelt —, тешко до зла бога; eine —e Arbeit, крвопија, тегоба.

Schwere, f. тежина, тежа, тешкоћа, тегота, тегоба.
schwerfällig, adj. тежак, неграпан, тром; —keit, f. тромост, неграпност.
schwerhörig, adj. наглух; —keit, f. наглухост.
Schwerkraft, f. тежење.
schwerlich, adv. тешко.
Schwer=muth, f. туга, сета, жалост, дресење; —müthig, adj. жалостан, тужан, сетан; —müthigkeit, f. Schwermuth.
Schwerpunkt, m. тежиште.
Schwert, n. мач; сабља.
Schwertel, m. f. Schwertlilie.
Schwert=feger, m. сабљар; —förmig, adj. као мач; —lilie, f. сабљица, богиша, мачић.
Schwertmage, m. рођак по оцу.
Schwert=ritter, m. мачопосац; —schlag, —streich, m. ударац мачем; ohne —, без проливања крви; —träger, m. мачопосац.
Schwester, f. Schwesterchen, n. сестра, сека, сестрица, сеја, селе; —kind, n. сестрић, сестричина; нећак, нећакиња; —lich, adj. сестрински; —mann, m. зет; свак, својак; —schaft, f. сестринство; —sohn, m. сестрић, сестричић, нећак; —tochter, f. сестричина, нећакиња, нећака.
Schwibbogen, m. лук, свод.
Schwieger=ältern, pl. тазбина, таст и пуница, свекар и свекрва; —mutter, (Schwieger) f. пуница, ташта, баба; свекрва; —sohn, m. зет; —tochter, f. снаха; —vater, m. старац, таст, пунац; свекар.
Schwiel=e, f. жуљ; die — von Hieben ɪc., модрица, масница; —en machen, жуљити, нажуљити; —ig, adj. нажуљен, жуљив.
schwierig, adj. тежак, мучан, трудан, теготан; —keit, f. тешкоћа, тегота, тегоба.
Schwimmblase, f. бешика, мехур.
schwimm=en, v. n. пливати, плавити се, плутати, пловити, наплављати, наплавити; —en, n. пливање, пловљење, плављење, плутање; —er, m. пливач; —gürtel, m. појас пливаћи; —haut, f. опница пливаћа; —erin, f. пливачица; —platz, m. пливоница; —schule, f. пливалиште, пливоница.
Schwinde, f. лишај.
Schwindel, m. вртоглавица, замавица; —ei, f. лудорија, лудост; —er, —geist, m. вртоглавац, вртоглавка, варалица; —ig, schwindlich, adj. вртоглав; es wird mir —, врти ми се глава, мозак.
schwindeln, v. i. mir schwindelt, врти ми се мозак; (unbesonnen handeln) лудовати; варати.
schwinden, v. n. чезнути, нестајати, гинути, губити се; (vertrocknen) сушити се, сахнути.
Schwindsleche, f. Schwinde.
Schwindgrube, f. рон.
Schwind=sucht, f. тишика, јектика, суха немоћ, сухаболест; —süchtig, adj. тишикав, јектичав.
Schwinge, f. вејача, решето; (Flügel) крило, крљушт.
schwingen, v. a. махати, омахивати, замахивати, махнути, узмахивати, колетати, витлати, завитлати; Korn —, вејати жито; Flachs —, лан тући; sich —, v. r. винути

се; sich auf das Pferd —, скочити на коња; sich über einen Zaun —, скочити преко плота; sich in die Luft —, дигнути се у зрак, узлетети; fig. sich in die Höhe —, дигнути се, винути се, уздигнути се; sich auf den Thron —, попети се на престо.
Schwingung, f. махање, витлање, узмахивање.
Schwippe, f. шибгар; прут, шиба.
schwirren, v. n. џрчати, шкрипати, певати, жуборити.
Schwitz=bad, f. Schweißbad; —en, v. a. & n. знојити се, потити се, ознојити ве; —en, n. знојење, зној, пот; —ig, f. schweißig; —kasten, m. —stube, f. знојница.
schwören, v. n. присећи, присегнути, заклети, се, клети се, закљињати се; присећи се, ротити се; hoch und theuer —, прекливати се.
schwül, adj. запаран, спаран; —e, f. запара, омара, припека.
Schwulst, m. оток; (im Schreiben), надутост.
schwulstig, adj. fig. надут, падувен.
Schwung, m. мах, скок, загон; обичај, навада; einen — geben, залукати, љуљнути; —feder, f. перо, брдје перо, брдчо перо; —kraft, f. сила замашита; —riemen, m. ремен, каиш (од кочије).
Schwur, m. присега, заклетва, клетва; —brüchig, adj. кривоклетан; —gericht, n. порота; —gerichts=, (in Zuf.) поротни; —strafgericht, n. порота казнена.
Sclav=e, m. роб; —enhandel, m. трговина робљем; —erei, f. ропство; —in, f. ропкиња; —ish, adj. ропски.
scontiren, v. n. одбитковати.
Sconto, n. одбитак.
scontrir=en, v. a. срачунати благајницу; —ung, f. срачуњање благајнице.
Scorbut, Scharbock, m. пољачина.
Scorpion, m. шкорпија, јакреп, штипавац; —öhl, n. уље од штипавца.
Scorzonere, f. змијак (трава).
Scribler, m. писар, пискарало.
Scrupel, m. сумња, двоумица.
Scrupel, n. скрупул (мера).
scrutiniren, v. a. бројити гласове.
Scrutinium, n. (Stimmzählung), бројеве гласова.
Sebenbaum, f. Säbenbaum.
Sech, n. цртало.
sechs, num. шест; шесторо, шесторица, шестина.
Sechse, f. шестица.
Sechseck, n. шестокут, шестоугаоник; —ig, adj. шестокутан, шестоуголан.
sechseimerig, adj. Faß, шестакиња, шесторак.
Sechser, m. шестак; —lei, adj. шестоврст.
sechsfach, adj. шесторогуб, шесторострук.
sechshundert, num. шест стотина.
sechs=jährig, adj. шестогодишњи, од шест година; —mal, adv. шест пута; —monatlich, adj. шестомесечни, од шест месеци; —spännig, adj. на шест, за шест (коња).
sechste, adj. шести; —l, n. шестина.
sechsthalb, sechstehalb, adj. пет и по.

ſechs-tägig adj. од шест дана, шестодневни; — tauſend, num. шест хиљада, шест тисућа.
Sechstel, Sechstheil, n. шестина, шести део.
ſechſtens, adv. шесто.
Sechs-wochen, pl. норођ; —wöchnerin, f. породиља.
ſechzehn (ſechszehn), num. шеснаест, шеснаесторо; —löthig, adj. од шеснаест лотова; —te, num. шеснаести.
ſechzig, num. шездесет, шесет, шездесеторо; —er, m. од шездесет година; (im Piketſpiel), шесет; —ſte, adj. шездесети, шесети.
ſeciren, v. a. сећи, парати.
Sedel, m. сикал (новац у старих жидова).
Secret, n. (Geheimniß), тајна; (Abtritt), заход.
Secretär, m. тајник.
Secretariat, n. тајништво.
Sect, m. сект, вино хереско.
Secte, f. (Religions—), расколништво.
Section, f. одсек, одељење; anatomiſche —, парање, резање (мртваца); —Chef, m. начеоник одељења, одсека.
Sectirer, m. следбеник, расколник, отпадник.
Sectirung, f. расколништво.
Secundant, m. сведок, девер (при мејдану).
Secundawechſel, m. друга меница.
Secundogenitur, f. другородство.
Sedezband, m. књига у шеснаестини.
See, m. језеро, блато.
See, f. море; die offene —, пучина.
See- (in Zuſam.) језерски; морски, поморски, приморски.
See-aal, ſ. Meeraal; —bad, n. купање у мору; —bär, m. морски медвед; —barbe, f. арбун; —behörde, f. поморска област; —blume, f. локвањ (цвет); weiße —blume, бели локвањ; gelbe —blume, жути локвањ; —compaß, компас, бусула; —einhorn, n. инорог, нарпал (риба); —fahrer, m. морепловац; —fahrt, f. бродарство поморско, поморство; (einzelne —), поморска вожња; —fiſch, m. риба морска; —gefecht, n. бој, битка на мору; —gras, ſ. Meergras; —grün, adj. сињ; —haſen, m. порат, лука, пристаништe; —handel, m. трговина поморска; —hund, m. морски пас; —jungfer, f. сирена, морска девојка; —kalb, n. теле морско; —karte, f. морска карта; —krankheit, f. морска болест; —krebs, m. морски рак; —krieg, m. морски рат; —küſte, f. крај морски, морска обала, јалија, жало, пгало; (Bezirk), приморје, поморје.
Seele, f. душа, душица; (einer Kanone), шупље, шупљина; (der Feder), срце; bei meiner —, на моју душу; душе ми!
Seelen-amt, Seelamt, n. задушнице, миса задушна; —angſt, f. тешка мука; —hirt, m. пастир духовни, духовник, душебрижник, душеопечитељ; —kampf, m. борба душевна; —kräfte, pl. силе душевне; —lehre, f. душословље; —los, adj. бездушан, без душе; —meſſe, f. ſ. Seelenamt; —ruhe, f. покој, мир души; —verberber, m. верћубер, душогубац, издајица; —wanderung, f. пресељавање душе.
See-leute, pl. m. морнари, поморци; —löwe, m. лав морски.

Seeſorg-e, f. духовништво, душебрижништво, душеопечитељство; —er, m. отац, пастир духовни, духовник, душебрижник, душеопечитељ.
See-luft, f. зрак морски, поветарац морски; —macht, f. сила поморска; Land und See-macht, војска на копну и на мору; —mann, m. морнар, поморац; —mannſchaft, f. морнари; —meile, f. миља морска; —miniſter, m. министар поморства; —otter, f. видра морска; —raß, m. феда, морски путни лист; —pferd, n. морски коњ; —räuber, m. гусар; —räuberei, f. гусарина, гусарство; —recht, n. поморско право; —reiſe, f. морски пут; —ſalz, n. морска со; —ſchäumer, ſ. Seeräuber; —ſchiff, n. брод морски; —ſchlacht, f. —treffen, n. бој, битка на мору; —ſpinne, f. паук морски; —ſtaat, ſ. Seemacht; —ſtadt, f. град приморски; —ſtück, n. слика морска; —ſturm, m. бура, олуја на мору; —thier, n. морска животиња, звер; —treffen, ſ. Seeſchlacht; —ufer, ſ. Seeküſte; —ungeheuer, n. неман морска; —waſſer, n. вода морска, море; —weſen, n. поморство, морнарство, бродарство; —wind, m. ветар морски; —wolf, m. вук морски; —wurf, m. морски извржак; —wurm, m. црв морски.
Segel, m. jedro, jaдрo; unter — gehen, кренути се, заједрити; —baum, ſ. Maſtbaum; —fertig, adj. готов, спремљен на пут; —garn, n. пређа за једра; —, v. a. v. n. једрити; заједрити, појединити; v. a. ein Fahrzeug in den Grund —, утопити брод; —ſtange, f. лантина; —tuch, n. платно за једра; —werk, n. једра, јадра.
Segen, m. благослов, благодат, благодет; срећа; —ſreich, adj. благодатан, благословен.
Segler, m. једрилац.
ſegn-en, v. a. благословити, благосијати; (Segen ſpenden), благословити се; (ſich freuzigen), крстити се, крижати се; ſich über etwas kreuzigen und —, крстити се чему; —ung, f. ſ. Segen.
ſehbar, ſ. ſichtbar.
Sehe, f. (gem. für Augenſtern), зеница.
Sehekunſt, f. ſ. Optik.
ſehen, v. a. видети, гледати, погледати, огледати; ſieht man? види ли се? auf etwas —, загледати, загледати се; oft —, виђати; undeutlich —, назирати; —laſſen, показати; ſich —laſſen, којасити се; којаснути се, показати се, дати се видети; ſich —, видети се, виђати се; einen gern —, гледати кога радо, замицати очи (за девојком); ungern —, мрзити кога; ähnlich —, налик бити, личити коме; das Fenſter ſieht auf die Gaſſe, прозор иде на улицу; laſſet uns —, да видимо; ſieh da! гле, ето! nach etwas —, нагледати; nach nichts —, немарити, нехајати ни за шта, немаран бити; nie geſehen, невиђен; — n. гледање, виђење, поглед, вид, виђање.
Sehenerv, m. живац очни.
ſehens-würdig, —werth, adj. вредан да се види; —würdigkeit, f. ствар вредна да се види, реткост, знаменитост, достопаметност.

Sehepunkt, f. Gesichtspunkt.
Seher, m. (im edlern Stile), пророк; —in, f. пророчица.
Seherohr, n. дурбин.
Sehkraft, f. видна моћ.
Sehne f. тетива; жила; —n des Hausen (als Fastenspeise), m. pl. свитци.
sehnen, sich, v. r. (nach etwas), гинути, чезнути, тежити за чим, жудети, желети, пожелети, зажелети се, жељковати, удити, хтети; — n. жељковање, тежња, чежња, тежење.
sehnig, adj. жилав.
sehnlich, adj. жељан, жудан; —warten, једва чекати, на углама стојати, седети.
Sehnsucht, f. тежење, жудња, тежња, чежња.
sehr, adv. јако, вело, веома, врло здраво, сасма, тешко, љуто, пуно; (in Zusamm.), пре-.
Seiche, f. (gem.) f. Urin.
seichen, (gem.) f. pissen.
seicht, adj. плитак, положит; fig. слаб; мршав, сух; —heit, —igkeit, f. пличина, плиткоћа,
Seichtopf, f. Nachttopf.
Seide, f. свила.
Seidel, n. литра, сатљик.
seideln, v. a. спутати коње.
seiden, adj. свилен, свилан, од свиле; —arbeiter, m. свилар; —artig, adj. свиленкаст; —bau, m. свиларство; —ei, —gehäuse, n. галета, чаура; —fabrik, f. свилара; —fabrikant, m. свилар; —faden, m. свилен конац; ибршими; —haarig, adj. свилокос; —handel, m. трговина са свилом; —händler, m. свилар; —haspel, m. мотовило свиларско; —leinwand, f. бурунџук; —raupe, f. Seidenwurm; —schmetterling, m. таранџ, лептир свилен; —spinnerei, f. свилара, —spinnerin, f. свилопреља; —spitze, f. свилена чипка; —waare, f. свилена роба; —watte, f. вата свилена; —wollig, adj. свилоруп; —wurm, m. буба свилена; —wurmhändler, m. бубар; —zeug, n. српр, свилена материја; —zucht, f. Seidenbau; —zwirn, m. ибршими.
Seife, f. сапун.
seifen, v. a. сапунати, сапунити, насапунити.
seifen-artig, adj. сапунаст; —baum, m. сапуново дрво; —blase, f. мехур од сапуна; —kraut, f. пиперат; —kugel, f. кугла од сапуна; —sieder, m. сапунар, сапунција; —siederei, f. сапунџарница, сапунџијница, ћерана; —spiritus, m. спирит од сапуна; —wasser, n. сапуница.
seifig, adj. сапунаст; насапуњен.
seiger, adj. (im Bergbau), каламиран, каламирски.
Seiger, m. f. Uhr.
Seiger-arbeiter, m. топилац; —hütte, f. топионица.
seigern, v. a. (im Bergbau), топити, чистити, копати по каламиру.
Seiger-ofen, m. пећ за топљење руде; —schlacke, f. тљака.
Seigerstunde, f. (im gem. Leben), читав сат.
Seigerung, f. топљење.
Seihe, f. Seiher, m. цедило.
seih-en, v. a. цедити, процедити; —er, n. це-

holo; —er, m. f. Seihe; —etuch, n. —sack, m. цедило.
Seil, n. конопац, уже, једек, сапон, чело, гумница; —er, m. конопар, ужар; —erbahn, конопарница, ужарница; —haken, m. кука конопа; —tänzer, m. пеливан; —tänzerin, f. пеливанка.
Seim, m. слуз; равак, чист мед.
seimen, v. a. мед чистити.
seimicht, adj. (im gem. Leben), слузан, балав, густ.
sein, v. n. бити, бивати; затећи се; —lassen, оставити, пустити, оставити се чега.
sein, seine, sein, pr. његов; свој.
seinerseits, adv. од његове стране, од своје стране.
seinet-halben, —wegen, —willen, adv. ради њега, ради, поради њега; ради, поради себе.
seinige, der, die, das, pr. његов, свој; wie einer der —n, својски; ohne Gefühl für die —n, несвојтљив.
seit, adv. од, одкад, како, одкако.
seitdem, adv. одкако, одкад; отад, одопда.
Seite, f. страна, банда; (des Körpers), бок; rechte — (eines Zeuges), лице; (einer Münze), глава; (Gegend), крај; (Partei) страна, странка; linke — (eines Zeuges), наличје; (einer Münze), писмо; sich auf die Seite legen, домбедисати, плаидовати; Scherz bei —! без шале; bei —, auf die —, на страну, с пута! von der — zusammen, гледати из прикрајка, испрека, изребар, изребра; von allen —, одсвакле, одсвакуд, одсвакуда, одасвуд; са свих страна; von — des Gerichtes, од суда; im Buche, страна, образ, лист; an die — stellen, испоредити; nach der —, побочке; Seiten-, ребрани, побочни.
seiteln, v. n. нахерити се.
Seiten-abriß, m. профил; —arm, m. (eines Stromes), отока, рукавац, вок; —ballon, m. насеница; —blid, n. поглед из прека, прек поглед; —bret, n. страница; (bei Schiffmühlen), подбојнача; —gebäude, n. —flügel, m. крило (од зграде); —gewehr, n. сабла, мач; —hieb, m. удар, ударац са стране; —linie, f. побочна лоза; —sprung, m. скок са стране; —stechen, n. протисли, бодеж, протисци, пробадање, пробади, провор; —stein (am Herde), преклад, прекладник; —stoß, m. ударац по боку; —stück, n. бок, побочни комад, премац; —thür, f. врата са стране; verwandte, m. побочни сродник; verwandtschaft, f. побочна родбина; —wand, f. страница; (des Schiffes), ребра, епње; —weg, n. страпутица, охоља, охоње, распутица, распуће; auf einem —wege, странпутице, auf — wegen gehen, странпутичити, ребрити; —wind, m. ветар са стране; —zahl, f. број странке.
seither, f. seitdem.
seitwärts, adv. на страни, са стране, из прикрајка, испрека, на страну, у прикрајку, поребарке, алабанда; насмо; склонито; —beugen, укосити, наместити што косо; —krümmen, искривити, прекривити; —lenken, закренути, закретати.

selb, z. B. selbander, selbbritt, самдруги сам-
треби.
selber, pr. сам.
selbiger, selbige, selbiges, pr. он, они, онај, исти,
тај.
selbst, pr. сам; исти; — zu jemand kommen, доћи
коме на ноге; von —, сам од себе, посебице;
—anschaffung, f. набава потреба својим тро-
шком; —bestedung, f. обианпа; —berechtigter,
m. својправал, ко је свој; —bestimmung, f.
самоопредељене, самоуправа; —betrug, m. f.
Selbsttäuschung; —eigen, adj. свој; —entsa-
gung, f. самоодрицање; —erhaltung, f. са-
моодржање; —erkenntniß, f. самоспознање;
—erniebrigung, f. понижење добровољно,
самопонижење; —erschaffen, adj. самосаз-
дан; —gefällig, adj. самољубан; —gefällig-
keit, f. самољубље; —gefühl, n. лични понос,
поуздање у себе; —geschoß, n. f. Selbst-
schuß; —gespräch, n. монолог; —herrscher,
(halter), m. самодржац, самовладалац; —
—herrscherin, f. самодржица; —hülfe, f. по-
магање самом себи; —isch, adj. саможив,
себезнао; —klug, adj. свезнао; —laut, f.
lauter, m. самогласник; —liebe, f. само-
љубље; —lob, n. своја хвала; —mord, m.
самоубијство, полагавњење; —mörder, m.
самоубица; —peiniger, m. мучитељ самога
себе; —peinigung, f. мучење самога себе;
—prüfung, f. испитивање самога себе; —
ruhm, m. ташта слава; —schuß, m. само-
стрел; —schwächen, n. f. Selbstbesledung;
—ständig, adj. самовластан, самосталан;
—ständigkeit, f. самосталност; —sucht, f. се-
безналост, самољубље, себичност; —süchtig,
adj. себичан, себезнао, самољубан; —täu-
schung, f. варање самога себе; —verkrüp-
pelung, f. сакаћење самога себе; —verläug-
nung, f. самоодрицање; —verletzung, f.
самоозледа; —verstümmelung, f. сакаћење
самога себе; —vertheidigung, f. самообрана;
—vertrauen, n. уздање у себе, самопоузда-
ње; —zufrieden, adj. самодовољан; —zufrie-
denheit, f. самодовољство; —zünder, m. са-
можег.
selig, adj. блажен, срећан; спасен; (von Ver-
storbenen), покојав; —sprechen, посветити; —
keit, f. блаженство, спасење; —machend, adj.
спасоносан; —macher, f. Heiland; —spre-
chung, f. посвећење.
Sellerie, m. целер, черевиз.
selten, adj. редак, необичан, изредан, извап-
редан; — adv. ретко, мало кад; —heit, f.
реткост, ретка, необична ствар, чудо.
seltsam, adj. чудан, чудноват; —keit, f. рет-
кост, чудо, чудноватост.
Semester, n. полугодиште, полгођ, течај.
semestral, adj. погодишњи.
Seminarium, n. семинарија, семениште.
Semikolon, n. тачка, точка са запетом.
Semmel, f. земичка, земљичка; große —, гу-
ска, пригла; —mehl, n. бело брашно.
Senat, m. сенат, савет, веће; отсек; —ot, m.
сенатор, саветник, већник, старешина.
Sendel, f. Zendel.

senden, v. a. слати, послати, отправити, ши-
љати, пошиљати, пратити.
Send-schreiben, n. —brief, m. посланица, пи-
смо, лист; —ung, f. послање, одаслање,
пошиљка.
Senes-baum, m. сена; —blätter, pl. n. лишће
сенино.
Senf, m. слачица, горушица; —brühe, f. ума-
кац од слачице; —korn, n. зрно горушице;
pflaster, n. слачичњак; —teig, m. од сла-
чичњака тесто.
sengen, v. a. палити, жарити, запалити, за-
пањивати, опалити, попалити, напалити,
смагнути, осмагнути, смудити, осмудити;
жагрити, ожагрити; sich —, палити се, о-
палити се, осмудити се; — und brennen,
жарити и палити.
Senior, m. старешина; —at, n. старешинство.
Sentblei, n. каламир, олово.
Sentel, m. узица, петља; —nadel, f. игла, и-
глица.
senken, v. a. пустити, пуштати, спустити, спу-
штати; топити, утопити; Reben —, полага-
ти, положити; sich —, v. r. пропадати, про-
пасти, угнути се, угнињати се, улећи се,
улегнути се, утолегати се; —en, n. —ung,
f. спуштање; полагање; —er, m. положница.
Senkler, m. игличар, узичар.
senkrecht, adj. каламиран, одвисан, каламир-
ски; — adv. ступце, одвисно, каламирно.
Senn—er, m. станар, планинар, катунар;
—hütte, —erei, f. стан, бачија, бачина; —erin, f. станари-
ца, планинка; —hirt, m. планинар; —hütte,
f. пливина.
Sennal, m. самсар, f. Mälter.
Sensarie, f. самсарија.
Sense, f. коса; —griff, m. бабак, руцељ;
—hammer, m. косара; —ering, m. гривна;
—schmied, m. косар; —stein, m. гладили-
ца; —stiel, m. косиште.
Sentenz, f. одлука, пресуда.
Separat- (in Zus.) посебни, одељени; —votum,
n. одељени глас.
Sequester, m. узаптитељ.
sequestriren, v. a. узаптити.
September, m. септембар, рујан.
Serail, n. сарај.
Seraph, Seraphim, m. серафин.
Seraskier, m. сераћехер.
Serenade, f. серенада, музика вечерња.
Sergeant, m. стражмештар, наредник.
Serie, f. чреда, ред.
Serpentin, Serpentinstein, m. офит (камен).
Serviette, f. убрус, убрусац, поколењак.
Servitut, n. службеност; —recht, n. право на
службеност.
Sesam, m. Sesamkraut, n. сезам.
Sessel, m. столица, сто.
seßhaft, f. Ansäßig.
Session, f. (Sitzung), содница; (Ansässigkeit),
сесија, паор (земље).
Setz-bret, n. (in der Druckerei), f. даска слагар-
ска; —compaß, m. компас, пусула преносс-
на; —eisen, n. сечивница.
setzen, v. n. скочити, скокнути, спакати; über

den Fluß —, превести се преко воде; — über einen Graben —, скочити преко јарка, an das Land —, искрцати се; — v. i. es setzt, jest, има; es wird Schläge —, биће батина; es setzte viel Mühe, било је доста муке.

setzen, v. a. метнути ставити, поставити, положити, стављати, постављати; ein Kind wohin —, посадити; Pflanzen, Bäume —, усадити, посадити, сејати, посејати, транити, садити; fest —, углавити, одредити; eine Frist —, одредити рок; außer Kraft —, укинути у то; in den Fall —, ставити, рећи; einem etwas in den Kopf —, напунити коме главу чиме; etwas ins Geld —, продати што; etwas ins Licht —, разјаснити што; Jemand ins Gefängniß —, затворити кога; in Freiheit —, ослободити; in die Lotterie —, метнути на лутрију; etwas aus den Augen —, занемарити што; den Kopf auf etwas —, упрети у што; Gäste —, точити продавати вино; einem ein Denkmal —, подигнути коме споменик; ein Klystier —, дати клистир, клистирати; in Furcht, Schrecken —, поплашити, уплашити; in Verwunderung —, удивити; in Verlegenheit —, смутити, збунити; etwas zum Pfande —, заложити што; Jemand in Unkosten —, начинити коме трошка; auf die Probe —, кушати кога; eine Henne —, насадити квоком; sein Vertrauen auf Jemanden —, уздати се у кога; Schrift —, слагати; (einen Sitz anweisen), посадити, засести кога; sich —, v. r. сести, посадити се, седати, засести, поседати, посађивати се; (von trüben Flüssigkeiten), устојати се, слећи се; (abnehmen), опадати, опасти; sich häuslich irgendwo —, настанити се, населити се, наместити се; sich zu Pferde —, узјахати, носести коња; sich zur Wehre —, опирати се, бранити се; одапрети се, одапирати се, бранити се; sich in Gefahr —, бацити се у опасност; sich in Bewerbung —, стати искати; sich mit seinen Gläubigern —, погодити се с верoвници; sich zur Ruhe —, смирити се; sich in Marsch —, кренути се на пут.

Setzer, m. слагар.

Setzhammer, m. сочивица.

Setzhase, m. зечица.

Setz-holz, n. млатица; —karpfen, m. шаран семењак; —kasten, m. сандук слагарски; —kolben, m. маљ велики; —kunst, f. слагање, слагарство; —ling, m. пресадница, пресад, сађеница, расад, младица; млада рибица; —linie, f. линија слагарска; —rebe, f. положница; —weide, f. млада врба.

Seuche, f. помор, зараза, пошаст; (Pest —), куга.

seufzen, v. n. уздахнути, уздисати; —en, n. уздисање; —er, m. уздах, уздисај.

Sevenbaum, f. Sähenbaum.

Shawl, m. шал.

sich, pr. себе, се; себи; си.

Sichel, f. срп; —förmig, adj. српаст; —ing, m. (Handvoll), руковет.

sicher, adj. сигуран, сталан, стамен, истинит,

поуздан; —, adv. јамачно, у десној руци; Jemand — stellen, дати коме сигурност; etwas — stellen, осигурати што; —heit, f. сигурност, поуздање; —heitsbehörde, f. полиција, редарство; —heitswache, f. стража, честници; —lich, adv. сигурно, јамачно, слободно, поуздано.

sichern, v. a. сигурати, осигурати; das Erz —, прати, опрати руду стрвену.

Sicher-steller, m. осигуратељ, давалац сигурности; —stellung, f. осигурање, давање сигурности.

Sicht, f. (bei Wechseln), вид; auf —, на вид; —bar, —lich, adj. видан; fig. белодан, очевидан; —, adv. наочиглед, наочигледе, наочице; —barkeit, f. видност, видивост.

sichten, v. a. сејати, просејати, рештати, прорешетати, протакати.

Sie, f. женка, женско.

sie, pr. она, оне, они; је, ју, њу, њих, их; (als Anrede), ви.

Sieb, n. сито, ситка, решето; —en, v. a. сејати, просејати, решетати, прорешетати.

sieben, num. седам; (in den Karten), седмица.

Sieben, f. седморица, седморо, седмина; die böse —, зла жена; —beinig, adj. седмокрак; —er, n. седмокут; —edig, adj. седмокутан; —einerig, adj. Faß, седмакиња; —erlei, adj. седморврстан; —fach, adj. седморогуб, седморострук; —fältig, adj. седморострук; —fingerkraut, n. стежник; —gestirn, n. влашићи; —hundert, num. седам стотина; —jährig, adj. од седам година; —mal, adv. седам пута; —schläfer, m. пух, спавач; —tausend, num. седам хиљада, седам тисућа; —te, adj. седми; —tel, n. седмина, седми део; —tens, adv. седмо; —thalb, Siebthalb, num. шест и по.

Siebmacher, m. ситар, решетар.

Siebner, m. (Münze), седмак.

siebzehn, siebenzehn, num. седамнаест, седамнаесторо; —erstück, n. (Geldstück), маријаш, мар- јаш каурски, дешњак, кривак; —te, adj. седамнаести.

siebzig, siebenzig, num. седамдесет; —er, m. m. од седамдесет година; —ste, adj. седамдесети.

siech, adj. болешљив, немоћан, болестан; —bett, n. болесничка постеља; дуга болест.

siechen, v. n. сушити се, сахнути, гинути, венути.

Siech-haus, n. сахница; —heit, f. немоћ, болешљивост; —knecht, m. колибаш; —ling, m. болесник.

sieden, v. n. кипети, врети; кључати, кухати се, варити се; — v. a. кухати, варити, скухати; (Kaffee —), пећи; —heiß, adj. врео, кључао.

Siedlung, f. сеоба.

Sieg, m. победа, надбијање; den — davon tragen, одржати мејдан.

Siegel, n. печат, була; das — beidrücken, ударити печат; etwas unter — geben, запечатити што; —bewahrer, m. чувар печата; —erbrechung, f. распечаћење; —lack, n. црвени восак; —n, v. a. печатити, запе-

siegen — 257 — **sitzen**

чатати; —ring, m. прстен с печатом; —wachs, n. восак црвени.
Sieg-en, v. n. добити, победити, надвладати, надбити, падјачати; —er, m. победитељ, победник; —erin, f. победница, победитељка.
Siegesgepränge, n. славље; —gesang, m. песан победна; —krone, f. победни венац; —pforte, f. —bogen, m. славолук; —zeichen, n. трофеј, знак, знамење победно.
sieghaft, s. siegreich.
Siegmarwurz, f. маловесаћ.
siegprangend, adj. с триумфом, победан.
siegreich, adj. победан.
siehe, siehe da! i. гле, ето, нуто, ево, епо, а то.
Siehle, f. опрема коњска.
sickern, v. n. капати, полацивати.
Signal, n. знамење, знак; —ement, n. знамење, опис; —istren, v. a. јавити, знак дати; sich —, v. r. s. Auszeichnen.
Signatur, f. сигнатура; потпис; (Bezeichnung), назначење.
Signet, s. Siegel.
signiren, v. a. потписати; назначити.
Silber, n. сребро; (Silbergeschirr), сребро; —artig, adj. сребрнаст; —barre, f. шипка сребрна; —bergwerk, n. сребрна руда; —blättchen, n. сребрн листак; —draht, m. —faden, m. жица сребрна; —farbe, f. сребрна боја; —farben, adj. сребрн, сребрне боје; —gelb, n. сребрни новци, сребро; —gehalt, m. вредност сребра; —glätte, f. глета, глећа; —grube, f. рудник сребрни; —haltig, adj. сребрн; —haarig, adj. сребронос; —hammer, f. соба за сребро; —klang, s. Silberton; —lahn, m. љосната жица сребрна; —ling, m. сребрњак; —münze, f. сребрн новац, сребро.
silbern, adj. сребрн, од сребра.
Silber-probe, f. проба сребрна; —quell, m. чист, бистар вруташ; —reich, adj. сребровит; —schaum, m. пена сребрна; —service, n. посуђе сребрно; —stange, s. Silberbarre; —stimme, f. чист сребрн, глас; —stoff, f. материја сребрна; —stück, n. комад сребра, новац сребрни; —ton, m. чист, јасан глас; —weiß, adj. бео као сребро; —zeug, n. сребро.
Simonie, f. светопродаја.
Simpel, adj. прост.
Sims, m. полица; корниж.
Simultan, adj. заједнички.
Sing-bar, adj. певан, за певање.
—chor, m. певачки лик, збор.
—en, v. n. певати, појати, певнути; —, n. певање, певанка, појање.
Sing-spiel, n. опера; —stimme, f. глас; —stück, n. песма; —stunde, f. лекција од певања.
Singrün, m. зимзелен (трава).
singular, m. једноброј.
Singvogel, m. певачица птица.
Singweise, f. мелодија, арија, глас.
Singwette, f. натпевање.
sinken, v. n. пасти, пропасти, падати, клонути, поронути, угнвати се, поклунити се, лабати; (im Wasser), тонути, потонути; (in Ohnmacht), обезнанити се, онесвестити се, пасти у несвест; die Stimme — lassen, спустити глас; den Muth — lassen, клонути срцем; den Kopf — lassen, спустити, пригнути главу; bis in die sinkende Nacht, до црне мркле поћи; —, n. падање, пропадање, угињање.
Sinn, m. ћут, чуло; (Verstand), ум, разум, дух; (einer Rede), смисао; (Gesinnung), мисао, мњење; im —e des Gesetzes, по закону; von Sinnen kommen, полудети; bei Sinnen sein, бити при себи; seinen — für etwas haben, немати воље к чему; das fällt in die —e, пада у очи; es ist nicht nach meinem —, недопада ми се; soviel Köpfe soviel —, колико људи, толико ћуди; es sich aus dem — schlagen, избити што из главе.
Sinnbild, n. знак, знамен, знамење, симбол, символ; —lich, adj. символички, у слици.
Sinnenverwirrung, f. померавање памети.
sinnen, v. n. мислити, умити, довијати се..
Sinngedicht, n. епиграмат, натпис.
sinnlich, adj. чулан, обутан; (nicht geistig), путен; —keit, f. чулност, обутност; (Wollust), путеност.
sinn-los, adj. бесћутан; неразуман, глуп; без смисла; —losigkeit, f. бесћутност; неразум, глупост; —reich, adj. уман, разуман, паметан; домишљат; —spruch, m. изрека, реч, пословица; —verwandt, adj. једнозначан, истога смисла.
sintemal, c. будући да, јербо, јер.
Sinter, m. (Hammerschlag), шљака; (Tropfstein), сига; —n, v. n. капати, тајати, тврднути.
Sippschaft, f. род, родбина, својта.
Sirocco, m. Siroccowetter, n. југовина.
sistir-en, v. a. уставити; —ung, f. устава.
Sitte, f. обичај, навада, навичај, навика, закон; —werden, уобичајити се, ући у обичај; Sitten, pl. обичаји, нарави.
Sitten-gesetz, n. закон моралпи, ћудоредни; —lehre, f. морал, ћудоредност; (bei einer Fabel), наук, наравоученије; —lehrer, m. моралиста, ћудоредник; —los, adj. дивљи, разуздан; —losigkeit, f. покваренрст, разузданост; —spruch, m. ћудоредна, морална изрека.
sittlich, adj. ћудоредан, добар, уредан; нараствени; —lich, f. —, други край, други обичај; —keit, f. ћудоредност, наравственост.
sittsam, adj. смеран, кротак, тих; —keit, f. смерност, кротост.
Situation, f. положај.
Sitz, m. седиште, клупа, столица, место; er hat — und Stimme im Rath, има место и глас у већу; (Wohnort), боравиште; (von der Regierung), столица; (der Hühner), седало; einen — aufweisen, посадити, посаднвати.
sitzen, v. n. седити; (wohnen), становати, пребивати; — lassen Geld im Spiele, изгубити, пропрати; ein Mädchen — lassen, оставити девојку; nichts auf sich — lassen, никат не дати се; gut — (von Kleidern), добро стојати; — bleiben (von Mädchen), усести се, остати, неудати се; Beicht —, исповедати; zu Gericht —, судити; sitzen bleiben (vom Schiffe),

17

насести, пасукати се; —, н. сеђење, седница, седе, седање.
sitzend, adj. седећив; — adv. седећки.
Sitzer, m. седилац.
Sitzfleisch, n. (im gem. Leben), er hat kein —, нерадо седи, неради радо.
Sitzgesellschaft, f. село, посед.
Sitzung, f. седница, сеђење; —sprotokoll, n. седнички записник.
Skelett, n. костур.
Skizze, f. црта, цртица.
skizziren, v. a. цртати, нацртати.
Smaragd, m. смарагд.
so, pr. који, што, те.
so, adv. тако, овако; bald — bald —, сад овако, сад онако; — und — viel, толико и толико; — ein, таков; ich merke — was, видим тако нешто; —wahr ich lebe! тако ми вере; —eben, отоич; — groß, —viel, толико, оволико; —lange als, —weit als, докле; —schnell als möglich, брже боље; —viele, толики, толицина; —viel immer, колико год; so wie er ist, какав такав; so wie es ist, како тако. [дано.
so, с. ако, тако, то, а, а оно; so gegeben, како је
so daß, с. тако да.
so, intj. е!
sobald, conj. чим, како.
Socke, f. обојак, чарапа.
Sodbrennen n. Sod, m. љутина; —haben, морити кога љутина.
Sode, f. сода.
Sofa, n. & m. софа, канапе.
Soff, m. пиће, напитак.
sogar, adv. што више.
sogenannt, adj. токорошњи, тобожњи; adv. тобоже, назови.
sogleich, adv. одмах, таки, од маха, на мах, махом, оичас, сад, упут.
sohin, adv. тако. [на вода.
Sohle, f. потплат, ђон; табан; (Salzwasser) сла-
Sohlleder, n. потплат, ђон.
Sohn, m. син.
Söhnchen, n. синак, синчић.
Solawechsel, m. меница самца.
solcher, e, es, pr. такав, таков; овакав; —gestalt, adv. тим начином; на тај начин; —lei, adj. indecl. такав, овакав.
Sold, m. плата, плаћа; in Jemandes — stehen, имати плату од кога; in — nehmen, најмити.
Soldat, m. солдат, војник, војак; —endienst, m. служба војничка; —enstinte, f. моца; —enfrau, f. солдатуша; —enwesen, n. војништво; —eska, f. солдатија; —isch, adj. солдачки, војнички.
Söldner, m. најамник, најмљеник, плаћеник; —sohn, m. ајлук.
solenn, adj. свечан; —ität, f. свечаност.
solibar, —isch, adj. & adv. нераздељно, заједнички; сваки за цело.
Soll, (in d. Buchhalt.) дугује.
sollen, v. n. морати; требати, ваљати; man sollte ihn strafen, требало би га казнити; (schuldig sein), дуговати, дужан бити; er soll todt sein, кажу, да је умро; Sie sollen es noch heute haben, добићете то још данас;

du sollst das nicht thun, немој то чинити; du sollst nicht tödten, неубиј; man sollte glauben, мислио би когод; was soll mir das Geld? на што ми новци? sollte es möglich sein? је ли могуће? was soll ich? што ћу? das hättest du nicht thun sollen, не ваља ти посао.
Söller, m. доксат, лонџа, алтан.
Solo, n. сам; један глас.
somit, adv. дакле, тим.
Sommer, m. лето; (in Zus.), летњи, јари; im —, лети; diesen —, летос; von diesem —, летошњи; —aufenthalt, m. летиште, летовиште; —faden, m. pl. свила; —fleď, m. —sprosse, f. пега, леће; —fleďig, adj. пегав, лећав, —flodblume, f. дивља шавраљика, centaurea solstitialis; —frucht, f. јарина; —gerste, f. јари јечам, јарик; —getreide, n. јаро жито, јарица; —haft, adj. летњи; —haus, n. летњиковац; —hitze, f. летња врућина; —kleid, n. летња хаљина; —korn, n. јарица; —kuh, f. младачна крава; —laube, f. сеница; —lehne, f. челопек; —monat, m. летњи месец.
sommern, v. n. es sommert, настаје лето, олетити се.
sömmern, f. sonnen.
Sommer-roggen, m. f. Sommerkorn; —tag, m. летњи дан; —vogel, m. лептир, лептир; летња птица; —weizen, m. јарица (пшеница); —wende, f. кресови, најдужи дан летњи; —wurz, f. бобова куга, воловод, воловодац, водњача; —zeit, f. лето.
sonach, f. folglich.
Sonde, f. сонда.
sonder, prp. без.
sonderbar, adj. чудан, чудноват, необичан; —keit, f. чудноватост.
Sondergesuch, f. жеља за отцепљењем.
sonderlich, adj. особит; — adv. f. besonders.
Sonderling, m. осебујњак, особењак, чудан човек, настран, осим осталих људи.
sondern, v. a. лучити, разлучити, одлучити.
sondern, adv. него, већ, већ ако.
sonders, adv. sammt und —, све заједно, све скупа, свиколици.
Sonderung, f. разлучење.
Sonnabend, m. субота.
Sonne, f. сунце.
sonnen, v. a. сунчати, метнути на сунце; sich —, v. r. сунчати се.
Sonnen-aufgang, m. исход, исток, рођај сунчани; —bahn, f. пут сунчани; —blick, m. зрак сунчани; —blume, f. сунцокрет, сунчаник; —brand, m. припека; —fächer, m. лепеза; —finsterniß, f. помрчање, помрчина сунца; —flecken, m. пега сунчана; пега-леће; —glanz, m. сјајност сунчева; —hitze, f. врућина, припека, мања, пламењача; —jahr, n. обична година; —käfer, m. мара-бабе; —klar, adj. очевидан, белодан; —koller, m. f. Sonnenstich; —kreis, m. круг сунчани; —licht, n. светлост сунчана; —regen, m. сунце и киша; —reich, adj. сунчан; —ring, m. сат сунчани округао; —scheibe, f. колут сунчани; —schein, m. сунце; —schirm, m. хладник, штит од сунца, сунцобран;

—schuß, —stich, m. сунчарица, сунчаница, срдонос; —seite, f. челопек; —strahl, m. зрак, зрака; (im Zimmer), сунчаница; straße, f. пут сунчани; —uhr, f. сунчан сат, сунчаник; —untergang, m. запад; Zeit vor — untergang, заранци; —wende, f. кресови; (Pflanze), подсувањ, сунцокрет, heliotropium; —zeiger, m. (Zeiger an der Sonnenuhr), сказаљка на сату сунчаном; сат сунчан; —zirkel, m. (in der Kalenberrechnung), круг сунца.

Sonnet, n. сонет.

sonnicht, sonnig, adj. сунчан, жупан; —e Gegend, присоје; —ges Land (ohne Schnee), жупа.

Sonntag, m. недеља.

sonntägig, sonntäglich, adj. недељан; стајаћи.

Sonntags-buchstabe, m. недељно слово; —kind, n. видовит; —kleid, n. стајаћа хаљина; —staat, m. стајаће хаљине.

sonst, adv. инако, иначе, другачије; (wo nicht), ако не; (eheдem), пре, негда; (übrigens), у осталом; — wo, другде; — wohin, другамо; (zu einer anderen Zeit) другда; —ig, adj. други, остали.

Sophist, m. надримудрац; —erei, f. лажно мудровање; —isch, adj. софистичан; софистички.

Sorge, f. брига, скрб, старање, пека, кар, главобоља, старост, настојање, мука; (Besorgniß), немир; — tragen für etwas, старати се, скрбити се, бринути се, брижити се, постарати се, гледати; in — versetzen, забринути.

sorgen, v. n. скрбити, скрбити се, старати се, бринути се, брижити се, трсити се, настојати; бојати се.

sorgen-frei, —los, adj. безбрижан, без бриге, небрига; —voll, adj. брижан, пун бриге.

Sorgestuhl, m. столица с ручнцама.

Sorg-falt, f. скрбљивост, брига, помња, настојање; —fältig, adj. брижљив, скрбан, помњив; —lich, s. sorgfältig; —los, adj. безбрижан, без бриге, немаран; —losigkeit, f. немар, безбрижност; —sam, s. sorgfältig.

Sorte, f. сорта, фела, врста, струка, рука, сња.

Sortiment, n. избор; —shandel, m. књижарство са страна и накладом.

sortiren, v. a. пребрати, избрати, одабрати.

sothanig, (veralt.) s. solcher.

Souverän, m. независни владалац.

souverän, adj. независни владајући.

Souverain'd'or, m. северни.

Souverainität, f. s. Oberherrschaft.

so wohl — als, conj. колико — толико, и — и, та — та, ем — ем.

Spagat, m. канап, дретва, врпца.

späh-en, v. n. мотрити, гледати, пазити, вирити, извирнвати; уходити; —er, m. шпијун, уход.

Spalier, n. барас; fig. ред; —en, v. a. правити барас.

Spalt, m. пукотина; —bar, adj. цепак.

Spalte, f. пукотина; (bei den Buchdruckern), ступац.

spalt-en, v. a. цепати, пучити, разбити, разбијати, калати, колити, расцепати, расколити; sich —, v. r. цепати се; пуцати; —erfaß, m. цепало; —ig, adj. расцуцан, расцепан; —ung, f. цепање; раздор, неслога, несклад; (religiöse), расколништво.

Spalze, s. Spelze.

Span, m. ивер, треска, лесица, грана; (zum Leuchten), лучка, луч, цепчица.

Spanbett, n. кревет, дрво од постеље.

spänen, v. a. дојити.

Spanferkel, n. одојак; одојче, прасе.

Spange, f. ковча, копча; (Armspange), гривна.

Spängler, m. клепар, лимар.

Spongrün, n. рђа од бакра; боја зеленомодра.

Spaniol, m. шпањолски бурмут.

spanisch, adj. (im gem. Leben für seltsam), чудан, чудноват; —es Rohr, трсковац, трсковача; —e Wand, заслон, слепи зид; —e Fliege, бабак.

Spann, m. кичица, зглавак од ноге; —ader, f. жила; —dienst, m. робота с коњи или волови.

Spanne, f. педаљ, пед, педа.

spann-en, a. n. auf etwas —, пазити на што, помњиво што слушати; —, v. a. натегнути, наперити, натезати, напињати, затезати, затегнути, растегнути, растезати, запињати (стрелу, пушку); 'in den Bock —, свезати кога у кврту; ins Joch —, ујармити, ујармљивати; Pferde —, хватати, презати, ухватити, упрегнути коње; (von Schützen), стезати, тиштити, жуљити; (mit der Spanne messen), мерити на педаљ, захватити педљем.

Spanner, m. кључ за натезање.

Spann-haken, m. кука за натезање; —kette, f. заворњак; —kraft, f. упружност; —nagel, m. чавао, чивија; —riemen, s. Knieriemen, —strick, m. путо.

Spannung, f. затег; fig. размирица.

Spannzettel, m. (Dienstbrief), служна цедуља.

Sparbüchse, f. штедница.

Sparcasse, f. штедионица; —nbüchel, n. штедионичка књижица.

spar-en, v. a. штедети, чувати, поштедети; nicht — Geld, Mühe, нежалити труда и новаца; —en, n. штедња, чување; —er, m. штедиша.

Spargel, m. шпарга, вилина метла, кука; —kohl, m. прокола, (врста купуса).

Spargroschen, m. поштедевина.

Sparherd, m. штедњак.

Sparkalk, m. клак, креч од садре.

spärlich, adj. поредан, оредак, оскудан, слаб.

Sparpfennig, m. заштеђевина.

Sparren, m. греда, рог (на крову); fig. er hat einen zu viel, нема четврте даске у глави; —kopf, m. рог.

Sparrwerk, n. роговн.

sparsam, adj. штедљив; —keit, f. штедљивост, штедња.

Spaß, m. лакрдија, шала, пошалица, спрђа; —treiben, малити се; aus —, zum —, од шале, за шалу, шале, шале ради; im — etwas sagen, пошалити се; damit ist kein zu spaßen, не играј се главом.

Späßchen, n. мала шала, пошалица.

17*

fpaßen, v. n. шалити се, пграти се, спрдати, пашалити се, пошалити се.
fpaßhaft, adj. шаљив, забаван, смешан, —igfeit, f. шаљивост.
Spaß-macher, —vogel, m. шаљивац, шаљивчина, заповетало, лакрдијаш.
fpät, adj. касан, поздан, спор; — adv. доцкан, доцне, касно, позно; ziemlich —, подоцне; zu —, узадње; —kommen, задоцнити, закаснити.
Spatel, m. лопатица.
Spaten, m. лопата; (in der Karte), пик, зелена.
fpäter, compr. кашњи, потоњи.
Spath, m. (Mineral), спат.
Spath, m. (Pferdekrankheit), мртва кост (коњу на колену).
Spät-herbst, m. мртва јесен, позна јесен; —jahr, n. јесен;' —ling, m. посмрче, позно јагње, теле, итд.; —obst, n. позно воће, пожњака, пожњакиња; —estens, adv. најдаље.
Spatz, f. Sperling.
spazier-en, v. n. шетати, шетати се, прошетати се, ходати, проходати се, проћи се; —reiten, fahren, jahati, возити се у шетњу; —fahrt, f. шетња на коли, у барки; —gang, m. шетња, проход, међа; —ort, m. шетилиште, шеталиште; —reise, f. пут ради забаве; —ritt, m. шетња на коњу; —stock, m. палица.
Specereiwaare, f. бакалска роба; —nhandlung, f. трговина бакалска; (Gewölbe), бакалница; —nhändler, m. бакал, бакалин; —nhändlerin, f. бакалка.
Specht, m. детлић, детао, жуња.
special, adj. (umständlich), опширан; (besonders), посебан; —ausweis, m. опширни исказ; —commission, f. посебно поверенство; —tarif, m. посебни ценик.
Species, f. (bei den Apothekern), биље, трава, (in der Rechenkunst), die vier —, четири прве врсте рачуна; (bestimmte Sache), одређена, одређена ствар; (Einzelsache), поједина ствар; —ducaten, m. тврд цекин; —geld, n. тврд новац; —thaler, m. тврд талир.
Specification, f. подробни опис.
specificiren, v. a. избројити, описати, пописати подробно.
specifisch, adj. посебан.
Speck, m. сланина; —bauch, m. трбух; —fett, adj. дебео, туст, претио; —hals, m. дебео врат; —händler, m. сланинар; —händlerin, f. сланинарка; —ig, adj. дебео, мастан, сланинав; —kuchen, m. погача, лепиња са сланином; —messer, n велики нож, маш, f. Fledermaus; —schwarte, f. кожура, кожурица (од сланине); —stein, m. стеатид (камен).
Spectakel, n. (m.) Schauspiel, приказање, позориште; (Lärm), бука, халабука, чудо.
Speculant, m. шпекулант, тргован.
Speculation, f. трговачка купња, купња на добитак; (in der Philosophie), промишљање.
speculiren, v. a. спекулисати; размишљати.

fpediren, v. a. отпремити робу, послати.
Spediteur, m. отремник.
Spedition, f. отпрема; —sgebühr, f. отпремнина; —sgeschäft, n. отпремни посао; —shandel, m. отпремништво.
Speer, m. копље; —reiter, m. копљаник.
Speiche, f. спица, налац.
Speichel, m. пљуванак; —auswurf, m. пљувањак, пљувачка; —cut, f. слинење; —brüse, f. жлезда од пљувајка; —fluß, m. слињење, баљење; —leder, m. улизица, удворица.
speicheln, v. n. слинити, балити.
speichen, v. a. брчити, набрчити.
Speichen-ring, m. обруч од главчине.
Speicher, m. хамбар, житница.
speien, v. a. & n. пљувати, пљунути; бљувати, ригати, избљувати, изригати; —, n. пљување; бљување, ригање.
Speierling, Speierbaum, f. Sperberbaum.
Spei-kasten, —becken, —napf, f. Spucknapf.
Speiler, m. шибица; клинац.
speilern, v. a. растегнути, разапети шибицама; прибити клинцем.
Speise, f. храна, пића, јестиво; јело, јеђење; —bier, n. трпезно пиво; —fisch, m. спна рибица; —haus, n. гостионица; —kammer, f. кућерак, кућар, кућер, вилер; —meister, m. трпезник; —morchel, m. варган.
speisen, v. a. хранити, јести; (als Gastwirth), храпу давати; — v. n. јести, благовати; zu Mittag —, ручати, ручавати, обедовати; zu Abend —, вечерати.
Speiseröhre, f. гуша, једњак.
Speise-saal, m. трпезарија; —schrank, m. орман од јела; —schüssel, f. здела, чинија; —tisch, m. трпеза, сто, софра; —wein, m. трпезно вино; —wirth, m. гостионик; —zimmer, n. трпезарија.
Spelz, m. крупник.
Spelze, f. плева.
Spend-e, f. милостиња, дар, прилог, принос; —en, v. a. дати, даровати, надарити, поделити, уделити; —iren, v. a. (im gem. Leben) давати, поклонити.
Spengler, f. Spängler.
Sperber, m. кобац, крагуј; —baum, m. оскоруша, бреквиња (дрво); —beere, f. оскоруша, брекиња (плод); —kraut, n. крвошница.
Sperling, m. врабац, вребац, пипац; (Weibchen), врабица.
Sperrbaum, f. Schlagbaum.
Sperre, f. затвор, стега, забрана, устава; (Versiegelung), запечаћење; die gerichtliche — nehmen, ставити под судски печат, запечатити (имовину); (am Rabe), паочаници.
sperr-en, v. a. (auseinander), распети, растегнути, отворити, раставити; (verschließen), затворити, закључати; einen Ort —, стегнути, затворити место које; sich —, опрети се, опрати се; das Rad —, укочити точак; —en, n. —ung, f. затвор, стега, затварање; —geld, n. запорнина; —holz, n. пречњак, превор; —ig, adj. широк.
Sperr-kette, f. Hemmkette; —leiste, f. пречњак, превор, преворница; —mani, n. зијало; —

riegel, m. залетавка, кракун; —weit, adv. широм.
Spesen, pl. f. трошкови.
Sphär-e, f. шар, сфера, круг; —isch, adj. сферичан, сферички; округао, обал.
Spiauter, m. цинк.
spicken, v. a. боцкати, набоцкати, падевати.
Spickenard, f. s. Spick.
Spick-nadel, f. игла за надевање; —sped, m. сланина за падевање.
Spiegel, m. огледало, зрцало: (des Meeres, Wassers), површина; (eines Schiffes), крма; —fechter, m. опсенар; —fechterei, f. сери, опсена, обмана; —fenster, n. прозор од кристала; —glas, n. стакло за огледало. фино стакло; —glatt, adj. гладак као огледало; —hell, adj. чист, јасан као зрцало; —kunst, f. катоптрика, зрдалословље; —macher, m. огледалар, зрцалар.
spiegeln, v. n. блистати се, сјати се, севати; sich —, v. r. гледати се, огледати се; sich an etwas —, угледати се у што.
Spiegel-rahmen, m. оквир од огледала; —rand, m. крај од огледала; —scheibe, f. стакло од зрцала; —schimmel, m. чилаш; —zeug, n. (bei den Jägern), ретка мрежа; —zimmer, n. соба украшена огледалима.
Spiek, f. дешпик (трава); —öhl, n. дешпиково уље.
Spiel, n. игра, забава; шала; das Karten, свезак карата; das —rühren, бубњати, ударати у бубањ; mit klingendem —, с музиком и бубњеви; sein Leben steht auf dem Spiele, игра му глава; —art, f. начин игре; (von Thieren), врста, фела; —ball, m. лопта; —betrug, m. превара у игри; —bret, s. Dambret; —bruder, m. camerad, m. s. Spielgeselle; —einlage, f. улог у игри.
spiel-en, v. a. & n. играти, играти се, сиграти се; коцкати се; Karten —, картати се; hoch —, играти на велике новце; in das Grünliche ꝛc. — прелевати се на зелено; (von Demanten), прелевати се; —en, n. играње, игра; коцкање.
Spieler, m. коцкар, играч; —ei, f. играчка, сиграчка, играчке, спграчке; игра, шала; —in, f. играчица.
Spiel-geld, n. новци од игре, новци за игру; —gesell, m. друг у игри, играч; коцкар; —gesellschaft, f. игра, друштво од игре; —haus, n. куђа од игре; коцкарница; —karte, f. карта; —mann, m. —leute, pl. свирац, свирци, f. тантуз; —platz, m. игралиште; —raum, m. простор, воље; —saal, m. играоница; —sache, f. —schuld, f. дуг од коцкања; —sucht, f. страст за игром, за коцкањем; —tisch, m. сто за коцкање, за картање; —uhr, f. сат с музиком; —verderber, m. прзница; —werk, n. играчка; —zeug, n. играло; —zimmer, n. соба за коцкање, за картање.
Spierlingsbaum, s. Sperberbaum.
Spierstaude, f. суручица.
Spieß, m. копље; ражањ; —bock, m. (bei den Jägern), српдаћ.
Spießbürger, m. fig. прост грађанин.

spieß-en, v. a. натакнути, набости; ударити, набити на колац; —er, s. Spießhirsch; —gerte, s. Spießruthe.
Spießgesell, m. ортак, друг, другар, најташ.
Spießglas, n. (Spießglanz, m.) расток.
Spießhirsch, Spießer, m. (bei den Jägern), јеленче, млад јелен.
spießig, adj. оштар, зашиљен, шиљаст.
Spieß-ruthe, —gerte, f. шиба; —n laufen, трчати кроз шибе.
Spießträger, m. копљаник.
Spille, f. вретено.
Spilling, m. белица (шљива); —baum, m. белица (дрво).
Spillmage, m. рођак по матери, по танкој крви.
Spinat, m. спанаћ.
Spindel, f. вретено; препредало; —baum, m. машкина, куркoвина, курковина, evonymus europaeus; —dürr, adj. сух, мртав, кожа и кост; —förmig, adj. вретенаст; —macher, m. вретенар; —wirtel, s. Wirtel.
Spinell, m. бледи рубин.
Spinett, n. спинета.
Spinne, f. паук; —feind, adj. einem — sein, мрзети па кога.
spinnen, v. a. прести, опрести; grob —, врндати, прести па велико вретено; плести; сукати.
Spinnengewebe, n. паучина.
Spinner, m. прелац, прело, супредак; —in, f. преља; —ei, f. предење; предиво; (Spinnanstalt), предионица; прело.
Spinnewebe, s. Spinnengewebe.
Spinngesellschaft, f. прело, супредак.
Spinn-rab, n. коловрат; —rocken, m. преслица; —stube, f. прело; —wette, f. натпредање; —wirtel, m. аршак, пршљен.
Spint, m. спинт (мера); s. Splint.
Spion, m. шпијун, уходa; —iren, v. n. шпијунити, уходити.
Spirallinie, f. Schneckenlinie.
Spiritus, m. шприт, дух.
Spital, n. шпитаљ, болница; (Siechhaus), сахница; (Versorgungshaus), осрбница.
Spitalbewohner, m. шпитаљац.
spitz, s. spitzig.
Spitz, m. врста псета; einen — haben, ђорнут бити.
Spitzhahorn, m. млеч, acer plataboides.
Spitzbart, m. кезмет брада, брадица.
Spitzbrand, m. шуљак; —ig, adj. шуљав.
Spitzbube, m. лопов, угурсуз, питков, лупеж; —nsprache, f. лоповски језик; —nstreich, m. лупешки посао.
Spitzbüberei, f. лоповштина, лупештина.
Spitzbübin, f. лоповкиња, хорјатка.
spitzbübisch, adj. лоповски, лупешки, хорјатски.
Spitze, f. рт, рат, шиљак, врх; (zu Kleidern) чипка; die —n der Kornähren, осје; äußerste — eines Berges, престр; äußerste — eines Gebirges, камивао; mit vielen —n, врховит; äußerste — des Schiffsvordertheils, рубан, рубица; fig. глава, чело; an der — eines Heeres, пред војском; an der — der Geschäfte

stehen, управљати послом; — bieten, опрети се, противити се.

spitzen, v. a. шпљити, оштрити, зашиљити, заоштрити, задељати; die Ohren —, ћулити уши, слушати; sich auf etwas —, уздати се у што; den Mund —, опињати уста, успињати устима.

Spitzen-grund, m. дно од чипке; — händler, — krämer, m. чипкар; —händlerin, f. чипкарка; —haube, f. капа с чипкама; —klöppel, m. балантић чипкарски; —klöpplerin, f. чипкарка; —waare, f. чипке.

spitzfündig, adj. лукав, домишљат; —keit, f. лукавство, домишљатост.

Spitz-glas, n. столовата чаша; —hase, —hane, f. пијук.

spitzig, adj. шиљаст, зашиљен, задељан, оштрљат, заоштрљен; fig. заједљив.

Spitzklette, f. —klee, m. borпige, дивица, боца, прца, xanthium spinosum.

Spitz-kopf, m. шиљаста глава; fig. лукав; —köpfig, adj. шиљоглав; —maus, f. миш; —name, m. надимак; s. Spottname; —nase, f. шиљаст нос; —näsig, adj. шиљата носа; —ruthe, s. Spießruthe; —säule, f. обелиск; —winkelig, оштрокутан; —zahn, m. очњак зуб.

Spleiß-e, f. ивер; —en, v. n. цепати, расцепати.

Splint, m. бељ, белика, бакуља, ивер.

Splitter, m. —chen, n. треска, ивер. трештива, трештина; трун; —ig, adj. цепак, пун иверја; натруњен; крњав.

splittern, v. a. цепати, калати, колити; мрвити; размрвити.

splitter-nackend, —nackt, splinternackend, adj. го наг: као од мајке рођен.

splitterricht-en, v. a. цепати длаке; —er, m. цепидлака.

Sporcogewicht, n. вага с даром.

Sporer, m. остругар, мамузар.

Sporn, m. оструга, мамуза, острога, натпетица, палац (у петла); fig. потпцање.

spornen, v. a. бости, бити мамузом, обости, мамузати; fig. потакнути, потицати, брзити.

Sporn-räbchen, m. жврк на мамузи; —streichs, adv. хитро, брзо, скоком; —träger, m. мамузаш.

Sporteln, pl. узгредни доходци.

Spott, m. руг, руга, потпрд, поруга; seinen — mit einem treiben, ругати се коме, грдити, погрдити кога.

Spöttelei, f. руг, поруга, подсмевање, спрдање.

spötteln, v. n. ругати се, подругивати се, подсмевати се.

spotten, v. a. ругати се, подругивати се, грдити, погрдити, ржати, псовати, спрдати се, варугати се.

Spötter, m. ругач; —ei, f. руг, поруга, ругање, подругивање, спрдање; —in, f. подругивалица, потсмевалица.

Spott-gedicht, n. поругљива песма; —geld, n. бесцење; um ein — hergeben, дати у бесцење, дати буџ' за што.

spöttisch, adj. подругљив, подмигљив.

Spöttler, m. ругач, потсмевач.

Spott-name, m. издевено име, надимак; —preis, m. f. Spottgeld; —rede, f. подругљив говор; —schrift, f. подругљиво писмо; —vogel, m. ругач; —weise, adv. од спрдње, за поругу; —wohlfeil, adj. веле јефтив.

Sprachähnlichkeit, f. палнкост у језику.

Sprache, f. (eines Volkes), језик; (Rede, Art des Sprechens), говор; реч; глас; es wird zur — kommen, биће о том реч; nur heraus mit der —, само кажи, само реци, само говори; die — der Thiere, немушти језик.

Sprach-eigenheit, f. својство језика; —fehler, m. погрешка у језику; —fenster, —gitter, n. решетка; —gebrauch, m. обичај у говору; —gelehrte, —forscher, m. језикослов; —gränze, f. међе језика; —kenntniß, f. знање језика; —kunde, f. језикословље; —kundig, adj. вешт језику; —kunst, —lehre, f. граматика, словница; —lehrer, m. граматик, словничар; —los, adj. нем; —losigkeit, f. немота; —meister, m. учитељ језика; —rohr, n. говорна труба; —schnitzer, f. Sprachfehler; —trichter, m. левак говорни; —übung, f. вежбање у језику; —zimmer, n. говорница.

Sprachart, f. начин говора.

sprechen, v. n. говорити, беседити, разговарати се, зборити, рећи; (aussprechen, изрећи; (lauten), гласити; laut, leise —, на глас, тихо говорити; Sie haben gut —, лако је вама говорити; gut, nicht gut zu sein, добре, зле воље бити; er ist nicht zu —, неможе се с њим говорити; Recht —, судити; ein Urtheil —, изрећи пресуду, пресудити; heilig —, посветити кога; für einen —, молити, говорити за кога; schlecht von einem —, оговарати, опадати кога; die Beweise sprechen für den Angeklagten, докази гласе за туженика; der gerne spricht, говорљив, разговоран.

Sprecher, m. говорник.

Spreißel, s. Speiler.

spreiten, s. ausbreiten.

Spreize, f. потпор, пречњак.

spreizen, v. a. растегнути, раширити; (stützen), подупрети; die Füsse —, рашчепити се; sich —, v. r. опрети се, опирати се, противити се; (sich brüsten), кочити се, поносити се, метати се.

Sprengel, m. кропило; (eines Bischofs), епархија, дијецеза, бискупија; (eines Pfarrers) парокија, плованија, жупа, нурпја; (Gerichts—), судно подручје, сучија.

sprengen; a. ein Thor —, обити, раздупати врата; den Pöbel auseinander —, растерати светину; eine Mine —, потпалити лагум; die Bank (im Spiel) —, разбити банци un Bataillon —, разбити баталјун; ein Schloß —, обити браву; das Ohr —, обушити; (besprengen), кропити, шкропити; mit Wasser den Garten —, залевати врт; fig. Jemanden in der Stadt herum —, терати кога по граду; v. n. скочити, залетети се, скакати, летети; auf den Feind los —, ударити, навалити на непријатеља.

Spreng-kanne, f. Gießkanne; —kessel, m. кот-

Spreukel — 263 — Staats-

Änkь за водицу; —kugel, f. бомба, лубарда, кумбара; —wedel, —wisch, m. босиљак за водицу, кропило.
Sprenkel, m. клопа (за хватање птица); пега.
sprenkeln, v. a. шкропити, кропити, пошкропити; gesprenkelt, adj. бобичав, бобичаст.
Sprenklein, n. пегица.
sprenklich, adj. пегав; пошкропљен, нашкропљен; бобичаст.
Spreu, f. плева.
Spreublume, f. пољска метла, xerantheтuт annuun.
Sprichwort, n. реч, пословица, прекоречица, прича, приповест; —wörtlich, adj. за причу, за приповест, што је ушло у реч.
Spriegel, m. обруч, лук; —n, v. a. метнути обруч.
sprießen, s. sprossen.
Spriet, n. соха, расоха.
Spring, m. врутак, врело.
Spring-bank, f. —bret, n. даска за скакање (у пеливана); —brunnen, m. чесма, точак, шедрван, водоскок.
spring-en, v. n. (zerspringen), пукнути, пуцати, пући, попуцати, прснути; (als Wasser aus den Röhren), шиктати, бити, ударати; (einen Sprung thun), скочити, скакати, поскакивати, hипити, hипати, пасти; (von etwas los—), одвалити се, отцепити се; eine Mine — lassen, потпалити мину; (vom Hengst ic.), опасати; über die Klinge — lassen, под мач окренути, посећи, исећи; —en, n. в. скакање, поскакивање, hипање, пуцање; —er, m. скакач, скочац; (im Schachspiel), коњ, коњиц.
Spring-feder, f. витоперо, перо; —fluth, f. велика бибавица, велика плима; —glas, n. стаклена суза; —hengst, s. Beschäler; —inssfeld, m. fig. ветрогоња; —ochs, s. Zuchtochs, —ort, m. скакалиште; —wette, f. натскакивање.
Spritzbüchse, f. штрцаљка, штрдаљца, шмрк.
Spritz-e, f. штрцалица, штрцаљка, шмрк; —en, v. n. штрцати, прскати, кропити, шкропити, прснути, пљускати, пљуснути, врцати; —enhaus, n. шупа за шмркове; —enmeister, m. настојник шмркова; —rohr, n. —enröhre, f. цев од шмрка; —küchen, m. штрцани фањак.
spröde, adj. храпав; љут, тврд; (leicht brechend), крт; fig. опоран.
Sprödigkeit, f. храпавост, тврдост, тврдоћа; крtost; fig. опорност.
Sprosse, s. Sprößling.
Sprosse, f. клин; иглица, пречага, пречаница, карва.
sprossen, v. n. никнути, ницати, клицати, расти, происходити, клијати.
Sprosser, m. славуј, славић (који ноћу поје).
Sprößling, m. младица, огранак, подмладак, омладина, пониклица, изникао, прорашљка, живић, изданак; junge —e, брст; fig. потомак, пород.
Spruch, m. изрека; (Richterspruch), суд; (richtersiches Erkenntniß), пресуда; (Sinnspruch), реч, пословица; —buch, n. књига од пословица; —reich, adj. пун науке.

Spruchwort, s. Sprichwort.
sprudeln, v. n. кипети, врети, шиктати; einen sprudelnden Schall im Wasser hervorbringen, брботати, барбукати; sprudelnder Witz, жива досетка.
sprühen, v. a. бацати, сипати.
Sprung, m. (Riß), пукотина; (zu Fuß, zu Pferde), скок; in einem —e, ђипимице; —riemen, m. скакаћи ремен.
Spucke, f. Speichel.
spucken, v. n. пљувати, пљунути.
Spuck-napf, —kasten, m. пљуваоница, пљувало, пљуварница.
Spuhle, f. Spule.
spühl-en, v. n. & a. прати, испирати, плакати; —faß, n. помијара; —ig, —icht, n. помије, сплачине, опачине; —kumpf, —napf, m. здела за помије; —wasser, f. Spühlig.
Spuk, m. страшило, утвора; бука, тарлабука; —en, v. i. es spukt in diesem Hause, она кућа није чиста; es spukt in seinem Kopfe, сулуд је; врзе му се нешто у глави.
Spul-e, f. цев; —en, v. a. сукати, мотати, мотати на цев; —rad, n. коловрат, чекрк; —wurm, m. глиста, гујавица.
Spund, m. врањ; —bret, n. дуга од врања.
spünden, v. a. заврањити; Breter —, обложити даскама; слагати даске.
Spund-geld, n. крчмарина (данак од продаје вина ил пива); —loch, n. врањ.
Spur, f. траг, след, траканац; (eines Wagens), багаш, колосек; (eines Schiffes), пруга; einem auf die — kommen, ући коме у траг; die — suchen, затражити, тражити траг; eine — zurücklassen, тражити се.
spüren, v. a. (nachspüren), тражити, цуњати; (von Hunden), њушити, нањушити; (bemerken), осећати; (wahrnehmen), спазити, опазити, осетити.
Spürhund, Spürer, m. вижла, вижле, кер, кера, следник; fig. шпијун, ухода; —hündchen, n. керче; —hündin, f. керуша, кера.
spurlos, adj. без трага.
sputen, sich, v. r. журити се, хитати, хитети. it! i. пс, пст.
Staar, m. (im Auge), блона, бело на оку; der schwarze —, јасна слепоћа.
Staar, m. (Vogel), чворак, чврљак, брљак (птица).
Staat, m. (Pracht), парада, сјајност, урес, накит.
Staat, m. (Staaten, pl.) држава.
Staaten, pl. (ohne sing.), редови.
Staaten-geschichte, f. повесница државна — funde, f. статистика, државознанство.
staatlich, adj. државни.
Staats-, (in Zus.) државни; —amt, n. државни уред; —angelegenheit, f. ствар државна; —anwalt, m. државни одветник; —ausgabe, f. државни трошкови: —ausgabe, f. државни расход; —bauten, pl. f. државне грађевине; —beamte, m. државни звапичник; —bürger, m. држављанин; —bürgerlich, adj. држављански; —bürgerschaft, f. држављанство; —controlle, f. државни приглед; —credit m. државно верпво; —date, f. двор

ска госпођа; —diener, m. државни службе‐
ник; —dienst, m. државна служба; —einkünf‐
te, pl. државни дохотци; —erforderniß, n.
државне потребе; —form, f. начин држав‐
не управе; —gebäude, n. државна зграда;
—gefährlich, adj. опасан по државу; —ge‐
fäll, n. државни дохотци; —gefangene, m.
државни затвореник; —gefängniß, n. др‐
жавна тамница; —haushalt, m. државно
кућанство; —kanzlei, f. државна писарни‐
ица; —kanzler, m. државни печатник, кан‐
целар; —kleid, n. хаљина од гале, стајаћа
хаљина; —klug, adj. политичан, политич‐
ки; —klugheit, f. државна мудрост; —kör‐
per, m. државно тело, држава; —kunst, —
kunde, f. државословље; —kutsche, f. каруце
параде; —mann, m. политик, државник;
—minister, m. државни министар; —ober‐
haupt, n. глава државе; —obligation f. др‐
жавна задужница; —papiere, pl. n. држав‐
не артије; —procurator, m. f. Staatsanwalt;
—rath, m. (ein Staatsrath), државни већник,
саветник; (Versammlung), државно веће,
државни савет; —rechnung, f. државни ра‐
чун; —rechnungswesen, n. државно рачунар‐
ство; —rechnungswissenschaft, државно рачу‐
нословље; —recht, n. државно право; —recht‐
lich, adj. по државном прву; —rechtslehre, f.
наука о државном праву; —religion, f. др‐
жавни верозакон; —ruder, n. fig. владање,
кормам државни; —schatz, n. државно бла‐
го, благајница, ризница; —schein, m. др‐
жавна задужница; —schuld, f. државни
дуг; —secretär, m. државни тајник; —
telegraf, m. државни брзојав; —umwäl‐
zung, f. преврат државни; —verbrechen, n.
велеиздаја; —verbrecher, m. велеиздајица,
велеиздајник; —verfassung, f. државни устав;
—vermögen, n. државна имовина; —verwal‐
tung, f. државни управа; —voranschlag, m.
државни прорачун; —wegen, von; —од стра‐
не државе; eine von —wegen befähigte Person,
особа, коју је држава примила за способ‐
ну; —wagen, m. f. Staatskutsche; —wirth‐
schaft, f. државно газдинство; —wissenschaft,
f. Staatskunst; —wissenschaftlich, adj. држа‐
вослован; —zweck, m. државна цељ.
Stab, m. палица, прут, шиба, батина, штап,
притка, колац; (Faßdaube), дуга; (beim Re‐
giment), штоп; den — über einen brechen, од‐
судити кога (па смрт).
Stabeisen, n. гвожђе у шипкама.
stäbeln, v. a. прчатн, ударати коље, тачке.
Stabholz, n. дрво за дуге.
stabil, adj. сталан.
Stabs-officier, m. официр штопски; —quartier,
n. штопски квартир.
Stabträger, m. жезлоноша.
Stabwurz, f. божје дрвце, срчано зеље.
Stachel, m. жалац, жаока; трн, бодља, бод‐
љика, драча; (zum Antreiben der Thiere),
бадаљ, остан, ошљача, шиље fig. нагон,
потицање; —beere, f. beerenstrauch; m. ку‐
пина; —ig, adj. бодљикав, бодљив; —kraut,
n. зечји трн, гладиш (трава); бодљика, бо‐
дљача, драча.

stacheln, v. a. бости, боцкати.
Stachel-nuß, f. водени орах; —schrift, f. Sa‐
tire; —schwein, n. морско прасе.
Stache, f. f. Staken.
Stacket, f. Staket.
Stadt, f. град, варош, место; (in Zus.), град‐
ски, варошки; —arzt, m. градски лекар; —
bewohner, m. варошанин, грађанин, мешта‐
нин; —bewohnerin, f. варошанка, грађанка,
мештанка; —buch, n. градска књига; (Grund‐
buch), земљишница, баштинска књига.
Städtchen, n. градић, варошица.
Städter, m. варошанин, грађанин, мештанин;
—in, f. варошанка, мештанка, грађанка.
Stadt-gebäude, n. зграда градска, варошка;
—gemeinde, f. варошка, градска општина;
—gemeindebürger, m. варошанин, градски оп‐
штинар; —gericht, n. суд градски, варошки;
—graben, m. опкоп, шанац градски, варош‐
ки; —hauptmann, m. капетап градски, ва‐
рошки; —haus, f. Rathhaus.
städtisch, adj. градски, варошки, мештански.
Stadt-kind, n. градско, варошко дете, варош‐
че; —klatsche, f. fig. стокућа, тороуша ва‐
рошка, градска; —knecht, m. пандур град‐
ски, варошки; —kundig, adj. познат (у ме‐
сту); —leben, n. градски, варошки живот;
—magistrat, m. градско, варошко погла‐
варство; —mauer, f. бедем; —physikus, m.
варошки, градски лекар; —rath, m. веће
градско, варошко; (Person), варошки, град‐
ски саветник; —recht, n. варошко, градско
право; —richter, m. судац градски, варош‐
ки; —schreiber, m. писар градски, варошки;
—schule, f. варошка, градска школа; —sie‐
gel, n. варошки, градски печат; —soldat, m.
пандур; —theil, m. кварт, махала; —ver‐
tretung, f. градско, варошко представниш‐
тво; —vogt, m. градски, варошки надлед‐
ник; —wage, f. мера градска, варошка;
—wappen, n. грб, цимер градски, варошки.
Staffel, f. ступањ, скалин.
Staffelei, f. молерски ногари.
Staffette, f. стафета, хитница.
staffiren, v. a. (ein Zimmer ıc.), оправити, о‐
прављати.
Stag, m. (bei den Schiffern), конон од јарбола.
Stagnol, (Stanjol), n. коситар у листу.
Stahl, m. челик, надо, оцило, оцал, ацал,
љуто гвожђе; (an der Flinte), огњило, ог‐
њиво; гвожђе од утије; poet. гвожђе, мач;
—arbeit, f. падотворина; —arbeiter, m. на‐
дар.
stählen, v. a. надити, обнадити, челичити; das
Eisen —, калити.
stählern, adj. од нада, челика, челичан.
Stahl-fabrit, f. надара; —feder, f. перо од
нада; —grün, adj. тамнозелен; —hütte, f.
Stahlfabrik; —schneider, m. надорезац, че‐
ликорезац; —stich, m. надорез, челикорез;
—wasser, n. падовита вода.
Stahr, f. Staar.
Stähr, f. Schafbock.
stähren, v. n. терати се (од оваца).
Staken, m. колац, летва.
Staket, n. коље, летве.

Stall — 265 — Stängel

Stall, m. коњушница, штала, шталог; појата, стаја, зграда; јара; свињац, котац; — bauit, m. преграда (у штали); —bediente, m. коњушар; —bede, f. Pferdebede.
ställen, v. n. пишати, мокрити (од коња); — fig. mit einander —, погађати се; — v. a. угнати у шталу.
Stall-fütterung, f. на јаслима храњење; —geld, n. коњушнина; —knecht, m. коњушар; —kuh, f. шталара; —meister, m. коњушник; —ung, f. мокрење; f. Stall; —zins, m. коњушина; најмовина од штале.
Stamm, m. пањ, клада, стабло, дебло, стабар, стежер, стожер, хреб; стублина; (Geschlecht, Familie), племе, сој, род, порекло, колено, породица, лоза; (Kapital), главница, главно; (gestiftetes Kapital), заклада; der männliche, weibliche —, мушко, женско колено.
Stamm-ältern, pl. стари, претци, прадеди, прародитељи; —baum, m. родословље; —buch, n. књига родословна; споменица, књига од успомена; —buchstab, m. слово коренo.
Stämmeisen, pl. n. длете.
stammeln, v. n. тепати, муцати, шушљетати.
Stammeln, n. тепање, муцање, шушљетање.
stammelnd, adj. тепав, мутав, шушљајив.
Stammeltern, pl. f. Stammältern.
stammen, f. abstammen, herstammen.
stämmen, v. a. опирати, подупирати, упрети, подупрети; einen Fluß —, загатити, прегатити реку; sich —, v. r. опирати се; противити се, подбочити се; подупирати се, наслопити се; sich entgegen —, упрети се.
Stamm-ende, n. пањ; —erbe, m. наследник по роду; —geld, n. главница, главно закладно; —genosse, m. једноплеменик; —gut, n. дедовина; добро породице; закладно добро; —haft, adj. јак, чврст; —halter, m. потпора рода, колена; —haus, n. кућа породице; —holz, n. дрво, стабло; schönes hohes —, дрва лепа и висока стабла.
stämmig, adj. јак, чврст; hoch —, nieder —, висока, писка стабла.
Stammleiste, f. левча.
Stammland, n. постојбина. [тепавица.
Stammler, m. тепавац, шушљетало; —in, f.
Stamm-linie, f. грана, лоза (од крви); —mutter, f. праматти; —register, n. родословље; —silbe, f. коренит слог; —sprache, f. пребивалиште породице; —sprache, f. језик изворни; —tafel, f. родослов; —theil, m. члан породице; —vater, m. праотац, прародитељ; —vermögen, n. пиовина породице; (gestiftetes), закладна имовина; —wappen, n. грб породични; —wort n. реч коренита.
Stämpel, m. (im Mörser), туцало; (in Pumpen), процеп; (bei Blumen), стубић; (zu Waaren), билег, жиг, обележје; fig. (Zeichen), жиг, печат; —amt, n. билеговни уред; befreiung, f. ослобођење од билега; —frei, adj. слободан од билега; без билега; —geld, n. билеговина; —n, v. a. билеговати; fig. жигосати, ударити жиг; —pflicht, f. подложност билегу; —scala, f. лествица за билег; —schneider, m. печатар.

Stampfbüchse, f. ступа.
Stampfe, f. ступа, пањ, сирзбијало.
Stampfe, f. (das Stampfen), ступање, набијање, тапкање.
stampfen, v. a. ступати, набијати, газити, набити, побити, побијати, убијати, оступати, тапкати, утапкати, табати, потабати; Trauben —, мулјати; (von Ziegen), тупкати; — (mit dem Füße —), лупати погом, топотати; —b, adv. потрупачке.
Stampfmühle, f. ступа.
Stand, m. стојница, стојање, стање, стад, положај, место; (Rang), сталеж, сталиш; (Gattung), разред, сој, род; (Recht), право; der ledige —, беженство, неудаја; (bei den Jägern), заседа; einen — in einem Orte haben, смештен бити; seinen — verändern, место своје промењати; der — des Wassers, висина воде; —halten, чекати, дочекати, одржати; Einsetzung in den vorigen —, повраћање у првашње право; Jemand zu — bringen, поставити кога; zu — bringen etwas, направити, учинити што; zu — kommen, ступити у живот; es kommt kein Vergleich zu —, неће се поравнати; wenn der Kauf zu — kommt, ако куп за руком пође; im — e sein, моћи, бити кадар што учинити; außer — e sein, немоћи, небити кадар учинити што; (Markthütte), шатра, стојница; aus dem — e springen, с места скочити.
Standart-e, f. стег, коњаничка застава; —junker, m. стегоноша, заставник.
Standbild, n. статуа, кип.
Ständchen, n. серенада; (Markt —), стојница.
Stände, pl. m. сталиши, редови, сталежи.
Ständer, m. стуб; чабар; рибњак.
Standes-gebühr, f. наћ —, по сталежу; —mäßig, adj. сталежу примеран, сходан; — adv. по сталежу; —person, f. особа отмена, вишега сталежа.
Stand-geld, n. местовина, шатрашче; —gericht, n. преки суд.
standhaft, adj. сталан, постојан; —igkeit, f. сталност, постојанство.
Standhandel, m. стојна трговина.
ständig, adj. стални.
ständisch, adj. сталешки.
Stand-lehre, f. Statik; —ort, m. становиште; (beim Steinwerfen), баква; —punkt, m. место, становиште, гледиште; —quartier, n. стан; —recht, n. преки суд; —rechtlich, adj. што се тиче прекога суда; —rechtmäßig, adv. —behandelt werden, доћи под преки суд; —rede, f. надгробни беседа, надгробно слово.
Stange, f. лепка, мотка, срг, прут, шаруља; полуга; вршњак; (Schober —), остожје; (Wagen —), потега, потежница; (Gold —, Silber —), шипка; (an einer Fahne), копље; (Siegelad), шипка црвена воска; (im Käfig), пречага; (am Steuerrappen), јаргола; fig. einem die — halten, брапити кога.
Stängel, m. Stängelchen, n. држак, петељка, биљка; стабљика, стабаџика, стабло, стапка, струк, балрњица, кочан, прорашљнка;

(der Melone), вреже; (vom Getreide) струк; шашарпка; (zur Stängelung der Bohnen ıc.), притка, тачка.
Stängelblatt, n. ољвша, комушша, сужбипа.
Stängelchen, n. шипка; (Seide, Gold) сврчак, свртак, витлић; (im Weberschiffchen), срдачка, срдашце; (beim Weber um die Leinwand zu spannen), чимбари.
stängeln, v. a. причати, ударати прштке, тачке; — г. п. расти, ширити се у стабло.
Stangenbohne, f. причашик (боб); —eisen, n. гвожђе у моткама; —gold, n. злато у шипкама; —pferd, n. рудњак (коњ); —filber, n. сребро у шипкама.
Stänker, m. кавгаџија, прженица, прзница, набодица, набрчко, палетица, укољица; (der alles durchsucht), цуњало ; (der stinkt), смрдљивац; —ei f. смрад, смрдеж ; fig. инат, кавга, свађа ; —п, v. n. (Gestank machen), смрдети; (durchwühlen), цуњати, њушкати; (Uneinigkeit stiften), свађати се, инатити се, заметати кавгу, запрзнити.
Staniol, f. Stagnol.
Stanze, f. станца, матица.
Stapel, m. (Haufen, Schicht), гомила, купа; (Schiffswerft), сквер, кантор; ein Schiff vom — laffen, пустити у море, поринути у море брод; (für Waaren) магазин, остава (за робу), складиште.
stapeln, v. n. (im gem. Leben), корачати.
stapeln, v. a. (aufstapeln), нагрнути, гомилати, нагомилати, паметити.
Stapelplatz, m. стоваиште; —recht, n. —gerechtigkeit, f. стоварно право; —stadt, f. стоварпи, трговачки град; —waare, f. стоварна роба.
stark, adj. јак, чврст, силан, силовит, крепак, ваљан, снажан, јакостан, моћан, здрав, држећ, темељан; sie waren tausend Mann —, била их је хиљада; wie — ist der Feind? колико има непријатеља? —e Gründe, ваљани докази; —, adv. чило, здраво, подобро, тешко; stärker werden, јачати.
starkbrüstig, adj. прсат. —
Stärke, f. снага, јакост, спла, јачина, јакота, крепост ; дебљина (дрва) ; die — des Mannes, рс.
Stärke, f. (für die Wäsche), штирка, шкроб, скроб, помаз, штиpaк.
stärken, v. a. крепити, тврдити, поткрепити, утврдити, оснажити, окрепити ; sich —, v. r. окрепити се, оснажити се; die Wäsche —, штиркати, скробити, шкробити, заскробити, уштиркати; —end, adj. поткрепљив.
Stärkmacher, m. штиркар, скробар ; —mehl, n. штирка, шкробно брашно.
Stärkung, f. крепљење, окрепљење.
Starost, m. староста; —ei, f. старостија.
starr, adj. укочен, укиљен, одрвењен ; werden, укочити се, утрпути; —bastehen, укипити се; —blind, adj. посве слеп; —en, v. n. кочити се, укочити се, тврднути, отврднути ; (starr sehen), укоченим очима гледати, бечити се; —heit, f. укочепост.
Starrsich, m. дрхтуља; —kopf, m. тврдоглавац, југунаца; —köpfig, —sinnig, adj. твр-

доглав, јогунаст; —leinwand, f. Steifleinwand; —finn, m. тврдоглавост, јогуство; —sucht, f. мртвило.
stät, adj. постојан, сталан ; чврст ; —ig, adj. тврдоуст (коњ); (anhaltend), постојан ; (in der Mathematik), чврст ; — igkeit, f. твр доусност (у коња); сталпост.
Statif, f. статка.
Station, f. штација, станица ; (Anstellung) служба, место; —splay, m. становиште.
Statistik, f. државоппс; —er, m. државописци. **statistisch**, adj. државописни.
Stativ, n. нога, подиожје.
statt, prp. место, мешто, на место.
Statt, Stätte, f. место ; von Statten gehen, ићи од руке; zu Statten kommen, бити коме од користи, помоћи ; Statt haben, Statt finden имати места, бити путно, бити ; Statt finden, lassen, допустити што; an Kindesstatt annehmen, узети кога за своје дете ; an seiner Statt, на место њега ; sich an Jemandes Statt setzen, мислити да је он што је други; eine heilige, geweihte Stätte, свето место.
Stättegeld, f. Standgeld.
statthaft, adj. ваљан, путни, упутни; —igkeit, f. путпост, упутност.
Statthalter, m. намесник, местодржац; —schaft, f. намесништво; (in Zus.) наместнички.
stattlich, adj. красан, леп, узорит; важан.
Statue, f. статуа, кип.
statuiren, v. a. установити што.
Status, m. стање; — quo, стање као што је.
Statur, f. раст, стас, струк.
Statut, n. наредба, устапова; (Regel), правило.
Staub, m. прах, прашина, труње ; sich aus dem —e machen, утећи, охладити, измакнути, отићи испод жита; — machen, прашити, запрашити, запушити ; —besen, m. метлица, четка ; —beutel, m. (in der Botanik), мошница, кесица.
Stäubchen, n. прамак; (am Obst), машак, пепељак.
stauben, v. n. прашити, прашити се, пушти се, пушти.
stäuben, v. a. прашити, испрашити, опајати, пајати, пушити.
Stäuber, m. метлица ; вижле, вижња (пас).
stäubern, f. aufstäubern, fortjagen.
Staubfäden, pl. m. прашници (у ботаници).
staubig, adj. прашан.
Stäublein, n. прашка.
Staubmehl, n. паспаљ ; —perle, f. ситни бисер, —regen, m. роса, киша ситна ; —sand, m. ситпи песак, прашина, —weg, m. матица; (у ботаници); —wolke, f. облак од праха.
stauchen, v. a. притиспути, притискивати ; рипути; das Waffer —, заганити, прегапити воду; gestauchte Mühle, уставлен, затворен млин; den Flachs, Hanf —, разгршивати лап, коиопљу; Waaren in ein Fass —, трпати, слагати робу у бачву.
Staucher, f. Muff.
Stäubchen, n. грмак, жбуић.
Staube, f. грм, бокор, жбун, шевар; стабло ; —en sich, v. r. убокорити се, бокорити се;

—engewächs, n. грмље; —ensalat, главичаста салата; —ig, adj. грмовит, пун грмља.

stauen, v. a. преградити, загатити, уставити воду.

staunen, v. n. чудити се, дивити се; снебивати се (од чуда); — n. чудо, снебивање.

Staupbesen, m. шибе.

Staupe, f. шибе, шибање; (Krankheit) пошаст. stäup=en, v. a. шибати; —er, m. шибалац.

Stech=apfel, m. татула, бикови; —bahn, f. трквалиште, игралиште; —beutel, m. оштро длете; —dorn, f. Wegdorn; —eisen, n. шиљак.

stech=en, г. a. бости, бадати, боцкати, бацунути, убости, пецати, пецнути, печити, клати; (von Schlangen), ујести, секнути, упећи; (von Bienen), жацати, жацнути; (in Kupfer, Metall) усећи, урезати; ein Schwein ꝛc. — клати, заклати, eine Karte im Spiele —, убити; die Sonne sticht, пече сунце; sich einen Nagel in den Fuß —, набости се на чавао; Wein aus dem Faß —, вадити, извадити вино из бачве; den Staar —, избости бијону; in die See —, отиснути се, завести се, кренути се; nach dem Ringe — играти се алке; um etwas —, коцкати се, жребати се; (im Kreuze), секнути; (in der Seite, auf der Brust), жигати, протиснути, протискивати, пробрсти —, v. бодење, пробадање, клање, резање, жацање, пецање; (in den Seiten), протрсли, жигање, протискивање; —end, adj. бодљив, оштар; —ender Schmerz, оштра бол; —er, m. шиљак; трозуб; (für die Augen), паочник; —fliege, f. коњска муха; —gabel, f. рогље, трозуб; —schaf, n. клапица; —winde, f. тетивника, smilax aspera.

Steckbrief, m. тералица, писмо потере; —sich einen verfolgen, послати за ким тералицу.

Stecken, m. палица, батина, штап.

steck=en, v. a. забости, задести, задепути, тиснути, турпти, туткати, тутнути, тутољити, тушнути; hinter etwas —, затаћи, затакнути; das Fleisch an den Spieß — патакнути месо на ражањ; den Kopf heraus —, промолити главу; in den Mund —, метнути у уста; in Gefängniß —, бацити у тамницу; ins Kloster —, затворити у намастир; etwas zu sich —, узети што у шат; Jemanden in Ziel —, засести коме међаше; Bohnen, Erbsen, Zwiebeln —, садити; sich in Schulden —, задужити се; Jemanden in den Sack —, заденути за појас; einem etwas —, казати коме што у потаји; seine Nase in alles —, забадати нос у сваке трице; in die Erbe —, побости, побадати; einen —lassen, оставити кога; den Schlüssel — lassen, оставити кључ у врати; —, v. n. угрезнути; biti; im Koth — bleiben, заглабити се; — bleiben, запети, запрети; (vom Bissen), засести, присести, задевати се, приседати; er steckt immer zu Hause, увек је код куће; er steckt im Gefängniß, у тамници је, тамује; in Schulden —, задужен бити; er ist im Predigen — geblieben, запео је у придици; er bleibt bei jedem Worte

—, запиње при свакој речи; (verborgen sein), бити; сакривен бити.

Stecken=knecht, m. пандур; —pferd, n. дрвен коњ; fig. омилела ствар, мушица; ein Jeder hat sein —, сваки има своју мушицу.

Steckfluß, f. Stickfluß.

Steck=garn, —netz, n. мрежа птичарска; —nadel, f. бочка, батушка, задевача, чиода; —rübe, f. мрква.

Steg, m. (über einen Graben), прелаз, брвно, брвина; (Fuß—) путања, тражина, стаза; ногоступ; (an einem Instrument), коњ, кобилица, коњиц; (in der Buchdruckerei), коњ, магарац. [сместа.

Stegreif, m. стремен, узенђија; fig. aus dem—

steh=en, v. n. стати, стојати, стајати; fig. налазити се, бити; im Wege —, бити на путу; entgegen —, бити противан; — bleiben, стати, стајати, станити се, уставити се; Schildwache —, бити на стражи; — lassen, оставити; Gevatter —, кум бити; seinen Mann —, вредан бити; im Begriff —, хтети, канити; Geld bei einem — haben, имати у кога новаца остављених; unter einem —, бити под ким; unter Aufsicht —, бити под надзором; unter Curatel —, бити под тутором, старатељем, скрбништвом; es steht mir ein Unglück bevor, несрећа ме чека; es steht noch dahin, још се позна; es steht ihnen frei, просто вам било; es steht ein Preis auf seinem Kopfe, уцењена му је глава; ich stehe dafür, добар стојим; das steht im weiten Felde, далеко је то још; Jemanden zu Gebote — bereit, бити коме на служби; при руци коме бити; es steht schlecht um ihn, зло је по њега; zu — kommen, стојати; wie steht es? како је? nach einer Leben —, радити коме о глави; es steht bei mir, до мене стоји; darnach steht mein Sinn, то желим, за тим тежим; müßig dastehen, клипчити, опрстзати се, бадавадисати, прекливкивати; plötzlich da— искрснути; gut —, јамчити, одликовати; vor Gericht —, судити се; öfters — bleiben, постајкивати; — lassen, парасити се, оставити се, манути се; sich —, имати се; das Getreide steht schön, добар житород; es steht Wasser im Hause vom Regen, потекла кућа; was stehst du immer da? прођи се стојници! —, v. n. стојање, стојница; —end, adj. стојећим; — adv. стојке, стојећке.

stehl=en, v. a. красти, украсти; —er, m. крадљивац, крадац, тат; —erin, f. крадљивица.

steif, adj. укочен, тврд, крепак, крут, окорео. дрвенаст; fig. чврст, постојан; сталан; —sein, дрвенити се; — werden, одрвечити се, укочити се.

Steife, f. укоченост, тврдоћа, окорелост; (der Leinwand), штирка, шкроб; (Stütze), потпор.

steif=en, v. a. (im Bau), подупрети, подупирати; (Wäsche, Zeuge —), крутити, шкробати, штиркати; sich auf etwas —, упирати се у што; —heit, —igkeit, f. укоченост, тврдоћа, окорелост; —leinwand, f. платно укрућено.

Steig, f. Steg.

Steigbügel, m. стремен, узенђија, стрмен,

стрмавце; — am Sattroffe, прабица; — riemen, f. Steigriemen.
Steige, f. прелаз.
steigen, v. n. узићи, узаћи; дигнути се, парасти, дизати се, расти; пењати се, узлазити, попети се, испети се; скочити, скакати, испратити се; das Blut steigt ihm in den Kopf, крв му удара у главу; zu Pferde —, узјахати, посести коња; ins Schiff —, укрцати се; aus der Kutsche —, сићи с кочија; das Wasser steigt, вода расте; (vom Preise), поскупити, дражати, подражити, поскупљивати, скочити —, n. узлажење, силажење, испање, скакање, испраћање; поскупљивање (цене), дражање.
Steiger, m. (beim Bergbau), улазник (у рудара).
steiger=n, v. a. дизати, подигнути цену; —ung, f. дизање цене; лицитација, личба, мушта.
Steigriemen, m. стремења, ремен од стремена.
steil, adj. стрм, стрменит, страновит, врлетан, ломан; —e, f. врлет, стрмо, стремен, грич; —heit, f. стрмен, стременитост; стрменица, стрмац.
Stein, m. кам, камен, степа, крш; einzelner —, каменица; behauener — als Wahrzeichen, стећак, стечав; коштица (од воћа); einen — im Brete haben bei Jemanden, бити у милости у кога; zu —e werden, скаменити се; — des Anstoßes, камен претикавша, камен смутње; —ader, f. жила у камену; —adler, m. костолом (орао); —alt, adj. стар, простар; —artig, adj. каменит; —amsel, f. Goldamsel; —art, f. врста камена; —äsche, f. буква; —bank, f. клупа од камена; —beere, f. Heidelbeere; —beißer, m. легбаба; cobitis taonia; —beschreiber, m. каменописац; —beschreibung, f. каменопис; —beschwerung, f. камен (болест); —bod, m. козорог; —bohrer, m. сврдло (у минара); —bech, m. коморач (трава); —brecher, m. копач камења; —bruch, m. мајдан од камена; —buche, f. Hagebuche; —butter, f. камена маст.
Steinchen, n. каменак, камичак, каменчић.
Stein=drossel, f. дрозд каменити (птица); —druck, m. каменотисак; —druckerei, f. каменотискара; —eiche, f. цриница, бељ; —eppich, m. дивји першун; —erbe, f. каменита земља.
steinern, adj. камен, од камена; —es Beden, каменица.
Stein=flachs, m. аминјант, азбест; —frucht, f. коштичаво воће; —grube, f. s. Steinbruch; —grund, m. каменик; —gut, n. камено посуће; —hart, adj. камен, тврд као камен; —hauer, m. каменар; —haufen, m. рпа камења; —hecke, f. развалине; —henne, f. јареб, шкрга; —hirse, f. дивје просо, дивја проја; —icht, —ig, adj. каменит, ломан.
steinig=en, v. a. каменати, засути, засипати камењем, дићи проклету гомилу; —ung, f. каменање.
Stein=kall, m. благ, вреч камени; —kenner, m. каменознанац; —kenntniß, f. каменознанство; —kitt, m. лем камени; —klee, m. ждрaљка, новатац, ковотац; —kluft, f. пукоти-

на у стени; —kohle, f. камени угљен; —kohlenbergwerk, n. угљеник; —kröte, f. бабурача, краставa жабa; —lerche, f. шева пољска; —linde, f. липа каменита; —marder, m. куна; —meißel, m. длето каменарско; —metz, m. каменар; —obst, f. Steinfrucht; —öhl, n. каменуље, —pflaster, n. калдрма, тараш; —reich, adj. каменит, fig. пребогат; —reich, n. царство рудно; —salz, n. камена со, славик; —same, m. врапчје семе, lithospermum officinale; —schleifer, m. гладилац камења; —schmerz, m. камен (болест); —schneider, m. каменар, каменорезац; —schnitt, m. каменорез; —schreiber, m. литограф, каменописац; —schrift, f. (Inschrift auf Steinen) камени натпис; —schwalbe, f. чопа, аргаћ; —setzer, m. калдрмиџија; —stüd, m. каменица; камени самострел; —wand, f. стена; —weg, m. калдрма, тараца; —werk, n. камење; —wurf, m. ударац каменом; бацање камена.
Steiß, m. гузица, задњица, стражњица; сапи; —bein, n. тапка кост, тртица.
Stellage, f. s. Gestell, Gerüst.
Stelle, f. место; auf der —, с места, одмах, једнак, једанак, сад, с ове стопе, из ове стопе, из ових стопа, овај час, на пречац; (Gerichts—), суд; (Amt), уред.
stellen, v. a. ставити, иступити, поставити, наредити, разредити, стављати, постављати, метати, умештати, уместити, дести, класти, врћи, турити, турати; dahin gestellt sein lassen, оставити, оставити се чега; einem nach dem Leben —, радити коме о глави; den Topf aufs Feuer —, приставити; etwas gerade —, исправити, etwas richtig —, исправити, поправити што; einen über etwas zur Rede —, повући кога на одговор; eine Forderung —, искати што; etwas in Ausgabe, in Empfang —, ставити што у расход, у доходак; sicher —, осигурати, обезбедити; einen Bürgen —, јемца дати; diese Gemeinde muß drei Mann —, општина, она даје три момка; etwas in Abrede —, порицати, исказати; eine Uhr —, исправити сат, уру; auf die Probe —, окушати; ins Werk —, уделотворити; in Vergleich —, приспособити, сравнити, поредити; einen zufrieden —, намирити, задовољити; den Wechsel auf Ordre —, издати меницу на налог, паред; sich —, представити суду, доћи пред суд; er stellt sich, als wenn er ihn nicht kennte, чини му се невешт; sich an das Fenster —, стати на прозор; sich um einen herum —, окружити, околити кога; sich der Gefahr bloß —, бацити се у опасност; an die Seite —, поредити; sich mit einem in eine Reihe —, поредити се, испоредити се; sich —, чинити се, правити се, учинити се, тумескати се; sich in Reih und Glied —, врстати се.
Stellensucher, m. који службу тражи.
Stellmacher, f. s. Wagner.
Stellrad, n. исправни точак у сату.
Stellung, f. положај, стање; (einer Person) стављање; (zum Militär), примање у војнике; einer Waare, достава робе; —Sbe-

Stellvertreter, m. војнопримни котар; —Spflichtig, adj. подложан служби војничкој.
Stellvertret=er, m. заступник, заменик; —ung, f. заступање, замењивање; in —ung eines andern, на место другога.
Stell=wagen, m. доставник; —wagenführer, m. проводник.
Stelze, f. штула, дрвена нога, гигаља, ходуља.
stelzen, v. n. ићи на штулама.
Stelzfuß, m. дрвена нога.
Stelzschuhe, pl. навуле.
Stemmen, f. Stämmen.
Stempel, f. Stämpel.
Stenge, f. додатак јарбулу.
Stengel, f. Stängel.
Steppe, f. пустара.
steppen, v. a. бости, прошивати, прошити.
Steppen, n. Stepperei, f. бод, прошивање.
Stepperin, f. прошиваља.
Stepp=nadel, f. прошиваћа игла; —nath, f. прошив. бод.
Sterbe=bett, n. смртна постеља; —buch, n. књига мртвих; —fall, m. упадак; случај смрти; —gelder, pl. n. —lehen, n. мртварина; —hemd, n. самртњача; —kleid, n. погребна хаљина; —lied, n. песма погребна.
sterb=en, v. n. умрети, преставити се, преминути, издахнути, мрети, упокојити се, починути, отићи на истину, пехнути, чилети, писнути; (mit dem Tode ringen), умирати, венчати; an einer Krankheit —, од болести какове; —en, n. умирање, издахнуће, умрће; мор, помор; —end, adj. смртан.
Sterbenskrank, adj. на смрт болестан.
Sterbe=register, n. казало мртвих; —röcheln, n. хропац, хропња; —stunde, f. смртни час; —tag, m. дан од смрти.
sterblich, adj. умрли, смртан; —keit, f. умрлост, упадак; помор.
Sterbling, m. погинула овца.
Stereotypen, pl. f. стереотип. непомична (залинена) писмена.
stereotypiren, v. a. писмена заливати, да су непомична.
Sterlet, m. кечига, кечика, носвица.
Sterling, m. стерлин; ein Pfund —, фунт стердина.
Stern, m. звезда; (im Auge), зеница: (Schicksal), срећа, удес, судбина; Pferd mit einem —, ласаст коњ, ласац.
Stern=anis, m. ониз кинески; —bild, n. сазвезђе; —blume, f. лепа ката.
Sternchen, n. звездица.
Sterndeuter, m. астролог, звездочатац; —ei, Sterndeutung, f. астрологија, звездочатање; —isch, adj. астрологички, звездочатачки.
Stern=distel, f. вољњк; —hell, adj. јасав, звездан; —himmel, m. тврдина, твд.
sternig, adj. звездан.
Stern=kunde, f. звездословље; —kundige, m. звездослов; —maß, n. звездоглед; —ruthe, —schnuppe, f. звезда летећа; —schanze, f. опкоп звездовити; —seher, f. Sternkundige; —warte, f. звездарница.

Sterz, m. (Schwanz), реп; ручица, ралица (од плуга); (Polenta), жганци, трганци.
stetig, f. stätig.
stets, adv. вазда, свагда, увек; све.
Steuer, f. намет, штибра, порез, пореза, данак, дација, порција, царевина; milde —, милостиња, помоћ; —n und Abgaben, плаћања п данци; (in Zuf.), порезни.
Steuer, n. f. Steuerruder.
Steuer=abschreibung, f. исписање пореза; —amt, n. порезни уред; —anlage, f. уставовљење пореза; —anschlag, m. прорачун пореза; —ausschreibung, f. распис пореза.
steuer=bar, adj. порески; —barer Mann, порезовник; —beamte, m. порезни уредник, званичник; —bezirk, m. порезни котар; —bogen, m. порезни лист.
Steuerbord, n. десни бок од брода.
Steuer=buch, —register, n. књига пореска; порцијашница, буквар (порески); —einnehmer, m. порезник; —frei, adj. слободан од порезе; —freiheit, f. ослобођење од пореза; —gebühr, n. пореска дужност, пристојба.
Steuermann, m. корманош, крмар; пилот.
steuern, v. a. (ein Schiff, auch als v. n. nach einem Orte), тимунити, корманити, управљати, крмити; einem Uebel —, помоћи чему, укинути што; (vorbeugen), предусрести; (beitragen, Geld rc.), припосити; (Abgaben zahlen), плаћати порезу; sich an und auf etwas —, упирати се на што.
Steuer=nachsicht, f. попуст пореза; —pflicht, f. пореска дужност; —pflichtig, adj. порески; —pflichtige, m. порезовник, порцијаш; —repartition, f. разрећење пореза; —rückstand, m. порезни остатак.
Steuerruder, n. кормаш, крмило, думен, тимун, крма.
Steuer=satz, m. мера пореза; —schein, m. порезно писмо; —termin, m. порезни рок; —umlegung, m. разређење пореза; —wesen, n. порезни послови; —zahlung, f. плаћање пореза; —zuschuß, m. припрев, порезна доплата.
Stich, m. убод, бод, бодеж; (Stichwunde), у бодина; (einer Schlange), уједина; (eines Insects), шкопац, шклопац; (im Kartenspiel), убијање; (Kupferstich), рез, бакрорез; einen im — lassen, оставити кога на цедилу; nicht — halten, бежати, педжати, лаж бити; der — in der Schulter, прет; einen — geben, боцнути, жигнути; auf den —, бодимице; sich auf den — schlagen, бити се бодимице.
Stich=art, f. двопернпца (секира); —blatt, n. бранпк (од мача); fig. руга, поруга.
Stichel, f. Grabstichel.
Stichelei, f. задирквање, боцкање.
sticheln, v. a. бости, боцкати; (mit Worten), задиркивати.
Stichelrede, f. задиркивање.
Stichler, m. боцкало, задиркивало.
Stichling, m. балавац (риба).
Stichsäge, f. врста пиле.
stichweise, adv. бодимице.

Stickarbeit, f. вез; durchlöcherte —, гласак, шупљка.

sticken, v. a. вести, извести, навести, оплести; mit Zwirn —, концати; —, n. везење; вез; —er, m. везилац; —erei, f. вез, веза, везак, шарило; die —erei auflösen, развести; —erin, f. везиља.

Stickfluß, m. задуха; —husten, m. зацењујућ, задушљив кашаљ.

Sticknadel, f. биљорка.

Stickrahmen, m. ђерђев; —seide, f. свила за вез; —werk, n. f. Stickerei; —wurz, f. дебела тиква.

Stickstoff, m. душик, азот.

stieben, v. a. распнати, расути; — v. n. расипати се, расути се; f. stäuben.

Stiefältern, pl. очух и маћеха; —bruder, m. полубрат.

Stiefel, m. чизма, шкорња; цев од шмрка; —brett, n. клип од шапа; —holz, n. шап; —kappe, —stulpe, f. посувратак од чизама; —knecht, m. слушкиња, изувник; —macher, m. чизмар; —macherin, f. чизмарка, чизмарница.

stiefeln, v. a. (Bohnen), причати; (Stiefel anziehen), обути чизме.

Stiefelschaft, f. сара, усмина; —stulpe, f. Stiefelkappe; —zieher, m. кука за обување, пазувник.

Stiefgeschwister, pl. полубрат, полусестра, полубраћа, полусестре; —kind, n. пасторче; —mutter, f. маћеха, маћија; —mütterchen, n. дан и ноћ, viola tricolor; —schwester, f. полусестра; —sohn, m. пасторак; —tochter, f. пасторка; —vater, m. очух.

Stiege, f. степени, стуба, лествa, скале, скалини; (Anzahl von Zwanzig), двадесет.

Stieglitz, m. ђрделац, стаглиц.

Stiel, m. (von Werkzeugen), држало, ручица, држалица, држалица, држаље; (des Dreizacks), оствништво; (am Dreschflegel), стојак; (an Pflanzen), петељка, озобина, држак, струк, стабло; mit Stumpf und — untergehen, стубоком пропасти.

stielen, v. a. усадити, насадити.

stier, f. starr.

Stier, m. бик; junger —, биче, јунац.

stieren, v. n. водити се (крава); v. a. натерати (краву); упрети очи.

Stiergefecht, f. бићји бој, бој бикова; —hammel, m. ован.

Stierl, f. Sterlet.

Stierlein, n. биче.

Stierochs, m. биковит во.

Stift, m. клинац, чавлић; шпљак; (am Zahn), корен.

Stift, n. завод; (Kloster), самостан, манастир; бискупија; каптол; црква столна, саборна; —en, v. a. завести, утемељити, (dotiren) оскрбити, снабдети (цркву, школу); fig. узрочити, учинити; Frieden —, учинити, склонити мир; (unter sich), поравнати се; ein Vermächtniß —, записати, оставити (у наследје) коме што; Feindschaft, Händel, —, заметнути кавгу, непријатељство; Gutes —, добро чинити; —er, m. утемељитељ; (eines Complottes), заметник; fig. почетник, почетак, узрок; —isch, adj. каптолски, бискупски; манастирски; —ling, m. снабденик.

Stiftsbrief, m. писмо снабдења; оснивања; —dame, —frau, f. госпођа од завода каквога; —herr, m. каноник; —hütte, f. пребивалиште мира; —kirche, f. самостанска, манастирска црква.

Stiftung, f. завод, основање; (Dotation), снабдење; fromme —, задужбина; — eines gütlichen Vergleichs, пријатељско поравнање.

Stilet, n. стилет, нож.

still, adj. тих, миран; — adv. тихо, мирно; —bleiben, станити се; —stehen, приуставити се, зауставити се; —werden, утолити, утишати, уђутети; sei —, мучи! језик за зубе!

still, i. не! мир!

Stille, f. тишина, мир; in der —, крадом, у потаји.

stillen, v. a. тешити, мирити, утешити, умирити, утишати, блажити, заблажити, утулити; das Blut —, уставити крв; den Durst —, угасити жеђ; das Verlangen —, испунити жељу; ein Kind —, дојити, задојити дете; die Unruhe —, гасити буну, замирити, замиривати.

stillhalten, v. n. стати, стојати, стајати, миран бити; —schweigen, v. n. мучати, ћутети, шутити; —schweigen, n. мук, мучање; —schweigend, adj. мучећ, мукао; adv. мучећ.

Stillstand, m. престанак, застајање; einen — machen, стати, престати; (moratorium) одгода; — der Rechtspflege, правдостаја; (der Mühle), поступ.

stillstehen, f. stillhalten.

Stillung, f. тешење, мрсење, умрење; дојење; утишење, уталожење, гашење, замиривање.

Stimmberechtigter, m. ко има право гласати.

Stimme, f. глас; грло; fig. мњење.

stimmen, v. a. (ein Instrument), слагати, удешавати, угађати, сложити, удесити, угодити; höher —, напети; niedriger —, попустити; fig. einen —, приправити, разложити; v. n. слагати се; (Stimme geben), гласати за што, дати свој глас; er ist nicht gut gestimmt, није добре воље.

Stimmengleichheit, f. једнакост гласова; —verhältniß, n. размер гласова.

Stimmer, m. (der stimmt), удешавач; (das Werkzeug), кључ.

stimmfähig, adj. способан за гласање; —führer, m. гласоватељ; —gabel, f. виљушка удешавања; —gebung, f. гласање; —los, adj. безгласан; —recht, n. право гласања; —schlüssel, m. кључ удешавачки.

Stimmung, f. (eines Instruments), угађање, слагање, удешавање; (des Geistes), воља, расположење.

Stimmzählung, f. бројење гласова.

Stinkbaum, m. копитак горски, копитица.

stinken, v. n. смрдети, ударати, заударати, тољати, баздети, пашити; zu — anfangen, упапити се; —end, —ig, adj. смрдљив; —er, m. смрдљивац; —erin, f. смрдљивица;

—**käfer**, m. говнара, говновањ, гундевањ;
—**thier**, n. —raţ, f. f. Iltis.
Stipend-iat, —ist, m. штипендиста, благодејанац; —**inm**, n. стипендија, благодејање.
Stipul-ation, f. уговор; —**iren**, v. n. уговорити што.
Stirn, f. чело; (Gesicht), образ; die — bieten, опрети се, опречити се; —**aber**, f. жила на челу; —**band**, n. —**binde**, f. повеза на челу; —**bein**, n. кост челна; —**blatt**, n. челни ремен; —**fled**, m. (des Rindviehes) почелак; —**rad**, m. назубљен точак; —**riemen**, m. f. **Stirnblatt**.
Stöber, f. **Stäuber**.
stöberig, adj. буран.
stöbern, v. i. es stöbert, снег пада, веје, труни снег; — v. n. f. **stäubern**.
Stöberwetter, m. мећава, вејавица. [гргати.
Stocher, m. чачкалица;—n, v. a. чачкати (зубе);
Stock, m. батина, палица, штап, трскавац, трсковача; паљ; струк; (im Zofe), палица; (Stockwerk), под, кат, спрат; (im Gefängniß), клада, кладе; **Stöcke**, pl. (bei den Buchdruckern), дрворез, заставке; (Bienenstock), кошница, улиште, трмка; einem Hut über den — schlagen, ударити шешир на калуп; — band, n. врпца на палици; —**blind**, adj. слеп, посве слеп.
Stöckchen, a. штапић.
stockbumm, adj. преко луд, батина.
stockdunkel, f. **stockfinster**.
stocken, v. a. причати, ударати притке, коље; das Tuch —, свијати, развијати сукно; — v. n. (von Flüssigkeiten), стати, стојати, стајати; (von der Milch), згрушати се, прогрушати се, сприти се; усирити се; der Handel stockt, трговина стоји; es stockt mit der Sache, ствар пенде напред, запела је; im Reden —, запињати, запети, муцати; durch Feuchtigkeit verderben, залежати се; — (des Blutes) застајање; (im Reden), запињање, муцање.
stöcken, v. n. метнути у кладу.
Stock-feder, —**spule**, f. брчње перо, брчно перо; —**fiedel**, —**geige**, f. гуслице, малене гусле; —**finster**, adj. таман, мрак као тесто; —**fisch**, adj. бакалар; fig. будала, блесан.
stockfled, m. мрља, пега од влаге, од лежања; —**ig**, adj. мрљав од влаге, местичав.
stockfremd, adj. посве туђ, посве непознат.
Stockhaus, n. војничка казпионица; —**arrest**, m. затвор у војничкој казнионици.
Stockholz, n. кладе, пањеви.
stockig, adj. влажан.
stöckisch, adj. тврдоглав, јогунаст.
Stock-meister, m. војнички казнионичар; —**narr**, m. прека луда, права будала; —**prügel**, f. **Stockschläge**; —**roben**, n. крчење; —**rose**, f. траидовиље, alcea rosea; —**schilling**, m. батине, шибе; —**schläge**, pl. m. батине; —**schnupfen**, m. велики назеб, балабан.
stockstill, adj. тих, нем.
Stockstriche, pl. m. батине.
Stockung, f. **Stocken**, n. стојање, запињање; aller Erwerb und Handel ist in — gerathen, стала је сва обртност и трговина.

Stockwerk, n. под, кат, спрат, бој, подина, таван.
Stockzahn, m. кутњи зуб, кутњак.
Stoff, m. материја, вештаство; fig. узрок, повод, прилика, пригода; —**en**, adj. од материје; **Kohlen** —, m. угљик, угљеник; **Sauer** —, m. кисеоник, кисик.
stöhnen, v. n. стењати, јецати; —, n. стењање, јецање.
Stola, f. петрахиљ; штола; —**gebühr**, f. —**taxe**, f. штола, свитак.
Stolle, f. **Stollen**, m. врста колача.
Stollen, m. нога, пожица (од кревета); пера, штенци (у брави); (im Bergbau), окно, правац; einen — treiben, правити окно, правац; —**arbeit**, f. радња у правцу; —**befahrung**, f. преглед правца; —**firste**, f. слеме од правца; —**gerinne**, n. жлеб од правца; —**gestänge**, n. мотке од правца; —**hieb**, m. право правца; —**laue**, f. кавла (колибица над доњом); —**trieb**, m. делање правца; —**wasser**, n. вода из правца.
Stöllner, m. правчар.
stolpern, v. n. спотакнути се, спотаћи се, спотицати се; —, n. спотицање.
stolz, adj. охол, попосит, поносан, горд; — auf etwas sein, поносити се чиме; — thun, охолити се; (prächtig), гиздав; er ist — geworden, попео се, погордио се, узохолио се.
Stolz, m. охолост, поноситост, поноспост, гордост, охола; понос, дика.
stolziren, v. n. кочити се, гиздати се, поносити се, керебечити се; (wie ein Pfau), шоурити се, рашеприти се; (wie ein Hahn), кокотити се, копуштити се.
stopfen, v. a. зачинити, запушити, набити, набијати, збијати, сабити, сабијати, нагњести, нагњочити; eine Pfeife Tabak —, напунити лулу дувана; Gänse —, кљукати гуске; voll —, напунити, натрпати, набити; (durchs Nähen), закрпити, крпити, прихватити; den Leib —, затворати, затворити; den Durchfall —, уставити пролив; einem das Maul —, замазати, зачепити коме уста; sich voll —, набити се, набубати се, набацати се.
Stopfer, m. кљукало; чеп; (von Nelken, zc.), каламак.
Stopf-haar, n. длака; —**nadel**, f. игла за крпљење; —**wachs**, n. груб восак; —**werk**, n. кучине (за запушавање).
Stoppe, f. окрајак.
Stoppel, f. стрњика; —n, pl. (bei den Vögeln), пглице; —**feld**, n. стриште, стрњика; —**gans**, f. гуска, која по стрништу пасе.
stoppeln, v. a. пабирчати, палетковати; fig. etwas zusammen —, скрпити штогод; —n, n. пабирчење, палетковање; fig. крпљење, крпеж.
Stoppel-rübe, f. јесенска репа; —**weide**, f. паша по стрњици.
Stoppine, f. (in der Artillerie), фитиљ.
Stoppser, m. набирач; fig. крпа.
Stöpsel, m. чеп, запушач.
Stör, m. кечига, постница, јесетра.
Storax, m. сгурац.

Storch, m. рода, леск. штрк; —beine, pl. n. fig. fam. краци; —schnabel, m. кљун роднн; (mathematisches Instrument), родни кљун, пантограф; (ein Hebewerkzeug), впита, винто; (ein Kraut), иља (трава).

Störfried, m. прзница, немирњак.

stören, v. a. мутити, сметати, бунити, смести; разметати, разметнути, раскидати, раскинути; — v. n. чепркати, чачкати.

Störer, m. бунилац, сметало.

störrig, störrisch, adj. јогунаст, тврдоглав, упоран, неикоран, непослушан; —keit, f. тврдоглавост, јогунство.

Störrogen, m. икра од поствице.

Störstange, f. мућало, мећанца.

Störung, f. сметња, неред, буњење, сметање, прња.

Stoß, m. удар, ударац, мах, тир; fig. er hat einen gewaltigen — bekommen, ошинула га љуто несрећа; den letzten — geben, смакнути, упропастити; ein — Bücher, гомила књига; — an der Säge, ручица, држало од пиле; einen — in das Horn thun, затрубити, духнути у рог; einen — geben, гурнути, турнути, ћушнути, комнути, ударити чиме окомице, гурнмце.

Stoßdegen, m. шиљаст мач.

Stößel, m. туцало.

stoßen, v. a. (zerstoßen), стући, стрти, самлоти, здробити, смрвити, згњечити, тући, утући, ступати, утуцати, стуцати; (einen Stoß geben), рннути, турити, турнути, турати, ривати, гурнути, грушати, грухати; (hinein —), згазити, набити; (als Degen), побости; (vertreiben), протерати, прогнати, изагнати; einen vom Thron —, збацити кога са престола; einen mit dem Fuße —, ударити кога ногом; einem den Dolch in die Brust —, пробости и прободи und durch —, пробости (мачем, ит.д.); Pfähle in die Erde —, забити, ударити колац у земљу; fig. vor den Kopf —, увредити; mit den Hörnern —, бости; über den Haufen —, сваљити, превалити, оборити; — v. n. an etwas —, ударити, спотакнути се о што; нагазити, наћи; auf ein Uebel —, награбусити, награпсати, ограисати, накаљати; unversehens auf etwas —, набасати; auf einander —, тучати се (од војска); auf etwas —, (von Raubvögeln), спустити се, навалити, залетети се на што; (vom Wagen), трести се, дрмати се, труцкати се; ins Horn —, затрубити; ans Land, ans Ufer — пристати к крају; (an etwas angränzen), сутицати се; auf den Grund —, доћи до дна, достагн; насести; von dem Ufer —, отиснути се од краја; Flinte, welche stößt, пушка, која троша —, v. r. ударити се, спотакнути се, гурати се, турати се, бости се; fig. sich an etwas —, плашити се, бојати се чега; (Hinderniß finden), запињати.

Stößer, m. туцало; (Raubvogel), грабљива птица.

Stoßgebet, n. усрдна, топла молитва.

stößig, adj. ко боде; ein —er Ochs, бодач; Ochs, der im Stoßen Sieger bleibt, бодац.

Stoß-seufzer, m. уздах од срца; —vogel, m. грабљива птица; јастреб; —weise, adv. на махове; окомице.

Stoßwerk, n. туцало.

Stotterer, m. јецало, мудо; —in, f. муца.

stottern, v. n. тенати, мутати, муцати, заплетати језиком; —n, n. тенање, муцање; —nd, adj. тенајући, мутав, јецав, муцав.

strad, f. gerade.

strads, adv. одмах, таки, с места; право, управо, равно, једнако.

Straf-amt, n. власт казнећа; —androhung, f. претња казном; —anstalt, f. казнопница; —antrag, m. предлог казни; —ausmaß, n. мера казни.

strafbar, adj. крив, достојан казни, кажњив; —keit, f. кривица, достојност казни, кажњивост.

Strafe, f. каштига, педепса, казна, пена; (Geldstrafe), глоба; bei Strafe, под каштигу; Zemanden zur — ziehen, казнити кога; — leiden, подносити казну.

strafen, v. a. казнити, педепсати, каштиговати; fig. покарати, поразити; um Geld —, глобити.

Straf-erkenntniß, n. пресуда казни; —erlassung, f. опроштење од казни.

straff, adj. напет, натегнут, затегнут, крут.

Straf-fall, m. случај казни; —fällig, adj. достојан казни; —fälligkeit, f. достојност казни; —geld, n. глоба; —gericht, n. суд казнени; —gesetz, n. закон казнени; —gewalt, f. власт казнити; —grad, m. ступаљ казни; —größe, f. величина казни; —haus, n. казнионица.

sträflich, s. strafbar.

Sträfling, m. казненик.

straflos, adj. без казни, слободан; —losigkeit, f. неказњеност; —milderung, f. ублажење казни; —mittel, n. казнено средство; —ort, m. место казни; —predigt, f. укор; —prozeß, m. —prozeßordnung, f. казнени поступак; —protokoll, n. казнени записник; —recht, n. казнено право; —rechtspflege, f. казнено правосуђе; —rechtsverhandlung, f. казнена расправа; —register, n. казало казни; —richter, m. казнени судац; —ruthe, f. бич; —sachen, pl. f. казнене ствари; —sanction, f. потврда казни; —satz, m. мера казни; —urtheil, n. пресуда казни; —verfahren, n. казнени поступак; —vollstreckung, —vollziehung, f. извршење казни; —würdig, adj. достојан казни.

Strahl, m. зрака, зрак; (Pfeil), стрела; (Blitz), муња.

Strahl, m. (am Pferdehufe), вилица (на коњити коњској).

strahlen, v. n. севати, сјати, пуштати зраке; (von Pferden), мокрити; —enbrechung, f. преламање зрака; —end, adj. светао, сјајан; (in der Mineralogie), зраковит.

Strähne, f. повесмо, капура, канчело, насмо, витањ, свртак, сталак; ein Seil von drei —n, конoп од три струке.

stramm, s. straff.

strampeln, strampfen, v. n. топотати, лупати, бити, ударати ногама, бактати.

Strand, m. крај, шгало, јалија, обала морска, жало морско; —en, v. n. насести, насукати се; fig. испасти зло за руком, разбити се; —gut, n. обално добро; —recht, n. —gerechtigkeit, f. обално право; —reiter, m. —wache, f. приморска стража.

Strang, m. коноп, уже, једек; (Schlinge), узица; zum —e verurtheilen, осудити на вешала; (am Wagen), штранга; wenn alle Stränge reißen, ако друге помоћи небуде.

strangufiren, f. erwürgen.

Strapaz-e, f. труд, мука, патња; —iren, v. a. трудити, мучити, морити, намучити, књижити, накињити; ein Kleid —iren, хабати, похабати, ухабати хаљину.

Straße, f. (im Allg.), пут, цеста; (Chaussee), насип, царски друм; (Fahrstraße), колник; (Wasserstraße), пут водени; (Gasse), улица, сокак; (Meerenge), мореуз.

Straßen-bau, m. грађење друмова; —beleuchtung, f. осветљење улица; —einräumer, m. цестар; —mauth, f. (Abgabe), маltaрина; (Amt), малта, митница; —pflaster, n. калдрма; —polizei, f. улично, друмовно редарство; —raub, m. разбојство; —räuber m. разбојник, хајдук, пустахија; —räuber werden, похајдучити се, отићи, одметнути се, одврћи се у хајдуке; —räuber sein, хајдуковати; —räuberei, f. разбојништво, хајдуковање; —räuberin, f. хајдучица; —verkehr, m. пролаз; —zoll, m. малта, малтарина.

sträuben, v. a. (die Haare, die Federn), кострешити, накострешити, стршити, кострешити се, накострешити се, јежити се, најежити се; дизати; sich —, v. r. (widersetzen) опирати се, противити се, супротивити се, затезати се, кочоперити се, крчумати се; (zögern), затезати се, певати се.

sträubig, adj. накострешен; најежен; чупав, кудрав.

Strauch, m. грм, жбун; —dieb, m. пустахија, хајдук.

straucheln, v. n. спотакнути се, посрнути.

Strauß, m. кита, струк (цвећа); (Kampf), бој, битка, огрaшje; der Vögel, капа, кукма, хухол.

Strauß, m. (Vogel), ној (птица), —feder, f. перо нојево.

Strazze, f. —buch, n. приручница.

Strebe, f. потпор; —band, n. преворница, пречница.

streben, v. n. трудити се, трсити се, старати се, бринути се, настојати; nach etwas —, v. трсење, старање, настојање; тежње, тражење.

Strebe=pfahl, m. —pfeiler, m. потпор.

streckbar, f. dehnbar.

Strecke, f. простор, даљина; es ist eine ziemliche — dahin, има донде доста проћи; eine — Landes, комад земље; eine — Weges, комад пута.

strecken, v. a. пружити, протегнути, растегнути, натегнути, протезати, отегнути, протеглити; sich —, теглити се, протеглити се; протегнути се; sich auf's Bett —, извалити се на кревет; das Gewehr —, положити оружје; einen zu Boden —, оборити, свалити; sich nach der Decke —, пружати се према губеру; alle seine Kräfte an etwas —, напети се, све своје силе напети; im gestreckten Laufe, у скок, скоком.

Streich, m. (Schlag), удар, ударац, мах, замах; (auf den Backen), пљуска, ћушка, заушка, шамар; fig. чин; muthwilliger —, шала, шурка; listiger —, превара, обмана; dummer —, будалаштина; Jemanden einen — spielen, прекос коме учинити; auf einen —, на један пут, на један мах; hinter Jemandes —e kommen, ући коме у траг; ein verwünschter —, ђаров посао; einen — versetzen, жицнути, врезнути, шпинути, ошинути, опалити.

Streich-baum, m. (bei den Gärbern), ногари, —bret, n. даска од плуга.

Streiche, f. (bei den Tuchbereitern), гребен.

Streiche, f. —Streichlinie.

Streicheisen, n. (bei den Gärbern), стругач.

streicheln, v. a. гладити, погладити, прогладити, мазати, блазнити; —, n. глађење, блажење, мазање.

streichen, v. a. (streicheln), гладити; mit Ruthen —, шинути, шибати, ишибати; ein Pflaster —, мазати, размазати; das Messer auf dem Stahle —, намасатити; (auf dem Schleifstein), брусити, оштрити; das Maß —, потегнути раз; die Wolle —, гребенати; die Felle —, стругати кожу; Ziegel —, правити цигље; eine Schuld aus dem Buche —, избрисати; Lerchen —, хватати, ловити шеве на мрежу; die Segel, die Flagge —, спустити једра, барјак; (Linien machen), цртати; — v. n. проходити, пролазити; die Luft streicht durch die offenen Zimmer, зрак пролази, промакује кроз собе отворене; die Vögel —, пролазе, пролећу птице; durch Feld und Wald —, тумарати по пољу и по шуми; an etwas hin —, чешати се о што; vorbeistreichen mimo чега; auf der Erde —, пузати, пузити по земљи; die Fische —, бију се рибе; die Hündin streicht, гoра се кучка.

Streicher, m. гребенар; (ein Stahl), масат; —in, f. гребенала.

Streich-garn, n. мрежа; —holz, n. раз; —käse, m. меки спр; —linie, f. линија од обране; —netz, n. мрежа; —riemen, m. ремен бријаћи; —stein, f. Probirstein; —vogel, m. f. Zugvogel; —zeit, f. (der Vögel), пролаз, пролет (птица); (der Fische), бијеше, време од бијења (риба).

Streif, Streifen, m. пруга, стреска, паја, прутак; (in der Stricerei), пођшица; (Verzierung am Bauernrod), свита, стрпза; — die das fallende Wasser zurückläßt, потклисли; — Landes, комад земље.

streifen, v. n. (an etwas), тицати се чега, дотакнути, додирнути, окрзнути, задирати, задрети, захватати, захватити; (von Truppen im Kriege), четовати; (herum—), скитати се, тумарати; — v. a. пруге, стрзе правити; einen Ring vom Finger —, свући пр-

стея с прста; einen Aal —, гулити, огулити јегуљу; die Blätter von einem Zweige —, окомити лишће са гране; (verletzen), додрпнути, задирнути; eine gestreifte Säule, ступ наолучен.
Streiferei, f. чета, чстовање, обилажење; скптање, тумарање.
streifig, adj. пругаст.
Streif-partei, f. чета; —schuß, m. —wunde, f. окрзак; —zug, m. чета.
Streit, m. бој, битка, борба; (Zank, Zwist), инат, кавга, распра, правда, препирање, препирка, парница, парба, терба, теранка, терацпја, свађа; —axt, f. секпра убојна; —bar, adj. храбар, јувачки, убојан, убојит; —barkeit, f. храброст, јупаштво, витештво; убојитост.
streiten, v. n. тући се, бити се, ратовати, војевати, крвити се, искрвити се; mit Worten —, инатпти се, правдати се, препирати се, прети се, парбити се, бочити се, бахтати се; mit sich selbst —, борити се сам собом; wider die Wahrheit —, опират се, противити се истини; das streitet wider alle gesunde Vernunft, то је са свим разуму противно; um den Preis —, натецати се о што.
Streiter, m. војник, ратник; (Zänker), препирач, бојац, цандрљивац, кавгација; —in, f. (Zänkerin), свађалица.
Streit-frage, f. спорна ствар; —führende Partei, парац; —hammer, m. пацак; —handel, m. парница; —handschuh, m. рукавица убојна; —hengst, m. коњ убојни.
streitig, adj. спорни, сумњив; —machen, прети се с ким о чему; das kann mir Niemand —machen, то ми нико неможе отети, оспорити; —keit, f. инат, правда, препирање, распра.
Streit-kolben, m. топуз, буздован; —punkt, m. ствар распре; —sache, f. инат, распра, парница, парбена ствар; —schrift, f. расправа, парбено писмо; —sucht, f. цандрљивост; —süchtig, adj. цандрљив; —theil, m. парац, странка; —verfahren, n. поступање у парницама; —wagen, m. убојна кола.
streng, adj. оштар, љут, жестоп, строг; тесан (разум); —e, f. оштроћа, жестина, строгост; —flüssig, adj. тврдокоран, тешко топив.
Streu, f. плева, стеља, слама; —büchse, f. песковница; —en, v. a. сипати, расути, распинати, посути, поспипати; Samen auf ein Feld —, сејати, посејати семе; Salz auf die Speisen —, солити, посолити; Stroh dem Vieh —, постељати, бацити слаие под марву; Weihrauch —, кадити кога, хвалити га, славпти га.
Streusand, m. посипач; —büchse, f. Streubüchse, Sandbüchse.
Streustroh, n. стеља, слама за стељу.
Strich, m. (mit Kreide zc.), потез, црта; (Weg, Richtung), правац, пут; (Schar Vögel), јато; ein — Landes, комад земље; (Erb—), појас; (Streifen), прута, стрека; линија; in einem —e, у један мах; einen — durch eine Schrift machen, преврижити, избрисати; einen — machen, цртарнути; fig. einen — durch die

Rechnung machen, смести коме рачуне; der — (vom Haar), длака; nach dem —e, по длаци; — der Haare auf dem Kopfe, раздељак косе на глави; Gold, das den — hält, добро злато; wider den —, уз длаку, ускоспо; der — der Fische, бијење (риба).
Strich-punkt, m. (Semicolon, n.), тачка, точка са запетом; —regen, m. плаха киша; — vogel, f. Zugvogel; —weise, adv. па комаде, па ляпије, па врсте.
Strick, m. конои, уже, узица, ужица; (der Lastträgerinnen), уривак; (um Pferde zu führen), повод, поводац, улар; (um Hornvieh zu führen), порожје; (für weidende Pferde), припоп, пајван; (an der Saumlast), товарпина.
Strickbeutel, m. плетивача.
strick-en, v. a. плести; —er, m. плетилац; — in, f. плетиља; —erei, f. плетење, плетиво; —garn, n. плетиво; —leiter, f. лестве од ужета; —nadel, f. плетића игла; —schaufel, f. љуљашка; —scheibe, f. плетића игленица; —schule, f. плетића школа; —werk, n. конопи, ужета; —zeug, n. плетиво, плетење.
Striegel, f. чешагија, чешаљ коњски; —n, v. a. чешати, чесати, ишчесати, тимарити, отимарити; fig. решетати, протресати, судити; (bedrücken), гњечити, трудити, мучити.
Striem-e, f. маспица, модрица; —ig, adj. маспичав, модричав.
Striezel, f. плетеница.
Strippe, f. ухо (од чизме).
strittig, adj. спорни; —e Sache, ствар под парницом, vrgl. streitig.
Stroh, n. слама; gedroschenes —, оклепине; Stroh-, сламен, сламап, сламњи; —arbeit, f. посао од сламе; —band, n. гужва од сламе; —binder, m. плетислама; —blume, f. врста смиља; —boden, m. сламник; —bund, m. спон сламе; —butter, f. зимско масло; —dach, n. сламан кров; —decke, f. хасура од сламе; (am Tisch), сламњак; —en, adj. сламан, од сламе; —farbe, f. сламна боја; —farben, adj. сламан, сламне боје; —fiedel, f. гингара; —gelb, f. strohfarben; —halm, m. сламка; —hut, m. сламни шешир; —hütte, кровњача; —junker, m. сеоски племић; — kopf, m. fig. блесап, бепа, глупак; —kranz, m. сламни венац; —kranzrede, f. шаљиви говор о свадби; —lager, n. слама, сламна постеља; —mann, m. страшило; подметнут човек; —matte, f. Strohdecke; —pfeife, f. свирка, свирала (од сламе); —sack, m. сламњача, сламница; —seil, n. стропица; — stuhl, m. сламна столица; —teller, m. сламни тањир; —waare, f. сламна роба; — wein, m. валтелинско вино; —wisch, m. омут; споп сламе; —wittwe, f. fig. жена, којој за неко време нема мужа код куће; —wittwer, m. fig. муж, коме за неко време нема жене код куће.
Strom, m. поток; река; вода; ток, течење; — ab, adv. низводно; —auf, uz воду.
strömen, v. n. тећи; лопити (крв из ране); (von der Menge), грнути, кућати, врвети.
Strömling, m. аренга балтичка.
Strömung, f. ток, точење.

stromweise — 275 — Stunde

Strophe, f. строфа.
Strotz-en, v. n. набрекнути, пун бити; das Buch strotzt von Fehlern, књига је пуна погрешака; mit etwas —, попосити се чиме; —end, adj. пун; —end von Gesundheit, једар, да пукне од здравља.
Strudel, m. вртлог, вир; (Mehlspeise) савијача, гужвача; —n, v. n. вртети се, клокотати, врети, кључати.
Strumpf, m. чарапа, бечва, чорапа, клашња; geflochtener —, поплет; lederner —, места; tuchener —, калчина; (Gamaschen), доколенице; weißer —, белајица; —band, n. подвеза, подвезача; —bret, n. калуп од чарапа; —bändler, n. чарапар; —strider, m. —wirker, f. чарапар; —wirkerstuhl, —stuhl, m. стан, разбој чарапарски.
Strunk, m. пањ, чапур, стабло, дебло, хреб, кочањ.
Strunt, m. говно, балега.
Strunze, f. доља, лења, неопрана жентурина.
Struppe, s. Maule; Strippe.
struppig, f. straubig.
Struse, f. врста рибе.
Stübchen, f. собица, коморица, одајица; (Art Maß) две оке.
Stube, f. соба, комора, одаја.
Stuben-arreft, m. кућни затвор, затвор у соби; —bursch, m. собни другар; —gelehrte, m. паучењак из књига, непрактичан мудрац; —genoß, —gesell, f. Stubenburch; —heizer, f. Ofenheizer; —hocker, m. који пеизлази из собе; —kammer, f. коморица; —mädchen, n. собарица; —schlüssel, m. кључ од собе; —siech, adj. болан, блед од многа седења у соби; —thür, f. врата собна; —zins, m. плата за собу.
Stüber, m. (Nasenstüber) зврцка, зврчка; (Münze) штивар (врста новца).
Stück, n. комад, парче; крупица, локва; (vom Bieh) грло; —Fleisch zum Räuchern, удо; —Wiese, окрајак, увратине; (Kanone) топ; abgebrochenes —, одломак, крњага, рбина; aus einem —e, једноставан, самотвор; von freien —en, од своје воље, сам од себе; ein — aufführen, приказивати комад какав; in allen —n, у свему; in diesem —e, у том; — für —, комад по комад; grosse —e auf einen halten, много цепити кога; in Stücke fliegen, разлетети се.
Stückchen, n. комадић; (Liedchen) песмица.
stückeln, stücken, v. a. дробити, мрвити, комадати, раздробити, смрвити, раскомадати; састављати, скрпити.
Stückerlöhner, m. лађни приврежник.
Stückgießer, m. тополивац; —ei, f. тополивница.
Stück-gut, n. туч за топове; —junker, m. помоћник артиљерије; —knecht, m. слуга код артиљерије; —kugel, f. зрно топовско; —pferd, n. коњ код артиљерије; —pforte, f. пушкарница, пушкарница (на броду убојном); —weise, adv. комад по комад, на комаде, помало; —werk, n. комади; кр-

пеж; —wischer, m. четка топовска; —zapfen, m. чеп топовски.
Student, m. ђак; —enjahre, n. pl. ђачке године; —enrecht, n. ђачко право.
Studien, pl. n. науке, науци; књига; —abtheilung, f. разделак наука; —fach, n. струка наука; —fond, m. заклада за науке; —jahr, n. школска година.
studiren, v. n. (auf etwas), мислити о чем; v. a. учити, учити се.
Studir-lampe, f. лампа са заслоном; —stube, —zimmer, n. соба за учење, за научан рад.
Stufe, f. ступањ, степен, скалин; (in der Mineralogie), руда, рудник; усечена белега у стени.
Stufen-erz, n. руда у комаду; —folge, f. постепеност; —jahr, n. поступна година, свака седма година (века човечијега); —weise, adv. постепено, мало по мало.
Stuhl, m. сто, столица, сточић; (in der Kirche) сто, место, клупа, клепало; (District) жупанија; (Nachtstuhl), собни нужник; mit Lehne, товељица; (Weberstuhl), разбој, стан, кросна; zu —e gehen, њих од себе; —behörde, f. жупанијска област; —erbe, m. наследник престола; —gang, m. столица; angestrengter —gang, натезавица; keinen haben, затворен бити; —kappe, f. завој од столице; —kissen, n. јастук од столице; —lehne, f. наслон; —zwang, m. натезавица.
Stukatur, —arbeit, f. штукатура; —arbeiter, m. штукар.
Stulpe, Stülpe, f. (eines Hutes), обод; (des Stiefels), сувратак.
stülpen, f. aufstülpen.
Stülpnase, f. нос прчаст.
stumm, adj. нем; —werden, немити, занемити, онемити.
Stümmel, m. кусатак, заломак, уломак, окрњак; шкрбина, крњадак, батић; корен; (von einem Arme), батаљица.
stümmeln, f. verstümmeln.
Stummheit, f. немост, немота.
Stümper, m. кваризапат, крпа, пртљанац; —ei, Stümperei, f. крпеж; петљарија; —n, stümpern, v. n. кварити занат, пртљати, крпарити, шепртљити; auf einem Instrumente —, дрнкати.
stumpf, adj. туп, кус, кусаст, крњ, окрњен; (von Zähnen), утрнуо; — werden, отупити, утрнути; — machen, тупити, затупити; —e Nase, пљоснат нос; —en Geistes, тупоглав; —er Winkel, туп кут; fig. слаб.
Stumpf, Stumpfen, f. Stümmel.
stümpfen, v. a. тупити, отупити, затупити, одрнути, окрњити, крњити, одсећи (реп); (von Zähnen), утрнути зубе.
Stumpf-heit, f. тупост, тупоћа; fig. слабост, слабоћа; —nase, f. пљоснат нос; —schwanz, m. кусоња; —schwänzig, adj. кус, кусаст; —sinn, m. тупост, тупоглавост, тукавост; —sinnig, adj. туп, тупоглав, тукав, брљав; —winkelig, adj. туповутан.
Stunde, f. ура, сат; лекција; von — an, одсада, одселе; zur —, сада; eine Viertel —,

18*

четврт часа; zur guten —, у добри час; es ist eine starke — dahin, има донде добар сат; —n geben, лекције давати.
Stunden-glas, n. f. Sanduhr; —lang, adv. по читаве сате; —rufer, m. стражар ноћни; —schlag, m. избијање уре, сахата; —weise, adv. на сат, сваки сат; —weiser, —zeiger, m. сказаљка.
stündlich, adj. & adv. сваки сат, сваки час.
Sturm, m. (Ungewitter), вихар, бура, олуја, плата, невреме, непогода; (im Kriege), јуриш; (Unruhe, Tumult), бука, врева, ларма; —läuten, звонити на побуну, на ларму; —laufen, трчати на јуриш; —bock, m. брква, брквача; —dach, n. корњача убојна.
stürm-en, v. n. (lärmen) бучити, лармати, викати; (vom Winde), беснити; das Meer stürmt, море је немирно; mit Glocken —, звонити на ларму; — v. a. узети, освојити на јуриш; навалити, јуришати, јуришнути, наваљивати; —end, adj. буран, узнемирен, бесан, силан; —er, m. удорција; fig. жесток, напрасит човек.
Sturm-faß, n. каца, када пожарна; —glocke, f. звоно на ларму; —haube, f. —hut, m. кацига; (ein Kraut), своника (трава).
stürmisch, adj. буран, бујан, неиспран, бесан, силан, жесток, напрасит.
Sturm-leiter, f. лестве убојне и пожарне; petition, f. молба на силу; —pfahl, m. брква, брквача; —vogel, m. галеб; —wetter, n. бура, певреме, непогода; —wind, m. олуја, бура, бурни ветар, вихар.
Sturz, m. пропаст, падање; посртање; f. Stümmel.
Stürze, f. поклопац, заклопац; —becher, m. чаша с поклопцем.
Stürzel, f. Stümmel.
stürz-en, v. a. свргнути, сврћи, стрмоглав бацити, упропастити; превалити, свалити, оборити, бацити на тле, турити, турнути, гурнути; den Anker —, првачити; einen Deckel auf etwas —, поклопити штогод; einen zu Boden —, бацити кога на тле, ударити с њиме о земљу; sich ins Verderben —, упропастити се; ein Gefäß—, поклопити; einen Acker —, преорати њиву; —den Zehent (im Bergw.), дати десетак; mitten in die Feinde —, наскрути, загочити се међу непријатеље, стиснути се за ким; — v. n. пасти стрмоглав, посрнути, оборити се, свалити се, срушити се, ринути, урипути, уревати, отсести се, орити се, схорпти се, бушити, гропути; in ein Zimmer —, у собу грунути.
Stürzkarren, m. колица.
Stute, f. кобила, бедевија; —nfohlen, n. ждребица, омица, оме, шишаквица; —nhändler, m. —nhüter, m. —nmeister, m. кобилар; —rei, f. ергела.
Stutz, m. кусатак, окрњак; (Federbusch), перјаница; (kleine Flinte), тешана, кавал, штуц; (ein Gefäß), кабао; —ärmel, m. кратак рукав; —bart, m. подстрижена брада; —büchse, f. штуц, тешана.
Stütze, f. подупорањ, подупирач, потпора, о-

слонац, потпор; fig. уздница; (der Rebe, Fisole), тачка, притка, трла; штап;
stutz-en, v. n. (stoßen), бости се, куцати се; (sich verwundern), чудити се, зачудити се; убезекнути се; mit seinen Kleidern —, гиздати се; mit den Gläsern —, куцати чашама; das Pferd stutzt —, коњ ћули уши, рогуши уши; — v. a. подсећи, подрезати, крњити, окрњити, пократити; einen Baum —, окресати дрво; einen Hut —, узврнути шешир; den Schwanz —, кусити.
Stutzen, m. штуц, тешана.
stütz-en, v. a. подупрети, подупирати, одапирати, одапрети, опирати, опрети, упирати; den Kopf auf den Arm —, подњимити се; sich auf etwas —, упирати се, поуздати се у што; одапирати се, одапрети се, опрети се, опирати се, подупирати се; sich auf den Stab —, поштапати се.
Stutzer, m. кицош, гиздељив; den — machen, кицошити се; —ei, f. гиздељивство, кицошење.
Stutzglas, n. ниска чаша.
Stutzhund, m. кусов, кус пас.
stutzig, adj. зачуђен, збуњен, сметен; (von Pferden), ћудљив; — sein, мухати се; — werden, уђудити се.
Stützbart, m. штишобрк.
Stutz-kopf, m. тврдоглавац; —kuh, f. куса крава, кусуља; —ohr, n. (vom Pferd), ћулав коњ; —ochs, m. кус во, кусоња; —perücke, f. барока округла.
Stützpunkt, m. ослонац.
Stutz-rohr, n. f. Stutzbüchse; —schwanz, f. Stumpfschwanz.
Stützsäulchen, n. ступац.
Styl, m. стил, перо, начин писања; (Zeitrechnung), летоисчеље; a. St. n. St. (alten, neuen Styls), по старом, новом летоисчељу; —isiren, v. a. писати, написати; —ist, m. стилиста.
subaltern, adj. нижи, мањи; —er Beamter, нижи званичник; —e Stelle, мања служба.
Subarrendator, m. подзакупник.
Subjekt, n. подмет; особа, чељаде; помоћник, калфа.
Subordination, f. потчињеност.
Subscrib-ent, m. потписник, уписник; —iren, v. a. потписати, потписати се; уписати се.
Subscription, f. потписка, потпис; уписивање; —spreis, m. уписна цена.
subsidiar-isch, adj. помоћан; —recht, n. помоћно право.
Subsidi-n, pl. помоћ.
Subsistenz, f. f. Lebensunterhalt.
Substantiv, a. суштаствитив, именица.
Substanz, f. суштанство; имање, иметак.
substituir-en, v. a. поставити кога на чије место; —ter, m. постављени заменик.
Substitut, m. заменик; —ion, f. замеништво.
Subtraction, f. одузимање.
subtrahiren, v. a. одузети, одузимати.
succediren, v. n. (nachfolgen auf dem Throne, im Amte), следити, наследовати.

Succession, f. наслеђивање, f. Nachfolge, Thronfolge.
Suche, f. траг; њушкање.
Sucheisen, n. мачка (гвоздена).
such-en, v. a. тражити, искати, питати; —en, n. тражење, искање, питање; —er, m. тражилац; (bei den Wundärzten), сонда.
Suchstollen, m. правац за тражење.
Sucht, f. болест, немоћ; fig. бес, жеља, пожуда, страст; die gelbe —, f. Gelbsucht; die fallende —, падавица, велика болест.
Sud, m. вар; врење, кипљење.
Süd, Süden, m. југ, подне.
Sudelbuch, n. f. Strazze.
Sudelei, f. гад, свињарија, смрад; fig. мазање, крпеж; —ig, adj. прљав, умазан; —koch, m. прцвар; —köchin, f. прцварица; —magd, f. гадуља.
sudeln, v. a. мазати, прљати; нечисто варити.
Süden, f. Süd.
Süderbreite, f. ширина подневна, јужна.
Süd-land, n. јужна, подневна земља; —länder, m. југовић.
Sudler, m. мазало; нечист кухар.
Sudsalz, n. тузла.
süd-lich, adj. јужан, подневан; —ost, m. југоисток; (Wind), југоисточњак; —östlich, adj. југоисточан; —pol, m. јужни пол; —see, f. јужно, тихо море; —wärts, adv. к југу, према југу; —west, m. југозапад; (Wind), југозападњак; —westlich, adj. југозападни; —wind, m. југ, топлик; trockener —wind (in Ragusa), белојуг; —windiges Wetter, југовина.
Sühnhandlung, f. поравњење.
sühnen, Sühnopfer, f. versöhnen, Versöhnopfer.
Suite, f. пратња, свита.
Sultan, m. султан, турски цар; —in, f. султана, турска царица, султанија.
Sülze, Sulze, f. паче, дрхталице, питије, хладетине, хладнетине.
Sumach, m. руј.
sumarisch, adj. кратак, прски; — adv. на кратко.
Summarium, n. главна свота; (Uebersicht), световник, рачунски преглед.
Summ-e, f. свота, сума; —en, f. summiren.
summen, v. n. бумбарати, зујати, шумети, зујати, зучати, зукнути, бручати; — n. шум, зујање, бумбарање, зука, зучање, бручање.
summir-en, v. a. бројити, скупити; придати, придавати; n. —ung, f. бројење; придавање.
Sumpf, m. бара, барет, млака, глиб, блато; —ig, adj. баровит, блатан; —vogel, m. барска птица; wasser, n. вода из баре, блатуша, блатушина; —zwiebelli, f. жабокречина, окрск.
sumsen, f. summen.
Sünd-e, f. грех, грехота; —enfall, m. грех, сагрешење; —enschuld, f. кривица; —envoll, adj. грешан, пун греха; —er, m. грешник; —erin, f. грешница; —fluth, f. потоп, поводањ; —haft, —ig, adj. грешан, —igen, v. n. грешити, сагрешити, грешити се, греховати; gegen Jemand —igen, грешти о

кога; —lich, adj. грешан; —lichkeit, f. грешност; —los, adj. безгрешан; —losigkeit, f. безгрешност; —opfer, n. жртва од покајања.
superarbitrir-en, v. a. промотрити на ново; —ung, f. проматрање на ново.
Super-einverleibung, f. надукњижење; —fein, adj. префин.
Superintendent, m. суперинтендент; —in, f. суперинтендентовица.
Superior, m. старешина.
super-klug, adj. премудар; —klugerl, m. прекобројница.
Supp-e, f. Süppchen, n. јуха, чорба; јушица, чорбица; —enlöffel, m. велика ожица; —enschale, —enschüssel, f. здела, чинија за чорбу; —icht, —ig, adj. јушан, јухат, чорбаст.
Supplement, n. додатак, допуњење.
Supplent, m. допунитељ; (militär.), војнички заменик.
Supplic-ant, m. проситељ.
Supplik, f. молба, молбеница.
suppliren, v. n. допуњивати кога.
Supremat, n. врховна власт.
suspendiren, v. n. (aufschieben), одгодити; (einen vom Amte), обуставити, обустављати кога (од службе).
Suspension, f. обустављење.
Suspenso, etwas in — lassen, оставити што неодлучено; die Sache ist in —, ствар стоји неодлучена.
süß, adj. сладак, благ; —e, f. Süßigkeit; —elei, f. слатке речи; —en, v. a. сладити, засладити, осладити; —holz, n. госпино биље, glycyrrhiza glabra; —igkeit, —e, f. сладост, сласт; —igkeiten, pl. слаткиш; —kirsche, f. слатка трешња (плод); —kirschenbaum, m. слатка трешња (дрво); —lich, adj. слађан; —ling, m. слада.
Sylbe, f. слог; —niaß, n. слогомерје; —nstecher, m. цепидлака; —nstecherei, f. fig. цепидлачење.
Sylphide, f. силфида, вила.
Symbol, n. симвил, симбол; пословица; —isch, adj. симболичан, симболички; —ische Uebergabe, предаја по знамењима.
Symmetr-ie, f. размер, склад; —isch, adj. симетрички, размеран, складан.
sympath-etisch, adj. симпатичан, симпатички, пријатан, љубак; —ie, f. симпатија, наклоност срца; - isiren, v. n. симпатисати, слагати се.
Symptom, n. знак (болести).
Synagoge, f. синагога, јеврејска богомоља.
Syndicat, n. судство; —sbeschwerde, f. жалба на судију.
Syndicus, m. судац.
Synod-e, f. сабор црквени; - al, —isch, adj. саборан. [реч.
synonym, adj. истозначећ; — n. истозначећа
Syntax, f. слитакса, састављање (речи).
Syrup, m. сируп, растоп, пекмез.
System, n. системат, сустав; —al, adj. суставни; —atisch, adj. суставни; —isiren, v. a. уредити.
Szepter, m. жезал, скиптар.

Т.

Tabak, m. дуван, духан; (Schnupf—), бурмут; gemeiner —, кржак, кржањ; —rauchen, дуванити, пушити; —erzeugniß, n. производ дувана; —fabrik, f. творница за дуван; —gefäll, n. доходци од дувана; —händler, —handel, m. трговина с дуваном; —pflanze, дуван, духан; —schiff, n. дуваница; —trafikant, m. дуванџија, бурмуџија; —monopol, n. самопродаја дувана.

Tabaks-asche, f. пепео од дувана; —bau, m. сејање дувана; —beutel, m. дуванкеса; —büchse, f. кутија за дуван; —dose, f. табакера, бурмутица; —geruch, m. мирис од дувана; —pfeife, f. лула; —rauch, m. дим од дувана; —raucher, m. дуванџија; —schnupfer, m. бурмуџија; —spinner, m. завијач дувана; —stopfer, f. Pfeifenstopfer; —stube, f. дуванска соба.

Tabak-verlag, m. складиште дувана; —verleger, m. држатељ складишта од дувана; —verschleiß, m. продаја дувана.

tabellarisch, adj. табличан.

Tabelle, f. табла, таблица, скрижалка; (Ausweis), исказ.

Tabernakel, n. табернакула, светохранилиште.

Tableau, n. преглед.

tabular, adj. што се јавних књига тиче; —gläubiger, m. укњижени веровник; —mäßig, adj. укњижив.

Tabulet, n. орман крамарски; —krämer, m. крамар, ситничар.

Taburet, n. f. Sessel.

Tact, m. такт, мера, удар; —fest, adj. вешт такту.

tactmäßig, adj. по такту; паредан.

Tadel, m. хуљење, хула, прикор, укор, покор, куђење; (Fehler), мана, порок; —haft, adj. укоран, прикоран; —los, adj. прав, праведан, беспорочан, добар, незазоран.

tadeln, v. n. корити, кудити, хулити, забавити, забављати, покудити, скудити, манисати; —d, adj. окоран.

tadelns-werth, —würdig, adj. вредан, достојан укора.

Tadel-sucht, f. манисавост; —süchtig, adj. манисав.

Tadler, m. кудилац, куђеник; —in, f. кудилица, куђеница.

Tafel, f. табла, таблица; плоча, даска (Tisch), сто, трпеза; sich zur — setzen, сести за трпезу; die — abdecken, спремити трпезу; den Marmor in — schneiden, пилити на плоче мрамор; —bier, n. столно пиво; —becher, m. трпезар; —gelder, pl. столни новци; —glas, n. стакло у плочама; —gut, n. столно добро; —musik, f. музика о ручку.

tafeln, v. n. гостити се, частити се.

täfeln, v. n. обити даскама, прсничати.

Tafel-tuch, n. стољак, чаршав.

Täfelwerk, n. даске, прснице.

Tafelzeug, n. справа столна; —zimmer, n. трпезарија.

Taffet, m. тафет; —band, n. врпца од тафета; —weber, m. тафетар.

tafften, adj. тафетан, од тафета.

Tag, m. дан; der — bricht an, свиће, сваньива; mit Anbruch des —es, зором, у зору; den ganzen —, ваз дан, поваздан; den ganzen lieben —, вас боговетни, дуговетни дан; in den — hinein leben, без памети, без главе живети; den — über wo bleiben, предањивати, даньивати; es liegt am —e, очевидно је; an den — bringen, донети на видело; seine Gedanken an den — legen, исказати мисли своје; heute über acht —e, данас осам дана; heut zu —e, данас; noch heutigen —es, и дан дањи; binnen Jahr und —, данас годину дана; der jüngste —, судњи дан; страшни суд; der ganze Tag, ваздан; innerhalb eines —es, обданице; bei —, дању, даном; den Tag vorher, јучи, јучерашњи дан; um den andern —, прездан, напрездан; dieser —e, ономадне, опомадашњи; — werden, распанути се, распитати се; vom anbrechenden —e erreicht werden, освануты; (im Bergbaue), светло, видело.

Tag, **Tage**, (in Zus.), дневни, дањи; —arbeit, f. надница, дан, дневна радња; —arbeiter, m. падничар; —blatt, n. девни лист; (Journal), дневник; —blume, f. љиљан, hemerocallis fulva; —buch, n. дневник; —dieb, m. далгуба; —fahrt, f. дневно путовање; —rochnte, —geld, n. плата на дан; —gelder, pl. n. дневница; —lohn, m. надница; —löhner, m. надничар; —löhnerin, f. надничарка; —löhnen, v. n. надничити.

tagen, v. n. свитати, свањивати, свануты, освитати, освануты, распитати се, расванути се; (einen Tag festsetzen), одредити дан; (sich an einem Tage versammeln), рочити се, роковати.

Tage-reise, f. дан, дан хода, —fatzung, f. (gerichtliche), рочиште; —schaft, f. површина здања; —schreiber, m. дневничар.

Tages-couts, m. дневни ход новаца; —länge, f. дужина дана, дан; —licht, n. дан, свет, вид, видело; —ordnung, f. ред дневни.

Tage-zeit, **Tagzeit**, f. дан, дневно време; bei früher —, рано, за рана; —wasser, n. површна вода; —weise, adv. на дан; дан по дан; —werk, n. дан, надница, дневна радња; —zimmer, n. соба на дан.

Taglia, f. наглавница; (Rettungs-), избавнина.

täglich, adj. свагдањи, свакидањи, дневни; —, adv. сваки дан, дневно.

Tafel, n. f. Tafelwerk; —n, г. a. спремити, опремити, оправити, спремати, опремати, оправљати брод; —meister, m. опремалац

бродова; —werł, п. конопн, справа од брода.
Taktik, f. тактика; —er, m. тактик.
Talar, m. плашт, талар, мантија.
Talent, n. дар.
Talg, m. лој; —en, v. a. лојити, олојити; —icht, adj. лојан; —ig, adj. олојен, лојан; —licht, п. лојаница, лојана свећа; —ziefer, п. лојар; —zimmer, п. лојарница.
Talisman, m. тилисум, запис, амајлија; einen — schreiben, записати, записивати.
Talk, f. —stein, m. прозирац (камен).
Tamarinde, f. —nbaum, m. тамаринда.
Tamariske, f. —nbaum, m. метљика.
Tambour, f. Trommelschläger.
Tand, m. шала; трице, тричарије, попрд, празне речи.
Tändelei, f. игра, шала, зановетање, опрдица, беспослица, лакрдија, путипа, рутина и путина.
tändelhaft, adj. шаљив, беспосличав.
tändeln, v. n. играти се, шалити се, зановетати.
Tändler, m. зановетало, шаљивац, шаљивчина.
Tangel, f. четина; —holz, s. Nadelholz.
Tanne, f. јела, јелика, чам; —en, adj. јелов, чамов; —enharz, n. јелова смола; —enholz, n. јеловина, чамовина; —enwald; m. јелик, јелова гора; —zapfen, —apfel, m. шишка, шишарица јелова.
Tante, f. (Schwester des Vaters oder Mutter) тета, тетка; (Frau des Vaterbruders), стрина; (Frau des Mutterbruders), ујна.
Tanz, m. игра, танац, плес; —bär, m. биран медвед, мартин; —boden, m. игралиште, место за играње.
tanzen, v. n. играти, танцати, плесати; — n. играње, танац, танцање, плесање; sein — ist schon aus, допрало је већ; im — auf etwas vergessen, у игри заборавити на што.
Tänzer, m. играч; —in, f. играчица.
Tanz-kunst, f. играње; —meister, m. учитељ играња; —platz, m. s. Tanzboden; —schuh, m. ципела за играње, лака ципела; —schule, f. школа за играње; —stunde, f. лекција играња; —sucht, f. страст за играњем; —saal, m. s. Tanzboden.
Tapet, n. etwas aufs — bringen, изпети, износити на видело, на среду.
Tapete, f. тапета; —nhändler, m. —ntmacher, m. тапетар; —nnagel, m. чавлић за тапете; —npapier, n. папир тапетни.
tapezier-en, v. a. тапетати, потапстати; —er, m. тапетар; —erin, f. тапетарица.
tapfer, adj. храбар, срчан; —thun, јуначити; —keit, f. храброст; срце, срчапост, јунаштво.
Tappe, s. Tatze.
tappen, v. n. тумарати; пипати, напипати.
Tapps, m. пљуска, ћушка; (von Menschen), блесан, гаупан.
täppisch, adj. незграпан, неотесан.
Tara, f. дара, одбитак од ваге.
Tarantel, f. тарантула, врста отровнога паука.
Tarif, m. тарифа, ценовник; —iren, v. a. о-

ценити, измерити цену; —mäßig, adj. по ценику.
tariren, v. a. одбити дару, одбити на дару.
Tarot, Tarokspiel, n. тарок, дарок.
Tartane, f. тартана.
Tartsche, f. врста штита.
Tasche, f. Täschchen, n. цеп, шпаг, торба, торбица, кеса, тоболац.
Taschen-buch, n. записница; забавник; —dieb, m. крадикеса; —format, n. мало коло; —geld, n. новци за мање потребе; —krebs, m. jastor; —messer, m. бритва, брица, школца, жеба; —spielerei, —spielerkunst, f. серв, чаратанија, чарлатанија, опсена; - spiel, n. опсена; —spieler, m. глумар, тамашник; —uhr, f. цепни сат.
Taschner, m. торбар.
Tasse, f. таца, тас, зделица, финџан, саплак.
Taste, f. додирница.
tasten, v. n. пипати.
Taster, —zirkel, m. шестар токарски.
Tatar, m. (Courier), татарин, улак; —chan, m. татаран; —enhantsche, m. татарканџија; —enpfeil, m. татаранка.
Tatze, f. Tätzchen, n. шапа, шапица.
Tau, n. гумина, чело, уже, јеџек.
taub, adj. глух; etwas —, наглух, наглув; —e Ohren haben für Jemandts Bitten, оглушити се; — werden, оглухнути; —e Nuß, шупаљ орах; —e Blüthe, неплодан цвет; —es Ei, мућак; —e Nessel, мртва коприва; —e Aehren, празно класје.
Täubchen, n. голубић; голубичица; голупче.
Taube, f. голуб; голубица.
Tauben-ei, n. голубиње јаје; —farbe, f. голубиња, голубаста боја; —farbig, adj. голубаст; —haus, n. голубињак; —kropf, m. гушавица; —hohlwurzeliger —kropf, млађа; —nest, n. голубије гнездо; —schlag, m. голубињак.
Tauber, m. голуб.
Taubhafer, m. дивја зоб, овас дивји.
Taubheit, f. глухоћа, глухота.
Täubin, f. голубица.
taubstum, adj. глухонем; —enanstalt, f. глухонемница.
tauch-en, v. a. мочити, умочити, умакати, замочити, утопити, попрати, потопити, потапати; — v. n. морпти, ронити; sich ins Wasser —, уронити; —en, n. мореже, роњење; мочење, умакање; —ente, f. гњурац, ропац, сарка; —er, m. ропац, норац, ровац, гњурац; —erglocke, f. звоно ропачко, гњурачко.
Taufbuch, n. књига крштених.
Taufe, f. крштење, крст.
taufen, v. a. крстити, покрстити, крштавати; getauft werden, крстити се; der sich hat lassen, покрштењак, die sich hat — lassen, покрштеница.
Täufer, m. крститељ.
Tauf-hemd, n. крштена кошуља, крзница; —kleid, n. крзница; —name, m. крштено име; —pathe, m. крштени кум; —schein, m. крштеница; —stein, m. крстионица; —tag, m. крштен дан; —tisch, n. крзница; —wasser,

п. крштена вода; —зеиде, ш. крштени кум; —zeugin, f. крштена кума.
taugen, v. в. ваљати; zu etwas —, бити за што; er taugt nicht dazu, није тога вриједан.
Taugenichts, m. калаш, варалица.
tauglich, adj. добар, ваљан, способан, пристојан, прикладан, подобан; —er Zeuge, ваљан сведок; —es Mittel, сходно средство; —keit, f. ваљаност, способност, сходност, прикладност, подобност.
Taumel, m. тетурање. вртоглавица; fig. пијанство, пијаност, мамур; омама; —ig, adj. вртоглав, збуњен; (aus dem Schlafe), буновац, сањав; —n, v. n. тумарати, тетурати, будецати, посртати.
Taumler, m. чигра, columba gyratrix.
Tausch, m. мена, промена, размена, мењање, трампа; —en, г. в. променити, мењати се, променити се, мењати, трампити, пазарити.
täuschen, v. n. обманути, преварити, варати, заварати, заваравати; sich —, v. r. варати се, преварити се; —end, adj. варајућ, лажљив, преваран; — adv. јако, веле, весма; —geschäft, n. трампа; посао од промене; —handel, m. мењање, пазарење, трампа.
Täuschung, f. опсена, обмана, превара, заваравање.
tausend, num. хиљада, тисућа, миља; — n. хиљада, тисућа; auf —e anwachsen, хиљадити се; der —e besitzt, хиљадар; —er, m. хиљадарка; —blatt, n. купћ реп, millefolium; —erlei, adj. indecl. хиљадоврстан; —fach, —fältig, adj. хиљадострук; —fuß, m. стонога; —guldenkraut, n. кичица, китица; —jährig, adj. од хиљаду година, хиљадугодишњи; —künstler, m. свезналица, свашар; —mal, adv. хиљаду пута; —schön, n. тратор, кадифица.
tausendste, adj. хиљадити, тисућни.
Tauwerk, n. конопе, ужета.
Tax, Taxbaum, m. тис.
Tax-ator, m. оцепитељ; —bar, adj. од чега треба платити одредбу.
Taxe, f. одредбина, такса.
tax-frei, adj. без одредбине; -freiheit, f. ослобођење од одредбина.
taxir-en, v. a. цепити, процепити, начинити одредбину; —ung, f. начињење одредбине (за месо итд.); оцена, процена.
Taz, m. дација; Bier —, пиварина, Wein —, винарина.
Technik, f. вежбање, обртозналье.
technisch, adj. обртознански.
Teich, m. бара, блато; рибњак.
Teichel, m. цев.
Teich-fenster, n. решетка на рибњаку; —fisch, m. риба из рибњака; —büchse, n. трћка; —rechen, m. s. Teichfenster.
Telg, m. тесто; ausgewalkter —, јуфка, јуфка; Stück ausgewalkter —, лист; —icht, —ig, adj. тестан; —nudel, f. сврчак; —räbchen, n. девермавим, ковртац; —scharte, f. стругуља, стругач.
Telegraph, m. брзојав; —enamt, n. брзојавни уред, (Locale) брзојавница; —enbote, m.

гласник код брзојава; —enstation, f. брзојавна станица.
Teller, m. тањир, тањур, плађан; —leder, m. чанколиз, лижисахан; —tuch, n. убрус, убрусац.
Tellmuschel, f. телина.
Tempel, m. храм, црква, темпло; —herr, m. темплар, божјак; —orden, m. ред темпларски, божјачки; ritter, s. Tempelherr.
Temperament, n. темперамента, нарав, ћуд.
Temperatur, f. температура.
temperiren, v. a. s. mäßigen, mindern, mildern.
tempern, (gem.) v. n. пландовати, дангубити.
Tempo, n. време, темпа.
Tenakel, u. (in der Buchdruckerei), држало.
Tendenz, f. тежња; (Gesinnung), мњење; —proze, m. парница са политичном намером.
Tenne, f. гумно, гувно; —nschlägel, m. млат, цеп.
Tenor, m. тенор, танак глас, висок глас; —ist, m. тенориста.
Teppich, m. саг, ћилим, шареница; zottiger —, чупавац.
Termin, m. термин, рок.
Terne, f. (drei Personen), тројица; (drei Zahlen in der Lotterie), тројрод, терно.
Terpentin, m. —baum, m. терпентин; —öhl, n. уље терпентиново.
Terrain, n. земља; —verhältnisse, pl. n. каквоћа земље.
Terrasse, f. батрица, лопца.
Terrine, f. Suppenschüssel.
territorial, adj. покрајини.
Territorium, n. f. Gebiet, Bezirk.
terrorisiren, v. a. страшити, страховати.
Terrorismus, m. страшење, страховање, s. Schreckensherrschaft.
Tertia, f. трећа школа; трећи ред; (—Wechsel), трећа меница.
Tertie, Terz, f. (in der Musik), трећа (кајда).
Terzerol, n. шпагарица.
Terzett, n. тропев.
Terzianfieber, n. тродневница (грозница).
Test, m. (in der Chemie), клобук (у кемији).
Testament, n. тестамента, опорука; altes und neues —, стари и нови завет; —er, s. Testator; —isch, —lich, adj. опоручни, тестаменталан; adv. у тестаменту, по тестаменту; —schreiber, m. писац опоруке; —zeuge, m. опоручни сведок.
Testator, Testirer, m. опоручитељ, опоручник; —in, f. опоручитељка.
testir-en, v. n. опоручити, оставити, опоручивати, остављати, начинити опоруку; —ung, f. опоручење; —ungsfähigkeit, f. способност за опоручење.
Tetschel, s. Leichel.
Teuse, s. Tiefe.
Teufel, m. враг, ђаво, злоба, худоба; der böse —, нечастиви; —chen, n. вражић, ђаволчић, ђаволче; —ei, f. ђаволуда, ђаволија, —in, f. ђаволица; —isch, teuflisch, adj. вражји, ђаволски, врашки.
Teufels-banner, m. изгонитељ врагова; —beere, f. пасквица; —brut, f. вражји скот; —bred, m.

вражје говно (смола); —ferl, m. ђаволан, врагољан, враг од човека; —finb, n. враговић, враг од детета; —menfch, f. Teufelsferl.
Teuthorn, n. рог говедарски.
Text, m. речи; — des Gesetzes, речи закона; Jemanden den — lesen, сапунити кога, читати коме буквицу; —iren, v. a. ставити на писмо (н. пр. закон).
Thal, n. до, долина, дока, продол, раздоље, пресека, увала, дубодолина; tiefes —, думача, гудура; —bewohner, m. дољанин.
Thaler, m. талир; spanischer —, ледењача, диреклија; österreichischer —, карловац; (Ader—), орлаш.
Thal-leute, pl. m. дољани; —weg, m. матица; гудура, сурдук, драга.
That, f. (einzelne), чин, чињеница, учин, дело, посао; (Begebenheit), догађај; in der —, у истину, заиста, доиста; auf frischer ertappen, затећи кога при чину; —beschreibung, f. опис чина, догађаја; —bestand, m. стање чињенице; den —bestand erheben, развидити, извидити стање чињенице; —beständerhebung, f. развиђење чињенице.
Thäter, m. почетник; злочинац, кривац, рукоставник.
Thathandlung, f. Gewaltthätigkeit.
thätig, adj. радив, послен, марљив, помњив; —feit, f. радивост, посленост; марљивост, помња, помњивост.
thätlich, adj. чином, рукоставно; sich — an Jemand vergreifen, увредити кога рукоставно; —feit, f. рукоставност, сила, насиље.
Thatsache, f. чин, чињеница, ствар истинита, догађај истинит, права истина.
thatsächlich, adj. саставни; чињеннчни.
Thatumstand, m. околност чињенице.
Thau, m. роса, росата, јутрења роса, росица; (in Zus.), росан, росат; —en, v. n. & i. росити, поросити, порашати; (vom Eis), топити се, кравити се; —ig, adj. росан, роснат; —regen, m. росуља, роса, мали дажд, поросица, поросица; —wetter, n. југовина; —wind, m. југ.
Theater, m. театар, позориште, казалиште; —dichter, m. драматички песник.
theatralisch, adj. театарски, позоришган, казалишган;
Thee, —baum, m. теј, чај; —büchse, f. чајница; —kanne, f. чајник, тејник; —kessel, m. котлић за теј, чајник, самовар.
Theer, m. катран, паклина, смола; —brenner, m. катранар, смолар; —brennerei, f. смоларница, катранарница; —büchse, f. катраница, катрењача; —n, v. a. катранити, паклити; —ig, adj. катрањен, окатрљен.
Thee-tasse, f. —schälchen, n. чајна, тејна чаша, фијцан.
Theil, m. део, дел, чест, тал, исе; страна, странка, комад, књига, свеска; — an etwas haben, учествовати у чему; zu — werden, запасти, допасти, припасти, привалити се; zum —, нешто, од чести.
Theil-, (in Zus.), деобни, од чести.

theilbar, adj. раздељив, раздељни; —feit, f. раздељивост.
Theilbettag, m. део, чест.
Theilchen, n. комадић, честица.
theil-en, v. a. делити, разделити, поделити, лучити, разлучити; in zwei Theile —, предвајати; sich in etwas —, делити се; sich —, поделити се; —er, m. делитељ.
Theil-haber, m. учесник, деоник, удеоник; — haberin, f. учесница, деоница, удеоница; —haft, —haftig, adj. учестни, учестнички; —haftigfeit, f. учешће; —nahme, f. Theilnehmung; —nehmer, m. деоник, учесник, ортак, друг, сучлан; —nehmerin, f. деоница, ортакиња; —nehmend, adj. боћни; —nehmung, f. деонштво, удеонштво, учешће.
theils, (zum Theil), adv. које, што, нешто, од чести.
Theilung, f. дељење, деоба; —szeichen, n. знак дељења, раздељење (у писму).
theilweise, adv. део по део, на делове, честимице, на комаде, страну по страну, од чести.
Thema, n. темат, задаћа, задатак.
Theolog, m. богословац; —ie, f. богословље, богословија; —isch, adj. богословни, богословски.
Theorem, n. теоремат.
Theoret-iker, m. теоретик; —isch, adj. теоретички, теоретичан.
Theorie, f. теорија.
Theriat, m. турјак.
Thermometer, n. s. Wärmemesser.
theuer, adj. драг, скуп, тежак; fig. драг, мио; —es Jahr, гладна година; —es Wesen,·драгост; —, adv. тешко, скупо до зла бога, драго, мило; —werden, дражати, уздражати поскупити; —ung, f. скупоћа.
Thier, Thierchen, n. живо, живинче, животиња, ајвана; die vierfüßiger —e, четворопожне; wilde —e, звери, зверад; (bei den Jägern), кошута; junges —, младе, младунче; —arzt, m. марвенски, коњски лекар; —arzeiltunst, f. марвенско лекарство; —garten, m. звериљак; —gefecht, n. звериња бој; —haus, n. зверињак; —isch, adj. животински, марвински, зверски; —freis, m. зодијак; —plagen, m. бурак; —quälerei, f. мучење животиње; —race, f. трага; —reich, n. животинско царство; —schaben, n. потрица; —seuche, f. марвинска пошаст; —wärter, m. пастоуник зверади.
Thon, m. глина, пловача; —artig, adj. глинаст, глинав; —erde, f. пловача, глина.
thönern, adj. земљан, од земље, од пловаче.
thönig, adj. глинаст, глинан.
Thor, m. будала, луда, бена, лудак, бедак.
Thor, n. капија, врата; —band, n. стежањца од капије; —flügel, m. вратница; —geld, n. ·вратарина.
Thorheit, f. будалаштина, лудост, лудорија.
thöricht, adj. луд, будаласт, бедаст, бенаст; —sprechen, будалити.
Thörin, f. луда, будала, сулудница, бена.
Thor-riegel, m. засовница, мандал; —schließer, f. Thorwärter; —schluß, m. затвор капије; време затвора од капије; —schlüssel, m.

Thran , m. писар на капији; —fchreiber, m. писар на капији; —fperre, f. затворање капије; —wärter, m. вратар, капиџија; —wärterin, f. вратарица; —weg, m. врата, капија; —zettel, m. пропуст, писмо од пропуста; —zoll, m. вратарина.

Thran, m. китово уље, рибје уље.

Thräne, f. Thräne.

Thrän•e, f. суза; —en, v. n. сузити, плакати, ронити сузе; —enbach, m. поток суза; —enbrüfe, f. сузна жлезда; —enfiftel, f. сузна цевка; —enfluß, m. сужење; —enfluth, f. enftrom, m. f. Thränenbach; —envoll, adj. сузан.

Thran•faß, n. буре, бачва, барило за уље китово; —icht, —ig, adj. мастан, тучан, претно; умазан, намазан уљем китовим.

Thron, m. престо, престол, престоље; —besteigung, f. ступање на престо; —en, v. n. седити на престолу, владати; —erbe, —folger, m. наследник престола; —folge, f. следовање на престолу; (Anfall), oшастност к престолу; —folger, f. Thronerbe; —himmel, m. небо.

thun, v. a. делати, чинити, радити, пословати, учинити, творити; метнути, метати, дести, девати, ставити, стављати, врћи; sich etwas zu — machen, забављати се чиме, шушкати око чега; einem zu — geben, дати коме посла; kund —, огласити, објавити, обзнанити; der Sache zu viel —, претерати (у послу); das läßt sich nicht —, то се неда учинити; Jemanden etwas zu Leibe —, увредити кога; das thut nichts zur Sache, ништа зато; er hat zu —, много посла; es ist mir nur darum zu —, мени је само до тога; es thut Noth, треба; seinen Sohn auf die Schule —, дати сина у школу; bei diesem Handel ist nichts zu —, нема добитка при овом послу; wenn es nur darum zu — ist, ако је само до тог стало; er thut, als wüßte er nichts, чини се као да не зна ништа; groß, vornehm —, поневидити се; eine Sache auf die Seite —, уклонити штогод; ein Gleiches —, вратити зајам; etwas auf den Tisch —, метнути што на сто; heraus — извадити; von einander —, раставити; sich hervor —, одликовати се; mit einem Mädchen schön thun, миловати; es thut mir leid, жао ми је; es ist damit nicht gethan, то није доста; oft —, учестати; zu — haben, војштити, мучити се; zu — haben mit Jemand, баратати; ich thue es gern, ја сам рад то учинити; was ist zu —? шта се хоће? es thut nichts, ништа за то, ако ће, тешто, тотњему; —, n. чињење, делање, рад, посао; unfer und Laffen, све што чинимо.

Thunfisch, m. туна; gefalzener —, тунина слана.

thunlich, adj. могућ, што се може учинити; —keit, f. могућност; nach —keit, по могућности; —ft, adv. ако је икако могуће.

Thür, f. Thürchen, n. врата, вратанца, вратаоца; bei offener —, код отворених врата (што расправљати); —angel, n. петица, стежанца, стожер, чеп у врата, шарка, шарке; —band, n. стежанца; —flügel, m.

вратница; —hüter, m. вратар; —hüterin, f. вратарица; —klopfer, —ring, m. алка, беочуг.

Thurm, m. торон, торањ; (Kirchthum), звоник; befestigter —, кула.

Thürmchen, n. куница, горопьчић.

thürmen, v. a. дизати, уздизати, грнути, гртати, гомилати; sich —, v. r. дизати се, узлизати се, гомилати се.

Thürmer, m. звонар.

thurm•förmig, adj. облика торопска; —spitze, f. врх торња; —uhr, f. сат на звонику.

Thür•pfofte, f. антик, нобој од врата, праг (горњи, долњи), вратница; —ring, m. беочуг, алка, звекир; —schwelle, f. праг; —fteher, f. Thürhüter.

Thymian, m. поповац.

tief, adj. дубок; низак; —es Roth, Blau ic. загасита црвена или модра боја.

Tiefe, f. дубина, дубина; низина; бездан; — im Flusse, вир, зеленац, зеленик, воли —n, веровит.

tiefdenkend, adj. дубокоуман.

Tieffinn, m. —igkeit, f. замишљеност, туробност; fig. дубокоумље; —ig, adj. замишљен, туробан; fig. f. tiefdenkend.

Tiegel, m. лонац, грнац, тигањ.

Tiene, f. бадањ, каца, када.

Tiger, **Tieger**, m. тигар; —farben, adj. тигров, тигрове боје; —hund, m. тиграсти пас; —fatze, f. тиграста мачка дивља; —weibchen, n. тигрица.

tilgbar, adj. истребљив; платив.

tilg•en, v. a. требити, истребити, унуштити; eine Schuld —, платити, исплатити дуг; verbücherte Schulden —, искњижити дугове; —ung, f. требљење, унуштење, плаћање, исплата, ислављивање.

Tinte, f. тинта, црнило, мастило, мурећеп.

Tintenfaß, n. дивит, тинтарница, мастионица; —fisch, m. сипа, улигањ; —sled, —klets, m. мачка, крмача; —pulver, n. прах за тинту; —stöpsel, m. занушач на дивиту.

Tisch, m. сто, трпеза; (des Schneiders, Tischlers, Kaufmanns ic.), тезга; an —e, за столом; einen zu — laden, позвати кога на обед; nach —e, после обеда; der — des Herrn, сто господњи, причеште.

Tisch, (in Zus.), столи, трпезни; —bier, n. столно, трпезно пиво; —blatt, n. даска стола; —gänger, f. Koftgänger; —gebet, n. молитва столна; —geld, f. Koftgeld; —genoß, m. столни друг; —geschirr, n. посуђе столно; —gesellschaft, f. друштво за столом; —gespräch, n. —reden, pl. разговор за столом, уз јело; —gestell, n. постоље.

Tischler, m. столар; —arbeit, f. столарски посао; —handwerk, n. столарство; —in, f. столарица; —leim, m. туткало; —werkzeug, n. оруђе, алат столарски.

Tisch•tuch, n. обични напитак; —tuch, m. столњак, постољњак, плахта, трпежњак, крпета, чаршав; —wein, m. столно, трпезно вино; —zeug, —geräth, n. столна справа.

Titel, m. име, наслов, титула; правни наслов; —blatt, n. заглавље, наслов (од књиге).

titular, adj. титуларан, насловни, почасни.
Titulatur, f. насловство.
tituliren, v. a. титуловати, давати наслов.
Toast, m. здравица; einen — ausbringen, напити, наздравити; einen — erwiedern, отпити, оздравити.
toben, v. n. беснити, бучати; —, n. бешњење, бука.
Tochter, f. кћи, ћер, ћерца; die einzige —, једница.
Töchterchen, n. кћерка.
Tochter-kind, n. унуче; —kirche, f. филијална, подружна црква; —mann, m. зет; —sprache, f. млађи језик, језик произведан.
Tod, m. смрт, самрт, умрли час; dem —e paдe, гроб неопојан; mit —e abgehen, умрети, преминути, представити се; sich den — anthun, убити се; einen zum — verurtheilen, осудити кога на смрт; er ärgert sich zu —, хоће да свисне од једа; ich bin des —es, пропао сам, погибох; mit dem —e ringen, борити се с душом; sich zu —e lachen, пукнути од смеха.
Tod=bett, n. смртна постеља, умор; —bringend, adj. смртоносни.
Todes=angst, f. смртна мука; fig. велика мука, страх; —anzeige, f. пријава смрти; —art, f. смрт, начин смрти; —fall, m. смрт, случај смрти; —gefahr, m. смртна погибао; —kampf, m. борење с душом, умор; —schweiß, m. смртни, ледени зној; —stunde, f. умрли час, час; —strafe, f. смртна казна; —tag, m. дан од смрти; —urtheil, n. пресуда смртна.
Todfallsfreigeld, n. мртварина.
Tod=feind, m. главни непријатељ; —krank, adj. на смрт болестан.
tödlich, adj. смртан, смртоносан; —keit, f. смртоносност.
Todsünde, f. смртни грех.
todt, adj. мртав, умрло; покојан; — schlagen, stechen, schießen, убити; sich — fallen, убити се; sich — stellen, умртвити се, (von Thieren) улупити се; der —e, мртвац, мртац, самртник.
tödten, v. a. убити, убијати, морити, уморити, осмртити, усмртити, туђи, укинути, укалити, оместити; (die Seidencocons tödten) тушити.
Todten-acker, m. гробље; —amt, m. парастос, задушнице, црна, мртвачка миса; —bahre, f. посила; —beschau, f. разглед мртваца, ћеш; —beschauzettel, n. мртвачка разгледка; —blässe, f. смртна бледоћа; —blaß, adj. блед као смрт; —blume, f. невен, calondula officinalis; —buch, n. књига мртвих; —eule, f. ћук; —farbe, f. мртвачка боја; —farbig, adj. блед, мртвачке боје; —fled, m. печа; —geläute, n. звоњење мртвачко; —gerippe, n. костур; —geruch, m. мртавштина; —glocke, f. звоно самртно; —gräber, m. гробар, укопник; f. Käsfäfer; —hand, f. мртвачка рука; —hemd, n. самртњача; —kammer, f. мртвачка комора; —klage, f. запевка, парица, не; —knochen, m. —bein, n. кост мртвачка; —labe, f. Sarg; —liste, f. списак мртвих; —mahl, n. даћа; (40 Tage nach dem Ableben),

четрдесетница; (ein Jahr nach dem Tobe), годитница; —messe, f. парастос, опело; (letzte — messe), изводња; —musik, f. мртвачка музика; —schein, m. смртно писмо; —schlaf, m. смртни сан.
Tödter, m. убилац.
todt=geboren, adj. мртворођен; —krank, f. todtkrank.
tödtlich, adj. смртоносни.
Todt=schlag, m. убијство, крв; —schlagen, v. a. убити; —schläger, m. убилац, крвник.
Tödtung, f. убијање; (einer Urkunde), уништење.
Tof, —stein, m. туф (камен); —steinartig, adj. туфаст.
Toleranz, f. спосност, трпљивост.
toll, adj. бесан, помаман, дрпован; einem den Kopf — machen, разјарити кога, помамити; — werden, помамити се, беснити, дрпути се; —apfel, m. биокви, татула; —beere, —kirsche, f. јагода од пасквице.
tollen, f. toben.
Toll=haus, n. лудница; —heit, f. бес, бесноћа, помама; лудост; fig. јарост, срџба; —hörner, n. pl. балук, балукат; —kopf, m. вртоглавац; —kraut, n. бунка; —kühn, adj. дрзак; —kühnheit, f. дрзовитост; —wurm, m. црв, жилица под језиком пасјим.
Tölpel, m. блесап, бена, глупав, мућурла, безјак; —ei, f. глупост, лудост; —haft, tölpisch, adj. глуп, луд, бенаст; —haftigkeit, f. глупост.
Tombak, m. тумбак.
Ton, m. глас; нагласак, акценат.
Tonart, f. начин, глас.
tönen, v. n. гласити, звонити, звучити, разлегати се, орити се.
Ton-kunst, f. музика; —künstler, m. музичар; —leiter, f. скала; —maß, n. —messung, f. гласомерје; —messer, m. гласомер.
Tonn-e, f. Tönnchen, n. бачва, буре, барило, балањ; ein Schiff von hundert —en, брод од сто бачава; —enweise, adj. на бачве.
Ton=setzer, m. складатељ; —setzung, f. складба.
Ton=silbe, f. слог нагласни; —zeichen, n. нагласак, акцент; (in der Musik), нота, кајда.
Tonsur, f. кавка, кокулица.
Topas, m. топаз (камен драги).
Topf, m. лонац, грнац, грне; — zu Honig, Schmalz, ћуп.
Töpfer, m. лончар, грнчар; —erde, f. гњила, лончарска земља, грнчара.
töpfern, adj. земљан, од земље, од гњиле.
Töpfer=scheibe, f. коло лончарско; —geschirr, n. —arbeit, f. посуће земљано.
Topfschiff, n. лончарица.
Topfstein, m. лончарски камен.
Topograph=ie, f. местопис; —isch, adj. местописни.
topp, i. хајд, хајде; добро.
Torf, m. тресет; —boden, m. —erde, f. тресетна земља; —händler, m. тресетар.
torkeln, f. taumeln.
Tormentille, f. стезник (трава).
Tornister, m. торба, врећа, торбак; (von Zie-

genhaar), струњца, струњара; (der Solda-
ten), телећак.
Tort, m. f. Nachtheil, Schaden, Unrecht.
Torte, f. торта; проха, проја; —pfanne, f.
тортепица.
Tortur, f. мукс; мучење.
total, adj. васколик, свеколик; —, adv. ли-
стом, аметимице; —ität, f. свеколикпна;
— ſumme, f. свакоlика свота; — überſicht,
f. преглед о целој ствари; —vermögen, n.
свакoлика имовина.
Trab, m. кас; in — reiten, касати.
Trabant, m. пандур, уставник; der — eines
Planeten, пратилац.
trab-en, v. n. касати, клапити; —er, m. ка-
сало, касач.
Träber, pl. ком, f. Treber.
Tracht, f. бреме, нарамак, паручај; (von Prü-
geln), оброк батина; (von Thieren), легло:
(in der Baukunſt), потпор; (Kleidertracht), но-
шња, пошпво, ношај.
trachten, v. n. гледати, старати се, бринути
се, настојати, треити се; nach etwas —, тра-
жити што, тежити за чим; nach dem Leben
—, радити коме о глави; —, n. настојање,
гледање, тражење; ſein ganzes Dichten und
— geht dahin, ма што радио, све му иде
на то и на то.
trächtig, adj. (von Hündinnen) сутпен; (von
Katzen), сумачап, смачап; (von Kühen), сте-
он, брећ; (von Stuten), суждребап; (von
Sauen), супрасап; (vom Schafe), сјањап; (von
der Ziege), скозап; — werden im erſten
Jahre (vom Schafe, Ziege), копилити се; (im
Allgemeinen), скотап.
traciren, v. a. измерити (п. пр. пут).
Tractament, m. пир, част, гозба, гошћење,
плаћа.
Tractat, m. погодба; расправа.
tractiren, f. behandeln, unterhandeln, bewirthen.
Traganth, m. трагант (смола).
tragbar, adj. (fruchtbar), плодан, родан.
Trage, **Tragbahre**, f. посила, тезгере.
träge, adj. леп, тром, гигав, траљав, тутљав.
Trage-balken, m. трам; —himmel, m. небо; —
knospe, f. родни плодан пупољак; —lohn,
m. ношевина, попос.
tragen, v. a. & n. носити, попети, ртљати;
davon —, одиети; ſich —, носити се; er
trägt ſich hoch, држи се на високо; (von
Bäumen), посити, родити; (einbringen), по-
сити, доносити, приносити, давати корист;
Kosten —, платити трошкове; Schaden —, и-
мати штету; Bedenken —, сумњати, двојити,
премишљати се, оклевати; die Stute trägt
elf Monate, кобила носи једанаест месеци;
Sorge —, скрбити, старати се, гледати,
настојати, — одиети; eine Schuld ins Buch —, запи-
сати у књигу дуг; er trägt ſein Herz auf der
Zunge, што ми је на срцу, то и на језн-
ку; meine Augen — nicht so weit, ја неви-
дим тако далеко; Verlangen —, жудети,
желети.
Träger, m. носач, носилац, амал, содат, тур-
мар; (Hauptbalken), оглавача, тетива; — der

Gewalt, властитељ; —lohn, m. ношевина,
попос.
Tragesessel, m. палапкип.
Tragezeit, f. време ношења.
Tragfaß, n. бременица.
Trägheit, f. лењост, тромост; ſich der — hin-
geben, леипти се.
Tragiter, m. трагик.
tragikomisch, adj. трагикомички, трагикомичан.
Tragikomödie, f. трагикомедија.
tragisch, adj. трагички, трагичан.
Tragödie, f. трагедија, жалосна игра.
Tragstange, f. обраница, обраница, обраница,
обрамљача, обравница.
Tragweite, f. досег, домашај, замашај; die
Sache hat eine große —, ствар је ово ве-
лика.
trällern, v. n. певукати; (trillern), трести, потре-
сати гласом.
Trambaum, m. венчаница, слеме.
Trämel, m. тојага, кијак.
Traminer, m. rother, дивка, vitis apiana.
trampeln, v. n. лупати, бити, ударати ногама.
Trampelthier, n. дромедар.
trampen, f. trampeln.
tränken, v. n. спебивати се; f. tändeln.
Trank, m. пиће, напитак; (für das Vieh), за-
пој, папој; помије.
Tränke, f. водопој, појило, појиште.
tränken, v. a. појити, напајати, напојити, за-
појити, запајати; натопити, натапати, на-
жнкати.
Trankfaß, n. **Tränkrinne**, f. **Tränktrog**, m. ко-
рито, камешпица за појење, валов.
Tranksteuer, f. данак од пића.
Transaction, f. ſ. Vergleich.
transferir-en, v. a. препети, преместити;
—ung, f. пренос, премештај.
Transito, n. ſ. Durchfuhr.
transitorisch, adj. мпогоредпи; прелазпи.
Translator, m. преводитељ.
Transport, m. транспорт, превоз, пренос, пре-
прат; —iren, v. a. препратити; —schiff, n.
преход.
Trappe, f. дропља.
Trappe, f. ſ. Tritt, Fußstapfen.
trappeln, ſ. trampeln.
trappen, (ſtrampfen), v. n. бактати, бити но-
гама.
Trass-at, m. платилац мепице, тезовник, по-
тезовник, —ant, m. тезпик, потезник; —
iren, v. n. (auf einen), дати мепицу, тегну-
ти, потегнути меппцу на кога; traſſirter
Wechſel, потезница, потегнута мепица.
Traite, f. тезица, потезица.
Träubchen, n. гроздак, гроздић.
Traube, f. грозд.
Trauben-beere, f. Weinbeere; —bohrer, m. сврд-
ло с ручицом; —förmig, adj. гроздаст; —
hagel, m. картач; —hülse, f. Weinhülse; —
lese, ſ. Weinlese; —kirsche, f. сремса; —nach-
leser, m. пабирач; —reich, adj. грозан; —
saft, ſ. Rebensaft.
trauen, v. a. венчати, венчати се; getraut wer-
den, венчати се.
trauen, v. n. (einem), веровати коме, уздати

се, поуздати се у што, у кога; sich —, v. r. f. getrauen.
Trauer, f. жалост, корота, жалост за мртвим, жаљење, црнина; туга; für Jemanden — anlegen, обући се у црно за ким, жалити кога, коротати; in — versetzen, порушити, ојадити; in — versetzt werden, порушити се.
Trauerbaum, m. јадиковина.
Trauer=binde, f. пошa; —flor, f. Todesfall; —flor, m. пошa;' —gebicht, n. песан жалобна; —gefolge, n. спровод; —geläut, n. звонова мртвца; —gepränge, n. великолепност жалобна.
Trauer=gerüst, n. f. Leichengerüst; —gesang, m. песма, певање жалобно; —geschichte, f. приповест жалосна; —jahr, n. година од корoте; —fleid, n. црнина; —mahl, n. кармине, даћа; —musik, f. жалобна музика.
trauern, v. n. жалостити се, туговати, жалити, коротовати, чемериковати.
Trauer=pferd, n. жалобни коњ; —rebe, f. беседа погребна.
Trauerspiel, f. трагедија, жалосна игра; — dichter, m. трагик.
Trauer=ton, m. глас жалобни; —tuch, n. црно сукно; —wagen, m. мртвачка кола; —weib, n. покајница; —weibe, f. стрмоглед, стрмогред, жалосна врба; —zeit, f. време, доба од корoте.
Traufe, f. стреха.
träufeln, traufen, v. a. & n. цурити, капати, накапати, прокапњивати, пропадати.
Trauf=recht, n. f. Dachtraufenrecht; —hafen, m. кућа од олука; —rinne, f. Dachrinne.
Trau=gebühr, f. венчаница; —hemd, n. венчаница, венчана кошуља.
traulich, adj. пријатан, својски; поуздан.
Traum, m. сан; —buch, n. санарица, сановник; —deuter, m. тумач санова; —deutung, f. тумачење санова.
träum=en, v. n. сањати, уснити, снити, снeвати се, приснити се, уснити се; es hat ihm geträumt, приснило му се, успило му се; durcheinander —, клaнити, тлапити; von etwas —, сањати што; —er, m. сaњало; —erin, f. сaњалица; —erei, f. сaњарија; —erisch, adj. сaњарски; занесен.
Traum=gesicht, n. утвора; —gott, m. Морфеј, бог сна.
traun, adv. заиста, доиста, збиља, у истину.
traurig, adj. жалостан, тужан, плачан, сузан, невесео, кукаван, јадан; —keit, f. жалост, туга, јад.
Trau=ring, m. венчани прстен; —schein, m. венчано писмо; —schleier, m. дувак.
traut, adj. мио, драг, пријатан; поуздан, веран, добар.
Trauung, f. венчање; —buch, n. књига венчаних; —gebühr, f. венчаница; —schein, m. венчано писмо.
Treber, pl. комина, ком, троп, туска, тропине, мезга, џибра; — des geschmolzenen Fettes, чварак; —branntwein, m. комовача, комовица; —öl, n. премилаз.
treffen, f. ziehen.

Tredschüte, f. тумбас.
Treff, Treffel, n. мак (у карти).
Treff, m. f. Schlag.
treffen, v. a. згодити, погодити, згађати, погађати, догодити, догађати, угодити, угађати, пригодити, нагодити; fig. наћи, срести, сукобити, застати, заставити, десити улесити, надoсити, задесити, задeнути, затећи, намерити, забушити, нагонити; (im Schusse) бити; (im Steinwurf), добацити; (beim Wahrsagen), уврачати; Anstalten —, приправљати се, приправљати; nicht —, промашити; eine Wahl —, изабрати; eine Heirath —, oжeнити се; die Reihe trifft mich, мoj је ред; das Unglück hat mich getroffen, пашла ме је несрећа; das trifft Sie, то се вас тиче; das Loos hat ihn getroffen, њега је десило; Ihr habt es getroffen, погодили сте; der Blitz hat ihn getroffen, ударила га, опшинула га муња; wen trifft die Schuld? ко је крив? sich —, v. r. намерити се, десити се; was sich trifft, намера; es traf sich, baш, десило се, да; wie es sich trifft, како буде; како кад, кад какo; wann es sich trifft, кад било да било.
Treffen, n. бој, битва.
treffend, adj. угодан, удобан; погодан, згодан; ein — es Wort worauf sagen, приклопити.
Treffer, m. добитак (у лутрији).
trefflich, adj. красан, добар, врли; кршан, доман, жив; —keit, f. красота, доброта, врлина, ваљаност.
Treibe=beet, f. Mistbeet; —haus, n. постава; herd, n. огњиште за чишћење сребра; —holz, n. плавњено дрво; (zum Walfen), окларија; —jagen, v. a. ићи у хајку, бити у хајци; —jagen, n. Treibjagd, f. хајка.
Treibeis, n. санте.
Treibeleute, pl. хајкачи.
treiben, v. n. (auf dem Wasser), пливати; (wachsen, aufschiessen), терати, расти, прорастати, прорасти, изврeтeнати, vor Anker —, бежати са сидром; — v. a. герати, гонити; забити, затући, утући, истерати, отерати, изагнати, одагнати; heftig —, витлати; vor sich her —, зајмити, призајмити, окупити, потерати, прикупити; das Wild —, хајкати; zu weit —, претерати, претеривати; es bunt —, шарати; eine Handthierung —, радити занат; Wucher —, лихварити; Kurzweil —, шалити се, зановетати; Muthwillen —, враговати; Metalle —, ковати; топити, чистити руде.
Treiber, m. хајкач; гопчин, пастир.
Treibreis, n. младица, огранак.
Treibsand, f. Triebsand.
Treinse, f. Kornblume.
Tremulant, m. дркћући глас (у оргуља).
trennbar, adj. раздучив, раздељив.
trennen, v. a. лучити, разлучити, одлучити, раставити, растргнути, отргнути, раздружити, оделити, двојити, одвојити, раздвојити, раздвајати, одвајати; eine Rath —, парати, распорити, распарати; sich —, v. r. растати се, раздружити се, разлучити се, развести се, раздвојити се; (von Handlungs-

Trennpunkt — 286 — **Tröbel**

geſellſchaftern), разортачити се; durch den Tod getrennt werden, разумрети се.

Trennpunkt, m. растанак, знак од растављења.

Trennung, f. растанак, разлучење, растављање, двојење, одвајање, раздвајање, раздруживање, размак, раздвој; — der Ehe, распуст.

Trenſe, f. уздица.

Trepan, m. трапан; —iren, v. a. трапанати, провртети.

Treppe, f. скалини, стубе, лества; —ngeländer, n. наслон.

Treppenſtufe, f. басамак, скалин, степен.

Treſpe, f. љуљ.

Treſſe, f. ројта; —nhut, m. клобук опшивен ројтом.

Treſter, pl. трјуѕ, комина; —wein, m. цаварник, половник, чингер.

treten, v. n. ступити, корачити, ступати, стати; in den Weg —, заступити, стати коме на пут; auf etwas —, стати на што; — in, — aus, ући, изићи; auf ſeine Füße —, устати на ноге; ans Fenſter —, стати на прозор; einem auf den Fuß —, чепати, очепати; einander auf den Fuß —, чепати се; auf eines Seite —, приступити коме; Jemandes Ehre zu nahe —, дирати у поштење чије; bei Seite —, уклонити се, одступити; zuſammen —, скупити се; einem unter die Augen —, доћи коме пред очи; vor Gericht —, доћи пред суд; das Geſetz tritt in Wirkſamkeit, закон ступа у живот; dazwiſchen —, ins Mittel —, посредовати; die Thränen traten ihm ins Auge, ударише су му сузе на очи; — v. a. газити, погазити, згазити, разгазити, табати, тлачити, трти, потрти; das Pflaſter —, скитати се по улица; ſich einen Nagel in den Fuß —, набости се на чавао; die Schuhe treten —, искривити обућу; die Bälge —, пухати (при орољака); der Hahn tritt die Henne, петао расти кокош; die Weintrauben —, стручати, газити; hart —, утрти.

treu, adj. веран; —brüchig adj. неверан, вероломан; —e, f. верност, вера; bei meiner —, бога ми, богме, вера и бог, вере ми, Бог и душа, тако ми душе; auf — und Glauben, на веру; —gehorſamſt, adj. веран и препокоран.

treug-e, f. trocken; —en, f. trocknen; —enplatz, Trockenplatz.

treuherzig, adj. срдачан, усрдан, отворен, искрен; —keit, f. срдачност, усрдност, отвореност, искреност.

treu-lich, adj. верно; —los, adj. неверан; —los an einem haudeln, изневерити; —loſigkeit, f. невера, коперност.

Triang-el, m. троугао, ſ. Dreieck; —uliren, v. a. мерити на три угла.

tribuliren, v. a. (im gem. Leben), мучити, вајкати се, досађивати. додијати.

Tribunal, n. ſ. Gerichtshof.

Tribut, m. намет, данак; —pflichtig, adj. под данком, дужан плаћати данак. [левка.

Trichter, m. левак; — förmig, adj. на начин

Trieb, m. терање, нагон, гоњење; (Heerde), стадо, чопор, целеп; (des Fluſſes), ток; fig. нагон, наклоност.

Triebel, m. полуга, ручица.

Trieb-feder, f. перо, стајка; fig. узрок, разлог; —rad, n. вретенка; —ſand, m. летећи песак, ситни песак; —werk, n. колеса, кола.

Trief-auge, n. дрљаво, крмељиво око; —äugig, adj. крмељив, дрљав.

triefen, v. n. капати, цурити; сузити, слузити, крмељати.

Triefnaſ-e, f. балав нос; —ig, adj. балав.

triegen, v. n. варати; ſich —, v. г. варати се.

trieglich, adj. варљив, лажан, лажљив, ташт.

Triefter, ſ. Treſter.

Trift, f. (Heerde), стадо, чопор, целеп, ергела; (Weide), утрина, паша; —geld, n. суљевина; —gerechtigkeit, f. паша, право на пашу.

triftig, adj. важан, моћан, крепак, важан, јак, чврст; —keit, f. важаност, моћ, крепост, јакост, темељитост, чврстоћа.

Triller, m. трила; —n, v. n. трести, потресати гласом, гроктати, грактати; (auf einem Blasinſtrumente —), ћурликати.

Trillion, f. трилиун.

trinkbar, adj. питак.

trink-en, v. a. пити; zu viel —, препити; —er, m. поплица, пијаница, пијанац; —erin, f. пијаница; —gelag, n. — geſellſchaft, f. пиће, пијанка; —geld, n. напојница, дар на вино; —glas, n. купица, чаша за пиће, склепица; —lied, n. почашница; —ſchale, f. сапљак; —ſpruch, m. наппика, здравица, —ſtube, f. соба где се пије; —waſſer, n. вода за пиће; —wette, f. натпијање.

Tripelſtalt, f. тројаки, трогуби такт.

tripliren, v. a. утростручити, утројити.

trippeln, v. n. ситно ићи, корачати.

Tripper, m. канков.

Tritt, m. ход, корак; стопа, траг; ударац ногом; (Stufe), степен; праг; (am Weberſtuhl) подножниче; falſche —e thun, закорачити, закорачивати.

Triumph, m. триумф, славље; —bogen, m. врата триумфална, славолук; —iren, v. n. триумфовати, победити, надјачати; —wagen, m. кола триумфална.

trivial, adj. прост, обичан, свакидашњи; — ſchule, f. проста школа; —ſchullehrer, m. учитељ просте школе.

trocken, adj. сух; —er Ort, сухота; —heit, f. сушa, сухоћа; —ſtube, —kammer, f. сушионица, сушило, сушара.

trocknen, v. n. сушити се, сахнути, венути, провенути, просушити се; — v. a. сушити, осушити; die Hände —, трти, отрти руке; —, v. опушење.

Troddel, f. ројта, кита.

Tröbel, m. стареж, старудија, старетине; — bube, f. ſ. Tröbelkram; —er, Tröbler, m. старетинар, старудар, старежник; —frau, Tröblerin, m. старежница, —handel, m. —kram, m. стареж, старетине; —mann, ſ. Tröbel; —markt, Tröbler, пазар старудински.

tröbeln, v. n. трговати старетинама; mit etwas —, препродавати што; fig. снебивати се.
Trog, m. корито; —artig, adj. коритаст; —schatte, f. стругач, стругла.
trollen, v. n. ваљати се, котурати се; sich —, v. r. торњати се, отићи.
Trommel, f. бубањ, добош; —blech, n. лим на бубњу; —fell, n. кожа на бубњу; (im Ohr), бубањ; —klöpfel, f. Trommelschläger; —n, v. n. бубњати, ударати у бубањ, бубати, добовати; —n, n. добовање, бубање, бубњање; —schlag, m. бубањ, добовање; —schlägel, Trommelstock, m. маљица, шипка; —schläger, m. бубњар, добошар; —taube, f. гаћасти голуб.
Trompet-e, f. трубља, труба; —en, v. n. трубити; —enkürbis, m. тиква, јургет; —enguaste, f. кита на трубн; —enschall, m. труба, глас од трубе; —er, m. трубач.
Tropf, m. простак, бена; armer —, сиромах.
Tropfbad, n. капница.
tropfen, tröpfeln, v. n. капати, капути, цурити, покапати, прокапати.
Tropfen, m. Tröpfchen, n. кап, капља, капљица; —weise, adv. на капље, кап по кап.
tropf=naß, adj. мокар до коже; —stein, m. сига; —wein, m. самоток.
Trophee, f. Siegeszeichen.
Troß, m. пртљаг; пратња; — des Feindes, чопор непријатеља; —bube, m. слуга; —pferd, n. комора.
Trost, m. утеха; разговор; er ist nicht bei —, није при себи.
tröstbar, adj. утешив.
Trostbrief, f. Trostschreiben.
tröst=en, v. a. тешити, утешити, утешавати; —er, m. утешитељ; —in, f. утешитељка.
Trostgrund, m. утеха.
tröstlich, adj. утешан, радостан, весео.
trost=los, adj. без утехе, неутешан, невесео; —losigkeit, f. неутешност, туга, жалост; reich, f. tröstlich; —schreiben, n. писмо утешно, лист од утехе.
Tröstung, f. тешење, утеха.
Trostwort, n. утеха, реч утешна.
Trott, f. Trab.
Trotte, f. s. Kelter.
Trottoir, n. плочник.
Trotz, m. упорност, пркос, инат, тврдоглавост, попосност, поноситост, охолост, дрзовитост; zum —, уз пркос, ускос, за инат; einem — bieten, опрети се коме; — dem, инак, свакако; — allen seinen Einwendungen, код свих његових приговора; er spricht — einem Gelehrten, говори као учен човек.
troßen, v. n. (einem) пркосити; dem Tode —, небојати се смрти; auf etwas —, ослањати се на што, уздати се у што; — n. пркос, пркошење; —er, m. пркожџија.
troßig, adj. упоран, пркосан, тврдоглав, поносит, охол, дрзак; осоран, осорљив.
Troßkopf, m. тврдоглавац, осорник.
trübe, adj. (als Wasser ıc.), мутан, блатнав, калан; (Dunkel) мрачан, таман, облачан;

fig. намргођен, невесео, жалостан; —machen, замутити.
Trubel, m. (im gem. Leben), смутња, неред, метеж.
trüben, v. a. мутити, помутити, смутити, узмутити, размутати; облачити; sich —, v. r. мутати се, помутити се.
Trüb=sal, f. & n. туга, жалост, јад, тешкоћа, невоља, беда; —selig, adj. тужан, жалостан, јадан, невољан, бедан; —seligkeit, f. Trübsal; —sinn, m. туга, жалост; —sinnig, adj. жалостан.
Truchseß, m. трпезник; —amt, n. трпезни уред.
Trüffel, f. шкрипац, гомољика; —hund, m. гомољичар (пас); —jagd, f. тражење гомољика; —jäger, m. гомољичар.
Trug, m. превара, обмана, опсена; —bild, n. утвора.
trügen, trüglich, s. triegen, trieglich.
Trugschluß, m. софизмат, лажљив, крив извод.
Truhe, f. шкриња, ковчег, сандук.
Trumm, n. нит; das — ernenern, препитити.
Trümmer, pl. развалине, зидине; остатци.
Trumpf, m. Trümpfchen, n. адут; —bekennen, одговорити на адут; mit einem — e stechen, убити адутом.
trumpfen, v. a. играти адута, убити адутом; einen —, добро кога пасадити.
Trunk, m. пиће, напојница, патерљај, напитак; пијанство; einen — thun, пнпути.
trunken, adj. пијан, напит, опит; (vor Freude), ван себе од радости.
Trunken=bold, m. пјанац, пјаница; —heit, f. пјанство, ијанство.
Trupp, m. чета, хрпа, чопор, гомила, крд, трумша, ћутук; —e, f. чета, друштво; —en, pl. војска, војница; —abtheilung, f. одељење војске; —enaufführer, m. четовођа; —enkörper, m. одељење војске; —weise, adv. на чете, на хрпе, на чопоре.
Trut=hahn, m. ћуран, пуран, будац, тукац; —henne, f. ћурка, пура, пурка, тука, будија, ћура, мисирка; —hühn, n. ћуре, буче, туче; —hühnerhirt, m. тучар; —hühnerstall, m. тучњак.
Trutz, m. пркос, s. Trotz.
Trutz= und Schutzbündniß, n. савез за отпор и обрану.
Tschaike, f. шајка; bewaffnete —, четобанк; —nschiffer, m. шајкаш.
Tschaikist, m. шајкаш.
Tubus, m. дурбин.
Tuch, n. сукно, чоха, свита; leinen —, платно, без; рубац, марама, убрус, убрусац, пешкир, рида; —artig, adj. као сукно; —bereiter, m. сукнар; —bleiche, f. белило, белење.
Tüchelchen, n. рубац, ручнић, марамица.
tuchen, adj. сукнен, од сукна, чојан, чошан.
Tuchfabrik, f. фабрика сукна, сукнара; —ant, m. сукнар.
Tuch=handel, m. трговина са сукном; —händler, m. —macher, m. сукнар; —macherhandwerk, n. сукнарство; —presse, f. преса сукнарска; —rahmen, m. палице сукнарске;

tüchtig — 288 — über

scherer, m. суквар; —schnitzel, n. стриза, у-
тврљат.
tüchtig, adj. добар, иредан, вран, храбар,
чврст, јак, темељт, вешт, способан, по-
добан, прикладан, ваљан, ваљаст, ваља-
тан, здрав; — adv. здраво, подобро, ва-
љано, својски, на мртво име (избити); —
keit, f. вредност, врлина, врлоћа, вештина,
способност, прикладност, ваљаност.
Tuch-waaren, pl. сукно, сукнена роба; —wal-
ker, m. ступар.
Tück-e, f. подмуклост; —isch, adj. подмукао;
—ischer Mensch, подмуваалац.
Tuckmäuser, s. Duckmäuser.
Tuff, f. Tof.
Tugend, f. крепост, врлина, добродетељ; —
haft, adj. крепостан, врло, добродетељан,
ћудоредан; —lehre, f. морал, ћудоредност;
—lehrer, m. моралиста, ћудоредник; —reich,
—sam, s. tugendhaft.
Tulpe, f. лала, лале, тулипан; —nbaum, m.
лала, калош, калошево дрво.
Tummel, m. вртоглавица.
tummeln, v. a. терати, гонити; ein Pferd —,
заиграти, заигравати, играти коња; sich —,
журити се, хитети, похитети.
Tummelplatz, m. игралиште, тркалиште, меј-
дан, бојиште, погрлиште.
Tummler, m. свиња морска.
Tumult, m. бука, халабука, тарлабука, лар-
ма, врева, гупгула, метеж; (Aufruhr), буна;
—uant, m. лармаџија, бунтовник; —ua-
risch, adj. бунтовни.
Tünch-e, f. креч, клак, вапно, маз; —en, v. a.
белити, кречити, мазати; —er, m. мазало.

Tunk-e, f. умака; —en, v. a. мочити, умочи-
ти, умакати.
Tüpfel, m. Tüpfelchen, n. пикња, пикњица, пе-
дица.
tüpfelig, adj. пикњаст, педичав, бобичав, бо-
бичаст.
tüpfeln, v. a. кљуцати, боцкати.
tupfen, tüpfen, v. a. & n. дирати, тицати, так-
нути, дотакнути, додирнути.
Turban, Türkenbund, m. чалма, сарук.
türkisch, adj. турски; —es Korn, кукуруз.
turn-en, v. n. вежбати тело; —er, m. тело-
вежбалац.
Turnier, n. алка, турнер, игра витешка; —
bahn, f. —platz, m. тркалиште, мејдан; —
en, v. n. бити се у играма витешким; fig.
бучити, викати.
Turteltaube, f. грлица.
turteln, v. n. гукати.
Tusch, m. туш.
Tusche, f. црнило китајско.
tuschen, v. a. малати црнилом китајским.
tuschiren, v. ...кнути, дирнути, дирати.
Tuten, s. Düten.
Tütte, s. Zitze.
Typen, pl. слова штампарска.
Typograph-ie, f. тискарница, печатња, штам-
парија; —isch, adj. тискарски, штампарски.
Tyrann, m. тиранин, насилник, окрутник, кр-
вопија, крволок; —ei, f. тиранство, насиљ-
ство немилосрђе, окрутност, крволоштво
—isch, adj. тирански, насилнички, окрутан,
крволочан; —isiren, v. n. & a. мучити.
Tzako, m. чаков, војнички клобук.

U.

Ubication, f. гдебилост, билиште.
Uebel, n. зло, злиће; (Krankheit), болест, немоћ,
бол; (Unglück), зло, несрећа, беда, невоља.
übel, adj. зао, худ, рђав, неваљао, злочест;
— adv. зло, ружно. рђаво, худо, злочесто;
es ist mir — geworden, зло ми је, смучило
ми се, мучно ми је; —ansehen, попреко гле-
дати; —angesehen, зазоран; —reden von Je-
manden, кудити оговарати; —sein, стужити
се, стужнвати се; auf Jemand —sein zu spre-
chen, врчати на кога; —thun, удити коме
што; —werden, позлити; einem —wollen, зло-
бити коме; —anständig, непристојан; etwas
— nehmen, замерити; mir ist — zu Muthe, није
ми најбоље око срца; mit etwas — ankom-
men, нагазити, ограисати, обршити, надр-
љати, награбусити; —ankommen bei einem,
замерити се коме, код кога; —gesaunt, зле
воље, зловољан; —berüchtigt, adj. злогласни:
—gesinnt, adj. зао, злохотан, зломишљен;
—gesinnte, m. зломишљеник; —keit, f. зло,
мука; стужнвање; —klang, —laut, m. нес-

кладност; —launig, adj. зловољан, зле во-
ље, мрзовољаст; —stand, m. (Hinderniß),
незгода, сметња; (Gebrechen), мана; (Unfug),
неред; —that, f. злочинство; —thäter, m.
злочинац; —thäterin, f. злочинка; —wollend,
adj. злобан.
üben, v. a. (einen in etwas), вежбати, учити,
поучавати; ein Roß zum Wettrennen üben,
јарачити коња; (ausüben), радити, изврши-
вати; sich —, v. r. учити се, вежбати се.
über, prp. на, над, врх, врху, нада, сврх,
за, о, преко, по, кроз; (in Zusamm.) пре;
bus eine — das andere, једно сврх другога; —
die Brücke gehen, преко моста ићи; er
schlief — dem Lesen ein, заспао је, задремао
је над књигом; — dem Spiele vergißt er
alles, код игре на све заборави; — Land
reisen, отићи на село, путовати; einen —
etwas setzen, ставити кога нада што; Vor-
schriften — das mündliche Verfahren, пропи-
си о усменом поступку; — die Beschwerde
eine Tagsatzung anordnen, одредити на жал-

бу рочиште; Verzeichniß — Schriften, попис писама; — alles Lob sein, немарити за хвалу; немоћи се доста нахвалити; es ist schon — drei Jahre, већ је томе три године; — ein Jahr im Arrest sitzen, више од године дана седити у затвору; heut — acht Tage, данас осам дана, данас недељу дана; — lang ober kurz, пре или после; — Hals und Kopf, на врат на нос; — dies, врх тога, сувише; er kann — das Geld, има кључ од новаца; — den bösen Menschen! ала је невазао!

überackern, v. a. преорати.
überall, adv. свагде, свуда, посвуд, куд год; —hin, свакуд.
überantwort-en, v. a. дати, предати, изручити; —ung, f. предаја, изручење.
überarbeiten, v. a. преначинити; sich —, v. г. прекивути се од велика посла.
überaus, über die Maßen, adv. посве, сасма, веле, јако, непзмерно.
überbacken, adj. препечен.
Ueberbau, m. горња зграда; —en, v. a. зидати, градити над...; дизати, дигнути (кућу, итд.); sich —, v. г. истрошити се градећи зидајући.
überbehalten, s. übrigbehalten.
Ueberbein, n. чртва кост; —ig, adj. ко има мртву кост.
überbellen, v. a. надлајати.
Ueberbett, s. Deckbett.
überbieten, v. a. више давати, надметати се; натеривати се; Jemanden —, надмашити, престићи кога; (den Preis überspannen), преценити.
über-binden, v. a. препети, привезати, превезати; —blättern, v. a. превртати (књигу); —bleiben, s. übrigbleiben; —bleibsel, n. остатак, кусур, избарње, отражбине, рукобојина, alte — bleibsel, старež; gerütteltes — bleibsel von Wein etc. омућине; das letzte —bleibsel, истресине; — bleibsel von Heu in der Krippe, огризине; —blick, m. преглед, поглед; —blicken, v. a. прегледати, прегледавати; превидети; s. übersehen; — blühen, sich, v. г. предвасти; —bot, s. Uebergebot; —braten, v. a. препећи; —breiten, v. a. застрти, прострти.
überbring-en, v. a. донети, однети, преметнути, пребацити, пренети, превезти; — —er, m. доноситељ, доносник; показник (менице); —erin, f. доноситељница; —ung, f. изручење, донос, предаја.
überbürd-en, v. a. претоварити, прекомерно обтеретити; mit Steuern, ударити на кога прекомерни порез; —ung, f. прекомерно обтерећење, претоваривање.
überbürzeln, sich, v. г. преметнути се, пребацити се.
übercomplet, s. ueberzählig.
Ueberdach, n. кров.
über-das —dem, —dies, adj. врх тога, још к томе, сувише.
Ueberdeck-e, f. покривач; —en, v. a. покрити, покривати.

überdenken, v. a. премишљати, промислити, размислити; sich —, v. г. премислити се.
Ueber-druß, m. досада, додијавање —drüssig, adj. сит; ich bin des Lebens schon — мн је додијао овај живот, већ ми је омрзнуо живот; er wird es bald — werden, досадиће му брзо; ich bin schon dessen — drüssig, већ ми се додјело.
überdüngen, v. a. прегнојати, превећ нагнојати; погнојити, нагнојити, гнојити.
übereck, adv. косо, попреко, на криво; испречено.
übereil-en, v. a. стићи, престићи, стигнути, претећи; (etwas —), наглити у чему; sich —, v. г. препаглити, патрчати; —t, adj. нагао; назлобрз; —ung, f. пренагљење.
überein, adv. —sein, —werden, погодити се; wird sind —, погодили смо се, разумемо се.
übereinander, adv. једно преко другога, једно на друго; —häufen, v. a. трпати; —legen, метнути једно преко другога; увиткати; doppelt — legen, пресаметити; —nähen, пришивати; —werfen, трпати, затрпати, поспреметати; kreuzweise — legen, прекрстити, метнути у пакрст; es geht — alles los, све иде наопако.
überein-kommen, v. n. (mit etwas), сложити се у чему, погодити се, подударати се; подударати се; im Handel nicht —kommen, расназарити се, разгодити се; —kommend, adj. сходан, складан; —kunft, f. погодба; сходност, слагање, подударање.
übereinstimm-en, v. n. подударити се, подгодити се; —end, —ig, adj. сложан, сугласан, складан, срочан, срочит; —ung, f. сударање, суглас, слога, слагање, сложност, склад, складност; нагодба.
übereintreffen, s. übereinstimmen.
überfahren, sich, v. г. прејести се, објести се.
überfahren, v. n. прећи, превести се; einen Fluß —, пребродити реку, превести се преко реке; — v. a. погазити кога колима, превести се преко кога.
Ueberfahrt, f. скела, прелаз, лазила, превоз; —gebühr, f. скеларина, бродарина.
Ueberfall, m. навала, напаст; —en, v. a. навалити, насрнути, ударити; von der Nacht überfallen wo bleiben, заноћити.
überfeilen, v. a. оппнлити.
überfein, adj. префин, претанак.
über-firnissen, v. r. фирнисовати; —flechten, v. a. преплести, преплитати, поплетати; —fliegen, v. a. & n. прелетати, пролетети, надлетети; —fließen, v. a. излевати се, преко тећи; fig. обиловати, преспнати се, претећи, претицати; —flügeln, v. a. оптећи, надкрилити, надлетети; —fluß, m. обиље, обилност, изобиље, обилатост, претек, залишност, сувишност; —sluß haben, обиловати, im —flusse, изобила; —flüssig, adj. обилан, изобилан, обилат, залих, залишан, сувишан; —flüssig, adv. бозболу, бозболице, густа, доста, изобила; —fluthen, v. n. поплинути; —fordern, v. a. прекомерно, превећ, превише искати; —fracht, f. сувишни терет; —frachten, s. überladen; —fressen, sich, v. r.

прежлерати се; —frieren, v. n. замрзнути, мрзнути; —fuhr, f. Ueberfahrt: —führen, v. a. превести, превозити; das Pferd —führen, изводати коња; (einen einer Sache), обличити, изобличити; —führung, f. превоз; обличење, изобличење, доказ; —führungsstück, n. доказни чланак; —füllen, v. n. препунити, препуњати, пресути, пресипати; sich mit Speisen —, прејести се, претоварити јелом; —füllung, f. препуњење; —füttern, v. a. одвише давати јести; —gabe, f. предаја, предавање, изручење; —gabsprotokoll, n. предајник, предајни записник; —gabstag, m. дан предаје; —gang, m. прелаз, преход; —gangszustand, m. прелазно стање; —geben, v. a. предати, дати, изручити, подвети; sich —, v. r. побуњавати се, бјувати, ригати; —geber, m. предавалац; —gebot, n. већа понуда; —gebühr, f. сувишнина.
übergehen, v. n. прећи, проћи, прелазити, пролазити, одбегнути, пребегнути; die Augen gehen mir über, ударише ми сузе; in Fäulniß —, трунути, гњилити; die Festung ist übergegangen, предала се тврђава; — v. a. прећи, обићи, превидети, пропустити, мимоићи, минути, испустити; sich —, v. r. утрудити се, уморити се, сустати од великa хода.
Uebergeh-ung, f. —en, n. прелаз; пропуштање; испуштање; мимонђење; mit —ung der Obrigkeit, мимоишавши поглаварство.
übergeordnet, adj. натпостављен.
Uebergewicht, n. превага, претега; fig. надмоћност, већа моћ; eine Partei hat das —, једна је странка јача.
übergießen, v. a. поливати, полити, прелити, прецедити, преручити, преручивати; —gießen, v. a. & n. прелити, просливати, пролити, проливати; преливати се, проливати се.
übergolden, v. a. позлатити, златити.
übergraben, v. a. прекопати, прекопавати.
übergreifen, v. n. надмашити.
Uebergriff, m. прехват.
übergroß, adj. превели.
Uebergus, m. поливка.
übergut, adj. предобар.
überhalten, v. a. преценити; занети.
überhandnehmen, v. n. расти, ширити се, распростирати се, множити се, плодити се, врежити се, преотети, узети мах, одолети, одолевати, ославити.
Ueberhang, m. прекривало, превес, завеса, застор; (in Gärten) гране, које на туђу њиву висе; —en, v. n. висети над чим, прекривати. [шати.
überhängen, v. a. покрити, завесити, превеüberharschen, v. n. укорити се, стегнути се, замрзнути.
überhäuf-en, v. a. претоварити, препртити, пропунити; fig. обасути, много, изобила коме што дати; —t, adj. препун, претоварен; fig. обасут; —ung, f. препуштење; мноштво, терет.
überhaupt, adv. у опште; — laufen, попреко, осеком, ћутуре купити.
überheb-en, v. a. (einen einer Sache), решити,

ослободити кога од чега; sich —, v. r. попети се, поохолити се; —ung, f. поноситост, обест.
überhelfen, v. n. помоћи коме да пређе; fig. хранити.
überhin, adv. мимогред, олако.
über-holen, v. a. f. einholen; —hören, v. a. etwas —, пречути; einen —, слушати, послушати кога; —hüpfen, v. n. прескочити, мимоћи, пропустити, испустити; —hüpfen, v. n. прескочити; —jagen, v. a. утрудити, уморити трчањем.
überjährig, adj. преко једне године.
überirdisch, adj. надземаљски, небески, божански, божанствен.
überkaufen, sich, v. r. скупо купити, платити.
überkippen, v. n. преврнути се, свалити се, оборити се.
überkippen, v. a. превалити, преврнути, свалити, оборити.
überklauben, v. a. пребрати, пребирати.
überkleiben, v. a. облепити, омазати.
Ueberkleid, n. горња хаљина; —en, f. bekleiden.
überkleistern, f. überkleiben.
überklug, adj. премудар.
überklügeln, v. a. надмудрити.
überkoch-en, v. n. покипети, прекухати се; — v. a. прекухати, преврити, преваривати.
überkommen, v. n. прећи, проћи, доћи на кога, пролазити, пролазити; —, v. a. добити, примити опит.
Ueberkunft, f. долазак, прелазак, прилазак.
überlad-en, v. a. оптеретити, претоварити, препунити; mit Geschäften — sein, имати много посла; —ung, f. претоварање, препуњање, оптерећавање.
Ueberlandgrund, m. сеоска претечна земља.
überlang, adj. предуг, предугачак.
überlangen, v. n. допирати, доспјати, допрети досегнути.
überlass-en, v. a. пропустити, пустити, попустити, уступити, оставити, препустити, дати; sich —, v. r. дати се, подати се, попустити се; —ung, f. уступљење, подавање.
Ueberlast, f. превелик терет; fig. бреме, терет; —en, v. a. претоварити.
überlästig, adj. претоварен, мучан, досадан; —werden, дојадити, досадити, догрдети.
Ueberlauf, m. навала, налога; —en, v. n. прећи; покипети, кипети, исвирети; zum Feinde —, ускочити, одбегнути, пребегнути к непријатељу; —en, v. a. превалити, погазити кога трком; fig. наваљивати на кога, досађивати, додијати коме; eine Rechnung —, протрчати оком рачун какав; es überläuft mich Schauer, хвата ме језа, трнем; sich —, v. r. уморити се, сустати од велике трке.
Ueberläufer, m. ускок, пребег, добегалац.
überlaut, adv. гласно, из свег гласа.
überleben, преживети, надживети.
überlegen, v. a. метнути, попреко метнути; покрити; mit Abgaben —, обтеретити наметом; (überdenken), промислити, размишљавати, размишљати, размислити, умити, увардати, испећи; sich —, промислити се, размислити се.

überlegen, adj. јачи, надмоћнији, надмашан; —fein, надмашити кога; —heit, f. надмашност.

überlegfam, adj. разборит, разложан, опрезан, пажљив; —keit, f. разложност, разборитост; разлог, разбор; опрез, пажљивост.

überlegt, adj. промишљен, разборит.

Ueberlegung, f. разбор, размишљавање, разлог; —ѕfrift, f. време за размишљавање; —ѕtraft, f. разбор.

überlefen, v. a. прочитати, проштати, прочитати, пречитати, пречитавати; пребрати, пребирати.

überlernen, v. a. понављати лекцију; проучити, проучавати.

überlei, adv. остало.

überliefer-n, v. a. дати, предати, изручити, оставити; —ung, f. изручење, предаја; (münbliche —) предање (усмено).

überliegen, v. n. прележати.

überliſt-en, v. a. надмудрити, преварити, надхитрити; —ung, f. надмудрење, надхитрење; превара, варка.

übermachen, v. a. препачинити; изручити; предати; послати.

Uebermacht, f. надмоћност, већа сила.

übermächtig, adj. јачи, надмоћан.

Uebermachung, f. изручење, предавање; послање.

übermahlen, v. a. премежати, премлети.

übermalen, v. a. премалати, премоловати.

übermannen, v. a. свладати, појачати, надвладати, предобити, преобладати.

Uebermaß, n. сувишност (у мери); залишност, обиље, прекомерност.

Uebermaße, f. обиље, прекомерност.

übermäßig, adj. преобилан, прекомеран, сувишан.

übermauern, v. a. зазидати.

übermeistern, f. übermannen.

übermenschlich, adj. надчовечји, надчовечап, надчовечански.

übermeſſen, v. a. мерити, измерити; ſich —, v. r. преварити се у мери.

übermögen, v. a. надмоћи, надвладати, предобити; надвћи, надилазити.

übermorg-en, adv. прекосутра, прексутра; —end, adj. прексутрашњи.

Uebermuth, m. обест, поноситост, охолост, бес.

übermüthig, adj. обестан, поносит, охол, силан; — werden, преcилити, пресиљавање.

übernachten, v. n. преноћити, ноћити, коначити.

übernächtig, adj. синоћњи, који није целу ноћ спавао; неcпаван.

übernähen, v. a. зашити, опшити, пошити, шити.

Uebernahm-e, f. примање; —ѕprotofoll, n. записник о примању.

übernatürlich, adj. натприродан.

übernehmen, v. a. (einen Mantel), огрнути (кабаницу); — v. a. узети на се, латити се, лаћати се; примити, узети; (bie Unterthanen mit Abgaben), голити, глобити (поданике наметом); ein Pferd —, уморити, утрудити коња; ſich —, v. r. преступити меру, преко мере што чинити; ſich von Zorn —

laſſen, дати се занети од србе; ſich mit Arbeit —, превинути се послом.

Uebernehmer, m. прималац, узималац.

Uebernehmung, f. Uebernahme.

überpfeffern, v. a. препаприти, пребиберити.

überpflanzen, v. a. пресадити, пресађивати.

überpflügen, f. überadern.

überragen, v. a. надвисити, надвисивати.

überraſch-en, v. a. затећи, застати; изненадити, навебушити, ограшити; —end, adj. нападан, дивак; —ung, f. затицање, застајање, изненађење. [чунати.

überrechnen, v. a. рачунати, прорачунати, сраüberreb-en, v. a. наговорити, памамити, наговарати, мамити; ſich —, уверити се, уверавати се; —ung, f. наговарање; —ungѕfraft, f. моћ наговорна.

überreiben, v. a. рибати, трти, порибати, орибати, отрти.

überreich, adj. пребогат.

überreich-en, v. n. допрети, досећи; допирати, досизати.

überreich-en, v. a. дати, подати, изручити, предати, поднети (писмо суду); —ung, f. изручење, предавање.

überreif, adj. презрео, увео; —werben, презрети.

überreiten, v. n. пројахати, пројашити.

überreiten v. a. ein Pferd —, пројахати, појахивати; уморити, утрудити коња; (im Reiten zuvorkommen), надјахати, надјашити, престићи на коњу; (zu Boden reiten), погазити коњем.

Ueberreiter, m. (Auſſeher bei der Mauth, Ueberfuhr), датов.

überrennen, v. n. престигнути кога; погазити, свалити кога трком.

Ueberreſt, m. остатак, преостатак; развалина; —ſich, adj. преостатни.

überrinden, ſich, v. r. скорушити се.

überrinnen, f. überlauſen.

Ueberrod, m. горња хаљина.

überrumpel-n, v. a. затећи из ненада; —ung, f. навала изненада.

überſäen, v. a. сејати, посејати, прегусто посејати.

überſalzen, v. a. пресолити, пресаљати.

überſalt, adj. пресит, сит

überſättigen, v. a. преситити.

überſauſen, ſich, v. r. прелокати се, налокати се.

überſchallen, v. a. надгласити.

Ueberſatz, m. прекомеран добитак; (über ein Waſſer), скела, превоз; сувишан слог (у печатњи).

überſchatten, v. a. осенити, засенити.

überſchätzen, v. a. преценити; проценити на ново.

Ueberſchau, f. разглед нови; —en, гледати, разгледати, прегледати; f. überſehen.

überſchätzen, v. a. прекувдачити.

überſcheinen, f. beſcheinen.

überſchiden, f. überſenden.

überſchießen, v. n. престрелити; пуцати преко; промашити; (bei ben Jägern), превиcо ко узети; (überlauſen), претицати; — v. a.

19*

пуцати преко, придати; sich —, v. r. прекобацити се, преместити се.

überschiffen, v. n. превести се; — v. a. превести, превозити; — v. a. ein Meer, пребродити.

überschimmeln, v. n. оплеснивити, плеснивити.

Ueberschlag, m. превага (у ваги); посувратак, завратак, подвратак; fig. прорачун; —en, v. n. превратити се, преврнути се; превагнути; — v. a. сувратити, завpнути, посувратити; преградити; —en. v. n. покрити се (особито плесни); das Wasser ist überschlagen, смлачила се вода; — v. a. ein Kind —, пребити дете; im Lesen —, прескочити што читајући; warme Tücher —, метнути вруће крпе на што; (überrechnen), рачунати, прорачунати, срачунати; sich —, v. r. преметнути се, прекобацити се.

überschlämmen, v. a. напунити, засути, засипати блатом.

überschleichen, s. beschleichen.

überschleiern, v. a. завесити, застрети, покрити, сакрити.

überschleppen, v. a. превлачити, превући.

überschmieden, v. a. прековати, прекивати.

überschmieren, v. a. мазати, помазати, премазати.

überschnappen, v. n. скочити, свокнути, преврнути, преврнути се, превалити се; fig. полудети; überschnappt, adj. ћапут.

überschnellen, v. a. надхитрити, надмудрити, обманути, преварити.

überschneien, v. n. запасти снегом; — v. a. покрити, завејати снегом.

überschnüren, v. a. везати, повезати, погајтанити.

überschreiben, v. a. преписати; натписати, написати штогод на што; Jemanden etwas —, уписати коме што; ich habe diesen Brief überschrieben, написао сам адресу на овај лист.

überschreien, v. a. надвикати, надкричати.

überschreit-bar, adj. прекорачив; —en, v. n. прећи, ићи на другу страну; —en, v. a. прекорачити, откорачити, преступити, прекршити; —ung, f. прекорачење, преступљење, прекршење.

Ueberschrift, f. натпис, напис; адреса; наслов.

Ueberschuh, m. цокула.

Ueberschuß, m. вишак, сувишак, остатак.

überschütten, v. a. преливати, пресипати, преручити, поливати, посути, заливати, засипати, засути, заронити.

überschwänger-n, v. a. претеготити; —ung, f. претеготење.

überschwänglich, adj. обилан, изобилан.

überschwanken, v. a. премахнути, премахивати; накривити се, нахерити се.

überschweißen, v. a. превивати.

überschwellen, v. n. набрекнути.

überschwemm-en, v. a. плинути, плавити, заплавити, топити, грезнути, нагрезнути, потопити, поплавити; —ung, f. потоп, поплава, поплавица; поводањ, плима; der —ung ausgesetzt, подводан, водоплаван; der —ung ausgesetzter Ort, полој.

überschwenglich, s. überschwänglich.

überschwer, adv. претежак.

überschwenken, v. n. прескренути, превретати.

überschwimmen, v. n. препливати.

Ueberschwung, m. (der Soldaten) ремење.

überseeisch, adj. прекоморски.

übersegeln, v. n. превести се; — v. a. преједрити, пребродити; надједрити, надбродити; ein Schiff —, разбити, пробити брод једрећи.

übersehen, v. a. видети, гледати, прегледати, разгледати, прогледати; etwas —, прозрети, видети штогод; (versehen), певидети, неспазити, неопазити; (nicht achten), неуважавати, немарити, заборавити, презирати; Jemandes Fehler —, опростити, гледати кроз прсте; die Menge ist nicht zu —, мноштво је небројно; sein Unglück ist nicht zu —, неизмерна је његова несрећа; (im Lesen auslassen), прескочити.

übersend-en, v. a. слати, послати, отправити; —er, m. отправник; —ung, f. послање, отправљење.

übersetzbar, adj. преводив.

übersetzen, v. n. прећи, превести се, превалити, пресједрити, премостити; — v. a. превести, превозити, метнути; преводити; ins Deutsche —, превести па немачки језик; премести (чиновника); ein Haus —, дигнути, дизати кућу; (übermäßig besetzen), препунити; einen im Handel —, скупо продати; die Stadt war mit Truppen übersetzt, у граду је било војске сувише; (Pflanzen), расадити, расађивати, пресадити, пресађивати; sich —, премештати се.

Uebersetz-er, m. преводилац, преводник; —ung, f. превоз; (in eine andere Sprache), превод.

Uebersicht, f. преглед, вид, поглед, разгледање; —ig, adj. кратковид, кратка вида; —igkeit, f. кратак, прекратак вид; —lich, adj. у прегледу.

übersieben, v. a. пресејати.

übersiedeln, v. n. преселити се, селити се; —, v. a. селити, преселити, пресељавати, иселити, исељавати.

übersieden, v. a. прекухати, преврти; препећи, препицати; übersottener Cider, преваренпк; — v. n. покипети, искипети.

Uebersiedlung, f. пресељење, исељавање.

übersilbern, v. a. посребрити, сребрити.

übersingen, v. a. натпевати; eine Arie —, певати, испевати; sich —, v. r. промукнути од тешка певања.

übersinnen, s. überdenken.

übersinnlich, adj. недокучив.

übersommern, v. a. летовати.

überspann-en, v. a. напети, натегнути, напрегнути, растегнути, налезати, напрезати, папињати, затегнути; захватити педљем; den Geist —, напрезати одвећ дух; seine Erwartung —, одвише очекивати; —t, adj. одвише напет, натегнут; претеран; ein —er Kopf, угрејана глава; —ung, f. натезање, напрезање, напињање; fig. прекомерност, претераност.

überspinnen, v. a. препрести, опрести.

überspringen, v. n. прескочити, скочити пре-

ко; — v. a. einen Graben —, прескочити јаму; etwas —, прескочити, изоставити, испустити штогод; sich —, v. г. уморити се скачући.
Uebersprung, m. скок, прескакање.
überstampfen, v. a. потапкати.
überständig, adj. одвише устојан; презрео; ein —er Baum, дрво маторо.
überstechen, v. a. eine Karte —, убити (карту).
überstehen, v. a. претрпети, препатити, поднети до краја, истрајати, прекужити; eine Krankheit —, преболети.
Uebersteig, m. прелаз.
übersteigen, v. n. преhи, прекорачити, попети се, пењати се преко; er stieg über die Mauer, попео се преко зида; — v. a. преhи, попети се на што; (übertreffen) надиhи, надвисити, надилазити, надходити, надвисивати, надхватати, превазиhи, превазилазити; Gebirge —, пресамарити, пресамаривати; Hindernisse —, надиладати препоне; eine Festung —, попети се на тврђаву.
übersteiglich, adj. предобив, савладив.
übersteiger=n, v. a. подигнути цену; —ung, f. дизање цене.
überstimmen, v. a. надгласати, надвладати кога већином гласова; Instrument —, сувише затегнути жице на инструменти.
überstrahlen, v. a. надасјати, обасјати, обасјавати.
überstreichen, v. a. мазати, помазати, намазати; замрљати.
überstreifen, v. a. засукати (рукаве); лако дотакнути, додирнути; преhи, преходити преко чега.
überstreuen, a. a. сипати, посути, посипати.
überstricken, v. a. оплести, поплести.
überström=en, v. n. излевати се, пресипати се; seine Augen strömten über, облиле су га сузе; — v. a. топити, плавити, потонити, поплавити; —ung, f. излевање; поплава.
überstudieren, sich —, v. г. преучити се, прекинути се учеhи.
überstülpen, v. a. поклопати; (seine Aermel), засукати рукаве.
überstürzen, v. a. поклопити; — v. n. & sich —, v. r. преврнути се; пренаглити.
übersüß, adj. прeсладак; —en, v. a. пресладити, преслађивати.
übertäfeln, v. a. обити даскама.
übertäuben, v. a. заглушити, заглушавати, заглухнути.
übertheuer, adj. предраг, прескуп; —n, v. a. преценити; преплатити.
übertölpeln, v. a. преварити, заслепити, излудити; sich — lassen, излудити се, дати се преварити.
übertraben, v. n. & a. прекасати.
Uebertrag, m. пренос; —en, v. a. пренети, преносити, преместити, унети, уписати; (umschreiben) преписати; einem ein Amt —, поверити коме уред; наручити, изручити, препоручити; einen —, платити за кога; —ung, f. пренос, преношење, препис, преписивање, поверење, премештање.
übertreffen, v. a. надвисити, надвладати, над-

висити, превазилазити, превазиhи, превисити, задевути кога за појас, надмудрити, наткачити, одвојити.
übertreiben, v. a. терати, гонити, претерати преко чега или кроза што; ein Feld —, нагнати марву на поље; (ein Pferd ꝛc —), измучити, претерати; fig. etwas —, претерати, претеривати, преканстарити.
Uebertreibung, f. претеривање.
übertret=en, v. n. ступити, корачити преко, преhи, прекорачити; одметнути се, одврhи се, одбегнути; (von Flüssen), изливати се; — v. a. газити; погазити, згазити; преступити, прекршити (закон итд.); —er, m. прекорачитељ, прелазник, преступник, прекршитељ; —erin, f. преступница; —ung, f. преступљење, преступање, прекршај, преступ.
übertrieben, adj. претеран, прекомеран.
übertrinken, sich, v. r. опити се, препити се.
Uebertritt, m. одметање, прелазак.
übertünchen, v. a. обелити, премазати, мазати, замрљати.
Ueberverdienst, m. сувишак добитка.
übervoll, adj. препун.
übervortheil=en, v. a. закинути кога, преварити; —ung, f. закидање, превара.
überwach=en, v. a. Jemand, etwas, надгледати кога, што.
überwachsen, v. a. покрити растући; — v. n. зарасти, обрасти; расти, нарасти на чему врх чега.
überwägen, f. überwiegen.
überwalken, v. a. превдати, одвећ ваљати.
überwältig=en, v. a. надвладати, надјачати, надјунчити, свладати, предобити, преузети, надвалити, саплахати, одолети, одолевати, присвојити; —ung, f. надвладање, победа, одолевање; fig. труд, мука, тешкоћа.
überwaschen, v. a. препрати, препрати.
überwaten, v. а. & n. прегазити.
überweis=en v. a. доказати; (zuweisen), наложити коме што; —end, adj. доказан; —ung, f. доказивање, предавање, налог.
überweiß=en, v. a. белити, обелити; —ung, f. бељење.
überwerfen, v. a. пребацити, претурити, покрити, преметати, преметнути, претурати; (umwerfen), превалити; die Mauer —, лепити зид; den Mantel —, огрнути кабаницу; — sich v. r. свадити се, завадити се, побркати се, погнати се, здрпити се.
überwichtig, adj. преважан.
überwickeln, v. a. превити, превијати.
überwieg=en, v. a. превагнути, претегнути, претезати; —end, adj. претежан, знаменит, већи; —ender Vortheil, већа корист.
überwind=en, v. a. добити, предобити, надвладати, свладати, поделти, преузети, надјачати, надјачавати, обрвати, освојити; sich —, v. г. уздржати се, устегнути се, одолети срцу; —er, m. победитељ, победник; —erin, f. победница; —sich, adj. победан; —ung, f. победа, надвлађивање, надјачавање; fig. мука, труд, тешкоћа.
überwintern, v. n. зимовати, презимити, презимљивати.

überwitzig, adj. одвећ досетљив.
Ueberwurf, m. леп, малтер.
Ueberzahl, f. сувишан број; већина.
überzahlen, v. a. преплатити.
überzähl-en, v. a. бројити, пребројити; —ig, adj. прекобројан; vgl. Supernumerär.
Ueberzahlung, f. преплаћивање.
Ueberzahn, m. сувишни зуб.
überzeitig, adj. презрео.
überzeug-en, v. a. доказати, осведочити, уверити; —end, adj. осведочен, јасан; —ung, f. уверење, осведочење, уверавање.
überziehen, v. a. прећи, прелазити, селити се, преселити се, навући, покрити, застрети, превући; fig. ein Land mit Krieg —, завојштити, заратити на земљу коју; sich —, v. r. преобући се; der Himmel überzieht sich mit Wolken, облачи се.
überzinn-en, v. a. калаисати, овалаисати; —ung, f. калај, калаисање.
überzuckern, v. a. шећерити, посути шећером.
Ueberzug, m. кора, љуска; павлака.
überzwerch, adv. на криж, унакрст, попреко.
üblich, adj. навадан, обичан; wie es im Lande ist, како је у земљи обичај.
Ueblichkeit, f. навада, обичај.
Uebligkeit, f. мука, стужњивање.
übrig, adj. остали, други; (überflüssig), сувишан, залишан; — haben, v. a. имати јоште; — lassen, v. a. оставити; —sein, —bleiben, v. n. остати, претећи, остајати, претицати; —es, n. остало, остатак; ein —es thun, чинити што нетреба; —ens, adv. у осталом.
Uebung, f. вежбање, упражњавање, обичај.
Ufer, n. крај, јалија, жало, пгало, брег, баир, обала; —anš, n. (Eintagsfliege), водени цвет; —befestigung, f. утврђење обала; —bewohner, m. приморац; —gelb, n. казукашче; —recht, n. обално право; —schwalbe, f. брегуница.
uh! i. y ух!
Uhr, f. сат, ура, ора, час; —band, n. врпца од уре; —kette, f. лапац, ланчић од сата; —gehäuse, n. заклопац на сату; —macher, m. урар, саџија; —macherkunst, f. саџијаство; —schlüssel, m. кључић од сата; —werk, n. точкови од сата; —zeiger, m. сказаљка.
Uhu, m. јешиа, сова, совуљага.
Ulm-e, f. —baum, m. брест, вез; —bäume, pl. брешће; —en, adj. брестов, —enholz, n. брестовина; —enstab, m. брестовача, брестовац; —enwald, m. брестова шума.
Ultramarin, f. врста плаве боје.
um, prp. око, около, уоколо, наоколо, за, о, по, према, преко, у; — Gottes willen, за бога; —sein, бити прошао; um und um, уоколо, наоколо; ich rede, wie mir ums Herz ist, што ми је на срцу то и на језику; Uebel das — sich greift, зло што се шири; sechs Uhr herum, око шест сати; —Ostern, око ускрса; ums Geld zu thun, само му је до новаца; — etwas kommen, изгубити што; — die Wette, ко ће боље; — so viel glücklicher, тим срећнији; — so mehr, —

so weniger, тим више, тим мање; dieser Weg führt —, пут овај иде наоколо; die Zeit ist —, прошло је време; — mit diesem Baum! доле с тим дрветом; — etwas schicken, послати по што; es geht — den Kopf, то је према глави; einen Tag — den anderen, сваки боговетни дан; — zwei Uhr, у два сата; — herum, некако.
umackern, v. a. преорати, орати, оборати, оборавати.
umänder-n, v. a. претворити, преиначити, променити; —ung, f. преиначење, промена.
umarbeit-en, v. a. die Erde —, тежати, орати, копати; eine Sache —, прерадити, препаравити; —ung, f. прерађивање.
umarm-en, v. a. грлити, загрлити, приргрлити; einander —, загрлити се, изгрлити се; —ung, f. грљење, загрљавање.
umbehalten, v. a. оставити, задржати на себи, нескинути, несвући.
umbiegen, v. a. превијати, свијати, превраћати.
umbild-en, v. a. преиначити, предругојачити, преобразити; —ung, f. преиначење, преображење.
umbinden, v. a. обвезати, привезати, везати; ein Buch —, везати књигу; —bestrid, m. поврзача.
umblasen, v. a. свалити штогод дувајући.
umblicken, v. n. обазрети се, обзирати се; —, n. обзир, обзирање.
umbrechen, v. a. преврнути, преломити, превраћати, ломити; einen Acker —, узорати њиву.
umbreiten, v. a. обастрети.
umbringen, v. a. убити, смакнути, убијати, сминцати, сагубити, погубити, згубити, уморити.
umbürzeln, v. n. преметнути се, прекобацити се.
umdecken, v. a. препокривати, прекрити.
umdreh-en, v. a. завртнути, обрнути, окренути, завраћати, обртати, окретати, тумбати; sich —, v. r. окренути се, обрнути се; (vom Schiffe), заушити се; sich auf einem Beine —, провртети се; —ung, f. завртање, завраћање, обртање, окретање, тумбање.
umdruck-en, v. a. прештампати, прештампавати, препечатити, препечатавати; —ung, f. прештампавање, препечатавање.
umduften, v. a. задахнути, напунити мирисом.
umfahren, v. n. возити се наоколо; v. a. превалити, погазити, потрти (волима итд.); обићи (колима, итд).
Umfall, m. пад, пропаст; (des Viehes), липсавање (марве); —en, v. n. пасти, превалити се, срушити се, посртати, посрнути; (vom Vieh), липсати, липсавати.
Umfang, m. обсег, обим, круг, простор, околина; мера; —en, v. a. обсећи, обсегнути, обузети, окружити; f. umarmen.
umfärben, v. a. префарбати, премазати.
umfassen, v. a. објети, обузимати, обухватити, окројити, опасати, наопутити; einen Ring —, оковати, оливати прстен.

umflattern, v. a. облетети, облетати.
umflechten, v. a. плести, оплести.
umfliegen, v. a. облетети, облетати.
umfließen, v. a. оптећи, оптицати.
umformen, f. umbilden.
Umfrag-e, f. опитивање; распитивање, пропитивање; —en, v. a. опитати, распитати, пропитати, распитивати, пропитивати.
umführ-en, v. a. водити наоколо; einen Garten mit einer Mauer —, обградити платном.
umfüllen, v. a. преточити, прелити, претакати, преливати.
umfüttern, v. a. оптњити, оптњивати.
Umgang, m. (eines Rades) вртење, окретање, обртање; (Procession) процесија, опход, литија, пренос, вaход; der — mit Jemanden, друговање, мешање с ким; — von einer Sache nehmen, обићи штогод, неосвртати се на што.
umgänglich, adj. дружеван, пријатан; —keit, f. дружевност, пријатност.
umgeben, v. a. дати, давати, делити, поделити; окружити, опколити, окруживати, опкољавати.
Umgegend, f. околина; in der — befindlich, околни.
umgehen, v. n. вртети се, обртати се, окретати се; (ſpuken) авет се показује; mit Jemanden —, друговати, дружити се; mit etwas —, занимати се, забављати се чиме; er weiß nicht mit dem Gewehre umzugehen, није вешт пушци; mit etwas ſchlecht —, зло с чиме поступати; (einen Umweg machen) обићи, обилазити; antworten Sie mir mit - der Poſt, одговорите ми с поштом обратном.
umgehen, v. a. обићи, обилазити, залазити, зaћи, заколити, подмануги, поступити, поступати; (vermeiden) уклонити се, уклањати се, избегнути, избегавати.
Umgehung, f. опхођење: мимоиђење, избегавaње, обилажење.
umgekehrt, adj. преврнути; — adv. наопако, наопачке.
Umgeld, n. намет, данак.
umgeſtalt-en, v. a. преиначити; —ung, f. преиначење.
umgieß-en, v. a. прелити, преливати, облевати, претакати, преточити; —ung, f. Umguß, m. прелиће, преливање.
umglänzen, v. a. обасјати, обасјавати.
umgrab-en, v. a. прекопати, опкопати, окопати, окопавати, нагребати, обровити; —ung, f. прекопавање, опкопавање, копња.
umgrenzen, v. a. ограничити, омеђашити, окружити.
umgucken, ſich, v. r. f. umſehen.
umgürten, v. a. пасати, опасати, припасати, ſich, v. r. опасати се.
umhaben, v. a. имати на себи, носити.
Umhang, m. завеса, застор.
umhaben, f. umhaben.
umhaſſen, f. umarmen.
umhäng-en, v. a. обесити, обесити око чега, превесити, огрнути, заогрнути; —Kleid, n. огртач.

umhau-en, v. a. сећи, посећи; —ung, f. сечење.
umher, adv. около, око; —blicken, v. n. обазирати се, зверати, стрељати очима; —führen, v. a. проводити, провађати; —gaffen, v. n. зверати, гледати; —gehen, v. n. ходити, проходати се; заходити, залазити, тумарати, обилазити, верати се; —laufen, v. n. трчати; —rathen, v. n. нагађати; —ſchlagen, v. n. & a. млатати, тући око себе; —ſchleichen, v. n. шуњати се, лијати; —ſchleudern, v. n. врљати, шврљати, баврљати; —ſchnüffeln, v. n. шуњати, цуњати; —ſchweifen, v. n. тумарати, потуцати се; —ſchweifer, m. потукач, потуцња; —ſehen, v. n. обзирати се; —ſtreichen, v. n. скитати се, потуцати се; —tragen, v. a. носити; —treiben ſich, v. r. мутити; —werfen, v. n. & a. бацати око себе; (mit Füßen) бацакати се; —ziehen, v. n. & a. повлачити; смуцати.
umhin, adv. око, около; ich kann nicht — zu ſchreiben, немогу да напишем.
umhüll-en, v. a. замотати, завити, омотати, увити, завијати; —ung, f. завијање, замотавање.
umhüpfen, v. a. скакати око чега.
umjagen, v. a. оптерати, оптеривати.
Umkehr, f. поврат, повратак; —en, v. n. вратити се, повратити се, окренути се, вратити се, повраћати се; — v. a. обрнути, превртути, превратити, окренути, извратити; alles —, преметати; —ung, f. враћање, превраћање; превртање.
umkippen, v. n. превалити се, преврнути се; — v. a. превалити, преврнути.
umklaftern, umklammern, v. a. обузети, обухватити, обузимати, обухватати.
umkleben, v. a. облепити, облепљивати.
umkleiden, v. a. преобући, преоденути; ſich —, v. r. преоблачити се, преобући се.
umkommen, v. n. погинути, гинути; (von Thieren) скапати, црћи, липсати, крепати.
umkrämpen, a. n. посувратити.
umkreuzen, v. a. овенчати.
Umkreis, m. круг, округ, околина; im —, уоколо; eine Meile im — једну миљу у околини.
umkreiſen, v. a. кружити, окружити, опколити, закружити, закруживати.
umladen, v. a. претоварити, преврцати.
Umlage, f. разрез (порезе).
umlagern, v. a. опсећи, опколити; опседати, опкружити.
Umlauf, m. обртање; (des Blutes, des Geldes) околовaње; (ein Schreiben) распис; —en, v. a. прелазити, прeвртути, срушити трчући; — v. n. (ſich drehen), вртети се, обртати се, окретати се, пни наоколо, трчати наоколо; —en, v. a. оптрчати штогод; околовати; —ſperiode, f. доба околовaња; —ſchreiben, n. распис.
umlegen, v. a. свалити, преврнути, превалити; (umbiegen), савити, превити, сагнути, пригнути; einen Verband —, свезати, привезати; eine Steuer —, разрезати порезу; Reife —, набити, набијати (бачву); einen

Mantel —, огрнути, пригрнути кабаницу; (anders legen), преместити; ein Faß —, тумбати; обложити, облагати, окружити; sich —, v. r. окренути се; das Schiff legt sich um, патиба се брод; die Schneide hat sich umgelegt, пресвла се оштрица; der Wind legt um, мења се ветар.
Umlegung, f. разрез (пореза).
umleiten, v. a. одвести, одвратити, свратити.
umlenken, v. a. окренути; обрнути, свратити.
umleuchten, v. a. расветлити, посветлити, расветљавати.
umliegen, v. n. лежати паоколо; —end, adj. ближњи, околни.
ummachen, v. a. прерадити, препачити, препаправити; ein Halsband —, везати рубац на врат.
ummauern, v. a. озидати, зидати.
ummessen, v. a. мерити на ново; измерити, мерити.
ummünzen, v. a. прековати; прекивати новце.
umnähen, v. a. оппити, опшивати.
umnebeln, v. a. маглити, замаглити, помрачити, потамнити.
umnehmen, v. a. узети на се, огрнути, пригрнути.
umnieten, v. a. каврансати.
umpacken, v. a. изнова спаковати, друкчије спаковати, свезати, сложити.
umpflanzen, v. a. облоп, цаниер павћи.
umpfählen, v. a. кољем оградити.
umpflanzen, v. a. пресадити, пресађивати; расадити, расађивати; опсадити дрвима.
umpflügen, v. a. орати, преорати.
umprägen, f. ummünzen.
umräudern, v. a. окадити.
Umreihe, f. редовање, ред.
umreih en, v. n. обредити, обређивати; — ung, f. редовање, обрећивање.
umreisen, v. a. обићи, обилазити; — v. n. путовати, пћи наоколо.
umreißen, v. a. срушити, порушити, развалити, разградити.
umreiten, v. a. јашити, јахати уоколо; погазити, срушити, превалити кога коњем; —, v. n. објашти, објахати, објахивати.
umrennen, v. a. погазити, срушти, превалити трчући; отрчати, отркивати.
umringen, v. a. окалити, окружити, оптецати, опскочити, салетити, стегнути.
Umriß, m. обрис, цртеж.
umrühr en, v. a. мешати, промешати, размешати, замести, измешати; —ung, f. мешање.
umsägen, v. a. препилити, пилити.
umsatteln, v. a. преселати; —, v. n. fig. премислити се, променити се, ударити другим путем, разверити се
Umsatz, m. обрт, назар, продаја, проћа.
umsäumen, v. a. опшити, обрубити.
umschaff en, v. a. препачити, претворити; —ung, f. препачивање.
umschanz en, v. a. опкопати; —ung, f. опкоп.
umschauen, sich, f. umsehen.
umschaufeln, v. a. превртнути, превртати лопатом, огртати.

umschiffen, v. n. бродити, једрити уоколо; — v. a. објердити, обићи бродом.
Umschlag, m. (um etwas), завој, завитак; (Veränderung), промена; (Umsatz, Tauschhandel), пазар, продаја, проћа; (an Kleidern), завратак, капак; —en, v. n. превалити се, превркнути се, превратити се; fig. променити се, мењати се; die Milch schlägt um, груша се млеко; das Wetter schlägt um, мења се време; (ausarten), изопачити се; — v. a. обложити, облагати, посвртати, посувратити; einen Nagel —, завpнути чавао; eine Naht —, подвpнути шав; etwas um etwas —, омотати, замотати, завити; eine Karte —, извpнути карту; einen Mantel ꝛc. —, огpнути кабаницу; Kräuter —, привити, привезати, обложити међем; einen Baum —, посећи, оборити дpво; (im Handel), назарити, трампити, тpговати; Münzen —, прековати, прекивати новце.
Umschlagsbogen, m. овојни табак.
umschleichen, v. a. вући се, смуцати се, шуњати се.
umschleiern, v. a. покрити, застрти, завесити.
umschließen, v. a. окpужити, опколити, опасати, обухватити.
umschlingen, v. n. обвити, обузети, обухватити, загрлити, пригрлити.
umschmeißen, f. umwerfen.
umschmelzen, v. a. прелити, прелевати, претопити, претапати.
umschmieden, v. a. прековати, прекивати.
umschnallen, v. a. пасати, припасати, опасати, прикопчати.
umschreiben, v. a. опсећи, опсецати.
umschnüffeln, v. n. обњушити, нањушити, њушкати.
umschreiben, v. a. преписати, преписивати, преукњижити, пренети што укњижбом на другога; натпис око чега направити, описати, описивати, расписати, расписивати.
Umschreibung, f. распис, расписивање, преуквижење, преписивање.
Umschrift, f. натпис.
umschürzen, f. umgürten.
umschütteln, v. a. протрести, продрмати.
umschütten, v. a. пресипати, пресути, прелити, просипати, просути, пролити, обасипати, обасути, облити.
umschwanken, v. n. посртати.
Umschweif, m. Umschweife, pl. обилажење, околишење; —en, f. herumstreichen.
umschweif en, v. a. опшијати, опшивати; sich —, v. r. ошијавати се.
umschwemmen, v. a. (das Schiff), заушити.
Umschwung, m. прекрет, промена.
umsegeln, v. a. пробити, разбити, превалити брод једрењи; једрити, обићи бродом; — v. n. једрити наоколо.
umsehen, sich, v. r. обазрети се, обзирати се; sich nach etwas —, бринути се за што; sich in der Welt —, видети света; ohne Umzusehen, безобзирке, безобзирце.
umsetzen, v. a. пресадити, пресађивати, преместити; Geld, Waaren —, назарити, обртати, тpговати; der Wind setzt um,

umsein мења се ветар; обложити, окружити, опсадити.

Umsein, v. n. минути, проћи; das ist um, прошло је.

Umsicht, f. обазривост; s. Vorsicht.

umsinken, v. n. пасти, преврнути се, срушити се, превалити се.

umsonst, adv. забадава, замап, залуду; заманице, залуд, узалуд, бадава, напразно; (unschuldigerweise), за права бога, на правди бога; ganz —, бамбадава.

umspannen, v. a. препрегнути, променити коње; обапети, обапињати; обухватати педљем.

umspinnen, v. a. запрести, опрести, прести.

umspringen, v. n. поступати, обходити с чиме; — v. a. скоком превалити, порушити; опскочити, опскакивати.

Umstand, m. околност, догађај, ствар, узрок; Umstände machen, неприлике, запреке чинити; облевати, премишљати; ohne Umstände, без облевања.

umständlich, adj. подобан, опширан; adv. опширно; —keit, f. подробност, опширност.

umstechen, v. a. превртати, преврнути, прекопавати.

umstecken, v. a. преиначити урес од косе; закакнути око чега.

umstehen, v. n. около стојати; (vom Vieche), маљкавати, мањкати, лиисавати, лииcати; —end, adj. околни.

umstellen, v. a. преместити, опколити, окружити.

umstimmen, v. a. ein Instrument —, преудесити; Jemanden —, паговорити кога; — v. n. гласовати по реду.

umstören, v. a. преметати, преровати, прекопати.

umstoßen, v. a. преврнути, превалити, обалити; fig. развргћи, упиштити, покварити; ein Urtheil —, расудити, порећи први суд; —end, adj. превратан.

umstößlich, adj. превратљив, упиштив.

umstrahlen, v. a. сјати око чега, обасјати, обасјавати.

umstreuen, v. a. обасути, обаспати.

umstricken, v. a. преплести; оплести, заплести, заплетати.

umströmen, v. a. оптећи, оптицати.

Umsturz, m. преврат, пропаст; превртање, рушење; Partei des —es, превратна странка.

umstürzen, v. n. пасти, срушити се, превалити се, порушити се; — v. a. преврнути, срушити, оборити, превалити, порушити; —ung, f. превртање, рушење.

umtanzen, v. n. обиграти, обигравати.

umtaufen, v. a. прекрстити.

Umtausch, m. мена, замена, трампа; —en, v. a. мењати, мењати се, променити, заменити, промените се, заменити се, трампити.

umthun, v. a. einen Mantel —, огрнути, пригрнути кабаницу; sich nach etwas —, старати се, бринути се за што.

umtragen, v. a. обносити.

umtreiben, v. a. обраћати, окретати, обрнути, окренути, обгонити; sich —, v. r. скитати се, клатити се.

umtreten, v. a. погазити, газити; — v. n. одметнути се, одврћи се. одбегнути.

Umtrieb, m. окретање, оптицање, обилажење; geheime —e, коварства потаjна, плетке.

umwachsen, v. n. обрасти, зарасти, обрастати.

umwachsen, adj. обрастао, зарастао.

umwälzen, v. a. превалити, прекренути, преврнути; —ung, f. ваљање; fig. преврат, прекрет, буна.

umwandeln, v. a. променити, претворити; (resuiren), откупити.

Umwandlung, f. претварање, промена, откуп.

umwechseln, v. a. мењати, промепити; — v. n. mit einem —, мењати се, редати се, напзменце што радити.

Umweg, m. странпутица, охођа, охоће, залаз, заход, облазак; einen — machen, ићи около, обилазити.

umwehen, v. a. превалити, преврнути дувањем; лувати, пухати око чега.

umwenden, v. a. преврнути, окренути, заокренути, заокретати; einen —, преокренути кога; v. n. mit dem Wagen —, окренути, обрнути кола.

umwerfen, v. a. (einen Mantel 2c.), огрнути, пригрнути кабаницу; (umstoßen), превалити, срушити, оборити, порушити, преврнути, обалити, превалвати, извалити, строволити, изврнути, изврпати.

umwickeln, v. a. преметати, превити; замотати, завити, омотати, овити, повити, обавити, обавијати; —ung, f. завој, обавијање.

umwinden, v. a. премотати, превити; увити, умотати, обмотати, обмотавати.

umwölken, sich, v. r. облачити се, наоблачити се, насуморити се, патушити се, намрштити се; die Stirne —, намргодити се.

umwühlen, v. a. преровати, разровати, обрити, разрити.

umzählen, v. a. пребројити, изнова бројити.

umzapfen, v. a. преточити, претакати.

umzäunen, v. a. градити, оградити, обградити; —ung, f. ограда, плот.

umzeichnen, v. a. обележити, бележити изнова.

umziehen, v. n. селити, селити се, скитати се, клатити се; — v. a. свалити, превалити; Kleider —, пресвући, променити се, преобути; окружити, опколити, оградити, одепути; sich —, v. r. облачити се, наоблачити се, преобући се.

umzingeln, v. a. опколити, окружити, пасати, опасати, скоперити, оптецати, заскакати, заскочити.

Umzug, m. завеса, застор; обход, литија.

unabänderlich, adj. непроменљив, непромењен; (in der Sprachlehre), несклоњив; —keit, f. непроменљивост; несклоњивост.

unabgerichtet, adj. неук.

unabgesondert, adj. неразлучен, неодлучен.

unabhängig, adj. независан; (selbstständig), самосталан; —keit, f. независност, самосталност.

unabhelflich, adj. беспомоћан.

unabläßig, adj. непрестан, беспрестан.

unabsehbar, adj. неизмеран, недогледан.
unabsetzbar, adj. (von Beamten), неизвржни; (von Waaren), што нема проће; —feit, f. неизвржнвост.
unabsichtlich, adj. нехотичан; — adv. нехотице.
unabtretbar, adj. неуступљив.
unabweislich, adj. неуклоњив; —feit, f. неуклоњивост.
unabwendbar, adj. неодвратан; —feit, f. неодвратњивост.
unachtsam, adj. непажљив, непомњив, несмотрен; —feit, f. непажљивост, непомњивост, несмотреност.
unadelig, adj. неплеменит, прост.
unähnlich, adj. неподобан, несличан; —feit, f. неподобност, несличност.
unangebaut, adj. необрађен.
unangefochten, adj. ненападан, слободан.
unangekleidet, adj. необучен.
unangemeldet, adj. непријављен.
unangenehm, adj. неугодан, непријатан, немио.
unangerührt, adj. недрпнут.
unangesehen, adj. мален, незнатан; — adv. (eines Dinges), поред, код.
unangetastet, f. unangerührt.
unangreifbar, adj. недобитан.
unannehmlich, adj. непријатан, неугодан; —feit, f. непријатност, неугодност, неприлика.
unansehnlich, adj. незнатан, маловажан; —feit, f. незнатност, маловажност.
unanständig, adj. непристојан, беспутан; —feit, f. непристојност, беспутност.
unanstößig, adj. пристојан; —feit, f. пристојност.
unanwendbar, adj. неупотребљив.
Unart, f. ружан обичај, зла навада, непристојност, неуљудност, неупутност; —ig, adj. непристојан, неуљудан; —igfeit, f. непристојност, неуљудност.
unaufgeräumt, adj. несиремљен; fig. невесео, зле воље.
unaufhalt-bar, —sam, adj. непрестан, незадржан.
unaufhörlich, adj. непрестан; —, adv. непрестано, једнако, без патиска, без престанка.
unauflös-bar, —lich, adj. неразрешив, неистопљив; —lichfeit, f. неразрешивост.
unaufmerksam, f. unachtsam.
unausbleiblich, adj. поуздан, известан, истинит.
unausforschlich, f. unerforschlich.
unausführbar, adj. неизвршив; —feit, f. неизвршиност.
unausführlich, adj. што се неможе учинити, неизвршив.
unausgearbeitet, adj. несрађен, недовршен.
unausgebildet, adj. неизображен, необрађен.
unausgemacht, adj. неодлучен, неизвестан.
unausgenommen, adv. без изниме, без изузетка.
unausgesetzt, adj. непрестан; — adv. без престанка.
unauslöschlich, adj. неугасив, неизбришив; —feit, f. неугасвост.
unaussprechlich, adj. неизказан; —feit, f. неизказаност.

unausstehlich, adj. неспосан.
unaustilgbar, adj. неистребив, неискорењив.
unbändig, adj. необуздан, својевољан, самовољан, неукротив; —feit, f. самовоља, својевољност, необузданост.
unbarmherzig, adj. немилосрдан, немилостив; —, adv. немилице; —feit, f. немилосрдност.
unbärtig, adj. голобрад, голобрадаст.
unbeantwortlich, adj. неразрешив; — adv. без одговора.
unbebaut, adj. необрађен, необделан; —feit, f. необрађеност, необделаност; —er Acker, јаловица, неузорана њива.
unbedacht, —sam, unbedächtig, adj. несмотрен, непажљив; —samfeit, f. несмотреност, непомња.
unbedeckt, adj. непокривен.
unbedeutlich, adj. несумњив; —feit, f. несумњивост.
unbedeutend, adj. незнатан; —heit, f. незнатност.
unbedingt, adj. безуслован, безуветан, без изнимке.
unbeeidet, adj. незаклет.
unbeeinträchtigt, adj. неоштећен, миран.
unbeerbt, adj. без баштиника, без наследника.
unbefangen, adj. непристран; отворен, искрен; —heit, f. непристраност, непристрастност; отвореност, искреност.
unbefeldert, adj. ко нема поља; —er Häusler, жилер.
unbefleckt, adj. неоскврњен, непорочан, чист; —heit, f. чистоћа, непорочност, неоскврњеност.
unbefugt, adj. неовлашћен, недопуштен, недозвољен; —heit, Unbefugniß, f. неовлашћеност.
unbegleitet, adj. сам, без дружине.
unbegnüg-lich, —sam, adj. несит, ненаситљив.
unbegreiflich, adj. непојаман, непостижан; —feit, f. непостижност, непојамност.
unbegrenzt, adj. неомеђашен, неограничен; —heit, f. неограниченост.
unbegütert, adj. без добара.
unbehaart, adj. го, голишав.
Unbehagen, n. неугодност, непријатност; das — vertreiben, разгалити; разгалити се.
unbehaglich, adj. неугодан, непријатан; —feit, f. неугодност, непријатност.
unbehauen, adj. неокопан, неотесан, неопсечен.
unbeherzt, adj. страшљив, плашљив.
unbehülflich, (unbeholfen), adj. сметен, степен, збуњен, невешт; —feit, f. сметеност, невештина.
unbehutsam, adj. несмотрен; —feit, f. несмотреност.
unbekannt, adj. непознат, незнан.
unbekleidet, adj. необучен.
unbekümmert, adj. безбрижан, без бриге, небрига.
unbelaben, adj. празан.
unbelaubt, adj. без лишћа, го.
unbelebt, adj. мртав.
unbelesen, adj. који није читао књига.
unbeliebig, adj. неугодан, непријатан.

unbelohnt, adj. непаграђен, ненаплаћен.
unbemannt, adj. неоружан (брод).
unbemerkt adj. неопажен, непримећен.
unbemittelt, adj. сиромах, убог.
unbenannt, adj. неименован.
unbeneibet, adj. независидан.
unbenommen, adj. слободан, допуштен; es ist ihm —, побрани му се, слободно му је.
unbenutzt, adj. неупотребљен.
unbequem, —lich, adj. незгодан, на сметњи; — adv. с перуке; es ist mir —, није ми на руку; —lichkeit, f. незгода, сметња.
unberathen, adj. песмотрен; eine —e Tochter, неудата кћи.
unberechtigt, adj. ко нема права па што; ко није свој.
unberebt, adj. неречит, неразговоран.
unbereitet, adj. неприправљен, неприправан.
unberitten, adj. ein —es Pferd, нов коњ; ein —er Mensch, човек без коња.
unberufen, adj. незван.
unberühmt, adj. неславан.
unberührt, f. unangerührt.
unbeschadet, adv. без увреде, без штете.
unbeschädigt, adj. неоштећен, цео, здрав и читав.
unbeschäftigt, adj. беспослен, залих.
unbeschattet, adj. ноосењен, без сена, без хлада.
unbescheiben, adj. неразборит, безобзиран, безобразан; —heit, f. неразбор, безобзирност, безобразност.
unbeschlagen, adj. неокован, непоткован.
unbeschnitten, adj. необрезан.
unbescholten, adj. неприкоран, непорочан, неоскрбљен.
unbeschränkt, adj. неограничен; —heit, f. неограниченост.
unbeschreiblich, adj. неописан, исизречен, неисказан; —heit, f. неописаност, неизреченост, неисказаност.
unbeschreit, adj. неуречен, неурокљив.
unbeschrieben, adj. чист (папир итд.)
unbeschwert, adj. неотерећен, лак.
unbeseelt, adj. без душе.
unbesehen, adj. новиђен.
unbesonnen, adj. несмотрен, алакаст; —heit, f. несмотреност.
unbesserlich, adj. непоправљив, —heit, f. непоправљивост.
Unbestand, m. непостојанство, несталност, превртљивост.
unbeständig, adj. непостојан, несталан, превртљив; —sein, шеврдати; —heit, f. s. Unbestand.
unbestech-bar, —lich, adj. неподмитљив, непокупљив; —barkeit, —lichkeit, f. неподмитљивост, непоткупљивост.
unbestellt, adj. неизручен, необављен; необрађен.
unbestimmt, f. неодређен, неодлучен, несталан, нејасан, неопредељен; —heit, f. неодлучност; нејасност, неопредељеност.
unbestraft, adj. некажњен.
unbestreitbar, adj. неоспорин.
unbestritten, adj. непреговоран.

unbesubelt, adj. неумазан, неупрљан.
unbeträchtlich, adj. незнатан.
unbetrüglich, adj. истинит.
unbewacht, adj. нечуван.
unbewaffnet, adj. неоружан.
unbewandert, adj. невешт.
unbeweglich, adj. непомичан, непокретан; —es Gut, непокретно добро; —keit, f. непомичност, непокретност.
unbewehrt, f. unbewaffnet.
unbeweibt, adj. неожењен.
unbeweislich, f. unerweislich.
unbewohnbar, adj. необитаван.
unbewußt, adj. ко незна; mir ist das —, то је [незнам].
unbezahlbar, adj. неисплаћен.
unbezäunt, adj. неограђен.
unbezweifelt, adj. несумњив.
unbezwinglich, adj. неосвојив; —keit, f. неосвојивост.
unbieder, adj. непоштен; —keit, f. непоштење.
unbiegsam, adj. негибак; fig. тврд, крт; —keit, f. кртост.
Unbild, Unbill, f. неправда.
unbillig, adj. неправ, неправичан; —keit, f. неправда, неправичност.
unblutig, adj. некрвав, без крви.
unbrauchbar, adj. неупотребљив, некористан, неспособан; —keit, f. неупотребљивост, неспособност.
unbürgerlich, adj. неграђански.
unbußfertig, adj. непокајан, непокоран; —keit, f. непокорност, некајање.
Unchrist, m. нехришћанин, поганин; —lich, adj. нехришћански, поган.
und, conj. и, а, пак, тек, те.
Undank, m. —barkeit, f. пехарност, незахвалност, неблагодарност; —bar, adj. нехаран, незахвалан, неблагодаран.
undenkbar, adj. непостижан, непостижив; —keit, f. непостижљивост, непостижност.
undenklich, adj. давни, давнашњи; seit —en Zeiten, од памтивека.
undeutlich, adj. таман, нејасан, неразговетан, сметен; —keit, f. нејасност, неразговетност, сметеност.
undeutsch, adj. иенемачки; (unverständlich), неразумљив.
undienlich, adj. некорисан; es wird uns nicht — sein, неће згорега бити; —keit, f. некористност.
undienstfertig, adj. неуслужан; —keit, f. неуслужност.
Unding, n. глупост, бесмислица.
unduldsam, adj. нетрпљив (у вери итд.); —keit, f. нетрпљивост (у вери итд.)
undurchdringlich, adj. непроходан, чест, густ, непрозиран; —keit, f. непроходност, непрозирност.
undurchsichtig, adj. непрозиран; —keit, f. непрозирност.
uneben, adj. нераван, храпав, гредовит.
Unebene, Unebenheit, f. неравност, храпавост, храпе.
Unebenmaß, n. несклад.
unecht, adj. лажан, крив, неправ; незаконит; —heit, f. лажност.

unebel, adj. неплеменит, прост; unedle Metalle, прости кови.
Unede, f. положништво; —lich, adj. незаконит, небрачни, ванбрачни, копилав, спурјанин.
unehrbar, adj. непоштен, непристојан; —keit, f. непоштење, непристојност.
Unehre, f. непоштење, срамота.
unehrerbietig, adj. несмерап, безочан, безобразан, неучтив; —keit, f. несмерност, неучтивост.
unehrlich, adj. непоштен; —keit, f. непоштење.
uneigennützig, adj. некористољубан; —keit, f. некористољубност.
uneigentlich, adj. невластит; fig. in —em Sinne, у преносну смислу.
uneinbringlich, adj. ненаплаћен, ненстерив; —keit, f. ненаплаћеност, ненестеривост.
uneingebunden, adj. несвезан, неувезан.
uneingedenk, adv. — sein, непамтити, неопомињати се.
uneingekauft, adj. некупљен.
uneingesalzen, adj. неусољен.
uneingeschränkt, adj. неомеђашен, неограничен.
uneingeweiht, adj. непосвећен.
uneingezogen, adj. разуздан.
uneinig, adj. несложан; — werden, свадити се, завадити се; —machen, завадити; — sein, неслагати се, непогодити се; —keit, f. неслога.
uneins, f. uneinig.
uneinträglich, adj. некористан.
unempfänglich, adj. непримчив; —keit, f. непримчивост.
unempfindbar, adj. неосетан.
unempfindlich, adj. неосетан; —keit, f. неосетност.
unendlich, adj. безконачан, неизмеран; —keit, f. безконачност, неизмерност.
unentbehrlich, adj. неопходан, неопходно потребан; —keit, f. неопходност, неопходна потреба.
unentgeltlich, adj. бесплатан, безмитан; adv. забадава, без плате, бесплатно, за ништа; онако; ganz —, бамбадава.
unenthaltsam, adj. необуздан, неумерен, нетрезан; —keit, f. необузданост, неумереност, нетрезност.
unentschieden, adj. неодлучен, неодлучан; —heit, f. неодлученост, неодлучност.
unentschlossen, adj. неодважан, неодлучен; —heit, f. неодважност, неодлучност.
unentsetzbar, adj. сталан; —keit, f. сталност.
unentwickelt, adj. неразвијен.
uneracktet, f. ungeachtet.
unerbittlich, adj. неумољен, тврд; немилостив, немилосрдан; —keit, f. неумољивост, немилосрђе.
unerdacht, unerdichtet, adj. неизмишљен, истинит.
unerdenklich, f. unersinnlich.
unerfahren, adj. неискусан, неук, невешт; невичан; —heit, f. неизкусност, вештина.
unerforschlich, adj. неиспитан.
unerfreulich, adj. невесео, жалостан.
unergründlich, adj. бездан; fig. недокучан, недокучљив; —keit, f. недокучност.

unerheblich, adj. незнатан, маловажан; —keit, f. маленкост, маловажност, незнатност.
unerhört, adj. нечувен.
unerinnerlich, adj. што се не памти, чега се несећа.
unerkannt, adj. непознат, незнан.
unerkenntlich, adj. нехаран, незахвалан, неблагодаран; —keit, f. нехарност, незахвалност, неблагодарност.
unerklärbar, unerklärlich, adj. неразјашњен, непознатан.
unerläßlich, adj. неопходан.
unerlaubt, adj. недопуштен, забрањен.
unerledigt, adj. нерешен.
unermeßlich, abj. неизмеран; —keit, f. неизмерност.
unermüdlich, adj. неуморан; —keit, f. неуморност.
uneroberlich, adj. неосвојив.
unerörtert, adj. неизтумачен, непротумачен, неразложен.
unerreichbar, adj. недостижан, непостижан; недокучив.
unersättlich, adj. несит; —keit, f. неситост.
unerschaffen, adj. нестворен.
unerschöpflich, adj. неизцрпив; —keit, f. неизцрпивост.
unerschrocken, adj. неустрашив, неустрашан; —heit, f. неустрашивост, неустрашност.
unerschütterlich, adj. непоколебљив; fig. чврст, тврд; —keit, f. непоколебљивост.
unerschwinglich, adj. што се неможе смоћи, превелик, прекомеран.
unersetzlich, adj. ненакнадив, ненакнадни; —keit, f. ненакнадивост.
unersteiglich, adj. непроходан, неприступљив.
unerträglich, adj. неспосан; —werden, догрдети; —keit, f. неспосност.
unerwachsen, adj. недорастао, нејак.
unerwartet, adj. ненадан; adv. изненада.
unerweichlich, adj. неомекшан.
unerwiesen, adj. недоказан.
unerwogen, adj. непромишљен, непромотрен; nichts — lassen, све промотрити; s. ungeachtet.
unerzählbar, adj. неисказан.
unerzogen, adj. неодгојен, нејак, недорастао, неваспитан.
unfahrbar, adj. невозан; —er Zustand, невозност.
unerweislich, adj. недоказни; —keit, f. недоказни; —keit, f. недоказност.
unfähig, adj. неспособан; —keit, f. неспособност.
Unfall, m. незгода, неприлика, несрећа, беда, напаст, белај.
unfehlbar, adj. непогрешан; —keit, f. непогрешност.
unfern, prp. недалеко.
Unflath, m. смрад, гад, нечистоћа, поган, нечист.
Unflath-er, m. гадан, смрадан човек, свиња; —erei, f. гад, смрад, свињарија; —ig, adj. гадан, смрадан, нечист; —igkeit, f. смрад, нечист, гад.

Unfleiß, m. немарљивост, лењост; —ig, adj. немарљив, лењ.
unfolgfam, adj. непослушан, непокоран; —feit, f. непослушност, непокорност.
unförmlich, adj. неграпав, неуредан; —feit, f. неграппост; неуредност.
Unfreund, m. непријатељ; —lich, adj. неугодан, непријатан, неуљудан; —lichfeit, f. непријатност, неуљудност; —schaftlich, adj. непријатељски.
unfrei, adj. неслободан.
unfreigebig, adj. неиздашан.
Unfriede, m. немир, размирица, раздор; —lich, adj. немиран.
unfruchtbar, adj. неплодан, неродан, безродан, јалов; —feit, f. неплодност, неродност, безплодност, неродица.
Unfug, m. неред, непристојност, разузданост, распуштеност, безакоње; Unfüge treiben, владати се разуздано, чинити што није у реду.
unfüglich, adj. неправ, непристојан.
unfühlbar, adj. неосетљив, неосетан.
ungangbar, adj. (vom Wege) непроходан; (vom Gelbe) непролазан.
ungaftfreundschaftlich, adj. негостоприман.
ungeachtet, adj. неуважен, непоштован; незнатан.
ungeachtet, prp. без обзира на; код, ипак, поред; — conj. све да, премда.
ungeackert, adj. неоран, непооран; —es Land, ледина.
ungeahndet, adj. без казни, некажњен; etwas — laffen, неказнити.
ungebahnt, adj. неутрвен, перазан, непроходан.
ungebändigt, adj. неукроћен.
ungebaut, adj. необрађен, несазидан, несаграђен.
ungeberbig, adj. разуздан, несташан, немиран.
ungebeten, adj. незван, непозван, немољен.
ungebildet, adj. неизображен, необразован.
ungebleicht, adj. небељен, ровечан; —e Leinwand, пресан без, модрикасто платно.
ungeblümt, adj. без цвећа; просто.
ungebrannt, ungebraten, adj. непечен, пресан.
ungebräuchlich, adj. необичан, ненавадан.
ungebraucht, adj. нов, неупотребљен.
Ungebühr, f. веприпстојност; zur —, без разлога, непристојно; —lich, —end, adj. непристојан; недужан; —lichfeit, f. Ungebühr.
ungebunden, adj. невезан; fig. слободан, разуздан, распуштен; —e Rede, проза; —heit, f. слобода, разузданост.
Ungebulb, f. нестрпљивост; —ig, adj. нестрпљив.
ungeehrt, adj. непоштован.
ungefähr, adj. ненадан, случајан; — adv. случајно, изненада, око, около, једно, неколико; од прилике; von — kommen, пригодити.
ungefällig, adj. непријатан, неугодан, немио, непослушан, неуљудан; —feit, f. непријатност, непослушност.
ungefärbt, adj. нефарбан; fig. истинит, искрен, отворен.
ungefeffelt, adj. без окова.

ungefiebert, adj. голушав, голуждрав.
ungeflügelt, adj. без крила.
ungefordert, adj. непитан, без питања.
ungefüttert, adj. непостављен, ненахрањен.
ungegeffen, adj. непоједен; — adv. на таште, наште срце.
ungegründet, adj. неоснован, без темеља, лажан, лажљив.
ungehalten, adj. срдит; über etwas — werden, срдити се на што.
ungeheißen, adj. добровољан; — adv. добровољно, драге воље.
ungehemmt, adj. слободан, без запреке.
ungeheuchelt, adj. истинит, искрен.
ungeheuer, adj. страшан, страховит, голем, грдан.
Ungeheuer, n. наказа, чудо, слота, неподоба, силесија, грдосија.
ungehindert, adj. слободан, без запреке.
ungehobelt, adj. неостругаи, неотесан, груб, неграпан.
ungehofft, adj. ненадан; — adv. изненада.
ungehörig, adj. непристојан.
ungehörnt, adj. шут.
ungehorsam, adj. непослушан, непокоран; — m. непослушност, непокорност.
ungehört, adj. нечувен.
ungeistlich, adj. светован, светски.
ungekämmt, adj. неочешљан, чупав, раскукорен.
ungekocht, adj. некуван.
ungekränkt, adj. неувређен, миран; без болести.
ungekünstelt, adj. природан, параван, наравски.
ungeladen, uneingeladen, adj. незван, непозван.
ungeläutert, adj. неочишћен, нечист.
ungelegen, adj. незгодан; — adv. у невреме, незгодно; —heit, f. неприлика, досада, незгода, сијасет, беда, напаст, галиба.
ungelehrig, adj. туп, упоран; —feit, f. тупоглавост, тврдоглавост.
ungelehrt, adj. неучен, неук, неучан; —heit, f. неученост, неучност.
ungeleimt, adj. нелепљен.
ungelenk-fam, adj. негибак, неокретан; —igfeit, —famfeit, f. неокретпост.
ungeliebt, adj. нељубљен, немио, недраг.
ungelöscht, adj. негашен, жив.
Ungemach, n. незгода, неприлика, беда, зло.
ungemächlich, adj. неудобан, незгодан; —feit, f. незгода, неудобност.
ungemästet, adj. неугојен, негојен, мршав.
ungemein, adj. необичан, особит, редак; adv. врло, необично, особито.
ungemengt, ungemischt, adj. немешан, чист.
ungemeffen, adj. неизмерен, без мере; fig. неодлучен.
ungemünzt, adj. неков̈ан.
ungenannt, adj. неименован, безимен.
ungeneckt, adj. ненадражен.
ungeneigt, adj. ненаклоњен; —heit, f. ненаклоњеност.
ungenießbar, adj. што није за јело и пиће, бљутав, несладак.
ungenoffen, adj. неуживан; das wird ihm nicht fo — hingehen, неће га олако проћи.

ungenöthigt, adj. добровољан; — adv. добре
вољс, добровољно.
ungenügend, adj. недовољан.
ungenügsam, adj. незадовољан, несит; —feit,
f. незадовољност, неситост.
ungenützt, adj. нетребован.
ungeorbnet, adj. неуређен.
ungeräcbt, adj. неосвећен; f. ungeahndet.
ungerade, adj. неправан, непар; —е Zahl, ли-
хи број; — und gerade, лихо и тако.
ungerathen, adj. зао, злочест, неваљао, по-
кварен.
ungerechnet, adj. нерачунан; — adv. нерачу-
најући, без рачуна.
ungerecht, adj. неправ, неправичан, неправе-
дан; —, adv. неправо; —е, m. неправед-
ник; —igkeit, f. неправда, неправедност.
ungereimt, adj. без риме, несличан; fig. не-
складан, луд, којешта, несклапан; —es
Zeug, спрдња; —es Zeug sprechen, спрда-
ти; —, adv. несклапно; — sprechen, блути-
ти, будалити; —heit, f. несладаност, лу-
дост, лудорија, беспуће, спрдња, спрдање,
блућење.
ungern, adv. нерадо.
ungerochen, f. ungeahndet.
ungerufen, adj. незван.
ungerührt, adj. недирнут.
ungesagt, adj. неречен, неказан.
ungesalzen, adj. неслан; луд.
ungesattelt, adj. неоседлан.
ungesäuert, adj. бесквасан.
ungesäumt, adj. непорубљен; (unverzüglich) брз,
скор, хитар; — adv. без оклевања, одмах.
ungeschält, adj. неољуштен, неогуљен.
ungeschehen, adj. неучињен; den Kauf — ma-
chen, распазарити.
ungescheibt, adj. непаметан; —heit, f. непамет.
ungescheut, adj. смео, без страха.
Ungeschicklichkeit, Ungeschicktheit, f. невештина.
ungeschickt, adj. невешт.
ungeschlacht, adj. неотесан, незграпан.
ungeschliffen, adj. ненабрушен, туп, ненаош-
трен; fig. груб, неотесан, незграпан; —heit,
f. fig. грубост, неотесаност, незграпност.
ungeschmälert, adj. цео, читав, без ускраћења.
ungeschmeidig, adj. тврд, крт, крут; —feit, f.
тврдоћа, кртост.
ungeschminkt, adj. ненамазан; fig. истинит, ис-
крен.
ungeschoren, adj. неостpижен; einen — lassen,
пустити кога на миру.
ungeschworen, adj. незаклет, без присеге, без
заклетве.
ungesehen, adj. невиђен, невидован.
ungesellig, adj. недружеван, непријазан; —
feit, f. недружевност, непријазност.
ungesellschaftlich, adj. недруштвен.
ungesetzlich, adj. безакон, незаконит; —feit, f.
безаконост, незаконитост.
ungesetzmäßig, adj. незаконит, —feit, f. неза-
конитост.
ungesittet, adj. неизображен, неотесан; раз-
уздан.
ungesotten, adj. неварен, пресан.
ungesprächig, adj. неразговоран, ћутљив.

ungestaltet, adj. бесобразан, незграпан, груб.
ungestielt, adj. без дршка.
ungestört, adj. миран; —, adv. натенане.
ungestraft, adj. без казни, некажњен.
ungestrichen, adj. (Maß), уршан. [падан.
ungestüm, adj. нагао, жесток, силовит, горо-
Ungestüm, m. жестина, плаховитост, наглост.
ungesund, adj. нездрав; —heit, f. нездравље.
ungetabelt, adj. неукорен.
ungetauft, adj. некрштен.
ungetheilt, adj. нераздељен, недељен; —e Hand,
нераздељна обвезаност.
Ungethüm, n. наказа, чудо, утвора, неман.
ungetreu, adj. неверан.
ungeübt, adj. невежбан, невешт.
ungewaschen, adj. неопран.
ungeweihet, adj. непосвећен.
ungewiß, adj. несталан, несигуран, случајан,
пригодан, неизвестан.
ungewissenhaft, adj. бездушан, без душе, бе-
савестан; —igkeit, f. бездушност, бесавес-
ност.
Ungewißheit, f. несталност, несигурност, не-
извесност.
Ungewitter, v. олуја, бура, непогода.
ungewogen, adj. немерен, без мере.
Ungewohnheit, f. необичај.
ungewöhnlich, adj. необичан, ненавадан; —
feit, f. необичност, ненавадност.
ungewohnt, adj. непривикнут, необичан; —
heit, f. необика.
ungezähmt, adj. неукроћен, необуздан.
Ungeziefer, v. гад, буба.
ungeziemend, adj. непристојан; недостојан,
беспутан.
ungezogen, adj. неодгојен; fig. неотесан, си-
ров, незграпан, груб; —heit, f. грубост, си-
ровост, неотесаност.
ungezügelt, adj. незауздан, необуздан.
ungezweifelt, adj. несумњив.
ungezwungen, adj. неприсиљен, неусиљен, сло-
бодан; —heit, f. неусиљеност, простота.
ungiltig, adj. неваљан, незаконит; der Ver-
trag ift ungiltig, погодба неваља, није за-
конита; etwas — machen, учинити да што
изгуби ваљаност, законитy силу; für — er-
flären, изјавити да што неваља, да је што
незаконито; —feit, f. незаконитост, нева-
љалост.
Unglaube, m. невера, неверовање.
ungläubig, adj. неверан.
unglaublich, adj. неверонатан; —feit, f. неве-
роватност.
ungleich, adj. неједнак, непар, нераван, раз-
личан; — adv. неједнако, неравно, раз-
лично; — größer, много већи.
ungleichartig, adj. разнородан, различит, не-
једнак; —feit, f. разнородност; различи-
тост. [личност.
Ungleichheit, f. неједнакост, неравност, раз-
ungleichförmig, adj различан, несличан; —feit,
f. различност, несличност.
ungleichseitig, adj. неједнакостран.
Unglimpf, m. тврдост, грубост, сировост; —
lich, adj. тврд, груб, сиров.
Unglück, n. несрећа, незгода, зла срећа, не-

рука, белај, напаст; —lich, adj. несрећан, незгодан, кобан, злосрећан, удесан, узрочан, јадан, лош; —licher, m. несребник, злосребник, невољник; —liche, f. несребница, злосребница, невољница; —liches Kind, јадниче; —sbote, m. црни гласник; —selig, f. unglücklich; —sfall, m. незгода, несрећа; —stind, n. злосрећа, злосребник; —sprosset, m. злогук, слутов; —sprofetin, f. злослутница; —ssohn, m. несребник; —sstifter, —svogel, m. злогук.
Ungnade, f. немилост.
ungnädig, adj. немилостан, немилосрдан, гњеван, срдит.
ungöttlich, adj. небожански.
ungültig, f. ungiltig.
Ungunst, f. попогодност, злохотност.
ungünstig, adj. влохотан, зловољан; противан, непоспешан.
ungut, adj. etwas für ungut nehmen (im gem. Leben), замерити, за зло примити.
ungütig, adj. недобар; — aufnehmen, замерити.
unhaltbar, adj. слаб.
Unheil, n. зло, беда, несрећа.
unheilbar, adj. неизлечив; —teit, f. неизлечивост.
unheilig, adj. несвет; безакон, безбожан: —teit, f. несветост; безакоње, безбожност.
unheilbringend, adj. сутук, f.; —profezeiend, adj. злослутан.
unheilsam, adj. нездрав, непробитачан, неспасоносан.
Unheilverkünder, m, злогласник; —in, f. злогласница.
unheimisch, adj. иностран, туђ.
unheimlich, adj. страховит, грозан, страшан.
unhöflich, adj. неуљудан, неучтив; —keit, f. неуљудност, неучтивост.
unhold, adj. ненаклоњен, немио, нељубазан; — m. непријатељ, чудовиште, вештац; —in, f. вештица.
Uniform, f. униформа, одора; -irt, adj. у одори; —irung, f. набава одоре.
Union, f. сједињење.
uniren, v. a. унијатити, поунијатити; sich v. r. унијатити се, поунијатити се.
unirt, adj. поунијаћен, унијатски.
universal, adj. општи; —erbe, m. свеукупни наследник.
Universität, f, универзитет, свеучилиште, велика школа; (in Zus.), свеучилишни; —bildung, f. свеучилишно образовање; —studium, n. свеучилишна наука.
Unke, f. (Art Schlange) врста змије; врста жабе.
unkennbar, unkenntlich, adj. непознат.
Unkenntniß, f незнање.
unkeusch, adj. нечист, блудан; —heit, f. блудност.
unklug, adj. луд; —heit, f. лудост.
unkörperlich, adj. нетелесан, бестелесан; —keit, f. нетелесност, бестелесност.
Unkosten, pl. трошкови, трошак; sich in — setzen, трошити се, истрошити се.
untröstig, adj. нејак, безмоћан, немоћан; — keit, f. нејакост, слабост.

Unkraut, n. пљевор, кукољ, коров, ломача; — verdirbt nicht, неће гром у коприве.
Unkunde, f. незнање; —ig, adj. невешт, певичан; —ig des Schreibens, невешт писању, који неуме писати.
unlängst, adv. недавно, ономадне, скорице, скоро, одскора, отпрва, мало пре, ту скоро.
unläugbar, adj. очит, очевидан, белодан, што се тајити неможе; —keit, f. очевидност, белоданост.
unlauter, adj. нечист; —keit, f. нечистоћа.
unleiblich, adj. несносан; —keit, f. неспосност.
unlenksam, adj. самовољан, своје воље; ћудљив, тврдоуст; —keit, f. самовољност.
unleserlich, adj. нечитив, нечитак; —keit, f. нечитивост, нечиткост.
unlieb, adj. немио; —, adv. немило.
unlieblich, adj. непријатан, неугодан, неслидак, немио, нељубак.
unlöblich, adj. ко није вредан хвале, неславан.
Unlust, f. нерасположеност, зла воља, невесеље; —ig, adj. невесео.
unmanierlich, adj. неуљудан, без начина, глуп; —keit, f. неуљудност, глупост.
unmannbar, adj. неодрастао; —keit, f. неодраслост.
unmännlich, adj. недостојан човека; женароњен.
unmaßgeblich, adj. немеродавни.
unmäßig, adj. неумерен, неизмеран, претеран; —keit, f. неумереност, неизмерност, претераност.
Unmensch, m. нечовек, паказа, рачовек, одљуд, чопечиште, људиште; —lich, adj. нечовечан, нељудски; —keit, f. нечовештво.
unmerklich, adj. незнатан, неопажен; —keit, f. незнатност, неопаженост.
unmitleidig, adj. немилосрдан, немилостив, тврд.
unmittelbar, adj. непосредан; — adv. непосредно; — von der Person, управ од особе; —keit, f. непосредност.
unmittheilbar, adj. несаопћив.
unmöglich, adj. неможан, немогућ; —keit, f. неможност, немогућност.
unmoralisch, adj. неморалан, неђудоредан, распуштен.
unmündig, adj. недорастао; —keit, f. недораслост.
Unmuth, m. дресеље, жалост, туробност, зла воља; —ig, adj. невесео, жалостан, зловољан, зле воље.
unnachahmlich, adj. неподражаван.
unnachbarlich, adj. несуседски, некомшински.
unnachsichtlich, adj. строг, безобзиран.
unnatürlich, adj. неправан, неприродан; —keit, f. ненаравност, неприродност.
unnennbar, adj. неизречив, неисказан.
unnöthig, adj. непотребан, залих, залишан; —keit, adj. непотребност.
unnütz, —lich, adj. некористан, залудан; —es Ding, рутина, рутина и путина; —lichkeit, f. некористност.
unobligat, adj. непрописан, необавезан.
unordentlich, adj. неуредан, неуређен; злочест, рђав.
Unordnung, f. неред, смутња; in — bringen,

unpartheiisch, поремегити, бркати, побркати; —Stifter, m. смутљивац, пемпрап човек, прзпица.
unpartheiisch, —lich, adj. пепристран, пепристрастан; —lichkeit, f. непристрастност.
unpraß, unpräßlich, adj. нелагодап, слаб, болестап, рђав.
Unpäßlichkeit, f. нелагодпост, лецање.
unpersönlich, adj. неособан.
unpolirt, adj. неуглађен; fig. неотесан.
unpolitisch, adj. неполитичан, неполитичен, без политике.
unproportionirt, adj. несаразмеран.
Unrath, m. гад, смет, кртог; — merken, превару осетити.
unräthlich, adj. нештедљив; —keit, f. нештедљивост.
unrathsam, adj. непробитачан.
unrecht, adj. неправ, крив, неправичап, неправедан, опак; —e Seite, наличје; — adv. наопако, зло, рђаво, криво, неправо, неправично; — sehen, невидети добро; — n. неправда, кривда, хила.
unrechtmäßig, adj. незаконит, неправ, крив, неправедан; —keit, f. незакопитост, неправда.
unredlich, adj. непоштен; —keit, f. непоштење.
unregelmäßig, adj. неправилан, неуредан; —keit, f. неправилност, неуредност.
unreif, adj. незрео, недозрео, зелен, неприспео; —e, f. незрелост.
unrein, adj. нечист, гнусан, гадан, поган; —igkeit, f. печистоћа, гад; —lich, adj. нечист, неопран, гадан; —lichkeit, f. нечистоћа, неопраштина, гад.
unrichtig, adj. неправ, крив, што није у реду, лажан, лажљив, незаконит, неисправан; —keit, f. пеправост, неисправност, лажљивост.
Unruh-e, f. немир, неспокојство, размирица, смутња; (in der Uhr), нихалица, шеталица; —ig, adj. немиран, неспокојан, смућен, узбуњен, узнемирен, усколебан, несташан; — sitzen, врпољити се; — werden, усплахирити се, узнемирити се.
unrühmlich, adj. неславан.
uns, pr. нам; нас.
unsäglich, adj. неисказан, пеизмеран.
unsanft, adj. неблаг, некротак, немио, жесток.
unsauber, Unsauberkeit, f. unrein, Unreinigkeit.
unschadhaft, adj. читав, цео, неоштећен, неозлеђен, непокварен.
unschädlich, adj. нешкодљив, нешкодан; —lichkeit, f. нешкодљивост, нешкодност.
unschätzbar, adj. (was der Schätzung nicht unterworfen), непроцењив; (von unschätzlichem Werthe), безцен; —keit, f. непроцењивост, безценост.
unscheinbar, adj. таман, блед; незнатан; —keit, f. тампост, бледост; незнатност.
unschicklich, adj. непристојан, неприличан; —keit, f. непристојност, неприличност.
unschiffbar, adj. небродан, небродив; —keit, f. небродност, небродивост.
unschlachtig, s. ungeschlacht.
Unschlitt, n. лој; —kerze, f. лојаница, лојана свећа.

unschlüssig, adj. неодлучан, неодважан; — machen, устрашити кога; — sein, немоћи се одважити, оклевати, шчкњавати се; —keit, f. неодважност.
unschmackhaft, adj. неукусан, песладак, бљутав, неслан; —igkeit, f. неукусност, бљутавост.
unschmelzbar, adj. нерастопив, нетопив; —keit, f. нетопивост, нерастопивост.
unschmerzhaft, adj. небoлан.
Unschuld, f. безазленост, невиност, безгрешност, праведност; —ig, adj. безазлен, невин, прав, безгрешан; —igerweise, adv. на правди божјој, за права бога.
unschwer, adj. лак.
Unsegen, m. проклетство.
unselig, adj. несрећан, проклет, клет, кобан, деран, тужан, јадан; —keit, f. несрећа, проклетство, кобност.
unser, pr. нас, од нас, о нас, нам.
unser, (e, es), unserige, unsrige, pr. наш; in — er Sprache, нашки; —ige, m. нашинац; —ige, f. нашинка.
unsert-halben, —wegen, —willen, adv. ради, поради нас, за нас.
unsicher, adj. несигуран, опасан, неизвестан, индивни; —heit, f. несигурност, опасност, неизвесност.
unsichtbar, adj. невидован, невиђен; —keit, f. невидовност, невиђеност.
Unsinn, m. лудост, будалаштина, безумност, глупост; —ig, adj. луд, будаласт, безуман; —igkeit, f. безумност, лудост.
unsittig, —sam, adj. несмеран, непоштен, злочест, рђав, неотесан; —lich, adj. неčудоредан, непоштен, зао, злочест; —lichkeit, f. неčудоредност, опачина, неваљалство.
unsorgsam, adj. безбрижан; —keit, f. безбрижност.
unstät, —ig, adj. непостојан, несталан, ветрењаст; —igkeit, f. непостојанство, несталност.
unstatthaft, adj. неупутан, чему нема места; —igkeit, f. неупутност.
unsterblich, adj. неумрли, несмртан; —keit, f. неумрлост, бесмртност.
Unstern, m. зла срећа, зла коб, худа срећа.
unsträflich, adj. некажњив; прав, невин; —keit, f. некажњивост, невинocт.
unstreitig, adj. несумњив, истинит; — adv. довста, заиста, у истину, да како.
unstudirt, adj. неучен.
unsündig, adj. негрешан, безгрешан.
unsündlich, adj. негрешан, безгрешан; —keit, f. негрешност, безгрешност.
unsüß, adj. песладак.
untadel-haft, —ig, adj. неприкоран; —haftigkeit, f. неприкорност.
untauglich, adj. неваљао, непристао, неподобан, неприкладан, неспособан; er ist dazu —, он није зато; —keit, f. неспособност, неприкладност.
unten, adv. доле, оздо, надно, удно, у низи; von —, одоздо, садно; von — weg, испод; weiter —, подоле, ниже.
unten an, adv. доле, оздо

unten auf, von unten auf, adv. одоздо.
unter, prp. под, испод, ниже, међ, међу, измећу, од, за; eine Person — vierzehn Jahren, особа која нема четрнаест година; ich schrieb Ihnen — dem vorigen Monate, писао сам вам прошастога месеца.
Unter, m. (im Kartenspiel), доњак, доњак.
unter=, (in Zuf.) доњи, доњи, под.
Unter=abtheilung, f. нижи разред; —admiral, m. вицеадмирал; —ärmel, m. доњи рукав; —arzt, m. подлекар; —balken, m. доња греда; —bau, m. темељ; —bauch, m. доњи трбух; —beamte, m. нижи, мањи службеник; —beißen, v. a. подгристи, подгризати; —bett, n. перина.
unterbind=en, v. a. подвезати, свезати, завезати; —ung, f. подвезивање.
unterbleiben, v. n. остати, осталути, престати; — n. престанак.
unterbrech=en, v. a. претргнути, превинути, смести, предвојити, престати, престајати, предвајати; eine Verhandlung — обуставити, прекинути расправу; Jemanden im Reden —, пресећи коме говор; in unterbrochenen Tagen, у дане, који не следе узастопце; —ung, f. сметање, обустава, предвајање, престајање, прекидање, прекид, претрг, претрзавање, саганак.
unterbreiten, v. a. подастрети, подастирати, дати, предати, поднети.
unterbring=en, v. a. наместити, настанити, склонити, склањати, оставти, остављати, сместити, понамештати; —ung, f. намештање, настанивање.
Unterchirurg, m. подвидар, подранар.
unterdessen, adv. међутим, у толико.
unterdrück=en, v. a. забушити, затомити, потомити, сакрити, забашурити; угњетавати, газити, тлачити, погазити, потлачити; eine Sache, eine Schrift —, затајити, сакрити ствар какву или писмо; —er, m. тлачитељ, угњетатељ; —ung, f. тлачење, гажење, затајење, угњетавање.
untere, adj. доњи, нижи, мањи.
untereinander, adv. међу собом, једно с другим, наопако, скупа, заједно, дармар.
unterfangen, sich, v. r. усудити се, потхватити се, подухватити се; — n. смелост, потхваћање.
Unterfeldherr, m. подвојвода.
unterfertig=en, v. a. потписати; —ung, f. потпис.
Unterfläche, f. подвршје, дно земље.
Unter=förster, m. подшумар, подлугар; —futter, n. постава.
unterfüttern, v. a. поставити, постављати.
Untergang, m. заход, запад, седање, залажење; (Verfall) пропаст, погибија, слом, испон, пстрага; пропадање.
untergeben, v. a. подврћи, подвргнути, подати.
untergeben, adj. подложан, покоран, подан, подвржен; (in Betreff der Jurisdiction), принадлежан; —е, m. подложник, поданик, мањи, подручник.
untergeh=en, v. n. (von der Sonne) заћи, заходити, залазити, седати, смирити се, за-

сести, смиривати се; (im Wasser), тонути, утонути, потопити се, потонути, поронути, огрезнути; (zu Grunde gehen), пропадати, пропасти, гинути, погинути.
Unter=geordnete, m. млађешни, поданик, подчињеник, мањи, млађи; —gericht, n. нижи, мањи суд; —geschoben, adj. подметнут; —geschobene Sache, подвала; —gewehr, n. сабља, мач, шпада.
untergrab=en, v. a. поткопати, поткопавати; —ung, f. поткопавање.
unterhalb, adv. одоздо, доле, с доље стране; —prp. ниже, испод.
Unterhalt, m. издржавање, храна, прехрањивање, прехрана, ужитак; —en, v. a. хранити, издржати, издржавати; држати одоздо; (ergötzen), забављати, забавити, проводити; sich —, v. r. забављати се, забавити се; sich von etwas mit einem —, говорити, зборити, разговарати се с киме о чему; —end, adj. забаван; —ung, f. храна, издржавање; разговор, збор, провађање; забава.
unter=handeln, v. a. погађати се, договарати се; —händler, m. посредник, самсар, калауз; —handlung, f. погађање, договарање; погодба, договор.
Unter=hauptmann, m. подканетан; —haus, n. доњи кат, законодавно тело, доњи парламент; —heizen, v. a. потналити; Holz zum —heizen, потпала; —hemd, n. доња кошуља; —holz, n. шибље; —hosen, pl. гаће; —irdisch, adj. подземни, подземаљски; —jagd, f. мали лов.
unterjoch=en, v. a. подјармити, покорити; —ung, f. подјармљење, покорење.
Unterkappe, f. поткапак.
Unter=kinn, n. —kehle, f. подбрадак; —kiefer, f. доња вилица, доња чељуст; —kleid, n. доља хаљина, долама; —kleider, pl. чакшире, хлаче; —koch, m. паракувар.
unterkommen, v. n. наместити се, настанити се; — n. место, служба.
Unterkönig, m. вицекрал, поткраљ, намесник краљевски.
unterköthig, adj. гнојав, блатан.
unterkriechen, v. n. подшилети, одмилети подашто.
Unterkunft, f. место, служба, конак.
Unter=lage, f. подлога, подина, подвалак, прекрет; —laub, m. доња земља; —länder, m. доњоземац; —länderin, f. доњоземка; —ländisch, adj. доњоземски.
Unterlass, m. престанак, патисак; ohne —, без престанка, непрестано.
unterlass=en, v. a. оставити што, оставити се, махнути се, проћи се чега, пропустити, запустити, изоставити, прећи, испустити, престати, стати; —ung, f. остављање, изостављање, неиспуњење, пропуштање, испуштање.
unterlaufen, v. n. mit —, проћи, њћи, отићи међу другима, измакнути се; wenn ein Irrthum im Namen unterlaufen würde, ако би се у имену погрешило; (vom Blute), насести; —, v. a. потрчати, подићи, подлазити, подлетети, подустати.

Unter-lefze, —lippe, доња усна, усница.
Unterlegeholz, n. подметак.
unterlegen, v. a. подставити, подметнути, подстављати, подложити, подлагати, налагати, подметати, подбацивати, подмакнути, подмицати, падавати, подавати, подвалити; Pferde —, мењати коње; einer Henne Eier —, посадити кокош; eine Schrift zur Bestätigung —, поднети писмо на потврђење; dem Gesetze eine andere Deutung —, дати закону други смисао.
Unter-lehen, n. зависан феуд; —lehrer, m. подучитељ; —leib, m. трбух.
unterliegen, v. n. лежати одоздо, доле лежати; пасти, подати се, потпадати, бити подвржен.
Unter-lieutenant, m. потпоручик.
untermauern, v. a. подзидати, подзиђивати.
untermengen, v. a. смешати, умешати, замешати.
Untermiether, m. подпајмител.
unterminiren, v. a. поткопати, поткопавати.
untermischen, f. untermengen.
unternähen, v. a. потшити, потшивати, поткројити, поткрпљати.
Unternehm-en, n. —ung, f. подузеће, предузеће, посао; —en, v. a. подхватити се, подузети, предузети, узети на се, подухватити се, поимати, попмати се, упртити се, убраживати; —end, adj. подузетан, смео, слободан; —er, m. подузетник.
Unterofficier, m. подчасник, подофицер.
unterordn-en, v. a. подврћи, подложити, потчинити; —ung, f. подвржење; потчињеност, подложност.
Unterpacht, f. поднајам.
Unterparlament, f. Unterhaus.
Unterpfand, n. залог, f. Pfand.
unterpflügen, v. a. заорати, подорати, подоравати.
unterred-en, sich, v. r. договарати се, разговарати се; —ung, f. договор, разговор.
Unterricht, m. наук, наука, поучавање, настава (Bericht), извешће; (Instruction) напутак; (in Zus.), поучни, паставни; —en, v. a. учити, поучавати, научити, објавити, јавити, известити, дати коме напутак; —er, m. подсудија, подсудија.
Unterrichts-anstalt, f. школски завод; —ministerium, n. министарство просвете; —sprache, f. језик наставни; —wesen, n. настава, школство.
Unterrichtung, f. учење, наука, наук, подука.
Unter-rinde, f. доња кора; —rock, m. доња хаљина, сукња, брхан, брњица.
untersag-en, v. a. бранити, кратити, забранити; —ung, f. забрана.
Unter-satz, m. потпор; (in der Logik) мањи слог; —schale, f. —schälchen, n. подчашњак.
unterscheid-en, v. a. лучити, разлучити, разликовати, разазнавати, делити, разделити, разабрати, распознати, распознавати; —ungsjahr, n. преступна година; —ungskraft, f. разбор; —ungszeichen, n. знак од разликовања; (in der Orthographie) знамење правописно.

Unterschenkel, m. голен.
unterschieben, v. a. подметнути, подбацити.
Unterschied, m. разбор, разлика; —sich, —en, adj. разлик, различан.
Unterschindel, f. подвлачак.
Unterschlag, m. затајење; —en, v. a. сакрити, затомити, тајити, затајити; einem ein Bein —, подметнути ногу, поткинути; подбити, забити одоздо; die Beine —, прекрстити ноге.
unterschlägig, (unterschlächtig), adj. ein unterschlägiges Rad, коло лопатасто, које се на воду окреће.
Unterschlagung, f. f. Unterschlag.
Unterschleif, m. варање, превара; — geben den Verbrechern, давати прилику, стан злочинцима; (mit Waaren) кријумчарење, f. schwärzen, schmuggeln.
unterschneiden, v. a. подрезати, подстрићи, подсећи.
unter-schreiben, v. a. потписати; — sich, потписати се; —schrift, f. потпис.
Unterschule, f. мања, нижа школа.
untersetzen, v. a. метнути доле, одоздо; умешати, замешати. [паст.
untersetzt, adj. дежмекаст, трунтељаст, здеунтеrsiegel-n, v. a. ударити печат; —ung, f. печат; ударање печата.
untersinken, v. n. топути, утонути, потонути; пасти, пропасти, пропадати; —, n. пропадање.
Unterstaatssecretär, m. државни подтајник; министарски помоћник.
unterstämmen, v. a. eine Stütze —, подупрети, подупирати.
Unterstand, m. стан; Jemand — geben, примити кога на конак, дати коме стан; —geber, m. конакодавац, стандавац.
unterste, adj. најдоњи, последњи, најмањи, најнижи.
unterstecken, v. a. подметнути, потицати, покривати; Soldaten —, разделити по другим регементама војнике.
unterstehe-n, v. n. стати, стојати под чим; Jemanden —, потчињен бити; (vom Vieh) плапдовати; —end, adj. подчињен.
unterstehen, sich, f. unterfangen.
Unterstelle, f. ниже, мање место, мања служба.
unterstellen, v. a. подметнути; sich —, v. r. стати под што.
Untersteuermann, m. други корманош, други пилот.
unterstreich-en, v. a. подвући, подвлачити; —ung, f. подвлачење.
unterstreuen, v. a. подспипати, подасути; den Pferden Stroh —, сламе под коње бацити.
Unterstrumpf, m. чарапе, бечве.
unterstütz-en, v. a. подупрети, подупирати, помоћи, помагати; (bestätigen) потврдити; —er, m. подупирач; —ung, f. помоћ, припомоћ, потпора; —ungsanstalt, f. помоћни завод; —ungs-beitrag, m. помоћни прилог.
untersuch-en, v. a. истраживати, развидити, промотрити, разгледати, претражити, испитати; —ung, f. истраживање, разгледање, промотрање, претрага, истрага.

Untersuchungs-commission, f. поверенство за истраживање; —gefängniß, n. —haft, f. истражни затвор; —richter, m. истражни судац; —sache, f. истраживање; —verfahren, n. —proceß, m. истражно поступање, истражни поступак.
Untertasse, f. Unterschale.
untertauch-en, v. a. загњурити; — v. n. ронити, заронити, уиловити, подронити, загњурити се; —end, adv. "погњурце; —ung, f. гњурање, роњење, загњуривање.
Unterthan, m. подложник, поданик.
unterthänig, (unterthan), adj. подложан, подан, покоран, понизан; —keit, f. подложност, покорност.
Unterthans-, (in Zuf.), подански, поданички; —band, n. поданство.
Untertheil, m. доња, нижа страна; —en, v. a. подразделити, подразделивати.
untertreten, v. n. стати под што; — v. a. газити, погазити, згазити, разгазити.
Unterverdeck, n. потпалуба.
Untervormund, m. други тутор.
unterwachsen, f. durchwachsen.
unterwälzen, v. a. подваљивати.
unterwärts, adv. доле.
unterweges, adv. путем, па путу, уз пут, мимогред, узгред.
unterweilen, f. bisweilen.
unterweis-en, v. a. учити, научити, обучавати, подучити, подучавати, упутити, упућивати; —ung, f. учење, поучавање, наук, упућивање, подучавање.
Unterwelt, f. преисподњи свет; fig. поља елисејска, рај.
unterwerfen, v. a. покорити, потчинити; Jemand der Einzelhaft —, бацити кога у иноквсни затвор; sich —, v. r. подати се коме, покорити се; —ung, f. покоравање.
unterwickeln, v. a. подвити, подвијати.
unterwinden, sich, f. unterstehen.
Unterwuchs, m. шибље, шипраг.
unterwühl-en, v. a. подрвпати, подрити, поткопавати; —ung, f. поткопавање.
unterwürfig, adj. подложан, зависан, покоран; —keit, f. подложност, покорност, зависност.
unterzeichn-en, v. a. потписати; —er, m. потписач; —eter, m. потписани; —ung, f. потпис.
unterziehen, v. a. подвући, метнути одоздо; eine Mauer —, подзидати; — sich, v. r. предузети што, предложити; einer Sache —, подхватити се, подврћи се.
Unterzieh-hosen, f. —strumpf, f. Unterhosen, Unterstrumpf.
Unterzug, m. потпор, греда.
Unthat, f. злочинство.
Unthätchen, n. (im gem. Leben), мана, фалинга.
unthätig, adj. беспослен, лењ; —keit, f. беспосленост, лењост, нерад.
untheilbar, adj. нераздељив; —keit, f. нераздељивост.
Unthier, n. наказа. [незгода.
unthunlich, adj. неможан, незгодан; —keit, f.
untief, adj. плитак; —e, f. плићина, плиткоћа, пруд, сека, плој.
untöbtlich, adj. несмртоносан.

untragbar, adj. (von Bäumen), неродан, неплодан, јалов; (von einer Kuh), неплодна, јалова; што се носити неможе.
untreu, adj. неверан; —e, f. невера, неверност.
untrieglich, adj. неварљив, истинит; —keit, f. неварљивост, истинитост.
untrinkbar, ajd. непитак.
untröst-bar, —lich, adj. неутешив, неутешан; —barkeit, —lichkeit, f. неутешивост, неутешност.
untrüglich, f. untrieglich.
untüchtig, adj. неспособан, невредан, неприкладан, неваљао, рђав; —keit, f. неспособност, невредност.
Untugend, f. порок, мана.
unüberlegt, adj. нерасудан, непромишљен, несмотрен, брзоплет; —heit, f. несмотреност.
unübersehbar, adj. неизмеран, непрегледан.
unübersteiglich, adj. несавладив.
unüberwindlich, adj. непобедив, непобеђен; —keit, f. непобедивост.
unüberwunden, adj. непобеђен.
unüblich, adj. необичаван, ненавадан.
unumgänglich, adj. недружеван; неопходан; —keit, f. недружевност, неопходност.
unumschränkt, adj. неограничен; —heit, f. неограниченост. [вост.
unumstößlich, adj. необорив; —keit, f. необоривumumstößlich, f. unumstößlich.
ununterbrochen, adj. непрестан; — adv. без престанка, непрестано, узастопце.
unväterlich, adj. неочински.
unveraltet, unveraltet, adj. неостарио.
unveränderlich, adj. стасит, непроменут; —keit, f. непроменутост.
unverändert, adj. непроменут.
unverantwortlich, adj. неодговоран; —keit, f. неодговорност.
unverarbeitet, adj. необделан, невзрађен.
unveräußerlich, adj. непродајан; —keit, f. неотуђивост, непродајивост.
unverbesserlich, adj. савршен, изврстан; непоправан; —keit, f. савршенство, изврсност; непоправност.
unverborgen, adj. несакривен.
unverboten, adj. незабрањен, допуштен.
unverbrennlich, adj. неизгорив; —keit, f. неизгорност.
unverbrüchlich, adj. непреломни, стални, тврди; —keit, f. непреломност.
unverbürgt, adj. несигуран, несталан, непоуздан. [љивост.
unverdächtig, adj. несумњив; —keit, f. несумunverdammlich, adj. неосудив.
unverdauet, adj. несварен.
unverdaulich, adj. несварив; —keit, f. несваривост, несварљивост.
unverdeckt, adj. непокривен.
unverderblich, adj. непокварен.
unverdienstlich, adj. незаслужан.
unverdient, adj. незаслужен.
unverdorben, adj. непокварен.
unverdrossen, adj. неутрудљив, вољан, вредан; —heit, f. неутрудљивост, вредноћа, вољност.
unverehlicht, adj. (von Mannspersonen), неоже-

њен, неженен; (von Weibspersonen), неудата.
unvereinbar, adj. несложан, нескладан; —keit, f. несложност, несклад, неслога, нескладност.
unverfälscht, adj. прав, непокварен, истинит.
unverfänglich, adj. безопасан, искрен.
unvergänglich, adj. непролазан, вечит, сталан; —keit, f. сталност, вечитост.
unvergeblich, f. unverzeihlich.
unvergessen, adj. незаборављен.
unvergeßlich, adj. незаборављив.
unvergleichlich, adj. несравњен; —keit, f. несравненост.
unvergolten, adj. ненаплаћен, без уздарја.
unverhalten, adj. искрен, поштен; — adv. es ist euch —, неће вам се укратити.
unverhältnißmäßig, adj. песаразмеран.
unverheirathet, f. unverehlicht.
unverhindert, adj. незапрећен.
unverhofft, adj. ненадан; —, adv. изненада, изнебуха, изубаха, изобушце, изневест; —kommen, бахнути.
unverholen, adj. отворен; — adv. отворено.
unverjährbar, adj. незастарив; —keit, f. незастаривост.
unverjährt, adj. незастарен.
unverkauft, adj. непродан.
unverkennbar, adj. очевидан, белодан.
unverlangt, adj. непитан, нензкан, нетражен.
unverletz-lich, —bar, adj. неповредив, неповређен; —lichkeit, f. неповредивост; —t, adj. цео, читав, здрав, неповређен.
unverlierbar, adj. неизгубљив.
unverloren, adj. неизгубљен.
unverlöschlich, adj. неугасив.
unvermacht, adj. незавињен, сухопаран.
unvermählt, adj. неожењен, неженен, неудата.
unvermeidlich, adj. неопходан, —keit, f. неопходност.
unvermeint, f. unverhofft.
unvermerkt, adj. неопажен.
Unvermög-en, n. немоћ, слабост; спромаштво, убоштво, непмање, оскудност; —end, adj. неможан, немогућ, слаб; —enheit, f. неможност.
unvermuthet, f. unverhofft.
unvernehmlich, adj. неразумљив, неразговетан; —keit, f. неразумљивост, неразговетност.
Unvernunft, f. безумље.
unvernünftig, adj. неразуман, безуман.
unverrichtet, adj. несвршен; —er Sache zurückkommen, вратити се без сваке користи.
unverrückt, adj. непоремећен, непомерен, сталан, постојан.
unverschämt, adj. бесраман, безобразан, безочан; —heit, f. безобразност, бесрамност, безобраштина, безочност, безочанство.
unverschult, adj. (Roß), ајгирорит.
unverschuldet, adj. (ohne Schuld), невин, прав; (ohne Schulden), без дугова, незадужен.
unverschwiegen, adj. брбљав.
unversehen, f. unverhofft.
unversehens, adv. изненада.
unversehrt, adj. читав, неповређен, целокупан.
unversiegbar, adj. непресушан.
unversiegelt, adj. незапечаћен, отворен.

unversöhnlich, adj. непомирив; —keit, f. непомирвост.
unversöhnt, adj. непомирен.
unversorgt, adj. неопскрбљен; неудата.
Unverstand, m. безумље.
unverständig, adj. безуман, неразуман, глуп.
unverständlich, adj. неразумљив, неразговетан; —keit, f. неразумљивост, неразговетност.
unversucht, adj. непокушан, некушан.
unvertilgbar, adj. неистребљив, неискорењив.
unverträglich, adj. нескладан, мучан, непогодан; —keit, f. несклад, непогодност.
unverwandt, adj. укочен.
unverwehrt, adj. незабрањен, допуштен.
unverweigerlich, adj. неускратив.
unverweigert, adj. неускраћен.
unverwelklich, adj. неувео, вечит; —keit, f. неувелост.
unverwelkt, adj. неувео, неувенут.
unverwerflich, adj. неодбацив; —keit, f. неодбацивост.
unverweslich, adj. неиструнут.
unverwindlich, adj. непрежаљен, ненакнадњив.
unverwundbar, adj. нерањив; —keit, f. нерањивост.
unverzagt, adj. смео, слободан, неустрашан, неустрашим, неуплашен; —heit, f. смелост, слобода, неустрашност, неустрашимост.
unverzeihlich, adj. неопростив, неопроштен; —keit, f. неопростивост.
unverzinsbar, adj. бескаматни.
unverzüglich, adj. брз, хитар, скор; — adv. брзо, без оклевања, без отезања, таки.
unvollbürtig, adj. f. minderjährig.
unvollkommen, adj. несавршен; —heit, f. несавршенство, несавршеност.
unvollständig, adj. непотпун; —keit, f. непотпуност.
unvorgreiflich, adj. непрописан, неодлучан.
unvorhergesehen, adj. непредвиђан, непредвиђен, невидован.
unvorsetzlich, adj. нехотичан; — adv. нехотице, нехотично.
unvorsichtig, adj. несмотрен; —keit, f. несмотреност.
unwahr, adj. неистинит, лажљив, лажан; —heit, f. неистинност, лаж.
unwahrscheinlich, adj. невероватан; —keit, f. невероватност.
unwandelbar, adj. непромењив.
unwegsam, adj. непроходан.
unweigerlich, adj. неускраћен, без приговора, устручавања.
unweise, adj. немудар.
unweit, prp. недалеко, близу.
unwerth, adj. невредан; — m. невредност.
Unwesen, n. неред.
unweseutlich, adj. небитан.
Unwetter, n. непогода, зло време, бура.
unwichtig, adj. незнатан, маловажан; —keit, f. незнатност, маловажност.
unwiderleglich, adj. неопровржив; —keit, f. неопровржнвост.
unwiderruflich, adj. непоречан; —keit, f. непоречвост.

unwiderfprechlich, adj. неприговоран; —keit, f. неприговорност.
unwiderstehlich, adj. неодољив; —keit, f. неодољивост.
unwiederbringlich, adj. неповратан, без повратка, ненакнадив.
Unwille, m. љутост, срдба, гњев.
unwillfährig, adj. неуслужан.
unwillig, adj. љут, срдит, раљутен, расрђен, опрчит.
unwillkommen, adj. неповољан, немио.
unwillkührlich, adj. нехотичан; — adv. нехотице.
unwirksam, adj. безуспешан; —keit, f. безуспешност.
unwirthbar, adj. пуст, запуштен, дивљи.
unwirthschaftlich, adj. нештедљив.
unwissen=d, adj. неучен, невешт; —heit, f. незнање, незнан, неумеће; —tlich, adj. у незнању.
unwitzig, adj. неуман, недосетљив.
unwürdig, adj. невредан, недостојан; —keit, f. невредност, недостојност.
Unzahl, f. сила, множина, мноштво, сијасет, неброј, силесија.
unzahlbar, adj. неисплатив.
unzählbar, (unzählig), adj. неизбројен, небројен, небројан; —keit, f. неизбројност.
Unze, f. унча.
Unzeit, f. невреме.
unzeitig, adj. неудобан, незрео; —keit, f. презрелост.
unzerbrechlich, adj. неразбијен.
unzerstör=bar, —lich, adj. неразрушив, неразорив; —barkeit, —lichkeit, f. неразрушивост, неразоривост.
unzertrenn=lich, —bar, adj. неразлучив, нераздружив, нераздвојив; —lichkeit, —barkeit, f. неразлучивост, нераздружвност, нераздвојност.
unziemlich, f. ungeziemend.
unzierlich, adj. нелеп, глотан.
unzinsbar, adj. слободан од порезе.
Unzucht, f. блуд, блудност; Jemand zur — verleiten, навести кога на блуд.
unzüchtig, adj. блудан; —es Weib, блудница.
unzufrieden, adj. незадовољан; —heit, f. незадовољност.
unzugäng=ig, unzugänglich, adj. неприступан; — machen, закрчити; —keit, f. неприступност, неприступачност.
unzukömmlich, adj. ненадлежан; —keit, f. ненадлежност; (Unordnung), неред; (Schwierigkeit), тескоба.
unzulänglich, adj. недовољан; —keit, f. недостатак, недовољност.
unzulässig, adj. недопустив; —keit, f. недопустивост.
unzusammenhängend, adj. несвезан.
unzuständig, adj. ненадлежан; —keit, f. ненадлежност.
unzuverlässig, adj. несталан, несигуран, непоуздан, сумњив; —keit, f. несталност, несигурност, непоузданост.
unzweckmäßig, adj. циљу несходан.

unzweifelhaft, adj. несумњив; —igkeit, f. несумњивост.
üppig, adj. раскошан, блудан; претио, дебео, пун; —keit, f. раскош, наслада, блудност; претилост, дебљина.
Ur=ahn, —ahnherr, m. праотац; —alt, adj. прастар; —ältermutter, f. прамати, чукунбаба; —ältern, pl. прародитељи; —ältervater, m. праотац, прародитељ; —anfang, m. први почетак; —anfänglich, adj. првопочетан.
urbar, adj. искрчен, обрађен, обделан; — machen, крчити, окрчити.
Urbargelber, pl. n. (Bergw.), урбарина.
urbarial, adj. урбарни.
Urbarium, n. урбар.
Ur=beginn, m. први почетак; —begriff, m. прва мисао, први појам; —bewohner, m. старoседилац; —bild, n. изворник; —enkel, n. праунук, праунуче; —enkelin, f. праунука, праунуче; —eidе, f. заклетва од неосвете; —großeltern, pl. прадед и прабаба; —großmutter, f. прабаба; —großvater, m. прадед; —großväterlich, adj. прадедов; —heber, m. почетник, виновник; —in, f. зачетница, виновница; —schaft, f. почетак.
Urin, m. мокраћа, пишаћка, вода; —blase, f. мехур, бешика; —glas, n. буражњак, врчина; —haft, adj. мокраћан; —salz, n. со од мокраће.
Urkraft, f. првобитна моћ, сила.
Urkund=e, f. исправа; (Zeugniß), сведоџба, сведочанство; —dessen, у потврду тога; —en, v. a. сведочити; —enbeweis, m. доказ исправама; —enbuch, n. књига од исправа, исправница; —stempel, m. жиг за исправе; —lich, adj. исправски, истинит, достојан вере; — adv. истинито, за већу веру чега; —sperson, f. сведок.
Urlaub, m. отпуст привремени, мали отпуст, опроштај; —er, m. привремено отпуштеник; (Soldat), привремено отпуштени војник; —spaß, m. привремена отпусница.
Urne, f. урна, жара.
urplötzlich, f. plötzlich.
Urproduction, f. добивање плодова.
Urquell, m. први извор, почетак први.
Ursache, f. узрок, разлог, пригода; an etwas — sein, бити чему узрок.
Ur=schrift, f. изворник, препис, првопис; —sprache, f. првобитни језик, изворан језик.
Ursprung, m. почетак; извор, врутак, врело, глава.
ursprünglich, adj. почетан, изворан, први, првобитан.
Ur=stoff, m. првобитна материја, елеменат, стихија; —stück, n. изворни комад; —text, m. првописне речи.
Urtheil, n. (eines Richters), суд, пресуда, одсуда, осудбина; (über eine Sache), мњење, мисао; ein —fällen, sprechen, изрћи пресуду, судити, осудити, одсудити; —en, v. n. судити, пресудити, пресуђивати, разложити; —sabschrift, f. препис пресуде; —straft, f. суд; —stage, f. осудбина.
Urur=großmutter, f. прапрабаба; —großvater, m. прапрадед.

Ur-väter, f. Urältern; —verlauf, m. првобитна продаја; —vertrag, m. првобитна погодба; —welt, f. свет првобитни, прасвет, давни свет; —wesen, n. биће првобитно, елемент, стихија; —wort, n. коренита реч; —zeit, f. давно време, време првобитно; —zustand m. стање првобитно, прастање.
Uso, m. обичај (у трговаца).

V.

Vacant, adj. празан; f. erlebigt.
Vacanz, f. упражњепост; (in den Schulen) ваканција, школски празници, одмор.
Vadium, n. јемчевнна, пишманина.
Vagabund, m. теnaц, протува, потепух, скиталица, скитница, скитач, скитачина, тучница, потуцња, потуљач.
Valet, n. збогом, опроштај, растанак; —geben, опростити се, збогом рећи; —schmaus, m. гозба, част на растанку. [rung.
Valuta, f. (bei Wechseln ze.), вредност, f. Währ-
Vampyr, m. вампир, вуводлак.
Vanille, f. ванила.
Varinas, m. варина (врста духана).
Vasall, m. васал, клетвеник; —schaft, f. васалство, клетвеништво.
Vase, f. суд.
Vater, m. отац, ћаћко, бабо, бабајко, родитељ, тале, тата, тајко, ћаћа, ћале; er ist der ganze —, он је бабовић.
Väterchen, n. ћако, тата, ћаћа.
Vater-, (in Zus.), очински; —herz, n. срце очинско; —land, n. отаџбина, домовина, постојбина, отачанство, отачаство; —ländisch, adj. домородан; —landsfreund, m. домородац; —landsliebe, f. домородност, домољубље.
väterlich, adj. очински, отачки; —es Vermögen, очинство, очевина.
Vater-liebe, f. љубав очинска; —los, adj. без оца; —mord, n. оцоубиство; —mörder, m. —mörderin, f. оцоубица; —mörderisch, adj. оцоубојачки; —name, m. име очно.
Vatersbruder, m. стриц; —sohn, m. стричевић, братучед; —tochter, f. братучеда.
Vaterschwester, f. тета, тетка.
Vater-schaft, f. очинство, очевина; —stadt, f. место рођења, постојбина; —stand, m. очинство; —stelle, f. —bei jemanden vertreten, бити коме место оца, бити коме као отац; —theil, m. очинство, очевина; —unser, n. оченаш, молитва господња.
Veilchen, n. љубица, љубичица; —blau, adj. љубичаст; —geruch, m. мирис од љубице.
Veitstanz, m. врста болести, вртоглавица.
Velinpapier, n. велин, папир велински.
venerisch, adj. венеричан, венерички.
Ventil, n. одушка; —ator m. одушник.
Venus, f. Венера; —beule, f. бубањ, мицина венеричка; —ritter, m. курвар, блудан човек, блудник; —seuche, f. болест венеричка.
verabfolg-en, v. a. дати, предати, издати, изручити; —en lassen, послати, изручити; —ung, f. давање, предавање, издавање, пошиљање.
verabred-en, v. a. уговорити, погодити, погађати, договорити се; —ung, f. уговор, договор, погодба, погађање, уговарање, договарање.
verabsäum-en, v. a. пропустити, закаснити што; —ung, f. закашњење, пропуштање.
verabscheu-en, v. a. мрзити, гнушати се, гнушавати се; —ung, f. мржење, мржња, гнушање, гнушавање; —ungswürdig, adj. мрзак, поган.
verabschied-en, v. a. отпустити кога; —ung, f. отпуст, опроштај, отпуштање.
veraccisen, veraccisiren, v. a. платити од чега потрошарину.
veraccordiren, v. a. погодити.
verachten, v. a. презирати, погрђивати, неценити, нехајати, немарити; den Tod —, немарити за смрт, небојати се смрти.
Verächt-er, m. презиратељ, погрдитељ; —lich, adj. презиран, погрдан; —machen etwas, грдити што.
Verachtung, f. презирање, погрђивање.
verähnlich-en, v. a. уподобити, уподобљавати; —ung, f. уподобљење, уподобљавање.
veralt-en, v. n. остарити, заматорити, оматорити; (von Sachen) овештати, повештати, извештати; —et, adj. остарео, стар.
veränderlich, adj. променљив, нестaлан, непостојан; —keit, f. променљивост, нестaлност, непостојанство.
veränder-n, v. a. мењати, изменити, променити, преиначити; Kleidung —, прерушити се; Stimme —, превијати; —sich, v. r. мењати се, променити се; (heirathen), оженити се, удати се; —ung, f. промена, измена, преиначење, мењање; —ungsausweis, m. исказ о промени.
verangelben, v. a. капарисати.
veranlass-en, v. a. повод дати, проузрочити; —ung, f. повод, прилика, узрок; das ist auf seine —, то је његово масло.
veranschlagen, v. a. den Werth einer Sache —, прорачунати вредност ствари.
veranstalt-en, v. a. приправити, направити, наредити, справити, приредити, зготовити; —ung, f. приређење, зготовљење.
verantwort-en, v. a. одговорити, одговарати за што; —sich, v. r. оправдати се; одговорити —; —lich, adj. одговоран; —lichkeit, f. одговорност; —ung, f. оправдање, одговорност, одговор.
verarbeit-en, v. a. узети у посао, пределати, обрадити, прерадити; потрошити на посао; —ung, f. обрађивање, пределавање, трошење, прерађивање.
verarg-en, v. a. замерити, замерати; —ung, f. замера, замерање, замерка.

verarm-en, v. n. осиромашити, опотребити, опразнети, обобужати;—ung,f. осиромашење.
verarrenbiren, v. a. дати у аренду, под закуп.
verarreſtiren, v. a. уставити, зауставити што.
verarten, f. ausarten.
verarzeneien, v. a. потратити на лекарије.
verauctionir-en, v. a. продати дражбом; —ung, f. лицитација, дражба.
verausgaben, v. a. издати.
veräußer-ſich, adj. продаван; —n, v. a. дати што од себе, продати; —ung, f. продаја, отуђивање.
verbaden, v. a. попећи, препећи.
verballaſten, v. a. накрцати брод саворњом.
Verband, m. свеза; (chirurgiſcher), завој; —plaß, завојиште.
verbann-en, v. a. изагнати, прогнати, протерати, заточити; —ter, m. прогнаник, заточеник; —ung, f. изгнање, прогњање, прогонство, заточење.
verbauen, v. a. поградити, потратити грађећи; заградити.
verbeißen, v. a. згристи; fig. одолети, гутати, прогутати; ſich —, v. r. укописати се.
verberg-en, v. a. скрити, сакрити, скривати, тајити; завети, завирати, прекривати, прекрити; ſich —, v. r. крити се, сакрити се, утајати се, потајати се; -ung, f. сакривање, тајење.
verbeſcheiden, v. a. дати одлуку, позвати кога пред суд.
Verbeſſer-er, m. поправљач; —lich, adj. поправан; —n, v. a. поправити, поправљати; —ung, f. поправак, поправљење, поправљање.
verbeten, f. abbeten.
verbeug-en, ſich, v. r. поклонити се, клањати се, поклањати се, преклопити се, преклањати се; —ung, f. поклон, клањање.
verbiegen, v. a. завити, завргнути, улупити; das Ferſenleder —, потпетити.
verbieten, v. a. забранити, забрањивати, закричати, запречити, закратити, запрековати, запретити.
verbind, v. a. свезати, савезати, повезати, завити, завезати; ein Buch —, рђаво свезати, преместити листове у књизи; (vereinigen), сложити, сједнити, спојити; einem zu etwas —, обвезати; ſich —, v. r. сложити, сједнити се, сљубити се, спојити се; ehelich —, оженити се, удати се; ſich zu etwas —, обвезати се на што; ſich einen —, обвезати кога.
verbindlich, adj. учудан, дужан, обвезан; ſich zu etwas — machen, обвезати се на што; —keit, f. обвезност, дужност; (Höflichkeit), учудност.
Verbindung, f. сједнењеe, саставак, свеза, савез; in — kommen, свезати се; (von Wundärzten), завој, завијање; —Snagel, m. (am Pfluge), крчало; —ſſtrich, m. свеза; Swert, n. (der Zochpaare), крлеж; —Swörtchen, n. савез.
verbieten, v. a. молити да што небуде; не примити.
verbitter-n, v. a. огорчати, огорчивати, загрчити, загорчати; —ung, f. огорчање, загрчивање.

verblaſen, v. a. издувати.
verblaſſen, f. erblaſſen.
verblättern, v. a. помести, изгубити (превршући листове од књиге).
verbleiben, v. n. остати, остајати; — n. остајање; es hat dabei ſein —, при том остаје; es ſoll dabei ſein — haben, код тога остаје.
verbleichen, v. n. бледети, побледети; Todes —, умрети, преминути.
verblend-en, v. a. заслепити, заслепљивати, обсенити; —ung, f. обсена, заслепљење.
verbleien, v. a. залити оловом.
verblichen, adj. блед; покојан, мртав.
Verblichene, m. покојник; — f. покојница.
verblüff-en, v. a. забунити, забуњивати.
verblüfft, adj. забун, смућен, забленут.
verblüh-en, v. n. оцвасти, прецветати, венути, увенути; verblüht, adj. прецветао, прецветан; (von Mädchen), прерасла.
verblümt, adj. пренoсан, метафоричан, метафорички; таман, неразумљив.
verblut-en, ſich, v. r. пролити, пролевати крв, истећи крв; fig. изнемоћи; —ung, f. истечење крви.
verbohren, v. a. завртати; рђаво бушити.
verborgen, v. a. узајмити.
verborgen, adj. скрит, саврит, сакривен, тајан, потајан; im Verborgenen, тајом, крадом, у потаји; —heit, f. потаја, тајност.
Verbot, n. забрана, устава, запрека, заврич; —leger, m. уставник.
verbräm-en, v. a. опшити, опшивати, первазити, опервазити, сирадити; —ung, f. первaз, перваженье, сирађење.
verbrannt, adj. изгорео, опаљен, опечен.
Verbrauch, m. потрошак; —bar, adj. потрошив, потрошни; —en, v. a. трошити, тратити, арчити, потрошити, поарчити; —Sabgabe, —Sſteuer, f. потрошарина.
verbrauen, v. a. поварити у пиву.
verbrauſen, v. n. покипети, окипети; утешити се, умирити се, иступнити.
verbrechen, v. a. сломити, поломити, заломити; скривити; ſich —, v. r. сломити се, претргнути се.
Verbrech-en, n. злочинство; —er, m. преступник, кривац, злочинац; —erin, f. преступница; —eriſch, adj. преступан, грешан, злочински.
verbreit-en, v. a. распространити, раширити, разгласити; —er, m. распространитељ, раширитељ, разгласитељ; —ung, f. распространење, ширење, раширивање, разглашивање.
verbrenn-en, v. a. сажећи, сажизати, самлати, опалити, изгорети, опржити, опећи, спалити, сагорети, згорети, спаљивати, пожећи, опржити, спржити; — v. n. изгорети; ſich —, v. r. пржити се, испржити се, опећи се; —lich, adj. изгорив; —ung, f. сажизање, опаљивање, пржење.
verbrieſen, f. a. потврдити што писмом; ſich, обвезати се писмом.
verbringen, f. durchbringen, zubringen.
verbröſeln, v. a. смрвити, измрвити.
verbrüder-n, ſich, v. r. побратити се, побра-

verbrühen — 312 — **verbümmen**

тимати се, збратити се; —ung, f. побратимство, братовштина.
verbrühen, v. a. опарити.
verbuchen, verbücher-n, v. a. укњижити; —ung, f. укњижба, укњижење.
verbuhlt, adj. блудан; заљубљен; —heit, f. заљубљеност.
verbunden, adj. сложен, сједињен, свезан, повезан, завијен, обвезан; mit —en Augen, жмурећки.
verbund-en, v. a. свезати, сједнити, сложити; sich —, v. r. свезати се; сједнити се, сложити се; —et, adj. савезан, сједињен, сложан; —ete, m. савезник; f. савезница; —niß, n. f. Bündniß, Bund.
verbürg-en, v. a. & n. јамчити, јемчити; sich —, јемчити се, одговарати за што, подјемчити се, узамчити се, порећи се; —ung, f. јамство, поручанство, јемчење.
verbutten, v. a. закржљавити.
vercautioniren, v. a. дати сигурност зашто.
verclausuliren, v. a. оградити што запоркама.
Verdacht, m. сумња, подозрење; gegen Jemand —schöpfen, посумњати на кога; —haben auf Jemand, жалити, сумњати на кога.
verdächtig, adj. сумњив, подозрив; -en, v. a. опасти, опадати, опањкати.
verdämmen, v. a. загатити, преградити, зајазити.
verdamm-en, v. a. осудити, проклети; fig. хулити, корити, похулити; —sich, adj. прикоран; —niß, f. осуда, проклетство; —t, adj. осуђен, клет, проклет; —ung, f. осуђење, проклетство.
verdampfen, v. n. изјапити, излапити, известрити.
verdämpfen, v. a. чинити да изјапи.
verdanken, v. a. обвезан бити, захвалити, захваљивати, харан бити.
verdau-en, v. a. пробавити, пробављати, сваћати, поднети; schlecht —end, злохран; —sich, adj. пробављив, сварив, —sichkeit, f. пробављивост; —ung, f. пробављање, сваривање; —ungsmittel, n. средство пробавно, —ungssaft, m. сок пробавни.
Verdeck, n. палуба.
verdecken, v. a. поврти, поклонити; сакрити, затајати.
verdenken, v. a. замерити, замерати.
Verderb, m. —en, n. кварење, пропадање, пропаст; —en, v. n. гинути, кварити се, изопачити се, пропадати, погинути, покварити се, пропасти, иштетити; — v. a. квaрити, покварити, изопачити, упропастити; исквaрити, иштетити, оштетити, згрдити, заклати, списати, ограђивати; sich —, v. r. изгубити се, покварити се, упропастити се; —et, m. упропастител; (Spiel —) брзница, разврзигра; —sich, adj. шкодљив, опасан; —sichkeit, f. шкодљивост, опасност; —niß, n. пропаст; —theit, Verdorbenheit, f. покварeност, изопачeност, опачина, —ung, f. кваpeње.
verdeutsch-en, v. a. превести, преводити на језик немачки; —ung, f. превод на немачки.

verdicht-en, v. a. загустити; sich —, v. r. згуснути се, скрнути се.
verdicht-en, f. verdichten.
verdien-en, v. a. заслужити, заслуживати, вредaн бити, стећи, тећи, добити, замучити, измучити, зарадити, зарађивати.
Verdienst, m. заслуга, течевина, добитак, замука, текoвина.
Verdienst, n. заслуга; —kreuz, n. крст за заслуге; —sich, adj. заслужан; —sichkeit, f. заслужност; —orden, m. заслужни ред; —voll, adj. заслужaн.
verdient, adj. заслужeн, стечен, заслужан.
Verding, m. погодба, најам; —en, v. a. дати у најам, погодити се, најмити; sich in die Kost —, погодити се за храну; sich —, v. r. најмити се; —ung, f. најам.
verdolmetsch-en, v. a. тумачити, протумачити, протолковати; —ung, f. тумачење, протумачење.
verdoppel-n, v. a. подвострунити, предвoстрyчити, удостручити; —ung, f. подвостручeње, пpeдвoстpyчaње, удoстpyчeњe.
verdorben, adj. покварен, изопачeн, опак, пропао, кваран, штетан, раздaвљен, запуштeн; —heit, f. Verderbtheit.
verdorr-en, v. n. сахнути, усахнути, осушити се, сасушити се, посушити се, усисати, посахнути; -t, adj. сух, усахнуо; —ung, f. усисање.
verdräng-en, v. a. истиснути, изгонити; —ung, f. изгнање, истискивање.
verdreh-en, v. a. завpнути, завpтати, изврнути; den Arm &c. —, уганути; die Augen —, превpнути, преврaти очима; sich изопачити, наoпако тумачити; das Recht —, изопачити закон; —t, adj. завpнут, уганут, изопачeн; (vom Holz), завојит; —ung, f. завpтaње, превpтaњe, изoпaчaвaњe.
verdreifachen, v. a. утростручити.
verdrieß-en, v. i. досађати, досађивати, досадити, досађивати; im höchsten Grade —, довpети; es verdrießt mich, мрзи ме; sich keine Mühe, keine Kosten —lassen, нежалити труда ни трошка; es verdrießt mich zu leben, досадно ми, омрзнyo ми живoт; —sich, adj. невесeo, зловoљан, мрзак, досадан; —sichkeit, f. невeсeље, зла вољa, досaдa.
verdringen, f. verdrängen.
verdrossen, adj. лен, зловoљан, тужицa; —heit, f. лењoст.
verdrucken, v. a. поштaмпaти; рђаво штампати.
verdrücken, v. a. угужвaти, згужвaти.
Verdruß, m. досaдa, непpиликa, непpијaтнoст.
verdunsten, f. verdunsten.
verdunkel-n, v. a. потaмнити, пoмpaчити; sich —, v. r. потaмнeти; —t, adj. потмуo; —ung, f. пoмрaчeњe.
verdünn-en, v. a. потањити, тaнити, истaњити; истaњивати, растaњити, рaшчинити, рaстваpaти, растворити; (Wein mit Wasser), рaзблaжити; —ung, f. истaњивaње, растваpaње, рaзблaживaње.

verbunſten — 313 — verfeinern

verbunſten, v. a. излапити, изветрити, запити, лапити, ветрити, издушити.
verdurſten, v. n. умрети од жеђе.
verbüſtern, ſ. verbunkeln.
verbutzen, verbutzt machen, v. a. забунити.
verebel-en, v. a. поправити, облагородити, оплеменити; —t, adj. облагорођен, оплемењен, питом; —ung, f. поправљање, оплемењивање, облагорођење, питомина.
verehelich-en, v. a. (von Mannsperſonen), оженити, женити; (von Frauenzimmern), удати, удавати; —t, adj. жењен, ожењен, удата; —ung, f. жењење, удавање; женидба, удаја.
verehr-en, v. a. штовати, частити, штимати, поштовати, поштивати, почитовати, почастити, припознати; einem etwas —, дати, поклонити коме што; —er, m. поштовач, штоватељ, штовач; љубавник; —erin, f. поштоватељка, поштовачица; —ung, f. штовање, пошта, поштовање, почитовање, част, чашћење, дар. поклон; —ungswürdig, adj. поштован, поштопања вредан, достојан.
vereib-en, v. a. заклетвом обвезати; заприсећи; —ung, f. прпсезање.
Verein, m. друштво, савез, сједињење, заједница, задруга, дружина; —bar, ſ. vereinbarlich; —baren, f. vereinigen; —barlich, adj. сложан; —barung, f. сједињење, слога, погодба; —en, v. a. сјединити, удружити, утаначити, удесити; ſ. vereinigen.
vereinfachen, v. a. једностручити, уједностручити.
vereinig-en, v. a. сјединити, сложити, улужити, здружити, сакупити; ſich, v.r. сјединити се, сложити се, сакупити се; —ung, f. сједињење, удружење, слога, јединство.
Vereins-, друштвенп, удружни; —recht, n. право удруживања; —ſtatuten, pl. установе, правила друштвена; —zeichen, n. знамење друштва.
vereint, adj. сједињен, сложан, уједпњен.
vereinzel-n, v. a. усамљивати; једно по једно продавати; (trennen), делити, лучити, растављати; —t, adj. усамљен, један по један, сваки за себе, инокосан; —ung, f. продаја на комаде, растављање, раздељење, инокосност, распадање, усамљеност.
vereitel-n, v. a. уништити, осујетити; —ung, f. уништење, осујећење.
vereiter-n, ſich, v. r. загнојити се, гнојити се; —ung, f. гној, гнојење.
verekeln, v. a. гадити, мразити, огадити, омразити.
verenden, v. n. гипути, погинути, издапути, мањкати.
vereng-en, v. a. сузити, сужпвати; —ung, f. стискање, стисуђње, сужење.
vererb-en, v. a. etwas auf einen, оставити што у наследство; — ſich, adj. наследан; —ung, f. остављање у наследство. [чити.
verewigen, v. a. у век претворити, овековечити-ewig-en, —ung, f. овековечавање.
verfahr-en, v. n. поступати, опходити, истраживати, управити, управљати; — v. a. возити, развозити; den Zoll —, обили царину; den Weg —, закһи, забасати, заблудити; —en, n. —ungsart, f. поступак, поступање, опхођење, управљање.
Verfall, m. падање, пропадање, опадање, пад, пропаст, штета; (des Kontrattes), истечење; —en, v. n. пасти, опасти, падати, пропадати, пропасти, рушити се, срушити се, порушити се; auf etwas —, домислити се чему; dem Fiskus —, припасти фискусу; (vom Wechſel), приспети, истећи, проћи; verfallene Kaution, пропала сигурница; (verfallener Wechſel), приспела меница; am Körper —, губити се, мршавити, опадати; in Armuth —, осиромашити; (verluſtig werden), изгубити што; —en, adj. (in Trümmern), срушен, порушен, развалени (am Körper), мршав, опао; (konfiszirt), конфискован, пропао.
verfällen, v. a. осудити.
Verfallenheit, f. пропалост.
Verfalls-tag, m. дан приспелости; —zeit, f. рок; (einer Zahlung), време за плаћање; (eines Wechſels), време испиње приспелости; die —zeit tritt ein, приспева.
verfälſch-en, v. a. кварити, поквари ти; (Münzen, Urkunden), кривотворити; —er, m. кваритељ, кривотворник; —ung, f. кварење, кривотворење.
verfangen, ſich, v. r. заплести се, уловити се, заприти се; (mit den Zähnen), загрести се; (von Pferden), укочити ного; (in Laufen), задухати се; (von Winden, vom Rauch), задирати; das Erz verfängt ſich bei der Luft, руда губи боју на зраку; ſich im Reden verfangen, заплести се у говору, сам себе побијати.
verfangen, v. n. користити, хаспити.
verfänglich, adj. лукав; keit, f. лукавштина.
verfärben, ſich, v. r. мењати, променити боју; губити, изгубити боју.
verfaſſ-en, v. a. наредити, уредити, направити; ein Buch —, писати, списати, списивати, написати књигу; etwas ſchriftlich —, сложити, саставити писмено; —er, m. саставитељ, писац, списател; —erin, f. списатељка.
Verfaſſung, f. уредба, наредба, писање, списивање, слагање, уређење; (Conſtitution), устав; (Zuſtand), стање; —smäßig, adj. уставни; —urkunde, f. устав; —swidrig, adj. против устава.
verfaul-en, v. n. сагњити, иструпути, иструлити, отрулити, отрунути, потрулити, потрунути, трулити; —t, adj. сагпио, труо; —tes Zeug, трулеж.
verfecht-en, v. a. бранити, заступати; —er, m. браниоц, бранилац; —ung, f. брањење.
verfehlen, v. a. ненагодити, промашити; eine Gelegenheit —, пропустити прилику.
verfeind-en, v. a. завадити, завађати, мразити, омразити кога с ким, које што; ſich —, v. r. завадити се, мразити се; —ung, f. мржење, завађање, завада, мржња, омраза.
verfeiner-n, v. a. угладити, изобразити —ung, f. изображење, углаћеност.

verfertig=en, v. a. начинити, направити, начињати, правити, зготовити; готовити, доготовити, приправити, градити, зградити, саградити; —et, m. зготовитељ; —ung, f. начињање, прављење, зготовљавање.
verfeuer=n, v. a. попуцати; —ung, f. пуцање.
verfilzen, v. a. сметати, замрсити.
verfinster=n, v. a. потамнити, помрачити, помрчати; —ung, f. помрачење, помрчање, помрчина.
verfirsten, v. a. слеме направити на крову.
verflechten, v. a. заплести, уплести, замрсити, замотати; преплетати, преплести; sich —, v. r. уплести се.
verfliden, v. a. потрошити крпећи.
verfliegen, v. n. изгубити се, разлетети се; (als die Zeit), пролазити, летети, минути; (verdünsten), излапити; sich —, v. r. залетети се.
verfließ=en, v. n. тећи, протицати, пролазити, минути; —ung, f. тек, течај.
verflößen, v. a. плавити, силавити.
verflossen, adj. прошасти, минуо, прошао, прошавши, минувши.
verfluch=en, v. a. клети, проклети, проклињати, уклети, харамити, харамљивати; —t, adj. проклет, клет.
verflüchtig=en, v. a. учинити да што одлети; sich —, v. r. изветрити, лапити, излапити; —ung, f. ветрење, излапљивање.
Verfluchung, f. проклињање, проклетство, клетва.
Verfluß, m. f. Verfließung.
Verfolg, m. наставак, настављење, продужење.
verfolg=en, v. a. проговити, терати, прогнати, гањати, гонити, вијати, наклопити се (за ким); feindlich —, изузети се, испизмити се, изујимати се; (fortsetzen), наставити, продужити; sein Recht —, тражити право своје; sein Glück —, ићи својом срећом; seinen Weg —, ићи својим путем; gerichtlich —, судски поступати; steckbrieflich —, послати за ким терапицу; —er, m. гонитељ, прогонитељ, злотвор; —erin, f. гонитељка; —ung, f. гоњење, прогоњење, прогон, прогонство, вијање, потера, тражење (права); gerichtliche —, судско поступање; —te, m. гоњеник, прогнаник; —te, f. гоњеница, прогнаница; —ungsgeist, m. дух прогонства.
verfressen, v. a. пождерати.
verfüg=bar, adj. расположив, разложив, расположан; —en, v. a. (etwas), наредити, уредити, расположити, разложити; (erledigen), решити; sich —, v. r. поћи, отићи куда; —er, m. расположник, раздожник; —erin, f. разложница; —ung, f. наредба, наређење, уређење, расположење; Jemanden etwas zur —ung stellen, дати коме, да чиме располаже.
verführ=en, v. a. (von Waaren), возити, развозити; Jemanden —, завести, кварити, покварити, заводити, отивадити, отпављивати; Reden —, говорити; —er, m. (von Waaren), возник, развозник; (einer Person), заводник; —erin, f. развозница; заводница; —erisch, adj. заводан, заносан; —ung, f.

(von Waaren), развоз, вожња; fig. завођење, отпађивање.
verfütter=n, v. a. повртити, потрошити крмећи.
vergaff=en, sich, v. r. забленути се, загледати се, зазјати; vergafft, adj. забленут.
vergähren, v. n. покипети, уврсти.
vergaloppiren, sich, v. r. зарећи се, затрчати се.
vergäll=en, v. a. ожучити, огорчати, очемерити; sich —, очемерити се.
vergangen, adj. прошасти; —heit, f. прошлост.
vergänglich, adj. пролазан, несталан, непостојан; —lichkeit, f. пролазност, несталност, непостојанство.
verganten, Vergantung, f. verauctioniren, Verauctionirung.
vergatter=n, f. vergittern; —ung, f. скупљање, стицање; die —ung schlagen, бубњати на скуп.
vergeben, v. a. (die Karten), фалити у дељењу; einen mit Gift —, отровати кога; eine Stelle ꝛc. —, дати коме службу; einem —, опростити, праштати, простити; seinem Rechte nichts —, неуступити од права својега; seine Tochter —, удати кћер; die Sünde —, опростити, отпустити грех; eine Waare —, платити царину од робе.
vergeben, adj. f. vergeblich.
vergebens, adv. забадава, залуду, заман, без користи, узалуд, бамбадава, бадаваде, напразно, назалуд.
vergeblich, adj. (vergeihlich), опростив, отпустан (unnütz), безкористан, залудњи.
Vergebung, f. опроштење, отпуштење; тровање; давање; уступљење.
vergengenwärtig=en, v. a. предочити, предочавати; —ung, f. предочење, предочавање.
vergehen, v. n. (verfließen), минути, проћи, пролазити, престати, протећи, протицати, битисати; (zu Grunde gehen), пропасти, погинути, пропадати, гинути, умрети; sich —, v. r. фалити, погрешити, заборавити се, преступити; mit Worten sich — gegen Jemanden, увредити кога речима.
Vergehen, n. Vergehung, f. преступ, преступак, погрешка.
vergelben, v. a. жутити, пожутити.
Vergelt, m. зајам; —en, v. a. обдарити, платити, вратити, дати, чинити (rächen), осветити, одмастити; Gutes mit Bösem —, вратити зло за добро; Gott vergelte es euch! бог вам платно! Gleiches mit Gleichem —, жао за срамоту, мило за драго, шљиве за брашно, шило за огњило; ich will es ihm schon —, платиће он то мени; —er, m. обдаритељ, осветитељ, осветник; —ung, f. уздарје, плаћа, обдаривање, враћање, освета; —ungsrecht, n. право враћања.
vergesellschaften, v. a. здружити, саставити, сједнинити; sich —, v. r. здружити се, сложити се, сједнинити се.
vergessen, v. a. заборавити, заборављати, забинути, сметнути с ума; ich habe es auf den Tod —, ни до сто ума, ни у крај памети; sich —, v. r. заборавити се; —heit, f. заборав, заборавност, заборављање, заборава.

vergeßlich, (vergessen), adj. заборяван; —keit, f. заборавност.

vergeub-en, v. a. разметнути, расути, расточити, разметати, расипати, растакати, просути, списклати, пропућкати, профућкати; —ung, f. разметање, расипање, сиисклавање.

vergewisser-n, v. a. уверити, уверавати, осигурати; —ung, f. уверење, уверавање, осигурање.

vergieß-en, v. a. (als mit Blei ic.), залити, залевати; (verschütten), пролити; пролевати, просипати; Thränen —, ронити сузе; —ung, f. просуће, пролевање.

vergift-en, v. a. тровати, отровати; —er, m. отровник; —erin, f. отровница; —ung, f. тровање.

Vergißmeinnicht, n. поточница, споменак; усломена.

vergitter-n, v. a. оградити решетком, направити решетку; —ung, f. решетка.

verglas-en, v. a. стаклити, поставити; —ung, f. стакљење.

verglasuren, verglasiren, v. a. калајити, калаисати, покалајити.

Vergleich, m. погодба, нагодба, уговор, увет, поправак, договор, поравнање, догађај; (Vergleichung), приспоdoбљење, упоређивање, сравњивање; in —, спроћу, спрам; —bar, adj. приспоdoбљив; —en, v. a. (streitende Parteien), помирити, примирити, погодити, поравнати, равнати, погађати, намирити, сложити, утрмити; Sachen mit einander —, приспоdoбити, упоредити, поредити, сравнити; sich —, v. r. поравнати се, погодити се, помирити се; —ung, f. поравнање, погађање, договор, примирење, помирење, упоређивање; —ungsstufe, f. (in der Sprachlehre), степен сравњивања; —ungsweise, adv. сравњујући.

verglimmen, v. n. угасити се, утрнути се, гасити се, трнути, стињати се.

verglühen, v. n. хладити се, охладити се.

vergnügen, v. a. (befriedigen), намирити, задовољити; (ergötzen), забавити, забављати, веселити, развеселити, обрадовати; sich —, v. r. забављати се, веселити се, уживати.

Vergnüg-en, n. забава, весеље, радост, уживање; mit —, драге воље; —lich, —sam, adj. задовољан; —t, adj. весео, радостап, задовољан; —ung, f. забава, весеље, арајство.

vergold-en, v. a. златити, позлатити; —er, m. златар; —ung, f. злаћење, позлаћивање, позлата, позлаћење; Art geringerer —, златна пена.

vergönnen, v. a. допустити, дозволити.

vergötter-n, v. a. обожавати; —ung, f. обожавање.

vergrab-en, v. a. закопати, укопати, укопавати, заронити; —ung, f. закопавање.

vergrasen, v. n. зарасти травом.

vergrauen, v. n. осeдети, седети.

vergreifen, sich, v. r. (von Waaren), продати се, распачати се; die Hand —, уганути руку; (falsch greifen), узети једно место другога; sich an einem —, ставити руке на кога; sich an etwas —, присвојити што по неправди, отети, украсти; sich an der Kasse —, покрасти благајницу; sich an heiligen Dingen —, осквpнути ствари свете; sich an den Gesetzen —, прекршити, преступити закон.

vergriffen, adj. (von Waaren), продан, распродан, распачан.

vergrößer-n, v. a. увећати, умножити, множити; —ung, f. увећавање, умножавање; —ungsglas, n. ситнозор.

vergünstigen, Vergünstigung, f. erlauben.

vergüt-en, v. a. наплатити, накнадити, надокнадити, вратити; —ung, f. накнада, наплата, награда; —ungs- (in Zusam.), накадни.

Verhack, m. засека.

Verhaft, m. апс, затвор; in — nehmen, затворити, метнути под стражу, ухватити; —en, v. a. затворити, ухватити, апсити, уапсити; —et, adj. ухваћен, затворен, у апсу; —ung, f. уапшење, затварање, затвор.

verhall-en, v. n. изгубити се, губити се, замукнути, умукнути.

verhalt-en, v. a. уставити, зауставити, уздржати; скрити, сакрити, тајити; Jemanden zu etwas —, приморати кога на што; sich —, v. r. бити; (sich vertragen), владати се, равнати се, подносити се; (von Verhältnissen), бити какав; wie verhält sich die Sache? како стоји ствар? die Sache verhält sich so, то је тако, ствар је таква.

Verhalten, n. приморање, владање, равнање, понашање, уздржавање, заустављање.

Verhältniß, n. размер, мера, разлог; (Verbindung), свеза, савез; (Bezug), обзир, поглед, односеље, одиошај; (Beschaffenheit), начин, какноћа; (Umstände), околности; —mäßig, adj. размеран, по размеру, по мери.

Verhaltung, f. устављање, уздржање, владање; —sbefehl, m. наредба за владање.

verhand-eln, v. a. зборити, већати, расправљати, погађати се, договарати се; (verkaufen), продати; —lung, f. расправа, погађање, продавање, продаја; —lungen, pl. договарање, расправе.

verhängen, v. a. завесити, застрети; dem Pferde den Zügel —, попустити узду коњу; mit verhängtem Zügel, колачки; fig. хотети, одлучити, одредити, наложити, допустити; was Gott verhängt, што бог хоће; eine Strafe —, наложити коме казну; über Jemanden die Curatel —, поставити скрбника над ким.

Verhängniß, n. судба, судбина, усуда, коб, удес; —voll, adj. кобан, судбоносан.

verhängt, adj. застрт; наложен, одлучен, одређен.

verharren, v. n. остати, остајати.

verharrlich, s. beharrlich.

Verharren, n. Verharrung, f. останак, остајање, постојанство, сталност.

verharschen, v. n. укорити се, укоренити се.

verhärt-en, v. n. отврднути, тврднути, — v. a. тврдити, утврдити; den Leib —, затворити, затварати столицу; —et, adj. тврд, отвр-

verhaßt — 316 — verkiefen

пут; — ung, f. (des Leibes), затвор; (in einem Theile des Körpers), тврдост, тврдоћа.
verhaßt, adj. мрзак, омражен.
verhätscheln, v. a. мазити, размазити (дете); разблудити (овцу); —t, adj. мазан, размажен.
Verhau, (Verhack), m. засека.
verhauen, v. a. засећи, засецати; fich —, v. r. засећи се; промашити; (im Reden), зарећи се, прекардашити у говору.
verhausen, f. vergeuden.
verheben, v. a. (die Karten), зло цепати, препридагнути добро; fich —, v. r. прекинути се (дизањем).
verheer-en, v. a. пустошити, харати, опустити, похарати; —ung, f. пустошење, харање, похара, пустош.
verheften, v. a. (ein Buch), зло сашити, свезати; (zuheften), сашити, зашити, прошити.
verhehl-en, v. a. тајити, сакрити, потомити, потајити, држати у себе криомице; мучати, замучати; —ung, f. тајење.
verheilen, f. zuheilen.
verheimlich-en, v. a. тајити, затајити, затајати; Feuer —, запрстати ватру; —ung, f. тајење, затаја.
verheirath-en, v. a. (von Mannspersonen), женити, ожепити; (von Frauenzimmern), удати, удавати, удомити; fich —, v. r. удати се, удомити се; ожснити се, женити се; —et, adj. женен, ожењен, удата; —ung, f. женење, женидба; удавање, удаја, удадба.
verheuern, f. vermiethen.
verheiß-en, v. a. обећати, обећавати; —ung, f. обећање.
verhelf-en, v. r. (einem zu etwas), прискрбити, прибавити што коме, помоћи коме да добије што; —ung, f. помоћ.
verhenkert, adj. врагометан, врагаласт.
verherrlich-en, v. a. славити, прославити, преузносити; —ung, f. слава, прослављање, преузношење.
verhetzen, v. a. раздражити, поджигати, подбадати.
verhexen, f. behexen.
verhinder-fich, f. hinderlich; —n, v. a. препречити, пречити, сметати, смести, разбијати; забавити кога; —ung, f. запрека, препрека, препона, сметња, забављање, разбијање, сметање; —ungsfall, m. случај препреке, препоне.
verhoffen, f. hoffen.
Verhoffen, n. wider —, изненада, ненадно.
verhohlen, f. heimlich.
verhöhn-en, v. a. ругати се, поругивати се коме, спрдати се, ружити, поружити, подругивати се; —ung, f. руг, руга, поруга, поругивање, спрдња.
Verhör, n. испит, испитивање, саслушак, саслушање; —en, v. a. (einen), испитати, испитивати, саслушати, послушати; (etwas), печути, зло чути.
verhubeln, v. a. покварити, кварити.
verhüll-en, v. a. застрти, завесити, покрити, замотати, сакрити; —ung, f. замотавање, застирање, покривање, покривало, застор.

verhungern, v. n. умрети од глади.
verhunzen, f. verhudeln.
verhuren, v. a. прокурвати.
verhüt-en, v. a. сачувати, обранити, одвратити што, уклонити со чему; —ung, f. сачување, уклоњење, одвраћање.
verinteressiren, f. verzinsen.
verirr-en, fich, v. r. заблудити, занћи, забасати, зањи, залазити, залутати, зањи с пута; замахинтати, полудети, залудети; —ung, f. заблуда, блудња.
verjag-en, v. a. протерати, прогнати, разгонити, пудити, распудити; —ung, f. протеривање, разгоњавање.
verjähr-bar, adj. застарив; —еn, v. n. застарети; —t, adj. застарео; (von Vorurtheilen), укорењен; —ung, f. застарелост.
verjüng-en, v. a. помладити, помлађивати; (verkleinern), омалити; —fich, v. r. помладити се, подмладити се, помлађивати се; —t, adj. помлађен; —er Maßstab, омаљена мера; —ung, f. помлађивање.
verkalben, v. n. побацити теле.
verkalk-en, v. a. у креч обратити; кречити, окречити; —ung, f. обраћање у креч.
verkälten, f. erkälten.
verkannt, adj. рђаво познат.
verkapp-en, v. a. покрити, покривати; fich —, v. r. умотати се; —t, adj. умотан; fig. тајан, сакрит, покривен.
Verkauf, m. продаја; (in Zus.), продајни; —еn, v. a. продати, продавати, распродати; подмитити, поткупити; kleinweise —, крчмити; fein Leben theuer —, заменити се.
Verkäufer, m. продавац; —in, f. продавачица.
verkäuflich, adj. продајан; einem etwas — lassen, продати коме што.
Verkaufs-gewölb, n. продавница; —note, f. продајница.
Verkehr, m. промет, трговина, пазар, опћење, посао, свеза, саобраћај; — en, v. a. (handeln), прометати, трговати, пазарити; mit Jemanden —, општити, имати посла с њиме; (umkehren), изврнути, превнути, превратити; den Sinn einer Rede —, наопако тумачити говор; (verwandeln), мењати, променити; —Smittel, n. саобраћајно средство.
verkehrt, adj. преврађен, преврнут, опак, наопак; — adv. наопако, наопачке; —heit, f. опачина.
Verkehrung, f. преврћање, преврађање, извртање, опачење.
verkeilen, v. a. заглавити, заглављивати.
verkennbar, adj. варљив, несталан, непстинит.
verkenn-en, v. a. упознати се у што, непознати добро.
verketten, v. a. ланчићем свезати.
verkett-en, v. a. свезати, оковати ланцем; —ung, f. свеза; ланац.
verketzer-n, v. a. држати кога за полуверца; назвати кога кривоверцем; осуђивати; —ung, f. називање кривоверцем; осуђивање.
verkiefen, v. a. пером снабдети; fich —, v. r. парасти коме перје.

verkitt=en, v. a. поварити, поваривати, занадити; —ung, f. поварнвање.
verklagen, v. a. тужити, оптужити.
Verkläger, m. тужнтељ, тужилац.
Verklagte, m. туженик, оптужениk. [тужба.
Verklagung, f. тужба, тужење, оптужење, оп-
verklammen, v. n. укочити се. [чати.
verklammern, v. a. спојана утврдити, прикоп-
verklär=en, v. a. бистрити, разбистрити; fig. преобразити, славити, прославити; sich —, v. r. преобразити се, преображавати се; —t, adj. fig. преображен; —ung, f. преображење; слава, славлење.
Verklärung, f. (im Seerecht), расвета бродова.
verklatschen, f. verleumden, ausklatschen.
verkleben, f. verkleiben. [изнити.
verkleden, v. n. покапати, закапати, пролити.
verkleib=en, v. a. мазати, замазати, омазати, залепити, залепљивати; —ung, f. мазање, замазивање, залепљивање.
verkleid=en, v. a. обложити, облагати; sich —, v. r. преобући се, преоблачити се, прерушити се; —ung, f. преоблачење, туђе одело, облагање, облог, оплата.
verkleiner=n, v. a. омалити, кудити, понижавати; —sich, adj. омаљујућ, понижујућ; —ung, f. умажавање.
verkleistern, v. a. залепити, замазати, мазати, лепити.
verknöchern, v. a. окостити, у кост обратити.
verknüpf=en, v. a. завезати, свезати, савезати, сједннити, сложити, спојити; —ung, f. завезивање, сједнњење, спојење.
verkochen, v. a. покухати, прекухати.
verkohlen, v. a. обратити у угљен.
verkommen, v. n. загубити се, подевати се, заглавити, пропасти, скапати; f. fortkommen, auskommen.
verkörper=n, v. a. отеловорити, оваплогити, оваплтити; —ung, f. оваплоћење, оваплоћавање.
verköstigen, v. a. хранити, храну давати.
verkriechen, sich, v. r. скрити се, сакрити се, завући се, саврети се, савирати се, заврсти се, шчучњнти се.
verkrümmeln, v. a. смрвити, здробити, сатрти.
verkrummen, v. n. скривити се, скучити се.
verkrüppel=n, v. a. осакатити; —v. n. закржљавити, спрчити; —t, adj. сакат, богаљаст.
verkühlen, v. n. & r. нахладити се, охладити се, расхладити се, озепсти, назепсти.
verkümmer=n, v. a. затворити, ухватити, уставити; закржљати, закржљавити, пропасти, скапати; —t, adj. кржав, кржљав; f. verbittern; —ung, f. затвор, aus; устављање.
verkündig=en, verkünden, v. a. навестити, навештивати, обзнанити, прогласити, разгласити, обнародити, огасити; —er, m. наветитељ, обзнанитељ; (Ausrufer) личник телал; —ung, f. наветштење, навештивање, наповед; —Mariä, f. благовест.
verkunbschaften, f. auskundschaften.
verkünsteln, v. a. кварити, покварити од силне мајсторије.
verkuppeln, v. a. свести, сводити.
verkürz=en, v. a. кратити, покраћивати, по-

кратити, украткити, окусити, умалити; einem ben Lohn —, закинути од плаће; Jemand —, учнннти коме криво; einem die Zeit —, забавити кога; —ung, f. покраћивање, украћивање, оштећење.
verlachen, v. a. подсмевати се.
verladen, v. a. товарити, натоварити; Waaren —, извозити из земље, шиљати робу у какво место.
Verlag, m. издање, штампање, наклада, трошак; ein Buch in — nehmen, издати књигу о свом трошку; (Vorschuß), предујам; —s=buch, n. —sartikel, m. књига своје накладе; —shandlung, f. продаја печатаних ствари своје накладе, књижара накладница; —srecht, n. право накладно; —svertrag, m. уговор о издавању, уговор накладни.
verlahmen, v. a. охромити, ошантавити.
verlammen, v. n. побацити јагње.
verlangen, v. a. (etwas), жудети, хотети, желети, захтевати, искати, тражити, поискати, заискати, запитати, запитивати, тражити, зажелети; es verlangt mich zu..., рад би знати; — n. жеља, пожуда, жудња, захтевање, хотење, искане, запитивање, чежња. ;
verlänger=n, v. a. продужити, продужити, протегнути, дуљити, одужити, удуготежити, одуготезати; —ung, f. дуљење, продуживање, продужење.
verlarven, v. a. закрабуљити, покрити, сакрити.
Verlaß, m. наслеђе, наследство, баштина, иметак; погодба.
verlassen, v. a. пустити, запустити, оставити, одустати, одуставити, баталити; — у. r. ослонити се, поуздати се на што.
verlassen, adj. запуштен, упарложен, пуст, остављен, покварен; —heit, f. запуштеност остављеност, пустолина.
Verlassenschaft, f. наслеђе, баштина, оставштина, заоставштина.
verläßlich, adj. сигуран, веран, поуздан, известан, опредељен; —keit, f. сигурност, верност, поузданост.
Verlassung, f. остављање, напуштање, запуштање; ослањање, уздање, поуздање.
verläster=n, v. a. хулити, грдити; —ung, f. хуљење, грдња.
Verlauf, m. ток, течај, истицање, истечење, пролажење; (Dauer), трајање; nach — einiger Wochen, након неколико недеља; vor — von vierzehn Tagen, пре него прође петнаест дана; vor — eines Jahres, пре него прође година; den ganzen — der Sache erzählen, казати подробно ствар свуколику; —en, v. a. einem ben Weg —, пресећи пут коме, претећи кога; — v. n. пролазити, протицати, проћи, протећи; sich —, v. r. проћи, протећи, пролазити, протицати; заблудити, зањи, забасати; растрчати се, разиђи се; изгубити се (на биљару).
verlaug=nen, v. a. тајити, затајити, некати, занекати, одрећи се, порицати се; —ung, f. затајање, некање.
verleumden, f. verleumben.
Verlaut, m. dem — nach, како кажу, како се

verſeben — 318 — vermarken

говори, како се пронео глас; —en, v. i. es verlautet, каже се, вели се, говори се, гласа се, пукло је глас, пронео се глас; ſich — laſſen, рећи, казати, говорити, поговарати.
verleb=en, v. a. проживети, претрајати, истрајати, провести, провековати; —t, adj. стар, остарио.
verſech=en, v. n. расути се, расахнути се, попуцати (од суше); гинути, погинути од жеђи.
verlegen, v. a. заметнути, пренети, забацити, забацивати, преместити; (aufſchieben), одгодити, одложити; (verſperren), затворити, запречити, заградити, преградити; (verſorgen), снабдети; ein Buch —, издати књигу о свом трошку; ſich auf etwas —, дати се, наметнути се на што.
verlegen, ; dj. (von Waaren), стар, застарио; (in Verlegenheit), смућен, сметен, забуњен; — ſein, устручавати се, снебивати се; — werden, снебити се, узврдати.
Verlegenheit, f. забуна, смутња, запара; einen in — ſetzen, смести, забунити кога.
Verleger, m. издаватељ о свом трошку, накладник, књижар издавач.
verleben, ſ. verleihen.
verleiden, v. a. (einem etwas), огадити, омразити што коме.
verleih=en, v. a. посудити, узајмити; (geben, ſchenken), дати, даровати, поклонити; —er, m. узајмач; —ung, f. посуђивање, узајмљивање, даровање, дар.
verleit=en, v. a. (einen zu etwas), намамити, завести, склонити, занети, навући, навести, наводити, навратити, обратити, надарити, натентати, обрнути; —er, m. заводник; —ung, f. навођење, завођење, навлачење, навраћање.
verlern=en, v. a. заборавити, одучити се; —ung, f. одука, забора.
verleſ=en, v. a. читати, прочитати; (ausſuchen, reinigen), чистити, пребрати; die Soldaten —, прозвати војнике.
verletz=en, v. a. (beſchädigen), оштетити, поквaрити, озледити, ранити, увредити, нарушити, натрунити, убити, признити, опрзнити, осквpнити, прекршити; — ſich, v. r. убити се, ранити се, озледити се; —er, m. озледник, увредитељ, прекршитељ; —lich, adj. рањив, увредан, вредован; —ter, m. озлеђеник; —ung, f. рана, озледа, увреда, прекршење.
verleugnen, v. a. затајити, тајити, одрицати, личити се кога, одрећи се, одбацити се.
verleumd=en, v. a. клеветати, црнити, оговaрати, опадати, беднти, пањкати, потварати, опасти, опањкати, потворити, наплетати, лагати на кога, облагивати, кудити; —er, m. клеветник, оговарач, опадач; —erin, f. клеветница; —eriſch, adj. оговоран, побеђив; —ung, f. оговарање, опадање, клеветање, потвора, опаст, беда.
verlieb=en ſich, v. r. (in) зaљубити се, уљубити се, задражити се; —t, adj. зaљубљен, ашик; —theit, f. зaљубљеност.

verliegen, v. n. залежати се, убајатити се, изанђати.
verlierbar, adj. изгубљив.
verlier=en, v. a. изгубити, погубити, губити, загубити, тратити, страћити, сатарити, сатаривати, лишити се, лишавати се; den Verſtand —, полудети; die Geſundheit —, разболети се; Zeit —, дангубити; ſich —, v. r. губити се, нестајати, пролазити, минути; ſich aus den Augen —, замаћи, замакнути; ſich unter die Erde —, понирати.
verlob=en, v. a. обећати, заручити; ſich —, верити се, заветовати се; ſich mit Einer —, заручити, даривати, пpстеновати девојку.
Verlöbniß, m. Verlobung, f. јабука, заруке, веридба, прстен.
Verlobte, m. вереник, заручник; — f. вереница, заручница, прошена девојка.
verlochen, v. a. провртати, пробушити; todtes Vieh —, закопати стрвину.
verlochſteinen, v. a. зарупити.
verloden, v. a. омамити, премамити.
verlodern, v. a. (im geh. Leben), похарчити, потратити, расути, разметнути.
verlodern, v. n. избуктати, изгорети.
verlogen, adj. лажљив, лажљивац, лажа.
verlohnen, adv. es verlohnt der Mühe nicht, није вредно труда.
verloren, adj. изгубљен, пропао; —gehen, изгубити се, иструнити се; der —e Sohn, блудни син.
verlöſch=en, v. n. гасити се, угасити се, трнути, утрнути се; —ung, f. гашење, трнуће.
verloſ=en, v. a. вући ждребе, ждребати; —ung, f. ждребање, ждреб.
verlöthen, v. a. запојити, запојавати, залити.
Verluſt, m. губитак, квар, штета; auf Gewinn und —, на срећу; — beim Abwägen im Kleinen (Einwage), размерак; —ig, adj. лишен; ſich einer Sache — machen, лишити се чега; einer Sache — werden, изгубити што.
vermachen, v. a. затрнати, зачепити, затворити; (im Teſtamente), оставити, записати коме што, завештати.
Vermächtniß, n. завештај, запис; —geber, m. завештатељ, завештач, —nehmer, m. записовник; —ſtück, v. завештана ствар.
vermahlen, v. a. (Mehl), самлети.
vermalen, v. a. (die Farben), потрошити сву боју.
vermähl=en, v. a. оженити, женити, удати, удавати; ſich —, удати се, удавати се; женити се, оженити се; —ung, f. женидба, удаја, удадба; венчање; —ungs=, удадбен, женидбен; —ungshemd, n. удадбеница; —ungsſchein, f. венчано писмо.
vermahn=en, v. a. опоменути, опомињати; —ung, f. опомена.
vermaledei=en, v. a. проклети, проклињати, клети; —et, adj. проклет, клет; —ung, f. проклињање, проклетство, клетва.
vermannigfaltigen, f. vervielfältigen.
vermäuteln, ſ. bemänteln.
vermarken, v. a. ставити границе, међе, ограничити, оградити, омеђашити.

vermauern, v. a. (zum Mauern verbrauchen), позидати; eine Oeffnung —, зазидати.
vermehr-bar, adj. умножив; —en, v. n. множити, уножити, умножавати, намножити, пристајати; sich - en, т. г. множити се, намножити се, плодити се, расплодити се, патити се, напатити се; —ung, f. множење, умножавање, плођење.
vermeid-en, v. a. избегавати, уклањати се; —sich, adj. избежан; —ung, f. избегавање, уклањање; bei — der Ungnade, иначе изгубиће милост.
vermeinen, v. a. мислити, ценити, судити.
vermeint, vermeintlich, adj. памишљен.
vermeld-en, v. a. јавити, објавити, огласити, догласити; —ung, f. јављање, објављење.
vermeng-en, v. a. мешати, смешати, помешати, забркати, збркати; бркати; —ung, f. мешање, бркање, збрка.
vermerk-en, v. a. опазити, забележити; —ung, f. опаска, белешка, забележење.
vermess-en, v. a. мерити, измерити; sich —, т. г. фалити у мерењу; (schwören), клети се, заклињати се; (prahlen), хвалити се, хвастати, величати се; замерити се; sich zu viel —, дрзак бити.
vermessen, adj. дрзак, дрзовит; —heit, f. дрскост, дрзовитост; —tlich, adj. дрско, дрзовито.
Vermessung, f. мерење.
vermeth-en, v. a. платити, дати ујам; —ung, f. плаћање ујма, ујам.
vermieth-en, v. n. у најам дати, под кирију дати, најмити; sich —, v. г. најмити се; —er, m. најмодавац; —ung, f. најам, најмљивање.
verminder-n, v. a. омалити, обалити, мањити, умањити, умањивати; sich —, смањити се; —ung, f. умаљење, мањење, омањизање, умањивање.
vermisch-en, v. a. мешати, смешати, помешати, измешати, збркати; sich —, смешати се, помешати се; —t, adj. мешовит; —ung, f. мешање, смеса.
vermiss-en, v. a. опазити, да што фали, фалити коме што, изгубити што; vermißter Nußen, измакла корист; —ung, f. помањкање.
vermitteln, v. a. посредовати, умирити, примирити, помирити; einen Frieden —, радити о миру.
vermittelst, prp. по, кроз.
Vermittelung, f. посредништво, посредовање.
Vermittler, m. посредник; —in, f. посредница.
vermober-n, v. n. иструпути, гњилити, трунути; —ung, f. гњиљење, трулеж, гњилеж.
vermöge, prp. по.
Vermögen, n. (Kraft), сила, моћ, крепост; (Besitzthum), имовина, имање, имутак, имуће, биће, сермија, мал, стање.
vermög-en, v. a. моћи, власт, моћ имати; viel bei einem, über einen —, много вредити у кога; einen zu etwas —, склопити кога на што; —end, adj. могућ, имућ, имућан, богат, кадар, способан.
Vermögens-beschreibung, f. попис имовине; —

los, adj. без имовине; —losigkeit, f. неимавштина; —umstände, pl. m. средства, имање, иметак.
vermöglich, adj. могућ, имућ, имућан.
vermorschen, v. n. сагњилити, иструпути.
vermumm-en, v. a. умотати, увити, завити, закрабуљити, преобући; —ung, f. туђе одело, закрабуљење.
vermünzen, v. a. обратити у новце; потратити у ковање новаца.
vermuth-en, v. a. мислити, ценити, судити, сумљати, чипити се, бојати се, подозревати; —sich, adj. вероватан; — adv. вероватно, по свој прилици, може бити; —ung, f. мисао, сумња, подозрење.
vernachlässig-en, v. a. занемарити, запустити; —ung, f. немар, запуштање, запемарење.
vernagel-n, v. a. заковати, забити, прибити чавли, заклипчати; das Pferd —, ранити коња поткивајући; das Geschütz —, заглавити топ; —ung, f. заглављивање.
vernähen, v. a. зашити, пошити.
vernarben, sich, v. г. зарасти, замладити се, замлађивати се.
vernarren, sich, v. г. залубити се у што, полудети за чим; in etwas vernarrt sein, лудовати за чим.
vernaschen, v. a. потратити у посластице.
vernehmen, v. a. чути, слушати, послушати, разумети, дочути; einen über eine Sache —, питати, испитивати, саслушати кога о чем; sich — lassen, рећи, казати, говорити.
Vernehmen, n. (gutes —), слога, пријатељство, споразум.
Vernehmen, n. dem Vernehmen nach, како веле, како се чује.
vernehmlich, adj. разумљив, разговетан; —keit, f. разумљивост, разговетност.
Vernehmung, f. испитивање, саслушање; (Verhör), саслушање, испит.
verneig-en, sich v. г. поклонити се, клањати се; —ung, f. поклон, клањање.
vernein-en, v. n. некати, запекати, рећи да није или нема, одрицати, забашити; —end, adj. некајући, противан; im —enden Falle, ако би ко некао, у противном случају; —ung, f. некање, иск. занекање.
vernicht-en, v. a. уништити, уништавати, истребити, батисати, погазити, покварити, ископавати, ископати, истражити, затрти, попрети, крдисати, сактисати, стопити; —et werden, ископати се; zu nicht, m. ископњак. —ung, f. уништење, истребљене, уништавање, ископ, упропашћивање.
vernieten, v. a. прибити чавлићима.
Vernunft, f. ум, разум, разлог, памет, умље.
Vernünftelei, f. мудровање.
vernünfteln, v. n. мудровати, паметовати.
vernünftig, adj. уман, разуман, свестан, разложан, паметан; —keit, f. памет, разумност, разборитост.
Vernunft-kraft, —fähigkeit, f. ум, разум, разлог; —lehre, f. мислословље.
Vernünftler, m. мудријаш, цепидлака, мудрица.
vernunft-los, adj. безуман, безразложан, неуман; —losigkeit, f. безумље, безумност; —

mäßig, adj. разуман, разложан; —schluß, m. умовање; —widrig, adj. безуман, противан разлогу.
veröd=en, v. a. пустошити, опустити, опустошити; — v. n. осамити, опустити; —ung, f. пустошење, опустошење.
veroffenbaren, f. offenbaren.
veröffentlich=en, v. a. објавити, на јавност изнети; —ung, f. објављење.
verordn=en, v. a. заповедити; (festsetzen, bestimmen), наредити, одредити, установити, прописати; Arzneien —, преписати; gerichtlich —, одлучити; —ung, f. наредба, уредба, одредба; —ungsweg, m. наредбени пут.
verpacht=en, v. a. дати у закуп; —er, m. закуподавац; —ung, f. давање у закуп.
verpaden, v. a. потрпати у товарењу; f. einpaden.
verpalisabiren, v. a. оградити кољем.
verpanzern, v. a. одсути оклопом.
verpassen, v. a. пропустити, занемарити.
verpest=en, v. a. кужити, окужити; —et, adj. кужан.
verpetschiren, verpetschaften, v. a. печатити, запечатити.
verpfähl=en, v. a. обити, оградити кољем; —ung, f. ограда од коља.
verpfänd=en, v. a. заложити, дати у залог, залагати, задавати, застављати; —er, m. заложитељ, заложник; —ung, f. заложење, залог, залога, залагање, застављање.
verpfeffern, v. a. препаприти, пребибрити.
verpflanz=en, v. a. пресадити, пресађивати; —er, m. пресађивач; —ung, f. пресађивање.
verpfleg=en, v. a. оскрбити, снабдети, обдржавати, старати се, хранити; (warten), неговати, дворити кога; —er, m. хранитељ, —swesen, n. снабдевање; —ung, f. храна, храњење, обдржавање, скрб, нега, дворба.
verpflicht=en, v. a. обвезати; sich —, затећи се; —et, adj. обвезан, дужан; —eter, m. обвезаник, заточник; —ung, f. дужност, држанство, обвеза.
verpflöcken, v. a. заглавити, утврдити.
verpfründ=en, v. a. снабдети црквеним благодејањем; —ung, f. даровање благодејања црквенога.
verpfuschen, v. a. кварити, покварити, спртати, спрчити.
verpicht sein, v. n. киван на што бити.
Verpichung, f. смољење.
verplämpern, v. a. потрошити, потратити, похарчити; sich —, v. a. спапћати се, слизати се с ким.
verplank=en, v. a. тарабом оградити; —ung, f. тараба.
verplatzen, v. n. попуцати (прах).
verplaudern, v. a. провести време у разговору, брбљањем.
verpön=en, v. a. забранити што под казну.
verprassen, v. a. пождерати, расточити, спискати, спраскати.
verproviantir=en, v. a. снабдети храном; —ung, f. храна; снабдевање храном.
verprozessiren, v. a. потратити на парнице.
verpuff=en, v. n. пуцати, пукнути; sich —, v. r. (im gem. Leben), бубнути, лупнути, бубати, лупати, лупатати, којешта говорити; —ung, f. пуцање; бубање, лупање, лупатање.
verpuppen, sich, v. r. учаурити се.
verquell=en, v. n. забрекнути, набрекнути; —lassen, замочити, наквасити што да забрекне.
verquid=en, v. a. смешати, спојити (преко воље); —ung, f. смеса, спојење.
verrahm=en, v. a. оградити, заоквирити; —ung, f. ограда, ограђивање.
verrain=en, v. a. оградити; —ung, f. ограда.
verramm=ein, —en, v. a. заградити, заграђивати, закрчивати, закрчити; —elung, f. заграда, закрчивање.
verrasen, v. n. зарасти, обрасти травом.
Verrath, m. издаја, издајство; —en, v. a. einen, издати, одати; (treulos an einem werben), изневерити кога; ein Geheimniß —, открити, одати.
Verräther, m. издајица, издајник, певера; —ei, f. издаја, издајство; —in, f. издајница; —isch, adj. издајнички, неверан.
verrauch=en, v. n. пзајапити, изветрити; — v. a. попушити (н. пр. духан).
verräum=en, v. a. забацити, заметнути, изгубити спремајући.
verrausch=en, v. n. прошумети.
verrechn=en, v. a. дати рачун, положити рачун; урачунати; sich gegenseitig —, обрачунати се, прорачунати се с киме; sich —, v. r. (irren), погрешити у рачуну; —ung, f. обрачуну, рачун, рачунање; погрешка у рачуну; in — sein, stehen, имати рачун с киме; имати, полагати рачун; was in — bleibt, што остаје на рачуну; —ungsart, f. начин полагања рачуна.
verrecken, v. n. цркнути, липсати, црквавати, липсавати, црћи, крепати, мањкати, омрцинити се, дернути; verredt, adj. црк̄ао; —es Vieh, цркотина, мрцина.
verreden, v. a. зарећи, затећи се, завештати се, одрећи се чега; sich —, v. r. зарећи се, погрешити у говору.
verreiben, f. zerreiben.
verreisen, v. n. отећи на пут; — v. a. потратити путујући.
verreißen, v. a. покидати, подерати, потрати.
verreiten, v. a. потратити, подерати јашући; sich —, v. r. заићи, забасати на коњу.
verrenk=en, v. a. уганути, ишчашити; —ung, f. угон, ишчашење.
verrennen, v. a. (einem den Weg), пресећи пут коме.
verricht=en, v. a. оправити, оправљати, обавити, свршити, овршити; —ung, f. оправљање, обављање, посао, радња.
verriech=en, v. n. & sich —, v. r. изветрити, изјапити, излапити.
verriegeln, v. a. закрачунати, ромазином затворити, закливпти, запалангати, запречити; mit dem Thorbalken —, замандалити.
verringern, f. vermindern.
verrinnen, v. n. протећи, истећи, протицати, истицати.
verrohren, v. a. рогозити, нарогозити.
verrost=en, v. n. рђати, зарђати, порђати; —et, adj. рђав, зарђан; —ung, f. рђа, рђаве.

verrotten, f. verfaulen, vermodern.
verrucht, adj. опак, поган, безбожан; —heit, f. безбожност, опачина, поганство.
verrück-en, v. a. одмакнути, одмицати, преместити, поместити, помрсити, пореметити; подвртати, подврнути; einem den Kopf —, смести коме главу, завр̂нути коме мозак; sich —, премицати се, премаћи се, ускоебати се.
verrückt, adj. одмакнут, премештен; fig. смушен, сулуд; — werden, полудети, испути, пошенути, померити памећу; —heit, f. смушеност, лудост.
Verrückung, f. одмицање; fig. смушеност, лудост, лудовање.
verrufen, v. a. озлогласити, извикати, разгласити; eine Münze —, забранити, укинути новац какав.
verrufen, adj. озлоглашен, разглашен, извикан, злогласан.
Verrufung, f. озлоглашење; забрана новца какова.
Vers, m. стих.
versag-en, v. a. (versprechen), обећати, обрећи; (abschlagen), ускратити, одрећи; — v. n. (von Schießgewehren), штрокати, слагати, штроцкати, не саставити (не саставн му пушка); —ung, f. обећање, обречење; ускраћивање.
Versalbuchstab, m. велико слово, зачелно писме.
versalzen, v. a. пресолити; einem die Freude —, кварити, поквартити коме весеље.
versammeln, v. a. купити, сакупити, скупити, сабрати; sich —, скупити се, скупљати се, сабрати се.
Versammlung, f. скупштина, сабор, састанак, куп, искуп, сакуп, збор, сабрање; eine — abhalten, саборисати; —Ort, m. зборниште.
versanden, v. a. засути песком; — v. n. засути се песком.
Versart, f. врста стиха.
Versatz, m. залог, залога; (von Metallen), смеса; —amt, n. заложница; —zettel, n. заложна цедуља.
versauen, v. a. опрасити, умрљати, загадити.
versauern, v. n. киснути, прокиспути, укиснути се; in einem Amte —, остарети у служби каквој.
versäuern, v. a. киселити, укиселити.
versaufen, v. a. запити, залокати, пропити.
versäum-en, v. a. (vernachlässigen), занемарити, пропустити; (zu spät kommen), закаснити, одоцнити; —niß, n. —ung, f. лењост, немар, нехајство; кашњење, закашњење, одоцњење.
verschachern, v. a. продати.
verschaffen, v. a. дати, набавити, добавити, прибавити, присрбити, скупаторити, извојштити; —ung, f. добављање, набављање.
verschäkern, v. a. у шали провести.
verschalen, v. a. корице направити, оплатити, оплакшати (врата).
verschallen, v. n. губити се, изгубити се (глас), умукнути, ућутети.
verschämt, adj. стидљив, срамежљив; —heit, f. стидљивост, срамежљивост, стид, срам.

verschänden, v. a. грдити, нагрдити.
verschanz-en, v. a. опкопати, опкопавати, ушанчити; sich —, v. r. опкопати се, опкопавати се, укопати се, закопати се, ушанчити се; —ung, f. опкоп, шанац.
verschärf-en, v. a. пооштрити; —ung, f. пооштрење.
verschatt-en, v. a. закопати, загрепсти, погрепсти, запрети, запретати, зачепркати, заропити; —ung, f. покоп, погреб, запретање.
verschauen, sich, v. r. загледати се.
verschäumen, v. n. испенити се.
verscheiden, v. n. умрети, преминути, престанити се, мрети, умирати; — n. смрт, умор.
verschenk-en, v. a. даровати, поклонити, дарнати, поклањати, распоклањати; (Wein, Bier ic.), точити, продавати; —ung, f. даровање, поклон, дариваље, точење, продавање, продаја (вина).
verscherz-en, v. a. провести у шали; лакоумно изгубити, занемарити; —ung, f. губитак.
verscheuchen, v. a. поплашити, растерати, расплашити.
verschick-en, v. a. слати, послати, отправити, отправљати, разаслати, разашиљати, запратити, запраћати; —ung, f. слање, отправљање, пошиљање, разашиљање.
verschieb-en, v. a. одмакнути, одмицати, поместити; (aufschieben), одгодити, одложити, оддагати, развлачити, разгодити, развлачити, развући, трговачити; sich —, v. r. поместити се, помакнути се, помицати се; —en, n. —ung, f. одмицање; fig. одложење, одлагање, одгађање, разгађање, затезање, трговачење.
verschieden, —tlich, adj. разан, различик, разнолик, различан, различит, другојачији, друкчији; —heit, f. разност, разлика, различкост, разноликост, различност; bei — der Meinung, кад се неслажу у мњењима.
verschienen, v. a. оковати, оковати (шиним).
verschießen, v. n. (von Farben), губити се, изгубити се, сињавити; (von Getränt), загрнути се; — v. a. (Pulver), попуцати; (Pfeile), пространяти; (in der Druckerei), поместити страну; sich —, v. r. испуцати, похарчити прах, нестанути коме барута; — n. рубљење боје, сињавьење.
verschiffen, v. a. возити, превозити, развозити (водом).
verschilfen, sich, v. r. обрасти, ^арасти шашом.
verschimm-eln, v. n. поплеснивити, поплесинвити се, плесниввити; —elt, adj. плеснив.
verschimpfen, v. a. испавати, испсовати, ружити, обружити.
verschlafen, v. a. заспати, преспати, преспавати.
verschlafen, adj. сан; —heit, f. дремеж, сан.
Verschlag, m. преградак, претки, скрипа.
verschlagen, v. a. (mit Nägeln, Brettern), обложити; (einen Verschlag machen), тишнити, претинити, преградити, прегратати; (Schiffe von Winden), однети, бацити; eine Stelle in einem Buche —, изгубити што премећући листове у књизи; sich etwas —, изгу-

21

verschlagen — 322 — verschwärzen

бити, занемарити, пропустити што; — v. a. смлачити се; (von Pferden), укочити се ноге (коњу); (nützen), користити; es verschlägt mir nichts, то је мени свеједно; es verschlägt Ihnen nichts, то се вас ништа не тиче; sich — v. g. забасати, зањи, заблудити, изгубити се, стенсти се.

verschlagen, adj. лукав, подмукао; —heit, f. лукавштина, подмуклост.

verschlämmen, v. a. блатом напунити, засути; (verschwelgen), расточити, расути, разметнути.

verschlechter-n, v. a. погоршати, погоршавати; —ung, f. погоршање.

verschleichen, sich, v. g. скрити се, сакрити се; тећи, протицати, красти се (дан, време итд.).

verschleiern, v. a. застрти, закрити, покрити копреном; завесити.

verschleimen, v. a. заслинити, слинити, напунити се слузом.

Verschleiß, m. продаја, прођа; —preis, m. продајна цена;—stätte, f. продавалиште, продавница;—en, v. a. (abtragen, abnützen), дерати, подерати; Zeit —, тратити, губити, проводити време; Waaren —, продати, продавати.

verschleimten, s. verschlämmen.

verschlendern, v. a. провести, проводити у беспослици.

verschleppen, v. a. разнети, разносити, развући, дерати, подерати, покидати.

verschleudern, v. a. растепсти, потепсти; Waaren —, дати, продати буд за што.

verschließ-en, v. a. затворити, запрети, затворати, запирати, заклопити, закључати, забравити; die Augen —, заклопити; fig. умрети, издахнути; sich in sich selbst —, премишљати; —ung, f. затварање, затвор, заклапање, закључавање, забрављање.

verschlimmern, s. verschlechtern.

verschling-en, v. a. прождрети, прождерати, прогутати, гутати; замрсити, заплести; —ung, f. гутање, прождирање; заплетање.

verschluchen, v. a. прогутати, прождрети.

verschlummern, v. a. задремати.

verschlüpfen, s. verschleichen.

Verschluß, m. продаја, прођа; затвор; etwas in, oder unter seinem — haben, имати што под својим кључем; amtlichen Verschluß anlegen, ставити на што званични печат.

verschmacht-en, v. n. чезнути, гинути, венути, ишчезнути, погинути, увенути; —en, n. —ung, f. чежња, увенуће.

verschmähen, v. a. презирати, презрети; псовати, испсовати.

verschmausen, v. a. потратити у гозбама.

verschmelzen, v. a. топити, стопити, растопити; die Farben —, слити, сталати боје.

verschmerzen, v. a. прегорети, прежалити.

verschmieren, v. a. умазати, замазати, умрљати, упрљати.

verschmitzt, adj. лукав, полукав; —heit, f. лукавост.

verschnappen, sich, v. g. зарећи се.

verschnaufen, verschnauben, v. n. одахнути, издувати се.

verschneid-en, v. a. резати, зарезати, порезати, подрезати, обрезати, пререзати; (castriren), шкопити, ушкопити, јаловити, ујаловити, штројити уштројити, подметнути, подметати; (Tuch, Leinwand), покројити, закројити.

verschneien, v. n. завојати снегом.

verschneben, s. verschnaufen.

verschnitten, adj. јалов, ушкопљен; nicht gut —, нутраст; nicht vollkommen verschnittener Ochs, субинчила; ein solches Pferd, нутрак, попуштенпк.

Verschnittener, m. ушкопљеник, јаловац, шкопац.

verschnitzeln, v. n. изрецкати, порескати.

verschnupfen, v. a. пошмркати бурмут; das verschnupfte ihn, то му је дало по носу.

verschochen, v. a. платити намет.

verschollen, adj. нестао, ишчезнуо; познат, извикан; er ist —, нестало га је; ein —er, нестављи.

verschon-en, v. a. штедити, поштедити; —ung, f. штедња, штеђење.

verschön-en, v. a. лешпати, полепшати, полепшавати, улепшати, украсити; —ung, f. лепшање, полепшавање, украшавање.

verschossen, adj. s. verschießen.

verschränken, v. a. превртети, скрстити (руке).

verschrauben, v. a. (zuschrauben), зашрафити; зло шрафити, завинути.

verschreib-en, v. a. (Papier, Tinte и.), потрошити папир, припло, и т. д. испсати; (falsch schreiben), ненаписати добро, фалити у писању; Waaren —, наручити робу, поручити, писати по робу; Arzneien —, преписати лек; einem eine Sache als Pfand —, уступити коме што писмено као залог; Jemanden etwas brieflich, bücherlich —, обвезати се коме за што писмено, укњижбом; sich —, v. g. преварити се у писму; sich für einen —, јамчити за кога; sich eigenhändig —, обвезати се властитом руком; —er, m. (Verschreibender), писмообвезник; —ung, f. запис, наручивање, писање (за робу); препис, писмо, писмена обвеза.

verschreien, v. a. извикати; fig. урећи.

verschroben, adj. замршен, опак, завојит, наопак.

verschrumpfen, v. n. збићи се, спрчити се.

Verschub, s. Aufschub.

verschuld-en, v. a. etwas, скривити, сагрешити; (mit Schulden beladen), задужити; sich —, v. g. задужити се, дужити се; —en, n. кривица; —et, adj. задужен, презадужен.

verschütt-en, v. a. (zuschütten), засути, засипати, зарити, заринути; (aus einem Gefäße), полити, поливати; es bei einem —, изгубити милост чију; —ung, f. засипање, проливање.

verschwäger-n, sich, v. g. спријатељити се, постати коме род по тазбини; —ung, f. пријатељство, род по тазбини. [опасти.

verschwärzen, v. a. црнити, опадати, оцрнити,

verschwatzen, v. a. провести, проводити брбљајући; (ausschwatzen), избрбљати.
verschweig-en, v. a. замучати, прећутати, затајити, оћутати, оћуткивати; —ung, f. тајење, мучање.
verschwelgen, v. a. растепсти, расточити.
verschwellen, v. n. забрекнути.
verschwemmen, f. überschwemmen.
verschwend-en, v. a. расути, расточити, разметнути, просипати, пропућкати, профућкати; —er, m. разметник, расипач, расипкућа; —erin, f. разметникња; —erisch, adj. разметан; —ung, f. разметност.
verschwiegen, adj. скрован, скровит, мучалив; —heit, f. скровитост, скровност, мучање, мучаљивост.
verschwimmen, v. n. расплинути се.
verschwinden, v. n. ишчезнути, изгубити се, нестати, ишчилети, штукнути; er ist verschwunden, отишао невидом; — n. ишчезнуће; ишчезавање.
verschwistern, sich, v. r. посестрити се.
verschwitzen, v. a. упрћати знојем; fig. заборавити, одучити се.
verschwör-en, v. a. зарећи се, да се што неће чинити; sich —, v. r. заклети се, заверити се, присећи; (wider den Staat), суротити се. уротити се супрот држави, итд.: —er, Verschworene, m. уротник, суротник, заверник; —ung, f. урота, сурота, завера.
verseh-en, v. a. (nicht sehen, übersehen), невидети, неспазити, неопазити; (einen Fehler begehen), фалити, погрешити, помести се; ein Amt —, извршивати, отправљати звање, уред; an Jemands Stelle etwas —, обављати службу какву; mit etwas —, снабдети чиме, скунабити, набавити, добавити што: es bei einem —, замерити се коме; sich —, v. r. преварити се, фалити; sich mit etwas —, снабдети се чиме, набавити, добавити што; sich einer Sache —, надати се чему, чекати, очекивати; (von Schwangern), загледати се; —en, n. фалинга, погрешка, несмотреност; —ung, f. снабдевање (eines Amtes), извршивање, обављање.
versend-en, v. a. (zusenden), слати, послати, пошиљати; (Waaren), отправљати; (nach verschiedenen Seiten), разасилати, разашиљати; —ung, f. слање, пошиљање, пошиљка, разашиљање, отправљање.
verseng-en, v. a. опалити, попалити, спурити; — v. n. спурити се; —ung, f. паљење.
versenk-en, v. a. спустити, утопити, потопити; —ung, f. спуштање, утапљање; (im Theater), спустница, тон.
versessen, adj. (auf etwas), киван, пишман на нешто, луд за чим.
versetz-en, v. a. (falsch setzen, an eine Stelle), пеметнути, непоставити на право место; (anders wohin setzen), преместити, пренети, превести; (Bäume, 2c.), пресадити; Bewohner eines Landes —, преселити; eine Oeffnung —, заслонити, затворити, заградити; Metalle, Arzneien —, мешати, смешати; unter die Heiligen — узети у свеце; einen in die Nothwendigkeit —, присилити, патерати

кога на што; in einen Zustand —, у стање какво бацити; in Angst —, поплашити; in Anklagestand Jemand —, ставити кога под оптужбу; in Freiheit —, ослободити кога; in Gefahr —, изргнути кога опасности; in Irrthum —, завести; einen Schlag —, ударити, опаучити; (verpfänden), заложити; eine Ohrfeige —, ћушити, ошамарити; (antworten), рећи, одговорити, узразити; der Hase hat versetzt, окотила се зечица; sich —, v. r. пренети се, преместити се, прометнути се; —ung, f. премештање, пресађивање, пресељење, пренашање, мешање, залагање.
verseufzen, v. a. провести, проводити уздишући.
Versicher-er, m. осигуратељ, обезбедитељ; — ern, v. a. einem etwas (oder : einen eines Dinges), уверити, тврдити коме што; (assecuriren), осигурати, обезбедити; sich —, v. r. (einer Sache), уверити се, освојити какву ствар; sich Jemandes —, ухватити кога; —ert, adj. уверен, осигуран, сигуран, обезбећен.
Versicherung, f. уверење, сигурност, осигуравање, уверавање, обезбећење; —anstalt, f. осигураоница, завод за обезбећење; —spolizze, f. осигурни лист.
versieben, v. a. поварити, покухати; — v. n. прекухати се.
versiegbar, adj. исцрпив, пресушив.
versiegel-n, v. a. печатити, запечатити, забулати, запечатити булом; —ung, f. печаћење, запечаћавање; печат.
versieg-en, v. n. засушити, пресушивати, засушивати; —ung, f. пресушивање.
versilber-n, v. a. сребрити, посребрити, обратити у сребро, продати, у новац обратити; —ung, f. сребро, сребрење, посребривање; продавање.
versingen, v. a. die Sorgen —, разбити певајући бригу; провести у певању, препевати.
versink-en, v. n. пасти, падати, тонути, пропасти, пропадати, потонути, утонути; unter die Erde — (von Flüssen), понирати; in Koth —, заглибити се, угрезнути; —, n. тон.
versinnlichen, v. a. ставити пред очи, оћутво учинити.
versintern, f. übersintern.
versitzen, v. a. преседити, проводити, губити, изгубити седећи; sich —, v. r. засести.
Versmacher, m. стихотворац.
Versmaß, n. стихомерје.
versoffen, adj. пијан.
versohlen, f. besohlen.
versöhn-en, v. a. мирити, помирити, смирити ублажити; —er, m. миритељ, миротворац; —erin, f. миротворка; —lich, adj. миран, повратљив, погодан; —lichkeit, f. погодност, помирљивост, мирна ћуд; —ung, f. мирење, помирење, ублажавање, помиршите; —ungsgeld, n. одлика.
versorg-en, v. a. добавити, набавити, прибавити, прискрбити, оскрбити, снабдети, хранити, одржавати; seine Tochter —, удати, удомити кћер; —er, m. набављач,

оскрбитељ, хранитељ; —ung, f. оскрбљење, добављање, набављање, одржавање, удомљавање; —ungshaus, n. —ungsanstalt, f. кућа оскрбионица

versparen, v. n. штедети, пачувати, приштедети; одгодити, одгађати, оставити за други пут; —ung, f. штеђење, приштеђење; одгађање.

verspät=en, sich, v. r. закаснити, задоцнити, каснити, доцнити, задоцнити се, придоцнити се, одоцнити, замамати; —ung, f. кашњење, закашњење.

verspeien, v. a. попљувати, упљувати.

verspeisen, v. a. појести, изести.

verspenden, v. a. поделити, распоклањати, издавати, поиздавати.

versperr=en, v. a. затворити, закључати, запрети, заградити, преградити; den Weg —, пут закрчити; —ung, f. затварање, запирање, затвор, закључавање; заграда, преграда, заграђивање.

verspielen, v. n. проиграти, изгубити у игри; — n. губитак, проиграње.

verspillen, v. a. расточити, расути.

verspinnen, f. aufspinnen.

versplittern, f. verschwenden, verthun.

verspott=en, v. a. ружити, поружити, паружити, грдити, паградити; ругати се, подругивати се; —ung, f. руга, поруга, ругање.

versprech=en, v. a. обећати, обрећи, обрећи се, обрицати, обрицати се, обећати се, језиковати; sich —, v. r. зарећи се; mit einem, mit einer —, заручити се, престеновати се; ich verspreche mir von einem, чекам, надам се; —en, n. —ung, f. обећање, обрицање, језиковање.

versprengen, v. a. покропити, пошкропити; растерати, разагнати, разбити, расути; seinen Ball oder sich —, избити лопту, искочити коме лопта (на биљару).

verspringen, sich, v. n. (den Fuß 2c.), угапути, пишашити ногу.

verspritzen, v. a. попрскати, испрскати; fig. пролити, пролевати.

verspünden, v. a. ударити врањ, завраљити.

verspüren, v. a. чути, осећати, њушити, опазити.

verstählen, v. a. надити, занадити.

Verstand, m. памет, ум, разум; (einer Rede), смисао, значење; den — verlieren, полудети, сићи с ума; zu — kommen, доћи к себи; wieder zu — kommen, опаметити се; —kraft, f. разум.

verständ=ig, adj. уман, разуман, разборит, паметан, искусан, вешт; —igen, v. a. научити, обавестити, дати коме што на знање; sich —, v. r. разумети се, споразумети се; —sich, adj. разумљив, разговетан, јасан; —lichkeit, f. разумљивост, разговетност, јасност; —niß, f. разум, разумевање, разборитост, слога, споразумење, договор, знање, убавештење, привољење; das Wort des —nisses, договорна.

verstärk=en, v. a. умножити, умножавати, повећати, повећавати, укрепити, поткрепити; —ung, f. умножење, умножавање, повећавање, помоћ, поткрепљење, потпора.

verstatten, f. erstatten.

verstatt=en, v. a. допустити, дозволити, допуштати, дозвољавати; —ung, f. допуштење, дозвољење.

verstauben, v. n. отићи у прах, распрскати се, преспути.

verstäuben, v. a. испрашити, распрсвати.

verstauch=en, v. a. угапути; —ung, f. угапуће.

versteck=en, v. a. сакрити, скрити, закрити, крити, верати, завлачити, покрити, прекрити, прикрити; sich —, v. r. сакрити се, скрити се, скривати се, пратајати се, потајати се, прикрити се; задужити се; — n. сакривање, скривање; — spielen, играти се жмуре.

versteckt, adj. скривен, сковит.

versteh=en, v. a. разумети, разумевати, знати, видети, умети, разабрати, разбирати; sich —, v. r. (mit einem), разумети се, споразумети се, погодити се с ким; бити с киме у споразумљењу; sich auf etwas —, вешт чему бити; sich zu etwas —, пристати на што; jenes mit darunter verstanden, скупа, уједно, заједно с оним.

versteig=en, sich, v. r. попети се, попети се далеко; запћи, забасати пењајући се; fig. дрзнути.

versteiger=n, v. a. дражати, продати, продавати на дражби; —ung, f. личба, дражба; (in Zus.), дражбени.

versteiner=n, v. a. окаменити, скаменити; — v. n. каменити се, окаменити се, скаменити се; —ung, f. камење, скамепавање.

verstell=en, v. a. преместити; einen Ort womit, закрчити чим (какво место); fig. ружити, грдити; sich —, v. r. претворити се, пречинити се, претварати се, пречињати се, чинити се, улукавити се, уњити се; —t, adj. нагрђен, изгрђен, наружен; претварање; —ung, f. грђење, ружење; претварање, претворност; —ungskunst, f. претварање, претворност.

versterben, f. sterben.

versteuern, v. a. платити намет, данак, порезу од чега.

verstieben, f. verstauben.

verstielen, v. a. насадити, насађивати.

verstimm=en, v. a. пореметити; fig. смутити, ожалостити, растужити; —ung, f. несклад; (des Gemüthes), нерасположеност.

verstöbern, v. a. (den Weg), завејати (пут снег).

verstock=en, v. n. тврдити, утврдити; — v. n. кварити се, покварити се од влаге; —t, adj. тврдокоран, затуцан, отврднут; покварен од влаге; —theit, f. тврдокорност, упорност; —ung, f. Verstocktheit.

verstohlen, —er Weise, adv. крадом, тајом, у потаји.

verstollen, v. a. (ein Bergwerf), копати, ископати проводе у рудама.

verstopf=en, v. a. зачепити, затворити, затворати, затиснути, затискивати, запушти, запушавати, зачати; —t, adj. зачепљен, запушен; (vom Leibe), затворен; —ung, f. зачепљивање, запушавање; (des Leibes), затвор.

verstorben, adj. покојни, умрли.
Verstorbene, m. покојник; —, f. покојница.
verstör-en, v. a. забунити, смести, смутити, сметати, бунити, мутити, разагнати, растерати, разасути; f. zerstören; —t, adj. смућен, сметен, забуњен; —ung, f. сметња, забуна.
Verstoß, m. погрешка, помeтња; —en, v. a. стући, збити, тући, бити, обити, обијати; etwas aus Noth —, продати од невоље што; einen —, одагнати, отерати, тиспути (у свет), оставити, одрећи се кога; — v. n. (gegen etwas), фалити, погрешити, помести ce; das Bier hat —, окипело је пиво; sich —, v. г. фалити, погрешити; —ung, f. терање, одагнање.
verstreichen, v. a. помазати, мазати, замазати; — v. n. пролазити, проћи, минути; — n. мазање, замазивање; продажење.
verstreiten, v. a. у парби потрошити.
verstreuen, v. a. просути, просипати, расути.
verstrich-en, v. a. полпести, заплести, замотати, замрсити; —ung, f. замршивање; fig. замка.
verstubiren, v. n. потрошити на науке.
verstümmel-n, v. n. осакатити, наказати; крнити, отрњити, окрњити; —t, adj. сакат, осакаћен, наказан, крњ, кљакав, кљаст; —ung, f. осакаћење, крњење, сакаћење.
verstummen, v. n. умукнути, замукнути, ућутати, мучати, ћутати, пемити, занемити, онемити, умући, замукпути, оћутати, ућутати се, зашутети.
verstümpeln, f. verpfuschen.
verstützen, f. bestützen.
verstutzen, f. stutzen.
Versuch, m. покус, покушење, покушај, оглед, проба, облазак; —en, v. а. кушати, покусити се, покушати, пробати, искушавати, искушати, обидовати, обићи, обилазити, огледати; sich —, v. г. огледати се; —er, m. напасник, кушач; —t, adj. покушан, пробан; ich bin —t, das zu thun, имво бих воље да то учиним; —ung, f. напаст, покушење, искушење, кушање, обидовање, обилажење, огледање; führe uns nicht in —, пеуведи нас у искушење.
versudeln, v. a. замазати, упрљати, умрљати.
versühnen, f. versöhnen.
versünbig-en, sich, v. г. погрешити, сагрешити, огрешити се; —ung, f. погрешка, сагрешење.
versüß-en, v. a. осладити, засладити, сладити, заслађивати, разблажити; (mit Honig), медити, меџати, замеџати; —ung, f. слађење, заслађивање, разблажнвање, меџање.
vertag-en, v. a. одгодити, одгађати, одложити, одлагати; —ung, f. одгођење, одгађање, одлагање.
vertändeln, v. a. провести, проводити у игри, у шали.
vertanzen, v. a. протанцати, проиграти.
vertausch-en, v. a. мењати, трампити, променити, разменити, заменити, пазарити; —

—ung, f. мењање, промена, трампа, размена, замена, пазар.
vertaufendfachen, sich, v. г. хиљадити се.
verteufelt, adj. врагометан, ђаволски.
vertheibigen, v. a. бранити, обранити; sich —, v. г. бранити се; —er, m. бранилац, бранитељ, заштитник.
Vertheibigung, f. брањење, обрана; —slos, adj. без обране.
vertheil-en, v. a. делити, поделити, разделити, раздавати, изделити, разгодити; den Brotteig —, размесити, размешивати; die Steuer —, порезати, разрезати, разрезивати; — Truppen in die Dörfer, настанити војску по селима; —ung, f. дељење, раздељивање, раздавање, разредба, подељивање, разрезивање.
vertheuern, v. a. посукупити, подражати, дигнути, подигнути цену.
Vertheuer. f. Verschwender.
verthulich, adj. разметан, расипан.
verthun, v. a. потрошити, похарчити, растећи, просути, разасути, раскућити, шћердати, рашћердати, пошћердати, рашћердавати; seine Tochter —, удати кћер; Waaren —, продати, прометнути робу.
vertical, f. seitenrecht.
vertief-en, v. a. дупсти, издупсти; sich —, v. г. задупсти се, задубити се, sich in Gedanken —, замислити се, дати се, завести се у мисли, у сан; —t, adj. угнут, удубљен; —ung, f. дубљење, дубљина, јама.
vertilg-en, v. a. истребити, искоренити, затрти, уништити, утаманити, утамањивати, затаманити, ископати, затирати; —er, m. уништитељ, истребитељ, исконпак, утаманитељ, искоренитељ; —ung, f. уништење, истребљење, искорењивање, затирање.
vertrackt, adj. проклет, врагомеран, ђаволски, вражји.
Vertrag, m. погодба, уговор.
vertragen, v. a. (Kleider ic.), износити, изодрати; (wegtragen), разнети, разносити, занети; (ertragen), трпети, сносити, подносити; (versöhnen), помирити, погодити; sich —, v. г. погодити се, сложити се, погађати се, слагати се, навидети се: sich mit Jemanden gut —, слагати се с ким; sich schlecht —, песлагати се.
verträglich, adj. миран, дружеван, погодан; —feit, f. дружевност, погодност.
vertragsam, —feit, f. verträglich.
vertragsmäßig, adj. по погодби.
vertrauen, v. a. & n. веровати, уздати се, поуздати се у кога, ослонити се на кога; jemanden etwas —, поверити, поверовати што коме; —, n. уздање, поуздање, поверење, узданица, ослањање; —mann, m. узданик, поузданик, повереник; —würdig, adj. поверења, поуздања вредан.
vertraulich, adj. поуздан, пријазан, дружеван, пријатељски, тајни; —e Sitzung, тајна седница.
verträumen, v. a. провести, проводити сањајући.
vertraut, adj. искрен, добар, истинит, истин-

вертреибен — 326 — verwehren

ски, поуздан, пријатељски; — mit etwas werden, упознати се с чиме; — mit etwas sein, вешт чему, вешт у чему бити; —e, m. узданик, поуздан човек, јаран, јаранин; —e, f. јараница; —heit, f. пријатељство, вештина, јуранство.

vertreiben, v. a. истерати, протерати, изагнати, растерати, разагнати; die Zeit —, забављати се; (verkaufen) продати, продавати; die Farben —, разводити боју.

vertret=en, v. a. (den Weg), заступити, затецати, пречити пут коме; jemandes Stelle —, заменити, заступити, заступати кога, (jemanden vertheidigen), бранити; sich den Fuß —, уганути ногу; (durch Treten verderben), згазити, погазити, разгазити; —er, m. заступник, заменик; —erin, f. заступница, заменица; —ung, f. заступање, брањење, замена.

Vertrieb, m. продаја, прођа.
Vertriebene, m. прогнаник.
Vertriebsbesorger, m. продавац, продајник.
vertrinken, v. n. попити.
vertrocknen, v. n. усахнути, пресахнути, пресушити, осушити се, засушити, засушивати, преспати, усијати.
vertröbeln, v. a. продати; провести, проводити у беспослици.
vertröst=en, v. a. дати, давати надање; варати кога надањем; sich auf etwas —, уфати се, надати се чему; —ung, f. уфање, надање.
vertusch=en, v. a. забашурити, замазати; —ung, f. забашуривање, забашурење, замазивање.
verüb=eln, v. a. за зло примити, замерити коме што.
verüben, v. a. делати, чинити, учинити.
verunedeln, v. a. грдити, погрдити; погрђивати.
verunehr=en, v. a. срамотити, осрамотити; —ung, f. срамота, осрамоћење, срамоћење.
veruneinig=en, v. a. завадити, свадити, свађати; —ung, f. завада, свађа.
verunglimpf=en, v. a. грдити, ружити, наружити, изружити, оговарати, клеветати, црнити, опадати, погрдити, обружити, оговорити, опрнити, опасти; —ung, f. погрда, руга, опадање, оговарање.
verunglücken, v. n. несретно проћи, несрећан бити, пропасти, погинути; страдати.
verunheiligen, f. entheiligen.
verunreinigen, v. a. осквунути, оскврњивати, умазати, упрљати, мазати, прљати, поганити, испоганити, опоганити, магањити, потрусити, трунити; —ung, f. осквунивање, погањење, пржњење, труњење.
verunstalt=en, v. a. грдити, ружити, изгрдити, наградити; —ung, f. награда, наказа, награђивање.
veruntreu=en, v. a. неверно обављати, проневерити, издати поверену ствар; —(stehlen), поткрасти, красти, украсти, покрасти; —ung, f. проневерење, крађа, поткрадање.
verunzieren, f. verunstalten.
verursach=en, v. a. узрочити, чинити, задавати, проузрочити, проузроковати.
verurtheil=en, v. a. осудити; —te, f. осуђеница; —ter, m. осуђеник; —ung, f. осуда, осуђивање.
vervielfältig=en, v. a. умножити, умножавати; —ung, f. умножење, умножавање.
vervierfachen, v. a. учетворострушити.
vervollkommn=en, v. a. усавршити, усавршавати; —ung, f. усавршење, усавршавање.
vorvortheilen, f. bevortheilen.
verwach=en, v. a. провести, проводити ноћ бдијући.
verwachsen, v. a. (ein Kleid), израсти (хаљину); — v. n. зарасти, обрасти; на криво расти.
verwachsen, adj. зарастао, обрастао; грбав.
verwahr=en, v. a. чувати, сачувати, пазити, гледати, очувати, похранити; (deponiren), оставити; Jemand —, затворити; sich —, v. r. чувати се, пазити се, бранити се, гледати се, оградити се против кога; —er, m. чувар; (Depositor), остаопримац; —erin, f. чуварка; —lich, adv. — niederlegen, на оставу дати.
verwahrlos=en, v. a. забаталити, забатаљивати, занемарити, занемаривати, запустити, запуштати; —t, adj. запуштен, покварен, развађен; —ung, f. немар, забатаљивање, занемаривање. [твор.
Verwahrung, f. чување, остава, похрана, заverwais=en, v. n. осиротети; —et, adj. сирота, сирак, сиротан, очајник.
verwalt=en, v. a. обављати, оправљати, оправити, равнати, управљати, извршивати, руковати; —er, m. управник, уредник; —ung, f. обављање, управа, управљање, настојање, руковање; —ungsbeamte, m. управни звајничик; —ungsjahr, n. рачунска, управна година; —ungskosten, pl. трошкови за управу; —ungssystem, n. начин управе.
verwandelbar, adj. преобратив.
verwandeln, v. a. претворити, обратити, променити, претварати, обраћати, мењати; sich —, v. r. протурити се, претворити се, створити се, прометнути се; — п. претварање.
Verwandlung, f. претвора.
verwandt, adj. свој, сродан, у роду; wenig —, суродица; —e, m. рођак, сродник, својта; — f. рођакиња, родица, сродница; —schaft, f. род, родбина; (die Verwandten) сродство, сродништво; —schaftsgrad, m. колено; —schaftslinie, f. лоза; —schaftlich, adj. родбински.
verwarnen, f. warnen.
verwasch=en, v. a. попрати, похарчити перући, опрати, испрати; fig. f. verplaudern.
verwässern, v. a. наводнити.
verweben, v. a. поткати; (verflechten) уплести, заплести, уткати.
verwechsel=n, v. a. мењати, променити, заменити, мешати, смешати, помешати, размењивати; —ung, f. промена, мењање, мешање, размена, размењивање.
verwegen, adj. смео, дрзак, дрзовит; —heit, f. смелост, дрзовитост.
verwehen, v. a. раздувати, замести, завејати помести.
verwehren, v. a. бранити, кратити, пречити

забранити, закратити, запречити; прештитити; заајазити.
verweichen, v. a. одвећ мочити; — v. n. одвећ омекнути.
verweiger-n, v. a. кратити, бранити, ускратити, одбити, забранити; —ung, f. ускраћивање, забрањивање, краћење.
verweil-en, v. a. & sich —, v. г. забавити се, бавити се, остати, останути, каснити, доцнити, закаснити, задоцнити, часити, почасити, трајати, зачамати, позабавити се, побити, затрајати се, застајати се, заговорити се; —ung, f. бављење, закашњење.
verweinen, v. a. провести, проводити плачући; verweinte Augen, исплакане очи.
Verweis, m. укор, превор, приговор.
verweis-en, v. a. (einen auf etwas —), слати, послати, упутити, отправити што или кога пред или на кога; des Landes —, прогнати, заточити, протерати; einem etwas —, карати, окарати, укорити кога, пребацивати коме што.
verweislich, adj. укоран.
Verweisung, f. послање, отправљање, отправа; (Landes—), заточење, прогнање; пребацивање.
verwell-en, v. n. венути, увенути; —ung, f. венење.
verwendbar, adj. употребљив, способан; -keit, f. употребљивост, способност.
verwend-en, v. a. одврнути, одвртати, обратити, обраћати; etwas auf etwas —, трошити, потрошити, употребити; sich —, v. г. (für einen), заузети се, узети се, настојати; —ung, f. одвртање, обраћање, трошак, потрошак, труд, посредништво, способност, владање, марљивост; заузимање; употреба.
verwerf-en, v. a. разбацати, побацати, забацити; jemandes Rath —, одбацити, бацити савет чији; die Steinfugen —, напунити кречом пукотине од камења; ein Geschenk —, непримити дар; — v. n. побацити; —sich, adj. невредан, недостојан; —ung, f. одбацивање, помстање.
verwerthen, v. a. употребити, уновчити.
verwes-en, v. n. гњилити, трупути, сагњилити, иструнути; en, v. a. оправљати, обављати, управљати; —er, m. управник, намесник, заступник.
verweslich, adj. труо; -keit, f. трулост.
Verwesung, f. (Verwaltung), обављање, управљање; (Verderbniß), гњилост, трулост.
verwetten, v. a. (durch Wetten verlieren), потратити, изгубити у опкладама; (wetten), опкладити се, владати се за што.
verwettert, adj. проклет, ђаволаст, ђаволски, вражји.
verwichen, adj. прошасти, прошли.
verwickel-n, v. a. замрсити, заплести, мрсити; sich —, v. г. заплести се, замрсити се, сплести се, заплетати се, заврсти се; —t, adj. замршен, заплетен; —ung, f. замршеност, замрсивање, заплет, замрсак.
verwiegen, v. a. превагнути; sich —, v. г. преварити се, фалити у мери.
Verwiesene, m. прогнаник; —, f. прогнаница.

verwilder-n, v. n. подивљати, подивљачити се, дивљати, дивљачити се; — lassen, запустити, занемарити; —t, adj. дивљи, запуштен, занемарен, пуст; —ung, f. запуштање, занемаривање, дивљаштво.
verwillig-en, f. bewilligen; —ung, f. Bewilligung.
verwind-en, v. a. измотати, замотати, замрсити, заплести; опоравити се, опорављати се (од болести); er wird es sobald nicht —, неће тако лако преболети, прегорети.
verwirken, v. a. поткати; скривити; das Leben —, заслужити смрт; jemandes Gnade —, изгубити милост у кога; durch eine Schuld —, пасти под што (н. п. под глобу).
verwirklichen, v. a. увести што у живот, остварити, оживотворити.
Verwirkung, f. губитак (н. п. права), падање (под глобу итд.).
verwirr-en, v. a. забушити, смести, смутити, сметати, бунити, мутити, мешати, помешати, замешати, замршати, замрсити, мрсити, помрсити, помутити, измутити, поместити, спутити, забркати, побркати; —t, adj. забуњен, сметен, смућен; —ung, f. забуна, сметња, бркање.
verwischen, v. a. трти, брисати, отрти, обрисати, избрисати.
verwittern, v. a. распасти се, изветрити.
verwittwet, adj. удов; —er, m. удовац; —e, f. удовица.
verwöhn-en, v. a. квариги, поварити, мазити, размазити; —ung, f. рђав обичај, кварење, мажење.
verworfen, adj. неваљао, рђав; —heit, f. неваљалост, покваренот.
verworren, adj. сметен, заплетен, замршен; —heit, f. забуна, смутња, неред.
verwund-bar, adj. рањив; —en, v. a. ранити, обранити, рањавити, оранити, убити, изранити; —ung, f. рана; schwere, leichte —, тешка, слаба рана.
verwunder-n, v. a. у чудо бацити; sich —, v. г. чудити се, дивити се, зачудити се, удивити се; —ung, f. чудо, снебивање, чуђење, удивљење; —ungsvoll, adj. зачуђен, удивљен; —ungswürdig, adj. чудан.
verwundet, adj. рањен; — werden, ранити се.
verwünsch-en, v. a. клети, проклети, проклињати, арагосљати се; —t, adj. проклет; (bezaubert), очаран, вилонит; —ung, f. клетва, проклињање, проклетство.
verwüst-en, v. a. пустошити, харати, опустошити, похарати, разорити; —er, m. разоритељ; —ung, f. пустошење, харање, опустошење, разорење.
verzag-en, v. n. клонути духом, плашити се, препадати се; —t, adj. плашљив, страшљив, уплашен, бојажљив; —theit, f. плашљивост, страшљивост, страх, бојажљивост.
verzähl-en, v. a. заброити, забрајати; sich —, v. г. заброити се, забрајати се; —ung, f. забрајање.
verzahnen, v. a. зубити, назубити; — v. n. нарасти зуби коме.
verzapfen, v. a. точити, продавати (вино итд.).

verzärteln — 328 — viel

verzärtel-n, v. a. мазити, размазити; —ung, f. мажење.
verzäun-en, v. a. градити, оградити, заградити; —ung, f. плот, ограда.
verzech-en, v. a. попити.
verzehnten, v. a. платити десетак од чега.
verzehnfachen, v. a. удесеторостручити.
verzehr-en, v. a. појести, јести, потрошити, потратити, трошити, тратити, истрошити, истратити, расточити, харчити; —er, m. потрошар; —ung, f. трошење, траћење, трошак, потрошак; —ungssteuer, f. потрошарина.
verzeichn-en, v. a. (eine Figur) рђаво нацртати, цртати; (Bücher, Waaren ɪc.), писати, бележити, пописати, побележити, пописивати; sich —, v. r. погрешити у цртању; —iß, n. (von Büchern, Waaren, ɪc.), попис, списак.
verzeih-en, v. a. (einem etwas), простити, опростити, отпустити, праштати; —sich, adj. опростив; —ung, f. праштање, опроштење, опроштење, проштење.
verzett-en, v. a. брнвити, кревељити, искривити, искревељити; —ung, f. кревељење, кривљење.
verzetteln, v. a. расути, разасути.
Verzicht, f. одрицање; — auf etwas thun, leisten, одрећи се чега; —leistung, f. одрицање.
verzieh-en, v. n. кривити, кревељити, искривити, искревељити; ein Kind —, кварити, поквартити, мазити, размазити дете; (aus der gehörigen Lage ziehen), разнући, развлачити, истегнути, истезати; — v. n. чекати, почекати; sich —, v. r. (sich in die Länge ziehen), растезати се, отезати се; (vorüber gehen), разнћи се, проћи; (im Schachspiel) преварити се у вучењу; —ung, f. —en, n. кревељење, мажење, чекање.
verzier-en, v. a. китити, ресити, накитити, уресити, шарати, шарати, цивртати, цавртати; —ung, f. накит, урес; ресење, кићење, шарање, цивртање.
verzinn-en, v. a. калајити, калаисати, покалајити, навалаисати; —ung, f. калај, коситар; калаисање.
verzins-en, v. a. (auf Zinsen geben), дати на камате, укаматити; (Zinsen zahlen), платити интерес од чега; —ung, f. давање на камате, укаматење; плаћање интереса, камате.
verzinslich, adj. окамаћен, укаматћен.
verzogen, adj. искривљен, искревељен; (als ein Name), заплетен, сплетен; (verzärtelt), размажен, поварен.
verzöger-n, v. a. затезати, одуговлачити, одгаћати, васнити, доцнити, продужити; (aufhalten), уставити; die Sache wird verzögert, ствар се отеже; —ung, f. отезање, одуговлачење.
verzoll-bar, adj. подржен царини; —en, v. a. платити царину за што.
verzuck-en, v. n. a. дрмнути, тргнути, дрмати, трзати; узрочити грч; [entzünden; —ung, f. трзање, дрмање, грч. [шећерити.
verzuckern, v. a. шећерити, ошећерити, пре-

Verzug, m. затезање, облевање, одгаћање, отезање.
verzweifach-en, v. a. предвостручити, удвојити.
verzweifel-n, v. n. очајати, очајавати; —t, adj. очајан; (schredlich), страховит, страшан, ужасан; (verwünscht)*, проклет; —ung, f. очајање.
verzweigen, sich, v. r. разгранати се.
verzwiden, v. a. оштинути, штинати.
Vesicatorium, f. Zugpflaster.
Vesper, f. вечерња, вечерње; —brob, n. паужина.
Veteran, m. стари војник.
Vettel, f. баба.
Vetter, m. братучед, рођак; (väterl. Seits), стриц; (mütterl. Seits), ујак; —lich, adj. родбински, рођачки; —schaft, f. родбина, род.
vexir-en, v. a. мучити, кињити, дражити, задиркивати, падрцати; —ung, f. дражење, падрцање.
Vezir, m. везир; —schaft, f. везирство.
Viaticum, m. попутнина.
Vicar, m. викар, намесник; —iat, n. викарство, намесништво.
Vice-, (in Zuf.), намесни, под-, вице-; Vicegespann, поджупан; —König, m. краљевски намесник; —präsident, m. потпредседник; —versa, adv. узајамно.
Victualien, pl. храна, f. Lebensmittel; —handel, m. трговина храном.
vidimiren, v. a. видити.
Vieh, n. марва, стока; благо, скот, марвинче; reich an —, сточан; (in Zuf.), марвински, марвени.
Viekarznei, f. марвинска, живинска лекарија; —kunde, —kunst, f. живинско лекарство.
Vieh-arzt, m. марвенски лекар; —bremse, f. обад; —futter, f. Futter; —handel, m. трговина марвом; —händler, m. трговац марвом; —hirt, m. говедар, волар; —hof, m. обор; —isch, adj. марвенски, скотски; —koth, m. балега; —magd, f. кравариица; —markt, m. марвенски вашар, сајам, трг; —mäßig, f. viehisch; —schelle, f. клепетуша, звонце; —seuche, f. sterben, n. марвенска куга; —stall, m. штала, стаја; —stamm, m. пасмина, багра; —stand, m. марва; —tränke, f. Tränke; —treiber, m. гоничи; —trift, f. право на нашу марвену; —weide, f. марвинска паша; —zoll, m. царина од марве; —zucht, f. сточарство.
viel, adj. много; — adv. много, веле, пуно, чудо, бозболе, бозболице, доста, изобила, тушта; nicht gar —, слабо; sehr —, сила, силан, сила божја; so — als, оподико; zu —, одвише, одвећ, одвеће; —ästig, adj. гранат, разгранат; —äugig, adj. многоок; —bedeutend, adj. знаменит; —deutig, adj. двојбен, многостран; —deutigkeit, f. многостраност, двојбеност; —ed, n. многокутњ, многоугаоник; —edig, adj. многокутан; многоугаон; —erlei, adj. многоврстан, различит, многи; —fach, —fältig, adj. многи, многострук; —fältigkeit, f. различност, разликост, различитост; —farbig, adj. шарен; —farbigkeit, f. шареност; —fraß, m. ждеро, ждера, изелица, ждеравац; —fräßig,

adj. прождрљив; —fuß, m. стонога; —geliebt, adj. многољубљен; —götterei, f. многобоштво; —heit, f. мноштво, множина; —jährig, adj. од више година, од много година, многогодишњи.
vielleicht, adv. може бити, можда, морда, бојсе; —? није ли? er kommt — heute, доћи ће колико данас.
vielmal, —s, adv. много пута, често, многашт; —ig, adj. чест.
Viel-männerei, f. многомуштво; —mehr, adv. паче; —namig, adj. многоимен; —saitig, adj. од више струна, од много жица; —seitig, adj. многостран, свестран; —vermögend, adj. велеможан; —weiberei, f. многоженство; —weniger, adv. тим мање, а камо ли, а некамо ли; —wissend, adj. многознали; —wisser, m. свезналица, многозналица; —wisserei, f. многознанство; —wisserisch, adj. многознали.
vier, num. четири, четворица, четворо; —, —e, f. четворка; auf allen —en, побаучке, на ногама и рукама; sich auf alle —e stellen, начетвороножити се; —beinig, adj. четвороножан; —blätterig, adj. четворолистан; —brätzig, adj. од четири жице; —eck, n. четвороугут; —eckig, adj. четвороугутан; —erlei, adj. четвороврстан; —fach, —fäbig, adj. четвороцепан; —fältig, adj. четворострук, четвороструччаи, четворогуб; —fürst, m. (im ehem. jüb. Lande), четворовластник; —füßig, adj. четворопор, четвороножан; —hundert, num. четириста, четири стотине; —jährig, adj. од четири године; —kantig, f. viereckig; —mal, adv. четири пута; —malig, adj. четвороуократан; —monatlich, adj. од четири месеца; —pfündig, adj. од четири фунте; —räderig, adj. на четири точка; —ruderig, adv. на четири весла; —saitig adj. на четири струне; —schrötig, adj. плећат, снажан, незграпан; —seitig, adj. четворострам; —sitzig, adj. на четири седала; —spännig, adj. на четири коња; —tägig, adj. од четири дана. [суће.
viertausend, num. чет ри хиљаде, четири тивierte, adj. четврти; zum —n Mal, четвртом; —halb, f. vierthalb.
Viertel, n. четврт; —jahr, n. четврт године; —jährig, adj. тромесечан, од три месеца, на три месеца; —n, v. a. делити, поделити на четворо; die Uhr viertelt, сат удара, избија четврте; —note, f. четврт од кајде; —pfund, n. четврт фунте; —stunde, f. четврт сата.
viertens, adv. четврто.
vierthalb, viertehalb, adj. три и по.
Viertheil, f. Viertel; —en, v. a. делити, поделити, раскинути на четворо, рашчерешити.
Vierung, f. четворкут.
Vier-vierteltakt, m. четири четврти од такта, пуна, цела мера; —winkelig, adj. четвороугутан; —zackig, —zinkig, adj. на четири зуба.
vierzehn, num. четрнаест, четрнаесторица, четрнаесторо; —tägig, adj. од четрнаест дана; —te, adj. четрнаести; —tens, adv. четрнаесто.
vierzig, num. четрдесет, четрдесеторо; —jäh-

rig, adj. —er, m. од четрдесет година; —ste, adj. четрдесети.
Vigilien, pl. бденије.
Vignette, f. заставка.
vinculiren, v. a. обвезати задужницу.
Vinculum, n. обвеза.
vindiciren, v. a. тражити што из властничког права, узети натраг.
Viole, f. f. Veilchen; Bratsche.
Violett, f. виолина, егеде, гусле; —ist, m. виолиниста, гедаш, гуслар.
Violon, n. виолон.
Violoncell, n. виолончело.
Viper, f. аспида.
Visir, n. (am Helme), решетка; (am Schießgewehr), нишан; —en, v. a. гађати, погађати, нишанити; мерити; прозрети, прозирати; —er, m. визирција; —korn, n. нишан; —maß, n. —stab, m. визир.
Visitation, f. разглед, проглед, разгледање.
Visitator, m. разгледник, прогледник.
Visite, f. f. Besuch.
visitiren, v. a. разгледати, прогледати.
Vista, f. a vista Wechsel, меница па показ.
Vitriol, m. галица; blauer —, очни камен, ковски камен; —artig, —isch, adj. галичаст, галичав; —erde, f. галичава земља; —öl, n. уље галично; —säure, f. киселина од галице; —wasser, n. вода галичава.
Vizdom, Vizthum, m. намесник.
Vließ, n. руно.
Vocal, m. самогласник; —musik, f. гласна музика.
Vogel, m. Vögelchen, n. птица, птичица; junger —, тић; —bauer, m. крлетка, кавез, гајба; —beere, f. брекиња (плод); —beerbaum, m. брекиња (дрво); —beize, f. соколи лов; —dunst, m. ситна сачма; —fang, m. птичарство, птичији лов; —fänger, —steller, m. птичар; —flinte, f. птичарска пушка; —flug, m. лет птичији; —frei, adj. слободан као птица (да га сваки може убити); —futter, n. храна птичја; —garn, f. Garn, Netz; —gesang, m. певање птичје; —händler, m. птичар; —hecke, f. легло птичије; —herd, m. гумно птичарско; —hütte, f. колиба птичарска; —kirsche, f. ситница; —knöterig, m. троскот, пусти баба коњу крв; —kunde, f. птицословље; —kundiger, m. птицословац; —leim, m. лепак; —näpfchen, n. валовчић; —nest, n. гнездо птичје; —pfeife, f. свирка птичарска; —scheuche, f. страшило; —schießen, n. пуцање на птице; —schlag, m. клопка, лабура; —schrot, f. Vogelsdunst; —speise, f. храна птичја; —stange, f. шипка; —stellen, n. f. Vogelsang; —wärter, m. птичар; —wicke, f. дивји грахор; —wildbret, n. дивје птице.
Vogler, f. Vogelfänger.
Vogt, m. надгледник, настојник, кастелан; (Verwalter), управник; (Vormund), заштитник, закрилник, тутор; (Feldhüter) пољар, субаша; Kirchen—, заветник црквен; —bar, f. mündig; —ei, f. надгледништво, настојништво, управништво, закрилништво, заветништво, кастеланство.

Volk, n. пук, ҿудство, народ, свст, светина; (Truppen), војска, војници; (Gesinde), чељад; ein — Rebhühner, јато јаребица.

Völker=recht, n. међународно право; —rechtlich, adj. што се тиче међународнога права; —schaft, f. пук, народ; —wanderung, f. сеоба народа.

volkreich, adj. пун народа.

Volks-angelegenheit, f. народни посао; —aufklärung, f. народна просвета; —bewegung, f. кретање ҿудства; —blatt, n. пучки лист; —geist, m. дух народни, дух у народу; —glaube, m. пучка вера; —herrschaft, f. Volksregierung; —lehrer, m. пучки, народни учитељ; —liebend, adj. пријатељ пука; —lied, n. песма народна; —mäßig, adj. пучки, пучански; —menge, f. множина, светина; —redner, m. народни говорник; —regierung, f. народна влада; —sage, f. прича народна; —schule, f. школа народна; —sitte, f. обичај народни; —sprache, f. језик народни; —stamm, m. племе; —thümlich, adj. народан; —thümlichkeit, f. народност; —tracht, f. пошва, ношиво народно; —versammlung, f. пучка скупштина; —vertreter, m. заступник народа; —vertretung, f. заступање народно; (die Volksvertreter) заступништво народно; —zahl, f. број народа, становништво.

Volkthum, n. народност, пучанство.

voll, adj. пун, напуњен, потпун, чврст, цео; fig. пијан; —, adv. пуно, потпуно; beinahe —, подукрајно; ganz —, пун пунцат, дупком; — machen, навршити, домирити; — werden, навршити се, пунити се, испунити се, напунити се, најелрити, навршити; —ährig, adj. пунокласан; —auf, adv. обилно, изобила, доста, изобилно; —auf, adj. крцат; —blütig, adj. пунокрван; —blütigkeit, f. пунокрвност.

vollbring-en, v. a. свршити, обавити, оправити, докончати, довршити, извршити; —ung, f. свртивање, докончање, свршетак.

voll-brüstig, adj. прсат, грудат, сисат; —bürtig, adj. пунородан (рођен); —bürtigkeit, f. пунородност.

vollend-en, v. n. свршити, навршити, испунити, докончати, довршити, довршивати, завршити, извршити; er hat vollendet, свршио је, умро је; —er, m. извршитељ; —et, adj. савршен, свршен; —s, adv. сасвим, посве, сасма; —s sagen, изрећи; —s lesen, прочитати; —ung, f. довршење, довршетак, свршетак, сврха.

Völlerei, f. прождрљивост.

vollführ-en, v. a. обавити, извршити; —ung, f. извршење, обавҿање.

Vollgenuß, m. потпуно уживање.

vollgießen, v. a. налити, налевати, долити, долевати.

vollgültig, adj. потпуно, посве ваҿан; —keit, f. потпуна ваҿаност.

Vollheit, f. пуноћа, чврстина; fig. пијанство, пијаност.

vollhufig, adj. пунокопитан.

volljährig, adj. пунолетан; f. mündig; —keit, f. пунолетност.

völlig, adj. пун, потпун, цео, сав, вас, крупан, дебео, претио; — adv. пуно, потпуно, посве, сасвим, сасма; —keit, f. (des Leibes), дебҿина, претилост, крупноћа.

vollkommen, adj. савршен, изврстан, вас, сав, цео, пун, потпун; (von Kleidern), простран, алватан; — adv. посве, сасвим, сасма; —heit, f. изврстност, савршеност, савршенство.

vollkörnig, adj. зрнат.

volleibig, adj. пун, дебео, претио, крупан; —keit, f. дебҿина, претилост, крупноћа.

Vollmacht, f. власт, пуна власт, пуномоће, пуномоћство, пуновласт; (in Zuf.), пуномоћни; —brief, m. пуномоће; —geber, m. опуномоћитељ; —nehmer, m. пуномоћник.

Vollmond, m. пун месец, уштап.

vollsaftig, adj. сочан.

vollsaufen, sich, v. г. наклепати се, ољоҿати се.

vollschenken, v. a. доточити, дотакати.

vollschreien, v. a. накричати, накричивати.

vollständig, adj. пун, потпун; —keit, f. потпуност.

vollstimmig, adj. савршен, потпун; —keit, f. савршеност, потпуност.

vollstopfen, v. a. наҿукати.

vollstreck-en, v. a. испунити, извршити; —er, m. извршник, извршитељ; —ung, f. извршење, пород.

vollwichtig, adj. потпуне мере; —keit, f. пуна, потпуна мера.

vollzählig, adj. пун, потпуним бројем; —keit, f. потпуност броја.

vollziehbar, adj. извршив; —keit, f. извршивост.

vollzieh-en, v. a. испунити, извршити, обавити, дочети (женидбу); —end, adj. извршан; —er, m. извршитељ, извршник; —erin, f. извршитељка; —ung, f. Vollzug, m. извршење.

Volontär, m. добровоҿац.

Vomitiv, f. Brechmittel.

von, prp. од, с, са, из, ио, о, за, ода; — Amtswegen, званично; — Todeswegen, због смрти; — einander, раз, од; — hinten, састраг, одостраг; — einander breiten, раскречити (ноге;) — einander kennen, распознавати, распознати се.

vonnöthen, adv. потребан, потребит; etwas — haben, требати, требовати.

vor, prp. пред, пре, од, преда; — Verlauf von 14 Tagen, пре него прође 14 дана; (in Zusam.), пред-, претходни; (mittlerweilig), моҿутим; (vorbereitend), приправни.

Vorabend, m. навечерје.

Voracten, pl. претходни списи, приправни списи.

Vorältern, pl. праоци, дедови, прародитељи, претци.

voran, adv. напред, напрво, спреда, понапред; —gehen, предњачити.

Voranschlag, m. прорачун.

Vorarbeit, f. приправа, претходна радња; —en, v. a. (einem), претећи, претицати кога

у послу; казати, показати коме посао; приправљати се к послу; напред радити; fig. пробити пут, стазу.
Vorärmel, m. горњи рукави.
vorauf, f. voran.
voraus, adv. напред, спреда, у напредак.
Voraus, m. узор, првенство.
Voraus-, (in Zuss.), у напред, напредни; —bezahlen, v. a. унапред платити, претплатити, предбројити; —bezahlung, f. плаћање унапред, претплата; —lassen, v. a. наумити, накинити што унапред; —gabe, f. претходни трошак; —geben, v. a. дати што напред; —gehen, v. n. измаћи, измицати, одмаћи; —haben, v. n. (etwas vor einem Andern), имати што пред ким; бити у чему бољи од кога; — nehmen, v. a. узети напред; — nehmen, n. вађевина; —sagen, —sehen, f. vorhersagen, vorsehen; —schicken, v. a. напред послати; eine Mahnung —schicken, опоменути; —setzen, v. a. претпоставити, претполагати, претпостављати, претпостављати; узимати, држати, мислити да...; vorausgesetzt, daß..., узевши, —setzung, f. претпоставка, претпостављање, претпостава, претпостављање; —sicht, f. предвиђање; —sichtlich, adv. предвиђајући; —vermächtniß, n. запис претходни; —zahlen, v. a. претплатити, претплаћивати; —zahlung, f. претплата, претплаћивање.
Vorbau, m. заклон, предња зграда.
vorbau-en, v. a. зидати, градити напред, у напред, у напредак; fig. einer Sache —, опрети се, опрати се чему, предусрести, предусретати што; — n. опрезност; —ung, f. fig. опрезност.
Vorbedacht, m. навлашност; mit —, хотимице, навлаш; ohne —, нехотице.
vorbedächtig, adj. опрезан, навлашан, хотимичан.
vorbedenken, v. a. мислити, размислити, промислити напред, у напред.
vorbedeut-en, v. a. прорковати, слутити, приказати, приказивати; —ung, f. коб, слутња, пророковање, приказивање, знамење.
Vorbedingung, f. предувет, претходни услов, први услов, предуслов.
Vorbehalt, m. —ung, f. приуздржај, задржавање; mit —, приуздржавши, задржавши; —en, v. a. (eine Schürze), задржати, оставити на себи, нескунути; sich etwas —, приуздржати, приуздржавати, задржати што; sich etwas bis auf eine andere Zeit —, оставити, одгодити за други пут; —lich, adv. са приуздржајем, задржавши.
vorbei, adv. мимо, поред; — ist —, поневрн, било па прошло; —fahren, —gehen, —reiten, v. n. провести се, проћи, прохајати мимо чега; —fliegen, v. n. пролетети, летети мимо, пролетати; — führen, v. a. провести; — gehen, v. n. умнути, заминути, проћи, пролазити, мимолазити, мимоићи, мимоћи се; im — gehen, мимогред, мимоходом, узгред, гредом; — heulen, v. n. проучати, пројаути; — jagen, v. a. & n. пројурити; — kommen, v. n. наићи, наплазити,

проћи; —lassen, v. a. пропустити, пропуштати, пустити мимо; — laufen, v. n. протрчати, пројурити, пробежавати; —reiten, v. n. пројездити, појахати, пројахивати; — schleichen, v. n. провући се; — segeln, v. n. проједрити; — sein, v. n. проћи, проминути, пропасти, заћи, минути, заминути, свршити се; — traben, v. n. проскасати, проскаскивати; — tragen, v. a. пронети, проносити; — treiben, v. a. протерати; — ziehen, v. a. провући; — ziehen, v. n. провући се.
vorbenannt, **vorbemeldet**, adj. горе речен, споменут, хваљен, горе именован.
vorbereit-en, v. a. приправити, справити, приправљати, приготовити, приготовљавати; —ung, f. приправа, приправљање, приготовљавање; —ungs-, (in Zuss.), приправни.
Vorbericht, m. предговор, претходно извешће.
Vorbescheid, m. позив (на суд); —en, v. a. звати, позвати на суд.
vorbeten, v. a. (einem etwas), молити пред ким што.
vorbeug-en, v. a. савити у напред; fig. einer Sache —, уклонити се, уклањати се, уклањати се чему, предусрести, предусретати, предупредити; —ung, f. предупређивање, предусретање; (in Zuss.), предусретни.
Vorbewußt, m. знање; ohne meinen —, без мога знања.
Vorbild, n. углед, пример, узор.
vorbild-en, v. a. изобразити, изображавати, образовати; изразити, изражавати; —lich, adj. образац, типичан —ung, f. образ, претходно образовање.
vorbinden, v. a. привезати, привезивати.
vorblasen, v. a. свирати што пред ким; надсвирати кога.
vorbohr-en, v. a. вртити, бушити малим сврдлом; — er, m. мало, танко сврдло.
Vorbote, m. улак, гласник, весник; знак, знамење.
vorbringen, v. a. извести, објавити, рећи, говорити, разложити, изустити, навести; — n. доровоење, навод.
Vorbach, n. стреха, настрешница.
vorbem, f. ehedem.
vorder, der, die, das, **vordere**, **vorderste**, adj. предњи, прав; —ache, f. предња осовина; —arm, m. доља, предња страна руке; —bein, n. предња нога; —bug, m. лопатица, плеће; —flügel, m. предње крило; —fuß, m. предња нога; стопала; —gebäude, n. предња зграда; —glied, n. предњи, први члан, чланак, ред, прва врста; —grund, m. предња страна; —haar, n. предња коса; —hand, f. шака, песница; —haupt, n. кропф, m. теме, предња страна главе; —haus, n. предња страна куће; —lauf, m. (bei den Jägern), предње ноге; —mann, m. предњак, предњи момак (у врсти); —mast, m. предњи јарбуо; —pfote, f. предња шапа; —rad, n. предњи точак; —satz, m. (in der Logik), ставка већа, предња (у логици); —schinken, m. плећка, —seite, f. чело, предњи део, предња страна;

vorbrängen — 332 — Vorhaut

—fiţ, m. предње седало; —ftube, f. предња соба; —theil, m. предња страна, предњи део; (des Schiffes), прова, прура, баш; (des Frauenhemdes) оплећак; (des Sattels), главина; —thür, f. предња врата; —treffen, n. предња стража; —wagen, m. предња страна кола; zahn, m. предњи зуб.
vorbrängen, v. a. терати, турати, тискати напред.
vorbringen, v. a. продрети, продирати, напредовати, доћи, доспети.
vorbrucken, v. a. спреда наштампати, напред штампати.
vorbrücken, v. a. тискати, протиснути, потиснути у напред.
voreilen, v. n. (einem), претећи, претицати кога; (eilig fein), журити се, наглити, пренаглити.
voreilig, adj. нагао, препрагао; паздобрз; —feit, f. наглост.
vorempfind-en, v. a. осетити, осећати у напред; —ung, f. предосећање.
vorenthalt-en, v. a. кратити, недати, задржати, заустављати, обустављати;—ung, f. краћење, задржавање, заустављање, ускраћивање.
Vorerhebung, f. претходно истраживање.
vorerinner-n, v. a. у напред опоменути, опомињати; —ung, f. предопомена, претходна опомена.
Vorernte, f. предња жетва.
vorerst, adv. најпре, најпрво, пре свега.
vorerwähnt, f. vorbenannt.
Voressen, n. прво јело.
Vorfahr, m. праотац, прадед, дед; -en, pl. праоци, прародитељи, дедови, претци, стари.
vorfahren, v. n. (einem), претећи кога; ићи, доћи напред с колима.
Vorfall, m. догађај, случај, пригода, згода; (der Gebärmutter), уквара; —en, v. n. (sich ereignen), догодити се, случити се, збити се, прилучити се, прикојасити се; (vor etwas fallen), пасти спреда; —enheit, f. пригода.
vorfecht-en, v. a. мачевати пред ким, учити кога у мачевању, надмачевати кога; —er, m. учитељ, мештар мачевања.
Vorfest, n. предвечерје.
vorfinden, v. n. наћи што, скобити се с ким, опазити.
vorfliegen, v. n. долетети; надлетети.
Vorforber-er, m. позивач; —n, v. a. звати, позвати кога пред суд; der Vorgeforderte, позваник; —ung, f. позив, позивање; —ungsbrief, m. позивно писмо; —ungsbefehl, m. позивна заповест, изрок.
Vorfrage, f. претходно, припрано питање.
vorführen, v. a. довести, ставити пред кога.
Vorgang, m. првенство, догађај, случај, пригода; прилика, пример.
Vorgänger, m. претходник.
vorgängig, adj. претходан, f. vorläufig.
vorgaukeln, v. a. (einem etwas), преварити, варити кога.
Vorgebäude, n. предња зграда.

vorgeben, v. a. дати, метнути што пред кога (im Spiele), дати напред; (vorwenden), казати, говорити, чинити се, претварати се, изговарати се; — n. изговор, излив, говор.
Vorgebirge, n. предгорје, рт.
vorgeblich, adj. измишљен, лажан, лажљив, тобоже, назови.
vorgefaßt, adj. пре зачет; предрасудан; —e Meinung, предрасуда.
Vorgefühl, n. предосећање, предњућење, предњућенство.
vorgehen, v. n. (einem), ићи пред ким, предњачити, претходити; претећи, надићи, надмашити кога; (den Vorgang haben), првенство имати; diese Uhr geht vor, сат овај иде напред; (sich zutragen), бивати, догодити се, случити се; einem mit guten Beispielen —, дати коме добар пример; (verfahren), поступати, поступати; gegen Jemand mit Strafe —, казнити кога; —enb, adj. предњи, претходан.
vorgeigen, v. a. (einem etwas), гудети што пред ким.
vorgemelbet, vorgenannt, f. vorbenannt.
Vorgemach, f. Vorzimmer.
Vorgericht, f. Voressen.
Vorgeschmack, f. Vorschmack.
vorgesehen, interj. пази! на страну! чувај!
Vorgesetzter, m. претпостављени, поглавар, старешина, старији.
vorgestern, adv. прекјуче; — abends, прексиноћ, оповечеру.
vorgestrig, adj. прекјучерашњи, прекјучерањи; vom —en Abend, прексиноћни.
Vorgiebel, m. чело, зачеље.
vorglän-zen, v. n. надсјати, надсјавати кога; сјајити се пред другима.
vorgreif-en, v. a. посегнути у што, претећи; (einem), претећи кога, присвојити што туђе; (im Reden), пресећи, пресецати кога у говору; —ung, f. Vorgriff, m. посизање у туђа права.
vorhaben, v. a. носити, имати што пред собом; ein Geschäft —, намеравати, канити штогод, бавити се, забављати се чиме, намерити, смерати; (im Spiel), имати више; Jemanden —, питати, испитивати кога; — n. најет, накана, намеравање, намера, намерење, смерање, утецање.
vorhalt-en, v. a. држати пред ким; einem etwas —, корити, укорити кога ради чега, пребацити коме шта; —ung, f. (eines Fehlers), укоравање, укор.
Vorhand, f. шака (Vorrang), првенство; (im Spiel) — haben, бити први, предњи.
vorhanden, adv. & adj. налазан, нађен, налазећи се, чега има, што се налази; — sein, бити, налазити се, находити се.
Vorhang, m. застор, завеса, завес; Zelt —, крило од чадора; —en, v. a. висети пред чим, прекривати.
vorhängen, v. a. завесити, застрети, обесити пред што.
Vorhängeschloß, f. Vorlegeschloß.
Vorhaus, n. предворје, трабозан, доксат, трем.
Vorhaut, f. лакорина.

Vorhemd, n. (Chemisette), приметача.
vorher, adv. пре, пред тим, пре тога, напред, у напред, напрво, прво; —bestimmen, v. a. у напред уредити; —bestimmung, f. предопредељење; —gehen, v. n. напред ићи, претходити; —gehend, adj. пређашњи, пријашњи, претходни; —ig, f. vorig; —sagen, v. a. у напред казати, прорећи, пророковати; —sagung, f. пророковање, пророчанство, прорицање; —sehen, v. a. предвидети, у напред одредити; —sehung, f. предвиђање; —verkündigen, —verkündigung, f. vorhersagen, Vorhersagung.
vorheucheln, v. a. (einem etwas), претварати се пред ким.
vorhin, adv. пре, отпре; —weg, adv. испред.
Vorhof, m. предворје, предњи двор.
vorig, adj. пређашњи, пријашњи, прошасти; - es Jahr, лане.
Vorjahr, n. лањска година, прошла, прошаста година.
vorjährig, adj. лањски.
vorjetzt, f. jetzt.
vorkauen, v. a. einem etwas (im gem. Leben), жватати што коме.
Vorkauf, m. прекуп, прекупљивање; —en, v. n. (einem), прекупити, прекупљивати.
Vorkäufer, m. прекупац.
Vorkaufsrecht, n. право прекупа.
vorkehr-en, v. a. приправљати; —ung, f. приправа, наредба, мера.
Vorkenntniß, f. претходно знање.
Vorkirche, f. препрата.
Vorklage, f. тужба претходна.
vorkleben, v. a. залепити, прилепити.
vorklingen, v. n. надгласити друге инструменте.
vorkomm-en, v. n. (vorher kommen), пре доћи; (einer Sache), предусрести, предусретати, предупредити што; bei Jemanden —, доћи пред кога; (vorfallen), догодити се; (scheinen), чинити се, видети се; die Sache ist im Rathe nicht vorgekommen, ствар још није дошла до већања; mir kam es vor, учинило ми се; hervorkommen, помолити се, доћи напред; Sachen die täglich oft —, свакидашње ствари; die Sache ist in der Duplik vorgekommen, што је било паведено у дуплици; —niß, n. догађај.
Vorkopf, f. Vorderhaupt.
Vorkost, f. f. Voressen; Zugemüse.
vorlad-en, v. a. позвати, позивати, сазвати, звати; —ung, f. позив, сазив, позивање, сазивање; (in Zuf.), позивни, сазивни.
Vorlage, f. предложено писмо, прегледалица; (in der Chemie), примник.
Vorland, n. предња земља.
vorlangen, v. a. дохватити, извадити што откуд.
vorlängst, adv. одавна, давно.
Vorlaß, f. Vorlauf.
vorlaß-en, v. a. пропустити, пустити кога; —ung, f. припуштање, допуштање.
Vorlauf, m. (vom Weine), самоток; (im Destilliren), патока; (der erste, stärkste Branntwein), башица, ртница; —en, v. n. трчати, тећи пред ким; натрчати, претећи кога.
Vorläufer, m. претеча.
vorläufig, adj. претечан, претходан; приправан, привремени.
vorlaut, adj. нагао; лајав; ein —er Mensch, викач, лајавац.
Vorlege-messer, n. велики (столни) нож; —löffel, m. велика ожица.
vorlegen, v. n. (als ein Schloß x.), метнути, ставити; die Pferde —, упрећи, ухватити, упрегнути коње; Speisen —, метнути, донети пред кога јело; die Frage —, дати, задати питање; seine Gründe —, разложити, разлагати, предложити, изнети разлоге своје; seine Vollmacht —, показати пуномоћство своје; (vorschlagen), предложити, предлагати; (das Futter —), полагати.
Vorlegeschloß, n. локот, катанац.
Vorlegung, f. предложење, предлагање, предлог; f. vorlegen.
vorleimen, v. a. прилепити, залепити.
vorles-en, v. a. читати коме, читати пред ким; —er, m. читалац; —ung, f. читање, чатање; предавање.
vorletzte, adj. претпоследњи.
vorleuchten, v. a. (einem), светлити коме; mit Beispielen —, добар пример коме дати, давати; f. hervorleuchten.
vorlieb, f. fürlieb.
Vorliebe, f. особита љубав, особита наклоност.
vorlieg-en, v. n. лежати, бити пред чим; —end, adj. овај; садашњи; (angränzend), оближњи.
vorlügen, v. a. лагати, слагати, залагивати.
vormachen, v. a. метнути, ставити пред што; заградити, застрети; fig. einem etwas —, показати коме штогод, лагати, слагати штогод коме; спрдати се, збијати шалу с киме.
vormalen, v. a. (einem etwas), казати, показати коме како се слика; малати, сликати што пред ким.
vormalig, adj. пређашњи, негдашњи, некадашњи.
vormals, adv. пре, негда, кадгод.
Vormann, m. предњак.
Vormauer, f. бедем, заштита.
Vormerk-buch, n. забележница, предбележница; —en, v. a. забележити, предбележити; —ung, f. предбележење, забележење; (in Zuf.), забележни, предбележни.
Vormittag, m. —szeit, f. јутро, пре подне; —s, adv. пре подне, ујутру.
vormittägig, adj. јутрењи, јутарњи.
Vormund, m. тутор, закрилник, бранитељ, старатељ.
Vormünderin, f. туторка, старатељка.
Vormundschaft, f. туторство, старатељство; (in Zuf.), туторски, старатељски, туторствени; —lich, adj. туторски, туторствени.
vorne, adv. спреда; von —, спреда, поново, истекар.
vornächtig, adj. ноћашњи.
vornageln, v. a. прибити, приковати.
Vorname, m. крштено име, име; Vor- und Zuname, име и презиме.

vornehm, adj. велик, знатан, одличан; поглавит.

vornehmen, v. a. узети преда се, предузети; eine Arbeit —, примити се, латити се посла какна; sich —, канити, наканити, намеравати, смерати, смерити се, наумити, намерити, накантити се, накањивати се, умая бити, накап бити; — n. накањивање, смерање, накапа, намера.

vornehmlich, adj. особито, нарочито.

vornehmste, adj. први; s. vornehm.

vorpfeifen, v. a. звиждати, свирати што коме, пред ким.

vorplaudern, v. a. брбљати што коме, пред ким.

Vorposten, m. предња стража.

vorpredigen, v. a. предикати, кричати, предиковати што коме.

vorragen, v. n. вирити, пружати се, простицати.

Vorrang, m. првенство, преимућство, предвост, старешинство.

Vorrath, m. залиха; großer —, мноштво; das Schiff hat einen großen — an frischem Wasser, брод има доста хладне воде.

vorräthig, adj. готов, приправљен, у залихи.

Vorraths-haus, n. —kammer, f. магазин, складиште, хамбар, стовариште, спрема, комора, кућер, вајат, клетка, стасиња, књер.

vorrechnen, v. a. казати, показати коме како се рачуна; рачунати коме, пред ким.

Vorrecht, n. преимућство. [зити.

vorrecken, v. a. испружити, испазати, плаVorred-e, f. предговор; —en, v. a. говорити пред ким, казати, казивати коме.

vorreif, adj. ран, препал.

Vorreigen, m. први танац.

vorreit-en, v. н. јахати пред ким, пред кога; надјахати, надјашити кога; —er, m. предњи јахач.

vorrennen, v. n. трчати напред, пред кога; натрчати, претећи кога.

vorricht-en, v. a. приправити, приправљати, припремати, редити, уредити, наградити, награђивати, начинити, удесити, удешавати; —ung, f. награђивање, припрема, приправа, приправљање, паправа.

Vorritt, m. предње јахање, јахање напред.

vorrück-en, v. n. напред, даље ићи, напредовати, помицати се, помакнути се, приближити се; —, v. a. макнути, помакнути, потегнути напред, одалити; Jemanden die genossenen Wohlthaten —, пребацити коме у очи примљена доброчинства; —ung, f. напредак, напредовање; im —ungsfalle, у случају поступна.

vorruf-en, v. a. (eine Person), позвати; (mehrere Personen), сазвати (пред суд); —ung, f. позивање; (in Zus.), позивни, сазивни.

Vorsaal, m. предњи трем.

vorsagen, v. a. казати, казивати, говорити што пред ким, коме.

Vorsänger, m. први, певач, појац.

Vorsatz, m. накана, намера, намисао; одлука, предузеће; mit —, хотце, хотимице, навалш.

vorsätzlich, adj. хотимичан; — adv. хотице, наплаш, хотимице.

Vorschein, m. помол, помолак; zum — kommen, показати се, јавити се, помолити се, на видело доћи; zum — bringen, изнети на видело.

vorscheinen, s. durchscheinen.

vorschicken, v. a. слати, послати напред.

vorschieben, v. a. турити, потиснути што преда што.

vorschießen, v. a. (einem Geld), предујмити коме, дати коме у напред новаца, узајмити што коме; — v. n. бацати се, метати се, хитати се, тискати се; (von Flüssigkeiten), шикнути, ударити, шиктати, ударати; (von Pflanzen), терати, расти; (einem), казати, показати коме како се пуца, надстрељати кога.

Vorschlag, m. (in der Artillerie), чеп; (in der Musik), знак, белега пред кајдом; — (Antrag), m. предлог, предложење, савет, понуда.

vorschlagen, v. a. прибити, забити; (bei der Artillerie), набити, набијати прах; (im Handel), сувише искати; (einen Vorschlag thun), световати, предложити, предлагати, нудити, понудити; — v. n. превагнути, премахнути, превагивати, премахивати, претегнути; die Uhr schlägt vor, сат иде брзо; (bei den Jägern), der Hund schlägt vor, пас лаје пре времена.

vorschläglich, adj. предложан, понудан.

Vorschmack, m. претходно чуство, раније осећање.

vorschmecken, v. n. познати се по укусу пред чим.

vorschneid-en, v. a. кројити, резати; —er, m. резач, којач.

vorschnell, adj. нагао, пренагао.

vorschreiben, v. a. учити писати; fig. наредити, заповедати, преписати, прописати, уписати.

vorschreien, v. a. кричати, викати што пред ким, коме.

vorschreiten, v. n. напред корачати, ићи, напредовати; wie weit bist du vorgeschritten? докле си дотерао?

Vorschrift, f. пример, прегледалица; fig. наредба, пропис, препис, заповед; —mäßig, adj. прописан, по пропису; —swidrig, adj. против прописа.

Vorschub, m. првенство (у игри); (Unterstützung), помоћ, повлађивање; — leisten, ићи коме на руку, повлађивати, повладити коме што; —leistung, f. повлађивање.

Vorschuh, m. наглавак; —en, v. a. наглавити, наглављивати (чизме итд.).

vorschützen, v. a. запрезати.

Vorschuß, m. првенство (у пуцању); вађевина, предујам, зајам; (in Zus.), предујамни; —weise, adv. као предујам, као вађевина; —verein, m. заједница за вађевину.

vorschütten, v. a. сипати, посипати, просипати што.

vorschützen, v. a. изговорити се, изговарати се, навести, позивати се.

vorschwatzen, s. vorplaudern.

vorschweben, v. n. бити, имати пред очима; es schwebt ihm ein Unglück vor, чека га несрећа.
vorseh-en, v. a. s. vorhersehen; sich —, v. r. бити на опрезу, пазити се, гледати се, чувати се; —ung, f. провиђење, промисао.
vorsetzen, v. a. ставити, метнути пред; einem zum Essen, zum Trinken —, дати, донети јести, пити коме; einem einen —, претпоставити, ставити, поставити кога над ким; sich —, v. r. наканити, наумити.
vorsetzlich, s. vorsätzlich.
Vorsicht, f. (göttliche), промисао, провиђење; (Behutsamkeit), опрез, опаз, —ig, adj. опазан, опрезан; —igkeit, f. опазност, опрезност; —Maßregeln, f. pl. опазне наредбе, опрезна средства; —Sweise, adv. ради, са опрезности; међутим.
vorsingen, v. a. почети, почињати певати; певати што коме, пред ким.
Vorsitz, m. председавање, председништво; —en, v. n. председавати, бити председник, —er, —ender, m. председник.
Vorsommer, s. Frühling.
Vorsorge, f. брига, скрб, старање, настојање.
Vorspann, m. припрега, спрега, —en, v. a. разастрти, разастирати што преда што; припрећи, припрегнути, припрезати, спрезати; —s-, (in Zus.), припрежни.
vorspiegel-n, v. a. (einem etwas), преварити, опсенити, обманути кога; —ung, f. опсена, опсењивање.
Vorspiel, n. предигра, почетак, предговор; —en, v. a. играти пред ким, коме; v. n. почети, почињати игру, предигру играти, заиграти.
vorsprechen, v. a. (einem), рећи, говорити што пред ким, коме; — v. n. продрети, продирати гласом између других; сврнути код кога.
vorspringen, v. n. (einem), скочити пред кога, претећи, претицати кога; (vorragen), вирити, пружати се, претицати.
Vorspruch, m. s. Fürsprache.
Vorsprung, m. скок у напред; (an Gebäuden), стреха; обука; einen — gewinnen, одмакнути, одмицати, претећи, претицати.
vorspuken, v. n. слутити, знак бити будућим догађајима.
Vorstadt, f. заграђе, подграђе, предграђе, варош.
Vorstädter, m. заграђанин, подграђанин, варошанин, предграђанин.
Vorstand, m. долазак пред суд; (Amt), начелништво; (Vorsteher), начелник; (Unterpfand), залог, поручанство, јамство.
vorstechen, v. a. бости, пробости пре него се промакне игла или друго што; —, v. n. вирити, пружати се, претицати; fig. падати у очи, одликовати се, видети се између других.
vorstecken, v. a. метнути, забости, затакнути што пред чим, или преда што, препречити, препречивати; ein Ziel —, обележити сврху; —er, —nagel, m. клин, чавао, чивија.
vorsteh-en, v. n. (vorragen), вирити, пружати се, претицати, напред стојати; (von Hühnerhunden), стојати, стати; einer Sache —, бити над чим, бити начеоник, управљати, обављати, оправљати (службу); es steht mir vor, чека ме нешто; —er, m. глава, главар, поглавар, настојник, старешина, начеоник.
vorstell-en, v. a. (etwas vor etwas), ставити, метнути што пред што; einem etwas —, представити, предложити, разложити, изложити што коме; забављати чему, приговарати, ein Stück —, приказати, приказивати комад какав; (vorhalten einen Fehler), корити; (eine Person —), заступати, заступити; sich —, v. r. мислити, промислити што; —ung, f. представка, представа, представљање, предложење, приговарање, заступање; (Gedanke), мисао, помисао.
vorstemmen, v. a. препречити, препречивати.
vorstoßen, v. a. турити, потиснути напред; — v. n. догодити се; mit Rauchwerk —, первазом опшити.
vorstreck-en, v. a. протегнути, пружити; (leihen) узајмити, посудити, у напред дати, предујмити; —ung, f. узајмљивање, зајам, предујам.
vorstreichen, v. a. подвући, подвлачити редове или речи у књизи.
vorstreiten, s. anstreiten.
Vorstudium, n. приправна наука.
vorsuchen, s. hervorsuchen.
Vortanz, m. прва игра; —en, v. n. почети, почињати игру, водити игру, играти пред ким, показати коме како се игра.
Vortänzer, m. коловођа, танцовођа.
Vortheil, m. корист, добит, добитак; —haft, adj. пробитачан, користан.
vorthun, v. a. (eine Schürze zc.), узети, привезати, припасати; sich —, v. r. s. hervorthun.
Vorthür, f. спољашња, прва врата.
Vortrab, m. предња стража; —en, v. n. (einem), касати пред ким.
Vortrag, m. тумачење, предавање, говор, извеште; (im Lehren), начин предавања; (im Singen), начин певања; —en, v. a. (vor einem etwas tragen), носити пред ким; einem eine Sache —, тумачити, најаснити, учити, предавати, јавити, известити.
vortrefflich, adj. красан, узорит, вредан, врли, изврстан; —keit, f. узоритост, врлина, вредност, изврсност, красота.
vortreiben, v. a. терати, гонити напред, дотерати, догнати, истерати, изагнати.
vortreten, v. n. ступити напред; изићи, ступити на среду, итд.; ићи пред ким, ступити пред кога.
vortrinken, v. n. пре пити, први пити.
Vortritt, m. првенство.
Vortruppen, pl. s. Vortrab.
Vortuch, n. s. Schürze; —leinwand, f. верта.
vorüb-en, v. n. вежбати се у напред; —ung, f. претходно вежбање.
vorüber, s. vorbei; —sein, превалити; —fahren, v. n. провести се; —gehen, v. n. проћи мимо; —gehend, adj. мимогредан, привремен; —gehend, adv. мимоходом.

Voruntersuchung, f. приправно истраживање, предистрага.
Vorurtheil, n. предрасуда; —sfrei, adj. без предрасуда.
Vorwache, f. f. Vorposten.
vorwägen, v. a. мерити, измерити пред ким.
vorwalten, v. n. премоћи, премагати, бити претежнији.
Vorwand, m. изговор, изли́к, вент; Vorwände machen, завршивати.
vorwärts, adv. напред, даље; (auf das Gesicht), ничице, ничке; — beugen, преклонити.
Vorweg, f. Voraus.
vorweinen, v. n. плакати пред ким, коме.
vorweisen, f. vorzeigen.
Vorweiser, f. Vorzeiger.
Vorweisung, f. Vorzeigung.
Vorwelt, f. негдашњи људи, негдашња времена, прасвет, древност.
vorwenden, f. vorschützen.
vorwerfen, v. a. (als einem Hunde einen Knochen 2c.), бацити што коме, пред кога; (vorrücken), бацити, пребацити, пребацивати, корити, укорити, укоравати, прекорити, приговорити, приговарати; (zur Last legen), кривити; —b, adj. оборан.
Vorwerk, n. мајур; устава.
vorwieg-en, v. n. превагнути, премахнути, претегнути; —end, adj. претежни.
vorwimmern, vorwinseln, v. a. (einem etwas), јаукати пред ким.
Vorwissen, n. знање; ohne mein —, без мојега знања.
Vorwitz, m. превелика љубопитост; дрзовитост; —ig, adj. дрзовит, безобразан.

Vorwort, n. (in der Sprachlehre), предлог; предговор.
Vorwurf, m. укор, пребацивање, прекор, корба, приговор; Vorwürfe machen, корити, прекорити, укорити, приговорити, приговарати; (Gegenstand), ствар, предмет; —svoll, adj. прекоран.
vorzählen, v. a. (einem etwas), бројити што пред ким.
Vorzeichen, n. приказаније.
vorzeichnen, v. a. (einem etwas), цртати, нацртати што коме, пред ким.
vorzeig-en, v. a. показати, довести, доводити; —er, m. показатељ, показалац; —erin, f. показатељка; —ung, f. показивање.
Vorzeit, f. старо доба.
vorzeiten, adv. негда, у старо доба, у старо време.
vorziehen, v. a. (hervorziehen), вући, извући што на ноже, повући што пред што; eine Sache einer andern —, волети, више ценити, претпоставити, претпостављати.
Vorzimmer, n. предња соба.
Vorzug, m. преимућство, првенство, предност, извршнина; —sweise, adv. особито, особитим начином.
vorzüglich, adj. особит, врли, редак, изврстан, одличан; — adv. особито, изврсно; —keit, f. особитост, изврсност, реткост, врлина.
votir-en, v. n. гласати; —ung, f. гласање.
Votum, n. глас.
Vulkan, m. Вулкан, бог огња; вулкан, гора огњена, огњедух; —ifch, adj. вулкански, огњан, огњевит.

W.

Waare, f. роба, руба, купља, трг, еспап; eine außer Handel gesetzte —, роба којом се више не тргује, роба, којом забрањено је даље трговати; Eß—, f. јество; Kurz—, f. ситнарија.
Waaren-absatz, m. прођа; —artikel, m. роба; —austritt, m. ausfuhr, f. извоз робе; —einfuhr, f. увоз робе; —erklärung, f. изјамљење о роби; —führer, m. позник; —lager, m. магазин, складиште; —preis, m. цена робе; —reichthum, m. стока; —sendung, f. пошиљка робе; —transport, m. пренос робе; —verzeichniß, n. попис робе.
Wache, f. Königscheibe
wach, adj. будан; — werden, пробудити се.
Wache, f. (Person), стража, стражар; (Haus), стражара; — halten, бити на стражи; auf die — ziehen, ићи на стражу.
wachen, v. n. бдити, несавати, стражити; über etwas, für etwas —, гледати, настојати, пазити на што; bei einem Kranken —, гледати, неговати болесника.
Wachen, n. бдијење, бдење, стражење.

wachend, adj. будан; in —em Zustande, на јави.
Wach-dienst, m. служба на стражи; —feuer, n. ватра стражарска; —frau, f. чуварица; —frei, adj. слободан од страже; —geld, n. стражарина; —habend, adj. од страже, који је на стражи; —haus, n. стражара.
Wachholder, —baum, —strauch, m. боровица, смрека, вења, клека, боровница(дрво); —beere, f. боровица, смрекиња, пупуљица, вења, клека (плод од смреке); —branntwein, m. боровица, смрековача, смрекова вода; —holz, n. смрековина, клековина, смрчевина; —öhl, n. смреково уље; —saft, m. смреков сок; —wein, m. смрековача.
Wach-mannschaft, f. стражари; —meister, m. стражмештар, наредник; —posten, m. стража; —zimmer, n. стражара.
Wachs, n. восак; — ziehen, мерати; —abbruch, m. отисак у воску.
wachsam, adj. пажљив, опрезан; —es Auge, будно око; —keit, f. пажљивост, опрезност.
wachs-artig, adj. восковит; —bild, n. воштани

Wachschiff — 337 — **Wahlkind**

кип; —blume, f. воштан цвет; —boden, m. колач, котур воска; —bossirer, m. ливац воштаних кипова.
Wachschiff, n. брод од страже, стражарица.
wachsen, v. n. расти, родити, рађати, множити се, умножавати се, умножити се, порасти, узрасти, крешити; in die Breite —, разрастати се; in die Höhe —, хикати, навикати, нарасти; das Haar — lassen, оставити, остављати, пустити косу да расте; er ist schön gewachsen, лепа је узраста.
wächsern, adj. воштан, од воска.
Wachs-fabrik, f. воштарница; —fabrikant, m. воштар; —fackel, f. машала, дуплир; —flecken, m. капља од воска; —gelb, adj. жут као восак; —händler, m. воштар; —haus, n. воштара; —krämer, m. f. **Wachshändler**; —kerze, f. воштана свећа, воштаница, провлак, дуплир; —lappen, m. крпа воштана; —leinwand, f. воштаница, воштено платно; —licht, n. воштана свећа, воштаница; —papier, n. воштан папир; —perle, f. воштан бисер; —pflaster, n. воштан мелем; —pomade, f. воштана помада; —puppe, f. лутка воштана; —salbe, f. маст воштана; —scheibe, f. колач, котур воска; —stock, m. котур, свитац; —tafel, f. воштава даска.
Wachsthum, n. растење.
Wachstreberin, pl. воштина, восковарица.
Wachs-tuch, n. s. **Wachsleinwand**; —ziehen, n. мерање; —zieher, m. воштар, свећар, воскар.
Wacht, s. **Wache**.
Wachtel, f. препелица (птица); —sang, m. лов на препелице; —garn, n. мрежа за препелице; —hund, m. вижао, вижле, препеличар; —könig, m. прдавац, хариш; —pfeife, f. —tuf, m. свирка препеличарска; —strich, m. лет препеличји; auf den —strich gehen, ићи на препелице; —schlag, m. пуњурикање.
Wächter, m. стражар, чувар, пандур, (im Weingarten), пудар; —in, f. стражарица, чуварица; —haus, n. стражара; —hütte, f. стражара.
Wacht-meister, s. **Wachmeister**; —thurm, m. караула.
wackel-haft, ig. adj. расклимбан; —n, v. n. климати, колебати се, климатати, клепетати; — n. климање, колебање.
wacker, adj. врли, врстан, ваљан, ваљатан, кршан.
Wade, f. лист.
waden, s. **waten**.
Waffe, f. оружје.
Waffel, f. коцкаста лепиња; —eisen, n. калуп од коцкастих лепиња.
Waffen, n. pl. оружје; die — ergreifen, zu den — greifen, устати на оружје; —bruder, m. другар војнички; —fähig, adj. способан за оружје; —gewalt, f. сила оружја; —lautmer, f. —haus, n. оружница; —schärpe, f. силај, патњача; —schmied, m. ковач оружја; —stillstand, m. примирје, уверица, суверица; —stillstand schließen, уверити се;

—träger, m. штитник; —übung, f. војно вежбање, вежбање у оружју.
waffnen, v. a. оружати, оборужати; sich —, оружати се.
Wagamt, n. вагарница.
Wage, f. вага, кантар, теразије; (am Ochsenwagen), јармак, јармац, прекоруђе.
Wage, f. **Wagehaus**, n. кантар, вага; —gelb, n. вагарина, кантарина; —hals, m. вратолом; —koben, m. клин на вази; —meister, m. вагар, кантарција.
Wagen, m. кола, тарнице, таљиге; (Kutsche), кочија, каруце, интов; zweiräbriger —, дволозице, чезе.
wagen, v. a. ставити, метнути на срећу; das Aeußerste —, последње силе папрегнути; — v. n. & r. усудити се, подухватити се, усуђивати се, смети, прегнијати.
wägen, v. n. мерити, вагати, измерити, вагнути, теглити, потезати, потегнути.
Wagen-achse, f. осовина; —baum, m. срчаница; —burg, f. тврђава колна (у боју); —decke, f. кров од кола; —deichsel, f. **Deichsel**; flechte, f. forb, m. кош, закошар; —geleise, f. **Geleise**; —gelb, n. коларина; —gestell, n. стан од кола; —haus, n. суша, колница, шупа; —leiter, m. лотра; —meister, m. настојник кола поштарских; —pferb, n. теглећи кон, тарнични кон; —rad, n. коло, точак; —rennen, n. утркивање с коли; —schmiere, f. коломаз, кењача, кењица, паклина, двека (од брезове коре); —schmiergelb, n. коломазнина; —schoppen, m. f. **Wagenhaus**; —spur, s. **Geleise**; —winde, f. чекрк.
wage-recht, adj. хоризонталан, водораван; —schale, f. тањир од ваге, кантарница.
Wagestück, n. смео чин.
Wagezettel, m. цедуља од ваге.
Waggeld, n. вагарина.
waglich, adj. опасан, вратоломан; —keit, f. опасност.
Wagner, m. колар; —arbeit, f. коларски посао; —ei, f. коларница; —in, f. коларка.
Wagniß, n. усуђивање.
Wahl, f. избор, бирање, избирање; nach eigener —, по својој вољи; —act, m. избор; —ausschreibung, f. распис избора.
wahlbar, s. **wahlfähig**.
wahl-berechtigt, adj. ко има право бирати; —berechtigung, f. право бирања; —bezirk, m. изборни срез.
Wahlbruder, m. побратим.
wählen, v. a. изабрати, одабрати, избирати, одабирати, бирати, пробрати, пробирати.
Wähler, m. бирач, избирач, пробирач; —liste, f. попис бирачки; —versammlung, f. бирачки збор.
wahlfähig, adj. изборан; —keit, f. изборност.
Wahl-fürst, m. (Churfürst) електор, кнез изборник; (ein gewählter Fürst) изабран владар; —gesetz, n. закон изборни; —handlung, f. бирање, избор.
wählig, adj. (im gem. Leben) гадњив.
Wahl-kind, n. посинак, поћерка; —könig, m. изабран краљ; —königreich, n. изборно краљевство; —körper, m. бирачи; —kugel, f.

22

балота; —liſte, f. изборни списак; —mutter, f. помајка; —ordnung, f. изборни ред; —ort, m. биралиште; —plaʦ, m. (Schlachtfeld), бојиште, ратиште, мејдан; (Ort der Wahl), изборно место; —recht, n. изборно право, право бирати и бити изабран; —reich, n. држава изборна; —ſchweſter, f. посестрима; —ſpruch, m. пословица; —ſtadt, f. град изборни; —ſtatt, f. ſ. Wahlplaʦ; —ſtimme, f. глас; —tag, m. дан избора; —vater, m. поочим; —verſammlung, f. скупштина изборна; —zettel, m. изборни лист; —zimmer, n. соба изборна.

Wahn, m. мисао, клапа.
wähnen, v. a. мислити.
Wahn=ſinn, —wiʦ, m. лудост, безумност; —ſinnig, —wiʦig, adj. луд, безуман; —ſinnig werden, полудети, изићи из свести, поремрити памећу.
wahr, adj. истинит, прав, истински; es iſt nicht —, није истина; es iſt —, истина је; es iſt — geworden, збило се; — ſprechen, истину говорити; ſo — mir Gott helfe! тако ми бог помогао, тако ми бога; ſo — ich lebe! тако ми живота; nicht —? је ли? das Wahre, истина, право; es iſt nicht das Wahre, није што би требало да буде.
wahren, v. a. чувати, сачувати.
währen, v. n. трајати, дурати, постојати.
während, prp. у, међу, у време, за; — der Nacht, ноћу, обноћ; — des Winters, у зиму, зими, преко зиме; — des Krieges, за рата; — adv. док, у толико док.
wahrhaft, —ig, adj. прав, праведан, истинит, истински, истини; —, adv. запста, доиста; —igkeit, f. истинитост, истина.
Wahrheit, f. истина, правда.
Wahrheits=erinnerung, f. опомена на истину; —liebe, f. истинитост, истинољубље; —liebend, adj. истинит, пријатељ истине, истинољубив.
wahrlich, adv. у истину, заиста, доиста.
Währmann, ſ. Gewährmann.
wahrnehm=en, v. a. опазити, угледати, спазити; eine Sache —, пазити, гледати на што; die Gelegenheit —, служити се приликом; —ung, f. опажање.
wahrſag=en, v. n. гатати, гонетати, прорећи, прорицати, пророковати, врачати; —er, m. врач, врачар, гатар, погађач; —ergebühr, f. врачарина; -erin, f. врачара, гатара; —erei, —erkunſt, —ung, f. гатање, врачање, прорицање; -ergeiſt, m. врачарски, гатарски дух.
Währſchaft, ſ. Gewährſchaft.
wahrſcheinlich, adj. вероватан; — adv. вероватно, по свој прилици, на сву прилику.
Wahrſpruch, m. (der Geſchwornen), изрека пороте.
Währung, f. трајање, дурање; (Geld —,) вредноћа, вредност; (Werth), вредност.
Wahrzeichen, m. вукодлак. [лежје.
Wahrzeichen, n. белега, знак, знамење, обWaid, n. врбовник; —aſche, f. врбовников пепео; —färber, ſ. Schönfärber; —mühle, f. млин за врбовник.

Waiſe, f. (m.) Waiſen=kind, —knabe, m. —mädchen, n. сирота, сирак, сиротица, сиротан, сироче; werben, осиротити; — ſein, сиротовати; (in Zuſ.), сиротињски.
Waiſen=amt, n. сиротињско звање; —geld, n. сиротињски новци; —kind, n. —knabe, m. —mädchen, n. ſ. Waiſe; —mutter, f. сиротињска мајка; —ſtuhl, m. сиротињски сто; —vater, m. отац сиротињски.
Wake, f. стена, кук.
Wald, n. шума, гора, луг, лес, дубрава, гај; —amt, n. шумски уред; —anemone, f. овње руно, anemone silvestris: —bach, m. бујица, горски поток; —biene, f. дивја пчела; —brand, m. пожар (шуме); —bruder, m. пустињак.
Wäldchen, n. гај, шумица.
Wald=eſel, m. дивји магарац; —frevel, m. шумски преступак; —gerecht, adj. шумарски; —geſchrei, n. крика, јака ловачка; —honig, m. дивљи мед; —horn, m. ловачки рог; —hüter, m. лугар, шумар; —hütte, f. колеба шумска; —ig, adj. шумовит; —kirſche, ſ. Vogelkirſche; —leute, f. pl. лужани; —malve, f. слезовача, malva silvestris; —mann, m. шумар, лужанин, шумак; —maſt, f. жировница; —meiſe, f. сеница шумска; —meiſter, m. шумар; —menſch, m. орангутан: дивји човек; —münze, f. коњски босиљак; —nuʦung, f. уживање шуме; —nymphe, f. вила горска; —ochs, f. Auerochs; —pappel, f. шумска топола, —rebe, f. павитина, бела лоза, скромут, скробут, скробутина, павит; —recht, n. шумско право; —ſalbei, f. плаветник, salvia silvestris; —ſtroh, m. невеско цвеће; —taube, f. дивји голуб; —teufel, m. сатир, фаун, силван; —thier, n. звер, зверка; —ung, f. шума, луг, дубрава; —vogel, m. планинска птица; —zeichen, n. белега, обележје лугарско.
walgen, wälgern, walgern, v. a. ваљати.
Walke, f. ваљак.
Walke, f. ſ. Walkmühle, Walkholz.
walken, v. a. ваљати, сваљати (сукно); fig. einen —, бити, дерати, избити кога.
Walker, ſ. Walkmüller. [ска земља.
Walker=erde, f. —thon, m. Walkerde, f. ваљарWalk=holz, n. —ſtock, m. облагија, ваљак; —mühle, f. ваљарица, ваљаоница, ваљалица, ступа; —müller, m. ваљар.
Wall, m. бедем, насип; (Ufer), обала, брег, игало, жало; fig. обрана, заклон.
Wall, m. (von Wallen), кипљење, врење.
Wallach, m. парип, коњ уштројен, уврнут; —en, v. a. штројити, уштројити, уврнути коња. [гатар.
Wallarbeit, f. посао око бедема; —er, m. арWallbruch, m. пролом.
wallen, v. n. таласати се, кипети, врети, кључати, струјити; (von Gewändern), летети; пршати; (wandern), путовати, ићи.
Wallfahrt, f. поклоњење, завет, опроштење, хаџилук; —en, v. n. ићи, поћи на поклоњење, на завет, па опроштење, у хаџилук; —er, m. (Wallfahrer), побожни путник, поклоник, хаџија.

Wallfisch, m. кит (риба); —artig, adj. китовит; —fang, m. лов на китове; —fänger, m. китоловац.
Wallgraben, m. опкоп.
Wallnuß, f. орах, бабац. [това.
Wallrath, m. спермацет, варбацеј, маст ки-
Wallroß, n. морски коњ.
Wallung, f. кипљење, врење; таласање; in — gerathen, ускипети, узаврети, усталасати се, заталасати се.
Wallwurz, f. гавез (трава).
Walmbach, n. кров од четири стрехе.
walmen, v. a. на четири стрехе покрити, покривати. [ноћ.
Walpurgisnacht, f. ноћ св. Валпурге, нечиста
wälsch, adj. талијански; fig. туђ, иностран.
walten, v. n. чинити, радити, делати, развати, управљати, настојати; schalten und —, жарити и палити; walt's Gott! боже дај, да бог да!
Walze, f. ваљак, ваљуга, оклагија; —en, v. a. ваљати, тањити оклагијом; ваљку играти, танцати.
wälzen, v. a. ваљати, котурати, оборити, завалити; sich —, v. r. ваљати се; die Schuld auf einen andern —, бацити кривицу на другога.
walzenförmig, adj. обал, обао, ваљковаст, ваљковит.
Walzer, m. ваљка.
Wälzung, f. ваљање, котурање.
Wamme, f. потрбушина, подвратник, марампа, дроб.
Wamme, **Wampe**, f. сало.
Wamms, **Wämmschen**, n. прсметача, прслук.
Wand, f. зид, дувар; страна; (Fels—), стена; (Schiffs—), ребро.
Wandel, m. живот, живљење, владање, понашање; непостојанство; мана; Handel und —, трговина, живот, живљење.
wandelbar, adj. непостојан, нестадан; (hinfällig), слаб, ломан; —keit, f. непостојанство, нестадност; слабост, ломност.
wandeln, v. n. ићи, ходити, ходати, шетати, шетати се; (sich betragen), владати се, понашати се; — v. a. мењати, променити.
Wandelstern, f. Planet.
Wandlung, f. (bei den Katholiken), посвећење (у миси), достојно.
Wanderbuch, n. путна књига за калфе.
Wanderer, m. путник.
Wander-gesell, m. путујући детић, калфа; —jahr, n. путна година; —n, v. n. путовати, ићи, пешке ићи, селити се, преселити се; unstät herum —, тепсти се, клатити се, скитати се; —paß, n. путни лист за калфе; —schaft, f. пут, путовање, странствовање; —smann, f. Wanderer; —stab, m. путничка палица; —ung, f. путовање, сеобање, сеоба.
Wand-haken, m. кука; —laus, f. Wanze; —leiste, f. полица, раф; —leuchter, m. свећњак на зиду; —uhr, f. сат о зиду.
Wange, f. лице, образ, јагодица.
Wankel-muth, m. —müthigkeit, f. непостојанство, нестадност; —müthig, adj. непостојан, нестадан.

wanken, v. n. либати се, колебати се, климати се, тетурати; наводити се, навести се; (von Füßen), клецати; — n. либање, тетурање, климање, клецање, навођење; —end, adj. тетурав, клецав.
wann, adv. кад, када; — immer, кадгод, ма кад; von —, кадашњи.
Wanne, f. (Wurfsieb), решето; (ein Gefäß), када, каца, жбан, вучија, чабрица, качица, меденица (за мед).
wannen, v. a. вејати.
wannen, adv. von —, одкуда, одкуд.
wannen-hero, —her, f. woher, daher.
Wannenweher, m. пустоловица, пустоловка (птица).
Wanst, m. бураг, трбушина.
Wanze, f. стеница; —enbrut, f. легло од стеница; —ig, adj. стеничав.
wappen, f. waffnen.
Wappen, n. грб, арма, цимер; —ausleger, f. **Wappenkundige** — buch, n. грбовница; — bede, f. плашт од грба; —feld, n. поље (у грбу); —halter, f. Schildhalter; —könig, m. грбовник, цимерник; —kunde, —kunst, f. хералдика, грбословље; —kundige, m. грбознанац; —mantel, m. плашт од грба; —schild, n. штит цимерски; —schildherr, n. штитнак; —schneider, m. резач грбова; —vetter, m. сугробовник.
Wappner, m. грбовник.
Wardein, m. испитивач новаца.
wardiren, v. a. испитати (новце).
warm, adj. врућ, топал, врео; Einem den Kopf — machen, добро кога наместити; — machen, топлити; — werden, отоплити се, загрејати се, угрејати се, откравити се.
Wärme, f. врућина, топлина, топлота; —messer, n. топломер.
wärmen, v. a. грејати, топлити, угрејати, парити, утопити, утопљавати; sich —, v. r. грејати се, огрејати се.
Wärme-stoff, m. топлина; —flasche, f. греовница.
Wärm-pfanne, f. мангал; —ung, f. грејање, утопљавање.
warn-en, v. a. опоменути, опомињати; —ung, f. опомена, опомињање; zur —ung anderer Jemanden strafen, казнити кога ради примера другима; —ungszeichen, n. знак од опомене.
Warte, f. кула, чардак.
Wartegebühr, f. плата официра на дужем допусту или привременој пензији.
warten, v. a. (auf einen, auf etwas), чекати, очекивати, изгледати, почекати, поседити, чамати; einen Kranken —, гледати, дворити, чувати болесника; ein Kind —, неговати; seines Amtes —, обављати службу своју; ein Pferd —, тимарити коња; — n. чекање, очекивање, изгледање, неговање, тимарење.
Wärter, m. настојник, чувар; (bei Kranken) болничар; —in, f. настојница, чуварка, болничарка.
Wart-geld, n. чуварина; —stunde, f. сат чекања; —thurm, f. Warte.

Wartung, f. чување, прегледање, неговање, старање, нега.
warum, adv. зашто, чему, што, зарашта, рашта, јер? — nicht gar, е да.
Warwolf, f. Währwolf.
Warze, f. (Wärzchen, n.), брадавица; —entraut, n. мач црвени, зеље ветарње (трава); —ig, adj. пун брадавица.
was, pr. што, шта; (etwas) штогол; нешто; — für ein, pr. какав; — immer, ма шта, којешта, штогод; — immer für einer, какавгод; — ist? које добро? — ist's darnach? те што?
Wasch-bär, f. Schupp; —becken, n. умиваоница, леђен; —bläuel, m. пратљача, прађак.
Wäsche, f. прање, первно; (Weißzeug), рубље, кошуље, рубиште, преобука.
waschen, v. a. прати, мити, плакати, умивати, опрати, умити, измити; — v. n. брбљати, блебетати; sich —, с. г. прати се, мити се, умити се.
Wäscher, m. перилац; (Schwätzer) брбљало, брбљавац; —ei, f. прање; (Geschwätz) брбљање; —in, f. периља, праља; —lohn, m. плаћа за прање.
Wasch-erz, n. прана руда; —faß, n. када, каца, чабар, лужница; —frau, f. периља, праља; —gold, n. прано злато.
wasch-haft adj. fig. брбљав; —igkeit, f. fig. брбљавост.
Wasch=handschuhe, pl. рукавице за прање; —haus, n. перионица; —kanne, f. ибрик; —kessel, m. котао за прање; —korb, m. кош за рубље; —lappen, m. опирњача, судопера, беспара, пачаура; —lauge, f. луг, цеђ; —leine, f. уже за вешање рубља; —meister, m. перплац; —platz, m. перило; —trog, n. —wanne, f. корито, шкип; —wasser, n. вода за прање; помије; —weib, n. ſ. Waschfrau; —werk, n. праоница; —zettel, m. попис рубишта.
Wasen, ſ. Rasen; Schindanger; —meister, m. живодер, деречник, ſ. Abdecker.
Wasser, n. вода; zu —, по води, по мору; zu — und zu Land, по води и по копну; das — steigt, вода расте, долази вода; zu — werden, излизати се, изјаловити се; —von gestern Abends, сановница; (in Zuſ.), воден; mit heißem — begießen, парити, попарити, опарити.
Wasser-ader, f. жила од воде; —ampfer, m. водени киселак; —artig, adj. водени; —ast, m. издана, дивја младица; —bad, n. хладна бања; (Taufe), крштење; —bau, m. зграда водена; —baukunſt, f. грађевинство водено; —becken, n. каменица, леђен; —behälter, m. чатрња; (bei einer Mühle) устава; —beſchreiber, m. водописац; —beſchreibung, f. водопис; —bett, n. корито у воде; —bezug, m. узнмање воде; —blaſe, f. мехур, бешика, бобук, клопац; —blau, adj. сињ; —blei, n. молибдена; —boden, m. пишталина, плоштина, лап; —brei, m. —muß, n. каша с водом; —bruch, m. водена кила; —bunge, f. крес (трава); —damm, m. пасип, насип; —dampf, m. пара од воде; —dicht, adj. кроза што вода неможе да пробије, непромочан; —eimer, m. ведро, кабао; —fahrzeug, n. барка; —fall, m. слап, водопад; —fang, m. чатрња, густерна; —farbe, f. водена боја; —flaſche, f. боца за воду; —faß, n. чобања, жбан, тавол, чабар, кабао, водени суд; —fläche, f. површина од воде; —fluth, f. потоп, поплава; —fracht, m. бродарина; —furche, f. разор, јарак; траг па воде; —galle, f. блато; (unvollkommener Regenbogen) непотпуна дуга; (am Auge) јечмик; —gang, m. јарак, водојажа; —gefäß, n. водени суд; —geflügel, n. водене птице; —geiſt, m. дух воденн; —geſchwulſt, f. оток водени; —gewächs, n. водено рашће; —glas, n. чаша за воду; —gleich, ſ. horizontal; —graben, m. јарак; —grube, f. јама, бунар, студенац, почуо, бистерна; —guß, m. плусак; —hälter, ſ. Waſſerbehälter; —hart, adj. на пола сув; —holunder, m. водена зова; — hoſe, f. ошнр; —huhn, n. лиска; —hund, m. водени пас.
wässerig, adj. водан, водњикаст, водњикав; —er Boden, лап; —keit, f. водњикавост.
Wasser-jungfer, f. госпојица, —kanal, m. прокоп; —kanne, f. канта, ибрик; —kasten, m. чатрња, густерна; —kessel, m. котао, котлић за воду; —kolbe, f. рогоз; —kopf, m. водена глава; —krug, m. крчаг, купа, тестија; —kunde, f. —lehre, f. водословље; —kunst, f. хидраулика; чесма; —leitung, f. водовод; прокоп за воду; —linie, Meerlinie, f. сочивица (воденац); —los, adj. безводан; —malerei, f. сликање воденом бојом; —mangel, m. недостатак у води; —mann, m. (Sternbild und Himmelszeichen) водолија; —maus, f. водени миш; —melone, f. лубеница; —messer, m. водомер; —moos, n. окрек, жабокречина; —mühle, f. воденица, бадњара; (an einem Bache) рекавица, поточара; —müller, m. воденичар.
wässern, v. n. der Mund wässert mir, расту ми зазубице; — v. a. воднити, мочити, квасити, залевати, натапати, наводнити, наквасити, намочити, залити, натопити, разводнити.
Wasser-nix, m. дух воден; —nixe, f. богиња водена; —noth, f. (Mangel), недостатак воде; (Ueberschwemmung) поплава; —nuß, f. враголић, trapa natans; —nymphe, f. (ein Insect), госпојица; (in der Mythologie) најада, нереида; —perle, f. лажњив бисер; —pfanne, f. тиган за воду; —pfeffer, m. водени бибер, папар водени; —pflanze, f. рашће водено; —pocken, f. pl. водене оспице; —probe, f. проба водена; —pumpe, f. пумпе; —quark, m. мрк за воду; —quelle, ſ. Quelle; —rab, n. водено коло; —ratte, f. пацов, штакор водени; —recht, n. право на воде; —reich, n. царство водено; —reis, ſ. Wasserast; —rinne, f. олук; (an Hausdache) одважа; —riß, m. вододерина; —röhre, f. цев водена; —schacht, m. водна доња; —schaden, m. штета од воде; —schaf, m. обилатост воде; —scheu, adj. бесан; —scheu, f. бесноћа, бесило; —schlange, f. змија водена; —sprerſe,

шљука водена; —schwalbe, f. брегуница; — schwertlilie, f. перуника дивља, iris pseudacorus; —spiegel, m. површина воде; —spitze, f. штрцаљка, f. feuerspritze; —stand, m. висина воде; —ständer, m. чабар; —steuer, f. (im Bergw.), водарина; —stoff, m. водоник; —strahl, m. трак од воде; —straße, f. пут воден; —streif, m. гњецаво, непечено место у хлебу; —streifig, adj. гњецав, непечен; —strom, f. Strom; —sucht, f. водена болест, дебела болест, проказа; —süchtig, adj. ко пати од болести водене; —suppe, f. водена чорба; —thier, n. животиња водена; —träger, m. —trägerin, f. водоноша; —treten, n. гажење воде; —trinker, m. водопија; —trog, m. корито; —tropfen, m. капља воде; —uhr, f. воден сат, клепсидра.
Wässerung, f. поливање, заливање, квашење, мочење.
Wasser-vogel, m. птица водена; —wage, f. либел; —wanze, f. смрдибуба; —wegerich, m. боквица, пасквица водена; —weide, f. ива; —weihe, f. свећење воде, водоосвећење; —werk, n. воде; водотвор, водотворина; —wirbel, m. вир, втлог, коловрат, вртача; —woge, f. вал, талас; —zeichen, n. слепо слово, водно знамење; —zoll, m. водна царина; —zuber, m. чабар.
Wate, f. истезавица (мрежа).
waten, v. n. газити, прегазити, загазити, гацати, грцати, шљапати, бродити.
watscheln, v. n. шепељити, гамбати, прекретати се у ходу.
Watt-e, f. вата; —iren, v. a. ватирати.
Wau, m. катанац (трава).
Wauwau, m. баук, бак.
webbar, adj. отк.
Webe, f. труба платна од 60 до 70 рифи.
weben, v. a. ткати, саткати, откати; erhaben —, пирлитати, испирлитати, изметати; — v. n. мицати се; leben und —, живети; — n. ткање.
Weber, m. ткалац, ткач; —erin, f. ткаља; —arbeit, f. ткалачки посао; —baum, m. вратило, статива, стативица; —blatt, n. брдо женско; —blattmacher, m. брдар; —einschlag, m. поутка, потка; —ei, —kunst, f. ткање, ткалачка вештина; —gestell, n. стан, разбој; —kamm, m. брдо женско; —knoten, m. ткачки чвор; mit ticken —knoten, verknüpfend; —schemmel, m. подножњак; —schiff, n. —schütze, n. чун, чунак, лајдица; —schlichte, f. Schlichte; —spuhle, f. цев, калем; —stuhl, m. стан, разбој, кросна, натра, тара; —tritte, pl. подножници; —trumm, n. нити; das Garn durch das —trumm ziehen, питати; —zettel, m. основа, оснутак.
Wechsel, m. (Veränderung), преинака, (Tausch), промена, измена, размена, мењање; (Wechselbrief), полица, меница; einen —ausstellen, меницу издати; der —der Röhren, савез од цеви.
Wechsel-, (in Zusam.), менични; —abschrift, f. препис менице; —acceptant, m. пријемник менице; —allonge, f. менична продаљка; —attest, m. затвор менични; —aussteller, m.

издавалац менице; —balg, m. подметнуто дете, подметче; несташко; —bank, f. банка менична; —brief, m. меница; —buch, n. менична књига; —cours, m. менични течај; —credit, m. менична вера; —fähig, adj. способан за менице, имајући право издати менице; —fähigkeit, f. способност за менице; —fieber, n. попусна грозница.
Wechsel-geld, n. менични новци; —gericht, n. менични суд; —gesang, m. певање наизменце.
Wechsel-geschäft, n. —handel, m. менични посао, сарафлук; —haus, n. мењачка кућа; —impregno, n. менична обвеза; —inhaber, m. власник менице.
Wechseljahr, f. Stufenjahr.
Wechsel-mäkler, m. самсар менични; —mäßig, adv. по меничном начину.
wechseln, v. n. мењати се, променити се; —v. a. мењати, променити, изменити; Geld —, разбити, разбијати, разменити; fig. Kugeln —, пуцати један на другога; Worte mit Jemanden —, говорити, преметнути се, свађати се; Briefe mit einem —, писати један другоме; (Wechsel treiben), мењати; држати банку; in einer Arbeit —, мењати се, наизменце што радити.
wechselnd, adj. мењајући, изменит; fig. несталан, непостојан, нејднак.
Wechsel-ordnung, f. менични закон, ред; —platz, m. менично место; —protest, m. менични протест; —rechnung, f. менични рачун; —recht, n. менично право; —rechtlich, adv. по меничном праву; —reiterei, f. злоупотребљење меничнога посла.
wechselseitig, adj. узајамни; с једне и с друге стране; —e Beziehung, узајамно односење; —keit, f. узајамност.
wechselsweise, adv. на изменце.
Wechseltisch, m. сто банкарски.
Wechsel-verfahren, n. менични поступак; —verkehr, m. (wechselseitiger), узајамни промет; (mit Wechseln), менични промет.
Wechselwesen, n. менинштво.
Wechselwirthschaft, f. наизменично газдовање.
Wechselzahlung, f. менично плаћање.
Wechsler, m. банкар, мењач, сараф.
Weck, Wecken, m. Wecke, f. рогаљ (врста хлеба).
weck-en, v. a. будити, пробудити, узбудити; —er, m. будионик, будилник; (an einer Uhr) будионик.
Wedel, m. реп; —n, v. n. махати; винути.
weder, с. ни, нит, нити; —Wasser noch Wein, ни воде ни вина.
Weg, m. пут, цеста, друм, стаза; fig. пут, средство, начин; im —e stehen, сметати коме; etwas zum —e bringen, учинити, извршити што, направити; in kurzen —e, у кратко; im —e der Gesetzgebung, путем, средством законодавства; im —e Rechtens, путем правде; auf dem —e, заходно; das ist außer meinem —e, то ми је на заход; aus dem —e gehen, уклонити се, уклањати се; sich auf den —begeben, кренути се за пут, примити се пута, дићи се путовати.
weg, interj. ха, одатле, даље, на страну, на

поље; — да, па страну; er ist —, отишао је, пропао је; sein Geld ist —, одоше му новци! schlechtweg, просто, кратко, у кратко, пашки.
weg=, (in Zus.), од-, о-, с-, из-, по-.
wegarbeiten, v. a. радећи скинути, извадити, уклонити, одломити; — v. n. без престанка радити.
wegäßen, v. a. скинути, извадити јетком водом.
wegbegeben, sich, v. r. отићи, удаљити се, устегнути се.
wegbeißen, v. a. одгристи, одгризнути.
wegbeizen, v. a. скинути, извадити (каквом жестоком, јетком ствари.
wegblasen, v. a. одухнути, издухнути, издувати, пахати, смахивати, смахнути.
wegbleiben, v. n. недоћи, изостати, изостанути.
wegbrechen, v. a. одбити, одврнути, одломити, откинути; изригати, избљувати.
wegbrennen, v. a. изжећи, пожећи; — v. n. изгорети, погорети.
wegbringen, v. a. однети, извадити, макнути, уклонити, одвести.
wegbürsten, v. a. ишчеткати, окефати.
wegcapern, v. a. отети, отимати, узети, освојити.
Wegdorn, Stechdorn, m. пасјаковина, маклиа.
wegdrängen, v. a. отиснути.
wegdürfen, v. n. смети отићи.
Wege=amt, n. друмарство; —aufseher, m. настојник путова, друмова; —bereiter, m. друмар; —breit, s. Wegerich; —geld, n. друмарина.
wegeilen, v. n. отићи, брзо отићи, журити се даље.
Wege=lagerer, m. пустахија, разбојник; —mauth, f. малта: (Gebühr), малтарина, друмарина; —mauthsfranken, pl. прањка, пречница, ћерам; —messer, m. путомер.
wegen, prp. за, ради, заради, поради, цећ, због.
Wegerich, m. боква, боквица, пасквица (трава).
Wege=recht, n. друмско право; —säule, f. путни ступ, путоказ; —scheide, f. раскрсница, распутница; —schnede, f. пуж, спуж.
wegessen, v. a. појести, одјести.
Wege=stroh, n. млскосеђа (трава); —tritt, m. слак, крупник, подворница (трава); —warte, f. жућаница. радић, водопија, водоплав (трава); —weiser, m. путоказ; (Führer), калауз; —zehrung, f. попутнина; —zoll, m. s. Wegegeld.
wegfahren, v. n. отићи, одвести се; über etwas —, прећи, прелазити преко чега; — v. a. одвести.
wegfallen, v. n. пасти, отпасти, отпадати; fig. престати, престанути, изостати, изостајати.
wegfangen, v. a. узети, освојити, уловити.
wegfaulen, v. a. сагњилити, отпасти, иструнути.
wegfegen, v. a. помести, измести, ишчистити, очистити.
wegfeilen, v. a. отпилити.
wegfischen, v. a. ловити, уловити, отети, преотети.

wegfliegen, v. n. одлетети.
wegfliehen, s. entfliehen.
wegfließen, v. n. тећи, истећи, отицати; истицати.
wegflößen, v. a. отплавити, плавити.
wegfressen, v. a. пождерати.
wegführen, v. a. одвести, водити, одводити, свести, сводити, завртнути, зајмити, отерати.
weggabeln, v. a. (gem.), отети, преотсти.
Weggang, m. одлазак, полазак.
weggeben, v. a. дати, издати, издавати.
weggehen, v. n. отићи, одлазити, полазити, ходити, отходити.
weggewöhnen, v. n. отућити, одвикнути, одучити, одлучити.
weggießen, v. a. излити, пролити, одлити.
weghaben, v. a. бити примио, бити добио; er hat es bei mir weg, изгубио веру код мене; (begreifen), разумети.
weghalten, v. a. даље, далеко држати.
weghängen, v. a. даље, на друго место обесити.
weghaschen, s. wegfangen.
weghauen, s. abhauen, umhauen.
wegheben, v. a. даље дигнути, уклонити, макнути од куда.
weghobeln, v. a. остругати, орендисати, сарендисати.
wegholen, v. a. одпети; доћи по што.
weghüpfen, v. n. отскакати; fig. über etwas —, скочити, прећи, прелазити преко чега, пехајати, немарити за што.
wegjagen, v. a. истерати, одагнати, отерати, одвитлати.
wegkapern, s. wegcapern.
wegkaufen, v. a. купити, покупити, покуповати.
wegkehren, v. a. (weggegen), почистити, очистити, замахнути, сплавити, помести, измести; den Unrath von der Treppe — трпити; (wegwenden), окренути, обрнути, одвргнути од куда, одвратити.
wegklauben, v. a. одбирати, поткупити, поткупљати.
wegkommen, v. n. (von einem Orte), изићи, отићи, избавити се, спасти се, опростити се; (sich verlieren), изгубити се, заблудити, забацати, занћи; schlecht —, зло проћи, gut —, добро, сретно проћи.
wegkönnen, v. n. моћи ићи, моћи отићи.
wegkratzen, v. a. огрепсти, одрапити.
wegkriechen, v. n. одмилети, одпузити.
wegkriegen, v. a. (im gem. Leben), добити; (einsehen), разумети, постигнути.
wegküssen, v. a. скинути, извадити, узети, отети, уклонити пољупцима.
Weglagerer, m. пустаија, разбојник.
weglassen, v. n. отпустити, пропустити, пустити, оставити, изоставити, изостављати.
weglaufen, v. n. отрчати, отићи.
weglesen, s. ablesen.
weglegen, v. a. оставити, пустити, на страну метнути, уклонити, макнути на страну или с пута, одметнути, одметати, пометати; —ung, f. остављање, од-

метање, излагање; — eines Kindes, изложење детета.
wegleihen, v. a. узајмити, посудити.
wegleiten, f. ableiten.
weglesen, v. a. чистити, очистити, требити; читати, очитати.
weglocken, v. a. одмамити, одвабити.
wegmachen, v. a. (einen Flecken 2c.), извадити; sich —, v. r. отићи, ићи.
wegmarschiren, v. n. отићи.
wegmausen, v. a. украсти, крадом узети.
Wegmauth, f. Wegemauth.
wegmisten, v. a. окидати.
wegmüssen, v. n. морати отићи.
Wegnahme, Wegnehmung, f. освојење, отимање, одузимање.
wegnehmen, v. a. узети, отети, освојити, однети, одузети, одузимати, отимати.
wegpacken, v. a. отпремити, на другу страну спремити; sich —, v. r. торњати се.
wegpeitschen, v. a. отерати, растерати корбачем, бичем.
wegpracticiren, v. a. (im gem. Leben), украсти.
wegprügeln, v. a. отерати, растерати батином.
wegputzen, f. abputzen, fig. украсти.
wegraffen, v. a. однети, пограбити, уграбити.
wegräumen, v. a. спремити, уклонити, макнути с пута, уклањати, јамити, окидати.
wegreiben, f. abreiben.
Wegreise, f. Abreise.
wegreisen, v. n. отићи, полазити, ићи, отправити се.
wegreißen, v. a. откинути, скинути; порушити, срушити, развалити.
wegreiten, v. a. одјахати, одјахати.
wegrollen, v. a. одвалити.
wegrücken, v. a. одмакнути, уклонити, отиснути, отискивати, измаћи, измицати, одмаћи, одгрнути, одгртати, скренути, скретати, кретати; — v. n. одмакнути се, макнути се.
wegrudern, v. n. одвести се.
wegrufen, v. a. одазвати.
wegsägen, v. a. отпилити.
wegsaufen, v. a. попити, полокати.
wegsaugen, v. a. поспсати.
wegschaffen, v. a. отправити, макнути, уклонити; рашчистити; опростити се, избавити се чега.
wegscharren, v. a. погрепсти, згрнути, згртати.
wegschaufeln, v. a. извадити, уклонити лопатом.
wegschenken, v. a. дати, даровати, пораздавати, испоклањати, поклонити.
wegscheren, v. a. остриђи; sich —, v. n. вући се, торњати се.
wegscheuchen, f. verscheuchen.
wegschicken, v. a. отправити, послати, слати, пошиљати.
wegschieben, v. a. отиснути, одгрнути.
wegschießen, v. n. одбити (из пушке).
wegschiffen, v. n. одједрити, одвести се.
wegschlagen, v. a. одбити, откинути.
wegschleichen, sich, v. r. украсти се одкуд.
wegschleifen, v. n. одвести се на саоница.

wegschleifen, f. abschleifen.
wegschleppen, v. a. одвући, однети, разнети, развући.
wegschleudern, v. a. бацити, бацати.
wegschmeißen, f. wegwerfen.
wegschmelzen, v. n. окопнети.
wegschnappen, v. a. шчепати, лапити; fig. украсти.
Wegschnecke, f. ппож.
wegschneiden, v. a. одрезати, одсећи, остриђи.
wegschnellen, v. a. бацити, избити.
wegschrauben, v. a. одврнути.
wegschütten, v. a. истрести, излити, пролити, одасути, просути, одапти.
wegschwemmen, v. a. однети (вода).
wegschwimmen, v. n. отпливати.
wegsegeln, f. absegeln.
wegsehen, v. n. гледати, погледати на страну, одвратити очи од чега.
wegsehnen, sich v. r. жудети, тежити, желити отићи.
wegsenden, v. a. послати, одаслати, отправити.
wegsetzen, v. a. метнути, ставити на страну, оставити, пустити, иставити, истављати; ein Kind —, изложити, изметнути дете; über einen Graben —, прескочити; sich —, v. r. (über etwas), нехајати, немарити за што.
wegsein v. n. небити присутан, бити отишао, бити прошао, бити пропао; —über etwas, нехајати, немарити за што.
wegsiedeln, v. n. селити, одселити се, селити се.
wegsingen, v. a. отпевати; vom Blatte —, на прав мах, с места певати што из нота.
wegsollen, f. wegmüssen.
wegspalten, v. n. отцепити.
wegspeien, v. a. избљувати, изригати, испљувати.
wegsprengen, v. a. оцепити, чинити да скочи штогод; — v. n. отркати, одскочити, одскакати, отићи скоком.
wegspringen, v. n. скочити, одскочити, одскакати; утећи.
wegspühlen, v. a. одвети, опрати, помити, исплакати, одлокати.
wegstechen, v. a. избости.
wegstehlen, v. a. украсти; sich —, v. r. украсти се откуд, отићи испод жита, искрасти се.
wegstellen, v. a. метнути, ставити на страну, иставити, истављати.
wegsterben v. n. умрети, помрети, поумирати.
wegstipizen, f. wegstehlen.
wegstoßen, v. a. одбити, одрнути, отиснути, отурити, отурнути, поринути, протискати.
wegstreichen, v. a. исписати, избрисати, отрти, обрисати.
wegthun, v. a. скинути, снимти, макнути, уклонити, отпустити, отправити, дати од себе, оставити, пустити.
wegtraben, v. n. откасати.
wegtragen, v. a. однети, односити.
wegtreiben, v. a. отерати, протерати, истерати, одагнати, одгонити, усвати, угонити.
wegtrennen, v. a. das Zusammengenähte —, отпарати.

wegtreten, v. n. одступити; — v. a. погазити, разгазити, згазити.

wegtrinken, v. a. попити.

wegverlangen, v. n. жудети, желети отићи.

wegwälzen, v. a. одвалити, одваљати, одваљивати.

wegwandern, v. n. отићи, отправити се, отпутовати.

wegwaschen, v. a. опрати, испрати, помити, умити.

wegwehen, v. a. одувати, издувати.

wegweis-en, v. a. отправити, упутити, упућивати; - er, m. калауз, вођа; —erin, f. вођа.

wegwenden, v. a. одвратити, окренути.

wegwerfen, v. a. бацити, забацити, пометнути, одбацити, одбацивати, врћити, турити, отурити, побацити; sich —, v. r. потиснути се, пометнути се, понизити се.

wegwischen, v. a. отрти, обрисати, избрисати; fig. über etwas —, омакнути се, свочити, прећи преко чега.

wegwollen, v. n. хтети отићи.

wegwünschen, v. a. желити, жудети да ко отиде, да што прође, да чега нема.

wegzaubern, v. a. отчарати, изчарати.

wegziehen, v. a. одвући; — v. n. селити се, оделити се, отићи.

Wegzug, m. полазак, одлазак, одсељење.

wegzwicken, v. a. отштипнути.

weh, wehe, interj. јаох, вајме, вај, леле, аох, тешко, куку; — adv. тихо, болети; Jemanden — thun, увредити кога; sich wehe thun, ударити се, увредити се, озледити се, убити се; — rufen, јаукнути, јаукати.

Weh, n. јад, бол, боља, болест, беда; die —en, pl. муке породне, преноси.

Wehe, n. јаз, заклоп; —, f. обрана.

Wehemutter, f. Wehmutter.

wehen, v. n. пухати, дувати; вијати се (барјак, итд.); sanft —, лаворити, харлијати; stark —, мести; — n. дување, попухивање; вијање (барјака); харлијање, лаворење.

Wehgeheul, n. лелек.

Weh-klage, f. јаук, плач, ридање, кукање, вапај, лелек, тужњава; —klagen, v. n. јаукати, ридати, кукати, плакати, вапити, лелекати, туговати, јадиковати, цвилети, процвилети, пропиштати, закукати, зарыдати; —muth, f. жалост, туга, сета, сетовање; von —muth ergriffen werden, стемтати се; —müthig, adj. тужан, сетан, жалостан; —mutter, f. бабица, примаља.

Wehr, n. бент, брана, јаз.

Wehr, —e, f. обрана, оружје; (Wall) заслон, белем, заклон; sich zur — setzen, бранити се, окосити се; —baum, n. пражља; —en, v. a. einem etwas, бранити, забрањивати коме што, пречити, недопуштати, кратити; Jemanden — бранити кога; sich —, v. r. бранити се, одолети, одолевати; —gehäng, n. (—gehenk), n. ремен од сабље; —geräth, n. справа за обрану; —haft, adj. ко је кадар бранити се; ко може носити оружје; —machen, оружати; оборужати; —los, adj. без обране, без оружја, неоружан; fig. нејак,

слаб; —pflicht, f. дужност војевати, војничка дужност; —stand, m. војнички сталеж.

Wehtage, m. pl. дани од болести; невоља, зло.

Weib, n. жена; (Ehegattin) супруга, брачна жепа, жепа по закону; altes —, баба, бака; ein großes —, женетина, жентурина, жентурача; —chen, n. женица; (bei Thieren) женка; (von der Maus) мишица.

Weiber-adel, m. племство од стране женске; —arbeit, f. женски посао; —brust, f. сисе, прси женске; —busen, m. недра женска; —feind, f. Weiberhasser; —gellatsch, —geschwätz, n. брбљање женско; —haft, f. weibisch; —handschuhe, pl. рукавице женске; —haß, m. мрзост женска; мрзост према женама; —hasser, m. женомрзац, женски непријатељ; —haube, f. капа женска; —hemb, n. женска кошуља; —kleid, n. женска халина, сукња; —lehen, n. феуд женски; —liebe, f. женска љубав, љубав према женама; —list, f. лукавштина женска; —mann, m. женар, женарош; —mantel, m. огртач женски; —name, m. женско име; —natur, f. будала женска, женар; —raub, m. отмица; —regiment, n. —herrschaft, f. влада женска; —rock, m. сукња, халина женска; —sattel, m. седло женско; —schen, adj. ко се боји женске; —schinder, m. крволок женски; —thum, n. женство; —tracht, f. ношња женска; —zeit, f. време женско.

Weib-heit, f. —thum, n. женство.

weibisch, adj. мекан, женски; — adv. женски.

weiblich, adj. женски; —keit, f. женска нарав, ћуд женска.

Weibling, n. прелац.

Weibs-bild, n. —person, f. жена, женско, женска глава; lüderliche —person, лоља; —personen, coll. женскиње; —kleider, pl. халине женске; —leute, pl. жене, женскиње, женске главе; —person, f. женска, женско, женска глава; —schneider, f. Frauenschneider; —stück, n. жентурина, женетина, —volk, f. Weibsleute.

weich, adj. мек, мекан; (vom Obst) гњио, труо; —machen, мекшати, памекшати, умекшати; —werden, мекнути, умекнути, одмекнути; —werden (vom Obst) гњилити, угњилити, трупути.

Weichbild, n. округје, околина (града каква).

Weiche, f. мекоћа, мекост; die Weichen, pl. слабина, слабобочина.

weichen, v. n. уклонити се, узмакнути, уступити, уклањати се, узмицати, уступати, отклонити се; von der Stelle —, попузивати, попузнути; — von einem, бежати од кога, бежати пред ким.

weichen, v. a. мочити, квасити; — v. n. мекнути, омекнути.

Weich-fleisch, n. бабушина; —gesotten, adj. мек, меко скухан; —heit, f. мекота, мекоћа; —herzig, adj. милосрдан, мека, милостива срца, милостив; —herzigkeit, f. милосрдност, меко, милостиво срце; —hufig adj. меке, мекане копите.

weichlich, adj. мекан, слаб; —keit, f. мекуштво.

Weichling, m. мекушац, шврћа.

weichmüthig, f. weichherzig; —mäulig, adj. мекоуст.

Weichsel, —kirsche, f. вишња (плод); —kirschbaum, m. вишња (дрво); wilder —baum, тресла, вишањ, вишњич; —farb, adj. вишњикаст; —holz n. вишњиковина; —wein, m. вишњовик; —zopf, m. колтун.

Weide, f. Weidenbaum, m. врба.

Weide, f. паша, испаширте; freie —, пустопаш; fig. весеље, радост.

Weide-geld, n. попаша, траварина, травнина, —genoffe, m. поредник.

weiden, v. a. пасти, попасти, напасти; — ohne Hirten, сампас; die Augen —, парити, напарити очи; — v. n. пасти, пасти се.

weiden, adj. врбов.

Weiden-baum, m. f. Weide; —band, n. гужва; —blatt, n. врбов лист; —busch, m. врбак; —b, adj. пасом; —gebüsch, n. врбњак; —gerte, f. шиба, витина, прут врбов; —ruthe, f. шиба, прут врбов.

Weide-platz, m. паша, пашњак, пашник, пасиште; —recht, n. право на пашу; —reich, adj. обилан пашом; —zins, m. попаша.

Weid-geschrei, n. вика, крика ловачка; —knecht, m. ловачки слуга.

weidlich, adj. врло, јак, снажан, добар, жив; — adv. врло, добро, живо, јако.

Weidmann, m. ловац; —schaft, f. лов, ловство. eidmännisch, adj. ловачки.

eid-meffer, n. нож ловачки; —fach, m. f. **Weidtasche**; —spruch, m. реч, пословица ловачка; —tasche, f. торба ловачка; —werk, n. ловство, лов.

Weißbretchen, n. поличица.

Weif-e, f. мотовило; —еn, v. a. мотати.

weiger-n, v. a. (einem etwas), кратити, недати, бранити, забрањивати; sich —, v. r. противити се, недати се, пехтети, дучити се; —ung, f. краћење, украћивање, пехотење, противљење; —ungsfall, m. (im —e), ако ко неби хтео.

Weihbischof, m. посвећен владика, посвећен бискуп.

Weihe, m. пиљуга, кања (птица).

Weihe, **Weihung**, f. посвета, посвећење, ређење, свети ред; die **Weihen**, свети редови; die — ertheilen, редити кога, рукоположити; die — nehmen, распопити.

weihen, v. a. светити, посветати, ређити кога, свештати, осветити, освештати, освештавати, освећивати, закрстити, закршћавати, рукополагати.

Weiher, m. рибњак.

Weihkessel, m. котлић, кропионица.

Weihnachten, f. **Weihnachtsfest**, n. божић, рођење Исусово.

Weihnachts-abend, m. бадњи дан; —besuch, m. полажај; —besucher, m. полажајник, радован; —braten, m. печеница; —brot, n. чесница; —feiertag, m. божић; —geschenk, n. дар божњи; —zeit, f. божић.

Weihrauch, m. тамјан; —fass, n. кадило, кадионица; —körchen, n. зрно тамјана.

Weihung, f. **Weihe**, f.

Weih-wasser, n. водица, света водица, закршћена водица, богојављенска водица; —wasserträger, m. водичар; —wedel, —sprengel, m. кропило, кропионик.

weil, conj. јер, јербо, бо, будући да, зашто.

weiland, adj. indecl. покојни, негдашњи, бивши, блаженопочивши; — adv. негда, пре.

Weilchen, n. час, часак.

Weile, f. време, час; alle —, свагда, увек, сваки час; lange —, дуго време.

weilen, f. verweilen.

Weiler, m. сеоце.

Wein, m. вино.

Weinart, f. врста вина; —ig, adj. вину подобан.

Wein-bau, m. винодељство, виноградарство; —bauer, f. **Winzer**; —beere, f. пуце, јагода, зрно; —berg, m. виноград, трсје, лозје; alter —berg, старац; junger —berg, сад, млађ, трап; —bergamt, n. виноградски уред; —blatt, n. винов лист; —blüthe, f. цвет винов; —bohrer, m. сврдло; —brühe, f. вареник; —butte, f. чабар, путуња; —drossel, f. бели дрозд; —dunst, m. пара винска.

weinen, v. a. & n. плакати, цвилети, заливати, оплакивати, оплакати, уплакати се; — n. плач, плакање, цвиљење, оплакивање; —d, adj. плачан, плачљив.

Weiner, m. плачко; —in, f. плакавица.

weinerlich, adj. плачан, плачљив; mir ist so —, плакао би, тешко ми је на срцу.

Wein-ernte, f. **Weinlese**; —essig, m. оцат вински, винско сирће; —farbe, f. винова боја; —farbig, adj. винов, винове боје; —fass, n. бачва, буре винско; —flasche, f. плоска, боца, чутура; —flecken, m. мрља од вина; —garten, m. виноград, трсје; —gärtner, m. виноградар; —gebirge, n. виногради; —geist, m. спирт од вина; дух вински; —gelag, n. пијалка; —geländer, n. чардак, лија; —gelb, n. винарина; —geruch, m. мирис од вина; —geschmack, m. кус од вина; —glas, n. винска чаша, купица; —gott, m. Вакхо Лозић, бог вински; —grün, adj. опојен вином; —hafe, —haue, f. мотика; —haft, adj. виновит; —handel, m. трговина с вином, винарство; —händler, m. трговац винарски, винар; —haus, n. крчма, винара; —heber, m. теглица, патегача; —hefen, pl. киселица; —hülse, f. љуска од грожђа; —hüter, m. пудар; —jahr, n. година винска; —kanne, f. канта винска; —keller, m. пивница, конобa, подрум; —keller, f. **Kelter**; —kenner, m. зналац вина; —kern, n. семе од грожђа; —kranz, m. венац, цимер од крчме; —krug, m. врч вински; —kufe, f. када, каца винска; —küfer, m. копобар; —lägel, n. барилац вински; —lager, n. подлози, подрум вина; —land, n. земља вино- родна; —latte, f. летва, тачка; —laub, n. лишће виново; —laube, f. брајда, сеница, чардаклија; —lese, f. берба, брање, винобер; —leser, m. берач, тргалац, —leserin, f. берачица; —markt, m. трг, пазар вински; —maß, n. мера винска; —messer, n. косир, косирић; —monat, m. октобар, листопад; —most, m. муст, маст, шира, кљук, винкот;

—müde, f. мутница винска; —тиß, n. пекмез, муст; —mutter, f. f. Weinhefen; —pfahl,
m. тачка; —preſſe, f. Kelter; —ranke, f. лоза, одрина, одрква, лавит; —taupe, f. завијач; —rauſch, m. пијанство од вина: —
—rebe, f. лоза, лозица; —reich, adj. винован, винородан; —reis, n. лањух, ененка;
—roth, adj. црвен као вино; —ſäuerlich, adj.
кисео на вино; —ſäufer, m. винопија; —
ſäure, f. киселина винска; —ſchank, m. крма, точење, продаја вина; —ſchenk, m. крмар; —ſchenke, f. крчма; —ſchenkin, f. крчмарица; —ſchiff, n. винарница; —ſchlauch, m.
мешина винска; —ſetzling, f. Fächſer; —ſtein,
m. бирса, стреш, срем; —ſteinartig, adj. бирсаст, срешап; —ſteinſalz, m. со од срема;
ſteuer, n. данак од вина, тулумина; —ſtok,
m. трс, чокот; —ſuppe, f. винска чорба,
вареник; —träber, —treſter, pl ком, дроп,
троп, брача, комина; —traube, f. грозд;
—n, pl. грожђе; —trinker, m. винопија; —
verfälſcher, m. кварилац вина; —verfälſchung,
f. кварење вина; —viſirer, m. визирџија;
—vorrath, m. залиха вин , готово вино;
—waché, n. винсни род; —wetter, n. време
угодно вину; —zehent, m. десетак од вина;
—zeichen, n. f. Weinkranz; —zoll, m. царина, намет на вино; —zuber, m. чабар вински.
weis, adv. einem etwas — machen, лагати,
слагати што коме.
Weisartikel, m. доказни чланак.
Weiſe, f. начин; мелодија, арија, напев, глас.
weiſe, adj. мудар, премудар: — werden, мудрати; —, adv. мудро; — m. мударац, мудрац; den —n ſpielen, мудровати.
Weiſel, m. матица (у пчела).
weiſen, v. a. казати, показати, казивати; an
einen —, упутити; fig. ſich — laſſen, слушати, послушати, послухнути; von ſich —,
отправити.
Weiſer, m. сказаљка, казаљка; казивач, матица; —los, adj. безматак.
Weisheit, f. мудрост, премудрост; —zahn, m.
стражњи кутњак.
weislich, adj. мудар, премудар, паметан; —
adv. мудро, паметно.
weiß, adj. бео; nicht; — ſein, werden, белити,
избелити, нобелити, обелити; —er Fluß,
бела; —e Woche, водена недеља. светла
недеља; ſich — brennen wollen, прати се,
прандити се, опрати се, оправдати се.
Weiß, n. белоћа, белина, белија; (Färbeſtoff),
белило; — auflegen (ſchminken), белити, набелити се.
weisſag-en, v. a. пророковати, прорећи, прорицати, гатати; —er, m. пророк; —erin, f.
пророчица; —ung, f. пророчанство, пророковање, прорицање, пророштво.
Weiß-bäcker, m. сомунар, пекар; —backig, adj.
белолик; —bier, n. бело пиво; —bleß, n.
длан бели; —brod, n. бео хлебац, земичка.
Weißbuch-e, (Weißbüche), f. граб, белограб;
—en, adj. грабов; —enholz, n. грабовина;
—enwald, m. грабик.

Weißdorn, m. глог бели; —beere, f. глогиња;
—holz, n. глоговина; —icht, n. гложје, гложјак.
Weiße, f. f. Weiß.
Weiße, n. бело; (im Ei), беланце.
weißen, v. a. белити, кречити, обелити, побелити, окречити.
Weiß-fiſch, m. кесега; —fleckig, adj. педаст;
—füßig, adj. белоног.
weißgar, adj. (von Häuten), стројен, остројен
Weißgärber, m. стројбар; —ei, f. стројбарство·
weiß-gelb, adj. беложут; —grau, adj. просед.
—haarig, adj. белокос, седокос; —halſig,
adj. белогрли; —kohl, m. f. Weißkraut;
kraut, m. трговина с платном; —kraut, n.
купус бели.
weißlich, adj. белчаст, белучаст, субел, субеласт; — ſein, беласати се.
Weißpappel, f. бела топола.
Weißſieden, n. чишћење сребра.
Weißtanne, f. бела јела.
Weißzeug, n. рубље, платно, кошуље.
Weiſung, f. упућење, напутак, заповест, наука, опомена, укор.
weit, adj. (entfernt), даљни, далек; (als Kleider zc.), широк, простран, алватан, разборит; (geräumig), простран, широк, велик;
bei —em, много, веле, пуно; bei —em nicht,
ни по што, нимало, ни налик; von —em,
из далека; die Sache ſteht noch im —en
Felde, ствар је још врло далеко; er floh in
die —e Welt, побеже у пусту земљу.
weit, adv. далеко, широко, много, веле, пуно,
широм; — auseinander, раздалеко; wie —,
докле.
Weite, f. пространост, простор, ширина, дужина, даљина, алватност.
weiten, ſich, v. r. ширити се.
weiter, compr. даљи, шири, пространији, ал
ватнији; — adv. одаље, даље, више; ohne
—es, без одлагања; bis auf —e Weiſung,
до друге заповести; — dort, потамо.
Weiterung, f. (im gerichtlichen Style), следство,
последак, последица.
Weiterverbreitung, f. ширење, распростирање.
weithin, adv. ћа, чак, дори.
weitläufig, adj. простран, широк, опширан;
ein —er Verwandter, рођак из далека; —e
Schreibart, опширан, растегнут стил; —
keit, f. пространост, ширина, опширност,
дужина, дужина.
weitſchichtig, f. weitläufig.
weitſchweifig, adj. опширан, растегнут; —keit,
f. опширност, дужина, дужина.
weitſichtig, adj. далековид; —keit, f. далековидост.
Weizen, m. пшеница, шеница, жито; (in Zuſ.)
пшеничан; —acker, m. — field, n. пшеничниште; —bier, n. пиво од пшенице; —brod, n.
пшенични хлеб; —graupe, f. крупа пшенична; —kleie, f. мекиње пшеничне; —korn,
n. зрно пшенично; —mehl, n. брашно пшенично; —ſpreu, f. плева пшенична.
welcher, welche, welches, pr. који, ко; welch' ein
Mann! какав човек! welche aßen, welche tranken, ко је пио, ко јео, неноји су пили, не

који јели; hier ſind Birnen, nehmen Sie welche, ето вам крушака, узмите коју.
welcher-geſtalt, adv. како, каковим, којим начином; —ſei, pr. какав, који.
welk, adj. увео, увенуо, учмао, локћав, —en, v. n. венути, увенути, учмасти, учманути; —heit, f. увелост.
Wellbaum, m. (Welle, f.), стабар; (am Weberſtuhl), вратило.
Welle, f. вал, талас; (von Reisholz), сноп, нарамак.
wellen, v. a. чинити да узаври, варити, уварити; сварити (гвожђе).
wellenförmig, adj. валовит, таласаст.
wellenreich, adj. валовит.
wellern, v. a. градити, зидати сламом и блатом, лепити.
Wellerwand, f. Lehmwand.
Wels, m. сом; kleiner —, сомче; —fleiſch, n. сомовина.
Welſch, f. Wälſch.
Welt, f. свет, људи, чељад; — haben, знати понашати се; die ganze —, васиони свет; die andere —, онај свет; aus der — ſchaffen, убити; —achſe, f. стожер светски; —all, n. васиона, васељена; —alter, n. век светски; —bau, m. грађа светска; —begebenheit, f. догађај светски; —beherrſcher, m. господар света; —bekannt, adj. познат свему свету, прочувен; —berühmt, adj. славан, прослављан; —brauch, m. навада, обичај светски; —bürger, m. грађанин светски; —gebäude, n. светска зграда; —gegend, f. страна света; —geiſtliche, m. световни свештеник; —gericht, n. страшни суд; —geſchichte, f. светска, општа повесница; —getümmel, n. бука светска; —handel, pl. послови светски; —karte, f. мапа од света; —kenntniß, f. познавање света; —kind, n. — menſch, m. светски човек; —klug, adj. вешт, практичан; —klugheit, f. познавање света, мудрост; —körper, m. тело небеско; —kreis, m. круг земаљски; —kugel, m. шар светски, земаљски; —kunde, f. f. Weltkenntniß; —kundig, adj. ко познаје свет; f. weltbekannt; —lauf, m. ток у свету; —leute, pl. светски људи, људи од света.
weltlich, adj. светован, светски, земаљски; —keit, f. световност.
Welt-luſt, f. весеље светско, ужинање у свету; —mann, m. човек од света; —meer, n. море, океан; —menſch, f. f. Weltkind; —prieſter, f. Weltgeiſtlicher; —ſinn, m. памет светска, световне мисли; —ſtrich, m. климат, поднебље; —ſyſtem, f. Weltgebäude; —theil, m. страна света; —weiſe, m. мудрац, мудрац; —weisheit, f. мудрост.
wem? pr. коме?
wen? pr. кога?
wendeſahren, v. a. двојачити.
Wendehals, m. вијоглав, вијоглава.
Wende-kreis, — zirkel, m. повратни круг.
Wendel-treppe, f. степени на завоје, на пуж; —baum, m. стожер (у ветрењачи).
wenden, v. a. обратити, обрнути, окренути, сврнути, обраћати, окретати, свраћати, преврнути, превраћати, заокренути, завртнути, извратити, мешати, двојачити, завести; ſich —, отснути се, окренути се, превијати се; ſich — an einen, обратити се на кога (н. п. молбом); das Korn —, преврнути жито лопатом; einen Acker —, преорати њиву; ein Kleid —, преврнути хаљину; den Rücken —, окренути леђа; Zeit, Geld worauf —, трошити, харчити, тратити време, повше на што; Gott wende es zum Beſten! боже дај, да добро буде, да бог да да добро изиђе; der Wind hat ſich gewendet, променио је ветар.
Wendeſtock, m. дршце за превртање рукавице.
Wendung, f. обртање, окретање, завој, свој, промена; ſchlechte — einer Sache, назадак; üble —, нехтем, дати се на зло.
wenig, adj. & adv. мало, трошице, поредно; nur ein —, нешто; —e, n. мало; —er, adj. & adv. мање, мањма; um ſo —er, камо ли; —er werden, истанчати; —keit, f маленкост; —ſte, adj. најмање; —ſtens, adv. бар, барем.
wenn, adv. ако, када, да; —auch, —gleich, —ſchon, e. премда, макар, буд; —nit, e. само ако.
Wenzel, m. (in der Karte), дољак.
wer, pr. ко, који; — immer, когод, који год, који му драго, ко му драго; — iſt er? чегов је он?
Werbe-geld, n. капара војничка; —haus, n. орбукина; —kreis, m. купивојна срез.
werben, v. n. (um etwas), тражити, искати, просити; — v. a. (verloſen zu etwas), мамити, вабити на што; (Truppen), купити, пописивати, писати, врбовати (војнике); — n. тражење, искање, прошење, просидба; мамљење; купљење, врбовање, врбовка, записивање (војника).
Werber, m. купивојска, врбункаш; просац, просилац; купац. муштерија.
Werbung, f. f. Werben, n.
werden, v. n. бити, постати, постанути, бавати, постајати; (in Erfüllung gehen), стећи се, стецати се, доћи; es wird nichts daraus, не пик!
Werder, m. лука, налучак.
werfen, v a. & n. бацити, бацати, хитити, хитати, метнути, метати, врљати, врћати, турати, турати, похитати, машити, бацити се, турати се, потегнути се; Zinde —, котити, окотити, котити се, окотити се, омладити се; штенити, штенити се, оштенити, оштенити се; мацити, мацити се, омацити, омацити се; козити, козити се, окозити, окозити се; јагњити, ојагњити, јагњити се, ојагњити се; телити се, отелити се, телити, отелити; ждребити се, ождребити се, ждребити, ождребити; прасити, опрасити, прасити се, опрасити се; die Augen auf etwas —, окомити око на што; Wellen —, упљускивати се; zu Boden —, бречити; (mißgebären), побацивати; ſich —, г. г. бацити се, хитити се, тиснути се; ſich auf Jemand —, нагнати се; (ſich) krumm ziehen, изметнути се, изметати се, извитоперити се,

извръи се: (vom Fisch), качати; sich vor Jemanden auf die Kniee —, бацити се на колена, клекнути пред ким.
Werft, n. шкар, шквер, кантир.
Werft, n. **Werfte**, f. (im Weben), основа, оснутак.
Werg, Werf, n. кучине.
Werf, n. дело, творина, посао, рад, створ, направица, мука; die Hand ans — legen, латити се посла; (Berg—), таоница; (in Buj.), тежатни, радни, послени.
Werf-bant, f. **Werftisch**, —biene, f. радена пчела; —bret, n. мнјол; —eltag, f. **Werftag**.
Werf-führer, m. деловођа; —holz, f. Bauholz.
werfen, adj. од кучна.
Werf-leute, pl. тежаци, послсници, работници; —meifter, m. настојник; —messer, n. нож; —ofen, m. (Glas—), стаклана, стаклара; (Eifen—), гвожђара, гвожђарница; —probe, f. оглед дела; —besitzer, m. поседник рудника; —schuh, m. стопа (мера), —ftatt, —ftätte, f. радионица; —ftein, m. f. **Werfftück**; —ftellig, adj. — machen, ставити у дело; оправити, свршити, начинити, учинити; —ftück, n. отесан камен; —ftube, f. радионица; —tag, m. радни дан, тежатник, тежатак; —tags—, себични; —thätig, adj. делотворан; —tifch, m. мијол; (des Tifchlers), стружница; (des Schneiders), тезга; —zeug, n. оруђе, алат; einzelnes —zeug, алатњик.
Wermuth, m. пелен, осјенач; —wein, m. пеленат, пелунија, бермет.
Werfte, f. врста (миља руска).
Werth, m. цена, вредност, вредноћа; достојност.
werth, adj. вредан, достојан, драг; —achten, —halten, —schätzen, поштовати, штовати, ценити кога или што; sein, вредити; nichts — sein, неваљати пишта; es ift nicht der Mühe —, није вредно, не вреди да...
Werth-anschlag, m. процена; —bemessung, f. процена вредности; —empfang, m. примање вредности; —erhebung, f. проналажење вредности; —geschätzt, adj. драг, поштован; —los, adj. без сваке цене; —papiere, pl. n. артије од вредности; —schätzung, f. поштовање, штовање; цењење, цена, процена; —verminderung, f. омаљење вредности; —zeichen, n. f. **Werthpapiere**.
Wesen, n. (ein Wesen), биће; (Wesenheit), битност; (Sache), ствар; (Zustand), сталеж, стање, биће; (Naturell), нарав, ћуд, воља; (Betragen), начин; das höchste —, највише биће, бог; das gemeine —, послови јавни, опште благо; artiges, gezwungenes, grobes —, начин уљудни, успјени, груби; das böfe —, велика болест, падавица; viel —s machen, чинити вику ради чега, бити сувише тачан у чему.
Wesen-heit, f. битност; —los, adj. ташт, празан, луд; —tlich, adj. битан; прав, истинит; das —tliche einer Sache, битност ствари које.
Wespe, f. ос, зоља.

weffen, wes, pr. чији, чигов; — immer, чијгод, чији му драго.
weß-halb, —wegen, adv. зашто, рашта, поради чега, чега ради.
West, m. запад, заход; западњак, ветар западни.
Wefte, f. **Weftchen**, n. прслук, јечерма, фермен, премитач.
Weften, m. запад, заход.
Westerhemb, m. крзница.
weft-lich, adj. западан; — adv. на запад, према западу, западно; —wärts, adv. на запад, к западу, према запад; —wind, m. западњак, ветар западни, вечерњи ветар, бабан ветар.
Wette, f. онклада, оклада, зарок, облог; es geht um die —, иде за окладу; eine — eingehen, окладити се.
Wetteifer, m. натецање; —n, v. n. натецати се, надмстати се.
wetten, v. a. & n. опкладити се, кладити се, облагати се.
Wetter, m. опкладник.
Wetter, n. време, година, (Ungewitter), невреме, зла година, непогода, олуја, гром, грмљавина; —schechtes —, кошодер, козомор, козодер; —ableiter, f. **Blitzableiter;** —bach, m. кров; —fahne, f. ветреница; —fisch, m. чиков; —glas, n. барометар, термометар; —hahn, m. (—fahne, f.) петао (на крову); fig. ветрењак; —fluft, f. пукотина у дрвету (од зла времена); —launig, adj. зле воље, невесео; промењив као време; —leuchten, v. i. севање муње; —leuchten, n. светлица; — männchen, n. ветреница.
wettern, v. i. грмети; — v. n. лармати, викати, псовати.
Wetter-prophet, m. пророк времена; —prophezeihung, f. пророковање времена; —regen, m. киша с ветром; —schaben, m. штета од зла времена; —schlag, m. гром, град, туча; —strahl, m. гром, стрела; —veränderung, f. промена времена; —wendisch, adj. нестадан, непостојан као време; —wolke, f. црн облак.
Wett-gelb, n. оклада; —lampf, f. **Wettstreit;** —lauf, m. натецање, трка, утркивање; —laufen, v. n. —rennen, v. n. утркивати се; —laufpreis, m. обдуља; —rennen, n. утркивање; —streit, n. натецање, препирање.
wetzen, v. a. брусити, оштрити, точити, набрусити, наоштрити; —en, n. брушење, оштрење, точење; —fifte, f. водир, брушвача, тобалица, тоцило; —ftahl, m. гладишник, масат; —ftein, m. брус, тоцило, оцило, гладилница, гладило.
Whift, —spiel, n. хвист (игра).
Wichse, f. мазало, маст, восак; —en,v. a. воштити, увоштити, мазати, намазати; die Schuhe —, чистити обућу; fig. мазати, тући, бити.
Wichslappen, m. крпа за воштење.
Wicht, m. угурсуз, орјатин; armer —, убоги ћаво.
wichtig, adj. (vollwichtig), потпуне мере; (von Bedeutung), важан, знатан, знаменит; —er, compr. претежнији; —feit, f. пуна, потпуна

потпуна мера; fig. важност, знатност, знаменитост.
Wicke, f. грахор, грахорица, граховина, вика; кукољ.
Wickel, m. свитак; (Haarwickel), увојак; (von Teig), засучак; —band, n. повој; —eisen, n. ђунија; —frau, f. повијала; —kind, n. дете у повоју, повијено дете; —n, v. a. мотати, смотати, замотати, увити, завити; ein Kind —, повити, повијати дете; —tuch, n. бошча; —zeug, n. повој, пеленице.
Wickfutter, n. грахор.
Widder, m. ован, праз, ован неујаловљен; junger —, шиљег; (in Zuf.), овнов, овнујски.
wider, prp. супрот, против, супротив; — alle Erwartungen, ненадано.
wider=bellern, —bellen, v. n. одговарати, приговарати, противити се, супротивити се.
Widerchrist, m. антикрист.
Widerdruck, m. отпор; (bei den Buchdruckern), штампа друге стране.
widerfahren, v. n. догодити се; — lassen, учинити, делати, чинити; Gnade — lassen, помиловати; Gerechtigkeit — lassen, учинити што је право.
widergelten, s. vergelten.
Widerhaken, m. кука, чекљун; (an der Häkelnadel), закључак.
Widerhalt, m. противност, отпор; потпор; —en, v. n. опирати се, противити се; подупирати.
Widerklage, f. устужба; s. Gegenklage.
Widerlage, f. подбој; (Gegenvermächtniß), супротни запис; (Gegenausteuer), узмираз.
widerleg=bar, adj. оповргљив; —en, v. a. оповргнути; —ung, f. опоргавање.
widerlich, adj. досадан, неугодан, непријатан, омразит; —keit, f. досада, досадност.
widern, v. n. досадити, досађивати; гадити се.
widernatürlich, adj. протупараван; —keit, f. противаравност,
Widerpart, m. противник; противна странка.
Widerprall, m. одбој, одскок; —en, v. n. одбити се, одбијати се, одскочити, одскакати.
widerrathen, v. a. (einem etwas), одвраћати, одговарати, одговорити кога од чега; несветовати коме што.
widerrechtlich, adj. неправедан, незаконит, закону противан; —keit, f. неправда, незаконитост.
Widerred=e, f. приговор; —en, v. n. одговарати, приговарати, противити се.
Widerruf, m. порицање, одрицање; —en, v. a. порећи, порицати, одрећи, разрећи; —lich, adj. поречан, опоречан; —ung, f. порицање; —ungsklage, f. поречна тужба.
Widersacher, m. противник, супарник, непријатељ; —in, f. противница, непријатељица, супарница.
Widerschein, s. Wiederschein.
widersetz=en, v. r. (einem), противити се, супротити се, опирати се, опрети се чему; —lich, adj. противан, упоран, тврдоглав;

—lichkeit, f. упорност, тврдоглавост; —ung, f. противљење.
Widersinn, m. противан смисао; (Unsinn), лудост, будалаштина; —ig, adj. противан, противно разуму, опак, луд; —igkeit, f. противност, лудост.
widerspänstig, adj. упоран, супротиван, противан, тврдоглав, непослушан, непокоран; —keit, f. упорност, тврдоглавост, непокорност, супротивштина.
Widerspiel, n. што је чему противно, s. Gegentheil.
widersprech=en, v. a. (einem), противусловити, противити се, приговарати, одговарати; (läugnen), тајити; sich —, v. r. поређи се, порицати се, сам против себе говорити; неслагати се, неподударати се; —end, adj. противуслован, несложан, супротиван; —er, m. противник. [јење.
Widerspruch, m. противусловље, приговор. та-
Widerstand, m. супроћење, противљење; —leisten, противити се, одолевати, одолети.
widerstehen, v. n. (einem), противити се, опирати се, опрети се; diese Arznei widersteht mir, гади ми се на ту лекарију; (bezwingen), одолети.
widerstrahlen, v. n. одсевати, одсјајивати.
widerstreben, v. n. (einem Dinge), противити се, опирати се, опрети се, опречити се, одолети; — n. супроћење, противљење.
Widerstreit, m. отпор, супроћење, противљење; —en, v. n. (einer Sache), опирати се, противти се.
Widertheil, m. противник, противница.
Widerthon, m. папрат водени
widerwärtig, adj. противан, супротиван, неугодан, непријатан, досадан; —keit, f. противност, неугодност, неприлика, незгода, несрећа.
Widerwill=e, f. зловољност, мрзост, незадовољност, иззадовољство; —en gegen etwas haben, мрзити на што; mit —en, сплом, зле воље, зловољно; —ig, adj. без воље, сплом.
widm=en, v. a. посветити, посвећивати; —en, n. посвећење, посвећивање; —ung, f. посвета, посвећење; —ungsurkunde, f. посветна исправа.
widrig, adj. противан, супротиван, неугодан, непријатан, досадан, гадан; —enfalls, adv. ако не, другачије, инако, иначе; —keit, f. противност, неугодност, неприлика, досада.
wie, adv. како, као, кано, него, од; —gelehrt er auch sein mag, био он учен колико му драго; — alt ist er? колико му има година? — stark war die Gesellschaft? колико је било друштва? — lange wird das noch dauern? докле ће то још трајати? — lange ist er schon hier? одкад је овде? — oft? колико пута? — theuer? пошто? — viel? колико? — groß ist er? колики је? — weit ist es von da? колико има оданде? — anders, а да како? — erst, а камо ли; — immer, како год, којекако; der — vielste, који.
wiebeln, s. wimmeln.
Wiede, f. гужва.

Widehopf, m. пупавац, путпуден, кукавичји коњиц, кукавички коњиц.
wieder, adv. опет, опета, изнова, снова, по други пут, натраг.
Wieder-aufnahme, f. поновљено, поновично предузимање; —aufnehmen, v. a. предузети што из нова.
wiederbekommen, v. a. опет добити, добити натраг.
wiederberufen, v. a. поново позвати, сазлати.
wiederbesetzen, v. a. поставити наново (кога у службу), посести паново (које место).
wiederbringen, v. a. донети, довести, дотерати натраг, повратити што коме; —lich, adj. поправљив, падокладив; —ung, f. повраћање.
wiedereinberufen, v. a. паново сазвати; —ung, f. поновљено сазивање. [тити.
wiedereinbringen, v. a. добити натраг, повра-
Wieder-einnahme, f. приосвојење; —einsetzung, f. повраћање; —eintreten, v. n. попово ући; —eintritt, m. поновљени улаз, увоз; —erinnerung, f. припомена; —erlangung, f. поновљено добивање; —eroberung, f. приосвојење; —erstatten, v. a. вратити, повратити што; (einen Verlust), накпадити што; —erstattung, f. повраћање, накнада.
wiederfinden, v. a. опет наћи.
wiederfordern, v. a. тражити, искати натраг.
Wiedergabe, f. повраћање.
wiedergebären, v. a. препородити.
wiedergeben, v. a. повратити, поповити, казати, враћати.
wieder-geboren, adj. препорођен; —geburt, f. препорођење.
wiedergenesen, v. n. оздравити, опоравити се, поначинити се; —ung, f. опорављење, оздрављење, здравље.
wiedergewinnen, v. a. опет добити, добити натраг.
Wiederhall, m. одзив, јека; —en, f. wiederschallen.
wiederherstellen, v. a. поправити; —ung, f. поправљање.
wiederhervorziehen, v. a. подадрети, подадирати; —n. подадирање.
wiederholen, v. a. поновити, понављати, поговорити, донети натраг, опет допети; —ung, f. понављање, поговор.
wiederkäuen, v. a. преживати, прежимати; —n. преживање; —r, m. преживар.
Wiederkauf, m. откуп, прекуп, назадно куповање; —en, v. a. откупити, купити назад, превупити.
Wiederkäufer m. откупник, прекупац.
wiederkäuflich, adj. откупан, прекупан.
Wiederkaufsrecht, n. право откупа, прекупа.
Wiederkehr, f повратак; —en, v. n. вратити се, повратити се.
wiederkommen, v. n. опет доћи, доћи натраг, вратити се, повратити се.
Wiederkunft, f. повратак.
wiederlesen, v. a. опет читати, наново прочитати.
Wiedernahme, f. преотимање, преосвојење.
wiedernehmen, v. a. узети натраг, преосвојити, преотети.

wiedersagen, v. a. опет рећи, поновити, поговорити; — n. попављање, поговор.
wiederschaffen, v. a. опет добавити, опет стећи; с пока паредити.
Wiederschall, m. јека, одзив, разлегање; —en, v. n. одзивати се, разлегати се, орити се, одбијати се, одјевнути, заорити се, одлећи се, одлегати се.
Wiederschein, m. одсев, одсевање, одсјајивање; —en, v. n. одсевати, одсјајивати, одснути.
wiederschicken, v. a. слати, послати натраг, опет слати, послати.
wiederschreiben, v. a. & n. отписати, одговорити.
wiedersuchen, v. a. тражити, потражити изнова.
wiedersehen, v. a. опет видети, састати се.
Wiedersehen, n. састанак нов; auf —, до виђења!
Wiedertaufe, f. прекрштање; —n, v. a. снова крстити, прекрстити.
Wiedertäufer, m. прекрститељ, анабаптиста.
wiedertönen, f. wiederschallen.
wiederum, f. wieder.
wiederverheelichen, v. n. наново у брак ступити, наново оженити се, удати се; —ung, f. поновљени брак.
Wiedervereinigung, f. приседињење.
wiedervergelten, v. a. вратити, накнадити, надокнадити, платити, отплатити, одменити; —ung, f. отплата, одмена, f. Vergeltung, —ungsrecht, n. право заменитости; f. Vergeltungsrecht.
Wiederverkauf, m. препродаја, препродавање.
wiederverkaufen, v. a. препродати, препродавати.
Wiege, f. колевка, зибка, бешика, шика.
wiegen, v. a. мерити; — v. n. вагнути, тежити, теглити; sich —, v. r. (wie der Vogel in der Luft), њијати се.
wiegen, v. a. љуљати, њихати, шикати, зибати, пришикати, одњихати, гибати, мицати; auf den Knieen —, цуцати, цуцнути; —, n. љуљање, њикање, њихање, гибање, цуцање.
Wiegen-band, n. повеза на колевци; —fest, f. Geburtsfest; —pferd, (Schaukelpferd), n. коњ дрвени; —spriegel, m. лучац, облучац, облук.
wiehern, v. n. хрзати, њиштати; — n. хрзање, њисак, њиска, виска, висак, њиштање.
Wiesbaum, f. Heubaum.
Wiese, f. ливада, сенокоша, сенокош, чистина, бара.
Wiesel, n. ласица, невестица; junges —, ласичић; —farbig, adj. ласаст.
Wiesenbaum, m. ливадар.
Wiesen-blume, f. пољски цвет; —flur, f. рудина, лавада; —gras, n. трава пољска; —grund, m. сенокоша, ливада; —klee, m. детелина; —knopf, m. јарчија трава; —läufer, f. Wachtelkönig; —lerche, f. пољска шева; —raute, f. рута дивја; (gelbe—), вредовађ.
Wiesewachs, m. ливаде, сенокоше, рудине.

wieviel, f. wie.
wievielfte? pr. који; den --n haben wir heute? који је данас (месеца)?
wiewohl, c. премда, ако.
wild, adj. дивљи, дивљи, пуст. преображен, сиров, неотесан, распуштен, разуздан; —e Thiere, звериње, дивљачина; — fein, дивљати; — werden, подивљати, помамити се.
Wild, n. звер, звериње, дивљач, лов, зверка.
Wild-acker, m. њива за звериње у зверињаку; —bahn, f. стаза; брањевина (лова); логовски пут; fig. логов (коњ); —bann, m. лов, право лова, брањевина; —braten, m. дивљач (печена); —bret, m. дивљач; das Hirze —, муда од јелена; —brethändler, m. дивљачар; —dieb, m. крадљивац дивљачи; —dieberei, f. зверокрађа.
Wilde, m. дивљак.
wildenzern, wilpern, v. n. заударати на дивљач, дивљачју.
Wild-fahrt, —fuhre, f. стаза (куд пролази зверад); —fang, m. лов, хватање звериња; fig. дивљак, ветрогоња, несташан човек; —fell, n. дивљетина; —fremd, adj. посве туђ, посве непознат; —frevel, m. зверокрађа; —gefälle, pl. доходци од дивљачи; —geruch, m. заударање на дивљач; —grube, f. јама (за зверад); —heit, f. дивина, дивљаштво; —kalb, n. лане; —ling, m. дивље дрво, дивљи огранак; —meister, m. надгледник звериња; —niß, f. пустош, пустиња; —obst, n. дивље воће; —schaden, m. (durch das Wild), штета од зверади; (am Wilde), штета на звериње; —schur, f. шуба нучја; —schütze, m. ловџац, f. Wilddieb; —schwein, n. вепар, дивљи —schur, f. траг од звери; —stand, m. леже, брлог; (Menge des Wildes), множина звериња; —wachsend, adj. бујан; —werk, n. дивљач.
Wille, n. воља, f. (Einwilligung), привољење; der letzte —, последња воља, опоруке; mit Wissen und —n, знајући и хотећи; aus freiem —n, добре воље, драге воље; gegen seinen —handeln, чинити што преко срца; nach seinem —handeln, самовољно чинити; um Gottes —, бога ради.
willens fein, v. n. хотети, хтети, канити, смерати.
Willens-bestimmung, f. хотење, одлука, наканa; —meinung, f. воља, мисао, мњење.
willfahren, v. a. (einem in etwas), угодити, учинити коме по вољи, послушати, приволети.
willfährig, adj. вољан, послушан, готов; —keit, f. вољност, послушност, готовост.
Willfahrung, f. привољење, саизвољење.
willig, adj. готов, вољан, добровољан, хоћак; adv. добре воље, добровољно; —en, v. n. (in etwas), приволети на што, одобрити што; —keit, f. приправност, добровољност, добра воља.
willkommen, adj. добро дошао, повољан; einen — heißen, примити, дочекати кога лепо; — fein, добро доћи; fig. драг бити, угодан, пријатан бити; fein Sie —, добро дошли!
Willkommen, m. дочек; (Art großes Trinkglas).
добродошлица. биликум; (im Zuchthause), добродошница, поздрав, прве батине.
Willkühr, f. воља, самовоља; —fich, adj. самовољан.
wimmeln, v. n. врвети, гмизати, кањтити, копарати, киптити, крчати.
Wimmer, f. (im Holz, im Steine), члан; —ig, adj. члановит.
wimmern, v. a. јецати, цвилети; — n. јецање, цвиљење.
Wimpel, m. барјачић.
Wimper, f. трепавица.
wimpern, v. n. трептати, трепнути, мигати.
Wind, m. ветар; gelinder —, ветрић, ветриц, поветарац, лахор, хлад; der — geht, ветар пуше, душе; mit vollem —e segeln, једрити с ветром у крму; —machen, махати; fig. хвалити се, лагати; in den —schlagen, немарити, нехајати за што; —wovon haben, њушити, осећати што; warmer —, топлик; in alle —e, куд који.
Windball, m. балон.
Windbeutel, m. ветрогоња, ветрењак, голо-игра, летипас; ветропир; —ei, f. ветрогонство, хвастање; —n, v. n. хвалити се, ветар капом терати.
Wind-bruch, m. (im Walde), пролом, изврат; — (am Körper), кила; —büchse, f. ветрењача пушка. [крк, стона.
Winde, f. (zum Winden), вито, мотовило, чеWindel, f. пелена, иселеница.
windeln, v. a. повити, повијати (дете).
winden, v. a. мотати, вити, сукати, вијати, насукати; Kränze —, плести венце; einem etwas aus den Händen —, извити коме што из руке; Lasten in die Höhe —, дизати у вис на вито; sich —, v. r. вити се, вијугати се, кривудати, повити се, извијати се, исповијати се; das Gewundene, савитак.
Wind-ei, n. празно, шупље јаје; —facel, f. зубља, машала, бакља; —fahne, f. ветарница; —fall, m. дрва поломљена од ветра; —fang, m. ветровњак (у сату); —geschwulst, f. оток; —gott, m. Еол, бог ветрова; —hetze, f. лов с хртови, —hund, m. хрт, огар, junger —hund, кpче; —hündin, f. хртица, огрица.
windig, adj. ветровит; (leichtfertig), ветрењаст.
Wind-klappe, f. залетавац; —stoß, f. наступ, завијање од ветрова; —lade, f. (in den Orgeln), ветровница; —licht, n. мишала, буктиња; —loch, n. одушка; —macher, m. хвастун; —macherei, f. Windbeutelei; —messer, m. ветромер; —mühle, f. ветрењача, ветрни млин; —mühlenflügel, m. крило од ветрењаче; —müller, m. ветрењачар; —ofen, m. пећ са промајом; —pocke, f. blatter, f. дивље оспице; —reiter, m. вејача, ветрењача; —röschen, n. саса; (an Schiffen), ружа од ветара на бусули; —rose, f. саса, —braut, f. олуја, бура, вихор; —schaden, m. квар, штета, штета од ветра; —schen, adj. ко се ветра боји; —schief, adj. крив, накривљен, искривљен, кос; —seite, f. страна од ветра; —spiel, n. f. Windhund; —still, adj. тих; —stille, f. тишина, буњаца, мањна; —

—ѕtoß. m. тир од ветра; —ѕtrich, —ѕtrom, m. ветромет; —ѕturm, f. Sturmwind; —ѕüchtig, f. ко има болест ветру.

Windung, f. (eines Flusses), лакат, окука, завој, вијугање, веругање; (des Zwirns, ꝛc.) мотање, сукање, павијање; (einer Schraube), завој.

Wind-vogel, m. временвак; —wagen, m. кола на једра; —wassersucht, f. ветрна, водена болест; —wehe, f. смет снега; —weiser, —zeiger, m. ветроказ; —wirbel, f. Wirbelwind.

Wink, m. миг, мигање, намигивање, знак, знамење, мах, махање.

Winkel, m. (Winkelchen, n.) кут, угао, тук.

Winkeldrucker, m. потајни штампар; —ei, f. тајна штампарија.

Winkel-ehe, f. тајна женидба, тајни брак; —förmig, —licht adj. угласт; —haken, m. квадра; —hölzer, f. Winkelzüge; —ig, adj. угласт; —maß, —eisen, n. квадра; —messer, m. угломер; —mütze, f. рђав, лажвив новац; —recht, adj. правокутан; —scheibe, f. звездоглед; —schenke, f. потајна крчма; —schule, f. мала, незнатна школа; —treppe, f. потајне стубе; —züge, f. pl. извијање, празни изговори.

winken, v. a. мигати, намигивати, магнути, намигнути, намагнути; verbietend mit den Augen —, помркнути, помркивати; (mit dem Kopfe, mit der Hand), махнути, махати, памахнвати, узмахнвати, домахивати.

winseln, v. n. цвилети; — n. цвиљење.

Winter, m. зима; diesen —, зимус, ове зиме; von diesem —, зимушњи; im —, зими; (in Zusamm.), зимни, зимски.

Winter-abend, m. зимски вечер; —apfel, m. зимска јабука, зимњача; —arbeit, f. зимни посао; —aufenthalt, m. зимовник; —beule, f. Frostbeule; —birn, f. зимњача, зимска крушка; —frucht, f. озим, озимац, озимица; —getreide, f. озимица; —gerste, f. озимац; —grün, n. зимзелен (рашће).

winterhaft, adj. зимован.

Winterhaushalt, m. зимина.

Winterholz, n. дрва за зиму; —kalb, n. озимче; —kleid, n. зимска хаљина; —korn, f. Winterfrucht; —kuh, f. озимачна крава; —lich f. winterhaft; —mäßig, f. winterhaft; —monat, m. новембар, студен; —morgen, m. зимско јутро.

wintern, v. i. наступати, ићи зима.

Winter-nacht, f. зимска ноћ; —obst, n. зимско воће; —quartier, n. зимовник, зимовиште; —saat, f. усев зимни, озим, озимад, озимо жито, озими јечам; —seite, f. северна страна; —tag, m. зимски дан; —vorrath, m. зимнина; —weizen, m. озимна пшеница; —wetter, n. зимско време; —wolle, f. пролетња вуна; —zeichen, n. знамење од зиме; —zeit, f. зимско време, зима; —zwiebel, f. арпаџа.

Winzer, m. виноградар; —messer, n. косир, вагов.

winzig, adj. мален, дробан, ситан.

Wipfel, f. Gipfel.

wipfeln, v. a. подрезати, подрезивати врх.

wipfelreich, adj. густа врха.

Wippe, f. (Schaukel), љуљашка; (Schnellgalgen), вешала; sein Glück steht auf der —, срећа му виси о длаци.

wippen, v. a. љуљати, њихати, шикати; обесити, вешати f. kippen.

Wipper, Wipperei, f. Kipper, Kipperei.

Wippgalgen, f. Schnellgalgen.

wir, pr. ми.

Wirbel, m. (im Wasser), вир, вртлог, коловрат, лиман; großer —, вилиман, илиман, велики вир; (Windwirbel), вихар; (an der Violine), чивија; (am Kopfe), теме; (am Fenster), квачица; (Schwindel), вртоглавица; (an der Trommel), трепетање; (an einer Spindel), агршак; (am Hahn eines Fasses), чивија; fig. —von Geschäften, мноштво посала; — der Leidenschaften, вртлог страсти; der Rauch steigt in —n in die Höhe, дим се вије у вис на колаче, на котурове.

Wirbel-bein, n. зглоб хрптен; —förmig, —licht, adj. врховит; —ig, adj. пун вртлога; fig. вртоглав, пијан; mach mich nicht —ig, не мојте ме бунити.

wirbeln, v. n. вртети се; (Wirbel schlagen), бубњати; —, n. трепетање.

Wirbel-punkt, m. Scheitelpunkt; —sucht, f. f. Schwindel; —wind, m. вихар.

Wirk-bret, n. даска за мешњу; —eisen, n. ковачки стругач (за стругање копита).

wirken, v. a. (den Teig —), месити, умесити, заместити; (weben), ткати; (den Huf), стругати, остругати копиту; (bewirken), чинити, учинити, произвести, производити.

wirken, v. n. делати, деловати, чинити, производити, учинити, произвести успех; auf etwas —, деловати, утицати у што, уливисати на што; (von Arzneien, Ermahnungen), користити.

wirklich, adj. делотворан, прав, истинит; — adv. заиста, доиста, у истину, збиља; —keit, f. делотворност, истина, истинитост, збиља.

Werkmesser, f. Wirkeisen.

wirksam, adj. (activ), послен, радeн, делан, користан, хасновит, пробитачан; (gültig), важан; — sein, деловати, користити, хаснити; —keit, f. послeност, радeност, моћ, сила, ваљаност, деловање, корист; außer —keit treten, престати делати; ein Gesetz ist außer —keit getreten, закон изгубио је важност; außer —keit setzen, узети чему важност, моћ.

Wirkung, f. деловање, успех, моћ, крепост, ваљаност, учинак; —kraft, f. моћ, сила деловања; —kreis, m. делокруг, круг деловања, подручје; —los, adj. некористан, без успеха, без учинка.

Wirren, pl. замршај, заплет.

wirren, f. verwirren.

Wirr-garn, n. замршена пређа; —kopf, m. збуњена глава, сметењак; —sal, m. брканица, дармар; —seide, f. замршена свила; —stroh, n. поломљена слама.

Wirrwarr, m. смутња, метеж, неред, брканица, дармар.

Wirtel, m. вртањ', точило, шараи, прешаљ, претђен.

Wirth, m. (Hauswirth), кућаник, домаћин, газда, господар; (Gastwirth), гостионик, гостионичар, крчмар, биртаџ, ханџија, механџија; —in, f. домаћица, газдарица, госпођа, кућаница, крчмарица; —lich, adj. штедљив, чуваран.

Wirthschaft, f. кућанство, господарство, газдовање, кућење; —en, v. n. господарити, газдовати, кућити; —er, m. господар, кључар; —erin f. господарица, кључарица; —lich, f. wirthlich.

Wirthschafts-, (in Zusam.), кућански; —ertragniß, n. доходак од кућанства; —gebäude, f. зграда господарска; —knecht, m. пристав, слуга; —kunst, f. господарство, кућанство.

Wirths-haus, n. крчма, гостионица; —junge, m. момак крчмарски.

Wirthsleute, m. pl. крчмари.

Wisch, m. отирач, крпа; fig. (eine schlechte Schrift), трице од књиге.

wischen, v. a. брисати, трти, отрти, обрисати, убрисати, чистити; — v. n. утећи, измаћи, узети утренак; еће ich es mir versah, wischte er in das Haus, пре него сам опазио утече у кућу.

Wischer, m. (der Kanoniere), чистилица (топовска); (Wischlappen), отирач; fig. — geben, убрисати, усекнути кога, под нос коме рећи на натрти; — bekommen, добити по носу, добити отирач.

Wisch-fetzen, m. отирача, испирача; —haber, m. испирача.

Wisch-kolben, m. чистилица (топовска); —lappen, m. отирач, крпа; —tuch, n. отирач, рубац; —wasch, m. брбљање, трице и кучине.

Wispel, m. виспал (мера).

wispern, v. n. шаптати.

wißbar, adj. што се знати може.

Wißbegier, —de, f. жеља, пожуда за знањем; љубопитност, радознаност; —ig, adj. жељан, пожудан за знањем; љубопитан, радознао.

wissen, v. a. & n. знати, умети; — thun, дати на знање, означити, јавити; —, n. знање, умештина; seines —s und Erinnerns, колико зна и сећа се; Ursache des —s, одкуд ко што зна.

Wissenschaft, f. знање, наука, наук, знаност, знанство; —lich, adj. учен, научан, знанствен.

wissenswürdig, adj. вредан, достојан да се зна.

wissentlich, adj. знајући, навлашт, хотимичан; — adv. хотице, павластито, навлаш, хотимице.

Wißmuth, m. бисмут.

wittern, v. i. грмети; — v. a. њушити, осећати што.

Witterung, f. време; (Geruch), њушење, њушкање; —slehre, f. погодословље.

Wittfrau, f. Wittwe.

Witthum, n. удовање.

Wittwe, f. удова, удовица; — sein, удовати; — werden, обудовити.

Wittwen-kasse, f. удовичка каса; —gehalt, m. —geld, n. удовичка плата; —jahr, n. години

на удовања; —sitz, m. пребивалиште удовичко; —stand, m. удовање.

Wittwer, Wittmann, m. удовац, удов.

Witz, m. ум, оштроумље, домишљатост, досетљивост, варнац, досетка; —bold, f. Witzling; —elei, f. досакивање; —eln, v. a. доскакивати, прескакати; —ig, adj. уман, оштроуман, домишљат, досетљив; —igen, v. a. учити, научити памети, опаметити; —iger werden, изоштрити се.

Witzling, m. домишљан.

wo, adv. где, ако; — nicht, ако не, другачије, значе; — immer, гдегод, ма где, где му драго; von — immer, из ова из бока; — vorbei, куда.

wobei, adv. где, при чем, у чем.

Woche, f. недеља, тједан, седмица; die Wochen, pl. бабине, пород, бабиње; in die — kommen, родити, породити се, побабити се; in den — sein, liegen, побабити се; in den — sterben, умрети у бабина; (in Zusamm.), недељни, седмични.

Wochen-bett, n. бабине, бабиње; —blatt, n. недељни лист, тједник; —geld, n. недељна плата; —kind, n. новорођенче; —lohn, m. f. Wochengeld; —markt, m. сајам, вашар недељни; —prediger, m. свагдашњи проповедник; —predigt, f. свагдања предика; —schrift, f. тједник, недељни лист; —stube, f. породилна соба; —tag, m. дан послени тежатник; —zimmer, n. соба на недељу.

wöchentlich, adj. недељни; — adv. на недељу, сваке недеље, недељно.

wochenweise, adv. на недељу, недељно.

Wöchner, m. онај, чија је недеља, редуш, чредник; —in, f. породиља; (auf die eine Woche hindurch die Reihe kommt), редуша.

Wochen, f. Rocken, Spinnrocken.

wodurch, adv. куда, по чему, кроза што, чим, како.

wofern, conj. ако, само ако, ако само.

wofür, adv. за што, чему.

Woge, f. вал, талас.

wogegen, adv. куда, камо, према чему, за што.

wogen, v. n. либати, лелејати се, лелејати се, лелујати се; —, n. либање, лелејање, лелујање.

wogig, adj. валовит.

woher, adv. одкуд, одкуда, одакле.

wohin, adj. камо, куда; — immer, кудгод, куда му драго.

wohl, adv. добро, врло, јако, пре, веле; (vielleicht), може бити, можда, до душе; leben Sie —, с богом, с богом остајте; ja —, да, да богме, јест; er so —, als ich, и он и ја; nicht —, тешко, не баш лако; — dir, благо теби; ganz —, добро, врло добро; glauben Sie —? зар то мислите? ich möchte — wissen? рад би знати; ich glaube es —, богме верујем; ich habe es — gedacht, то сам мислио; es kann — sein, то може бити; ich habe ihn — geschlagen, aber ꝛc., истина ја сам га ударио, али итд.; heute nicht, aber — morgen, данас не, али сутра зацело; thut mir —, годи ми; ich bin nicht ganz —, нисам веле добар.

23

Wohl, n. благо, добро, корист; öffentliches —, општа корист, опште добро; среће; —achtbar, adj. поштован.
wohlan, i. ну, дедер, ајд, ајде, де, деде, дела.
wohlanständig, adj. пристојан, поштен; —keit, f. пристојност.
wohlauf, adj. indecl. — sein, здрав бити.
wohl-bedacht, adj. добро промишљен; —bedächtig, adj. смотрен, опазан, пажљив; —befinden, n. здравље; —begüttert, adj. богат; —behagen, n. f. Wohlgefallen; —behalten, adj. читав и здрав, у добру стању; —bekommen, v. n. пријати, користити, бити на здравље; —beleibt, adj. дебео, крупан, животан, тован; —belesen, adj. много читао; —beredsamkeit, f. речитост; —beredt, adj. речит; —betagt, adj. стар; —edel, adj. племенит, благородан (титула); —edelgeboren, adj. преблагородан (титула); —ehrwürdig, adj. пречастан (титула).
Wohlergehen, n. среће, здравље.
Wohlfahrt, f. добро, среће.
wohlfeil, adj. јевтин, цене; — werden, појевтинити; —es geben, спустити; —heit, f. јевтиноће, ценоће.
wohl-geartet, adj. добар, добро одгојен; —gebauet, —gebildet, adj. добро направљен, добро саграђен; лепа стаса, лепа узраста; —geboren, adj. благородан, племенит (титула); Euer —, ваше благородство.
Wohlgefallen, n. радост, задовољство; — an etwas haben, радовати се чему, уживати у чему.
wohlgefallen, v. n. допадати се, допасти се.
wohlgefällig, adj. угодан, пријатан; —keit, f. задовољство, радост.
Wohlgehen, f. Wohlergehen.
wohlgemein, adj. истинит, искрен.
Wohlgemuth, m. трава врашилова, мравинац.
wohlgemuth, adj. весео, добре воље.
wohl-geneigt, adj. наклоњен; —geneigtheit, f. благонаклоност; —geordnet, adj. добро уређен; —gerathen, adj. обилан, родан, плодан, добро пошао за руком; добро отхрањен, добар. [мирис.
Wohlgeruch, m. благовоње, мирис, пријатан
Wohlgeschmack, m. укусност.
wohlgesinnt, adj. добромислећ; —er, m. добромишљеник.
wohlgesittet, adj. добронараван, добар.
Wohlgestalt, f. лепота, лепа слика; —et, adj. леп, лепе слике, лепа узраста; лепо направљен.
wohlgewogen, adj. доброхотан; —heit, f. доброхотност.
wohlgezogen, adj. добар, добро отхрањен; —heit, f. доброта, добро отхрањење.
wohlhabend, adj. имућ, имућан, иматан, могућ, могућан; —e, m. добростојник, иматник, богатун, богаташ.
Wohl-klang, —laut, m. склад, благогласје; —klingend, —lautend, adj. складан, благогласан.
Wohlleben, n. весео живот, раскошан живот.
wohl-löblich, adj. славан (титула); —meinend, adj. доброхотан, наклоњен; — adv. као пријатељ, пријатељски; —meinung, f. мњење; —redend, adj. лепореч, лепорек, речит; —redenheit, f. речитост; —riechend, adj. мирисан, мирисав, миришљив; —schmeckend, adj. течан, сладак.
Wohlsein, n. здравље, среће.
Wohlstand, m. добро стање, благостање, среће, пристојност, имање, богатство.
Wohltage, pl. лепи, добри, весели дани.
Wohlthat, f. доброчинство.
Wohlthäter, m. доброчинац, добротвор; —in, f. доброчинитељка, добротворка.
wohlthätig, adj. добротворан; —keit, f. доброчинство, добротворност; —keitsanstalt, f. добротворан завод; —keitszweck, m. добротворна цељ, сврха.
wohlthun, v. n. угодити, угађати; пријати (јело); (nützen), користити, хаснити; (Gutes thun), добро чинити; sich —, v. r. частити се, гостити се.
wohl-verdient, adj. заслужан; веле заслужан; —verhalten, n. добро владање, добро понашање; —verstanden, adj. добро разумљен; — adv. разуме се, добро разумевши, verwahrt, adj. добро сачуван; —weise, adj. премудар (титула); —wissend, adj. & adv. добро знајући.
Wohlwollen, n. доброхотност, наклоност, благонаклоност.
wohlwollen, v. n. хотети, желети коме добро; —end, adj. доброхотан, благонаклоњен, наклоњен, благ.
wohnbar, adj. обитан, становам.
wohnen, v. n. живети, обитавати, стојати, становати, бивати, пребивати, настављати.
wohnhaft, adj. обитавајући, станујући, живући, који станује; sich — niederlassen, настанити се.
Wohn-haus, n. кућа, дом; —partei, f. укућанин; —platz, —sitz, m. —stätte, f. —ort, m. —ung, f. стан, пребивалиште, обиталиште, станиште, насеље; —zimmer, n. —stube, f. соба.
wölben, v. a. свести, сводити; gewölbt, adj. сведен, пупчаст; sich —, v. r. дизати се; —ung, f. свод.
Wolf, m. вук, курјак, каменак; wie ein —, вучке, вучки; Ort, wo die Wölfe zusammen kommen und heulen, вијалиште; —ähnlich, adj. вуку, курјаку подобан, налик на вука, као вук.
Wölfchen, n. вучић, курјаче; —en, v. n. котити се, окотити се (вучица); —in, f. вучица, курјачица; —isch, adj. вучји, курјачији.
Wolfs-, (in Zus.), вучји; —biß, m. вукоједина; —bohne, f. вучји боб; —eisen, n. —falle, f. гвожђе, кљуса; —fänge, pl. зуби вучји; —fuß, m. вучја шапа; —grau, adj. вучје боје, сив; —grube, f. јама вучја; —haar, n. вучја длака; —haut, f. вучина, вучетина, курјачина, кожа вучја; —hund, m. пас за лов вучји; —hunger, m. глад вучја, велика глад; —jagd, —hetze, f. лов, хајка на вуке; —kirsche, —beere, f. Tollkirsche, Tollbeere; —magen, m. желудац вучји; fig. несит; —

milch, f. млечика; kreuzblätterige —, царевац; —pelz, m. туба вучја; —schrot, n. сачма вучја; —wurz, f. сволина; —zahn, m. зуб вучји.
Wolger, m. f. Nudel.
Wölkchen, n. облачић, облачак.
Wolke, f. облак.
wölken, sich, v. r. облачити се, наоблачити се.
Wolken-bruch, m. пљусак, плаха киша; —himmel, m. облаци; —los, adj. ведар, без облака.
wolkig, adj. облачан.
Wollarbeit, f. вунен посао; вунотворство; —er, m. вунар.
Woll-e, f. вуна; —en, adj. вунен, од вуне.
wollen, v. a. хтети, канити, смерати, хотети, вољу имати, желети, жудети, захтевати; ich will nicht, nеću; er mag wollen oder nicht, хтео нехтео; ich wollte lieber, волно би; ich will kommen, доћи ћу; zu wem wollen Sie? кога тражите? er will bezahlt sein, он тражи плату; will's Gott! wollte Gott! да бог да! dem sei wie ihm wolle, било како му драго; am liebsten —, најволети; ohne zu —, нехоте, нехотице, нефаљ.
Wollen, n. хотење, воља.
Wollen-fabrik, f. вунара; —garn, n. пређа вунена; —weber, m. ткалац вуне; —werk, n. вуна; —zeug, n. сукиште.
Woll-handel, m. трговина с вуном; —händler, m. вунар; —icht, adj. вунаст, вунат, мек, мекан; —ig, adj. вунен, вунат.
Woll-kamm, m. гребен, грдаша; —kämmer, m. гребенар; —kratze, f. четка вунарска; —rad, n. коловрат; —reich, adj. вунат, вунородан; —sack, m. врећа вуне, врећа за вуну, врећа вунена; —scheere, f. ножице за вуну; —schur, f. стрижење, стрижња; —spinner, m. вунопредац; —spinnerin, f. вунопређа.
Wollust, f. наслада, разблуда, блуд, сласт, сладост, путеност.
wollüstig, adj. насладан, путен.
Wollüstling, m. разблудник, блудник.
Wollseuche, f. Lustseuche.
Woll-wäsche, f. прање вуне; —zwirn, m. вуница, вунен конац.
womit, adv. с чим, чим, чиме.
wo nicht, conj. ако не, другачје, иначе, иначе.
Wonne, f. радост, сладост, раскош, разблуда; —monat, m. мај, свибањ; —reich, wonnig, adj. раскошан, радостан, сладостан; —trunken, adj. опијен од радости, од раскоши; —voll, adj. раскошан, разблудан.
woran, adv. на чем, где, на што.
worauf, adv. на чем, куда, камо, на што.
woraus, adv. из чега, одуд.
Wörd, m. острово, ада.
worein, adv. у што, камо.
worfeln, v. a. вејати, извејати, извејавати, овејати, одвејати; — n. вејање.
Worf-schaufel, f. вејача (лопата); —tenne, f. вејаће гумно.
worgen, v. n. sich —, v. r. давити се, гушити се.
worin, adv. у чем, камо, куда, где.

wornach, adv. за чим, по што, после чега, након чега.
Wort, n. реч, слово, израз, вера, обећање; — für —, од речи до речи.
wortähnlich, adj. подобан у речи; —keit, f. подобност у речи, у имену.
wort-arm, adj. оскудан у речи; —betrug, m. софизмат, варкање речма; —brüchig, adj. вероломан.
Wörterbuch, n. речник.
Wort-forscher, m. речословац; —forschung, f. речословље; —fügung, f. слагање речи; —führer, m. говорник, беседник; —gepränge, n. кићене речи.
Wortklauber, m. пребирач речи; —ei, f. пребирање речи.
Wort-kram, m. празне, пусте речи, множина речи; —krämer, m. брбљавац; —krämerei, f. брбљање, блебетање; —laut, m. (des Gesetzes), смисао закона по речма.
wörtlich, adj. дослован; — adv. од речи до речи, дословно.
Wort-macher, m. речотворац; блебетуша; —register, n. попис речи; —reich, adj. речит, богат речима: —reichthum, m. богатство речи; —schwall, m. бујица од речи; —spiel, n. игра од речи, титрање речима; —streit, m. препирање, кошкање, инат, свађа; —verderber, m. квариоц речи; —verdrehung, f. извијање, извртање речи; —verstand, m. смисао речи; —wechsel, m. препирање, инат, кошкање; einen —wechsel haben, кошкати се, речити се, споречкати се, споречити се; —wiederholung, f. понављање речи.
worüber, adv. над чим, врх чега, на чем, ради чега, о чем.
worunter, adv. где, под чим, међу чим.
woselbst, adv. где.
wovon, adv. о чем, од чега, одуд.
wovor, adv. пред чим, од чега, ода шта.
wowider, adv. против чега.
Woywod-e, m. војвода; —schaft, f. војводство, војводина.
wozu, adv. чему, к чему, на што, за што.
Wrack, n. подртине брода.
Wucher, m. —ei, f. велика камата, велика лихва, зеленаштво, кашарство; —er, m. каматник, лихвар, зеленаш, кашар; —gesetz, n. —patent, n. закон, повеља о лихви; —haft, —lich, adj. каматнички, лихварски; —in, f. каматница, лихварка; —isch, adj. каматнички, лихварски, кашарски.
wuchern, v. n. каматовати, лихварити, кашарити, зеленашити, на камату, на лихву давати; (von Gewächsen) шпритити се; — v. a. Geld zusammen —, гртати новце каматујући; sich reich —, обогатити се каматујући.
Wucherzinsen, pl. m. камате кашарске.
Wuchs, m. стас, узраст, раст, пораст, струк, растење.
wudeln, f. gedeihen.
wühlen, v. a. & n. копати, рити, ровати, бушити, бургисати, чеврљати.
Wuhne, f. одушка у леду, окно.
Wulst, m. гужва, свитак, јастучић; —ig, adj. увијен, савијен, кабаст, надувен.

23*

wund, adj. рањав, озлеђен, рањен, огуљен, одрт; sich die Füße — gehen, подбити се, подбијати се, подлупити се, подлупљивати се; einen — schlagen, избити кога на мртво име; sich — reiben, ојести се, ојести се.

Wund-arznei, —arzneikunst, f. ранарство, видарство; —arzt, m. ранар, видар; —balsam, m. мелем за ране.

Wunde, f. рана, болетица.

Wundeisen, s. Sonde.

Wundenmahl, n. s. Narbe; (bei Heiligen), рана.

Wunder, n. чудо; es nimmt mich, чудим се, чудо ми је; sein — an etwas sehen, хотен, чудећи се, зачуђен гледати, чути што.

Wunder-arzt, —doktor, m. лекар чудотворни; —bar, adj. чудотворан, чудесан, чудан, чудноват, диван; —baum, m. рагље; —bild, n. чудотворна икона; —cur, f. лечење чудновато; —ding, n. чудо, чудило; —gabe, f. дар чудоворни; —geburt, f. чудноват порорд; —geschichte, f. чудна приповест; —geschöpf, n. створење чудно; —glaube, m. вера у чудеса; —groß, adj. чудне величине; —kind, n. чудно дете, необично дете, чудо од детета, видовито дете; —kraft, f. чудновата моћ, сила.

wunderlich, adj. чудан, чудноват; —keit, f. чудност, чудноватост.

Wunder-macht, f. власт, моћ чудновата; —mährchen, n. чудна прича.

wundern, v. a. es wundert mich, чудим се; wundert Sie das? зар се ви томе чудите? sich —, v. r. чудити се, дивити се чему, начудити се.

wunderswürdig, adj. чудноват.

Wunder-salz, n. чудна со; —sam, s. wunderbar; —schön, adj. диван, чудне лепоте; —schönheit, f. дивота; —selten, adv. веле редак; —shalben, adv. од чуда, чуда ради; —that, f. чудо; —thäter, m. чудотворац; —thäterin, f. чудотворка; —thätig, adj. чудотворан; —thier, n. чудо од звери, чудна звер; —voll, adj. чудан, чудноват, диван; пун чуда; —werk, n. чудо; —zeichen, n. чудо, знамење чудно.

Wund-essenz, f. есенција за ране; —fieber, n. грозница од ране; —kraut, n. рањеник; —mittel, n. лек за ране; —pflaster, n. мелем за рану; —pulver, n. прашак за ране; —salbe, f. маст за ране; —wasser, n. вода од пушке, вода од ране.

Wunsch, m. жеља, пожуда; честитка.

Wünschelruthe, f. вилински прутић, чаролијска шибица.

wünschen, v. a. молити, жудети, пожелети, пожудети.

wünschenswerth, adj. жељен, пожудан.

Würde, f. сан, част, достојанство; —nträger, m. сановник, достојанственик.

würdern, v. a. ценити, уценити; —ung, f. цењење, уцена.

würdig, adj. вредан, достојан; — machen, удостојити; — sein, удостојити се; sich — machen, достојати се; —en, v. a. удостојити, удостојавати, ценити, проценити, поштовати; —keit, f. достојанство, вредноћа; —ung, f. удостојавање, цењење, цена, поштовање, уважење.

Wurf, m. хитац, удар, ударац, мах; (ein junger Thiere), легло; —angel, f. удица (проста); —anker, m. мало сидро, мали левгер.

Würfel, m. коцка, коцке, ждреб, бруштет.

Würfel-becher, m. чаша коцкарска; —bein, n. коцка; —förmig, adj. коцкаст; —ig, —icht, adj. коцкаст, накоцкан; кубичан, кубички.

würfeln, v. n. коцкати се.

Würfelspiel, n. коцке, игра на коцке; —er, m. коцкар.

Wurf-erbe, f. ископана земља; —garn, —netz, n. рибјак, грип (мрежа); —maschine, f. самострел; —pfeil, n. стрела; —prügel, m. пустиница; —riemen, m. ремен (од сокола); —schaufel, f. Worfschaufel; —scheibe, f. колут; —spieß, m. џилит, копље; лобуд; —stab, m. џилит; —stätte, f. металка; —weise, adv. на махове бацајући; —weite, f. домет.

würgen, v. a. давити, гушити, гутати; sich —, v. r. давити се, гушити се; — n. давлење, гушење.

Würgengel, m. анђео смрти.

Würger, m. давитељ, гушилац.

Wurm, m. црв, глиста; (am Finger), црв; (im Kopfe), мушица, муха.

wurmartig, adj. црваст.

Würmchen, n. црвић, глистица.

Wurm-doktor, —arzt, m. лекар од глиста.

wurmen, v. n. das wurmt mich, то ме једи, то ме пече.

wurm-förmig, adj. црваст; —fraß, —stich, m. првоточина, црвоток; —fräßig, adj. првоточан, изеден, гагринав; —ig, adj. црвњив; fig. зле воље, зловољан; —krankheit, f. Wurmsucht; —kuchen, m. колач за глисте; —loch, n. црвоточ, црва, црвоточина; —mehl, n. црвоточина; прах од првоточине; —mittel, n. лек против глиста; —pflaster, n. мелем за глисте; —pillen, pl. пилуле против глиста; —pulver, n. прашак против глиста; —schneider, m. ко реже црве псима испод језика; —speise, f. храна црва; —stich, s. Wurmfraß; —stichig, s. wurmfräßig; —stock, m. црвњак; —sucht, f. глисте (болест).

Wurst, f. кобасица; auf der — reiten, лизати чанке; (Art Wagen), s. Wurstwagen.

**Wurst-bügel, m. —eisen, f. —horn, n. —trichter, m. штрцаљка за прављење кобасица.

Würstchen, n. кобасичица.

Wurstdarm, m. црево за кобасице.

wursten, v. n. правити кобасице.

Wurst-kraut, n. чубар; —macher, m. кобасичар; —mauf, n. дебеле уснице; —mäulig, adj. дебелих усница; —reiter, s. Schmarotzer; —suppe, f. чорба, јуха с кобасицама; —wagen, m. кочије на којима се јашимице седи.

Würze, f. зачина, зачин; s. Gewürz.

Würzbüchse, f. кутија с миродијом.

Wurzel, f. корен, жила; fassen, укоренити се, примати се, омладити се, омлађивати се; —buchstab, m. слово коренито.

Würzelchen, n. коренак, коричак, хречак.
Wurzel-gewächs, —werk, n. корење; —holz, n. корен, дрво од корена; —mann, m. коречар.
wurzeln, v. n. коренити се, закоренити се, укоренити се; укорењен бити.
Wurzel-filbe, f. слог коренити; —wort, n. коренита реч; —zahl, f. корен (од броја).
würzen, v. a. зачинити, зачињати, засмочити; mit Paprika —, папрнти, запапрнти, опаприти; mit Pfeffer —, обибернти, забиберисати; gewürzt, adj. смочан.
Würz-geruch, m. миродијски мирис; — geſchmack, m. укус миродијски; —haft, adj. зачињен, мирисав; —händler, f. Spezereihändler; —laden, f. Spezereiladen; —nelke, f. Gewürznägelein; —ung, f. —en, n. зачињање, зачина, зачин, засмакање.
Wuſt, m. брлог; смет, гад, хрпа, гомила.
wüſt, adj. пуст, дивљи, дивљачан; fig. неуредан, распуштен, разуздан; der Kopf iſt mir ganz —, бучи ми глава; —werden, опустети.
Wüſte, —nei, f. пустош, пустиња.
wuſtig, adj. нечист, гадан, смрадан.
Wüſtling, m. разуздан, запуштен човек.
Wuth, f. (Krankheit) бес, бесноћа, мама, помама; (Zorn) јарост, гњев; in — bringen, мамити, помамити; in — gerathen, побеснети, повилети.
wüth-en, v. n. беснити, опакивати, горопадити се; —en, n. бес, јарост; —end, —ig, adj. бесан, помаман, дрновит, дрнован, разјарен, расрђен; — adv. помамице; —erich, m. крволок, окрутник; (ein Gewächs), кукута.
Wuthkraut, n. мишакиња.
Wutſcherling, (Wuthſchierling), m. кукута, трубељика.

B.

Zaar, m. руски цар; —in, f. руска царица.
Zacken, m. Zäckchen, n. врх, зуб, зубац, рог, рачве, рашље, расохе; (am Hirſchgeweihe) парошчић, парожак.
zacken, v. a. зубити, назубити.
Zackenwalze, f. зубат ваљ.
zackig, adj. зубат, рачваст, грапат.
Zagel, f. Schwanz.
zagen, v. n. плашити се, страшити се, бојати се.
zaghaft, adj. страшљив, плашљив, бојажљив; уплашен, престрашен, малодушан; —igkeit, f. страх, бојазан, плашљивост, бојажљивост, страшљивост, малодушност.
zähe, adj. жилав; fig. лаком, скуп, тврд.
Zähigkeit, Zähheit, f. жилавост.
Zahl, f. број; eine — Garn, повесмо, пасмо; —amt, n. плаћаоница.
zahlbar, adj. исплатан; —keit, f. исплатност.
zählbar, adj. избројив, избројан.
Zahlbret, n. даска за бројење.
Zahl-bruch, m. уломак, разломак; —buchſtab, m. слово бројно.
zahlen, v. a. платити, плаћати.
zählen, v. a. бројати, избројати, рачунати, израчунати; —en, n. —ung, f. бројење, рачунање.
Zahlen-lotterie, f. бројна лутрија; —ordnung, f. бројни ред, ред како иду бројеви; —reſchnung, f. рачунство бројно.
Zahler, m. платац, платиша, платка.
Zähler, m. бројатељ, бројач.
Zahlfigur, f. цифра, бројка.
Zahlgeld, n. бројевина.
zahllos, adj. небројен, безбројан, неизбројан; — adv. без броја.
Zahlmeiſter, m. исплатник, новчар.
Zahlperle, f. крупан бисер.
Zahlpfennig, f. Rechenpfennig.
zahlreich, adj. многобројан.
Zahltag, m. дан плаћања.
Zähltiſch, m. f. Zählbrett.
Zahlung, f. плата, плаћа, плаћање.
Zahlungs-, (in Zuſ.) платежни; —bogen, m. платежни лист, исплатни лист; —fähig, adj. могућан платити; —ort, m. место плаћања; —ſchein, m. платежница; (Auszahlungsſchein), исплатка; —tag, m. дан плаћања; —termin, m. платежни рок; —unfähig, adj. немогућан платити; —unfähigkeit, f. немогућност плаћања; —zeit, f. време за плаћање.
Zahl-woche, f. недеља плаћања; —wort, n. број, бројник; —zeichen, n. цифра.
zahm, adj. питом, кротак, домаћи; fig. благ, тих; — werden, припитомити се; — ſein, припитомити.
zähmbar, adj. укротив.
zähmen, v. a. питомити, припитомити, кротити, укротити; fig. обуздати, зауздати; ſich —, у. г. уздржати се.
Zahmheit, f. питомост, кроткост.
Zähmung, f. питомљење, укроћавање, обуздавање, зауздавање.
Zahn, m. Zähnchen, n. зуб, зубић; (eines Kammes, Rades) зубац; die Zähne fletſchen, режати; er hat einen — auf ihn, има зуб на њега; Zähne weiſen, режати; mit Zähnen verſehen, назубити; die Haare auf den Zähnen hat, зубат, рутава носа.
Zahn-arznei, f. лек за зубе; —arzt, m. зубар, зубни лекар; —brecher, m. зуболом, зуболомац; —buchſtab, m. слово зубно; —bürſte, f. четка за зубе.
zähneln, v. n. добити, добивати зубе, имати зубњу; — v. a. зубити, назубити.

заҕнеп — **358** — **Zaungerte**

заҕнеп, v. n. расти коме зуби, добяти, добивати зубе, вмати зубњу, пазубити.
Zahn-fäule, f. црвоточина у зубу, зубна црвоточ; —feile, f. турпијица зубна; —fieber, n. грозница од зубње; —fiſtel, f. фистула зубна; —fleiſch, n. десни; —förmig, adj. зубаст, зубу подобан; —geſchwür, n. заузубица; —höhle, f. шупљина од зуба.
zähnig, adj. зубат, назубљен.
Zähnklappen, (Zähnklappern), n. цвокот, цвокотање зубима.
Zähnknirſchen, n. шкрипање зуба.
Zahn-kraut, n. зубова трава; —los, adj. без зуба; —lücke, f. крезубица; —lückig, adj. крезуб; —lückig werden, окрезбавити; —pulver, n. зубни прашак; —putzer, m. f. Zahnfeile; —rad, n. зубато коло; —reihe, f. ред зуба; —ſchmerzen, pl. —weh, n. зубобоља, зубња болест; —ſchnitt, m. зубац; —ſtift, m. шкрботина; —ſtocher, m. чачкалица; —wurm, m. црв у зубу; —wurzel, f. корен од зуба; —zange, f. кљештице зубне.
Zähre, f. суза.
Zain, m. мотка, шипка (од гвожђа итд.).
zainen, v. a. ковати у мотке (гвожђе, итд.).
Zainhammer, m. гвожђарница.
Zange, f. машице, кљеште, клешта; böſe —, зла жена.
Zangenwerk, n. кљеште.
Zank, m. распра, инат, кавга, свађа, завада, правда, препирање, свађња, задевница; —apfel, m. јабука од неслоге; —en, v. n. правдати се, инатити се, свађати се, препирати се, кавжити се, гложити се, кошкати се.
Zänker, m. кавгаџија, препирач; —ei, f. распра, кавга, инат, свађа, препирање; —in, f. свађалица.
Zankgeiſt, m. дух неслоге, дух свађе.
zänkiſch, zankſüchtig, adj. свадљив, прзнп, покарљив, џандрљив.
Zank-ſtifter, n. кавгаџија, заметкавга; —ſucht, —luſt, f. џандрљивост.
Zäpſchen, n. чепић, славнница; (im Halſe) ресаница.
Zapfen, m. (an einem Geſäße) чеп, врањ, славина; (Pflock) клин; (im Halſe), реса, ресица.
zapfen, v. a. точити, продавати (вино, пиво, итд.); f. einzapfen, verzapfen.
Zapfen-bier, n. оцедино од пива; —bohrer, m. сврдло за чеп; —geld, n. точарина, крчмарина, данак од точења вина итд.; —loch, n. чеп рупа од чепа; — ſtreich, m. вечерње бубњање; —ſtirk, n. (einer Kanone) средина топа; —wein, m. оцедино од вина.
Zapfner, m. ſchwarze, славкаменка црна.
zappeln, v. n. копрцати се, прћакати се, пракнути се, пракати се; das Herz zappelt ihm vor Freude, игра му срце од радости; einen — laſſen, оставити кога без помоћи; — n. копрцање, пракање, праћакање.
Zarge, f. зуб, крај, обод.
zart', adj. нежан, слаб, мек, мекан, малеп, ситан, дробан, танак, танан; —gefühl, n. нежност.

zärteln, f. verzärteln.
Zartheit, f. нежност, слабост, мекост.
zärtlich, adj. нежан, мазан; —keit, f. нежност.
Bärtling, m. негован, размажепче, размажен човек.
Zaſpel, f. пасмо, повесмо.
Zauber, m. чар, чаролија, урок, вражбина, мађије; (Reiz) драгост, милина, драж.
Zauber-bild, n. чаробна слика, драгостна слика; —buch, n. мађионичка књига; —er, m. чаробник, виленик, пештац, бајач, врач, врачар, мађионик; —ei, f. чаролија, мађије, враџање, урок, уроци; —formel, f. речи чаробничке, басма; —geſchichte, f. приповест чаробничка; —in, f. чаробница, вештица, виленица, чаралица, врачара, гатара, бахорица, бајалица, мађионица; —iſch, adj. чаробан, виленски; —kraft, f. моћ, сила виловита, чаробна; —kreis, m. чаробни круг, врзино коло; —kunſt, f. чаролије, враџање; —laterne, f. чаробна лампада; —mittel, n. мађије.
zaubern, v. n. чарати, врачати, бахорити, бајати; —v. a. произвести што чаролијом, бајање, врачање.
Zauber-ring, m. прстен чаробни; —ruthe, f. —ſtab, m. шпибрда мађионичка, чаробна; —ſchloß, n. чаробни, виленички двор, тиндирград; —ſegen, m. басма; —ſpiegel, m. огледало, зрцало чаробно; —ſpruch, m. басма; —ſtimme, f. глас чаробни; —ton, m. глас, звук чаробни; —trank, m. пиће, напитак чаробни; —trommel, f. бубањ чаробни; —werk, n. чаролија, мађије; —wort, pl. речи чаробничке, басма; —zettel, m. запис.
Zauder-er, m. отезало, оклевало; —in, f. оклевалица.
Zauderei, f. отезање, оклевање.
zauderhaft, adj. касан, доцни; —igkeit, f. отезање, оклевање.
zaudern, v. n. отезати, каснити, оклевати, сканивати се, окрајати, окрајчити, оустрзати; —d, adj. енделе бенделе; — n. оклевање, скањивање.
zauen, ſich, v. r. журити се, паштити се.
Zaum, m. узда.
Zäumchen, n. узднца.
zäumen, v. a. уздати, заузуздати, обуздати, жвалити.
Zaum-geld, n. плата за узду (при куновању коња); —los, adj. разуздан, незаузудан, необуздан, одуларен, без узде; — adv. без узде, без улара; —recht, adj. коњ обучен.
Zaun, m. плот, ограда, обор, зграда, заграда, заграђа, заграђе, котар, стоборје, стоборни; lebendiger — живица, жива ограда, редина, обала; — zum Fiſchfange, дољан.
Zäunchen, n. плотић, ограднца.
Zaun-gerte, f. прут од плота; —gloſe, f. звонце; —kirſche, f. плотовлет, lonicera xylosteum; —könig, m. царић; —pfahl, —ſtecken, m. колац од плота, проштац; —rübe, f. дивја тиква; —ſchlüpfer, f. Zaunkönig; —werk, n. заграда, гарда; —winde, f. хладолеж.

Зaufen, v. a. чупати, кидати, черупати; ſich
—, v. a. чупати се, черупати се.
Зebra, n. зебра.
Зechbruder, ſ. Зecher.
Зeche, f. пијанка, весело друштво; (Заhlung),
рачун, трошак; (Зunft), цех, цеј, занат-
лијска задруга, еснаф; (im Вergbaue), ор-
тачки рудник; fig. die — bezahlen müſſen,
платити, кијати.
зech-en, v. a. пити, пијанчити; —er, —bruder,
m. пијанац.
Зechen-meiſter, m. настојник ортачкога руд-
ника; —regiſter, n. рачуни од радника ор-
тачкога.
зech-frei, adj. ко неплаћа за пиће и јело; einen
— halten, платити за кога; —geld, n. ра-
чун, плата, новци за јело и пиће; —ge-
ſellſchaft, f. пијанка, друштво пијаначко.
Зechine, f. цекин, дукат.
Зechmeiſter, m. уставаша, цехмајстор.
Зecke, Зäcke, ſ. крпељ.
Зecker, m. јембил.
Зehe, f. прст од ноге; groſse —, палац од
ноге.
зehen, зehn, num. десет, десетак, десеторица,
десеторо, десетина; Faß von зehn Eimern,
десетакиња, десетачка, десеторка.
Зehend, n. десетак, десето, десетина.
Зehent, m. десетак, десето, десетина; —zah-
len, дати десетину; —einſammeln, десет-
ковати; —bar, adj. десетковaн, од чега се
даје десетак; —berechtigt, adj. ко има пра-
во купити десетак; —buch, —regiſter, n.
књига од десетка; —en, v. a. десетковати,
купити десетак; —er, m. десечар, десети-
нар; —frei, adj. прост од десетка; —garbe,
f. десети сноп, сноп од десетка; —geld, n.
десетина; —herr, m. господар од десетка;
—hold, m. човек подвржен десетку; —korn,
жито од десетка; —mann, n. подвржен
десетку; —recht, n. право десетка, десетак,
десетина; —sammler, m. десечар.
Зehne, f. Зehner, m. десетица, десетак, де-
сетка.
Зehneck, n. десеторокут, десетоуголник; —ig,
adj. десеторокутан, десетоуголан.
зehnerlei, adj. десеторострук.
зehn-fach, adj. десеторострук, десетороструч-
чан, десеторогуб; —fülsig, adj. десетороног;
—jährig, adj. од десет година; —mal, adv.
десет пута; —malig, adj. десетрократан;
—monatlich, adj. од десет месеци; —pfün-
der, m. топ од десет фунти; —pfündig, adj.
од десет фунти; —ſtündig, adj. од десет
сати; —ſilbig, adj. од десет слогова; —
tägig, adj. од десет дана.
зehnt-e, adj. десети; —el, n. десетина; —ens,
adv. десето.
зehr-en, v. n. живети, јести и пити; fig. гу-
бити се, нестајати; — v. a. сушити (ver-
brauchen), трошити, тратити, харчити, то-
чити; —er, m. трошач; —frei, adj. ко
ништа за јело и пиће неплаћа; —geld, n.
п. pfennig, m. храна; попутнина, трошак
за пут; —ung, f. храна, јело и пиће, тро-
шење, траћење, харчење, трошак; —ungs-

koſten, pl. трошак за јело и пиће, тро-
шак за храну.
Зeichen, n. знак, знамење, биљег, обележје,
срок, прилика.
Зeichenbuch, n. књига за цртање.
Зeichendeuter, m. гатар; —ei, f. гатање; —
in, f. гатара.
Зeichendeutung, f. гатање.
Зeichen-garn, n. белeжни конац; —kohle, ſ.
Reiſskohle; —kreide, f. креда цртачка; —kunſt,
f. цртање, наук цртања; —meiſter, m. у-
читељ цртања; —papier, n. папир за цр-
тање; —ſchule, f. школа цртања; —ſprache,
f. језик знацима; —ſtunde, f. лекција цр-
тања.
зeichn-en, v. a. & n. цртати, нацртати; (be-
зeichnen), бележити, забележити, ровашити;
(unterſchreiben), потписати, уписати; — n.
цртање; потписивање, уписивање; —er, m.
цртач; —erin, f. цртачица; —ung, f. цр-
теж, нацрт; потпис.
Зeidel-bär, m. врста маленога медведа; —baſt,
f. Seidelbaſt; —n, v. a. подрезати, подре-
зивати кошнице; мед вадити; —recht, m.
пчеларство.
Зeidler, m. пчелар.
Зeigefinger, m. кажипут, кажа.
зeigen, v. a. казати, показивати, показати, y-
казати; ſeine Тapferkeit —, отворити ју-
наштво; ſich —, v. r. казати се, показати
се, указати се, појавити се.
Зeiger, m. показивач; (an Uhren ıc.), сказаљка,
казаљка; —uhr, Зeigenuhr, f. сат који небије.
зeihen, v. a. кривити кога ради чега, опту-
живати.
Зeil-e, f. — chen, n. ред, редак, врста; —en-
weiſe, adv. ред по ред, од реда до реда.
Зeiſelbär, m. мартин, научен медвед.
Зeiſig, m. чиж, чижак (птица); —grün, adj.
чижове боје.
Зeit, f. време, доба, кóље; freie —, теван;
beſtimmte — (Friſt), рок, термин; (Stunde),
сат; die — der Frauen, време женско, пра-
ње, месечина; mit der —, временом; rechte
—, ора, јек; von — zu —, од времена
до времена; zu der —, тада, у то доба;
zu —en, каткада; zur rechten — kommen,
на време доћи, пристајати, уорити; es iſt
hohe —, крајње је време; zu gleicher —,
у исто доба; zu allen —en, свагда; bei —
en, за рана, до времена; vor —en, негда,
у старо време; feſtgeſetzte —, оброк; ver-
lieren, дангубити; ich habe keine —, немам
кад; vor welcher — her, кадашњи.
Зeit-ablauf, m. пролазак времена; —abſchnitt,
m. доба; —alter, n. узраст, век; das lebende
— alter, нараштај; —beſchreiber m. време-
пописац; —beſchreibung, f. времeнопис; —
dauer, f. трајање времена; —folge, f. —
tok, течај, ход времена; —friſt, f. рок;
— geiſt, m. дух времена; —gemäſs, adv. по
потреби времена; —genoſs, m. савременик;
—genoſſin, f. савременица; —geſchichte, f.
—buch, n. летопис; —herig ſ. biſherig.
зeitig, adj. садашњи, садашњи; (reif) зрео; (früh-
зeitig), ран; —werden, приспевати; adv.

Zeitirrthum

зарана, рано; —en, v. a. чппнти, учпннти да зре; — v. n. зрети, сазрети; —leit, —ung, f. зрелнна, зрелост.

Zeit-irrthum, m. анахронизам, погрешка у времену; —kunde, f. времеnосnовije; —kundige, m. временословац; —kürzung, f. Zeitvertreib; —lang, eine —lang, неко време, неколико времена; —lauf, m. време, ток, ход времена; —lebens, adv. до смрти, за живота.

zeitlich, adj. временит, пролазан, смртан; das —e mit dem Ewigen vertvechseln, умрети, преминути, преставити се; — adv. времепнто, зарана, рано; —keit, f. времеппtост, смртност.

Zeitlose, n. мразова сестрица.

Zeit-maß, n. мера времена; (in der Musik), време, такт; (in der Prosodie); количина; —messer, m. хроmoметар, добомер; —punkt, m. време, доба, час; —raum, m. време, час; (in der Geschichte), доба; —rechler, m. хронолог; —rechnung, f. хронологија, летoчисленje.

Zeit-schrift, f. часопис.

Zeitung, f. (Nachricht), новипа, глас, вест; (Blatt), новипе.

Zeitungs-blatt, n. новине, број, лист новпна; drucker, m. штампар новnna; —schreiber, m. новинар, часописац; —träger, m. разносач (новина); fig. гласоноша; — unternehmung, f. новинарска радња.

Zeit-verderb, m. дангуба, дангубљење; —verkürzend, f. zeitvertreibend; —verkürzung, f. Zeitvertreib; —verlust, m. versäumniß, n. дангуба, дангубљење, отезање, замет; —verschwendung, f. Zeitverderb; —vertreib, m. забава; —vertreibend, adj. забаван; —vertreiber, m. забавник; —wechsel, m. мена, промена времена; —weilig, adv. на неко време, за време.

Zeitwort, n. (in der Sprachlehre), глагол.

Zelle, f. ћелија; (der Bienen), сат, саће; (der Bienenkönigin), матичњак.

Zellen-gebäude, n. ћелињак; —förmig, f. zelllicht; —gewebe, n. тванина ua саће.

Zellerie, f. Sellerie.

Zellernuß, f. лешник.

zellicht, **zellig**, adj. на саће.

Zelt, n. шатор, чадор, черга; das — aufschlagen, разапети шатор; —bett, n. таборска постеља; —bude, f. шатра.

Zeltchen, n. чергица, чадорчић.

Zelter, m. јорга, прусац; —schritt, Zelt, m. мали кас.

Zelt-pfahl, m. колац од шатора; —pflock, m. клин од шатора; —stange, f. —baum, m. мотка од шатора; —strick, m. конопод шатора; —wagen, m. покривена кола.

Zent, —gericht, n. суд кривични; —richter, m. судац кривични.

Zentner, f. Centner.

Zephyr, m. зефир, западни ветар, лахор.

zerarbeiten, sich, v. r. прекинути се послом.

zerbeißen, v. a. агристи, разгристи, прегристи, изгристи, искрхати.

zerkrümmeln

zerbersten, v. n. пући, пукнути, пуцати, просести, крепати, црћи, цркнути.

zerblasen, v. a. раздувати, распухати.

zerbrechen, v. a. разбити, разломити, прекинути, преломити, претргнути, пребити, изломити, поломити, сломити, сламати, прекршити, крхати, раскрхати, испрскати; — v. n. разбити се, разломити се, прекинути се, преломити се, изломити се, пребити се.

zerbrechlich, adj. лоmat, трошан; —keit, f. ломност, трошност.

zerbröckeln, v. a. сирвити, здробити, размрвити, раздробити, издробити, истринити; —ung, f. сирвљење, размрскање.

zerbrеhеn, v. a. точећи, окрећући, сучући поквaрити, разбити итд.

zerdreschen, v. a. измлатити, оврћи.

zerdrücken, v. a. згњечити, згњавити, смечити.

zerfahren, v. a. потрти волима; — v. n. разиђи се, разлетети се; —, adj. несложан.

zerfallen, v. n. распасти се, развалити се, распадати се, рашчинити се, раствоpити се; in Stücke —, хомадати се; mit einem —, свадити се, завадити се с ким; sich den Kopf —, пасти и разбити главу.

zerfallen, adj. запуштен, порушен, разваљен.

zerfaulen, v. n. потрунути, потрулити.

zersetzen, v. a. раскидати, издерати, покидати, подерати, раздрапати, измрцварити, издpлati, испараклисати; zersetzt, adj. ритап, дроњав, прњав.

zerfleischen, v. a. измрцварити, раздрапати.

zerfließen, v. n. топити се, растопити се; in Thränen —, купати се у сузама.

zerfressen, v. a. рајести, разгристи.

zergehen, v. n. разићи се, разилазити се, топити се, ископнети.

zergen, v. a. дражити, раздражити.

Zergliederer, m. разглобник, анатом; —n, v. a. разглобити, разглабати, парати, сећи, расећи; fig. разложити, тумачити; —ung, f. разглабање, парање, fig. разлагање; — ungskunst, f. анатомиja.

zerhacken, **zerhauen**, v. a. сећи, расећи, посећи, исећи.

zerhämmern, v. a. разбити, растањити чекићем.

zerkauen, v. a. жватати, сажватати, помеђавити.

zerkleinen, v. a. ситнити, вситнити.

zerklopfen, v. a. разбити, разлупати.

zerkneten, v. a. разгњечити.

zerknicken, v. a. ломити, сломити, тргати, погнечити, гужвати, угужвати, изгужвати, изгужеђати.

zerknirschen, v. a. мрвити, скрушити, смрвити; —t, adj. скрушен; —ung, f. fig. скрушење.

zerknittern, **zerknüllen**, v. a. згњечити, згњавити, згужвати, изгужвати.

zerkochen, v. a. расхухати; — v. n. расхухати се.

zerkratzen, v. a. разгрепсти, изгрепсти.

zerkrümmeln, v. a. сирвити, размрвити, раздробити, измрвити, издробити.

zerkrümpeln, f. zerknittern.
zerlachen, sich v. r. пукнути, пуцати од смеха.
zerlass-en, v. a. топити, растопити; —ung, f. топљење, растапање.
zerlaufen, v. n. топити се, растопити се.
zerlechzen, v. n. пуцати, попуцати, распуцати се од суше.
zerlegen, v. a. разложити, разлагати, раставити, разметнути, расећи, исећи, разудити, расточити; —ung, f. разлагање, растављање, разуђивање.
zerlöchern, v. a. пробушити, избушити, изрешетати.
zerlumpt, adj. одрпан, отрцан, дроњав, ритав.
zermahlen, v. a. млети, самлети.
zermalm-en, v. a. мрвити, дробити, сатрти, смрвити, здробити, размрвити, сможднти, смрскати, скрушити; —ung, f. сатрвање, скрушење.
zermartern, sich, v. r. мучити се, кинити се, измучити се, намучити се.
zernagen, v. a. прогристи, изгристи, разгристи, гристи, изглодати, глодати.
zernicht-en, v. a. уништити, разорити; —ung, f. уништење, разорење.
zerpeitschen, v. a. ишибати бичем.
zerplatzen, f. zermartern.
zerplatzen, v. n. пући, пукнути, пуцати, попуцати, распуцати се.
zerpressen, v. a. гњечити, разгњечити, згњечити.
zerprügeln, v. a. издерати, раздерати бијући.
zerquälen, f. zermartern.
zerquetsch-en, v. a. гњечити, разгњечити, згњечити, разбити, разлупати, изгњечити, приштунути, омечити, смуљати; —ung, f. гњечење, згњечење.
zerraufen, v. a. рашчупати, рашчупавати, ишчупати, чупати, разбарусити (косу).
zerreiben, v. a. сатрти, самлети, издерати рибајући, истрти, растрљати, растрти, претирати, претрти, растирати.
Zerreibung, f. сатирање, претирање, растирање.
Zerreiche, f. цер; junge —, церић; —nwald, f. церик.
zerreiß-en, v. a. кидати, дерати, покидати, подерати, одрнати, раздрпати, раздерати, издерати, предерати, продерати, растргнути, раскинути, цепати; — v. n. кидати се, дерати се, раскинути се, раздерати се; —ung, f. кидање, дерање, драпљење; раскидање.
zerren, v. a. вући, трзати, кидати.
Zerrholz, n. церовина.
zerringen, v. a. die Wäsche —, раскинути цеђењу; die Hände —, ломити руке.
zerrinnen, v. n. растопити се, нестанути, пестати; wie gewonnen, so zerronnen, како дошло, тако прошло.
zerrissen, adj. одрпан, дроњав, ритав.
zerrühren, v. a. мешати, размешати, промешати, смешати, размутити, размести, узбурљати.
zerrupfen, v. a. чупати, почупати, рашчупати, ишчупати, ишчерупати.

zerrütt-en, v. a. мутити, смутити, смести, пореметити; —ung, f. мућење, сметање, пореметеност.
zersägen, v. a. пилити, препилити, распилити, растестерити, претестерити.
zerschaben, v. a. истругати, остругати, стругати.
zerscheitern, v. n. разбити се.
zerschellen, v. a. разбити, разлупати; — v. n. разбити се, скрушити се.
zerschießen, v. a. разбити, откинути, пробити из пушке.
zerschlagen, v. a. разбити, стући, потући, избити, пребити, помлатити, разгрухати, изгрухати, избубати, расцопати, истући, пстуцати, излупати, полупати, слупати, разлупати; sich —, v. r. fig. разбити се.
zerschlitzen, v. a. парати, распорити, распарати.
zerschmeißen, v. a. разбити, разлупати, разбацати, бацати.
zerschmelzen, v. a. топити, истопити, растопити; — v. n. топити се, копнети, растопити се, ископнети.
zerschmetter-n, v. a. разлупати, разбити, растрескати, раздрозгати, здрузгати, спрштити; —n, n. —ung, f. разбијање.
zerschmieden, v. a. расковати, раскивати.
zerschmieren, v. a. размазати, размазнати.
zerschneid-en, v. a. резати, разрезати, порезати, изрезати, раскрижити; (Brot), искусити, исећи на комаде; (Fisch), калати, искалати; (Haut), искројити; (Tuch), раскројити; —ung, f. резање, разрезивање.
zerschnitzeln, v. a. исецкати.
zerschroten, v. a. згристи, изјести; пилити, распилити; делити, разделити.
zersetzen, v. a. раставити, разложити, растављати, разместати, разлагати, растапати.
zerspalten, v. a. цепати, расцепати, поцепати, исцепати, погулити; (Fisch), распластити.
zersplitter-n, v. a. мрвити, дробити, размрвити, раздробити; fig. die Zeit —, губити, тратити, изгубити, потратити време; — v. n. мрвити се, дробити се, размрвити се, раздробити се.
zersprengen, v. a. разнети, растерати, распрснути, растискивати, растиснути, разбити, развијати.
zerspringen, v. n. пукнути, пуцати, распукнути се, размрвити се, попуцати.
zerstampfen, v. a. газити, погазити, разгазити, сатрти.
zerstäuben, v. a. распршити, расути, распасти, растерати, разагнати, распаднути.
zerstech-en, v. a. бости, избости, поизбадати, испробадати, поиспробадати.
zerstieben, v. n. распрштати се, расути се, распинати се; fig. нестати, пишезнути.
zerstörbar, adj. разорив, —keit, f. разоривост.
zerstör-en, v. a. разорити, разрушити, порушити, развалити, сатрити, сатрти, рушити, разурити, разурити, разграђивати, раскопати, обурвати; eine Druckschrift —, уништити тископис; —end, adj. убојни; —er, m. разоритељ; —ung, f. разор, расап, рушење.

zerftoßen, v. a. тући, трти, стући, са трти, разбити, згрушити, угрушити, згрувати, истући, смрскати.

zerſtreu-en, v. a. разасути, расипати, расејати, растерати, разагнати, развитлати; je: manben —, забавити, забављати кога; ſid —, v. r. расути се, разићи се, оспипати се, расејати се, растркати се, раселити се, претрести се; забављати се, забављати се, разгалити се, разведрити се; —et, adj. расут, расејан, растркан; непажљив; —ung, f. расипање, расејаност; забава, весеље.

zerſtüd-en, —ein, v. a. раскомадати, раздробити, комадати, искомадати, удити, разудити, раставити; —ung, —elung, f. комадање, раздељење, уђење.

zerſtümmeln, ſ. verſtümmeln.

zertheil-en, v. a. делити, разделити, разгодити, разгађати, растопити, раставити.

zertrenn-bar, —lich, adj. разлучив.

zertrennen, ſ. trennen.

zertreten, v. a. газити, разгазити, погазити, згазити, изгазити, прегазити, потирати, покварити, раскачкати.

zertrümmern, v. a. разорити, разрушити, развалити, рушити, разоравати, учинити што у цепаник.

zerweichen, v. a. расквасити, квасити

zerwirken, v. a. сећи, чистити, расећи, очистити (звер).

zerwühlen, v. a. рити, разрити, изрити, зарити.

zerzauſen, v. a. чупати, рашчупати.

zeter! interj. зао, јао, вај, вајме, помагај; —geſchrei, n. помагања, вика, крика.

Zettel, m. цедуља, цедуљица; (bei den Webern), основа; —banł, f. цедуљна банка.

Zettelchen, n. цедуљица.

Zettelbaum, m. (bei den Webern), сновача.

Zettelende, n. (bei den Webern), урезник.

zetteln, v. a. сновати; ſ. anzetteln, verzetteln.

Zeug, m. (n.) твориво; (Geräth), справа, оруђе, алат; (Ding), ствар; dummes albernes —, будалаштине, лудорије; weißes —, рубље; liederliches —, лупежи; elendes —, пиштарија; baumwollener —, астар.

zeugbar, adj. родан.

Zeugdruck, m. штампа на материји; —er, m. штампар на материји.

Zeuge, m. сведок.

Zeugefall, m. (in der Sprachlehre), други падеж (родителни).

zeugen, adj. од вуне.

zeugen, v. a. (erzeugen), родити, породити, рађати, производити, производити, производити.

zeugen, v. n. сведочити, посведочити.

Zeugen- (in Zuſ.), сведочански; —ausſage, ſ. сведочански исказ; —beweis, m. доказ сведоцима; —eid, m. заклетва, присега сведочанска; —ſchaft, ſ. сведочанство, сведочење; —verhör, n. саслушавање сведока.

Zeugfabrik, — manufactur, f. творница материја, творива.

Zeughaus, n. оружница.

Zeugmacher, m. ткалац, ткач, рукотворац творива; —material, n. творино, материја.

Zeugmeiſter, m. мештар топништва.

Zeugniß, n. сведоцба, сведочанство; ein — abgeben, посведочити.

Zeugrod, m. хаљина од вуне.

Zeugſchmied, m. ковач алата, оруђа.

Zeugung, f. рођење, рађање, произвеђење; произвођење.

Zeugungs-geſchäft, —werł, n. чин плођења, рађања; —kraft, ſ. —vermögen, n. моћ, сила родна; —trieb, m. нагон рађања.

Zeugwärter, m. чувар топништва.

Zeugweber, ſ. Zeugmacher.

Zibebe, ſ. сухо грожђе.

Zicke, ſ. коза, јаре.

zickeln, v. n. козити се, окозити се.

Zickzack, m. тамо амо, десно лево.

Ziefke, ſ. навлака, повлака.

Ziege, ſ. коза; junge —, јаре; Fell von einer jungen —, козлетина; Fleiſch von jungen —n, јаретина; —n-, козји.

Ziegel, m. (Mauerziegel), цигља, опека: (Dachziegel), цреп; (Hohlziegel), жлебац, ћерамида; ungebrannter —, черпић; —brenner, m. цигљар; —brennerei, ſ. цигљана, црепана; —bach, n. кров од црепа; —becker, m. покривач (препом); —erde, ſ. земља за цигље; —ei, ſ. Ziegelbrennerei; —farbe, ſ. цигљена боја; —farben, adj. цигљен, цигљене боје, на цигљу; —hütte, ſ. ſ. Ziegelbrennerei; —form, f. калуп од цигље; —mehl, n. прашина од цигље; —meiſter, Ziegler, m. цигљар, црепар; —ofen, m. цигљана; —roth, ſ. ziegelfarben; —ſcheune, ſ. црепара; —ſtein, m. цигља, опека; —ſtreicher, ſ. Ziegelbrenner.

Ziegen-bart, m. Geisbart; —bein, n. козја нога; —bock, m. јарац, прас; —böckchen, n. јарчић; —butter, ſ. козје масло; —dieb, m. крадикоза; —fell, n. козја кожа; јаретина, козлетина, козлина, козлетар, кочет, козјевина; —fleiſch, n. козјевина, козје месо, јаретина; —fuß, m. нога козја; —gelb, n. козарина; —haar, m. кострет, струња; —hirt, m. козар, бозопава; —hirtin, ſ. козарица; —käſe, m. козји сир; —koth, m. брабоњак, црпа; —melker, m. ſ. Nachtrabe, Nachtſchwalbe; —milch, ſ. козје млеко; —ſtall, m. козарица; —wolle, ſ. кострет, кочет, кочина, козјевина.

Zieger, m. сурутка, сирутка; —käſe, m. сир мекан.

Zieh-bank, ſ. тезга жичарска; —brunnen, m. студенац (на точак, на коло).

Ziehe, ſ. Erziehung.

Zicheltern, pl. m. хранитељи.

ziehen, v. a. вући, потезати, теглити, повући, влачити, повући, потегнути, развлачити, тезмати; Kinder —, хранити, гојити, отхранивати децу; Pferde, Schafe ꝛc. —, одгајити, патити коње, овце, итд.; Bäume, Blumen, ꝛc. —, садити, сејати; den Beutel —, водити, извадити кесу; den Degen —, тргнути мач; den Hut —, скинути шешир; das Geſicht —, кревељити се; (von Pflaſtern) мазати, размазати; Lichter —, свеће лити,

правити; Gewinn —, добивати, имати добитка, користи; (im Schachspiele, Damenspiele), вући, мицати, повући, макнути, играти; vor Gericht —, звати, позвати кога пред суд, тужити га; zu Rathe —, световати се с ким; zur Rechenschaft —, повући кога па одговор; eine Stelle aus einem Buche —, извадити, исписати што из какве књиге; sich etwas zu Gemüthe —, узети што озбиљно, туговати за чим, примити што к срцу; etwas in Betracht —, узети обзир на што, узети што у обзир; den Kürzeren —, изгубити; an sich —, вући, потезати, потегнути к себи, преузети; Drath —, правити жицу (гвоздену); die Achseln —, слећи, слегнути раменима; Saiten auf eine Violine —, натегнути жице на гусле; einen Graben, einen Zaun um einen Ort —, опкопати, оградити плотом место какво; Wein —, точити, отакати вино; aus dem Lande, aus einer Wohnung —, иселити се из земље, из стана; das Korn aus dem Lande —, возити жито из земље; den Wechsel auf einen —, потегнути меницу на кога; die Worte —, ачити се, развлачити речи; etwas in Berathung —, већати о чему; in Zweifel —, двоумити, двојити о чему; etwas in die Länge —, растезати, одуговлачити, отезати што; Folgen nach sich —, имати последица; auf die Schnur —, низати; von der Schnur —, разнизати; den Zügel an sich —, устезати; durch — ermatten, изнући се; gut —д, возак (коњ); — v. n. ићи, полазити, поћи; wohin —, селити се, преселити се; herum —, скитати се, клатити се; sich —, v. г. вући се, отезати се, потезати се, развлачити се; (sich erstrecken) пружати се, простирати се; sich aus der Verlegenheit —, извући се из неприлике; der Weg zieht sich in die Länge, путу нема краја; sich in's Enge —, стиснути се; das Wasser zieht sich in den Sand, понире вода у песак.
Zieh-geld, n. плата за одгајање; —kind, n. храњенче; храњеник; храњеница; —mutter, f. хранитељка; —pflaster, f. Zugpflaster; —schraube, f. натегач; —seil, n. конон, ламар; —sohn, m. храњеник; —tochter, f. храњеница.
Ziehung, f. (in der Lotterie), вучење.
Ziehvater, m. хранитељ.
Ziehwerk, n. справа за потезање, за прављање жице, итд.
Ziehzange, f. кљеште, кљештице (игларске).
Ziel, n. сврха, намисао, циљ, цељ, крај, конац; нишан, биљега, мета, чињ; рок, термин; (Korn an der Flinte) нишан доњи и горњи, очник, пуце, сењај; —en, v. n. циљати, мерити, омерати, згађати, гађати, нишанити, ванишанити, замерати, заглдати, потпцати; nach etwas —, тежити, ићи за чим, тражити што, шибати куда; —er, m. гађач.
Zielscheibe, f. колут, биљега, нишан, циљ.
ziemen, s. geziemen.
Ziemer, m. (Vogel), брањуг; (Hirsch-, Ochsenziemer), жила јеленa или волујска.

ziemlich, adj. довољан, осредњи, средњи, подобар; — adv. доста добро, осредње, прилично, подобро, како тако, побоље, поваjвише.
ziepen, s. zirpen.
Zier, s. Zierde.
Zieraffe, m. fig. лутка, лутак.
Zierrath, m. урес, накит.
Zierbengel, m. кицош, лутан, гладун, гладиовица.
Zierde, f. урес, украс, накит, дика, лепота, гизда.
zieren, v. a. красити, ресити, китити, уресити, украсити, накитити, нагиздати, подичити, кићупити; sich —, г. г. гиздати се, китити се, цифрати се, кићунити се, кицошити се, вркочити се.
Ziererei, f. цифрање, кићење, кађуњење, кицошење, вркочење.
zierlich, adj. гиздав, ресен, кићен, леп, красан; —keit, f. гизда, красота, лепота.
Zierling, m. кицош, гладун, гладивница; (von Frauen) кићевка, китица.
Zierpuppe, f. провијуша, лутка, лутица.
Zieselmaus, f. пух, пуп.
Ziest, m. чистац, тетрљан водени, stachys aquatica.
Ziffer, f. цифра, бројка; —ansatz, m. бројна ставка; —blatt, n. лист, сат; —mäßig, adj. бројни, по броју; —n, v. a. бројеве писати; —rechnung, s. Zahlenrechnung; —schrift, f. бројно писмо.
Zigarre, f. смотка, цигара.
Zigeuner, m. циганин; potadischer —, гурбет; —hauptmann, m. церибаша; —in, f. циганка; potadische —in, f. гурбетка; —isch, adj. цигански; —kind, n. циганче; —zelt, n. черга.
Zimbel, s. Cymbel.
Zimentirer, m. баждар.
Zimmer, n. соба, одаја, изба, комора.
Zimmer, n. свежањ од 40 кожа.
Zimmer-arbeit, f. тесарска, дрводељска радња; —arrest, m. собни затвор; —axt, f. —beil, n. брадва, вандага, косир; —decke, f. таван, таванице; —gesell, m. момак тесарски, дрводељски; —handwerk, n. дрводељство, тесарство, дунђерство; —holz, n. грађа; —kellner, f. одаџија; —mann, m. дунђерин, тесар, дрводеља; —miether, (—herr) m. најамник, најмитељ собе.
zimmern, v. a. тесати, стесати, дунђерисати, градити, саградити; fig. начинити, направити, чинити, правити.
Zimmerung, f. Zimmerwerk, n. дрводељски посао.
Zimmet, Zimmt, m. цимет, корица, корињак.
Zimmt-baum, m. корично дрво; —blüthe, f. корични цвет; —farbe, f. боја корична; —farben, adj. коричне боје, на корицу; —holz, n. корично дрво; —öl, n. уље корично; —rinde, f. s. Zimmt; —wasser, n. вода корична.
zimperlich, adj. размажен.
Zindel, s. Sendel.
Zink, m. цинак.

Zinke, f. (ein Instrument), корнет, рожак; f. Zacken.
Zinkenist, m. корнетиста.
zinkig, f. zackig.
Zinn, n. цин, калај, коситар; —asche, f. коситаран пепео; —bergwerk, n. коситарна руда.
Zinne, f. врх, вршак (од зграда).
zinnen, adj. цинен, коситаран, од коситра.
Zinn=erz, n. коситарна руда; —folie, f. коситар у листу; —gefäß, n. суд од коситра.
Zinngießer, m. калајџија.
zinnhaltig, adj. коситараст.
Zinnkalk, m. f. Zinnasche.
Zinnober, m. ћеновар; —roth, adj. ћеноваран, на ћеновар.
Zinnplatte, f. плоча коситарна.
Zinnsand, m. песак коситарни.
Zins, m. данак, даћа, бир; (Hauszins), најам, најомнина, кирија; Zinsen, pl. интерес, камата.
Zins=, (in Zus.), даћни, најомни; —bar, adj. харачан; —bar machen, ухарачити; —barkeit, f. ухараченост; —bauer, m. датник, харачник.
Zinsen, pl. f. Zins.
zinsen, v. a. & n. плаћати, платити харач, доносити, посити рачун.
Zins=, (in Zus.), каматни; —bezug, m. каматни доходак; —coupon, m. каматни одрезак; —bertrag, m. погодба о каматама.
Zins=frau, f. харачница, даћни; —freiheit, f. слобода од харача, даће; —freiheit, f. слобода од харача; —fuß, m. мера даће, камате; —gerechtigkeit, f. —recht, n. бирно право, бир; —gut, n. даћевина; —herr, m. господар даће; —korn, n. бирно жито; —mann, m. pl. —leute, харачник, даћник; укућанин; —pflichtig, adj. који је дужан давати даћу; —register, n. попис бирни; —tag, m. дан када се плаћа најомнина, даћа; —zahl, f. der Römer Zinszahl, даћа римска (у календару).
Zipergras, n. шиљ.
Zipfel, m. Zipfelchen, n. крај, скут, окрајак.
zipfelig, adj. парескан.
Zipfelpelz, m. опаклија.
Zipperlein, f. Podagra.
Zirbel, Zirbelbaum, f. Pinienbaum.
Zirkel, m. Zirkelchen, n. коло, круг, округ, друштво, компас, шестар; —bogen, m. лук; —fläche, f. круг, коло; —förmig, adj. округао; —linie, f. округла линија.
zirkeln, v. a. шестарем мерити, измерити, шестарити, отшестарити.
Zirkel=punkt, m. средоточиште, средиште круга; —rund, adj. округао; —runde, f. округлина круга.
Zirn=baum, m. —eiche, f. цер.
zirpen, v. n. цврчати.
zischeln, v. a. шаптати; —n. шапат, шаптање.
zischen, v. n. пискати, пиштати, писнути, шкати, пропиштати; —n. писка, пиштање, шика, шикање.
Zieser, Zieserеrbse, f. Kicher.
Zißmaus, f. Zieselmaus.

Zisterne, f. Cisterne.
Zither, f. цитара, китара.
Zitrone, f. Citrone.
Zits, m. пиц.
Zitter=aal, m. раџа; —fisch, m. три (риба); —golb, n. варак; —flechte, f. —mahl, n. f. Flechte.
zittern, v. n. дрктати, трепетати, стрепити, трести се, чппкати се; —vor Kälte, цвокотати; —n. трепет, дрктање, трептање, дрктање, дрхат, трес, тресавица, типкање, цвокотање.
Zitternadel, f. трепетљика, трепчана игла, трепчаница.
Zitterpappel, f. јасика.
Zittrich, m. звериниц, лишај.
Zitwer, —same, m. иcнот.
Zitz, f. Zits.
Zitze, f. сиса; —nförmig, adj. сисаст.
Zobel, m. самур, зердав; —fang, m. —jagd, f. лов на самуре; —fänger, m. ловац самура; —fell, n. самуровина, кожа од самура, зердава; —futter, n. постава од зердава; —mütze, f. самуркалпак, самурлија; —pelz, m. самуровина.
Zober, m. Zoberchen, n. чабар, чабрица.
Zofe, f. дворкиња, дворкиница.
zögern, v. n. отезати, одоцнити, оклевати; —ung, f. отезање, оклевање.
Zögling, m. храњеник, отхрањеник, питомац.
Zoll, m. палац, прст (мера); царина, ђумрук; —ben — der Natur bezahlen, умрети; fig. —ber dem Berdienste gebührt, уважење, признавање, које се заслугама пристоји; —amt, n. царина; —ämtlich, adj. царински; —aufseher, m. царински надлежник; —bar, adj. царини подвржен; —beamte, —bediente, m. царник; —bereiter, m. стражар царински; —einnehmer, m. царинар.
zollen, v. a. платити, плаћати царину; fig. дати, учинити, чинити; Dank —, хвалити, захвалити; Thränen —, оплакати.
zoll=frei, adj. слободан од царине; —freiheit, f. слобода од царине; —gelb, n. баждарина; —gerechtigkeit, f. царина, право царинско; —haus, n. царинара; —linie, f. царинска међа; —mas, n. палац, мера од палаца.
Zöllner, m. царинар, царник.
Zoll=ordnung, f. ред царински; —pfahl, m. —säule, f. ступ од царине; —pflicht, f. дужност плаћати царину; —rolle, f. f. Zolltarif; —satz, m. царински ценик; —schranken, pl. f. царинарска ограда; —stätte, f. —tafel, f. таблица од царине; —tarif, m. царински ценик; —vorschrift, f. царински пропис.
Zone, f. појас (земљаски).
Zoolog, m. живословац; —ie, f. живословље, наука о животињама.
Zopf, m. Zöpfchen, n. кика, перчин, плетеница; врх од дрвета; —band, n. уплетник, уплетњак; —ende, n. врх од дрвета; —haar, n. косе од перчина, од плетенице.
Zorn, m. љутост, срдитост, јед, срџба, гњев, јарост; —ig, adj. љут, срдит, расрђен

гњеван, разјарен, једак, један, љутит, набусит; vom — entbrennen, жестити се.
Zote, f. гад, поган, гадне речи.
Zote, Zotte, Zottel, f. кудра, рута.
zoten-haft, adj. гадан, поган, гнусан; —reißer, m. бесрамник, човек поганих уста.
Zottel, f. Zote, Zotte.
Zottelbär, m. рутав, кудрав медвед.
zotteln, v. n. касати, вући се.
zottig, adj. кудрав, рутав, чупав.
zu, prp. к, ка, на, у, према, по, о, за, код, при; hier — Lande, овде; gerade —, управо, право; — Wasser und — Lande, водом и сухим; nach der Stadt —, према граду; — interj. zu, zu! ајде ајде, боље, брже, ближе; schlag' zu! удри; — adv. пре, превећ, одвећ; —groß, превелик; —stark, веома јак; —viel, одвише; die Thür ist —, врата су затворена.
zuackern, v. a. заорати, заоравати.
zubauen, v. a. зазидати, заградити, зазиђивати, заграђивати, дозидати.
Zubehör, f. Zugehör.
zubeißen, v. n. загристи, загризати, мезетити; присмакати, присмочити.
zubenamt, adj. зван, назван, прозван.
Zuber, f. Zober.
zubereit-en, v. a. готовити, приправљати, спремати, зготовити, приправити, спремити, приготовити, увијати (јело) —ung, f. приправљање, приправа, готовљење.
zubessern, v. a. побољшати, поправити.
zubinden, v. a. завезати, завезивати.
Zubiß, m. мезе.
zublasen, v. a. надувати, придувати, дувати; einem etwas —, шаптати, пришаптивати што коме.
zubringen, v. a. (einem etwas), донети, доносити; die Zeit, ꝛc. —, провести, пробавити време; (denunciren), проказати —(verschaffen), подводити, прибавити; müßelig —, иставорити; den Tag —, предањити, дањивати, дзновати; den Sommer —, летовати, прелетити; den Winter —, зимовати, презимити.
Zubringer, m. доносилац, доносач, проказивач, (Unterhändler), подводник, проводаџија.
zubrocken, v. a. додати, придати.
Zubrod, n. f. Zukost.
Zubuße, f. доплата; потпора, помоћ.
zubüßen, v. a. додати, придати, додавати, придавати, изгубити, губити.
Zucht, f. (vom Vieh), гојење, храњење, пажење; (Erziehung), одгојење, отхрањење; (Ordnung), запт, ред; (Race), расплод, феда, врста, пасмина; eine — Schafe, стадо оваца; (Ehrbarkeit), срам, стид, пристојност, поштење; in der — halten, заптити.
Zucht-Biene, f. матица; —fähig, adj. научан; —halter, m. запчија; —haus, n. казнени завод; робија; —hengst, m. ајгир, пастух; —hündin, f. куја, кучка.
züchtig, adj. стидљив, срамежљив; пристојан, чист; —keit, f. стидљивост, срамежљивост, пристојност, чистота.
züchtig-en, v. a. педепсати, казнити, каштиговати; —ung, f. педепса, каштига, казна,

педепсање, каштиговање; — mit Stockstreichen, батинање; — mit Ruthenstreichen, шибање.
Züchtling, m. робијаш.
zucht-los, adj. без запта, без реда, самовољан, безобразан, разуздан, непокоран; —losigkeit, f. неред, самовоља, безобразност, разузданост, непокорност, непослух; —mädchen, n. нахранкиња, нахранка, храњеница; —meister, m. надзиратељ робијашки; —ofse, m. бик за пађење; —ruthe, f. шиба, прут; —sau, f. крмача за расплод; —stute, f. кобила за расплод; —vieh, n. марва за пађење; junges —vieh, приплод у стоци.
zucken, v. n. дрктати, трзати се, тргати, палуцати; mit den Achseln —, слећи раменима, омплати се; zucke nicht, немичи се; —, n. трзање, дрктање, омплање.
zücken, v. a. (den Degen), тргнути, вадити, трзати, вадити мач, сукнути, смукнути.
Zucker, m. шећер; zu — werden, ушећерити се; —artig, adj. шећеран; —bäcker, m. посластичар; —bäckerin, f. посластичарка; —bäckerei, f. посластичарница; —büchse, f. dose, f. шећерњача; —erbse, f. слатки грашак; —fabrik, f. творница од шећера; —gebackenes, f. Zuckerwerk; —gschmack, m. укус шећерни; —handel, m трговина шећером; —honig, m. зрнаст мед; —hut, m. глава шећера; —sand, m. кристални, ледени шећер; —körner, pl. n. шећерно зрње; —maul, посластичар, посластичарка; медена уста, уста шећерна; —melone, f. диња, пипун; —mühle, f. шећерни млин.
zuckern, v. a. шећерити, ошећерити, зашећерити.
Zucker-papier, n. шећеран папир; —plätzchen, n. погачица шећерна; —rohr, n. трска шећерна; —säure, f. шећерна киселина; —schachtel, f. Zuckerbüchse; —schote, f. Zuckererbse; —siederei, f. творница шећера; —süß, adj. шећеран; сладак као шећер; —werk, n. посластице; —zange, f. машице за шећер.
Zuckung, f. трзање.
zudämmen, v. a. заградити, загатити.
zudecken, v. a. покрити, покривати, поклопити, поклапати, приклочити, заклопити, прикрити, натркати, закрити, загрнути, загртати, v. r. огрнути, опијати; fig. опити, опијати.
zudecretiren, v. a. одлучити коме што.
zudem, adv. к томе, сувише, осим тога.
zudengeln, v. a. расклепати.
zudenken, v. a. наменити што коме, варећи, нарицати.
Zudrang, m. навала, налога.
zudrängen, sich, v. r. навалити, наваљивати, срнути, насрнути, срљати; fig. мешати се, пачати се у свашто.
zudrehen, v. a. завинути, засукати, засукивати, завртати, завртати, упрести, усукати.
zudringen, f. zudrängen.
zudringlich, adj. досадан, неприличан, наметљив, безобразан; —keit, f. досадност, наметљивост.

zudrücken, v. a. затворити, заклопити, затиснути; fig. ein Auge —, кроз прсте гледати; die Augen —, зажмурити, свести очи; умрети, преминути, преставити се.
zueggen, v. a. забранити.
zueign-en, v. a. привластити коме што, приписати; (widmen) посветити, sich etwas —, својити, посвојити, присвојити што себи; —ung, f. привлаштење, присвајање; посвета; —ungsschrift, f. посвета.
zueilen, v. n. спешити, хитати, трчати, журити се камо, дотрчати, доскочити, прискочити, прибржати, похитети.
zuerkenn-en, v. a. присудити, досудити, одлучити, дати, признати, допустити; —ung, f. присуђивање, признавање.
zuerst, adv. најпре, пре свега, врх свега, прво.
zufahren, v. n. брзо возити; auf etwas —, насрнути на што; auf einen Ort —, возити се камо; blind —, слепо, безумно поступати; fahr zu! вози!
Zufall, m. згода, случај, памера, пригода, срећа, намер, нагон; (Accidens), припадак.
zufallen, v. n. припасти, заклопити се, затворити се, заклапати се, затварати се, привалити се.
zufällig, adj. случајан, пригодан; —, adv. случајно; das ist — geschehen, то се учинило нагоном; —keit, f. случајност.
zufertigen, v. a. слати, отиравЉати, пошиљати, послати, отправити.
zuflechten, v. a. заплести, доплести, доплетати, заплетати, поплести.
zuflicken, v. a. крпити, закрпити, прикрпити.
zufliegen, v. n. прилетети, долетети, прилетати; летети куда.
zufliehen, v. n. добећи, добежати.
zufließen, v. n. дотећи, притећи, дотицати, притицати; тећи куда; einem eine Wohlthat — lassen, указати, учинити коме какво добро.
Zuflucht, f. уточиште, уток, утециште, прибежиште; seine — zu Jemanden nehmen, утећи се, прибећи коме; —ort, m. уточиште, утециште, заклон.
Zufluß, m. дотицање; — des Wassers, уток, утицање; häufiger —, мноштво, обилност, обиље, изобиље; Zuflüsse, припатци.
Zufolge, zu Folge, adv. по, услед.
zufragen, v. n. питати.
zufrieden, adj. задовољан, намирен, довољан, рад, кадр; — stellen, намирити, подмирити кога, задовољити; sich mit etwas —, бити задовољан чим; —heit, f. задовољност, задовољство.
zufrieren, v. n. смрзнути се, замрзнути се, смрзавати се, замрзавати се, заледити се, преледити се.
zufügen, v. a. чинити, учинити, узрочити, узроковати.
Zufuhre, f. довоз, привоз, приважање, довожење; die — abschneiden, пресећи довоз хране.
zuführen, v. a. (zu Wagen, zu Wasser), довести, довозити, привести, привозити; најавити.

zufüllen, v. a. напунити, допунити, пупити, допуњивати.
Zug, m. мах, тег, тегљење, вучење; (im Trinken), предушак, душак; (mit der Feder), потез, црта; (von Truppen ec.), поход, рат, војевање, чета, пут; (Vorübergang), пролаз, проход; (Karawane), турма; ein — Pferde, спрега коња; ein — Vögel, јато птица; ein — Ochsen, јарам волова; (in Orgeln), игра; (zu Lasten), впто, чеври; (Luftzug), промаја; (bei den Cigarren), одушак; (des Gesichtes, des Characters), црта, цртица; (der — in einem Flintenlaufe), одук; (Procession), опход, спровод, литија; (Train), влак; im —e sein, у посао ући; — für —, па длаку, од црте до црте; auf einen —, на душку, без предушка; ein Paar Züge thun (im Rauchen), повући, пукнути; einen — thun aus der Flasche, потегнути; im —e der Verhandlung, у току расправе; in letzten Zügen liegen, на умору бити, борити се с душом.
Zugabe, f. додатак, придавак, надодадба, придавање; (Agio), приде; (beim Zahlen), доплата; (beim Messen), домерак; (bei Metall), умешај; (Zuwage, bei den Fleischern), привага.
Zugang, m. приступ, приход, доступ, доход, долаз, доходак.
zugängig, zugänglich, adj. приступан, приступачан, доступан; (willfährig), благ, пријазан, погодан.
Zugband, n. споја; узица, врпца (од кесе).
Zugbrücke, f. дижив мост.
zugeben, v. a. придати, додати, дати; (gestatten), допустити; Jemanden am Lohne —, повећати коме плату; (im Kartenspiele), дати, давати; fig. klein —, танко свирати, танко пресли.
Zugebräu, n. приуварак.
zugedacht, adj. намењен.
zugegen, adv. присутан, назочан; er war auch —, и он је ту био.
zugehen, v. n. брзо ићи, журити се, ићи камо, затворити се, заклопити се; (geschehen), догодити се; wie geht es zu? одкуд то? es geht in diesem Hause ordentlich zu, у овој је кући добар ред; es ging sehr hitzig zu, јако су се били угрејали; dort geht es schrecklich zu, тамо бивају страхоте; so geht es zu in der Welt, тако је то у свету; spitzig zugehen, зашиљен, заоштрен бити.
Zugehör, n. принадлежност, справа; —en, v. n. припадати, спадати коме, бити чији; —ig, adj. пристојан, принадлежан.
Zügel, m. узда, уздица, воћица, дизген; —los, adj. разуздан, без узде; —losigkeit, f. разузданост.
Zugemüse, n. поврће, вариво.
zugenannt, f. зубенамт.
zugeordnet, adj. придан, додан.
zugesellen, v. a. придружити, придати; —sich, т. г. придружити се, пришабанити се.
zugespitzt, adj. шиљаст, шиљкаст.
Zugeständniß, n. попуштање, дозвола.
zugestehen, v. a. допустити, допуштати, признати; (verleihen), дати коме што.

zugethan, adj. fig. привржен, наклоњен.
zugewähren, v. a. преписати на кога у јавне књиге.
Zug-fisch, m. проходна риба; —garn, n. истезавица (мрежа); —graben, n. јарак; — heuschrecke, f. скакавац велики, шашка.
zugießen, v. a. прилити, долити, залити, прилевати, долевати, залевати.
zugleich, adv. скупа, упоредо, заједно, у исто доба, једноличке.
Zugleine, f. коноп за потезање.
Zug-loch, n. одушка; —luft, f. промаја; —ochs, m. теглећи во; junger —ochs, ухватак; —pferd, n. теглећи коњ; —pflaster, n. визикатор.
zugreifen, v. n. ухватити, попасти, примити; bei der Arbeit —, пригонути; greif' zu, узми, држи.
Zug-schnur, f. узица, врпца (од кесе); —strang, —riemen, m. уже, штранга; —seil, n. коноп; —taube, f. селац голуб; —vieh, n. теглећа марва; —vogel, m. селица птица; —weise, adv. на јата, на чете; —wind, m. промаја, промаја; —winde, f. витао.
zuhaben, v. a. затворено имати; —wollen, искати привреде.
zuhäkeln, zuhäkeln, v. n. закончати, запетљати, скопчати, спучети, сапетљати; (den Thürhaken), пустити резу.
zuhalten, v. a. (die Augen ɛc.), жмурити, зажмурити; eine Thür —, држати затворена врата; etwas —, руком покрити, затворено држати, притиснути што; die Hand —, стиснути руку; — eine Frist, држати рок; — v. n. mit einer Person —, бити са женом каквом у односају.
zuhängen, v. a. застрти, завести, застирати.
zuhauen, v. n. ударати, ударити пемљнце; — v. a. тесати, затесати, отесати, задељати.
zuhefteln, v. a. закопчати, сакопчати, скопчати.
zuheften, v. a. зашити.
zuheilen, v. a. залечити, лечити; — v. n. залечити се, лечити се, замладити се.
zuhorchen, v. a. слушати, прислушкивати, прислухнути.
zuhör-en, v. n. (Acht haben), пазити; (anhören), слушати; —er, m. слушатељ, слушалац.
zujagen, v. n. трчати скоком; — v. a. гонити, терати, натерати, нагнати.
zujauchzen, v. a. (einem) примити, примати кога веселим кликањем; Beifall —, пљескати коме весело.
zukaufen, v. a. прикупити, докупити.
zukehren, v. a. обрнути, обратити, обраћати, мести, чистити камо.
zukeilen, v. a. заглавити, заглављивати.
zuketteln, v. a. запети, запињати ланчићем.
zuklatschen, v. a. einem Beifall —, пљескати коме па похвалу.
zukleben, zukleistern, v. a. залепити, залепљивати.
zuklinken, v. a. затворити резом.
zuknöpfen, v. a. закопчати, запучити, спетљати, закопчавати.

zuknüpfen, v. a. завезати, завезивати, запетљати, закончати.
zukommen, v. n. доћи, прићи, доспети, стаћи; (gebühren), пристојати се, припасти, припадати; einem etwas — lassen, дати, предати; man kann ihm nicht —, није могуће прићи му, наћи му слабу страну.
Zukost, f. смок; —en, v. a. смочити, присмочити, присмакати.
zukratzen, v. a. загрепсти.
Zukunft, f. будућност, будуће време, будуће, напредак; in die —, у напредак, одселе, одсада.
zulächeln, v. n. (einem), сместити се, насмешити се, осмехнути се, осмевати се.
Zulage, f. додатак, придатак, прилог; (Geld —), доплата, помоћ; (im Bau), лес за кућу; (beim Fleischer), привага.
zulangen, v. n. хватати се, додати, машити се; (bei Tische), служити се, узети; (hinreichen), досећи, допрети, дослазати, допирати; fig. дотећи, дотицати.
zulänglich, adj. довољан, f. hinlänglich; —keit, f. довољност, f. Hinlänglichkeit.
zulappen, v. a. дати, давати, плаћати (као тврдица).
zulassen, v. a. припустити, пустити на што; (gestatten), допустити, признати, дати; (geschlossen lassen), затворено оставити.
zulässig, zulässlich, adj. допуштен; —keit, f. допуштање.
Zulassung, f. припуштање, допуштење.
Zulauf, m. навала, налога, мноштво; —en, v. n. трчати, тећи куда; дотрчати; стећи се, стицати се; spitzig —, зашиљен, задељан бити.
zulegen, v. a. затворити, заградити; (hinzulegen), додати, придати; einen Brief —, савити, савијати лист; sich ein Pferd —, купити, добавити коња.
zulehnen, v. a. притворити, притварати (врата).
zuleimen, v. a. залепити, залепљивати.
zuletzt, adv. најпосле, најзад, напокон; (adj.) задњи, последњи.
zulispeln, v. a. пришаптати.
zulöthen, v. a. запојити, залити.
Zulp, m. узлић за спсање (у деце); —en, v. a. & n. сисати, цуцлати.
zumachen, v. a. затворити, притворити, запрети, затворти, запирати; den Rock —, закопчати, запучити хаљину; die Flasche —, зачепити боцу; — v. n. журити се, пастити се.
zumal, adv. особито, врх свега, највећма.
zumauern, v. a. зазидати, зазпђивати.
zumeist, adv. попајвише, обично.
zumessen, v. a. одмерити, измерити, примерити што коме; приписати, поделити, дати.
zumischen, v. a. домешати.
zumuth-en, v. a. (einem etwas), искати, тражити, захтевати што од кога; мислити што о коме; —ung, f. захтевање; мисао, мњење.
zunächst, adv. најближе, најпре, особито, највећма, најпосле.
zunageln, v. a. заковати.
zunähen, v. a. зашити, зашивати, шити.

Zunahme, f. растење, умножење, напредак, напредовање.
Zuname, m. презиме, придевак, подретло; —n geben, прозвати, издевати имена.
zündbar, adj. упаљив; —keit, f. упаљивост.
zünden, v. n. упалити, палити, уждити; — v. n. упалити се, планути.
Zunder, m. труд.
Zünder, m. ужигало; (an Bomben) фитиљ.
Zunder-büchse, f. кутија за труд; —schwamm, = f. Zunder.
Zünd-kraut, n. страна од ваље (у топа); —hölzchen, n. жигица, паледрвце, машина; —kraut, n. потпрашник; —aufschütten, потпрашити, припрашити; —loch, n. ваља; —pfanne, f. прашница, чанак; —pulver, f. Zündkraut; —ruthe, —stange, f. —stock, m. ужигало; —schwamm, m. труд; —strick, m. фитиљ; —wurft, f. Pulverwurft.
zunehmen, v. n. (größer werden), расти, примаћи, примицати, титњати; (sich vermehren), множити се, плодити се; (dick werden), дебљати, гојити се; (an Kräften), јачати; an Weisheit —, напредовати у мудрости; bei zunehmenden Jahren, под старост.
zueignen, sich, v. r. склонити се, приклонити се, приклањати се.
Zuneigung, f. привржсност, наклоност.
zunestein, f. zubinden.
Zunft, f. цех, цеј, еснаф, општина; (in Zus.) цеховни, еснафски.
zünftig, adj. цеховни; —keit, f цеховност.
zunft-mäßig, adj. цеховни, еснафски; — adv. на начин цеха; —meister, m. цехмајстор, цеховник, устабаша;—recht, n. цеховно, еснафско право.
Zunfts-, (in Zus.), цеховни; —ältester, m. старешина цеха; —genosse, m. суцеховник, руфетлија.
Zunft-verwandte, m. цеховни друг, суцеховник; —zwang, m. присиљавање у цех, еснаф.
Zunge, f. језик, уста.
Züngelchen, n. језичић; (am Gewehr), обарача, макаљ, отпопац; (an der Schnalle), језичац.
züngeln, v. n. играти се језиком.
Zungen-ader, f. језична жила; —band, n. жилица подјезична; —buchstab, n. слово језично: —drescher, m. рђав, језичан адвокат; —drescherei, f. извијање рђава адвоката; —fisch, m. табља, pleoronectes solea; —förmig, adj. језичаст; —geschwür, n. чир на језику; —kraut, n. бобовњак; —krebs, m. рак на језику.
zunichte machen, v. a. уништити, упропастити, покварити, разорити, разрушити; zunichte werden, v. n. ишчезнути, нестати, ишчезавати, нестајати.
zunicken, v. a. (einem), махнути, махати коме главом; einem Beifall —, показати, доказати задовољство своје махањем главе.
zunöthigen, f. zubringen, aufbringen.
zuoberst, adv. наврх. [кога.
zuordnen, v. a. додати, придати (у помоћ
zupeitschen, v. n. шибати немилице; peitsche zu! удри!
zupfeifen, v. n. звизнути, звиждати коме.

zupfen, v. a. трзати, тргати, чупнути, чупати; Wolle —, чешљати, чимкати вуну; einen bei den Haaren —, чупати кога за косе.
zupflastern, v. a. поплочати.
zupflöcken, v. a. заглавити, зачепити клином, ударити клин.
zupflügen, v. a. заорати, заоравати.
zupfropfen, v. a. зацепити.
Zupfseide, f. очипци од свиле.
zupichen, v. a. засмолити.
zuplatzen, v. n. наглити, пренаглити, слепо радити.
zuplatzen, f. zuplatzen.
zu Rathe halten, v. a. штедити, чувати.
zurathen, v. a. световати.
zurechnen, v. a. метнути на рачун, нарачунати, узети у рачун; приписати, уброити коме што; —ung, f. припис, убројење, приписивање, окривљење; —ungsfähig, adj. окривљив, који се ради чега окривити може; свестан; —ungsfähigkeit, f. свестност, окривљивост.
zurecht-bringen, v. a. уредити, метнути у ред; einen Kranken —, лечити, излечити кога, повратити му здравље; —finden, sich, v. r. наћи се; —helfen, v. n. помоћи коме до правога пута; —kommen, v. n. добро, на време доћи, приспети, доспети; mit einem —, погодити се с киме; mit etwas —, вешт чему бити, на конац чему доћи; —legen, —stellen, —setzen, v. a. наместити, наместити, метнути на место, у ред, уредити, уређивати; —machen, v. a. направити, поправити, метнути у ред, приправити; углити, угађати, оправити, удесити, удешавати; sich — machen zu etwas, приправити се; —richten, v. a. оправити, управити, удесити; —richten, n. оправа; —weisen, v. a. упутити, показати коме пут прави; (belehren), учити, поучити, убавестити, опоменути, укорити; —weisung, f. упућење, убавештење, опомена, укор. [рити.
zureden, v. n. наговарати, наговорити, говоZureden, n. наговор, наговарање, говор.
zureichen, v. a. додати, пружити, додавати, пружати; — v. n. дотећи, дотицати, доста бити.
zureichend, adj. довољан.
zureiten, v. a. учити коња; v. n. јахати, јашити камо; брзо, хитро јахати.
zurennen, v. n. трчати брзо; трчати куда.
Zürgelbaum, m. копњела, копрић, celtis australis.
zurichten, v. a. готовити, приправљати, зготовити, приправити, уредити, уређивати, удешавати, приредити, приређивати, оправити, приуремити; Jauber —, улудити; Häute —, устројити, учинити, уштавити кожу; sich —, v. r. упрљати се; sich häßlich —, нагрдити се; —ung, f. приправа, приређење, уређење, уређивање, оправа, удешавање.
zuriegeln, v. a. засунути, закракунати, затварати резом.
zürnen, v. n. срдити се, љутити се, гњевити се, дурити се, једити се, карати се.

Zürner — 369 — **zusammen**

Zürner, m. срчко, срдитко; —in, f. срда.
zutoßen, v. a. ваљати, котурати куда.
zuroßen, v. n. зарђати, зарђавити.
zurüd, adv. натраг, натрашке, назад; bie Reiſe hin und —, пут тамо и амо.
zurüd! interj. натраг!
zurüd-beben, v. n. дрктати, уздрктати; —begeben, ſich, v. r. вратити се, повратити се, враћати се; —behalten, v. a. задржати; —behaltung, f. задржавање; —bekommen, v. a. добити натраг; —berufen, v. a. позвати натраг; —beugen, —biegen, v. a. узвити, узвијати; —bezahlen, v. a. платити натраг, повратити новце; —bleiben, v. n. остати, заостати, остајати, заостајати; —bliden, v. n. обазрети се, огледати се, обазирати се; —bringen, v. a. донети, допостти, носити натраг, вратити; —denken, v. n. мислити, помислити (на што прошло); —brängen, v. a. сузбити, сузбијати; —brehen, v. a. одмотати, одвити, одсукати, одвијати; —erlag, m. поврата; —entbieten, v. a. отпоручити, отпоручивати; —entbieten, v. отпорука; —erobern, v. a. освојити натраг; —erſtatten, v. a. одвратити, одвраћати; —fahren, v. n. возити се натраг, вратити се на колима; —fallen, v. n. паузнако пасти; in **Krankheit** —, оболети с нова; (von Gütern), вратити се, повратити се, враћати се; (von Strahlen), одбити се, одбијати се; —fließen, v. n. узбећи, узбегнути; —folgen, v. n bie Beilagen folgen zurüd, прилози се враћају; —forbern, v. a. искати натраг; —forderung, f. искање натраг; —führen, v. a. водити, вратити, прпвести, повести натраг.

Zurüd-gabe, f. поврат, враћање; —geben, v. a. вратити, повратити, дати, давати натраг; —gang, f. Rüdgang; —gehen, v. n. вратити се, повратити се, ићи натраг; (von Käufen, ꝛc.), разбити се, разврћи со; —hallen, v. n. одлегати; —halten, v. a. зауставити, задржати, обуставити, зауздати, заустегнути; —haltend, adj. затворен, хладан. пажљив, опрезан; —haltung, f. заустављање; fig. устезање, устручавање, хладноћа; —kehr, f. повратак; —kehren, v. n. вратити се, повратити се, враћати се; in ſich —, опаметити се, освестити се, доћи к себи; —kommen, v. n. вратити се, повратити се, враћати се, доћи натраг; fig. in Wiſſenſchaften —, заборавити, заборављати; in Vermögensumständen —, пропасти, пропадати; von einer Meinung —, променити, мењати мисао; auf etwas immer wieder —kommen, заповрнути; —kunft, f. Zurüdkehr.

zurüdlaſſen, v. a. оставити, заоставити, пустити, пуштити натраг, остављати, заостављати; —legen, v. a. метнути натраг; Geld —, приштедети, метнути на страну новаца; ſo und ſo viel Meilen —, превалити мила толико; bie Beſigniß —, вратити право; ſo und ſo viel Jahre —, превалити, прећи година; er hat das 20. Jahr ſeines Alters zurüdgelegt, навршио је 20. годину; ben Kutſchenhimmel —, спустити кров од

кочије; —nehmen, v. a. тргнути, узети натраг; ſein Wort —, порећи реч своју; —prallen, v. n. одбити се, одскочити, одскакати; vor Schrecken —, уступнути од страха; —reiſe, f. Rüdreiſe; —rüden, v. n. узмаћи, измаћи се; —rufen, v. a. звати, позвати натраг, одазвати; einen in's Leben —, оживити, ускрснути кога; —rufung, f. одазивање.

zurüd-ſchaubern, v. n. стрепити, стрести се, згрозити се, грозити се од страха, жацнути се, жацати се, препасти се, препадати се; —ſchiden, v. a. слати, послати натраг, повратити, завргнути; —ſchieben, v. a. потиснути натраг, узгртати; ben Eid —, одрицати заклетву; —ſchlagen, v. n. узбити; das Bettuch, bie Aermel —, посуврати, засукати рукаве; ben Schleier —, дигнути, дизати вео, копрену; —ſchlagen, (vom Gewehr), батити се; —ſchreiben, v. a. отписати; —ſehen, v. a. обазрети се, огледати се, погледати, гледати натраг; —ſehen, ſich,v. r. желети натраг; уздисати, чезнути за чим; —ſenben, ſ. zurüdſchiden; —ſegen, v. a. метнути натраг, метнути, ставити на страну; das Datum —, ранији датак написати, метнути; Jemanden —, запостављати, запоставити кога; —ſegung, f. запостављање; —ſein, v. n. бити се вратио; бити заостао; —ſtehen, v. n. остраг стојати, стајати за другим; занемарен бити; —ſtellen, v. a. повратити, натраг метнути; —ſtoßen, v. a. отиснути, ринути, потиснути натраг, одбити, одвратити, тоснути, тоскати, потосвати.

zurüd-treiben, v. a. терати, гонити, истерати, отерати, одагнати натраг, заузбити; —treten, v. n. одступити, уступити, иступити, одбити се, измицати се; (vom Waſſer), опасти, опадати, ударити успор; (von Krankheiten), узбити се; —tritt, m. одступ, одступање; —weichen, v. a. уступити, узмицати, узмаћи; —weiſen, v. a. отправити, послати натраг; auf etwas —, опоменути на што; —wenben, v. a. припогрнути; —werfen, v. a. бацити, бацати натраг, узбити, одбити; —wirken, v. n. узделовати; —wirkung, f. Rüdwirkung; —zahlen, v. a. платити натраг, отплатити; —ziehen, v. a. вући, потезати, повући, потегнути натраг, заустегнути, устезати, завратити; ſich —, v. r. устегнути се, узмаћи се, узмакнути се, повући се, извући се, скрушавати се, устручавати се.

Zuruf, m. звање, глас, вика, усклик, кликовање, кликовање; —en, v. a. звати, позвати, дозвати, викати, кликати, кликовати, привикнути, назвати.

zurunden, v. a. рубити, зарубити, заокружити.
zurüſt-en, v. a. приправити, приправљати, спремити, опремити, опремати, спремати, оружати, оборужати; —ung, f. приправљање; приправа, спремање, оружање.
zuſäen, v. a. посејати.
Zuſag-e, f. обећање, реч, вера; —en, v. a. обећати, реч дати, веру ухватити.
zuſammen, adv. скупа, заједно, у друштву, узаједно.

24

Zusammen-, (in Zus.), с, са; —backen, v. n. срасти се (у пећи); — v. a. напећи; —ballen, v. a. згучати; —beißen, v. a. (die Zähne), стиснути, стискати зубе; —berufen, v. a. сазвати; —berufung, f. сазив, сазивање; —betteln, v. a. напросити; —binden, v. a. свезати, савезати, спетљати, згерготити; —brechen, v. a. потрти, сатрти, сломити, испребијати, покршити, поломити; — v. n. потрти се, сатрти се, сломити се, срушити се; —bringen, v. a. скупити, сабрати, набрати, накупити, набавити, саставити, зглавити; kleinweise —bringen, скуцаторати, намицати; mühsam —bringen, спечалити; —drängen, v. a. сабити, савијати (у гомилу); sich —drängen, сабијати се; —brechen, v. n. усукати, увити; —drücken, v. a. гњечити, збити, стиснути, цедити, жети; —drucken, v. a. штампати, наштампати заједно; —fahren, v. n. навести, навозити, панети; — v. n. возити се, повести се скупа; ударити се (кола, бродови итд.); (erschrecken), пренути се од страха; (gerinnen), згрушати се; —fallen, v. n. срушити се, порушити се; (sich vereinigen), слагати се, сложити се; пасти заједно; (mager werden), опасти, опадати; —falten, v. a. набрати, набирати, савити, савијати; die Hände —, склопити, склапати руке; —fangen, v. a. половити; —fassen, v. a. обузети, обухватити, обузимати; es kurz —, укратко рећи; seine Gedanken —, прибрати мисли своје, смислити.

zusammen-finden, sich, v. r. наћи се с њиме; —flechten, v. a. сплести, сплатати; —fliden, v. a. скрпити, закрпити, покрпити; —fliegen, v. n. заједно, скупа летети, слетети се; —fließen, v. n. састати се, срећи се; —flüchten, v. n. збежати се; —fluß, m. састанак, састанци, навала, навала, множство; —fordern, v. a. сазвати, сакупити, скупити, скуљати; —forderung, f. сазивање; —frieren, v. a. смрзнути се, замрзнути се; —fügen, v. a. слепити, лепити, склопити, саставити, зглобити, придести, шипилити; —fügung, f. склапање, склоп, зглоба, састављање; —führen, v. a. свести, сводити, свозити; —geben, v. a. скупа дати, склопити, саставити; Verlobte —geben, сједипити, оженити, венчати; —gesellt, adj. саборит; —gehen, v. n. скупа, заједно ићи; (von Tuch), збегнути се; (von zwei Dingen), склопити се, скубити се, слагати се, слагати се; (von der Milch), прогрушати се, пробрцнути се; —gesellen, sich, v. r. удружити се.

zusammen-halten, v. a. држати скупа, заједно; (vergleichen), сравнити, упоредити, приспободити; das Geld —, држати на окупу, штедети, чувати; — v. n. држати скупа, једне мисли бити; —haltung, f. успоређивање; споразумљење, слога; —hang, m. савез, склад, обће —, нема ни главе ни репа; —hängen, v. a. сједнити, саставити, скопчати; — v. n. слагати се, бити у савезу, складан бити; —hängend, adj. непрекидан; складан, смишљен; —hauen, v. a. сасећи, исе-

ћи, посећи; —häufen, v. a. згрпути, нагрпути, згртати, купити, сакупити, накупити; —häufung, f. гртање, гомила; —heften, v. a. сашити, шпти, скопчати; —heften, v. a. скопчати; —heilen, f. zuheilen; —hetzen, v. a. свађати, завадити, свадити, дражити, раздражити једнога на другога; —jagen, v. a. стерати, свитлати.

zusammen-kaufen, v. a. купити, покуповати, накуповати; —kehren, v. a. смести; —ketten, v. a. оковати, оковати заједно; Klang, m. склад, сугласје, слога; —kleben, v. a. сабрати, сабрати, набрати, накупити; —kleben, v. a. слепити, лепити; —knüpfen, v. a. свезати, сједипити, скопчати, спетљати; —kommen, v. n. састати се, скупити се, видати се; —koppeln, v. a. свезати, савезати, скопчати; —kunft, f. састанак, скупштина, сабор, збор; —kuppeln, v. a. (Personen), свести, сводити; f. zusammenkoppeln; —lassen, v. a. пустити, оставити заједно; (Thiere zur Zeugung), припустити, припуштати; —r. n. wohl, schön —, слагати се, стојати добро; —lauf, m. састанак, навала, налога, множство, сабој, збег, сабор; —laufen, v. n. купити се, сакупити се, стећи се, налећи, срнути, састати се, стрчати се, згрнути се, слећи се, накупити се; (vom Tisch), стегнути се; (von der Milch), f. gerinnen; —leben, v. n. скупа, заједно живети; —legen, v. a. сложити, слагати, савити, савијати; Geld —, саставити, сакупити новаца; —legung, f. слагање, сакупљање; —leimen, v. a. слепити, лепити; —lesen, v. a. брати, сабрати, накупити; читати заједно, прочитати; —löten, v. a. смалити, свабити; —löthen, v. a. спојити; —mischen, v. a. мешати, смешати.

zusammen-nähen, v. a. шити, сашити, прешити; —nehmen, v. a. заједно узети, сабрати, купити, покупити, сакупити; sich —, v. r. сабрати се, прибрати се, пазити се; —packen, v. a. спремити, спремати, сакупити; —passen, v. n. ударити се, подударати се, бити једно другом слика и прилика; —pressen, v. a. стиснути; —quetschen, v. a. згњечити, гњечити; —raffen, v. a. накупити, купити, згрнути, згртати, награбити; —rechnen, v. a. купити грабуљама; —rechnen, v. a. срачунати, рачунати; wenn man alles zusammenrechnet, кад човек све узме; —reimen, v. a. римати; fig. ich kann es nicht zusammenreimen, неразумем; — v. n. & sich, v. r. сложити се, подударати се; —reiten, v. a. (ein Pferd), измучити, уморити коња; — v. n. скупа, заједно јахати; —rollen, v. a. смотати, савити, завити; —rotten, sich, v. r. стећи се, купити се, сакупити се; —rottung, f. стека; —rücken, v. a. примакнути, примицати, приближити једно к другом; — v. n. примаћи се, приближити се, састати се; —rufen, v. a. сазвати, сивкати.

zusammen-scharren, v. a. згрнути, нагрнути, згртати; —schaudern, v. n. згрозити се; —schicken, sich, v. r. слагати се, сложити се; —schießen, v. a. (eine Stadt), разорити, разрушити (град из топова); Gelb —, саставити, сакупити новаца; —schlagen, г. а. побити, потући, испребијати, слупати; die gedruckten Bogen —, сложити, слагати; die Arme —, прекрстити руке; die Hände —, пљеснути се рукама (од чуда); (zerschlagen), разбити; —schleppen, г. а. напући, ванети, вући, свлачити на рпу; —schließen, v. а. затворити заједно; —schmelzen, v. а. стопити; — v. n. стопити се; fig. нестајати, пестати; —schmieden, v. a. оковати, оковати заједно; —schmiegen, sich, v. г. прилубити се; —schmieren, v a fig. спртлати, скрпити (књигу итд.); —schnüren, v. a. стегнути, стезати, свезати; —schreiben, v. a. списати, написати; —schrumpfen, v. n. згрчити се, згрпти се, збегнути се; —schüstern, v. a. слупати, начинити којекако; —schweißen, v. a. сварити; —schütten, v. a. слити, слевати, сасути, сасипати.

zusammen-setzen, v. a. сложити, саставити, слагати; —setzung, f. слагање, састављање; —spannen, v. n. спрезати; —sparen, v. a. приштедити; —stechen, v. a. прибости, прибадати; —stecken, v. a. прибости, придепити, прибадати, придевати; die Köpfe —, шуровати; — v. n. заједно, скупа бити; —stehen, v. n. стајати заједно; —stehlen, v. a. накрасти, красти; —stellen, v. a. упоредити, наместати; —stimmen, v. n. слагати се, сударати се, погодити се; —stoppeln, v. a. скрпити, спртлати, скупити, скуцати; —stoß, m. судар, склоп; —stoßen, v. n. тицати се, такнути се; (angrenzen), граничити; (begegnen), састати се, срести се, скобити се; (von Truppen), побити се; (von Vieh), побости, убити се; — v. a. ударити једно о друго, куцнути, стући; —strömen, v. n. слити се, сломити се, слећи се, врвети, наврвети; —stücken, v. a. скрпити, крпити; —stürzen, f. einstürzen; —suchen, v. a. купити, сакупити, скуцати, истраживати, понстраживати; —thun, sich, v. г. заузети се, поревењити се; —tragen, v. а. снети, панети, наносити, сабрати, саставити; —treffen, v. n. сложити се, слагати се, наћи се, састати се, срести се, скобити се; —treffen, n. сукоб; der Verbrechen, стецај злочинства.

zusammen-treiben, v. а. стерати, сагонити, збити, абијати, сабити, укрпити; Lebensmittel —, добавити, набавити; —treten, v. n. састати се, сакупити се, сједнити се, сложити се; — v. a. угазити, згазити; —tritt, m. састанак, друштво, сједнење; —wachsen, v. a. срасти се; —weben, v. a. саткати, уједно ткати; —werfen, v. a. стрпати, бацати на хрпу; —wickeln, v. a. смотати, савити, савијати; —winden, v. a. смотати, мотати; —ziehen, v. a. стегнути, стезати, Summen —, срачунати своте уједно; die Truppen —, купити, покупити, сакупити војску; — v. n. селити се, преселити се заједно; sich, v. г. сабити се, збегнути се, збијати се; es zieht sich ein Gewitter zusammen, дижу се облаци; —ziehung, f. стезање, купљење, сакупљање; —zimmern, v. a. стесати.

Zusatz, m. додатак, дометак, придавак, придатак; (in Münzen), умешај; —frage, f. додано питање; —wort, n. реч придавна.

zuschanzen, v. a. (einem etwas), добавити, набавити, прибавити, прпскрбити.

zuschärfen, v. a. заоштрити, задељати, зашилити.

zuscharren, v. a. загрепсти, засипати, засути.

zuschau-en, v. n. гледати; —er, m. гледалац; —erin, f. гледалица.

zuschick-en, v. a. слати, наслати, послати; (zubereiten), зготовити, приготовити, приправити; was mir Gott zuschickt, што бог да.

zuschieben, v. a. (einem etwas), примакнути, намакнути што коме; einen Riegel —, пустити резу; einem die Schuld —, бедити, обедити кога.

zuschießen, v. a. додати, придати, дометнути; einem Geld —, дати коме новаца, допалтити; — v. n. сринути, насрнути на што; пукнути, пуцати камо; schieß' zu! пуцај! удри!

zuschiffen, v. n. бродити, једрити према ком месту.

Zuschlag, m. (gerichtlicher), присуда, изручење; — zu einer Steuer, припрез; (Agio), приде; (Legirung), рудосмес; (im Deichbau), поправак од насипа; die Wiesen in — legen, забранити нашу на ливади.

zuschlagen, v. a. ударити, залупити вратима, прилупити врата; ein Faß —, затворити бачву; ein Buch, ic., затворити, заклопити књигу, итд; die Augen —, зажмурити; eine Summe zur andern —, припрачунати своту к своти; (in der Auction), присудити, изручити; — v. n. ударати, бити јаче; fig. (anschlagen), годити, пријати.

zuschließen, v. a. затворити, закључати.

zuschmeißen, v. a. лупити, лупнути вратима итд.

zuschmieren, v. a. замазати, мазати.

zuschnallen, v. a. закопчати, запучити, запетлати.

zuschnappen, v. n. скочити; затворити; (von Hunden ic.), лапити.

Zuschneidebret, n. Zuschneidetisch, m. тезга (у руктотворца).

zuschneiden, v. a. (ein Kleid ic.), кројити, скројити, срезати, покројити, порезати; anders —, прекројити, прекрајати; fig. sparsam einem —, но мало дати, давати.

Zuschnitt, m. крој; fig. es ist im — versetzen worden, још је у почетку погрешено.

zuschnüren, v. a. завезати, стегнути.

zuschrauben, v. a. зашарафити.

zuschreiben, v. a. приписати, дописати; (an Jemanden schreiben), писати коме; jemanden ein Haus —, записати, записивати коме кућу; уписати па кога кућу; (imputiren), приписати, убројити коме што; (widmen), посветити, посвећивати.

zuschreien, v. a. викати, кричати коме, на кога.

zuschreiten, v. n. брзо, хитро куда корачати, ступати.

24*

Zuschrift, f. писмо; допис, припис, упис; (Zueignung), посвета; —lich, adv. дописом.
zuschüren, v. a. Feuer —, потицати, потакнути ватру.
Zuschuß, m. додатак, помоћ (к плати), приплата, доплата.
zuschütten, v. a. Sand 2c. —, присути, досути, насути, долити, прилити; einen Graben —, засути ein Gewehr, подасути, подасипати, потпрашити, потпрашивати.
zuschwären, v. n. зарасти гнојећи се; zugeschworne Augen haben, крмељив бити.
zuschwören, v. a. клети се, заклињати се, заклети се, присећи, присегнути.
zusehen, v. n. гледати, мотрити, погледати, пазити; —ends, adv. очевидно; —er, m. гледалац, очевидац.
zusehr, adv. препећ, одвећ, превише, сувише, врло, прем, пре.
zusenden, f. zuschicken.
zusetzen, v. a. додати, придати, дометнути, приставити, примаћи, метнути; ein Loch —, затворити, запушити; — v. n. einem —, наваљити, додијати; (von Krankheiten), трошити, истрошити; dem Feinde hart —, приврућити.
zusein, v. n. затворено бити.
zusichern, v. a. (einem etwas), обећати, осигурати.
zusiegeln, v. a. печатити, запечатити.
zuspannen, v. a. спрезати, спрећи; —er, m. спрежник.
zusperren, f. zuschließen.
zuspitzen, v. a. заоштрити, задељати, зашиљити, починити (коњске клинце).
zusprechen, v. a. (Muth), слободити, ослободити кога; (Trost), тешити, утешити; (gerichtlich —), присуђити; — v. n. говорити, рећи што коме; bei einem —, свратити се коме, походити кога.
zuspringen, v. n. прискочити, доскочити, прискакати, доскакати; (als ein Schloß), скочити, затворити се.
Zuspruch, m. слобођење, тешење, утеха; походи, похађање; (gerichtlicher), присуда, присуђење.
zustäuben, v. a. зачепити, зачепљивати, ударити, ударати врањ, заврањити.
zustampfen, v. a. притапкати, затапкати.
Zustand, m. стање, сталеж, биће, околност; im —e einer Leidenschaft, у страсти; im —e der Trunkenheit, бивши пијан, у пијанству.
zuständig, adj. надлежан; —keit, f. надлежност.
zustattenkommen, f. statt.
zustechen, v. a. прибости, придевнути, прибадати, придевати; fig. einem etwas heimlich —, дати, додати што коме крадом.
zustehen, v. n. надлежати коме, пристојати се; (bewilligen), допустити, дозволити; den Kindern steht es zu, den Aeltern zu gehorchen, деца су дужна слушати родитеље.
zustellen, v. a. (eine Oeffnung 2c.), затворити, заградити; (einem etwas), доставити коме што, предати, изручити, слати, послати; —ung, f. достава; (in Zus.) доставни; —

Zustellungsgebühr, f. доставнина; —ungsschein, m. доставница.
zusterben, v. n. припасти коме по смрти чијој.
zustimmen, f. beistimmen.
zustopfen, v. a. зачепити, затворити, запушити, крпити, закрпити.
zustöpseln, v. a. зачепити, зачепљивати.
zustoßen, v. n. ринути, порнути, потиснути, тискати; fig. догодити се, прикључити се; plötzlich —, наспети; es stieß ihm eine Ohnmacht zu, онесвестио се, обезнанио се, пао у несвест; — v. a. затворити, зачепити, забити.
zustreichen, v. a. замазати, залепити.
zuströmen, v. n. тећи, дотицати, притицати, доходити, долазити изобила.
zustürmen, v. n. (auf etwas), наcрнути, навалити, ударити јуришем на што, срнути, наваљивати.
zustürzen, v. n. (auf einen), навалити, наcрнути, срнути, наваљивати на што; срушити се, свалити се; — v. a. поклонити, затворити, поклапати, затварати.
zustutzen, v. a. подрезати, одрезати, подрезивати; fig. einen —, поправити, отесати, дотерати.
zutappen, v. a. пипати; fig. невешто радити.
Zuthat, f. додатак, дометак; опрема; (bei Speisen), зачин.
zuthätig, f. пријазан, учтив.
Zutheilwerden, f. Theil.
zutheil=en, v. a. дати, придати, додати, уделити, доделити, поделити, одредити, наложити коме (какав посао); —ung, f. давање, додавање, налог.
zuthun, y. a. затворити, заклопити; das Auge —, тренути; sich — v. r. затворити се; sich bei einem —, удворити се, улагати се, умиљавати се коме.
Zuthun, n. помоћ; ohne mein, dein 2c. Zuthun, без мене, без тебе.
zuthunlich, f. zuthätig; —keit, f. пријазност, учтивост.
zutraben, v. n. касати куда; брже, боље касати.
zutragen, v. a. носити, доносити, донети, принети, панети; sich —, v. r. догодити се, случити се, збити се, прикључити се.
zuträglich, adj. добар, користан, пробитачан, здрав; —keit, f. корист, пробитачност.
zutrauen, v. a. (einem etwas), надати се, чекати што од кога, веровати, мислити, судити што о ком, да је у стању учинити; das hätte ich ihm nicht zugetraut, том се не би надао од њега; — n. уздање, поуздање, поверење.
zutraulich, adj. поверљив, поуздан; —keit, f. поверљивост.
zutreffen, v. n. слагати се, сложити се; (sich ereignen), збити се, случити се.
zutreiben, v. a. терати, гонити куда; погнати; забити.
zutreten, v. a. згазити, погазити, газити, затапкати; — v. n. f. hinzutreten.
zutrinken, v. n. пити, напити, напијати, при-

пити, припијати; einem eine Gesundheit —, пити коме у здравље, паздравити; —ter, m. напијач.

Zutritt, m. приступ, улаз, улазак, приступиште; freien — bei Jemanden haben, моћи воме ићи слободно; einem den — verwehren, непуштати кога куда, или пред кога.

Zutrunt, m. здравица, наздравица.

zutschen, f. nutschen.

zuverlässig, adj. јамачан, сигуран, известан, веран, способан, сталан, поуздан; — adv. јамачно, сигурно, заиста; —keit, f. сигурност, сталност, јамачност, известност, поузданост.

Zuversicht, f. уздање, поуздање, сигурност; —sich, adj. поуздан, јамачан, сигуран; — adv. поуздано, с поуздањем, јамачно, сигурно.

zuviel, adj. превећ, одвећ, превише, сувише, врло много, премного.

zuvor, adv. пре, прво.

zuvörderst, adv. најпре, пре свега.

zuvorkomm-en, v. п. предусрести, претећи, престићи кога; —en, n. претицање; —end, adj. предусретав, предусретљив, учтив, љубородан, љубазан; —ung, f. —еn, n. предусретање, предусретљивост, учтивост, љубазност.

zuvorlaufen, v. n. претећи.

zuvorthun, v. a. es einem in etwas —, претећи, престићи, престизати, надмашити кога у чем.

Zuwachs, m. умножење, приплодак; der jährliche — an Früchten, летина; (vom Vieh), накење; (von Pflanzen) дорашћај; — an Erdreich durch einen Fluß, напланак; ein Kleid auf den — machen, алватнију, пространију хаљину направити ради раштења.

zuwachsen, v. n. зарасти, зарасти се, замрети се; fig. родити, природити, прирасти, множити се, плодити се; es ist ihm dadurch ein großer Vortheil zugewachsen, много је с тим добио.

Zuwage, f. привага, приложак.

zuwägen, zuwiegen, v. a. мерити, одмерити што коме.

zuwarten, v. n. чекати, дочекати, причекивати; Jemanden eine Summe — , чувати чије новце.

zuwegebringen, v. a. учинити, начинити, довршити, докончати, произвести.

zuwehen, v. a. засути, засипати, напунити (од ветра); дувати према коме, носити, нанети ветром. [кад

zuweisen, adv. кадкад, кадкада, кашто, кад је

zuweis-en, v. a. упутити, дати, наложити коме што, одредити коме (место), препоручити; —ung, f. упућење, налагање, давање.

zuweit, adv. предалеко, одвећ далеко.

zuwenden, v. a. окренути, обрнути куда; fig. прискрбити, прибавити, набавити, добавити.

zuwerfen, v. a. бацити, бацати што куда; eine Thür —, лупити вратима; eine Grube —, засути, засипати јаму.

zuwideln, v. a. замотати, завити, завијати.

zuwider, prp. против, супротив; — sein, бити против чега; —laufen, бити противан, противити се.

zuwider, adj. противан, мрзак, мрзан; —sein, досадан бити; der Mensch ist mir —, мрзи ме овај човек; diese Speise ist mir —, недопада ми се ово јело; —werden, огадити се; —, adv. упаточ.

zuwinken, f. winken.

zuwissenthun, v. a. на знање дати, огласити.

zuwölben, v. a. свести, сводом затворити.

zuzahlen, v. a. доплатити.

zuzählen, v. a. бројити, прибројити, добројити.

zuzäunen, v. a. заградити плотом.

zuzeiten, adv. кадкада, другда.

zuziehen, v. a. стиснути, стегнути, стискати, стезати, затегнути, затезати; die Thür hinter sich —, затворити, затворати за собом врата; die Vorhänge —, склопити завесе; Jemanden für etwas —, узети кога к чему; Händel, Verdruß —, узроковати смутњи, свађи; sich —, добити што, припрaвити, навући, навлачити на се што; sich eine Strafe —, заслужити казну; бити каштигован; Vieh ic. —, гојити, хранити, патити; sich den Tod —, бити узрок смрти своје.

Zuziehung, f. fig. ohne Jemandes —etwas unternehmen, примити се посла каквога без савета чијега, без помоћи чије.

Zuzucht, f. пакење, припладак.

Zwacken, n. кљеште, кљештице.

zwacken, v. a. штипати, штипнути, уштинути; fig. заједати кога, малити се, спрдати се с киме.

Zwang, m. сила, успљавање, приморање, морање, нагон, напон, насиље; (Gezwungenheit), усиљеност; aus —, на силу, под морање; einem — anthun, приморати кога; sich — anthun, усиљати се, успљавати се.

Zwang-anselhen, n. зајам под морање, принудни зајам; —arbeit, робија, намет; —cours, m. присиљени течај; —dienst, m. служба под морање; —gesinde, n. дружина која мора служити за малу плату; —gesetz, n. присиљавајући закон; —hufig, adj. хром, прековав (коњ); —kauf, m. самопродаја; —smittel, n. сила, сиљовито средство, насиље; —sweise, adv. на силу, под морање.

zwanzig, num. двадесет, двает; —ster, двадесторо; —er, m. цванцик, цванцика; —jährig, adj. од двает година; —pfünder, m. топ од двает фунти; —pfündig, adj. од двает фунти; —ste, adj. двадесети; —theil, m. двадесетина.

zwar, c. истина, до душе, душа ваља: und —, и то.

Zweck, m. сврха, циљ, циљ, намисао, намера, намеравање.

zweckdienlich, adj. f. zweckmäßig.

Zwecke, f. клинац, чавлић, бруквица.

zwecken v. a. ударити клинце, чавлиће; — v. n. auf etwas, циљати, смерати.

zweck-los, adj. без сврхе, несходан; — adv. утома, насумце; —mäßig, adj. сврси сходан, сходан, прикладан, згодан; —mäßigleit, f. сходност, прикладност, сходпост цељ; —widrig, adj. несходан, неприкладан; —widrigfeit, f. несходност, неприкладност.

zwei, num. два, две, двоји; alle —, оба, обадва, обоипца, обе, обадве.

Zwei, f. два, двојица, две.

zwei-armig, adj. од две гране, дворук; —bändig, adj. од два дела; (Brüder und Schwester) браћа и сестро по оцу и матери; —beinig, adj. двоног; —blätterig, adj. од два листа, —beutig, adj. двоуман, шарен; —beutigfeit, f. двоумност; —bräthig, adj. дможичан, од две жице; —brehig, adj. двоценав.

Zweier, m. новац од два фенпка итд.; —lei, adj. дворстан, два, разлик, разлпчан, разлпчпт, двојак.

zwei-fach, —fältig, adj. двострук, двогуб, двојак; —fäbig, adj. двоценап; —falter, f. Schmetterling; —federig, adj. двокучан.

Zweifel, m. двојба, двоумност, сумња, двоумљење; ohne —, без сумње; bei sich ergebendem —, ако би настала каква сумња о чему; im —stehen, двојити, двоумити; in —ziehen, stellen, двојити, двоумити о чему, довести, доводити у сумњу; —haft, adj. двојбен, сумњив, несталан, непоуздан; —haftigfeit, f. двоумност, сумњивост, несталпост, непоузданост.

zweifeln, v. n. двоумити, посумњати се, сумњати се о чему.

Zweifels-fucht, f. двојење, двоумљење, сумњање; —fohne, adv. без сумње, без двојбе; —füchtig, adj. неповерљив, скептичан.

Zweifler, Zweifeler, m. двоумник; скептик.

Zweig, m. грапа, заграпак, огранак, струка; —e treiben, гранатп се, разграпати се; —en, f. pfropfen; —ig, adj. гранат; —verein, m. подружница.

Zwei-groschenstück, n. двогрошка; —eimerig, adj. од два акова; —eimeriges Fas, двојка; —hänbig, adj. дворук; —hänbig, adv. оберучке; —hentelig, adj. са две ушице, од две ручице; —jährig, adj. од две годпне, двоелетан, двогодан.

Zweikampf, m. двобој, мејдап.

zwei-köpfig, adj. двоглав; —lötbig, adj. од два лота.

zweimal, adv. два пута, двапут, дваж, дважде; — fo viel, двојпном впше; —ig, adj. двократан.

zwei-männisch, adj. ein —männisches Bett, кревет за двојпцу, за двоје;—mastig, adj. од две, на две катарке;—monatlich, adj. двомесечан, од два месеца;—pfündig, adj. од две фунте;—räberig, adj. на два точка;—schneidig, adj. оштар па обе стране;—schüßig, adj. од две стопе;—schürig, adj.—e Schafe, овце које се дванут стрижу на години;—seitig, adj. двостран;—sitig, adj. од два, са два седала;—spaltig, adj. расцепан, рачваст; на два ступца;—spännig, adj. на два коња;—spißig, adj. па, са два врха, шпљка;—stimmig, adj. двогласан;—stöckig, adj. двокатван, на два ката, спрата, боја;—stöckiges Haus, двокатпица;—stünbig, adj. од

два сата; —fülbig, adj. двосложан; —tägig, adj. дводневан.

zweit-e, adj. други; zum —en Male, другом, по други пут; —el, n. f. Hälfte; —ens, adv. друго; —geborner, adj. другорођен.

zwei-theilig, adj. двостран, раздељен на двоје; —thürmig, adj. од два, са два торња, звоника; —vierteltakt, m. такт од две четврти; —wüchs, m. енглеска болест (у деце); —wüchsig, adj. ко пати од болести енглеске.

Zweizad, m. двозуб; —ig, adj. двозуб, рачваст.

Zweizahn, m. breitheiliger, козји рогови, bidens tripartita.

zwei-zähnig, adj. двозуб; —zeilig, adj. двореден; —zinfig. f. zweizadig; —züngig, adj. двојезичан; fig. дволичан; —züngigfeit, f. дволичност.

zwerch, f. quer; —art, f. Queraxt; —balken, f. Querbalten; —fell, n. присрће; einem das —fell erschüttern, натерати кога на смех.

Zwerg, m. патуљак, маленина, кепец, стармали, мањо, пуфлак, пуфлачић, ешкерица; —artig, adj. гецав; —in, f. патуљица, маленица; —baum, m. кржљаво дрво; —bohne, f. француски боб; —erbse, f. француски грашак; —hafte, f. просек; —pflanze, f. кржљаво растње.

Zwetschke, Zwetschge, f. шљива, слива.

Zwetschen= (in Zuf.), шљивов; —branntwein, m. шљивовица; —garten, m. шљивик; —händler, m. шљивар; —traube, f. радовинка црна, шљивагрожђе.

Zwid, m. f. Zwede.

Zwidel, m. латица, клин, клинчић, заглавак; —bart, m. брк, брковп.

zwiden, v. a. штипати, штипнути, уштипнути.

Zwid=er, m. поштипач, штипало; —trapfen, m. уштипак; —trapfenmacher, m. уштипчар.

Zwidmühle, f. (im Mühlenspiel), двогуб лек (у игри истога имена), смицалица.

Zwidzange, f. штипалница, кљеште, кљештице.

Zwiebad, m. бешкот, двопек, пексимит.

Zwiebel, f. капула, лук проспи, црни лук, кромид; (der Tulpen, Hyacinthen), лукац.

zwiebel-artig, adj. лучаст; —brühe, f. луковац; умака од лука; —geruch, m. мирис луков; —gewächs, n. лучасто растње.

zwiebeln, v. a. лучити, залучити; (im Spiel), дати коме; мучити, кинити.

Zwiebel-röhre, f. лист, перо луково; —schale, f. љуска од лука; —suppe, f. јуха, чорба лукова, луковац; —wurzel, f. корен лучаст.

zwiebelig, adj. лучаст.

Zwiebrach-e, f. друго орање; —en, v. a. & n. по други пут орати, узорати.

zwiefach, f. zweifach.

zwiefältig, f. zweifach.

zwier, adv. (beralt.), двап, двапут, два пута.

Zwiefel, m. расоха, рачве.

Zwiespalt, m. Zwietracht, f. раздор, неслога, расира, несклад, клање; in —bringen, завадити.

Zwillich, m. цвилик (материја); —en, adj. од цвилика; —weber, m. цвиличар.

Zwilling, m. (ohne Unterschied des Geschlechtes), близни, pl. близнад; (männl.) близанац, двоњак; (weibl.), близаница, сраслица; (Zwillinge), pl. близанци, двојци, близни, близнови; — e gebären, близнити се, облизнити се; —sbruder, m. близанац; —sschwester, f. близаница, близанка.

Zwinge, f. преша.

zwing-en, v. a. (pressen), стиснути, стискати, утиснути, утискивати; (nöthigen), силити, силовати, усиловати, приснапити, приморати, наговнити, натерати, терати кога на што; sich —, v. r. усилити се; —end, adj. силован, силовит; —be Nothwendigkeit, прека потреба; —er, m. наговнитељ (Thurm), кула; (bei den Jägern), ограда за псе од лова.

Zwirn, m. конац, жица, пит; —band, n. weißes, курђелица; —en, adj. кончан; —en, v. a. сукати, насукати конац; —faden, m. конац, жица; —knaul, m. клупко конца; —mühle, f. чекрк, вито; —rad, n. коловрат; —spindel, f. штнјета, друга.

zwischen, prp. међу, између, измеђ.

Zwischen-, (in Zus.), међу, привремени, уметнути; —balken, m. средња греда, —begebenheit, f. епизода; —frage, f. друготно питање, уметнуто питање; —gesang, m. уметнута песма; —inhaber, m. привремени држатељ; —mauer, f. тин, претин, средњи зид; —pfeiler, m. средњи ступ; —punkt, m. уметнут чланак; —raum, m. струга, простор, место, празнина између две ствари; —rede, f. уметнуто говорење, пресецање речи; —reich, n. —regierung, f. међувладање; —satz, m. међуметак; —schein, m. ме-

ђутимница, привременица; —spiel, n. уметнута игра; —, urtheil, n. привремена пресуда; —vorfall, m. међуметак; —wall, m. средња опкоп, спојни бедем; —wort, n. (in der Sprachlehre), међуметак; —zeile, f. међуредак; —zeit, f. in der —zeit, међутим; —zoll, m. међуземска царина.

Zwischgold, s. Blattgold.

Zwist, m. Zwistigkeit, f. свађа, распра, песлога, несклад, задорица, задевица, кавга, черст.

zwistig, adj. несложан, споран.

zwitschern, v. a. жуборити, цвркутати; — n. цврка, цврктање, жубор, жуборење.

Zwitter, m. женомуж, мелез, сустримак, полутан.

zwo, f. zwei.

zwölf, num. дванаест, дванаесторо; — Uhr (Mittags), подне; (in der Nacht), поноћ, полноћа.

Zwölf-er, m. дванаестица; —erlei, adj. дванаест, дванаесторовретан; —fach, adj. дванаестострук, дванаесторостручан, дванаесторогуб; —jährig, adj. од дванаест година; —löthig, adj. од дванаест лотова; —monatlich, adj. од дванаест месеци; —pfünder, m. топ од дванаест фунти; —pfündig, adj. од дванаест фунти; —seitig, adj. од дванаест страна; —stündig, adj. од дванаест сати; —tägig, m. од дванаест дана; zwölft-e, adj. дванаести; —el, n. дванаестина; —ens, adv. дванаесто.

Zylinder, m. ваљак, ваљ; —förmig, adj. обал.

Zymbel, f. поудрица.

Zypresse, f. купрес, чемпрес, кипарис.

Männliche und weibliche Namen.
Имена мушка и женска.

Abraham, m. Аврам, Абрам.
Adam, m. Адам.
Adelheid, f. Аделаида.
Agnes, f. Агница, Агнеза.
Albert, Albrecht, m. Алберто, Алиберта.
Alexander, m. Александар.
Alexius, m. Алекса, Алексије.
Alois, Aloisius, m. Алојзио, Аловиз.
Alypius, m. Алимпије.
Amalia, f. Амалија.
Ambros, Ambrosius, m. Амброзије, Амвросије.
Anastasia, f. Анастасија.
Anastasius, m. Анастасије, Настас.
Andreas, m. Андрија, Андријаш.
Angelika, f. Анђелија.
Anna, f. Јана, Ана, Анка.
Anton, m. Антун, Антоније.
Antonia, f. Антонија.
Arcadius, Аркадије.
Arsenius, m. Арсеније.
Athanasius, m. Атанасије.
August, m. Август, Авгут.
Auguste, f. Аугуста, Августа.
Augustin, m. Аугустин, Августин.
Augustine, f. Аугустина, Августина.
Aurelius, m. Аурелије, Аврелије.
Balthasar, m. Балтазар, Валтазар.
Barbara, Bärbel, f. Барбара, Варвара.
Barnabas, m. Барнабаш, Варнава.
Bartholomäus, Barthel, m. Бартол, Вартоломије.
Basilius, m. Васил, Василије.
Bastian, m. Себастијан, Севастијан.
Beatrix, f. Беатрица.
Benedict, m. Бенедикт, Венедикт.
Benjamin, m. Венијамин, Венко.
Bernhard, m. Бернардо.
Bertha, f. Берта.
Blanca, f. Бланка.
Blasius, m. Блаж, Власије, Влахо.
Boleslaus, m. Болеслав.
Brigitta, f. Бригита.
Cajetan, m. Кајетан.
Cäsar, m. Цесар.
Casimir, m. Казимир.
Charlotte, f. Каролина, Карлота.
Christian, m. Кристијан.
Christine, f. Кристина.
Christoph, m. Кристофор.
Chrysostomus, m. Златоуст.

Clara, f. Клара.
Claudius, m. Клавдије, Клаудио.
Clemens, m. Клементо, Климента.
Coloman, m. Коломан, Голубан.
Constantin, m. Константин.
Cornelius, m. Корнелије, Корнелио.
Cornelia, f. Корнелија.
Cosmas, m. Кузма, Кузман.
Cyprian, m. Кипријан, Ћипријан.
Cyrillus, m. Ћирил, Ћирило.
Damian, m. Дамјан, Дамјан.
Daniel, m. Данија, Данило.
Demetrius, m. Димитрије, Дмитар.
Deodat, m. Богдан.
Desiderius, m. Десидерије.
Dietrich, m. Дитрих.
Diocletian, m. Дукљан.
Dionysius, m. Дионисије, Дионизио, Вонисије.
Dominicus, m. Доминик.
Dorothea, f. Доротеја.
Eberhard, Ebert, m. Еберардо.
Eduard, m. Едвард.
Eleonore, f. Елеонора.
Elias, m. Илија.
Elisa, f. Елиза.
Elisabeth, f. Елизабета, Јелисавета.
Emanuel, m. Манојло.
Emerich, m. Емерик.
Emil, Emilius, m. Емилије, Емилио.
Emilia, f. Емилија.
Ephraim, m. Јеврем.
Ernestine, f. Ернестина.
Ernst, m. Ернест.
Esaias, m. Исаија, Исаија.
Esther, f. Естера, Истра.
Eugen, Eugenius, m. Евгеније.
Eulalia, f. Евлалија.
Euphemia, f. Фема, Вемја.
Eusebius, m. Евсевије, Еузебио.
Eustachius, m. Евстакије, Евстакио.
Euthimius, m. Јевтимије.
Eva, f. Ева.
Fabian, m. Фабијан.
Felix, m. Феликс.
Ferdinand, m. Фердинандо.
Flora, f. Флора.
Florian, m. Флоријан.
Francisca, f. Францкска.
Franciscus, Franz, m. Франческо, Фрањо.
Friedrich, Fritz, m. Фридерик.

Friederike, f. Фридерика.
Fürchtegott, m. Богобој.
Gabriel, m. Габријел, Гаврило.
Gabriele, f. Гаврила.
Genovefa, f. Геновефа, Геновева.
Georg, m. Ђурађ, Ђорђе, Јурај.
Georgine, f. Ђурђија.
Gerasimus, m. Герасим.
Gerhard, m. Герардо.
Gertrud, f. Гертруда.
Gervasius, m. Гервасије, Крваш.
Gottfried, m. Годефрид, Богомир.
Gotthard, m. Готардо.
Gottlieb, m. Богољуб.
Gregor, Gregorius, m. Гргур, Григорије.
Grete, f. Gretchen, n. Маргарита, Маргита.
Guido, m. Гвидон.
Günther, m. Гунтер.
Gustav, m. Густав.
Hanschen, n. Ивка, Иванка, Јованка.
Hanne, f. Иваница, Јована.
Hans, m. Јован, Ивањ.
Hänschen, n. Hänsel, m. Иво, Јово, Ивица, Јовица.
Hedwig, f. Јадвига.
Heinrich, m. Енрик.
Helene, f. Јелена.
Henrika, Henriette, f. Енрика.
Herrmann, m. Армније.
Hieronymus, m. Јеролим, Јероним.
Hilarius, m. Иларије.
Hiob, m. Јоб, Јов.
Honorius, m. Онорије.
Horatius, m. Орације.
Hubert, m. Уберто.
Hugo, m. Угон.
Ida, f. Ида.
Ignaz, Ignatius, m. Игнацио, Игњатије.
Innocenz, Innocentius, m. Иноценцио, Иноћентије.
Ireneus, m. Иринеј, Иренео.
Irene, f. Ирена, Јерина, Ирина.
Isaak, m. Исак, Изак.
Isabelle, f. Изабела.
Isidor, m. Псидор.
Jakob, m. Јаков.
Jeremias, m. Јеремија.
Jesaias, m. Изаја, Исаја.
Joachim, m. Аћим, Јаћим.
Jodocus, Jost, Jobst, m. Јодок.
Johann, m. Јован, Иван.
Johanna, f. Јована, Иваница.
Jonas, m. Јона.
Joseph, m. Јоксим, Јосиф, Јосим, Јосип.
Josepha, Josephine, f. Јосипа.
Judas, m. Јуда.
Judithe, f. Јудита.
Juliane, f. Јулијана.
Julie, f. Јулија.
Julius, m. Јулијо, Јулије.
Just, Justus, m. Јусто.
Justine, f. Јустина.
Justinian, Justinianus, m. Јустинијан.
Justinns, m. Јустин.
Karl, m. Карло.
Karoline, f. Каролина.

Kaspar, m. Гашпар.
Katherine, f. Катарина.
Käthe, f. Käthchen, n. Катица.
Konrab, Kunz, Kurt, m. Коњрад.
Kunigunde, f. Кунигунда.
Labislaus, m. Владислан.
Laura, f. Лаура, Лавра.
Laurentius, Lorenz, m. Ловренац, Лавреитије.
Lazarus, m. Лазар.
Lene, f. Lenchen, n. Јела, Јелица.
Leo, m. Лав, Леон.
Leonhard, m. Леонардо.
Leonore, f. Eleonore.
Leopold, m. Леополдо.
Lieschen, n. Лизика, Лиза.
Livius, m. Ливијо, Ливије.
Lorenz, f. Laurentius.
Lotte, f. Lottchen, n. Каролина.
Lothar, m. Лотар.
Louise, f. Лудовика, Лујза.
Lucas, m. Лука.
Lucia, f. Луција.
Lucian, m. Луцијан, Лукијан.
Lucius, m. Луцијо, Луције.
Lucretia, f. Лукреција.
Ludmilla, f. Људмила.
Ludolf, m. Лудолфо.
Ludovica, f. Louise.
Ludwig, m. Људевит, Лудовик.
Macarius, m. Макаријо, Макарије.
Magdalene, f. Мандалена, Магдалина.
Magnus, m. Магно.
Marcell, m. Марцело.
Marcus, m. Марко.
Margarethe, f. Маргарита, Маргита.
Mariane, f. Маријана.
Marie, f. Марија.
Mariechen, n. Марица.
Martha, f. Марта.
Martin, Märten, m. Мартин.
Mathias, Mathis, m. Матија.
Mathilde, f. Матилда.
Matthäus, Matthes, m. Матеј, Матија.
Maurus, m. Мавро.
Mauritius, m. Маврицијо, Маврикије.
Maxentia, f. Максенција.
Maximilian, m. Максимилијан.
Maximus, m. Максим.
Michael, Michel, m. Михаило, Миховио.
Michelchen, m. Мито, Мијо.
Moriz, f. Mauritius.
Moses, m. Мојсије.
Natalie, f. Наталија.
Nicodemus, m. Никодем, Николим.
Nicola, Nicolaus, Niklas, m. Никола.
Octavia, f. Октавија.
Octavian, m Октавијан.
Octavius, m. Октавје, Октавио.
Odilia, Ottilie, f. Одилија, Отилија.
Olivia, f. Оливија.
Otto, m. Отон.
Pachomius, m. Пакомије, Пакомио.
Pankraz, m. Панкратије.
Paul, Paulus, m. Павле, Павао.
Pauline, f. Павлија, Павлина.
Paulinus, m. Павлин.

Peter, m. Петар.
Petronille, f. Петронила.
Philibert, m. Филберто.
Philipp, m. Филип.
Pius, m. Пио, Пије.
Rachel, Rahel, f. Ракила, Рахсла.
Raimund, m. Рајмундо.
Ráphael, m. Рафајило, Рафаел.
Rebecca, f. Ревека, Ребека.
Reinhard, m. Рајнардо.
Reinhold, m. Рајнолдо.
Richard, m. Рикардо.
Robert, m. Роберто.
Rochus, m. Рок.
Roderich, m. Родерик.
Roland, m. Роландо.
Rosalia, f. Розалија.
Rosamunda, f. Розамунда.
Röschen, n. Ружица.
Rose, Rosine, f. Ружа, Ружица.
Rüdiger, m. Роџер.
Rudolph, m. Рудолфо.
Ruprecht, m. Роберто.
Sabbas, m. Сава.
Sabine, f. Сабина, Савица.
Salomo, m. Соломун, Саламун.
Samuel, m. Самуило.
Sara, f. Сара.
Särchen, n. Сарица.
Saul, m. Шавле, Савле.
Sebastian, m. Себастијан, Севастијан.
Sergius, m. Срђав, Сергије.
Siegfried, m. Сигфрид.
Sigismund, Sigmund, m. Жигмунд.
Silvester, m. Силвестар.
Simeon, m. Симеун, Шимун.
Sophie, f. Софија.
Spiridion, m. Спиридон.
Stanislaus, m. Станислав.

Stephan, m. Стеван, Стефан, Степан.
Stephanie, f. Стефанија, Стеванија.
Susanne, f. Сузана.
Thaddäus, m. Тадија.
Theobald, m. Теобалдо.
Theodor, m. Тодор.
Theodora, f. Теодора.
Theodosius, m. Тодосије.
Theophila, f. Богомила.
Therese, f. Тереза.
Thomas, m. Тома, Томаш.
Timotheus, m. Тимотеј, Тимотије.
Tobias, m. Тобија, Товија.
Triphonius, m. Трипун, Тривун, Трифун.
Ulrica, f. Улрика.
Ulrich, m. Улрик.
Urban, m. Урбан.
Ursel, Ursula, f. Уршула.
Valens, m. Валента.
Valeria, f. Валерија.
Valerius, m. Валерио, Валерије.
Veit, m. Вид.
Veronica, f. Вероника.
Victor, m. Виктор.
Victoria, f. Викторија.
Vincenz, Vincentius, m. Вићентије.
Virginia, f. Вирђинија.
Vitalis, m. Видо.
Walther, m. Валтер.
Werner, m. Вернер.
Walburgis, f. Валпурга.
Wilhelm, m. Вилем.
Wolfgang, m. Вук.
Wilhelmine, f. Вилелмина.
Wilibald, m. Вилибалдо.
Wenzel, Wenzeslaus, m. Венцеслав.
Xaver, Xaverius, m. Шаверио, Шаверије.
Zacharias, m Закарија.

Geografische Namen.
Имена земљописна.

Aachen, n. Аквисгран, Цахи.
Abyssinien, n. Абисинија, Ависинија.
Acquaviva, f. Живавода.
Adrianopel, n. Дринопоље, Одрин, Једрене.
Adelsberg, n. Постојна. [море.
Adriatisches Meer, n. јадранско, адриатичко
Aegäisches Meer, n. бело, јегејско море,
Aegypt-en, n. Египат, Мисир; —ier, m. Египћанин, Мисирац.
Afrika, n. Африка; —ner, m. Афричанин, Африканац; —nisch, adj. афрички.
Agram, n. Загреб; —er, m. Загрепчанин; —erin, f. Загрепкиња; —er, adj. загребачки.
Air, n. Ес.
Alpalanka, n. Бела Паланка.
Alessio, n. Љеш, Леш.
Alban-ien, n. Албанија, Арбанија, Арнаутска; —ier, m. Арбанас, Арнаут.
Algier, n. Алжир; —ner, m. Алжирац; —erin, f. Алжирка; —isch, adj. алжирски.
Almissa, n. Омиш; —ner, m. Омишанин; —nerin, f. Омишкиња.
Alpen, (die) Алпи.
Altsohl, n. Зволен.
Amazonenstrom, m. Мараньон, амазонска река.
Amerika, n. Америка; —ner, m. Американац, Америчанин; —nerin, f. Америчанка; —nisch, adj. амерички.
Amselfeld, n. Косово поље.
Anatolien, n. Мала Азија, Анадолија.
Ancona, n. Јакин.
Angermannland, f. Ingermannland.
Andalusien, n. Андалузија.
Anden, (die) Анди.
Antillen, (die) Антиље.
Antiochien, n. Антиохија.
Antivari, n. Бар; —er, m. Баранин.
Antwerpen, n. Анторф.
Apenninen, (die) Апенини.
Apulien, n. Пуља.
Aquitanien, n. Аквитанија.
Arab-ien, n. Арапска; —ier, m. Арап, Арапин; —ierin, f. Арапкиња, Арапка; —isch, adj. арапски.
Arcadien, n. Аркадија.
Arbe, f. (Insel und Stadt), Раб.
Archipel, Archipelagus, m. Аркипелаг.
Armen-ien, n. Јерменска; —ier, m. Јерменин; —ierin, f. Јерменка; —isch, adj. јерменски.
Arragonien, n. Арагонија.

Asien, n. Азија.
Asiat, m. Азијанин, Азијанац; —in, f. Азијанка; —isch, adj. азијански.
Assyrien, n. Асирија.
Asturien, n. Астурија.
Athen, n. Атина, Атена; —er, m. Атињанин; —erin, f. Атинка; —isch, adj. атински.
Athos, m. Атон, Атонска Гора, Света гора; einer von —, Светогорац; zu — gehörig, светогорски.
Atlas, m. Атлант.
Atlantisches Meer, n. атлантско море.
Aurana, f. Врана.
Auschwitz, n. Осветим.
Austerlitz, n. Славков.
Austral-ien, n. Аустралија; —ier, m. Аустралац; —ierin, f. Аустралкиња; —isch, adj. аустралски.
Azotisches Meer, n. труло море.
Babylon, Babel, n. Вавилон, Бабилон; der Thurm von —, кула вавилонска.
Baier, m. Баварац; —in, f. Баварка; —isch, adj. баварски; —n, n. Баварска.
Balkan, m. Стара Планина.
Baltisches Meer, n. балтичко море.
Barbar, Berber, m. Барбарез; —ei, f. Барбареска.
Basel, n. Базилеја; —er, adj. базилејски.
Batavien, n. Батавија.
Bauzen, n. Будишин.
Beduine, m. Бедевин.
Belg-ien, n. Белгија; —ier, m. Белгијанац; —ierin, f. Белгијанка; —isch, adj. белгијски.
Becse, n. Бечеј; Alt —, Рацз —, Стари Бечеј, Српски Бечеј, Мађарски Бечеј, Горњи Бечеј; Neu —, Türkisch —, Нови Бечеј, Турски Бечеј, Доњи Бечеј; —er, m. Бечејац; —erin, f. Бечејкиња; —er, adj. бечејски.
Bega, m. Бегеј.
Belgrad, n. Београд; —er, m. Београђанин, Београдац; —erin, f. Београдкиња, Београдка; —er, adj. београдски.
Bengalen, n. Бенгалија.
Berat, n. Берат, арнаутски Београд.
Bergschotte, m. горски Шкот.
Berlin, n. Берлин; —er, m. Берлинац; —erin, f. Берлинка; —er, adj. берлински.
Bessarabien, n. Весарабија; —isch, adj. весарапски.

Bethlehem, n. Витлејем.
Bisanz, n. Византија.
Bisant-ier, m. Византинцанин; —ierin, f. Византинка; —inisch, adj. византинскн.
Bodensee, m. језеро потамско.
Bocche di Cattaro, pl. Бока которска; einer von —, Бокељ, Бокез; eine von —, Бокељка, Бокешкиња; zu — gehörig, бокељски, бокешки.
Böhm-e, m. Чех; —en, u. Чешка; —in, f. Чешкиња; —isch, adj. чешки.
Bononien, n. Болоња.
Bosn-ien, n. Босна; —ier, m. Босанац, Бошњак; —ierin, f. Бошњакиња, Босанка; —isch, adj. босански.
Bosporus, m. Воспор.
Borbeaux, n. Бордо.
Brandenburg, n. Бранибор, Згорелац.
Brasilien, n. Бразилија.
Braunschweig, n. Брунзвик.
Brazza, (Insel), f. Брач; einer von —, Брачанин; eine von —, Брачкиња; zu — gehörig, брачки.
Breisach, n. Бризак.
Breisgau, n. Бризгава.
Bremen, n. Брема.
Breslau, n. Вратилава.
Bretagne, f. Бретања.
Brittanien, n. Британија.
Britte, m. Брит, Британац.
Bromberg, n. Биџгошч.
Bründl, n. Брњ, Брање; einer von —, Брњанин; zu — gehörig, брњски.
Brün, n. Брно.
Brüffel, n. Бруселъ.
Burgund, n. Бургундија.
Buccar-i, n. Бакар; —aner, m. Бакранин; —anerin, f. Бакарка; —aner, adj. бакарски.
Budua, n. Будва; einer von —, Будванин; eine von —, Будванка; zu — gehörig, будвански.
Bukarest, n. Букурешт.
Bulgar, m. Бугарин; —in, f. Бугарка; —ien, Бугарка; —isch, adj. бугарски.
Cadix, n. Кадис.
Calabrien, u. Калабрија.
Calamotta, (Insel), f. Колочеп.
Canali, pl. Конавли.
Canarische Inseln, (die) канарски отоци.
Candia, (Insel), f. Кандија, Крит, Крета.
Cannosa, n. (bei Ragusa), Трстено.
Capodistria, n. Копар.
Cappadocien, n. Кападокија.
Caraseria, n. (in Macedonien), Бер.
Carlowitz, n. Карловци (доњи); —er, m. Карловчанин; —erin, f. Карловкиња; —er, adj. карловачки.
Carthago, n. Картагина.
Caspisches Meer, n. хвалинско море.
Castelmuschio, n. Омишал; einer von —, Омишанин; eine von —, Омишлъанка; zu — gehörig, омишаски.
Castelnuovo, n. Нови, Кастелнови, Ерцегнови.
Castilien, n. Кастилија.
Castua, n. Кастав.
Catalonien, n. Каталонија.
Cattaro, n. Котор; einer von —, Которанин;

eine von —, Которка; zu — gehörig, которски.
Chaldäa, n. Калдеја.
Champagne, f. Шампања.
Champagner, (Wein), m. шампањско вино.
Cherso, (Insel), f. Крес.
Chin-a, n. Кина, Китај; —eſer, m. Кинез, Китајац; —eserin, f. Кинескиња, Китајка; —esisch, adj. кинески, китајски.
Circassier, m. Черкес, Черкез.
Cividale, n. Старо место.
Cliſſa, n. Клис.
Corfu, (Insel), f. Крф.
Constantin-opel, n. Цариград, Стамбол; —opolitaner, m. Цариграђанин; —opolitanerin, f. Цариграткa; —opolitaner, adj. цариградски.
Corf-e, m. Корзиканац; —in, f. Корзиканка.
Curzola, (Insel), f. Корчула.
Cypern, n. Кипар.
Daiwo, n. Дањ.
Damaskus, n. Дамаск.
Dalmatien, n. Далмација.
Dalmatin-er, m. Далматинац; —erin, f. Далматинка; —isch, adj. далматински.
Dän-e, m. Данац; —in, f. Данка.
Dänemark, f. Данија, Данска (земља).
dänisch, adj. дански.
Danzig, m. Гдањско.
Dardanellen, (die), Дарданели.
Daruvar, n. Даривар, Подборје.
Dazien, n. Дакија.
deutsch, adj. немачки; —e, m. Немац; —, f. Немица; —land, n. Немачка.
Diakovar, n. Ђаково.
Dnieper, m. Дњепар.
Dniester, n. Дњестар.
Donau, f. Дунав; zur — gehörig, дунавски; längs der Donau wohnend, laufend, подунавски; das Land neben der —, Подунавље; ein Anwohner der —, Подунавац; eine Anwohnerin der —, Подунавка.
Drau, Drave, f. Драва; zur — gehörig, дравски; die — anwohnend, angrenzend, подравски; das — gebiet, Подравина; ein Bewohner des —gebietes, Подравац; eine Bewohnerin des —gebietes, Подравка.
Dresden, n. Дражђани.
Drivasto, n. Дривает.
Dulzigno, n. Улцињ, Улцин, Олгун.
Dunapentele, n. Пантелија.
Dyrazzo, n. Драч; einer von —, Драчанин; eine von —, Драчкиња; zu — gehörig, драчки.
Dublin, n. Доблин.
Edinburg, n. Идиборг.
Eger, m. Хеб.
Egripalanta, f. Крива Река.
Eiber, f. Ојдора.
Eismeer, n. ледено море.
Elbe, f. Лаба.
Elsaß, n. Алзација.
England, n. Енглеска.
Engländer, m. Енглез; —in, f. Енглескиња, englisch, adj. енглески.
Epirus, f. Епир.
Erlau, n. Јегар, Јегра; —er, m. Јегарац.

Esseg, n. Осек; —er, m. Осечанин; —erin, f. Осечкиња; —er, adj. осечки.
Etsch, f. Адица.
Euphrat, m. Евфрат.
Europa, n. Европа.
Europä-er, m. Европљанин; —erin, f. Европљанка; —isch, adj. европски.
Finnland, n. Чудска, Чухопска.
Finnländer, Finne, m. Чуд, Чухонац; —in, f. Чуткиња.
finnisch, adj. чудски, чухонски.
Fium-e, n. Река; —aner, m. Речанин; —anerin, f. Речкиња; —aner, adj. речки.
Flamländ-er, m. Фламанац; —isch, flämisch, adj.** фламански.
Flandern, n. Фландрија.
Florenz, n. Флоренција, Фиоренца.
Fort'Opus, n. Опузен.
Franke, m. Франак, Фруг.
fränkisch, adj. франачки, фрушки.
Frankreich, n. Француска, Францеска.
Franzos-e, m. Француз, Францез; —in, f. Францускиња, Француцкиња.
französisch, adj. француски, францески.
Friaul, n. Фурланска; einer von —, Фурлан, eine von —, Фурланка; zu — gehörig, фурлански.
Friese, Friesländer, m. Фриз.
Friesland, n. Фризија.
Fünfkirch-en, n. Печуј, Печух; —er, m. Печујац; —nerin, f. Печујка; —ner, adj. печујски.
Gailfluß, m. (Kärnthen) Зиља.
Galic-ien, n. Галиција; —ier, m. Галичанин; —ierin, f. Галичкиња; —isch, adj. галички.
Gascon-ien, n. Гасконска.
Genf, n. Женева.
Genu-a, n. Бенова.
German-e, m. Германац; —in, f. Германка; —ien, n. Германија; —isch, adj. германски.
Gilan, n. (in Altserbien) Морава.
Giuppana (Insel), f. Шипан.
Glogau, u. Глогова.
Gnesen, n. Гњезно.
Görz, n. Горица.
Goth-e, m. Гот.
Gottschee, n. (in Krain) Кочевје.
Göttingen, n. Готинга.
Gran, n. Острогон; —er, m. Острогонац; —erin, f. Острогонка; —er, adj. острогонски.
Graz, n. Градац.
Gravosa, n. Груж (код Дубровника); zu — gehörig, грушки.
Griech-e, m. Грк; —in, f. Гркиња; —isch, adj. грчки; —enland, n. Грчка.
Griechisch-Weißenburg, s. Belgrad.
Grönland, n. Гренландија.
Großbrittanien, n. Велика Британија.
Großwardein, n. Велики Варад; einer von —, Великоварадин; eine von —, Великоварађанка; zu — gehörig, великоварадски.
Güthissar, n. (in Bosnien) Језеро.
Güns, n. Кисег.
Gurf, n. (in Krain) Крка.
Gurkfeld, n. (in Krain) Кршко.
Haag, n. Хага.

Halle, n. Хала.
Herbrus, m. (Fluß) Марица.
Hermannstadt, f. Сибињ.
Hermannstädter, m. Сибињанин; —in, f. Сибињанка; — adj. сибињски.
Herrnhuter, pl. Моравска браћа.
Herzegowin-a, f. (ducatus S. Sabbae), Херцеговина; einer aus der —, Херцеговац; eine aus der —, Херцеговка; —isch, adj. херцеговачки.
Hessen, n. Хесија.
Hess-e, m. Хес.
Hindostan, n. Индостан.
Holland, n. Холандија.
Holstein, n. Холштин.
Hrabisch, n. (in Mähren) Градиште.
Idria, n. (Krain) Идрија, Видрга.
Illir-ien, (Illyrien), n. Илирија, Илирска; —ier, m. Илир; —ierin, f. Илирка; —isch, adj. илирски.
Indianer, m. Инђијанац; —in, f. Инђијанка.
Indien, n. Индија, Инђија; Ost—, источна Инђија; West—, западна Инђија.
indisch, adj. инђијански.
Indschekarassu, n. (in Macedonien) Бистрица.
Ingermannland, n. Ингрија.
Ipek, n. (in Altserbien) Пећ.
Ireg, n. Ириг.
Irland, n. Ирска.
Irländ-er, m. Ирац.
Island, n. Исландија.
Isnebol, n. Знепоље (у Старој Србији).
Isola bi Mezzo, n. Лопуд.
Isonzo (Fluß), n. Соча.
Israelit, m. Израиљанин.
Istrien, n. Истрија.
Istrian-er, m. Истријанин; —erin, f. Истријанка; —isch, adj. истријански.
Italien, n. Италија, Талија; —er, m. Талијан; f. Талијанка; —isch, adj. талијански.
Jassy, n. Јаш.
Jamaica (Insel), f. Јамајка, Цемека.
Janina, n. Јањина.
Japan, n. Цапон, Јапан.
Jerusalem, n. Јерусалим, Јерусолим.
Josefsdorf, n. Жабаљ.
Josephsthal, n. Муњава.
Istib, n. (in Altserbien) Штип.
Judäa, n. Јудеја.
Jülich, n. Јулија.
Jutland, n. Јутска.
Kaffern, pl. Кафри; —land, n. Кафрија.
Kalandesen, n. (in Altserbien) Хтетово.
Karatowa, n. (in Altserbien) Кратово.
Karlowitz, f. Carlowitz.
Karlsbad, n. (Böhm.) Карлови Вари.
Karlsburg, n. Ердељски Београд.
Karlstadt, n. Карловац (горњи).
Karlstädter, m. Карловчанин; —in, f. Карловкиња; — adj. карловачки.
Kärnthen, n. Корушка, Каринтија.
Kärnthner, m. Корутанац; —in, f. Корушка, Корушкиња; —isch, adj. корушки.
Karpathen, pl. Карпати.
Kaschau, n. Кошице.
Kaspisches Meer, s. Caspisches Meer.

Kastoria, n. Костур.
Kaukasus, m. Кавказ.
Keve, n. Ковин; Rácz-—, Српски Ковин.
Kisfalud, n. Кишваљуба.
Klagenfurt, n. Целовац.
Klausenburg, n. Колошвар.
Kleinasien, n. Мала Азија.
Komorn, n. Коморан; —er, m. Коморанац; —erin, f. Коморанка; —er, adj. коморански.
Königgrätz, n. (in Böhmen), Краљичин градац.
Königinhof, m. (in Böhmen), Краљодвор.
Königsberg, n. Краљевац (пруски).
Konstanz, n. Костнице.
Kopenhagen, а. Кодањ.
Kopreiniz, n. Копривница.
Korbavien, n. Крбава.
Krain, n. Крањска; —er, m. Крањац; —erisch, adj. крањски.
Kraiowa, n. Краљево.
Krakau, n. Краков; —er, m. Краковљанин; —erin, f. Краковкиња; —er, adj. краковски.
Kremsier, n. (in Mähren) Кромериж.
Kroat, m. Хрват; —in, f. Хрватица; —ien, n. Хрватска (земља); —isch, adj. хрватски.
Kreuz, n. Крижевац, Крижевци.
Kronstadt, n. Брашов.
Kulpa, f. Купа; zur — gehörig, купски; das —gebiet, —thal, Покупље.
Köprili, n. (in Macedonien), Велес.
Kuttenberg, n. Кутна гора.
Lacedämon, n. Лакедемон, Спарта; —ier, m. Лакедемонац; —ierin, f. Лакедемонка; —isch, adj. лаконски.
Lacroma, f. (Insel), Локрум.
Lagosta, f. (Insel), Ластово.
Laibach, a. Љубљана.
Laitha, f. (Fluß), Литава.
Landstraß, n. (in Krain), Костањевица.
Lapp-e, m. Лапонац.
Lappland, n. Лапонија.
Lappländer, f. Lappe.
Lateiner, m. Латин, Латинин; —in, f. Латинка.
Lausitz, f. Лужица; —er, m. Лужичанин; — erin, f. Лужичкиња; zur — gehörig, лужички.
Leipzig, n. Липско, Липиска.
Leitmeritz, n. (in Böhmen), Литомерице.
Lemberg, n. Лавов.
Leopoldsdorf, m. Чента.
Lesina, f. (Insel), Хвар, Левија; einer von—, Хваранин; eine von —, Хваркиња; zur — gehörig, хварски.
Licca, f. Лика; —ner, m. Личанин; —nerin, f. Личанка; —ner, adj. лички.
Lippa, n. Липово.
Lissa, f. (Insel), Вис (оток); einer von —, Вишанин; eine von —, Вишкиња; zu — gehörig, вишки.
Lissabon, n. Лисабон.
Lithau-en, n. Литва, Леђанска; —er, m. Леђанин, Литванац; —erin, f. Литванка, Леђанка; —isch, adj. литавски, леђански.
Lombardei, f. Ломбардија.
London, n. Лондон.
Lothringen, n. Лотарингија, Лорена.

Lubed, n. Буковац.
Lusitanien, n. Лузитанија.
Lussin grande, n. Лошињ велики; — piccolo, Лошињ мали.
Macedon-ien, n. Маћедонија; —ier, m. Маћедонац; —ierin, f. Маћедонка, —isch, adj. маћедонски.
Madrid, m. Мадрит.
Magyar, m. Маџар, Маџар; —enthum, m. Маџарство; —ismus, m. маџарштина; —isch, adj. маџарски; —isiren v. a. маџарити, помаџарити; —isirung, —isation, f. маџарење, помаџаривање.
Mähr-en, n. Моравска; —er, m. Моравац; —erin, f. Моравкиња; —isch, adj. моравски.
Mailand, n. Милан.
Mako, n. Маково.
Malta, f. (Insel), Малтија.
Mantua, n. Мантова.
Maria-Theresiopel, m. Суботица; einer von —, Суботичанин; eine von —, Суботичкиња; zu — gehörig, суботички.
Marmora Meer, n. Бело море.
Marocc-o, n. Марок.
Marus, f. Мориш (река).
Marseille, n. Марсељ.
Matschovien, n. Мачва.
Mecca, n. Мека.
Medien, n. Медија, Мидија.
Medier, m. Миђанин.
Meißen, n. Мишно.
Meleta, f. (Insel), Мљет.
Miskolz, n. (in Ungarn), Мишковац.
Mitrowitz, n. Митровица; —er, m. Митровчанин; —erin, f. Митровкиња; —er, adj. митровачки.
Mittelasien, n. средња Азија.
Mittelländisches Meer, n. средиземно море.
Mohr, m. Мавар; —isch, adj. маварски.
Moldau, f. Молдавија, Карабогданска, Богданска.
molucische Inseln, die, Молуци.
Monte maggiore, n. Учка.
Montenegr-o, n. Црна Гора; —iner, m. Црногорац; —inerin, f. Црногорка; —inisch, adj. црногорски.
Morea, f. Мореја, Морија.
Morgenland, n. Исток.
Moskau, m. Москва; —er, m. Москов; —erin, f. Московка; —er, adj. московски.
Mosel, f. Мозела.
München, n. Монаков.
Murinsel, f. Међумурје.
Nagysal, n. Надлак.
Nanking, n. Нанкин.
Narenta, f. Неретва.
Narona, n. Норин.
Naffenfuß, n. (in Krain) Мокроног.
Nazarener, m. Назарећанин.
Nazareth, n. Назарет.
Neapel, n. Напуљ.
Neusatz, n. Нови Сад.
Neusiedel, n. Нежидер.
Neusiedlersee, m. Нежидерско језеро, Мутно блато.
Neusohl, n. Бањска Бистрица.

Neutra, n. Њитра.
New-Orleans, n. Нови Орлеан, Наврљан.
New-Yort, n. Нови Јорк, Њујорк.
Nissa, n. Ниш; einer von —, Нишанин; eine von —, Нишкиња; zu — gehörig, нишки.
Nona, n. Нин.
Nordamerika, n. северна Америка.
Nordsee, f. северно море.
Normandie, f. Нормандија.
Normann, m. Норман; —in, f. Норманка.
normännisch, adj. нормански.
Norwegen, n. Норвегија, Норска; —isch, adj. норвешки, норски.
Obrovazz-o, n. Обровац; —er, m. Обровчанин; —erin, f. Обровкиња; —er, adj. обровачки.
Oedenburg, n. Шопроњ.
Oder, f. Одра.
Oesterreich, n. Аустрија; —er, m. Аустријанац; —erin, f. Аустријанка; —isch, adj. аустријски, аустријански.
Ofen, n. Будим.
Ofner, m. Будимац; —in, f. Будимка; —adj. будимски.
Olmütz, n. Оломуц.
Oranien, n. Оранија, Горавца.
Orkadische Inseln, f. Оркади.
Orleans, n. Орлејан.
Orschova, n. Оршава, Ршава.
Osmanisches Reich, n. османска царевина.
Offero, f. (Insel) Осор.
Ostindien, f. Индien.
Ostsee, f. s. Baltisches Meer.
Ottomanische Pforte, f. отоманска порта.
Padua, n. Падова.
Pago, f. (Insel), Паг (оток); einer von —, Пажанин; zu — gehörig, пашки.
Palästina, n. Палестина, Света Земља; zu — gehörig, палестински.
Pancsowa, n. Панчево; —er, m. Панчевац; —erin, f. Панчевкиња; —er, adj. панчевачки.
Parenzo, n. (in Istrien) Пореч.
Paris, n. Париз.
Pariser, m. Паризлија, Парижанин; —in, f. Парижкиња; — adj. паришки.
Parzagno, n. (in der Bocca) Прчањ.
Passarowitz, n. Пожаревац; einer von —, Пожаревљанин; eine von —, Пожаревкиња; zu — gehörig, пожаревачки.
Pecsvarab, n. Печвар.
Peking, n. Пекин.
Persien, n. Персија.
Pest, n. Пешта; —er, m. Пештанац; —erin, f. пештанска; —er, adj. пештански.
Petersburg, n. Петроград; —er, m. Петроградјанин; —erin, f. Петроградкиња; —er, adj. петроградски.
Peterwardein, n. Варадин; —er, m. Варадинац; —erin, f. Варадинка; —er, adj. варадински.
Pettau, m. Оптуј.
Pfalz, f. Палатинство.
philippinische Inseln, die, Филипински отоци.
Philippopel, n. (in Rumelien) Пловдив.
Phrygien, n. Фригија.
Pirsnik, n. Бресник (у Старој Србији).

Plattensee, m. Блатно језеро, Балатун, Гаваново језсро.
Po (Fluß), m. Падан.
Pola, n. (in Istrien) Пула.
Pol-e, m. Пољак, Лех; —in, f. Пољкиња, Лешкиња; —en, n. Пољачка, Пољска, Лешка; —nisch, adj. пољачки, пољски, лешки.
Polynesien, f. Astralien.
Pommer, m. Поморанац, Поморанин; —in, f. Поморанка; —n, n. Поморанија.
Portore, n. Краљевица; einer von —, Краљевичанин; eine von — Краљевичкиња; zu — gehörig, краљевички.
Portorose, n. Росе.
Portugall, n. Португалија.
Portugies-e, m. Португалац; —in, f. Португалка; —isch, adj. португалски.
Posen, n. Познањ.
Prag, n. Праг, Златни Праг; —er, m. Пражанин; —erin, f. Пражанка; —er, adj. прашки.
Prerau, n. (in Mähren) Преров.
Preßburg, n. Пожун, Бретислава.
Preuße, m. Прус; —in, f. Прускиња; —en, n. Пруска, Прусија; —isch, adj. пруски.
Punta, f. Рат.
Pyrenäen, (die), Пиренеји (планине).
Raab, n. Ђур, Јанок; —er, m. Ђурац; —erin, f. Ђуркиња; —er, ђурски.
Radgersburg, n. Радгона.
Ragusa, n. Дубровник; — vecchia, Цаптат; —ner, m. Дубровчанин; —nerin, f. Дубровкиња; —ner, adj. дубровачки.
Rann, n. (in Steiermark), Брежци.
Rhein, m. Рен, Рајна.
Rhodus, f. (Insel), Род.
Rhodiser, m. Рођанин; —in, f. Рођанка, Рођкиња; — adj. родски.
Rhone, f. Родан; zur — gehörig, родански.
Riesengebirge, n. Крконоше.
Rilo (Gebirge), n. Урвина.
Risano, n. Рисан; einer von —, Рншљанин; eine von —, Рншљанка; zu — gehörig, рисански.
Rohitsch, n. Рогатац; Sauerbrunnen bei —, Слатина.
Rom, n. Рим.
Röm-er, m. Римљанин; —erin, f. Римљанка; —isch, adj. римски.
Rothes Meer, n. црвено море.
Rügen, n. (Insel), Рана, Рујан.
Rumenien, n. Румунија.
Russ-e, m. Рус; —in, f. Рускиња; —isch, adj. —in, f. руски.
Rußland, n. Русија.
Rußchuk, n. Рушчук, Русе.
Sabioncello, n. Пељешац, Рат.
Sachs-en, n. Саска, Саксонска; —e, m. Сас; —in, f. Саскиња.
Sajo, m. (Fluß in Ungarn), Слапа, Шајава.
Salona (Stadt), n. Солин; einer von —, Солинанин; eine von —, Солинкиња; zu — gehörig, солински.
Salona (Fluß), f. Јадар; zur — gehörig, јадарски.

Samarit-er, m. Самарјанин; —erin, f. Самарјанка; —ніfф, adj. самарјански.
Samogitien, n. Жмуђ.
Saracene, m. Сарацен.
Sardinien, n. Сардинија.
Sard-e, m. Сардинац; —in, f. Сардинка; —іfф, adj. сардански.
Sau, Save, f. Сава; zur — gehörig, савски; bas —gebiet, Посавина.
Savoyard, m. Савојац; —in, f. Савојкиња.
Savoyen, n. Савоја; zu — gehörig, савојски.
Scardona, n. Скрадин; zu — gehörig, скрадински; einer von —, Скрадињанин; eine von —, Скрадињанка.
Scharköi, n. (in Altserbien), Пирот.
Schemnitz, n. Шћавница.
Schlef-ien, n. Слеска; —ier, m. Слезак; —ierin, f. Слескиња; —іfф, adj. слески.
Schott-e, m. Шкот; —in, f. Шкоткиња; —land, n. Шкоција, Шкотска; —іfф, adj. шкотски.
Schumla, n. Шумла, Шумен.
Schütt, (Infel) f. Чалокез.
Schwab-e, m. Шваба; —in, f. Швабица; —enland, n. Швапска.
schwäbisch, adj. швапски.
Schwarzes Meer, n. црно море; zum — gehörig, црноморски.
Schwed-e, m. Швед; —in, f. Шведкиња; —en, n. Шведска; —іfф, adj. шведски.
Schwerin, n. Зверин.
Schweiz, f. Швајцарска; —er, m. Швајцарац; —erin, f. Швајцарка; —еrіfф, adj. швајцарски.
Scutari, n. Скадар; einer von —, Скадранин; eine von —, Скадарка; zu — gehörig, скадарски; der See von —, скадарско блато.
Sebenico, n. Шибеник; einer von —, Шибенчанин; eine von —, Шибеничанка; zu — gehörig, шибенички.
Seine, f. Сена.
Sem, m. (Fluß), Севна.
Semendria, n. Смедерево.
Semlin, n. Земун; —er, m. Земунац; —erin, f. Земункиња; —er, adj. земунски.
Semmering, m. (Berg in Steiermark), Северник.
Serbien, n. Србија.
Serb-e, m. Србин; —in, f. Српкиња; —іfф, adj. српски.
Sibirien, n. Сибирија.
Sichelburg, n. Жумберак; —er, m. Жумберчанин; —erin, f. Жумберкиња; —er, adj. жумберачки.
Sicilien, n. Сицилија.
Siebenbürg-en, n. Ердељ; —er, m. Ердељац; —erin, f. Ердељка; —іfф, adj. ордељски.
Siliftria, n. Доростол.
Sirm-ien, n. Срем; —ier, m. Сремац; —ierin, f. Сремица; —іfф, adj. сремски, сремачки.
Siftow, n. Свиштов.
Sluin, n. Слуњ; —er, m. Слуњанин; —er, adj. слуњски.
Sofia, n. Софија, Средац.
Spalat-o, n. Сплет; —er, m. Сплећанин; —erin, f. Сплећанка; —er, adj. сплетски.
Span-ien, n. Шпањолска; —ier, m. Шпањо-

лац; —ierin, f. Шпањолка; —іfф, adj. шпањолски, шпански.
Spitzbergen, pl. (Infeln), Грумант.
Spizza, m. Спич.
Stagno, n. Стон (код Дубровника).
Steier-mark, f. Штајарска.
Steinamanger, n. (in Ungarn), Суботиште.
St. Endre, n. Сентандрија; einer aus —, Сентандрејац; eine aus —, Сентандрејка; zu — gehörig, сентандрејски.
St. Georg, m. (in der Waraſdiner Grenze), Ђурђевац; einer von —, Ђурђевчанин, Ђурок; eine von —, Ђурђевчанка; zu — gehörig, ђурђевачки.
Strymon, m. Струма.
Stuhlweißenburg, n. Стојни Београд; —er, m. Београђанин; —erin, f. Београђанка; —er, adj. београдски.
Südamerika, n. јужна Америка.
Südsee, f. јужно море.
Syrien, n. Сирија, Шам.
Syracus, n. Сиракуза.
Szekcsö, n. Сечуј.
Szöreg, n. Сириг.
Tajo, m. (Fluß), Таг.
Tatar, m. Татарин; —in, f. Татарка, Татаркиња; —ei, f. Татарска; —іfф, adj. татарски.
Theiß, f. Тиса; zur — gehörig, тиски; —gebiet, —thal n. Потисје.
Temes, m. (Fluß), Темиш; —war, n. Темишвар, Тамишград; —varer, m. Темишварац; —varin, f. Тамишварка; —varer, adj. темишварски.
Teſchen, n. Тешин, Тјешин (у Слеској).
Themſe, f. Темза (река).
Theſſal-ien, n. Тесалија.
Theſſalonich, n. Солун; einer von —, Солуњанин; eine von —, Солуњкиња; zu — gehörig, солунски.
Thracien, n. Тракија.
Todtes Meer, n. мртво море.
Trau, n. Трогир; einer aus —, Трогиранин; eine aus —, Трогиранка; zu — gehörig, трогирски.
Trient, n. Тридент.
Trieſt, n. Трст, Тријест; —er, adj. тријестински, трстански; —iner, m. Трстанин; —inerin, f. Трстанка.
Troppau, n. (in Schleſien), Опава.
Tſchakathurn, n. Чакован.
Türk-e, m. Турчин; —ei, f. Турска; —in, f. Туркиња; —іfф, adj. турски; —iſtren, v. a. потурчити; ein Türke werden, v. n. потурчити се.
Tyrnau, n. Трнава.
Udine, n. Видам.
Ufraine, f. Украјина; einer aus der —, Украјинац; eine aus der —, Украјинка; zu — gehörig, adj. украјински.
Ungar, m. Угрин; —in, f. Угринка; —n, n. Угарска; —іfф, adj. угарски.
Urfub, n. Провон, Прокупље.
Uſtub, n. (in Altſerbien), Скопље.
Vallona, f. Авлон.
Veglia, f. (Infel und Stadt), Крк; einer von —,

Venedig — 385 — **Zuppa**

Крчанин; eine von —, Крчкиња; zu — gehörig, adj. крчки.
Venedig, m. Млетци.
Venetian-er, m. Млечанин; —erin, f. Млетачкиња; —isch, adj. млетачки.
Vereinigte Staaten von Nordamerika, сједињене државе сјевероамеричке.
Veröz-e, n. Вировитица; —er, m. Вировитчанин; —erin, f. Вировитчкиња; —er, adj. вировитички.
Vesuv, m. Везувије.
Villany, n. Виљан.
Virgin-ien, n. Вирђинија.
Waizen, n. Вац.
Wallach, m. Влах, Каравлах; —ei, f. Влашка, Каравлашка; —in, f. Влахиња; —isch, adj. влашки, каравлашки.
Wälsche, m. Талијанац; —land, n. Талија, Италија.
Warasdin, n. Вараждин; —er, m. Вараждинац; —erin, Вараждинка; —erisch, вараждински.
Warschau, n. Варшава.
Weichsel, f. Висла.
Weichselburg, n. (in Krain), Вишња гора.

Weißkirchen, n. (im Banat), Бела Црква.
Wende, m. Србин (северни, у Немачкој), Сораб.
Werschetz, n. Вршац; —er, m. Вршчанин; —erin, f. Вршчанка; —er, adj. вршачки.
Westindien, f. Индија.
Westfal en, n. Вестфалија.
Wien, n. Беч; —er, m. Бечлија; —erin, f. Бечкиња; —er, adj. бечки.
Wieselburg, v. (in Ungarn), Мошоњ.
Zara, n. Задар; —vecchia, n. Београд (морски); —tiner, m. Задранин; —tinerin, f. Задаркиња; —er, adj. задарски.
Zeng, n. Сењ; —er, m. Сењанин; —erin, f. Сењанка; —er, adj. сењски.
Zenta, n. (Stadt), Сента; (Land), Зета.
Zerbst, n. Србиште.
Zilli, n. Цеље.
Zirona (Insel), f. Дрвеник.
Znaim, n. Знојмо.
Zombor, n. Сомбор; —er, m. Сомборац; —in, f Сомборкиња; —er, adj. сомборски.
Zuppa, f. Грбаљ; —ner, m. Грбљанин; —nerin, f. Грбљанка; —ner, adj. грбаљски.

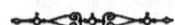